PRUEBAS PUBLICADAS EN ESPAÑOL III

AN INDEX OF SPANISH TESTS IN PRINT

OTRAS PUBLICACIONES DEL BUROS CENTER FOR TESTING

THE NINETEEN THIRTY-EIGHT MENTAL MEASUREMENTS YEARBOOK
THE NINETEEN FORTY MENTAL MEASUREMENTS YEARBOOK
THE THIRD MENTAL MEASUREMENTS YEARBOOK
THE FOURTH MENTAL MEASUREMENTS YEARBOOK
THE FIFTH MENTAL MEASUREMENTS YEARBOOK
TESTS IN PRINT
THE SIXTH MENTAL MEASUREMENTS YEARBOOK
THE SEVENTH MENTAL MEASUREMENTS YEARBOOK
TESTS IN PRINT II
THE MONOGRAPH SERIES
THE EIGHTH MENTAL MEASUREMENTS YEARBOOK
TESTS IN PRINT III
THE NINTH MENTAL MEASUREMENTS YEARBOOK
THE TENTH MENTAL MEASUREMENTS YEARBOOK
THE ELEVENTH MENTAL MEASUREMENTS YEARBOOK
TESTS IN PRINT IV
THE TWELFTH MENTAL MEASUREMENTS YEARBOOK
THE THIRTEENTH MENTAL MEASUREMENTS YEARBOOK
TESTS IN PRINT V
THE FOURTEENTH MENTAL MEASUREMENTS YEARBOOK
TESTS IN PRINT VI
THE FIFTEENTH MENTAL MEASUREMENTS YEARBOOK
THE SIXTEENTH MENTAL MEASUREMENTS YEARBOOK
TESTS IN PRINT VII
THE SEVENTEENTH MENTAL MEASUREMENTS YEARBOOK
THE EIGHTEENTH MENTAL MEASUREMENTS YEARBOOK
TESTS IN PRINT VIII
PRUEBAS PUBLICADAS EN ESPAÑOL: AN INDEX OF SPANISH TESTS IN PRINT
THE NINETEENTH MENTAL MEASUREMENTS YEARBOOK
TESTS IN PRINT IX
THE TWENTIETH MENTAL MEASUREMENTS YEARBOOK
PRUEBAS PUBLICADAS EN ESPAÑOL II: AN INDEX OF SPANISH TESTS IN PRINT
THE TWENTY-FIRST MENTAL MEASUREMENTS YEARBOOK
TESTS IN PRINT X

OTHER PUBLICATIONS FROM THE BUROS CENTER FOR TESTING

THE NINETEEN THIRTY-EIGHT MENTAL MEASUREMENTS YEARBOOK
THE NINETEEN FORTY MENTAL MEASUREMENTS YEARBOOK
THE THIRD MENTAL MEASUREMENTS YEARBOOK
THE FOURTH MENTAL MEASUREMENTS YEARBOOK
THE FIFTH MENTAL MEASUREMENTS YEARBOOK
TESTS IN PRINT
THE SIXTH MENTAL MEASUREMENTS YEARBOOK
THE SEVENTH MENTAL MEASUREMENTS YEARBOOK
TESTS IN PRINT II
THE MONOGRAPH SERIES
THE EIGHTH MENTAL MEASUREMENTS YEARBOOK
TESTS IN PRINT III
THE NINTH MENTAL MEASUREMENTS YEARBOOK
THE TENTH MENTAL MEASUREMENTS YEARBOOK
THE ELEVENTH MENTAL MEASUREMENTS YEARBOOK
TESTS IN PRINT IV
THE TWELFTH MENTAL MEASUREMENTS YEARBOOK
THE THIRTEENTH MENTAL MEASUREMENTS YEARBOOK
TESTS IN PRINT V
THE FOURTEENTH MENTAL MEASUREMENTS YEARBOOK
TESTS IN PRINT VI
THE FIFTEENTH MENTAL MEASUREMENTS YEARBOOK
THE SIXTEENTH MENTAL MEASUREMENTS YEARBOOK
TESTS IN PRINT VII
THE SEVENTEENTH MENTAL MEASUREMENTS YEARBOOK
THE EIGHTEENTH MENTAL MEASUREMENTS YEARBOOK
TESTS IN PRINT VIII
PRUEBAS PUBLICADAS EN ESPAÑOL: AN INDEX OF SPANISH TESTS IN PRINT
THE NINETEENTH MENTAL MEASUREMENTS YEARBOOK
TESTS IN PRINT IX
THE TWENTIETH MENTAL MEASUREMENTS YEARBOOK
PRUEBAS PUBLICADAS EN ESPAÑOL II: AN INDEX OF SPANISH TESTS IN PRINT
THE TWENTY-FIRST MENTAL MEASUREMENTS YEARBOOK
TESTS IN PRINT X

PRUEBAS
PUBLICADAS EN ESPAÑOL III

AN INDEX OF SPANISH TESTS IN PRINT

Redactado por

JENNIFER E. SCHLUETER
NANCY A. ANDERSON
JANET F. CARLSON
KURT F. GEISINGER

The Buros Center for Testing
The University of Nebraska-Lincoln
Lincoln, Nebraska

2023

Distribuido por The University of Nebraska Press

PRUEBAS
PUBLICADAS EN ESPAÑOL III

AN INDEX OF SPANISH TESTS IN PRINT

Edited by

JENNIFER E. SCHLUETER
NANCY A. ANDERSON
JANET F. CARLSON
KURT F. GEISINGER

The Buros Center for Testing
The University of Nebraska-Lincoln
Lincoln, Nebraska

2023

Distributed by The University of Nebraska Press

Library of Congress Control Number: 2013938766
ISBN 978-0-910674-70-6

Impreso en los Estados Unidos de América.

El papel utilizado en esta publicación cumple con los requisitos mínimos de la American National Standard for Information Science—Permanence of Paper for Printed Library Materials, ANSI Z39.48-1984.

Nota a Usuarios

El personal del Buros Center for Testing ha hecho todo lo posible para garantizar la exactitude de la información sobre las pruebas incluidas en este trabajo. Sin embargo, el Buros Center for Testing y los Editores de *Pruebas Publicadas en Español III* no asumen, y por este medio explicita y absolutamente renuncian, cualquier responsabilidad ante terceros por pérdida o daño causado por errores, omisiones o declaraciones hechos en *Pruebas Publicadas en Español III*.

Todos los materiales incluidos en *Pruebas Publicadas en Español III* están destinados exclusivamente para el uso de nuestros lectores. Nada de este material puede utilizarse en publicidad o para cualquier otra finalidad comercial.

Library of Congress Control Number: 2013938766
ISBN 978-0-910674-70-6

Manufactured in the United States of America.

The paper used in this publication meets the minimum requirements of American National Standard for Information Sciences—Permanence of Paper for Printed Library Materials, ANSI Z39.48-1984.

Note to Users

The staff of the Buros Center for Testing has made every effort to ensure the accuracy of the test information included in this work. However, the Buros Center for Testing and the Editors of *Pruebas Publicadas en Español III* do not assume, and hereby expressly and absolutely disclaim, any liability to any party for any loss or damage caused by errors or omissions or statements of any kind in *Pruebas Publicadas en Español III.*

All material included in *Pruebas Publicadas en Español III* is intended solely for the use of our readers. None of this material may be used in advertising or for any other commercial purpose.

ÍNDICE DE CONTENIDO

Página

TABLE OF CONTENTS

INTRODUCCIÓN

Pruebas Publicadas en Español III (*PPE*) consiste de un listado descriptivo de pruebas que están disponibles comercialmente publicadas en parte o enteramente en español. Se basa en las tradiciones del Buros Center for Testing y sus bien establecidas series de publicación—*The Mental Measurements Yearbook* (*MMY*, actualmente en su vigésimo segundo volumen) y *Tests in Print* (*TIP*), actualmente en su décima edición (*TIP X*). En efecto, *PPE* es una adaptación española de *TIP*. Esta tercera edición de *PPE* refleja nuestro esfuerzo en curso de recopilar y describir las pruebas disponibles en español por la adición de descripciones nuevas de pruebas y la actualización y provisión de información más detallado de las descripciones existentes de pruebas.

El impulso para desarrollar esta serie se debe a un creciente reconocimiento entre el personal del Buros Center que más y más pruebas indexadas o revisadas por Buros eran publicadas, total o parcialmente, en español. Esta confirmación nos llevó a considerar cómo nuestros libros de referencia podrían ser modificados o ampliados para atender mejor a un público creciente. Este volumen también reconoce que el idioma español es el segundo más común en el mundo y el idioma más hablado en el mundo occidental. Además, es el segundo idioma más común hablado en los Estados Unidos.

Uno de los primeros retos que enfrentamos fue determinar exactamente cuales pruebas deberían ser incluidas en *PPE*. Las pruebas completamente desarrolladas en español, con los baremos correspondientes para la población hispanohablante, eran candidatos obvios para la inclusión. Sin embargo, menos evidente eran las pruebas con sólo un mínimo de componentes disponibles en español. Al final, hemos favorecido la inclusión sobre la exclusión, ya que creemos que la disponibilidad de tan sólo un componente en español bien puede influenciar en la selección de una prueba. Por ejemplo, un psicólogo escolar proveyendo servicios clínicos o de investigación en los Estados Unidos en una ciudad como Los Ángeles, Houston, Miami, Nueva York, o ahora prácticamente cualquier ciudad en los EE. UU., probablemente estaría a favor de una prueba que ofrezca una versión en español de su formulario para padres sobre una prueba sin esa opción. Así, pruebas con alguna parte disponible en español fueron elegidas para adquisición.

Similar a su equivalente en inglés, *PPE III* provee información amplia e indispensable acerca de las pruebas publicadas en español para familiarizar a los usuarios de las pruebas con los instrumentos de medición disponibles con el fin de facilitar la selección de la prueba más adecuada. *PPE III* es un volumen completo que describe, en la mejor manera que se nos hizo posible, pruebas ya disponibles en el mercado. Así, ambos volúmenes ofrecen una cobertura exhaustiva de pruebas, y sus materiales, disponibles actualmente. Para maximizar su accesibilidad, el contenido de *PPE* aparece tanto en español como en inglés. Para aumentar su utilidad, la mayoría de los campos descriptivos de *PPE* corresponden a los de *TIP* con varias adiciones imprescindibles. Por ejemplo, los campos que se han añadido a *PPE* indican si baremos para una población hispanohablante están disponibles, así como el país y el idioma en que se originó la prueba. Otra adición importante es la inclusión de información sobre el proceso que usó la casa editorial para traducir o adaptar los materiales de la prueba que fueron desarrollados originalmente en un idioma diferente al español. Una lista completa de los campos descriptores y su contenido aparece más adelante en la presente Introducción bajo el encabezado de "Cómo Utilizar *PPE III*".

PPE puede mejor utilizarse como medio para buscar y aprender acerca de las pruebas, y sus materiales, disponibles comercialmente. Creemos que resultará ser una guía invaluable de información tanto descriptiva como analítica. Como un directorio de pruebas disponibles comercialmente, *PPE* no pretende incluir todas las pruebas conocidas.

INTRODUCTION

Pruebas Publicadas en Español III (*PPE*) consists of descriptive listings of commercially published tests that are available in part or wholly in Spanish. It builds on the established traditions of the Buros Center for Testing and its long-standing publication series—*The Mental Measurements Yearbook* (*MMY*, currently in its twenty-first volume) and *Tests in Print* (*TIP*), currently in its tenth edition (*TIP X*). In effect, *PPE* is a Spanish adaptation of *TIP*. This third edition of *PPE* reflects our ongoing efforts to compile and describe available Spanish measures by adding new test descriptions and offering updated and more in-depth information to existing test descriptions.

The impetus to develop this series owes to a growing recognition among Buros Center staff members that more and more tests indexed or reviewed by Buros were published, in whole or in part, in Spanish. This realization prompted us to consider how our reference works could be modified or expanded to better serve a burgeoning audience. This volume also recognizes that the Spanish language is the second most spoken language in the world and the most spoken language in the western world. It is also the second most spoken language in the United States.

One of the first challenges we faced was to determine precisely which tests should be included in *PPE*. Entire tests developed and normed in Spanish were obvious candidates for inclusion. Less clear were tests with only a modicum of components available in Spanish. In the end, we favored inclusion over exclusion, as we believe that availability of even a single test component in Spanish may well influence test selection. For example, a school psychologist providing services or conducting research in the United States in cities such as Los Angeles, Houston, Miami, New York City, or now virtually any city in the U.S., likely would favor a test that offers a Spanish version of its parent rating scale over one without such a form. Thus, tests with any portion available in Spanish were targeted for acquisition.

Similar to its English counterpart, *PPE III* provides extensive and vital information about tests published in the Spanish language to acquaint test users with available measures and to facilitate appropriate selection of tests. *PPE III* is a comprehensive volume that describes, to the best of our ability, commercially available tests currently in print. Thus, both volumes offer thorough coverage of currently available testing products. To maximize its accessibility, *PPE* content appears in both Spanish and English. To increase its utility, most *PPE* descriptive fields correspond with those of *TIP*, with several vital additions. For example, fields were added to *PPE* that indicate whether Spanish norms are available as well as the country and language in which the test originated. Another important addition is the inclusion of information about the process the test publisher used to translate or adapt the test materials that were developed originally in a language other than Spanish. A full list of descriptor fields and content appears later in this Introduction under the heading of "How to Use *PPE III*."

PPE is best used as a means to locate and learn about commercially available testing products. We believe it to be an invaluable guide to both descriptive and analytical information. As a directory of commercially available tests, *PPE* is not designed to include all known tests. Specifically, *PPE* does not include either research or proprietary instruments. Research instruments are often

Específicamente, *PPE* no incluye instrumentos patentados o de investigación. Los instrumentos de investigación suelen publicarse en revistas profesionales y funcionan para las aplicaciones limitadas de los autores de la prueba. Las pruebas patentadas son frecuentemente diseñadas para un público especializado (p. ej., admisión, acreditación, certificación) o para mercados de alta seguridad (p. ej., gobierno, industria) y por tanto no se consideran comercialmente disponibles.

En el Prefacio del primer volumen de *Tests in Print* (1961), Oscar Buros señaló que el trabajo había estado en preparación desde hace más de 20 años. Los primeros dos volúmenes del *Mental Measurements Yearbook* fueron publicados en 1938 y 1940, y se hacía cada vez más evidente que se necesitaba realizar una bibliografía exhaustiva de pruebas disponibles. La serie *TIP* ha respondido a ese objetivo desde entonces, y *PPE* amplía el esfuerzo.

Aunque *PPE* tiene bastante en común con *TIP*, existen varias diferencias importantes entre los volúmenes—principalmente, el lenguaje de las pruebas para las cuales las descripciones fueron desarrolladas, así como el lenguaje de los volúmenes. Si bien *TIP* sirve como un índice global para todas las ediciones de la serie del *Mental Measurements Yearbook* publicadas hasta la fecha, *PPE* no comparte totalmente esta función, ya que no hemos (aún) publicado una edición en español del *Mental Measurements Yearbook*. Sin embargo, las referencias cruzadas en *PPE* a las reseñas críticas que figuran en los *Yearbooks* serán de gran importancia si las pruebas van a utilizarse apropiadamente. Por lo tanto, *PPE* y los *Yearbooks* funcionarán como compañeros inseparables en la cause de promover la selección y el uso eficaz de las pruebas.

La necesidad de una bibliografía exhaustiva de pruebas en español nunca ha sido más prominente. Nuestro trabajo en esta tarea masiva es un eco de la misión inicialmente propuesta por Oscar Buros. Es decir, trabajar para mejorar la ciencia y la práctica de la psicometría, ofreciendo información acerca de las pruebas disponibles comercialmente para consumidores potenciales. *PPE* representa una continuación de nuestros esfuerzos para proveer un recurso para personas que desarrollan, evalúan, estudian, compran y/o utilizan pruebas psicométricas.

Es nuestra esperanza que *PPE* sea útil para profesionales clínicos e investigadores a nivel mundial. La cubierta de este libro muestra las banderas de algunos 22 países cuyos ciudadanos hablan español como idioma oficial o para quienes el español es el primer o preferido idioma para muchos de los habitantes del país. Una bandera representa más que a una región geográfica, pues simboliza las personas que viven en esa región. Nos gustaría creer que *PPE* servirá un propósito único para personas que viven y trabajan en los países representados en la cubierta además de otros países donde viven residentes hispanohablantes.

PRUEBAS PUBLICADAS EN ESPAÑOL III

El contenido de *Pruebas Publicadas en Español III* incluye: (a) una bibliografía completa de pruebas disponibles comercialmente publicadas con algunos o todos sus componentes en español para utilizarse con individuos que hablan español; (b) un índice de títulos de las pruebas; (c) un índice de pruebas que han sido descontinuadas desde la publicación de la primera edición de *PPE* (2013) o *PPE II* (2018); (d) un índice de los acrónimos de las pruebas; (e) un índice clasificado por materias que describe también la población para la cual se destina cada prueba; (f) un directorio e índice de las casas editoriales, incluyendo información de contacto y listados prueba por la editorial; (g) un índice de nombres, que incluye los nombres de todos los autores de pruebas o de las reseñas, así como los nombres de los traductores y adaptadores; y (h) un índice de puntuación que enumera todas las puntuaciones generadas por las pruebas que se incluyen en *PPE*.

La organización del volumen es de modo enciclopédico, con las pruebas ordenadas alfabéticamente por título usando el título provisto por la casa editorial de la prueba, lo que puede ser en español o inglés. Por lo tanto, si se conoce el título de la prueba, el lector puede encontrar la descripción de la prueba de inmediato sin tener que consultar el Índice de Títulos. Las clasificaciones de las pruebas aparecen en el Índice Clasificado por Materias. Para cada entrada de prueba, la información se presenta en español e inglés, con la columna izquierda mostrando información descriptiva en español y la columna derecha mostrando la misma información en inglés. A lo largo del volumen, el contenido en inglés esta ligeramente sombreado por un fondo gris para ayudar a los lectores a encontrar y seguir el idioma de su preferencia.

published in journals and serve the limited uses of test authors. Proprietary tests are frequently designed for specialized audiences (e.g., admissions, licensure, certification) or for highly secured markets (e.g., government, industry) and therefore are not considered "commercially available."

In the Preface of the first *Tests in Print* volume (1961), Oscar Buros noted that the work had been in preparation for over 20 years. The first two volumes of *The Mental Measurements Yearbook* were published in 1938 and 1940, and it became increasingly apparent that a comprehensive bibliography of tests was needed. The *TIP* series has served this purpose ever since, and *PPE* extends the effort.

Although *PPE* has much in common with *TIP*, there are several important differences between the volumes—most notably, the language of the tests for which entries were developed as well as the languages of the volumes. Although *TIP* serves as a comprehensive index to all editions of *The Mental Measurements Yearbook* series published to date, *PPE* does not fully share this function, as we have not (yet) produced a Spanish edition of *The Mental Measurements Yearbook*. However, the cross references provided in *PPE* to the critical reviews contained in the *Yearbooks* will be of considerable importance if tests are to be used appropriately. Thus, *PPE* and the *Yearbooks* will function as inseparable partners in the cause of promoting effective selection and use of tests.

The need for a comprehensive bibliography of Spanish tests has never been more salient. Our work on this massive enterprise echoes the mission initially proposed by Oscar Buros, that is, to improve the science and practice of testing by offering information about commercial testing products to prospective consumers. *PPE* represents a continuation of our efforts to provide a resource for people who develop, evaluate, study, purchase, and/or use tests.

It is our hope that *PPE* will be useful to practitioners and researchers worldwide. The cover for this volume displays the flags of some 22 countries whose citizens speak Spanish as an official language or for whom Spanish is the preferred or first language for many of the country's residents. A flag represents more than a geographic region, as it symbolizes the people who live within that region. We would like to believe that *PPE* will serve a unique purpose for the people living and working in the countries represented on the cover, as well as other countries where there are many Spanish-speaking residents.

PRUEBAS PUBLICADAS EN ESPAÑOL III

The contents of *Pruebas Publicadas en Español III* include: (a) a comprehensive bibliography of commercially available tests, with some or all components published as separates for use with Spanish-speaking individuals; (b) an index of test titles; (c) a cumulative index of tests that have gone out of print since the publication of the first edition of *PPE* (2013) or *PPE II* (2018); (d) an index of test acronyms; (e) a classified subject index that also describes the population for which each test is intended; (f) a publishers directory and index, including contact information and test listings by publisher; (g) a name index, which includes the names of all authors of tests or of reviews as well the names of translators and adaptors; and (h) a score index listing all scores generated by tests listed in *PPE*.

The organization of the volume is encyclopedic in nature, with tests being ordered alphabetically by title using the title provided by the test publisher, which may be in Spanish or English. Thus, if the title of a test is known, the reader can locate the test description immediately without having to consult the Index of Titles. Test classifications appear in the Classified Subject Index. For each test entry, information is presented in Spanish and English, with the left-hand column showing descriptive information in Spanish and the right-hand column showing the same information in English. Throughout the volume, English content is slightly shaded by a gray background to assist readers in finding and following their preferred language.

The page headings reflect the encyclopedic organization. The page heading of the

TABLA 1

Entradas en Pruebas Publicadas en Español III (PPE III), Tests in Print X (TIP X) *por Categoría*

Categoría	Número (Porcentaje) de Entradas de Pruebas	
	PPE III [a]	TIP X [b]
Personalidad	238 (35.0%)	457 (22.8%)
Inteligencia y Aptitud General	72 (10.6%)	150 (7.5%)
Vocaciones	72 (10.6%)	393 (19.6%)
Evaluación de Comportamiento	60 (8.8%)	148 (7.4%)
Desarrollo	48 (7.1%)	103 (5.1%)
Misceláneo	38 (5.6%)	177 (8.8%)
Neuropsicología	36 (5.3%)	115 (5.7%)
Lenguaje/Inglés y Lenguaje [c]	26 (3.8%)	127 (6.3%)
Lectura	19 (2.8%)	77 (3.8%)
Educación	17 (2.5%)	62 (3.1%)
Sensorial-Motor	16 (2.4%)	44 (2.2%)
Logro	11 (1.6%)	46 (2.3%)
Habla y Audición	11 (1.6%)	55 (2.7%)
Matemáticas	6 (0.9%)	31 (1.5%)
Bellas Artes	5 (0.7%)	10 (0.5%)
Segundo Idioma/Idioma Extrajero [c]	5 (0.7%)	3 (0.1%)
Ciencia	0 (0.0%)	4 (0.2%)
Estudios Sociales	0 (0.0%)	0 (0.0%)

[a] Porcentajes reflejan las proporciones en *Pruebas Publicadas en Español III* (Schlueter, Anderson, Carlson, & Geisinger, 2023); n = 680. [b] Porcentajes reflejan las proporciones en *Tests in Print X* (Anderson, Schlueter, Carlson, & Geisinger, 2022); n = 2,002. [c] Categorías después de la barra se utiliza en *Tests in Print.*

Los encabezados de las páginas reflejan la organización enciclopédica. El encabezamiento en el lado izquierdo de la página cita el número y el título de la primera prueba que aparece en esa página, y el encabezamiento en el lado derecho cita el número y el título de la última prueba en esa página. Todos los números que se presentan en los distintos índices son números de las pruebas y no corresponden al número de la página. Los números de página, importantes sólo para el Índice de Contenido, se muestran al pie de cada página.

PRUEBAS

La tercera edición de *PPE* contiene 680 entradas de pruebas. A través de correspondencia directa con editoriales se confirmó el estatus de impresión de estas pruebas y se adquirieron los materiales de las pruebas de forma tangible. La Tabla 1 presenta el número y porcentaje de las pruebas en *PPE III* incluidas en cada clasificación mayor dentro del Índice Clasificado por Materias. La Tabla 1 también muestra el numero y porcentaje de las entradas de prueba por clasificación que se encuentran en el Índice Clasificado por Materias de *TIP X.* Es interesante observar las similitudes en el contenido entre *PPE III* y *TIP X.* En ambos volúmenes, la categoría de Personalidad incluye el mayor número de pruebas de cualquier categoría.

ÍNDICES

Como se ha mencionado anteriormente, *PPE* incluye siete índices de valor incalculable como ayudas para el uso efectivo: (a) Índice de Títulos, (b) Índice de Pruebas Descontinuadas (c) Índice de Acrónimos, (d) Índice Clasificado por Materias, (e) Directorio e Índice de Editoriales, (f) Índice de Nombres y (g) Índice de Puntuaciones. Descripciones breves de estos índices están provistos a continuación. Los índices se presentan en español y en inglés, por lo general como un índice individual (es decir, Índice de Títulos, Índice de Pruebas Descontinuadas, Índice de Acrónimos, Directorio e Índice de Editoriales e Índice de Nombres). Debido a su contenido, se encontró justificación para presentar

TABLE 1

Test Entries in Pruebas Publicadas en Español III (PPE III), Tests in Print X (TIP X) *by Category*

Category	Number (Percentage) of Test Entries PPE III [a]	TIP X [b]
Personality	238 (35.0%)	457 (22.8%)
Intelligence and General Aptitude	72 (10.6%)	150 (7.5%)
Vocations	72 (10.6%)	393 (19.6%)
Behavior Assessment	60 (8.8%)	148 (7.4%)
Developmental	48 (7.1%)	103 (5.1%)
Miscellaneous	38 (5.6%)	177 (8.8%)
Neuropsychological	36 (5.3%)	115 (5.7%)
Language/English and Language [c]	26 (3.8%)	127 (6.3%)
Reading	19 (2.8%)	77 (3.8%)
Education	17 (2.5%)	62 (3.1%)
Sensory Motor	16 (2.4%)	44 (2.2%)
Achievement	11 (1.6%)	46 (2.3%)
Speech and Hearing	11 (1.6%)	55 (2.7%)
Mathematics	6 (0.9%)	31 (1.5%)
Fine Arts	5 (0.7%)	10 (0.5%)
Second Languages/Foreign Languages [c]	5 (0.7%)	3 (0.1%)
Science	0 (0.0%)	4 (0.2%)
Social Studies	0 (0.0%)	0 (0.0%)

[a] Percentages reflect the proportions in *Pruebas Publicadas en Español III* (Schlueter, Anderson, Carlson, & Geisinger, 2023); n = 680. [b] Percentages reflect the proportions in *Tests in Print X* (Anderson, Schlueter, Carlson, & Geisinger, 2022); n = 2,002. [c] Categories after the slash are used in *Tests in Print.*

left-hand page cites the number and title of the first test listed on that page, and the page heading of the right-hand page cites the number and title of the last test listed on that page. All numbers presented in the various indexes are test numbers, not page numbers. Page numbers, important only for the Table of Contents, are shown at the bottom of each page.

TESTS

The third edition of *PPE* contains 680 test entries. The in-print status of these tests was confirmed by direct correspondence with publishers and procurement of actual test materials. Table 1 presents the number and percent of test entries in *PPE III* included in each major test classification of the Classified Subject Index. Table 1 also shows the number and percent of test entries included in each classification of the *TIP X* Classified Subject Index. It is interesting to note the similarities in content between *PPE III* and *TIP X.* In both volumes, the Personality test category includes the greatest number of tests of any category.

INDEXES

As mentioned previously, *PPE* includes seven indexes invaluable as aids to effective use: (a) Index of Titles, (b) Index of Out-of-Print Tests, (c) Index of Acronyms, (d) Classified Subject Index, (e) Publishers Directory and Index, (f) Index of Names, and (g) Score Index. Brief descriptions of these indexes appear below. Indexes are presented in Spanish and in English, typically as a single index (i.e., Index of Titles, Index of Out-of-Print Tests, Index of Acronyms, Publishers Directory and Index, and Index of Names). Because of their content, two indexes warrant separate presentations, first in Spanish and then in English (i.e., Classified Subject Index and Score Index).

Index of Titles. Because the tests are ordered alphabetically by title throughout

dos índices por separado, primero en español y luego en inglés (es decir, Índice Clasificado por Materias, Índice de Nombres).

Índice de Títulos. Dado que las pruebas están ordenadas alfabéticamente por título a través del volumen, el Índice de Títulos no tiene que consultarse para encontrar una prueba para la cual se conoce el título. Sin embargo, el Índice de Títulos facilita la búsqueda de un título cuando el título preciso o completo no se conoce o cuando el lector conoce el nombre original (p. ej., inglés) pero no el nombre en español de la prueba. Debe tenerse en cuenta que los números de este índice, como los de todos los índices en *PPE*, *TIP* y *MMY*, hacen referencia al número asignado a la prueba, no al número de página.

Índice de Pruebas Descontinuadas. Este índice es un listado comprensivo de todas las pruebas descritas en *PPE* (2013) o *PPE II* (2018) que han sido descontinuadas por la casa editorial de la prueba. El número que sigue el título indica el número de la entrada de la prueba cuando se publicó por última vez en *PPE* (p. ej., *PPE* 1:306 refiere al número de prueba 306 en la primera edición de *PPE*; *PPE* 2:573 refiere al número de prueba 573 en *PPE II*).

Índice de Acrónimos. Algunas pruebas parecen ser mejor conocidas por su acrónimo en vez de por su nombre completo. El Índice de Acrónimos ayuda en estos instantes; este índice le indica al lector el título completo de la prueba, información relevante descriptiva y de su reseña (de haber alguna).

Índice Clasificado por Materias. El Índice Clasificado por Materias clasifica todas las pruebas que se incluyen en *PPE III* en 18 categorías principales: Logro, Evaluación de Comportamiento, Desarrollo, Educación, Bellas Artes, Inteligencia y Aptitud General, Lenguaje, Matemáticas, Misceláneo, Neuropsicología, Personalidad, Lectura, Segundo Idioma, Ciencia, Sensorial-Motor, Estudios Sociales, Habla y Audición y Vocaciones. Cada entrada incluye título, población para la cual está destinada la prueba y el número de esta. El Índice Clasificado por Materias es de gran utilidad para los lectores que buscan obtener una lista de pruebas en áreas temáticas determinadas. El Índice Clasificado por Materias representa un punto de partida para los lectores que conocen su área de interés, pero no saben cómo enfocar ese interés con el fin de identificar la(s) mejor(es) prueba(s) para su propósito en particular. Un listado descriptivo de las categorías precede al Índice Clasificado por Materias.

Directorio e Índice de Editoriales. El Directorio e Índice de Editoriales incluye los nombres y direcciones de las casas editoriales que publican las pruebas incluidas en *PPE III*, además de incluir una lista de los números de las pruebas para cada editorial. Este índice también incluye los números de teléfono, FAX y direcciones de acceso electrónico (correo electrónico y páginas web) cuando estén disponible. Más aún, se les dio a los editores la oportunidad de proveer esta información de contacto como ellos querían que se publicase. Para aquellos que no proveyeron su información, hemos provisto la información que podíamos encontrar en línea. Este índice puede ser particularmente útil en la obtención de información adicional de las casas editoriales sobre sus pruebas luego de haber leído o evaluado las descripciones de las pruebas. También puede ser útil cuando un lector conoce la editorial de una prueba determinada, pero no está claro sobre el título o cuando un lector está interesado en la gama de pruebas publicadas por una casa editorial determinada.

Índice de Nombres. El Índice de Nombres presenta una lista completa de los nombres de los autores de las pruebas, los traductores y adaptadores de las pruebas y los que escriben las reseñas de las pruebas (listados en las referencias cruzadas).

Índice de Puntuación. El Índice de Puntuación es un índice de todas las puntuaciones generadas por las pruebas de *PPE III*. Los títulos de las pruebas son a veces engañosas o ambiguos y el contenido de la prueba puede ser difícil de definir con precisión. Los resultados de las pruebas representan definiciones operacionales de las variables que el autor está tratando de medir y, como tal, suelen definir de manera más adecuada el propósito de la prueba y su contenido más que cualquier otra información descriptiva. La búsqueda de una prueba en particular es casi siempre una búsqueda de una prueba que mide alguna variable específica. Las puntuaciones de las pruebas y sus nombres a menudo pueden ser las mejores definiciones de las variables de interés. El índice de puntuación es, de hecho, un índice temático detallado basado en las características operacionales más críticas de cualquier prueba—las puntuaciones y los nombres a las que están asociados.

the volume, the test title index does not have to be consulted to find a test for which the title is known. However, the title index makes it easier to search for test titles when a complete, precise title is not known, or when a reader knows the original (e.g., English) name, but not the Spanish name of the test. One should keep in mind that the numbers in this index, like those for all *PPE*, *TIP*, and *MMY* indexes, are test numbers and not page numbers.

Index of Out-of-Print Tests. This index is a comprehensive listing of all tests that were described in *PPE* (2013) or *PPE II* (2018) that have subsequently gone out of print. The number following the title indicates the number of the test entry the last time the description appeared in *PPE* (e.g., *PPE* 1:306 refers to test number 306 in the first edition of *PPE*; *PPE* 2:573 refers to test number 573 in *PPE II*).

Index of Acronyms. Some tests seem to be better known by their acronyms than by their full titles. The Index of Acronyms can help in these instances; it refers the reader to the full title of the test and to the relevant descriptive information and reviews.

Classified Subject Index. The Classified Subject Index classifies all tests listed in *PPE III* into 18 major categories: Achievement, Behavior Assessment, Developmental, Education, Fine Arts, Intelligence and General Aptitude, Language, Mathematics, Miscellaneous, Neuropsychological, Personality, Reading, Second Languages, Science, Sensory-Motor, Social Studies, Speech and Hearing, and Vocations. Each test entry includes test title, population for which the test is intended, and test number. The Classified Subject Index is of great help to readers who seek a listing of tests in given subject areas. The Classified Subject Index represents a starting point for readers who know their area of interest but do not know how to further focus that interest in order to identify the best test(s) for their particular purposes. A descriptive listing of the categories precedes the Classified Subject Index.

Publishers Directory and Index. The Publishers Directory and Index includes the names and addresses of the publishers of all tests included in *PPE III* plus a listing of test numbers for each individual publisher. This index also includes telephone and FAX numbers and addresses for electronic access (email and web pages) when available. Publishers were given an opportunity to provide this information as they wanted it listed. For publishers who did not respond to this request, we have provided what information we could find online. This index can be particularly useful in obtaining additional information from test publishers about their test after the test descriptions have been read and evaluated. It also can be useful when a reader knows the publisher of a certain test but is uncertain about the test title, or when a reader is interested in the range of tests published by a given publisher.

Index of Names. The Index of Names provides a comprehensive list of names of test authors, translators and adaptors of tests, and reviewers of tests (listed in the cross references).

Score Index. The Score Index is an index to all scores generated by the tests in *PPE III*. Test titles are sometimes misleading or ambiguous, and test content may be difficult to define with precision. Test scores represent operational definitions of the variables the test author is trying to measure, and as such they often define test purpose and content more adequately than other descriptive information. A search for a particular test is most often a search for a test that measures some specific variable. Test scores and their associated labels can often be the best definitions of the variables of interest. The Score Index is, in fact, a detailed subject index based on the most critical operational features of any test—the scores and their associated labels.

HOW TO USE *PPE III*

A reference work like *PPE* can be of far greater benefit to a reader if a little time is taken to become familiar with what it has to offer and how one might use it most effectively to obtain the information sought. The first step in this process is to read the Introduction to *PPE*. The second step is to become familiar with the seven indexes and particularly with the instructions preceding

CÓMO UTILIZAR *PPE III*

Una obra de referencia como *PPE* puede ser mucho más beneficiosa para un lector si se toma un poco de tiempo para familiarizarse con lo que el volumen ofrece y cómo se podría utilizar eficazmente para obtener la información deseada. El primer paso en este proceso es leer la Introducción de *PPE*. El segundo paso es familiarizarse con los siete índices y particularmente con las instrucciones que preceden a cada índice. El tercer paso es hacer uso real del libro buscando información necesaria. Este tercer paso es simple, si uno tiene en cuenta las siguientes posibilidades:

1. Si se conoce el título de la prueba, pueden usarse los encabezamientos de las páginas, que están en orden alfabético, para ir directamente a la entrada de esta.

2. Si se conoce el título de la prueba en inglés, pero no sabe si existe una versión en español de la misma (o si uno sabe que existe una versión en español, pero no conoce el título), consulte el Índice de Títulos para encontrar el nombre correcto que debe utilizar. El Índice de Títulos enumera los títulos de las pruebas tanto en español como en inglés y provee el número de la prueba por el que se puede encontrar la entrada descriptiva. El índice también provee los nombres originales de las pruebas que han sido traducidas o adaptadas, emparejado con sus títulos españoles correspondientes.

3. Si no se sabe, no se encuentra o no se está seguro del título de una prueba, se puede consultar el Índice de Títulos para encontrar posibles variaciones del título o podría también buscar el área temática apropiada dentro del Índice Clasificado por Materias para hallar pruebas similares o relacionadas a su área de interés. (Otros usos para ambos índices fueron descritos anteriormente.)

4. Si se conoce el autor de una prueba, pero no sabe el título o la editorial, se debe consultar el Índice de Nombres y buscar el autor de la prueba y los títulos correspondientes hasta que la prueba deseada se encuentre.

5. Si se conoce la casa editorial que publica la prueba, pero no el título o el autor, se debe consultar el Directorio e Índice de Editoriales y buscar los títulos publicados por esa editorial hasta que se encuentra la prueba deseada.

6. Si un usuario o usuaria está buscando una prueba que da una puntuación particular, pero no conoce cuál es la prueba exacta, se debe utilizar el Índice de Puntuación para buscar la prueba o pruebas que incluyan la puntuación de interés.

7. Una vez se haya encontrado la prueba o pruebas que se estaban buscando, se deben leer las entradas descriptivas de dichas pruebas cuidadosamente con el fin de aprovecharse de la información proporcionada. Si la descripción de la prueba provee referencias cruzadas, el lector podrá acceder la reseña crítica de la prueba entre la serie de volúmenes del *Mental Measurements Yearbook*. La descripción de la información que se encuentra disponible en cada entrada de *PPE* se presentará más adelante en esta sección.

8. Después del usuario haber leído la información descriptiva, él o ella podrá querer examinar los materiales de una prueba de primera mano. El Directorio e Índice de Editoriales provee la información de contacto necesaria para poder obtener conjuntos de muestras o catálogos.

Uso Eficaz de las Entradas de Prueba. Las entradas de prueba, derivadas por la inspección de primera mano de los materiales de las pruebas, abarcan amplia información. Como se señalo anteriormente, las entradas de prueba se presentan en español en la columna izquierda y en inglés en la columna derecha de cada página. El contenido en inglés aparece sombreado ligeramente en gris. Los lectores que deseen evaluar la utilidad de una prueba determinada tal vez deban tomar atención especial a los campos descriptivos únicos a *PPE*. Estos campos son: Nombre Original, Procedencia, Traducción/Adaptación, Baremos, Traductor/Adaptador, Componentes en Español y Componentes en Inglés. Juntos, estos campos ayudarán a los usuarios de las pruebas a evaluar la idoneidad de una prueba determinada para su uso con poblaciones específicas (p. ej. hispanohablantes). Para cada prueba, la información descriptiva se presenta en el siguiente orden:

a) TÍTULO. Los títulos se imprimen en letra negrita. Los títulos de las pruebas se proporcionan en el idioma utilizado por el editor de la prueba para promocionarla.

each index listing. The third step is to make actual use of the book by looking up needed information. This third step is simple if one keeps in mind the following possibilities:

1. If one knows the title of the test, one may use the alphabetical page headings to go directly to the test entry.

2. If one knows the English title of the test but does not know whether there is a Spanish version of it (or if one knows there is a Spanish version but does not know its title), consult the Index of Titles to find the correct title to use. The Index of Titles lists both Spanish and English test titles and provides the test number from which one may access the descriptive entry. The index also provides the original names of tests that have been translated or adapted, paired with their corresponding Spanish titles.

3. If a user does not know, cannot find, or is unsure of the title of a test, they may consult the Index of Titles for possible variants of the title or may consult the appropriate subject area of the Classified Subject Index for other possible leads or for similar or related tests in the same area. (Other uses for both indexes were described earlier.)

4. If one knows the author of a test but does not know the title or publisher, one may consult the Index of Names and look up the test author and corresponding test titles until the desired test is found.

5. If a user knows the test publisher but not the test title or test author, they may consult the Publishers Directory and Index and look up the publisher's titles until the desired test is found.

6. If a user is searching for a test that yields a particular kind of score but has no knowledge of which test that might be, they can use the Score Index to look up the test or tests that include the score variable of interest.

7. Once one has found the test or tests one is looking for, one should read the descriptive entries for these tests carefully in order to take advantage of the information provided. If the test entry has cross references, one may wish to access the critical reviews for the test in *The Mental Measurements Yearbook* series. A description of the information available in *PPE* test entries is presented later in this section.

8. After a user has read the descriptive information, they may want to examine the test materials firsthand. The Publishers Directory and Index provides the contact information needed to obtain specimen sets or catalogs.

Making Effective Use of the Test Entries. The test entries include extensive information, derived by firsthand inspection of test materials. As noted earlier, entries are presented in Spanish in the left-hand column of each page and in English in the right-hand column of each page. English content is shaded lightly in gray. Readers seeking to evaluate the utility of a given test may wish to take special notice of the descriptive fields unique to *PPE*. These fields are Original Name, Origin, Translation/Adaptation, Norms, Translator/Adaptor, Spanish Components, and English Components. Together, these fields will help test users assess the suitability of a given test for use with specific populations (e.g., Spanish speakers). For each test, descriptive information is presented in the following order:

a) TITLE. Test titles are printed in boldface type. Test titles are provided in the language used by the test publisher to promote or market the test.

b) ORIGINAL NAME. If applicable, the original test title is given. Often, this title is the title associated with the original language version of the test. If the original test was published by a different publisher, that publisher is listed parenthetically.

c) PURPOSE. For each test, we include a brief, clear statement describing the purpose of the test. Often these statements are quotations from the test manual.

d) ORIGIN. The country and language in which the original test was developed is specified. Where applicable, this field includes the year(s) in which the English (or other language) materials used to develop Spanish materials were published.

e) TRANSLATION/ADAPTATION. This section describes the process used to translate or adapt the test or its respective components into Spanish, using information provided in the test materials. For example, test

b) NOMBRE ORIGINAL. Si corresponde, se provee el título original de una prueba. A menudo, este título es el título asociado con la versión lingüística original de la prueba. Si la prueba original fue publicada por una editorial diferente a la que publica la prueba al presente, esa casa editorial aparece entre paréntesis.

c) PROPÓSITO. Para cada prueba, se incluye una descripción breve y clara sobre la finalidad de la prueba. Frecuentemente, estos enunciados son citas directas del manual de la prueba.

d) PROCEDENCIA. Se especifica el país y el idioma en que se desarrolló la prueba original. Cuando corresponda, este campo incluye el(los) año(s) en que se publicó los materiales en inglés (u otro idioma) que se usaban para desarrollar los materiales en español.

e) TRADUCCIÓN/ADAPTACIÓN. Utilizando la información proporcionada en los materiales de la prueba, esta sección describe el proceso que se utilizó para traducir o adaptar la prueba o sus distintos componentes al español. Por ejemplo, los editores de la prueba pueden describir el uso de un proceso de traducción/retrotraducción o puede informar que el desarrollo de las versiones en español e inglés se llevaron a cabo simultáneamente. Sí no aparece tal información en los materiales de la prueba, se incluye una frase explicativa aquí.

f) POBLACIÓN. Este campo contiene una descripción de los grupos para los cuales está destinada la prueba. Generalmente se provee el grado, la edad cronológica, el rango de semestres o la categoría ocupacional. Si una prueba en español enumera los diferentes grados (Primaria, ESO, Bachillerato), éstos se traducen a las edades correspondientes, de manera que 2º Primaria = 7 años, 3º Primaria = 8 años, 4º Primaria = 9 años, 5º Primaria = 10 años, 6º Primaria = 11 años, 1º ESO = 12 años, 2º ESO = 13 años, 3º ESO = 14 años, 4º ESO = 15 años, 1º Bachillerato = 16 años, 2º Bachillerato = 17 años.

g) BAREMOS. Encontrará un resumen conciso descriptivo de los baremos desarrollados con hispanohablantes en términos de la muestra de desarrollo utilizado. Se reporte también el tamaño de las muestras y los rangos de edad, el género, la información geográfica, el nivel educativo y otros datos relevantes de los participantes, según disponibles. Por ejemplo, "Se desarrollaron los baremos utilizando una muestra de diversidad geográfica de 1,578 participantes españoles, distribuidos por género, edad y nivel educativo".

h) FECHA DE PUBLICACIÓN. Se informa la gama de las fechas de publicación para los diversos formularios, accesorios y las ediciones de las pruebas.

i) ACRÓNIMO. Cuando el editor de la prueba suele referirse a la prueba por un acrónimo, estas siglas se presentan en el campo descriptivo justo debajo de la fecha de publicación.

j) PUNTUACIÓN. El número de puntuaciones de una sección (p. ej., subpuntuaciones o puntuaciones de los componentes) se presenta junto con sus títulos o descripciones de lo que están destinadas a representar o medir.

k) ADMINISTRACIÓN. Se indica si la administración debe ser individual o colectiva. Una prueba se considera una prueba para administración colectiva a menos que pueda ser administrada sólo individualmente.

l) FORMULARIOS, PARTES O NIVELES. Se enumeran todos los formularios, partes o niveles disponibles.

m) PRECIOS. Se informa la información sobre precios para los juegos de pruebas, hojas de respuestas y todos los demás accesorios. El enunciado "$17.50 por 35 pruebas" significa que todos los accesorios están incluidos, a menos que se indique lo contrario reportando precios por separado para los accesorios. A menos que se indique de otro modo, esta declaración también significa 35 pruebas de un nivel, una edición o una parte. Puesto que los precios de las pruebas pueden cambiar rápidamente, el año en que se obtuvieron los precios también se reporta. Se le ha asignado el símbolo correspondiente a todas las divisas. Junto con el precio, se reportan la fecha de publicación y el número de páginas para los manuales e informes técnicos (p. ej., 1995, 102 páginas). Todos los tipos de hojas de respuesta (aquellas que se califican a mano, a máquina o en línea) se informan en este campo. Junto con la información sobre los costos, también se presentan los servicios de calificación e informes que proporciona la editorial. En algunos casos, los servicios especiales de puntuación e interpretación se dan en otros campos descriptivos en la entrada de prueba.

n) DURACIÓN. El número de minutos de tiempo de trabajo que se le otorga al examinado

publishers may describe the use of a translation/back translation process or may report developing Spanish and English versions of a test simultaneously. If no such information appears in the test materials, a statement to that effect is included here.

f) POPULATION. This field provides a description of the groups for which the test is intended. The grade, chronological age, semester range, or employment category is usually given. If a Spanish test lists grade levels (Primaria, ESO, Bachillerato), these are translated to the corresponding ages, such that 2° Primaria = 7 years, 3° Primaria = 8 years, 4° Primaria = 9 years, 5° Primaria = 10 years, 6° Primaria = 11 years, 1° ESO = 12 years, 2° ESO = 13 years, 3° ESO = 14 years, 4° ESO = 15 years, 1° Bachillerato = 16 years, 2° Bachillerato = 17 years.

g) NORMS. A concise descriptive summary of norms developed using Spanish speakers is provided in terms of the development sample employed. Sample size, age ranges, gender, geographic information, educational level, and other relevant data about the participants are reported, as available. For example, "Norms were developed using a geographically diverse sample of 1,578 Spanish participants, distributed by gender, age, and educational level."

h) PUBLICATION DATE. The inclusive range of publication dates for the various forms, accessories, and editions of a test is reported.

i) ACRONYM. When a test is referred to by an acronym by the test publisher, the acronym is given in the descriptive field immediately following the publication date.

j) SCORES. The number of part scores (e.g., subscores or component scores) is presented along with their titles or descriptions of what they are intended to represent or measure.

k) ADMINISTRATION. Individual or group administration is indicated. A test is considered a group test unless it may be administered only individually.

l) FORMS, PARTS, AND LEVELS. All available forms, parts, and levels are listed.

m) PRICE DATA. Price information is reported for test packages, answer sheets, and all other accessories. The statement "$17.50 per 35 tests" means that all accessories are included unless otherwise indicated by the reporting of separate prices for accessories. The statement also means 35 tests of one level, one edition, or one part unless stated otherwise. Because test prices can change very quickly, the year that the listed test prices were obtained is also given. All currency is assigned the appropriate symbol. Along with cost, the publication date and number of pages on which print occurs is reported for manuals and technical reports (e.g., 1995, 102 pages). All types of answer sheets (hand scored, computer scored, online) available for use with a specific test are also reported in this field. Scoring and reporting services provided by publishers are reported along with information on costs. In some cases, information about special scoring and interpretation services is provided in other fields in the test description.

n) TIME. The number of minutes of actual working time allowed examinees and the approximate length of time needed for administering a test are reported whenever obtainable. The latter figure is always enclosed in parentheses. Thus, "50(60) minutes" indicates that the examinees are allowed 50 minutes of working time and that a total of 60 minutes is needed to administer the test. A time of "40–50 minutes" indicates an untimed test that takes approximately 45 minutes to administer, or—in a few instances—a test so timed that working time and administration time are very difficult to disentangle. When the time necessary to administer a test is not reported or suggested in the test materials but has been obtained through correspondence with the test publisher or author, the time is enclosed in brackets.

o) COMMENTS. Some entries contain special notations. This information is relevant to the understanding, administration, and/or use of the test but does not fit under any other descriptive field. Some examples include "revision of the ABC test"; "subtests available as separates"; "test administrators must have native or near native proficiency in Spanish"; and "administered via paper and pencil or online." Some of the test entries include additional factual statements that may influence one's perception of the test,

y la duración aproximada de tiempo necesaria para la administración de la prueba se reportan cada vez que son obtenidos. Esta última cifra está siempre entre paréntesis. Así, "50(60) minutos" indica que se les permite a los examinados 50 minutos de tiempo de trabajo y que un total de 60 minutos es necesario para administrar la prueba. Un tiempo de "40-50 minutos" indica una prueba sin tiempo límite que dura unos 45 minutos de administrar, o—en algunos casos—una prueba tan atada a un límite de tiempo que se hace difícil separar el tiempo de administración del tiempo efectivo de trabajo. Cuando el tiempo necesario para administrar una prueba no se reporta o sugiere en los materiales de la prueba sino que se ha obtenido a través de correspondencia con la editorial o el autor, el tiempo está encerrado entre corchetes.

o) COMENTARIOS. Algunas entradas contienen anotaciones especiales. Esta información es relevante a la comprensión, aplicación y/o uso de la prueba, pero no pertenece a ninguno de los otros campos descriptivos. Algunos ejemplos incluyen "revisión de la Prueba ABC"; "subpruebas disponibles por separado"; "administradores de la prueba requieren del dominio o casi dominio de un nativo en el español"; y "se aplica por papel y lápiz o en línea". Algunas de las entradas de prueba incluyen declaraciones objetivas adicionales que pueden influir en la percepción de la prueba, tales como "Prueba del 1990 idéntica a la prueba con derechos de autor del 1970."

p) AUTOR. Para la mayoría de las pruebas, todos los autores son enumerados. En el caso de las pruebas que aparecen de manera distinta cada año, típicamente se muestran sólo los autores de las formas más recientes. Los nombres se incluyen tal como aparecen en los materiales de las pruebas. Los nombres de los editores generalmente no son reportados.

q) TRADUCTOR/ADAPTADOR. Se proveen los nombres de los traductores o adaptadores cuando esta información puede determinarse a partir de los materiales de las pruebas.

r) EDITORIAL. El nombre de la casa editorial o distribuidor se informa para cada prueba. Se debe consultar el Directorio e Índice de Editoriales para adquirir la dirección física o postal u otra información de contacto.

s) SUBLISTING. Niveles, ediciones, subpruebas, o partes de una prueba disponible en un cuadernillo aparte se presentan en ocasiones como sublistings con los títulos en mayúsculas pequeñas. Los sub-sublistings se les aplica una sangría y los títulos se encuentran en cursiva.

t) COMPONENTES EN ESPAÑOL. Se enumeran los componentes de prueba disponibles en español. Si la prueba esta totalmente disponible en español, la siguiente afirmación se hace: "Todos los materiales están disponibles en español". Si la prueba ofrece sólo algunas partes en español, se especifican las partes, así como "Las instrucciones y las hojas de respuestas están disponibles en español".

u) COMPONENTES EN ÍNGLES. Se enumeran los componentes de prueba disponibles en inglés. Las pruebas que han sido totalmente adaptadas al español o que son traducciones con frecuencia continúan ofreciendo algunos o todos los materiales de la prueba en inglés. En estos casos, se especifican los componentes en inglés. No obstante, no todas las pruebas que han sido totalmente adaptadas o traducidas al español ofrecen materiales en inglés para la versión que aparece en *PPE III*. En estos casos, se utiliza la frase, "No hay materiales en inglés en esta versión". Para las pruebas disponibles sólo en español, la siguiente afirmación se utiliza: "No hay materiales en inglés".

v) REFERENCIAS CRUZADAS. Las pruebas que cumplen con los criterios de revisión del Buros Center pueden tener una reseña crítica publicada previamente en algún volumen del *Mental Measurements Yearbook*. De ser así, información sobre esta referencia es incluida al final de la entrada de la prueba. Para las pruebas que han sido previamente incluidas en un *Mental Measurements Yearbook*, se incluye un párrafo final en la descripción de la prueba que contiene una referencia a las reseñas de dicha prueba, utilizando ambos el número del anuario y el de la prueba. Por ejemplo, la referencia cruzada, "18:113" se refiere a la prueba 113 ("School Motivation and Learning Strategies Inventory") en *The Eighteenth Mental Measurements Yearbook*. Se proporciona una referencia cruzada exclusivamente para pruebas para las cuales el título en *PPE* es idéntico al nombre de la prueba que se utiliza en la reseña correspondiente.

such as "1990 test identical with test copyrighted 1970."

p) AUTHOR. For most tests, all authors are reported. In the case of tests that appear in a new form each year, typically only authors of the most recent forms are listed. Names are reported exactly as printed on test booklets. Names of editors generally are not reported.

q) TRANSLATOR/ADAPTOR. The names of the test translators or adaptors are provided when this information can be ascertained from the test materials.

r) PUBLISHER. The name of the publisher or distributor is reported for each test. The Publishers Directory and Index must be consulted for a publisher's address and other contact information.

s) SUBLISTINGS. Levels, editions, subtests, or parts of a test available in separate booklets are sometimes presented as sublistings with titles set in small capital letters. Sub-sublistings are indented, and titles are set in italic type.

t) SPANISH COMPONENTS. Test components available in Spanish are listed. If the test is entirely available in Spanish, the following statement is made: "All materials are available in Spanish." If the test offers only certain parts in Spanish, those parts are specified, as in, "The instructions and answer sheets are available in Spanish."

u) ENGLISH COMPONENTS. Test components available in English are listed. Tests that have been fully adapted into Spanish or that are translations often continue to offer some or all test materials in English. In these cases, the English components are specified. Tests that have been fully adapted into Spanish or that are translations may not offer any English materials in the version listed in *PPE III*. In these cases, the phrase, "There are no English materials in this version" is used. For tests available only in Spanish, the following statement is made, "There are no materials in English."

v) CROSS REFERENCES. Tests that meet Buros Center review criteria may have been reviewed previously in the *Mental Measurements Yearbook* series. If so, cross-reference information is included at the end of the test entry. For tests that have been reviewed previously in a *Mental Measurements Yearbook*, a test entry includes a final paragraph containing a cross reference to the reviews for that test, using the yearbook number and test number. For example, the cross reference "18:113" refers to test 113 (School Motivation and Learning Strategies Inventory) in *The Eighteenth Mental Measurements Yearbook*. Cross-reference information is provided for tests for which the title in *PPE* is identical to the test name used in the corresponding review.

ACKNOWLEDGEMENTS

The publication of a volume of this kind is accomplished only with the effort and cooperation of many people. The editors are grateful to all who have given of their time and expertise in the publication process. We are especially grateful to Analay Perez, Guadalupe Gutierrez, and Amanda Barrett, the graduate research assistants who helped write, translate, and proofread test descriptions for inclusion in *PPE III*.

Staff members of the Buros Center for Testing have been major contributors and vital to the success of gathering and compiling the information to be included in *PPE III*. It truly has been a team effort. We genuinely appreciate the contributions of Joel Puchalla, Assistant Editor, who helped with proofreading, indexing, and cover design. We also acknowledge the efforts of Anja Römhild for her work with our database subscription service providers. We appreciate the supportive spirit of the graduate assistants involved primarily with our other publications—Kyle Bizal, Sara Luedders Gahan, and Camryn Steckelberg. The administrative support and personal optimism of Zoe McManaman, Office Associate, has also been very important and helpful. The professional staff of the Assessment Literacy and Psychometric Consulting units—Jessica Jonson, María Elena Oliveri, and Anja Römhild—have provided insights into a range of issues that improved this publication. In addition, we recognize the support and assistance provided by Theresa Glanz and Heather Snodgrass in financial and marketing areas, respectively.

The Buros Center for Testing is part of the Department of Educational Psychology and the College of Education and Human Sciences at the University of Nebraska–Lincoln. We thank

AGRADECIMIENTOS

La publicación de un volumen de este tipo sólo se logra con el esfuerzo y la colaboración de muchas personas. Los editores agradecen a todos aquellos que han dado de su tiempo y pericia en el proceso de publicación. Estamos especialmente agradecidos a Analay Perez, Guadalupe Gutierrez y Amanda Barrett, las asistentes graduadas que ayudaron escribir, traducir y corregir las descripciones de pruebas para ser incluidas en *PPE III*.

Los miembros del personal del Buros Center for Testing han sido contribuyentes importantes y esenciales para el éxito de la recopilación y compilación de la información a incluirse en *PPE III*. Realmente ha sido un esfuerzo de equipo. Genuinamente apreciamos las contribuciones de Joel Puchalla, Editor Asistente, que ayudaba con la corrección, los índices y el diseño de la cubierta. También apreciamos los esfuerzos de Anja Römhild para su trabajo con los proveedores de servicios de suscripción para nuestro base de datos. Apreciamos el espíritu solidario de los asistentes graduados involucrados principalmente en nuestras demás publicaciones—Kyle Bizal, Sara Luedders Gahan y Camryn Steckelberg. La ayuda administrativa y optimismo personal de Zoe McManaman, Asociada de Oficina, también ha sido muy importante y útil. El equipo de profesionales de los departamentos de Assessment Literacy y Psychometric Consulting—Jessica Jonson, María Elena Oliveri y Anja Römhild —quienes con sus conocimientos nos han ayudado a comprender una serie de asuntos que han mejorado esta publicación. Además, reconocimos el apoyo y asistencia provisto por Theresa Glanz y Heather Snodgrass en las áreas financieras y de publicidad, respectivamente.

El Buros Center for Testing es parte del Departamento de Psicología Educacional y la Facultad de Educación y Ciencias Humanas de la Universidad de Nebraska–Lincoln. Damos las gracias a Susan Swearer, la directora del Departamento de Psicología Educacional durante los años finales del desarrollo de *PPE III*, por su interés en y apoyo de esta iniciativa, y brindamos nuestro aprecio a Michael Scheel, que la precedió como director. También queremos expresar nuestro agradecimiento a Sherri Jones, Decana de la Facultad de Educación y Ciencias Humanas durante de la mayoría del tiempo que se desarrollaba *PPE III* y a Beth Doll, Decana Intermedio de la Facultad. Los programadores de software Cody Hanson y Alan Nelson y el director del desarrollo de aplicaciones Nick Barry han sido instrumentales en nuestros esfuerzos para desarrollar y manejar el base de datos. Sus contribuciones ayudaron enormemente la producción de este volumen. Muchos de los estudiantes del departamento y la universidad contribuyen de manera importante a las publicaciones producidas por Buros. Les damos las gracias por sus aportaciones, que tomaron muchas formas.

Agradecemos asimismo a nuestro Consejo Nacional de Asesoramiento por su disposición para ofrecer guía al Buros Center for Testing y proveer consejo valioso con respecto al desarrollo de *PPE III*. Los miembros del Comité de Asesoramiento Nacional durante el tiempo de preparación del presente volumen fueron Deborah Bandalos, Jeffery Braden, Paula Kaufman, Scott Lilienfeld, Les Morey, Fred Oswald, Jennifer Randall, Michael Rodriguez, Joseph Salem, Jonathan Sandoval y Nancy Tippins.

La mayoría de los editores de las pruebas incluidas han sido sumamente cooperativos en facilitarnos sus materiales e información para hacer de estas descripciones unas completas y certeras. Valoramos la asistencia oportuna y receptividad de las casas editoriales más importantes de España, Argentina, México y los Estados Unidos. Estas editoriales nos proveyeron copias de cortesía de sus pruebas, con las cuales redactamos las entradas descriptivas para cada prueba publicada en *PPE III*. Nos hemos esforzada para permanecer alerta a nuevas pruebas, casas editoriales y sus direcciones. Pedimos disculpas por cualquier descuido y esperamos que los autores o editoriales de las pruebas nos informen sobre omisiones o discrepancias en las entradas de sus pruebas para que puedan ser corregidas en futuras ediciones.

Por último, agradecemos a nuestros amigos y familia por su paciencia y apoyo durante el proceso de publicación.

Jennifer E. Schlueter
Nancy A. Anderson
Janet F. Carlson
Kurt F. Geisinger

agosto 2023

Susan Swearer, Chair of the Department of Educational Psychology during the final years during which *PPE III* was developed, for her interest in and support of this initiative, and we extend this gratitude to Michael Scheel, who preceded her as Chair. Likewise, we wish to express our gratitude to Sherri Jones, Dean of the College of Education and Human Sciences during the majority of the time that *PPE III* was developed, and to Beth Doll, Interim Dean of the College. Software developers Cody Hanson and Alan Nelson and Applications Development Manager Nick Barry have been instrumental in our database development and management efforts; their contributions greatly aided the production of this volume. Many students from the department and the University contribute in important ways to the publications produced by Buros. We thank them for their input, which took many forms.

Appreciation is also extended to our National Advisory Council for their willingness to assist in offering guidance to the Buros Center for Testing and to provide valuable advice concerning the development of *PPE III*. Members of the National Advisory Committee during the time of preparation of this volume were Deborah Bandalos, Jeffery Braden, Paula Kaufman, Scott Lilienfeld, Les Morey, Fred Oswald, Jennifer Randall, Michael Rodriguez, Joseph Salem, Jonathan Sandoval, and Nancy Tippins.

Most of the publishers of the tests listed have been extremely cooperative in providing us with their materials and information to make these listings comprehensive and accurate. We appreciate the timely assistance and responsiveness of major test publishers in Spain, Argentina, Mexico, and the United States. These publishers provided us with complimentary copies of their tests from which we prepared the essential descriptive information for each test entry published in *PPE III*. We have made every effort to stay alert to new tests, publishers, and publisher addresses. We apologize for any oversights and hope that the test authors or publishers will make us aware of omissions and discrepancies so that their entries can be corrected in future editions.

Finally, we thank our friends and families for their patience and encouragement during the publication process.

Jennifer E. Schlueter
Nancy A. Anderson
Janet F. Carlson
Kurt F. Geisinger

August 2023

Pruebas Publicadas en Español

[1s]

Abbreviated Torrance Test for Adults: Spanish Edition.

Nombre Original: Abbreviated Torrance Test for Adults.
Propósito: Diseñado para evaluar destrezas del pensamiento creativo.
Procedencia: Estados Unidos/inglés.
Traducción/Adaptación: No se provee información en los materiales de la prueba sobre el proceso de traducción/adaptación.
Población: Adultos.
Baremos: No se han provisto baremos con la versión en español.
Fecha de Publicación: 2002.
Acrónimo: ATTA.
Puntuación, 23: Medidas en Base a Normas de Referencia (Fluidez, Originalidad, Elaboración, Flexibilidad, Calificación Escalada Total), Indicadores de Creatividad en Base a Criterios ([Riqueza y Colorido de Imágenes, Emociones/Sentimientos, Orientación al Futuro, Humor: Incongruencia Conceptual, Preguntas Provocativas, Respuestas Verbales Total], [Apertura, Visualización Inusual /Perspectiva Diferente, Movimiento y/o Sonido, Riqueza y Colorido de Imágenes, Carácter Abstracto de Títulos, Elocuencia Contando una Historia, Combinación/Síntesis de Dos o Más Figuras, Perspectiva Visual Interna, Expresiones de Emociones y Sentimientos, Fantasía, Total Respuesta Figurativa]), Índice de Creatividad.
Administración: Colectiva.
Precios: Disponibles con la casa editorial.
Duración: Límite de 3 minutos por cada una de las tres actividades.

[1e]

Abbreviated Torrance Test for Adults: Spanish Edition.

Original Name: Abbreviated Torrance Test for Adults.
Purpose: Designed to assess creative thinking ability.
Origin: United States/English.
Translation/Adaptation: No information is provided in the test materials about the translation/adaptation process.
Population: Adults.
Norms: Separate norms are not provided with the Spanish version.
Publication Date: 2002.
Acronym: ATTA.
Scores, 23: Norm-Referenced Measures (Fluency, Originality, Elaboration, Flexibility, Total Scaled Score), Criterion-Referenced Creativity Indicators ([Richness and Colorfulness of Imagery, Emotions/Feelings, Future Orientation, Humor: Conceptual Incongruity, Provocative Questions, Verbal Responses Total], [Openness, Unusual Visualization/Different Perspective, Movement and/or Sound, Richness and/or Colorfulness of Imagery, Abstractness of Titles, Articulateness in Telling Story, Combination/Synthesis of Two or More Figures, Internal Visual Perspective, Expressions of Feelings and Emotions, Fantasy, Figural Response Total]), Creativity Index.
Administration: Group.
Price Data: Available from the publisher.
Time: Limit of 3 minutes for each of the three activities.

Comentarios: ATTA es una versión abreviada del Torrance Tests of Creative Thinking (TTCT).
Autores: Kathy Goff y E. Paul Torrance.
Editorial: Scholastic Testing Service, Inc.
Componentes en Español: Los ítems de prueba e instrucciones de administración correspondientes son en español en el cuadernillo de prueba; las instrucciones habladas directamente a los/las examinados/as son en español en el manual.
Componentes en Inglés: La hoja de calificación es en inglés en el cuadernillo de prueba; la información sobre el desarrollo de la prueba es en inglés en el manual.

[2s]

Acadience Reading Rapid Automatized Naming (RAN).

Propósito: Diseñado como una evaluación de tamizaje opcional para los usuarios del Acadience Reading K-6 para ayudar a determinar si un niño/a está en riesgo de tener dificultades de lectura.
Procedencia: Estados Unidos/English.
Traducción/Adaptación: No se provee información en los materiales de la prueba sobre el proceso de traducción/adaptación.
Población: Estudiantes en Grados K-1.
Baremos: No se han provisto baremos con los materiales traducidos al español.
Fecha de Publicación: 2021.
Acrónimo: RAN.
Puntuación, 3: Tiempo Para Completar Cada Medida, Tiempo Total, Errores.
Administración: Individual.
Formularios, 3: Objetos, Letras, Números.
Precios: Disponibles de la casa editorial.
Duración: 30-120 segundos para administrar cada formulario.
Comentarios: Se administra la prueba Números solo a los estudiantes que discontinúan en la prueba Letras; se incluye RAN con la prueba Acadience Reading K-6 en el kit de aula para estudiantes en Grados K-1.
Autores: Kelly A. Powell-Smith, Ruth A. Kaminski y Roland H. Good III.
Editorial: Voyager Sopris Learning.
Componentes en Español: Las instrucciones a los estudiantes están disponibles en español.
Componentes en Inglés: Todos los materiales están disponibles en inglés también; el manual es en inglés.

[3s]

ACDI–Corrections Version and Corrections Version II.

Propósito: Diseñado para detectar y evaluar a jóvenes afligidos.
Procedencia: Estados Unidos/inglés.

Comments: ATTA is a shortened version of the Torrance Tests of Creative Thinking (TTCT).
Authors: Kathy Goff and E. Paul Torrance.
Publisher: Scholastic Testing Service, Inc.
Spanish Components: The test items and administration instructions are in Spanish in the test booklet; instructions spoken directly to test takers are only provided in Spanish in the manual.
English Components: The scoring sheet is in English in the test booklet; the test development information is in English in the manual.

[2e]

Acadience Reading Rapid Automatized Naming (RAN).

Purpose: Designed as an optional screener for users of Acadience Reading K–6 to help determine whether a child is at risk of having reading difficulties.
Origin: United States/English.
Translation/Adaptation: No information is provided in the test materials about the translation/adaptation process.
Population: Students in Grades K-1.
Norms: Separate norms are not provided with the materials translated to Spanish.
Publication Date: 2021.
Acronym: RAN.
Scores, 3: Time to Complete Each Measure, Total Time, Errors.
Administration: Individual.
Forms, 3: Objects, Letters, Numbers.
Price Data: Available from publisher.
Time: 30-120 seconds for administration of each form.
Comments: The Numbers test is administered only to students who discontinue on the Letters test; RAN is included in the Acadience Reading K–6 classroom kits for students in Grades K-1.
Authors: Kelly A. Powell-Smith, Ruth A. Kaminski, and Roland H. Good III.
Publisher: Voyager Sopris Learning.
Spanish Components: The directions to students are available in Spanish.
English Components: All materials are also available in English; the manual is in English.

[3e]

ACDI–Corrections Version and Corrections Version II.

Purpose: Designed for screening and assessment of troubled youth.
Origin: United States/English.

Traducción/Adaptación: No se provee información en los materiales de la prueba sobre el proceso de traducción/adaptación.
Población: Jóvenes afligidos entre las edades de 12 y 18 años en probatoria, libertad condicional y/o programas correccionales.
Baremos: No se han provisto baremos con los materiales traducidos al español.
Fechas de Publicación: 1988-1997.
Acrónimo: ACDI.
Administración: Colectiva.
Precios, 2022: $9.95 por prueba; descuentos de volumen disponibles.
Duración: (15-30) minutos.
Comentarios: Behavior Data Systems, Ltd. ofrece sus pruebas en línea exclusivamente a través de un contrato con Professional Online Testing Solutions, Inc.
Autor: Risk & Needs Assessment, Inc.
Editorial: Behavior Data Systems, Ltd.
Componentes en Español: El formulario Versión Correccional II y la hoja de respuesta y sus instrucciones correspondientes están disponibles en español.
Componentes en Inglés: Todos los materiales están disponibles en inglés también; el manual es en inglés.

a) VERSIÓN CORRECCIONAL.
Puntuación, 5: Veracidad, Alcohol, Drogas, Ajuste, Angustia.
Duración: (15-20) minutos.

b) VERSIÓN CORRECCIONAL II.
Puntuación, 7: Veracidad, Alcohol, Drogas, Violencia/Letalidad, Angustia, Ajuste, Habilidades de Afrontamiento al Estrés.
Duración: (25-30) minutos.

Referencias Cruzadas: Para reseñas por Carol Collins y Mark Pope de los componentes en inglés de esta prueba, consulte 14:2.

[4s]

Achenbach System of Empirically Based Assessment.

Propósito: Un sistema integrado diseñado para proveer descripciones estandarizadas de competencias, funcionamiento adaptativo y problemas.
Procedencia: Estados Unidos/inglés.
Traducción/Adaptación: No se provee información en los materiales de la prueba sobre el proceso de traducción.
Población: Edades 18 meses a 90+ años.
Baremos: No se han provisto baremos con los materiales traducidos al español.
Fechas de Publicación: 1980-2022.
Acrónimo: ASEBA.
Administración: Individual o colectiva.
Niveles, 4: Preescolar, Edad Escolar, Adulto, Adulto Mayor.
Comentarios: Una versión revisada de la prueba Child Behavior Checklist (CBCL); incluye tanto escalas

Translation/Adaptation: No information is provided in the test materials about the translation/adaptation process.
Population: Troubled youth between the ages of 12 and 18 years in juvenile probation, parole, and corrections programs.
Norms: Separate norms are not provided with the materials translated to Spanish.
Publication Dates: 1988-1997.
Acronym: ACDI.
Administration: Group.
Price Data, 2022: $9.95 per test; volume discounts available.
Time: (15-30) minutes.
Comments: Behavior Data Systems, Ltd. offers its tests online exclusively through a contract with Professional Online Testing Solutions, Inc.
Author: Risk & Needs Assessment, Inc.
Publisher: Behavior Data Systems, Ltd.
Spanish Components: The Corrections Version II form and answer sheet and their corresponding instructions are available in Spanish.
English Components: All materials are also available in English; the manual is in English.

a) CORRECTIONS VERSION.
Scores, 5: Truthfulness, Alcohol, Drug, Adjustment, Distress.
Time: (15-20) minutes.

b) CORRECTIONS VERSION II.
Scores, 7: Truthfulness, Alcohol, Drug, Adjustment, Distress, Violence, Stress Coping Abilities.
Time: (25-30) minutes.

Cross References: For reviews by Carol Collins and Mark Pope of this test's English components, see 14:2.

[4e]

Achenbach System of Empirically Based Assessment.

Purpose: "An integrated ... [approach] designed to provide standardized descriptions of ... competencies, adaptive functioning, and problems."
Origin: United States/English.
Translation/Adaptation: No information is provided in the test materials about the translation process.
Population: Ages 18 months to 90+ years.
Norms: Separate norms are not provided with the materials translated to Spanish.
Publication Dates: 1980-2022.
Acronym: ASEBA.
Administration: Individual or group.
Levels, 4: Preschool, School-Age, Adult, Older Adult.
Comments: Revised version of the Child Behavior Checklist (CBCL); includes both

empíricamente basadas en síndromes como escalas orientadas al DSM para una puntuación consistente con las categorías del DSM-5; diseñada para ser usada en diversos contextos, incluyendo escuelas, salud mental, médico, servicios de familia y niños y otros entornos; todos los formularios excepto TOF, DOF y SCICA son paralelos; puntuación a mano o por computadora; se puede completar usando formularios de papel, por entrada de datos directo a la computadora, o vía ASEBA-Web; aplicación Progress and Outcomes y manual disponibles para mostrar y comparar puntajes entre formularios; módulo Multicultural Family Assessment y guía disponibles para comparar puntajes de niños y padres en escalas que tengan contrapartes para edades 16-18 y 18-59; se reemplazaron las designaciones binarias para el género en los formularios ASEBA con alternativas abiertas y no binarias en 2021-2022; además de puntajes estándares y los percentiles para los individuos que se identifiquen como mujer o varón, se calculan los puntajes brutos no binarios.

Autores: Thomas M. Achenbach (todos los formularios, manuales y guías), Leslie A. Rescorla (algunos manuales, formularios y guías para el ASEBA), Stephanie H. McConaughy (SCICA, manual SCICA y la "School-Based Practitioners' Guide" para ASEBA), Peter J. Pecora y Kathleen M. Wetherbee ("Child and Family Service Workers' Guide" para ASEBA), Thomas M. Ruffle ("Medical Practitioners' Guide" para ASEBA), Paul A. Newhouse (formularios de adultos mayores, manual y guía de formularios para adultos y adultos mayores); Masha Y. Ivanova ("Guide to Family Assessment Using the ASEBA" y "Guide to Nonbinary Assessment Using the ASEBA").

Editorial: ASEBA Research Center for Children, Youth, and Families.

Componentes en Español: Los Cuestionarios Sobre el Comportamiento de Niños(as) de 1 1/2-5 años, 6-18 años y 11-18 años y sus instrucciones correspondientes están disponibles en español.

Componentes en Inglés: Todos los materiales están disponibles en inglés también; los manuales son en inglés.

a) FORMULARIOS Y PERFILES DE PREESCOLAR.

Propósito: Diseñado para proveer una evaluación sistemática de comportamiento maladaptativo entre preescolares.

Precios, 2023: $440 por juego inicial de calificación computarizada; $170 por juego inicial de calificación a mano; $50 por manual (2000, 189 páginas, inglés); $35 por 50 formularios (CBCL [inglés o español], C-TRF [inglés]); $50 por suplemento multicultural para el manual de preescolar (2010, 144 páginas, inglés).

Comentarios: Las escalas orientadas al DSM fueron calificadas como muy congruentes con las siguientes categorías del DSM-5: Problemas Depresivos congruente con Trastorno Depresivo Persistente, Trastorno de Depresión Mayor, Problemas de Ansiedad congruentes

empirically based syndrome scales and DSM-oriented scales for scoring consistent with DSM-5 categories; designed to be usable in diverse contexts, including schools, mental health, medical, child and family service; all forms except TOF, DOF, and SCICA are parallel; hand- or computer-scorable; can be completed using paper forms by direct data-entry on computer, or via ASEBA-Web; Progress and Outcomes app and manual available for displaying and comparing scores across forms; Multicultural Family Assessment module and guide available for comparing child and parent scores on scales that have counterparts for ages 6-18 and 18-59; binary designations for gender were replaced on ASEBA forms with open-ended and nonbinary alternatives in 2021-2022; in addition to standard scores and percentiles for people who identify as female or male, nonbinary raw scores are computed.

Authors: Thomas M. Achenbach (all forms, manuals, and guides), Leslie A. Rescorla (some manuals, forms, and guides for the ASEBA), Stephanie H. McConaughy (SCICA, SCICA manual, and School-Based Practioners' Guide for the ASEBA), Peter J. Pecora and Kathleen M. Wetherbee (Child and Family Service Workers' Guide for ASEBA), Thomas M. Ruffle (Medical Practioners' Guide for the ASEBA), Paul A. Newhouse (older adult forms, manual, and Guide for Adult and Older Adult Forms); Masha Y. Ivanova (Guide to Family Assessment Using the ASEBA and Guide to Nonbinary Assessment Using the ASEBA).

Publisher: ASEBA Research Center for Children, Youth, and Families.

Spanish Components: The Child Behavior Checklists for ages 1 1/2-5 years, 6-18 years, and 11-18 years and their corresponding instructions are available in Spanish.

English Components: All materials are also available in English; the manuals are in English.

a) PRESCHOOL FORMS AND PROFILES.

Purpose: To provide systematic assessment of maladaptive behavior among preschoolers.

Price Data, 2023: $440 per computer-scoring starter kit; $170 per hand-scoring starter kit; $50 per manual (2000, 189 pages, English); $35 per 50 forms (CBCL [English or Spanish], C-TRF [English]); $50 per Multicultural Supplement to the Preschool Manual (2010, 144 pages, English).

Comments: DSM-Oriented scales rated as very consistent with the following DSM-5 categories: Depressive Problems consistent with Persistent Depressive Disorder, Major Depressive Disorder; Anxiety Problems consistent with Generalized Anxiety Disorder, Separation Anxiety Disorder,

con Trastorno de Ansiedad Generalizada, Trastorno de Ansiedad por Separación, Fobia Especifica, Trastorno del Espectro Autista, Problemas por Déficit de Atención/Hiperactividad congruente con Hiperactividad Impulsiva y tipos de Falta de Atención de ADHD.

1) *Cuestionario Sobre el Comportamiento de Niños(as) de Edades 1 1/2-5.*

Población: Edades 18 meses a 5 años.

Fechas de Publicación: 1988-2013.

Acrónimo: CBCL/1 1/2-5.

Puntuación: 7 escalas de síndrome (Emocionalmente Reactivo, Ansioso/Deprimido, Quejas Somáticas, Replegarse, Problemas de Dormir, Problemas de Atención, Comportamiento Agresivo), más Internalización, Externalización, Problemas Totales; se califica una encuesta de desarrollo de lenguaje (para niños de edades 18-35 meses); 5 escalas orientadas al DSM (Problemas Depresivos, Problemas de Ansiedad, Problemas en el Espectro Autista, Problemas por Déficit de Atención/Hiperactividad, Problemas de Oposición Desafiante).

Duración: 10 minutos.

Comentarios: Diseñado para ser completado por padres y otros quienes observan al niño en escenarios parecidos al hogar; incluye una encuesta del desarrollo de lenguaje para evaluar el retraso lingüístico en niños menores de 3 así como en aquellos mayores de 3 años con posible sospecha de tener retraso lingüístico.

2) *Formulario de Informe del Cuidador(a)-Docente para Edades 1 1/2-5.*

Población: Edades 18 meses a 5 años.

Fechas de Publicación: 1997-2013.

Acrónimo: C-TRF.

Puntuación: 6 escalas de síndrome (Emocionalmente Reactivo, Ansioso/Deprimido, Quejas Somáticas, Replegarse, Problemas de Atención, Comportamiento Agresivo), más 5 escalas orientadas al DSM, Internalización, Externalización, Problemas Totales.

Duración: 10 minutos.

Comentarios: Diseñado para ser completado por cuidadores de guardería y docentes de preescolar quienes conocen al niño(a) en la guardería, preescolar, o en escenarios similares por lo menos 2 meses.

b) PERFILES Y FORMULARIOS DE EDAD-ESCOLAR.

Precios, 2023: $505 por juego inicial de calificación computarizada; $50 por manual (2001, 238 páginas, inglés); $40 por 50 formularios (CBCL [inglés o español]), TRF, YSR, BPM, DOFO, SCICA [inglés]); $50 por suplemento multicultural para el manual de edad-escolar (2007, 116 páginas, inglés).

Comentarios: Las escalas orientadas al DSM fueron clasificadas como muy congruentes con las siguientes categorías del DSM-5: Problemas Depresivos congruente con Trastorno Depresivo Persistente, Trastorno de Depresión Mayor; Problemas de Ansiedad congruentes con Trastorno de Ansiedad Generalizada, Trastorno de Ansiedad por Separación, Fobia Especifica; Problemas por Déficit de Atención/Hiperactividad congruente con Hiperactividad Impulsiva y tipos de Falta de Atención de ADHD; Problemas Somáticos congruente con Trastorno de Somatización y Trastorno Somatomorfo; Problemas Oposicional Desafiantes; Problemas Conductuales.

Specific Phobia; Autism Spectrum Disorder; Attention-Deficit/Hyperactivity Problems consistent with Hyperactive-Impulsive and Inattentive types of ADHD.

1) *Child Behavior Checklist for Ages 1 1/2-5.*

Population: Ages 18 months to 5 years.

Publication Dates: 1988–2013.

Acronym: CBCL/1 1/2-5.

Scores: 7 Syndrome scales (Emotionally Reactive, Anxious/Depressed, Somatic Complaints, Withdrawn, Sleep Problems, Attention Problems, Aggressive Behavior), plus Internalizing, Externalizing, Total Problems; Language Development Survey (LDS) scored (for children ages 18–35 months); 5 DSM-Oriented scales (Depressive Problems, Anxiety Problems, Autism Spectrum Problems, Attention-Deficit/Hyperactivity Problems, Oppositional Defiant Problems).

Time: 10 minutes.

Comments: Designed to be completed by parents and others who see children in home-like settings; includes the Language Development Survey (LDS) for evaluating language delays in children under age 3 as well as those over age 3 suspected of having language delays.

2) *Caregiver-Teacher Report Form for Ages 1 1/2-5.*

Population: Ages 18 months to 5 years.

Publication Dates: 1997–2013.

Acronym: C-TRF.

Scores: 6 Syndrome scales (Emotionally Reactive, Anxious/Depressed, Somatic Complaints, Withdrawn, Attention Problems, Aggressive Behavior), plus 5 DSM-Oriented scales, Internalizing, Externalizing, Total Problems.

Time: 10 minutes.

Comments: Designed to be completed by daycare providers and preschool teachers who have known a child in daycare, preschool, or similar settings for at least 2 months.

b) SCHOOL-AGE FORMS AND PROFILES.

Price Data, 2023: $505 per computer-scoring starter kit; $50 per manual (2001, 238 pages; English); $40 per 50 forms (CBCL, YSR [English or Spanish]); $50 per Multicultural Supplement to the School-Age Manual (2007, 116 pages; English).

Comments: DSM-Oriented scales rated as very consistent with the following DSM-5 categories: Depressive Problems consistent with Persistent Depressive Disorder, Major Depressive Disorder; Anxiety Problems consistent with Generalized Anxiety Disorder, Separation Anxiety Disorder, Specific Phobia; Attention-Deficit/Hyperactivity Problems consistent with Hyperactive-Impulsive and Inattentive types of ADHD; Somatic Problems consistent with Somatization Disorder and Somatoform Disorder; Oppositional Defiant Problems; Conduct Problems.

1) *Cuestionario Sobre el Comportamiento de Niños(as) de Edades 6-18.*
Población: Edades 6-18.
Fechas de Publicación: 1981-2013.
Acrónimo: CBCL/6-18.
Puntuación: 4 escalas de competencia (Actividades, Social, Escuela, Competencia Total); 8 escalas de síndrome (Ansioso/Deprimido, Replegarse/Deprimido, Quejas Somáticas, Problemas Sociales, Problemas de Pensamiento, Problemas de Atención, Conducta de Rompimiento de Reglas/Normas, Comportamiento Agresivo), más Problemas Obsesivos-Compulsivos, Indolente, Tempo Cognitivo, Internalización, Externalización, Problemas Totales; 6 Escalas Orientadas al DSM (Problemas Depresivos, Problemas de Ansiedad, Problemas Somáticos, Problemas por Déficit de Atención/Hiperactividad, Problemas de Oposición Desafiante, Problemas de Conducta).
Duración: 15-20 minutos.
2) *Formulario de Informe de Docente de Edades 6-18.*
Propósito: Diseñado para rápidamente obtener una evaluación del funcionamiento escolar de los niños(as), así como es observado por docentes y otro personal.
Población: Docentes de niños de edades 6-18.
Fechas de Publicación: 1981-2001.
Acrónimo: TRF.
Puntuación: 6 Escalas de Funcionamiento Adaptativo (Desempeño Académico, Trabajar Duro, Comportarse Apropiadamente, Aprendiendo, Feliz, Total); mismas escalas de síndrome y orientadas al DSM como las de CBCL/6-18; más Falta de Atención e Hiperactividad-Impulsividad.
Duración: 15-20 minutos.
3) *Autoinforme Juvenil de Edades 11-18.*
Propósito: Diseñado para obtener informes de jóvenes acerca de sus problemas y competencias en un formato estandarizado.
Población: Edades 11-18.
Fechas de Publicación: 1981-2001.
Acrónimo: YSR.
Puntuación: 2 escalas de competencia (Actividades, Social) más Competencia Total; Atributos Positivos; mismas escalas de síndrome y orientadas al DSM como las de CBCL/6-18.
4) *Monitor Breve de Problemas de Edades 6-18.*
Propósito: Evaluar cambios en intervalos de días, semanas o meses seleccionados por el usuario.
Población: Edades 6-18.
Fecha de Publicación: 2011-2017.
Acrónimos: BPM-P/6-18, BPM-T/6-18, BPM-Y/6-18.
Puntuación: Escalas para Internalización, Problemas de Atención, Externalización y Problemas Totales, más provee fortalezas y problemas del usuario.
Formularios, 3: Padre, Docente, Joven.
Precios, 2023: $250 por juego de puntuación por computadora inicial $30 por 50 formularios.
Duración: 1-2 minutos.
5) *Entrevista Clínica Semiestructurada de Niños(as) y Adolescentes.*
Propósito: Diseñado para usarse en la anotación y evaluación del comportamiento de niños(as) y autoinformes durante la entrevista.

1) *Child Behavior Checklist for Ages 6–18.*
Population: Ages 6–18.
Publication Dates: 1981–2013.
Acronym: CBCL/6–18.
Scores: 4 Competence scales (Activities, Social, School, Total Competence); 8 Syndrome scales (Anxious/Depressed, Withdrawn/Depressed, Somatic Complaints, Social Problems, Thought Problems, Attention Problems, Rule-Breaking Behavior, Aggressive Behavior), plus Obsessive-Compulsive Problems, Sluggish Cognitive Tempo, Internalizing, Externalizing, Total Problems; 6 DSM-Oriented scales (Depressive Problems, Anxiety Problems, Somatic Problems, Attention-Deficit/Hyperactivity Problems, Oppositional Defiant Problems, Conduct Problems).
Time: 15–20 minutes.
2) *Teacher's Report Form for Ages 6–18.*
Purpose: Quickly obtain[s] a picture of children's functioning in school, as seen by teachers and other personnel.
Population: Teachers of children ages 6–18.
Publication Dates: 1981–2001.
Acronym: TRF.
Scores: 6 Adaptive Functioning scales (Academic Performance, Working Hard, Behaving Appropriately, Learning, Happy, Total); same Syndrome and DSM-Oriented scales as CBCL/6–18; plus Inattention and Hyperactivity-Impulsivity.
Time: 15–20 minutes.
3) *Youth Self-Report for Ages 11–18.*
Purpose: To obtain youths' reports of their own problems and competencies in a standardized format.
Population: Ages 11–18.
Publication Dates: 1981–2001.
Acronym: YSR.
Scores: 2 Competence scales (Activities, Social) plus Total Competence; Positive Qualities; same Syndrome and DSM-Oriented scales as CBCL/6–18.
4) *Brief Problem Monitor for Ages 6-18.*
Purpose: To assess changes over user-selected intervals of days, weeks or months.
Population: Ages 6-18.
Publication Date: 2011-2017.
Acronyms: BPM-P/6-18, BPM-T/6-18, BPM-Y/6-18.
Scores: Scales for Internalizing, Attention Problems, Externalizing, and Total Problems, plus user-supplied strengths and problems.
Forms, 3: Parent, Teacher, Youth.
Price Data, 2023: $250 per computer-scoring starter kit; $30 per 50 forms.
Time: 1-2 minutes.
5) *Semistructured Clinical Interview for Children and Adolescents.*
Purpose: Designed to be used to record and rate children's behavior and self-reports during an interview.

Población: Edades 6-18.
Fechas de Publicación: 1989-2001.
Acrónimo: SCICA.
Puntuación: 8 escalas de síndrome (Ansioso, Ansioso/Deprimido, Replegarse/Deprimido, Lenguaje/Problemas Motores, Comportamiento Agresivo/Rompimiento de Reglas, Problemas de Atención, Problemas de Autocontrol, Quejas Somáticas, (edades 12-18 solamente), más Internalización, Externalización, Problemas Totales; mismas escalas orientadas al DSM como las de CBCL/6-18.
Duración: 60-90 minutos.
Comentarios: Diseñado para usarse por entrevistadores clínicos experimentados; formularios de protocolo incluyen preguntas sobre el tema y actividades, como el dibujo cinético de la familia y deberes para la evaluación del funcionamiento de habilidades motoras finas y gruesas; formularios de observación y autoinforme para evaluar qué es lo que el niño(a) dice durante la entrevista.
6) *Formulario de Observación de Prueba.*
Propósito: Diseñado para proveer un formulario estandarizado para evaluar observaciones de comportamiento, estado de ánimo y estilo de tomar una prueba durante una sesión para niños de 2-18 años.
Población: Edades 2-18.
Fecha de Publicación: 2004.
Acrónimo: TOF.
Puntuación: 8 escalas de base empírico (Replegarse/Deprimido, Lenguaje/Problemas de Pensamiento, Ansioso, Oposicional, Problemas de Atención, Internalización, Externalización, Problemas Totales), 1 escala de orientación DSM (una escala de Problemas por Déficit de Atención/Hiperactividad con subescalas de Inatención y Hiperactividad-Impulsividad).
Duración: Varía según la duración de la sesión de prueba.
c) FORMULARIOS Y PERFILES DE ADULTOS.
Fechas de Publicación: 1997-2022.
Precios, 2023: $345 por juego inicial de calificación computarizada; $230 por juego inicial de calificación a mano; $50 por manual (2003, 228 páginas, inglés); $40 por 50 formularios (ASR, ABCC [inglés]); $35 por suplemento multicultural para el manual de adultos (2015, 164 páginas, inglés).
1) *Autoinforme de Adultos de Edades 18-59.*
Población: Edades 18-59.
Acrónimo: ASR.
Puntuación: 5 escalas de funcionamiento adaptativo (Educación, Amigos, Trabajo, Familia, Esposo(a) o Pareja), Fortalezas Personales, 3 escalas de uso de sustancias (Tabaco, Alcohol, Drogas) más la puntuación promedio del Uso de Sustancias, 6 escalas orientadas al DSM (Problemas Depresivos, Problemas de Ansiedad, Problemas Somáticos, Problemas de la Personalidad Evitativa, Problemas de Déficit de Atención/Hiperactividad, Problemas de la Personalidad Antisocial), mismas escalas de síndrome como las de CBCL/6-18, más Invasivo/a, Internalización, Externalización, Problemas Totales.
Duración: 15-20 minutos.

Population: Ages 6–18.
Publication Dates: 1989–2001.
Acronym: SCICA.
Scores: 8 Syndrome scales (Anxious, Anxious/Depressed, Withdrawn/Depressed, Language/Motor Problems, Aggressive/Rule-Breaking Behavior, Attention Problems, Self-Control Problems, Somatic Complaints (ages 12–18 only), plus Internalizing, Externalizing, Total Problems; same DSM-Oriented scales as CBCL/6–18.
Time: 60–90 minutes.
Comments: Designed for use by experienced clinical interviewers; the protocol form includes topic questions and activities, such as kinetic family drawing and tasks for screening fine and gross motor functioning; the observation and self-report form for rating what a child does and says during interview.
6) *Test Observation Form.*
Purpose: Provides a "standardized form for rating observations of behavior, affect, and test-taking style during testing session for children 2-18."
Population: Ages 2-18.
Publication Date: 2004.
Acronym: TOF.
Scores: 8 empirically based scales (Withdrawn/Depressed, Language/Thought Problems, Anxious, Oppositional, Attention Problems, Internalizing, Externalizing, and Total Problems), 1 DSM-Oriented scale (Attention-Deficit/Hyperactivity Problems Scale with Inattention and Hyperactivity-Impulsivity subscales).
Time: Varies by length of testing session.
c) ADULT FORMS AND PROFILES.
Publication Dates: 1997–2022.
Price Data, 2023: $345 per computer-scoring starter kit; $230 per hand-scoring starter kit; $50 per manual (2003, 228 pages, English); $40 per 50 forms (ASR, ABCC [English]); $35 per Multicultural Supplement to the Adult Manual (2015, 164 pages, English).
1) *Adult Self-Report for Ages 18–59.*
Population: Ages 18–59.
Acronym: ASR.
Scores: 5 Adaptive Functioning scales (Education, Friends, Job, Family, Spouse or Partner), Personal Strengths, 3 Substance Use scales (Tobacco, Alcohol, Drugs) plus Mean Substance Use score, 6 DSM-Oriented scales (Depressive Problems, Anxiety Problems, Somatic Problems, Avoidant Personality Problems, Attention-Deficit/Hyperactivity Problems, Antisocial Personality Problems), same Syndrome scales as CBCL/6–18 except Intrusive instead of Social Problems, plus Intrusive, Internalizing, Externalizing, Total Problems.
Time: 15–20 minutes.

2) *Cuestionario Sobre el Comportamiento de Adultos de Edades 18-59.*
Población: Edades 18-59.
Acrónimo: ABCL.
Puntuación: 2 escalas de funcionamiento adaptativo (Amigos, Esposo(a)/Pareja), otras escalas similares a ASR.
Duración: 10-15 minutos.
Comentarios: Evaluación por padres, suplentes, amigos y esposos(as) de adultos.
3) *Monitor Breve de Problemas de Edades 18-59.*
Propósito: Evaluar cambios en intervalos de días, semanas o meses seleccionados por el usuario.
Población: Edades 18-59.
Fecha de Publicación: 2018.
Acrónimos: BPM/18-59.
Puntuación: Escalas de Internalizar, Problemas de Atención, Externalizar y Problemas Total, más fortalezas y problemas provistos por el usuario.
Fecha de Publicación, 2023: $250 por kit de calificación a computadora; $30 por 50 formularios.
Duración: 1-2 minutos.
Comentarios: Se puede completar el mismo formulario BPM/18-59 para obtener autoreportes y reportes adicionales.

d) FORMULARIOS Y PERFILES DE ADULTOS MAYORES.
Fecha de Publicación: 2004.
Precios, 2023: $245 por juego inicial de calificación a computador; $210 por juego inicial de calificación a mano; $50 por manual (2004, 200 páginas, inglés); $40 por 50 formularios (OASR, OABCL [inglés]).
1) *Autoinforme de Adultos Mayores de Edades 60-90+.*
Población: Edades 60-90+.
Acrónimo: OASR.
Puntuación: 3 escalas de funcionamiento adaptativo (Amigos, Esposo(a)/Pareja, Fortalezas Personales), 7 escalas de síndrome (Ansioso/Deprimido, Preocupaciones, Quejas Somáticas, Deterioro Funcional, Problemas de Memoria/Cognición, Problemas de Razonamiento, Irritable/Desinhibido), 6 escalas orientadas al DSM (Problemas Depresivos, Problemas de Ansiedad, Problemas Somáticos, Problemas de Demencia, Problemas Psicóticos, Problemas de la Personalidad Antisocial), más Problemas Totales.
Duración: 15-20 minutos.
2) *Cuestionario Sobre el Comportamiento de Adultos Mayores de Edades 60-90+.*
Población: Edades 60-90+.
Acrónimo: OABCL.
Puntuación: Mismas escalas como OASR.
Duración: 15-20 minutos.
Comentarios: Evaluación por personas quienes conoce bien a la persona mayor.

e) MÓDULO DE EVALUACIÓN DE LA FAMILIA MULTICULTURAL Y GUÍA MFAM.
Fecha de publicación: 2015.
Población: Edades 6-59.
Acrónimo: MFAM.
Precios, 2023: $140 por cuento en línea (subscripción de 12 meses); $14 para guía MFAM (2015, 37 páginas).

2) *Adult Behavior Checklist for Ages 18–59.*
Population: Ages 18–59.
Acronym: ABCL.
Scores: 2 Adaptive Functioning scales (Friends, Spouse/Partner), other scales same as ASR.
Time: 10–15 minutes.
Comments: Ratings by parents, surrogates, friends, and spouses of adults.
3) *Brief Problem Monitor for Ages 18–59.*
Purpose: To assess changes over user-selected intervals of days, weeks, or months.
Population: Ages 18-59.
Publication Date: 2018.
Acronyms: BPM/18-59.
Scores: Scales for Internalizing, Attention Problems, Externalizing, and Total Problems, plus user-supplied strengths and problems.
Price Data, 2023: $250 per computer-scoring starter kit; $30 per 50 forms.
Time: 1-2 minutes.
Comments: The same BPM/18-59 form can be completed to obtain self- and collateral reports.

d) OLDER ADULT FORMS AND PROFILES.
Publication Date: 2004.
Price Data, 2023: $245 per the computer-scoring starter kit; $210 per hand-scoring starter kit; $50 per manual (2004, 200 pages, English); $40 per 50 forms (OASR, OABCL [English]).
1) *Older Adult Self-Report for Ages 60-90+.*
Population: Ages 60-90+.
Acronym: OASR.
Scores: 3 Adaptive Functioning scales (Friends, Spouse/Partner, Personal Strengths), 7 Syndrome scales (Anxious/Depressed, Worries, Somatic Complaints, Functional Impairment, Memory/Cognition Problems, Thought Problems, Irritable/Disinhibited), 6 DSM-Oriented scales (Depressive Problems, Anxiety Problems, Somatic Problems, Dementia Problems, Psychotic Problems, Antisocial Personality Problems), plus Total Problems.
Time: (15-20) minutes.
2) *Older Adult Behavior Checklist for Ages 60-90+.*
Population: Ages 60-90+.
Acronym: OABCL.
Scores: Same scales as OASR.
Time: (15-20) minutes.
Comments: Ratings by people who know the older adult well.

e) MULTICULTURAL FAMILY ASSESSMENT MODULE AND MFAM GUIDE.
Publication Date: 2015.
Population: Ages 6-59.
Acronym: MFAM.
Price Data, 2023: $140 for online account (12-month subscription); $14 for MFAM Guide (2015, 37 pages).

Puntuación: Todas las Escalas de Problema CBCL/6-18, TRF YSR, ASR y ABCL, Competencia, Fortalezas, Funcionamiento Adaptativo y Uso de Sustancias. Muestra gráficos de barras que comparan las puntuaciones de los niños y los padres en escalas que tienen equivalentes para las edades de 6 a 18 y de 18 a 59 años.
Referencias Cruzadas: Para reseñas por Jane E. Bogan y Joyce Meikamp y por John H. Kranzler de los componentes en inglés de esta prueba, consulte 20:4.

[5s]

Acoso y Violencia Escolar.

Propósito: Diseñado para la "evaluación de la violencia y el acoso psicológico y físico recibido en el entorno escolar y de sus daños asociados".
Procedencia: España/español.
Población: De 2º de Primaria a 2º de Bachillerato.
Baremos: Los baremos se desarrollaron utilizando una muestra con 4.062 estudiantes entre los 7 y los 18 años de distintos tipos de colegios en Madrid, distribuidos por sexo, curso y edad.
Fechas de Publicación: 2006-2012.
Acrónimo: AVE.
Puntuación, 23: Índices Globales (Índice Global de Acoso, Intensidad de Acoso), Escalas de Acoso (Hostigamiento, Intimidación, Amenazas, Coacciones, Bloqueo Social, Exclusión Social, Manipulación Social, Agresiones), Factores (Hostigamiento, Intimidación, Exclusión, Agresiones), Escalas Clínicas (Ansiedad, Estrés Postraumático, Distimia, Disminución Autoestima, Flashbacks, Somatización, Autoimagen Negativa, Autodesprecio), Escalas De Control (Contradicciones).
Administración: Individual o colectiva.
Precios, 2022: €96,28 por juego completo, incluye manual (2012, segunda edición, 57 páginas) y juego de corrección; €81,32 por juego de corrección (25 ejemplares y PIN de 25 usos en línea); €25,92 por manual.
Duración: 25-35 minutos.
Comentarios: Versión catalán disponible.
Autores: Iñaki Piñuel y Araceli Oñate.
Editorial: Hogrefe TEA Ediciones.
Componentes en Español: Todos los materiales son en español.
Componentes en Inglés: No hay materiales en inglés.

[6s]

Actitudes y Estrategias Cognitivas Sociales.

Propósito: Diseñado para evaluar los "componentes actitudinales y cognitivos de los adolescentes en sus relaciones sociales".
Procedencia: España/español.
Población: Edades 12-17.
Baremos: Los baremos se desarrollaron utilizando una muestra de 1.012 adolescentes de diferentes

Scores: All CBCL/6-18, TRF, YSR, ASR, and ABCL Problem, Competence, Strengths, Adaptive Functioning, and Substance Use Scales. Displays bar graphs that compare child and parent scores on scales that have counterparts for ages 6-18 and 18-59.
Cross References: For reviews by Jane E. Bogan and Joyce Meikamp and by John H. Kranzler of this test's English components, see 20:4.

[5e]

Acoso y Violencia Escolar.

Purpose: Designed to evaluate school violence and psychological and physical bullying and its associated damages.
Origin: Spain/Spanish.
Population: Grades 2-12.
Norms: Norms were developed using a sample of 4,062 students between the ages of 7 and 18 from different types of schools in Madrid, distributed by gender, grade school level, and age.
Publication Dates: 2006-2012.
Acronym: AVE.
Scores, 23: Global Indexes (Global Bullying Index, Bullying Intensity), Bullying Scales (Harassment, Intimidation, Threats, Coercion, Social Blocking, Social Exclusion, Social Manipulation, Aggressions), Factors (Harassment, Intimidation, Exclusion, Aggressions), Clinical Scales (Anxiety, Post-Traumatic Stress, Dysthymia, Decreased Self-Esteem, Flashbacks, Somatization, Negative Self-Image, Self-Contempt), Control Scales (Contradictions).
Administration: Individual or group.
Price Data, 2022: €96.28 per complete kit, including manual (2012, second edition, 57 pages) and scoring kit; €81.32 per scoring kit (25 test forms and 25-use scoring PIN); €25.92 per manual.
Time: 25-35 minutes.
Comments: Catalan version available.
Authors: Iñaki Piñuel and Araceli Oñate.
Publisher: Hogrefe TEA Ediciones.
Spanish Components: All materials are in Spanish.
English Components: There are no materials in English.

[6e]

Actitudes y Estrategias Cognitivas Sociales.

Purpose: Designed to evaluate the attitudinal and cognitive components of adolescents in their social relationships.
Origin: Spain/Spanish.
Population: Ages 12-17.
Norms: Norms were developed using a sample of 1,012 adolescents from different geographical

regiones geográficas de España, distribuidos por sexo, ciclo educativo y tipo de centro escolar.
Fechas de Publicación: 1998-2004.
Acrónimo: AECS.
Puntuación, 19: Actitudes Sociales (Conformidad Social, Sensibilidad Social, Ayuda y Colaboración, Seguridad y Firmeza, Liderazgo Prosocial, Agresividad-Terquedad, Dominancia, Apatía-Retraimiento, Ansiedad-Timidez), Pensamiento Social (Impulsividad, Independencia, Rigidez de Pensamiento, Desconfianza y Suspicacia Social, Percepción Positiva Autoridad Casa, Sensación Falta Acogida de Padres, Dificultad Obtener Información, Dificultad para Buscar Soluciones, Dificultad Anticipar Consecuencias, Dificultad Elegir Medios Adecuados).
Administración: Individual y colectiva.
Precios, 2022: €55,34 por juego completo, incluye manual (2004, 62 páginas), 5 cuadernillos y 25 hojas de respuestas; €23,11 por 10 cuadernillos; €29,04 por 25 hojas de respuestas.
Duración: (45) minutos.
Autores: M. Moraleda, A. González y J. García-Gallo.
Editorial: Hogrefe TEA Ediciones.
Componentes en Español: Todos los materiales son en español.
Componentes en Inglés: No hay materiales en inglés.

[7s]

Adaptive Behavior Assessment System, Third Edition.

Propósito: Diseñado como una evaluación de referencia normativa de las habilidades adaptativas necesarias para cuidar de uno mismo con eficacia e independencia, responder a otros y cumplir con las exigencias ambientales en el hogar, la escuela, el trabajo y en la comunidad.
Procedencia: Estados Unidos/inglés.
Traducción/Adaptación: Los formularios de registro fueron traducidos al español, retrotraducidos al inglés y revisados para averiguar su exactitud.
Población: Nacimiento a 89 años.
Baremos: No se han provisto baremos con los materiales traducidos al español.
Fecha de Publicación: 2015.
Acrónimo: ABAS-3.
Puntuación, 15: 11 áreas de habilidades adaptativas, 3 dominios, 1 puntuación global: Conceptual (Comunicación, Funcionamiento Académico/Pre-Académico, Autodirección, Compuesto), Social (Tiempo Libre, Habilidades Sociales, Compuesto), Práctico (Usos de la Comunidad, Viviendo en Casa/Escuela, Salud y Seguridad, Cuidado Personal, Trabajo, Compuesto), Habilidades Motrices, Compuesto Adaptativo General.
Administración: Individual.

regions of Spain, distributed by gender, educational cycle, and type of school.
Publication Dates: 1998-2004.
Acronym: AECS.
Scores, 19: Social Attitudes (Social Conformity, Social Sensitivity, Help and Collaboration, Security and Firmness, Prosocial Leadership, Aggressive-Stubbornness, Dominance, Apathy-Withdrawal, Anxiety-Shyness), Social Thinking (Impulsivity, Independence, Rigidity of Thought, Mistrust and Social Suspicion, Positive Perception of Authority at Home, Feeling Lack of Parental Attachment, Difficulty Obtaining Information, Difficulty Finding Solutions, Difficulty Anticipating Consequences, Difficulty Choosing Appropriate Means).
Administration: Individual and group.
Price Data, 2022: €55.34 per complete kit, including manual (2004, 62 pages), 5 answer booklets, and 25 response sheets; €23.11 per 10 answer booklets; €29.04 per 25 response sheets.
Time: (45) minutes.
Authors: M. Moraleda, A. González, and J. García-Gallo.
Publisher: Hogrefe TEA Ediciones.
Spanish Components: All materials are in Spanish.
English Components: There are no materials in English.

[7e]

Adaptive Behavior Assessment System, Third Edition.

Purpose: Designed as a "norm-referenced assessment of adaptive skills needed to effectively and independently care for oneself, respond to others, and meet environmental demands at home, school, work, and in the community."
Origin: United States/English.
Translation/Adaptation: Record forms were translated to Spanish, back translated back to English, and then reviewed for accuracy.
Population: Birth to 89 years.
Norms: Separate norms are not provided with the materials translated to Spanish.
Publication Date: 2015.
Acronym: ABAS-3.
Scores, 15: 11 skill areas, 3 adaptive domains, 1 overall score: Conceptual (Communication, Functional Academics/Pre-Academics, Self-Direction, Composite), Social (Leisure, Social, Composite), Practical (Community Use, Home/School Living, Health and Safety, Self-Care, Work, Composite), Motor, General Adaptive Composite.
Administration: Individual.

Formularios, 5: Padres/Cuidador Principal (Edades Nacimiento–5); Padres (Edades 5–21); Docentes/Proveedor de Cuidado Infantil (Edades 2–5); Docentes (Edades 5–21); Adultos (Edades 16–89).
Precios, 2023: $488 por juego completo de impreso incluyendo 5 de cada formulario (padres/cuidador principal, docentes/proveedor de cuidado infantil, padres, docentes y adultos), manual (2015, 289 páginas, inglés) y planificador de intervención (2015, 217 páginas, inglés); $415 por juego completo en línea incluyendo 5 usos de los formularios en línea, un manual en línea y planificador de intervención en línea; $266 por manual impreso; $226 por manual en línea; $145 por planificador de intervención impreso; $123 por planificador de intervención en línea; $116 por 25 formularios (español o inglés); $98 por 25 formularios (español o inglés).
Duración: (20) minutos.
Autores: Patti L. Harrison y Thomas Oakland.
Editorial: Western Psychological Services.
Componentes en Español: Los formularios y sus instrucciones correspondientes están disponibles en español.
Componentes en Inglés: Todos los materiales están disponibles en inglés, también; el manual es en inglés.
Referencias Cruzadas: Para reseñas por Carlen Henington y Tony C. Wu de los componentes en inglés de esta prueba, consulte 20:5.

[8s]

Adaptive Employee Personality Test.

Propósito: Diseñado como una evaluación de personalidad para usarse en el cribado global de alto volumen, la evaluación de nivel profesional y el desarrollo de liderazgo.
Procedencia: Estados Unidos/inglés.
Traducción/Adaptación: Un experto tradujo los ítems de la prueba y las instrucciones correspondientes de inglés al español. Luego otro experto hizo una retrotraducción. Un equipo de psicólogos comparó la retrotraducción con la versión original en inglés para asegurar que mantuviera una construcción, intención y significado similar. Ambos traductores revisaron el contenido problemático para resolver discrepancias y llegar a una traducción final.
Población: Empleados posibles y postulantes.
Baremos: Se han desarrollado baremos para 18 países y 5 regiones. Los baremos para hispanohablantes fueron desarrollados utilizando una muestra de 453 participantes de Argentina, 449 participantes de Colombia y 686 participantes de México. Los baremos regionales para América Latina (n = 5,197) incluyeron participantes de Argentina, Brasil, Chile, Colombia, Ecuador, México, Perú, Uruguay y Venezuela. Los baremos se basaron en empleos con títulos universitarios de nivel profesional, gerencial y ejecutivo.
Fecha de Publicación: 2017.

Forms, 5: Parent/Primary Caregiver (Ages Birth–5); Parent (Ages 5–21); Teacher/Daycare Provider (Ages 2–5); Teacher (Ages 5–21); Adult (Ages 16–89).
Price Data, 2023: $488 per complete print kit including 5 of each form (parent/primary caregiver, teacher/daycare provider, parent, teacher, and adult), manual (2015, 289 pages, English), and intervention planner (2015, 217 pages, English); $415 per complete online kit including 5 online form uses for each form, online manual, and online intervention planner; $266 per print manual; $226 per online manual; $145 per print intervention planner; $123 per online intervention planner; $116 per 25 print forms (Spanish or English); $98 per 25 online forms (Spanish or English).
Time: (20) minutes.
Authors: Patti L. Harrison and Thomas Oakland.
Publisher: Western Psychological Services.
Spanish Components: Record forms and their corresponding instructions are available in Spanish.
English Components: All materials are also available in English; the manual is in English.
Cross References: For reviews by Carlen Henington and Tony C. Wu of this test's English components, see 20:5.

[8e]

Adaptive Employee Personality Test.

Purpose: Designed as a personality assessment for use "in global high-volume screening, professional-level assessment, and leadership development."
Origin: United States/English.
Translation/Adaptation: Test items and instructions were translated from English to Spanish and then back-translated by a separate expert back to English. A team of psychologists then compared the back-translation to the original English version to ensure it retained substantially similar construction, intent, and meaning. Problematic content was reviewed by both translators to resolve discrepancies and reach consensus on the final translation.
Population: Prospective employees and job candidates.
Norms: Separate norms were developed for 18 countries and 5 regions. Norms for Spanish speakers were developed using a sample of 453 participants from Argentina, 449 participants from Colombia, and 686 participants from Mexico. Regional norms for Latin America (n = 5,197) included participants from Argentina, Brazil, Chile, Colombia, Ecuador, Mexico, Peru, Uruguay, and Venezuela. All norms were based on professional-, managerial-, and executive-level employees with college degrees.
Publication Date: 2017.

Acrónimo: ADEPT-15.
Puntuación, 21: 15 aspectos de personalidad en 6 estilos: Tarea (Impulso, Estructura), Adaptación (Conceptual, Flexibilidad, Dominio), Logro (Ambición, Poder), Interacción (Firmeza, Vivacidad), Emocional (Compostura, Positivismo, Conciencia), Colaboración (Cooperación, Sensibilidad, Humildad).
Administración: Individual o colectiva.
Precios: Disponibles con la casa editorial.
Duración: (25) minutos.
Comentarios: Prueba de computadora adaptativa; se administra en línea.
Autores: Anthony S. Boyce (prueba y manual técnico), Pat Caputo (prueba), Jeff Conway (prueba) y John F. Capman (manual técnico).
Editorial: Aon Hewitt.
Componentes en Español: Los ítems de la prueba están disponibles en español europeo y latinoamericano.
Componentes en Inglés: Todos los materiales están disponibles en inglés, también; el manual es en inglés.
Referencias Cruzadas: Para reseñas por John K. Hawley y Steven V. Rouse de los componentes en inglés de esta prueba, consulte 21:3.

Acronym: ADEPT-15.
Scores, 21: 15 personality aspects in 6 styles: Task (Drive, Structure), Adaptation (Conceptual, Flexibility, Mastery), Achievement (Ambition, Power), Interaction (Assertiveness, Liveliness), Emotional (Composure, Positivity, Awareness), Teamwork (Cooperation, Sensitivity, Humility).
Administration: Individual or group.
Price Data: Available from publisher.
Time: (25) minutes.
Comments: Computer adaptive test; administered online.
Authors: Anthony S. Boyce (test and technical manual), Pat Caputo (test), Jeff Conway (test), and John F. Capman (technical manual).
Publisher: Aon Hewitt.
Spanish Components: Test items are available in Latin American and European Spanish.
English Components: All materials are also available in English; the manual is in English.
Cross References: For reviews by John K. Hawley and Steven V. Rouse of this test's English components, see 21:3.

[9s]

AD/HD Comprehensive Teacher's Rating Scale, Second Edition [1998 Revision].

Propósito: Diseñado para ayudar a identificar problemas de atención, con o sin hiperactividad.
Procedencia: Estados Unidos/inglés.
Traducción/Adaptación: No se provee información en los materiales de la prueba sobre el proceso de traducción/adaptación.
Población: Grados K-adultos.
Baremos: No se han provisto baremos con el formulario traducido al español.
Fechas de Publicación: 1988-2000.
Acrónimo: ACTeRS.
Administración: Individual.
Formularios, 3: Docente, Padre, Autoreporte.
Precios, 2023: $150 por kit inicial incluye manual (2000, 31 páginas, inglés), 50 formularios para docentes, 50 formularios para padres y 50 formularios de autoreporte; $50 por 50 cuestionarios/hojas de perfil en español (cuestionario en español, hoja de perfil en inglés).
Duración: [5-15] minutos.
Autores: Rina K. Ullmann, Esther K. Sleator, Robert L. Sprague y personal de MetriTech.
Editorial: MetriTech, Inc.
Componentes en Español: El formulario para padres y sus instrucciones correspondientes están disponibles en español.
Componentes en Inglés: Todos los materiales están disponibles en inglés, también.

[9e]

AD/HD Comprehensive Teacher's Rating Scale, Second Edition [1998 Revision].

Purpose: "Designed to help identify attention disorder, with or without hyperactivity."
Origin: United States/English.
Translation/Adaptation: No information is provided in the test materials about the translation/adaptation process.
Population: Grades K-adult.
Norms: Separate norms are not provided with the form translated to Spanish.
Publication Dates: 1988-2000.
Acronym: ACTeRS.
Administration: Individual.
Forms, 3: Teacher, Parent, Self-Report.
Price Data, 2023: $150 per starter kit including manual (2000, 31 pages, English), 50 teacher forms, 50 parent forms, and 50 self-report forms; $50 per 50 rating/profile forms in Spanish (rating form in Spanish, profile form in English).
Time: [5-15] minutes.
Authors: Rina K. Ullmann, Esther K. Sleator, Robert L. Sprague, and MetriTech staff.
Publisher: MetriTech, Inc.
Spanish Components: The parent form and its corresponding instructions are available in Spanish.
English Components: All materials are also available in English.

a) ACTeRS FORMULARIO PARA DOCENTES.
Población: Grados K-8.
Puntuación, 4: Atención, Hiperactividad, Destrezas Sociales, Comportamiento Oposicional.
b) ACTeRS FORMULARIO PARA PADRES.
Población: Grados K-8.
Puntuación, 5: Atención, Hiperactividad, Destrezas Sociales, Comportamiento Oposicional, Niñez Temprana.
c) ACTeRS FORMULARIO DE AUTOREPORTE.
Población: Adolescencia hasta adultos.
Puntuación, 3: Atención, Hiperactividad/Impulsividad, Ajuste Social.
Referencias Cruzadas: Para reseñas por Cederick O. Lindskog y Janet V. Smith y por Everett V. Smith, Jr. de los componentes en inglés de esta prueba, consulte 14:5.

[10s]

ADHD Rating Scale–5.

Propósito: Diseñado para proveer a los clínicos un método para obtener de padres y docentes calificaciones en relación con la frecuencia de cada uno de los síntomas de ADHD basado en criterios del DSM-5.
Procedencia: Estados Unidos/inglés.
Traducción/Adaptación: No se provee información en los materiales de la prueba sobre el proceso de traducción/adaptación.
Población: Edades 5-17.
Baremos: No se han provisto baremos con los materiales traducidos al español.
Fechas de Publicación: 1998-2016.
Puntuación, 3: Inatención, Hiperactividad-Impulsividad, Total.
Administración: Individual.
Niveles, 2: Niño (edades 5-10), Adolescente (edades 11-17).
Formularios, 2: Casa, Escuela.
Precios, 2023: $180 por manual (2016, 136 páginas, inglés) incluye formularios reproducibles (se puede copiar a ningún costo adicional para uso repetido).
Duración: [5] minutos.
Autores: George J. DuPaul, Thomas J. Power, Arthur D. Anastopoulos y Robert Reid.
Editorial: Guilford Press.
Componentes en Español: Los formularios de casa están disponibles en español.
Componentes en Inglés: Todos los materiales están disponibles en inglés también; el manual es en inglés.
Referencias Cruzadas: Para reseñas por Laurie Ford y Rochelle Picardo y por Tracy L. Paskiewicz de los componentes en inglés de esta prueba, consulte 21:4.

[11s]

ADHD Symptom Checklist–4.

Propósito: Diseñado como un instrumento de detección de síntomas de comportamientos asociados

a) ACTeRS TEACHER FORM.
Population: Grades K-8.
Scores, 4: Attention, Hyperactivity, Social Skills, Oppositional Behavior.
b) ACTeRS PARENT FORM.
Population: Grades K-8.
Scores, 5: Attention, Hyperactivity, Social Skills, Oppositional Behavior, Early Childhood.
c) ACTeRS SELF-REPORT FORM.
Population: Adolescence through adulthood.
Scores, 3: Attention, Hyperactivity/Impulsivity, Social Adjustment.
Cross References: For reviews by Cederick O. Lindskog and Janet V. Smith and by Everett V. Smith, Jr. of this test's English components, see 14:5.

[10e]

ADHD Rating Scale–5.

Purpose: Designed to "provide clinicians with a method to obtain parent and teacher ratings regarding the frequency of each of the symptoms of ADHD based on DSM-5 criteria."
Origin: United States/English.
Translation/Adaptation: No information is provided in the test materials about the translation/adaptation process.
Population: Ages 5-17.
Norms: Separate norms are not provided with the materials translated to Spanish.
Publication Dates: 1998-2016.
Scores, 3: Inattention, Hyperactivity-Impulsivity, Total.
Administration: Individual.
Levels, 2: Child (ages 5-10), Adolescent (ages 11-17).
Forms, 2: Home, School.
Price Data, 2023: $180 per manual (2016, 136 pages, English) including reproducible forms (may be copied at no extra cost for repeated use).
Time: [5] minutes.
Authors: George J. DuPaul, Thomas J. Power, Arthur D. Anastopoulos, and Robert Reid.
Publisher: Guilford Press.
Spanish Components: The home rating forms are available in Spanish.
English Components: All test materials are also available in English; the manual is in English.
Cross References: For reviews by Laurie Ford and Rochelle Picardo and by Tracy L. Paskiewicz of this test's English components, see 21:4.

[11e]

ADHD Symptom Checklist–4.

Purpose: Designed to screen for behavioral symptoms associated with attention-deficit/

con el trastorno de déficit de atención/hiperactividad (TDAH) y el trastorno oposicional desafiante (ODD).
Procedencia: Estados Unidos (1997-2008)/inglés.
Traducción/Adaptación: No se provee información en los materiales de la prueba sobre el proceso de traducción/adaptación.
Población: Edades 3-18.
Baremos: No se han provisto baremos con el cuestionario traducido al español.
Fecha de Publicación: 2003.
Acrónimo: ADHD-SC4.
Puntuación, 3: Punto de Corte, Cantidad de Síntomas, Severidad de Síntomas.
Administración: Individual.
Precios: Disponibles con la casa editorial.
Duración: (5) minutos.
Autores: Kenneth D. Gadow y Joyce Sprafkin.
Editorial: Checkmate Plus, Ltd.
Componentes en Español: El cuestionario y sus instrucciones correspondientes están disponibles en español.
Componentes en Inglés: Todos los materiales de prueba están disponibles en inglés también; el manual es en inglés.

[12s]

The Adjective Check List.

Propósito: Diseñado para identificar características personales de individuos.
Procedencia: Estados Unidos (1952-1983)/inglés.
Traducción/Adaptación: La editorial indica que existen varias traducciones de calidad variable, algunas de las cuales están disponibles de la casa editorial/distribuidor; no se provee información en los materiales de la prueba sobre el proceso de traducción/adaptación.
Población: Escuela secundaria en adelante.
Baremos: No se han provisto baremos con los materiales traducidos al español.
Fechas de Publicación: 1965-2007.
Acrónimo: ACL-B-Spanish.
Puntuación, 37: Número de Adjetivos Seleccionados, Número de Adjetivos Favorables, Número de Adjetivos Desfavorables, Concordancia, Logro, Dominio, Resistencia, Orden, Intracepción, Cuidado, Afiliación, Heterosexualidad, Exhibición, Autonomía, Agresión, Cambio, Apoyo Emocional, Humillación, Deferencia, Disposición para la Consejería, Autocontrol, Confianza en Sí Mismo, Ajuste Personal yo Ideal, Personalidad Creativa, Liderazgo Militar, Cualidades Masculinas, Cualidades Femeninas, Padre Severo, Padre Afectivo, Adulto, Niño Libre, Niño Adaptado, Sentimientos/Emociones Altos-Racionalidad Baja, Sentimientos/Emociones Altos-Racionalidad Alta, Sentimientos/Emociones Bajos-Racionalidad Baja, Sentimientos/Emociones Bajos-Racionalidad Alta.

hyperactivity disorder (AD/HD) and oppositional defiant disorder (ODD).
Origin: United States (1997-2008)/English.
Translation/Adaptation: No information is provided in the test materials about the translation/adaptation process.
Population: Ages 3-18.
Norms: Separate norms are not provided with the form translated to Spanish.
Publication Date: 2003.
Acronym: ADHD-SC4.
Scores, 3: Screening Cutoff, Symptom Count, Symptom Severity.
Administration: Individual.
Price Data: Available from publisher.
Time: (5) minutes.
Authors: Kenneth D. Gadow and Joyce Sprafkin.
Publisher: Checkmate Plus, Ltd.
Spanish Components: The checklist and its corresponding instructions are available in Spanish.
English Components: All materials are also available in English; the manual is in English.

[12e]

The Adjective Check List.

Purpose: Designed to identify personal characteristics of individuals.
Origin: United States (1952-1983)/English.
Translation/Adaptation: Test publisher indicates that various translations of varying quality exist, some of which are available from the publisher/distributor; there is no information in the test materials about the translation/adaptation process.
Population: High school and over.
Norms: Separate norms are not provided with the materials translated to Spanish.
Publication Dates: 1965-2007.
Acronym: ACL-B-Spanish.
Scores, 37: Number of Adjectives Checked, Number of Favorable Adjectives, Number of Unfavorable Adjectives, Commonality, Achievement, Dominance, Endurance, Order, Intraception, Nurturance, Affiliation, Heterosexuality, Exhibition, Autonomy, Aggression, Change, Succorance, Abasement, Deference, Counseling Readiness, Self-Control, Self-Confidence, Personal Adjustment, Ideal Self, Creative Personality, Military Leadership, Masculine Attributes, Feminine Attributes, Critical Parent, Nurturing Parent, Adult, Free Child, Adapted Child, High Origence-Low Intellectence, High Origence-High Intellectence, Low Origence-Low Intellectence, Low Origence-High Intellectence.

Administración: Colectiva.
Formularios, 3: Español Norteamericano, Español Castellano, Español Argentino.
Precios, 2022: $50 por manual digital (inglés); $60 por manual impreso; $15 por reporte individual; $20 por reporte sobre yo; $2.50 por licencia de encuesta en línea (mínimo de 20).
Duración: [15-20] minutos.
Autor: Harrison G. Gough.
Editorial: Mind Garden, Inc.
Componentes en Español: Los ítems de la prueba y sus instrucciones correspondientes están disponibles en español.
Componentes en Inglés: Todos los materiales están disponibles en inglés también; el manual es en inglés.
Referencias Cruzadas: Para reseñas por Phyllis Anne Teeter y John A. Zarske de los componentes en inglés de esta prueba, consulte 9:52.

[13s]

Adolescent Chemical Dependency Inventory.

Propósito: Diseñado para la evaluación de jóvenes con problemas en el entorno escolar, consejería o programas de tratamiento.
Procedencia: Estados Unidos/inglés.
Traducción/Adaptación: No se provee información en los materiales de la prueba sobre el proceso de traducción/adaptación.
Población: Edades 14-17.
Baremos: No se han provisto baremos con el formulario traducido al español.
Fechas de Publicación: 1988-1998.
Acrónimo: ACDI.
Puntuación, 5: Veracidad, Alcohol, Drogas, Angustia, Ajuste.
Administración: Colectiva.
Precios, 2022: $9.95 por prueba; descuentos de volumen disponibles.
Duración: (15-20) minutos.
Comentarios: Behavior Data Systems, Ltd. ofrece sus pruebas en línea exclusivamente a través de un contrato con Professional Online Testing Solutions, Inc.
Autor: Herman Lindeman.
Editorial: Behavior Data Systems, Ltd.
Componentes en Español: El formulario y las instrucciones correspondientes están disponibles en español.
Componentes en Inglés: Todos los materiales están disponibles en inglés también; el manual es en inglés.

[14s]

Adolescent Symptom Inventory–4.

Propósito: Diseñado para descubrir síntomas de comportamiento, afectivos y cognitivos asociados con

Administration: Group.
Forms, 3: North American Spanish, Castilian Spanish, Argentinian Spanish.
Price Data, 2022: $50 per digital manual (English); $60 per print manual; $15 per individual report; $20 per Report About Me; $2.50 per online survey license (minimum purchase of 20).
Time: [15-20] minutes.
Author: Harrison G. Gough.
Publisher: Mind Garden, Inc.
Spanish Components: The test items and their corresponding instructions are available in Spanish.
English Components: All materials are also available in English; the manual is in English.
Cross References: For reviews by Phyllis Anne Teeter and John A. Zarske of this test's English components, see 9:52.

[13e]

Adolescent Chemical Dependency Inventory.

Purpose: "Designed for assessing troubled youth in school settings, counseling or treatment programs."
Origin: United States/English.
Translation/Adaptation: No information is provided in the test materials about the translation/adaptation process.
Population: Ages 14-17.
Norms: Separate norms are not provided with the form translated to Spanish.
Publication Dates: 1988-1998.
Acronym: ACDI.
Scores, 5: Truthfulness, Alcohol, Drugs, Distress, Adjustment.
Administration: Group.
Price Data, 2022: $9.95 per test; volume discounts available.
Time: (15-20) minutes.
Comments: Behavior Data Systems, Ltd. offers its tests online exclusively through a contract with Professional Online Testing Solutions, Inc.
Author: Herman Lindeman.
Publisher: Behavior Data Systems, Ltd.
Spanish Components: The form and its corresponding instructions are available in Spanish.
English Components: All materials are also available in English; the manual is in English.

[14e]

Adolescent Symptom Inventory–4.

Purpose: Designed to screen for behavioral, affective, and cognitive symptoms associated

una variedad de trastornos emocionales y conductuales en adolescentes.
Procedencia: Estados Unidos (1997-2013)/inglés.
Traducción/Adaptación: No se provee información en los materiales de la prueba sobre el proceso de traducción/adaptación.
Población: Edades 12-18.
Baremos: No se han provisto baremos con el formulario traducido al español.
Fecha de Publicación: 2003.
Acrónimos: ASI-4.
Puntuación, 15: 11 puntuaciones compartidas en ambos formularios: AD/HD Inatención, Hiperactividad-Impulsividad, Combinado, Trastorno de Conducta, Oposicional Desafiante, Trastorno de Ansiedad Generalizada, Personalidad Esquizoide, Esquizofrenia, Trastorno Depresivo Mayor, Trastorno Distímico, Trastorno Bipolar; 4 puntuaciones adicionales en el formulario para Padres: Trastorno de Personalidad Antisocial, Ansiedad por Separación, Anorexia Nervosa, Bulimia Nervosa.
Administración: Individual.
Formularios, 2: Padres, Docentes.
Precios, 2023: $143 por kit completo incluye manual (2008, 144 páginas, inglés), 25 formularios para padres, 25 formularios para docentes, 50 hojas identificación cantidad de síntomas y 50 hojas de perfil severidad de síntomas; $73 por 50 formularios para padres (español o inglés); $54 por 50 formularios para docentes; $62 por manual.
Duración: [10-15] minutos.
Comentarios: Los formularios son completados por docentes y cuidadores sobre adolescentes específicos; se debe usar las puntuaciones para screening, no diagnóstico.
Autores: Kenneth D. Gadow y Joyce Sprafkin.
Editorial: Checkmate Plus, Ltd.
Componentes en Español: Los formularios para padres y sus instrucciones correspondientes están disponibles en español.
Componentes en Inglés: Todos los materiales están disponibles en inglés también; el manual es en inglés.
Referencias Cruzadas: Para reseñas por Stephen N. Axford y Patti L. Harrison de los componentes en inglés de esta prueba, consulte 15:12.

[15s]

Adult Self-Report Inventory–4.

Propósito: Diseñado para servir como una guía para realizar entrevistas clínicas; debe utilizarse como una herramienta para ayudar al médico/clínico a hacer un diagnóstico y identificar desórdenes psiquiátricos posibles.
Procedencia: Estados Unidos (2004-2008)/inglés.
Traducción/Adaptación: No se provee información en los materiales de la prueba sobre el proceso de traducción/adaptación.

with various adolescent emotional and behavioral disorders.
Origin: United States (1997-2013)/English.
Translation/Adaptation: No information is provided in the test materials about the translation/adaptation process.
Population: Ages 12-18.
Norms: Separate norms are not provided with the form translated to Spanish.
Publication Date: 2003.
Acronyms: ASI-4.
Scores, 15: 11 scores shared on both parent and teacher forms: AD/HD Inattentive, Hyperactive-Impulsive, Combined, Conduct Disorder, Oppositional Defiant, Generalized Anxiety Disorder, Schizoid Personality, Schizophrenia, Major Depressive Disorder, Dysthymic Disorder, Bipolar Disorder; 4 additional scores on the parent form: Antisocial Personality Disorder, Separation Anxiety, Anorexia Nervosa, Bulimia Nervosa.
Administration: Individual.
Forms, 2: Parents, Teachers.
Price Data, 2023: $143 per deluxe kit including manual (2008, 144 pages, English), 25 parent checklists, 25 teacher checklists, 50 symptom count score sheets, and 50 symptom severity profile score sheets; $73 per 50 parent checklists (English or Spanish); $54 per 50 teacher checklists (English); $62 per manual.
Time: [10-15] minutes.
Comments: Checklists are completed by teachers and caregivers concerning specific adolescents; scores are intended for screening, not diagnostic purposes.
Authors: Kenneth D. Gadow and Joyce Sprafkin.
Publisher: Checkmate Plus, Ltd.
Spanish Components: The parent checklist and its corresponding instructions are available in Spanish.
English Components: All materials are also available in English; the manual is in English.
Cross References: For reviews by Stephen N. Axford and Patti L. Harrison of this test's English components, see 15:12.

[15e]

Adult Self-Report Inventory–4.

Purpose: Designed to be "a guide for conducting clinical interviews" as well as "a tool to assist the clinician in making a diagnosis." Also used to help identify possible psychiatric disorders.
Origin: United States (2004-2008)/English.
Translation/Adaptation: No information is provided in the test materials about the translation/adaptation process.

Población: Edades 18-75.
Baremos: No se han provisto baremos con los formularios traducidos al español.
Fecha de Publicación: 2003.
Acrónimos: ASRI-4; AI-4.
Puntuación, 20: Puntuación Severidad de Síntomas (Modelo de Datos Normativos) y/o Puntuación Cantidad de Síntomas Necesarios para Diagnóstico (Modelo Diagnóstico) basados en: Trastornos de Ansiedad, Trastornos de Ánimo, Trastornos Alimenticios, Trastornos Somatoformes, Trastornos Psicóticos, Trastornos del Sueño, Trastornos de Control de Impulsos, Trastornos de la Personalidad, Trastornos Desarrollados en la Niñez, Otros Trastornos.
Administración: Individual.
Formularios, 2: Cuestionario de Autoevaluación para Adultos-4; Cuestionario de Evaluación de Adultos-4.
Precios, 2023: $62 por manual (inglés); $73 por 50 cuestionarios (español o inglés).
Duración: (15-20) minutos.
Comentarios: Completada por el paciente y por una persona que conoce bien al paciente (p.ej., padres, pareja, compañero de cuarto).
Autores: Kenneth D. Gadow, Joyce Sprafkin y Margaret D. Weiss.
Editorial: Checkmate Plus, Ltd.
Componentes en Español: Los formularios ASRI-4 y AI-4 y sus instrucciones correspondientes están disponibles en español.
Componentes en Inglés: Todos los materiales están disponibles en inglés también; el manual es en inglés.
Referencias Cruzadas: Para reseñas por Tony Cellucci y por Beth Doll y Jonathon Sikorski de los componentes en inglés de esta prueba, consulte 19:1.

Population: Ages 18-75.
Norms: Separate norms are not provided with the forms translated to Spanish.
Publication Date: 2003.
Acronyms: ASRI-4; AI-4.
Scores, 20: Symptom Severity Score (Normative Data Model) and/or Symptom Count Cutoff Score (Diagnostic Model) based on: Anxiety Disorders, Mood Disorders, Eating Disorders, Somatoform Disorders, Psychotic Disorders, Sleep Disorders, Impulse Control Disorders, Personality Disorders, Child-Onset Disorders, Other Disorders.
Administration: Individual.
Forms, 2: Adult Self-Report Inventory-4, Adult Inventory-4.
Price Data, 2023: $62 per manual (English); $73 per 50 inventories (Spanish or English).
Time: (15-20) minutes.
Comments: Completed by the patient and by a person who knows the patient well (e.g., parent, partner, roommate).
Authors: Kenneth D. Gadow, Joyce Sprafkin, and Margaret D. Weiss.
Publisher: Checkmate Plus, Ltd.
Spanish Components: The ASRI-4 and the AI-4 forms and their corresponding instructions are available in Spanish.
English Components: All materials are also available in English; the manual is in English.
Cross References: For reviews by Tony Cellucci and by Beth Doll and Jonathon Sikorski of this test's English components, see 19:1.

[16s]

Ages & Stages Questionnaires in Spanish®: A Parent-Completed Child-Monitoring System, Third Edition.

Nombre Original: Ages & Stages Questionnaires®: A Parent-Completed Child-Monitoring System, Third Edition.
Propósito: Diseñado como herramienta de evaluación que "permitirá detectar cuáles son las áreas de más fortaleza en el desarrollo del niño y revelará si existen áreas de preocupación".
Procedencia: Estados Unidos/inglés.
Traducción/Adaptación: La traducción fue revisada por un panel de expertos para hacer la traducción tan precisa y ampliamente accesible como posible para los varios dialectos del español hablados en los Estados Unidos.
Población: Edades 1 a 66 meses.
Baremos: Aunque no se han provisto baremos ni se han obtenido puntos de corte empíricamente con

[16e]

Ages & Stages Questionnaires in Spanish®: A Parent-Completed Child-Monitoring System, Third Edition.

Original Name: Ages & Stages Questionnaires®: A Parent-Completed Child-Monitoring System, Third Edition.
Purpose: Designed to "screen young children for developmental delays—that is, to identify those children who are in need of further evaluation and those who appear to be developing typically."
Origin: United States/English.
Translation/Adaptation: The "translation was reviewed by a panel of experts to make the translation as accurate and as widely accessible as possible for the variety of Spanish dialects spoken by families in the United States."
Population: Ages 1 to 66 months.
Norms: Even though neither separate norms nor empirically derived cutoff points are provided with

los materiales traducidos al español, los cuestionarios han sido probados con padres hispanohablantes en varias regiones geográficas de los Estados Unidos (Arizona, Tejas, Washington).
Fechas de Publicación: 1995-2009.
Acrónimo: ASQ-3 Spanish.
Puntuación, 5: Comunicación, Motricidad Gruesa, Motricidad Fina, Resolución de Problemas, Personal-Social.
Administración: Individual.
Niveles, 21: 2, 4, 6, 8, 9, 10, 12, 14, 16, 18, 20, 22, 24, 27, 30, 33, 36, 42, 48, 54 y 60 meses.
Precios, 2022: $295 por juego de inicio español incluyendo 21 cuestionarios reproducibles y hojas de respuesta (español), CD-ROM, guía del usuario (2009, 227 páginas, inglés) y guía de inicio (inglés).
Duración: (10-15) minutos.
Comentarios: El cuestionario debe ser completado por los padres y/o guardián(es) del niño/a. Sin embargo, los autores de la prueba indican que un profesional deberá establecer el programa de tamizaje y monitoreo de desarrollo, determinará recursos dentro de la comunidad, proveerá adiestramiento a aquellos envueltos en el proceso de corrección de los cuestionarios y proveerá recomendaciones pertinentes a los padres del niño/a correspondiente.
Autores: Jane Squires y Diane Bricker (Cuestionarios y Guía del Usuario); Elizabeth Twombly y LaWanda Potter (Guía del Usuario solamente).
Traductores/Adaptadores: Ellen McQuilkin y Pauline Mross.
Editorial: Paul H. Brookes Publishing Co., Inc.
Componentes en Español: La Hoja de Bienvenida al Programa, la Hoja de Autorización, la Hoja de Información Demográfica, las Hojas de Información de Retroalimentación Sobre Evaluación/Monitoreo, Forma de Monitoreo del Niño, Hoja de Conferencia del Padre, Actividades de Intervención, la Guía de Inicio Breve y los cuestionarios sobre los servicios recibidos son en español.
Componentes en Inglés: La Guía de Inicio Breve está disponible en inglés también; la Guía del Usuario es en inglés.
Referencias Cruzadas: Para reseñas por Kenneth M. Hanig y por Rachel J. Valleley y Brandy M. Roane de los componentes en inglés de esta prueba, consulte 18:4.

the materials translated to Spanish, "the Spanish questionnaires have been field tested with Spanish-speaking parents in a variety of geographic regions of the United States (Arizona, Texas, Washington state)."
Publication Dates: 1995-2009.
Acronym: ASQ-3 Spanish.
Scores, 5: Communication, Gross Motor, Fine Motor, Problem Solving, Personal-Social.
Administration: Individual.
Levels, 21: 2, 4, 6, 8, 9, 10, 12, 14, 16, 18, 20, 22, 24, 27, 30, 33, 36, 42, 48, 54, and 60 months.
Price Data, 2022: $295 per Spanish starter kit including 21 reproducible questionnaires and scoring sheets (Spanish), CD-ROM, user's guide (2009, 227 pages, English), and quick start guide (English).
Time: (10-15) minutes.
Comments: The questionnaire is to be completed by the child's primary caregiver; the test authors state, however, that "professionals will need to establish the screening and monitoring system, develop the necessary community interfaces, train individuals who will score the questionnaires, and provide feedback to parents of children who are completing the questionnaires."
Authors: Jane Squires and Diane Bricker (Questionnaires and User's Guide); Elizabeth Twombly and LaWanda Potter (User's Guide only).
Translators/Adaptors: Ellen McQuilkin and Pauline Mross.
Publisher: Paul H. Brookes Publishing Co., Inc.
Spanish Components: The Parent Welcome Letter, Parent Consent Form, Demographic Information Sheet, Parent ASQ-3 Questionnaire Cover Letter, Parent Feedback Letter: Typical, Parent Feedback Letter: Monitoring, Parent Feedback Survey, Child Monitoring Form, Parent Conference Sheet, Intervention Activities, Quick Start Guide, and the assessment questionnaires are in Spanish.
English Components: The Quick Start Guide is also available in English; the User's Guide is in English.
Cross References: For reviews by Kenneth M. Hanig and by Rachel J. Valleley and Brandy M. Roane of this test's English components, see 18:4.

[17s]

Ages & Stages Questionnaires®: Social-Emotional in Spanish, Second Edition.

Nombre Original: Ages & Stages Questionnaires®: Social-Emotional, Second Edition.
Propósito: Diseñado para identificar a infantes y niños jóvenes que necesitan una evaluación más

[17e]

Ages & Stages Questionnaires®: Social-Emotional in Spanish, Second Edition.

Original Name: Ages & Stages Questionnaires®: Social-Emotional, Second Edition.
Purpose: "Designed to identify infants and young children who need more comprehensive

comprensiva de su repertorio de comportamiento social-emocional.
Procedencia: Estados Unidos/inglés.
Traducción/Adaptación: La traducción fue revisada por un panel de expertos para hacer la traducción tan precisa y ampliamente accesible como posible para los varios dialectos del español hablados en los Estados Unidos.
Población: Edades 1 mes a 72 meses.
Baremos: No se han provisto baremos ni se han obtenido puntos de corte empíricamente con los materiales traducidos al español; los cuestionarios en español han sido probados con padres hispanohablantes en varias regiones geográficas de los Estados Unidos (Arizona, Texas, Washington).
Fechas de Publicación: 2002-2015.
Acrónimo: ASQ:SE-2™ Spanish.
Puntuación: Puntuación total solamente.
Administración: Individual.
Niveles, 9: 2, 6, 12, 18, 24, 30, 36, 48 y 60 meses cuestionarios.
Precios, 2022: $295 por juego inicial, incluye 9 cuestionarios originales reproducibles y hojas de calificación (español), CD-ROM, guía del usuario (2015, 315 páginas, inglés) y guía del inicio rápido (inglés y español); $55 por cada guía del usuario; $30 por cada juego de 5 guías de inicio rápido.
Duración: (10-15) minutos.
Comentarios: Se debe usar el ASQ:SE-2 (español o inglés) en conjunto con ASQ-3™ (español o inglés) [Ages & Stages Questionnaires®, Third Edition] u otra medida de screening que proveyere más información general sobre el estatus del desarrollo de niños; cuestionarios completados por padres.
Autores: Jane Squires, Diane Bricker y Elizabeth Twombly.
Traductoras/Adaptadoras: Ellen McQuilkin y Paulina Mross.
Editorial: Paul H. Brookes Publishing Co., Inc.
Componentes en Español: Los cuestionarios, hojas de puntuación y Guía de Inicio Rápido son en español.
Componentes en Inglés: El Guía del Usuario es en inglés; el Guía de Inicio Rápido es en inglés también.
Referencias Cruzadas: Para reseñas por Frank Bernt y Christine DiStefano de los componentes en inglés de esta prueba, consulte 20:8.

[18s]

Air Conditioning Specialist.

Propósito: Diseñado para asistir en la selección de candidatos con conocimientos sobre aires acondicionados.
Procedencia: Estados Unidos (1992-2002)/inglés.
Traducción/Adaptación: No se provee información en los materiales de la prueba sobre el proceso de traducción/adaptación.

assessment of their social-emotional behavioral repertoire."
Origin: United States/English.
Translation/Adaptation: The "translation was reviewed by a panel of experts to make the translation as accurate and as widely accessible as possible for the variety of Spanish dialects spoken by families in the United States."
Population: Ages 1 month to 72 months.
Norms: Neither separate norms, nor empirically derived cutoff points, are provided with the materials translated to Spanish; "the Spanish questionnaires have been field tested with Spanish-speaking parents in a variety of geographic regions of the United States (Arizona, Texas, Washington state)."
Publication Dates: 2002-2015.
Acronym: ASQ:SE-2™ Spanish.
Score: Total score only.
Administration: Individual.
Levels, 9: 2, 6, 12, 18, 24, 30, 36, 48, and 60 month questionnaires.
Price Data, 2022: $295 per starter kit including 9 reproducible masters of the questionnaires and scoring sheets (Spanish), CD-ROM, user's guide (2015, 315 pages, English), and quick start guide (English and Spanish); $55 per user's guide; $30 per set of 5 quick start guides.
Time: (10-15) minutes.
Comments: The ASQ:SE-2 "should be used in conjunction with ASQ-3™ [Ages & Stages Questionnaires®, Third Edition] or another screening measure that provides more broad-based information about children's developmental status"; parent-completed questionnaires.
Authors: Jane Squires, Diane Bricker, and Elizabeth Twombly.
Translators/Adaptors: Ellen McQuilkin and Paulina Mross.
Publisher: Paul H. Brookes Publishing Co., Inc.
Spanish Components: The questionnaires, scoring sheets, and Quick Start Guide are in Spanish.
English Components: The User's Guide is in English; the Quick Start Guide is also in English.
Cross References: For reviews by Frank Bernt and Christine DiStefano of this test's English components, see 20:8.

[18e]

Air Conditioning Specialist.

Purpose: Designed to assist in the selection of candidates with knowledge of air conditioning.
Origin: United States (1999-2002)/English.
Translation/Adaptation: No information is provided in the test materials about the translation/adaptation process.

Población: Solicitantes y titulares de puestos de trabajo que requieren destrezas y conocimiento sobre aires acondicionados.
Baremos: No se han provisto baremos con el formulario traducido al español.
Fechas de Publicación: 1999-2002.
Puntuación, 7: Lectura de Diagramas/Eléctrico/Equipo de Prueba, Controles, Soldadura/Canalización/Fontanería, Equipo/Máquinas/Mantenimiento Mecánico, Calefacción/Ventilación/Combustión, Aire Acondicionado/Refrigeración, Total.
Administración: Colectiva.
Precios, 2023: $28 por administración de prueba (ordenar un mínimo de 20); $25 por manual.
Duración: 60-70 minutos.
Autor: Roland T. Ramsay.
Editorial: Ramsay Corporation.
Componentes en Español: El formulario de prueba y sus instrucciones correspondientes están disponibles en español.
Componentes en Inglés: Todos los materiales están disponibles en inglés también; el manual es en inglés.
Referencias Cruzadas: Para una reseña por James A. Penny del Formulario SWA-C en inglés, consulte 17:5.

Population: Applicants and incumbents for jobs requiring air conditioning knowledge and skills.
Norms: Separate norms are not provided with the form translated to Spanish.
Publication Dates: 1999-2002.
Scores, 7: Print Reading/Electrical/Test Equipment, Controls, Welding/Piping/Plumbing, Mechanical Maintenance/Machines/Equipment, Heating/Ventilation/Combustion, Air Conditioning/Refrigeration, Total.
Administration: Group.
Price Data, 2023: $28 per test administration (minimum order of 20); $25 per manual.
Time: 60-70 minutes.
Author: Roland T. Ramsay.
Publisher: Ramsay Corporation.
Spanish Components: The test form and its corresponding instructions are available in Spanish.
English Components: All materials are also available in English; the manual is in English.
Cross References: For a review by James A. Penny of the English Form SWA-C, see 17:5.

[19s]

Algoritmo David Liberman.

Propósito: Diseñado para "la detección de los deseos y las defensas" en el discurso.
Procedencia: Argentina/español.
Población: Adultos.
Baremos: Esta prueba no es de referencia normativa.
Fecha de Publicación: 2013.
Acrónimo: ADL.
Puntuación: Puntuaciones interpretadas en 7 dimensiones para cada una de 3 partes: Fálico-Genital, Fálico-Uretral, Sádico-Anal Secundario, Sádico-Anal Primario, Sádico-Oral Secundario, Oral Primario, Libido Intrasomática.
Administración: Individual.
Partes, 3: ADL-R (escenas relatadas por un hablante), ADL-AH (actos del habla), ADL-P (palabras que el hablante selecciona/combina).
Precios, 2022: USD$47.10 por juego completo, incluye manual (2013, 288 páginas), dos grillas para detectar deseos, una grilla complementaria para detectar rasgos de los relatos y 5 tomas de acceso al diccionario ADL en línea.
Duración: No se reportó tiempo de administración.
Comentarios: La casa editorial de la prueba ofrece un diccionario en línea para los términos de deseo y defensa que se usa en esta prueba.
Autor: David Maldavsky.
Editorial: Editorial Paidós.
Componentes en Español: Todos los materiales son en español.

[19e]

Algoritmo David Liberman.

Purpose: Designed for detecting desires and defenses in discourse.
Origin: Argentina/Spanish.
Population: Adults.
Norms: This test is not norm referenced.
Publication Date: 2013.
Acronym: ADL.
Scores: Responses interpreted on 7 dimensions for each of 3 parts: Phallic-Genital, Phallic-Urethral, Sadistic-Secondary Anal, Sadistic-Primary Anal, Sadistic-Secondary Oral, Primary Oral, Intrasomatic Libido.
Administration: Individual.
Parts, 3: ADL-R (scenes narrated by the test taker), ADL-AH (speech acts), ADL-P (words that the test taker selects/combines).
Price Data, 2022: USD$47.10 per complete kit, including manual (2013, 288 pages), two grids to detect desires, a complementary grid to detect features of stories, and 5 access allowances to the ADL dictionary online.
Time: Administration time not reported.
Comments: Test publisher offers an online dictionary of the desire and defense terms used in this test.
Author: David Maldavsky.
Publisher: Editorial Paidós.
Spanish Components: All materials are in Spanish.

Componentes en Inglés: No hay materiales en inglés.

[20s]

Alteración del Comportamiento en la Escuela.

Propósito: Diseñado para evaluar "las alteraciones del comportamiento en el ámbito escolar" del alumno.
Procedencia: España/español.
Población: Edades 3-13.
Baremos: Los baremos se desarrollaron utilizando una muestra de 3.914 alumnos, 1.865 mujeres y 2.049 varones, de los centros educativos públicos de educación infantil y primaria en España.
Fechas de Publicación: 2006-2009.
Acrónimo: ACE.
Puntuación: Puntuación total solamente.
Administración: Individual.
Precios, 2022: €76,75 por juego completo, incluye manual (2009, 43 páginas) y 100 ejemplares; €72,60 por 100 ejemplares.
Duración: (5-10) minutos.
Comentarios: "La escala ACE está diseñada para ser completada por varios profesores que imparten clase al alumno". Las puntuaciones totales de cada docente deberán ser trasladadas a la Hoja de Resumen de Evaluación para obtener el grado de desviación conductual (Desviación Conductual No Constatada, Desviación Conductual Ligera, Desviación Conductual Moderada, o Desviación Conductual Severa) del estudiante a partir de los baremos provistos.
Autores: Alfredo Arias, Luis Miguel Ayuso, Guillermo Escudero e Inmaculada González.
Editorial: Hogrefe TEA Ediciones.
Componentes en Español: Todos los materiales son en español.
Componentes en Inglés: No hay materiales en inglés.

[21s]

American Mathematics Competitions.

Propósito: Diseñado a promover el desarrollo y mejora de las habilidades de la resolución de problemas.
Procedencia: Estados Unidos (1950-2017)/inglés.
Traducción/Adaptación: No se provee información en los materiales de la prueba sobre el proceso de traducción/adaptación.
Población: Grados K-12.
Baremos: No se han provisto baremos con los materiales traducidos al español.
Fechas de Publicación: 2011–2017.
Acrónimo: AMC.
Puntuación: Puntuación total solamente.
Administración: Colectiva.

English Components: There are no materials in English.

[20e]

Alteración del Comportamiento en la Escuela.

Purpose: Designed to evaluate changes in behavior of a given student within the school setting.
Origin: Spain/Spanish.
Population: Ages 3-13.
Norms: Norms were developed using a sample of 3,914 students, 1,865 females and 2,049 males, from public preschools and primary schools in Spain.
Publication Dates: 2006-2009.
Acronym: ACE.
Scores: Total score only.
Administration: Individual.
Price Data, 2022: €76.75 per complete kit, including manual (2009, 43 pages) and 100 test forms; €72.60 per 100 test forms.
Time: (5-10) minutes.
Comments: The ACE is designed to be completed by more than one teacher who has the student in class. The total score from each teacher should be transferred to the Evaluation Summary Sheet to obtain the level of behavioral deviation (No Established Behavior Change, Light Behavior Change, Moderate Behavior Change, or Severe Behavior Change) of the student from the given norms.
Authors: Alfredo Arias, Luis Miguel Ayuso, Guillermo Escudero, and Inmaculada González.
Publisher: Hogrefe TEA Ediciones.
Spanish Components: All materials are in Spanish.
English Components: There are no materials in English.

[21e]

American Mathematics Competitions.

Purpose: Designed to "promote the development and enhancement of problem-solving skills."
Origin: United States (1950-2017)/English.
Translation/Adaptation: No information is provided in the test materials about the translation/adaptation process.
Population: Grades K-12.
Norms: Separate norms are not provided with the materials translated to Spanish.
Publication Dates: 2011–2017.
Acronym: AMC.
Scores: Total score only.
Administration: Group.

Precios: Disponibles con la casa editorial.
Autor: Mathematical Association of America.
Editorial: Mathematical Association of America.
Componentes en Español: El examen y los soluciones y sus instrucciones correspondientes están disponibles en español.
Componentes en Inglés: Todos los materiales están disponibles en inglés también.

a) AMC 8.
Población: Estudiantes en Grado 8 o bajo y menores de 14.5 años.
Acrónimo: AMC 8.
Duración: 40 minutos.
Comentarios: Se administra cada año; la prueba previamente se llamaba American Junior School Mathematics Examination.

b) AMC 10.
Población: Estudiantes en Grado 10 o bajo y menores de 17.5 años.
Acrónimo: AMC 10.
Formularios, 2: A, B.
Duración: 75 minutos.
Comentarios: Se administra cada año en una fecha A y una fecha B; es el primero en una serie de concursos que se dirige hasta el International Mathematical Olympiad; la prueba previamente se llamaba American High School Mathematics Examination (AHSME).

c) AMC 12.
Población: Estudiantes en Grado 12 o bajo y menores de 19.5 años.
Acrónimo: AMC 12.
Formularios, 2: A, B.
Duración: 75 minutos.
Comentarios: Se administra cada año en una fecha A y una fecha B; es el primero en una serie de concursos que se dirige hasta el International Mathematical Olympiad; la prueba previamente se llamaba American High School Mathematics Examination (AHSME).

[22s]

Análisis de Temperamento Taylor-Johnson.

Nombre Original: Taylor-Johnson Temperament Analysis.
Propósito: Diseñado para "medir una serie de variables de personalidad, actitud o tendencias del comportamiento que influyen en la adaptación personal, social, marital, paternal, familiar, escolar y vocacional".
Procedencia: Estados Unidos (1941-2014)/inglés.
Traducción/Adaptación: Para desarrollar el folleto de preguntas en español, se simplificó el vocabulario en la Edición Regular para que la prueba tuviera la aplicación más amplia entre hispanohablantes. La casa editorial de la prueba indica que se dio atención especial a la prueba durante el proceso de traducción para asegurar que el significado original de los ítems se mantuviera y que la integridad de la prueba no fuera alterada.

Price Data: Available from publisher.
Author: Mathematical Association of America.
Publisher: Mathematical Association of America.
Spanish Components: The exam and solutions and their corresponding instructions are available in Spanish.
English Components: All materials are also available in English.

a) AMC 8.
Population: Students in Grade 8 or below and under 14.5 years.
Acronym: AMC 8.
Time: 40 minutes.
Comments: Administered annually; test previously called American Junior School Mathematics Examination.

b) AMC 10.
Population: Students in Grade 10 or below and under 17.5 years.
Acronym: AMC 10.
Forms, 2: A, B.
Time: 75 minutes.
Comments: Administered annually on an A date and a B date; first in a series of competitions that lead all the way to the International Mathematical Olympiad; test previously called American High School Mathematics Examination (AHSME).

c) AMC 12.
Population: Students in Grade 12 or below and under 19.5 years.
Acronym: AMC 12.
Forms, 2: A, B.
Time: 75 minutes.
Comments: Administered annually on an A date and a B date; first in a series of competitions that lead all the way to the International Mathematical Olympiad; test previously called American High School Mathematics Examination (AHSME).

[22e]

Análisis de Temperamento Taylor-Johnson.

Original Name: Taylor-Johnson Temperament Analysis.
Purpose: Designed to measure a number of personality variables or attitudes and behavioral tendencies that influence personal, social, marital, parental, family, scholastic, and vocational adjustment.
Origin: United States (1941-2014)/English.
Translation/Adaptation: To develop the Spanish question booklet, vocabulary in the Regular Edition was simplified so the test would have the broadest possible application among Spanish speakers. The test publisher notes that special care was taken during translation to ensure that the intent of the original items would be maintained, and that the integrity of the test would not be altered.

Población: Hispanohablantes edades 11 en adelante.
Baremos: Se han provisto baremos con la adaptación al español. Los baremos se desarrollaron utilizando una muestra con 904 sujetos primeramente provenientes de los Estados Unidos y México, con una muestra pequeña de varios otros países de Centro y Sur América, distribuidos por sexo, edad y profesión.
Fechas de Publicación: 1966-2017.
Acrónimo: T-JTA.
Puntuación, 11: Nervioso vs. Tranquilo, Depresivo vs. Alegre, Sociable-Activo vs. Introvertido, Expresivo-Responsivo vs. Inhibido, Compasivo vs. Indiferente, Subjetivo vs. Objetivo, Dominante vs. Sumiso, Hostil vs. Tolerante, Disciplinado vs. Impulsivo, Escala de Actitud, Total de la Columna Respuesta Indeciso.
Administración: Individual o colectiva.
Formularios, 2: Criss-cross y Autoreporte.
Precios, 2023: $299 por kit de entrenamiento en español, incluyendo manual (1982, 45 páginas, español), taller de entrenamiento de seis horas (webinar, inglés), $100 de crédito para evaluación gratuita y acceso ilimitado al servicio de calificación en línea; $24 por evaluación individual en línea con perfiles; $49 por evaluación para parejas en línea con perfiles.
Duración: Sin límite de tiempo; típicamente 30-45 minutos.
Comentarios: Se puede administrar la prueba en español en línea también. La edición en inglés de esta prueba también ofrece una edición segunda (autoinforme) y edición regular no criss-cross (autoinforme).
Autores: Edición original por Roswell H. Johnson (1941), revisión por Robert M. Taylor (1967), Lucile P. Morrison (manual), W. Lee Morrison (asesor estadístico) y Richard C. Romoser (asesor estadístico).
Traductores/Adaptadores: Gunter Rochow, Teodoro Meisner, Rafael Martínez, Antonio Rico, Leonel M. Robaina y Laura Harper (prueba); Ana Maria Velasco (manual).
Editorial: Psychological Publications, Inc.
Componentes en Español: El manual Edición Regular (1982), folleto de preguntas, hoja de respuestas, folleto de reporte y perfil gráfico son en español.
Componentes en Inglés: El manual revisado y ampliado (2012), plantilla de corrección a mano y guía del usuario para el programa de computadora son en inglés.

[23s]

Análisis del Perfil Motivacional.

Propósito: Diseñado para evaluar "diversos motivos que pueden influir en el rendimiento y otras conductas laborales".
Procedencia: España/español.
Población: Edades 16 en adelante.

Population: Spanish speakers ages 11 and older.
Norms: Separate norms are provided with the Spanish adaptation. Norms were developed using a sample of 904 participants primarily from the United States and Mexico, with a small sample from several other Central and South American countries, distributed by gender, age, and occupation.
Publication Dates: 1966-2017.
Acronym: T-JTA.
Scores, 11: Nervous vs. Composed, Depressive vs. Light-Hearted, Active-Social vs. Quiet, Expressive-Responsive vs. Inhibited, Sympathetic vs. Indifferent, Subjective vs. Objective, Dominant vs. Submissive, Hostile vs. Tolerant, Self-Disciplined vs. Impulsive, Test-Taking Attitude, Total Mids.
Administration: Individual or group.
Forms, 2: Criss-cross and Self-Report.
Price Data, 2023: $299 per Spanish training kit, including manual (1982, 45 pages, Spanish), six-hour training workshop (webinar, English), $100 in free assessment credit, and lifetime access to online scoring service; $24 for individual online assessment with profiles; $49 per couples' online assessment with profiles.
Time: Untimed; typically 30-45 minutes.
Comments: Spanish version available online only; the English edition of this test also offers a Secondary edition (self-report) and Regular Edition Non Criss-Cross (self-report).
Authors: Original edition by Roswell H. Johnson (1941), revision by Robert M. Taylor (1967), Lucile P. Morrison (manual), W. Lee Morrison (statistical consultant), and Richard C. Romoser (statistical consultant).
Translators/Adaptors: Gunter Rochow, Teodoro Meisner, Rafael Martínez, Antonio Rico, Leonel M. Robaina, and Laura Harper (test); Ana Maria Velasco (manual).
Publisher: Psychological Publications, Inc.
Spanish Components: The 1982 Regular Edition manual, question booklet, answer sheet, report booklet, and analysis profile are in Spanish.
English Components: The revised and extended manual (2012), handscoring stencil sheet, and user's guide to software are in English.

[23e]

Análisis del Perfil Motivacional.

Purpose: Designed to evaluate diverse motives that may influence individuals' performance and behavior in the workplace.
Origin: Spain/Spanish.
Population: Ages 16 and older.

Baremos: Los baremos se desarrollaron utilizando una muestra con 2.614 participantes, distribuidos por edad, sexo y nivel educativo.
Fecha de Publicación: 2015.
Acrónimo: APM.
Puntuación, 5: Autonomía-Afiliación, Poder-Cooperación, Logro-Hedonismo, Exploración-Seguridad, Contribución-Conservación.
Administración: Individual o colectiva.
Precios, 2022: €84,44 por juego completo, incluye manual (2015, 114 páginas), juego de corrección y 10 cuadernillos; €13,07 por 10 cuadernillos; €39,85 por juego de corrección (25 hojas de respuestas y PIN de 25 usos); €12,46 por informe en línea; €47,20 por manual en línea.
Duración: (25) minutos.
Comentarios: Se puede administrar en línea; se basa en el modelo de la Rueda de motivos de Vaderrama (2010).
Autores: Beatriz Valderrama, Sergio Escorial y Lourdes Luceño.
Editorial: Hogrefe TEA Ediciones.
Componentes en Español: Todos los materiales son en español.
Componentes en Inglés: No hay materiales en inglés.

Norms: Norms were developed using a sample of 2,614 participants, distributed by age, gender, and educational level.
Publication Date: 2015.
Acronym: APM.
Scores, 5: Autonomy-Affiliation, Power-Cooperation, Achievement-Hedonism, Exploration-Certainty, Contribution-Conservation.
Administration: Individual or group.
Price Data, 2022: €84.44 per complete kit, including manual (2015, 114 pages), scoring kit, and 10 test booklets; €13.07 per 10 test booklets; €39.85 per scoring kit (25 answer sheets and a PIN for 25 uses online); €12.46 per online report; €47.20 per online manual.
Time: (25) minutes.
Comments: Can be administered online; based on the Motives Wheel model by Valderrama (2010).
Authors: Beatriz Valderrama, Sergio Escorial, and Lourdes Luceño.
Publisher: Hogrefe TEA Ediciones.
Spanish Components: All materials are in Spanish.
English Components: There are no materials in English.

[24s]

Análisis del Retraso del Habla.

Propósito: Diseñado para "ofrecer un conjunto de herramientas para evaluar el habla infantil. El objetivo concreto es una evaluación de la fonología segmental y autosegmental".
Procedencia: España/español.
Población: Edades 3-6.
Baremos: Los baremos se desarrollaron utilizando una muestra con 106 niños seleccionados al azar de las provincias de Barcelona y Salamanca de habla materna castellana, distribuidos por edad.
Fechas de Publicación: 2005-2010.
Acrónimo: A-RE-HA.
Puntuación: Nivel de Desarrollo (Área de su Edad, Inmadurez, Retraso), Nivel Estructural (Segmento, Sílaba, Palabra).
Administración: Individual.
Partes, 3: Prueba de Rastreo, Valoraciones Complementarias, Perfil Fonético-Fonológico.
Precios, 2023: €42 por libro (2010, 327 páginas) incluye los protocolos de prueba.
Duración: Variable.
Comentarios: La página web de la editorial de la prueba indica una cuarta edición (2015); se actualizará la descripción cuando se recibe la edición nueva.
Autores: Eva M. Aguilar Mediavilla y Miquel Serra Raventós.
Editorial: Publicacions I Edicions.

[24e]

Análisis del Retraso del Habla.

Purpose: Designed to provide a set of tools for assessing children's speech. The concrete objective is to evaluate segmental and autosegmental phonology.
Origin: Spain/Spanish.
Population: Ages 3-6.
Norms: Norms were developed using a sample of 106 children whose native language is Castilian selected from the provinces of Barcelona and Salamanca, distributed by age.
Publication Dates: 2005-2010.
Acronym: A-RE-HA.
Scores: Development Level (Age Range, Immaturity, Delay), Structural Level (Segment, Syllable, Word).
Administration: Individual.
Parts, 3: Trail-Making Test, Complementary Valuations, Phonetic-Phonologic Profile.
Price Data, 2023: €42 per book (2010, 327 pages) including test protocols.
Time: Variable.
Comments: The test publisher website indicates a fourth edition (2015) is available; description will be updated when new edition is received.
Authors: Eva M. Aguilar Mediavilla and Miquel Serra Raventós.
Publisher: Publicacions I Edicions.

Componentes en Español: Todos los materiales son en español.
Componentes en Inglés: No hay materiales en inglés.

a) PRUEBA DE RASTREO.
Propósito: Diseñado "para evaluar la competencia fonética-fonológica y valorar de forma rápida si existe alguna dificultad".
b) VALORACIONES COMPLEMENTARIAS.
Propósito: Diseñado para "facilitar un cuestionario al examinador para valorar la existencia de factores previos y externos al habla (p.ej. daño neurológico, problemas auditivos o de equilibrio, enfermedades relativas al aparato buco-fonatorio, problemas de atención o memoria, maduración lenta, problemas socioafectivos, o un retraso general en la adquisición del lenguaje) que dificulten su aprendizaje".
c) PERFÍL FONÉTICO-FONOLÓGICO.
Propósito: Diseñado para "establecer el perfil de competencia fonético-fonológica para elaborar planes de reeducación".
Comentarios: "Para realizar este perfil se presentan tres instrumentos, dos de producción (prueba de denominación, prueba de narración) y uno de discriminación perceptiva (prueba de discriminación) más un protocolo para el resumen de los resultados".

Spanish Components: All materials are in Spanish.
English Components: There are no materials in English.

a) TRAIL-MAKING TEST.
Purpose: Designed to evaluate phonetic-phonologic competence and quickly evaluate if any problems exist.
b) COMPLEMENTARY VALUATIONS.
Purpose: Designed to evaluate the existence of previous external factors in speech (such as neurological harm, hearing or equilibrium problems, sickness related to hearing aid apparatus, attention or memory problems, slow maturity, social-affective problems, or general delay in language acquisition) that make learning difficult.
c) PHONETIC-PHONOLOGIC PROFILE.
Purpose: Designed to establish a profile of phonetic-phonological competency in order to create plans for re-education.
Comments: The profile comprises three instruments, two of production (test of denomination, test of narration) and one of perceptive discrimination (test of discrimination), plus one protocol to summarize the results.

[25s]

Anger Management Profile.

Propósito: Diseñado para la evaluación del potencial de ira del cliente (dentro del sistema jurídico o de tratamiento) y la habilidad para manejar su enojo; identificando si están contestando honestamente, si tienen un problema de drogas y/o alcohol y, de tenerlo, identificar si sea un factor contribuyente a la ira.
Procedencia: Estados Unidos/inglés.
Traducción/Adaptación: No se provee información en los materiales de la prueba sobre el proceso de traducción/adaptación.
Población: Estudiantes en escuela superior y adultos.
Baremos: No se han provisto baremos con los materiales traducidos al español.
Fechas de Publicación: 1986-1997.
Acrónimo: AMP.
Puntuación, 5: Veracidad, Alcohol, Drogas, Ira (Violencia), Habilidades de Afrontamiento al Estrés.
Administración: Colectiva.
Precios, 2022: $9.95 por prueba; descuentos de volumen disponibles.
Duración: (25) minutos.
Comentarios: Behavior Data Systems, Ltd. ofrece sus pruebas en línea exclusivamente a través de un contrato con Professional Online Testing Solutions, Inc.
Autor: Herman Lindeman.
Editorial: Behavior Data Systems, Ltd.
Componentes en Español: Los ítems de prueba y las instrucciones correspondientes están disponibles en español.

[25e]

Anger Management Profile.

Purpose: Designed to "screen clients for their anger potential and their ability to handle or manage their anger, know if they are being truthful, if they have an alcohol or drug problem and whether that alcohol or drug problem is a contributing factor" in court or treatment settings.
Origin: United States/English.
Translation/Adaptation: No information is provided in the test materials about the translation/adaptation process.
Population: High school students and adults.
Norms: Separate norms are not provided with the materials translated to Spanish.
Publication Dates: 1986-1997.
Acronym: AMP.
Scores, 5: Truthfulness, Alcohol, Drugs, Anger (Violence), Stress Coping Abilities.
Administration: Group.
Price Data, 2022: $9.95 per test; volume discounts available.
Time: (25) minutes.
Comments: Behavior Data Systems, Ltd. offers its tests online exclusively through a contract with Professional Online Testing Solutions, Inc.
Author: Herman Lindeman.
Publisher: Behavior Data Systems, Ltd.
Spanish Components: The test items and their corresponding instructions are available in Spanish.

Componentes en Inglés: Todos los materiales están disponibles en inglés, también; el manual es en inglés.

[26s]

Aprenda®: La Prueba de Logros en Español, Tercera Edición.

Propósito: Diseñado para medir el rendimiento académico de los estudiantes hablantes del español.
Procedencia: Estados Unidos/inglés y español.
Población: Grados K-12.
Baremos: Los baremos se desarrollaron utilizando una muestra con sujetos de los Estados Unidos, Puerto Rico y México, distribuidos por país/continente de origen, medio ambiente (urbano, suburbano, rural) y región geográfica de los Estados Unidos.
Fechas de Publicación: 2003-2005.
Acrónimo: Aprenda 3.
Administración: Colectiva.
Niveles, 12: Preprimario 1, Preprimario 2, Primario 1, Primario 2, Primario 3, Intermedio 1, Intermedio 2, Intermedio 3, Intermedio 4, Intermedio 5, Avanzado 1, Avanzado 2.
Precios: Disponibles con la casa editorial.
Comentarios: Aprenda 3 se deriva del Stanford Achievement Test Series, 10th Edition.
Autor: Harcourt Assessment.
Editorial: Multi-Health Systems, Inc.
Componentes en Español: Todos los materiales son en ambos español e inglés.
Componentes en Inglés: Todos los materiales son en ambos español e inglés.

a) PREPRIMARIO 1.
Población: Grados K.0-K.5.
Puntuación, 6: Sonidos y Letras, Lectura de Palabras, Total Lectura, Matemáticas, Medio Ambiente, Escuchar Palabras y Cuentos.
Duración: (135) minutos Batería Completa; (105) minutos Batería Básica.

b) PREPRIMARIO 2.
Población: Grados K.5-1.5.
Puntuación, 7: Igual a *a)* arriba más Lectura de Oraciones.
Duración: (170) minutos Batería Completa; (140) minutos Batería Básica.

c) PRIMARIO 1.
Población: Grados 1.5-2.5.
Puntuación, 11: Lectura de Palabras, Lectura de Oraciones, Comprensión de Lectura, Total Lectura, Matemáticas: Resolución de Problemas, Matemáticas: Procedimientos, Matemáticas Total, Lenguaje, Ortografía, Medio Ambiente, Comprensión Auditiva.
Duración: (305) minutos Batería Completa; (275) minutos Batería Básica.

d) PRIMARIO 2.
Población: Grados 2.5-3.5.
Puntuación, 10: Vocabulario, Comprensión de Lectura, Total Lectura, Matemáticas: Resolución de Problemas, Matemáticas: Procedimientos, Matemáticas

English Components: All materials are also available in English; the manual is in English.

[26e]

Aprenda®: La Prueba de Logros en Español, Tercera Edición.

Purpose: Designed to measure the academic achievement of Spanish-speaking students.
Origin: United States/English and Spanish.
Population: Grades K-12.
Norms: Norms were developed using a sample of participants from the United States, Puerto Rico and Mexico, distributed by country or continent of origin, urbanicity (urban, suburban, rural), and U.S. geographic region.
Publication Dates: 2003-2005.
Acronym: Aprenda 3.
Administration: Group.
Levels, 12: Preprimary 1, Preprimary 2, Primary 1, Primary 2, Primary 3, Intermediate 1, Intermediate 2, Intermediate 3, Intermediate 4, Intermediate 5, Advanced 1, Advanced 2.
Price Data: Available from publisher.
Comments: Aprenda 3 mirrors the Stanford Achievement Test Series, 10th Edition.
Author: Harcourt Assessment.
Publisher: Multi-Health Systems, Inc.
Spanish Components: All materials are in both Spanish and English.
English Components: All materials are in both Spanish and English.

a) PREPRIMARY 1.
Population: Grades K.0-K.5.
Scores, 6: Sounds and Letters, Word Reading, Total Reading, Mathematics, Environment, Listening to Words and Stories.
Time: (135) minutes Complete Battery; (105) minutes Basic Battery.

b) PREPRIMARY 2.
Population: Grades K.5-1.5.
Scores, 7: Same as *a)* above plus Sentence Reading.
Time: (170) minutes Complete Battery; (140) minutes Basic Battery.

c) PRIMARY 1.
Population: Grades 1.5-2.5.
Scores, 11: Word Reading, Sentence Reading, Reading Comprehension, Total Reading, Mathematics: Problem Solving, Mathematics: Procedures, Total Mathematics, Language, Spelling, Environment, Listening Comprehension.
Time: (305) minutes Complete Battery; (275) minutes Basic Battery.

d) PRIMARY 2.
Population: Grades 2.5-3.5.
Scores, 10: Reading Vocabulary, Reading Comprehension, Total Reading, Mathematics: Problem Solving, Mathematics: Procedures, Total

Total, Lenguaje, Ortografía, Medio Ambiente, Comprensión Auditiva.
Duración: (275) minutos Batería Completa; (245) minutos Batería Básica.
e) PRIMARIO 3.
Población: Grados 3.5-4.5.
Puntuación, 11: Vocabulario, Comprensión de Lectura, Total Lectura, Matemáticas: Resolución de Problemas, Matemáticas: Procedimientos, Matemáticas Total, Lenguaje, Ortografía, Ciencias, Ciencias Sociales, Comprensión Auditiva.
Duración: (310) minutos Batería Completa; (260) minutos Batería Básica.
f) INTERMEDIO 1.
Población: Grados 4.5-5.5.
Puntuación, 11: Igual a *e)* arriba.
Duración: Igual a *e)* arriba.
g) INTERMEDIO 2.
Población: Grados 5.5-6.5.
Puntuación, 11: Igual a *e)* arriba.
Duración: Igual a *e)* arriba.
h) INTERMEDIO 3.
Población: Grados 6.5-7.5.
Puntuación, 11: Igual a *e)* arriba.
Duración: Igual a *e)* arriba.
i) INTERMEDIO 4.
Población: Grados 7.5-8.5.
Puntuación, 11: Igual a *e)* arriba.
Duración: Igual a *e)* arriba.
j) INTERMEDIO 5.
Población: Grados 8.5-9.5.
Puntuación, 11: Igual a *e)* arriba.
Duración: Igual a *e)* arriba.
k) AVANZADO 1.
Población: Grados 9.0-9.9.
Puntuación, 8: Vocabulario, Comprensión de Lectura, Total Lectura, Matemáticas, Lenguaje, Ortografía, Ciencias, Ciencias Sociales.
Duración: (230) minutos Batería Completa; (180) minutos Batería Básica.
l) AVANZADO 2.
Población: Grados 10.0-12.9.
Puntuación: Igual a *k)* arriba.
Duración: Igual a *k)* arriba.

Referencias Cruzadas: Para reseñas por Joseph O. Prewitt y por Maria Prendes Lintel y Francisca Esteban Peterson de la segunda edición, consulte 14:18; para reseñas por Maria Medina-Diaz y Salvador Hector Ochoa de la primera edición, consulte 13:12.

Mathematics, Language, Spelling, Environment, Listening Comprehension.
Time: (275) minutes Complete Battery; (245) minutes Basic Battery.
e) PRIMARY 3.
Population: Grades 3.5-4.5.
Scores, 11: Reading Vocabulary, Reading Comprehension, Total Reading, Mathematics: Problem Solving, Mathematics: Procedures, Total Mathematics, Language, Spelling, Science, Social Science, Listening Comprehension.
Time: (310) minutes Complete Battery; (260) minutes Basic Battery.
f) INTERMEDIATE 1.
Population: Grades 4.5-5.5.
Scores, 11: Same as *e)* above.
Time: Same as *e)* above.
g) INTERMEDIATE 2.
Population: Grades 5.5-6.5.
Scores, 11: Same as *e)* above.
Time: Same as *e)* above.
h) INTERMEDIATE 3.
Population: Grades 6.5-7.5.
Scores, 11: Same as *e)* above.
Time: Same as *e)* above.
i) INTERMEDIATE 4.
Population: Grades 7.5-8.5.
Scores, 11: Same as *e)* above.
Time: Same as *e)* above.
j) INTERMEDIATE 5.
Population: Grades 8.5-9.5.
Scores, 11: Same as *e)* above.
Time: Same as *e)* above.
k) ADVANCED 1.
Population: Grades 9.0-9.9.
Scores, 8: Reading Vocabulary, Reading Comprehension, Total Reading, Mathematics, Language, Spelling, Science, Social Science.
Time: (230) minutes Complete Battery; (180) minutes Basic Battery.
l) ADVANCED 2.
Population: Grades 10.0-12.9.
Scores: Same as *k)* above.
Time: Same as *k)* above.

Cross References: For reviews by Joseph O. Prewitt and by Maria Prendes Lintel and Francisca Esteban Peterson of the second edition, see 14:18; for reviews by Maria Medina-Diaz and Salvador Hector Ochoa of the first edition, see 13:12.

[27s]

Aptitud de Tipo Superior.

Propósito: Diseñado como "evaluación del razonamiento deductivo y la flexibilidad para descubrir relaciones en tareas de codificación".
Procedencia: España/español.
Población: Adolescentes y adultos.
Baremos: Se desarrollaron los baremos utilizando una muestra de 5.018 participantes, distribuidos por edad, nivel educativo y actividades profesionales.
Fecha de Publicación: 2004.

[27e]

Aptitud de Tipo Superior.

Purpose: Designed to evaluate deductive reasoning skills and flexibility of thought processes needed to discover relationships in encoding tasks.
Origin: Spain/Spanish.
Population: Adolescents and adults.
Norms: Norms were developed using a sample of 5,018 participants, distributed by age, education level, and professional activities.
Publication Date: 2004.

Acrónimo: CLAVES.
Puntuación: Puntuación total solamente.
Administración: Colectiva.
Precios, 2022: €55,79 por juego completo, incluye manual (2004, 38 páginas), 10 cuadernillos y 25 hojas de respuestas; €18,51 por 10 cuadernillos; €29,95 por 25 hojas de respuestas; €20,63 por manual en línea.
Duración: (25) minutos.
Autor: Nicolas Seisdedos.
Editorial: Hogrefe TEA Ediciones.
Componentes en Español: Todos los materiales son en español.
Componentes en Inglés: No hay materiales en inglés.

[28s]

Aptitudes en Educación Infantil–Revisado.

Propósito: Diseñado para "evaluar el nivel de diversos aspectos aptitudinales fundamentales para el aprendizaje escolar".
Procedencia: España/español.
Población: Edades 4 a 6 años.
Baremos: Los baremos se desarrollaron utilizando una muestra con 12.440 estudiantes de más de 80 colegios en España, distribuidos por edad, grado de instrucción y sexo.
Fechas de Publicación: 1999-2018.
Acrónimo: AEI-R.
Puntuación, 7: Verbal, Cuantitativo, Orientación Espacial, Memoria Auditiva, Visomotricidad, Madurez Lectoescritura, Total.
Administración: Individual o colectiva.
Precios, 2022: €83,24 por juego completo, incluye manual (2018, 44 páginas) y 25 ejemplares; €81,07 por 25 ejemplares; €10,04 por perfil e informe interpretativo en línea; €20,63 por manual en línea.
Duración: 60 minutos.
Autora: María Victoria de la Cruz.
Editorial: Hogrefe TEA Ediciones.
Componentes en Español: Todos los materiales son en español.
Componentes en Inglés: No hay materiales en inglés.

[29s]

Aptitudes Mentales Primarias–Revisado.

Propósito: "Diseñado para evaluar las principales aptitudes relacionadas con la inteligencia".
Procedencia: Estados Unidos (1938-1941)/inglés.
Población: Edades 9 en adelante.
Baremos: Los baremos se desarrollaron utilizando dos muestras. La primera muestra fue compuesta por 4.775 estudiantes, distribuidos por edad, curso académico, género, región geográfica en España y localidad (urbano, intermedio, rural). La segunda muestra fue compuesta

Acronym: CLAVES.
Score: Total score only.
Administration: Group.
Price Data, 2022: €55.79 per complete kit, including manual (2004, 38 pages), 10 booklets, and 25 response sheets; €18.51 per 10 booklets; €29.95 per 25 response sheets; €20.63 per manual online.
Time: (25) minutes.
Author: Nicolas Seisdedos.
Publisher: Hogrefe TEA Ediciones.
Spanish Components: All materials are in Spanish.
English Components: There are no materials in English.

[28e]

Aptitudes en Educación Infantil–Revisado.

Purpose: Designed to assess the level of different fundamental aspects that determine aptitude in academic learning.
Origin: Spain/Spanish.
Population: Ages 4 to 6 years.
Norms: Norms were developed using a sample of 12,440 students from more than 80 schools in Spain, distributed by age, grade, and gender.
Publication Dates: 1999-2018.
Acronym: AEI-R.
Scores, 7: Verbal, Quantitative, Spatial Orientation, Auditory Memory, Visual-Motor Skills, Literacy Skill Maturity, Total.
Administration: Individual or group.
Price Data, 2022: €83.24 per complete kit, including manual (2018, 44 pages) and 25 booklets; €81.07 per 25 booklets; €10.04 per online profile and interpretative report; €20.63 per manual online.
Time: 60 minutes.
Author: María Victoria de la Cruz.
Publisher: Hogrefe TEA Ediciones.
Spanish Components: All materials are in Spanish.
English Components: There are no materials in English.

[29e]

Aptitudes Mentales Primarias–Revisado.

Purpose: Designed to evaluate the principal aptitudes related to intelligence.
Origin: United States (1938-1941)/English.
Population: Ages 9 and older.
Norms: Norms were developed using two samples. The first sample was composed of 4,775 students, distributed by age, grade, gender, geographic region in Spain, and community (urban, suburban, rural). The second sample was composed of 2,576

por 2.576 adultos, distribuidos por edad, género, profesión y región geográfica en España.
Fechas de Publicación: 1989-2018.
Acrónimo: PMA-R.
Puntuación, 6: Verbal (V), Espacial (E), Razonamiento Lógico (R), Numérica (N), Fluidez Verbal (F), Índice Global.
Administración: Individual o colectiva.
Precios, 2022: €81,93 por juego completo, incluye manual (2018, 56 páginas), 10 cuadernillos y kit de corrección; €35,45 por 10 cuadernillos; €22,43 por juego de corrección (25 hojas de respuesta y PIN de 25 usos en línea); €33,08 por manual en línea.
Duración: 26 minutos de trabajo efectivo; 45-60 minutos tiempo total de administración.
Comentarios: La primera versión de esta prueba (PMA) fue adaptada al español de la prueba original en inglés Primary Mental Abilities.
Autor: Elaborado a partir de los trabajos de L. L. Thurstone y Th. G. Thurstone por el Departamento de Psicología Experimental del CSIC en Madrid.
Editorial: Hogrefe TEA Ediciones.
Componentes en Español: Todos los materiales son en español.
Componentes en Inglés: No hay materiales en inglés en esta versión.

[30s]

Areas of Worklife Survey [Fifth Edition Manual].

Propósito: Diseñado para usarse como un elemento dentro de una encuesta organizacional para evaluar seis áreas de la vida laboral.
Procedencia: Estados Unidos/inglés.
Traducción/Adaptación: La editorial de la prueba indica que existen varias traducciones de calidad variable, algunas de las cuales están disponibles de la casa editorial/distribuidor; no se provee información en los materiales de la prueba sobre el proceso de traducción/adaptación.
Población: Empleados.
Baremos: No se han provisto baremos con el formulario traducido al español.
Fechas de Publicación: 2000-2011.
Acrónimo: AWS.
Puntuación, 6: Carga de Trabajo, Control, Retribución, Comunidad, Justicia, Valores.
Administración: Individual o colectiva.
Precios, 2022: $50 por copia electrónica del manual de la quinta edición (2011, 32 páginas, inglés), incluye una copia del formulario AWS para revisión exclusivamente; $15 por informe individual; $200 por informe colectivo; $2.50 por licencia de encuesta remota en línea o licencia para reproducir (mínimo 50); $60 por manual impreso.
Duración: 15 minutos.

adults, distributed by age, gender, profession, and geographic region in Spain.
Publication Dates: 1989-2018.
Acronym: PMA-R.
Scores, 6: Verbal (V), Spatial (E), Logical Reasoning (R), Numerical (N), Verbal Fluency (F), Global Index.
Administration: Individual or group.
Price Data, 2022: €81.93 per complete kit, including manual (2018, 56 pages), 10 test booklets, and scoring kit; €35.45 per 10 test booklets; €22.43 per scoring kit (25 answer sheets and PIN for 25 scoring uses online); €33.08 per manual online.
Time: 26 minutes for actual test; 45-60 minutes total administration time.
Comments: The first version of this test (PMA) was adapted to Spanish from the original English test Primary Mental Abilities.
Author: Elaborated from the works of L. L. Thurstone and Th. G. Thurstone by the Department of Experimental Psychology at the CSIC in Madrid.
Publisher: Hogrefe TEA Ediciones.
Spanish Components: All materials are in Spanish.
English Components: There are no English materials in this version.

[30e]

Areas of Worklife Survey [Fifth Edition Manual].

Purpose: Designed for use "as an element within an organizational survey" to assess six areas of worklife.
Origin: United States/English.
Translation/Adaptation: Test publisher indicates that various translations of varying quality exist, some of which are available from the publisher/distributor; no information is provided in the test materials about the translation/adaptation process.
Population: Employees.
Norms: Separate norms are not provided with the form translated to Spanish.
Publication Dates: 2000-2011.
Acronym: AWS.
Scores, 6: Workload, Control, Reward, Community, Fairness, Values.
Administration: Individual or group.
Price Data, 2022: $50 per electronic copy of fifth edition manual (2011, 32 pages, English) including review-only copy of the AWS form; $15 per individual report; $200 per group report; $2.50 per remote online survey license or license to reproduce (minimum 50); $60 per printed manual.
Time: 15 minutes.

Comentarios: Se puede combinar con el Maslach Burnout Inventory.
Autores: Michael P. Leiter y Christina Maslach.
Editorial: Mind Garden, Inc.
Componentes en Español: El cuaderno de respuesta y sus instrucciones correspondientes están disponibles en español.
Componentes en Inglés: Todos los materiales están disponibles en inglés también; el manual es en inglés.
Referencias Cruzadas: Para reseñas por Carol Ezzelle y Melanie E. Leuty de los componentes en inglés de esta prueba, consulte 21:7.

Comments: May be combined with Maslach Burnout Inventory.
Authors: Michael P. Leiter and Christina Maslach.
Publisher: Mind Garden, Inc.
Spanish Components: The test booklet and its corresponding instructions are available in Spanish.
English Components: All materials are also available in English; the manual is in English.
Cross References: For reviews by Carol Ezzelle and Melanie E. Leuty of this test's English components, see 21:7.

[31s]

Assessing Reading: Multiple Measures, Revised Second Edition.

Propósito: Diseñado como una colección de evaluaciones de lectura formales e informales para ayudar a identificar áreas de fortaleza y debilidad, monitorear el desarrollo de la lectura y planificar la instrucción.
Procedencia: Estados Unidos/inglés y español.
Población: Grados K-12.
Baremos: Esta prueba no es de referencia normativa.
Fechas de Publicación: 1999-2018.
Partes, 6: Conocimiento Fonológico, Decodificación y Reconocimiento de Palabras, Vocabulario, Comprensión, Fluidez, Evaluaciones en Español.
Precios, 2023: $49 por libro de evaluación (2018, 205 páginas), incluyendo formularios de registro reproducibles.
Comentarios: Las evaluaciones de español se brindan para los primeros grados donde muchos estudiantes aún pueden estar en programas bilingües o pueden estar recibiendo instrucción en español como idioma principal antes de la transición a los programas de inglés.
Autores: Linda Diamond y B. J. Thorsnes (Editores).
Editorial: Arena Press.
Componentes en Español: Los ítems de prueba e instrucciones directamente habladas al estudiante para el Prueba CORE de Consciencia Fonémica del Español, Inventario CORE de Ortografía en Español, Escalas de Lenguaje Verbal Español de Critchlow y Encuesta CORE de Fonética están en español.
Componentes en Inglés: Todos los materiales en la Prueba CORE de Segmentación Fonológica, Prueba CORE de Eliminación de Fonemas, Prueba CORE de Segmentación Fonémica, Encuesta CORE Calificada de Palabras de Alta Frecuencia, Evaluación Rápida de Habilidad de Lectura San Diego, Medidas MASI-R de Fluidez de Lectura Oral, Cribado CORE de Vocabulario y Prueba CORE de Comprensión del Laberinto de Lectura son en inglés.

[31e]

Assessing Reading: Multiple Measures, Revised Second Edition.

Purpose: Designed as "a collection of formal and informal reading assessments" to assist in targeting areas of strength and weakness, monitoring reading development, and planning instruction.
Origin: United States/English and Spanish.
Population: Grades K-12.
Norms: This test is not norm referenced.
Publication Dates: 1999-2018.
Parts, 6: Phonological Awareness, Decoding and Word Recognition, Vocabulary, Comprehension, Fluency, Assessments in Spanish.
Price Data, 2023: $49 per assessment book (2018, 205 pages), including reproducible record forms.
Comments: "Spanish assessments are provided for the early grades where many students may still be in bilingual programs or may be receiving Spanish primary language instruction before transitioning to English programs."
Authors: Linda Diamond and B. J. Thorsnes (Editors).
Publisher: Arena Press.
Spanish Components: Test items and instructions directly spoken to students for the CORE Spanish Phonemic Awareness Test, CORE Spanish Spelling Inventory, Critchlow Spanish Verbal Language Scales, and CORE Phonics Survey are in Spanish.
English Components: All materials in the Core Phonological Segmentation Test, Core Phoneme Deletion Test, Core Phoneme Segmentation Test, Core Graded High-Frequency Word Survey, San Diego Quick Assessment of Reading Ability, MASI-R Oral Reading Fluency Measures, Core Vocabulary Screening, and Core Reading Maze Comprehension Test are in English.

a) CORE SEGMENTACIÓN FONOLÓGICA.
Población: Grados K-1.
Puntuación, 3: Segmentación de Oraciones, Segmentación de Sílabas, Segmentación de Fonemas.
Administración: Individual.
Duración: 5-10 minutos para administrar.
Autora: Orna Lenchner.
b) PRUEBA CORE ELIMINACIÓN DE FONEMAS.
Población: Grados K-3; Grados 4 y mayores como sea necesario.
Puntuación, 4: Eliminación de Fonemas Iniciales, Eliminación de Fonemas Finales, Eliminación de Fonemas Iniciales en una Combinación de Consonantes, Eliminación de Fonemas Incrustados en una Combinación de Consonantes.
Administración: Individual.
Duración: 10-15 minutos para administrar.
Autora: Orna Lenchner.
c) PRUEBA CORE SEGMENTACIÓN FONÉMICA.
Población: Grados 2-12.
Puntuación: Total ítems correctos.
Administración: Individual.
Duración: 5-10 minutos para administrar.
Autora: Orna Lenchner.
d) PRUEBA CORE CONCIENCIA FONÉMICA DEL ESPAÑOL.
Población: Grados K-2.
Puntuación, 2: Rareza de Fonemas, Eliminación de Fonemas.
Administración: Individual.
Duración: 5-10 minutos para administrar.
Autora: Jacalyn Mahler.
e) ENCUESTAS CORE DE FONÉTICA.
Población: Grados K-12.
Administración: Individual.
Duración: 10-15 minutos para administrar.
Autor: Consortium On Reaching Excellence in Education (CORE)

1) *Inglés.*
Puntuación, 13: Habilidades Alfabéticas y Sonidos de Letras (Nombres de Letras en Mayúsculas, Nombres de Letras en Minúsculas, Sonidos de Consonantes, Sonidos de Vocales Largas, Sonidos de Vocales Cortas), Habilidades de Lectura y Decodificación (Vocales Cortas en Palabras CVC, Combinaciones de Consonantes con Vocales Cortas, Cortas Vocales/ Dígrafos/ -tch Trígrafo, Vocales Controladas por R, Ortografía de Vocales Largas, Vocales Variantes, Ortografía de Vocales y Consonantes Infrecuentes, Palabras Multisilábicas).

2) *Español.*
Puntuación, 14: Habilidades Alfabéticas y Sonidos de Letras (Nombres de Consonantes en Mayúsculas, Nombres de Consonantes en Minúsculas, Nombres y Sonidos de Vocales en Mayúsculas y Minúsculas, Sonidos de Consonantes), Habilidades de Lectura y Decodificación (Sílabas Abiertas-CV, Sílabas Abiertas-V y CV, Sílabas Cerradas-CVC y VC, Sílabas Abiertas con Combinaciones-CCV, Combinaciones de Vocales en Sílabas Abiertas, Diptongos en Sílabas Cerradas, Palabras Multisilábicas), Habilidades Ortográficas (Sonidos Iniciales, Sonidos Finales, Palabras Completas).

a) CORE PHONOLOGICAL SEGMENTATION.
Population: Grades K-1.
Scores, 3: Sentence Segmentation, Syllable Segmentation, Phoneme Segmentation.
Administration: Individual.
Time: 5-10 minutes to administer.
Author: Orna Lenchner.
b) CORE PHONEME DELETION TEST.
Population: Grades K-3; Grades 4 and up as needed.
Scores, 4: Initial Phoneme Deletion, Final Phoneme Deletion, Deletion of Initial Phoneme in a Consonant Blend, Deletion of Embedded Phoneme in a Consonant Blend.
Administration: Individual.
Time: 10-15 minutes to administer.
Author: Orna Lenchner.
c) CORE PHONEME SEGMENTATION TEST.
Population: Grades 2-12.
Score: Total items correct.
Administration: Individual.
Time: 5-10 minutes to administer.
Author: Orna Lenchner.
d) CORE SPANISH PHONEMIC AWARENESS TEST.
Population: Grades K-2.
Scores, 2: Phoneme Oddity, Phoneme Deletion.
Administration: Individual.
Time: 5-10 minutes to administer.
Author: Jacalyn Mahler.
e) CORE PHONICS SURVEYS.
Population: Grades K-12.
Administration: Individual.
Time: 10-15 minutes to administer.
Author: Consortium On Reaching Excellence in Education (CORE).

1) *English.*
Scores, 13: Alphabet Skills and Letter Sounds (Letter Names-Uppercase, Letter Names-Lowercase, Consonant Sounds, Long Vowel Sounds, Short Vowel Sounds), Reading and Decoding Skills (Short Vowels in CVC Words, Consonant Blends with Short Vowels, Short Vowels/Digraphs/-tch Trigraph, R-Controlled Vowels, Long Vowel Spellings, Variant Vowels, Low-Frequency Vowel and Consonant Spellings, Multisyllabic Words).

2) *Spanish.*
Scores, 14: Alphabet Skills and Letter Sounds (Consonant Names-Uppercase, Consonant Names-Lowercase, Vowel Names and Sounds-Uppercase and Lowercase, Consonant Sounds), Reading and Decoding Skills (Open Syllables-CV, Open Syllables-V and CV, Closed Syllables-CVC and VC, Open Syllables with Blends-CCV, Vowel Combinations in Open Syllables, Diphthongs in Closed Syllables, Multisyllabic Words), Spelling Skills (Initial Sounds, Final Sounds, Whole Words).

f) ENCUESTA CORE CALIFICADA DE PALABRAS DE ALTA FRECUENCIA.
Población: Grados K-4; mayores cuando sea necesario.
Puntuación: Dominio.
Administración: Individual.
Duración: 5-7 minutos para administrar.
Autor: Consortium on Reaching Excellence in Education (CORE).
g) EVALUACIÓN RÁPIDA DE HABILIDAD DE LECTURA SAN DIEGO.
Población: Grados K-11.
Puntuación: Nivel de Lectura.
Administración: Individual.
Duración: 10 minutos para administrar.
Autores: Margaret La Pray y Ramon Ross.
h) INVENTARIO CORE DE ORTOGRAFÍA EN ESPAÑOL.
Población: Grados K-6.
Puntuación: Desempeño.
Administración: Colectiva.
Duración: 10-15 minutos para administrar.
Autora: Jacalyn Mahler.
i) MEDIDAS MASI-R DE FLUIDEZ DE LECTURA ORAL.
Población: Grados 1-6.
Puntuación: Fluidez en la Lectura Oral.
Administración: Individual.
Duración: 10-15 minutos para administrar.
Autor: Kenneth W. Howell.
j) CRIBADO CORE DE VOCABULARIO.
Población: Grados 1-8.
Puntuación: Total Palabras Correctas.
Administración: Individual o colectiva.
Duración: 10-20 minutos para administrar.
Autor: Michael Milone.
k) ESCALAS DE LENGUAJE VERBAL ESPAÑOL DE CRITCHLOW.
Población: Grados K-8.
Puntuación: Nivel Escolar de Vocabulario.
Administración: Individual.
Duración: 15 minutos para administrar.
Autor: Donald E. Critchlow.
l) PRUEBA CORE DE COMPRENSIÓN DEL LABERINTO DE LECTURA.
Población: Grados 2-10.
Puntuación: Total ítems correctos.
Administración: Colectiva.
Duración: 3 minutos para administrar.
Autor: Michael Milone.

f) CORE GRADED HIGH-FREQUENCY WORD SURVEY.
Population: Grades K-4; Grades 5 and up as needed.
Score: Mastery.
Administration: Individual.
Time: 5-7 minutes to administer.
Author: Consortium on Reaching Excellence in Education (CORE).
g) SAN DIEGO QUICK ASSESSMENT OF READING ABILITY.
Population: Grades K-11.
Score: Reading Level.
Administration: Individual.
Time: 10 minutes to administer.
Authors: Margaret La Pray and Ramon Ross.
h) CORE SPANISH SPELLING INVENTORY.
Population: Grades K-6.
Score: Performance Score.
Administration: Group.
Time: 10-15 minutes to administer.
Author: Jacalyn Mahler.
i) MASI-R ORAL READING FLUENCY MEASURES.
Population: Grades 1-6.
Score: Oral Reading Fluency.
Administration: Individual.
Time: 10-15 minutes to administer.
Author: Kenneth W. Howell.
j) CORE VOCABULARY SCREENING.
Population: Grades 1-8.
Score: Total Words Correct.
Administration: Individual or group.
Time: 10-20 minutes to administer.
Author: Michael Milone.
k) CRITCHLOW SPANISH VERBAL LANGUAGE SCALE.
Population: Grades K-8.
Score: Vocabulary Grade Level.
Administration: Individual.
Time: 15 minutes to administer.
Author: Donald E. Critchlow.
l) CORE READING MAZE COMPREHENSION TEST.
Population: Grades 2-10.
Score: Total items correct.
Administration: Group.
Time: 3 minutes to administer.
Author: Michael Milone.

[32s]

Assessment, Evaluation, and Programming System for Infants and Children, Third Edition (AEPS®-3).

Propósito: Un sistema de monitoreo de progreso y evaluación basado en el currículo diseñado para desarrollar objetivos funcionales y contenido de intervención, monitorear el progreso de los niños y determinar o corroborar la elegibilidad para los servicios.
Procedencia: Estados Unidos/inglés.

[32e]

Assessment, Evaluation, and Programming System for Infants and Children, Third Edition (AEPS®-3).

Purpose: A curriculum-based assessment and progress monitoring system designed for developing functional goals and intervention content, monitoring children's progress, and determining or corroborating eligibility for services.
Origin: United States/English.

Traducción/Adaptación: La prueba fue desarrollada en inglés y luego traducido al español por dos traductores bilingües. Ambos traductores revisaron todas las traducciones junto con la ayuda de un patólogo del habla y el lenguaje y uno de los autores de la prueba. Este grupo revisó el resulto para asegurarse de que la intención original de la prueba permaneciera intacta y reconcilió cualquier discrepancia. Algunos ítems fueron modificados y adaptados para reflejar mejor el desarrollo del idioma español. Para garantizar que la traducción sea lo más accesible posible, hablantes nativos de español de origen chileno, costarricense, mexicano, puertorriqueño y uruguayo también revisaron las traducciones. Finalmente, un grupo de enfoque de seis madres y un padre (de México, Guatemala y Puerto Rico) cuyos hijos reciben servicios de educación especial en la primera infancia proporcionó comentarios. Algunos ítems identificados como problemáticos fueron revisados.
Población: Niños de nacimiento a 6 años.
Baremos: Esta prueba no es de referencia normativa.
Fechas de Publicación: 1993-2022.
Acrónimo: AEPS®-3.
Puntuación: Evaluación en 8 áreas de desarrollo: Motricidad Fina, Motricidad Gruesa, Habilidades Adaptativas, Socioemocional, Comunicación Social, Habilidades Cognitivas, Habilidades de Lectoescritura, Matemáticas.
Administración: Individual o colectiva.
Niveles: 3 niveles de currículo: Principiante, Creciente, Preparado.
Partes, 2: Evaluación, Currículo.
Precios, 2022: $499 por juego completo, incluye el Volumen 1: Guía del Usuario (2022, 114 páginas, inglés), Volumen 2: Evaluación, (2022, 231 páginas, inglés), Volumen 3: Currículo–Principiante, (2022, 208 páginas, inglés), Volumen 4: Currículo–Creciente (2022, 277 páginas, inglés), Volumen 5: Currículo-Preparado (2022, 255 páginas, inglés), 10 formularios de datos de observación infantil, 10 informes familiares, 10 formularios marcas-listo, guías de referencia rápida y USB con PDF formularios imprimibles en español y inglés; $50 por cada volumen 1, 3, 4 o 5; $100 por volumen 2; $299 por USB de formularios; $20 por 10 formularios de datos de observación infantil; $30 por 10 formularios informes familiares; $30 por formularios marcas-listo; $30 por guías de referencia rápida.
Duración: El tiempo de administración no se reportó.
Comentarios: AEPS-3 es una prueba de referencia de criterios basada en un currículo. AEPS-3 puede ser utilizado con niños mayores con discapacidades moderadas y severas, aunque modificaciones significativas serán necesarias. AEPS-3 requiere participación por parte de la familia a través del uso del informe de la familia el cual promueve a la familia a evaluar al niño. El sistema en línea de AEPSi facilita la entrada de datos, puntuación, manejo, almacenamiento y la presentación de informes.

Translation/Adaptation: The test was developed in English and then translated into Spanish by two bilingual translators. Both translators reviewed all translations and the English back-translation with help from a speech-language pathologist and one of the test authors. This group reviewed the work to ensure that the test's original intent remained intact and reconciled any discrepancies. Some items were modified and adapted to better reflect Spanish language development. To ensure that the translation is as widely accessible as possible, native Spanish speakers of Chilean, Costa Rican, Mexican, Puerto Rican, and Uruguayan backgrounds also reviewed the translations. Finally, a focus group of six mothers and one father (from Mexico, Guatemala, and Puerto Rico) whose children receive early childhood special education services provided feedback, and any items that were identified as problematic were revised.
Population: Children from birth to 6 years.
Norms: This test is not norm referenced.
Publication Dates: 1993-2022.
Acronym: AEPS®-3.
Scores: Assessments in 8 developmental areas: Fine Motor, Gross Motor, Adaptive, Social-Emotional, Social-Communication, Cognitive, Literacy, Math.
Administration: Individual or group.
Levels: 3 curriculum levels: Beginning, Growing, Ready.
Parts, 2: Assessment, Curriculum.
Price Data, 2022: $499 per complete set, including Volume 1: User's Guide (2022, 114 pages, English), Volume 2: Assessment (2022, 208 pages, English), Volume 3: Curriculum–Beginning (2022, 231 pages, English), Volume 4: Curriculum–Growing (2022, 277 pages, English), Volume 5: Curriculum–Ready (2022, 255 pages, English), 10 child observation forms, 10 family report forms, 10 ready-set forms, quick reference guides, and forms USB (English and Spanish); $50 per each volume 1, 3, 4, or 5; $100 per volume 2; $299 per forms USB; $20 per 10 child observation data forms; $30 per 10 family report forms; $30 per 10 ready-set forms; $30 per quick reference guides.
Time: Administration time not reported.
Comments: AEPS-3 is a criterion-referenced measure and a curriculum-based assessment. AEPS-3 may be used with older children with moderate to severe disabilities, although significant modifications may be necessary. AEPS-3 elicits family participation through the use of the Family Report form, which encourages family assessment of the child. AEPSi web-based system facilitates data entry, scoring, management, storage, and reporting.

Autores: Diane Bricker, Carmen Dionne, Jennifer Grisham, JoAnn Johnson, Marisa Macy, Kristine Slentz y Misti Waddell.
Traductores/Adaptadores: Ana Caballero, Lara Linares, Lillian Durán, Jennifer Lindberg, Norma Medina Morales, Ricardo Miranda-Garcia, Paulina Romo Villaseñor y María Camila Londoño.
Editorial: Paul H. Brookes Publishing Co., Inc.
Componentes en Español: El USB de formularios contiene PDFs imprimibles en español: registros de progreso, guías de referencia rápida, un formulario de observación, un horario, formularios de evaluación familiar de las habilidades del niño, folleto 1 que explica que es el AEPS-3, folleto 2 que explica los áreas de desarrollo del AEPS-3, folleto 3 que explica los materiales para las familias, un reporte de la familia, una guía de IFSP/IEP, un formulario para la planificación de intervención, un folleto En sus Marcas-Listo, un formulario de observación y resumen área de comunicación social y un documento de resumen de los formularios y el desarrollo de las materiales traducidas.
Componentes en Inglés: Todos los materiales están disponibles en inglés también; los manuales son en inglés.

Authors: Diane Bricker, Carmen Dionne, Jennifer Grisham, JoAnn Johnson, Marisa Macy, Kristine Slentz, and Misti Waddell.
Translators/Adaptors: Ana Caballero, Lara Linares, Lillian Durán, Jennifer Lindberg, Norma Medina Morales, Ricardo Miranda-Garcia, Paulina Romo Villaseñor, and María Camila Londoño.
Publisher: Paul H. Brookes Publishing Co., Inc.
Spanish Components: The forms USB contains printable PDFs in Spanish: child progress records, quick reference guides, child observation data form, embedding schedule, family assessment of child skills, family handout 1: What is AEPS-3?, family handout 2: developmental areas, family handout 3: family materials, family report, IFSP/IEP planning guide, intervention plan, ready-set form, and social-communication observation and summary form.
English Components: All materials are also available in English; the manuals are in English.

[33s]

Assessment of Spirituality and Religious Sentiments.

Propósito: Diseñado para medir el constructo de espiritualidad con individuos a través de un amplio rango de tradiciones de fe.
Procedencia: Estados Unidos/inglés.
Traducción/Adaptación: No se provee información en los materiales de la prueba sobre el proceso de traducción/adaptación.
Población: Edades 15 en adelante.
Baremos: No se han provisto baremos con el formulario traducido al español.
Fechas de Publicación: 1999-2010.
Acrónimo: ASPIRES.
Puntuación, 7: Religiosidad, Crisis de Religiosidad, Satisfacción de Oración, Universalidad, Conexión, Sentimientos Religiosos Total, Transcendencia Espiritual Total.
Administración: Individual o colectiva.
Formularios, 4: Auto-Reporte, Observador, Auto-Reporte Corto, Observador Corto.
Precios, 2023: $15 por 25 formularios (auto-reporte, observador, auto-reporte corto, o observador corto); $35 por manual técnico (2010, 66 páginas, inglés); $75 por puntuación por computadora (Excel 2003 o 2007).
Duración: 10 minutos.
Autor: Ralph L. Piedmont.
Editorial: Center for Professional Studies.
Componentes en Español: El formulario auto-reporte y sus instrucciones correspondientes están disponibles en español.

[33e]

Assessment of Spirituality and Religious Sentiments.

Purpose: Designed to measure spirituality constructs "with individuals across a wide range of faith traditions."
Origin: United States/English.
Translation/Adaptation: No information is provided in the test materials about the translation/adaptation process.
Population: Ages 15 and over.
Norms: Separate norms are not provided with the form translated to Spanish.
Publication Dates: 1999-2010.
Acronym: ASPIRES.
Scores, 7: Religiosity, Religious Crisis, Prayer Fulfillment, Universality, Connectedness, Total Religious Sentiments, Total Spiritual Transcendence.
Administration: Individual or group.
Forms, 4: Self-Report, Observer Rating, Self-Report Short, Observer Rating Short.
Price Data, 2023: $15 per 25 forms (self-report, observer rating, self-report short, or observer rating short); $35 per technical manual (2010, 66 pages, English); $75 per scoring software (Excel 2003 or 2007).
Time: 10 minutes.
Author: Ralph L. Piedmont.
Publisher: Center for Professional Studies.
Spanish Components: The self-report form and its corresponding instructions are available in Spanish.

Componentes en Inglés: Todos los materiales están disponibles en inglés también; el manual es en inglés.
Referencias Cruzadas: Para reseñas por Frank M. Bernt y Patricia Schoenrade de los componentes en inglés de esta prueba, consulte 19:6.

English Components: All materials are also available in English; the manual is in English.
Cross References: For reviews by Frank M. Bernt and Patricia Schoenrade of this test's English components, see 19:6.

[34s]

Atención Global-Local.

Propósito: Diseñado como "evaluación de la rapidez y precisión perceptivas con atención dividida, así como de la habilidad diferencial para procesar rasgos globales y locales de un estímulo visual".
Procedencia: España/español.
Población: Edades 12-18.
Baremos: Los baremos se desarrollaron utilizando una muestra de 1.287 alumnos españoles, provenientes de ocho institutos distintos y distribuidos por sexo y curso.
Fechas de Publicación: 2005-2017.
Acrónimo: AGL.
Puntuación, 4: Ejecución Global, Ejecución Local, Ejecución Total, Eficacia Relativa.
Administración: Individual o colectiva.
Precios, 2022: €66,61 por juego completo, incluye manual (2017, 23 páginas), 25 hojas de respuestas y 25 hojas de entrenamiento; €56,87 por 25 hojas de respuestas y hojas de entrenamiento.
Duración: (10) minutos.
Autores: María J. Blanca, Caridad Zalabardo, Belén Rando, Dolores López-Montiel y Rafaela Luna.
Editorial: Hogrefe TEA Ediciones.
Componentes en Español: Todos los materiales son en español.
Componentes en Inglés: No hay materiales en inglés.

[34e]

Atención Global-Local.

Purpose: Designed to evaluate perceptual speed and precision on a split-attention task; it also evaluates the differential ability to process both global and local characteristics of a visual stimulus.
Origin: Spain/Spanish.
Population: Ages 12-18.
Norms: Norms were developed using a sample of 1,287 students from eight different schools in Spain, distributed by gender and grade level.
Publication Dates: 2005-2017.
Acronym: AGL.
Scores, 4: Global Execution, Local Execution, Total Execution, Relative Efficiency.
Administration: Individual or group.
Price Data, 2022: €66.61 per complete kit, including manual (2017, 23 pages), 25 response sheets, and 25 practice forms; €56.87 per 25 response sheets and practice forms.
Time: (10) minutes.
Authors: María J. Blanca, Caridad Zalabardo, Belén Rando, Dolores López-Montiel, and Rafaela Luna.
Publisher: Hogrefe TEA Ediciones.
Spanish Components: All materials are in Spanish.
English Components: There are no materials in English.

[35s]

Atención Global-Local para Primaria.

Propósito: Diseñado para "evaluar la rapidez y precisión en una tarea de atención dividida, así como la habilidad diferencial para procesar rasgos globales y locales de un estímulo visual".
Procedencia: España/español.
Población: Edades 8 a 12.
Baremos: Los baremos se desarrollaron utilizando una muestra con 1.428 niños de diferentes centros educativos primarios en España, distribuidos por curso y género.
Fecha de Publicación: 2021.
Acrónimo: AGL-Primaria.
Puntuación, 4: Ejecución Total, Ejecución Global, Ejecución Local, Eficacia Relativa.
Administración: Individual o colectiva.
Precios, 2022: €81,41 por juego completo, incluye manual (2021, 48 páginas) y 25 hojas de respuestas autocorregibles; €56,87 por 25 hojas de respuestas autocorregibles.

[35e]

Atención Global-Local para Primaria.

Purpose: Designed to evaluate the speed and accuracy of a split-attention task, as well as the differential ability to process both global and local characteristics of a visual stimulus.
Origin: Spain/Spanish.
Population: Ages 8 to 12.
Norms: Norms were developed using a sample of 1,428 children from different primary schools in Spain, distributed by grade and gender.
Publication Date: 2021.
Acronym: AGL-Primaria.
Scores, 4: Total Execution, Global Execution, Local Execution, Relative Efficiency.
Administration: Individual or group.
Price Data, 2022: €81.41 per complete kit, including manual (2021, 48 pages) and 25 self-score response sheets; €56.87 per 25 self-score response sheets.

Duración: Aproximadamente 10 minutos.
Autores: María J. Blanca, Álvaro Fernández-Rodríguez y M. Caridad Zalabardo.
Editorial: Hogrefe TEA Ediciones.
Componentes en Español: Todos los materiales son en español.
Componentes en Inglés: No hay materiales en inglés.

[36s]

Attention Deficit Disorder Evaluation Scale–Fourth Edition.

Propósito: Diseñado para proveer una medida de las características de inatención y hiperactividad-impulsividad del TDAH identificados en el DSM-5.
Procedencia: Estados Unidos/inglés.
Traducción/Adaptación: No se provee información en los materiales de la prueba sobre el proceso de traducción/adaptación.
Población: Edades 4 a 18 años.
Baremos: No se han provisto baremos con los materiales traducidos al español.
Fechas de Publicación: 1989-2013.
Acrónimo: ADDES-4.
Puntuación, 3: Distraído, Hiperactivo-Impulsivo, Total.
Administración: Individual.
Formularios, 2: Versión Escuela, Versión Casa.
Precios: Disponibles con la casa editorial.
Duración: 20 minutos.
Comentarios: El cuestionario es completado por padres/guardián o docente. La casa editorial de la prueba nos ha indicado que se reemplazó esta edición por la quinta edición (2019); actualizamos la descripción cuando recibimos materiales completos de la prueba.
Autores: Stephen B. McCarney y Tamara J. Arthaud.
Traductor/Adaptador: Stephen B. McCarney.
Editorial: Hawthorne Educational Services, Inc.
Componentes en Español: Los formularios versión casa y escuela están disponibles en español.
Componentes en Inglés: Todos los materiales están disponibles en inglés, también; los manuales son en inglés.
Referencias Cruzadas: Para reseñas por Brian L. Dorshimer y Stephanie Stein de los componentes en inglés de esta prueba, consulte 20:9.

[37s]

Authentic Leadership Questionnaire [2018 Manual].

Propósito: Diseñado para evaluar y desarrollar los comportamientos de liderazgo auténticos.
Procedencia: Estados Unidos/inglés.

Time: Approximately 10 minutes.
Authors: María J. Blanca, Álvaro Fernández-Rodríguez, and M. Caridad Zalabardo.
Publisher: Hogrefe TEA Ediciones.
Spanish Components: All materials are in Spanish.
English Components: There are no materials in English.

[36e]

Attention Deficit Disorder Evaluation Scale–Fourth Edition.

Purpose: Designed to "provide a measure of the ADHD characteristics of inattention and hyperactivity-impulsivity identified in the DSM-5."
Origin: United States/English.
Translation/Adaptation: No information is provided in the test materials about the translation/adaptation process.
Population: Ages 4 through 18 years.
Norms: Separate norms are not provided with the materials translated to Spanish.
Publication Dates: 1989-2013.
Acronym: ADDES-4.
Scores, 3: Inattentive, Hyperactive-Impulsive, Total.
Administration: Individual.
Forms, 2: School Version, Home Version.
Price Data: Available from publisher.
Time: 20 minutes.
Comments: Scale is rated by parent/caregiver or educator. The test publisher has indicated that this edition was replaced by the fifth edition (2019); description will be updated when complete test materials are received.
Authors: Stephen B. McCarney and Tamara J. Arthaud.
Translator/Adaptor: Stephen B. McCarney.
Publisher: Hawthorne Educational Services, Inc.
Spanish Components: The Home Version and School Version rating forms are available in Spanish.
English Components: All materials are also available in English; the manuals are in English.
Cross References: For reviews by Brian L. Dorshimer and Stephanie Stein of this test's English components, see 20:9.

[37e]

Authentic Leadership Questionnaire [2018 Manual].

Purpose: Designed to "assess and develop authentic leadership behaviors."
Origin: United States/English.

Traducción/Adaptación: Existen varias traducciones de calidad variable, algunas de las cuales están disponibles de la casa editorial/distribuidor; no se provee información en los materiales de la prueba sobre el proceso de traducción/adaptación.
Población: Adultos.
Baremos: No se han provisto baremos con el formulario traducido al español.
Fechas de Publicación: 2007-2018.
Acrónimo: ALQ.
Puntuación, 5: Transparencia, Moral/Ética, Procesamiento Equilibrado, Autoconciencia, Total.
Administración: Individual o colectiva.
Formularios, 2: Auto, Evaluador.
Precios, 2022: $50 por manual digital (2018, 29 páginas, inglés); $60 por manual impreso; $75 por reporte de evaluadores múltiples; $200 por reporte colectiva de evaluadores múltiples; $15 por reporte individual: auto formulario; $15 por reporte sobre yo: auto formulario; $200 por reporte colectiva: auto formulario; $4 por administración en línea: evaluadores múltiples más $100 cargo de inicio; $2.50 por administración en línea: auto formulario (mínimo de 20); $2.50 por administración en línea: formulario de evaluador (mínimo de 20); $2.50 por licencia en línea remota (mínimo de 50); $2.50 por licencia para reproducir (mínimo de 50).
Duración: 10-15 minutos para administración.
Autores: Bruce J. Avolio, William L. Gardner y Fred O. Walumbwa.
Editorial: Mind Garden, Inc.
Componentes en Español: Los formularios Auto y Evaluador y sus instrucciones correspondientes están disponibles en español para España; el formulario Evaluador y sus instrucciones correspondientes están disponibles en español para América Latina.
Componentes en Inglés: Todos los materiales están disponibles en inglés; el manual es en inglés.

[38s]

Autism Spectrum Rating Scales.

Propósito: Diseñado para evaluar comportamientos asociados con trastornos del espectro autista.
Procedencia: Estados Unidos/inglés.
Traducción/Adaptación: No se provee información en los materiales de la prueba sobre el proceso de traducción/adaptación.
Población: Edades 2-18.
Baremos: No se han provisto baremos con los formularios traducidos al español.
Fecha de Publicación: 2010.
Acrónimo: ASRS.
Puntuación, 13: 5 Puntuaciones de la Escala ASRS (Puntuación Total, Social/Comunicación, Comportamientos Inusuales, Autoregulación, Puntuación Forma Corta); 8 Puntuaciones de la Escala DSM-IV-TR (Socialización Entre Pares, Socialización con Adultos,

Translation/Adaptation: Various translations of varying quality exist, some of which are available from the publisher/distributor; no information is provided in the test materials about the translation/adaptation process.
Population: Adults.
Norms: Separate norms are not provided with the form translated to Spanish.
Publication Dates: 2007-2018.
Acronym: ALQ.
Scores, 5: Transparency, Moral/Ethical, Balanced Processing, Self Awareness, Total.
Administration: Individual or group.
Forms, 2: Self, Rater.
Price Data, 2022: $50 per digital manual (2018, 29 pages, English); $60 per hard copy manual; $75 per multi-rater report; $200 per multi-rater group report; $15 per individual report: self form; $15 per report about me: self form; $200 per group report: self form; $4 per online survey hosting: multi-rater plus $100 setup fee; $2.50 per online survey hosting: self form (minimum 20); $2.50 per online survey hosting: rater form (minimum 20); $2.50 per remote online survey license (minimum 50); $2.50 per license to reproduce (minimum 50).
Time: 10-15 minutes to administer.
Authors: Bruce J. Avolio, William L. Gardner, and Fred O. Walumbwa.
Publisher: Mind Garden, Inc.
Spanish Components: The Self and Rater forms and their corresponding instructions are available in Spanish for Spain; the Rater form and its corresponding instructions are available in Spanish for Latin America.
English Components: All materials are also available in English; the manual is in English.

[38e]

Autism Spectrum Rating Scales.

Purpose: Designed to assess behaviors associated with autism spectrum disorders.
Origin: United States/English.
Translation/Adaptation: No information is provided in the test materials about the translation/adaptation process.
Population: Ages 2-18.
Norms: Separate norms are not provided with the forms translated to Spanish.
Publication Date: 2010.
Acronym: ASRS.
Scores, 13: 5 ASRS scale scores (Total Score, Social/Communication, Unusual Behaviors, Self-Regulation, Short Form Score); 8 DSM-IV-TR scale scores (Peer Socialization, Adult Socialization, Social/Emotional Reciprocity,

Reciprocidad Social/Emocional, Lenguaje Atípico, Estereotipias, Rigidez Conductual, Sensibilidad Sensorial, Atención/Autoregulación).
Administración: Individual o colectiva.
Niveles, 2: 2 a 5 años, 6 a 18 años.
Formularios, 6: Padre, Docente, Breve (por nivel).
Precios, 2022: $529 por juego completo de corrección a mano incluyendo el manual (167 páginas, inglés), 25 formularios QuikScore DSM V en español Padres/Docentes/Breve (2 to 5 años) y 25 formularios QuikScore DSM V en español Padres/Docentes/Breve (6 to 18 años); $701 por juego completo en línea, incluyendo opciones de corrección DSM IV y V.
Duración: (5-15) minutos.
Autores: Sam Goldstein y Jack A. Naglieri.
Editorial: Multi-Health Systems, Inc.
Componentes en Español: Los formularios y sus instrucciones correspondientes están disponibles en español.
Componentes en Inglés: Todos los materiales están disponibles en inglés, también; el manual es en inglés.
Referencias Cruzadas: Para reseñas por Annette S. Kluck y Steven R. Shaw de los componentes en inglés de esta prueba, consulte 19:8.

[39s]

Autoconcepto Forma 5.

Propósito: Diseñado para "evaluar diferentes aspectos del autoconcepto en niños, adolescentesy adultos".
Procedencia: España/español.
Población: Edades 10 en adelante.
Baremos: Los baremos se desarrollaron utilizando una muestra con 6.483 participantes (adultos y estudiantes). Los estudiantes procedían de centros públicos y privados de la Comunidad Valenciana, Castilla-La Mancha y País Vasco y fueron distribuidos por edad, sexo y grado de instrucción. Los adultos procedían de la comunidad Valenciana y fueron distribuidos por edad y sexo.
Fechas de Publicación: 1999-2014.
Acrónimo: AF-5.
Puntuación, 5: Académico/Profesional, Social, Emocional, Familiar, Físico.
Administración: Individual o colectiva.
Precios, 2022: €46,11 por juego completo, incluye manual (2014, 96 páginas) y 25 ejemplares; €29,34 por 25 ejemplares; €25,92 por manual en línea; €2,49 por aplicación y corrección en línea.
Duración: 15 minutos.
Comentarios: Adaptaciones vascos y catalanes disponibles; se provee baremos con ambas adaptaciones.
Autores: Fernando García y Gonzalo Musitu.
Editorial: Hogrefe TEA Ediciones.
Componentes en Español: Todos los materiales son en español.

Atypical Language, Stereotype, Behavioral Rigidity, Sensory Sensitivity, Attention/Self-Regulation).
Administration: Individual or group.
Levels, 2: 2 to 5 years, 6 to 18 years.
Forms, 6: Parent, Teacher, Short (per level).
Price Data, 2022: $529 per complete hand-score kit including manual (167 pages, English), 25 Spanish Parent/Teacher/Short DSM V QuikScore forms (2 to 5 years), and 25 Spanish Parent/Teacher/Short DSM V QuikScore forms (6 to 18 years); $701 per complete online kit, including DSM IV and V scoring options.
Time: (5-15) minutes.
Authors: Sam Goldstein and Jack A. Naglieri.
Publisher: Multi-Health Systems, Inc.
Spanish Components: The forms and their corresponding instructions are available in Spanish.
English Components: All materials are also available in English; the manual is in English.
Cross References: For reviews by Annette S. Kluck and Steven R. Shaw of this test's English components, see 19:8.

[39e]

Autoconcepto Forma 5.

Purpose: Designed to assess different aspects of self-concept in children, adolescents, and adults.
Origin: Spain/Spanish.
Population: Ages 10 and older.
Norms: Norms were developed using a sample of 6,483 participants (adults and students). The students were from public and private schools in the provinces of Valencia and Castile-La Mancha and Basque Country and were distributed by age, gender, and year in school. The adults were from the province of Valencia and distributed by age and gender.
Publication Dates: 1999-2014.
Acronym: AF-5.
Scores, 5: Academic/Professional, Social, Emotional, Family, Physical.
Administration: Individual or group.
Price Data, 2022: €46.11 per complete kit, including manual (2014, 96 pages) and 25 booklets; €29.34 per 25 booklets; €25.92 per manual online; €2.49 per online administration and scoring.
Time: 15 minutes.
Comments: Basque and Catalan adaptations available; norms are provided with both adaptations.
Authors: Fernando García and Gonzalo Musitu.
Publisher: Hogrefe TEA Ediciones.
Spanish Components: All materials are in Spanish.

Componentes en Inglés: No hay materiales en inglés.

[40s]

BASC-3 Behavioral and Emotional Screening System.

Propósito: Diseñado como un conjunto de pruebas de detección para evaluar las fortalezas y debilidades emocionales y conductuales en niños y adolescentes.
Procedencia: Estados Unidos/inglés.
Traducción/Adaptación: No se provee información en los materiales de la prueba sobre el proceso de traducción/adaptación.
Población: Edades 3-18.
Baremos: No se han provisto baremos con los materiales traducidos al español.
Fecha de Publicación: 2015.
Acrónimo: BASC-3 BESS.
Administración: Individual o colectiva.
Formularios, 5: Docente–Preescolar, Docente–Niño/Adolescente, Padres–Preescolar, Padres–Niño/Adolescente, Estudiantes–Niño/Adolescente.
Precios, 2022: $391.20 por juego de calificación a mano inglés/español incluyendo manual (2015, 95 páginas, inglés), 25 de cada formulario de prueba y borradores calificados a mano; $82.50 por manual impreso; $37.80 por 25 formularios; $10.80 por 25 borradores calificados a mano.
Duración: (5-15) minutos.
Comentarios: Puntuaciones corresponden a intervenciones en el BASC-3 Behavior Intervention Guide.
Autores: Randy W. Kamphaus y Cecil R. Reynolds.
Editorial: Pearson.
Componentes en Español: Los formularios de respuesta para padres y estudiantes y sus instrucciones correspondientes están disponibles en español.
Componentes en Inglés: Todos los materiales están disponibles en inglés, también; el manual es en inglés.

a) FORMULARIOS PARA DOCENTES.
Puntuación, 5: Riesgo Emocional y de Conducta, Riesgo Externalizado, Riesgo Internalizado, Riesgo en Habilidades Adaptativas, Índice de Validez.
1) *Docente–Preescolar.*
Población: Edades 3-5.
2) *Docente–Niño/Adolescente.*
Población: Grados K-12.

b) FORMULARIOS DE LOS PADRES.
Puntuación, 5: Riesgo Emocional y de Conducta, Riesgo Externalizado, Riesgo Internalizado, Riesgo en Habilidades Adaptativas, Índice de Validez.
1) *Padres–Preescolar.*
Población: Edades 3-5.
2) *Padres–Niño/Adolescente.*
Población: Grados K-12.

c) FORMULARIO PARA ESTUDIANTES.
1) *Estudiantes–Niño/Adolescente.*
Población: Estudiantes en grados 3-12.

English Components: There are no materials in English.

[40e]

BASC-3 Behavioral and Emotional Screening System.

Purpose: Designed as a set of screening measures "to assess behavioral and emotional strengths and weaknesses in children and adolescents."
Origin: United States/English.
Translation/Adaptation: No information is provided in the test materials about the translation/adaptation process.
Population: Ages 3-18.
Norms: Separate norms are not provided with the materials translated to Spanish.
Publication Date: 2015.
Acronym: BASC-3 BESS.
Administration: Individual or group.
Forms, 5: Teacher–Preschool, Teacher–Child/Adolescent, Parent–Preschool, Parent–Child/Adolescent, Student–Child/Adolescent.
Price Data, 2022: $391.20 per English/Spanish handscore kit including manual (2015, 95 pages, English), 25 of each record form, and handscore worksheets; $82.50 per print manual; $37.80 per 25 forms; $10.80 per 25 hand scored worksheets.
Time: (5-15) minutes.
Comments: Scores linked to interventions in the BASC-3 Behavior Intervention Guide.
Authors: Randy W. Kamphaus and Cecil R. Reynolds.
Publisher: Pearson.
Spanish Components: Parent and student forms and their corresponding instructions are available in Spanish.
English Components: All materials are also available in English; the manual is in English.

a) TEACHER FORMS.
Scores, 5: Behavioral and Emotional Risk, Externalizing Risk, Internalizing Risk, Adaptive Skills Risk, Validity Index.
1) *Teacher–Preschool.*
Population: Ages 3-5.
2) *Teacher–Child/Adolescent.*
Population: Grades K-12.

b) PARENT FORMS.
Scores, 5: Behavioral and Emotional Risk, Externalizing Risk, Internalizing Risk, Adaptive Skills Risk, Validity Index.
1) *Parent–Preschool.*
Population: Ages 3-5.
2) *Parent–Child/Adolescent.*
Population: Grades K-12.

c) STUDENT FORM.
1) *Student–Child/Adolescent.*
Population: Students in Grades 3-12.

Puntuación, 5: Riesgo Emocional y de Conducta, Riesgo Internalizado, Riesgo en Autoregulación, Riesgo de Ajuste Personal, Índice de Validez.

Referencias Cruzadas: Para reseñas por Thomas P. Hogan y por Christopher A. Sink y Kristy L. Carlisle de los componentes en inglés de esta prueba, consulte 20:15.

Scores, 5: Behavioral and Emotional Risk, Internalizing Risk, Self-Regulation Risk, Personal Adjustment Risk, Validity Index.

Cross References: For reviews by Thomas P. Hogan and by Christopher A. Sink and Kristy L. Carlisle of this test's English components, see 20:15.

[41s]

BASC-3 Flex Monitor.

Propósito: Diseñado como una herramienta para monitorear el estatus del funcionamiento conductual y emocional, el cual puede ser usado para evaluar la eficacia del programa de intervención a nivel grupal o individual.

Procedencia: Estados Unidos/inglés.

Traducción/Adaptación: Las versiones en español de los formularios de autoreporte y para padres fueron desarrollados simultáneamente con las versiones en inglés para usarse con individuos hispanohablantes que residen en los EE. UU. Miembros bilingües del equipo de desarrollo editorial con experiencia en traducción y adaptación revisaron las traducciones de los ítems existentes y proveyeron traducciones o adaptaciones de ítems nuevos. Todos los ítems traducidos fueron enviados a un comité de 10 profesionales bilingües de varias regiones de los Estados Unidos los cuales representaban las ramas de psicología y educación para que evaluarán los ítems por posible sesgo racial. Cada miembro contribuyó con sugerencias para aclarar o mejorar la formulación de los ítems y los que generaran dudas fueron retrotraducidos al inglés para determinar una posible mejora. Una vez que los miembros bilingües del equipo integraron estas recomendaciones, se finalizaron los formularios en español.

Población: Edades 2-18.

Baremos: No se han provisto baremos con los materiales en español.

Fechas de Publicación: 2009-2016.

Puntuación: Puntuación total solamente.

Administración: Individual o colectiva.

Niveles, 3: Preescolar (edades 2-5), niño (edades 6-11 o 8-11), adolescente (edades 12-18).

Formularios: Formularios para docentes, padres y de autoreporte están disponibles para 5 tipos de comportamiento: Falta de Atención/Hiperactividad (docente, padres), Problemas Internalizados [docente, padres y autoreporte (edades 8-18)], Comportamientos Disruptivos (docente, padres), Trastornos Sociales del Desarrollo (docente, padres), Problemas Escolares [autoreporte (edades 8-18)].

Precios, 2022: $70.40 por juego completo, incluye el manual digital (2016, 55 páginas, inglés) y 10 reportes Q-global; $63 por el manual digital; $1.40 por reporte.

Duración: (5) minutos para completar cada formulario estandarizado.

[41e]

BASC-3 Flex Monitor.

Purpose: Designed as a tool "for monitoring the status of behavioral and emotional functioning ... that can be used to measure the effectiveness of intervention programs at a group or individual level."

Origin: United States/English.

Translation/Adaptation: The Spanish versions of the parent and self-report forms were developed concurrently with the English versions for use with Spanish speakers residing in the U.S. Experienced, bilingual members of the test development team reviewed translations of existing items and provided translations or adaptations for new items. All items were submitted to a bias review panel comprising 10 bilingual professionals in psychology and education from various regions of the U.S. Panelists' suggestions for improvement were considered by the bilingual team members using additional strategies such as back translation to resolve concerns raised by the panelists and to produce the final versions of the Spanish standardization forms.

Population: Ages 2-18.

Norms: Separate norms are not provided with the Spanish materials.

Publication Dates: 2009-2016.

Scores: Total score only.

Administration: Individual or group.

Levels, 3: Preschool (ages 2-5), child (ages 6-11 or 8-11), adolescent (ages 12-18).

Forms: Teacher, parent, and self-report forms available for 5 behavior types: Inattention/Hyperactivity (teacher, parent), Internalizing Problems [teacher, parent, self-report (ages 8-18)], Disruptive Behaviors (teacher, parent), Developmental Social Disorders (teacher, parent), School Problems [self-report (ages 8-18)].

Price Data, 2022: $70.40 per kit including digital manual (2016, 55 pages, English) and 10 Q-global reports; $63 per digital manual; $1.40 per report.

Time: (5) minutes to complete each standard form.

Comentarios: Se puede crear formularios personalizados con el banco de ítems en línea; solo disponible a través de la plataforma en línea de Q-global.
Autores: Cecil R. Reynolds y Randy W. Kamphaus.
Editorial: Pearson.
Componentes en Español: Los formularios de autoreporte y para padres con sus instrucciones correspondientes están disponibles en español.
Componentes en Inglés: Todos los materiales están disponibles en inglés también; el manual es en inglés.
Referencias Cruzadas: Para reseñas por Ronald A. Madle y por Lia Sandilos y Samantha Rushworth de los componentes en inglés de esta prueba, consulte 21:16.

[42s]

Basic Personality Inventory.

Propósito: Diseñado para ser una medida de personalidad y psicopatología.
Procedencia: Estados Unidos/inglés.
Traducción/Adaptación: No se provee información en los materiales de la prueba sobre el proceso de traducción/adaptación.
Población: Adultos y adolescentes.
Baremos: No se han provisto baremos con los materiales traducidos al español.
Fechas de Publicación: 1989-1996.
Acrónimo: BPI.
Puntuación, 12: Hipocondría, Depresión, Negación, Problemas Interpersonales, Alienación, Ideas Persecutorias, Ansiedad, Trastorno del Pensamiento, Expresión Impulsiva, Introversión Social, Autodepreciación, Desviación.
Administración: Individual o colectiva.
Precios, 2023: $117 por juego completo de corrección a mano incluyendo manual técnico en CD (1996, 120 páginas, inglés), 5 cuadernillos de prueba reutilizables (español o inglés), 5 hojas de respuesta, 5 hojas de perfil, plantilla de corrección y 1 contraseña en línea; $190 por juego de software; $32 por manual técnico; $80 por 25 cuadernillos de prueba; $71 por 25 hojas de respuesta; $69 por 25 hojas de perfil; $30 por plantilla de corrección; $69 por 3 administraciones en línea, incluyendo manual técnico.
Duración: 35 minutos.
Autor: Douglas N. Jackson.
Editorial: SIGMA Assessment Systems, Inc.
Componentes en Español: Los cuadernillos de prueba y sus instrucciones correspondientes están disponibles en español.
Componentes en Inglés: Todos los materiales están disponibles en inglés también; el manual es en inglés.
Referencias Cruzadas: Para reseñas por Susana Urbina y Tamela Yelland de los componentes en inglés de esta prueba, consulte 12:42.

Comments: Custom forms can be created using the online item bank; available only through test publisher's Q-global online platform.
Authors: Cecil R. Reynolds and Randy W. Kamphaus.
Publisher: Pearson.
Spanish Components: The parent and self-report forms and their corresponding instructions are available in Spanish.
English Components: All materials are also available in English; the manual is in English.
Cross References: For reviews by Ronald A. Madle and by Lia Sandilos and Samantha Rushworth of this test's English components, see 21:16.

[42e]

Basic Personality Inventory.

Purpose: Designed to be a "measure of personality and psychopathology."
Origin: United States/English.
Translation/Adaptation: There is no information in the test materials about the translation/adaptation process.
Population: Adults and adolescents.
Norms: Separate norms are not provided with the materials translated to Spanish.
Publication Dates: 1989-1996.
Acronym: BPI.
Scores, 12: Hypochondriasis, Depression, Denial, Interpersonal Problems, Alienation, Persecutory Ideas, Anxiety, Thinking Disorder, Impulse Expression, Social Introversion, Self Depreciation, Deviation.
Administration: Individual or group.
Price Data, 2023: $117 per hand scoring kit including manual on CD (1996, 120 pages, English), 5 reusable test booklets (Spanish or English), 5 answer sheets, 5 profile sheets, scoring template, and 1 online password; $190 per software package; $32 per technical manual; $80 per 25 test booklets; $71 per 25 answer sheets; $69 per 25 profile sheets; $30 per scoring template; $69 per 3 online administrations, including technical manual.
Time: 35 minutes.
Author: Douglas N. Jackson.
Publisher: SIGMA Assessment Systems, Inc.
Spanish Components: The test booklets and their corresponding instructions are available in Spanish.
English Components: All materials are also available in English; the manual is in English.
Cross References: For reviews by Susana Urbina and Tamela Yelland of this test's English components, see 12:42.

[43s]

Batería Consensuada Sobre Procesos Cognitivos MATRICS.

Nombre Original: MATRICS Consensus Cognitive Battery.

Propósito: Diseñado para obtener una evaluación relativamente breve de aspectos cognitivos claves en la esquizofrenia y en otros trastornos relacionados.

Procedencia: Estados Unidos (2006)/inglés.

Traducción/Adaptación: Comms Multilingual, Ltd., fue empleada para proveer lingüistas-traductores, hablantes nativos y traductores profesionales, que tradujeron los materiales de la prueba. Luego un segundo grupo de lingüistas-traductores retrotradujeron los materiales. Entonces psicólogos y psiquiatras de habla nativa de español examinaron las versiones provisionales de las pruebas e hicieron investigaciones del campo, ofreciendo modificaciones.

Población: Adultos con esquizofrenia u otros trastornos relacionados.

Baremos: Se han provisto baremos con la adaptación al español. La muestra española es similar en tamaño a la muestra de estandarización inglesa-estadounidense, de 210 a 300 individuos. Los baremos para Centro y Sudamérica fueron desarrollados utilizando muestras de aproximadamente 100 sujetos de las comunidades de Colombia, México y Argentina. Todas las muestras fueron distribuidas por edad, género y nivel de educación.

Fechas de Publicación: 2009-2017.

Acrónimo: MCCB.

Puntuación, 19: 10 puntuaciones directas: Prueba de Trazados-Parte A, Evaluación Breve de Procesos Cognitivos en la Esquizofrenia-Codificación de Símbolos, Prueba de Aprendizaje Verbal de Hopkins-Versión Revisada, Escala de Memoria de Wechsler-III-Amplitud de Recuerdo Espacial, Amplitud de Letras y Números, Batería de Evaluación Neuropsicología-Laberintos, Prueba Breve de Memoria Visoespacial-Versión Revisada, Fluencia Semántica-Nombres de Animales, Test de Inteligencia Emocional de Mayer-Salovey-Caruso-Manejo de Emociones, Prueba de Ejecución Continua-Pares Idénticos; 5 dominios cognitivos: Atención/Vigilancia, Aprendizaje Verbal, Aprendizaje Visual, Razonamiento y Resolución de Problemas, Cognición Social; 4 puntuaciones compuestas: Memoria de Trabajo, Velocidad de Procesamiento, Puntuación Combinada General, Puntuación Neurocognitivo Compuesto.

Administración: Individual.

Ediciones, 2: Español por España, Español por Centro y Sudamérica.

Precios: Disponibles con el distribuidor Psychological Assessment Resources.

Duración: (90) minutos.

Comentarios: Administradores que usan los baremos para hispanohablantes deben usar el CD con el

[43e]

Batería Consensuada Sobre Procesos Cognitivos MATRICS.

Original Name: MATRICS Consensus Cognitive Battery.

Purpose: Designed "to provide a relatively brief evaluation of key cognitive domains that are relevant to schizophrenia and related disorders."

Origin: United States (2006)/English.

Translation/Adaptation: Comms Multilingual, Ltd. was contracted to provide linguist-translators who were both native speakers and certified translators to translate the test materials. A different group of linguist-translators then back translated the materials. Native Spanish-speaking psychologists and psychiatrists then examined and field tested the drafts of the translated materials and suggested modifications.

Population: Adults with schizophrenia or related disorders.

Norms: Separate norms are provided with the Spanish adaptation. The sample for the Spanish norms was similar in size to the English–United States standardization sample, ranging from 210 to 300 individuals. Norms for Central and South America were developed using samples of "about 100 community subjects" from Colombia, Mexico, and Argentina. All samples were distributed by age, gender, and education level.

Publication Dates: 2009-2017.

Acronym: MCCB.

Scores, 19: 10 direct scores: Trail-Making Test-Part A, Brief Assessment of Cognition in Schizophrenia-Symbol Coding, Hopkins Verbal Learning Test-Revised, Wechsler Memory Scale-Third Edition-Spatial Span, Letter-Number Span, Neuropsychological Assessment Battery-Mazes, Brief Visuospatial Memory Test-Revised, Category Fluency-Animal Naming, Mayer-Salovey-Caruso Emotional Intelligence Test-Managing Emotions, Continuous Performance Test-Identical Pairs; 5 cognitive domains: Attention/Vigilance, Verbal Learning, Visual Learning, Reasoning and Problem Solving, Social Cognition; 4 composite scores: Processing Speed, Working Memory, Overall Composite Score, Neurocognitive Composite Score.

Administration: Individual.

Editions, 2: Spanish for Spain, Spanish for Central and South America.

Price Data: Available from distributor Psychological Assessment Resources.

Time: (90) minutes.

Comments: Administrators who use the Spanish norms must use the international

programa de puntuación internacional que proveyó la editorial de la prueba. La medida se compone de una batería autónoma que incluye materiales con derechos de autor de varias fuentes/pruebas independientes. Estos materiales deben ser administrados y calificados por profesionales con entrenamiento y experiencia utilizando instrumentos clínicos tipificados y que trabajen bajo la supervisión de un psicólogo cualificado.

Autores: Keith H. Nuechterlein y Michael F. Green.

Traductores/Adaptadores: Susan Orchard, Sonia Sala (Comms Multilingual, Ltd.), Carmelo Vazquez, Roberto Rodriguez-Jimenez (España) y Delphina de Achaval (Argentina).

Editorial: MATRICS Assessment, Inc.

Componentes en Español: Todos los materiales están disponibles en español.

Componentes en Inglés: También se incluye un manual en inglés, lo que contiene información más detallado sobre los baremos y el desarrollo de la prueba.

scoring program on the provided CD. The measure comprises a self-contained battery that includes copyrighted materials from various sources. These materials must be administered and scored by professionals with training and experience using normed clinical instruments and who must work under the supervision of a qualified psychologist.

Authors: Keith H. Nuechterlein and Michael F. Green.

Translators/Adaptors: Susan Orchard, Sonia Sala (Comms Multilingual, Ltd.), Carmelo Vazquez, Roberto Rodriguez-Jimenez (Spain), and Delphina de Achaval (Argentina).

Publisher: MATRICS Assessment, Inc.

Spanish Components: All materials are available in Spanish.

English Components: An English manual, which includes more in-depth information about norms and test development, is also included with each kit.

[44s]

Batería de Aptitudes de TEA.

Propósito: Diseñado para evaluar "las principales aptitudes del sistema cognitivo y estimación de la inteligencia en términos de capacidad general, inteligencia fluida e inteligencia cristalizada".

Procedencia: España/español.

Población: Edades 12 hasta 18 y adultos.

Baremos: Los baremos se desarrollaron utilizando dos muestras españolas y una muestra colombiana. Se desarrollaron utilizando una muestra escolar española de 4.263 participantes, distribuidos por edad, grado de instrucción, sexo, región geográfica, país de origen, tipo de centro escolar (público, privado o concertado) y lenguaje del hogar (castellano, catalán, euskera o gallego). La muestra de adultos españoles se desarrolló utilizando 1.507 participantes, distribuidos por edad, nivel educativo, sexo, región geográfica, país de origen y lenguaje del hogar (castellano, catalán, euskera o gallego). La muestra colombiana se desarrolló utilizando 873 escolares, distribuidos por edad, región geográfica y grado.

Fecha de Publicación: 2013.

Acrónimo: BAT-7.

Puntuación, 12 a 13: Puntuaciones de Aptitud (Aptitud Verbal, Aptitud Espacial, Atención, Concentración, Razonamiento, Aptitud Numérica, Aptitud Mecánica, Ortografía), Total, Índices de Inteligencia (Capacidad General, Inteligencia Fluida, Inteligencia Cristalizada), Estilo Atencional [opcional].

Administración: Individual o colectiva.

Precios, 2022: €177,87 por juego completo (3 niveles), incluye manual, 5 cuadernillos de cada nivel y juego de corrección; €138,32 por juego completo

[44e]

Batería de Aptitudes de TEA.

Purpose: Designed to evaluate core cognitive competencies and to assess intelligence in terms of overall ability, fluid intelligence, and crystallized intelligence.

Origin: Spain/Spanish.

Population: Ages 12 to 18 and adults.

Norms: Norms were developed using two Spanish samples and one Colombian sample. The Spanish student sample comprised 4,263 participants, distributed by age, grade, sex, geographic region, country of origin, type of school (public, private, consolidated), and language spoken in the home (Castilian, Catalan, Basque, Galician). The Spanish adult sample comprised 1,507 participants, distributed by age, level of education, sex, geographic region, country of origin, and language spoken in the home (Castilian, Catalan, Basque, Galician). The Colombian sample comprised 873 students, distributed by age, geographic region, and grade.

Publication Date: 2013.

Acronym: BAT-7.

Scores, 12 to 13: Aptitude Scores (Verbal Aptitude, Spatial Aptitude, Attention, Concentration, Reasoning, Numerical Aptitude, Mechanical Aptitude, Spelling), Total Score, Indexes of Intelligence (General Ability, Fluid Intelligence, Crystallized Intelligence), Attention Style [optional].

Administration: Individual or group.

Price Data, 2022: €177.87 per complete kit (all 3 levels), including manual, 5 test booklets for each level, and scoring kit; €138.32 per complete

para cada nivel (elemental, medio, o superior); €80,83 por 10 cuadernillos (escoge el nivel); €22,43 por juego de corrección (25 hojas de respuestas de calificación a mano y PIN por 25 usos en línea.
Duración: [97] minutos tiempo efectivo; [135] minutos para administrar y tomar batería completa; [8-20] minutos por cada prueba.
Comentarios: Versión Catalán disponible.
Autores: D. Arribas, P. Santamaría, F. Sánchez-Sánchez e I. Fernández-Pinto.
Editorial: Hogrefe TEA Ediciones.
Componentes en Español: Todos los materiales son en español.
Componentes en Inglés: No hay materiales en inglés.

a) ELEMENTAL.
Población: Edades 12 a 14 años y adultos con un nivel de educación bajo.
b) MEDIO.
Población: Edades 14 a 16 años y adultos con un nivel de educación media.
c) SUPERIOR.
Población: Edades 16 a 18 y adultos con un nivel de educación alta.

kit for each level (basic, intermediate, or advanced); €80.83 per 10 test booklets (choose level); €22.43 per scoring kit (25 handscore answer sheets and PIN for 25 online uses).
Time: [97] minutes for effective test time; [135] minutes to administer and take complete battery; [8-20] minutes for each test.
Comments: Catalan version available.
Authors: D. Arribas, P. Santamaría, F. Sánchez-Sánchez, and I. Fernández-Pinto.
Publisher: Hogrefe TEA Ediciones.
Spanish Components: All materials are in Spanish.
English Components: There are no materials in English.

a) BASIC.
Population: Ages 12 to 14 years and adults with a low level of education.
b) AVERAGE.
Population: Ages 14 to 16 years and adults with a mid level of education.
c) SUPERIOR.
Population: Ages 16 to 18 and adults with a high level of education.

[45s]

Batería de Evaluación de los Procesos Lectores en Secundaria y Bachillerato–Revisada.

Propósito: Diseñado para la "evaluación de la capacidad lectora general y de los procesos cognitivos intervinientes de tipo léxico, sintáctico y semántico" y detectar la presencia de dificultades en uno o más de estos procesos.
Procedencia: España/español.
Población: Edades 12 a 18.
Baremos: Los baremos se desarrollaron utilizando una muestra con 1.254 participantes españoles, distribuidos por edad, curso, sexo, zona geográfica en España y titularidad del centro (público, privado, concertado).
Fecha de Publicación: 2016.
Acrónimo: PROLEC-SE-R.
Precios, 2022: €134,16 por juego completo, incluye manual (2016, 118 páginas), 5 cuadernillos pruebas 1 a 6, un cuaderno de estímulos pruebas 7 a 13 y juego de corrección; €76,47 por 10 cuadernillos pruebas 1 a 6; €44,94 por cuaderno de estímulos pruebas 7 a 13; €18,50 por juego de corrección con 25 cuadernillos de anotación y PIN de 25 usos; €95,84 por juego de screening; €16,42 por juego de corrección de screening.
Comentarios: Se puede administrar la batería en etapas, empezando con las pruebas 1-6 como versión screening y siguiendo con las pruebas 7-13 si sea necesario; versión catalana disponible.
Autores: Fernando Cuetos Vega, David Arribas Águila y José Luis Ramos Sánchez.
Editorial: Hogrefe TEA Ediciones.

[45e]

Batería de Evaluación de los Procesos Lectores en Secundaria y Bachillerato–Revisada.

Purpose: Designed to evaluate general reading ability and associated lexical, syntactic, and semantic cognitive processes and to detect the presence of difficulties in one or more of these processes.
Origin: Spain/Spanish.
Population: Ages 12 to 18.
Norms: Norms were developed using a sample of 1,254 Spanish participants, distributed by age, grade, gender, geographic region in Spain, and school type (public, private, charter).
Publication Date: 2016.
Acronym: PROLEC-SE-R.
Price Data, 2022: €134.16 per complete kit, including manual (2016, 118 pages), 5 test booklets 1-6, 1 stimulus book 7-13, and scoring kit; €76.47 per 10 test booklets 1-6; €44.94 per 1 stimulus book 7-13; €18.50 per scoring kit with 25 test booklets and PIN for 25 uses; €95.84 per screening kit; €16.42 per screening scoring kit.
Comments: Can be administered as a complete battery or in stages, beginning with tests 1-6 as a screening version and following up with tests 7-13 if necessary; Catalan version available.
Authors: Fernando Cuetos Vega, David Arribas Águila, and José Luis Ramos Sánchez.
Publisher: Hogrefe TEA Ediciones.

Componentes en Español: Todos los materiales son en español.
Componentes en Inglés: No hay materiales en inglés.
a) VERSIÓN SCREENING (TESTS 1-6).
Administración: Colectiva.
Duración: (45) minutos.
Puntuación: 6 en 3 categorías: Procesos Léxicos (Selección Léxica, Categorización Semántica), Procesos Sintácticos (Estructuras Gramaticales I, Juicios de Gramaticalidad), Procesos Semánticos (Comprensión Expositiva, Comprensión Narrativa).
b) BATERÍA COMPLETA.
Administración: Individual o colectiva.
Duración: (90) minutos.
Puntuación, 29: 4 índices compuestos: Lectura General, Léxico, Sintáctico, Semántico; 13 puntuaciones principales en 3 categorías: Procesos Léxicos (Selección Léxica, Categorización Semántica, Lectura de Palabras, Lectura de Pseudopalabras), Procesos Sintácticos (Estructuras Gramaticales I, Juicios de Gramaticalidad, Estructuras Gramaticales II, Signos de Puntuación), Procesos Semánticos (Comprensión Expositiva, Comprensión Narrativa, Comprensión Lectora Pura, Comprensión Lectora Mnemónica, Comprensión Oral); 12 puntuaciones complementarias: Lectura de Palabras-Precisión, Lectura de Pseudopalabras-Precisión, Frecuencia Alta-Precisión, Frecuencia Baja-Precisión, Longitud Larga-Precisión, Longitud Corta-Precisión, Lectura de Palabras-Velocidad, Lectura de Pseudopalabras-Velocidad, Frecuencia Alta-Velocidad, Frecuencia Baja-Velocidad, Longitud Larga-Velocidad, Longitud Corta-Velocidad.

[46s]

Batería de Evaluación de los Procesos Lectores, Revisada.

Propósito: Diseñado como una "evaluación de los procesos que intervienen en la lectura y detección de dificultades en la capacidad lectora".
Procedencia: España/español.
Población: Edades 6-12.
Baremos: Los baremos se desarrollaron utilizando una muestra de 920 participantes de nueve autonomías españolas, distribuidos por género, grado, tipo de escuela (público, privado o concertado) y zona de residencia (rural, medio rural y urbano).
Fechas de Publicación: 2007-2014.
Acrónimo: PROLEC-R.
Puntuación, 20: 9 puntuaciones de prueba: Nombre o Sonido de las Letras, Igual-Diferente, Lectura de Palabras, Lectura de Pseudopalabras, Estructuras Gramaticales, Signos de Puntuación, Comprensión de Oraciones, Comprensión de Textos, Comprensión Oral; 5 índices de precisión: Nombre o Sonido de las Letras-Precisión, Igual-Diferente-Precisión, Lectura de Palabras-Precisión, Lectura de Pseudopalabras-Precisión, Signos de Puntuación-Precisión; 5 índices de velocidad: Nombre o Sonido de las Letras-Velocidad,

Spanish Components: All materials are in Spanish.
English Components: There are no materials in English.
a) SCREENING VERSION (TESTS 1-6).
Administration: Group.
Time: (45) minutes.
Scores: 6 in 3 categories: Lexical Processes (Word Selection, Semantic Categorization), Syntactic Processes (Grammatical Structures I, Grammatical Judgment), Semantic Processes (Expositive Comprehension, Narrative Comprehension).
b) COMPLETE BATTERY.
Administration: Individual or group.
Time: (90) minutes.
Scores, 29: 4 composite indices: General Reading, Vocabulary, Syntax, Semantic; 13 principal scores in 3 categories: Lexical Processes (Word Selection, Semantic Categorization, Reading Words, Reading Pseudowords), Syntactic Processes (Grammatical Structures I, Grammatical Judgment, Grammatical Structures II, Punctuation Signs), Semantic Processes (Expositive Comprehension, Narrative Comprehension, Pure Reading Comprehension, Mnemonic Reading Comprehension, Oral Comprehension); 12 complementary scores: Reading Words-Accuracy, Reading Pseudowords-Accuracy, High Frequency-Accuracy, Low Frequency-Accuracy, Long Length-Accuracy, Short Length-Accuracy, Reading Words-Speed, Reading Pseudowords-Speed, High Frequency-Speed, Low Frequency-Speed, Long Length-Speed, Short Length-Speed.

[46e]

Batería de Evaluación de los Procesos Lectores, Revisada.

Purpose: Designed to evaluate processes involved in reading and to detect difficulties that may affect reading abilities.
Origin: Spain/Spanish.
Population: Ages 6-12.
Norms: Norms were developed using a sample of 920 participants from nine Spanish regions, distributed by gender, grade, type of school (public, private, or charter), and area of residence (rural, suburban, or urban).
Publication Dates: 2007-2014.
Acronym: PROLEC-R.
Scores, 20: 9 test scores: Name or Sounds of Letters, Same-Different, Reading of Words, Reading of Pseudowords, Grammar Structures, Punctuation Signs, Sentence Comprehension, Text Comprehension, Oral Comprehension; 5 accuracy indices: Name or Sounds of Letters-Accuracy, Same-Different-Accuracy, Reading of Words-Accuracy, Reading of Pseudowords-Accuracy, Punctuation Signs-Accuracy; 5 speed indices: Name or Sounds of Letters-Speed,

Igual-Diferente-Velocidad, Lectura de Palabras-Velocidad, Lectura de Pseudopalabras-Velocidad, Signos de Puntuación-Velocidad; más Habilidad Lectora.
Administración: Individual.
Precios, 2022: €134,16 por juego completo, incluye manual (2014, 78 páginas), 25 cuadernillos de anotación y cuaderno de estímulo; €36,30 por 25 cuadernillos de anotación.
Duración: (20-40) minutos.
Comentarios: Versión catalán disponible; incluye baremos catalanes.
Autores: Fernando Cuetos, Blanca Rodríguez, Elvira Ruano y David Arribas.
Editorial: Hogrefe TEA Ediciones.
Componentes en Español: Todos los materiales son en español.
Componentes en Inglés: No hay materiales en inglés.

Same-Different-Speed, Reading of Words-Speed, Reading of Pseudowords-Speed, Punctuation Signs-Speed; plus Reader Ability.
Administration: Individual.
Price Data, 2022: €134.16 per complete kit, including manual (2014, 78 pages), 25 scoring booklets, and a stimulus book; €36.30 per 25 scoring booklets.
Time: (20-40) minutes.
Comments: Catalan version available; Catalan norms included.
Authors: Fernando Cuetos, Blanca Rodríguez, Elvira Ruano, and David Arribas.
Publisher: Hogrefe TEA Ediciones.
Spanish Components: All materials are in Spanish.
English Components: There are no materials in English.

[47s]

Batería de Evaluación del Movimiento para Niños–2.

Nombre Original: Movement Assessment Battery for Children–2 (Pearson).
Propósito: Diseñado "para identificar a niños con dificultades de movimiento y permite identificar cambios en competencia motriz a lo largo del tiempo".
Procedencia: Estados Unidos (2007)/inglés.
Traducción/Adaptación: Los ítems de la prueba son no verbales y no relacionados con actividades culturalmente determinados. Los ítems de la lista de observación conductual refieren a actividades físicas conocidas y habituales en la población infantil y adolescente española. Por ello, no se han considerado necesario realizar ninguna modificación ni en las tareas de la prueba ni en la lista de observación conductual. Las instrucciones y el manual de administración fueron traducidas y adaptadas por un equipo de colaboradores que implementaron cualquier cambio que pudiera mejorar su comprensión.
Población: Edades 4-16.
Baremos: Se han provisto baremos para la versión en español. Los baremos se desarrollaron utilizando una muestra con 520 participantes, distribuidos por edad, sexo, nivel educativo y zona geográfica en España.
Fecha de Publicación: 2012.
Acrónimo: MABC-2.
Administración: Individual.
Niveles, 3: Rango de Edad 1, Rango de Edad 2, Rango de Edad 3.
Precios, 2022: €775 por juego completo incluye manual del examinador (214 páginas), manual de intervención ecológica (148 páginas), 25 cuadernillos de anotación (Rango 1, Rango 2, Rango 3), lista de observación conductual, lista de instrucciones de observación de conducta; €47,65 por 25 cuadernillos de anotación adicional; €83,55 por manual del examinador.

[47e]

Batería de Evaluación del Movimiento para Niños–2.

Original Name: Movement Assessment Battery for Children–2 (Pearson).
Purpose: Designed to identify children with movement difficulties and to detect changes in motor competence over time.
Origin: United States (2007)/English.
Translation/Adaptation: Test items are non-verbal and not related to culturally determined activities. Items in the behavior observation checklist refer to physical activities that are familiar and habitual to Spanish children and adolescents. For that reason, it was not considered necessary to modify the items in either the test or the checklist. The instructions and administration manual were translated and adapted by a team of collaborators who implemented changes to improve comprehension.
Population: Ages 4-16.
Norms: Separate norms are provided for the Spanish version. Norms were developed using a sample of 520 participants, distributed by age, gender, educational level, and geographic location in Spain.
Publication Date: 2012.
Acronym: MABC-2.
Administration: Individual.
Levels, 3: Age Band 1, Age Band 2, Age Band 3.
Price Data, 2022: €775 per complete kit including examiner's manual, (214 pages), intervention manual (148 pages), 25 record forms (Age Band 1, Age Band 2, Age Band 3), behavior observation checklist, instructions for behavior observation checklist; €47.65 per 25 additional record forms; €83.55 per examiner's manual.

Duración: (20-40) minutos.
Autores: Sheila E. Henderson, David A. Sugden y Anna L. Barnett.
Traductores/Adaptadores: Luis Miguel Ruiz Pérez y José Luis Graupera-Sanz.
Editorial: Pearson España.
Componentes en Español: Todos los materiales son en español.
Componentes en Inglés: No hay materiales en inglés en esta versión.

a) RANGO DE EDAD 1.
Población: Edades 4-6.
Puntuación, 14: Destreza Manual (Introducir Monedas: Mano Preferida, Introducir Monedas: Mano No Preferida, Enhebrar Cuentas, Dibujar el Trazado), Puntería y Atrape (Atrapar el Saquito, Lanzar el Saquito a una Diana), Equilibrio (Equilibrio Sobre una Pierna: Mejor Pierna, Equilibrio Sobre una Pierna: Otra Pierna, Andar de Puntillas, Saltar Sobre Alfombrillas), Total.

b) RANGO DE EDAD 2.
Población: Edades 7-10.
Puntuación, 15: Destreza Manual (Insertar Clavijas: Mano Preferida, Insertar Clavijas: Mano No Preferida, Entrelazar el Cordel, Dibujar el Trazado), Puntería y Atrape (Atrapar con Dos Manos, Lanzar el Saquito a una Diana), Equilibrio (Equilibrio Sobre una Soporte: Mejor Pierna, Equilibrio Sobre una Soporte: Otra Pierna, Andar Hacia Delante Talón-Punta, Saltar Pata Coja en Línea: Mejor Pierna, Saltar Pata Coja en Línea: Otra Pierna), Total.

c) RANGO DE EDAD 3.
Población: Edades 11-16.
Puntuación, 15: Destreza Manual (Voltear Clavijas: Mano Preferida, Voltear Clavijas: Mano No Preferida, Montar un Triángulo, Dibujar el Trazado), Puntería y Atrape (Atrapar la Pelota: Mejor Mano, Atrapar la Pelota: Otra Mano, Lanzar a una Diana), Equilibrio (Equilibrio sobre Dos Soportes, Andar Hacia Atrás Talón-Punta, Saltar Pata Coja en Zigzag: Mejor Pierna, Saltar Pata Coja en Zigzag: Otra Pierna), Total.

Time: (20-40) minutes.
Authors: Sheila E. Henderson, David A. Sugden, and Anna L. Barnett.
Translators/Adaptors: Luis Miguel Ruiz Pérez and José Luis Graupera-Sanz.
Publisher: Pearson España.
Spanish Components: All materials are in Spanish.
English Components: There are no English materials in this version.

a) AGE BAND 1.
Population: Ages 4-6.
Scores, 14: Manual Dexterity (Posting Coins: Preferred Hand, Posting Coins: Non-Preferred Hand, Threading Beads, Draw a Route), Aiming and Catching (Catching Bean Bag, Throwing Bean Bag at a Target), Balance (Balance on One Leg: Dominant Leg, Balance on One Leg: Other Leg, Walking on Tiptoe, Jumping Over Mats), Total.

b) AGE BAND 2.
Population: Ages 7-10.
Scores, 15: Manual Dexterity (Placing Pegs: Preferred Hand, Placing Pegs: Non-Preferred Hand, Threading Laces, Draw a Route), Aiming and Catching (Two-Hand Catch, Throwing Bean Bag at a Target), Balance (Balance With One Support: Dominant Leg, Balance With One Support: Other Leg, Walking Heel to Toe, Hopping in a Line: Dominant Leg, Hopping in a Line: Other Leg), Total.

c) AGE BAND 3.
Population: Ages 11-16.
Scores, 15: Manual Dexterity (Turning Pegs: Preferred Hand, Turning Pegs: Non-Preferred Hand, Mount a Triangle, Draw a Route), Aiming and Catching (One-Hand Catch: Dominant Hand, One-Hand Catch: Other Hand, Throwing at a Target), Balance (Balance With Two Supports, Walking Backwards Heel to Toe, Zigzag Hopping: Dominant Leg, Zigzag Hopping: Other Leg), Total.

[48s]

Batería de Evaluación Infantil.

Propósito: Diseñado para identificar de forma temprana aquellos niños que presenten algunos síntomas clínicos y así incluirlos en tratamientos encaminados a promover la salud mental.
Procedencia: México/español.
Población: Niños de 8 a 12 años de poblaciones urbanas.
Fecha de Publicación: 2020.
Acrónimo: BEI.
Administración: Individual o colectiva.
Partes, 3: Escala Infantil de Estrés, Escala Infantil de Afrontamiento, Cuestionario de Problemas Internalizados y Externalizados para Niños.
Precios, 2022: USD$121 por juego completo incluyendo manual (2020, 112 páginas), la Escala

[48e]

Batería de Evaluación Infantil.

Purpose: Designed for the early detection of clinical symptoms in children so as to include them in treatments designed to promote their mental health.
Origin: Mexico/Spanish.
Population: Children from 8 to 12 years old from urban populations.
Publication Date: 2020.
Acronym: BEI.
Administration: Individual or group.
Parts, 3: Children's Stress Scale, Children's Coping Scale, Children's Questionnaire of Internalized and Externalized Problems.
Price Data, 2022: USD$121 for complete kit, including manual (2020, 112 pages),

Infantil de Estrés, la Escala Infantil de Afrontamiento y el Cuestionario de Problemas Internalizados y Externalizados para Niños.
Duración: 30-40 minutos para administrar en formato colectivo.
Comentarios: Se aplica via papel y lápiz.
Editorial: Editorial El Manual Moderno, S.A. de C.V.
Componentes en Español: Todos los materiales son en español.
Componentes en Inglés: No hay materiales en inglés.

a) ESCALA INFANTIL DE ESTRÉS.
Propósito: Diseñado para evaluar el nivel de estrés en los niños.
Baremos: Los baremos se desarrollaron utilizando una muestra de 437 niños de seis escuelas primarias de la Ciudad de México, distribuidos por edad, género y tipo de escuela (pública, privada).
Acrónimo: EIE.
Puntuación, 9: Falta de Aceptación Familiar, Agresión Verbal y Burla, Falta de Confianza y Respeto, Presión Escolar, Exigencia Familiar, Regaño y Castigo, Conflictos Familiares, Miedo, Estrés Total.
Autoras: María Emilia Lucio y Gómez Maqueo, María del Consuelo Durán Patiño y María Cristina Heredia Ancona.

b) ESCALA INFANTIL DE AFRONTAMIENTO.
Propósito: Diseñado para "evaluar las estrategias de afrontamiento que utilizan los niños".
Baremos: Los baremos se desarrollaron utilizando una muestra de 513 niños de escuelas primarias de la Ciudad de México, distribuidos por edad, género y tipo de escuela (pública, privada).
Acrónimo: EIA.
Puntuación, 18: Afrontamiento Funcional (Negociación, Autocrítica, Autosuficiencia, Resolución de Problemas, Adaptación, Búsqueda de Apoyo), Afrontamiento Disfuncional (Enojo, Autoagresión, Oposición, Aislamiento Social o Retraimiento), Afrontamiento Centrado en la Emoción (Tristeza, Miedo), Afrontamiento Evitativo (Distracción, Evitación).
Autoras: María Emilia Lucio y Gómez Maqueo, María del Consuelo Durán Patiño y Edith Romero Godínez.

c) CUESTIONARIO DE PROBLEMAS INTERNALIZADOS Y EXTERNALIZADOS PARA NIÑOS.
Propósito: Diseñado como un instrumento autoreporte que "evalúa el nivel de los síntomas de depresión, ansiedad, autolesiones y conductas disruptivas . . . así como el nivel de la conducta adaptativa".
Baremos: Los baremos se desarrollaron utilizando una muestra de 366 niños de dos escuelas primarias públicas, distribuidos por edad y género.
Acrónimo: CPIEN.
Puntuación, 8: Problemas Externalizados (Comportamiento Disruptivo, Agresión, Autolesiones), Problemas Internalizados (Depresión, Ansiedad), Comportamiento Adaptativo.
Autoras: Edith Romero Godínez, María Emilia Lucio y Gómez Maqueo y María del Consuelo Durán Patiño.

Children's Stress Scale, Children's Coping Scale, and Children's Questionnaire of Internalized and Externalized Problems.
Time: 30-40 minutes to administer in group format.
Comments: Administered via paper and pencil.
Publisher: Editorial El Manual Moderno, S.A. de C.V.
Spanish Components: All materials are in Spanish.
English Components: There are no materials in English.

a) CHILDREN'S STRESS SCALE.
Purpose: Designed to evaluate the level of stress in children.
Norms: Norms were developed using a sample of 437 children from six elementary schools in Mexico City, distributed by age, gender, and type of school (public, private).
Acronym: EIE.
Scores, 9: Lack of Family Acceptance, Verbal Aggression and Ridicule, Lack of Confidence and Respect, School Pressure, Family Demands, Scolding and Punishment, Family Conflicts, Fear, Total Stress.
Authors: María Emilia Lucio y Gómez Maqueo, María del Consuelo Durán Patiño, and María Cristina Heredia Ancona.

b) CHILDREN'S COPING SCALE.
Purpose: Designed to evaluate children's coping strategies.
Norms: Norms were developed using a sample of 513 children from elementary schools in Mexico City, distributed by age, gender, and type of school (public, private).
Acronym: EIA.
Scores, 18: Functional Coping (Negotiation, Self-Criticism, Self-Sufficiency, Problem Solving, Adaptation, Seek Support), Dysfunctional Coping (Anger, Self-Harm, Opposition, Social Isolation or Withdrawal), Emotional Coping (Sadness, Fear), Avoidance Coping (Distraction, Avoidance).
Authors: María Emilia Lucio y Gómez Maqueo, María del Consuelo Durán Patiño, and Edith Romero Godínez.

c) CHILDREN'S QUESTIONNAIRE OF INTERNALIZED AND EXTERNALIZED PROBLEMS.
Purpose: Designed as a self-report instrument that evaluates the level of symptoms of depression, anxiety, self-harm, and disruptive behavior as well as the level of adaptive behavior.
Norms: Norms were developed using a sample of 366 children from two public elementary schools, distributed by age and gender.
Acronym: CPIEN.
Scores, 8: Externalized Problems (Disruptive Behavior, Aggression, Self-Harm), Internalized Problems (Depression, Anxiety), Adaptive Behavior.
Authors: Edith Romero Godínez, María Emilia Lucio y Gómez Maqueo, and María del Consuelo Durán Patiño.

[49s]

Batería de Operarios.

Propósito: Diseñado para "evaluar las aptitudes que influyen en la realización de las tareas profesionales de operarios".
Procedencia: España/español.
Población: Adolescentes y adultos edades 17 a 60 que desarrollen la profesión de operarios o que estén optando a este puesto.
Baremos: Los baremos se desarrollaron utilizando una muestra con 4.459 participantes, distribuidos por edad, sexo y región geográfica en España.
Fechas de Publicación: 1988-2013.
Acrónimo: BO.
Puntuación, 4: Doblado de Papel, Apreciación de la Capacidad Intelectual, Palancas, Total.
Administración: Individual o colectiva.
Precios, 2022: €68,39 por juego completo, incluye manual (2013, 28 páginas), 10 cuadernillos y 25 hojas de respuestas; €33,76 por 10 cuadernillos; €35,39 por 25 hojas de respuestas.
Duración: 27(50) minutos.
Autores: Departamento de Investigación y Desarrollo de TEA Ediciones (estudios estadísticos y redacción del manual original); Tamara Luque (revisiones, ampliaciones y estudios estadísticos de la tercera edición del manual).
Editorial: Hogrefe TEA Ediciones.
Componentes en Español: Todos los materiales son en español.
Componentes en Inglés: No hay materiales en inglés.

[50s]

Batería de Pruebas de Razonamiento.

Nombre Original: Batería de Provas de Raciocinio (Almeida y Lemos).
Propósito: Diseñado para la "evaluación del razonamiento general" con la finalidad de analizar dificultades del aprendizaje.
Procedencia: Portugal (2006)/portugués.
Traducción/Adaptación: Durante el proceso de traducción y adaptación, se siguieron las 2014 directrices de la Comisión Internacional de Tests. Dos profesionales tradujeron la batería y un comité de dos orientadores pedagógicos y dos investigadores con experiencia en la adaptación de pruebas verificaron la tarea. Después de llegar a una versión consensuada, se envió esta versión a un centro educativo para que fuera evaluada por los profesores. Entonces se aplicó a una muestra piloto antes de preparar la versión definitiva. El manual contiene una tabla con información sobre los cambios específicos.
Población: Estudiantes de 9 a 18 años.
Baremos: Se han provisto baremos con la adaptación al español. Los baremos se desarrollaron utilizando una muestra con 2.698 participantes de centros de

[49e]

Batería de Operarios.

Purpose: Designed to evaluate skills thought to predict success in mechanical jobs.
Origin: Spain/Spanish.
Population: Adolescents and adults ages 17 to 60 who are developing mechanical skills or choosing similar positions.
Norms: Norms were developed using a sample of 4,459 participants, distributed by age, sex, and geographic region in Spain.
Publication Dates: 1988-2013.
Acronym: BO.
Scores, 4: Paper Folding, Evaluation of Intellectual Ability, Levers, Total.
Administration: Individual or group.
Price Data, 2022: €68.39 per complete kit, including manual (2013, 28 pages), 10 test booklets, and 25 response sheets; €33.76 per 10 test booklets; €35.39 per 25 response sheets.
Time: 27(50) minutes.
Authors: TEA Ediciones Research and Development Department (statistical studies and revision of original manual); Tamara Luque (revisions, additions, and statistical studies for the third edition of the manual).
Publisher: Hogrefe TEA Ediciones.
Spanish Components: All materials are in Spanish.
English Components: There are no materials in English.

[50e]

Batería de Pruebas de Razonamiento.

Original Name: Batería de Provas de Raciocinio (Almeida y Lemos).
Purpose: Designed to evaluate general reasoning skills in order to analyze learning problems.
Origin: Portugal (2006)/Portuguese.
Translation/Adaptation: Test translators and adaptors followed the 2014 guidelines of the International Test Commission. Two professionals translated the battery, and the translation was reviewed by two pedagogical guides and two researchers with test adaptation experience. After arriving at a consensus version, developers sent the test to a school to be evaluated by teachers. It was administered to a pilot sample before the final version was prepared. The test manual contains a table with information about specific modifications.
Population: Students ages 9 to 18.
Norms: Separate norms are provided with the Spanish adaptation. Norms were developed using a sample of 2,698 participants from schools in

enseñanza en Andalucía, Aragón, Cantabria, Castilla y León, Cataluña, Extremadura, Galicia, Navarra, La Rioja y País Vasco, distribuidos por sexo y curso académico.
Fecha de Publicación: 2016.
Acrónimo: BPR.
Puntuación, 7: Razonamiento Abstracto, Razonamiento Verbal, Razonamiento Numérico, Razonamiento Práctico, Razonamiento Espacial, Razonamiento Mecánico, Razonamiento General.
Administración: Individual o colectiva.
Niveles, 3: Nivel 1 (9 a 12 años), Nivel 2 (12 a 15 años), Nivel 3 (15 a 18 años).
Precios, 2022: €151,15 por juego completo, incluye manual (2016, 87 páginas), 5 cuadernillos de cada nivel y kit de corrección con PIN para 25 usos; €80,83 por 10 cuadernillos (nivel 1, 2 o 3); €16,26 por kit de corrección.
Duración: (45-60) minutos por la batería completa.
Comentarios: Disponible también en versión euskera y portuguesa; la casa editorial de la prueba indica que "aunque la versión original portuguesa no fue publicada en su país de origen, la BPR puede considerarse una adaptación al español de dicha obra".
Autores: Paula Elosua y Leandro S. Almeida.
Editorial: Hogrefe TEA Ediciones.
Componentes en Español: Todos los materiales son en español.
Componentes en Inglés: No hay materiales en inglés.

Andalusia, Aragón, Cantabria, Castile and León, Cataluña, Extremadura, Galicia, Navarra, La Rioja, and Basque Country, distributed by gender and school year.
Publication Date: 2016.
Acronym: BPR.
Scores, 7: Abstract Reasoning, Verbal Reasoning, Numerical Reasoning, Practical Reasoning, Spatial Reasoning, Mechanical Reasoning, General Reasoning.
Administration: Individual or group.
Levels, 3: Level 1 (ages 9 to 12); Level 2 (ages 12 to 15); Level 3 (ages 15 to 18).
Price, 2022: €151.15 per complete kit, including manual (2016, 87 pages), 5 test booklets for each level, and scoring kit with PIN for 25 online uses; €80.83 per 10 test booklets (level 1, 2, or 3); €16.26 per scoring kit.
Time: (45–60) minutes for complete battery.
Comments: Also available in Portuguese and Basque; test publisher indicates that although the original Portuguese version of this test was never published in its country of origin, the BPR can be considered a Spanish adaptation of that work.
Authors: Paula Elosua and Leandro S. Almeida.
Publisher: Hogrefe TEA Ediciones.
Spanish Components: All materials are in Spanish.
English Components: There are no materials in English.

[51s]

Batería de Socialización.

Propósito: Diseñado como "evaluación de la socialización de niños y adolescentes, en ambientes escolares y extraescolares".
Procedencia: España/español.
Población: Edades 6-19.
Baremos: Los baremos se desarrollaron utilizando una muestra con 2.171 sujetos para el BAS-1, 617 sujetos para el BAS-2 y 1.770 sujetos para el BAS-3, distribuidos por grado de instrucción, sexo y región geográfica en España.
Fechas de Publicación: 1983-2010.
Acrónimo: BAS.
Administración: Individual o colectiva.
Formularios, 3: BAS-1: Profesores, BAS-2: Padres, BAS-3: Autoevaluación.
Precios, 2022: €73,79 por juego completo BAS-1 y 2, incluye manual (2010; quinta edición, revisada; 35 páginas) y 25 ejemplares (BAS-1 y 2); €31,76 por 25 ejemplares para BAS-1 y 2; €51,66 por juego completo BAS-3, incluye manual (2009; cuarta edición, revisada; 23 páginas) y 25 ejemplares; €45,68 por 25 ejemplares

[51e]

Batería de Socialización.

Purpose: Designed to assess the socialization of children and adolescents in school and extracurricular environments.
Origin: Spain/Spanish.
Population: Ages 6-19.
Norms: Norms were developed using a sample of 2,171 participants for BAS-1, 617 participants for BAS-2, and 1,770 participants for BAS-3 distributed by grade, gender, geographic region in Spain, and educational level.
Publication Dates: 1983-2010.
Acronym: BAS.
Administration: Individual or group.
Forms, 3: BAS-1: Teachers, BAS-2: Parents, BAS-3: Self-Assessment.
Price Data, 2022: €73.79 per complete kit BAS-1 and 2: manual (2010; fifth edition, revised; 35 pages) and 25 test booklets (BAS-1 and BAS-2); €31.76 per 25 BAS-1 and BAS-2 test booklets; €51.66 per complete kit BAS-3: manual (2009; fourth edition, revised; 23 pages) and 25 test booklets; €45.68 per 25 BAS-3 test

para BAS-3; €20,63 por manual en línea para BAS-3; €25,92 por manual en línea para BAS-1 y 2.
Autores: F. Silva Moreno y María Carmen Martorell Pallás.
Editorial: Hogrefe TEA Ediciones.
Componentes en Español: Todos los materiales son en español.
Componentes en Inglés: No hay materiales en inglés.

a) BAS-1: PROFESORES.
Población: Edades 6-15.
Fechas de Publicación: 1983-2010.
Puntuación, 8: Liderazgo, Jovialidad, Sensibilidad Social, Respeto-Autocontrol, Agresividad-Terquedad, Apatía-Retraimiento, Ansiedad-Timidez, Total.
Duración: Aproximadamente 20 minutos.

b) BAS-2: PADRES.
Población: Edades 6-15.
Fechas de Publicación: 1983-2010.
Puntuación, 8: Igual a *a)* arriba.
Duración: Aproximadamente 20 minutos.

c) BAS-3: AUTOEVALUACIÓN.
Población: Edades 11-19.
Fechas de Publicación: 1989-2009.
Puntuación, 6: Consideración con los Demás, Autocontrol en las Relaciones Sociales, Retraimiento Social, Ansiedad Social/Timidez, Liderazgo, Sinceridad.
Duración: Aproximadamente 10 minutos.

[52s]

Batería de Subalternos.

Propósito: Diseñado para apreciar "la aptitud para el trabajo de subalterno".
Procedencia: España/español.
Población: Adolescentes y adultos con nivel cultural medio o bajo.
Baremos: Los baremos se desarrollaron utilizando una muestra de 3.089 participantes de aspirantes a puestos de subalternos y cuyas edades están comprendidas entre los 18 y 62 años.
Fechas de Publicación: 1988-2008.
Acrónimo: BS.
Puntuación, 3: IG-1 (Inteligencia General), Consonantes (Percepción/Atención), COE-1 (Comprensión/Aplicación de Instrucciones Escritas).
Administración: Individual o colectiva.
Precios, 2022: €68,39 por juego completo, incluye manual (2008, 12 páginas), 10 cuadernillos, 25 hojas de respuestas; €33,76 por 10 cuadernillos; €35,39 por 25 hojas de respuestas.
Duración: 23(50) minutos.
Autor: Departamento de Investigación y Desarrollo de TEA Ediciones.
Editorial: Hogrefe TEA Ediciones.
Componentes en Español: Todos los materiales son en español.
Componentes en Inglés: No hay materiales en inglés.

booklets; €20.63 per online BAS-3 manual; €25.92 per online BAS-1 and 2 manual.
Authors: F. Silva Moreno and María Carmen Martorell Pallás.
Publisher: Hogrefe TEA Ediciones.
Spanish Components: All materials are in Spanish.
English Components: There are no materials in English.

a) BAS-1: TEACHERS.
Population: Ages 6-15.
Publication Dates: 1983-2010.
Scores, 8: Leadership, Joviality, Social Sensitivity, Respect-Self-Control, Aggression-Stubbornness, Apathy-Withdrawal, Anxiety-Shyness, Total.
Time: Approximately 20 minutes.

b) BAS-2: PARENTS.
Population: Ages 6-15.
Publication Dates: 1983-2010.
Scores, 8: Same as *a)* above.
Time: Approximately 20 minutes.

c) BAS-3: SELF-ASSESSMENT.
Population: Ages 11-19.
Publication Dates: 1989-2009.
Scores, 6: Consideration for Others, Self-Control in Social Relationships, Social Withdrawal, Social Anxiety/Shyness, Leadership, Sincerity.
Time: Approximately 10 minutes.

[52e]

Batería de Subalternos.

Purpose: Designed to assess suitability of individuals to work as a junior-grade employee.
Origin: Spain/Spanish.
Population: Culturally disadvantaged adolescents and adults.
Norms: Norms were developed using a sample of 3,089 participants between the ages of 18 and 62 aspiring to junior-grade positions.
Publication Dates: 1988-2008.
Acronym: BS.
Scores, 3: IG-1 (General Intelligence), Consonants (Perception/Attention), COE-1 (Comprehension/Application of Written Instructions).
Administration: Individual or group.
Price Data, 2022: €68.39 per complete kit, including manual (2008, 12 pages), 10 test booklets, and 25 response sheets; €33.76 per 10 test booklets; €35.39 per 25 response sheets.
Time: 23(50) minutes.
Author: TEA Ediciones Research and Development Department.
Publisher: Hogrefe TEA Ediciones.
Spanish Components: All materials are in Spanish.
English Components: There are no materials in English.

[53s]

Batería de Tests con Símbolos 1, 2 y 3.

Nombre Original: Batería de Testes com Símbolos (Vector Editora, Brasil).
Propósito: Una batería de pruebas diseñada para evaluar y medir la atención alternante, sostenida y discriminativa.
Procedencia: Brasil (2012)/portugués.
Traducción/Adaptación: Después de la traducción al castellano del manual y los protocolos, las traducciones fueron revisadas para adaptar el lenguaje a los modismos argentinos por psicometristas y expertos en el campo de neuropsicología en atención. No fue necesario traducir ni adaptar los reactivos porque se trata de símbolos gráficos. Luego se realizó un estudio piloto con el material revisado y adaptado y se confirmó que no se generaban dificultades ni inconvenientes de administración y puntuación.
Población: Edades 18 a 65.
Baremos: Se han provisto baremos con la adaptación al español. Los baremos se desarrollaron utilizando una muestra de 400 participantes argentinos, distribuidos por edad, sexo y nivel educativo.
Fecha de Publicación: 2015.
Puntuación: Puntuación total solamente.
Administración: Individual o colectiva.
Precios, 2022: USD$10.20 por BTS-1, 2 o 3.
Duración: (25) minutos cada prueba.
Comentarios: La casa editorial de la prueba recomienda que no examine a más de cinco sujetos a la vez.
Autor: Emilio Carlos Tonglet.
Traductores/Adaptadores: R. M. Paterno, M. E. Brenlla, C. A. Eusebio, G. B. Destéfano, I. A. Montagut, M. S. Cobian y G. S. Baruzzi.
Editorial: Editorial Paidós.
Componentes en Español: Todos los materiales son en español.
Componentes en Inglés: No hay materiales en inglés.

a) TESTS DE ATENCIÓN SOSTENIDA.
Nombre Original: Testes de Atenção Concentrada.
Propósito: Diseñado para "evaluar y medir la atención sostenida".
Acrónimo: BTS-1.
Formularios, 2: SITAC-1, SITAC-2.

b) TESTS DE ATENCIÓN ALTERNANTE.
Nombre Original: Testes de Atenção Difusa.
Propósito: Diseñado para "evaluar y medir la atención alternante".
Acrónimo: BTS-2.
Formularios, 2: SITED-1, SITED-2.

c) TESTS DE ATENCIÓN SELECTIVA.
Nombre Original: Testes de Atenção Discriminativa.
Propósito: Diseñado para "evaluar y medir la atención discriminitiva".
Acrónimo: BTS-3.
Formularios, 2: SIMTAD-1, SIMTAD-2.

[53e]

Batería de Tests con Símbolos 1, 2 y 3.

Original Name: Batería de Testes com Símbolos (Vector Editora, Brazil).
Purpose: A battery of tests designed to evaluate and measure sustained, alternating, and discriminating attention.
Origin: Brazil (2012)/Portuguese.
Translation/Adaptation: After translating the manual and record forms to Spanish, psychometricians and experts in the field of neuropsychology in attention reviewed the work to adapt it to Argentinian idioms. The items did not require translation or adaptation because they are graphic symbols. The adaptors then conducted a pilot study to confirm that there were no problems with the administration and scoring of the test.
Population: Ages 18 to 65.
Norms: Separate norms are provided with the adaptation to Spanish. Norms were developed using a sample of 400 Argentine participants, distributed by age, gender, and educational level.
Publication Date: 2015.
Score: Total score only.
Administration: Individual or group.
Price Data, 2022: USD$10.20 per BTS-1, 2, or 3.
Time: (25) minutes for each test.
Comments: The test publisher recommends testing no more than five examinees at one time.
Author: Emilio Carlos Tonglet.
Translators/Adaptors: R. M. Paterno, M. E. Brenlla, C. A. Eusebio, G. B. Destéfano, I. A. Montagut, M. S. Cobian, and G. S. Baruzzi.
Publisher: Editorial Paidós.
Spanish Components: All materials are in Spanish.
English Components: There are no English materials.

a) SUSTAINED ATTENTION TESTS.
Original Name: Testes de Atenção Concentrada.
Purpose: Designed to evaluate and measure sustained attention.
Acronym: BTS-1.
Forms, 2: SITAC-1, SITAC-2.

b) ALTERNATING ATTENTION TESTS.
Original Name: Testes de Atenção Difusa.
Purpose: Designed to evaluate and measure alternating attention.
Acronym: BTS-2.
Forms, 2: SITED-1, SITED-2.

c) SELECTIVE ATTENTION TESTS.
Original Name: Testes de Atenção Discriminativa.
Purpose: Designed to evaluate and measure discriminating attention.
Acronym: BTS-3.
Forms, 2: SIMTAD-1, SIMTAD-2.

[54s]

Batería IV Woodcock-Muñoz.

Nombre Original: Woodcock-Johnson IV.
Propósito: Diseñado para medir la habilidad intelectual general, específicamente las habilidades cognitivas y aprovechamiento académico, en individuos hispanohablantes.
Procedencia: Estados Unido/inglés.
Traducción/Adaptación: Las pruebas que tradujeron contienen los mismos ítems que el original; solo tradujeron las direcciones de administración de los ítems. Otros ítems fueron cambiados o adaptados con el fin de hacerlos apropiados para examinados hispanohablantes. En algunos casos, escribieron ítems nuevos para aumentar el existente grupo de ítems españoles.
Población: Hispanohablantes edades 2-95.
Baremos: El Woodcock-Johnson IV y la Batería IV dependen en los mismos baremos. Se calibraron estadísticamente los ítems de ambas pruebas en la misma escala utilizando procedimientos de equiparación del modelo Rasch. Se llevó a cabo la investigación de calibración utilizando seis pruebas de la Batería y una muestra de 601 hispanohablantes nativos, distribuidos por género, nivel de educación de padre o examinado, región geográfica en los Estados Unidos y origen hispánico.
Fechas de Publicación: 1982-2019.
Acrónimo: Batería IV.
Administración: Individual.
Partes, 2: Pruebas de Habilidades Cognitivas, Pruebas de Aprovechamiento.
Precios, 2023: $2,926 por la batería completa, incluyendo el juego de habilidades cognitivas y el juego de aprovechamiento.
Comentarios: Versión paralela en español del Woodcock-Johnson IV; se puede calificar en línea; algunas de las puntuaciones compuestas requieren la administración de pruebas de la Batería III Woodcock-Muñoz o el Woodcock-Johnson IV Tests of Oral Language.
Autores: Richard W. Woodcock, Criselda G. Alvarado, Fredrick A. Shrank (manual), Kevin S. McGrew, Nancy Mather (manual), Ana F. Muñoz-Sandoval (prueba) y Barbara J. Wendling (manual).
Traductora/Adaptadora: Criselda G. Alvarado.
Editorial: Riverside Insights.
Componentes en Español: El folleto de respuestas, protocolo de pruebas e ítems de prueba e instrucciones administrativas en el libro de pruebas son en español.
Componentes en Inglés: El manual del examinador y la sección de información sobre el examinado son en inglés.

a) PRUEBAS DE HABILIDADES COGNITIVAS.
Propósito: Diseñado para evaluar aspectos distintos de habilidad cognitiva.
Acrónimo: Batería IV COG.

[54e]

Batería IV Woodcock-Muñoz.

Original Name: Woodcock-Johnson IV.
Purpose: Designed to "measure general intellectual ability, specifically cognitive abilities and academic achievement" in Spanish-speaking individuals.
Origin: United States/English.
Translation/Adaptation: Tests that were directly translated contain the same items; only the administration instructions were translated into Spanish. Other test items were changed or adapted to be appropriate for Spanish-speaking examinees. In some cases, new items were written to augment the existing Spanish item pools.
Population: Spanish speakers ages 2-95.
Norms: The Woodcock-Johnson IV and the Batería IV rely on the same set of norms. Items from both tests were statistically calibrated onto the same scale using Rasch model equating procedures. The calibration study was conducted using six Batería tests and a sample of 601 native Spanish speakers, distributed by gender, parent or examinee education level, geographic location in the United States, and Hispanic origin.
Publication Dates: 1982-2019.
Acronym: Batería IV.
Administration: Individual.
Parts, 2: Cognitive Ability Tests, Achievement Tests.
Price Data, 2023: $2,926 per complete battery, including cognitive abilities kit and achievement kit.
Comments: Parallel Spanish version of Woodcock-Johnson IV; can be scored online; some cluster scores require administration of select tests from the Batería III Woodcock-Muñoz or Woodcock-Johnson IV Tests of Oral Language.
Authors: Richard W. Woodcock, Criselda G. Alvarado, Fredrick A. Shrank (manual), Kevin S. McGrew, Nancy Mather (manual), Ana F. Muñoz-Sandoval (test), and Barbara J. Wendling (manual).
Translator/Adaptor: Criselda G. Alvarado.
Publisher: Riverside Insights.
Spanish Components: The answer booklet, record booklet, and test items and administration instructions are in Spanish.
English Components: The examiner's manual and the examinee information section of the record booklet are in English.

a) COGNITIVE ABILITY TESTS.
Purpose: Designed to assess "different aspects of cognitive ability."
Acronym: Batería IV COG.

Puntuaciones, 31: 7 pruebas en la batería estándar: Vocabulario Oral, Series Numéricas, Atención Verbal, Pareo de Letras Idénticas, Procesamiento Fonético, Rememoración de Cuentos, Visualización; 7 pruebas en la batería extendida: Información General, Formación de Conceptos, Inversión de Números, Pareo de Números Idénticos, Repetición de Palabras sin Sentido, Cancelación de Pares, Rapidez en la Identificación de Dibujos; 17 puntuaciones compuestas: Habilidad Intelectual General, Gf-Gc Combinado, Habilidad Intelectual Breve, Comprensión-Conocimiento, Razonamiento Fluido, Memoria de Trabajo a Corto Plazo, Velocidad de Procesamiento Cognitivo, Procesamiento Auditivo, Almacenamiento y Recuperación a Largo Plazo, Procesamiento Visual, Rapidez Perceptual, Destreza Numérica, Vocabulario, Eficiencia Cognitiva, Aptitud de Lectura, Aptitud Matemática, Aptitud de Escritura.
Precios: $1,885.40 por juego de habilidades cognitivas con maleta, incluyendo manual del examinador (2019, 168 páginas), libro de pruebas, 25 protocolos de pruebas, 25 folletos de respuestas y plantillas de calificación.
Duración: 35 minutos para administración de la batería estándar; 5 minutos cada prueba adicional.
b) PRUEBAS DE APROVECHAMIENTO.
Propósito: Diseñado para evaluar tres áreas curriculares: la lectura, las matemáticas y el lenguaje escrito.
Acrónimo: Batería IV APROV.
Puntuaciones, 30: 13 pruebas: Identificación de Letras y Palabras, Problemas Aplicados, Ortografía, Comprensión de Textos, Cálculo, Expresión de Lenguaje Escrito, Análisis de Palabras, Lectura Oral, Fluidez en Lectura de Frases, Fluidez en Datos Matemáticos, Fluidez en Escritura de Frases, Rememoración de Lectura, Números Matrices; 17 puntuaciones compuestas: Lectura, Lectura Amplia, Destrezas Básicas en Lectura, Comprensión de Lectura, Fluidez en la Lectura, Matemáticas, Matemáticas Amplias, Destrezas en Cálculos Matemáticos, Resolución de Problemas Matemáticos, Lenguaje Escrito, Lenguaje Escrito Amplio, Expresión Escrita, Aprovechamiento Breve, Aprovechamiento Amplio, Destrezas Académicas, Fluidez Académica, Aplicaciones Académicas.
Precios: $1,193.50 por juego de aprovechamiento con maleta, incluyendo manual del examinador (2019, 162 páginas), libro de pruebas, 25 protocolos de pruebas, 25 folletos de respuestas y plantillas de calificación.
Duración: 40 minutos para administrar pruebas 1 a 6 (prueba 6 requiere 15-20 minutos); 5-10 minutos cada prueba 7-13.

Referencias Cruzadas: Para reseñas por S. Kathleen Krach y Arturo Olivárez, Jr., consulte 21:17; para reseñas por Beth Doll y Courtney LeClair y por Arturo Olivárez, Jr. y Allison Boroda de la Batería III Woodcock-Muñoz™, consulte 17:14.

[55s]

Batería Neuropsicológica de Funciones Ejecutivas y Lóbulos Frontales, Tercera Edición.

Propósito: Diseñado para "evaluar el desempeño de las funciones ejecutivas en personas de habla hispana".
Procedencia: México/español.

Scores, 31: 7 tests in standard battery: Oral Vocabulary, Number Series, Verbal Attention, Letter-Pattern Matching, Phonological Processing, Story Recall, Visualization; 7 tests in extended battery: General Information, Concept Formation, Numbers Reversed, Number-Pattern Matching, Nonword Repetition, Pair Cancellation, Rapid Picture Naming; 17 clusters: General Intellectual Ability, Gf-Gc Composite, Brief Intellectual Ability, Comprehension-Knowledge, Fluid Reasoning, Short-Term Working Memory, Cognitive Processing Speed, Auditory Processing, Long-Term Storage and Retrieval, Visual Processing, Perceptual Speed, Number Facility, Vocabulary, Cognitive Efficiency, Reading Aptitude, Math Aptitude, Writing Aptitude.
Price Data: $1,885.40 per cognitive abilities kit with case, including examiner's manual (2019, 168 pages), test booklet, 25 record booklets, 25 answer booklets, and scoring transparencies.
Time: 35 minutes to administer the standard battery; 5 minutes per additional test.
b) ACHIEVEMENT TESTS.
Purpose: Designed to assess "three curricular areas: reading, mathematics, and written language."
Acronym: Batería IV APROV.
Scores, 30: 13 tests: Letter-Word Identification, Applied Problems, Spelling, Passage Comprehension, Calculation, Written Language Expression, Word Attack, Oral Reading, Sentence Reading Fluency, Math Facts Fluency, Sentence Writing Fluency, Reading Recall, Number Matrices; 17 clusters: Reading, Broad Reading, Basic Reading Skills, Reading Comprehension, Reading Fluency, Mathematics, Broad Mathematics, Math Calculation Skills, Math Problem Solving, Written Language, Broad Written Language, Written Expression, Brief Achievement, Broad Achievement, Academic Skills, Academic Fluency, Academic Applications.
Price Data: $1,193.50 per achievement kit with case, including examiner's manual (2019, 162 pages), test booklet, 25 record booklets, 25 answer booklets, and scoring transparencies.
Time: 40 minutes to administer tests 1 through 6, with test 6 requiring 15-20 minutes; 5-10 minutes per test 7-13.

Cross References: For reviews by S. Kathleen Krach and Arturo Olivárez, Jr., see 21:17; for reviews by Beth Doll and Courtney LeClair and by Arturo Olivárez, Jr. and Allison Boroda Batería III Woodcock-Muñoz™, see 17:14.

[55e]

Batería Neuropsicológica de Funciones Ejecutivas y Lóbulos Frontales, Tercera Edición.

Purpose: Designed to evaluate executive functioning in Spanish-speaking individuals.
Origin: Mexico/Spanish.

Población: Edades 6 a 90.
Baremos: Los baremos se desarrollaron utilizando dos muestras, uno con 142 niños y el otro con 308 adultos, cada uno distribuido por edad y nivel de escolaridad.
Fechas de Publicación: 2014-2020.
Acrónimo: BANFE-3.
Puntuación, 19: Laberintos, Señalamiento Autodirigido, Ordenamiento Alfabético de Palabras, Resta Consecutiva, Suma Consecutiva, Clasificación de Cartas, Clasificaciones Semánticas, Efecto Stroop Forma A, Fluidez Verbal, Juego de Cartas, Selección de Refranes, Torre de Hanoi, Metamemoria, Memoria de Trabajo Visoespacial, Efecto Stroop Forma B, Orbitofrontal Total, Prefrontal Anterior Total, Dorsolateral Total, Puntuación Total de Funciones Ejecutivas.
Administración: Individual.
Formularios, 2: Protocolo General, Cuestionario Neuropsicológico de Daño Frontal.
Precios, 2022: USD$238 por juego completo, incluyendo manual (2020, 111 páginas), protocolo de respuestas, láminas de aplicación, juego de cartas, tarjetas para clasificación de cartas y Torre de Hanoi.
Duración: Aproximadamente 50 minutos.
Comentarios: Puntajes y perfiles disponibles en línea.
Autores: Julio César Flores Lázaro, Feggy Ostrosky Shejet y Asucena Lozano Gutiérrez.
Editorial: Editorial El Manual Moderno, S. A. de C. V.
Componentes en Español: Todos los materiales son en español.
Componentes en Inglés: No hay materiales en inglés.

Population: Ages 6 to 90.
Norms: Norms were developed using two samples, one with 142 children and the other with 308 adults, each distributed by age and level of schooling.
Publication Dates: 2014-2020.
Acronym: BANFE-3.
Scores, 19: Mazes, Self-Directed Signaling, Sorting Words in Alphabetical Order, Consecutive Subtraction, Consecutive Addition, Card Sorting, Semantic Classifications, Stroop Effect Form A, Verbal Fluency, Card Games, Selecting Sayings, Hanoi Tower, Metamemory, Visuospatial Working Memory, Stroop Effect Form B, Orbitofrontal Total, Anterior Prefrontal Total, Dorsolateral Total, Executive Functions Total Score.
Administration: Individual.
Forms, 2: General Protocol, Frontal Damage Neuropsychological Questionnaire.
Price Data, 2022: USD$238 per complete kit, including manual (2020, 111 pages), response form, administration sheets, card game, card sorting cards, and Hanoi Tower.
Time: Approximately 50 minutes.
Comments: Scoring and profiles available online.
Authors: Julio César Flores Lázaro, Feggy Ostrosky Shejet, and Asucena Lozano Gutiérrez.
Publisher: Editorial El Manual Moderno, S. A. de C. V.
Spanish Components: All materials are in Spanish.
English Components: There are no materials in English.

[56s]

Batería Neuropsicológica en Español.

Propósito: Diseñado para "asistir a la evaluación neuropsicológica del hispanohablante".
Procedencia: Estados Unidos/inglés.
Traducción/Adaptación: Para determinar el grado de propiedad sociocultural y lingüística de los ítems de las pruebas verbales y de las instrucciones de todas las pruebas (verbales y no verbales), la versión inicial de las pruebas fue administrada a individuos de varios países (Chile, Colombia, Honduras, Guatemala, México, España y Estados Unidos). "Los resultados de esta fase piloto se utilizaron para hacer pequeñas modificaciones en el contenido de los ítems y para agregar puntos que aclararan la comunicación del significado de las instrucciones". Los autores usaron un español neutro en el desarrollo de la batería con el fin de ser aplicable en regiones hispanohablantes diversos.
Población: Adultos.
Baremos: Se han provisto baremos con la adaptación al español. Los baremos se desarrollaron utilizando una

[56e]

Batería Neuropsicológica en Español.

Purpose: Designed for the neuropsychological evaluation of Spanish speakers.
Origin: United States/English.
Translation/Adaptation: In order to determine the level of sociocultural and linguistic appropriateness of the items in the verbal tests and the instructions for all the tests (verbal and nonverbal), the initial version of the tests was given to individuals from different countries (Chile, Colombia, Honduras, Guatemala, Mexico, Spain, and the United States). The results of this pilot phase were used to make small modifications to the test items and to clarify the instructions. In developing the battery, the authors used a neutral Spanish with the goal of being able to use the test in diverse Spanish-speaking regions.
Population: Adults.
Norms: Separate norms are provided with the Spanish adaptation. Norms were developed using

muestra total de 390 participantes: 205 individuos de Madrid, España y 185 individuos de la región fronteriza entre México y los EE. UU. Los participantes fueron distribuidos por edad, nivel de educación, sexo, diestro/zurdo y bilingüismo.
Fecha de Publicación: 1999.
Acrónimo: BNE.
Administración: Individual.
Precios, 2023: $555 por juego completo incluye manual (1999, 125 páginas) y 5 cuadernos de calificación.
Duración: Aproximadamente 120 minutos.
Comentarios: Batería neurosicológica que compone ocho pruebas adaptadas de inglés para uso con hispanohablantes.
Autores: Lidia Artiola i Fortuny, David Hermosillo Romo, Robert K. Heaton y Roy E. Pardee III.
Editorial: m Press (L. Artiola).
Componentes en Español: Todos los materiales son en español.
Componentes en Inglés: El prólogo al manual se ofrece en ambos inglés y español.

a) MEMORIA VISUAL.
Nombre Original: Figure Memory Test (Heaton y colaboradores, 1991).
Traducción/Adaptación: Difiere de la versión original en inglés sólo en el procedimiento de administración del intento de la sección de Recuerdo Demorado: En la original, utiliza una demora de cuatro horas; en la versión española utiliza una demora de una hora.
Puntuación, 5: Intento 1, Aprendizaje, Recuerdo Demorado, Retención, Discriminación.

b) MEMORIA VERBAL-PROSA.
Nombre Original: Story Memory Test (Heaton y colaboradores, 1991).
Traducción/Adaptación: Difiere de la versión en inglés en cuanto al contenido de los ítems (pequeñas modificaciones basados en los estudios piloto con hispanohablantes) y al procedimiento para la administración (una demora de una hora en vez de cuatro horas para el intento de la sección de Recuerdo Demorado).
Puntuación, 5: Intento 1, Aprendizaje, Recuerdo Demorado, Retención, Discriminación.

c) PRUEBA WISCONSIN.
Nombre Original: Wisconsin Card Sorting Test (Grant y Berg, 1981, manual; Heaton y colaboradores, 1993, ordenador).
Traducción/Adaptación: Idéntica en procedimiento y materiales a la versión en inglés. "Un estudio con muestras hispanohablantes sin historial neurológico o psiquiátrico demostró que con ambas modalidades [manual y por ordenador] se obtienen resultados esencialmente equivalentes".
Puntuación, 6: Intentos, Respuestas Correctas, Perseveraciones, Categorías Completadas, Fallo de Mantener Esquema, Errores.

d) FLUIDEZ ORAL POR LETRA.
Nombre Original: Controlled Oral Word Association Test (Benton y Hamsher, 1989).

a total sample of 390 participants: 205 individuals from Madrid, Spain, and 185 individuals from the frontier region between Mexico and the U.S. The participants were distributed by age, level of education, gender, left/right handedness, and bilingualism.
Publication Date: 1999.
Acronym: BNE.
Administration: Individual.
Price Data, 2023: $555 per complete kit including manual (1999, 125 pages) and 5 scoring booklets.
Time: Approximately 120 minutes.
Comments: Neuropsychological battery comprising eight tests adapted from their original English for use with Spanish speakers.
Authors: Lidia Artiola i Fortuny, David Hermosillo Romo, Robert K. Heaton, and Roy E. Pardee III.
Publisher: m Press (L. Artiola).
Spanish Components: All materials are in Spanish.
English Components: The foreword to the manual is in both English and Spanish.

a) VISUAL MEMORY.
Original Name: Figure Memory Test (Heaton and collaborators, 1991).
Translation/Adaptation: Differs from the original version in English only in the administration procedure for attempting the Delayed Memory section: The original calls for a delay of four hours; the Spanish version uses a delay of one hour.
Scores, 5: First Attempt, Learning, Delayed Memory, Retention, Discrimination.

b) VERBAL-PROSE MEMORY.
Original Name: Story Memory Test (Heaton and collaborators, 1991).
Translation/Adaptation: Differs from the English version in terms of the item content (small modifications based on the pilot study with Spanish speakers) and administration (a delay of one hour instead of four hours when attempting the Delayed Memory section).
Scores, 5: First Attempt, Learning, Delayed Memory, Retention, Discrimination.

c) WISCONSIN TEST.
Original Name: Wisconsin Card Sorting Test (Grant and Berg, 1981, manual; Heaton and collaborators, 1993, computer).
Translation/Adaptation: Identical to the English version in administration and materials. A pilot study with Spanish-speaking participants with no neurological or psychiatric history demonstrated that with both types of administration (manual and computer) the results were essentially equivalent.
Scores, 6: Attempts, Correct Answers, Perseverations, Completed Categories, Failure to Maintain Scheme, Errors.

d) ORAL LETTER FLUIDITY.
Original Name: Controlled Oral Word Association Test (Benton and Hamsher, 1989).

Traducción/Adaptación: "Aunque idéntica a la versión en inglés en cuanto a estructura y procedimiento, [la versión en español] utiliza letras distintas seleccionadas en base a los patrones de correspondencia entre fonemas y grafemas propios del español".
Puntuación: PMR Total.
e) APRENDIZAJE DE PALABRAS.
Nombre Original: California Verbal Learning Test (Delis y colaboradores, 1987).
Traducción/Adaptación: Idéntica en formato y procedimiento a la versión en inglés. La prueba consta de dos listas y "las listas se construyen de la selección de palabras generadas por 45 personas nativas hispanoparlantes de 10 países distintos".
Puntuación, 8: Intento 1 Lista A, Lista A, Lista B, Recuerdo Corto Plazo-Libre, Recuerdo Corto Plazo-Pistas, Recuerdo Largo Plazo-Libre, Recuerdo Largo Plazo-Pistas, Discriminación.
f) ATENCIÓN VERBAL.
Nombre Original: Digit Span Test (Wechsler, 1981).
Traducción/Adaptación: Esta prueba fue adaptada de la versión original en inglés y es idéntica en cuanto a procedimiento y a las dos secciones que la componen. "Aunque utiliza todas e íntegramente las mismas secuencias de dígitos que la versión original en inglés, [la versión en español] contiene dos nuevas secuencias, cada una de dos dígitos, que agregamos en la parte inicial de cada sección".
Puntuación, 2: Repetición Idéntica, Repetición Inversa.
g) ATENCIÓN VISUAL.
Nombre Original: Spatial Span Test (Kaplan y colaboradores, 1991).
Traducción/Adaptación: Idéntica en procedimiento y materiales a la versión en inglés.
Puntuación, 2: Repetición Idéntica, Repetición Inversa.
h) PRUEBA STROOP.
Nombre Original: Stroop Color and Word Test (Golden, 1978).
Traducción/Adaptación: "Esta prueba fue traducida de la versión original en inglés ... y es idéntica a esta última en cuanto a procedimientos e instrucciones".
Puntuación, 4: Nombrar Palabras, Nombrar Colores, Nombrar Colores e Ignorar Palabras, Predicción.

[57s]

Batería Neuropsicológica para la Evaluación de los Trastornos del Aprendizaje.

Propósito: Diseñado "para la evaluación de los trastornos del aprendizaje en niños en edad escolar".
Procedencia: México/español.
Población: Edades 7 a 12 años.
Baremos: Los baremos se desarrollaron utilizando una muestra con 425 niños mexicanos, distribuidos por edad, sexo, grado de instrucción y tipo de escuela (pública o privada). Se comparó la muestra de estandarización con un grupo de control de 33 niños y un grupo de 32 niños con trastornos del aprendizaje de la lectura como establecidas en el manual del DSM-IV.

Translation/Adaptation: Though identical to the English version in terms of structure and procedure, the Spanish version uses different letters selected on the basis of corresponding patterns between phonemes and graphemes unique to Spanish.
Score: PMR Total.
e) WORD LEARNING.
Original Name: California Verbal Learning Test (Delis and collaborators, 1987).
Translation/Adaptation: Identical in format and procedure to the English version. Word lists were formed from a selection of words generated by 45 native Spanish speakers from 10 different countries.
Scores, 8: First Attempt List A, List A, List B, Short-Term Memory-Free, Short-Term Memory-Clues, Long-Term Memory-Free, Long-Term Memory-Clues, Discrimination.
f) VERBAL ATTENTION.
Original Name: Digit Span Test (Wechsler, 1981).
Translation/Adaptation: This test was adapted from the original version in English and is identical in terms of administration and the two sections that make up the test. Even though it uses all the same digit sequences as the original version in English, the Spanish version has two new sequences, each one with two digits, that were added to the first part of each section.
Scores, 2: Identical Repetition, Inverse Repetition.
g) VISUAL ATTENTION.
Original Name: Spatial Span Test (Kaplan and collaborators, 1991).
Translation/Adaptation: Identical in administration and materials to the English version.
Scores, 2: Identical Repetition, Inverse Repetition.
h) STROOP TEST.
Original Name: Stroop Color and Word Test (Golden, 1978).
Translation/Adaptation: This test was translated from the original English version and is identical in terms of administration and instructions.
Scores, 4: Name Words, Name Colors, Name Colors and Ignore Words, Prediction.

[57e]

Batería Neuropsicológica para la Evaluación de los Trastornos del Aprendizaje.

Purpose: Designed to evaluate learning disorders in school-age children.
Origin: Mexico/Spanish.
Population: Ages 7 to 12 years.
Norms: Norms were developed using a sample of 425 Mexican children, distributed by age, gender, grade, and type of school (public or private). This standardization sample was compared to a control group of 33 children and a group of 32 children identified as having learning disabilities as established in the DSM-IV.

Fecha de Publicación: 2013.
Acrónimo: BANETA.
Puntuación: 48 en 15 categorías: Atención (Ejecución Continua [Números de Respuestas Correctas, Errores de Omisión, Errores de Comisión]), Procesamiento Fonológico (Discriminación Fonológica, Segmentación de Palabras, Categorización Fonológica, Síntesis de Fonemas, Análisis de Palabras, Denominación Serial Rápida), Repetición (Repetición de Palabras y Pseudopalabras), Comprensión Oral (Comprensión de Órdenes, Comprensión de Historias), Lectura (Lectura de Palabras [Frecuentes, Infrecuentes, Pseudopalabras, Pseudopalabras Homófonas], Comprensión de Órdenes Escritas, Comprensión de Textos, Decisión Léxica), Gramática (Inconcordancias Gramaticales, Construir Enunciados), Escritura (Dictado de Palabras, Dictado de un Párrafo, Narración Escrita), Aritmética (Dictado de Números, Denominación Escrita de Números, Series Numéricas, Comparación de Números, Operaciones Aritméticas Orales, Operaciones Aritméticas Impresas, Operaciones Aritméticas Dictadas, Problemas Aritméticos), Percepción (Detección de Letras y Números Espacialmente Invertidos), Memoria (MCP-Dígitos en Orden Directo, MPT-Dígitos en Orden Inverso, MCP-Consonantes, MCP-Oraciones, MT-Capacidad de Lectura, MT-Matrices Visuales, MLP-Recuerdo Libre, MLP-Recuerdo con Clave Semántica), Estereognosia (Derecha, Izquierda), Grafestesia (Derecha, Izquierda), Coordinación Motora (Periodicidad, Alternancia, Precisión), Enlentecimiento Motor (Palma-Dorso, Tocar Dedos), Velocidad Motora (Alternado Bimanual).
Administración: Individual.
Precios, 2022: USD$144 por juego completo incluye manual de aplicación (2013, 61 páginas), 10 protocolos, 10 cuadernillos de respuestas, libreta de estímulos, 7 láminas de estímulos, 3 plantillas de calificación y 50 tarjetas.
Duración: Dos sesiones de 90 minutos.
Autores: Guillermina Yáñez Téllez y Dulce María Belén Prieto Corona.
Editorial: Editorial El Manual Moderno, S.A. de C.V.
Componentes en Español: Todos los materiales son en español.
Componentes en Inglés: No hay materiales en inglés.

[58s]

Batería Neuropsicológica para Preescolares.

Propósito: Diseñado para "evaluar el curso normal y patológico del desarrollo neuropsicológico de diversos procesos cognitivos en la etapa preescolar, tales como: atención, memoria, lenguaje, motricidad y funciones ejecutivas".

Publication Date: 2013.
Acronym: BANETA.
Scores: 48 in 15 categories: Attention (Completing Tasks Continuously [Number of Correct Responses, Errors of Omission, Errors of Commission]), Phonological Processing (Phonological Discrimination, Word Segmentation, Phonological Categorization, Synthesis of Phonemes, Word Analysis, Rapid Serial Denomination), Repetition (Word and Pseudoword Repetition), Oral Comprehension (Understand Instructions, Understand Stories), Reading (Word Reading [Frequent Words, Low-Frequency Words, Pseudowords, Homophone Pseudowords], Understand Written Instructions, Understand Passages, Lexical Decision), Grammar (Grammatical Errors, Statement Structure), Writing (Word Dictation, Paragraph Dictation, Written Narration), Arithmetic (Number Dictation, Written Denomination of Numbers, Number Sequence, Number Comparison, Oral Arithmetic Operations, Written Arithmetic Operations, Dictated Arithmetic Operations, Arithmetic Problems), Perception (Detection of Spatially Inverted Letters and Numbers), Memory (MCP-Forward Digit Order, MPT-Backward Digit Order, MCP-Consonants, MCP-Sentences, MT-Reading Ability, MT-Visual Matrices, MLP-Free Recall, MLP-Recall with Semantic Key), Tactile Exploration/Recognition (Right, Left), Graphesthesia (Right, Left), Motor Coordination (Regularity, Alternation, Precision), Motor Restriction (Palm-Back, Finger Touch), Tapping (Two-Hand Control).
Administration: Individual.
Price Data, 2022: USD$144 per complete kit including administration manual (2013, 61 pages), 10 protocols, 10 response booklets, stimulus book, 7 stimulus sheets, 3 scoring templates, and 50 cards.
Time: Two 90-minute sessions.
Authors: Guillermina Yáñez Téllez and Dulce María Belén Prieto Corona.
Publisher: Editorial El Manual Moderno, S.A. de C.V.
Spanish Components: All materials are in Spanish.
English Components: There are no materials in English.

[58e]

Batería Neuropsicológica para Preescolares.

Purpose: Designed to evaluate the normal and pathological course of neuropsychological development of various cognitive processes in the preschool stage, such as: attention, memory, language, mobility, and executive functions.

Procedencia: México/español.
Población: Niños edades 3 hasta 6.
Baremos: Los baremos se desarrollaron utilizando una muestra con 485 participantes de desarrollo normotípico, distribuidos por edad y sexo.
Fecha de Publicación: 2016.
Acrónimo: BANPE.
Puntuación, 67: Orientación (Orientación Persona, Orientación Tiempo, Orientación Espacio, Total), Atención y Concentración (Dígitos en Progresión, Cubos en Progresión, Cancelación Visual, Detección de Dígitos, Búsqueda Visual, Total), Memoria Codificación (Curva de Memoria Verbal, Curva Memoria Visual), Memoria Evocación (Curva de Memoria Verbal [Recuperación Espontánea, Recuperación por Claves, Reconocimiento], Curva de Memoria Visual [Reconocimiento], Total), Lenguaje Comprensión (Identificación Partes del Cuerpo, Preposiciones, Verbos, Colores, Instrucciones, Plural, Total), Lenguaje Expresión (Completar Oraciones, Opuestos, Conversación, Fluidez Verbal, Total), Lenguaje Articulación (Estructuras Orofaciales, Repetición de Fonemas, Total), Coordinación Motora (Motora Gruesa, Motora Fina, Total), Habilidades Académicas (Identificación Letras y Números, Aritmética, Conteo, Total), Inhibición (Stroop Ángel-Diablo, Stroop Día-Noche, Stroop Día-Noche Tiempo, Puño-Dedo, Laberintos, Demora de Gratificación, Total), Memoria de Trabajo (Repartiendo Leche, Cubos en Regresión, Dígitos en Regresión, Total), Flexibilidad Mental (Categorización A Aciertos, Categorización B Aciertos, Categorización B Errores, Categorización B Perseveraciones, Categorización B Perseveraciones de Criterio, Categorización B Errores de Mantenimiento, Total), Planeación (Cartero, Laberintos-Nivel, Laberintos-Camino Sin Salida, Total), Abstracción (Absurdos, Total), Teoría de la Mente, Procesamiento Riesgo-Beneficio (Prueba de Juego, Elección de Gratificación, Total), Identificación de Emociones.
Administración: Individual.
Precios, 2022: USD$235 por juego completo incluye manual (2016, 77 páginas), 15 protocolos de aplicación, 26 láminas de estimulo, 156 tarjetas de estímulos, 12 cubos y 13 figuras de estímulos.
Duración: Dos sesiones de 45 minutos cada una.
Comentarios: Con recurso web para la calificación y obtención de perfiles.
Autores: Feggy Ostrosky Shejet, Asucena Lozano Gutiérrez y María Guadalupe González Osornio.
Editorial: Editorial El Manual Moderno, S.A. de C.V.
Componentes en Español: Todos los materiales son en español.
Componentes en Inglés: No hay materiales en inglés.

Origin: Mexico/Spanish.
Population: Children ages 3 to 6.
Norms: Norms were developed using a sample of 485 normally developing individuals, distributed by age and gender.
Publication Date: 2016.
Acronym: BANPE.
Scores, 67: Orientation (Person Orientation, Time Orientation, Space Orientation, Total), Attention and Concentration (Digits in Progression, Cubes in Progression, Visual Cancellation, Digit Detection, Visual Search, Total), Memory Coding (Verbal Memory Curve, Visual Memory Curve), Memory Evocation (Verbal Memory Curve [Spontaneous Recovery, Recovery through Clues, Recognition], Visual Memory Curve [Recognition], Total), Language Comprehension (Body Part Identification, Prepositions, Verbs, Colors, Instructions, Plural, Total), Language Expression (Sentence Completion, Opposites, Conversation, Verbal Fluidity, Total), Language Articulation (Orofacial Structures, Repetition of Phonemes, Total), Motor Coordination (Gross Motor, Fine Motor, Total), Academic Skills (Letter and Number Identification, Arithmetic, Counting, Total), Inhibition (Stroop Angel-Devil, Stroop Day-Night, Stroop Day-Night Time, Fist-Finger, Mazes, Delayed Gratification, Total), Working Memory (Distributing Milk, Regression with Cubes, Regression with Digits, Total), Mental Flexibility (Categorization A Correct, Categorization B Correct, Categorization B Incorrect, Categorization B Perseverations, Categorization B Criterion Perseverations, Categorization B Maintenance Errors, Total), Planning (Postman, Mazes-Level, Mazes-No Way Out, Total), Abstraction (Absurd, Total), Mental Theory, Risk-Benefit Processing (Game Testing, Choice of Gratification, Total), Identification of Emotions.
Administration: Individual.
Price Data, 2022: USD$235 per complete kit including manual (2016, 77 pages), 15 administration protocols, 26 stimulus sheets, 156 stimulus cards, 12 cubes, and 13 stimulus figures.
Time: Two sessions of 45 minutes each.
Comments: Scoring and profiles available online.
Authors: Feggy Ostrosky Shejet, Asucena Lozano Gutiérrez, and María Guadalupe González Osornio.
Publisher: Editorial El Manual Moderno, S.A. de C.V.
Spanish Components: All materials are in Spanish.
English Components: There are no materials in English.

[59s]

Batería para Conductores.

Propósito: Una batería de tres pruebas aptitudinales y una prueba de personalidad diseñado para la evaluación de variables intelectuales y patrones de conducta en contextos de tráfico.
Procedencia: España/español.
Población: Adultos.
Baremos: Los baremos se desarrollaron utilizando datos obtenidos de 8.568 conductores, mayoritariamente varones y adultos jóvenes, de procedencia geográfica y formación diversas. También se utilizó una muestra de 8.701 participantes para la tipificación de la parte referente a la personalidad.
Fechas de Publicación: 1990-2019.
Acrónimo: BC.
Puntuación, 7: Aptitud (Capacidad Intelectual, Orientación Espacial, Percepción y Atención) Personalidad (Rasgos, Situaciones).
Administración: Individual o colectiva.
Precios, 2022: €79,18 por juego completo, incluye manual (2019; sexta edición, revisada y ampliada; 31 páginas), 10 cuadernillos y juego de corrección; €31,70 por 10 cuadernillos; €29,77 por juego de corrección (con PIN de 25 uses en línea); €25,92 por manual en línea.
Duración: Aproximadamente 60 minutos.
Autores: J. L. Fernández-Seara y el Departamento de Investigación y Desarrollo de TEA Ediciones.
Editorial: Hogrefe TEA Ediciones.
Componentes en Español: Todos los materiales son en español.
Componentes en Inglés: No hay materiales en inglés.

[59e]

Batería para Conductores.

Purpose: A battery of three aptitude tests and a personality test designed to evaluate intelligence variables and driving patterns in traffic.
Origin: Spain/Spanish.
Population: Adults.
Norms: Norms were developed using data obtained from 8,568 drivers, mostly males and young adults, from diverse geographical and work areas. A sample of 8,701 participants was also used to norm the personality section of the test.
Publication Dates: 1990-2019.
Acronym: BC.
Scores, 7: Aptitude (Intellectual Ability, Spatial Orientation, Perception and Attention), Personality (Traits, Situations).
Administration: Individual or group.
Price Data, 2022: €79.18 per complete kit, including manual (2019; sixth edition, revised and extended; 31 pages), 10 test booklets, and scoring kit; €31.70 per 10 test booklets; €29.77 per scoring kit (with PIN for 25 online uses); €25.92 per online manual.
Time: Approximately 60 minutes.
Authors: J. L. Fernández-Seara and the TEA Ediciones Research and Development Department.
Publisher: Hogrefe TEA Ediciones.
Spanish Components: All materials are in Spanish.
English Components: There are no materials in English.

[60s]

Batería para la Actividad Comercial.

Propósito: "Evaluación de las aptitudes básicas subyacentes en la mayoría de las tareas de tipo comercial".
Procedencia: España/español.
Población: Adolescentes y adultos.
Baremos: Los baremos se desarrollaron utilizando una muestra representativa de la población general española, recogiendo datos de 6.325 individuos a lo largo de varios años (1992-1995).
Fechas de Publicación: 1995-2003.
Acrónimo: BAC.
Puntuación, 6: Comprensión Verbal, Memoria y Comprensión de Textos, Rapidez Perceptiva, Tablas y Gráficos, Método y Orden, Juicio en Situaciones de Venta.
Administración: Individual o colectiva.
Precios, 2022: €91,49 por juego completo, incluye manual (2003, 47 páginas), 10 cuadernillos, 25 hojas de respuestas y plantilla de corrección; €69,94 por 10 cuadernillos; €26,02 por 50 hojas de respuestas; €25,92 por manual en línea.

[60e]

Batería para la Actividad Comercial.

Purpose: Designed to evaluate basic skills underlying the majority of commercial tasks.
Origin: Spain/Spanish.
Population: Adolescents and adults.
Norms: Norms were developed using a sample representing the general Spanish population. Data were collected from 6,325 individuals between 1992 and 1995.
Publication Dates: 1995-2003.
Acronym: BAC.
Scores, 6: Verbal Comprehension, Memory and Comprehension of Texts, Perceptual Speed, Tables and Graphics, Methods and Order, Sound Judgment in Sales.
Administration: Individual or group.
Price Data, 2022: €91.49 per complete kit, including manual (2003, 47 pages), 10 booklets, 25 response sheets, and scoring sheet; €69.94 per 10 booklets; €26.02 per 50 response sheets; €25.92 per online manual.

Duración: (40-60) minutos.
Autor: Nicolás Seisdedos.
Editorial: Hogrefe TEA Ediciones.
Componentes en Español: Todos los materiales son en español.
Componentes en Inglés: No hay materiales en inglés.

[61s]

Batería para la Evaluación de la Escritura.

Propósito: Diseñado para evaluar características de la escritura tales como la competencia ortográfica, la capacidad de producción del texto escrito y la velocidad de escritura.
Procedencia: Argentina/español.
Población: 7 a 13 años.
Baremos: Los baremos se desarrollaron utilizando una muestra con 1,270 estudiantes de Buenos Aires, distribuidos por grado escolar.
Fecha de Publicación: 2020.
Acrónimo: BEEsc.
Administración: Individual o colectiva.
Niveles, 3: 7 a 8 años, 9 a 10 años, 11 a 13 años.
Precios, 2022: USD$27.40 por prueba.
Duración: 45 a 60 minutos para completar la batería completa.
Comentarios: Se aplica y se corrige con papel y lápiz; se debe administrar la batería en no menos de dos sesiones; la prueba incluye también una lista con afirmaciones descriptivas acerca de las habilidades de escritura que puede utilizarse como instrumento de informe de un observador.
Autores: Valeria Abusamra, Agustina Miranda, Romina Cartoceti, Micaela Difalcis, Anna Re y Cesare Cornoldi.
Editorial: Editorial Paidós.
Componentes en Español: Todos los materiales son en español.
Componentes en Inglés: No hay materiales en inglés.

a) DICTADO DE TEXTO.
Puntuación, 5: Porcentaje de Errores Fonológicas, Porcentaje de Errores Ortográficas y de Segmentación, Porcentaje de Errores de Tildación, Cantidad de Palabras Inapropiadas, Porcentaje de Palabras Escritas.
Duración: Aproximadamente 15 minutos.

b) DICTADO DE ORACIONES CON PALABRAS HOMÓFONAS NO HOMÓGRAFAS.
Puntuación, 2: Porcentaje de Errores Fonológicos, Porcentaje de Errores Ortográficos y de Segmentación.
Duración: Aproximadamente 15 minutos.

c) COPÍA DE TEXTO.
Puntuación, 4: Porcentaje de Errores Fonológicos, Porcentaje de Errores Ortográfico y de Segmentación, Porcentaje de Errores de Tildación, Porcentaje de Palabras Escritas.
Duración: Tiempo límite de 5 minutos.

Time: (40-60) minutes.
Author: Nicolás Seisdedos.
Publisher: Hogrefe TEA Ediciones.
Spanish Components: All materials are in Spanish.
English Components: There are no materials in English.

[61e]

Batería para la Evaluación de la Escritura.

Purpose: Designed to evaluate various characteristics of writing such as spelling competency, the ability to produce written text, and writing speed.
Origin: Argentina/Spanish.
Population: 7 to 13 years.
Norms: Norms were developed using a sample of 1,270 students from Buenos Aires, distributed by grade.
Publication Date: 2020.
Acronym: BEEsc.
Administration: Individual or group.
Levels, 3: 7 to 8 years, 9 to 10 years, 11 to 13 years.
Price Data, 2022: USD$27.40 per test.
Time: 45 to 60 minutes to complete the whole battery.
Comments: Administered and scored with paper and pencil; the battery should be administered in no fewer than two sessions; the test also includes a checklist with descriptive statements about writing skills that can be used as an observer reporting tool.
Authors: Valeria Abusamra, Agustina Miranda, Romina Cartoceti, Micaela Difalcis, Anna Re, and Cesare Cornoldi.
Publisher: Editorial Paidós.
Spanish Components: All materials are in Spanish.
English Components: There are no materials in English.

a) TEXT DICTATION.
Scores, 5: Percentage of Phonological Errors, Percentage of Spelling and Segmentation Errors, Percentage of Errors Using the Tilde, Number of Inappropriate Words, Percentage of Written Words.
Time: Approximately 15 minutes.

b) SENTENCE DICTATION WITH NON-HOMOGRAPH HOMOPHONES.
Scores, 2: Percentage of Phonological Errors, Percentage of Spelling and Segmentation Errors.
Time: Approximately 15 minutes.

c) TEXT COPYING.
Scores, 4: Percentage of Phonological Errors, Percentage of Spelling and Segmentation Errors, Percentage of Errors Using the Tilde, Percentage of Written Words.
Time: Time limit of 5 minutes.

d) DESCRIPCIÓN DE UNA FOTOGRAFÍA.
Puntuación, 6: Cantidad de Palabras Escritas, Puntuación, Originalidad Léxica, Adecuación a la Consigna, Estructuración del Texto, Morfosintaxis.
Duración: Tiempo límite de 10 minutos.
e) NARRACIÓN DE UNA HISTORIA A PARTIR DE VIÑETAS.
Puntuación, 6: Cantidad de Palabras Escritas, Puntuación, Originalidad Léxica, Adecuación a la Consigna, Estructuración del Texto, Morfosintaxis.
Duración: Tiempo límite de 10 minutos.
f) VELOCIDAD GRAFOMOTORA.
1) *Escritura de la sílaba "le" tantas veces como sea posible.*
Puntuación: Total correcto.
Duración: Tiempo límite de 1 minuto.
2) *Escritura de la palabra "uno".*
Puntuación: Total correcto.
Duración: Tiempo límite de 1 minuto.
3) *Escritura de los números secuencialmente y en palabras hasta las diez.*
Puntuación: Total correcto.
Duración: Tiempo límite de 1 minuto.

[62s]

Batería TEA Inicial.

Propósito: "Evaluación de aptitudes intelectuales importantes para la educación primaria" intentando "efectuar un diagnostico psicopedagógico que permita conocer la situación de partida del alumno" al comienzo de su escolaridad.
Procedencia: España/español.
Población: Edades 6-7.
Baremos: Los baremos se desarrollaron utilizando una muestra de 5.510 niños procedentes de varias regiones geográficas en España, distribuidos por sexo y curso.
Fecha de Publicación: 2006.
Acrónimo: BTI.
Puntuación, 7: Verbal, Razonamiento, Memoria, Atención, Lectura, Comprensión Conceptos, Aptitud General.
Administración: Individual o colectiva.
Precios, 2022: €157,66 por juego completo: manual (2006, 72 páginas), 25 ejemplares, 25 hojas de corrección y 25 hojas de memoria; €156,70 por 25 ejemplares y 25 hojas de memoria; €13,61 por 25 hojas de corrección.
Duración: (60) minutos.
Autores: J. E. García, D. Arribas y E. J. Uriel.
Editorial: Hogrefe TEA Ediciones.
Componentes en Español: Todos los materiales son en español.
Componentes en Inglés: No hay materiales en inglés.

[63s]

Battelle Developmental Inventory, 3rd Edition, Spanish.

Original Name: Battelle Developmental Inventory, 3rd Edition.

d) PICTURE DESCRIPTION.
Scores, 6: Number of Written Words, Punctuation, Lexical Originality, Adaptation of Instructions, Textual Organization, Morphosyntax.
Time: Time limit of 10 minutes.
e) NARRATION OF A STORY FROM VIGNETTES.
Scores, 6: Number of Written Words, Punctuation, Lexical Originality, Adaptation of Instructions, Textual Organization, Morphosyntax.
Time: Time limit of 10 minutes.
f) GRAPHOMOTOR SPEED.
1) *Writing the syllable "le" as many times as possible.*
Score: Total correct.
Time: Time limit of 1 minute.
2) *Writing the word "uno."*
Score: Total correct.
Time: Time limit of 1 minute.
3) *Writing numbers sequentially and in words up to 10.*
Score: Total correct.
Time: Time limit of 1 minute.

[62e]

Batería TEA Inicial.

Purpose: Designed to evaluate intellectual skills important for primary education and provide a diagnosis to understand the psychoeducational status of students at the beginning of schooling.
Origin: Spain/Spanish.
Population: Ages 6-7.
Norms: Norms were developed using a sample of 5,510 children from various geographic regions in Spain, distributed by gender and grade.
Publication Date: 2006.
Acronym: BTI.
Scores, 7: Verbal, Reasoning, Memory, Attention, Reading, Comprehension Concepts, General Aptitude.
Administration: Individual or group.
Price Data, 2022: €157.66 per complete kit: manual (2006, 72 pages), 25 booklets, 25 scoring sheets, and 25 memory task sheets; €156.70 per 25 booklets and 25 memory task sheets; €13.61 per 25 scoring sheets.
Time: (60) minutes.
Authors: J. E. García, D. Arribas, and E. J. Uriel.
Publisher: Hogrefe TEA Ediciones.
Spanish Components: All materials are in Spanish.
English Components: There are no materials in English.

[63e]

Battelle Developmental Inventory, 3rd Edition, Spanish.

Original Name: Battelle Developmental Inventory, 3rd Edition.

Propósito: Diseñado para medir habilidades clave de desarrollo y habilidades funcionales en niños hispanohablantes.
Procedencia: Estados Unidos (1984-2020)/inglés.
Traducción/Adaptación: "Cada ítem de subdominio de la prueba en español es una versión traducida/adaptada de su homólogo de la versión en inglés. Se dio un enfoque estructurado concienzudo a la sensibilidad cultural y lingüística durante el proceso de traducción. En algunos casos, se requirieron adaptaciones menores entre las versiones en inglés y español de los ítems". Cuando se seleccionaron los ítems para el formulario final de la prueba, dejaron 10 ítems que dieron resultados deficientes durante la revisión de ítems del estudio de calibración en español.
Población: Nacimiento a 7 años, 11 meses.
Baremos: El formulario de prueba en español se administró como un estudio de calibración a una muestra de 620 niños que residían en los Estados Unidos y cuyo idioma principal era el español. Los datos de este estudio se equipararon con los datos de la muestra de estandarización (*n* = 2,500) que utilizaron para crear los baremos para la versión en inglés de la prueba. El procedimiento de equiparación produjo puntajes para el BDI-3 en español que se puede utilizando los baremos desarrollados para angloparlantes de la misma edad.
Fechas de Publicación: 2005-2022.
Acrónimo: BDI-3 Spanish.
Puntuación, 19: Adaptativo (Autocuidado, Responsabilidad Personal), Socioemocional (Interacción con Adultos, Interacción con Pares, Autoconcepto y Rol Social), Comunicación (Comunicación Receptiva, Comunicación Expresiva), Motor (Motricidad Gruesa, Motricidad Fina, Motricidad Perceptual), Cognitivo (Atención y Memoria, Razonamiento y Habilidades Académicas, Percepción y Conceptos), Total de BDI-3.
Administración: Individual.
Precios, 2023: $1,113 por kit completo, incluyendo el manual del examinador (2022, 155 páginas), cuadernillos de prueba, manipulativos, tarjetas de presentación, 25 formularios de registro en papel, 25 cuadernos de ejercicios en papel, libro de estímulo y maletín de transporte, así como acceso al servicio de calificación en línea, 25 formularios de registro electrónico y acceso a la Solución de Datos Móviles del BDI-3, que permite la administración en línea, libros de prueba de artículos en línea y otros recursos en línea.
Duración: 60 a 90 minutos, dependiendo de la edad del niño(a).
Comentarios: La versión en español se debe usar con niños para quienes el español es el idioma dominante y el dominio del idioma inglés es mínimo; se utilizaron tres procedimientos administrativos: estructurado, observación, entrevista; existe también un Test de tamizaje que contiene 100 de los 405 ítems.

Purpose: Designed to measure key developmental skills and functional abilities in Spanish-speaking children.
Origin: United States (1984-2002)/English.
Translation/Adaptation: Each item in the Spanish test is a translated/adapted version of its English counterpart. A conscientious structured approach to cultural and linguistic sensitivity was taken during the translation process. In some cases, minor adaptations were required between the English and Spanish versions of the items. When items were selected for the final test form, 10 items that showed deficient results during the item review of the Spanish calibration study were omitted.
Population: Birth to 7 years, 11 months.
Norms: A calibration study was conducted by administering the Spanish test form to a sample of 620 children living in the U.S. whose primary language is Spanish. The data from this study were equated to data from the standardization sample (*n* = 2,500) used to create the norms for the English version of the test. The equating process produced scores for the BDI-3 Spanish that can be interpreted using norms developed for English speakers of the same age.
Publication Dates: 2005-2022.
Acronym: BDI-3 Spanish.
Scores, 19: Adaptive (Self-Care, Personal Responsibility), Social-Emotional (Adult Interaction, Peer Interaction, Self-Concept and Social Role), Communication (Receptive Communication, Expressive Communication), Motor (Gross Motor, Fine Motor, Perceptual Motor), Cognitive (Attention and Memory, Reasoning and Academic Skills, Perception and Concepts), BDI-3 Total.
Administration: Individual.
Price Data, 2023: $1,113 per complete kit including examiner's manual (2022, 155 pages), test booklets, manipulatives, presentation cards, 25 paper record forms, 25 paper student workbooks, stimulus book, and carrying case as well as access to online scoring service, 25 electronic record forms, and access to BDI-3 Mobile Data Solution, which allows for online administration, online item test books, and other online resources.
Time: 60 to 90 minutes, depending on the age of the child.
Comments: The Spanish version should be used with children for whom Spanish is the dominant language and mastery of English is minimal; three administration procedures used: structured, observation, interview; a Screening Test that contains 100 of the 405 items is also available.

Autora: Jean Newborg.
Editorial: Riverside Insights.
Componentes en Español: Todos los materiales son en español.
Componentes en Inglés: No hay materiales en inglés en esta versión.

[64s]

Battelle Developmental Inventory, 3rd Edition Spanish Screening Test.

Nombre Original: Battelle Developmental Inventory, 3rd Edition Screening Test.
Propósito: Diseñado como una prueba de tamizaje para los niños de habla hispana que están en riesgo de retrasos de desarrollo o discapacidades.
Procedencia: Estados Unidos (1984-2020)/inglés.
Traducción/Adaptación: "Cada ítem de subdominio de la prueba en español es una versión traducida/adaptada de su homólogo de la versión en inglés. Se dio un enfoque estructurado concienzudo a la sensibilidad cultural y lingüística durante el proceso de traducción. En algunos casos, se requirieron adaptaciones menores entre las versiones en inglés y español de los ítems".
Población: Nacimiento a 7 años, 11 meses.
Baremos: El formulario de prueba en español se administró como un estudio de calibración a una muestra de 620 niños que residían en los Estados Unidos y cuyo idioma principal era el español. Los datos de este estudio se equipararon con los datos de la muestra de estandarización (n = 2,500) que utilizaron para crear los baremos para la versión en inglés de la prueba. El procedimiento de equiparación produjo puntajes para el BDI-3 en español que se puede utilizando los baremos desarrollados para angloparlantes de la misma edad.
Fechas de Publicación: 2005-2020.
Acrónimo: BDI-3 Spanish Screening Test.
Puntuación, 6: Adaptativo, Socioemocional, Comunicación, Motor, Cognitivo, Puntaje Total.
Administración: Individual.
Precios, 2023: $413.70 por kit completo incluyendo cuadernos de ítems, manual del examinador (2020, 209 páginas), materiales manipulativos de tamizaje, 25 formularios de registro impresos, libro de estímulos, borrador estudiantil y bolsa.
Duración: 10-30 minutos para administración, depende en la edad del niño.
Comentarios: Incluye 100 ítems del BDI-3 Spanish completo (aproximadamente 2 ítems de cada uno de los ocho niveles de edad para cada una de los cinco dominios de desarrollo; la prueba de tamizaje está incluido en el inventario completo.
Autor: Jean Newborg.
Editorial: Riverside Insights.
Componentes en Español: Todos los materiales son en español.

Author: Jean Newborg.
Publisher: Riverside Insights.
Spanish Components: All materials are in Spanish.
English Components: There are no English materials in this version.

[64e]

Battelle Developmental Inventory, 3rd Edition Spanish Screening Test.

Original Name: Battelle Developmental Inventory, 3rd Edition Screening Test.
Purpose: Designed as a screener for Spanish-speaking children at risk for developmental delays or disabilities.
Origin: United States (1984-2020)/English.
Translation/Adaptation: Each item in the Spanish test is a translated/adapted version of its English counterpart. A conscientious structured approach to cultural and linguistic sensitivity was taken during the translation process. In some cases, minor adaptations were required between the English and Spanish versions of the items.
Population: Birth to 7 years, 11 months.
Norms: A calibration study was conducted by administering the Spanish test form to a sample of 620 children living in the U.S. whose primary language is Spanish. The data from this study were equated to data from the standardization sample (n = 2,500) used to create the norms for the English version of the test. The equating process produced scores for the BDI-3 Spanish that can be interpreted using norms developed for English speakers of the same age.
Publication Dates: 2005-2022.
Acronym: BDI-3 Spanish Screening Test.
Scores, 6: Adaptive, Social-Emotional, Communication, Motor, Cognitive, Total.
Administration: Individual.
Price Data, 2023: $413.70 per complete kit including item test books, examiner's manual (2020, 209 pages), screening manipulatives, 25 print record forms, stimulus book, student worksheet, and carrying case.
Time: 10-30 minutes for administration, depending on child's age.
Comments: "Includes 100 test items from the full BDI-3 (approximately 2 items at each of eight age levels for each of the five developmental domains)"; Screening Test also included in the full inventory.
Author: Jean Newborg.
Publisher: Riverside Insights.
Spanish Components: All materials are in Spanish.

Componentes en Inglés: No hay materiales en inglés en esta versión.

[65s]

Battery for Health Improvement 2.

Propósito: Una evaluación psico-medica diseñada para proporcionar información y recomendaciones de tratamiento pertinentes a los profesionales que atienden pacientes lesionados en diversos contextos.
Procedencia: Estados Unidos/inglés.
Traducción/Adaptación: No se provee información en los materiales de la prueba sobre el proceso de traducción/adaptación.
Población: Edades 18 a 65, individuos que están recibiendo tratamiento para una lesión física.
Baremos: No se han provisto baremos con los materiales traducidos al español.
Fechas de Publicación: 1996–2003.
Acrónimo: BHI 2.
Puntuación: 18 escalas: Validez (Auto-Revelación, Defensividad), Síntomas Físicos (Quejas Somáticas, Quejas de Dolor, Síntomas Funcionales, Tensión Muscular), Escalas Afectivas (Depresión, Ansiedad, Hostilidad), Escalas de Carácter (Borderline, Dependencia Sintomatológica, Inadaptación Crónica, Abuso de Sustancias, Perseverancia), Escalas Psicosociales (Disfunción Familiar, Superviviente de Violencia, Insatisfacción con el Médico, Insatisfacción Laboral).
Administración: Colectiva o individual.
Precios, 2022: $123 por juego de inicio en línea con informes interpretativos incluyendo manual (2003, 291 páginas, inglés), 3 hojas de respuesta, 1 cuadernillo de prueba y 3 administraciones en línea; $123 por juego de inicio con el reporte de Riesgo de Intervención Médico (MIR) incluye el manual de reporte MIR, 1 cuadernillo de prueba, 3 hojas de respuesta y 3 reportes en línea; $67.10 por manual; $49.85 por manual de reporte MIR; $70.60 por audio CD (español o inglés); $28.40 por 25 hojas de respuesta (español o inglés); $14.10 por 5 cuadernillos de prueba inglés; $3.30 por 1 cuadernillo de prueba español.
Duración: (30–45) minutos.
Comentarios: Administración en línea y CD de audio; corrección por correo o por fax, software de Q-local.
Autores: Daniel Bruns y John Mark Disorbio.
Editorial: Pearson.
Componentes en Español: El folleto de prueba, la hoja de respuesta y el CD de audio administración están disponibles en español.
Componentes en Inglés: Todos los materiales están disponibles en inglés.
Referencias Cruzadas: Para reseñas por Michael G. Kavan y Romeo Vitelli de los componentes en inglés de esta prueba, consulte 17:16.

English Components: There are no English materials in this version.

[65e]

Battery for Health Improvement 2.

Purpose: A psychomedical assessment designed "to provide relevant information and treatment recommendations to professionals who treat injured patients in a variety of settings."
Origin: United States/English.
Translation/Adaptation: No information is provided in the test materials about the translation/adaptation process.
Population: Ages 18–65, individuals who are being treated for a physical injury.
Norms: Separate norms are not provided with the materials translated to Spanish.
Publication Dates: 1996–2003.
Acronym: BHI 2.
Scores: 18 scales: Validity (Self-Disclosure, Defensiveness), Physical Symptoms (Somatic Complaints, Pain Complaints, Functional Complaints, Muscular Bracing), Affective Scales (Depression, Anxiety, Hostility), Character Scales (Borderline, Symptom Dependency, Chronic Maladjustment, Substance Abuse, Perseverance), Psychosocial Scales (Family Dysfunction, Survivor of Violence, Doctor Dissatisfaction, Job Dissatisfaction).
Administration: Group or individual.
Price Data, 2022: $123 per online enhanced interpretive report starter kit including manual (2003, 291 pages, English), 3 answer sheets, 1 test booklet, and 3 online administrations; $123 per online Medical Intervention Risk (MIR) report starter kit including MIR report manual, 1 test booklet, 3 answer sheets, and 3 online reports; $67.10 per manual; $49.85 per MIR report manual; $70.60 per audio CD (Spanish or English); $28.40 per 25 answer sheets (Spanish or English); $14.10 per 5 English test booklets; $3.30 per 1 Spanish test booklet.
Time: (30–45) minutes.
Comments: Online administration and audio CD; mail-in scoring, Q Local software, fax-scoring.
Authors: Daniel Bruns and John Mark Disorbio.
Publisher: Pearson.
Spanish Components: Test booklet, answer sheets and administration audio CD are available in Spanish.
English Components: All materials are also available in English; the manual is in English.
Cross References: For reviews by Michael G. Kavan and Romeo Vitelli of this test's English components see 17:16.

[66s]

BDI–FastScreen for Medical Patients.

Propósito: Diseñado para detectar depresión en pacientes que informaron síntomas somáticos y de comportamiento que puedan atribuirse a problemas biológicos, médicos, de alcoholismo y/o de abuso de sustancias.
Procedencia: Estados Unidos (2000)/inglés.
Traducción/Adaptación: No se provee información en los materiales de la prueba sobre el proceso de traducción/adaptación.
Población: Edades 12–82.
Baremos: No se han provisto baremos con los materiales traducidos al español.
Fecha de Publicación: 2006.
Acrónimo: BDI-FastScreen.
Puntuación: Puntuación total solamente.
Administración: Colectiva.
Precios, 2022: $126.60 por juego completo incluye manual (2000, 35 páginas, inglés) y 50 formularios de registro; $97.30 por manual; $66.60 por 50 formularios de registro en inglés; $33.40 por 25 formularios de registro en español.
Duración: (5) minutos.
Comentarios: Anteriormente llamado Beck Depression Inventory for Primary Care; basado en el Beck Depression Inventory–II.
Autores: Aaron T. Beck, Robert A. Steer y Gregory K. Brown.
Editorial: Pearson.
Componentes en Español: El formulario de registro está disponible en español.
Componentes en Inglés: Todos los materiales están disponibles en inglés, también; el manual es en inglés.
Referencias Cruzadas: Para reseñas por James J. Hennessy y Nathaniel J. Pallone y por Susan C. Whiston y Kelly Eder de los componentes en inglés de esta prueba, consulte 16:25.

[66e]

BDI–FastScreen for Medical Patients.

Purpose: Designed to screen for depression in patients reporting somatic and behavioral symptoms that may be attributable to biological, medical, alcohol, and/or substance abuse problems.
Origin: United States (2000)/English.
Translation/Adaptation: No information is provided in the test materials about the translation/adaptation process.
Population: Ages 12–82.
Norms: Separate norms are not provided with the materials translated to Spanish.
Publication Date: 2006.
Acronym: BDI-FastScreen.
Scores: Total score only.
Administration: Group.
Price Data, 2022: $126.60 per complete kit including manual (2000, 35 pages, English) and 50 score forms; $97.30 per manual; $66.60 per 50 English record forms; $33.40 per 25 Spanish record forms.
Time: (5) minutes.
Comments: Formerly called Beck Depression Inventory for Primary Care; based upon Beck Depression Inventory–II.
Authors: Aaron T. Beck, Robert A. Steer, and Gregory K. Brown.
Publisher: Pearson.
Spanish Components: The record form is available in Spanish.
English Components: All test materials are also available in English; the manual is in English.
Cross References: For reviews by James J. Hennessy and Nathaniel J. Pallone and by Susan C. Whiston and Kelly Eder of this test's English components, see 16:25.

[67s]

Beck Anxiety Inventory [1993 Edition].

Propósito: Diseñado pare evaluar la severidad de la ansiedad en adultos y adolescentes.
Procedencia: Estados Unidos (1987-1993)/inglés.
Traducción/Adaptación: No se provee información en los materiales de la prueba sobre el proceso de traducción/adaptación.
Población: Edades 17-80.
Baremos: No se han provisto baremos con los materiales traducidos al español.
Fecha de Publicación: 1993.
Acrónimo: BAI.
Puntuación: Puntuación total solamente.
Administración: Individual o colectiva.
Precios, 2022: $153.50 por juego completo puntuación a mano o programa de computadora incluye 25

[67e]

Beck Anxiety Inventory [1993 Edition].

Purpose: Designed to "measure the severity of anxiety in adults and adolescents."
Origin: United States (1987–1993)/English.
Translation/Adaptation: No information is provided in the test materials about the translation/adaptation process.
Population: Ages 17-80.
Norms: Separate norms are not provided with the materials translated to Spanish.
Publication Date: 1993.
Acronym: BAI.
Scores: Total score only.
Administration: Individual or group.
Price Data, 2022: $153.50 per complete software or hand-scoring kit including 25 record

hojas de respuesta y manual (1993, 23 páginas, inglés); $101 por juego completo en línea incluye manual y 5 reportes interpretativos; $66.60 por 25 hojas de respuesta (español o inglés); $97.30 por manual impreso.
Duración: (5–10) minutos.
Comentarios: Puntuación e interpretación disponible por computadora.
Autores: Aaron T. Beck y Robert A. Steer.
Editorial: Pearson.
Componentes en Español: La hoja de respuesta y sus instrucciones correspondientes están disponibles en español.
Componentes en Inglés: Todos los materiales están disponibles en inglés, también; el manual es en inglés.
Referencias Cruzadas: Para reseñas por E. Thomas Dowd y Niels G. Waller de los componentes en inglés de esta prueba, consulte 13:30.

[68s]

Beck Depression Inventory–Second Edition.

Propósito: Diseñado para la evaluación de los síntomas correspondientes a los criterios para el diagnóstico de los trastornos depresivos que se encuentran en el Manual Diagnóstico y Estadístico de Trastornos Mentales (DSM).
Procedencia: Estados Unidos/inglés.
Traducción/Adaptación: No se provee información en los materiales de la prueba sobre el proceso de traducción/adaptación.
Población: Edades 13 en adelante.
Baremos: No se han provisto baremos con el formulario traducido al español.
Fecha de Publicación: 1996.
Acrónimo: BDI-2.
Puntuación: Puntuación total solamente.
Administración: Individual o colectiva.
Precios, 2023: $165.80 por kit completo de puntuación a mano incluyendo manual (1996, 38 páginas) y 25 formularios de registro; $107.10 por kit en línea incluyendo manual digital y 5 reportes interpretativos en línea; $105.10 por manual (impreso o digital); $72 por 25 formularios de registro (inglés o español); $3.50 por administración y reporte en línea.
Duración: 5-10 minutos para administración.
Comentarios: Se administra y corrige con papel y lápiz o en línea.
Autores: Aaron T. Beck, Robert A. Steer y Gregory K. Brown.
Editorial: Pearson.
Componentes en Español: El formulario de registro está disponible en español.
Componentes en Inglés: Todos los materiales están disponibles en inglés también; el manual es en inglés.

forms and manual (1993, 23 pages, English); $101 per complete online kit including manual and 5 interpretive reports; $66.60 per 25 record forms (Spanish or English); $97.30 per print manual.
Time: (5–10) minutes.
Comments: Computer scoring and interpretation available.
Authors: Aaron T. Beck and Robert A. Steer.
Publisher: Pearson.
Spanish Components: Record forms and their corresponding instructions are available in Spanish.
English Components: All test materials are also available in English; the manual is in English.
Cross References: For reviews by E. Thomas Dowd and Niels G. Waller of this test's English components, see 13:30.

[68e]

Beck Depression Inventory–Second Edition.

Purpose: "Developed for the assessment of symptoms corresponding to criteria for diagnosing depressive disorders" found in the Diagnostic and Statistical Manual of Mental Disorders (DSM).
Origin: United States/English.
Translation/Adaptation: No information is provided in the test materials about the translation/adaptation process.
Population: Ages 13 and over.
Norms: Separate norms are not provided with the form translated to Spanish.
Publication Date: 1996.
Acronym: BDI-2.
Scores: Total score only.
Administration: Individual or group.
Price Data, 2023: $165.80 per complete handscore kit including manual (1996, 38 pages) and 25 record forms; $107.10 per online starter kit including digital manual and 5 online interpretive reports; $105.10 per manual (print or digital); $72 per 25 record forms (English or Spanish); $3.50 per online administration and report.
Time: 5-10 minutes for administration.
Comments: Administered and scored with paper and pencil or online.
Authors: Aaron T. Beck, Robert A. Steer, and Gregory K. Brown.
Publisher: Pearson.
Spanish Components: The record form is available in Spanish.
English Components: All materials are also available in English; the manual is in English.

Referencias Cruzadas: Para reseñas por Paul A. Arbisi y Richard F. Farmer de los componentes en inglés de esta prueba, consulta 14:37.

[69s]

Beck Hopelessness Scale [Revised].

Propósito: Evalúa el alcance de las actitudes negativas sobre el futuro (pesimismo) percibido por adolescentes y adultos.
Procedencia: Estados Unidos (1978-1993)/inglés.
Traducción/Adaptación: No se provee información en los materiales de la prueba sobre el proceso de traducción/adaptación.
Población: Adolescentes y adultos edades 17 en adelante.
Baremos: No se han provisto baremos con los materiales traducidos al español.
Fecha de Publicación: 1993.
Acrónimo: BHS.
Puntuación: Puntuación total solamente.
Administración: Individual o colectiva.
Precios, 2022: $153.50 por juego completo corrección a mano incluye 25 hojas de respuesta y manual (1993, 24 páginas, inglés); $101 por juego completo en línea incluye manual y 5 reportes interpretativos; $66.60 por 25 hojas de respuesta (español o inglés); $97.30 por manual; $12.40 por clave de puntuación.
Duración: (5–10) minutos.
Comentarios: Puntuación e interpretación disponible por computadora.
Autores: Aaron T. Beck y Robert A. Steer.
Editorial: Pearson.
Componentes en Español: La hoja de respuesta está disponible en español.
Componentes en Inglés: Todos los materiales están disponibles en inglés, también; el manual es en inglés.
Referencias Cruzadas: Para una reseña por Ephrem Fernandez de los componentes en inglés de esta prueba, consulte 13:32.

[70s]

Beck Scale for Suicide Ideation.

Propósito: Diseñado para detectar y medir la severidad de ideación suicida en adultos y adolescentes.
Procedencia: Estados Unidos (1991)/inglés.
Traducción/Adaptación: No se provee información en los materiales de la prueba sobre el proceso de traducción/adaptación.
Población: Adultos y adolescentes edades 17 en adelante.
Baremos: No se han provisto baremos con los materiales traducidos al español.
Fecha de Publicación: 1993.
Acrónimo: BSS.

Cross References: For reviews by Paul A. Arbisi and Richard F. Farmer of this test's English components, see 14:37.

[69e]

Beck Hopelessness Scale [Revised].

Purpose: Measures "the extent of negative attitudes about the future (pessimism) as perceived by adolescents and adults."
Origin: United States (1978-1993)/English.
Translation/Adaptation: No information is provided in the test materials about the translation/adaptation process.
Population: Adolescents and adults ages 17 and over.
Norms: Separate norms are not provided with the materials translated to Spanish.
Publication Date: 1993.
Acronym: BHS.
Scores: Total score only.
Administration: Individual or group.
Price Data, 2022: $153.50 per complete handscoring kit including 25 record forms and manual (1993, 24 pages, English); $101 per complete online kit including manual and 5 interpretive reports; $66.60 per 25 record forms (Spanish or English); $97.30 per manual; $12.40 per scoring key.
Time: (5–10) minutes.
Comments: Computer scoring and interpretation available.
Authors: Aaron T. Beck and Robert A. Steer.
Publisher: Pearson.
Spanish Components: Record forms are available in Spanish.
English Components: All materials are also available in English; the manual is in English.
Cross References: For a review by Ephrem Fernandez of this test's English components, see 13:32.

[70e]

Beck Scale for Suicide Ideation.

Purpose: Designed "to detect and measure the severity of suicidal ideation in adults and adolescents."
Origin: United States (1991)/English.
Translation/Adaptation: No information is provided in the test materials about the translation/adaptation process.
Population: Adults and adolescents ages 17 and over.
Norms: Separate norms are not provided with the materials translated to Spanish.
Publication Date: 1993.
Acronym: BSS.

Puntuación: Puntuación total; rangos de puntuación por ítem.
Administración: Individual o colectiva.
Precios, 2022: $153.50 por juego completo incluye 25 hojas de respuesta en inglés y manual (1993, 24 páginas, inglés); $66.60 por 25 hojas de respuesta (español o inglés); $97.30 por manual.
Duración: (5–10) minutos.
Comentarios: Puntuación e interpretación disponible por computadora.
Autores: Aaron T. Beck y Robert A. Steer.
Editorial: Pearson.
Componentes en Español: La hoja de respuesta está disponible en español.
Componentes en Inglés: Todos los materiales están disponibles en inglés también; el manual es en inglés.
Referencias Cruzadas: Para reseñas por Karl R. Hanes y Jay R. Stewart de los componentes en inglés de esta prueba, consulte 13:33.

[71s]

Behavior Assessment System for Children, Third Edition.

Propósito: Diseñado como un sistema multidimensional, multimetódico que se utiliza para evaluar el comportamiento y la autopercepción de niños y adultos jóvenes.
Procedencia: Estados Unidos (1992-2015)/inglés.
Traducción/Adaptación: No se provee información en los materiales de la prueba sobre el proceso de traducción/adaptación.
Población: Edades 2 hasta 25 años.
Baremos: No se han provisto baremos con los materiales traducidos al español.
Fecha de Publicación: 2015.
Acrónimo: BASC-3.
Administración: Individual.
Formularios, 12: Escala Evaluativa de Docentes–Preescolar, Escala Evaluativa de Docentes–Niño, Escala Evaluativa de Docentes–Adolescente, Escala Evaluativa de los Padres–Preescolar, Escala Evaluativa de los Padres–Niño, Escala Evaluativa de los Padres–Adolescente, Autoreporte de Personalidad–Entrevista, Formulario de Autoreporte–Niño, Formulario de Autoreporte–Adolescente, Autoreporte de Personalidad–Universidad, Historia Estructurada del Desarrollo, Sistema de Observación del Estudiante.
Precios, 2022: $1,072.60 por juego inicial ingles/español calificado a mano incluye manual (2015, 466 páginas, inglés), 25 de cada formulario TRS/PRS/SRP/SDH/SOS en inglés y español y 50 de cada formulario TRS/PRS/SRP en inglés; $120.10 por manual.
Autores: Cecil R. Reynolds y Randy W. Kamphaus.
Editorial: Pearson.

Scores: Total score only; item score ranges.
Administration: Individual or group.
Price Data, 2022: $153.50 per complete kit including 25 English record forms and manual (1993, 24 pages, English); $66.60 per 25 record forms (Spanish or English); $97.30 per manual.
Time: (5–10) minutes.
Comments: Computer scoring and interpretation available.
Authors: Aaron T. Beck and Robert A. Steer.
Publisher: Pearson.
Spanish Components: Record forms are available in Spanish.
English Components: All materials are also available in English; the manual is in English.
Cross References: For reviews by Karl R. Hanes and Jay R. Stewart of this test's English components, see 13:33.

[71e]

Behavior Assessment System for Children, Third Edition.

Purpose: Designed as a "multimethod, multidimensional system used to evaluate the behavior and self-perceptions of children and young adults."
Origin: United States (1992-2015)/English.
Translation/Adaptation: No information is provided in the test materials about the translation/adaptation process.
Population: Ages 2 through 25 years.
Norms: Separate norms are not provided with the materials translated to Spanish.
Publication Date: 2015.
Acronym: BASC-3.
Administration: Individual.
Forms, 12: Teacher Rating Scales–Preschool, Teacher Rating Scales–Child, Teacher Rating Scales–Adolescent, Parent Rating Scales–Preschool, Parent Rating Scales–Child, Parent Rating Scales–Adolescent, Self-Report of Personality–Interview, Self-Report of Personality–Child, Self-Report of Personality–Adolescent, Self-Report of Personality–College, Structured Developmental History, Student Observation System.
Price Data, 2022: $1,072.60 per hand-scored English/Spanish starter set, including manual (2015, 466 pages, English), 25 each of the TRS/PRS/SRP/SDH/SOS English and Spanish record forms, and 50 each of the TRS/PRS/SRP English worksheets; $120.10 per manual.
Authors: Cecil R. Reynolds and Randy W. Kamphaus.
Publisher: Pearson.

Componentes en Español: Los formularios Escalas Evaluativas de los Padres (cada nivel), Autoreporte (nivel adolescente y niño) e Historia Estructurada del Desarrollo con sus instrucciones correspondientes están disponibles en español.

Componentes en Inglés: Todos los materiales están disponibles en inglés también; el manual es en inglés.

a) ESCALAS DE EVALUACIÓN DE DOCENTES.

Precios: $42.65 por 25 formularios; $9.35 por 25 formularios calificación manual.

Duración: (10-15) minutos.

1) *Escala Evaluativa de Docentes-Preescolar.*

Población: Edades 2 hasta 5.

Acrónimo: TRS-P.

Puntuación, 29: Problemas Externalizados (Hiperactividad, Agresión), Problemas Internalizados (Ansiedad, Depresión, Somatización), Índice de Síntomas Conductuales (Problemas de Atención, Atipicidad, Retiro), Habilidades Adaptativas (Adaptabilidad, Habilidades Sociales, Comunicación Funcional), 7 Escalas de Contenido (Control de la Ira, Acoso, Trastornos del Desarrollo Social, Autocontrol Emocional, Funcionamiento Ejecutivo, Emocionalidad Negativa, Resiliencia), 2 Índices Clínicos (Probabilidad Clínica, Deterioro Funcional), 4 Índices de Funcionamiento Ejecutivo (Control Atencional, Control del Comportamiento, Control Emocional, Funcionamiento Ejecutivo General), Índice de Validez (F).

2) *Escala Evaluativa de Docentes-Niño.*

Población: Edades 6 hasta 11.

Acrónimo: TRS-C.

Puntuación, 37: Problemas Externalizados (Hiperactividad, Agresión, Problemas de Conducta), Problemas Internalizados (Ansiedad, Depresión, Somatización), Problemas Escolares (Problemas de Atención, Problemas de Aprendizaje), Índice de Síntomas Conductuales (Atipicidad, Retiro), Habilidades Adaptativas (Adaptabilidad, Habilidades Sociales, Liderazgo, Habilidades de Estudio, Comunicación Funcional), 7 Escalas de Contenido (Control de la Ira, Acoso, Trastornos del Desarrollo Social, Autocontrol Emocional, Funcionamiento Ejecutivo, Emocionalidad Negativa, Resiliencia), 4 Índices Clínicos (Probabilidad TDAH, Probabilidad Autismo, Probabilidad EBD, Deterioro Funcional), 5 Índices de Funcionamiento Ejecutivo (Control Atencional, Control del Comportamiento, Control Emocional, Funcionamiento Ejecutivo General, Resolución de Problemas), Índice de Validez (F).

3) *Escala Evaluativa de los Padres-Adolescente.*

Población: Edades 12 hasta 21.

Acrónimo: TRS-A.

Puntuación: Igual a Escala Evaluativa de Docentes–Niño arriba.

b) ESCALAS EVALUATIVAS DE LOS PADRES.

Precios: $42.65 por 25 formularios; $9.35 por 25 formularios calificación manual.

Duración: (10-20) minutos.

1) *Escala Evaluativa de los Padres–Preescolar.*

Población: Edades 2 hasta 5.

Acrónimo: PRS-P.

Spanish Components: The forms for the Parent Rating Scales (all levels), the Self-Report of Personality (for child and adolescent), and the Structured Developmental History with their corresponding instructions are available in Spanish.

English Components: All materials are also available in English; the manual is in English.

a) TEACHER RATING SCALES.

Price Data: $42.65 per 25 record forms; $9.35 per 25 hand-score worksheets.

Time: (10-15) minutes.

1) *Teacher Rating Scales–Preschool.*

Population: Ages 2 through 5.

Acronym: TRS-P.

Scores, 29: Externalizing Problems (Hyperactivity, Aggression), Internalizing Problems (Anxiety, Depression, Somatization), Behavioral Symptoms Index (Attention Problems, Atypicality, Withdrawal), Adaptive Skills (Adaptability, Social Skills, Functional Communication), 7 Content Scales (Anger Control, Bullying, Developmental Social Disorders, Emotional Self-Control, Executive Functioning, Negative Emotionality, Resiliency), 2 Clinical Indexes (Clinical Probability, Functional Impairment), 4 Executive Functioning Indexes (Attentional Control, Behavioral Control, Emotional Control, Overall Executive Functioning), Validity Index (F).

2) *Teacher Rating Scales–Child.*

Population: Ages 6 through 11.

Acronym: TRS-C.

Scores, 37: Externalizing Problems (Hyperactivity, Aggression, Conduct Problems), Internalizing Problems (Anxiety, Depression, Somatization), School Problems (Attention Problems, Learning Problems), Behavioral Symptoms Index (Atypicality, Withdrawal), Adaptive Skills (Adaptability, Social Skills, Leadership, Study Skills, Functional Communication), 7 Content Scales (Anger Control, Bullying, Developmental Social Disorders, Emotional Self-Control, Executive Functioning, Negative Emotionality, Resiliency), 4 Clinical Indexes (ADHD Probability, Autism Probability, EBD Probability, Functional Impairment), 5 Executive Functioning Indexes (Attentional Control, Behavioral Control, Emotional Control, Overall Executive Functioning, Problem Solving), Validity Index (F).

3) *Teacher Rating Scales–Adolescent.*

Population: Ages 12 through 21.

Acronym: TRS-A.

Scores: Same as Teacher Rating Scales–Child above.

b) PARENT RATING SCALES.

Price Data: $42.65 per 25 record forms; $9.35 per 25 hand-score worksheets.

Time: (10-20) minutes.

1) *Parent Rating Scales–Preschool.*

Population: Ages 2 through 5.

Acronym: PRS-P.

Puntuación, 30: Problemas Externalizados (Hiperactividad, Agresión), Problemas Internalizados (Ansiedad, Depresión, Somatización), Índice de Síntomas Conductuales (Problemas de Atención, Atipicidad, Retiro), Habilidades Adaptativas (Adaptabilidad, Habilidades Sociales, Actividades Cotidianas, Comunicación Funcional), 7 Escalas de Contenido (Control de la Ira, Acoso, Trastornos del Desarrollo Social, Autocontrol Emocional, Funcionamiento Ejecutivo, Emocionalidad Negativa, Resiliencia), 2 Índices Clínicos (Probabilidad Clínica, Deterioro Funcional), 4 Índices de Funcionamiento Ejecutivo (Control Atencional, Control del Comportamiento, Control Emocional, Funcionamiento Ejecutivo General), Índice de Validez (F).

2) *Escala Evaluativa de los Padres–Niño.*

Población: Edades 6 hasta 11.

Acrónimo: PRS-C.

Puntuación, 35: Problemas Externalizados (Hiperactividad, Agresión, Problemas de Conducta), Problemas Internalizados (Ansiedad, Depresión, Somatización), Índice de Síntomas Conductuales (Problemas de Atención, Atipicidad, Retiro), Habilidades Adaptativas (Adaptabilidad, Habilidades Sociales, Liderazgo, Actividades Cotidianas, Comunicación Funcional), 7 Escalas de Contenido (Control de la Ira, Acoso, Trastornos del Desarrollo Social, Autocontrol Emocional, Funcionamiento Ejecutivo, Emocionalidad Negativa, Resiliencia), 4 Índices Clínicos (Probabilidad TDAH, Probabilidad Autismo, Probabilidad EBD, Deterioro Funcional), 5 Índices de Funcionamiento Ejecutivo (Control Atencional, Control del Comportamiento, Control Emocional, Funcionamiento Ejecutivo General, Resolución de Problemas), Índice de Validez (F).

3) *Escala Evaluativa de los Padres–Adolescente.*

Población: Edades 12 hasta 21.

Acrónimo: PRS-A.

Puntuación: Igual a Escala Evaluativa de los Padres–Niño arriba.

c) AUTOREPORTE DE PERSONALIDAD.

Precios: $42.65 por 25 formularios; $9.35 por 25 formularios calificación manual.

Duración: (20-30) minutos.

1) *Autoreporte de Personalidad–Entrevista.*

Población: Edades 6 hasta 7.

Acrónimo: SRP-I.

Puntuación: Puntuación total solamente.

2) *Formulario de Autoreporte–Niño.*

Población: Edades 8 hasta 11.

Acrónimo: SRP-C.

Puntuación, 23: Problemas Escolares (Actitud Hacia la Escuela, Actitud Hacia Docentes), Problemas Internalizados (Atipicidad, Locus de Control, Estrés Social, Ansiedad, Depresión, Sentido de Inadecuación), Falta de Atención/Hiperactividad (Problemas de Atención, Hiperactividad), Ajuste Personal (Relaciones con los Padres, Relaciones Interpersonales, Autoestima, Autosuficiencia), Índice de Síntomas Emocionales, Índice de Deterioro Funcional, 3 Índices de Validez (F, V, L).

3) *Autoreporte de Personalidad–Adolescente.*

Población: Edades 12 hasta 21.

Scores, 30: Externalizing Problems (Hyperactivity, Aggression), Internalizing Problems (Anxiety, Depression, Somatization), Behavioral Symptoms Index (Attention Problems, Atypicality, Withdrawal), Adaptive Skills (Adaptability, Social Skills, Activities of Daily Living, Functional Communication), 7 Content Scales (Anger Control, Bullying, Developmental Social Disorders, Emotional Self-Control, Executive Functioning, Negative Emotionality, Resiliency), 2 Clinical Indexes (Clinical Probability, Functional Impairment), 4 Executive Functioning Indexes (Attentional Control, Behavioral Control, Emotional Control, Overall Executive Functioning), Validity Index (F).

2) *Parent Rating Scales–Child.*

Population: Ages 6 through 11.

Acronym: PRS-C.

Scores, 35: Externalizing Problems (Hyperactivity, Aggression, Conduct Problems), Internalizing Problems (Anxiety, Depression, Somatization), Behavioral Symptoms Index (Attention Problems, Atypicality, Withdrawal), Adaptive Skills (Adaptability, Social Skills, Leadership, Activities of Daily Living, Functional Communication), 7 Content Scales (Anger Control, Bullying, Developmental Social Disorders, Emotional Self-Control, Executive Functioning, Negative Emotionality, Resiliency), 4 Clinical Indexes (ADHD Probability, Autism Probability, EBD Probability, Functional Impairment), 5 Executive Functioning Indexes (Attentional Control, Behavioral Control, Emotional Control, Overall Executive Functioning, Problem Solving), Validity Index (F).

3) *Parent Rating Scales–Adolescent.*

Population: Ages 12 through 21.

Acronym: PRS-A.

Scores: Same as Parent Rating Scales–Child above.

c) SELF-REPORT OF PERSONALITY.

Price Data: $42.65 per 25 record forms; $9.35 per 25 hand-score worksheets.

Time: (20-30) minutes.

1) *Self-Report of Personality–Interview.*

Population: Ages 6 through 7.

Acronym: SRP-I.

Score: Total score only.

2) *Self-Report of Personality–Child.*

Population: Ages 8 through 11.

Acronym: SRP-C.

Scores, 23: School Problems (Attitude to School, Attitude to Teachers), Internalizing Problems (Atypicality, Locus of Control, Social Stress, Anxiety, Depression, Sense of Inadequacy), Inattention/Hyperactivity (Attention Problems, Hyperactivity), Personal Adjustment (Relations with Parents, Interpersonal Relations, Self-Esteem, Self-Reliance), Emotional Symptoms Index, Functional Impairment Index, 3 Validity Indexes (F, V, L).

3) *Self-Report of Personality–Adolescent.*

Population: Ages 12 through 21.

Acrónimo: SRP-A.
Puntuación, 29: Problemas Escolares (Actitud Hacia la Escuela, Actitud Hacia Docentes, Búsqueda de Sensaciones), Problemas Internalizados (Atipicidad, Locus de Control, Estrés Social, Ansiedad, Depresión, Sentido de Inadecuación, Somatización), Falta de Atención/Hiperactividad (Problemas de Atención, Hiperactividad), Ajuste Personal (Relaciones con los Padres, Relaciones Interpersonales, Autoestima, Autosuficiencia), Índice de Síntomas Emocionales, 4 Escalas de Contenido (Control de la Ira, Fuerza del Ego, Manía, Ansiedad Ante los Exámenes), Índice de Deterioro Funcional, 3 Índices de Validez (F, V, L).
4) *Autoreporte de Personalidad–Universidad.*
Población: Edades 18 hasta 25.
Acrónimo: SRP-COL.
Puntuación, 27: Problemas Internalizados (Atipicidad, Locus de Control, Estrés Social, Ansiedad, Depresión, Sentido de Inadecuación, Somatización), Inatención/Hiperactividad (Problemas de Atención, Hiperactividad), Ajuste Personal (Relaciones con los Padres, Relaciones Interpersonales, Autoestima, Autosuficiencia), Búsqueda de Sensaciones, Abuso de Alcohol, Inadaptación Escolar, Índice de Síntomas Emocionales, 4 Escalas de Contenido (Control de la Ira, Fuerza del Ego, Manía, Ansiedad Ante los Exámenes), 3 Índices de Validez (F, V, L).
d) HISTORIA ESTRUCTURADA DEL DESARROLLO.
Acrónimo: SDH.
Precios: $57.20 por 25 formularios.
Comentarios: Administrado como una entrevista o cuestionario estructurado.
e) SISTEMA DE OBSERVACIÓN DEL ESTUDIANTE.
Acrónimo: SOS.
Precios: $57.20 por 25 formularios.
Duración: (15) minutos.
Comentarios: Diseñado para observar el comportamiento de los estudiantes en el salón de clases.

Referencias Cruzadas: Para reseñas por Timothy Konold y Frederic Medway de los componentes en inglés de esta prueba, consulte 20:18.

[72s]

Behavior Assessment System for Children, Third Edition, Parenting Relationship Questionnaire.

Propósito: Diseñado para captar la perspectiva de los padres sobre la relación entre padres e hijos(as); evaluar las dimensiones tradicionales entre padres e hijos; y proporcionar información sobre el estilo de crianza, la confianza, el estrés y la satisfacción con la escuela del niño.
Procedencia: Estados Unidos/inglés.
Traducción/Adaptación: No se provee información en los materiales de la prueba sobre el proceso de traducción/adaptación.
Población: Padres o cuidadores de niños de 2 hasta 18.

Acronym: SRP-A.
Scores, 29: School Problems (Attitude to School, Attitude to Teachers, Sensation Seeking), Internalizing Problems (Atypicality, Locus of Control, Social Stress, Anxiety, Depression, Sense of Inadequacy, Somatization), Inattention/Hyperactivity (Attention Problems, Hyperactivity), Personal Adjustment (Relations with Parents, Interpersonal Relations, Self-Esteem, Self-Reliance), Emotional Symptoms Index, 4 Content Scales (Anger Control, Ego Strength, Mania, Test Anxiety), Functional Impairment Index, 3 Validity Indexes (F, V, L).
4) *Self-Report of Personality–College.*
Population: Ages 18 through 25.
Acronym: SRP-COL.
Scores, 27: Internalizing Problems (Atypicality, Locus of Control, Social Stress, Anxiety, Depression, Sense of Inadequacy, Somatization), Inattention/Hyperactivity (Attention Problems, Hyperactivity), Personal Adjustment (Relations with Parents, Interpersonal Relations, Self-Esteem, Self-Reliance), Sensation Seeking, Alcohol Abuse, School Maladjustment, Emotional Symptoms Index, 4 Content Scales (Anger Control, Ego Strength, Mania, Test Anxiety), 3 Validity Indexes (F, V, L).
d) STRUCTURED DEVELOPMENTAL HISTORY.
Acronym: SDH.
Price Data: $57.20 per 25 forms.
Comments: Administered as structured interview or questionnaire.
e) STUDENT OBSERVATION SYSTEM.
Acronym: SOS.
Price Data: $57.20 per 25 forms.
Time: (15) minutes.
Comments: Designed for observing student behavior in the classroom.

Cross References: For reviews by Timothy Konold and Frederic Medway of this test's English components, see 20:18.

[72e]

Behavior Assessment System for Children, Third Edition, Parenting Relationship Questionnaire.

Purpose: Designed "to capture a parent's perspective of the parent-child relationship"; assess traditional parent-child dimensions; and provide information about parenting style, confidence, stress, and satisfaction with the child's school.
Origin: United States/English.
Translation/Adaptation: No information is provided in the test materials about the translation/adaptation process.
Population: Parents or caregivers of children ages 2 through 18.

Baremos: No se han provisto baremos con los materiales traducidos al español.
Fecha de Publicación: 2015.
Acrónimo: BASC-3 PRQ.
Administración: Individual.
Niveles, 2: Preescolar, Niño/Adolescente.
Precios, 2022: $179.60 por juego de corrección a mano (inglés) incluye manual, 25 formularios Preescolar, 25 formularios Niño/Adolescente, 25 hojas de trabajo Preescolar y 25 hojas de trabajo Niño/Adolescente; $88.20 por manual (inglés; 92 páginas); $48.30 por 25 formularios (Preescolar o Niño/Adolescente; inglés o español); $10.80 por 25 hojas de trabajo (Preescolar o Niño/Adolescente; inglés o español).
Duración: (10-15) minutos.
Autores: Randy W. Kamphaus y Cecil R. Reynolds.
Editorial: Pearson.
Componentes en Español: Los formularios de respuesta están disponibles en español.
Componentes en Inglés: Todos los materiales están disponibles en inglés, también; el manual es en inglés.

a) PREESCOLAR.
Población: Edades 2-5.
Acrónimo: BASC-3 PRQ-P.
Puntuación, 9: Apego, Prácticas Disciplinarias, Participación, Confianza en la Crianza, Frustración Relacional y 4 índices de validez.

b) NIÑO/ADOLESCENTE.
Población: Edades 6-18.
Acrónimo: BASC-3 PRQ-CA.
Puntuación, 11: Apego, Comunicación, Prácticas Disciplinarias, Participación, Confianza en la Crianza, Satisfacción Escolar, Frustración Relacional y 4 índices de validez.

[73s]

Behavior Rating Inventory of Executive Function–Adult Version.

Propósito: Diseñado para captar puntos de vista del adulto sobre las funciones ejecutivas propias, o la autorregulación, en su entorno cotidiano.
Procedencia: Estados Unidos (1996-2005)/inglés.
Traducción/Adaptación: No se provee información en los materiales de la prueba sobre el proceso de traducción/adaptación.
Población: Edades 18-90.
Baremos: No se han provisto baremos con los materiales traducidos al español.
Fechas de Publicación: 1996-2014.
Acrónimo: BRIEF-A.
Puntuación, 12: 9 subescalas: Inhibir, Cambio, Control Emocional, Auto-Monitorización, Iniciar, Memoria de Trabajo, Planificar/Organizar, Monitorización de Tareas, Organización de Materiales; 3 puntuaciones compuestas: Índice Regulación del Comportamiento, Índice Metacognitivo, Compuesto Ejecutivo Global.

Norms: Separate norms are not provided with the materials translated to Spanish.
Publication Date: 2015.
Acronym: BASC-3 PRQ.
Administration: Individual.
Levels, 2: Preschool, Child/Adolescent.
Price Data, 2022: $179.60 per hand-scoring kit (English) including manual, 25 Preschool record forms, 25 Child/Adolescent record forms, 25 Preschool worksheets, and 25 Child/Adolescent worksheets; $88.20 per manual (English; 92 pages); $48.30 per 25 record forms (Preschool or Child/Adolescent; English or Spanish); $10.80 per 25 worksheets (Preschool or Child/Adolescent; English or Spanish).
Time: (10-15) minutes.
Authors: Randy W. Kamphaus, Cecil R. Reynolds.
Publisher: Pearson.
Spanish Components: Record forms are available in Spanish.
English Components: All materials are also available in English; the manual is in English.

a) PRESCHOOL.
Population: Ages 2-5.
Acronym: BASC-3 PRQ-P.
Scores, 9: Attachment, Discipline Practices, Involvement, Parenting Confidence, Relational Frustration, and 4 validity indexes.

b) CHILD/ADOLESCENT.
Population: Ages 6-18.
Acronym: BASC-3 PRQ-CA.
Scores, 11: Attachment, Communication, Discipline Practices, Involvement, Parenting Confidence, Satisfaction with School, Relational Frustration, and 4 validity indexes.

[73e]

Behavior Rating Inventory of Executive Function–Adult Version.

Purpose: Designed to capture "views of an adult's own executive functions, or self-regulation, in his or her everyday environment."
Origin: United States (1996-2005)/English.
Translation/Adaptation: No information is provided in the test materials about the translation/adaptation process.
Population: Ages 18-90.
Norms: Separate norms are not provided with the materials translated to Spanish.
Publication Dates: 1996-2014.
Acronym: BRIEF-A.
Scores, 12: 9 subscales: Inhibit, Shift, Emotional Control, Self-Monitor, Initiate, Working Memory, Plan/Organize, Task Monitor, Organization of Materials; 3 composite scores: Behavioral Regulation Index, Metacognition Index, Global Executive Composite.

Administración: Individual.
Precios, 2022: $403 por juego de inicio, incluye manual profesional (2005, 147 páginas, inglés), 25 formularios de autoreporte, 25 formularios para el informante, 25 formularios de resumen/perfil del autoreporte y 25 formularios de resumen/perfil del informante; $119 por manual profesional; $96 por 25 formularios de autoreporte; $96 por 25 formularios para el informante; $65 por 25 formularios de resumen/perfil del autoreporte; $65 por 25 formularios de resumen/perfil del informante.
Duración: (15) minutos.
Comentarios: Es preferible administrar el formulario de informante con un informante experto, como un cónyuge o hijo adulto, o cuidador u otra persona que tenga frecuente interacción cara a cara con la persona que completa el formulario de autoreporte.
Autores: Robert M. Roth, Peter K. Isquith y Gerard A. Gioia.
Editorial: Psychological Assessment Resources, Inc.
Componentes en Español: Los formularios para el informante y de auto-reporte y sus instrucciones correspondientes están disponibles en español.
Componentes en Inglés: Todos los materiales están disponibles en inglés también; el manual es en inglés.
Referencias Cruzadas: Para reseñas por Gary J. Dean y Sandra F. Dean y por Kathy E. Green de los componentes en inglés de esta prueba, consulte 17:23.

[74s]

Behavior Rating Inventory of Executive Function–Preschool Version.

Propósito: Diseñado para evaluar comportamientos de función ejecutiva de niños de edad preescolar en ambientes del hogar y preescolares utilizando observaciones de padres, docentes y proveedores de cuidado infantil.
Procedencia: Estados Unidos (1996-2003)/inglés.
Traducción/Adaptación: No se provee información en los materiales de la prueba sobre el proceso de traducción/adaptación.
Población: Edades 2-0 a 5-11.
Baremos: No se han provisto baremos con los materiales traducidos al español.
Fechas de Publicación: 1996–2014.
Acrónimo: BRIEF-P™.
Puntuación, 9: Inhibir, Cambio, Control Emocional, Memoria de Trabajo, Planificar/Organizar, Índice de Autocontrol Inhibitorio, Índice de Flexibilidad, Índice de Metacognición Emergente, Compuesto Ejecutivo Global.
Administración: Individual.
Precios, 2022: $273 por juego de inicio incluye manual (2003, 111 páginas, inglés), 25 formularios y 25 formularios de perfil y resumen de puntuación.

Administration: Individual.
Price Data, 2022: $403 per introductory kit including professional manual (2005, 147 pages, English), 25 self-report forms, 25 informant report forms, 25 self-report scoring summary/profile forms, and 25 informant report scoring summary/profile forms; $119 per professional manual; $96 per 25 self-report forms; $96 per 25 informant report forms; $65 per 25 self-report scoring summary/profile forms; $65 per 25 informant report scoring summary/profile forms.
Time: (15) minutes.
Comments: It is preferable to administer the informant report form to a knowledgeable informant such as a spouse, adult child, caregiver, or other person who has frequent face-to-face interaction with the individual completing the self-report form.
Authors: Robert M. Roth, Peter K. Isquith, and Gerard A. Gioia.
Publisher: Psychological Assessment Resources, Inc.
Spanish Components: The self-report and informant report forms and their corresponding instructions are available in Spanish.
English Components: All materials are also available in English; the manual is in English.
Cross References: For reviews by Gary J. Dean and Sandra F. Dean and by Kathy E. Green of this test's English components, see 17:23.

[74e]

Behavior Rating Inventory of Executive Function–Preschool Version.

Purpose: Designed to "assess executive function behaviors of preschool-aged children in the home and preschool environments using the observations of parents, teachers, and daycare providers."
Origin: United States (1996-2003)/English.
Translation/Adaptation: No information is provided in the test materials about the translation/adaptation process.
Population: Ages 2-0 to 5-11.
Norms: Separate norms are not provided with the materials translated to Spanish.
Publication Dates: 1996–2014.
Acronym: BRIEF-P™.
Scores, 9: Inhibit, Shift, Emotional Control, Working Memory, Plan/Organize, Inhibitory Self-Control Index, Flexibility Index, Emergent Metacognition Index, Global Executive Composite.
Administration: Individual.
Price Data, 2022: $273 per introductory kit including manual (2003, 111 pages, English), 25 rating forms, and 25 scoring summary/profile forms.

Duración: (10–15) minutos.
Comentarios: Escala de evaluación de comportamiento es completado por los padres o un docente/proveedor de cuidado infantil que esté familiarizado con el niño.
Autores: Gerard A. Gioia, Kimberly Andrews Espy y Peter K. Isquith.
Editorial: Psychological Assessment Resources, Inc.
Componentes en Español: El formulario de respuesta y sus instrucciones correspondientes están disponibles en español.
Componentes en Inglés: Todos los materiales están disponibles en inglés, también; el manual es en inglés.
Referencias Cruzadas: Para reseñas por R. Anthony Doggett y Carl J. Sheperis y por Leah M. Nellis de los componentes en inglés de esta prueba, consulte 16:27.

[75s]

Behavior Rating Inventory of Executive Function, Second Edition.

Propósito: Diseñado para evaluar los comportamientos cotidianos asociados con las funciones ejecutivas en la casa y ambiente escolar.
Procedencia: Estados Unidos/inglés.
Traducción/Adaptación: No se provee información en los materiales de la prueba sobre el proceso de traducción/adaptación.
Población: Edades 5-18.
Baremos: No se han provisto baremos con los materiales traducidos al español.
Fechas de Publicación: 1996-2015.
Acrónimo: BRIEF2.
Puntuación, 14-16: 10 escalas clínicas: Inhibición, Supervisión de Sí Mismo, Flexibilidad, Control Emocional, Iniciativa (Solamente en los formularios de padres y docentes), Memoria de Trabajo, Planificación/Organización, Supervisión de Tareas (Solamente en los formularios de padres y docentes), Organización de Materiales (Solamente en los formularios de padres y docentes), Realización de Tareas (Solamente en el formulario de Autoevaluación); 4 índices: Regulación Conductual, Regulación Emocional, Regulación Cognitiva, Función Ejecutiva Global; 3 escalas de validez: Inconsistencia, Infrecuencia, Negatividad.
Administración: Individual o colectiva.
Formularios, 6: Padres, Maestros, Autoinformes principales y de screening.
Precios, 2022: $538 por el juego completo calificado a mano, incluye el manual profesional (2015, 341 páginas, inglés) con una guía rápida, 25 de cada formulario (Padres [español o inglés], Docentes y Autoinforme [español o inglés]), and 25 de cada resumen de puntaje/formulario de perfil (Padres, Docentes y Autoinforme); $158 por manual; $98 por 25 formularios (Padres, Docentes, o Autoinforme); $42 por 25 resúmenes de puntaje/formularios de perfil (Padres, Docentes, o Autoinforme).

Time: (10–15) minutes.
Comments: Behavior rating scale is completed by parent or teacher/childcare worker who is familiar with the child.
Authors: Gerard A. Gioia, Kimberly Andrews Espy, and Peter K. Isquith.
Publisher: Psychological Assessment Resources, Inc.
Spanish Components: The rating form and its corresponding instructions are available in Spanish.
English Components: All materials are also available in English; the manual is in English.
Cross References: For reviews by R. Anthony Doggett and Carl J. Sheperis and by Leah M. Nellis of this test's English components, see 16:27.

[75e]

Behavior Rating Inventory of Executive Function, Second Edition.

Purpose: Designed to assess "everyday behaviors associated with executive functions in the home and school environments."
Origin: United States/English.
Translation/Adaptation: No information is provided in the test materials about the translation/adaptation process.
Population: Ages 5-18.
Norms: Separate norms are not provided with the materials translated to Spanish.
Publication Dates: 1996-2015.
Acronym: BRIEF2.
Scores, 14-16: 10 clinical scales: Inhibit, Self-Monitor, Shift, Emotional Control, Initiate (Parent and Teacher forms only), Working Memory, Plan/Organize, Task-Monitor (Parent and Teacher forms only), Organization of Materials (Parent and Teacher forms only), Task Completion (Self-Report form only); 4 indexes: Behavior Regulation, Emotion Regulation, Cognitive Regulation, Global Executive Composite; 3 validity scales: Inconsistency, Negativity, Infrequency.
Administration: Individual or group.
Forms, 6: Parent, Teacher, Self-Report core forms and screening forms.
Price Data, 2022: $538 per handscore kit including professional manual (2015, 341 pages, English) with fast guide, 25 Parent forms, 25 Teacher forms, 25 Self-Report forms, 25 Parent scoring summary/profile forms, 25 Teacher scoring summary/profile forms, and 25 Self-Report scoring summary profile forms; $158 per manual; $98 per 25 forms (Parent, Teacher, or Self-Report); $42 per 25 scoring summary/profile forms (Parent, Teacher or Self-Report).

Duración: (10-15) minutos.
Comentarios: Completada por padres y docentes de niños de edad escolar (5 a 18) y por adolescentes de edades 11 a 18 años. Administrada vía papel y lápiz o por computadora.
Autores: Gerard A. Gioia, Peter K. Isquith, Steven C. Guy y Lauren Kenworthy.
Editorial: Psychological Assessment Resources, Inc.
Componentes en Español: Los formularios principales y de cribado Padres y Autoinforme con sus instrucciones correspondientes están disponibles en español.
Componentes en Inglés: Todos los materiales están disponibles en inglés también; el manual es en inglés.
Referencias Cruzadas: Para reseñas por Ryan J. McGill y Jeffrey H. Snow de los componentes en inglés de esta prueba, consulte 21:18.

[76s]

Behavioral Assessment of Pain–2 Questionnaire.

Propósito: Diseñado para evaluar los factores que puedan exacerbar y/o mantener el dolor subagudo y crónico no-maligno.
Procedencia: Estados Unidos/inglés.
Traducción/Adaptación: No se provee información en los materiales de la prueba sobre el proceso de traducción/adaptación.
Población: Pacientes con dolor subagudo o crónico.
Baremos: No se han provisto baremos con los materiales traducidos al español.
Fechas de Publicación: 1990-2009.
Acrónimo: BAP-2; Post BAP-2.
Puntuación, 51: 15 escalas, 35 subescalas: Escala de Comportamiento por Dolor (Afectivo/Conductual, Audible/Visible), Escala de Descripción de Dolor (Tirar, Tenso y Leve [PTD], Doloroso, Adolorido y Delicado [SAT], Punzante y Agudo [TS]), Escala de Interferencia de Actividades (Actividades del Hogar/Domésticas, Actividades Pesadas, Actividades Sociales, Actividades de Cuidado Personal, Actividades de Higiene Personal), Escala de Evitación, Escala de Influencia de Cónyuge/Pareja (Reforzamiento del Dolor, Desmotivación/Crítica del Dolor, Reforzamiento de Bienestar, Desmotivación/Crítica del Bienestar), Escala de Influencia del Médico (Desmotivación/Crítica del Dolor por el Médico, Reforzamiento de Bienestar por el Médico, Desmotivación/Crítica del Bienestar por el Médico, Reforzamiento del Dolor por el Médico), Escala de Creencias Sobre el Dolor (Catastrofización, Miedo a Volverse a Lesionar, Expectativas de Sanarse, Culparse a Sí Mismo, Derechos, Angustia Futura, Incredulidad Social, Falta de Atención Médico Comprensivo), Escala de Consecuencias Percibidas (Interferencia Social, Daño Físico, Daño Psicológico, Exacerbación del Dolor, Interfiere la Productividad),

Time: (10-15) minutes.
Comments: Completed by parents and teachers of school-age children (5 to 18 years) and by adolescents ages 11 to 18 years. Administered via paper and pencil or computer.
Authors: Gerard A. Gioia, Peter K. Isquith, Steven C. Guy, and Lauren Kenworthy.
Publisher: Psychological Assessment Resources, Inc.
Spanish Components: The Parent and Self-Report core and screening forms with their corresponding instructions are available in Spanish.
English Components: All materials are also available in English; the manual is in English.
Cross References: For reviews by Ryan J. McGill and Jeffrey H. Snow of this test's English components, see 21:18.

[76e]

Behavioral Assessment of Pain–2 Questionnaire.

Purpose: Designed to assess "factors which may be working to exacerbate and/or maintain subacute and chronic nonmalignant pain."
Origin: United States/English.
Translation/Adaptation: No information is provided in the test materials about the translation/adaptation process.
Population: Subacute and chronic pain patients.
Norms: Separate norms are not provided with the materials translated to Spanish.
Publication Dates: 1990-2009.
Acronyms: BAP-2; Post BAP-2.
Scores, 51: 15 scales, 35 subscales: Pain Behavior Scale (Affective/Behavioral, Audible/Visible), Pain Descriptor Scale (Pulling, Tight and Dull [PTD], Sore, Aching, and Tender [SAT], Throbbing and Sharp [TS]), Activity Interference Scale (Domestic/Household Activities, Heavy Activities, Social Activities, Personal Care Activities, Personal Hygiene Activities), Avoidance Scale, Spouse/Partner Influence Scale (Reinforcement of Pain, Discouragement/Criticism of Pain, Reinforcement of Wellness, Discouragement/Criticism of Wellness), Physician Influence Scale (Physician Discouragement/Criticism of Pain, Physician Reinforcement of Wellness, Physician Discouragement/Criticism of Wellness, Physician Reinforcement of Pain), Pain Beliefs Scale (Catastrophizing, Fear of Reinjury, Expectation for Cure, Blaming Self, Entitlement, Future Despair, Social Disbelief, Lack of Medical Comprehensiveness), Perceived Consequences Scale (Social Interference, Physical Harm, Psychological Harm, Pain Exacerbation, Productivity Interference),

Escala de Ánimo (Depresión, Incomodidad Muscular, Ansiedad, Cambio en Peso); 6 escalas de validez: Respuesta Neutra, Número de Localizaciones de Dolor, Total de Preguntas Ausentes, Respuesta Mínima/Máxima, Respuesta de Consistencia/Inconsistencia, Escala Ausente, más Índice de Discapacidad.
Administración: Individual.
Formularios, 2: Behavioral Assessment of Pain-2, Post Behavioral Assessment of Pain-2.
Precios: Disponibles con la casa editorial.
Duración: (30) minutos cada prueba.
Comentarios: Se puede producir un perfil clínico mediante un programa de computadora BAP-2 o servicio de correo/FAX; Post BAP-2 analiza los cambios durante el curso de tratamiento, ofreciendo información para el programa de dolor.
Autores: Michael J. Lewandowski y Blake H. Tearnan.
Editorial: Behavioral Medicine Consultants.
Componentes en Español: El formulario BAP-2 y sus instrucciones correspondientes están disponibles en español.
Componentes en Inglés: Todos los materiales están disponibles en inglés, también; el manual es en inglés.
Referencias Cruzadas: Para reseñas por Brian F. French y Chad M. Gotch y por Ashraf Kagee de los componentes en inglés de esta prueba, consulte 19:16.

[77s]

BEST Instruments.

Propósito: Una serie de instrumentos de aprendizaje diseñados para ayudar a los gerentes y empleados a comprender su comportamiento.
Procedencia: Estados Unidos (1989-2015)/inglés.
Traducción/Adaptación: No se provee información en los materiales de la prueba sobre el proceso de traducción/adaptación.
Población: Adultos.
Baremos: No se han provisto baremos con los formularios traducidos al español.
Fechas de Publicación: 2017-2018.
Acrónimo: BEST.
Administración: Grupo.
Precios: Disponibles con la casa editorial.
Comentarios: Subpruebas vendidas como separadas.
Autor: James H. Brewer.
Editorial: BEST Instruments, LLC.
Componentes en Español: Los ítems, las instrucciones de administración, una guía de interpretación y la clave de respuestas para Mi Perfil BEST están disponibles en español castellano y latinoamericano (menos la clave de respuestas, lo cual es el mismo para ambos).
Componentes en Inglés: Todos los materiales están disponibles en inglés también; el manual es en inglés.

Mood Scale (Depression, Muscular Discomfort, Anxiety, Change in Weight); 6 validity scales: Neutral Response, Number of Pain Locations, Total Missing Questions, Minimum/Maximum Response, Consistency/Inconsistency Response, Missing Scales, plus Disability Index.
Administration: Individual.
Forms, 2: Behavioral Assessment of Pain-2, Post Behavioral Assessment of Pain-2.
Price Data: Available from publisher.
Time: (30) minutes per test.
Comments: Clinical profiles may be generated using BAP-2 software or mail/FAX service; Post BAP-2 analyzes the changes over the course of treatment, providing outcome data for the pain program.
Authors: Michael J. Lewandowski and Blake H. Tearnan.
Publisher: Behavioral Medicine Consultants.
Spanish Components: The BAP-2 form and its corresponding instructions are available in Spanish.
English Components: All materials are also available in English; the manual is in English.
Cross References: For reviews by Brian F. French and Chad M. Gotch and by Ashraf Kagee of this test's English components, see 19:16.

[77e]

BEST Instruments.

Purpose: A series of learning instruments designed to help managers and employees understand their behavior.
Origin: United States (1989-2015)/English.
Translation/Adaptation: No information is provided in the test materials about the translation/adaptation process.
Population: Adults.
Norms: Separate norms are not provided with the forms translated to Spanish.
Publication Dates: 2017-2018.
Acronym: BEST.
Administration: Group.
Price Data: Available from publisher.
Comments: Subtests sold as separates.
Author: James H. Brewer.
Publisher: BEST Instruments, LLC.
Spanish Components: Test items, instructions for administration, an interpretation guide, and the answer key for the My BEST Profile are available in Castillian and Latin American Spanish (minus the answer key, which is the same for both).
English Components: All test materials are also available in English; the manual is in English.

a) MI PERFIL BEST.
Propósito: Diseñado para promover las habilidades interpersonales positivas.
Fechas de Publicación: 1989-2018.
Puntuación: 4 tipos de personalidad: Atrevido, Expresivo, Simpático, Técnico.
Duración: (15–20) minutos.
Comentarios: Según la casa editorial de la prueba, se realizaron modificaciones estéticas a los materiales de la prueba en 2019; no se realizaron cambios en el cuestionario ni en la clave de respuestas.
b) MI MEJOR ESTILO DE COMUNICACIÓN.
Propósito: Diseñado para mejorar las habilidades de comunicación.
Fechas de Publicación: 1989–1990.
Puntuación: 4 tipos de personalidad: Atrevido, Expresivo, Simpático, Técnico.
Duración: (15–20) minutos.
Comentarios: Según la editorial de prueba, en 2016 se agregó texto adicional para ayudar con la interpretación de los resultados.
c) MI MEJOR ESTILO DE LIDERAZGO.
Propósito: Diseñado para mejorar las habilidades de liderazgo.
Fechas de Publicación: 1989–2003.
Puntuación: 4 tipos de personalidad: Atrevido, Expresivo, Simpático, Técnico.
Duración: (15–20) minutos.
Comentarios: Según la editorial de prueba, se realizaron modificaciones estéticas a los materiales de prueba en 2019; no se realizaron cambios en el cuestionario ni en la clave de respuestas.
d) MI MEJOR ESTILO DE PRESENTACIÓN.
Propósito: Diseñado para ayudar a las personas a hacer presentaciones más efectivas.
Fechas de Publicación: 1989–2003.
Puntuación: La misma que *a)* arriba.
Duración: (15–20) minutos.
Comentarios: Según la editorial de prueba, se realizaron modificaciones estéticas a los materiales de prueba en 2019; no se realizaron cambios en el cuestionario ni en la clave de respuestas.
e) INVENTARIO DE COMPORTAMIENTO.
Propósito: Diseñado para ayudar a las personas a comprender cómo los perciben los demás.
Fecha de Publicación: 2006.
Puntuación: La misma que *a)* arriba.
Duración: (15–20) minutos.
f) TRABAJANDO CON MI JEFE.
Propósito: Diseñado para mejorar la relación productiva entre empleado y supervisor.
Fechas de Publicación: 1989–2003.
Puntuación: La misma que *a)* arriba.
Duración: (15–20) minutos.
g) NUESTRO MEJOR EQUIPO.
Propósito: Diseñado para construir un equipo más productivo.
Fechas de Publicación: 1989–2007.
Puntuación: La misma que *a)* arriba.
Duración: (20-30) minutos.
Comentarios: Las calificaciones de todos los miembros del equipo se combinan para obtener un perfil compuesto. Incluye cuatro administraciones de evaluación individuales.

a) MY BEST PROFILE.
Purpose: Designed "to promote positive interpersonal skills."
Publication Dates: 1989-2006.
Scores: 4 personality types: Bold, Expressive, Sympathetic, Technical.
Time: (15–20) minutes.
Comments: Test publisher notes that aesthetic modifications were made to test materials in 2019; no changes were made to questionnaire or answer key.
b) MY BEST COMMUNICATION STYLE.
Purpose: Designed "to improve communication skills."
Publication Dates: 1989–1990.
Scores: 4 personality types: Bold, Expressive, Sympathetic, Technical.
Time: (15–20) minutes.
Comments: Test publisher notes that additional copy to help with results interpretation was added in 2016.
c) MY BEST LEADERSHIP STYLE.
Purpose: Designed "to improve leadership skills."
Publication Dates: 1989–2003.
Scores: 4 personality types: Bold, Expressive, Sympathetic, Technical.
Time: (15–20) minutes.
Comments: Test publisher notes that aesthetic modifications were made to test materials in 2019; no changes were made to questionnaire or answer key.
d) MY BEST PRESENTATION STYLE.
Purpose: Designed "to assist individuals in making more effective presentations."
Publication Dates: 1989-2003.
Scores: Same as *a)* above.
Time: (15–20) minutes.
Comments: Test publisher notes that aesthetic modifications were made to test materials in 2019; no changes were made to questionnaire or answer key.
e) BEHAVIORAL INVENTORY.
Purpose: Designed "to help individuals gain an understanding of how others perceive them."
Publication Date: 2006
Scores: Same as *a)* above.
Time: (15-20) minutes.
f) WORKING WITH MY BOSS.
Purpose: Designed "to improve the productive relationship between employee and supervisor."
Publication Dates: 1989-2003.
Scores: Same as *a)* above.
Time: (15-20) minutes.
g) OUR BEST TEAM.
Purpose: Designed "to build a more productive team."
Publication Dates: 1989-2007.
Scores: Same as *a)* above.
Time: (20–30) minutes.
Comments: Ratings of all team members are combined for a composite profile. Includes four individual assessment administrations.

h) INVENTARIO DE COMPATIBILIDAD DE LIDERAZGO/PERSONALIDAD.
Propósito: Diseñado para promover un liderazgo más productivo en las organizaciones.
Fechas de Publicación: 1990–2010.
Acrónimo: L/PCI.
Puntuación: La misma que *a)* arriba más 4 Características del Rol de Liderazgo: Activo/Competitivo, Persuasivo/Interactivo, Preciso/Sistemático, Dispuesto/Estable.
Duración: (15-20) minutos.
Comentarios: Incluye un formulario con información sobre cuatro tipos de personalidad (B, E, S o T) y un formulario Características del Rol de Liderazgo.
i) ESTILO DE ENTRENAMIENTO.
Propósito: Diseñado para determinar el estilo de entrenamiento específico de un individuo.
Fecha de Publicación: 2005.
Puntuación: 4 tipos de estilos de entrenamiento: Atrevido, Expresivo, Simpático, Técnico.
Duración: (15-20) minutos.
j) PERFIL DE PREEVALUACIÓN.
Propósito: Diseñado para preparar a los supervisores para las evaluaciones de desempeño de los empleados sin sesgo de tipo de personalidad.
Fecha de Publicación: 1989.
Acrónimo: PEP.
Puntuación: 4 tipos de personalidad: Atrevido, Expresivo, Simpático, Técnico.
Duración: (15-20) minutos.
Comentarios: Supervisor completa perfil para sí mismo y empleado.
k) MI ESTILO DE TIEMPO.
Propósito: Diseñado para desarrollar un uso de tiempo más productivo.
Fecha de Publicación: 1990.
Puntuación: 4 estilos de tiempo: Correcaminos, Caballo de Carreras, Cachorro Nuevo, Gato Tom.
Duración: (10-15) minutos.
l) ESTILO DE VENTA.
Propósito: Diseñado para mejorar las habilidades de venta.
Fecha de Publicación: 1990.
Puntuación: 4 estilos de venta: Venta-Rápida, Venta-Persistente, Venta-Comunicativa, Venta-Precisa.
Duración: (10-15) minutos.
m) ESTILO DE NEGOCIACIÓN.
Propósito: Diseñado para desarrollar habilidades productivas de negociación.
Fecha de Publicación: 1991.
Puntuación: 4 estilos de negociación: Prepotente, Mantenerse Firme, Amigable, Comprobar Todo.
Duración: (10-15) minutos.
n) AUDITORÍA DE CALIDAD DE SERVICIO PARA EMPLEADOS.
Propósito: Diseñado para evaluar las habilidades de los empleados en el servicio al cliente de calidad.
Fechas de Publicación: 1992-2015.
Puntuación, 4: Actitudes y Creencias, Conocimiento, Compromiso Personal, Desempeño.
Duración: (15-20) minutos.

Referencias Cruzadas: Para reseñas por Mary A. Lewis y Frank Schmidt de los componentes en inglés de esta prueba, consulte 13:37.

h) LEADERSHIP/PERSONALITY COMPATIBILITY INVENTORY.
Purpose: Designed "to promote more productive leadership in organizations."
Publication Dates: 1990–2010.
Acronym: L/PCI.
Scores: Same as *a)* above plus 4 Leadership Role Characteristics: Active/Competitive, Persuasive/Interactive, Precise/Systematic, Willing/Steady.
Time: (15–20) minutes.
Comments: Includes form with information about four personality types (B, E, S, or T) and Leadership Role Characteristics form.
i) TRAINING STYLE.
Purpose: Designed "to determine an individual's specific training style."
Publication Date: 2005.
Scores: 4 training styles: Bold, Expressive, Sympathetic, Technical.
Time: (15-20) minutes.
j) PRE-EVALUATION PROFILE.
Purpose: Designed "to prepare supervisors for performance evaluations of employees without personality type bias."
Publication Date: 1989.
Acronym: PEP.
Scores: 4 personality types: Bold, Expressive, Sympathetic, Technical.
Time: (15–20) minutes.
Comments: Supervisor completes profile for self and employee.
k) MY TIME STYLE.
Purpose: Designed "to develop more productive time usage."
Publication Date: 1990.
Scores: 4 time styles: Road Runner, Race Horse, New Pup, Tom Cat.
Time: (10–15) minutes.
l) SALES STYLE.
Purpose: Designed "to sharpen sales skills."
Publication Date: 1990.
Scores: 4 sales styles: Quick-Sell, Persistent-Sell, Talkative-Sell, Precise-Sell.
Time: (10–15) minutes.
m) NEGOTIATING STYLE.
Purpose: Designed "to build productive negotiating skills."
Publication Date: 1991.
Scores: 4 negotiating styles: Pushy, Stand Pat, Buddy, Check All.
Time: (10–15) minutes.
n) QUALITY SERVICE AUDIT FOR EMPLOYEES.
Purpose: Designed "to evaluate employees' skills in quality customer service."
Publication Dates: 1992-2015.
Scores, 4: Attitudes and Beliefs, Knowledge, Personal Commitment, and Performance.
Time: (15-20) minutes.

Cross References: For reviews by Mary A. Lewis and Frank Schmidt of this test's English components, see 13:37.

[78s]

Beta–4 [Manual Moderno].

Propósito: Diseñado para evaluar "la capacidad intelectual no verbal, abordando diversos aspectos como inteligencia fluida y espacial y razonamiento no verbal, procesamiento de información visual y velocidad de procesamiento".
Procedencia: Estados Unidos (2016, Pearson)/inglés.
Traducción/Adaptación: No se provee información en los materiales de la prueba sobre el proceso de traducción/adaptación.
Población: Edades 16 a 99+.
Baremos: No se han provisto baremos para los hispanohablantes. La casa editorial indica que el Beta-4 se aplicó a un grupo de hablantes del español ($n = 46$) usando la traducción de las instrucciones. Estos resultados aportan evidencias que apoyan la validez de la interpretación del CI cuando se usan instrucciones traducidas con hispanohablantes.
Fecha de Publicación: 2018.
Puntuación, 6: Claves, Objetos Equivocados, Pares Iguales y Pares Desiguales, Figuras Incompletas, Matrices, Beta-4 CI.
Administración: Individual o colectiva.
Precios, 2022: USD$89 por juego completo incluye manual de aplicación (2018, 64 páginas, español), 25 cuadernillos de respuestas y plantilla de calificación.
Duración: 25-30 minutos; subtests son de las duraciones siguientes: Claves, 2 minutos; Objetos Equivocados, 3 minutos; Pares Iguales y Pares Desiguales, 2 minutos; Figuras Incompletas, 2.5 minutos; Matrices, 5 minutos.
Autores: C. E. Kellogg y N. W. Morton.
Traductor/Adaptador: Jesús Cisneros Herrera.
Editorial: Editorial El Manual Moderno, S.A. de C.V.
Componentes en Español: Todos los materiales son en español.
Componentes en Inglés: No hay materiales en inglés en esta versión.

[79s]

Beta–4 [Pearson].

Propósito: Diseñado para evaluar la capacidad intelectual no verbal a través del uso de varias facetas de inteligencia incluyendo el razonamiento fluido, espacial y no verbal; el procesamiento de información visual; y la velocidad del procesamiento.
Procedencia: Estados Unidos/inglés.
Traducción/Adaptación: No se provee información en los materiales de la prueba sobre el proceso de traducción/adaptación.
Población: Edades 16-99+.
Baremos: No se han provisto baremos para los hispanohablantes. La casa editorial de la prueba indica

[78e]

Beta–4 [Manual Moderno].

Purpose: Designed to assess non-verbal intellectual ability, addressing various aspects such as fluid and spatial intelligence and nonverbal reasoning, visual information processing, and processing speed.
Origin: United States (2016, Pearson)/English.
Translation/Adaptation: No information is provided in the test materials about the translation/adaptation process.
Population: Ages 16 to 99+.
Norms: Separate norms are not provided for Spanish speakers. The Beta-4 was administered to a group of Spanish speakers ($n = 46$) using the translated instructions. The test publisher indicates that results provide evidence that supports the validity of the interpretation of the IQ score when using the translated instructions with Spanish speakers.
Publication Date: 2018.
Scores, 6: Coding, Picture Absurdities, Equal Pairs and Unequal Pairs, Picture Completion, Matrices, Beta-4 IQ.
Administration: Individual or group.
Price Data, 2022: USD$89 per complete kit including administration manual (2018, 64 pages, Spanish), 25 response booklets, and scoring key.
Time: 25-30 minutes; subtests are timed as follows: Coding, 2 minutes; Picture Absurdities, 3 minutes; Equal Pairs and Unequal Pairs, 2 minutes; Picture Completion, 2.5 minutes; Matrices, 5 minutes.
Authors: C. E. Kellogg and N. W. Morton.
Translator/Adaptor: Jesús Cisneros Herrera.
Publisher: Editorial El Manual Moderno, S.A. de C.V.
Spanish Components: All materials are in Spanish.
English Components: There are no materials in English in this version.

[79e]

Beta–4 [Pearson].

Purpose: "Designed to assess nonverbal intellectual ability by drawing on various facets of intelligence including fluid, spatial, and nonverbal reasoning; visual information processing; and processing speed."
Origin: United States/English.
Translation/Adaptation: No information is provided in the test materials about the translation/adaptation process.
Population: Ages 16-99+.
Norms: Separate norms are not provided for Spanish speakers. The Beta-4 was administered to a

que el Beta-4 se aplicó a un grupo de hispanohablantes (*n* = 46) usando la traducción de las instrucciones. Estos resultados aportan evidencias que apoyan la validez de la interpretación del CI cuando se usan instrucciones traducidas con hispanohablantes.
Fechas de Publicación: 1934-2016.
Puntuación, 6: Codificación, Imágenes Absurdas, Revisión de Documentos, Figuras Incompletas, Razonamiento de Matrices, CI de Beta-4.
Administración: Individual o colectiva.
Precios, 2022: $280 por juego de prueba incluye manual (2016, 66 páginas, inglés), 25 folletos de respuesta y plantilla de corrección; $69.20 por manual; $46.10 por plantilla de corrección; $184.60 por 25 folletos de respuesta.
Duración: 25-30 minutos; subtests son de las duraciones siguientes: Codificación, 2 minutos; Imágenes Absurdas, 3 minutos; Revisión de Documentos, 2 minutos; Figuras Incompletas, 2.5 minutos; Razonamiento de Matrices, 5 minutos.
Comentarios: Se usa el mismo cuadernillo de respuestas para administrar en inglés o español; la editorial de la prueba avisa que el individuo que administra la prueba sea hispanohablante nativo o hablador con fluidez en español.
Autores: C. E. Kellogg y N. W. Morton.
Editorial: Pearson.
Componentes en Español: El cuadernillo de respuestas y las instrucciones de administración están disponibles en español.
Componentes en Inglés: Todos los materiales están disponibles en inglés, también; el manual es en inglés.
Referencias Cruzadas: Para reseñas por Phillip L. Ackerman y Martin J. Wiese de los componentes en inglés de esta prueba, consulte 21:20.

[80s]

Bilingual English-Spanish Assessment.
Propósito: Diseñado para identificar la deficiencia fonológica y/o del lenguaje en niños bilingües y aprendices del idioma inglés.
Procedencia: Estados Unidos/inglés y español.
Población: Niños/as latinos/as de edades 4-0 a 6-11 que hablan inglés, español o ambos.
Baremos: Se desarrollaron los baremos utilizando una muestra de 756 niños, distribuidos por edad, región geográfica, exposición del idioma, dialecto, sexo, nivel de educación de los padres y estado económico. Los participantes representaron tres de las cuatro regiones de los EE. UU. (oeste, suroeste y noreste), diversos grados de bilingüismo y 17 dialectos de español (mexicano, puertorriqueño, texano-mexicano, dominicano, salvadoreño, argentino, centroamericano, hondureño, nicaragüense, castellano, cubano, costarricense, ecuatoriano, chicano, chileno, guatemalteco y panameño).
Fecha de Publicación: 2018.
Acrónimo: BESA.

group of Spanish speakers (*n* = 46) using the translated instructions. The test publisher indicates that results provide evidence that supports the validity of the interpretation of the IQ score when using the translated instructions with Spanish speakers.
Publication Dates: 1934-2016.
Scores, 6: Coding, Picture Absurdities, Clerical Checking, Picture Completion, Matrix Reasoning, Beta-4 IQ.
Administration: Individual or group.
Price Data, 2022: $280 per complete kit including manual (2016, 66 pages, English), 25 response booklets, and scoring key; $69.20 per manual; $46.10 per scoring key; $184.60 per 25 response booklets.
Time: 25-30 minutes; subtests are timed as follows: Coding, 2 minutes; Picture Absurdities, 3 minutes; Clerical Checking, 2 minutes; Picture Completion, 2.5 minutes; Matrix Reasoning, 5 minutes.
Comments: The same response booklet is used for administration in English or Spanish; test publisher advises that the test administrator be a native Spanish speaker or fluent in Spanish.
Authors: C. E. Kellogg and N. W. Morton.
Publisher: Pearson.
Spanish Components: Administration directions and response forms are available in Spanish.
English Components: All materials are also available in English; the manual is in English.
Cross References: For reviews by Phillip L. Ackerman and Martin J. Wiese of this test's English components, see 21:20.

[80e]

Bilingual English-Spanish Assessment.
Purpose: Designed to "identify phonological and/or language impairment in bilingual and English language learner (ELL) children."
Origin: United States/English and Spanish.
Population: Latino/a children ages 4-0 to 6-11 who speak English, Spanish, or both.
Norms: Norms were developed using a sample of 756 children, distributed by age, geographic region, language exposure, dialect, gender, parental level of education, and economic status. Participants represented three of the four regions in the U.S. (West, Southwest, and Northeast), varying degrees of bilingualism, and 17 Spanish dialects (Mexican, Puerto Rican, Texas-Mexican, Dominican, Salvadorian, Argentine, Central American, Honduran, Nicaraguan, Castilian, Cuban, Costa Rican, Ecuadorian, Chicano, Chilean, Guatemalan, and Panamanian).
Publication Date: 2018.
Acronym: BESA.

Puntuación: 8 en cada lenguaje (inglés y español): Fonología, Morfosíntaxis (Cloze, Repetición de Frases), Semántica (Receptiva, Expresiva), Compuesto de Lenguaje.
Administración: Individual.
Precios, 2022: $550 por juego completo, incluyendo manual de prueba, libro de estímulos, 20 protocolos en inglés, 20 protocolos en español, 20 formularios de BIOS y 20 formularios de ITALK; $80 por 20 protocolos en inglés; $80 por 20 protocolos en español; $35 por 20 formularios de ITALK; $35 por 20 formularios de BIOS.
Duración: (60) minutos cada lenguaje para la batería completa.
Comentarios: Se puede aplicar como batería completa o pruebas separadas; debe ser administrado por un profesional de habla-lenguaje bilingüe; la casa editorial de la prueba avisa que si se administra la prueba en ambos lenguajes, se debe hacer las administraciones en dos días diferentes; se incluye una Actividad Pragmática para ayudar a los médicos a establecer una buena relación con el niño.
Autores: Elizabeth D. Peña, Vera F. Gutiérrez-Clellen, Aquiles Iglesias, Brian A. Goldstein y Lisa M. Bedore.
Editorial: Paul H. Brookes Publishing Co., Inc.
Componentes en Español: Los ítems de la prueba e instrucciones para administración son en español.
Componentes en Inglés: Los ítems de la prueba e instrucciones para administración son en inglés, también; el manual es en inglés.

a) ENCUESTA ENTRADA Y SALIDA BILINGÜE.
Propósito: Diseñado para proveer una evaluación de la historia de la exposición del lenguaje del niño y uso actual del español e inglés en el hogar y la escuela.
Baremos: Esta prueba no es de referencia normativa.
Acrónimo: BIOS.
Formularios, 2: Hogar, Escuela.
Puntuación, 12: Escuela Entrada Español, Escuela Resultado Español, Escuela Entrada Inglés, Escuela Resultado Inglés, Hogar Entrada Español, Hogar Resultado Español, Hogar Entrada Inglés, Hogar Resultado Inglés, Promedio Escuela Entrada/Resultado Español, Promedio Escuela Entrada/Resultado Inglés, Promedio Hogar Entrada/Resultado Español, Promedio Hogar Entrada/Resultado Inglés.
Duración: (5-15) minutos.
Comentarios: Administrarse antes de la prueba para determinar el lenguaje de evaluación: inglés, español o ambos.

b) INVENTARIO PARA EVALUAR CONOCIMIENTO LINGÜÍSTICO.
Propósito: Diseñado como una entrevista de padres y docentes para identificar el nivel percibido del desempeño del niño en español e inglés en cinco áreas de habla y lenguaje: vocabulario, gramática, producción de frases, comprensión y fonología.
Baremos: Esta prueba no es de referencia normativa.
Acrónimo: ITALK.

Scores: 8 in each language (English and Spanish): Phonology, Morphosyntax (Cloze, Sentence Repetition), Semantics (Receptive, Expressive), Language Composite.
Administration: Individual.
Price Data, 2022: $550 per complete kit, including test manual, stimulus book, 20 English test forms, 20 Spanish test forms, 20 BIOS forms, and 20 ITALK forms; $80 per 20 English test forms; $80 per 20 Spanish test forms; $35 per 20 ITALK forms; $35 per 20 BIOS forms.
Time: (60) minutes per language for complete battery.
Comments: Can be administered as a complete battery or as separate tests; administrator should be an experienced Spanish-English bilingual speech-language professional; test publisher advises that if administering the test in both languages, administration should be conducted on separate days; Pragmatics Activity is included to help establish rapport with test taker.
Authors: Elizabeth D. Peña, Vera F. Gutiérrez-Clellen, Aquiles Iglesias, Brian A. Goldstein, and Lisa M. Bedore.
Publisher: Paul H. Brookes Publishing Co., Inc.
Spanish Components: Test items and administration instructions are in Spanish.
English Components: Test items and administration instructions are also in English; the manual is in English.

a) BILINGUAL INPUT-OUTPUT SURVEY.
Purpose: Designed to provide an assessment of the child's language exposure history and current use of Spanish and English in the home and at school.
Norms: This test is not norm referenced.
Acronym: BIOS.
Forms, 2: Home, School.
Scores, 12: Spanish School Input, Spanish School Output, English School Input, English School Output, Spanish Home Input, Spanish Home Output, English Home Input, English Home Output, Average Spanish School Input/Output, Average English School Input/Output, Average Spanish Home Input/Output, Average English Home Input/Output.
Time: (5-15) minutes.
Comments: To be administered "prior to the assessment to guide whether to test children in Spanish, English, or both."

b) INVENTORY TO ASSESS LANGUAGE KNOWLEDGE.
Purpose: Designed as a parent and teacher interview to "identify child's perceived level of performance in Spanish and English" in five areas of speech and language: Vocabulary, Grammar, Sentence Production, Comprehension, Phonology.
Norms: This test is not norm referenced.
Acronym: ITALK.

Formularios, 2: Hogar, Escuela.
Puntuación: Puntuación total en inglés y español.
Duración: (10) minutos.
Comentarios: Administrarse antes de la prueba para proveer un resumen de preocupaciones de los padres y docentes que puede usarse para guiar áreas específicas de evaluación.

Referencias Cruzadas: Para reseñas por Joseph R. Engler y Vincent C. Alfonso y por Tracy Paskiewicz de los componentes en inglés de esta prueba, consulte 21:21.

[81s]

Body Insight Scale.

Propósito: Diseñado para medir la conciencia de las sensaciones corporales internas y externas que apoyan la comodidad, la salud y el bienestar general.
Procedencia: Estados Unidos/inglés.
Traducción/Adaptación: La editorial indica que existen varias traducciones de calidad variable, algunas de las cuales están disponibles de la casa editorial/distribuidor; no se provee información en los materiales de la prueba sobre el proceso de traducción/adaptación.
Población: Adultos.
Baremos: No se han provisto baremos con los materiales traducidos al español.
Fecha de Publicación: 2011.
Acrónimo: BIS.
Puntuación, 3: Conciencia Corporal de Energía, Conciencia Corporal de Comodidad, Conciencia Corporal Interna.
Administración: Individual o colectiva.
Precios, 2022: $2.50 por licencia de uso remoto en línea (compra mínima de 50); $2.50 por licencia para reproducir (compra mínima de 50).
Duración: [8-10] minutos.
Autora: Rosemarie Anderson.
Editorial: Mind Garden, Inc.
Componentes en Español: Los ítems de la prueba y sus instrucciones correspondientes están disponibles en español.
Componentes en Inglés: Todos los materiales están disponibles en inglés también; la guía de puntuación es en inglés.

[82s]

Boehm Test of Basic Concepts–Third Edition.

Propósito: Diseñado para evaluar conceptos básicos esenciales para obtener éxito en el ámbito escolar.
Procedencia: Estados Unidos/inglés y español.
Traducción/Adaptación: Los materiales españoles de la prueba fueron desarrollados en conjunto con la edición en inglés. Críticos independientes evaluaron la traducción al español.
Población: Grados K-2.

Forms, 2: Home, School.
Scores: Total score in English and Spanish.
Time: (10) minutes.
Comments: Administer before assessment to "provide a summary of parent and teacher concerns that can be used to guide target areas of assessment."

Cross References: For reviews by Joseph R. Engler and Vincent C. Alfonso and by Tracy Paskiewicz of this test's English components, see 21:21.

[81e]

Body Insight Scale.

Purpose: Designed to "measure awareness of internal and external bodily sensations that support comfort, health and overall well-being."
Origin: United States/English.
Translation/Adaptation: Test publisher indicates that various translations of varying quality exist, some of which are available from the publisher/distributor; there is no information in the test materials about the translation/adaptation process.
Population: Adults.
Norms: Separate norms are not provided with the materials translated to Spanish.
Publication Date: 2011.
Acronym: BIS.
Scores, 3: Energy Body Awareness, Comfort Body Awareness, Inner Body Awareness.
Administration: Individual or group.
Price Data, 2022: $2.50 per remote online survey license (minimum purchase of 50); $2.50 per license to reproduce (minimum purchase of 50).
Time: [8-10] minutes.
Author: Rosemarie Anderson.
Publisher: Mind Garden, Inc.
Spanish Components: The test items and their corresponding instructions are available in Spanish.
English Components: All test materials are also available in English; the scoring guide is in English.

[82e]

Boehm Test of Basic Concepts–Third Edition.

Purpose: Designed to "evaluate basic concepts essential for school success."
Origin: United States/English and Spanish.
Translation/Adaptation: The Spanish test materials were developed simultaneously with the English edition. Independent reviewers evaluated the Spanish translation.
Population: Grades K-2.

Baremos: Se han provisto baremos con los materiales en español. Los baremos se desarrollaron utilizando una muestra de 1,100 estudiantes hispanohablantes de los Estados Unidos, distribuidos por grado escolar, semestre escolar en que tomaron la prueba, formulario que se administró (E o F) y sexo.
Fechas de Publicación: 1986-2001.
Acrónimo: Boehm-3.
Puntuación: Puntuación total solamente.
Administración: Individual o colectiva.
Formularios, 2: E, F.
Precios, 2022: $112.50 por juego de la prueba incluyendo manual del examinador (2001, 145 páginas, inglés), cuaderno formulario E, plantilla de corrección formulario E, cuaderno de examen formulario F, plantilla de corrección formulario F e instrucciones para administración (para ambos formularios, en inglés y en español); $187.20 por juego completo (formulario E o F) incluye manual del examinador, instrucciones para administración (inglés o español), 25 cuadernillos y plantilla de corrección.
Duración: (30-45) minutos para administración colectiva; (15-25) minutos para administración individual.
Comentarios: Los formularios E y F son paralelos.
Autora: Ann E. Boehm.
Traductores/Adaptadores: José Ramón de la Fuente, Henriette W. Langdon, Nancy Ruiz Mahecha, E. Judith Riggin y Albert Villanueva-Reyes.
Editorial: Pearson.
Componentes en Español: Los ítems de prueba e instrucciones de administración para los formularios E y F están disponibles en español.
Componentes en Inglés: Todos los materiales están disponibles en inglés, también; el manual es en inglés.
Referencias Cruzadas: Para reseñas por Sherry K. Bain y James Hawkins y por Harold R. Keller de los componentes en inglés de esta prueba, consulte 16:34.

[83s]

Boehm Test of Basic Concepts–3 Preschool.

Propósito: Diseñado para evaluar la comprensión de conceptos relacionales básicos (cualidad, espacial, temporal, cantidad) importantes para el desarrollo cognitivo y del lenguaje en niños pequeños.
Procedencia: Estados Unidos/inglés y español.
Traducción/Adaptación: Los materiales españoles de la prueba fueron desarrollados en conjunto con la edición en inglés. Críticos independientes evaluaron la traducción al español.
Población: Edades 3-0 a 5-11.
Baremos: Se han provisto baremos con los materiales en español. Los baremos se desarrollaron utilizando una muestra con más de 500 sujetos, distribuidos por edad, género, región geográfica dentro de los Estados Unidos y nivel educativo de los padres.
Fechas de Publicación: 1986-2001.

Norms: Separate norms are provided with the Spanish materials. Norms were developed using a sample of 1,100 Spanish-speaking students from the United States, distributed by grade, semester test was taken, form administered (E or F), and gender.
Publication Dates: 1986-2001.
Acronym: Boehm-3.
Scores: Total score only.
Administration: Individual or group.
Forms, 2: E, F.
Price Data, 2022: $112.50 per examination kit including examiner's manual (2001, 145 pages, English), form E booklet, form E class key, form F booklet, form F class key, and directions for administration (for both forms, in English and Spanish); $187.20 per complete kit (form E or F) includes examiner's manual, directions for administration (English or Spanish), 25 form booklets, and form class key.
Time: (30-45) minutes for group administration; (15-25) minutes for individual administration.
Comments: Forms E and F are parallel forms.
Author: Ann E. Boehm.
Translators/Adaptors: José Ramón de la Fuente, Henriette W. Langdon, Nancy Ruiz Mahecha, E. Judith Riggin, and Albert Villanueva-Reyes.
Publisher: Pearson.
Spanish Components: Test items and administration instructions for Forms E and F are available in Spanish.
English Components: All materials are also available in English; the manual is in English.
Cross References: For reviews by Sherry K. Bain and James Hawkins and by Harold R. Keller of this test's English components, see 16:34.

[83e]

Boehm Test of Basic Concepts–3 Preschool.

Purpose: "Designed to assess young children's understanding of the basic relational concepts (quality, spatial, temporal, and quantity) important for language and cognitive development."
Origin: United States/English and Spanish.
Translation/Adaptation: The Spanish test materials were developed simultaneously with the English edition. Independent reviewers evaluated the Spanish translation.
Population: Ages 3-0 to 5-11.
Norms: Separate norms are provided with the Spanish materials. Norms were developed using a sample of more than 500 participants, distributed by age, gender, region of the United States, and parents' education level.
Publication Dates: 1986-2001.

Acrónimo: Boehm-3 Preschool.
Puntuación: Puntuación total solamente.
Administración: Individual.
Precios, 2022: $247 por juego completo incluye manual del examinador (2001, 103 páginas, inglés), manual de estímulos y 25 formularios de respuesta; $88.50 por manual del examinador; $133.50 por manual de estímulos; $63 por 25 formularios de respuesta.
Duración: [20-30] minutos.
Autora: Ann E. Boehm.
Traductores/Adaptadores: José Ramón de la Fuente, Henriette W. Langdon, Nancy Ruiz Mahecha, E. Judith Riggin y Albert Villanueva-Reyes.
Editorial: Pearson.
Componentes en Español: Los formularios y las instrucciones para el administrador en el manual de estímulos están disponibles en español.
Componentes en Inglés: Todos los materiales están disponibles en inglés, también; el manual es en inglés.
Referencias Cruzadas: Para reseñas por Theresa Graham y Koressa Kutsick Malcolm de los componentes en inglés de esta prueba, consulte 16:35.

[84s]

Bracken Basic Concept Scale: Expressive.

Propósito: Diseñado para medir la capacidad del niño para identificar de manera verbal los conceptos básicos.
Procedencia: Estados Unidos/inglés.
Traducción/Adaptación: Se realizó una investigación de campo sobre la adaptación de los formularios al español durante el 2005 y 2006 para examinar la familiaridad y la idoneidad de los ítems para niños que hablan español en los Estados Unidos. Un total de 61 niños de habla hispana de la región central, sur y oeste participaron en el estudio.
Población: Edades 3-0 a 6-11.
Baremos: No se han provisto baremos con los materiales traducidos al español; se diseño la prueba para su uso como una prueba basada en criterios cuando se aplicara a hispanohablantes.
Fecha de Publicación: 2006.
Acrónimo: BBCS:E.
Puntuación, 13: 10 puntuaciones de subpruebas (Colores, Letras/Sonidos, Números/Conteo, Tamaños/Comparaciones, Formas, Dirección/Posición, Conciencia de Sí Mismo/Social, Textura/Material, Cantidad, Tiempo/Secuencia); 3 puntuaciones compuestas (Preparación Escolar, Preparación Escolar Expresiva, Expresiva Total).
Administración: Individual.
Precios, 2022: $336 por juego completo incluye manual del examinador (2006, 205 páginas, inglés), manual de estímulos y 25 hojas de anotación en inglés; $155.25 por manual del examinador; $322 por manual de estímulos; $67.50 por 25 hojas de

Acronym: Boehm-3 Preschool.
Scores: Total score only.
Administration: Individual.
Price Data, 2022: $247 per complete kit including examiner's manual (2001, 103 pages, English), stimulus manual, and 25 record forms; $88.50 per examiner's manual; $133.50 per stimulus manual; $63 per 25 record forms.
Time: [20-30] minutes.
Author: Ann E. Boehm.
Translators/Adaptors: José Ramón de la Fuente, Henriette W. Langdon, Nancy Ruiz Mahecha, E. Judith Riggin, and Albert Villanueva-Reyes.
Publisher: Pearson.
Spanish Components: Record forms and administrator instructions in the picture manual are in Spanish.
English Components: All materials are also available in English; the manual is in English.
Cross References: For reviews by Theresa Graham and Koressa Kutsick Malcolm of this test's English components, see 16:35.

[84e]

Bracken Basic Concept Scale: Expressive.

Purpose: Designed to measure "a child's ability to verbally label basic concepts."
Origin: United States/English.
Translation/Adaptation: "Field research with the Spanish adaptation was conducted in 2005 and 2006 to examine familiarity and appropriateness of the test items for Spanish-speaking children in the United States. A total of 61 Spanish-speaking children from the Midwest, South, and West participated in the study."
Population: Ages 3-0 to 6-11.
Norms: Separate norms are not provided with the materials translated to Spanish; the test is designed to be used as a criterion-referenced measure when administered to Spanish speakers.
Publication Date: 2006.
Acronym: BBCS:E.
Scores, 13: 10 subtest scores (Colors, Letters/Sounds, Numbers/Counting, Sizes/Comparisons, Shapes, Direction/Position, Self-/Social Awareness, Texture/Material, Quantity, Time/Sequence); 3 composite scores (School Readiness Composite, Expressive School Readiness Composite, Expressive Total Composite).
Administration: Individual.
Price Data, 2022: $336 per complete kit including examiner's manual (2006, 205 pages, English), stimulus manual, and 25 English record forms; $155.25 per examiner's manual; $322 per stimulus manual; $67.50 per 25

anotación en español o inglés; $106.75 por asistente de puntuación.
Duración: (20-25) minutos.
Autor: Bruce A. Bracken.
Editorial: Pearson.
Componentes en Español: Los reportes para padres y docentes están disponibles en español.
Componentes en Inglés: Todos los materiales están disponibles en inglés también; el manual es en inglés.
Referencias Cruzadas: Para reseñas por R. Anthony Doggett y Gregory Snyder de los componentes en inglés de esta prueba, consulte 18:13.

[85s]

Bracken Basic Concept Scale–Fourth Edition: Receptive.

Propósito: Diseñado para evaluar conceptos relevantes que tradicionalmente los niños habían que saber para prepararse para la educación formal temprana.
Procedencia: Estados Unidos/inglés.
Traducción/Adaptación: Algunos ítems en el formulario de registro fueron traducidos de inglés al español. Algunos ítems fueron modificados cuando una traducción no fuese suficiente para expresar el concepto. Por ejemplo, modificaron algunos ítems para que no proveyesen pistas de género y proveyeron varias opciones vocabularios para permitir por las diferencias dialécticas en español.
Población: Edades 3-0 a 7-11.
Baremos: No se han provisto baremos con los materiales traducidos al español; administración utilizando el formulario de registro en español proporciona puntajes brutos y de porcentaje de dominio en lugar de puntajes de referencia normativa.
Fechas de Publicación: 2006-2023.
Acrónimo: BBCS-4:R.
Puntuación, 8: Preparación Escolar, Conciencia de Sí Mismo/Conciencia Social, Dirección/Posición, Textura/Material, Cantidad, Tiempo/Secuencia, Compuesto de Preparación Escolar Receptiva, Compuesto Total Receptivo.
Administración: Individual.
Precios, 2023: $349 por kit completo (impreso o digital) que incluye manual del examinador (2023, 196 páginas), manual de estímulo (impreso), 25 formularios de registro y 25 guías de desarrollo de conceptos (inglés); $184 por manual de estímulo (impreso o digital); $99 por manual del examinador (impreso o digital); $70 por 25 formularios de registro (impresos; inglés o español); $10 por 25 guías de desarrollo de conceptos (impresas; inglés o español); $2.50 por informe de puntaje digital.
Duración: Tiempo total de administración es aproximadamente 23-38 minutos, dependiendo de la edad y la capacidad del niño; tiempo de administración de aproximadamente 10-17 minutos para las subpruebas que componen el puntaje de la subprueba de preparación escolar.

record forms in Spanish or English; $106.75 per scoring assistant.
Time: (20-25) minutes.
Author: Bruce A. Bracken.
Publisher: Pearson.
Spanish Components: The parent and teacher report forms are available in Spanish.
English Components: All materials are also available in English; the manual is in English.
Cross References: For reviews by R. Anthony Doggett and Gregory Snyder of this test's English components, see 18:13.

[85e]

Bracken Basic Concept Scale–Fourth Edition: Receptive.

Purpose: Designed to assess "relevant concepts children have traditionally needed to know to be prepared for early formal education."
Origin: United States/English.
Translation/Adaptation: Some items on the record form were translated from English to Spanish. Some items were modified when translation alone didn't capture the concept being expressed. Examples include modifications made so that gender clues aren't provided and various vocabulary options provided to allow for dialectical differences in Spanish.
Population: Ages 3-0 to 7-11.
Norms: Separate norms are not provided with the materials translated to Spanish; "administration using the Spanish record form provides raw scores and percent mastery rather than norm-referenced scores."
Publication Dates: 2006-2023.
Acronym: BBCS-4:R.
Scores, 8: School Readiness, Self-/Social Awareness, Direction/Position, Texture/Material, Quantity, Time/Sequence, Receptive School Readiness Composite, Receptive Total Composite.
Administration: Individual.
Price Data, 2023: $349 per complete kit (print or digital) including examiner's manual (2023, 196 pages), stimulus manual (print), 25 record forms (English), and 25 concept development guides (English); $184 per stimulus manual (print or digital); $99 per examiner's manual (print or digital); $70 per 25 record forms (print; English or Spanish); $10 per 25 concept development guides (print; English or Spanish); $2.50 per digital score report.
Time: Approximate total administration time of 23–38 minutes, depending on age and ability of child; administration time of approximately 10–17 minutes for subtests that constitute the School Readiness Subtest score.

Comentarios: Se administra con papel y lápiz o en línea; si evalúa a un niño bilingüe, considere evaluar utilizando las versiones en inglés y español de la prueba para obtener un perfil completo del conocimiento de conceptos del niño bilingüe.
Autor: Bruce A. Bracken.
Editorial: Pearson.
Componentes en Español: El formulario de respuesta contiene instrucciones de administración, registro y calificación en español; el guía del desarrollo de conceptos está disponible en español.
Componentes en Inglés: Todos los materiales están disponibles en inglés también; el manual es en inglés.

[86s]

Bracken School Readiness Assessment, Fourth Edition.

Propósito: Diseñado para determinar el grado en el que un niño ha adquirido los conceptos académicos y socioemocionales necesarios para tener éxito en la escuela.
Procedencia: Estados Unidos/inglés.
Traducción/Adaptación: Algunos ítems en el formulario de registro fueron traducidos de inglés al español. Algunos ítems fueron modificados cuando una traducción no fuese suficiente para expresar el concepto. Por ejemplo, modificaron algunos ítems para que no proveyesen pistas de género y ofrecieron varias opciones vocabularios para permitir por las diferencias dialécticas en español.
Población: Edades 3-0 a 7-11.
Baremos: No se han provisto baremos con los materiales traducidos al español; administración utilizando el formulario de registro en español proporciona puntajes brutos y de porcentaje de dominio en lugar de puntajes de referencia normativa.
Fechas de Publicación: 2007-2023.
Acrónimo: BSRA-4.
Puntuación, 7: Colores, Letras, Números/Conteo, Tamaños/Comparaciones, Formas, Conciencia de Sí Mismo/Conciencia Social, Compuesto de Preparación Escolar.
Administración: Individual.
Precios, 2023: $235 por kit completo en inglés (impreso o digital), incluyendo el manual (2023, 140 páginas, inglés), el libro de estímulo, 25 formularios de registro y 25 guías de desarrollo de conceptos; $73 por manual (impreso o digital); $121 por libro de estímulo (impreso o digital); $35 por 25 formularios (inglés o español); $10 por 25 guías de desarrollo de conceptos (inglés o español); $1.70 por informe de puntaje en línea.
Duración: 10-17 minutos para administración, dependiendo de la edad y la capacidad del examinado.
Comentarios: Se administra con papel y lápiz o en línea; si evalúa a un niño bilingüe, considere evaluar utilizando las versiones en inglés y español

Comments: Administered via paper and pencil or digitally; "if testing a bilingual child, consider testing using both the Spanish and English versions of the test to obtain a complete profile of the bilingual child's concept knowledge."
Author: Bruce A. Bracken.
Publisher: Pearson.
Spanish Components: The Spanish record form contains administration, scoring, and recording directions; the concept development guide is available in Spanish.
English Components: All materials are also available in English; the manual is in English.

[86e]

Bracken School Readiness Assessment, Fourth Edition.

Purpose: Designed "to determine the extent to which a child has acquired the academic and social-emotional concepts needed to be successful" in school.
Origin: United States/English.
Translation/Adaptation: Some items on the record form were translated from English to Spanish. Some items were modified when translation alone didn't capture the concept being expressed. Examples include making modifications so that gender clues aren't provided and offering various vocabulary options to allow for dialectical differences in Spanish.
Population: Ages 3-0 through 7-11.
Norms: Separate norms are not provided with the materials translated to Spanish; "administration using the Spanish record form provides raw scores and percent mastery rather than norm-referenced scores."
Publication Dates: 2007-2023.
Acronym: BSRA-4.
Scores, 7: Colors, Letters, Numbers/Counting, Sizes/Comparisons, Shapes, Self-/Social Awareness, School Readiness Composite.
Administration: Individual.
Price Data, 2023: $235 per complete English kit (print or digital) including manual (2023, 140 pages, English), stimulus book, 25 record forms, and 25 concept development guides; $73 per manual (print or digital); $121 per stimulus book (print or digital); $35 per 25 record forms (English or Spanish); $10 per 25 concept development guides (English or Spanish); $1.70 per online score report.
Time: 10-17 minutes for administration, depending on age and ability of examinee.
Comments: Administered via paper and pencil or digitally; "if testing a bilingual child, consider testing using both the Spanish and English

de la prueba para obtener un perfil completo del conocimiento de conceptos del niño bilingüe; las subpruebas en el BSRA-4 son las primeras seis subpruebas del Bracken Basic Concept Scale–Fourth Edition: Receptive.
Autor: Bruce A. Bracken.
Editorial: Pearson.
Componentes en Español: El formulario de respuesta contiene indicaciones verbales dirigidas a los examinados e ítems en español; el guía del desarrollo de conceptos está disponible en español.
Componentes en Inglés: Todos los materiales están disponibles en inglés también; el manual es en inglés.

versions of the test to obtain a complete profile of the bilingual child's concept knowledge;" the subtests in this test are the first six subtests of the Bracken Basic Concept Scale–Fourth Edition: Receptive.
Author: Bruce A. Bracken.
Publisher: Pearson.
Spanish Components: The response form contains verbal prompts spoken to the test taker and test items in Spanish; the concept development guide is available in Spanish.
English Components: All materials are also available in English; the manual is in English.

[87s]

Brief Battery for Health Improvement 2.

Propósito: Diseñado para la evaluación de pacientes médicos que pueden tener problemas con dolor, funcionamiento, somatización, depresión, ansiedad u otros factores pertinentes a la rehabilitación y la recuperación.
Procedencia: Estados Unidos (2002)/ingles.
Traducción/Adaptación: No se provee información en los materiales de la prueba sobre el proceso de traducción/adaptación.
Población: Edades 18–65.
Baremos: No se han provisto baremos con el formulario traducido al español.
Fechas de Publicación: 2002, 2004.
Acrónimo: BBHI 2.
Puntuación, 6: Escala de Validez (Defensividad), Escalas de Síntomas Físicos (Quejas Somáticas, Quejas de Dolor, Quejas Funcionales), Escalas de Síntomas Afectivos (Depresión, Ansiedad).
Administración: Individual.
Partes, 4: Parte I (Escala de Quejas de Dolor), Parte II (Escala de Quejas Somáticas), Parte III (Escala de Quejas Funcionales), Parte IV (Escalas de Depresión, Ansiedad y Defensividad).
Precios, 2022: $164.80 por juego de inicio en línea o programa de computadora incluye manual (2002, 151 páginas, inglés), 10 hojas de respuestas y 10 administraciones en línea; $57.20 por manual; $15 por reportes estándares/extendidos en línea; $32.30 por 25 hojas de respuestas (español o inglés).
Duración: (7–10) minutos.
Autores: John Mark Disorbio y Daniel Bruns.
Editorial: Pearson.
Componentes en Español: Las hojas de respuesta y sus instrucciones correspondientes están disponibles en español.
Componentes en Inglés: Todos los materiales están disponibles en inglés, también; el manual es en inglés.
Referencias Cruzadas: Para reseñas por Theodore L. Hayes y Wes Sime de los componentes en inglés de esta prueba, consulte 17:30.

[87e]

Brief Battery for Health Improvement 2.

Purpose: Designed for "assessing medical patients who may be experiencing problems with pain, functioning, somatization, depression, anxiety, or other factors relevant to rehabilitation and recovery."
Origin: United States (2002)/English.
Translation/Adaptation: No information is provided in the test materials about the translation/adaptation process.
Population: Ages 18–65.
Norms: Separate norms are not provided with the form translated to Spanish.
Publication Dates: 2002, 2004.
Acronym: BBHI 2.
Scores, 6: Validity Scale (Defensiveness), Physical Symptom Scales (Somatic Complaints, Pain Complaints, Functional Complaints), Affective Symptom Scales (Depression, Anxiety).
Administration: Individual.
Parts, 4: Part I (Pain Complaints Scale), Part II (Somatic Complaints Scale), Part III (Functional Complaints Scale), Part IV (Depression, Anxiety, and Defensiveness Scales).
Price Data, 2022: $164.80 per online or software starter kit including manual (2002, 151 pages, English), 10 answer sheets, and 10 online administrations; $57.20 per manual; $15 per online standard/extended report; $32.30 per 25 answer sheets (Spanish or English).
Time: (7–10) minutes.
Authors: John Mark Disorbio and Daniel Bruns.
Publisher: Pearson.
Spanish Components: The answer sheets and their corresponding instructions are available in Spanish.
English Components: All materials are also available in English; the manual is in English.
Cross References: For reviews by Theodore L. Hayes and Wes Sime of this test's English components, see 17:30.

[88s]

Brief Symptom Inventory.

Propósito: Diseñado para reflejar los patrones de síntomas psicológicos de los pacientes psiquiátricos y médicos, así como los no pacientes.
Procedencia: Estados Unidos (1975-1982)/inglés.
Traducción/Adaptación: No se provee información en los materiales de la prueba sobre el proceso de traducción/adaptación.
Población: Adultos y adolescentes edades 13 en adelante.
Baremos: No se han provisto baremos con los materiales traducidos al español.
Fechas de Publicación: 2004-2006.
Acrónimo: BSI®.
Puntuación, 12: 9 Dimensiones Primarias: Somatización, Obsesivo-Compulsivo, Sensibilidad Interpersonal, Depresión, Ansiedad, Hostilidad, Ansiedad Fóbica, Ideación Paranoide, Psicoticismo; 3 Índices Globales: Índice de Severidad Global, Síntomas Positivos Índice de Angustia, Total de Síntomas Positivos.
Administración: Individual o colectiva.
Precios, 2022: $147.30 por juego de inicio corrección a mano (especificar Adulto No-paciente, Adolescente No-paciente, Psiquiátrico Ambulatorio o Psiquiátrico Hospitalizado) incluye manual (1982, 47 páginas, inglés), 50 hojas de respuesta, 50 formularios de perfil y 2 borradores; $80.10 por 50 hojas de respuesta de corrección a mano (inglés o español); $37 por 50 formularios de perfil (especificar Adulto No-paciente, Adolescente No-paciente, Psiquiátrico Ambulatorio o Psiquiátrico Hospitalizado); $52.90 por manual; $70.60 por audio CD (inglés o español).
Duración: (8–10) minutos.
Autor: Leonard R. Derogatis.
Editorial: Pearson.
Componentes en Español: Las hojas de respuesta y sus instrucciones correspondientes y el CD de audio están disponibles en español.
Componentes en Inglés: Todos los materiales están disponibles en inglés también; el manual de administración, puntuación y procedimientos es en inglés.
Referencias Cruzadas: Para reseñas por Bert P. Cundick y Charles A. Peterson de los componentes en inglés de esta prueba, consulte 10:35.

[89s]

Brief Symptom Inventory 18.

Propósito: Diseñado para detectar la angustia psicológica y trastornos psiquiátricos en poblaciones médicas y de la comunidad.
Procedencia: Estados Unidos (2001)/inglés.
Traducción/Adaptación: No se provee información en los materiales de la prueba sobre el proceso de traducción/adaptación.

[88e]

Brief Symptom Inventory.

Purpose: "Designed to reflect the psychological symptom patterns of psychiatric and medical patients as well as non-patients."
Origin: United States (1975-1982)/English.
Translation/Adaptation: No information is provided in the test materials about the translation/adaptation process.
Population: Adults and adolescents age 13 or older.
Norms: Separate norms are not provided with the materials translated to Spanish.
Publication Dates: 2004-2006.
Acronym: BSI®.
Scores, 12: 9 primary dimensions: Somatization, Obsessive-Compulsive, Interpersonal Sensitivity, Depression, Anxiety, Hostility, Phobic Anxiety, Paranoid Ideation, Psychoticism; 3 global indices: Global Severity Index, Positive Symptom Distress Index, Positive Symptom Total.
Administration: Individual or group.
Price Data, 2022: $147.30 per handscoring starter kit (specify Nonpatient Adult, Nonpatient Adolescent, Outpatient Psychiatric, or Inpatient Psychiatric) including manual (1982, 47 pages, English), 50 answer sheets, 50 profile forms, and 2 worksheets; $80.10 per 50 handscoring answer sheets (Spanish or English); $37 per 50 profile forms (specify Nonpatient Adult, Nonpatient Adolescent, Outpatient Psychiatric, or Inpatient Psychiatric); $52.90 per manual; $70.60 per audio CD (English or Spanish).
Time: (8–10) minutes.
Author: Leonard R. Derogatis.
Publisher: Pearson.
Spanish Components: The answer sheets and their corresponding instructions and the audio CD are available in Spanish.
English Components: All materials are also available in English; the Administration, Scoring and Procedures Manual is in English.
Cross References: For reviews by Bert P. Cundick and Charles A. Peterson of this test's English components, see 10:35.

[89e]

Brief Symptom Inventory 18.

Purpose: Designed to "screen for psychological distress and psychiatric disorders in medical and community populations."
Origin: United States (2001)/English.
Translation/Adaptation: No information is provided in the test materials about the translation/adaptation process.

Población: Edades 18 en adelante.
Baremos: No se han provisto baremos con los materiales traducidos al español.
Fecha de Publicación: 2004.
Acrónimo: BSI 18.
Puntuación, 4: Somatización, Depresión, Ansiedad, Total (Índice de Severidad Global).
Administración: Individual o colectiva.
Precios, 2022: $143.80 por juego de inicio de corrección a mano incluye manual (2001, 54 páginas, inglés), 50 cuadernos de respuesta con ítems de prueba (inglés o español) y 50 hojas de perfil (especificar baremos de comunidad o oncología); $50.70 por manual; $80.10 por 50 cuadernos de respuesta (inglés o español); $37.20 por 50 hojas de perfil (especificar baremos de comunidad u oncología).
Duración: (4–5) minutos.
Comentarios: Autoreporte; puede ser administrado vía formato impreso o en línea.
Autor: Leonard R. Derogatis.
Editorial: Pearson.
Componentes en Español: Los cuadernos de respuesta con ítems de prueba y sus instrucciones correspondientes están disponibles en español.
Componentes en Inglés: Todos los materiales están disponibles en inglés, también; el manual de administración, puntuación y procedimientos es en inglés.
Referencias Cruzadas: Para reseñas por Roger A. Boothroyd y William E. Hanson de los componentes en inglés de esta prueba, consulte 15:38.

Population: Age 18 and older.
Norms: Separate norms are not provided with the materials translated to Spanish.
Publication Date: 2004.
Acronym: BSI 18.
Scores, 4: Somatization, Depression, Anxiety, Total (Global Severity Index).
Administration: Individual or group.
Price Data, 2022: $143.80 per handscore starter kit including manual (2001, 54 pages, English), 50 answer sheets with test items (English or Spanish), and 50 profile forms (specify community or oncology norms); $50.70 per manual; $80.10 per 50 answer sheets (English or Spanish); $37.20 per 50 profile forms (specify community or oncology norms).
Time: (4–5) minutes.
Comments: Self-report; may be administered in paper-and-pencil format or online.
Author: Leonard R. Derogatis.
Publisher: Pearson.
Spanish Components: Answer sheets with test items and their corresponding instructions are available in Spanish.
English Components: All materials are also available in English; the Administration, Scoring and Procedures Manual is in English.
Cross References: For reviews by Roger A. Boothroyd and William E. Hanson of this test's English components, see 15:38.

[90s]

BRIGANCE® Screens III.

Propósito: Diseñado para identificar a niños con posibles retrasos del desarrollo o superdotación, así como las fortalezas y necesidades específicas en el desarrollo físico, el lenguaje, académico/cognitivo, la autoayuda y habilidades socioemocionales.
Procedencia: Estados Unidos/inglés.
Traducción/Adaptación: Algunas evaluaciones se han adaptado para reflejar mejor los sonidos y las palabras que se utilizan en el idioma español. No se provee información adicional en los materiales de la prueba sobre el proceso de traducción/adaptación.
Población: Nacimiento a 7-6 años.
Baremos: No se han provisto baremos con los materiales traducidos al español.
Fechas de Publicación: 1982-2013.
Administración: Individual.
Niveles: 3 niveles (0 a 35 meses, 3-5 años, Grados K & 1).
Precios, 2023: $65 por manual técnico Screens III (2013, 224 páginas, inglés); $189 por manual de la prueba (0-35 meses, 3-5 años o K & 1; inglés); $65 por 60 Hojas de Datos (Infantes, Párvulos, Edades 2, 3, 4, 5, Jardín de la Infancia o Primer Grado); $65

[90e]

BRIGANCE® Screens III.

Purpose: Designed to "screen children to identify potential developmental delays and giftedness as well as specific strengths and needs in physical development, language, academic/cognitive, self-help, and social-emotional skills."
Origin: United States/English.
Translation/Adaptation: "Some assessments have been adapted to better reflect sounds and words that are used in the Spanish language." No additional information is provided in the test materials about the translation/adaptation process.
Population: Children from birth to 7-6.
Norms: Separate norms are not provided with the materials translated to Spanish.
Publication Dates: 1982-2013.
Administration: Individual.
Levels: 3 levels (0 to 35 months, 3-5 years, Grades K & 1).
Price Data, 2023: $65 per Screens III technical manual (2013, 224 pages, English); $189 per test manual (0-35 Months, 3-5 years, or K&1; English); $65 per 60 data sheets

por set de accesorios (0-35 meses); $29 por cuaderno en español de instrucciones de administración; descuentos por kit disponibles.
Duración: (10-15) minutos.
Comentarios: Puede ser realizado mediante observación o entrevista con los padres; incluye formularios opcionales para realizar observaciones de detección sobre la interacción entre padres e hijos, retroalimentación del docente, retroalimentación de los padres, niveles de autoayuda y desarrollo socioemocional y destrezas de lectura.
Autores: Curriculum Associates, LLC (screens) y Brian F. French (manual técnico).
Editorial: Curriculum Associates, LLC.
Componentes en Español: Los cuadernos españoles de instrucción proveen instrucciones de administración en español para las hojas de información de evaluación, el informe de los padres sobre los niveles de autoayuda y desarrollo socioemocional, el formulario de niveles de destrezas de lectura y formularios de retroalimentación para los padres. Las cartas para envío a la casa, planes de aprendizaje, reportes para padres y formularios de retroalimentación para los padres están disponibles en español en el sistema de manejo en línea de Screens III.
Componentes en Inglés: Todos los materiales son en inglés también; los manuales son en inglés.

a) BRIGANCE SCREEN III DE NIÑEZ TEMPRANA 0-35 MESES.

1) *Infantes (nacimiento-11 meses).*

Puntuación, 7: Destrezas Motrices Gruesas, Destrezas Motoras Finas, Habilidades del Lenguaje Receptivo, Habilidades del Lenguaje Expresivo, Habilidades de Autoayuda, Habilidades Socioemocionales, Puntuación Total.

2) *Párvulos (12-23 meses).*

Puntuación, 12: Habilidades de Lenguaje Receptivo–General, Habilidades de Lenguaje Receptivo–Identifica Partes del Cuerpo, Habilidades de Lenguaje Receptivo–Identifica las Imágenes, Habilidades de Lenguaje Receptivo–Sabe Sonidos que Hacen los Animales, Destrezas Motrices Gruesas, Destrezas Motoras Finas, Habilidades del Lenguaje Expresivo–General, Habilidades del Lenguaje Expresivo–Nombres de Objetos, Habilidades del Lenguaje Expresivo–Usa Frases, Niveles de Autoayuda, Habilidades Socioemocionales, Puntuación Total.

3) *Niños de dos años.*

Puntuación, 11: 10 Evaluaciones Básicas: Identifica Partes del Cuerpo, Identifica las Imágenes de Nombres, Reconoce el Uso de los Objetos, Repite Oraciones, Destrezas Motrices Gruesas, Entiende Conceptos de Número y Tamaño, Destrezas Motrices Visuales, Construye Torres con Bloques, Identifica los Colores–Haciendo Coincidir, Fluidez Verbal y Articulación, más Puntuación Total; 5 Evaluaciones Adicionales: Respuesta de Información Personal, Responde a Ilustración, Sigue Instrucciones Orales, Destrezas Motrices Gruesas, Destrezas Motrices Visuales.

(Infant, Toddler, Age 2, 3, 4, 5, Kindergarten, or Grade 1); $65 per accessories set (0-35 Months); $29 per Spanish directions booklet; kit discounts available.
Time: (10-15) minutes.
Comments: May be conducted by observation or by parent interview; includes optional forms for screening observations, parent-child interactions, teacher feedback, parent feedback, Self-Help/Social-Emotional Scales, and Reading Readiness Scale.
Authors: Curriculum Associates, LLC (screens) and Brian F. French (technical manual).
Publisher: Curriculum Associates, LLC.
Spanish Components: The Spanish directions booklet provides administration instructions for the core and supplemental assessments, data sheets, parent feedback forms, the parent report for the self-help and social-emotional scales, and the parent report for the reading readiness scale. Letters to send home, learning plans, parent reports, and parent feedback forms are available in Spanish in the Screens III Online Management System.
English Components: All materials are also available in English; the manuals are in English.

a) BRIGANCE EARLY CHILDHOOD SCREEN III 0-35 MONTHS.

1) *Infant (birth-11 months).*

Scores, 7: Gross Motor Skills, Fine Motor Skills, Receptive Language Skills, Expressive Language Skills, Self-Help Skills, Social and Emotional Skills, Total Score.

2) *Toddler (12-23 months).*

Scores, 12: Receptive Language Skills–General, Receptive Language Skills–Identifies Parts of the Body, Receptive Language Skills–Identifies Pictures, Receptive Language Skills–Knows Sounds Animals Make, Gross Motor Skills, Fine Motor Skills, Expressive Language Skills–General, Expressive Language Skills–Names Objects, Expressive Language Skills–Uses Phrases, Self-Help Skills, Social and Emotional Skills, Total Score.

3) *Two-Year-Old Child.*

Scores, 11: 10 Core Assessments: Identifies Parts of the Body, Identifies Pictures by Naming, Knows Uses of Objects, Repeats Sentences, Gross Motor Skills, Understands Concepts of Number and Size, Visual Motor Skills, Builds Tower with Blocks, Matches Colors, Verbal Fluency and Articulation, plus Total Score; 5 Supplemental Assessments: Knows Personal Information, Responds to Picture, Follows Verbal Directions, Gross Motor Skills, Visual Motor Skills.

b) BRIGANCE SCREEN III DE NIÑEZ TEMPRANA 3-5 AÑOS.

1) *Niño de Tres Años.*

Puntuación, 12: 11 Evaluaciones Básicas: Respuesta de Información Personal, Identifica los Colores, Identifica las Imágenes de Nombres, Reconoce el Uso de los Objetos, Destrezas Motrices Visuales, Entiende Conceptos de Números, Construye Torres con Bloques, Destrezas Motrices Gruesas, Identifica Partes del Cuerpo, Repite Oraciones, Utiliza Preposiciones y Sustantivos Plurales, más Puntuación Total; 5 Evaluaciones Adicionales: Responde a Ilustraciones, Articula Sonidos Iniciales, Nombra Colores, Destrezas Motrices Gruesas, Destrezas Motrices Visuales.

2) *Niño de Cuatro Años.*

Puntuación, 12: 11 Evaluaciones Básicas: Respuesta de Información Personal, Nombres de Colores, Identifica las Imágenes de Nombres, Reconocimiento Visual–Formas y Letras Mayúsculas, Destrezas Motrices Visuales, Destrezas Motrices Gruesas, Identifica Partes del Cuerpo, Sigue Instrucciones Orales, Contar de Memoria, Reconoce Cantidades, Fluidez Verbal y Articulación, más Puntuación Total; 5 Evaluaciones Adicionales: Responde a Ilustración, Discriminación Auditiva, Cerillos Cantidades con Números, Destrezas Motrices Gruesas, Destrezas Motrices Visuales.

3) *Niño de Cinco Años.*

Puntuación, 15: 14 Evaluaciones Básicas: Respuesta de Información Personal, Identifica Partes del Cuerpo, Destrezas Motrices Gruesas, Destrezas Motrices Visuales, Escribe Información Personales, Recita el Alfabeto, Ordena los Objetos (por Tamaño, Color y Forma), Contar de Memoria, Cerillos Cantidades con Números, Determina Total de Dos Conjuntos, Lee Letras Mayúsculas, Lee Letras Minúsculas (alternativo), Experiencia con los Libros de Texto, Fluidez Verbal y Articulación, más Puntuación Total; 5 Evaluaciones Adicionales: Discriminación Auditiva, Escribe Letras Mayúsculas, Escribe Letras Minúsculas, Suma y Resta, Resuelve Problemas de Palabras.

Comentarios: Ítems de prueba son idénticos a los de la Evaluación-Jardín de la Infancia.

c) BRIGANCE SCREEN III DE NIÑEZ TEMPRANA K & 1.

1) *Jardín de la Infancia.*

Población: Niños edades 5-0 a 5-11.

Puntuación, 15: 14 Evaluaciones Básicas: Respuesta de Información Personal, Identifica Partes del Cuerpo, Destrezas Motrices Gruesas, Destrezas Motrices Visuales, Escribe Información Personales, Recita el Alfabeto, Ordena los Objetos (por Tamaño, Color y Forma), Contar de Memoria, Cerillos Cantidades con Números, Determina Total de Dos Conjuntos, Lee Letras Mayúsculas, Lee Letras Minúsculas (alternativo), Experiencia con los Libros de Texto, Fluidez Verbal y Articulación, más Puntuación Total; 5 Evaluaciones Adicionales: Discriminación Auditiva, Escribe Letras Mayúsculas, Escribe Letras Minúsculas, Suma y Resta, Resuelve Problemas de Palabras.

Comentarios: Ítems de prueba son idénticos a los de Evaluación-Niños de Cinco Años.

b) BRIGANCE EARLY CHILDHOOD SCREEN III 3-5 YEARS.

1) *Three-Year-Old Child.*

Scores, 12: 11 Core Assessments: Knows Personal Information, Identifies Colors, Identifies Pictures by Naming, Knows Uses of Objects, Visual Motor Skills, Understands Number Concepts, Builds Tower with Blocks, Gross Motor Skills, Identifies Parts of the Body, Repeats Sentences, Uses Prepositions and Irregular Plural Nouns, plus Total Score; 5 Supplemental Assessments: Responds to Picture, Articulates Initial Sounds, Names Colors, Gross Motor Skills, Visual Motor Skills.

2) *Four-Year-Old Child.*

Scores, 12: 11 Core Assessments: Knows Personal Information, Names Colors, Identifies Pictures by Naming, Visual Discrimination–Forms and Uppercase Letters, Visual Motor Skills, Gross Motor Skills, Names Parts of the Body, Follows Verbal Directions, Counts by Rote, Recognizes Quantities, Verbal Fluency and Articulation, plus Total Score; 5 Supplemental Assessments: Responds to Picture, Auditory Discrimination, Matches Quantities with Numerals, Gross Motor Skills, Visual Motor Skills.

3) *Five-Year-Old Child.*

Scores, 15: 14 Core Assessments: Knows Personal Information, Names Parts of the Body, Gross Motor Skills, Visual Motor Skills, Prints Personal Information, Recites Alphabet, Sorts Objects (by Size, Color, Shape), Counts by Rote, Matches Quantities with Numerals, Determines Total of Two Sets, Reads Uppercase Letters, Reads Lowercase Letters (alternate), Experience with Books and Text, Verbal Fluency and Articulation, plus Total Score; 5 Supplemental Assessments: Auditory Discrimination, Prints Uppercase Letters, Prints Lowercase Letters, Adds and Subtracts, Solves Word Problems.

Comments: Assessment items are identical to Kindergarten screen.

c) BRIGANCE EARLY CHILDHOOD SCREEN III K & 1.

1) *Kindergarten.*

Population: Children ages 5-0 to 5-11.

Scores, 15: 14 Core Assessments: Knows Personal Information, Names Parts of the Body, Gross Motor Skills, Visual Motor Skills, Prints Personal Information, Recites Alphabet, Sorts Objects (by Size, Color, Shape), Counts by Rote, Matches Quantities with Numerals, Determines Total of Two Sets, Reads Uppercase Letters, Reads Lowercase Letters (alternate), Experience with Books and Text, Verbal Fluency and Articulation, plus Total Score; 5 Supplemental Assessments: Auditory Discrimination, Prints Uppercase Letters, Prints Lowercase Letters, Adds and Subtracts, Solves Word Problems.

Comments: Assessment items are identical to Five-Year-Old Child screen.

2) *Primer Grado.*
Población: Niños edades 6-0 a 7-6.
Puntuación, 13: 12 Evaluaciones Básicas: Respuesta de Información Personal, Discriminación Auditiva, Reconocimiento Visual–Formas y Letras Minúsculas, Lee Letras Minúsculas, Identifica Letras Iniciales, Ordena los Objetos (por Tamaño, Color y Forma), Comprensión Oral de Vocabulario, Reconocimiento de Palabras, Escribe Datos Personales, Escribe los Números en Secuencia, Suma y Resta, Resuelve Problemas de Palabras, más Puntuación Total; 5 Evaluaciones Adicionales: Reconocimiento de Palabras, Escribe Oraciones Simples, Escribe los Números Siguientes y Anteriores, Suma y Resta, Resuelve Problemas Verbales.
Referencias Cruzadas: Para reseñas por Michael S. Matthews y Tracy Thorndike de los componentes en inglés de esta prueba, consulte 20:26.

[91s]

Búsqueda Autodirigida.

Nombre Original: Self-Directed Search (Psychological Assessment Resources, Inc.).
Propósito: Diseñado para evaluar las aspiraciones, actividades, capacidades y posibles ocupaciones relativas a la exploración de carrera.
Procedencia: Estados Unidos (1994)/inglés.
Traducción/Adaptación: "La adaptación a la población mexicana de ambas versiones (R y J), se decidió hacer con base en los siguientes criterios generales: explorar la pertinencia de los enunciados, ocupaciones y actividades propuestas en la prueba original; explorar la distribución de los seis rasgos de personalidad en muestra aleatorias de estudiantes y adultos mexicanos; evaluar posibles diferencias por región geográfica en el país; evaluar el formato, presentación, claridad de instrucciones y facilidad de respuesta; identificar problemas potenciales en la aplicación; e identificar sesgos potenciales de esta prueba".
Población: Edades 11 años en adelante.
Baremos: Se han provisto baremos con la adaptación mexicana. Los baremos se desarrollaron utilizando una muestra con 1.102 participantes mexicanos para el Formulario J y 1.583 participantes mexicanos para el Formulario R, distribuidos por sexo, nivel educativo y región geográfica.
Fecha de Publicación: 2005.
Acrónimo: SDS.
Puntuación, 6: Realista, Investigador, Artístico, Social, Emprendedor, Convencional.
Administración: Individual o colectiva.
Formularios, 2: R (Regular), J (Joven).
Precios, 2022: USD$106 por juego completo incluye manual técnico (2005, 120 páginas), 5 cuadernillos de carrera y vocación (escoge R o J), 5 cuadernillos de explorador y carrera (escoge R o J) y 5 cuadernillos de autoevaluación (escoge R o J).

2) *First Grade.*
Population: Children ages 6-0 to 7-6.
Scores, 13: 12 Core Assessments: Knows Personal Information, Auditory Discrimination, Visual Discrimination–Lowercase Letters and Words, Reads Lowercase Letters, Identifies Initial Letters, Sorts Objects (by Size, Color, Shape), Listening Vocabulary Comprehension, Word Recognition, Prints Personal Information, Writes Numerals in Sequence, Adds and Subtracts, Solves Word Problems, plus Total Score; 5 Supplemental Assessments: Word Recognition, Writes Simple Sentences, Writes Following and Preceding Numerals, Adds and Subtracts, Solves Word Problems.
Cross References: For reviews by Michael S. Matthews and Tracy Thorndike of this test's English components, see 20:26.

[91e]

Búsqueda Autodirigida.

Original Name: Self-Directed Search (Psychological Assessment Resources, Inc.).
Purpose: Designed to evaluate aspirations, activities, capabilities, and possible occupations during a career exploration.
Origin: United States (1994)/English.
Translation/Adaptation: The Mexican adaptation of both forms (R and J) was completed based on the following general criteria: explore the relevance of statements, occupations, and proposed activities of the original test; explore the distribution of six personality traits among Mexican students and adults; evaluate possible differences among geographical regions; evaluate the format, presentation, clarity of instructions, and ease of answering; identify potential problems during administration; and identify potential biases.
Population: Ages 11 and older.
Norms: Separate norms are provided with the Mexican adaptation. Norms were developed using a sample of 1,102 Mexican participants for Form J and 1,583 Mexican participants for Form R, distributed by gender, educational level, and geographic region.
Publication Date: 2005.
Acronym: SDS.
Scores, 6: Realistic, Investigative, Artistic, Social, Enterprising, Conventional.
Administration: Individual or group.
Forms, 2: R (Regular), J (Youth).
Price Data, 2022: USD$106 per complete kit including technical manual (2005, 120 pages), 5 career and vocation booklets (choose R or J), 5 explorer and career booklets (choose R or J), and 5 self-evaluation booklets (choose R or J).

Duración: 40-50 minutos.
Comentarios: Se puede administrar en línea.
Autores: John L. Holland, Barbara A. Fritzsche y Amy B. Powell.
Traductores/Adaptadores: Susana Olivares Bari y Pedro Sánchez Escobedo.
Editorial: Editorial El Manual Moderno, S.A. de C.V.
Componentes en Español: Todos los materiales son en español.
Componentes en Inglés: No hay materiales en inglés en esta versión.

Time: 40-50 minutes.
Comments: Online administration available.
Authors: John L. Holland, Barbara A. Fritzsche, and Amy B. Powell.
Translators/Adaptors: Susana Olivares Bari and Pedro Sánchez Escobedo.
Publisher: Editorial El Manual Moderno, S.A. de C.V.
Spanish Components: All materials are available in Spanish.
English Components: There are no materials in English in this version.

[92s]

The Capute Scales.

Propósito: Diseñando para ayudar al médico clínico a determinar la presencia de desarrollo atípico en dos aspectos del desarrollo cognitivo: lenguaje y destrezas visomotoras.
Procedencia: Estados Unidos/inglés.
Traducción/Adaptación: Las escalas Capute fueron traducidas al español por intérpretes certificados y luego se administró una prueba piloto entre las familias que reciben servicios por profesionales bilingües de la salud . . . quienes validaron que la traducción era adecuada.
Población: Edades 1 mes a 36 meses.
Baremos: Se han provisto baremos con la adaptación al español. Los baremos se desarrollaron utilizando una muestra con 59 participantes, distribuidos por edad.
Fecha de Publicación: 2005.
Acrónimos: CAT; CLAMS.
Puntuación, 3: Cociente de Desarrollo para Prueba Cognitiva Adaptativa, Escala Cociente para Hitos Lingüísticos Clínicos y Auditivos, Cociente de Desarrollo para Escala Completa.
Administración: Individual.
Precios, 2022: $395 por juego completo incluye manual (2005, 127 páginas, inglés), plantilla de puntuación por logros y juego de prueba; $30 por 20 plantillas de puntuación por logros; $325 por juego de prueba, incluyendo manipulativos; $55 por manual.
Duración: (6-20) minutos.
Autores: Pasquale J. Accardo y Arnold J. Capute.
Traductores/Adaptadores: Intérpretes Certificados en español y Michael E. Msall (Apéndice A).
Editorial: Paul H. Brookes Publishing Co., Inc.
Componentes en Español: Las escalas y las plantillas de puntuación están disponibles en español.
Componentes en Inglés: Todos los materiales están disponibles en inglés también; el manual es en inglés.
Referencias Cruzadas: Para reseñas por Stefan C. Dombrowski y William Tanguay y por Carlen Henington y Carmen D. Reisener de los componentes en inglés de esta prueba, consulte 19:26.

[92e]

The Capute Scales.

Purpose: "Designed to help the clinician determine the presence of atypical development in the two streams of cognitive development: language and visual-motor skills."
Origin: United States/English.
Translation/Adaptation: "The Capute Scales were translated into Spanish by certified interpreters and then pilot tested among families receiving health services from bilingual health professionals . . . who validated that the translation was accurate."
Population: Ages 1 month to 36 months.
Norms: Separate norms are provided with the Spanish adaptation. Norms were developed using a sample of 59 participants, distributed by age.
Publication Date: 2005.
Acronyms: CAT; CLAMS.
Scores, 3: Cognitive Adaptive Test Developmental Quotient, Clinical Linguistic and Auditory Milestones Scale Quotient, Full Scale Developmental Quotient.
Administration: Individual.
Price Data, 2022: $395 per complete test system including manual (2005, 127 pages, English), scoring sheets, and test kit; $30 per 20 scoring sheets; $325 per test kit, including manipulatives; $55 per manual.
Time: (6-20) minutes.
Authors: Pasquale J. Accardo and Arnold J. Capute.
Translators/Adaptors: Spanish-certified interpreters and Michael E. Msall (Appendix A).
Publisher: Paul H. Brookes Publishing Co., Inc.
Spanish Components: The scales and scoring sheets are available in Spanish.
English Components: All materials are also available in English; the manual is in English.
Cross References: For reviews by Stefan C. Dombrowski and William Tanguay and by Carlen Henington and Carmen D. Reisener of this test's English components, see 19:26.

[93s]

Career Ability Placement Survey.

Propósito: Diseñado a medir las habilidades en relación con las profesiones.
Procedencia: Estados Unidos (1981-1995)/inglés.
Traducción/Adaptación: No se provee información en los materiales de la prueba sobre el proceso de traducción/adaptación.
Población: Grado 7 a escuela secundaria, universitarios y adultos.
Baremos: Esta prueba no es de referencia normativa.
Fecha de Publicación: 2015.
Acrónimo: CAPS.
Puntuación: Puntuaciones en 8 dimensiones de habilidades: Razonamiento Mecánico, Relaciones Espaciales, Razonamiento Verbal, Habilidad Numérica, Uso del Lenguaje, Conocimiento de Palabras, Precisión y Velocidad Perceptiva, Velocidad Manual y Destreza; 14 grupos de carreras del sistema COPS: Ciencias Profesional, Ciencias Sub-Profesional, Tecnología–Profesional, Tecnología–Sub-Profesional, Economía del Consumidor, Aire Libre, Negocios–Profesional, Negocios–Sub-Profesional, Oficina, Comunicaciones, Artes Profesional, Artes Sub-Profesional, Serviciones Profesional, Servicios Sub-Profesional.
Administración: Colectiva.
Precios, 2023: $4.15 por prueba digital (mínimo de 25).
Duración: 5 minutos por prueba; 50 minutos por batería completa; 15-20 minutos por auto calificación.
Comentarios: Se administra y se califica en línea; parte de COPSystem VIA.
Autores: Robert R. Knapp y Lila F. Knapp.
Editorial: EdITS LLC/Educational and Industrial Testing Service.
Componentes en Español: La guía profesional y perfil de resultados están disponibles en español.
Componentes en Inglés: Todos los materiales están disponibles en inglés, también.

[93e]

Career Ability Placement Survey.

Purpose: Designed to measure abilities as they relate to careers.
Origin: United States (1976-1995)/English.
Translation/Adaptation: No information is provided in the test materials about the translation/adaptation process.
Population: Grade 7 through high school, college, and adult.
Norms: This test is not norm referenced.
Publication Date: 2015.
Acronym: CAPS.
Scores: Scores in 8 ability dimensions: Mechanical Reasoning, Spatial Relations, Verbal Reasoning, Numerical Ability, Language Usage, Word Knowledge, Perceptual Speed and Accuracy, Manual Speed and Dexterity; 14 COPSystem Career Clusters: Science-Professional, Science-Skilled, Technology-Professional, Technology-Skilled, Consumer Economics, Outdoor, Business-Professional, Business-Skilled, Clerical, Communication, Arts-Professional, Arts-Skilled, Service-Professional, Service-Skilled.
Administration: Group.
Price Data, 2023: $4.15 per digital test (minimum 25).
Time: 5 minutes per test; 50 minutes for entire battery; 15-20 minutes to self-score.
Comments: Administered and scored online; part of the COPSystem VIA.
Authors: Robert R. Knapp and Lila F. Knapp.
Publisher: EdITS LLC/Educational and Industrial Testing Service.
Spanish Components: The career guide and results profile are available in Spanish.
English Components: All test materials are also available in English.

[94s]

Career Occupational Preference System Interest Inventory.

Propósito: Diseñado para medir los intereses relacionados con las carreras para una exploración profesional integral.
Procedencia: Estados Unidos (1974-2018)/inglés.
Traducción/Adaptación: No se provee información en los materiales de la prueba sobre el proceso de traducción/adaptación.
Población: Grado 7 a escuela secundaria, universitarios y adultos.
Baremos: Esta prueba no es de referencia normativa.
Fecha de Publicación: 2015.
Acrónimo: COPS.

[94e]

Career Occupational Preference System Interest Inventory.

Purpose: Designed to measure interests as they relate to careers for comprehensive career exploration.
Origin: United States (1974-2018)/English.
Translation/Adaptation: No information is provided in the test materials about the translation/adaptation process.
Population: Grade 7 through high school, college, and adult.
Norms: This test is not norm referenced.
Publication Date: 2015.
Acronym: COPS.

Puntuación: Puntuaciones en los 14 grupos de carreras del sistema COPS: Ciencias Profesional, Ciencias Sub-Profesional, Tecnología–Profesional, Tecnología–Sub-Profesional, Economía del Consumidor, Aire Libre, Negocios–Profesional, Negocios–Sub-Profesional, Oficina, Comunicaciones, Artes Profesional, Artes Sub-Profesional, Servicios Profesional, Servicios Sub-Profesional.
Administración: Colectiva.
Precios, 2023: $4.15 por prueba digital (mínimo de 25).
Duración: 15-20 minutos.
Comentarios: Se administra y se califica en línea; parte de COPSystem VIA.
Autores: Lisa Knapp-Lee, Lila F. Knapp y Robert R. Knapp.
Editorial: EdITS LLC/Educational and Industrial Testing Service.
Componentes en Español: La guía profesional y perfil de resultados están disponibles en español.
Componentes en Inglés: Todos los materiales están disponibles en inglés, también.

Scores: Scores in the 14 COPSystem Career Clusters: Science-Professional, Science-Skilled, Technology-Professional, Technology-Skilled, Consumer Economics, Outdoor, Business-Professional, Business-Skilled, Clerical, Communication, Arts-Professional, Arts-Skilled, Service-Professional, Service-Skilled.
Administration: Group.
Price Data, 2023: $4.15 per digital test (minimum of 25).
Time: 15-20 minutes.
Comments: Administered and scored online; part of the COPSystem VIA.
Authors: Lisa Knapp-Lee, Lila F. Knapp, and Robert R. Knapp.
Publisher: EdITS LLC/Educational and Industrial Testing Service.
Spanish Components: The career guide and results profile are available in Spanish.
English Components: All test materials are also available in English.

[95s]

Career Orientation Placement and Evaluation Survey.

Propósito: Diseñado a medir valores que tienen un efecto demostrado en la motivación vocacional.
Procedencia: Estados Unidos (1981-1995)/inglés.
Traducción/Adaptación: No se provee información en los materiales de la prueba sobre el proceso de traducción/adaptación.
Población: Grado 7 a escuela secundaria, universitarios y adultos.
Baremos: Esta prueba no es de referencia normativa.
Fecha de Publicación: 2015.
Acrónimo: COPES.
Puntuación: Puntuaciones en 8 dimensiones de valores laborales: Investigativo v. Aceptante, Práctico v. Oportunista, Independencia v. Conformismo, Liderazgo v. Apoyo, Orden v. Flexibilidad, Reconocimiento v. Privacidad, Estetico v. Realístico, Sociales v. Reservados; 14 grupos de carreras del sistema COPS: Ciencias Profesional, Ciencias Sub-Profesional, Tecnología–Profesional, Tecnología–Sub-Profesional, Economía del Consumidor, Aire Libre, Negocios–Profesional, Negocios–Sub-Profesional, Oficina, Comunicaciones, Artes Profesional, Artes Sub-Profesional, Servicios Profesional, Servicios Sub-Profesional.
Administración: Colectiva.
Precios, 2023: $4.15 por prueba digital (mínimo de 25).
Duración: 20-30 minutos para completar; 15-20 minutos para auto calificación.
Comentarios: Se administra y se califica en línea; parte de COPSystem VIA.
Autores: Robert R. Knapp y Lila F. Knapp.

[95e]

Career Orientation Placement and Evaluation Survey.

Purpose: Designed to measure values having a demonstrated effect on vocational motivation.
Origin: United States (1981-1995)/English.
Translation/Adaptation: No information is provided in the test materials about the translation/adaptation process.
Population: Grade 7 through high school, college, and adult.
Norms: This test is not norm referenced.
Publication Date: 2015.
Acronym: COPES.
Scores: Scores in 8 work values dimensions: Investigative v. Accepting, Practical v. Carefree, Independence v. Conformity, Leadership v. Supporting, Orderliness v. Flexibility, Recognition v. Privacy, Aesthetic v. Realistic, Social v. Reserved; and 14 COPSystem Career Clusters: Science-Professional, Science-Skilled, Technology-Professional, Technology-Skilled, Consumer Economics, Outdoor, Business-Professional, Business-Skilled, Clerical, Communication, Arts-Professional, Arts-Skilled, Service-Professional, Service-Skilled.
Administration: Group.
Price Data, 2023: $4.15 per digital test (minimum of 25).
Time: 20-30 minutes to complete; 15-20 minutes to self-score.
Comments: Administered and scored online; part of the COPSystem VIA.
Authors: Robert R. Knapp and Lila F. Knapp.

Editorial: EdITS LLC/Educational and Industrial Testing Service.
Componentes en Español: La guía profesional y perfil de resultados están disponibles en español.
Componentes en Inglés: Todos los materiales están disponibles en inglés, también.

[96s]

Careers for Me.

Propósito: Diseñado para alentar a los estudiantes a pensar en sus intereses y el mundo laboral a su alrededor.
Procedencia: Estados Unidos/inglés.
Traducción/Adaptación: No se provee información en los materiales de la prueba sobre el proceso de traducción/adaptación.
Población: Grados K-9.
Baremos: No se han provisto baremos con los materiales traducidos al español.
Fechas de Publicación: 2000-2009.
Puntuación: No se corrige.
Administración: Colectiva.
Autor: Career Kids.
Traductor/Adaptador: Gerardo Solano.
Editorial: Career Kids.
Componentes en Español: Los ítems de la prueba y sus instrucciones correspondientes para las ediciones Junior, II y Plus están disponibles en español.
Componentes en Inglés: Todos los materiales están disponibles en inglés, también.

a) CARRERAS PARA MI JUNIOR.
Propósito: Diseñado para iniciar el proceso de información sobre carreras con los niños pequeños.
Población: Grados K-3.
Fecha de Publicación: 2000.
Precios, 2023: $36.75 por 25 cuadernillos consumibles en inglés; no hay manual; se puede descargar los materiales en español del sitio web de la casa editorial de la prueba.

b) CARRERAS PARA MI II.
Propósito: Diseñado para alentar a los estudiantes a pensar en sus intereses y el mundo laboral a su alrededor.
Población: Grados 3-7.
Fecha de Publicación: 2000.
Precios, 2023: $38.75 por 25 cuadernillos consumibles (12 páginas) en inglés; no hay manual; se puede descargar los materiales en español del sitio web de la casa editorial de la prueba.

c) CARRERAS PARA MI PLUS.
Propósito: Diseñado para preparar al estudiante para posibles opciones de carreras y educación.
Población: Grados 6-9.
Fecha de Publicación: 2009.
Precios, 2023: $47.50 por 25 cuadernillos consumibles (24 páginas) en inglés; no hay manual; se puede descargar los materiales en español del sitio web de la casa editorial de la prueba.

Publisher: EdITS LLC/Educational and Industrial Testing Service.
Spanish Components: The career guide and results profile are available in Spanish.
English Components: All test materials are also available in English.

[96e]

Careers for Me.

Purpose: Designed "to encourage students to think about their interests and the world of work around them."
Origin: United States/English.
Translation/Adaptation: No information is provided in the test materials about the translation/adaptation process.
Population: Grades K-9.
Norms: Separate norms are not provided with the materials translated to Spanish.
Publication Dates: 2000-2009.
Scores: Not scored.
Administration: Group.
Author: Career Kids.
Translator: Gerardo Solano.
Publisher: Career Kids.
Spanish Components: The test items and their corresponding instructions for the Junior, II, and Plus editions are available in Spanish.
English Components: All materials are also available in English.

a) CAREERS FOR ME JUNIOR.
Purpose: Designed to "start the process of career awareness with young children."
Population: Grades K-3.
Publication Date: 2000.
Price Data, 2023: $36.75 per 25 consumable folders in English; no manual; Spanish materials available as a free download from test publisher website.

b) CAREERS FOR ME II.
Purpose: Designed to "encourage students to think about their interests and the world of work around them."
Population: Grades 3-7.
Publication Date: 2000.
Price Data, 2023: $38.75 per 25 consumable booklets (12 pages) in English; no manual; Spanish materials available as a free download from test publisher website.

c) CAREERS FOR ME PLUS.
Purpose: Designed to "transition student to the next step in their career awareness and education."
Population: Grades 6-9.
Publication Date: 2009.
Price Data, 2023: $47.50 per 25 consumable folders (24 pages) in English; no manual; Spanish materials available as a free download from test publisher website.

d) CARRERAS PARA MI SN.
Propósito: Diseñado a asistir a niños con necesidades especiales a pensar sobre sus intereses de carrera.
Población: Estudiantes con necesidades especiales de funcionamiento de nivel más bajo.
Fecha de Publicación: 2003.
Precios, 2023: $36.75 por 25 cuadernillos consumibles en inglés; no hay manual; se puede descargar los materiales en español del sitio web de la casa editorial de la prueba.

[97s]

Carlson Psychological Survey.

Propósito: Diseñado para evaluar y clasificar a los delincuentes.
Procedencia: Estados Unidos/inglés.
Traducción/Adaptación: No se provee información en los materiales de la prueba sobre el proceso de traducción/adaptación.
Población: Adultos y adolescentes delincuentes.
Baremos: No se han provisto baremos con los materiales traducidos al español.
Fecha de Publicación: 1982.
Acrónimo: CPS.
Puntuación, 5: Abuso Químico, Perturbación de Pensamientos, Tendencias Antisociales, Autodepreciación, Validez.
Administración: Individual o colectiva.
Precios, 2023: $71 por juego de corrección a mano incluyendo manual en CD (1982, 28 páginas, inglés), 1 cuadernillo de prueba, 1 hoja de corrección, 1 hoja de respuesta y 1 reporte extendido; $32 por manual en CD; $84 por 25 cuadernillos de prueba (español o inglés); $91 por paquete de hojas de respuesta (incluyendo 25 hojas de corrección y 25 hojas de perfil); $115 por 10 hojas de respuesta de correo; $190 por paquete de software incluyendo 10 cupones de corrección.
Duración: 15 minutos.
Autor: Kenneth A. Carlson.
Editorial: SIGMA Assessment Systems, Inc.
Componentes en Español: Los cuadernos de respuesta y sus instrucciones correspondientes están disponibles en español.
Componentes en Inglés: Todos los materiales están disponibles en inglés también; el manual es en inglés.
Referencias Cruzadas: Para una reseña por H. C. Ganguli de los componentes en inglés de esta prueba, consulte 9:203.

[98s]

Casa-Árbol-Persona: Técnica de Dibujo Proyectivo [México].

Nombre Original: House-Tree-Person: Projective Drawing Technique (Western Psychological Services [WPS]).

d) CAREERS FOR ME SN.
Purpose: Designed to assist special needs children in thinking about career interests.
Population: Lower functioning special needs students.
Publication Date: 2003.
Price Data, 2023: $36.75 per 25 consumable booklets in English; no manual; Spanish materials available as a free download from test publisher website.

[97e]

Carlson Psychological Survey.

Purpose: Designed to assess and classify offenders.
Origin: United States/English.
Translation/Adaptation: There is no information in the test materials about the translation/adaptation process.
Population: Adult and adolescent offenders.
Norms: Separate norms are not provided with the materials translated to Spanish.
Publication Date: 1982.
Acronym: CPS.
Scores, 5: Chemical Abuse, Thought Disturbance, Anti-Social Tendencies, Self-Depreciation, Validity.
Administration: Individual or group.
Price Data, 2023: $71 per handscore kit including manual on CD (1982, 28 pages, English), 1 question and answer booklet, 1 scoring sheet, 1 profile sheet, and 1 extended report; $32 per test manual on CD; $84 per 25 question-and-answer booklets (Spanish or English); $91 per response sheets package (including 25 scoring sheets and 25 profile sheets); $115 per 10 mail-in answer sheets; $190 per software package including 10 scoring coupons.
Time: 15 minutes.
Author: Kenneth A. Carlson.
Publisher: SIGMA Assessment Systems, Inc.
Spanish Components: The test booklets and their corresponding instructions are available in Spanish.
English Components: All materials are also available in English; the manual is in English.
Cross References: For a review by H. C. Ganguli of this test's English components, see 9:203.

[98e]

Casa-Árbol-Persona: Técnica de Dibujo Proyectivo [Mexico].

Original Name: House-Tree-Person: Projective Drawing Technique (Western Psychological Services [WPS]).

Propósito: Diseñado para facilitar "la proyección de elementos de la personalidad y áreas de conflicto en el entorno terapéutico, permitiendo identificarlas para su valoración y con el propósito de compartirlas para así establecer una comunicación terapéutica eficaz".
Procedencia: Estados Unidos (1992)/inglés.
Traducción/Adaptación: No se provee información en los materiales de la prueba sobre el proceso de traducción/adaptación.
Población: Niños, adolescentes y adultos.
Baremos: Esta prueba no es de referencia normativa.
Fecha de Publicación: 1995.
Acrónimo: H-T-P.
Puntuación: Puntuación total solamente.
Administración: Individual.
Precios, 2022: USD$73 por juego completo incluye manual (1995, 191 páginas).
Duración: 30-90 minutos.
Autores: John N. Buck y W. L. Warren.
Traductora/Adaptadora: Blanca Eugenia Romero Soto.
Editorial: Editorial El Manual Moderno, S.A. de C.V.
Componentes en Español: Todos los materiales son en español.
Componentes en Inglés: No hay materiales en inglés en esta versión.

Purpose: Designed to facilitate the projection of personality elements and areas of conflict in the therapeutic environment, allowing them to be identified for evaluation and for the purpose of sharing them in order to facilitate effective therapeutic alliances.
Origin: United States (1992)/English.
Translation/Adaptation: No information is provided in the test materials about the translation/adaptation process.
Population: Children, adolescents, and adults.
Norms: This test is not norm referenced.
Publication Date: 1995.
Acronym: H-T-P.
Scores: Total score only.
Administration: Individual.
Price Data, 2022: USD$73 per complete kit including manual (1995, 191 pages).
Time: 30-90 minutes.
Authors: John N. Buck and W. L. Warren.
Translator/Adaptor: Blanca Eugenia Romero Soto.
Publisher: Editorial El Manual Moderno, S.A. de C.V.
Spanish Components: All materials are in Spanish.
English Components: There are no materials in English in this version.

[99s]

Casa-Árbol-Persona: Técnica de Dibujo Proyectivo [España].

Nombre Original: House-Tree-Person: Projective Drawing Technique (Western Psychological Services [WPS]).
Propósito: Diseñado como una "evaluación de las funciones del ego, conflictos de personalidad, autoimagen y percepción familiar".
Procedencia: Estados Unidos (1992)/inglés.
Traducción/Adaptación: No se provee información en los materiales de la prueba sobre el proceso de traducción/adaptación.
Población: Niños, adolescentes y adultos.
Baremos: Esta prueba no es de referencia normativa.
Fecha de Publicación: 2008.
Acrónimo: H-T-P.
Puntuación: Puntuación total solamente.
Administración: Individual.
Precios, 2022: €78,21 por juego completo, incluye manual (2008, 241 páginas) y 25 cuadernillos de interpretación; €49,31 por 25 cuadernillos de interpretación.
Duración: (30-90) minutos.
Comentarios: Se usa la prueba más frecuentemente con niños mayores de ocho años.
Autores: John N. Buck y W. L. Warren (revisión del manual).

[99e]

Casa-Árbol-Persona: Técnica de Dibujo Proyectivo [Spain].

Original Name: House-Tree-Person: Projective Drawing Technique (Western Psychological Services [WPS]).
Purpose: Designed to evaluate the functions of the ego, personality conflicts, self-image, and familiar perception.
Origin: United States (1992)/English.
Translation/Adaptation: No information is provided in the test materials about the translation/adaptation process.
Population: Children, adolescents, and adults.
Norms: This test is not norm referenced.
Publication Date: 2008.
Acronym: H-T-P.
Scores: Total score only.
Administration: Individual.
Price Data, 2022: €78.21 per complete kit, including manual (2008, 241 pages) and 25 test booklets; €49.31 per 25 test booklets.
Time: (30-90) minutes.
Comments: The test is used most frequently with children over the age of 8.
Authors: John N. Buck and W. L. Warren (manual revision).

Traductores/Adaptadores: Irene Fernández y Jaime Pereña.
Editorial: Hogrefe TEA Ediciones.
Componentes en Español: Todos los materiales son en español.
Componentes en Inglés: No hay materiales en inglés en esta versión.

[100s]

CERAD (Consortium to Establish a Registry for Alzheimer's Disease) Assessment Battery.

Propósito: Diseñado para desarrollar procedimientos confiables y estandarizados para la evaluación y diagnosis de pacientes con enfermedad de Alzheimer.
Procedencia: Estados Unidos (1987-2002)/inglés.
Traducción/Adaptación: La prueba y sus instrucciones de administración fueron traducidos por uno de los autores de la prueba (Taussig) y luego retraducidos por cinco psicólogos bilingües con familiaridad con el español que se habla en el América del norte, centro y sur y Puerto Rico. También aseguraron que sería apropiada para hispanohablantes en España. Después de llegar a una versión consensuada, con términos que tenían el mismo significado, familiaridad y nivel de dificultad para hispanohablantes de regiones geográficas diferentes, el equipo realizó una investigación de campo para asegurarse de que la medida fuera fácil de administrar y comprendida apropiadamente.
Población: Adultos mayores cognitivamente normales, adultos mayores con deterioro cognitivo leve y adultos mayores con demencia leve a moderada.
Baremos: Se han provisto baremos con los materiales traducidos al español. Los baremos fueron desarrollados utilizando una muestra de 88 participantes no dementes y 140 participantes con demencia debido a la enfermedad de Alzheimer de un clínico de trastornos de memoria de la Universidad de California del Sur y 102 participantes en varias etapas de demencia de un clínico de trastornos de memoria de la Universidad de Pennsylvania. Participantes declararon el español como su lenguaje preferido (representativos de por lo menos 19 países hispanohablantes, incluyendo Colombia, Costa Rica, Puerto Rico y los Estados Unidos) y fueron distribuidos por edad, género y nivel educativo.
Fechas de Publicación: 1993-2002.
Acrónimo: CERAD.
Puntuación: Información recopilado en 6 áreas: Demográficos (Paciente, Informante), Historia Clínica ([Función Cognitiva, Enfermedades Sistémicas, Cerebrovascular, Parkinsonismo, Depresión, Efectos de Fármacos], Escala de Demencia de Blessed (ADL), Escala de Valoración de la Conducta en la Demencia, Test Abreviado de Blessed, Cálculo/

Translators/Adaptors: Irene Fernández and Jaime Pereña.
Publisher: Hogrefe TEA Ediciones.
Spanish Components: All materials are in Spanish.
English Components: There are no English materials in this version.

[100e]

CERAD (Consortium to Establish a Registry for Alzheimer's Disease) Assessment Battery.

Purpose: Designed "to develop standardized and reliable procedures for the evaluation and diagnosis of patients with Alzheimer's disease."
Origin: United States (1987-2002)/English.
Translation/Adaptation: The test and its administration instructions were translated by one of the test authors (Taussig) and then back-translated by five bilingual psychologists familiar with the Spanish spoken in North, Central, and South America and Puerto Rico. Appropriateness for Spain was also examined. After reaching consensus that the terms used would have the same meaning, familiarity, and level of difficulty for Spanish speakers from different geographic regions, the measure was pilot tested to make sure it could be easily administered and understood appropriately.
Population: Cognitively normal older adults, older adults with mild cognitive impairment, and older adults with mild to moderate dementia.
Norms: Separate norms are provided with the materials translated to Spanish. Norms were developed using a sample of 88 non-demented participants and 140 participants with dementia due to Alzheimer's disease from a memory disorder clinic at the University of Southern California and 102 participants in various stages of dementia from a memory disorder clinic at the University of Pennsylvania. Participants claimed Spanish as their preferred language (representing at least 19 Spanish-speaking countries, including Colombia, Costa Rica, Puerto Rico, and the United States) and were distributed by age, gender, and educational level.
Publication Dates: 1993-2002.
Acronym: CERAD.
Scores: Information gathered in 6 areas: Demographic (Subject, Informant), Clinical History ([Cognitive Impairment/Dementia, Systemic Illnesses, Cerebrovascular Disease, Parkinson's Disease, Depression, Drug Effects], Blessed Dementia Scale (ADL), Behavior Rating Scale, Short Blessed Test, Calculation/Clock/Language), Clinical

Reloj/Lenguaje), Exploraciones Clínicas (Física, Neurológica), Estudios de Laboratorio e Imagen, Diagnóstico Clínico (Etapa CDR, Impresión Diagnóstica), Batería Neuropsicológica (Fluencia Verbal, Denominación de Boston [versión breve, requiere permiso adicional], Mini-Mental, Memoria de la Lista de Palabras, Praxis Constructiva, Recuerdo de la Lista de Palabras, Reconocimiento de la Lista de Palabras, Recuerdo de Praxis Constructiva).
Administración: Individual.
Precios: Disponibles con la casa editorial.
Duración: [50–70] minutos; 30-40 minutos para medidas neurosicológicas solamente.
Comentarios: Disponible electrónicamente.
Autor: Consortium to Establish a Registry for Alzheimer's Disease, Albert Heyman (Investigador principal).
Traductores/Adaptadores: J. M. Martínez-Lage, J. M. Manubens, R. Larumbe, J. Muruzábal, F. Lacruz, P. Martínez-Lage (Unidad de Alzheimer de la Universidad de Navarra) y I. M. Taussig (Universidad de California del Sur).
Editorial: CERAD, Duke University Medical Center.
Componentes en Español: Los instrumentos de prueba y sus instrucciones correspondientes están disponibles en español.
Componentes en Inglés: Los instrumentos de prueba y sus instrucciones correspondientes están disponibles en inglés también; un Manual de Operaciones que contiene información sobre la historia de la investigación CERAD es en inglés.
Referencias Cruzadas: Para reseñas por Frank M. Bernt y Gabrielle Stutman de los componentes en inglés de esta prueba, consulte 12:66.

[101s]

Checklist for Autism Spectrum Disorder.

Propósito: Diseñado como una prueba de tamizaje y diagnóstico para niños con autismo sobre el espectro entero del autismo.
Procedencia: Estados Unidos/inglés.
Traducción/Adaptación: No se provee información en los materiales de la prueba sobre el proceso de traducción/adaptación.
Población: Edades 1-16.
Baremos: Esta prueba no es de referencia normativa.
Fecha de Publicación: 2012.
Acrónimo: CASD.
Puntuación: Puntuación total solamente.
Administración: Individual.
Precios, 2023: $150 por juego completo incluyendo el manual (33 páginas, inglés) y 25 hojas de registro; $65 por 25 hojas de registro en español; $68 por 25 hojas de registro en inglés; $86 por manual; $84 por DVD de entrenamiento.

Examinations (Physical, Neurological), Laboratory and Imaging Studies (Clinical Laboratory Studies, Neuroimaging Studies), Clinical Diagnosis (CDR Staging, Diagnostic Impression), Neuropsychological Battery (Verbal Fluency, Boston Naming Test [abbreviated version, additional permission needed], Mini-Mental State Exam, Word List Memory, Constructional Praxis, Word List Recall, Word List Recognition, Constructional Praxis Recall).
Administration: Individual.
Price Data: Available from publisher.
Time: [50–70] minutes; 30-40 minutes for neuropsychology measures only.
Comments: Available electronically.
Author: Consortium to Establish a Registry for Alzheimer's Disease, Albert Heyman (Principal Investigator).
Translators/Adaptors: J. M. Martínez-Lage, J. M. Manubens, R. Larumbe, J. Muruzábal, F. Lacruz, P. Martínez-Lage (Alzheimer's Unit at the University of Navarra), and I. M. Taussig (University of Southern California).
Publisher: CERAD, Duke University Medical Center.
Spanish Components: The assessment instruments and their corresponding instructions are available in Spanish.
English Components: The assessment instruments and their corresponding instructions are also available in English; a Manual of Operations giving the history of the CERAD study is in English.
Cross References: For reviews by Frank M. Bernt and Gabrielle Stutman of this test's English components, see 12:66.

[101e]

Checklist for Autism Spectrum Disorder.

Purpose: Designed as a "means of screening for and diagnosing children with autism across the entire autism spectrum."
Origin: United States/English.
Translation/Adaptation: No information is provided in the test materials about the translation/adaptation process.
Population: Ages 1-16.
Norms: This test is not norm referenced.
Publication Date: 2012.
Acronym: CASD.
Score: Total score only.
Administration: Individual.
Price Data, 2023: $150 per kit including manual (33 pages, English) and 25 record forms; $65 per 25 Spanish record forms; $68 per 25 English record forms; $86 per manual; $84 per training DVD.

Duración: 15 minutos para aplicar y corregir.
Comentarios: Si se use la prueba para diagnosticar el autismo, el CASD debe ser administrado por un clínico calificado basado en una entrevista semiestructurada con los padres. Si se use la prueba para tamizaje o investigación, el CASD puede ser completado independientemente por los padres.
Autora: Susan Dickerson Mayes.
Editorial: Stoelting Co.
Componentes en Español: El formulario de registro está disponible en español.
Componentes en Inglés: Todos los materiales están disponibles en inglés, también; el manual es en inglés.
Referencias Cruzadas: Para reseñas por Jeffrey A. Atlas y por Shawn Powell y Maria I. Kuznetsova de los componentes en inglés de esta prueba, consulte 20:33.

[102s]

Checklist for Autism Spectrum Disorder–Short Form.

Propósito: Diseñado como una entrevista semiestructurada para usarse en el tamizaje del autismo.
Procedencia: Estados Unidos/inglés.
Traducción/Adaptación: No se provee información en los materiales de la prueba sobre el proceso de traducción/adaptación.
Población: Edades 1-17.
Baremos: Esta prueba no es de referencia normativa.
Fecha de Publicación: 2017.
Acrónimo: CASD-SF.
Puntuación: Puntuación total solamente.
Administración: Individual.
Precios, 2023: $110 por juego completo incluyendo manual (28 páginas, inglés) y 25 formularios de entrevista; $85 por manual; $33 por 25 formularios de entrevista en español; $36 por 25 formularios de entrevista en inglés.
Duración: 5 minutos para aplicación y puntuación.
Comentarios: En aplicaciones diagnósticos, el CASD-SF debe ser completado por un clínico basado en la entrevista clínica con los padres. Los padres o docentes pueden llenar el CASD-SF por el propósito de tamizaje o recoger información, pero no se puede usar esta información para hacer un diagnóstico.
Autora: Susan Dickerson Mayes.
Editorial: Stoelting Co.
Componentes en Español: El formulario de entrevista está disponible en español.
Componentes en Inglés: Todos los materiales están disponibles en inglés, también; el manual es en inglés.
Referencias Cruzadas: Para reseñas por Damien C. Cormier y Agnes Flanagan y por Tiffany L. Hutchins de los componentes en inglés de esta prueba, consulte 21:28.

Time: 15 minutes to administer and score.
Comments: "If used to diagnose autism, the CASD must be completed by a qualified clinician based on a semi-structured interview with the parent. If used for screening or research, the CASD can be completed independently by the parent."
Author: Susan Dickerson Mayes.
Publisher: Stoelting Co.
Spanish Components: The record form is available in Spanish.
English Components: All materials are also available in English; the manual is in English.
Cross References: For reviews by Jeffrey A. Atlas and by Shawn Powell and Maria I. Kuznetsova of this test's English components, see 20:33.

[102e]

Checklist for Autism Spectrum Disorder–Short Form.

Purpose: Designed as a semi-structured diagnostic interview for use in autism screening.
Origin: United States/English.
Translation/Adaptation: No information is provided in the test materials about the translation/adaptation process.
Population: Ages 1-17.
Norms: This test is not norm referenced.
Publication Date: 2017.
Acronym: CASD-SF.
Scores: Total score only.
Administration: Individual.
Price Data, 2023: $110 per kit including manual (28 pages, English) and 25 interview forms; $85 per manual; $33 per 25 interview forms in Spanish; $36 per 25 interview forms in English.
Time: 5 minutes to administer and score.
Comments: "For diagnostic purposes, the CASD-SF must be completed by a clinician based on the clinical parent interview." "The CASD-SF can be completed by parents and teachers for the purposes of screening or collecting information, but . . . cannot be used to make a diagnosis."
Author: Susan Dickerson Mayes.
Publisher: Stoelting Co.
Spanish Components: The interview form is available in Spanish.
English Components: All materials are also available in English; the manual is in English.
Cross References: For reviews by Damien C. Cormier and Agnes Flanagan and by Tiffany L. Hutchins of this test's English components, see 21:28.

[103s]

Child Development Inventory.

Propósito: Diseñado para proporcionar una manera sistemática de obtener información detallada sobre el desarrollo por parte de los padres.
Procedencia: Estados Unidos (1968–1992)/inglés.
Traducción/Adaptación: No se provee información en los materiales de la prueba sobre el proceso de traducción/adaptación.
Población: Edades 1-3 a 6-3.
Baremos: No se han provisto baremos con los formularios traducidos al español.
Fecha de Publicación: 1992.
Acrónimo: CDI.
Puntuación, 9: Social, Autoayuda, Motor Grueso, Motor Fino, Lenguaje Expresivo, Comprensión de Lenguaje, Letras, Números, Desarrollo General.
Administración: Individual.
Precios, 2023: $180 por set introductorio incluye 20 cuadernillos de prueba reutilizables, 75 hojas de respuesta, 75 perfiles y manual (1992, 44 páginas, inglés) con plantilla de corrección; $55 por 20 cuadernillos de prueba; $55 por 75 hojas de respuesta; $55 por 25 perfiles; $50 por manual con plantilla de corrección.
Duración: [30–50] minutos.
Comentarios: Cuestionario completado por los padres.
Autor: Harold Ireton.
Editorial: Child Development Review - Behavior Science Systems, Inc.
Componentes en Español: El cuadernillo de prueba y sus instrucciones correspondientes están disponibles en español.
Componentes en Inglés: Todos los materiales están disponibles en inglés, también; el manual es en inglés.
Referencias Cruzadas: Para reseñas por Jean Powell Kirnan y Diana Crespo y por Stephanie Stein de los componentes en inglés de esta prueba, consulte 13:56.

[104s]

Child Development Review.

Propósito: Inventario breve de detección diseñado para ayudar a identificar niños con problemas de desarrollo, comportamiento o de salud.
Procedencia: Estados Unidos/inglés.
Traducción/Adaptación: No se provee información en los materiales de la prueba sobre el proceso de traducción/adaptación.
Población: Edades 18 meses a 5 años.
Baremos: Esta prueba no es de referencia normativa.
Fechas de Publicación: 1994.
Acrónimo: CDR.
Puntuación, 5: Desarrollo (Social, Cognoscitivo, Motor Grueso, Motor Fino, Lenguaje), Posibles Problemas,

[103e]

Child Development Inventory.

Purpose: "Designed to provide systematic ways of obtaining in depth developmental information from parents."
Origin: United States (1968–1992)/English.
Translation/Adaptation: No information is provided in the test materials about the translation/adaptation process.
Population: Ages 1-3 to 6-3.
Norms: Separate norms are not provided with the materials translated to Spanish.
Publication Date: 1992.
Acronym: CDI.
Scores, 9: Social, Self Help, Gross Motor, Fine Motor, Expressive Language, Language Comprehension, Letters, Numbers, General Development.
Administration: Individual.
Price Data, 2023: $180 per starter set including 20 reusable test booklets, 75 answer sheets, 75 profiles, and manual (1992, 44 pages, English) with scoring template; $55 per 20 test booklets; $55 per 75 answer sheets; $55 per 25 profiles; $50 per manual with scoring template.
Time: [30–50] minutes.
Comments: Parent-completed questionnaire.
Author: Harold Ireton.
Publisher: Child Development Review - Behavior Science Systems, Inc.
Spanish Components: The test booklet and its corresponding instructions are available in Spanish.
English Components: All materials are also available in English; the manual is in English.
Cross References: For reviews by Jean Powell Kirnan and Diana Crespo and by Stephanie Stein of this test's English components, see 13:56.

[104e]

Child Development Review.

Purpose: A brief screening inventory "designed to help identify children with developmental, behavioral, or health problems."
Origin: United States/English.
Translation/Adaptation: No information is provided in the test materials about the translation/adaptation process.
Population: Ages 18 months to 5 years.
Norms: This test is not norm referenced.
Publication Dates: 1994.
Acronym: CDR.
Scores, 5: Development (Social, Self-Help, Gross Motor, Fine Motor, Language), Possible

Descripción del Niño, Preguntas/Preocupaciones de los Padres, Funcionamiento de los Padres.
Administración: Individual.
Precios, 2023: $55 por 75 cuestionarios para padres/tablas de desarrollo; $50 por manual (22 páginas, inglés).
Duración: [5–10] minutos.
Comentarios: Cuestionario completado por los padres; puntuaciones reflejan el informe de los padres sobre el funcionamiento/desarrollo actual del niño; tabla de desarrollo del menor en la parte posterior puede utilizarse para observación o informe de los padres.
Autor: Harold Ireton.
Editorial: Child Development Review - Behavior Science Systems, Inc.
Componentes en Español: Los cuestionarios/tablas de desarrollo y sus instrucciones correspondientes están disponibles en español.
Componentes en Inglés: Todos los materiales están disponibles en inglés, también; el manual es en inglés.
Referencias Cruzadas: Para reseñas por Terry Overton y Gary J. Stainback de los componentes en inglés de esta prueba, consulte 14:71.

[105s]

Child Symptom Inventory–4 [2002 Update].

Propósito: Diseñado como un instrumento de descubrir los síntomas de comportamiento, afectivos y cognitivos asociados con los trastornos psiciátricos en la niñez.
Procedencia: Estados Unidos (1994-2002)/inglés.
Traducción/Adaptación: No se provee información en los materiales de la prueba sobre el proceso de traducción/adaptación.
Población: Edades 5-12.
Baremos: No se han provisto baremos con los formularios traducidos al español.
Fecha de Publicación: 2003.
Acrónimo: CSI-4.
Puntuación, 13: AD/HD Inatención, AD/HD Hiperimpulsivo, AD/HD Combinado, Trastorno Oposicional Desafiante, Trastorno de la Conducta, Trastorno de Ansiedad Generalizada, Esquizofrenia, Trastorno de Depresión Mayor, Trastorno Distímico, Trastorno de Autismo, Trastorno de Asperger, Fobia Social, Trastorno de Ansiedad por Separación.
Administración: Individual.
Formularios, 2: Padres, Docentes.
Precios, 2023: $137 por juego completo incluye manual (2002, 179 páginas, inglés), 25 formularios para padres, 25 formularios para docentes, 50 hojas de identificación cantidad de síntomas y 50 hojas de perfil severidad de síntomas; $62 por manual, $46 por 50 formularios para padres o docentes (español o inglés).
Duración: [10-15] minutos.

Problems, Child Description, Parents' Questions/Concerns, Parents' Functioning.
Administration: Individual.
Price Data, 2023: $55 per 75 questionnaires/development charts; $50 per manual (22 pages, English).
Time: [5–10] minutes.
Comments: Parent-completed questionnaire; scores reflect parents' report of child's present functioning-development; child development chart on back, can be used for observation or for parent report.
Author: Harold Ireton.
Publisher: Child Development Review - Behavior Science Systems, Inc.
Spanish Components: Parent questionnaire/child development charts and their corresponding instructions are available in Spanish.
English Components: All materials are also available in English; the manual is in English.
Cross References: For reviews by Terry Overton and Gary J. Stainback of this test's English components, see 14:71.

[105e]

Child Symptom Inventory–4 [2002 Update].

Purpose: Designed as a "screening instrument for the behavioral, affective, and cognitive symptoms" of childhood psychiatric disorders.
Origin: United States (1994-2002)/English.
Translation/Adaptation: No information is provided in the test materials about the translation/adaptation process.
Population: Ages 5-12.
Norms: Separate norms are not provided with the forms translated to Spanish.
Publication Date: 2003.
Acronym: CSI-4.
Scores, 13: AD/HD Inattentive, AD/HD Hyper-Impulsive, AD/HD Combined, Oppositional Defiant Disorder, Conduct Disorder, Generalized Anxiety Disorder, Schizophrenia, Major Depressive Disorder, Dysthymic Disorder, Autistic Disorder, Asperger's Disorder, Social Phobia, Separation Anxiety Disorder.
Administration: Individual.
Forms, 2: Parent, Teacher.
Price Data, 2023: $137 per deluxe kit including manual (2002, 179 pages, English), 25 parent checklists, 25 teacher checklists, 50 symptom count score sheets, and 50 symptom severity profile score sheets; $62 per manual, $46 per 50 parent or teacher checklists (Spanish or English).
Time: [10-15] minutes.

Comentarios: El instrumento está diseñado para corresponder al sistema de clasificación del DSM-IV; los formularios para padres y docentes en español corresponden ítem por ítem a los formularios disponibles en inglés.
Autores: Kenneth D. Gadow y Joyce Sprafkin.
Editorial: Checkmate Plus, Ltd.
Componentes en Español: Los formularios para padres y docentes y sus instrucciones correspondientes están disponibles en español.
Componentes en Inglés: Todos los materiales están disponibles en inglés también; el manual es en inglés.
Referencias Cruzadas: Para una reseña por Kathryn E. Hoff y W. Joel Schneider de los componentes en inglés de esta prueba, consulte 16:46.

[106s]

Children's Depression Inventory 2nd Edition.

Propósito: Diseñado para proporcionar una evaluación exhaustiva sobre síntomas depresivos en niños por múltiples evaluadores.
Procedencia: Estados Unidos/inglés.
Traducción/Adaptación: Un psicólogo escolar hispanohablante tradujo los ítems e instrucciones del inglés al español y luego un psicólogo independiente bilingüe realizó una traducción inversa al inglés. Las traducciones fueron revisadas y editadas para garantizar que el contenido, la sensibilidad cultural y legibilidad de los ítems fueran apropiados para los grupos múltiples de habla hispana en los Estados Unidos. Todos los miembros del equipo revisaron las retrotraducciones y las compararon con los formularios ingleses originales, escogiendo los ítems más comprensibles para la mayoría de la población cuando existían varias opciones posibles. Se hicieron las decisiones finales después de varias series de análisis.
Población: Edades 7-17.
Baremos: No se han provisto baremos con los formularios traducidos al español.
Fechas de Publicación: 1977-2011.
Acrónimo: CDI 2.
Administración: Individual o colectiva.
Formularios, 4: Reporte Personal Completo, Reporte Personal Breve, Reporte para Padres, Reporte para Docentes.
Precios, 2022: $464 por juego completo en línea incluyendo el manual (172 páginas, inglés) y 25 de cada formulario (autoreporte completo, autoreporte breve, padres, docentes).
Autores: Maria Kovacs y personal de MHS.
Editorial: Multi-Health Systems, Inc.
Componentes en Español: Todos los formularios y sus instrucciones correspondientes están disponibles en español.

Comments: Instrument is designed to correspond to the DSM-IV classification system; the parent and teacher checklists in Spanish are keyed to the English-language version item by item.
Authors: Kenneth D. Gadow and Joyce Sprafkin.
Publisher: Checkmate Plus, Ltd.
Spanish Components: Parent and teacher forms and their corresponding instructions are available in Spanish.
English Components: All materials are also available in English; the manual is in English.
Cross References: For a review by Kathryn E. Hoff and W. Joel Schneider of this test's English components, see 16:46.

[106e]

Children's Depression Inventory 2nd Edition.

Purpose: Designed to provide "comprehensive multi-rater assessment of depressive symptoms in children."
Origin: United States/English.
Translation/Adaptation: A Spanish-speaking school psychologist translated the items and instructions from English to Spanish and then an independent bilingual psychologist back-translated the material. Translations were then reviewed and edited to ensure that the content, cultural sensitivity, and readability were appropriate for the various Spanish-speaking groups in the U.S. All parties collectively reviewed the back-translations and compared them with the original English forms, choosing the items that were most understandable to the largest portion of the population when there were several viable options. Final text decisions were made after several rounds of review.
Population: Ages 7-17.
Norms: Separate norms are not provided with the forms translated to Spanish.
Publication Dates: 1977-2011.
Acronym: CDI 2.
Administration: Individual or group.
Forms, 4: Self-Report Full-Length, Self-Report Short, Parent Report, Teacher Report.
Price Data, 2022: $464 per complete online kit including manual (172 pages, English) and 25 of each form (self-report, short, parent, teacher).
Authors: Maria Kovacs and MHS staff.
Publisher: Multi-Health Systems, Inc.
Spanish Components: The forms and their corresponding instructions are available in Spanish.

Componentes en Inglés: Todos los materiales están disponibles en inglés, también; el manual es en inglés.

a) AUTOREPORTE COMPLETO.
Puntuación, 7: Problemas Emocionales, Problemas Funcionales, Estado de Ánimo Negativo/Síntomas Físicos, Autoestima Negativa, Inoperancia, Problemas Interpersonales, Total.
Duración: (15) minutos.

b) AUTOREPORTE BREVE.
Puntuación: Puntuación total solamente.
Duración: (5) minutos.

c) REPORTE PARA PADRES.
Puntuación, 3: Problemas Emocionales, Problemas Funcionales, Total.
Duración: (10) minutos.

d) REPORTE PARA DOCENTES.
Puntuación, 3: Problemas Emocionales, Problemas Funcionales, Total.
Duración: (5) minutos.

Referencias Cruzadas: Para reseñas por Jeffrey A. Atlas y Renee M. Tobin de los componentes en inglés de esta prueba, consulte 19:33.

[107s]

Classroom Assessment Scoring System, Pre-K, Spanish.

Nombre Original: Classroom Assessment Scoring System, Pre-K and K-3.
Propósito: Diseñado para "evaluar la calidad de la instrucción en la aula de preescolar".
Procedencia: Estados Unidos (2008-2009)/inglés.
Traducción/Adaptación: No se provee información en los materiales de la prueba sobre el proceso de traducción/adaptación.
Población: Preescolares.
Baremos: Esta prueba no es de referencia normativa.
Fecha de Publicación: 2012.
Acrónimo: CLASS.
Puntuación, 13: 10 dimensiones en 3 dominios: Apoyo Emocional (Clima Positiva, Clima Negativo, Sensibilidad del Docente, Consideración Hacia las Perspectivas de Alumnos), Organización de la Aula (Manejo de la Conducta, Productividad, Formatos Didácticos para el Aprendizaje), Apoyo Pedagógico (Desarrollo de Conceptos, Calidad de los Comentarios, Ejemplificar el Lenguaje).
Administración: Colectivo.
Precios, 2023: $75 por manual de Pre-K (2012, 125 páginas); $30 por folleto de resumen de dimensiones; $19.95 por guía de dimensiones; $15 por 5 paquetes de puntuación (30 hojas en total).
Duración: (120-180) minutos.
Comentarios: CLASS es un sistema de observación comprensivo; investigadores, docentes, directores, psicólogos escolares, consultantes educacionales u otros usuarios potenciales deben recibir entrenamiento para usar la prueba.

English Components: All materials are also available in English; the manual is in English.

a) SELF-REPORT FULL-LENGTH.
Scores, 7: Emotional Problems, Functional Problems, Negative Mood/Physical Symptoms, Negative Self-Esteem, Ineffectiveness, Interpersonal Problems, Total.
Time: (15) minutes.

b) SELF-REPORT SHORT.
Score: Total score only.
Time: (5) minutes.

c) PARENT REPORT.
Scores, 3: Emotional Problems, Functional Problems, Total.
Time: (10) minutes.

d) TEACHER REPORT.
Scores, 3: Emotional Problems, Functional Problems, Total.
Time: (5) minutes.

Cross References: For reviews by Jeffrey A. Atlas and Renee M. Tobin of this test's English components, see 19:33.

[107e]

Classroom Assessment Scoring System, Pre-K, Spanish.

Original Name: Classroom Assessment Scoring System, Pre-K and K-3.
Purpose: Designed to assess instruction quality in a preschool classroom.
Origin: United States (2008-2009)/English.
Translation/Adaptation: No information is provided in the test materials about the translation/adaptation process.
Population: Preschoolers.
Norms: This test is not norm referenced.
Publication Date: 2012.
Acronym: CLASS.
Scores, 13: 10 dimensions in 3 domains: Emotional Support (Positive Climate, Negative Climate, Teacher Sensitivity, Regard for Student Perspectives), Classroom Organization (Behavior Management, Productivity, Instructional Learning Formats), Instructional Support (Concept Development, Quality of Feedback, Language Modeling).
Administration: Group.
Price Data, 2023: $75 per Pre-K manual (2012, 125 pages); $30 per Dimensions Overview folio; $19.95 per Dimensions Guide; $15 per 5 scoring packets (30 sheets in all).
Time: (120-180) minutes.
Comments: The CLASS is a comprehensive observation system; researchers, teachers, principals, school psychologists, educational consultants, or other potential users must receive training to use the test.

Autores: Robert C. Pianta, Karen M. La Paro y Bridget K. Hamre.
Traductoras/Adaptadoras: Patricia E. McQuilkin, Ana P. Mross y Ligia Gómez.
Editorial: Teachstone Training, LLC.
Componentes en Español: Todos los materiales son en español.
Componentes en Inglés: No hay materiales en inglés en esta versión.

[108s]

Classroom Environment Scale [Third Edition Manual].

Propósito: Diseñado para evaluar los efectos del contenido del curso, estrategias de enseñanza, personalidad de enseñanza, composición de la clase y las características del aula en general.
Procedencia: Estados Unidos/inglés.
Traducción/Adaptación: La editorial indica que existen varias traducciones de calidad variable, algunas de las cuales están disponibles de la casa editorial/distribuidor; no se provee información en los materiales de la prueba sobre el proceso de traducción/adaptación.
Población: Estudiantes y docentes de escuela secundaria y escuela superior.
Baremos: No se han provisto baremos con los materiales traducidos al español.
Fechas de Publicación: 1974-2002.
Acrónimo: CES.
Puntuación, 9: Dimensiones de Relaciones (Participación, Afiliación, Apoyo del Docente), Crecimiento Personal/Orientación a la Meta (Orientado a las Tareas, Competencia), Dimensiones de Cambio y Mantenimiento del Sistema (Orden y Organización, Claridad de Reglas, Control del Docente, Innovación).
Administración: Colectiva.
Formularios, 3: Real (R), Ideal (I), de Expectativas (E).
Precios, 2022: $50 por manual; $2.50 por la licencia remota de la encuesta en línea (compra mínima de 50); $2.50 por licencia para reproducir (compra mínima de 50); $200 por reporte de grupo; $60 por manual impreso.
Duración: (15) minutos.
Comentarios: Se puede implementar una versión corta por administrando y corrigiendo solamente las primeras 36 frases del Formulario R.
Autores: Rudolph H. Moos y Edison J. Trickett.
Editorial: Mind Garden, Inc.
Componentes en Español: Los ítems en el Formulario R y sus instrucciones correspondientes están disponibles en español.
Componentes en Inglés: Todos los materiales están disponibles en inglés, también; el manual es en inglés.

Authors: Robert C. Pianta, Karen M. La Paro, and Bridget K. Hamre.
Translators/Adaptors: Patricia E. McQuilkin, Ana P. Mross, and Ligia Gómez.
Publisher: Teachstone Training, LLC.
Spanish Components: All materials are in Spanish.
English Components: There are no English materials in this version.

[108e]

Classroom Environment Scale [Third Edition Manual].

Purpose: Designed to evaluate "the effects of course content, teaching methods, teaching personality, class composition and characteristics of the overall classroom environment."
Origin: United States/English.
Translation/Adaptation: Test publisher indicates that various translations of varying quality exist, some of which are available from the publisher/distributor; there is no information in the test materials about the translation/adaptation process.
Population: Junior high and senior high teachers and students.
Norms: Separate norms are not provided with the materials translated to Spanish.
Publication Dates: 1974-2002.
Acronym: CES.
Scores, 9: Relationship Dimensions (Involvement, Affiliation, Teacher Support), Personal Growth/Goal Orientation Dimensions (Task Orientation, Competition), System Maintenance and Change Dimensions (Order and Organization, Rule Clarity, Teacher Control, Innovation).
Administration: Group.
Forms, 3: Real (R), Ideal (I), Expectations (E).
Price Data, 2022: $50 per manual; $2.50 per remote online survey license (minimum purchase of 50); $2.50 per license to reproduce (minimum purchase of 50); $200 per group report; $60 per printed manual.
Time: (15) minutes.
Comments: A short version can be given by administering and scoring the first 36 items of Form R.
Authors: Rudolph H. Moos and Edison J. Trickett.
Publisher: Mind Garden, Inc.
Spanish Components: The items in Form R and their corresponding instructions are available in Spanish.
English Components: All materials are also available in English; the manual is in English.

Referencias Cruzadas: Para reseñas por Richard A. Saudargas y Corinne Roth Smith de los componentes en inglés de esta prueba, consulte 10:60.

[109s]

Clinical Evaluation of Language Fundamentals–Fourth Edition, Spanish.

Nombre Original: Clinical Evaluation of Language Fundamentals, Fourth Edition.
Propósito: Diseñado como un instrumento clínico de identificación, diagnóstico y evaluación de seguimiento para trastornos de lenguaje y comunicación en estudiantes hispanohablantes.
Procedencia: Estados Unidos/inglés.
Traducción/Adaptación: Los ítems de la prueba fueron adaptados para incorporar formas gramaticales y temas familiares apropiados para estudiantes de habla español y fueron revisados por un grupo de expertos de varios países.
Población: Estudiantes hispanohablantes, edades 5-21.
Baremos: Se han provisto baremos con la adaptación al español. Los baremos se desarrollaron utilizando una muestra con 800 participantes, distribuidos por nivel de educación de los padres, edad, sexo y país de origen (México, Centro y Sudamérica, Puerto Rico, República Dominicana, Cuba u otros).
Fecha de Publicación: 2006.
Acrónimo: CELF-4 Spanish.
Administración: Individual.
Niveles, 3: Edades 5-8, Edades 9-12, Edades 13-21.
Precios, 2022: $699 por juego completo incluye manual del examinador (2006, 294 páginas, inglés), manual técnico (2006, 100 páginas, inglés), 2 libros de estímulos, 10 folletos de registro nivel 1, 10 folletos de registro nivel 2 y 50 formularios Escala de Valoración del lenguaje (EVL); $99.25 por 25 folletos de registro (Nivel 1 o 2); $77.75 por 50 folletos EVL; $111.30 por manual técnico; $179 por manual del examinador; $192.75 por libro de estímulos 1; $192.75 por libro de estímulos 2.
Duración: (20-60) minutos.
Comentarios: Habilidad nativa o casi-nativa en español es esencial para administrar el CELF-4 Spanish y evitar puntuaciones erróneamente bajas.
Autores: Eleanor Semel, Elisabeth H. Wiig y Wayne A. Secord.
Editorial: Pearson.
Componentes en Español: Los folletos de registro, la Escala de Valoración del Lenguaje y los manuales de estímulos son en español.
Componentes en Inglés: Manuales e instrucciones de administración son en inglés.

a) CELF-4, EDADES 5-8.
Población: Edades 5-8.
Puntuación, 22: Puntuación de Lenguaje Básico (Conceptos y Siguiendo Direcciones, Estructura de

Cross References: For reviews by Richard A. Saudargas and Corinne Roth Smith of this test's English components, see 10:60.

[109e]

Clinical Evaluation of Language Fundamentals–Fourth Edition, Spanish.

Original Name: Clinical Evaluation of Language Fundamentals, Fourth Edition.
Purpose: Designed as a "clinical tool for the identification, diagnosis, and follow-up evaluation of language and communication disorders in Spanish-speaking students."
Origin: United States/English.
Translation/Adaptation: Test items were adapted to incorporate grammatical forms and familiar themes appropriate for Spanish-speaking students and were reviewed by a panel of experts from various countries.
Population: Spanish-speaking students ages 5-21.
Norms: Separate norms are provided with the Spanish adaptation. Norms were developed using a sample of 800 participants, distributed by parent education level, age, sex, and place of origin (Mexico, Central and South America, Puerto Rico, Dominican Republic, Cuba or other).
Publication Date: 2006.
Acronym: CELF-4 Spanish.
Administration: Individual.
Levels, 3: Ages 5-8, Ages 9-12, Ages 13-21.
Price Data, 2022: $699 per complete kit including examiner's manual (2006, 294 pages, English), technical manual (2006, 100 pages, English), 2 stimulus books, 10 level 1 record forms, 10 level 2 record forms, and 50 Observational Rating Scale forms (ORS); $99.25 per 25 record forms (Level 1 or 2); $77.75 per 50 ORS forms; $111.30 per technical manual; $179 per examiner's manual; $192.75 per stimulus book 1; $192.75 per stimulus book 2.
Time: (20-60) minutes.
Comments: "Native or near-native proficiency in Spanish is essential to administer CELF-4 Spanish and to avoid artificially reduced scores."
Authors: Eleanor Semel, Elisabeth H. Wiig, and Wayne A. Secord.
Publisher: Pearson.
Spanish Components: The record forms, Observational Rating Scale forms, and stimulus books are in Spanish.
English Components: Manuals and administration instructions are in English.

a) CELF-4, AGES 5-8.
Population: Ages 5-8.
Scores, 22: Core Language Score (Concepts and Following Directions, Word Structure,

Palabras, Recordando Oraciones, Oraciones Formuladas), Índice de Lenguaje Receptivo (Conceptos y Siguiendo Direcciones, Clases de Palabras 1 y 2-Receptivo, Estructura de Oraciones), Índice de Lenguaje Expresivo (Estructura de Palabras, Recordando Oraciones, Oraciones Formuladas), Índice de Contenido del Lenguaje (Conceptos y Siguiendo Direcciones, Clases de Palabras 1 y 2-Total, Vocabulario Expresivo), Índice de Estructura del Lenguaje (Estructura de Palabras, Recordando Oraciones, Oraciones Formuladas, Estructura de Oraciones).

b) CELF-4, EDADES 9-12.

Población: Edades 9-12.

Puntuación, 21: Puntuación de Lenguaje Básico (Conceptos y Siguiendo Direcciones, Recordando Oraciones, Oraciones Formuladas, Clases de Palabras 2-Total), Índice de Lenguaje Receptivo (Conceptos y Siguiendo Direcciones, Clases de Palabras 2-Receptivo), Índice de Lenguaje Expresivo (Recordando Oraciones, Oraciones Formuladas, Clases de Palabras 2-Expresivo), Índice de Contenido del Lenguaje (Clases de Palabras 2-Total, Vocabulario Expresivo: 9 años, Definiciones de Palabras: 10-21 años, Entendiendo Párrafos), Índice de Memoria del Lenguaje (Conceptos y Siguiendo Direcciones, Recordando Oraciones, Oraciones Formuladas).

c) CELF-4, EDADES 13-21.

Población: Edades 13-21.

Puntuación, 18: Puntuación de Lenguaje Básico (Recordando Oraciones, Oraciones Formuladas, Clases de Palabras 2-Total, Definiciones de Palabras), Índice de Lenguaje Receptivo (Clases de Palabras 2-Receptivo, Entendiendo Párrafos), Índice de Lenguaje Expresivo (Recordando Oraciones, Oraciones Formuladas, Clases de Palabras 2-Expresivo), Índice de Contenido del Lenguaje (Definiciones de Palabras, Entendiendo Párrafos), Índice de Memoria del Lenguaje (Recordando Oraciones, Oraciones Formuladas).

[110s]

Clinical Evaluation of Language Fundamentals Preschool–Second Edition–Spanish Edition.

Propósito: Diseñado para proporcionar una evaluación comprensiva del idioma para niños de edad preescolar hablantes del español.

Procedencia: Estados Unidos/inglés y español.

Población: Edades 3-0 a 6-11.

Baremos: Los baremos se desarrollaron utilizando una muestra de 464 participantes, distribuidos por edad, sexo, raza/identidad étnica, región geográfica y nivel educativo del cuidador primario.

Fechas de Publicación: 2004-2009.

Acrónimo: CELF Preschool-2 Spanish.

Puntuación, 15: Conceptos Básicos, Estructura de Palabras, Recordando Oraciones, Conceptos y Siguiendo Direcciones, Vocabulario Expresivo, Estructura de Oraciones, Clases de Palabras, Conocimiento Fonológico, Escala de Valoración de Alfabetización Temprana, Clasificación Pragmática, Puntuación

Recalling Sentences, Formulated Sentences), Receptive Language Index (Concepts and Following Directions, Word Classes 1 and 2-Receptive, Sentence Structure), Expressive Language Index (Word Structure, Recalling Sentences, Formulated Sentences), Language Content Index (Concepts and Following Directions, Word Classes 1 and 2-Total, Expressive Vocabulary), Language Structure Index (Word Structure, Recalling Sentences, Formulated Sentences, Sentence Structure).

b) CELF-4, AGES 9-12.

Population: Ages 9-12.

Scores, 21: Core Language Score (Concepts and Following Directions, Recalling Sentences, Formulated Sentences, Word Classes 2-Total), Receptive Language Index (Concepts and Following Directions, Word Classes 2-Receptive), Expressive Language Index (Recalling Sentences, Formulated Sentences, Word Classes 2-Expressive), Language Content Index (Word Classes 2-Total, Expressive Vocabulary: age 9, Word Definitions: ages 10-12, Understanding Paragraphs), Language Memory Index (Concepts and Following Directions, Recalling Sentences, Formulated Sentences).

c) CELF-4, AGES 13-21.

Population: Ages 13-21.

Scores, 18: Core Language Score (Recalling Sentences, Formulated Sentences, Word Classes 2-Total, Word Definitions), Receptive Language Index (Word Classes 2-Receptive, Understanding Paragraphs), Expressive Language Index (Recalling Sentences, Formulated Sentences, Word Classes 2-Expressive), Language Content Index (Word Definitions, Understanding Paragraphs), Language Memory Index (Recalling Sentences, Formulated Sentences).

[110e]

Clinical Evaluation of Language Fundamentals Preschool–Second Edition–Spanish Edition.

Purpose: Designed to provide "comprehensive language evaluation for Spanish-speaking preschool children."

Origin: United States/English and Spanish.

Population: Ages 3-0 to 6-11.

Norms: Norms were developed using a sample of 464 participants, distributed by age, sex, race/ethnicity, geographic region, and primary caregiver's education level.

Publication Dates: 2004-2009.

Acronym: CELF Preschool-2 Spanish.

Scores, 15: Basic Concepts, Word Structure, Recalling Sentences, Concepts and Following Directions, Expressive Vocabulary, Sentence Structure, Word Classes, Phonological Awareness, Early Literacy Rating Scale, Descriptive Pragmatics Profile, Core Language Score, Receptive

Central de Lenguaje, Índice Puntuación Lenguaje Receptivo y Expresivo, Lenguaje Expresivo, Contenido de Lenguaje, Índice Puntuación Estructura del Lenguaje.
Subpruebas, 10: Conceptos Básicos, Estructura de Palabras, Recordando Oraciones, Conceptos y Siguiendo Direcciones, Vocabulario Expresivo, Estructura de Oraciones, Clases de Palabras, Conocimiento Fonológico, Escala de Valoración de Alfabetización Temprana, Clasificación Pragmática.
Administración: Individual.
Niveles, 4: Nivel 1: Identificar si existe o no un desorden de lenguaje; Nivel 2: Describir la naturaleza del desorden; Nivel 3: Evaluar los fundamentos tempranos de la aula y la alfabetización; Nivel 4: Evaluar lenguaje y comunicación en contexto.
Precios, 2022: $493 por juego completo incluyendo manual (2009, 310 páginas, inglés), 25 folletos de registro, manual de estímulos y 25 escalas de valoración; $85.25 por manual; $429 por manual de estímulos; $105 por 25 folletos de registro; $41 por 25 escalas de valoración.
Duración: (15-20) minutos para el Nivel 1; tiempo varía para las subpruebas restantes.
Comentarios: Una edición paralela a la CELF Preescolar 2, no una traducción; subpruebas se pueden utilizar individualmente.
Autores: Elisabeth H. Wiig, Wayne A. Secord y Eleanor Semel.
Editorial: Pearson.
Componentes en Español: El manual de estímulos, folletos de registro y escalas de valoración son en español.
Componentes en Inglés: El manual del examinador es en inglés.
Referencias Cruzadas: Para reseñas por James Dean Brown y Marta González-Lloret y por Gerald Tindal, consulte 19:38.

[111s]

CNS Vital Signs Computerized Cognitive Battery.

Propósito: Una plataforma informatizado de pruebas cognitivas diseñada para evaluar el estado neurocognitivo de un individuo.
Procedencia: Estados Unidos/inglés.
Traducción/Adaptación: No se provee información en los materiales de la prueba sobre el proceso de traducción/adaptación.
Población: Edades 8 a 80.
Baremos: No se han provisto baremos con los materiales traducidos al español.
Fechas de Publicación: 2003-2015.
Acrónimo: CNSVS.
Puntuación, 17: 12 Dominios Breve-Centros (Índice Neurocognitivo, Memoria Compuesta, Memoria Verbal, Memoria Visual, Velocidad Psicomotora, Tiempo

and Expressive Language Index Score, Expressive Language, Language Content, Language Structure Index Score.
Subtests, 10: Basic Concepts, Word Structure, Recalling Sentences, Concepts and Following Directions, Expressive Vocabulary, Sentence Structure, Word Classes, Phonological Awareness, Early Literacy Rating Scale, Descriptive Pragmatics Profile.
Administration: Individual.
Levels, 4: Level 1: Identify whether or not there is a language disorder; Level 2: Describe the nature of the disorder; Level 3: Evaluate early classroom and literacy fundamentals; Level 4: Evaluate language and communication in context.
Price Data, 2022: $493 per complete kit including manual (2009, 310 pages, English), 25 record forms, stimulus manual, and 25 rating scale forms; $85.25 per manual; $429 per stimulus manual; $105 per 25 record forms; $41 per 25 rating scales.
Time: (15-20) minutes for Level 1; remaining subtest time varies.
Comments: A parallel edition to the CELF Preschool 2, not a translation; subtests can be used individually.
Authors: Elisabeth H. Wiig, Wayne A. Secord, and Eleanor Semel.
Publisher: Pearson.
Spanish Components: The stimulus manual, record forms and rating scales are in Spanish.
English Components: The examiner's manual is in English.
Cross References: For reviews by James Dean Brown and Marta González-Lloret and by Gerald Tindal, see 19:38.

[111e]

CNS Vital Signs Computerized Cognitive Battery.

Purpose: A computerized cognitive testing platform designed for assessing an individual's neurocognitive state.
Origin: United States/English.
Translation/Adaptation: There is no information in the test materials about the translation/adaptation process.
Population: Ages 8 to 80.
Norms: Separate norms are not provided with the materials translated to Spanish.
Publication Dates: 2003-2015.
Acronym: CNSVS.
Scores, 17: 12 Brief-Core Domains (Neurocognitive Index, Composite Memory, Verbal Memory, Visual Memory, Psychomotor Speed, Reaction

de Reacción, Atención Compleja, Flexibilidad Cognitiva, Velocidad de Procesamiento, Función Ejecutiva, Atención Visual Simple, Velocidad Motora), 4 Dominios Ampliados (Agudeza Social, Razonamiento, Atención Sostenida, Memoria de Trabajo), Severidad de Deterioro.
Subpruebas, 10: Memoria Verbal, Memoria Visual, Golpeteo de Dedo, Codificación de Dígitos, Stroop, Atención Vacilante, Desempeño Continuo, Percepción de Emociones, Razonamiento No Verbal, Desempeño Continuo de 4 Partes.
Administración: Individual.
Precios, 2023: $35 por sesión de prueba (descuentos por volumen disponibles); re-evaluación gratis dentro de 24 horas.
Duración: 10-45 minutos.
Comentarios: Administración y corrección por computadora; disponible como aplicación en la computadora local o una aplicación en línea; la batería incluye 10 pruebas neurocognitivas de referencia normativa y múltiples instrumentos de resultado reportado por paciente; se puede personalizar la batería para el examinado.
Autor: CNS Vital Signs.
Editorial: CNS Vital Signs.
Componentes en Español: Los ítems de prueba y sus instrucciones correspondientes están disponibles en español.
Componentes en Inglés: Todos los materiales están disponibles en inglés, también.
Referencias Cruzadas: Para reseñas por Carlton Gass y Rama K. Mishra de los componentes en inglés de esta prueba, consulte 20:46.

Time, Complex Attention, Cognitive Flexibility, Processing Speed, Executive Function, Simple Visual Attention, Motor Speed), 4 Expanded Domains (Social Acuity, Reasoning, Sustained Attention, Working Memory), Severity of Impairment.
Subtests, 10: Verbal Memory, Visual Memory, Finger Tapping, Symbol Digit Coding, Stroop, Shifting Attention, Continuous Performance, Perception of Emotions, Non-Verbal Reasoning, 4-Part Continuous Performance.
Administration: Individual.
Price Data, 2023: $35 per test session (volume discounts available); free retest within 24 hours.
Time: 10-45 minutes.
Comments: Computer administered and scored; available as a local running application or as a web-based application; battery includes 10 normed neurocognitive tests and multiple patient reported outcome instruments; battery may be customized for test taker.
Author: CNS Vital Signs.
Publisher: CNS Vital Signs.
Spanish Components: Test items and their corresponding instructions are available in Spanish.
English Components: All test materials are also available in English.
Cross References: For reviews by Carlton Gass and Rama K. Mishra of this test's English components, see 20:46.

[112s]

Cognistat (The Neurobehavioral Cognitive Status Examination), Segunda Edición Español.

Nombre Original: Cognistat (The Neurobehavioral Cognitive Status Examination).
Propósito: Diseñado para evaluar el funcionamiento cognitivo.
Procedencia: Estados Unidos (1983-1995)/inglés.
Traducción/Adaptación: No se provee información en los materiales de la prueba sobre el proceso de traducción/adaptación.
Población: Adultos.
Baremos: Se han provisto baremos con la versión en español. Los baremos se desarrollaron utilizando una muestra con 115 participantes hispanohablantes monolingües de Los Ángeles, California y Jalisco, México; distribuidos por país de origen, lateralidad, edad y nivel de educación.
Fechas de Publicación: 1998-2006.
Acrónimo: Cognistat.
Puntuación, 11: Nivel de Conciencia, Orientación, Atención, Lenguaje (Comprensión, Repetición

[112e]

Cognistat (The Neurobehavioral Cognitive Status Examination), Segunda Edición Español.

Original Name: Cognistat (The Neurobehavioral Cognitive Status Examination).
Purpose: Designed to assess cognitive functioning.
Origin: United States (1983-1995)/English.
Translation/Adaptation: There is no information in the test materials about the translation/adaptation process.
Population: Adults.
Norms: Separate norms are provided with the Spanish version. Norms were developed using a sample of 115 monolingual Spanish-speaking participants from Los Angeles, California, and Jalisco, Mexico, distributed by country of origin, handedness, age, and educational level.
Publication Dates: 1998-2006.
Acronym: Cognistat.
Scores, 11: Level of Consciousness, Orientation, Attention, Language (Comprehension, Repetition,

de Frases, Denominación), Habilidad Constructiva, Memoria, Cálculo, Razonamiento (Analogías, Juicio).
Administración: Individual.
Precios, 2023: $575 por juego de inicio incluye libro de estímulos (16 páginas), 8 fichas y 25 pruebas en línea; $35 por libro de estímulos; $425 por 25 pruebas en línea; $35 por juego de 8 fichas; $75 por manual (2006, 36 páginas).
Duración: Tiempo de administración no se reportó.
Autores: Ralph J. Kiernan, Jonathan Mueller y William Langston.
Traductores/Adaptadores: Enrique López-Carlos y Teresita Villaseñor.
Editorial: Cognistat, Inc.
Componentes en Español: Todos los materiales son en español.
Componentes en Inglés: No hay materiales en inglés en esta versión.

[113s]

Cognitive Abilities Test™, Forms 7 and 8.

Propósito: Diseñado para medir las habilidades verbales, cuantitativos y de razonamiento no verbal de estudiantes y ayudar a educadores a determinar estrategias instructivas.
Procedencia: Estados Unidos/inglés.
Traducción/Adaptación: No se provee información en los materiales de la prueba sobre el proceso de traducción/adaptación.
Población: Grados K-12.
Baremos: No se han provisto baremos con los materiales traducidos al español.
Fechas de Publicación: 1954-2018.
Acrónimo: CogAT.
Puntuación, 4-7: Batería Verbal, Batería Cuantitativo, Batería No Verbal, 3 compuestos parciales opcionales (Compuesto Verbal y Cuantitativo, Compuesto Cuantitativo y No Verbal, Compuesto Verbal y No Verbal), Compuesto Total.
Administración: Colectiva.
Precios: Disponibles con la casa editorial.
Comentarios: Se puede aplicar en línea; el formulario de cribado está disponible para determinar elegibilidad para programas de dotado (incluye la sección de analogías en cada batería del formulario completo); el formulario 8 es un formulario alternativo y equivalente.
Autores: David F. Lohman y Joni M. Lakin.
Editorial: Riverside Insights.
Componentes en Español: Las instrucciones de administración por cada nivel, incluyendo para administración en línea, están disponibles en español.
Componentes en Inglés: Todos los materiales están disponibles en inglés también; el manual es en inglés.

Naming), Constructional Ability, Memory, Calculations, Reasoning (Similarities, Judgment).
Administration: Individual.
Price Data, 2023: $575 per starter kit including stimulus book (16 pages), 8 tokens, and 25 assessment system online tests; $35 per stimulus book; $425 per 25 online tests; $35 per set of 8 tokens; $75 per manual (2006, 36 pages).
Time: Administration time not reported.
Authors: Ralph J. Kiernan, Jonathan Mueller, and William Langston.
Translators/Adaptors: Enrique López-Carlos and Teresita Villaseñor.
Publisher: Cognistat, Inc.
Spanish Components: All materials are in Spanish.
English Components: There are no English materials in this version.

[113e]

Cognitive Abilities Test™, Forms 7 and 8.

Purpose: Designed to measure students' "verbal, quantitative, and nonverbal reasoning abilities" and to help educators determine instructional strategies.
Origin: United States/English.
Translation/Adaptation: No information is provided in the test materials about the translation/adaptation process.
Population: Grades K-12.
Norms: Separate norms are not provided with the materials translated to Spanish.
Publication Dates: 1954-2018.
Acronym: CogAT.
Scores, 4-7: Verbal Battery, Quantitative Battery, Nonverbal Battery, 3 optional partial composites (Verbal and Quantitative Composite, Quantitative and Nonverbal Composite, Verbal and Nonverbal Composite), Overall Composite.
Administration: Group.
Price Data: Available from publisher.
Comments: Online administration available; screening form available for "determining eligibility for gifted and talented programs" (includes analogies portion of each battery from the full form); form 8 is an alternative equivalent form.
Authors: David F. Lohman and Joni M. Lakin.
Publisher: Riverside Insights.
Spanish Components: Administration instructions for each level, including for online administration, are available in Spanish.
English Components: All materials are also available in English; the manual is in English.

a) GRADOS K-2.
Subpruebas, 9: Analogías de Imágenes, Completar Oraciones, Clasificar Imágenes, Analogías de Números, Rompecabezas de Números, Series de Números, Matrices de Figuras, Plegar de Papel, Clasificar Figuras.
Niveles, 3: 5/6, 7, 8.
Duración: Sin límite de tiempo; 31-45 minutos cada batería, más tiempo adicional para ítems de práctica.
b) GRADOS 3-12.
Subpruebas, 9: Analogías Verbales, Completar Oraciones, Clasificación Verbal, Analogías de Números, Rompecabezas de Números, Series de Números, Matrices de Figuras, Plegar de Papel, Clasificar Figuras.
Niveles, 7: 9, 10, 11, 12, 13/14, 15/16, 17/18.
Duración: Contrarreloj; 30 minutos cada batería, más tiempo adicional para ítems de práctica.
Referencias Cruzadas: Para reseñas por Phillip L. Ackerman y M. David Miller de los componentes en inglés de esta prueba, consulte 20:48.

[114s]

Cognitive Assessment System–Second Edition.

Propósito: Diseñado para evaluar las habilidades neurocognitivas… basado en la teoría de Planeación, Atención, Simultáneo/a y Sucesivo (PASS).
Procedencia: Estados Unidos (1997-2014)/inglés.
Traducción/Adaptación: No se provee información en los materiales de la prueba sobre el proceso de traducción/adaptación.
Población: Edades 5 a 18 años.
Baremos: No se han provisto baremos con los materiales traducidos al español.
Fecha de Publicación: 2017.
Acrónimos: CAS2; CAS2: Español.
Administración: Individual.
Niveles, 2: Edades 5-7, edades 8-18.
Precios, 2022: $1,128 por juego completo en inglés con maletín, incluye manual de administración y puntuación (2014, 203 páginas, inglés), manual interpretativo y técnico (2014, 143 páginas, inglés), libros de estímulos 1-3, 25 formularios de registro del evaluador, cuadernillos de respuesta para estudiantes de edades 5-7 y edades 8-18 (5 cada uno), 10 libros de respuesta para memoria de figura y plantillas de puntuación; $306 por juego suplementario español, incluye una traducción al español de los capítulos 1-3 del manual de administración y puntuación, el libro de estímulos y 10 formularios de registro del evaluador; $97 por traducción al español de los capítulos 1-3 del manual de administración y puntuación; $159 por el libro de estímulos en español; $52 por 10 formularios de registro del evaluador en español.
Comentarios: La subprueba de Repetición de Oraciones es administrada a edades de 5-7 años; la subprueba de Preguntas de Oraciones es administrada a edades 8-18 años; los materiales en español están disponibles en un

a) GRADES K-2.
Subtests, 9: Picture Analogies, Sentence Completion, Picture Classification, Number Analogies, Number Puzzles, Number Series, Figure Matrices, Paper Folder, Figure Classification.
Levels, 3: 5/6, 7, 8.
Time: Untimed; 31-45 minutes per battery, plus time for practice items.
b) GRADES 3-12.
Subtests, 9: Verbal Analogies, Sentence Completion, Verbal Classification, Number Analogies, Number Puzzles, Number Series, Figure Matrices, Paper Folder, Figure Classification.
Levels, 7: 9, 10, 11, 12, 13/14, 15/16, 17/18.
Time: Timed; 30 minutes per battery, plus time for practice items.
Cross References: For reviews by Phillip L. Ackerman and M. David Miller of this test's English components, see 20:48.

[114e]

Cognitive Assessment System–Second Edition.

Purpose: "Designed to evaluate neurocognitive abilities … based on the Planning, Attention, Simultaneous, and Successive (PASS) theory."
Origin: United States (1997-2014)/English.
Translation/Adaptation: No information is provided in the test materials about the translation/adaptation process.
Population: Ages 5 through 18 years.
Norms: Separate norms are not provided with the materials translated to Spanish.
Publication Date: 2017.
Acronyms: CAS2; CAS2: Español.
Administration: Individual.
Levels, 2: Ages 5-7, ages 8-18.
Price Data, 2022: $1,128 per complete English kit with case including administration and scoring manual (2014, 203 pages, English), interpretive and technical manual (2014, 143 pages, English), stimulus books 1-3, 10 examiner record forms, student response books for ages 5-7 and ages 8-18 (5 each), 10 figure memory response books, and scoring templates; $306 per Spanish supplemental package including Spanish translation of chapters 1-3 of the administration and scoring manual, a Spanish expressive attention and verbal-spatial relations stimulus book, and 10 Spanish examiner record forms; $97 per Spanish translation of chapters 1-3 of administration and scoring manual; $159 per Spanish stimulus book; $52 per 10 Spanish examiner record forms.
Comments: Sentence Repetition subtest is administered to ages 5-7 years; Sentence Questions subtest is administered to ages 8-18 years; Spanish materials available as supplemental package called

paquete suplementario que se llama Cognitive Assessment System Segunda Edición en Español (CAS2: Español); se necesita materiales adicionales para administrarse.
Autores: Jack A. Naglieri, J. P. Das y Sam Goldstein (CAS2); Jack A. Naglieri, Mary A. Moreno y Tulio M. Otero (CAS2: Español).
Editorial: PRO-ED.
Componentes en Español: Los primeros tres capítulos del manual de administración y puntuación, los apuntes de administración en el libro de estímulos y el formulario de registro del evaluador están disponibles en español.
Componentes en Inglés: Todos los materiales están disponibles en inglés también.

a) BATERIA BÁSICA.
Puntuación, 18: 5 escalas de puntuación de 8 subescalas de puntuación: Planificación (Códigos Planificados, Conexiones Planificadas), Simultáneo (Matrices, Relaciones Verbales-Espaciales), Atención (Atención Expresiva, Detección de Números), Sucesivo (Serie de Palabras, Repetición/Preguntas de Oraciones), Escala Completa; 5 escalas suplementarias de puntuación: Función Ejecutiva sin Memoria de Trabajo, Función Ejecutiva con Memoria de Trabajo, Memoria de Trabajo, Contenido Verbal, Contenido No Verbal.
Duración: [40] minutos.
b) BATERIA EXTENDIDA.
Puntuación, 22: Igual a *a)* arriba más 4 subescalas de puntuación adicionales: Emparejamiento de Números Planeados, Memoria de Figura, Atención Receptiva, Retención de Dígitos Visuales.
Duración: [60] minutos.

Referencias Cruzadas: Para reseñas por Shawn K. Acheson y Carrie A. Champ Morera de los componentes en inglés de esta prueba, consulte 20:50.

[115s]

Cognitive Linguistic Quick Test.

Propósito: Diseñado para evaluar con rapidez la condición relativa de cinco dominios cognitivos en adultos con disfunción neurológica conocida o sospechada.
Procedencia: Estados Unidos/inglés.
Traducción/Adaptación: Desde las etapas más tempranas del proceso del desarrollo de la prueba, se consideraban la aplicabilidad de los ítems y las tareas de la prueba para ambos hispanohablantes y hablantes del inglés. Solo incluían ítems en la versión en inglés si se decidían que los ítems traducidos serían conocidos por ambos angloparlantes y hispanoparlantes. Se usaban un estudio piloto para recoger comentarios de hispanohablantes nativos sobre el formulario traducido. Se implementaban estos comentarios en la revisión del formulario de registro en español, lo que fue revisado por patólogos del habla/lenguaje y psicólogos de los Estados Unidos competentes en español y que tienen experiencia en la administración de evaluaciones en español a adultos con disfunción neurológica. Estos individuos conocían

Cognitive Assessment System Segunda Edición en Español (CAS2: Español); additional materials necessary for administration.
Authors: Jack A. Naglieri, J. P. Das, and Sam Goldstein (CAS2); Jack A. Naglieri, Mary A. Moreno, and Tulio M. Otero (CAS2: Español).
Publisher: PRO-ED.
Spanish Components: The first three chapters of the administration and scoring manual, the administrative prompts in the stimulus booklet, and the examiner record forms are available in Spanish.
English Components: All materials are also available in English.

a) CORE BATTERY.
Scores, 18: 5 scale scores from 8 subtest scores: Planning (Planned Codes, Planned Connections), Simultaneous (Matrices, Verbal-Spatial Relations), Attention (Expressive Attention, Number Detection), Successive (Word Series, Sentence Repetition/Questions), Full Scale; 5 supplemental scale scores: Executive Function Without Working Memory, Executive Function with Working Memory, Working Memory, Verbal Content, Nonverbal Content.
Time: [40] minutes.
b) EXTENDED BATTERY.
Scores, 22: Same as *a)* above plus 4 additional subtest scores: Planned Number Matching, Figure Memory, Receptive Attention, Visual Digit Span.
Time: [60] minutes.

Cross References: For reviews by Shawn K. Acheson and Carrie A. Champ Morera of this test's English components, see 20:50.

[115e]

Cognitive Linguistic Quick Test.

Purpose: Designed "to quickly assess the relative status of five cognitive domains in adults with known or suspected neurological dysfunction."
Origin: United States/English.
Translation/Adaptation: "From the earliest stages of the test development process, appropriateness of test tasks and items was considered for both English and Spanish speakers. Items were included in the English version only if it was determined that the translated items would be familiar to both English and Spanish speakers." A pilot test was used to gather feedback from native Spanish speakers about the translated form. This feedback went into creating a revised Spanish record form, which was then reviewed by speech-language pathologists and psychologists from the United States with Spanish proficiency and experience administering assessments to Spanish-speaking adults with neurological dysfunction. "These clinicians were familiar with

el español hablado en Cuba, Puerto Rico, Perú, México, Venezuela, Colombia y la zona suroeste de los Estados Unidos. Además, se llevó a cabo un estudio con 31 examinados hispanohablantes distribuidos por edad, género, nivel de educación y región de los EE. UU. para examinar si cambios a la hoja de puntuación fuesen necesarios para los materiales traducidos al español.
Población: Adultos entre las edades 18 y 89 que hablan español o inglés.
Baremos: No se han provisto baremos con el formulario traducido al español.
Fecha de Publicación: 2001.
Acrónimo: CLQT.
Puntuación, 7: Atención, Memoria, Lenguaje, Funciones Ejecutivas, Habilidades Visuoespaciales, Puntuación Compuesta Total de Severidad, Clasificación de Severidad-Dibujo del Reloj.
Administración: Individual.
Precios, 2022: $123.60 por manual del examinador (2001, 146 páginas, inglés); $117.60 por manual de estímulos; $53.20 por 25 hojas de anotación en español; $53.20 por 25 cuadernillos de respuesta.
Duración: (15-30) minutos.
Comentarios: Las puntuaciones de los dominios cognitivos se obtienen a través de la evaluación de 10 tareas, 5 de las cuales requieren poca o ninguna capacidad de lenguaje. El manual del examinador, manual de estímulos y cuadernillos de respuesta contienen información sobre procedimientos de administración en español (a pesar de que están escritos en inglés).
Autora: Nancy Helm-Estabrooks.
Editorial: Pearson.
Componentes en Español: Las hojas de anotación están disponibles en español.
Componentes en Inglés: Todos los materiales están disponibles en inglés, también; el manual es en inglés.
Referencias Cruzadas: Para reseñas por Tony Cellucci y Thomas McKnight de los componentes en inglés de esta prueba, consulte 15:55.

[116s]

Cognitrax.

Propósito: Diseñado como una batería cognitiva computarizada basada en línea para las necesidades del mercado de atención primaria, tales como la visita anual de bienestar, para la identificación de un punto de referencia y caracterización de los déficits neurocognitivos.
Procedencia: Estados Unidos/inglés.
Traducción/Adaptación: No se provee información en los materiales de la prueba sobre el proceso de traducción/adaptación.
Población: Edades 8-80.
Baremos: No se han provisto baremos con los materiales traducidos al español.
Fecha de Publicación: 2013.

Spanish spoken in Cuba, Puerto Rico, Peru, Mexico, Venezuela, Colombia, and the Southwest area of the United States." In addition, a study was conducted with 31 Spanish-speaking examinees distributed by age, gender, education level and region of the U.S. to determine if changes to the scoring sheet were necessary for the materials translated to Spanish.
Population: Spanish- or English-speaking adults between the ages of 18 and 89.
Norms: Separate norms are not provided with the form translated to Spanish.
Publication Date: 2001.
Acronym: CLQT.
Scores, 7: Attention, Memory, Language, Executive Functions, Visuospatial Skills, Total Composite Severity Rating, Clock Drawing Severity Rating.
Administration: Individual.
Price Data, 2022: $123.60 per examiner's manual (2001, 146 pages, English); $117.60 per stimulus manual; $53.20 per 25 Spanish record forms; $53.20 per 25 response booklets.
Time: (15-30) minutes.
Comments: Scores for cognitive domains are obtained throughout the assessment of 10 tasks, 5 of which require minimal language demands. "The examiner's manual, stimulus manual, and response booklet contain information for Spanish test administration procedures (although they are written in English)."
Author: Nancy Helm-Estabrooks.
Publisher: Pearson.
Spanish Components: Record forms are available in Spanish.
English Components: All materials are also available in English; the manual is in English.
Cross References: For reviews by Tony Cellucci and Thomas McKnight of this test's English components, see 15:55.

[116e]

Cognitrax.

Purpose: Designed as a web-based computerized cognitive battery "for primary-care market needs such as the annual wellness visit ... for the baselining and characterization of neurocognitive deficits."
Origin: United States/English.
Translation/Adaptation: There is no information in the test materials about the translation/adaptation process.
Population: Ages 8-80.
Norms: Separate norms are not provided with the materials translated to Spanish.
Publication Date: 2013.

Puntuación, 5: Memoria Verbal, Velocidad Psicomotora, Velocidad de Procesamiento, Atención Visual Simple, Velocidad Motora.
Administración: Individual.
Precios, 2023: $25 por evaluación; $35 por 10-24 evaluaciones (descuentos por volumen disponibles).
Duración: 20 minutos.
Comentarios: La batería incluye 4 pruebas neurocognitivas (Memoria Verbal, Golpeteo de Dedo, Desempeño Continuo, Codificación de Dígitos) y la prueba Patient Health Questionnaire (PHQ-9); las pruebas cognitivas en la batería son subconjunto de las pruebas del CNS Vital Signs.
Autor: CNS Vital Signs.
Editorial: CNS Vital Signs.
Componentes en Español: Las instrucciones de administración, de forma escrito y verbal, están disponibles en español.
Componentes en Inglés: Todos los materiales están disponibles en inglés, también.
Referencias Cruzadas: Para reseñas por Anita M. Hubley y Sally Kuhlenschmidt de los componentes en inglés de esta prueba, consulte 20:53.

Scores, 5: Verbal Memory, Psychomotor Memory, Processing Speed, Simple Visual Attention, Motor Speed.
Administration: Individual.
Price Data, 2023: $25 per test; $35 per 10-24 tests (volume discounts available).
Time: 20 minutes.
Comments: Battery includes 4 neurocognitive tests (Verbal Memory Test, Finger Tapping Test, Continuous Performance Test, Symbol Digit Coding) and the Patient Health Questionnaire (PHQ-9); cognitive tests in the battery are a subset of CNS Vital Signs tests.
Author: CNS Vital Signs.
Publisher: CNS Vital Signs.
Spanish Components: The administration instructions, in both verbal and oral form, are available in Spanish.
English Components: All test materials are also available in Engish.
Cross References: For reviews by Anita M. Hubley and Sally Kuhlenschmidt of this test's English components, see 20:53.

[117s]

Combined Basic Skills.

Propósito: Diseñado para evaluar el nivel de alfabetización y habilidades cognoscitivas.
Procedencia: Estados Unidos/inglés.
Traducción/Adaptación: No se provee información en los materiales de la prueba sobre el proceso de traducción/adaptación.
Población: Solicitantes y titulares de puestos de trabajo que requieren alfabetización y habilidades cognoscitivas.
Baremos: No se han provisto baremos con el formulario traducido al español.
Fechas de Publicación: 1998-2014.
Puntuación, 4: Lectura, Aritmética, Inspección y Medición, Control de Procesos y Resolución de Problemas.
Administración: Colectiva.
Precios, 2023: $20 por cuadernillo de prueba de autoevaluación consumible (pedido mínimo de 20); $25 por manual.
Duración: 48 minutos.
Comentarios: Instrumento auto-calificable; la casa editorial avisa que cambios en los nombres de los formularios indican revisiones menores.
Autor: Roland T. Ramsay.
Editorial: Ramsay Corporation.
Componentes en Español: El formulario de prueba y sus instrucciones correspondientes están disponibles en español.
Componentes en Inglés: Todos los materiales están disponibles en inglés también; el manual es en inglés.

[117e]

Combined Basic Skills.

Purpose: Designed to evaluate literacy and cognitive skills.
Origin: United States/English.
Translation/Adaptation: No information is provided in the test materials about the translation/adaptation process.
Population: Applicants and incumbents for jobs requiring literacy and cognitive skills.
Norms: Separate norms are not provided with the form translated to Spanish.
Publication Dates: 1998-2014.
Scores, 4: Reading, Arithmetic, Inspection and Measurement, Process Monitoring and Problem Solving.
Administration: Group.
Price Data, 2023: $20 per consumable self-scoring test booklet (minimum order of 20); $25 per manual.
Time: 48 minutes.
Comments: Self-scoring instrument; test publisher advises changes in form names indicate minor revisions and updating.
Author: Roland T. Ramsay.
Publisher: Ramsay Corporation.
Spanish Components: The test form and its corresponding instructions are available in Spanish.
English Components: All materials are also available in English; the manual is in English.

Referencias Cruzadas: Para una reseña por Cher N. Edwards y Scott F. Beers de los formularios en inglés LCS-C y B-C, consulte 17:51.

[118s]

Community Oriented Programs Environment Scale [Fourth Edition Manual].

Propósito: Diseñado para evaluar los entornos sociales de programas comunitarios de tratamiento psiquiátrico, programas diarios/ambulatorios, centros de rehabilitación y hogares comunitarios de cuidado.
Procedencia: Estados Unidos (1974)/inglés.
Traducción/Adaptación: La editorial indica que existen varias traducciones de calidad variable, algunas de las cuales están disponibles de la casa editorial/distribuidor; no se provee información en los materiales de la prueba sobre el proceso de traducción/adaptación.
Población: Pacientes y personal de servicio en programas comunitarios de tratamiento psiquiátrico.
Baremos: No se han provisto baremos con el formulario traducido al español.
Fechas de Publicación: 1974-1996.
Acrónimo: COPES.
Puntuación, 10: Participación, Apoyo, Espontaneidad, Autonomía, Orientación Práctica, Orientación Problemas Personales, Ira y Agresión, Orden y Organización, Claridad del Programa, Control de Personal.
Administración: Colectiva.
Formularios, 4: Real (R), Ideal (I), Expectativas (E), Breve (S).
Precios, 2022: $50 por manual; $2.50 por la licencia remota de la encuesta en línea (compra mínima de 50); $2.50 por licencia para reproducir (compra mínima de 50); $60 por manual impreso.
Duración: Tiempo de administración no se reportó.
Comentarios: Parte de las escalas de Clima Social ("Social Climate Scales"); las traducciones se basan en la original de Consulting Psychologists Press, Inc. (CPP).
Autor: Rudolf H. Moos.
Traductor/Adaptador: Jose Miguel Pena Andreu.
Editorial: Mind Garden, Inc.
Componentes en Español: El formulario R está disponible en español.
Componentes en Inglés: Todos los materiales están disponibles en inglés, también.
Referencias Cruzadas: Para reseñas por James T. Austin y Andrew Cox de los componentes en inglés de esta prueba, consulte 21:36.

[119s]

compeTEA.

Propósito: Diseñado para evaluar competencias en el ámbito profesional.
Procedencia: España/español.
Población: Adultos.

Cross References: For a review by Cher N. Edwards and Scott F. Beers of English Forms LCS-C and B-C, see 17:51.

[118e]

Community Oriented Programs Environment Scale [Fourth Edition Manual].

Purpose: Designed to "assess the social environments of community-based psychiatric treatment programs, day programs, sheltered workshops, rehabilitation centers and community care homes."
Origin: United States (1974)/English.
Translation/Adaptation: Test publisher indicates that various translations of varying quality exist, some of which are available from the publisher/distributor; there is no information in the test materials about the translation/adaptation process.
Population: Patients and staff of community oriented psychiatric facilities.
Norms: Separate norms are not provided with the form translated to Spanish.
Publication Dates: 1974-1996.
Acronym: COPES.
Scores, 10: Involvement, Support, Spontaneity, Autonomy, Practical Orientation, Personal Problem Orientation, Anger and Aggression, Order and Organization, Program Clarity, Staff Control.
Administration: Group.
Forms, 4: Real (R), Ideal (I), Expectations (E), Short (S).
Price Data, 2022: $50 per manual; $2.50 per remote online survey license (minimum purchase of 50); $2.50 per license to reproduce (minimum purchase of 50); $60 per print manual.
Time: Administration time not reported.
Comments: A component of the Social Climate Scales; translations are based on the original by Consulting Psychologists Press, Inc. (CPP).
Author: Rudolf H. Moos.
Translator/Adaptor: Jose Miguel Pena Andreu.
Publisher: Mind Garden, Inc.
Spanish Components: Form R is available in Spanish.
English Components: All materials are also available in English.
Cross References: For reviews by James T. Austin and Andrew Cox of this test's English components, see 21:36.

[119e]

compeTEA.

Purpose: Designed to evaluate competencies in the professional environment.
Origin: Spain/Spanish.
Population: Adults.

Baremos: Los baremos fueron actualizados en el 2014 y se desarrollaron utilizando una muestra total de 63,195 participantes, distribuidos por sexo y edad, de 16 países: España (general n = 18.036; directivos n = 1.100; cuerpos de seguridad n = 1.975; ámbito hospitalario n = 4.170; desarrollo personal n = 748; universitarios n = 500), Argentina (n = 658), Chile (n = 1.476), Colombia (general n = 14.322; directivos n = 856), Costa Rica (general n = 5.192; directivos n = 732), Ecuador (n = 1.596), El Salvador (n = 378), Guatemala (general n = 1.772; directivos n = 404), Honduras (n = 846), México (n = 3.238), (general n = 700), Nicaragua (n = 700), Panamá (n = 700), Paraguay (n = 800), Perú (n = 2.190), República Dominicana (n = 366) y Uruguay (n = 440). Se desarrollaron baremos para Latinoamérica utilizando una muestra de 10.102 participantes, distribuidos por sexo y zona geográfica: Norte (México n = 3.224), Centro (Costa Rica, Guatemala, Honduras, Nicaragua, Panamá; n = 1.448) y Sur (Argentina, Bolivia, Chile, Colombia, Ecuador, Paraguay, Perú, Uruguay, Venezuela; n = 5.430).
Fechas de Publicación: 2009-2015.
Puntuación, 28: Intrapersonal (Estabilidad Emocional, Confianza en Sí Mismo, Resistencia a la Adversidad), Interpersonal (Comunicación, Establecimiento de Relaciones, Negociación, Influencia, Trabajo en Equipo), Desarrollo de Tareas (Iniciativa, Orientación a Resultados, Capacidad de Análisis, Toma de Decisiones), Entorno (Conocimiento de la Empresa, Visión y Anticipación, Orientación al Cliente, Apertura, Identificación con la Empresa), Gerencia (Dirección, Liderazgo, Planificación y Organización), Innovación y Creatividad, Delegación, Sinceridad.
Administración: Individual o colectiva.
Precios, 2022: €161,13 por juego completo, incluye manual (2015, 107 páginas), 10 cuadernillos de prueba y juego de corrección con PIN para 25 usos en línea; €53,97 por 10 cuadernillos de prueba; €41,08 por juego de corrección; €13,71 por perfil en línea para el profesional y el examinado (1 uso); €79,59 por manual en línea.
Duración: (25-35) minutos.
Autores: David Arribas, Jaime Pereña, Departamento de Investigación y Desarrollo de TEA Ediciones.
Editorial: Hogrefe TEA Ediciones.
Componentes en Español: Todos los materiales son en español.
Componentes en Inglés: Un cuadernillo de prueba con ítems en inglés está disponible a pedido.

[120s]

Comprehensive Addictions And Psychological Evaluation–5.

Propósito: Diseñado como una entrevista estructurada con ítems derivados de los criterios diagnósticos

Norms: Norms were updated in 2014 and developed using a sample of 63,195 participants, distributed by gender and age, from 16 countries: Spain (general n = 18,036; executives n = 1,100; security officers n = 1,975; hospital workers n = 4,170; personal development industry n = 748; college students n = 500), Argentina (n = 658), Chile (n = 1,476), Colombia (general n = 14,322; executives n = 856), Costa Rica (general n = 5,192; executives n = 732), Dominican Republic (n = 366), Ecuador (n = 1,596), El Salvador (n = 378), Guatemala (general n = 1,772; executives n = 404), Honduras (n = 846), Mexico (n = 3,238), Nicaragua (n = 700), Panama (n = 700), Paraguay (n = 800), Peru (n = 2,190), and Uruguay (n = 440). Norms for Latin America were developed using a sample of 10,102 participants, distributed by gender and geographic region: North (Mexico n = 3,224), Central (Costa Rica, Guatemala, Honduras, Nicaragua, Panama; n = 1,448), and South (Argentina, Bolivia, Chile, Colombia, Ecuador, Paraguay, Peru, Uruguay, Venezuela; n = 5,430).
Publication Dates: 2009-2015.
Scores, 28: Intrapersonal (Emotional Stability, Self-Confidence, Resistance to Adversity), Interpersonal (Communication, Relationship Building, Negotiation, Influence, Teamwork), Task Development (Initiative, Results-Oriented, Analytical Capability, Decision-Making Skills), Environment (Knowledge of the Company, Vision and Anticipation, Customer Service, Willingness, Solidarity with the Company), Management (Administration, Leadership, Planning and Organizing), Innovation and Creativity, Delegation Skills, Sincerity.
Administration: Individual or group.
Price Data, 2022: €161.13 per complete kit, including manual (2015, 107 pages), 10 test booklets, and scoring kit with a PIN for 25 online uses; €53.97 per 10 test booklets; €41.08 per scoring kit; €13.71 per online profile for the professional and examinee (1 use); €79.59 per online manual.
Time: (25-35) minutes.
Authors: David Arribas, Jaime Pereña, TEA Ediciones Research and Development Department.
Publisher: Hogrefe TEA Ediciones.
Spanish Components: All materials are in Spanish.
English Components: A booklet with test items in English is available on request.

[120e]

Comprehensive Addictions And Psychological Evaluation–5.

Purpose: Designed as a structured interview with items derived from the DSM-5 diagnostic

del DSM-5 para usarse en la evaluación de trastornos de salud mental y abuso de sustancias.
Procedencia: Estados Unidos/inglés.
Traducción/Adaptación: No se provee información en los materiales de la prueba sobre el proceso de traducción/adaptación.
Población: Adultos.
Baremos: Esta entrevista clínica estructurada no es de referencia normativa.
Fechas de Publicación: 2000-2013.
Acrónimo: CAAPE-5.
Puntuación, 15: Trastornos por Uso de Sustancias, Condiciones de Salud Mental (Episodio Depresivo Mayor, Episodio Maníaco, Pánico, Estrés Postraumático, Ansiedad y Fobias, Obsesiones/Compulsiones, Psicosis), Trastornos de Personalidad (Trastorno de Conducta, Personalidad Antisocial, Personalidad Paranoide, Personalidad Esquizoide, Personalidad Límite, Personalidad Dependiente, Personalidad Obsesiva-Compulsiva).
Administración: Individual.
Precios, 2023: $81.25 por 25 formularios, $24 por manual (2013, 56 páginas; inglés); $3.25 por formulario; $7.25 por administración en línea (descuentos por volumen disponibles).
Duración: 35-50 minutos para administrar.
Comentarios: Versión en línea disponible de Evince Diagnostics LLC; se actualizó la cubierta del manual en 2016.
Autor: Norman G. Hoffmann.
Editorial: The Change Companies.
Componentes en Español: El formulario de la entrevista clínica estructurada está disponible en español.
Componentes en Inglés: Todos los materiales están disponibles en inglés, también; el manual es en inglés.
Referencias Cruzadas: Para reseñas por Stephen J. Freeman y Ashraf Kagee de los componentes en inglés de esta prueba, consulte 20:56.

[121s]

Comprehensive Executive Function Inventory.

Propósito: Diseñado para medir los comportamientos asociados con la función ejecutiva.
Procedencia: Estados Unidos/inglés.
Traducción/Adaptación: Los ítems de la prueba, la información demográfica y las instrucciones fueron traducidas del inglés al español por dos psicólogos escolares hispanohablantes. Las traducciones se revisaron colaborativamente y las mejores opciones se seleccionaron para entrar en el proceso de retrotraducción al inglés. También los traductores revisaron las traducciones para examinar incongruencias de contenido y lenguaje para entonces decidir la opción que sería más fácil de entender a través de una amplia población hispanohablante.

criteria for use in mental health and substance abuse disorder assessment.
Origin: United States/English.
Translation/Adaptation: No information is provided in the test materials about the translation/adaptation process.
Population: Adults.
Norms: This structured clinical interview is not norm referenced.
Publication Dates: 2000-2013.
Acronym: CAAPE-5.
Scores, 15: Substance Use Disorders, Mental Health Conditions (Major Depressive Episode, Manic Episode, Panic, Posttraumatic Stress, Anxiety and Phobias, Obsessions/Compulsions, Psychosis), Personality Disorders (Conduct Disorder, Antisocial Personality, Paranoid Personality, Schizoid Personality, Borderline Personality, Dependent Personality, Obsessive-Compulsive Personality).
Administration: Individual.
Price Data, 2023: $81.25 per 25 forms, $24 per manual (2013, 56 pages, English); $3.25 per form; $7.25 per online administration (volume discounts available).
Time: 35-50 minutes to administer.
Comments: Online version available through Evince Diagnostics LLC; cover art updated in 2016.
Author: Norman G. Hoffmann.
Publisher: The Change Companies.
Spanish Components: The structured clinical interview form is available in Spanish.
English Components: All materials are also available in English; the manual is in English.
Cross References: For reviews by Stephen J. Freeman and Ashraf Kagee of this test's English components, see 20:56.

[121e]

Comprehensive Executive Function Inventory.

Purpose: "Designed to measure behaviors that are associated with executive function."
Origin: United States/English.
Translation/Adaptation: "The items, demographic information, and instructions were all translated from English to Spanish by two Spanish-speaking school psychologists. The translations were then reviewed collaboratively, and the most representative translations were selected for back-translation." Translations were reviewed for content and language inconsistencies. Translations were selected based on ease of comprehension across a wide population.

Población: Edades 5-18.
Baremos: No se han provisto baremos con los formularios traducidos al español.
Fecha de Publicación: 2013.
Acrónimo: CEFI.
Puntuación, 10: Atención, Regulación Emocional, Flexibilidad, Control Inhibitorio, Iniciación, Organización, Planificación, Autocontrol, Memoria Funcional, Total.
Administración: Individual o colectiva.
Formularios, 3: Reporte de Padres (5-18 años), Reporte de Docentes (5-18 años), Auto-Reporte (12-18 años).
Precios, 2022: $412 por juego completo en línea incluye manual (195 páginas, inglés), 25 hojas de autoreporte, 25 reportes de padre y 25 reportes de docente; $340 por juego completo corrección a mano incluye manual, 25 hojas de autoreporte QuikScore, 25 reportes de padre de QuikScore y 25 reportes de docente QuikScore; $4.50 por formulario en línea; $90 por 25 formularios de software; $90 por 25 formularios de corrección a mano.
Duración: (15) minutos.
Comentarios: Se puede administrar en línea.
Autores: Jack A. Naglieri y Sam Goldstein.
Editorial: Multi-Health Systems, Inc.
Componentes en Español: El formulario de padres, formulario de docentes y formulario autoreporte están disponibles en español.
Componentes en Inglés: Todos los materiales están disponibles en inglés también; el manual es en inglés.
Referencias Cruzadas: Para reseñas por Joe W. Dixon y Tawnya Meadows de los componentes en inglés de esta prueba, consulte 19:41.

[122s]

Comprehensive Executive Function Inventory Adult.

Propósito: Diseñado para evaluar los comportamientos asociados con la función ejecutiva en adultos.
Procedencia: Estados Unidos/inglés.
Traducción/Adaptación: Los ítems de la prueba y las instrucciones fueron traducidos independientemente del inglés al español por dos psicólogos escolares hispanohablantes. Las traducciones fueron entonces revisadas de colaboración y retrotraducidas al inglés. La retrotraducción fue comparada a los formularios originales en inglés para abordar cualquier inconsistencia en el contenido y lenguaje. Si un ítem tuviera varias traducciones, se escogiere la traducción que se considerara lo más comprensible por una población amplia. Las traducciones fueron revisadas por todos los traductores de nuevo antes de finalizar los formularios.
Población: Edades 18 en adelante.

Population: Ages 5-18.
Norms: Separate norms are not provided with the forms translated to Spanish.
Publication Date: 2013.
Acronym: CEFI.
Scores, 10: Attention, Emotion Regulation, Flexibility, Inhibitory Control, Initiation, Organization, Planning, Self-Monitoring, Working Memory, Total.
Administration: Individual or group.
Forms, 3: Parent Form (5-18 years), Teacher Form (5-18 years), Self-Report Form (12-18 years).
Price Data, 2022: $412 per complete online kit including manual (195 pages, English), 25 self-report forms, 25 parent forms, and 25 teacher forms; $340 per complete handscore kit including manual, 25 QuikScore self-report forms, 25 QuikScore parent forms, and 25 QuikScore teacher forms; $4.50 per online form; $90 per 25 software forms; $90 per 25 handscore forms.
Time: (15) minutes.
Comments: Online administration available.
Authors: Jack A. Naglieri and Sam Goldstein.
Publisher: Multi-Health Systems, Inc.
Spanish Components: The parent form, teacher form, and self-report form are all available in Spanish.
English Components: All materials are also available in English; the manual is in English.
Cross References: For reviews by Joe W. Dixon and Tawnya Meadows of this test's English components, see 19:41.

[122e]

Comprehensive Executive Function Inventory Adult.

Purpose: Designed to "measure behaviors associated with executive function in adults."
Origin: United States/English.
Translation/Adaptation: Test items and instructions were independently translated from English to Spanish by two Spanish-speaking school psychologists. The translations were reviewed collaboratively and translated back to English. The back-translation was compared to the original English forms to address any content and language inconsistencies. If an item had several viable translations, the one that was considered easiest to understand across a wide population was selected. The Spanish translations were reviewed again by all translators before the forms were finalized.
Population: Ages 18 and older.

Baremos: No se han provisto baremos con los materiales traducidos al español.
Fecha de Publicación: 2017.
Acrónimo: CEFI Adult.
Puntuación, 12: Atención, Regulación de Emociones, Flexibilidad, Control Inhibitorio, Iniciación, Organización, Planeamiento, Autocontrol, Memoria de Trabajo, Escala Completa, más Índices de Consistencia y Impresión Negativa.
Administración: Individual.
Formularios, 2: Autoreporte, Reporte Observador.
Precios, 2023: $135 por manual (2017, 242 páginas, inglés); $115 por 25 formularios de corrección a mano; $5.50 por formularios en línea.
Duración: (10-15) minutos.
Comentarios: Se puede administrar y calificar en línea.
Autores: Jack A. Naglieri y Sam Goldstein.
Traductores/Adaptadores: Monica Oganes Murray y Tulio M. Otero.
Editorial: Multi-Health Systems, Inc.
Componentes en Español: Los formularios de prueba y sus instrucciones correspondientes están disponibles en español.
Componentes en Inglés: Todos los materiales están disponibles en inglés, también; el manual es en inglés.
Referencias Cruzadas: Para reseñas por John J. Brinkman y Emily Lautzenheiser y por David M. Hulac de los componentes en inglés de esta prueba, consulte 21:38.

Norms: Separate norms are not provided with the materials translated to Spanish.
Publication Date: 2017.
Acronym: CEFI Adult.
Scores, 12: Attention, Emotion Regulation, Flexibility, Inhibitory Control, Initiation, Organization, Planning, Self-Monitoring, Working Memory, Full Scale, plus Consistency Index and Negative Impression.
Administration: Individual.
Forms, 2: Self-Report, Observer.
Price Data, 2023: $135 per manual (2017, 242 pages, English); $115 per 25 handscore response forms; $5.50 per online response forms.
Time: (10-15) minutes.
Comments: Online administration and scoring available.
Authors: Jack A. Naglieri and Sam Goldstein.
Translators/Adaptors: Monica Oganes Murray and Tulio M. Otero.
Publisher: Multi-Health Systems, Inc.
Spanish Components: The test forms and their corresponding instructions are available in Spanish.
English Components: All materials are also available in English; the manual is in English.
Cross References: For reviews by John J. Brinkman and Emily Lautzenheiser and by David M. Hulac of this test's English components, see 21:38.

[123s]

Comprehensive Identification Process [Revised].

Propósito: Diseñado para identificar a niños que puedan tener problemas médicos, psicológicos o de aprendizaje que interfieran con su éxito en la escuela.
Procedencia: Estados Unidos/inglés.
Traducción/Adaptación: No se provee información en los materiales de la prueba sobre el proceso de traducción/adaptación.
Población: Edades 2–6.5.
Baremos: No se han provisto baremos con los formularios traducidos al español.
Fecha de Publicación: 1985.
Acrónimo: CIP.
Administración: Individual.
Precios: Disponibles con la casa editorial.
Duración: Variable.
Autores: R. Reid Zehrbach (prueba) y Joan Good Erickson (formulario resumen sonidos y lenguaje expresivo).
Traductores/Adaptadores: Frank Pérez y José Ramón de la Fuente.
Editorial: Scholastic Testing Service, Inc.

[123e]

Comprehensive Identification Process [Revised].

Purpose: "Designed to identify children who may have medical, psychological, or learning problems that could interfere with their success in school."
Origin: United States/English.
Translation/Adaptation: No information is provided in the test materials about the translation/adaptation process.
Population: Ages 2–6.5.
Norms: Separate norms are not provided with the forms translated to Spanish.
Publication Date: 1985.
Acronym: CIP.
Administration: Individual.
Price Data: Available from publisher.
Time: Variable.
Authors: R. Reid Zehrbach (test) and Joan Good Erickson (speech and expressive language record form).
Translators/Adaptors: Frank Pérez and José Ramón de la Fuente.
Publisher: Scholastic Testing Service, Inc.

Componentes en Español: El formulario de entrevista para padres, formulario resumen sonidos y lenguaje expresivo, el folleto de datos y el formulario de observación de conducta están disponibles en español.
Componentes en Inglés: Todos los materiales están disponibles en inglés, también; el manual es en inglés.
a) FOLLETO DE DATOS: NIÑO.
Puntuación, 5: Audición, Vista, Coordinación Motriz Fina, Aspecto Cognoscitivo, Coordinación Motriz Gruesa.
Comentarios: Los materiales para evaluar visión o de detección temprana deben obtenerse localmente.
b) FORMULARIO RESUMEN SONIDOS Y LENGUAJE EXPRESIVO.
Puntuación, 6: Articulación/Fonología, Voz, Fluidez, Lenguaje Expresivo, Factores Asociados, Total.
c) FORMULARIO DE OBSERVACIÓN.
Puntuación, 7: Audición, Vista, Desarrollo Motriz/Habla y Lenguaje Expresivo, Comportamiento Afectivo/Social (Disposición a Participar, Modo de Interacción), Comportamiento Afectivo.
d) FORMULARIO DE ENTREVISTA PARA PADRES.
Puntuación, 7: Embarazo/Parto/Hospitalización, Caminar/Control de Higiene, Audición, Vista, Habla y Lenguaje Expresivo, Salud, Comportamiento Afectivo/Social.
Comentarios: El historial y las calificaciones son hechas por los padres.
Referencias Cruzadas: Para una reseña por J. Jeffrey Grill de los componentes en inglés de esta prueba, consulte 14:91.

[124s]

Comprehensive Test of Nonverbal Intelligence–Second Edition.

Propósito: Diseñado para estimar la inteligencia general de niños y adultos cuyo rendimiento en las pruebas tradicionales de inteligencia puedan ser perjudicados por problemas sutiles o evidentes que involucren el lenguaje o las habilidades motoras.
Procedencia: Estados Unidos/inglés.
Traducción/Adaptación: No se provee información en los materiales de la prueba sobre el proceso de traducción/adaptación.
Población: Edades 6 hasta 89.
Baremos: No se han provisto baremos con los materiales traducidos al español.
Fechas de Publicación: 1996-2009.
Acrónimo: CTONI-2.
Puntuación, 9: Escala Pictórica (Analogías Pictóricas, Categorías Pictóricas, Secuencias Pictóricas, Total), Escala Geométrica (Analogías Geométricas, Categorías Geométricas, Secuencias Geométricas, Total), Escala Completa.
Administración: Individual.
Precios, 2022: $516 por juego completo incluye manual del examinador (2009, 137 páginas, inglés), libro de imágenes analogías, libro de imágenes

Spanish Components: The parent interview form, speech and expressive language record form, child: record folder form, and observation of behavior form are available in Spanish.
English Components: All materials are also available in English; the manual is in English.
a) CHILD: RECORD FOLDER.
Scores, 5: Hearing, Vision, Perceptual Motor, Cognitive-Verbal, Gross Motor.
Comments: Materials for vision and screening must be obtained locally.
b) SPEECH AND EXPRESSIVE LANGUAGE RECORD FORM.
Scores, 6: Articulation/Phonology, Voice, Fluency, Expressive Language, Associated Factors, Total.
c) OBSERVATION OF BEHAVIOR FORM.
Scores, 7: Hearing, Vision, Physical/Motor Speech and Expressive Language, Social Behavior (Responses, Interaction), Affective Behavior.
d) PARENT INTERVIEW FORM.
Scores, 7: Pregnancy/Birth/Hospitalization, Walking/Toilet Training, Hearing, Vision, Speech and Expressive Language, Medical, Social Affect.
Comments: History and ratings by parent.
Cross References: For a review by J. Jeffrey Grill of this test's English components, see 14:91.

[124e]

Comprehensive Test of Nonverbal Intelligence–Second Edition.

Purpose: Designed "to estimate the general intelligence of children and adults whose performance on traditional intelligence tests might be adversely affected by subtle or overt impairments involving language or motor abilities."
Origin: United States/English.
Translation/Adaptation: No information is provided in the test materials about the translation/adaptation process.
Population: Ages 6 through 89.
Norms: Separate norms are not provided with the materials translated to Spanish.
Publication Dates: 1996-2009.
Acronym: CTONI-2.
Scores, 9: Pictorial Scale (Pictorial Analogies, Pictorial Categories, Pictorial Sequences, Total), Geometric Scale (Geometric Analogies, Geometric Categories, Geometric Sequences, Total), Full Scale.
Administration: Individual.
Price Data, 2022: $516 per complete kit including examiner's manual (2009, 137 pages, English), analogies picture book, categories

categorías, libro de imágenes secuencias y 25 formularios de respuesta; $120 por manual del examinador (digital o impreso); $113 por cada uno libro de imágenes (analogías, categorías o secuencias); $64 por 25 formularios de respuesta.
Duración: (5-10) minutos por subprueba; (40-60) minutos para todas las subpruebas.
Comentarios: Manual incluye instrucciones orales en español, chino simplificado, francés, tagalo, vietnamita, alemán y coreano.
Autores: Donald D. Hammill, Nils A. Pearson y J. Lee Wiederholt.
Editorial: PRO-ED.
Componentes en Español: Las instrucciones orales para las subpruebas están disponibles en español.
Componentes en Inglés: Todos los materiales están disponibles en inglés también; el manual es en inglés.
Referencias Cruzadas: Para reseñas por Randy G. Floyd y Isaac L. Woods, Jr. y por Martin Wiese de los componentes en inglés de esta prueba, consulte 20:59.

[125s]

Concussion Vital Signs.

Propósito: Diseñado como una evaluación neurocognitiva basada en línea para establecer un punto de referencia, evaluar y medir la condición de un deportista después de una concusión deportiva.
Procedencia: Estados Unidos/inglés.
Traducción/Adaptación: No se provee información en los materiales de la prueba sobre el proceso de traducción/adaptación.
Población: Deportistas edades 10-25.
Baremos: No se han provisto baremos con los materiales traducidos al español.
Fechas de Publicación: 2003-2015.
Acrónimo: CVS.
Puntuación, 8: Memoria Verbal, Memoria Visual, Velocidad Psicomotora, Función Ejecutiva, Flexibilidad Cognitiva, Prueba de Desempeño Continuo Respuestas Correctas, Tiempo de Reacción, Índice Neurocognitivo.
Subpruebas, 7: Memoria Verbal, Memoria Visual, Golpeteo de Dedo, Codificación de Dígitos, Stroop, Atención Vacilante, Desempeño Continuo.
Administración: Individual.
Precios: Gratis para todas las escuelas, universidades y proveedores que los apoyan dentro de los Estados Unidos; precios para otros usuarios, formación y servicios de soporte disponibles con la casa editorial.
Duración: 30 minutos.
Autor: CNS Vital Signs.
Editorial: CNS Vital Signs.
Componentes en Español: Los ítems de prueba y sus instrucciones correspondientes están disponibles en español.
Componentes en Inglés: Todos los materiales están disponibles en inglés, también.

picture book, sequences picture book, and 25 examiner record forms; $120 per examiner's manual (print or digital; $113 per each picture book (analogies, categories, or sequences); $64 per 25 record forms.
Time: (5-10) minutes per subtest; (40-60) minutes for all subtests.
Comments: Manual includes oral instructions in Spanish, Simplified Chinese, French, Tagalog, Vietnamese, German, and Korean.
Authors: Donald D. Hammill, Nils A. Pearson, and J. Lee Wiederholt.
Publisher: PRO-ED.
Spanish Components: The oral instructions for the subtests are available in Spanish.
English Components: All materials are also available in English; the manual is in English.
Cross References: For reviews by Randy G. Floyd and Isaac L. Woods, Jr. and by Martin Wiese of this test's English components, see 20:59.

[125e]

Concussion Vital Signs.

Purpose: Designed as a web-based neurocognitive assessment for baseline testing and measuring and monitoring an athlete following a sports concussion.
Origin: United States/English.
Translation/Adaptation: No information is provided in the test materials about the translation/adaptation process.
Population: Athletes ages 10-25.
Norms: Separate norms are not provided with the materials translated to Spanish.
Publication Dates: 2003-2015.
Acronym: CVS.
Scores, 8: Verbal Memory, Visual Memory, Psychomotor Speed, Executive Function, Cognitive Flexibility, Continuous Performance Test Correct Responses, Reaction Time, Neurocognitive Index.
Subtests, 7: Verbal Memory, Visual Memory, Finger Tapping, Symbol Digit Coding, Stroop, Shifting Attention, Continuous Performance.
Administration: Individual.
Price Data: Free to all schools, colleges, and providers that support them within the United States; prices for other users, training, and support services available from publisher.
Time: 30 minutes.
Author: CNS Vital Signs.
Publisher: CNS Vital Signs.
Spanish Components: The test items and corresponding instructions are available in Spanish.
English Components: All test materials are also available in English.

Referencias Cruzadas: Para reseñas por Marc A. Silva y Kayla N. Larosa de los componentes en inglés de esta prueba, consulte 20:61.

[126s]

Conners Comprehensive Behavior Rating Scales.

Propósito: Diseñado para evaluar una amplia gama sobre preocupaciones conductuales, emocionales, sociales y académicas con el propósito de diagnosticar, desarrollar y darle seguimiento al plan de tratamiento para niños y adolescentes.
Procedencia: Estados Unidos/inglés.
Traducción/Adaptación: Tres empleados hispanohablantes de MHS tradujeron los formularios. Luego fueron revisados y redactados para asegurar que el contenido, sensibilidad cultural y legibilidad fueron apropiados para los grupos diferentes de hispanohablantes en los EE. UU. Luego dos psicólogos escolares bilingües independientes retradujeron los formularios traducidos. Todos las miembros del equipo revisaron las retrotraducciones y las compararon con los formularios ingleses originales, escogiendo los ítems más comprensibles para la mayoría de la población cuando existían varias opciones posibles. Se hicieron las decisiones finales después de varias series de análisis.
Población: Edades 6-18.
Baremos: No se han provisto baremos con los formularios traducidos al español.
Fechas de Publicación: 2008-2015.
Acrónimos: Conners CBRS: Spanish, Conners CI.
Administración: Individual o colectiva.
Formularios, 6: Conners CBRS-Docentes, Conners CBRS-Padres, Conners CBRS-Reporte Personal, Conners Índice Clínico-Docentes, Conners Índice Clínico-Padres, Conners Índice Clínico–Reporte Personal.
Precios, 2022: $430 por juego en línea en español incluyendo manual y 25 cuadernos de respuesta de padres (español)/docentes (inglés)/reporte personal (español); $4.50 por formularios en línea; $135 por manual.
Comentarios: El Conners Clinical Index (Conners CI) se extrae del formulario Conners CBRS; se usan los mismos 24 ítems que se usan para calcular la puntuación del Conners Clinical Index en el formulario Conners CBRS en el Conners CI; Los formularios Conners CBRS y Conners CI se pueden administrar y corregir en línea; formularios en formato papel y lápiz también se pueden corregir en línea y también se puede utilizar el programa de computadora Conners CBRS entrando las respuestas de la administración en papel y lápiz pero no se puede administrar a través del programa de computadora. Actualizado con una opción de puntuación para las Escalas de Síntomas DSM-5.
Autor: C. Keith Conners.

Cross References: For reviews by Marc A. Silva and Kayla N. Larosa of this test's English components, see 20:61.

[126e]

Conners Comprehensive Behavior Rating Scales.

Purpose: Designed to "assess a wide range of behavioral, emotional, social, and academic concerns" in order to diagnose, develop, and monitor treatment plans for children and adolescents.
Origin: United States/English.
Translation/Adaptation: Translations were first created by three Spanish-speaking staff at MHS and then reviewed and edited to ensure that the content, cultural sensitivity, and readability were appropriate for the various Spanish-speaking groups in the United States. Translated forms were then submitted to two independent bilingual school psychologists for an English back-translation. All parties collectively reviewed the back-translations and compared them with the original English forms, choosing the item that was most understandable to the largest portion of the population when there were several viable options. Final text decisions were made after several rounds of review.
Population: Ages 6-18.
Norms: Separate norms are not provided with the forms translated to Spanish.
Publication Dates: 2008-2015.
Acronyms: Conners CBRS: Spanish, Conners CI.
Administration: Individual or group.
Forms, 6: Conners CBRS-Teacher, Conners CBRS-Parent, Conners CBRS-Self-Report, Conners Clinical Index-Teacher, Conners Clinical Index-Parent, Conners Clinical Index-Self-Report.
Price Data, 2022: $430 per Spanish online kit including manual and 25 parent (Spanish)/teacher (English)/self-report (Spanish) response booklets; $4.50 per online form; $135 per manual.
Comments: "The Conners Clinical Index (Conners CI) is extracted from the Conners CBRS form; the same 24 items used to calculate the Conners Clinical Index score on the Conners CBRS form are used on the Conners CI"; The Conners CBRS and Conners CI forms can be administered and scored online; paper-and-pencil forms can also be scored online and can be scored using the Conners CBRS scoring software program by entering responses from a completed paper-and-pencil administration but cannot be administered through the software. Updated with a scoring option for the DSM-5 Symptom Scales.
Author: C. Keith Conners.

Traductor/Adaptador: Sam Ortiz.
Editorial: Multi-Health Systems, Inc.
Componentes en Español: Los formularios de padres y reporte personal y sus instrucciones correspondientes están disponibles en español.
Componentes en Inglés: Todos los materiales están disponibles en inglés también; manual es en inglés.

a) CONNERS CBRS-DOCENTES-INGLÉS.
Población: Edades 6-18.
Acrónimo: Conners CBRS-T.
Puntuación, 44: Angustia Emocional, Pensamientos Perturbadores/Síntomas Físicos, Ansiedad Social, Comportamientos Agresivos/Desafiantes, Dificultades Académicas, Dificultades Académicas: Lenguaje, Dificultades Académicas: Matemáticas, Hiperactividad, Problemas Sociales, Miedos por Separación, Comportamientos Perfeccionistas y Compulsivos, Indicador Potencial de Violencia, Síntomas Físicos, TDAH Hiperactividad-Impulsividad, TDAH Inatención, TDAH Combinado, Trastorno de la Conducta, Trastorno Oposicional Desafiante, Episodio Depresivo Mayor, Episodio Maníaco, Episodio Mixto, Trastorno de Ansiedad Generalizada, Trastorno de Ansiedad por Separación, Fobia Social, Trastorno Obsesivo-Compulsivo, Trastorno Autista, Trastorno de Asperger, Impresión Positiva, Impresión Negativa, Índice de Inconsistencia, Conners Índice Clínico, Perpetración de Bullying/Acoso Escolar, Víctima de Bullying/Acoso Escolar, Enuresis/Encopresis, Ataque de Pánico, Trastorno de Estrés Postraumático, Fobia Específica, Uso de Sustancias, Tics, Tricotilomanía, Deterioro en el Trabajo Escolar/Notas Académicas, Deterioro en Amistades/Relaciones, Conducta Severa, Autolesión.
Duración: (20) minutos.

b) CONNERS CBRS-PADRES-ESPAÑOL.
Población: Edades 6-18.
Acrónimo: Conners CBRS-P.
Puntuación, 46: Angustia Emocional, Pensamientos Perturbadores, Preocupaciones, Comportamientos Agresivos/Desafiantes, Dificultades Académicas, Dificultades Académicas: Lenguaje, Dificultades Académicas: Matemáticas, Hiperactividad/Impulsividad, Problemas Sociales, Miedos por Separación, Comportamientos Perfeccionistas y Compulsivos, Indicador Potencial de Violencia, Síntomas Físicos, TDAH Hiperactividad-Impulsividad, TDAH Inatención, TDAH Combinado, Trastorno de la Conducta, Trastorno Oposicional Desafiante, Episodio Depresivo Mayor, Episodio Maníaco, Episodio Mixto, Trastorno de Ansiedad Generalizada, Trastorno de Ansiedad por Separación, Fobia Social, Trastorno Obsesivo-Compulsivo, Trastorno Autista, Trastorno de Asperger, Impresión Positiva, Impresión Negativa, Índice de Inconsistencia, Conners Índice Clínico, Perpetración de Bullying/Acoso Escolar, Víctima de Bullying/Acoso Escolar, Enuresis/Encopresis, Ataque de Pánico, Pica, Trastorno de Estrés Postraumático, Fobia Específica, Uso de Sustancias, Tics, Tricotilomanía, Deterioro en el Trabajo Escolar/Notas Académicas, Deterioro en Amistades/Relaciones, Deterioro Vida en el Hogar, Conducta Severa, Autolesiones.
Duración: Igual a *a)* arriba.

Translator/Adaptor: Sam Ortiz.
Publisher: Multi-Health Systems, Inc.
Spanish Components: Parent and self-report forms and their corresponding instructions are available in Spanish.
English Components: All materials are also available in English; manual is in English.

a) CONNERS CBRS-TEACHER-ENGLISH.
Population: Ages 6-18.
Acronym: Conners CBRS-T.
Scores, 44: Emotional Distress, Upsetting Thoughts/Physical Symptoms, Social Anxiety, Defiant/Aggressive Behaviors, Academic Difficulties, Academic Difficulties: Language, Academic Difficulties: Math, Hyperactivity, Social Problems, Separation Fears, Perfectionistic and Compulsive Behaviors, Violence Potential Indicator, Physical Symptoms, ADHD Hyperactive/Impulsive, ADHD Inattentive, ADHD Combined, Conduct Disorder, Oppositional Defiant Disorder, Major Depressive Episode, Manic Episode, Mixed Episode, Generalized Anxiety Disorder, Separation Anxiety Disorder, Social Phobia, Obsessive-Compulsive Disorder, Autistic Disorder, Asperger's Disorder, Positive Impression, Negative Impression, Inconsistency Index, Conners Clinical Index, Bullying Perpetration, Bullying Victimization, Enuresis/Encopresis, Panic Attack, Post Traumatic Stress Disorder, Specific Phobia, Substance Use, Tics, Trichotillomania, Impairment in Schoolwork/Grades, Impairment in Friendships/Relationships, Severe Conduct, Self-Harm.
Time: (20) minutes.

b) CONNERS CBRS-PARENT-SPANISH.
Population: Ages 6-18.
Acronym: Conners CBRS-P.
Scores, 46: Emotional Distress, Upsetting Thoughts, Worrying, Defiant/Aggressive Behaviors, Academic Difficulties, Academic Difficulties: Language, Academic Difficulties: Math, Hyperactivity/Impulsivity, Social Problems, Separation Fears, Perfectionistic and Compulsive Behaviors, Violence Potential Indicator, Physical Symptoms, ADHD Hyperactive/Impulsive, ADHD Inattentive, ADHD Combined, Conduct Disorder, Oppositional Defiant Disorder, Major Depressive Episode, Manic Episode, Mixed Episode, Generalized Anxiety Disorder, Separation Anxiety Disorder, Social Phobia, Obsessive-Compulsive Disorder, Autistic Disorder, Asperger's Disorder, Positive Impression, Negative Impression, Inconsistency Index, Conners Clinical Index, Bullying Perpetration, Bullying Victimization, Enuresis/Encopresis, Panic Attack, Pica, Post Traumatic Stress Disorder, Specific Phobia, Substance Use, Tics, Trichotillomania, Impairment in Schoolwork/Grades, Impairment in Friendships/Relationships, Impairment in Home Life, Severe Conduct, Self-Harm.
Time: Same as *a)* above.

c) CONNERS CBRS-REPORTE PERSONAL-ESPAÑOL.
Población: Edades 8-18.
Acrónimo: Conners CBRS-SR.
Puntuación, 38: Angustia Emocional, Comportamientos Agresivos/Desafiantes, Dificultades Académicas, Hiperactividad/Impulsividad, Miedos por Separación, Indicador Potencial de Violencia, Síntomas Físicos, TDAH Hiperactividad-Impulsividad, TDAH Inatención, TDAH Combinado, Trastorno de la Conducta, Trastorno Oposicional Desafiante, Episodio Depresivo Mayor, Episodio Maníaco, Episodio Mixto, Trastorno de Ansiedad Generalizada, Trastorno de Ansiedad por Separación, Fobia Social, Trastorno Obsesivo-Compulsivo, Impresión Positiva, Impresión Negativa, Índice de Inconsistencia, Conners Índice Clínico, Perpetración de Bullying/Acoso Escolar, Víctima de Bullying/Acoso Escolar, Ataque de Pánico, Trastorno Generalizado del Desarrollo, Pica, Trastorno de Estrés Postraumático, Fobia Específica, Uso de Sustancias, Tics, Tricotilomanía, Deterioro en el Trabajo Escolar/Notas Académicas, Deterioro en Amistades/Relaciones, Deterioro Vida en el Hogar, Conducta Severa, Autolesiones.
Duración: Igual a *a)* arriba.
d) CONNERS ÍNDICE CLÍNICO-DOCENTES-INGLÉS.
Población: Edades 6-18.
Acrónimo: Conners CI-T.
Puntuación, 6: Conners Índice Clínico Puntuación Global, Indicador de Comportamiento Perturbador, Indicador de Trastornos de Aprendizaje y Lenguaje, Indicador Trastorno de Ánimo, Indicador Desorden de Ansiedad, Indicador TDAH.
Duración: (10) minutos.
e) CONNERS ÍNDICE CLÍNICO-PADRES-ESPAÑOL.
Población: Edades 6-18.
Acrónimo: Conners CI-P.
Puntuación: Igual a *d)* arriba.
Duración: Igual a *d)* arriba.
f) CONNERS ÍNDICE CLÍNICO–REPORTE PERSONAL-ESPAÑOL.
Población: Edades 8-18.
Puntuación: Igual a *d)* arriba.
Duración: Igual a *d)* arriba.

Referencias Cruzadas: Para reseñas por Jeremy R. Sullivan y John J. Vacca de los componentes en inglés de esta prueba, consulte 18:33.

[127s]

Conners Early Childhood.

Propósito: Diseñado para evaluar una amplia gama de problemas conductuales, emocionales y sociales más los hitos del desarrollo en niños de edad preescolar.

Procedencia: Estados Unidos/inglés.

Traducción/Adaptación: Un psicólogo hispanohablante y un psicólogo clínico tradujeron los ítems e instrucciones del inglés al español y un psicólogo independiente escolar bilingüe realizó

c) CONNERS CBRS-SELF-REPORT-SPANISH.
Population: Ages 8-18.
Acronym: Conners CBRS-SR.
Scores, 38: Emotional Distress, Defiant/Aggressive Behaviors, Academic Difficulties, Hyperactivity/Impulsivity, Separation Fears, Violence Potential Indicator, Physical Symptoms, ADHD Hyperactive/Impulsive, ADHD Inattentive, ADHD Combined, Conduct Disorder, Oppositional Defiant Disorder, Major Depressive Episode, Manic Episode, Mixed Episode, Generalized Anxiety Disorder, Separation Anxiety Disorder, Social Phobia, Obsessive-Compulsive Disorder, Positive Impression, Negative Impression, Inconsistency Index, Conners Clinical Index, Bullying Perpetration, Bullying Victimization, Panic Attack, Pervasive Developmental Disorder, Pica, Post Traumatic Stress Disorder, Specific Phobia, Substance Use, Tics, Trichotillomania, Impairment in Schoolwork/Grades, Impairment in Friendships/Relationships, Impairment in Home Life, Severe Conduct, Self-Harm.
Time: Same as *a)* above.
d) CONNERS CLINICAL INDEX-TEACHER-ENGLISH.
Population: Ages 6-18.
Acronym: Conners CI-T.
Scores, 6: Overall Conners Clinical Index Score, Disruptive Behavior Indicator, Learning and Language Disorder Indicator, Mood Disorder Indicator, Anxiety Disorder Indicator, ADHD Indicator.
Time: (10) minutes.
e) CONNERS CLINICAL INDEX-PARENT-SPANISH.
Population: Ages 6-18.
Acronym: Conners CI-P.
Scores: Same as *d)* above.
Time: Same as *d)* above.
f) CONNERS CLINICAL INDEX-SELF-REPORT-SPANISH.
Population: Ages 8-18.
Scores: Same as *d)* above.
Time: Same as *d)* above.

Cross References: For reviews by Jeremy R. Sullivan and John J. Vacca of this test's English components, see 18:33.

[127e]

Conners Early Childhood.

Purpose: Designed to "assess a wide range of behavioral, emotional, and social concerns and developmental milestones in preschool-aged children."

Origin: United States/English.

Translation/Adaptation: A Spanish-speaking school psychologist and a clinical psychologist translated the items and instructions from English to Spanish and then an independent

una traducción inversa al inglés. Las traducciones fueron revisadas y editadas para garantizar que el contenido, la sensibilidad cultural y legibilidad de los ítems fueran apropiadas para los grupos múltiples de habla hispana en los Estados Unidos. Todos los miembros del equipo revisaron las retrotraducciones y las compararon con los formularios ingleses originales, escogiendo los ítems más comprensibles para la mayoría de la población cuando existían varias opciones posibles. Se hicieron las decisiones finales después de varias series de análisis.
Población: Edades 2-6.
Baremos: No se han provisto baremos con los formularios traducidos al español.
Fecha de Publicación: 2009.
Acrónimo: Conners EC.
Administración: Individual o colectiva.
Formularios, 10: 5 opciones de formularios por cada examinador (Padres, Docente/Proveedor de Cuidado).
Precios, 2022: $333 por juego completo en español corrección en línea incluyendo manual (242 páginas, inglés) y 25 formularios en español padre/docente; $90 por 25 formularios en español padre/docente (corrección a mano o software); $87 por 25 formularios en español padre/docente corto; $87 por 25 formularios en español padre/docente hitos de desarrollo; $80 por 25 formularios en español padre/docente índice global; $4.50 por formulario en línea.
Autor: C. Keith Conners.
Traductor/Adaptador: Sam Ortiz.
Editorial: Multi-Health Systems, Inc.
Componentes en Español: Los formularios y sus instrucciones correspondientes están disponibles en español.
Componentes en Inglés: Todos los materiales están disponibles en inglés, también; el manual es en inglés.

a) CONNERS EARLY CHILDHOOD FOLLETO DE RESPUESTA LONGITUD COMPLETA.
Acrónimos: Conners EC-P; Conners EC-T.
Puntuación: 22 puntuaciones por Padres; 21 puntuaciones por Docentes/Proveedores de Cuidado, incluye 11 puntuaciones de Comportamiento (Inatención/Hiperactividad, Desafiante/Mal Genio, Agresión, Comportamientos Desafiantes/Agresivos Total, Funcionamiento Social, Comportamientos Atípicos, Funcionamiento Social/Comportamientos Atípicos Total, Ansiedad, Ánimo y Afecto, Síntomas Físicos, Problemas del Sueño (Padres solamente), 5 puntuaciones de Hitos de Desarrollo por examinador (Habilidades Adaptativas, Comunicación, Habilidades Motoras, Juego, Preacadémico/Cognitivo), 3 puntuaciones de Validez (Impresión Positiva, Impresión Negativa, Índice de Inconsistencia) y 3 puntuaciones de Índice Global (Inquieto-Impulsivo, Labilidad Emocional, Total).
Duración: (25) minutos.
Comentarios: Informe de puntuación incluye también contestaciones para ítems de Deterioro y Otros Indicadores Clínicos; además las respuestas de los examinadores a dos preguntas abiertas adicionales.

bilingual school psychologist conducted an English back-translation. Translations were reviewed and edited to ensure that the content, cultural sensitivity, and readability were appropriate for the various Spanish-speaking groups in the United States. All parties collectively reviewed the back-translations and compared them with the original English forms, choosing the item that was most understandable to the largest portion of the population when there were several viable options. Final text decisions were made after several rounds of review.
Population: Ages 2-6.
Norms: Separate norms are not provided with the forms translated to Spanish.
Publication Date: 2009.
Acronym: Conners EC.
Administration: Individual or group.
Forms, 10: 5 form options per rater (Parent, Teacher/Childcare Provider).
Price Data, 2022: $333 per complete Spanish online kit including manual (242 pages, English) and 25 Spanish parent/teacher forms; $90 per 25 Spanish parent/teacher forms (handscore or software); $87 per 25 Spanish short parent/teacher forms; $87 per 25 Spanish developmental milestones parent/teacher forms; $80 per 25 Spanish global index parent/teacher forms; $4.50 per online form.
Author: C. Keith Conners.
Translator/Adaptor: Sam Ortiz.
Publisher: Multi-Health Systems, Inc.
Spanish Components: The forms and their corresponding instructions are available in Spanish.
English Components: All materials are also available in English; manual is in English.

a) CONNERS EARLY CHILDHOOD FULL-LENGTH FORM.
Acronyms: Conners EC-P; Conners EC-T.
Scores: 22 scores per Parent; 21 scores per Teacher, including 11 Behavior scores (Inattention/Hyperactivity, Defiance/Temper, Aggression, Defiant/Aggressive Behaviors Total, Social Functioning, Atypical Behaviors, Social Functioning/Atypical Behaviors Total, Anxiety, Mood and Affect, Physical Symptoms, Sleep Problems (Parent only), 5 Developmental Milestone scores (Adaptive Skills, Communication, Motor Skills, Play, Pre-Academic/Cognitive), 3 Validity scores (Positive Impression, Negative Impression, Inconsistency Index), and 3 Global Index scores (Restless-Impulsive, Emotional Lability, Total).
Time: (25) minutes.
Comments: Scoring report also includes item ratings for Other Clinical Indicators and Impairment Items and rater's responses to two additional open-ended questions.

b) CONNERS EARLY CHILDHOOD BEHAVIOR FOLLETO DE RESPUESTA.
Acrónimos: Conners EC BEH-P; Conners EC BEH-T.
Puntuación: 17 puntuaciones por Padres; 16 puntuaciones por Docentes/Proveedores de Cuidado, incluye 11 puntuaciones de Comportamiento (Inatención/Hiperactividad, Desafiante/Mal Genio, Agresión, Comportamientos Desafiante/Agresivos Total, Funcionamiento Social, Comportamientos Atípicos, Funcionamiento Social/Comportamientos Atípicos Total, Ansiedad, Ánimo y Afecto, Síntomas Físicos, Problemas del Sueño (padres solamente), 3 puntuaciones de Validez (Impresión Positiva, Impresión Negativa, Índice de Inconsistencia) y 3 puntuaciones de Índice Global (Inquieto-Impulsivo, Labilidad Emocional, Total).
Duración: (15) minutos.
Comentarios: Informe de puntuación incluye también contestaciones para ítems de Deterioro y Otros Indicadores Clínicos; además las respuestas de los examinadores a dos preguntas abiertas adicionales.
c) CONNERS EARLY CHILDHOOD DEVELOPMENTAL MILESTONES FOLLETO DE RESPUESTA.
Acrónimo: Conners EC DM-P; Conners EC DM-T.
Puntuación: 5 puntuaciones de Hitos de Desarrollo por examinador: Habilidades Adaptativas, Comunicación, Habilidades Motoras, Juego, Pre-Académico/Cognitivo.
Duración: (10) minutos.
Comentarios: Informe de puntuación incluye también contestaciones para ítems de Deterioro y las respuestas de los examinadores a dos preguntas abiertas adicionales.
d) CONNERS EARLY CHILDHOOD BEHAVIOR FOLLETO DE RESPUESTA VERSIÓN BREVE.
Acrónimos: Conners EC BEH-P[S]; Conners EC BEH-T[S].
Puntuación: 8 puntuaciones por examinador, incluye 6 puntuaciones de Comportamiento (Inatención/Hiperactividad, Comportamientos Desafiante/Agresivo Total, Funcionamiento Social/Comportamientos Atípicos Total, Ansiedad, Ánimo y Afecto, Síntomas Físicos) y 2 puntuaciones de Validez (Impresión Positiva, Impresión Negativa).
Duración: (10) minutos.
Comentarios: Informe de puntuación incluye también la respuesta a dos preguntas abiertas contestadas por los examinadores.
e) CONNERS EARLY CHILDHOOD GLOBAL ÍNDICE FOLLETO DE RESPUESTA.
Acrónimos: Conners ECGI-P; Conners ECGI-T.
Puntuación: 3 puntuaciones Índice Global por examinador: Inquieto-Impulsivo, Labilidad Emocional, Total.
Duración: (5) minutos.

Referencias Cruzadas: Para reseñas por Sherry K. Bain y Kathleen B. Aspiranti y por Jean N. Clark de los componentes en inglés de esta prueba, consulte 18:34.

[128s]

Conners 4th Edition.

Propósito: Diseñado para medir los síntomas y las deficiencias asociadas con el trastorno por déficit

b) CONNERS EARLY CHILDHOOD BEHAVIOR FORM.
Acronyms: Conners EC BEH-P; Conners EC BEH-T.
Scores: 17 scores per Parent; 16 scores per Teacher, including 11 Behavior scores (Inattention/Hyperactivity, Defiance/Temper, Aggression, Defiant/Aggressive Behaviors Total, Social Functioning, Atypical Behaviors, Social Functioning/Atypical Behaviors Total, Anxiety, Mood and Affect, Physical Symptoms, Sleep Problems (Parent only), 3 Validity scores (Positive Impression, Negative Impression, Inconsistency Index), and 3 Global Index scores (Restless-Impulsive, Emotional Lability, Total).
Time: (15) minutes.
Comments: Scoring report also includes item ratings for Other Clinical Indicators and Impairment Items, and rater's responses to two additional open-ended questions.
c) CONNERS EARLY CHILDHOOD DEVELOPMENTAL MILESTONES FORM.
Acronyms: Conners EC DM-P; Conners EC DM-T.
Scores: 5 Developmental Milestones scores per rater: Adaptive Skills, Communication, Motor Skills, Play, Pre-Academic/Cognitive.
Time: (10) minutes.
Comments: Scoring report also includes item ratings for Impairment Items and rater's responses to two additional open-ended questions.
d) CONNERS EARLY CHILDHOOD BEHAVIOR SHORT FORM.
Acronyms: Conners EC BEH-P[S]; Conners EC BEH-T[S].
Scores: 8 scores per rater, including 6 Behavior scores (Inattention/Hyperactivity, Defiant/Aggressive Behaviors Total, Social Functioning/Atypical Behaviors Total, Anxiety, Mood and Affect, Physical Symptoms), and 2 Validity scores (Positive Impression, Negative Impression).
Time: (10) minutes.
Comments: Scoring report also includes rater's responses to two additional open-ended questions.
e) CONNERS EARLY CHILDHOOD GLOBAL INDEX FORM.
Acronyms: Conners ECGI-P; Conners ECGI-T.
Scores: 3 Global Index scores per rater: Restless-Impulsive, Emotional Lability, Total.
Time: (5) minutes.

Cross References: For reviews by Sherry K. Bain and Kathleen B. Aspiranti and by Jean N. Clark of this test's English components, see 18:34.

[128e]

Conners 4th Edition.

Purpose: Designed to "measure symptoms of and impairments associated with Attention-Deficit/

de atención con hiperactividad (TDAH), así como los problemas y trastornos concurrentes comunes en la juventud.
Procedencia: Estados Unidos/inglés.
Traducción/Adaptación: Dos traductores nativos de habla hispana tradujeron de manera independiente los ítems y las instrucciones de administración del inglés al español. Un tercer lingüista nativo de habla hispana concilió estas dos traducciones en una sola versión. Luego esta versión final se sometió a una verificación automatizada de coherencia y se revisó manualmente.
Población: Edades 6 a 18.
Baremos: No se han provisto baremos con los formularios traducidos al español.
Fechas de Publicación: 1989-2022.
Acrónimo: Conners 4.
Administración: Individual o colectiva.
Formularios, 9: Conners 4 Completo (Padres, Docentes, Reporte Personal); Conners 4 Breve (Padres, Docentes, Reporte Personal); Índice de TDAH de Conners 4 (Padres, Docentes, Reporte Personal).
Precios, 2022: $150 por manual impreso (2022, 448 páginas, inglés); $4.75 por uso en línea y calificación.
Comentarios: Se aplica con papel y lápiz o en línea; se corrige en línea.
Autor: C. Keith Conners.
Traductor/Adaptador: cApStAN (traducción); Samuel Ortiz (revista cultural y lingüística).
Editorial: Multi-Health Systems, Inc.
Componentes en Español: Los formularios de Padres y de Reporte Personal y sus instrucciones correspondientes son disponibles en español.
Componentes en Inglés: Todos los materiales están disponibles en inglés también; el manual es en inglés.

a) CONNERS 4 COMPLETO.
Población: 6-18 para los formularios de Padres y de Docentes; 8-18 para los formularios de Reporte Personal.
Duración: 10-25 minutos para administración.
Puntuación: 2 Índices de Validez: Índice de Impresión Negativa, Índice de Inconsistencia; 3 Ítems Críticos e Indicadores: Conducta Grave, Autolesión, Indicador de Problemas de Sueño; 6 Escalas de Contenido: Inatención/Disfunción Ejecutiva, Hiperactividad, Impulsividad, Desregulación Emocional, Estado de Ánimo Deprimido, Pensamientos Ansiosos; 3 Escalas de Deterioro y Resultado Funcional: Trabajo Escolar, Interacciones con los Compañeros, Vida Familiar (formularios de Padres y Reporte Personal); 5 Escalas de Síntomas del TDAH DSM-5: Síntomas de Falta de Atención del TDAH, Síntomas Hiperactivos/Impulsivos del TDAH, Síntomas Totales del TDAH, Síntomas del Trastorno Oposicionista Desafiante, Síntomas del Trastorno de Conducta; Índice del TDAH.
Comentarios: Los elementos de la escala de síntomas del trastorno de conducta autolesionado y/o del DSM-5 se pueden desactivar durante la administración.

Hyperactivity Disorder (ADHD), as well as common co-occurring problems and disorders in youth."
Origin: United States/English.
Translation/Adaptation: Two native Spanish-speaking translators independently translated the test items and administration instructions from English to Spanish. A third native Spanish-speaking linguist reconciled these two translations into a single version. This final version then underwent an automated check for consistency and was proofread and reviewed manually.
Population: Ages 6 to 18.
Norms: Separate norms are not provided with the forms translated to Spanish.
Publication Dates: 1989-2022.
Acronym: Conners 4.
Administration: Individual or group.
Forms, 9: Conners 4 Full (Parent, Teacher, Self-Report); Conners 4 Short (Parent, Teacher, Self-Report); Conners 4 ADHD Index (Parent, Teacher, Self-Report).
Price Data, 2022: $150 per print manual (2022, 448 pages, English); $4.75 per online use and scoring.
Comments: Administered online and via paper and pencil; scored online.
Author: C. Keith Conners.
Translator/Adaptor: cApStAN (translation); Samuel Ortiz (cultural and linguistic review).
Publisher: Multi-Health Systems, Inc.
Spanish Components: The Parent and Self-Report forms and their corresponding instructions are available in Spanish.
English Components: All materials are also available in English; the manual is in English.

a) CONNERS 4 FULL.
Population: 6-18 for Parent and Teacher forms; 8-18 for Self-Report forms.
Time: 10-25 minutes for administration.
Scores: 2 Validity Indices: Negative Impression Index, Inconsistency Index; 3 Critical and Indicator Items: Severe Conduct, Self-Harm, Sleep Problems Indicator; 6 Content Scales: Inattention/Executive Dysfunction, Hyperactivity, Impulsivity, Emotional Dysregulation, Depressed Mood, Anxious Thoughts; 3 Impairment and Functional Outcome Scales: Schoolwork, Peer Interactions, Family Life (Parent and Self-Report only); 5 DSM-5 ADHD Symptoms Scales: ADHD Inattentive Symptoms, ADHD Hyperactive/Impulsive Symptoms, Total ADHD Symptoms, Oppositional Defiant Disorder Symptoms, Conduct Disorder Symptoms; ADHD Index.
Comments: Self-Harm Critical Items and/or DSM-5 Conduct Disorder Symptoms scale items can be disabled during administration.

b) CONNERS 4 BREVE.
Población: 6-18 los formularios de Padres y de Docentes; 8-18 los formularios de Reporte Personal.
Duración: 5-10 minutos para administración.
Puntuación: Índice de Impresión Negativa (indicador de validez); 4 Escalas de Contenido: Inatención/Disfunción Ejecutiva, Hiperactividad, Impulsividad, Desregulación Emocional; 3 Escalas de Deterioro y Resultados Funcionales: Trabajo Escolar, Interacciones con los Compañeros, Vida Familiar (formularios de Padres y Reporte Personal); Índice del TDAH.
c) ÍNDICE DEL TDAH CONNERS 4.
Población: 6-18 para los formularios de Padres y de Docentes; 8-18 para los formularios de Reporte Personal.
Duración: 1-3 minutos para administración.
Puntuación: Índice del TDAH.

[129s]

Contextual Probes of Articulation Competence–Spanish.

Nombre Original: Contextual Probes of Articulation Competence, part of the Secord Contextual Articulation Tests (Super Duper Publications).
Propósito: Diseñado para evaluar las habilidades fonológicas de niños hispanohablantes y para asistir en la planificación de intervención y/o el monitoreo de cambio fonológico durante intervención.
Procedencia: Estados Unidos (1997)/inglés.
Traducción/Adaptación: El manual en la versión español es idéntico al manual en la versión original inglesa. El grupo de palabras interrogativas en español fue recopilado a través de un proceso de leer libros de niños, periódicos y diccionarios para encontrar palabras apropiadas de ambientes variados.
Fechas de Publicación: 2006-2009.
Acrónimo: CPAC-S.
Administración: Individual.
Precios, 2022: $260 por juego completo (impreso o digital), incluyendo manual del examinador (2006, 121 páginas, inglés), palabras de clientes y listas de frases, caballete de evaluación y manual de información normativa (2009, 68 páginas, inglés); $214 por juego de prueba sin manual de información normativa; $124 por manual de información normativa.
Comentarios: Diseñada para ser administrada por un patólogo de habla-lenguaje bilingüe; si el examinador no es bilingüe, se debe colaborar con un intérprete calificado; el administrador debe saber el país de origen del examinado tal como el dialecto que se habla en el hogar porque la puntuación depende en el dialecto; un sistema de puntuación está disponible en línea para ayudar en contando con variaciones dialécticas.
Autores: Brian Goldstein y Aquiles Iglesias.
Traductor/Adaptador: Raúl Rojas (compilación de palabras interrogativas).
Editorial: PRO-ED.

b) CONNERS 4 SHORT.
Population: 6-18 Parent and Teacher forms; 8-18 Self-Report forms.
Time: 5-10 minutes for administration.
Scores: Negative Impression Index (validity indicator); 4 Content Scales: Inattention/Executive Dysfunction, Hyperactivity, Impulsivity, Emotional Dysregulation; 3 Impairment and Functional Outcome Scales: Schoolwork, Peer Interactions, Family Life (Parent and Self-Report only); ADHD Index.
c) CONNERS 4 ADHD INDEX.
Population: 6-18 for Parent and Teacher forms; 8-18 for Self-Report forms.
Time: 1-3 minutes for administration.
Score: ADHD Index.

[129e]

Contextual Probes of Articulation Competence–Spanish.

Original Name: Contextual Probes of Articulation Competence, part of the Secord Contextual Articulation Tests (Super Duper Publications).
Purpose: Designed to assess the phonological skills of Spanish-speaking children and to "assist in planning intervention and/or monitoring phonological change during intervention."
Origin: United States (1997)/English.
Translation/Adaptation: The manual in the Spanish version mirrors that of its English predecessor. The companion set of probes in Spanish were compiled by reading children's books, newspapers, and dictionaries to locate appropriate words across a variety of environments.
Publication Dates: 2006-2009.
Acronym: CPAC-S.
Administration: Individual.
Price Data, 2022: $260 per complete kit (paper or online) including examiner's manual (2006, 121 pages, English), client words and sentences lists, assessment flip easel, and normative data manual (2009, 68 pages, English); $214 per test kit without normative data manual; $124 per normative data manual.
Comments: Developed for use by bilingual speech-language pathologists; if the examiner is not bilingual, he/she may collaborate with a trained interpreter; administrator must also know the examinee's country of origin and the primary dialect spoken in the home as scoring will depend on dialect; an online scoring system is available to aid in accounting for dialectical variations.
Authors: Brian Goldstein and Aquiles Iglesias.
Translator/Adaptor: Raúl Rojas (compilation of words in probes).
Publisher: PRO-ED.

Componentes en Español: Las palabras de clientes, listas de frases y palabras interrogativas que se administra a los examinados son en español.

Componentes en Inglés: El manual del examinador y manual de información normativa son en inglés. Se provee las instrucciones administrativas y palabras claves para los examinados en inglés, también.

a) CRIBADO RÁPIDO.

Propósito: Una prueba de cribado de 17 ítems diseñado para evaluar el desempeño articulatorio y fonológico en haciendo una conexión inmediata entre los errores del cliente y las palabras interrogativas consonánticas y fonológicas.

Población: Hispanohablantes de preescolares a adultos.

Baremos: Se debe considerar la evaluación comprensiva como una prueba de referencia de criterios. El manual de información normativa provee información sobre los porcentajes de incidentes sobre los patrones fonológicos de niños hispanohablantes de 3 y 4 años con (n = 54) y sin (n = 54) trastornos fonológicos.

Puntuación: Errores de Inventario Fonémico, Patrones Fonológicos Exhibidos.

Duración: 5-10 minutos para administración del cribado; 3-5 minutos para administración de cada pregunta fonológica.

Comentarios: Errores y patrones que se notan durante la puntuación proveen una guía para los clínicos en la determinación de cuál de las preguntas correspondientes se debe aplicar.

b) EVALUACIÓN COMPLETO.

Propósito: Diseñado para proveer un análisis comprensivo de las habilidades fonológicas.

Población: Niños hispanohablantes de edades 3-8.

Baremos: Se han provisto baremos con la versión en español para la evaluación completa. Se desarrollaron los baremos utilizando una muestra de 1,127 niños de México, Puerto Rico y los EE. UU., distribuidos por edad, región del EE. UU. o país, género, identidad étnica y estatus socioeconómico.

Puntuación: Errores del Inventario Fonémico, Palabra Entera y Exactitud Segmental (Palabras Enteras, Consonantes, Sílabo-Inicial, Sílabo-Final), Patrones Fonológicos (Patrones Silábicos [Eliminación del Consonante Final, Eliminación de Grupo Reducción, Eliminación de Sílabos No Estresados, Eliminación del Consonante Inicial], Sustitución de Patrones [Velar Delantera, Parar, Palatal Delantera, Simplificación Líquido, Agitar/Vibrar Desviación, Asimilación], Otro Patrón).

Duración: 20-25 minutos para administración de prueba; 3-5 minutos para la administración de cada palabra interrogativa fonológica.

Comentarios: Como prueba de referencia de criterios, errores y patrones que se notan durante la puntuación proveen una guía para los clínicos en la determinación de cuál de las preguntas correspondientes se debe aplicar; la puntuación total de referencia normativa (el número de consonantes producidos correctamente [inicial y final]) también se puede derivar.

Referencias Cruzadas: Para reseñas por Joseph R. Engler y Jenna M. White y por Albert Villanueva-Reyes, consulte 21:39.

Spanish Components: Client words, sentences lists, and prompts to be given to test takers are in Spanish.

English Components: The examiner's manual and normative data manual are in English. Administration instructions and prompts to be given to test takers are also provided in English.

a) QUICK SCREEN.

Purpose: A 17-item screener designed to assess articulatory and phonological performance by making an "immediate link between the client's errors and the consonant and phonological probes."

Population: Spanish speakers from preschool to adult.

Norms: "The comprehensive assessment should be viewed as a criterion-referenced test." The normative data manual provides percentage-of-occurrence information about the phonological patterns in 3- and 4-year-old Spanish-speaking children with (n = 54) and without (n = 54) phonological disorders.

Scores: Phonemic Inventory Errors, Phonological Patterns Exhibited.

Time: 5-10 minutes for administration of screener; 3-5 minutes for administration of each phonological probe.

Comments: Errors and patterns that are noted in scoring guide clinicians in determining which of the corresponding probes should be administered.

b) FULL ASSESSMENT.

Purpose: Designed to provide a comprehensive analysis of phonological skills.

Population: Spanish-speaking children ages 3-8.

Norms: Separate norms were developed for the Full Assessment in Spanish. Norms were developed using a sample of 1,127 children from Mexico, Puerto Rico, and the United States, distributed by age, region of the U.S. or country, gender, ethnicity, and socioeconomic status.

Scores: Phonemic Inventory Errors, Whole Word and Segmental Accuracy (Whole Words, Consonants, Syllable-Initial, Syllable-Final), Phonological Patterns (Syllabic Patterns [Final Consonant Deletion, Cluster Reduction Deletion, Unstressed Syllable Deletion, Initial Consonant Deletion], Substitution Patterns [Velar Fronting, Stopping, Palatal Fronting, Liquid Simplification, Flap/Trill Deviation, Assimilation], Other Pattern).

Time: 20-25 minutes for administration; 3-5 minutes for administration of each phonological probe.

Comments: As a criterion-referenced assessment, errors and patterns that are noted in scoring guide clinicians in determining which of the corresponding probes should be administered; norm-referenced total score (number of correctly produced consonants [initial and final]) also may be derived.

Cross References: For reviews by Joseph R. Engler and Jenna M. White and by Albert Villanueva-Reyes, see 21:39.

[130s]

Coopersmith Self-Esteem Inventories.

Propósito: Diseñado como medida evaluativa de las actitudes propias del individuo en contextos sociales, académicos, de familia y de experiencia personal.
Procedencia: Estados Unidos/inglés.
Traducción/Adaptación: La editorial indica que existen varias traducciones de calidad variable, algunas de las cuales están disponibles de la casa editorial/distribuidor; no se provee información en los materiales de la prueba sobre el proceso de traducción/adaptación.
Población: Edades 8 en adelante.
Baremos: No se han provisto baremos con los formularios traducidos al español.
Acrónimo: CSEI.
Administración: Individual o colectiva.
Formularios, 2: Colegio, Adulto.
Precios, 2022: $50 por manual (inglés), incluyendo formularios de la prueba; $2.50 por licencia para administración en línea (mínimo 20); $200 por reporte colectiva; $2.50 por licencia para reproducir (mínimo 50).
Duración: (10) minutos.
Autor: Stanley Coopersmith.
Editorial: Mind Garden, Inc.
Componentes en Español: Los formularios de la prueba y sus instrucciones correspondientes están disponibles en español.
Componentes en Inglés: Todos los materiales están disponibles en inglés, también; el manual es en inglés.

a) FORMULARIO DEL COLEGIO.
Población: Edades 8-15.
Fechas de Publicación: 1967-2002.
Acrónimo: CSEI-SC.
Puntuación, 6: Yo General, Yo Social-Pares, Hogar-Padres, Colegio-Académico, Yo Puntuación Total, Mentiras.

b) FORMULARIO PARA ADULTOS.
Población: Edades 16 en adelante.
Fechas de Publicación: 1975-2002.
Acrónimo: CSEI-AD.
Puntuación: Puntuación total solamente.

Referencias Cruzadas: Para reseñas por Christopher Peterson y James T. Austin y por Trevor E. Sewell de los componentes en inglés de esta prueba, consulte 9:267.

[131s]

Coping Inventory for Stressful Situations, Second Edition.

Propósito: Diseñado como una escala para medir los estilos de afrontamiento.
Procedencia: Estados Unidos/inglés.
Traducción/Adaptación: No se provee información en los materiales de la prueba sobre el proceso de traducción/adaptación.

[130e]

Coopersmith Self-Esteem Inventories.

Purpose: "Designed to measure evaluative attitudes toward the self in social, academic, family, and personal areas of experience."
Origin: United States/English.
Translation/Adaptation: Test publisher indicates that various translations of varying quality exist, some of which are available from the publisher/distributor; there is no information in the test materials about the translation/adaptation process.
Population: Ages 8 and above.
Norms: Separate norms are not provided with the forms translated to Spanish.
Acronym: CSEI.
Administration: Individual and group.
Forms, 2: School, Adult.
Price Data, 2022: $50 per manual (English), including copies of the test forms; $2.50 per online administration license (minimum 20); $200 per Group Report; $2.50 per license to reproduce (minimum 50).
Time: (10) minutes.
Author: Stanley Coopersmith.
Publisher: Mind Garden, Inc.
Spanish Components: The test forms and their corresponding instructions are available in Spanish.
English Components: All materials are also available in English; the manual is in English.

a) SCHOOL FORM.
Population: Ages 8-15.
Publication Dates: 1967-2002.
Acronym: CSEI-SC.
Scores, 6: General Self, Social Self-Peers, Home-Parents, School-Academic, Total Self Score, Lie.

b) ADULT FORM.
Population: Ages 16 and above.
Publication Dates: 1975-2002.
Acronym: CSEI-AD.
Scores: Total score only.

Cross References: For reviews by Christopher Peterson and James T. Austin and by Trevor E. Sewell of this test's English components, see 9:267.

[131e]

Coping Inventory for Stressful Situations, Second Edition.

Purpose: Designed as a "scale for measuring coping styles."
Origin: United States/English.
Translation/Adaptation: No information is provided in the test materials about the translation/adaptation process.

Población: Adolescentes edades 13–18, adultos edades 18 en adelante.
Baremos: No se han provisto baremos con los materiales traducidos al español.
Fechas de Publicación: 1990-1999.
Acrónimo: CISS.
Puntuación, 5: Tarea, Emoción, Evitación, Distracción, Diversión Social.
Administración: Individual o colectiva.
Formularios, 3: Adulto, Adolescente, Afrontamiento Situación-Especifica (CISS:SSC).
Precios, 2022: $72 por manual; $80 por 25 formularios (adulto, afrontamiento de situaciones específicas o adolescente).
Duración: (10) minutos.
Autores: Norman S. Endler y James D. A. Parker.
Traductora/Adaptadora: Liza Weiser.
Editorial: Multi-Health Systems, Inc.
Componentes en Español: Los formularios para adultos y adolescentes están disponibles en español.
Componentes en Inglés: Todos los materiales están disponibles en inglés, también; el manual es en inglés.
Referencias Cruzadas: Para reseñas por William C. Tirre de los componentes en inglés de esta prueba, consulte 15:69.

[132s]

CPF [Second Edition].

Propósito: Diseñado para evaluar extroversión y preferencia para interacción social.
Procedencia: Estados Unidos/inglés.
Traducción/Adaptación: No se provee información en los materiales de la prueba sobre el proceso de traducción/adaptación.
Población: Edades 16 hasta adulto.
Baremos: No se han provisto baremos con los materiales traducidos al español.
Fecha de Publicación: 1992.
Acrónimo: CPF.
Puntuación, 3: Puntajes de Validez (Incertidumbre, Buena Impresión), Total Extroversión.
Administración: Colectiva.
Precios, 2023: $40 por kit introductorio, incluye manual (1992, 10 páginas, inglés), 20 cuadernos de respuesta con instrucciones (español o inglés) y clave de calificación; $35 por 20 cuadernos de respuesta; $4 por clave de calificación; $10 por manual.
Duración: Sin límite de tiempo; aproximadamente 5-10 minutos para administración.
Comentarios: La prueba es no-verbal y puede utilizarse individualmente o como parte de una batería junto a otras pruebas de habilidades de IPI, dependiendo de los requisitos del empleo en particular.
Autor: Samuel E. Krug.
Editorial: Industrial Psychology International, Ltd.

Population: Adolescents ages 13–18, adults age 18 and over.
Norms: Separate norms are not provided with the materials translated to Spanish.
Publication Dates: 1990-1999.
Acronym: CISS.
Scores, 5: Task-Oriented Coping, Emotion-Oriented Coping, Avoidance-Oriented Coping, Distraction, Social Diversion.
Administration: Individual or group.
Forms, 3: Adult, Adolescent, Situation-Specific Coping (CISS:SSC).
Price Data, 2022: $72 per manual; $80 per 25 forms (adult, situation specific coping, or adolescent).
Time: (10) minutes.
Authors: Norman S. Endler and James D. A. Parker.
Translator/Adaptor: Liza Weiser.
Publisher: Multi-Health Systems, Inc.
Spanish Components: Record forms for adults and adolescents are available in Spanish.
English Components: All materials are also available in English; the manual is in English.
Cross References: For reviews by William C. Tirre of this test's English components, see 15:69.

[132e]

CPF [Second Edition].

Purpose: Designed "to assess extroversion and preference for social contact."
Origin: United States/English.
Translation/Adaptation: No information is provided in the test materials about the translation/adaptation process.
Population: Ages 16 to adult.
Norms: Separate norms are not provided with the materials translated to Spanish.
Publication Date: 1992.
Acronym: CPF.
Scores, 3: Validity Scores (Uncertainty, Good Impression), Total Extroversion.
Administration: Group.
Price Data, 2023: $40 per introductory kit, including manual (1992, 10 pages, English), 20 test booklets with instructions (Spanish or English) and scoring key; $35 per 20 test booklets; $4 per scoring key; $10 per manual.
Time: Untimed; approximately 5-10 minutes to administer.
Comments: The test is nonverbal and can be used on its own or administered as a part of several IPI skills test batteries, depending upon the particular job requirements.
Author: Samuel E. Krug.
Publisher: Industrial Psychology International, Ltd.

Componentes en Español: Cuadernos de respuesta son en español.
Componentes en Inglés: Todos los materiales están disponible en inglés también.
Referencias Cruzadas: Para reseñas por Michael R. Harwell y Allen K. Hess de los componentes en inglés de esta prueba, consulte 12:97.

[133s]

CPI 260.

Propósito: Diseñado para dar una descripción auténtica del entrevistado, en lenguaje cotidiano y claro, en formatos que puedan ayudar al cliente a lograr una mejor comprensión de sí mismo.
Procedencia: Estados Unidos (2002)/inglés.
Traducción/Adaptación: La casa editorial de la prueba siguió las directrices para las adaptaciones del International Testing Commission (ITC). El proceso incluyó una traducción inicial del inglés al español latinoamericano y europeo del contenido de la prueba por parte de una agencia profesional de traducción, junto con una revista interna por la agencia. Luego, expertos locales del CPI que también eran hispanohablantes nativos revisaron la traducción. Finalmente se conciliaron las diferencias entre la traducción original y la revisión posterior.
Población: Edades 13 en adelante.
Baremos: No se han provisto baremos con los ítems traducidos al español. Se recopilaron datos de dos muestras de estandarización (español de Europa, n = 431; español de Latinoamérica, n = 261) para investigar la validez de la traducción al español. La información demográfica recopilada para ambas muestras incluyó género, edad, años en la ocupación actual, situación laboral, nivel organizacional, satisfacción laboral e industria.
Fecha de Publicación: 2011.
Acrónimo: CPI 260.
Puntuación, 29: Dominación, Capacidad para Estatus, Sociabilidad, Presencia Social, Autoaceptación, Independencia, Empatía, Responsabilidad, Conformidad Social, Autocontrol, Buena Impresión, Comunalidad, Bienestar, Tolerancia, Logro vía Conformidad, Logro vía Independencia, Fluidez Conceptual, Perspicacia, Flexibilidad, Sensibilidad, Potencial Gerencial, Orientación Laboral, Temperamento Creativo, Liderazgo, Amabilidad, Orientación Hacia Cumplimiento de la Ley, Orientación Hacia los Demás, Orientación Hacia Valores Sociales, Orientación Hacia Sí Mismo.
Administración: Individual o colectiva.
Precios: Disponibles con la casa editorial.
Duración: 25-30 minutos.
Autores: Harrison G. Gough y Pamela Bradley; Sam Manoogian (Informe Entrenamiento para Líderes); Robert J. Devine (Informe Evaluación del Cliente).

Spanish Components: Test booklets are in Spanish.
English Components: All materials are also available in English.
Cross References: For reviews by Michael R. Harwell and Allen K. Hess of this test's English components, see 12:97.

[133e]

CPI 260.

Purpose: Designed to "give a true-to-life description of the respondent, in clear, everyday language, in formats that can help the client to achieve a better understanding of self."
Origin: United States (2002)/English.
Translation/Adaptation: The test publisher followed the International Testing Commission (ITC) guidelines for adaptations. "The process included an initial translation [from English to Latin American and European Spanish] of the assessment content by a professional translation agency, along with an internal review by the agency. Next, in-country experts on the CPI assessment who were also native Spanish speakers reviewed the translation." Finally, differences between the original translation and the subsequent review were reconciled.
Population: Ages 13 and older.
Norms: Separate norms are not provided with the items translated to Spanish. Data were collected from two standardization samples (European Spanish, n = 431; Latin American Spanish, n = 261) to test the validity of the Spanish translation. Demographic information collected for both samples included gender, age, years in current occupation, employment status, organizational level, job satisfaction, and industry.
Publication Date: 2011.
Acronym: CPI 260.
Scores, 29: Dominance, Capacity for Status, Sociability, Social Presence, Self-Acceptance, Independence, Empathy, Responsibility, Social Conformity, Self-Control, Good Impression, Communality, Well-Being, Tolerance, Achievement via Conformance, Achievement via Independence, Conceptual Fluency, Insightfulness, Flexibility, Sensitivity, Managerial Potential, Work Orientation, Creative Temperament, Leadership, Amicability, Law Enforcement Orientation, Orientation Toward Others, Orientation Toward Societal Values, Orientation Toward Self.
Administration: Individual or group.
Price Data: Available from publisher.
Time: 25-30 minutes.
Authors: Harrison G. Gough and Pamela Bradley; Sam Manoogian (Coaching Report for Leaders); Robert J. Devine (Client Feedback Report).

Editorial: The Myers-Briggs Company.
Componentes en Español: Los ítems de prueba están disponibles en español en línea.
Componentes en Inglés: Todos los materiales están disponibles en inglés, también; el manual es en inglés.
Referencias Cruzadas: Para reseñas por Gary J. Dean y Stephen J. Freeman de los componentes en inglés de esta prueba, consulte 18:36.

[134s]

Cuestionario "Big Five".

Nombre Original: Big Five Questionnaire (Organizzazioni Speciali).
Propósito: Diseñado para evaluar la personalidad mediante un modelo de cinco factores.
Procedencia: Italia (1993)/italiano.
Traducción/Adaptación: Además de traducir las cuestiones y elementos del instrumento original, varios profesionales expertos en la medida de la personalidad revisaron y depuraron el instrumento para asegurar su aplicabilidad a la cultura española.
Población: Adolescentes y adultos.
Baremos: Se han provisto baremos con la adaptación al español. Los baremos se desarrollaron utilizando una muestra de 1,298 participantes españoles que completaron el BFQ en situaciones anónimas.
Fechas de Publicación: 1995-2007.
Acrónimo: BFQ.
Puntuación, 18: Energía (Dinamismo, Dominancia), Afabilidad (Cooperación, Cordialidad), Tesón (Escrupulosidad, Perseverancia), Estabilidad Emocional (Control/Emociones, Control/Impulsos), Apertura Mental (Apertura/Cultura, Apertura/Experiencia), Distorsión (Distorsión-Yo, Distorsión-Otros).
Administración: Individual o colectiva.
Precios: Disponibles con la casa editorial.
Duración: (20-30) minutos.
Comentarios: Se puede corregir en línea; una versión en catalán está disponible, también.
Autores: G. V. Caprara, C. Barbaranelli y L. Borgogni.
Traductor/Adaptador: José Bermúdez.
Editorial: Giunti O.S. Psychometrics SRL.
Componentes en Español: Todos los materiales son en español.
Componentes en Inglés: No hay materiales en inglés en esta versión.

[135s]

Cuestionario "Big Five" de Personalidad para Niños y Adolescentes.

Nombre Original: Big Five Questionnaire–Children (Organizzazioni Speciali).

Publisher: The Myers-Briggs Company.
Spanish Components: The test items are available in Spanish online.
English Components: All test materials are also available in English; the manual is in English.
Cross References: For reviews by Gary J. Dean and Stephen J. Freeman of this test's English components, see 18:36.

[134e]

Cuestionario "Big Five".

Original Name: Big Five Questionnaire (Organizzazioni Speciali).
Purpose: Designed to assess personality based on a five-factor model.
Origin: Italy (1993)/Italian.
Translation/Adaptation: In addition to translating the questions and elements of the original test, various professionals with expertise in personality measurement revised and refined the test to ensure its appropriateness for the Spanish culture.
Population: Adolescents and adults.
Norms: Separate norms are provided with the Spanish adaptation. Norms were developed using a sample of 1,298 Spanish participants who completed the BFQ anonymously.
Publication Dates: 1995-2007.
Acronym: BFQ.
Scores, 18: Energy (Dynamism, Dominance), Agreeableness (Cooperation, Cordiality), Tenacity (Scrupulousness, Perseverance), Emotional Stability (Control/Emotions, Control/Impulses), Openness to Experience (Openness/Culture, Openness/Experience), Distortion (Distortion-Self, Distortion-Others).
Administration: Individual and group.
Price Data: Available from publisher.
Time: (20-30) minutes.
Comments: Can be scored online; a Catalan version is also available.
Authors: G. V. Caprara, C. Barbaranelli, and L. Borgogni.
Translator/Adaptor: José Bermúdez.
Publisher: Giunti O.S. Psychometrics SRL.
Spanish Components: All materials are in Spanish.
English Components: There are no English materials in this version.

[135e]

Cuestionario "Big Five" de Personalidad para Niños y Adolescentes.

Original Name: Big Five Questionnaire–Children (Organizzazioni Speciali).

Propósito: Diseñado a evaluar la personalidad de niños y adolescentes mediante un modelo de cinco factores.
Procedencia: Italia (1998)/italiano.
Traducción/Adaptación: No se provee información en los materiales de la prueba sobre el proceso de traducción/adaptación.
Población: Edades 8-15.
Baremos: Se han provisto baremos con la adaptación al español. Los baremos se desarrollaron utilizando una muestra de 902 escolares españoles de la población general, distribuidos por sexo y género.
Fecha de Publicación: 2006.
Acrónimos: BFQ-NA, BFQ-C.
Puntuación, 5: Conciencia, Apertura, Extraversión, Amabilidad, Inestabilidad Emocional.
Administración: Individual o colectiva.
Precios: Disponibles con la casa editorial.
Duración: (30-35) minutos.
Autores: C. Barbaranelli, G. V. Caprara y A. Rabasca.
Traductores/Adaptadores: Victoria del Barrio, Miguel Ángel Carrasco y F. Pablo Holgado.
Editorial: Giunti O.S. Psychometrics SRL.
Componentes en Español: Todos los materiales son en español.
Componentes en Inglés: No hay materiales en inglés en esta versión.

Purpose: Designed to assess the personality of children and adolescents based on a five-factor model.
Origin: Italy (1998)/Italian.
Translation/Adaptation: No information is provided in the test materials about the translation/adaptation process.
Population: Ages 8-15.
Norms: Separate norms are provided with the Spanish adaptation. Norms were developed using a sample of 902 Spanish students from the general population, distributed by age and gender.
Publication Date: 2006.
Acronyms: BFQ-NA, BFQ-C.
Scores, 5: Conscientiousness, Openness to Experience, Extraversion, Agreeableness, Emotional Instability.
Administration: Individual or group.
Price Data: Available from publisher.
Time: (30-35) minutes.
Authors: C. Barbaranelli, G. V. Caprara, and A. Rabasca.
Translators/Adaptors: Victoria del Barrio, Miguel Ángel Carrasco, and F. Pablo Holgado.
Publisher: Giunti O.S. Psychometrics SRL.
Spanish Components: All materials are in Spanish.
English Components: There are no English materials in this version.

[136s]

Cuestionario Breve de Calidad de Vida.

Propósito: Proveer una "evaluación multidimensional de la calidad de vida en las personas mayores".
Procedencia: España/español.
Población: Adultos mayores de 65 años.
Baremos: Los baremos se desarrollaron utilizando una muestra de 1.014 participantes, representativa de la población española mayor de 65 años; 507 de las mujeres residían en su propio domicilio o en el domicilio de algún familiar y las otra 507 vivían en una residencia de ancianos.
Fecha de Publicación: 2007.
Acrónimo: CUBRECAVI.
Puntuación, 9: Salud, Integración Social, Habilidades Funcionales, Actividad y Ocio, Calidad Ambiental, Satisfacción con la Vida, Educación, Ingresos, Servicios Sociales y Sanitarios.
Administración: Colectiva.
Precios, 2022: €75,94 por juego completo, incluye manual (2007, 54 páginas) y juego de corrección con PIN de 25 usos en línea; €69,09 por juego de corrección.
Duración: (20) minutos.
Comentarios: Se corrige en línea.
Autores: Rocío Fernández-Ballesteros y María Dolores Zamarrón.

[136e]

Cuestionario Breve de Calidad de Vida.

Purpose: Designed to provide a multidimensional evaluation of the quality of life among the elderly.
Origin: Spain/Spanish.
Population: Adults over age 65.
Norms: Norms were developed using a sample of 1,014 participants, representative of the Spanish population over 65 years of age; 507 of the participants lived in their own home or in the home of a family member, and the other 507 lived in a retirement home.
Publication Date: 2007.
Acronym: CUBRECAVI.
Scores, 9: Health, Social Integration, Functional Skills, Activities and Leisure, Environmental Quality, Life Satisfaction, Education, Income, Social and Hygiene Services.
Administration: Group.
Price Data, 2022: €75.94 per complete kit, including manual (2007, 54 pages) and scoring kit with PIN for 25 uses; €69.09 per scoring kit.
Time: (20) minutes.
Comments: Scored online.
Authors: Rocío Fernández-Ballesteros and María Dolores Zamarrón.

Editorial: Hogrefe TEA Ediciones.
Componentes en Español: Todos los materiales son en español.
Componentes en Inglés: No hay materiales en inglés.

[137s]

Cuestionario Clínico de Personalidad para Adolescentes y Adultos.

Propósito: Diseñado para "evaluar la personalidad en adolescentes y adultos de una forma funcional y ecológica con una gran orientación clínica".
Procedencia: España/español.
Población: Edades 15 en adelante.
Baremos: Los baremos se desarrollaron utilizando una muestra con 460 participantes, distribuidos por edad y sexo.
Fecha de Publicación: 2013.
Acrónimo: TAMADUL.
Puntuación, 98: 3 dominios: Bienestar y Malestar Psicológico, Inadaptación, Estilos Educativos Parentales; 6 areas: Inadaptación General, Inadaptación Personal, Inadaptación Social, Inadaptación Autogenésica, Inadaptación Laboral/Académica, Inadaptación Familiar; 16 compuestos: Balance de Bienestar, Autoajuste, Evitación, Depresión, Ansiedad, Somatización, Restricción en la Relación Social, Conflictividad Interpersonal, Desajuste Normativo y Desbordamiento Energético, Sociabilidad Egocéntrica, Disociación, Adicción, Desajuste y Desmotivación Laboral/Académico, Insatisfacción Familiar, Educación Apropiada del Padre, Educación Apropiada de la Madre; 54 factores: Bienestar Subjetivo, Malestar Vivenciado, Hipocontrol, Temor al Descontrol, Autocriticismo, Perfeccionismo, Pánico, Fobia Situacional, Retraimiento e Inseguridad, Insatisfacción, Deserción Vital, Tensión, Resonancia Diferida, Preocupación Reiterativa, Vulnerabilidad, Somatización por Tensión, Somatización por Abatimiento, Introversión, Timidez, Ansiedad Comunicativa, Hipoasertividad, Dependencia Social, Hipervigilancia, Susceptibilidad Social, Hostiligencia, Agresividad-Descontrol, Reactancia, Sociodivergencia, Ansia Liberadora, Apasionamiento, Impulsividad, Endogenesia, Abstracción-Criticismo, Frialdad Emocional, Apatía, Anorexia, Adicción a la Comida, Tendencia Adictiva, Búsqueda de Excitación, Ludopatía, Desconcentración, Hipoeficiencia, Aversión al Entorno Laboral/Académico, Trato Despersonalizante-Padre, Hipercontrol y Dirigismo-Padre, Permisivismo Caprichoso-Padre, Permisivismo Liberal-Padre, Proteccionismo, Trato Despersonalizante-Madre, Hipercontrol y Dirigismo-Madre, Permisivismo Caprichoso-Madre, Permisivismo Liberal-Madre, Proteccionismo

Publisher: Hogrefe TEA Ediciones.
Spanish Components: All materials are in Spanish.
English Components: There are no materials in English.

[137e]

Cuestionario Clínico de Personalidad para Adolescentes y Adultos.

Purpose: Designed to assess personality in adolescents and adults from a functional and ecological framework with a clinical orientation.
Origin: Spain/Spanish.
Population: Ages 15 and over.
Norms: Norms were developed using a sample of 460 participants, distributed by age and gender.
Publication Date: 2013.
Acronym: TAMADUL.
Scores, 98: 3 domains: Psychological Well-Being, Maladjustment, Parental Education Styles; 6 areas: General Maladjustment, Personal Maladjustment, Social Maladjustment, Alienation, Work/Academic Maladjustment, Family Maladjustment; 16 composites: Wellness Balance, Self-Maladjustment, Avoidance, Depression, Anxiety, Somatization, Restriction on Social Relations, Interpersonal Conflict, Normative Maladjustment and Energy Overflow/Mania, Self-Centered Sociability, Dissociation, Addiction, Maladjustment and Work/Academic Lack of Motivation, Family Dissatisfaction, Appropriate Education-Father, Appropriate Education-Mother; 54 factors: Subjective Wellness, Experienced Discomfort, Hipocontrol, Fear of Lack of Control, Self-Criticism, Perfectionism, Panic, Situational Phobia, Withdrawal and Insecurity, Dissatisfaction/Anhedonia, Suicidal Thoughts, Tension, Deferred Resonance, Repetitive Worry, Vulnerability, Somatization by Tension, Somatization by Depression, Introversion, Timidity, Communication Anxiety, Hypoassertiveness, Social Dependence, Hypervigilance, Social Susceptibility, Hostility, Aggressiveness-Lack of Control, Reactance, Sociodivergence, Liberating Eagerness, Passion, Impulsivity, Internally Generated Perceptions, Abstraction-Criticism, Emotional Coldness, Apathy, Anorexia, Addiction to Food, Addictive Tendencies, Excitement-Seeking, Gambling, Lack of Concentration, Hypoefficiency, Averse to Work/Academic Environment, Depersonalizing Treatment-Father, Hypercontrol and Interventionism-Father, Capricious Permissiveness-Father, Liberal Permissiveness-Father, Protectionism, Depersonalizing Treatment-Mother, Hypercontrol and Interventionism-Mother, Capricious Permissiveness-Mother, Liberal Permissiveness-Mother, Inhibitory Protectionism-Mother, Apprehensive Protectionism-Mother; 19 subfactors:

Inhibidor-Madre, Proteccionismo Aprensivo-Madre; 19 subfactores: Indefensión, Desajuste Familiar, Descontrol Pulsivo, Carencia Afectiva y Abandono-Padre, Rechazo y Hostilidad, Falta de Atención y Despreocupación-Padre, Perfeccionismo Hostil-Padre, Hipercontrol Severo-Padre, Seriedad-Padre, Infantilización-Padre, Proteccionismo Inhibidor-Padre, Proteccionismo Aprensivo-Padre, Carencia Afectiva y Abandono-Madre, Marginación-Madre, Falta de Atención y Despreocupación-Madre, Perfeccionismo Hostil-Madre, Hipercontrol Severo-Madre, Seriedad-Madre, Infantilización-Madre.
Administración: Individual o colectiva.
Precios, 2022: €122,12 por juego completo, incluye manual (2013, 95 paginas), 10 cuadernillos y juego de corrección para 25 usos en línea; €47,90 por juego de corrección; €29,65 por 10 cuadernillos; €57,31 por manual en línea.
Duración: (40) minutos.
Autores: Pedro Hernández-Guanir y Gustavo A. Hernández Delgado.
Editorial: Hogrefe TEA Ediciones.
Componentes en Español: Todos los materiales son en español.
Componentes en Inglés: No hay materiales en inglés.

Helplessness, Family Imbalance, Lack of Impulse Control, Lacking Affectiveness and Neglect-Father, Rejection and Hostility-Father, Lack of Attention and Disregard-Father, Hostile Perfectionism-Father, Severe Hypercontrol-Father, Seriousness-Father, Infantilization-Father, Inhibitory Protectionism-Father, Apprehensive Protectionism-Father, Lacking Affectiveness and Neglect-Mother, Marginalization-Mother, Lack of Attention and Disregard-Mother, Hostile Perfectionism-Mother, Severe Hypercontrol-Mother, Seriousness-Mother, Infantilization-Mother.
Administration: Individual or group.
Price Data, 2022: €122.12 per complete kit, including manual (2013, 95 pages), 10 test booklets, and scoring kit with a PIN for 25 uses; €47.90 per scoring kit; €29.65 per 10 test booklets; €57.31 per online manual.
Time: (40) minutes.
Authors: Pedro Hernández-Guanir and Gustavo A. Hernández Delgado.
Publisher: Hogrefe TEA Ediciones.
Spanish Components: All materials are in Spanish.
English Components: There are no materials in English.

[138s]

Cuestionario de Afrontamiento al Estrés para Pacientes Oncológicos.

Propósito: Diseñado para proveer una evaluación de las repercusiones del cáncer a nivel biológico, psicológico y social y como los individuos afrontan los efectos causados.
Procedencia: España/español.
Población: Adultos que padezcan de cáncer u otra enfermedad orgánica con varios grados de gravedad o cronicidad.
Baremos: Los baremos se desarrollaron utilizando una muestra de "160 pacientes adultos que han sido diagnosticados de algún tipo de cáncer de cara y cuello". "Todos los pacientes eran evaluados en el mismo momento dentro de los diferentes estados del proceso clínico de la enfermedad"; "es decir, después de que el paciente ha recibido el diagnóstico de su enfermedad y antes o en el inicio de la terapia oncológica".
Fechas de Publicación: 2004-2015.
Acrónimo: CAEPO.
Puntuación, 8: Enfrentamiento y Lucha Activa, Autocontrol y Control Emocional, Búsqueda de Apoyo Social, Ansiedad y Preocupación Ansiosa, Pasividad y Resignación Pasiva, Huida y Distanciamiento, Negación, Puntuación Global de Afrontamiento.
Administración: Individual.
Precios, 2022: €63,39 por juego completo, incluye manual (2004, 60 páginas) y 25 ejemplares; €52,94 por 25 ejemplares.

[138e]

Cuestionario de Afrontamiento al Estrés para Pacientes Oncológicos.

Purpose: Designed to provide an evaluation of the biological, psychological, and social impacts of cancer on individuals as well as its effect on coping.
Origin: Spain/Spanish.
Population: Adults who suffer from cancer or another form of organic illness with various degrees of severity or condition.
Norms: Norms were developed using a sample of 160 adult patients who had been diagnosed with any type of cancer affecting the face and/or neck. All patients were evaluated at the same time while in different stages of disease progression, specifically: after receiving the diagnosis and before or upon the initiation of treatment.
Publication Dates: 2004-2015.
Acronym: CAEPO.
Scores, 8: Confrontation and Will to Resist, Self and Emotional Control, Search for Social Support, Anxiety and Worry, Passivity and Resignation, Dissociation, Denial, Global Coping Score.
Administration: Individual.
Price Data, 2022: €63.39 per complete kit, including manual (2004, 60 pages) and response sheets; €52.94 per 25 response sheets.

Duración: (25) minutos.
Autora: María Teresa González.
Editorial: Hogrefe TEA Ediciones.
Componentes en Español: Todos los materiales son en español.
Componentes en Inglés: No hay materiales en inglés.

[139s]

Cuestionario de Agresividad Premeditada e Impulsiva en Adolescentes.

Propósito: Diseñado para evaluar "la agresividad premeditada e impulsiva"; "diferenciada en cuanto a sus funciones o motivaciones internas".
Procedencia: España/español.
Población: Edades 12-17.
Baremos: Los baremos se desarrollaron utilizando una muestra con 825 adolescentes de diferentes centros educativos públicos de Madrid. El 90,3% eran de nacionalidad española y el 9,7% eran inmigrantes que procedían de otros países, en su mayoría latinoamericanos.
Fecha de Publicación: 2010.
Acrónimo: CAPI-A.
Puntuación, 2: Agresividad Premeditada, Agresividad Impulsiva.
Administración: Individual o colectiva.
Precios, 2022: €54,26 por juego completo, incluye manual (2010, 39 páginas) y 25 ejemplares; €29,34 por 25 ejemplares.
Duración: (10-15) minutos.
Autor: José Manuel Andreu.
Editorial: Hogrefe TEA Ediciones.
Componentes en Español: Todos los materiales son en español.
Componentes en Inglés: No hay materiales en inglés.

[140s]

Cuestionario de Análisis Clínico.

Nombre Original: Clinical Analysis Questionnaire (Institute for Personality and Ability Testing [IPAT]).
Propósito: Diseñado para evaluar "aspectos clínicos de la personalidad".
Procedencia: Estados Unidos (1980)/inglés.
Traducción/Adaptación: Para desarrollar la prueba, "la estrategia utilizada ha consistido, fundamentalmente, en la versión fiel (no literal) de las cuestiones originales, la inclusión de elementos suplementarios (uno por cada escala del CAQ) para posibles sustituciones originales no satisfactorios, los análisis de los resultados en una amplia muestra de sujetos españoles (normales y clínicos) y la depuración de la versión final del cuestionario".
Población: Adolescentes y adultos.

Time: (25) minutes.
Author: María Teresa González.
Publisher: Hogrefe TEA Ediciones.
Spanish Components: All materials are in Spanish.
English Components: There are no materials in English.

[139e]

Cuestionario de Agresividad Premeditada e Impulsiva en Adolescentes.

Purpose: Designed to evaluate premeditated and impulsive aggression, differentiated in terms of their functions or internal motives.
Origin: Spain/Spanish.
Population: Ages 12-17.
Norms: Norms were developed using a sample of 825 adolescents, belonging to different public schools in Madrid. Of the sample, 90.3% were of Spanish nationality, and 9.7% were immigrants from other countries, mostly Latin American.
Publication Date: 2010.
Acronym: CAPI-A.
Scores, 2: Premeditated Aggression, Impulsive Aggression.
Administration: Individual or group.
Price Data, 2022: €54.26 per complete kit, including manual (2010, 39 pages) and 25 test booklets; €29.34 per 25 test booklets.
Time: (10-15) minutes.
Author: José Manuel Andreu.
Publisher: Hogrefe TEA Ediciones.
Spanish Components: All materials are in Spanish.
English Components: There are no materials in English.

[140e]

Cuestionario de Análisis Clínico.

Original Name: Clinical Analysis Questionnaire (Institute for Personality and Ability Testing [IPAT]).
Purpose: Designed to evaluate the clinical aspects of an individual's personality.
Origin: United States (1980)/English.
Translation/Adaptation: The test developers report having used non-literal item translations, adding an element to each scale to serve as a replacement item for non-satisfactory original item translations, analyzing data collected from a large sample that included clinical and non-clinical Spanish participants, and editing of the final version of the test questionnaire.
Population: Adolescents and adults.

Baremos: Los baremos se desarrollaron utilizando una muestra con 4.613 participantes, distribuidos por edad, sexo y casos clínicos vs. casos no-clínicos.
Fechas de Publicación: 1989-2005.
Acrónimo: CAQ.
Puntuación, 12: Hipocondría, Depresión Suicida, Agitación, Depresión Ansiosa, Depresión Baja-Energía, Culpabilidad-Resentimiento, Apatía-Retirada, Paranoia, Desviación Psicopática, Esquizofrenia, Psicastenia, Desajuste Psicológico.
Administración: Colectiva.
Precios, 2022: €51,40 por juego completo, incluye manual (2005, 56 paginas), 10 cuadernillos, juego de corrección; €22,02 por 10 cuadernillos; €28,25 por juego de corrección; €25,92 por manual en línea.
Duración: (30-45) minutos.
Autor: Samuel E. Krug.
Traductor/Adaptador: Nicolás Seisdedos.
Editorial: Hogrefe TEA Ediciones.
Componentes en Español: Todos los materiales son en español.
Componentes en Inglés: No hay materiales en inglés en esta versión.

Norms: Norms were developed using a sample of 4,613 participants, distributed by age, gender, and clinical vs. nonclinical cases.
Publication Dates: 1989-2005.
Acronym: CAQ.
Scores, 12: Hypochondria, Suicidal Depression, Agitation, Anxious Depression, Low-Energy Depression, Guilt-Resentment, Apathy-Isolation, Paranoia, Psychopathic Deviation, Schizophrenia, Psychasthenia, Psychological Imbalance.
Administration: Group.
Price Data, 2022: €51.40 per complete kit, including manual (2005, 56 pages), 10 test booklets, and scoring kit; €22.02 per 10 test booklets; €28.25 per scoring kit; €25.92 per online manual.
Time: (30-45) minutes.
Author: Samuel E. Krug.
Translator/Adaptor: Nicolás Seisdedos.
Publisher: Hogrefe TEA Ediciones.
Spanish Components: All materials are in Spanish.
English Components: There are no English materials in this version.

[141s]

Cuestionario de Ansiedad Estado-Rasgo.

Nombre Original: State-Trait Anxiety Inventory (STAI; Consulting Psychologists Press, Inc. [CPP]).
Propósito: Diseñado como una "autoevaluación de la ansiedad como estado transitorio y como rasgo latente".
Procedencia: Estados Unidos (1970)/inglés.
Traducción/Adaptación: No se provee información en los materiales de la prueba sobre el proceso de traducción/adaptación.
Población: Adolescentes y adultos.
Baremos: Se han provisto baremos con la adaptación al español. Los baremos se desarrollaron utilizando una muestra de 541 adolescentes, 610 estudiantes universitarios y 1.157 adultos, distribuidos por edad y sexo.
Fechas de Publicación: 1982-2015.
Acrónimo: STAI.
Puntuación, 2: Ansiedad Estado, Ansiedad Rasgo.
Administración: Individual o colectiva.
Precios, 2022: €35,55 por juego completo, incluye manual (2015, 39 páginas) y 25 ejemplares; €22,99 por 25 ejemplares.
Duración: (15-20) minutos.
Autores: C. D. Spielberger, R. L. Gorsuch y R. E. Lushene.
Traductores/Adaptadores: Gualberto Buela-Casal, Alejandro Guillén-Riquelme y Nicolás Seisdedos.
Editorial: Hogrefe TEA Ediciones.
Componentes en Español: Todos los materiales son en español.

[141e]

Cuestionario de Ansiedad Estado-Rasgo.

Original Name: State-Trait Anxiety Inventory (STAI; Consulting Psychologists Press, Inc. [CPP]).
Purpose: Designed as a self-evaluation of anxiety as a transitory state and as a latent trait.
Origin: United States (1970)/English.
Translation/Adaptation: There is no information in the test materials about the translation/adaptation process.
Population: Adolescents and adults.
Norms: Separate norms are provided with the Spanish adaptation. Norms were developed using a sample of 541 adolescents, 610 university students, and 1,157 adults, distributed by age and gender.
Publication Dates: 1982-2015.
Acronym: STAI.
Scores, 2: State Anxiety, Trait Anxiety.
Administration: Individual or group.
Price Data, 2022: €35.55 per complete kit, including manual (2015, 39 pages) and 25 test booklets; €22.99 per 25 test booklets.
Time: (15-20) minutes.
Authors: C. D. Spielberger, R. L. Gorsuch, and R. E. Lushene.
Translators/Adaptors: Gualberto Buela-Casal, Alejandro Guillén-Riquelme, and Nicolás Seisdedos.
Publisher: Hogrefe TEA Ediciones.
Spanish Components: All materials are in Spanish.

Componentes en Inglés: No hay materiales en inglés en esta versión.

[142s]

Cuestionario de Aserción en la Pareja.

Propósito: Diseñado como "evaluación de estrategias para afrontar conflictos en la convivencia marital".
Procedencia: España/español.
Población: Adultos que convivan o hayan convivido en pareja.
Baremos: Los baremos se desarrollaron utilizando una muestra con 418 participantes (209 parejas), distribuidos por sexo, edad, tiempo de convivencia, número de hijos y estado civil.
Fechas de Publicación: 1996-2005.
Acrónimo: ASPA.
Puntuación, 4: Aserción, Agresión, Sumisión, Agresión-Pasiva.
Administración: "Puede aplicarse a un solo miembro de la pareja o a ambos".
Formularios, 2: Formulario A (Evaluación de sí mismo), Formulario B (Evaluación de la pareja).
Precios, 2022: €43,49 por juego completo, incluye manual (2013, cuarta edición, 36 páginas), 10 cuadernillos y 25 hojas de respuestas; €19,36 por 10 cuadernillos; €13,31 por 25 hojas de respuestas.
Duración: 15-20 minutos cada escala.
Comentarios: Se reimprimió el manual en 2013 pero no se cambió ni la pruebo ni el manual.
Autora: Maria José Carrasco.
Editorial: Hogrefe TEA Ediciones.
Componentes en Español: Todos los materiales son en español.
Componentes en Inglés: No hay materiales en inglés.

[143s]

Cuestionario de Autocontrol Infantil y Adolescente.

Propósito: Diseñado para evaluar "los procesos básicos y habilidades de autocontrol".
Procedencia: España/español.
Población: Edades 11-19.
Baremos: Los baremos se desarrollaron utilizando una muestra con 949 niños de Valencia, España.
Fechas de Publicación: 1986-2011.
Acrónimo: CACIA.
Puntuación, 5: Retroalimentación Personal, Retraso de la Recompensa, Autocontrol Criterial, Autocontrol Procesual, Sinceridad.
Administración: Individual o colectiva.
Precios, 2022: €55,91 por juego completo, incluye manual (2011, sexta edición revisada, 26 páginas) y 25 ejemplares; €44,77 por 25 ejemplares.
Duración: 30-40 minutos.

English Components: There are no English materials in this version.

[142e]

Cuestionario de Aserción en la Pareja.

Purpose: Designed to evaluate the strategies used to deal with marital conflicts.
Origin: Spain/Spanish.
Population: Adults who live together or have lived together as a couple.
Norms: Norms were developed using a sample of 418 participants (209 couples), distributed by gender, age, number of years living together, number of children, and marital status.
Publication Dates: 1996-2005.
Acronym: ASPA.
Scores, 4: Assertion, Aggression, Submission, Passive-Aggressive.
Administration: Can be given to one or both members of the couple.
Forms, 2: Form A (Self-Rating), Form B (Partner Rating).
Price Data, 2022: €43.49 per complete kit, including manual (2013, fourth edition, 36 pages), 10 test booklets, and 25 response sheets; €19.36 per 10 test booklets; €13.31 per 25 response sheets.
Time: 15-20 minutes per scale.
Comments: The manual was reprinted in 2013 but no changes were made to the test or manual.
Author: Maria José Carrasco.
Publisher: Hogrefe TEA Ediciones.
Spanish Components: All materials are in Spanish.
English Components: There are no materials in English.

[143e]

Cuestionario de Autocontrol Infantil y Adolescente.

Purpose: Designed to evaluate basic processes involved in self-control skills.
Origin: Spain/Spanish.
Population: Ages 11-19.
Norms: Norms were developed using a sample of 949 children from Valencia, Spain.
Publication Dates: 1986-2011.
Acronym: CACIA.
Scores, 5: Personal Feedback, Delay of Reward, Criterial Self-Control, Procedural Self-Control, Sincerity.
Administration: Individual or group.
Price Data, 2022: €55.91 per complete kit, including manual (2011, sixth edition revised, 26 pages) and 25 booklets; €44.77 per 25 booklets.
Time: 30-40 minutes.

Autores: A. Capafóns y F. Silva.
Editorial: Hogrefe TEA Ediciones.
Componentes en Español: Todos los materiales son en español.
Componentes en Inglés: No hay materiales en inglés.

[144s]

Cuestionario de Autoestima para Educación Primaria.

Propósito: Diseñado para proveer una "medición global de la autoestima".
Procedencia: España/español.
Población: Edades 9-13.
Baremos: Los baremos se desarrollaron utilizando una muestra con 1.096 alumnos, distribuidos por edad, curso, tipo de escuela, región geográfica de España y factores socioeconómicos y culturales.
Fecha de Publicación: 2006.
Acrónimo: A-EP.
Puntuación: Puntuación total solamente.
Administración: Colectiva.
Precios, 2022: €77,68 por juego completo, incluye manual (2006, 51 páginas) y 25 ejemplares: €59,29 por 25 ejemplares.
Duración: (10-15) minutos.
Autores: Rodolfo Ramos, Ana Isabel Giménez, María Ángeles Muñoz-Adell y Elena Lapaz.
Editorial: Hogrefe TEA Ediciones.
Componentes en Español: Todos los materiales son en español.
Componentes en Inglés: No hay materiales en inglés.

[145s]

Cuestionario de Autoevaluación Ansiedad Estado/Rasgo en Niños.

Nombre Original: State-Trait Anxiety Inventory for Children (Consulting Psychologists Press [CPP]).
Propósito: Diseñado como una "autoevaluación de la ansiedad en niños y adolescentes como estado transitorio y como rasgo latente".
Procedencia: Estados Unidos (1973)/inglés.
Traducción/Adaptación: Se tradujeron y adaptaron los 20 elementos originales de cada escala, adecuándolos a las características de los niños españoles. Se realizó la construcción de los elementos suplementarios (5 en cada escala) que apriorísticamente midieron el constructo. Se aplicó la prueba a una muestra de niños españoles, se realizó un análisis de los resultados y se seleccionó los 20 mejores elementos de cada escala.
Población: Edades 9-15.
Baremos: Se han provisto baremos para la adaptación al español. Los baremos se desarrollaron utilizando una muestra geográficamente diversa de

Authors: A. Capafóns and F. Silva.
Publisher: Hogrefe TEA Ediciones.
Spanish Components: All materials are in Spanish.
English Components: There are no materials in English.

[144e]

Cuestionario de Autoestima para Educación Primaria.

Purpose: Designed to provide a global measure of self-esteem.
Origin: Spain/Spanish.
Population: Ages 9-13.
Norms: Norms were developed using a sample of 1,096 students, distributed by age, grade level, type of school, geographic region within Spain, and cultural and socioeconomic factors.
Publication Date: 2006.
Acronym: A-EP.
Scores: Total score only.
Administration: Group.
Price Data, 2022: €77.68 per complete kit, including manual (2006, 51 pages) and 25 test booklets; €59.29 per 25 test booklets.
Time: (10-15) minutes.
Authors: Rodolfo Ramos, Ana Isabel Giménez, María Ángeles Muñoz-Adell, and Elena Lapaz.
Publisher: Hogrefe TEA Ediciones.
Spanish Components: All materials are in Spanish.
English Components: There are no materials in English.

[145e]

Cuestionario de Autoevaluación Ansiedad Estado/Rasgo en Niños.

Original Name: State-Trait Anxiety Inventory for Children (Consulting Psychologists Press [CPP]).
Purpose: Designed as a self-evaluation of anxiety in children and adolescents as a transitory state and as a latent trait.
Origin: United States (1973)/English.
Translation/Adaptation: The original 20 items from each scale were translated and adapted to make them more appropriate for the characteristics unique to Spanish children. Supplementary items that quickly measured the construct were created (five for each scale). The test was administered to a sample of Spanish children, the results were analyzed, and the best 20 items were selected for each scale.
Population: Ages 9-15.
Norms: Separate norms are provided with the Spanish adaptation. Norms were developed using a geographically diverse sample of 1,578

1.578 participantes españoles, distribuidos por sexo, edad y curso.
Fechas de Publicación: 1989-2009.
Acrónimo: STAIC.
Puntuación, 2: Ansiedad Estado, Ansiedad Rasgo.
Administración: Colectiva.
Precios, 2022: €31,71 por juego completo, incluye manual (2009, 20 páginas) y 25 ejemplares; €21,48 por 25 ejemplares.
Duración: (15-20) minutos.
Autor: Charles D. Spielberger.
Traductor/Adaptador: Nicolás Seisdedos.
Editorial: Hogrefe TEA Ediciones.
Componentes en Español: Todos los materiales son en español.
Componentes en Inglés: No hay materiales en inglés en esta versión.

[146s]

Cuestionario de Clima Laboral.

Propósito: Diseñado para "evaluar el clima laboral de las organizaciones".
Procedencia: España/español.
Población: Adultos en el entorno laboral.
Baremos: Los baremos se desarrollaron utilizando una muestra con 56.029 trabajadores procedentes de diversas empresas y entidades españolas.
Fechas de Publicación: 2002-2022.
Acrónimo: CLA.
Puntuación, 9: Organización, Innovación, Información, Condiciones, Implicación, Autorealización, Relaciones, Dirección, Clima Laboral.
Administración: Colectiva.
Precios, 2022: €149,74 por juego completo, incluye manual (2022; edición tercera, revisada y ampliada; 67 páginas) y kit de corrección para 25 usos en línea; €146,58 por kit de corrección; €107,69 por 50 ejemplares; €33,08 por manual en línea.
Duración: Aproximadamente 25 minutos.
Comentarios: En la tercera edición del manual revisaron el lenguaje del cuestionario con pequeñas modificaciones e incluyeron nuevos baremos; se puede aplicar con papel y lápiz o en línea.
Autores: Sara Corral y Jaime Pereña.
Editorial: Hogrefe TEA Ediciones.
Componentes en Español: Todos los materiales son en español.
Componentes en Inglés: No hay materiales en inglés.

[147s]

Cuestionario de Comunicación Social.

Nombre Original: The Social Communication Questionnaire (Western Psychological Services [WPS]).

Spanish participants, distributed by gender, age, and educational level.
Publication Dates: 1989-2009.
Acronym: STAIC.
Scores, 2: State Anxiety, Trait Anxiety.
Administration: Group.
Price Data, 2022: €31.71 per complete kit, including manual (2009, 20 pages) and 25 test booklets; €21.48 per 25 test booklets.
Time: (15-20) minutes.
Author: Charles D. Spielberger.
Translator/Adaptor: Nicolás Seisdedos.
Publisher: Hogrefe TEA Ediciones.
Spanish Components: All materials are in Spanish.
English Components: There are no English materials in this version.

[146e]

Cuestionario de Clima Laboral.

Purpose: Designed to evaluate the work environment of organizations.
Origin: Spain/Spanish.
Population: Adults in the workplace.
Norms: Norms were developed using a sample of 56,029 workers from various companies and organizations in Spain.
Publication Dates: 2002-2022.
Acronym: CLA.
Scores, 9: Organization, Innovation, Information, Terms, Involvement, Self-Realization, Interpersonal Relations, Administration, Work Climate.
Administration: Group.
Price Data, 2022: €149.74 per complete kit, including manual (2022; third edition, revised and extended; 67 pages) and scoring kit with a PIN for 25 uses online; €146.58 per scoring kit; €107.69 per 50 test booklets; €33.08 per online manual.
Time: Approximately 25 minutes.
Comments: The third edition of the manual includes small modifications to the questionnaire and new norms; administered with paper and pencil or online.
Authors: Sara Corral and Jaime Pereña.
Publisher: Hogrefe TEA Ediciones.
Spanish Components: All materials are in Spanish.
English Components: There are no materials in English.

[147e]

Cuestionario de Comunicación Social.

Original Name: The Social Communication Questionnaire (Western Psychological Services [WPS]).

Propósito: Diseñado como una medida de cribado para evaluar los trastornos del espectro autista mediante observación de la conducta del niño.
Procedencia: Estados Unidos (2003)/inglés.
Traducción/Adaptación: No se provee información en los materiales de la prueba sobre el proceso de traducción/adaptación.
Población: Edades 4 en adelante.
Baremos: Esta prueba no es de referencia normativa.
Fechas de Publicación: 2005-2019.
Acrónimo: SCQ.
Puntuación, 4: Puntuación Total, Problemas de Interacción Social, Dificultades de Comunicación, Conducta Restringida/Repetitiva/Estereotipada.
Administración: Colectiva.
Formularios, 2: A: Toda la Vida, B: Situación Actual.
Precios, 2022: €100,82 por juego completo, incluye manual (2019; segunda edición, revisada y ampliada; 32 páginas), 25 hojas de respuestas Formulario A y 25 hojas de respuestas Formulario B; €52,33 por 25 hojas de respuestas (Formulario A o B).
Duración: 10-15 minutos.
Comentarios: Diseñado para usarse con el Entrevista para el Diagnóstico del Autismo–Revisada; indica si síntomas específicos asociados con los desórdenes del espectro del autismo estén presentes; el punto de corte indica la probabilidad de que un desorden dentro del espectro está presente.
Autores: Michael Rutter, Anthony Bailey y Catherine Lord.
Traductores/Adaptadores: Jaime Pereña y Pablo Santamaría.
Editorial: Hogrefe TEA Ediciones.
Componentes en Español: Todos los materiales son en español.
Componentes en Inglés: No hay materiales en inglés en esta versión.

Purpose: Designed as a screening measure to evaluate autism spectrum disorders through observation of the child's behavior.
Origin: United States (2003)/English.
Translation/Adaptation: No information is provided in the test materials about the translation/adaptation process.
Population: Ages 4 and over.
Norms: This test is not norm referenced.
Publication Dates: 2005-2019.
Acronym: SCQ.
Scores, 4: Total Score, Social Interaction Problems, Communication Difficulties, Restricted/Repetitive/Stereotypical Behavior.
Administration: Group.
Forms, 2: A: Lifetime, B: Current Situation.
Price Data, 2022: €100.82 per complete kit, including manual (2019; second edition, revised and extended; 32 pages), 25 Form A response sheets, and 25 Form B response sheets; €52.33 per 25 response sheets (Form A or B).
Time: 10-15 minutes.
Comments: Designed for use with the Autism Diagnostic Interview–Revised; indicates whether specific symptoms associated with autism spectrum disorders are present; score cut-off points indicate the likelihood that a disorder within the spectrum is present.
Authors: Michael Rutter, Anthony Bailey, and Catherine Lord.
Translators/Adaptors: Jaime Pereña and Pablo Santamaría.
Publisher: Hogrefe TEA Ediciones.
Spanish Components: All materials are in Spanish.
English Components: There are no English materials in this version.

[148s]

Cuestionario de Conductas del Líder.

Propósito: Diseñado para "evaluar los distintos tipos de conducta percibidos en los líderes".
Procedencia: Argentina/español.
Población: Adultos.
Baremos: Los baremos se desarrollaron utilizando dos muestras de Argentina: 227 participantes para el Formulario A y 681 participantes para el Formulario S, distribuidos por sexo, posición de trabajo y nivel educativo.
Fechas de Publicación: 2005-2007.
Acrónimo: CONLID.
Puntuación, 3: Conductas Orientadas Hacia la Tarea, Conductas Orientadas Hacia las Relaciones, Conductas Orientadas Hacia el Cambio.
Administración: Colectiva.
Formularios, 2: Autopercepción (CONLID-A), Percepción del Superior (CONLID-S).

[148e]

Cuestionario de Conductas del Líder.

Purpose: Designed to assess the different types of behavior perceived in leaders.
Origin: Argentina/Spanish.
Population: Adults.
Norms: Norms were developed using two Argentinian samples: 227 participants for Form A and 681 participants for Form S, distributed by gender, work position, and educational degrees.
Publication Dates: 2005-2007.
Acronym: CONLID.
Scores, 3: Task-Oriented Behaviors, Relationship-Oriented Behaviors, Behaviors Oriented Toward Change.
Administration: Group.
Forms, 2: Self-Perception (CONLID-A), Perception of Superior (CONLID-S).

Precios, 2022: USD$29.90 por juego completo, incluye *Teoría y Evaluación del Liderazgo* (2007, 267 páginas) con todos los formularios y protocolos.
Duración: (10) minutos.
Comentarios: La prueba CONLID se presenta en conjunto con CAMIN (Cuestionario de Liderazgo Camino-Meta), POTENLID (Cuestionario de Motivación para Liderar) y CELID (Cuestionario de Estilos de Liderazgo) como componentes del libro *Teoría y Evaluación del Liderazgo*.
Autores: Alejandro Castro, Martín Nader y María L. Lupano.
Editorial: Editorial Paidós.
Componentes en Español: Todos los materiales son en español.
Componentes en Inglés: No hay materiales en inglés.

[149s]

Cuestionario de Depresión para Niños.

Nombre Original: Children's Depression Scale (Australian Council for Educational Research, Ltd.).
Propósito: Diseñado para evaluar aspectos globales y específicos de la depresión en los niños.
Procedencia: Australia (1978)/inglés.
Traducción/Adaptación: Durante la adaptación, "se han introducido mínimas variaciones en la redacción de algunos ítems para facilitar su comprensión en todos los países hispanohablantes".
Población: Edades 8-14.
Baremos: Se han provisto baremos con la adaptación al español. Los baremos se desarrollaron utilizando una muestra con 843 participantes de varias partes de España, distribuidos por sexo y edad.
Fechas de Publicación: 1983-2016.
Acrónimo: CDS.
Puntuación, 10: Total Depresivo (Respuesta Afectiva, Problemas Sociales, Autoestima, Preocupación por la Muerte/Salud, Sentimientos de Culpabilidad, Depresivos Varios), Total Positivo (Ánimo-Alegría, Positivos Varios).
Administración: Individual o colectivo.
Precios, 2022: €42,55 por juego completo, incluye manual (2016, novena edición revisada, 64 páginas), 25 hojas de respuesta y PIN para 25 usos de corrección en línea; €9,69 por kit de corrección.
Duración: (30-40) minutos.
Comentarios: El CDS puede ser modificado para formar una medida observacional de tercera persona, cambiando (en la mayoría de los casos) el sujeto de las oraciones de primera a tercera persona. Un adulto quien conozca al niño puede completar la medida. Adaptación vasco con baremos disponible.
Autores: Moshe Lang y Miriam Tisher.
Traductor/Adaptador: Nicolás Seisdedos.
Editorial: Hogrefe TEA Ediciones.

Price Data, 2022: USD$29.90 per complete kit, including *Teoría y Evaluación del Liderazgo* (2007, 267 pages) with all the forms and protocols.
Time: (10) minutes.
Comments: The test CONLID is presented along with the CAMIN (Cuestionario de Liderazgo Camino-Meta), POTENLID (Cuestionario de Motivación para Liderar), and CELID (Cuestionario de Estilos de Liderazgo) in the book *Teoría y Evaluación del Liderazgo*.
Authors: Alejandro Castro, Martín Nader, and María L. Lupano.
Publisher: Editorial Paidós.
Spanish Components: All materials are in Spanish.
English Components: There are no materials in English.

[149e]

Cuestionario de Depresión para Niños.

Original Name: Children's Depression Scale (Australian Council for Educational Research, Ltd.).
Purpose: Designed to evaluate global and specific aspects of depression in children.
Origin: Australia (1978)/English.
Translation/Adaptation: During adaptation, small changes were made to the wording of some items to make them easier to understand in Spanish-speaking countries.
Population: Ages 8-14.
Norms: Separate norms are provided with the Spanish adaptation. Norms were developed using a sample of 843 participants from various parts of Spain, distributed by age and gender.
Publication Dates: 1983-2016.
Acronym: CDS.
Scores, 10: Depression Total (Emotional Response, Social Problems, Self-Esteem, Preoccupation with Death/Health, Feelings of Guilt, Miscellaneous Depressives), Positive Total (Energy-Joy, Miscellaneous Positives).
Administration: Individual or group.
Price Data, 2022: €42.55 per complete kit, including manual (2016, ninth edition revised, 64 pages), 25 response sheets, and scoring PIN for 25 uses online; €9.69 per scoring kit.
Time: (30-40) minutes.
Comments: The CDS may be modified to form a third-party observational measure by changing (in most cases) the subject of the sentences comprising the test items from first to third person. An adult who knows the child may then complete the measure. Basque adaptation with norms available.
Authors: Moshe Lang and Miriam Tisher.
Translator/Adaptor: Nicolás Seisdedos.
Publisher: Hogrefe TEA Ediciones.

Componentes en Español: Todos los materiales son en español.
Componentes en Inglés: No hay materiales en inglés en esta versión.

[150s]

Cuestionario de Desajuste Emocional y Recursos Adaptativos en Infertilidad.

Propósito: Diseñado para evaluar el desajuste emocional y los recursos para afrontar la infertilidad.
Procedencia: España/español.
Población: Mujeres y varones infértiles mayores de 18 años.
Baremos: Los baremos se desarrollaron utilizando una muestra piloto con 85 pacientes con problemas de infertilidad y una segunda muestra con 490 pacientes infértiles, distribuidos por edad y sexo.
Fecha de Publicación: 2008.
Acrónimo: DERA.
Puntuación, 4: Desajuste Emocional, Recursos Personales, Recursos Interpersonales, Recursos Adaptativos.
Administración: Colectiva.
Precios, 2023: €56,55 por juego completo, incluye manual (2008, 50 páginas), 10 cuadernillos y juego de corrección; €20,10 por 25 cuadernillos; €24,65 por juego de corrección.
Duración: (10-15) minutos.
Autores: Carmen Moreno, Rosario Antequera y Cristina Jenaro.
Editorial: Hogrefe TEA Ediciones.
Componentes en Español: Todos los materiales son en español.
Componentes en Inglés: No hay materiales en inglés.

[151s]

Cuestionario de Estilos de Liderazgo.

Propósito: Diseñado como una evaluación de los estilos de liderazgo entre las poblaciones militar y civil.
Procedencia: Argentina/español.
Población: Adultos.
Baremos: Los baremos se desarrollaron utilizando una muestra con 363 participantes de Buenos Aires, distribuidos por estatus: cadetes militares, oficiales militares o población civil y características de liderazgo.
Fechas de Publicación: 2004-2005.
Acrónimo: CELID.
Puntuación, 9: Liderazgo Transformacional (Carisma, Inspiración, Estimulación Intelectual, Consideración Individualizada, Total), Liderazgo Transaccional (Recompensa Contingente, Dirección por Excepción, Total), Liderazgo Laissez-Faire.
Administración: Colectiva.

Spanish Components: All materials are in Spanish.
English Components: There are no English materials in this version.

[150e]

Cuestionario de Desajuste Emocional y Recursos Adaptativos en Infertilidad.

Purpose: Designed to evaluate emotional maladjustment and resources for dealing with infertility.
Origin: Spain/Spanish.
Population: Infertile men and women ages 18 and over.
Norms: Norms were developed using a pilot sample of 85 patients with fertility problems and a second sample of 490 infertile patients, distributed by age and gender.
Publication Date: 2008.
Acronym: DERA.
Scores, 4: Emotional Maladjustment, Personal Resources, Interpersonal Resources, Adaptive Resources.
Administration: Group.
Price Data, 2023: €56.55 per complete kit, including manual (2008, 50 pages), 10 test booklets, and scoring kit; €20.10 per 25 test booklets; €24.65 per scoring kit.
Time: (10-15) minutes.
Authors: Carmen Moreno, Rosario Antequera, and Cristina Jenaro.
Publisher: Hogrefe TEA Ediciones.
Spanish Components: All materials are in Spanish.
English Components: There are no materials in English.

[151e]

Cuestionario de Estilos de Liderazgo.

Purpose: Designed to assess styles of leadership between military and civilian populations.
Origin: Argentina/Spanish.
Population: Adults.
Norms: Norms were developed using a sample of 363 participants from Buenos Aires, distributed by status: military cadets, military officials or civilians, and leadership characteristics.
Publication Dates: 2004-2005.
Acronym: CELID.
Scores, 9: Transformational Leadership (Charisma, Inspirational, Intellectual Stimulation, Individualized Consideration, Total), Transactional Leadership (Contingent Reward, Leader by Exception, Total), Laissez Faire Leadership.
Administration: Group.

Precios, 2022: USD$29.94 por *Técnicas de Evaluación Psicológica en los Ámbitos Militares* (2005, 298 páginas) incluye formularios y protocolos.
Duración: (15) minutos.
Comentarios: CELID se presenta en conjunto con EMA-M (Escala de Metas de Aprendizaje: Población Militar) y VAL (Cuestionario de Valores Contextualizados) en el libro *Técnicas de Evaluación Psicológica en los Ámbitos Militares* en el marco de una exhaustiva investigación en el campo de la psicología militar. CELID aparece también en el libro *Teoría y Evaluación del Liderazgo* con el POTENLID (Cuestionario de Motivación para Liderar), CAMIN (Cuestionario de Liderazgo Camino-Meta) y CONLID (Cuestionario de Conductas del Líder).
Autores: Alejandro Castro, Martín Nader y María M. Casullo.
Editorial: Editorial Paidós.
Componentes en Español: Todos los materiales son en español.
Componentes en Inglés: No hay materiales en inglés.

[152s]

Cuestionario de Estrategias de Aprendizaje.

Propósito: Diseñado para evaluar las principales estrategias de aprendizaje utilizadas por estudiantes.
Procedencia: España/español.
Población: Edades 12–16 en adelante.
Baremos: Los baremos se desarrollaron utilizando una muestra de 841 alumnos españoles.
Fecha de Publicación: 2006.
Acrónimo: CEA.
Puntuación, 15: Metacognición (Planificación/Evaluación, Regulación), Sensibilización (Motivación, Control Emocional, Actitud), Personalización (Pensamiento Creativo/Crítico, Recuperación, Transferencia), Elaboración (Selección, Organización, Elaboración).
Administración: Individual o colectiva.
Precios, 2022: €99,60 por juego completo, incluye manual (2006, 52 páginas) y kit de corrección 25 usos; €89,43 por kit de corrección.
Duración: (30-40) minutos.
Autores: Jesús A. Beltrán, Luz Pérez y Maria Isabel Ortega.
Editorial: Hogrefe TEA Ediciones.
Componentes en Español: Todos los materiales son en español.
Componentes en Inglés: No hay materiales en inglés.

[153s]

Cuestionario de Estrés Laboral.

Nombre Original: Job Stress Survey (Psychological Assessment Resources, Inc. [PAR]).

Price Data, 2022: USD$29.94 for *Técnicas de Evaluación Psicológica en los Ámbitos Militares* (2005, 298 pages) including forms and protocols.
Time: (15) minutes.
Comments: CELID is presented along with the EMA-M (Escala de Metas de Aprendizaje: Población Militar) and VAL (Cuestionario de Valores Contextualizados) in the book *Técnicas de Evaluación Psicológica en los Ámbitos Militares* within the framework of in-depth research in military psychology. CELID is also included in the book *Teoría y Evaluación del Liderazgo* with the POTENLID (Cuestionario de Motivación para Liderar), CAMIN (Cuestionario de Liderazgo Camino-Meta), and CONLID (Cuestionario de Conductas del Líder).
Authors: Alejandro Castro, Martín Nader, and María M. Casullo.
Publisher: Editorial Paidós.
Spanish Components: All materials are in Spanish.
English Components: There are no materials in English.

[152e]

Cuestionario de Estrategias de Aprendizaje.

Purpose: Designed to evaluate the main learning strategies used by students.
Origin: Spain/Spanish.
Population: Ages 12-16 and older.
Norms: Norms were developed using a sample of 841 students from Spain.
Publication Date: 2006.
Acronym: CEA.
Scores, 15: Metacognition (Planning/Evaluation, Regulation), Awareness (Motivation, Emotional Control, Attitude), Personalization (Creative/Critical Thinking, Recovery, Transfer), Elaboration (Selection, Organization, Development).
Administration: Individual or group.
Price Data, 2022: €99.60 per complete kit, including manual (2006, 52 pages) and scoring kit with a PIN for 25 uses; €89.43 per scoring kit.
Time: (30-40) minutes.
Authors: Jesús A. Beltrán, Luz Pérez, and Maria Isabel Ortega.
Publisher: Hogrefe TEA Ediciones.
Spanish Components: All materials are in Spanish.
English Components: There are no materials in English.

[153e]

Cuestionario de Estrés Laboral.

Original Name: Job Stress Survey (Psychological Assessment Resources, Inc. [PAR]).

Propósito: Diseñado para evaluar "el nivel general de estrés laboral y la severidad y frecuencia con que ocurren 30 fuentes genéricas de estrés".
Procedencia: Estados Unidos (1991-1999)/inglés.
Traducción/Adaptación: No se provee información en los materiales de la prueba sobre el proceso de traducción/adaptación.
Población: Adultos.
Baremos: Se han provisto baremos con la versión en español. Los baremos se desarrollaron utilizando una muestra de 11.733 participantes en situación laboral, distribuidos por características del puesto de trabajo.
Fechas de Publicación: 2010-2021.
Acrónimo: JSS.
Puntuación, 9: Índice de Estrés Laboral, Severidad del Estrés Laboral, Frecuencia del Estrés Laboral, Índice de Presión Laboral, Severidad de la Presión Laboral, Frecuencia de la Presión Laboral, Índice de Falta de Apoyo de la Organización, Severidad de la Falta de Apoyo de la Organización, Frecuencia de la Falta de Apoyo de la Organización.
Administración: Individual o colectiva.
Precios, 2022: €125,41 por juego completo, incluye manual (2021, segunda edición revisada, 74 páginas) y juego de corrección con PIN para 25 usos; €97,57 por juego de corrección; €47,20 por manual en línea.
Duración: 15-20 minutos.
Autores: Charles D. Spielberger y Peter R. Vagg.
Traductor/Adaptador: Carlos Catalina Romero.
Editorial: Hogrefe TEA Ediciones.
Componentes en Español: Todos los materiales son en español.
Componentes en Inglés: No hay materiales en inglés en esta versión.

Purpose: Designed to evaluate general occupational stress level and the severity and frequency with which 30 generic sources of occupational stress occur.
Origin: United States (1991-1999)/English.
Translation/Adaptation: No information is provided in the test materials about the translation/adaptation process.
Population: Adults.
Norms: Separate norms are provided with the Spanish version. Norms were developed using a sample of 11,733 participants with active employment status, distributed by job characteristics.
Publication Dates: 2010-2021.
Acronym: JSS.
Scores, 9: Job Stress Index, Job Stress Severity, Job Stress Frequency, Job Pressure Index, Job Pressure Severity, Job Pressure Frequency, Lack of Organizational Support Index, Lack of Organizational Support Severity, Lack of Organizational Support Frequency.
Administration: Individual or group.
Price Data, 2022: €125.41 per complete kit, including manual (2021, second revised edition, 74 pages) and scoring kit with PIN for 25 uses; €97.57 per scoring kit; €47.20 per online manual.
Time: 15-20 minutes.
Authors: Charles D. Spielberger and Peter R. Vagg.
Translator/Adaptor: Carlos Catalina Romero.
Publisher: Hogrefe TEA Ediciones.
Spanish Components: All materials are in Spanish.
English Components: There are no English materials in this version.

[154s]

Cuestionario de Evaluación de Riesgos Psicosociales.

Propósito: Diseñado para "evaluar los riesgos psicosociales de forma colectiva para realizar una intervención dirigida a realizar cambios en la organización, no en los trabajadores".
Procedencia: España/español.
Población: Población laboral a partir de los 16 años.
Baremos: Los baremos se desarrollaron utilizando una muestra con 614 trabajadores de varios sectores profesionales.
Fecha de Publicación: 2008.
Acrónimo: DECORE.
Puntuación, 7: Demandas Cognitivas, Control, Recompensas, Apoyo Organizacional, Índice de Desequilibrio Demanda-Control, Índice de Desequilibrio Demanda-Recompensa, Índice Global de Riesgo.
Administración: Colectiva.
Precios, 2022: €132,62 por juego completo, incluye manual (2008, 72 páginas) y kit de corrección con PIN

[154e]

Cuestionario de Evaluación de Riesgos Psicosociales.

Purpose: Designed to collectively evaluate psychosocial risks and implement an intervention designed to make changes in the workplace, not the individual employee.
Origin: Spain/Spanish.
Population: Working population ages 16 and over.
Norms: Norms were developed using a sample of 614 workers from various professional sectors.
Publication Date: 2008.
Acronym: DECORE.
Scores, 7: Cognitive Demands, Control, Rewards, Organizational Support, Demand-Control Imbalance Index, Demand-Reward Imbalance Index, Global Risk Index.
Administration: Group.
Price Data, 2022: €132.62 per complete kit, including manual (2008, 72 pages) and scoring

para 25 usos; €105,69 por kit de corrección; €47,20 por manual en línea.
Duración: (10-15) minutos.
Comentarios: "Se obtienen siempre resultados por grupos de sujetos evaluados, no por personas, a partir de criterios de clasificación que define el propio usuario, que permite comparar el nivel de exposición a cada uno de los riesgos psicosociales en diferentes departamentos, grupos de edades, niveles jerárquicos, etc".
Autores: Lourdes Luceño y Jesús Martín.
Editorial: Hogrefe TEA Ediciones.
Componentes en Español: Todos los materiales son en español.
Componentes en Inglés: No hay materiales en inglés.

[155s]

Cuestionario de Hábitos y Técnicas de Estudio.

Propósito: Diseñado para evaluar "las condiciones personales y ambientales, la planificación y estructuración del tiempo y el conocimiento de las técnicas básicas" que inciden en la tarea del estudio.
Procedencia: España/español.
Población: Edades 10-18.
Baremos: Los baremos se desarrollaron utilizando una muestra de 7.051 participantes distribuidos por edad, sexo, curso escolar y región geográfica en España.
Fechas de Publicación: 1990-2015.
Acrónimo: CHTE.
Puntuación, 7: Actitud General Hacia el Estudio, Lugar de Estudio, Estado Físico, Plan de Trabajo, Técnicas de Estudio, Exámenes y Ejercicios, Trabajos.
Administración: Individual o colectiva.
Precios, 2022: €40,23 por juego completo, incluye manual (2015, 83 páginas), 25 ejemplares y 25 hojas de perfil; €13,31 por 25 ejemplares; €8,77 por 25 hojas de perfil; €25,92 por manual en línea.
Duración: (30) minutos.
Comentarios: Versión catalán disponible.
Autores: Manuel Álvarez González y Rafael Fernández Valentín.
Editorial: Hogrefe TEA Ediciones.
Componentes en Español: Todos los materiales son en español.
Componentes en Inglés: No hay materiales en inglés.

[156s]

Cuestionario de Impacto del Trauma.

Propósito: Diseñado para evaluar de manera global "las secuelas y el impacto psicosocial de acontecimientos traumáticos en personas adultas".
Procedencia: España/español.

kit with PIN for 25 uses; €105.69 per scoring kit; €47.20 per online manual.
Time: (10-15) minutes.
Comments: Group rather than individual results are provided, based on classification criteria that define the client; level of exposure to psychosocial risks among different departments, groups of ages, hierarchical levels, and so on may be examined and compared.
Authors: Lourdes Luceño and Jesús Martín.
Publisher: Hogrefe TEA Ediciones.
Spanish Components: All materials are in Spanish.
English Components: There are no materials in English.

[155e]

Cuestionario de Hábitos y Técnicas de Estudio.

Purpose: Designed to assess environmental and personal conditions, planning and time management, and knowledge of basic techniques that influence the way an individual studies.
Origin: Spain/Spanish.
Population: Ages 10-18.
Norms: Norms were developed using a sample of 7,051 participants distributed by age, gender, grade, and geographic region in Spain.
Publication Dates: 1990-2015.
Acronym: CHTE.
Scores, 7: General Attitude Toward Studying, Place of Study, Personal Physical Condition, Work Plan, Study Techniques, Exams and Exercises, Projects.
Administration: Individual or group.
Price Data, 2022: €40.23 per complete kit: manual (2015, 83 pages), 25 response sheets, and 25 profile sheets; €13.31 per 25 response sheets; €8.77 per 25 profile sheets; €25.92 per online manual.
Time: (30) minutes.
Comments: Catalan version available.
Authors: Manuel Álvarez González and Rafael Fernández Valentín.
Publisher: Hogrefe TEA Ediciones.
Spanish Components: All materials are in Spanish.
English Components: There are no materials in English.

[156e]

Cuestionario de Impacto del Trauma.

Purpose: Designed as a comprehensive assessment of the effects and psychosocial impact of traumatic events in adults.
Origin: Spain/Spanish.

Población: Edades 18 en adelante.
Baremos: Los baremos se desarrollaron utilizando dos muestras. La muestra de la población general fue compuesta de 1.000 participantes, distribuidos por edad, género y región geográfica en España. La muestra de la población clínica/forense fue compuesta de 612 participantes, distribuidos por edad y género.
Fecha de Publicación: 2020.
Acrónimo: CIT.
Puntuación, 31: Escalas de Validez (Omisiones, Inconsistencia, Distorsión Negativa), Escalas de Estrés Postraumático (Estrés Postraumático [Intrusión, Evitación, Alteración Cognitiva y del Estado de Ánimo, Alteración en la Activación y Reactividad, Total], Disociación, Centralidad del Acontecimiento), Escalas de Síntomas (Problemas Somáticos, Alteraciones del Sueño, Ansiedad, Desregulación Emocional, Dependencia Emocional, Rumiación, Depresión, Desconexión Social, Malestar Sexual, Alteraciones en la Conducta Alimentaria, Abuso de Sustancias, Conductas de Riesgo, Autolesiones, Ideación y Conducta Suicida, Ira), Escalas de Alteraciones en las Creencias (Creencias Negativas Sobre los Demás, Creencias Negativas Sobre Mundo y Futuro, Creencias Negativas Sobre Uno Mismo, Creencias Negativas de Culpa, Autosabotaje), Deterioro en el Funcionamiento.
Administración: Individual o colectiva.
Precios, 2022: €85,70 por juego completo, incluyendo manual (2021, segunda edición, 292 páginas), 10 cuadernillos de prueba y juego de corrección; €31,16 por juego de corrección, incluye 25 hojas de respuesta y PIN para 25 usos en línea; €18,39 por 10 cuadernillos de prueba; €66,40 por manual en línea; €6,23 por aplicación y corrección en línea.
Duración: Aproximadamente 45 minutos.
Comentarios: Se aplica con papel y lápiz o en línea; se corrige en línea; disponible también en catalán.
Autores: María Crespo, Héctor González-Ordi, Mar Gómez-Gutiérrez y Pablo Santamaría.
Editorial: Hogrefe TEA Ediciones.
Componentes en Español: Todos los materiales son en español.
Componentes en Inglés: No hay materiales en inglés.

[157s]

Cuestionario de Liderazgo Camino-Meta.

Propósito: Diseñado para evaluar distintos estilos de liderazgo.
Procedencia: Argentina/español.
Población: Adultos.
Baremos: Los baremos se desarrollaron utilizando dos muestras de Argentina: 227 participantes para el Formulario A y 681 participantes para el Formulario S, distribuidos por sexo, posición de trabajo y nivel educativo.

Population: Ages 18 and older.
Norms: Norms were developed using two samples. The sample from the general population was composed of 1,000 participants, distributed by age, gender, and geographic region in Spain. The clinical/forensic sample was composed of 612 participants, distributed by age and gender.
Publication Date: 2020.
Acronym: CIT.
Scores, 31: Validity Scales (Omissions, Inconsistency, Negative Distortion), Post-Traumatic Stress Scales (Post-Traumatic Stress [Intrusion, Avoidance, Cognitive and Mood Alteration, Alteration in Activation and Reactivity, Total], Dissociation, Centrality of the Event), Symptom Scales (Somatic Problems, Sleep Disturbances, Anxiety, Emotional Dysregulation, Emotional Dependence, Rumination, Depression, Social Disconnection, Sexual Discomfort, Changes in Eating Habits, Substance Abuse, Risk Behaviors, Self-Harm, Suicidal Ideations and Behaviors, Anger), Scales of Alterations in Beliefs (Negative Beliefs About Others, Negative Beliefs About the World and the Future, Negative Beliefs About Oneself, Negative Beliefs of Guilt, Self-Sabotage), Impairment in Functioning.
Administration: Individual or group.
Price Data, 2022: €85.70 per complete kit, including manual (2021, second edition, 292 pages), 10 test booklets, and scoring kit; €31.16 per scoring kit, including 25 response sheets and PINs for 25 uses online; €18,39 per 10 test booklets; €66.40 per online manual; €6.23 per online administration and scoring.
Time: Approximately 45 minutes.
Comments: Administered online or via paper and pencil; scored online; also available in Catalan.
Authors: María Crespo, Héctor González-Ordi, Mar Gómez-Gutiérrez, and Pablo Santamaría.
Publisher: Hogrefe TEA Ediciones.
Spanish Components: All materials are in Spanish.
English Components: There are no materials in English.

[157e]

Cuestionario de Liderazgo Camino-Meta.

Purpose: Designed to assess different leadership styles.
Origin: Argentina/Spanish.
Population: Adults.
Norms: Norms were developed using two Argentinian samples: 227 participants for Form A and 681 participants for Form S, distributed by gender, work position, and educational degrees.

Fechas de Publicación: 2005-2007.
Acrónimo: CAMIN.
Puntuación, 4: Directivo, Considerado, Participativo, Orientado a Metas.
Administración: Colectiva.
Formularios, 2: Autopercepción (CAMIN-A), Percepción del Superior (CAMIN-S).
Precios, 2022: USD$29.94 por juego completo, incluye libro *Teoría y Evaluación del Liderazgo* (2007, 267 páginas) con todos los formularios y protocolos.
Duración: (5-10) minutos.
Comentarios: La prueba CAMIN se presenta en conjunto con CONLID (Cuestionario de Conductas del Líder), POTENLID (Cuestionario de Motivación para Liderar) y CELID (Cuestionario de Estilos de Liderazgo) como componentes del libro *Teoría y Evaluación del Liderazgo.*
Autores: Alejandro Castro y Martín Nader.
Editorial: Editorial Paidós.
Componentes en Español: Todos los materiales son en español.
Componentes en Inglés: No hay materiales en inglés.

[158s]

Cuestionario de Madurez Neuropsicológica Escolar.

Propósito: Diseñado para proveer una "evaluación global del desarrollo neuropsicológico en niños normales o con algún tipo de trastorno (población clínica o en riesgo)".
Procedencia: España/español.
Población: Edades 7 a 11.
Baremos: Los baremos se desarrollaron utilizando una muestra con 766 participantes, distribuidos por edad y sexo.
Fechas de Publicación: 2012-2022.
Acrónimo: CUMANES.
Puntuación, 17: Comprensión Audioverbal, Comprensión de Imágenes, Fluidez Fonológica, Fluidez Semántica, Comprensión Lectora, Velocidad Lectora, Escritura Audiognósica, Visopercepción, Función Ejecutiva–Tiempo, Función Ejecutiva–Errores, Memoria Verbal, Memoria Visual, Ritmo, Lateralidad Manual, Lateralidad Podálica, Lateralidad Ocular, Índice de Desarrollo Neuropsicológico.
Administración: Individual.
Precios, 2022: €176,42 por juego completo, incluye manual (2022, segunda edición revisada, 135 páginas), juego de corrección, cuaderno de estímulos y manipulativos; €111,15 por juego de corrección (25 cuadernillos de anotación, 25 ejemplares y PIN para 25 usos en línea).
Duración: 40-50 minutos.
Autores: José A. Portellano, Rocío Mateos y Rosario Martínez-Arias.
Editorial: Hogrefe TEA Ediciones.

Publication Dates: 2005-2007.
Acronym: CAMIN.
Scores, 4: Directive, Considerate, Participative, Goal-Oriented.
Administration: Group.
Forms, 2: Self-Perception (CAMIN), Perception of Superior (CAMIN).
Price Data, 2022: USD$29.94 per complete kit, including *Teoría y Evaluación del Liderazgo* (2007, 267 pages) with all the necessary forms and protocols.
Time: (5-10) minutes.
Comments: The test CAMIN is presented along with the CONLID (Cuestionario de Conductas del Líder), POTENLID (Cuestionario de Motivación para Liderar), and CELID (Cuestionario de Estilos de Liderazgo) in the book *Teoría y Evaluación del Liderazgo.*
Authors: Alejandro Castro and Martín Nader.
Publisher: Editorial Paidós.
Spanish Components: All materials are in Spanish.
English Components: There are no materials in English.

[158e]

Cuestionario de Madurez Neuropsicológica Escolar.

Purpose: Designed to provide an overall assessment of the neuropsychological development of normal children or those with some type of disorder (clinical or at-risk populations).
Origin: Spain/Spanish.
Population: Ages 7 to 11.
Norms: Norms were developed using a sample of 766 participants, distributed by age and gender.
Publication Dates: 2012-2022.
Acronym: CUMANES.
Scores, 17: Audioverbal Comprehension, Image Comprehension, Phonological Fluency, Semantic Fluency, Reading Comprehension, Reading Speed, Dictation, Visual Perception, Executive Function–Time, Executive Function–Errors, Verbal Memory, Visual Memory, Rhythm, Hand Laterality, Foot Laterality, Ocular Laterality, Neuropsychological Development Index.
Administration: Individual.
Price Data, 2022: €176.42 per complete kit, including manual (2022, revised second edition, 135 pages), scoring kit, stimulus book, and manipulatives; €111.15 per scoring kit (25 record forms, 25 test booklets, and a 25-use PIN for online scoring).
Time: 40-50 minutes.
Authors: José A. Portellano, Rocío Mateos, and Rosario Martínez-Arias.
Publisher: Hogrefe TEA Ediciones.

Componentes en Español: Todos los materiales son en español.
Componentes en Inglés: No hay materiales en inglés.

[159s]

Cuestionario de Madurez Neuropsicológica Infantil–2.

Propósito: Diseñado para "proporcionar un perfil cognitivo y neuropsicológico de las capacidades del niño o la niña, de sus fortalezas y de las áreas en las que encuentra más dificultades".
Procedencia: España/español.
Población: Edades 3-0 a 6-11.
Baremos: Los baremos se desarrollaron utilizando dos muestras. La muestra general fue compuesta de 1.139 participantes, distribuidos por edad, género y región geográfica. La muestra clínica fue compuesta de 301 participantes, distribuidos por edad, género y grupo diagnóstico.
Fechas de Publicación: 1999-2021.
Acrónimo: CUMANIN-2.
Puntuación, 18: Índice de Desarrollo Sensomotor (Psicomotricidad, Estructuración Espacial, Visopercepción, Ritmo, Atención), Índice de Memoria y Aprendizaje (Memoria Visual, Memoria Verbal), Índice de Desarrollo del Lenguaje (Lenguaje Articulatorio, Lenguaje Expresivo, Lenguaje Comprensivo, Fluidez Verbal), Índice de Desarrollo Neuropsicológico, más tres puntuaciones opcionales: Lectura, Escritura, Lateralidad.
Administración: Individual.
Precios, 2022: €171,60 por juego completo, incluyendo el manual (2021, 315 páginas) y juego de corrección; €107,91 por juego de corrección, incluye 25 cuadernillos de anotación, 25 ejemplares y PIN para 25 usos en línea.
Duración: Aproximadamente 50 minutos.
Comentarios: Se aplica vía papel y lápiz; se corrige en línea.
Autores: José Antonio Portellano, Rocío Mateos, Rosario Martínez Arias y Fernando Sánchez-Sánchez.
Editorial: Hogrefe TEA Ediciones.
Componentes en Español: Todos los materiales son en español.
Componentes en Inglés: No hay materiales en inglés.

[160s]

Cuestionario de Madurez Psicológica.

Propósito: Diseñado para evaluar "la madurez psicológica de los adolescentes".
Procedencia: España/español.
Población: Edades 15 a 18 años.

Spanish Components: All materials are in Spanish.
English Components: There are no materials in English.

[159e]

Cuestionario de Madurez Neuropsicológica Infantil–2.

Purpose: Designed to provide a cognitive and neuropsychological profile of a child's abilities and strengths as well as the areas in which he or she has difficulties.
Origin: Spain/Spanish.
Population: Ages 3-0 to 6-11.
Norms: Norms were developed using two samples. The general sample was composed of 1,139 participants, distributed by age, gender, and geographic region. The clinical sample was composed of 301 participants, distributed by age, gender, and diagnostic group.
Publication Dates: 1999-2021.
Acronym: CUMANIN-2.
Scores, 18: Sensorimotor Development Index (Psychomotricity, Spatial Structuring, Visual Perception, Rhythm, Attention), Memory and Learning Index (Visual Memory, Verbal Memory), Language Development Index (Articulatory Language, Expressive Language, Language Understanding, Verbal Fluency), Index of Neuropsychological Development, plus three optional scores: Reading, Writing, Laterality.
Administration: Individual.
Price Data, 2022: €171.60 per complete kit, including manual (2021, 315 pages) and scoring kit; €107.91 per scoring kit, including 25 test booklets, 25 record forms, and PIN for 25 uses online.
Time: Approximately 50 minutes.
Comments: Administered via paper and pencil; scored online.
Authors: José Antonio Portellano, Rocío Mateos, Rosario Martínez Arias, and Fernando Sánchez-Sánchez.
Publisher: Hogrefe TEA Ediciones.
Spanish Components: All materials are in Spanish.
English Components: There are no materials in English.

[160e]

Cuestionario de Madurez Psicológica.

Purpose: Designed to assess the psychological maturity of adolescents.
Origin: Spain/Spanish.
Population: Ages 15 to 18.

Baremos: Los baremos se desarrollaron utilizando una muestra con 1.028 participantes, distribuidos por edad, sexo, grado escolar y procedencia.
Fecha de Publicación: 2012.
Acrónimo: PSYMAS.
Puntuación, 6: Orientación al Trabajo, Autonomía, Identidad, Madurez Psicológica, más dos escalas de control (Deseabilidad Social, Aquiescencia).
Administración: Individual o colectiva.
Precios, 2022: €52,94 por juego completo, incluye manual (2012, 32 páginas) y juego de corrección; €33,57 por juego de corrección (25 ejemplares y PIN para 25 usos en línea).
Duración: (10) minutos.
Comentarios: Se corrige por computadora.
Autores: Fabia Morales Vives, Elisa Camps Ribas y Urbano Lorenzo Seva.
Editorial: Hogrefe TEA Ediciones.
Componentes en Español: Todos los materiales son en español.
Componentes en Inglés: No hay materiales en inglés.

Norms: Norms were developed using a sample of 1,028 participants, distributed by age, sex, grade, and geographic location.
Publication Date: 2012.
Acronym: PSYMAS.
Scores, 6: Work Orientation, Autonomy, Identity, Psychological Maturity, plus two validity scales (Social Desirability, Acquiescence).
Administration: Individual or group.
Price Data, 2022: €52.94 per complete kit, including manual (2012, 32 pages) and scoring kit; €33.57 per scoring kit (25 test booklets and a PIN for 25 uses online).
Time: (10) minutes.
Comments: Computer scored.
Authors: Fabia Morales Vives, Elisa Camps Ribas, and Urbano Lorenzo Seva.
Publisher: Hogrefe TEA Ediciones.
Spanish Components: All materials are in Spanish.
English Components: There are no materials in English.

[161s]

Cuestionario de Motivación para Liderar.

Nombre Original: Motivation to Lead (Chan and Drasgow).
Propósito: Diseñado para evaluar la motivación para liderar.
Procedencia: Estados Unidos (2001)/inglés.
Traducción/Adaptación: No se provee información en los materiales de la prueba sobre el proceso de traducción/adaptación.
Población: Adultos.
Baremos: Se han provisto baremos para la adaptación argentina. Los baremos se desarrollaron utilizando una muestra con 227 sujetos argentinos, identificados por sexo, edad, nivel de estudios completados y tipo de empresa.
Fechas de Publicación: 2004-2007.
Acrónimo: POTENLID.
Puntuación, 3: Motivación Intrínseca, Motivación Extrínseca, Motivación Social Normativa.
Administración: Colectiva.
Precios, 2022: USD$29.94 por juego completo, incluye libro *Teoría y Evaluación del Liderazgo* (2007, 267 páginas) con todos los formularios y protocolos necesarios.
Duración: (5) minutos.
Comentarios: La prueba POTENLID se presenta en conjunto con CONLID (Cuestionario de Conductas del Líder), CAMIN (Cuestionario de Liderazgo Camino- Meta) y CELID (Cuestionario de Estilos de Liderazgo) como componentes del libro *Teoría y Evaluación del Liderazgo.*
Autores: Kim-Yin Chan y Fritz Drasgow.

[161e]

Cuestionario de Motivación para Liderar.

Original Name: Motivation to Lead (Chan and Drasgow).
Purpose: Designed to assess the motivation to lead.
Origin: United States (2001)/English.
Translation/Adaptation: No information is provided in the test materials about the translation/adaptation process.
Population: Adults.
Norms: Separate norms are provided for the Argentinian adaptation. Norms were developed using a sample of 227 Argentinian participants, identified by gender, age, educational degrees completed, and job type.
Publication Dates: 2004-2007.
Acronym: POTENLID.
Scores, 3: Intrinsic Motivation, Extrinsic Motivation, Social Normative Motivation.
Administration: Group.
Price Data, 2022: USD$29.94 per complete kit, including the book *Teoría y Evaluación del Liderazgo* (2007, 267 pages) with all the necessary forms and protocols.
Time: (5) minutes.
Comments: The test POTENLID is presented along with the CONLID (Cuestionario de Conductas del Líder), CAMIN (Cuestionario de Liderazgo Camino- Meta), and CELID (Cuestionario de Estilos de Liderazgo) in the book *Teoría y Evaluación del Liderazgo.*
Authors: Kim-Yin Chan and Fritz Drasgow.

Traductor/Adaptador: Alejandro Castro.
Editoral: Editorial Paidós.
Componentes en Español: Todos los materiales son en español.
Componentes en Inglés: No hay materiales en inglés en esta versión.

[162s]

Cuestionario de Personalidad [CEP].

Propósito: Diseñado como "evaluación de los siguientes rasgos de personalidad: estabilidad emocional (control), extraversión social y paranoidismo".
Procedencia: España/español.
Población: Edades 14 o más.
Baremos: Los baremos se desarrollaron utilizando una muestra de 9.701 participantes de diferentes edades, sexo, niveles culturales y categorías profesionales.
Fechas de Publicación: 2003-2009.
Acrónimo: CEP.
Puntuación, 5: Control, Extraversión, Paranoidismo, Sinceridad, Número de Dudas.
Administración: Individual o colectiva.
Precios, 2022: €55,23 por juego completo, incluye manual (2009, 10a edición, 32 páginas), 10 cuadernillos y 25 hojas de respuestas autocorregibles; €14,64 por 10 cuadernillos; €29,04 por 25 hojas de respuestas autocorregibles.
Duración: (20-25) minutos.
Autor: J. Luis Pinillos
Editorial: Hogrefe TEA Ediciones.
Componentes en Español: Todos los materiales son en español.
Componentes en Inglés: No hay materiales en inglés.

[163s]

Cuestionario de Personalidad de Eysenck–Revisado.

Nombre Original: Eysenck Personality Questionnaire–Revised (Hodder and Stoughton).
Propósito: Diseñado como "apreciación de tres dimensiones básicas de la personalidad: extraversión, emotividad y dureza".
Procedencia: Inglaterra (1985)/inglés.
Traducción/Adaptación: Se tradujeron los ítems de la versión original y se añadieron algunos ítems cuando fuera necesario. Se administraron esta versión experimental en un estudio piloto y se reformularon algunas preguntas. Varios hablantes bilingües retrotradujeron los ítems y Sybil Eysenck analizó dicha retrotraducción y sugirió cambios. Entonces se hizo un análisis factorial antes de determinar el número final de ítems en la versión español.
Población: Edades 16 en adelante.

Translator/Adaptor: Alejandro Castro.
Publisher: Editorial Paidós.
Spanish Components: All materials are in Spanish.
English Components: There are no English materials in this version.

[162e]

Cuestionario de Personalidad [CEP].

Purpose: Designed to evaluate the following personality traits: emotional stability (control), social extraversion, and paranoia.
Origin: Spain/Spanish.
Population: Ages 14 and over.
Norms: Norms were developed using a sample of 9,701 participants from different age groups, gender, cultural levels, and professional areas.
Publication Dates: 2003-2009.
Acronym: CEP.
Scores, 5: Control, Extraversion, Paranoia, Sincerity, Number of Doubts.
Administration: Individual or group.
Price Data, 2022: €55.23 per complete kit, including manual (2009, 10th edition, 32 pages), 10 test booklets, and 25 self-scoring response sheets; €14.64 per 10 test booklets; €29.04 per 25 self-scoring response sheets.
Time: (20-25) minutes.
Author: J. Luis Pinillos.
Publisher: Hogrefe TEA Ediciones.
Spanish Components: All materials are in Spanish.
English Components: There are no materials in English.

[163e]

Cuestionario de Personalidad de Eysenck–Revisado.

Original Name: Eysenck Personality Questionnaire–Revised (Hodder and Stoughton).
Purpose: Designed to evaluate three basic dimensions of personality: extraversion, neuroticism, and psychoticism.
Origin: England (1985)/English.
Translation/Adaptation: Items were translated to Spanish, with some new items being added when necessary. This experimental version was administered in a pilot study, and some of the questions were reformulated. The items were back-translated by several bilingual speakers, and Sybil Eysenck analyzed the back-translation and suggested changes. A factorial analysis was completed before determining the final number of items for the Spanish version.
Population: Ages 16 and over.

Baremos: Se han provisto baremos con la adaptación al español. Los baremos se desarrollaron utilizando una muestra con 1.110 participantes, distribuidos por sexo.
Fechas de Publicación: 1997-2008.
Acrónimos: EPQ-R, EPQ-RS.
Puntuación, 4: Extraversión (E), Emotividad (N), Dureza (P), más un índice de validez: Disimulo/Conformidad (L).
Administración: Individual o colectiva.
Formularios, 2: EPQ-R (versión completa), EPQ-RS (versión abreviada).
Precios, 2022: €64,84 por juego completo, incluyendo manual (2008, 79 páginas) y 25 ejemplares autocorregibles; €44,47 por 25 ejemplares autocorregibles.
Duración: (15-30) minutos.
Comentarios: Una versión del cuestionario está disponible en Catalán.
Autores: Hans J. Eysenck y Sybil B. G. Eysenck.
Traductores/Adaptadores: Generós Ortet i Fabregat, Manuel Ignacio Ibañez, Micaela Moro Ipola, Fernando Silva y Rosa Maria Roglá.
Editorial: Hogrefe TEA Ediciones.
Componentes en Español: Todos los materiales son en español.
Componentes en Inglés: No hay materiales en inglés en esta versión.

[164s]

Cuestionario de Personalidad para Adolescentes 16PF.

Nombre Original: 16PF Adolescent Personality Questionnaire (Institute for Personality and Ability Testing, Inc. [IPAT]).
Propósito: Diseñado como evaluación de la personalidad, preferencias ocupacionales y problemas personales en adolescentes normales.
Procedencia: Estados Unidos (2001)/inglés.
Traducción/Adaptación: Después de la traducción de los elementos, la redacción fue revisada por varios profesionales con experiencia en psicometría. Esta primera versión fue aplicada a una muestra de hispanohablantes de España. Mientras tanto, un profesional bilingüe cuya lengua materna era el inglés americano preparó una traducción inversa del español al inglés y se envió a los autores originales para su revisión. Después de hacer las revisiones necesarias debido al estudio estadístico y el consejo de los autores originales, la segunda versión experimental se ha aplicado a una nueva muestra experimental de españoles. Se repitieron los análisis de los elementos y puntuaciones hasta llegar a una versión final con un número de los elementos similar a la versión original en inglés.
Población: Edades 12-19.

Norms: Separate norms are provided with the Spanish adaptation. Norms were developed using a sample of 1,110 participants, distributed by gender.
Publication Dates: 1997-2008.
Acronyms: EPQ-R, EPQ-RS.
Scores, 4: Extraversion (E), Neuroticism (N), Psychoticism (P), plus validity index: Conceal/Conform (L).
Administration: Individual or group.
Forms, 2: EPQ-R (complete version), EPQ-RS (short version).
Price Data, 2022: €64.84 per complete kit, including manual (2008, 79 pages) and 25 self-scoring response sheets; €44.47 per 25 self-scoring response sheets.
Time: (15-30) minutes.
Comments: A version of the questionnaire is available in Catalan.
Authors: Hans J. Eysenck and Sybil B. G. Eysenck.
Translators/Adaptors: Generós Ortet i Fabregat, Manuel Ignacio Ibañez, Micaela Moro Ipola, Fernando Silva, and Rosa Maria Roglà.
Publisher: Hogrefe TEA Ediciones.
Spanish Components: All materials are in Spanish.
English Components: There are no English materials in this version.

[164e]

Cuestionario de Personalidad para Adolescentes 16PF.

Original Name: 16PF Adolescent Personality Questionnaire (Institute for Personality and Ability Testing, Inc. [IPAT]).
Purpose: Designed as an assessment of personality, occupational preferences, and personal problems in normal teenagers.
Origin: United States (2001)/English.
Translation/Adaptation: After test items were translated, the wording was reviewed by professionals with experience in psychometrics. This first version was administered to a sample of Spanish speakers in Spain. At the same time, a bilingual professional whose native language was American English back-translated the Spanish version. This back-translation was sent to the original authors for review. A second experimental version was developed based on the results of the statistical analyses and the feedback of the original authors and was administered to a new experimental sample of Spaniards. The process of analyzing the items and scores was repeated before reaching a final version with a number of items that was similar to that of the original English version.
Population: Ages 12-19.

Baremos: Se han provisto baremos con la adaptación al español. Los baremos se desarrollaron utilizando una muestra con 2.139 participantes, distribuidos por edad, sexo, curso o grado escolar, tipo de centro escolar, localidad rural o urbana y estatus socioeconómico.
Fechas de Publicación: 2003-2013.
Acrónimo: 16PF-APQ.
Puntuación: 21 escalas de personalidad normal: Escalas Primarias de Personalidad (Afabilidad, Razonamiento, Estabilidad Emocional, Dominancia, Animación, Atención a Normas, Atrevimiento, Sensibilidad, Vigilancia, Abstracción, Privacidad, Aprensión, Apertura al Cambio, Autosuficiencia, Perfeccionismo, Tensión), Dimensiones Globales (Extraversión, Ansiedad, Dureza, Independencia, Autocontrol); más una clasificación de preferencias ocupacionales (Manual, Científico, Artístico, Ayuda, Gestión o Comercio, Organización), Malestar Personal (Desánimo, Preocupación, Imagen Pobre de Sí Mismo, Disconformidad General), Meterse en Problemas (Ira y Agresión, Dificultades con la Autoridad, Dificultades con la Adicción, Total en Dificultades), Contexto de las Dificultades (Casa o Colegio), Afrontamiento Deficiente, Manipulación de la Imagen, Respuestas en Blanco, Respuestas Centrales.
Administración: Individual o colectiva.
Precios, 2022: €103,78 por juego completo, incluye manual (2008; tercera edición, revisada y ampliada; 128 páginas), 10 cuadernillos y juego de corrección; €32,55 por 10 cuadernillos; €40,68 por juego de corrección (25 hojas de respuestas y PIN para 25 usos).
Duración: 50-70 minutos.
Autor: J. M. Schuerger.
Traductor/Adaptador: Nicolás Seisdedos.
Editorial: Hogrefe TEA Ediciones.
Componentes en Español: Todos los materiales son en español.
Componentes en Inglés: No hay materiales en inglés en esta versión.

[165s]

Cuestionario de Personalidad para Niños [CPQ].

Nombre Original: Children's Personality Questionnaire (CPQ Form A, Parts A1 and A2; Institute for Personality and Ability Testing [IPAT]).
Propósito: Diseñado para evaluar 14 dimensiones primarias de la personalidad.
Procedencia: Estados Unidos (1963)/inglés.
Traducción/Adaptación: No se provee información en los materiales de la prueba sobre el proceso de traducción/adaptación.
Población: Edades 8-12.
Baremos: Se han provisto baremos con la adaptación al español. Los baremos se desarrollaron utilizando una muestra total con 20.572 participantes, distribuidos

Norms: Separate norms are provided with the Spanish adaptation. Norms were developed using a sample of 2,139 participants, distributed by age, gender, grade, type of school, urban or rural community, and socioeconomic status.
Publication Dates: 2003-2013.
Acronym: 16PF-APQ.
Scores: 21 normal personality scales: Primary Personality Factor Scales (Warmth, Reasoning, Emotional Stability, Dominance, Liveliness, Rule-Consciousness, Social Boldness, Sensitivity, Vigilance, Abstractedness, Privateness, Apprehension, Openness to Change, Self-Reliance, Perfectionism, Tension), Global Factor Scales (Extraversion, Anxiety, Tough-Mindedness, Independence, Self-Control); plus a ranking of work activity preference (Manual, Scientific, Artistic, Helping, Sales/Management, Procedural), Personal Discomfort (Discouragement, Worry, Poor Body Image, Overall Discomfort), "Getting in Trouble" (Anger or Aggression, Problems with Authority, Alcohol or Drugs, Overall Trouble), Context (Home or School), Coping/ Managing Difficulty, Impression Management, Missing Responses, Central Responses.
Administration: Individual or group.
Price Data, 2022: €103.78 per complete kit, including manual (2013; third edition, revised and extended; 128 pages), 10 test booklets, and scoring kit; €32.55 per 10 test booklets; €40.68 per scoring kit (25 response sheets and 25-use scoring PIN).
Time: 50-75 minutes.
Author: J. M. Shuerger.
Translator/Adaptor: Nicolás Seisdedos.
Publisher: Hogrefe TEA Ediciones.
Spanish Components: All materials are in Spanish.
English Components: There are no English materials in this version.

[165e]

Cuestionario de Personalidad para Niños [CPQ].

Original Name: Children's Personality Questionnaire (CPQ Form A, Parts A1 and A2; Institute for Personality and Ability Testing [IPAT]).
Purpose: Designed to assess 14 primary dimensions of personality.
Origin: United States (1963)/English.
Translation/Adaptation: There is no information in the test materials about the process of translation/adaptation.
Population: Ages 8-12.
Norms: Separate norms are provided with the Spanish adaptation. Norms were developed using a sample of 20,572 participants, distributed by

por sexo y grado (tercer grado n = 2.049; cuarto grado n = 7.055; quinto a séptimo grado n = 11.468). Estos baremos nuevos no se incluyen en el manual de 2016 pero se pueden acceder en la plataforma en línea de la casa editorial.
Fechas de Publicación: 1990-2016.
Acrónimo: CPQ.
Puntuación: 2 polos en cada una de las 14 escalas: Afabilidad (Reservado vs. Abierto), Razonamiento (Inteligencia Baja vs. Alta), Estabilidad (Afectado por los Sentimientos vs. Emocionalmente Estable), Excitabilidad (Calmoso vs. Excitable), Dominancia (Sumiso vs. Dominante), Animación (Sobrio vs. Entusiasta), Atención a las Normas (Despreocupado vs. Consciente), Atrevimiento (Cohibido vs. Emprendedor), Sensibilidad (Dura vs. Blanda), Desadaptación (Seguro vs. Dubitativo), Privacidad (Sencillo vs. Astuto), Aprensión (Sereno vs. Aprensivo), Perfeccionismo (Menos vs. Más Integrado), Tensión (Relajado vs. Tenso).
Administración: Individual o colectiva.
Precios, 2022: €50,54 por juego completo, incluye manual (2016; novena edición, revisada; 31 páginas), 10 cuadernillos de prueba y juego de corrección; €18,03 por 10 cuadernillos; €28,25 por juego de corrección (25 hojas de respuestas y PIN para 25 usos en línea).
Duración: (30-40) minutos cada una de dos sesiones.
Comentarios: Se puede corregir en línea.
Autores: R. B. Porter y R. B. Cattell.
Traductores/Adaptadores: Ignacio Dendaluce (Instituto Calasanz de Ciencias de la Educación); Agustín Cordero Pando y Nicolás Seisdedos Cubero (Departamento de Investigación y Desarrollo de TEA Ediciones).
Editorial: Hogrefe TEA Ediciones.
Componentes en Español: Todos los materiales están disponibles en español.
Componentes en Inglés: No hay materiales en inglés en esta versión.

[166s]

Cuestionario de Personalidad para Niños [ESPQ].

Nombre Original: Early School Personality Questionnaire (Institute for Personality and Ability Testing [IPAT]).
Propósito: Diseñado a evaluar la personalidad del niño; útil en la identificación de posibles problemas con la personalidad en los primeros años de la actividad escolar.
Procedencia: Estados Unidos (1966)/inglés.
Traducción/Adaptación: En una versión experimental temprana de la edición española, "el Departamento de Investigación y Desarrollo de TEA Ediciones se tuvieron en cuenta el contenido de los elementos originales, su puntuación en las respectivas escalas de personalidad y las características peculiares de la cultura española. Se

gender and grade (third grade n = 2,049; fourth grade n = 7,055; fifth to seventh grade n = 11,468). These updated norms are not included in the 2016 manual but may be accessed from the test publisher's online platform.
Publication Dates: 1990-2016.
Acronym: CPQ.
Scores: 2 extremes in each of 14 scales: Warmth (Reserved vs. Open), Abstract Thinking (High vs. Low Intelligence), Emotional Stability (Affected by Feelings vs. Emotionally Stable), Excitability (Calm vs. Excitable), Dominance (Obedient vs. Dominant), Enthusiasm (Sober vs. Enthusiastic), Conformity (Disregards Rules vs. Conscientious), Boldness (Shy vs. Venturesome), Sensitivity (Hard vs. Soft), Withdrawal (Forthright vs. Dubious), Privacy (Simple vs. Astute), Apprehension (Serene vs. Fearful), Self-Discipline (Less vs. More Integrated), Tension (Relaxed vs. Tense).
Administration: Individual or group.
Price Data, 2022: €50.54 per complete kit, including manual (2016; ninth edition, revised; 31 pages), 10 test booklets, and a scoring kit; €18.03 per 10 test booklets; €28.25 per scoring kit (25 response sheets and a PIN for 25 online uses).
Time: (30-40) minutes for each of two sessions.
Comments: Can be scored online.
Authors: R. B. Porter and R. B. Cattell.
Translators/Adaptors: Ignacio Dendaluce (Calasanz Institute of Education Sciences); Agustín Cordero Pando and Nicolás Seisdedos Cubero (TEA Ediciones Research and Development Department).
Publisher: Hogrefe TEA Ediciones.
Spanish Components: All materials are in Spanish.
English Components: There are no English materials in this version.

[166e]

Cuestionario de Personalidad para Niños [ESPQ].

Original Name: Early School Personality Questionnaire (Institute for Personality and Ability Testing [IPAT]).
Purpose: Designed to assess a child's personality; useful in identifying potential personality problems in the early years of school activity.
Origin: United States (1966)/English.
Translation/Adaptation: In an early experimental version of the Spanish edition, the Research and Development Department of TEA Ediciones considered the content and scoring of the original items and the unique characteristics of the Spanish culture. Additional items were added that avoided

añadieron elementos adicionales que obviaran posibles deficiencias de los originales entres los niños españoles". No se provee información adicional en los materiales de la prueba sobre el proceso de traducción/adaptación.
Población: Edades 6-8.
Baremos: Se han provisto baremos para la adaptación al español. Los baremos se desarrollaron utilizando una muestra con 14.875 participantes de varias regiones en España, distribuidos por sexo y curso escolar. La casa editorial indica que la muestra, aunque amplia, no es necesariamente representativa de la población.
Fechas de Publicación: 1998-2013.
Acrónimo: ESPQ.
Puntuación, 15: 13 Factores Primarios (Reservado vs. Abierto, Inteligencia Baja vs. Alta, Emocionalmente Afectado vs. Estable, Calmoso vs. Excitable, Sumiso vs. Dominante, Sobrio vs. Entusiasta, Despreocupado vs. Consciente, Cohibido vs. Emprendedor, Sensibilidad Dura vs. Blanda, Seguro vs. Dubitativo, Sencillo vs. Astuto, Sereno vs. Aprensivo, Relajado vs. Tenso); 2 Factores de Segunda Orden (Ajuste vs. Ansiedad, Introversión vs. Extraversión).
Administración: Individual o colectiva.
Partes, 2: Parte A1, Parte A2.
Precios, 2022: €38,21 por juego completo, incluye manual (2013; octava edición, revisada; 47 páginas) y juego de corrección; €15,34 por juego de corrección.
Duración: (30-40) minutos cada parte.
Comentarios: Formulario A se divide en dos partes: A1 y A2, para facilitar la administración a estudiantes de niveles de madurez diferentes.
Autores: R. W. Coan y R. B. Cattell.
Traductor/Adaptador: Nicolás Seisdedos Cubero.
Editorial: Hogrefe TEA Ediciones.
Componentes en Español: Todos los materiales son en español.
Componentes en Inglés: No hay materiales en inglés en esta versión.

[167s]

Cuestionario de Personalidad para Niños y Adultos.

Nombre Original: Eysenck Personality Questionnaire, Junior & Adult (Hodder and Stoughton Educational).
Propósito: Diseñado para evaluar dimensiones básicas de la personalidad.
Procedencia: Inglaterra (1975)/inglés.
Traducción/Adaptación: Se tradujeron los ítems originales y incluyeron ítems suplementarios cuando fuere necesario. Se analizaron los resultados en un estudio con una muestra amplia de sujetos españoles.

possible deficiencies in the original items when used with Spanish children. No additional information is provided in the test materials about the process of translation/adaptation.
Population: Ages 6-8.
Norms: Separate norms are provided for the Spanish adaptation. Norms were developed using a sample of 14,875 participants from various regions in Spain, distributed by gender and grade level. The large sample is not necessarily a representative one, as noted by the test publisher.
Publication Dates: 1998-2013.
Acronym: ESPQ.
Scores, 15: 13 Primary Factors (Reserved vs. Warmhearted, Low Intelligence vs. High Intelligence, Affected by Feelings vs. Emotional Stability, Undemonstrative vs. Excitable, Obedient vs. Dominant, Sober vs. Enthusiastic, Disregards Rules vs. Conscientious, Timid vs. Adventurous, Tough-Minded vs. Tender-Minded, Vigorous vs. Circumspect Individualism, Forthright vs. Shrewd, Self-Assured vs. Guilt-Prone, Relaxed vs. Tense); 2 Second Order Factors (Adjustment vs. Anxiety, Introversion vs. Extraversion).
Administration: Individual or group.
Parts, 2: Part A1, Part A2.
Price Data, 2022: €38.21 per complete kit: manual (2013; eighth edition, revised; 47 pages) and scoring kit; €15.34 per scoring kit.
Time: (30-40) minutes each part.
Comments: Form A is divided into two parts, A1 and A2, to facilitate administration to students of different maturity levels.
Authors: R. W. Coan and R. B. Cattell.
Translator/Adaptor: Nicolás Seisdedos Cubero.
Publisher: Hogrefe TEA Ediciones.
Spanish Components: All materials are in Spanish.
English Components: There are no English materials in this version.

[167e]

Cuestionario de Personalidad para Niños y Adultos.

Original Name: Eysenck Personality Questionnaire, Junior & Adult (Hodder and Stoughton Educational).
Purpose: Designed to evaluate basic dimensions of personality.
Origin: England (1975)/English.
Translation/Adaptation: The original items were translated, and new items were added when necessary. The results were analyzed in a study involving a broad sample of Spanish participants.

Población: Edades 10 en adelante.
Fechas de Publicación: 1989-2011.
Acrónimos: EPQ-J, EPQ-A.
Puntuación, 5: Emocionalidad, Extraversión, Dureza, Conducta Antisocial, Sinceridad.
Administración: Colectiva.
Formularios, 2: J (Joven), A (Adulto).
Precios, 2022: €57,31 por juego completo, incluye manual (2011, 47 páginas) y 25 ejemplares autocorregibles Formularios A o J; €47,80 por 25 ejemplares autocorregibles Formulario A o J.
Autores: Hans J. Eysenck y Sybil B. G. Eysenck.
Editorial: Hogrefe TEA Ediciones.
Componentes en Español: Todos los materiales son en español.
Componentes en Inglés: No hay materiales en inglés en esta versión.

a) EPQ-J.
Población: Edades 10-15.
Baremos: Los baremos se desarrollaron utilizando una muestra con 2.998 participantes, distribuidos por edad, grado de instrucción y sexo.
Duración: (20) minutos.
Traductores/Adaptadores: Nicolas Seisdedos y Agustín Cordero.

b) EPQ-A.
Población: Edades 16 años en adelante.
Baremos: Los baremos se desarrollaron utilizando una muestra con 1.983 participantes, distribuidos por nivel de estudios completados, sexo y profesión.
Duración: (20-30) minutos.
Traductores/Adaptadores: V. Escolar, A. Lobo y A. Seva-Díaz.

[168s]

Cuestionario de Personalidad Situacional.

Propósito: Proporciona una "evaluación de la personalidad en situaciones laborales, sociales y personales".
Procedencia: España/español.
Población: Adolescentes y adultos.
Baremos: Los baremos se actualizaron en el 2014 y se desarrollaron utilizando una muestra total de 94.725 participantes, distribuidos por edad y género y evaluados en un contexto competitivo (tales como selección de personal, promoción interna), de 12 países, incluyendo Argentina (*n* = 613), Chile (*n* = 618), Colombia (*n* = 34.796), Costa Rica (*n* = 5.264), El Salvador (*n* = 1.075), Guatemala (*n* = 6.763), Honduras (*n* = 1.524), México (*n* = 2.758), Panamá (*n* = 7.037), Perú (*n* = 502) y República Dominicana (*n* = 996). Los baremos españoles fueron distribuidos por género, edad, nivel educativo, profesión y región geográfica e incluyeron una muestra de situación no competitiva (*n* = 1.016) y una muestra de situación competitiva (*n* = 29.578). Se desarrollaron baremos para Latinoamérica utilizando una muestra de 5.046 participantes, distribuidos por género y región

Population: Ages 10 and up.
Publication Dates: 1989-2011.
Acronyms: EPQ-J, EPQ-A.
Scores, 5: Psychoticism, Extraversion, Neuroticism, Antisocial Behavior, Sincerity.
Administration: Group.
Forms, 2: J (Juvenile), A (Adult).
Price Data, 2022: €57.31 per complete kit, including manual (2011, 47 pages) and 25 self-scoring response sheets Form A or J; €47.80 per 25 self-scoring response sheets Form A or J.
Authors: Hans J. Eysenck and Sybil B. G. Eysenck.
Publisher: Hogrefe TEA Ediciones.
Spanish Components: All materials are in Spanish.
English Components: There are no English materials in this version.

a) EPQ-J.
Population: Ages 10-15.
Norms: Norms were developed using a sample of 2,998 participants, distributed by age, grade, and gender.
Time: (20) minutes.
Translators/Adaptors: Nicolas Seisdedos and Agustín Cordero.

b) EPQ-A.
Population: Ages 16 and over.
Norms: Norms were developed using a sample of 1,983 participants, distributed by educational level completed, gender, and profession.
Time: (20-30) minutes.
Translators/Adaptors: V. Escolar, A. Lobo, and A. Seva-Díaz.

[168e]

Cuestionario de Personalidad Situacional.

Purpose: Provides an evaluation of personality in work, social, and personal situations.
Origin: Spain/Spanish.
Population: Adolescents and adults.
Norms: Norms were updated in 2014 and were developed using a total sample of 94,725 participants, distributed by age and gender and evaluated in a competitive context (i.e., internal promotion, personnel selection), from 12 countries, including Argentina (*n* = 613), Chile (*n* = 618), Colombia (*n* = 34,796), Costa Rica (*n* = 5,264), Dominican Republic (*n* = 996), El Salvador (*n* = 1,075), Guatemala (*n* = 6,763), Honduras (*n* = 1,524), Mexico (*n* = 2,758), Panama (*n* = 7,037), and Peru (*n* = 502). The Spanish norms were distributed by gender, age, educational level, profession, and geographic region and included a non-competitive situation sample (*n* = 1,016) and a competitive situation sample (*n* = 29,578). Norms for Latin America were developed using a sample of 5,046 participants, distributed by

geográfica: Norte (México; n = 1.721), Central (Costa Rica, El Salvador, Guatemala, Honduras, Panamá y República Dominicana; n = 902) y Sur (Colombia, Argentina, Perú y Chile; n = 2.423).
Fechas de Publicación: 1998-2016.
Acrónimo: CPS.
Puntuación, 23: 15 Escalas de Personalidad (Estabilidad Emocional, Ansiedad, Autoconcepto, Eficacia, Confianza/Seguridad en Sí Mismo, Independencia, Dominancia, Control Cognitivo, Sociabilidad, Ajuste Social, Agresividad, Tolerancia, Inteligencia Social, Integridad/Honestidad, Liderazgo), 3 Escalas de Validez (Sinceridad, Deseabilidad Social, Control de las Respuestas), 5 Factores Globales (Ajuste, Liderazgo, Independencia, Consenso, Extraversión).
Administración: Individual o colectiva.
Precios, 2022: €72,34 por juego completo, incluye manual (2016; cuarta edición, revisada y ampliada; 79 páginas), 10 cuadernillos y juego de corrección; €18,03 por 10 cuadernillos; €41,08 por juego de corrección (25 hojas de respuestas y PIN para 25 usos en línea); €25,92 por manual en línea.
Duración: (35-50) minutos.
Comentarios: Se puede administrar en línea.
Autores: J. L. Fernández-Seara, N. Seisdedos Cubero y M. Mielgo Robles.
Editorial: Hogrefe TEA Ediciones.
Componentes en Español: Todos los materiales son en español.
Componentes en Inglés: No hay materiales en inglés.

gender and geographic region: North (Mexico; n = 1,721), Central (Costa Rica, Dominican Republic, El Salvador, Guatemala, Honduras, and Panama; n = 902), and South (Argentina, Chile, Colombia, and Peru; n = 2,423).
Publication Dates: 1998-2016.
Acronym: CPS.
Scores, 23: 15 Personality Scales (Emotional Stability, Anxiety, Self-Concept, Effectiveness, Self-Confidence, Independence, Dominance, Cognitive Control, Sociability, Social Adjustment, Aggressiveness, Tolerance, Social Intelligence, Integrity/Honesty, Leadership), 3 Validity Scales (Sincerity, Social Desirability, Control Over Responses), 5 Global Factors (Adjustment, Leadership, Independence, Consensus, Extraversion).
Administration: Individual or group.
Price Data, 2022: €72.34 per complete kit, including manual (2016; fourth edition, revised and extended; 79 pages), 10 test booklets, and scoring kit; €18.03 per 10 test booklets; €41.08 per scoring kit (25 response sheets and a PIN for 25 uses online); €25.92 per online manual.
Time: (35-50) minutes.
Comments: Online administration available.
Authors: J. L. Fernández-Seara, N. Seisdedos Cubero, and M. Mielgo Robles.
Publisher: Hogrefe TEA Ediciones.
Spanish Components: All materials are in Spanish.
English Components: There are no materials in English.

[169s]

Cuestionario de Rasgos de Personalidad para Adultos.

Propósito: Diseñado para medir rasgos de personalidad basado en la teoría de personalidad sobre los cinco factores.
Procedencia: España/español.
Población: Edades 18 en adelante.
Baremos: Los baremos se desarrollaron utilizando una muestra con 550 participantes, distribuidos por sexo.
Fecha de Publicación: 2003.
Acrónimo: CRPA.
Puntuación, 35: Extroversión (Cordialidad, Sociabilidad, Asertividad, Actividad, Búsqueda de Sensaciones, Emoción Positiva), Estabilidad (Tranquilidad, Paciencia, Optimismo, Seguridad, Serenidad, Resistencia al Estrés), Apertura (Fantasía, Estética, Sentimientos, Acciones, Ideas, Valores), Amabilidad (Confianza, Honradez, Altruismo, Cooperación, Modestia, Delicadeza), Responsabilidad (Eficiencia, Orden, Deber, Logro, Autodisciplina, Prudencia).
Administración: Individual.
Precios, 2023: €75 por juego completo; €62 por manual (2003, 89 páginas); €28 por plantilla

[169e]

Cuestionario de Rasgos de Personalidad para Adultos.

Purpose: Designed to measure personality traits based on the Big Five personality theory.
Origin: Spain/Spanish.
Population: Ages 18 and over.
Norms: Norms were developed using a sample of 550 participants, distributed by gender.
Publication Date: 2003.
Acronym: CRPA.
Scores, 35: Extraversion (Warmth, Gregariousness, Assertiveness, Activity, Excitement-Seeking, Positive Emotions), Stability (Tranquility, Patience, Optimism, Security, Serenity, Resistance to Stress), Openness (Fantasy, Aesthetics, Feelings, Actions, Ideas, Values), Agreeableness (Trust, Integrity, Altruism, Cooperation, Modesty, Delicacy), Responsibility (Competence, Order, Dutifulness, Goal-Oriented, Self-Discipline, Prudence).
Administration: Individual.
Price Data, 2023: €75 per complete kit; €62 per manual (2003, 89 pages); €28 per

manual de corrección; €8 por 5 cuadernos de preguntas; €4,50 por 10 hojas de respuesta; €6,50 por 10 hojas de perfil.
Duración: (45-60) minutos.
Comentarios: El manual identifica 120 ítems (representativas de todas las escalas) que se puede aplicar como versión reducida.
Autor: Josep M. Roig-Fusté.
Editorial: MTR Psicológia.
Componentes en Español: Todos los materiales son en español.
Componentes en Inglés: No hay materiales en inglés.

[170s]

Cuestionario de Sobreingesta Alimentaria.

Nombre Original: Overeating Questionnaire (Western Psychological Services).
Propósito: Diseñado como instrumento de autoreporte que evalúa "los factores relacionados con la obesidad con el propósito de planear programas individualizados eficaces para la reducción de peso".
Procedencia: Estados Unidos (2004)/inglés.
Traducción/Adaptación: No se provee información en los materiales de la prueba sobre el proceso de traducción/adaptación.
Población: Edades 9 a 98.
Baremos: No se han provisto baremos con la versión traducida al español.
Fecha de Publicación: 2007.
Acrónimo: OQ.
Puntuación, 12: 2 escalas de validez (Inconsistencia de las Respuestas, Defensividad), 6 escalas relacionadas con los hábitos y actitudes del comportamiento alimentario (Sobreingesta Alimentaria, Subingesta Alimentaria, Antojos Alimentarios, Expectativas Relacionados con Comer, Racionalizaciones, Motivación para Bajar de Peso), 4 escalas relacionadas con hábitos generales de salud y funcionamiento psicosocial (Hábitos de Salud, Imagen Corporal, Aislación Social, Alteración Afectiva).
Administración: Individual o colectiva.
Precios, 2022: USD$50 por juego completo, incluye manual (2007, 54 páginas) y 10 hojas de respuestas autocorregibles.
Duración: 20 minutos.
Comentarios: No incluye el software de reportaje que se incluye en la versión inglés.
Autores: William E. O'Donnell y W. L. Warren.
Traductores/Adaptadores: Susana Olivares Bari y Juan Manuel Mancilla Díaz.
Editorial: Editorial El Manual Moderno, S.A. de C.V.
Componentes en Español: Todos los materiales son en español.
Componentes en Inglés: No hay materiales en inglés en esta versión.

manual scoring template; €8 per 5 test booklets; €4.50 per 10 response sheets; €6.50 per 10 profile sheets.
Time: (45-60) minutes.
Comments: The manual identifies 120 items (representative of all scales) that can be administered as a short version.
Author: Josep M. Roig-Fusté.
Publisher: MTR Psicológia.
Spanish Components: All materials are in Spanish.
English Components: There are no materials in English.

[170e]

Cuestionario de Sobreingesta Alimentaria.

Original Name: Overeating Questionnaire (Western Psychological Services).
Purpose: Designed as a self-report instrument to assess factors related to obesity in order to plan effective individualized weight-loss programs.
Origin: United States (2004)/English.
Translation/Adaptation: No information is provided in the test materials about the translation/adaptation process.
Population: Ages 9 to 98.
Norms: Separate norms are not provided with the version translated to Spanish.
Publication Date: 2007.
Acronym: OQ.
Scores, 12: 2 validity scales (Inconsistent Responding, Defensiveness), 6 eating-related habits and attitudes scores (Overeating, Undereating, Craving, Expectations About Eating, Rationalizations, Motivation to Lose Weight), 4 general health habits and psychosocial functioning scores (Health Habits, Body Image, Social Isolation, Affective Disturbance).
Administration: Individual or group.
Price Data, 2022: USD$50 per complete kit, including manual (2007, 54 pages) and 10 self-scoring answer sheets.
Time: 20 minutes.
Comments: Does not include the test reporting software that is included in the English version.
Authors: William E. O'Donnell and W. L. Warren.
Translators/Adaptors: Susana Olivares Bari and Juan Manuel Mancilla Díaz.
Publisher: Editorial El Manual Moderno, S.A. de C.V.
Spanish Components: All materials are in Spanish.
English Components: There are no materials in English in this version.

[171s]

Cuestionario de Trastornos de Personalidad, Cuarta Edición.

Propósito: Diseñado como cuestionario de trastornos de personalidad alineados con los síntomas de DSM-IV.
Procedencia: España/español.
Población: Adultos.
Baremos: Los baremos se desarrollaron utilizando una muestra con 200 participantes de la población universitaria, distribuidos por sexo.
Fechas de Publicación: 1996-1999.
Acrónimo: CTP-4.
Puntuación, 15: 12 escalas clínicas (Paranoide, Esquizoide, Esquizotípico, Antisocial, Límite, Histriónico, Narcisista, Evitador, Dependiente, Obsesivo-Compulsivo, Depresivo, Pasivo-Agresivo), 3 escalas de validez (Consistencia, Mala Imagen, Frecuencia).
Administración: Individual o colectiva.
Precios, 2023: €53 por manual (1999, 83 páginas, tercera edición), €49 por plantillas de puntuación; €9 por 5 cuadernos de prueba; €5,50 por 10 hojas de respuesta; €5,50 por 10 hojas de perfil.
Duración: Tiempo de administración no se reportó.
Comentarios: El cuaderno de preguntas y hoja de respuestas están disponibles en catalán, también.
Autor: Josep M. Roig-Fusté.
Editorial: MTR Psicológica.
Componentes en Español: Todos los materiales son en español.
Componentes en Inglés: No hay materiales en inglés.

[171e]

Cuestionario de Trastornos de Personalidad, Cuarta Edición.

Purpose: Designed as a personality disorder questionnaire aligned with DSM-IV symptomatology.
Origin: Spain/Spanish.
Population: Adults.
Norms: Norms were developed using a sample of 200 participants from the college population, distributed by gender.
Publication Dates: 1996-1999.
Acronym: CTP-4.
Scores, 15: 12 clinical scales (Paranoid, Schizoid, Schizotypal, Antisocial, Borderline, Histrionic, Narcissistic, Avoidant, Dependent, Obsessive-Compulsive, Depressive, Passive-Aggressive), 3 validity scales (Consistency, Negative Impression, Frequency).
Administration: Individual or group.
Price Data, 2023: €53 per manual (1999, 83 pages, third edition), €49 per scoring templates; €9 per 5 test booklets; €5.50 per 10 response sheets; €5.50 per 10 profile sheets.
Time: Administration time not reported.
Comments: The questions booklet and answer sheet are also available in Catalan.
Author: Josep M. Roig-Fusté.
Publisher: MTR Psicológica.
Spanish Components: All materials are in Spanish.
English Components: There are no materials in English.

[172s]

Cuestionario de Valores Contextualizados.

Propósito: Diseñado para evaluar la orientación de los valores personales en el trabajo, en las relaciones familiares y en la vida social.
Procedencia: Argentina/español.
Población: Adultos.
Baremos: Los baremos se desarrollaron utilizando tres muestras de Buenos Aires: 462 participantes de la población general, 373 cadetes estudiantes y 63 oficiales militares jóvenes, distribuidos por sexo, edad y años de estudio.
Fechas de Publicación: 2004-2005.
Acrónimo: VAL.
Puntuación, 14: Trascendencia (Universalismo, Benevolencia, Total), Autopromoción (Poder, Logro, Total), Conservación (Tradición, Conformidad, Seguridad, Total), Apertura al Cambio (Hedonismo, Estimulación, Autodirección, Total).
Administración: Colectiva.

[172e]

Cuestionario de Valores Contextualizados.

Purpose: Designed to evaluate the orientation of personal values in work, family relationships, and social life.
Origin: Argentina/Spanish.
Population: Adults.
Norms: Norms were developed using three samples from Buenos Aires: 462 participants from the general population, 373 student cadets, and 63 young military officials, distributed by gender, age, and years of education.
Publication Dates: 2004-2005.
Acronym: VAL.
Scores, 14: Transcendence (Universalism, Benevolence, Total), Self-Promotion (Power, Achievement, Total), Conservation (Tradition, Conformity, Security, Total), Openness to Change (Hedonism, Stimulation, Self-Direction, Total).
Administration: Group.

Precios, 2022: USD$24.41 por el libro *Técnicas de evaluación psicológica en los ámbitos militares* (2005, 298 páginas), que incluye todos los formularios y protocolos necesarios.
Duración: (10) minutos.
Comentarios: La prueba VAL se presenta en conjunto con EMA-M (Escalas de Metas de Aprendizaje: Población Militar) y CELID (Cuestionario de Estilos de Liderazgo). Ambas son componentes del libro *Técnicas de Evaluación Psicológica en los Ámbitos Militares* en el marco de una exhaustiva investigación en el campo de la psicología militar.
Autores: María M. Casullo y Alejandro Castro.
Editorial: Editorial Paidós.
Componentes en Español: Todos los materiales son en español.
Componentes en Inglés: No hay materiales en inglés.

[173s]

Cuestionario de Valores Interpersonales.

Nombre Original: Survey of Interpersonal Values (Science Research Associates, Inc.).
Propósito: Diseñado para medir el grado o intensidad relativa de los valores interpersonales.
Procedencia: Estados Unidos (1976)/inglés.
Traducción/Adaptación: El proceso de adaptación comenzó con "dos traducciones paralelas realizadas por distintos equipos. Estas traducciones fueron probadas correlacionando sus resultados, para optar por una de ellas en virtud de su mejor comprensión por parte de los sujetos y de la mayor precisión con que, desde el punto de vista semántico, cada uno de sus elementos contribuía a definir la variable en que puntuaba. Dos nuevas versiones fueron todavía ensayadas, modificando la redacción de algunos elementos, puesto que en las muestras analizadas se reflejaban aún ciertas deficiencias".
Población: Adolescentes y adultos.
Baremos: Se han provisto baremos con la adaptación al español. Los baremos fueron actualizados en 2014 y desarrollados utilizando una muestra total de 12.198 participantes de 12 países latinoamericanos y España. Las muestras españolas fueron distribuidas por género y incluyeron adultos (n = 4.845; aspirantes a diversos puestos de trabajo con diversos niveles de formación y cualificación profesional y procedentes de numerosos y variados puntos de geográfica española), adolescentes (n = 3.103) y estudiantes universitarios (n = 445). Las muestras de Guatemala (n = 2.509) y México (n = 396) fueron distribuidas por edad y género. Adicionalmente, se desarrollaron baremos latinoamericanos utilizando una muestra de 900 participantes adultos, distribuidos por género y región geográfica: Norte (México, n = 396), Centro (Costa Rica, El Salvador, Guatemala, Honduras, Panamá, República Dominicana; n = 184) y Sur (Bolivia, Colombia, Ecuador, Uruguay, Venezuela; n = 320).

Price Data, 2022: USD$24.41 for the book *Técnicas de Evaluación Psicológica en los Ámbitos Militares* (2005, 298 pages) including all the necessary forms and protocols.
Time: (10) minutes.
Comments: The test VAL is presented along with the EMA-M (Escalas de Metas de Aprendizaje: Población Militar) and CELID (Cuestionario de Estilos de Liderazgo). Both are included in the book *Técnicas de Evaluación Psicológica en los Ámbitos Militares* within the framework of in-depth research in military psychology.
Authors: María M. Casullo and Alejandro Castro.
Publisher: Editorial Paidós.
Spanish Components: All materials are in Spanish.
English Components: There are no materials in English.

[173e]

Cuestionario de Valores Interpersonales.

Original Name: Survey of Interpersonal Values (Science Research Associates, Inc.).
Purpose: Designed to measure the degree or relative intensity of interpersonal values.
Origin: United States (1976)/English.
Translation/Adaptation: The adaptation process began with two parallel translations from different teams. The translations were tested to choose the version that was easiest to understand and that offered the most accurate semantic match for each of the items that contributed to defining the scored variable. Two new versions were then tested, revealing several remaining deficiencies. The final version contained modifications to the wording of some items to resolve these issues.
Population: Adolescents and adults.
Norms: Separate norms are provided with the Spanish adaptation. Norms were updated in 2014 and developed using a total sample of 12,198 participants from 12 Latin American countries and Spain. The Spanish samples were distributed by gender and included adults (n = 4,845; job applicants with varying levels of professional development from various geographic regions in Spain), adolescents (n = 3,103), and university students (n = 445). The Guatemalan (n = 2,509) and Mexican (n = 396) samples were distributed by age and gender. In addition, norms for Latin America were developed using a sample of 900 adult participants, distributed by gender and geographic region: North (Mexico, n = 396), Central (Costa Rica, Dominican Republic, El Salvador, Guatemala, Honduras, Panama; n = 184), and South (Bolivia, Colombia, Ecuador, Uruguay, Venezuela; n = 320).

Fechas de Publicación: 1991-2011.
Acrónimo: SIV.
Puntuación, 6: Estímulo, Conformidad, Reconocimiento, Independencia, Benevolencia, Liderazgo.
Administración: Individual o colectiva.
Precios, 2022: €83,87 por juego completo, incluye manual (2011; octava edición, revisada y ampliada; 44 páginas) y juego de corrección; €67,08 por juego de corrección (25 ejemplares y PIN para 25 usos en línea; €33,08 por manual en línea.
Duración: (15) minutos.
Autor: Leonard V. Gordon.
Traductores/Adaptadores: José A. Forteza y Departamento de Investigación y Desarrollo de TEA Ediciones.
Editorial: Hogrefe TEA Ediciones.
Componentes en Español: Todos los materiales son en español.
Componentes en Inglés: No hay materiales en inglés en esta versión.

[174s]

Cuestionario de Valores Personales.

Nombre Original: Survey of Personal Values (Science Research Associates, Inc.).
Propósito: Diseñado como medida del grado o intensidad relativa de los valores personales.
Procedencia: Estados Unidos (1965)/inglés.
Traducción/Adaptación: En la adaptación española de la prueba, "se cuidaron los aspectos de traducción de los elementos para que resultaran comprensibles y semánticamente significativos de la variable que representan". "Segundo, los adaptadores efectuaron algunos análisis complementarios para comprobar hasta qué punto algunas características de los elementos observadas en las muestras americanas se replicaban en las españolas". "Finalmente se comprobó si los resultados de los sujetos en las diferentes escalas presentaban las mismas tendencias que en la versión estadounidense, en cuanto a la forma de sus distribuciones de frecuencias y a los estadísticos básicos".
Población: Adolescentes y adultos.
Baremos: Se han provisto baremos con la adaptación al español. Los baremos fueron actualizados en 2014 y fueron desarrollados utilizando una muestra de 10.919 participantes, distribuidos por edad y género, de 6 países: España (n = 4.918 adultos, n = 3.047 adolescentes), Argentina (n = 420 adultos), Colombia (n = 237 adultos), El Salvador (n = 338 adultos), Guatemala (n = 1.685 adultos) y México (n = 274 adultos). Adicionalmente, se desarrollaron baremos generales latinoamericanos utilizando una muestra de 800 participantes adultos, distribuidos por género y región geográfica: Norte (México, n = 274), Centro (Costa Rica, El Salvador, Guatemala y Honduras; n = 159) y Sur (Argentina, Bolivia, Colombia, Ecuador y Perú; n = 367).

Publication Dates: 1991-2011.
Acronym: SIV.
Scores, 6: Stimulus, Conformity, Recognition, Independence, Benevolence, Leadership.
Administration: Individual or group.
Price Data, 2022: €83.87 per complete kit, including manual (2011; eighth edition, revised and extended; 44 pages) and scoring kit; €67.08 per scoring kit (25 test booklets and a PIN for 25 online uses); €33.08 per online manual.
Time: (15) minutes.
Author: Leonard V. Gordon.
Translators/Adaptors: José A. Forteza and TEA Ediciones Research and Development Department.
Publisher: Hogrefe TEA Ediciones.
Spanish Components: All materials are in Spanish.
English Components: There are no English materials in this version.

[174e]

Cuestionario de Valores Personales.

Original Name: Survey of Personal Values (Science Research Associates, Inc.).
Purpose: Designed to measure the degree or relative intensity of personal values.
Origin: United States (1965)/English.
Translation/Adaptation: In the Spanish adaptation, the adaptors were careful to translate the test elements so that the results would be understandable and carry the same semantic meaning. Second, the adaptors carried out several complementary analyses in order to test to what point some characteristics of the observed results in the American samples were replicated in the Spanish samples. Finally, the adaptors tested whether the results of the subjects in the different scales presented the same tendencies as in the United States version, in terms of the form of the frequency distributions and the basic statistics.
Population: Adolescents and adults.
Norms: Separate norms are provided with the Spanish adaptation. Norms were updated in 2014 using a total sample of 10,919 participants, distributed by age and gender, from 6 countries: Spain (n = 4,918 adults, n = 3,047 adolescents), Argentina (n = 420 adults), Colombia (n = 237 adults), El Salvador (n = 338 adults), Guatemala (n = 1,685 adults), and Mexico (n = 274 adults). In addition, general norms for Latin America were developed using a sample of 800 adult participants, distributed by gender and geographic region: North (Mexico, n = 274), Central (Costa Rica, El Salvador, Guatemala, and Honduras; n = 159), and South (Argentina, Bolivia, Colombia, Ecuador, and Peru; n = 367).

Fechas de Publicación: 1996-2010.
Acrónimo: SPV.
Puntuación, 6: Practicidad, Resultados, Variedad, Decisión, Orden y Método, Metas o Claridad de Objetivos a Conseguir.
Administración: Individual o colectiva.
Precios, 2022: €83,87 por juego completo, incluye manual (2010; cuarta edición, revisada y ampliada; 60 páginas) y juego de corrección; €67,08 por juego de corrección (25 ejemplares y PIN para 25 usos en línea); €33,08 por manual en línea.
Duración: (15) minutos.
Autor: Leonard V. Gordon.
Traductores/Adaptadores: Nicolás Seisdedos Cubero con la colaboración de Francisco Abad García.
Editorial: Hogrefe TEA Ediciones.
Componentes en Español: Todos los materiales son en español.
Componentes en Inglés: No hay materiales en inglés en esta versión.

Publication Dates: 1996-2010.
Acronym: SPV.
Scores, 6: Practical Mindedness, Achievement, Variety, Decisiveness, Orderliness, Goal Orientation.
Administration: Individual or group.
Price Data, 2022: €83.87 per complete kit, including manual (2010; fourth edition, revised and extended; 60 pages) and scoring kit; €67.08 per scoring kit (25 test booklets and a PIN for 25 online uses); €33.08 per online manual.
Time: (15) minutes.
Author: Leonard V. Gordon.
Translator/Adaptor: Nicolás Seisdedos Cubero with the collaboration of Francisco Abad García.
Publisher: Hogrefe TEA Ediciones.
Spanish Components: All materials are in Spanish.
English Components: There are no English materials in this version.

[175s]

Cuestionario Educativo-Clínico: Ansiedad y Depresión.

Propósito: "Dirigido a evaluar los trastornos internalizados o trastornos de la emoción, como la ansiedad y la depresión".
Procedencia: España/español.
Población: Edades 7 años en adelante.
Baremos: Los baremos se desarrollaron utilizando una muestra de 8.449 participantes. Parte de este total (n = 4.679) incluye un muestreo aleatorio estratificado por edad, sexo, centro educativo (público, privado, concertado), zona geográfica y densidad de población (rural, intermedio, urbano) de Asturias. "El resto de los casos provinieron de todas las pruebas aplicadas por los profesionales de la psicología en España durante los años 2007 a 2010".
Fechas de Publicación: 2007-2021.
Acrónimo: CECAD.
Puntuación, 7: Depresión, Ansiedad, Inutilidad, Irritabilidad, Problemas de Pensamiento, Síntomas Psicofisiológicos, Total.
Administración: Individual o colectiva.
Precios, 2022: €80,56 por juego completo, incluye manual (2021; cuarta edición, revisada y ampliada; 68 páginas) y juego de corrección; €67,08 por juego de corrección (25 ejemplares y PIN para 25 usos en línea); €25,92 por manual en línea.
Duración: 10-20 minutos.
Comentarios: Corrección en línea; una versión euskera está disponible.
Autores: Luis Lozano González, Eduardo García Cueto y Luis Manuel Lozano Fernández.
Editorial: Hogrefe TEA Ediciones.

[175e]

Cuestionario Educativo-Clínico: Ansiedad y Depresión.

Purpose: Designed to assess internalized or emotional disorders, such as anxiety and depression.
Origin: Spain/Spanish.
Population: Age 7 years and older.
Norms: Norms were developed using a sample of 8,449 participants. Part of this total includes a random sample (n = 4,679) of participants distributed by age, gender, type of school (public, private, charter), geographic region, and the population density (rural, suburban, urban) in Asturias. The remaining participants came from previous studies conducted in Spain by Spanish psychologists from 2007 to 2010.
Publication Dates: 2007-2021.
Acronym: CECAD.
Scores, 7: Depression, Anxiety, Futility, Irritability, Negative Thinking, Psychophysiological Symptoms, Total.
Administration: Individual or group.
Price Data, 2022: €80.56 per complete kit, including manual (2021; fourth edition, revised and extended; 68 pages) and scoring kit; €67.08 per scoring kit (25 test booklets and a PIN for 25 online uses); €25.92 per online manual.
Time: 10-20 minutes.
Comments: Scored online; a Basque version is available.
Authors: Luis Lozano González, Eduardo García Cueto, and Luis Manuel Lozano Fernández.
Publisher: Hogrefe TEA Ediciones.

Componentes en Español: Todos los materiales son en español.
Componentes en Inglés: No hay materiales en inglés.

[176s]

Cuestionario Estructural Tetradimensional para la Depresión.

Propósito: Diseñado para establecer un diagnóstico, clasificación y seguimiento de la depresión.
Procedencia: España/español.
Población: Adolescentes y adultos.
Baremos: No se provee información sobre los baremos.
Fechas de Publicación: 1986-2011.
Acrónimo: CET-DE.
Puntuación, 5: Humor Depresivo, Anergia, Discomunicación, Ritmopatía, Total Puntuación Media.
Administración: Individual.
Formularios, 3: Versión Original CET-DE, Versión Breve CET-DE, ETD (Escala Tetradimensional para el Seguimiento de la Depresión).
Precios, 2022: €74,19 por juego completo, incluye manual (2011, sexta edición, 47 páginas), 25 ejemplares, 25 ejemplares breves y 25 ejemplares; €32,97 por 25 ejemplares; €20,57 por 25 ejemplares breves; €32,67 por 25 ejemplares; €9,70 por claves de respuesta.
Duración: 10-15 minutos.
Autor: Francisco Alonso-Fernández.
Editorial: Hogrefe TEA Ediciones.
Componentes en Español: Todos los materiales son en español.
Componentes en Inglés: No hay materiales en inglés.

[177s]

Cuestionario Factorial de Personalidad, Quinta Edición.

Nombre Original: 16pf® Fifth Edition Questionnaire (Institute for Personality and Ability Testing, Inc. [IPAT]).
Propósito: Diseñado para la "apreciación de 16 rasgos de primer orden y cinco dimensiones globales de la personalidad".
Procedencia: Estados Unidos (1994)/inglés.
Traducción/Adaptación: El proceso de adaptación empezó con una traducción de los 185 ítems originales. Entonces añadieron 15 ítems para formar la edición experimental española, la que ha sido revisado por varios expertos profesionales en medida psicológica y por los autores originales. Esta versión fue aplicada en varias investigaciones pilotos, seguido por análisis de los resultados, selección de los ítems definitivos y reordenación de los ítems de personalidad.

Spanish Components: All materials are in Spanish.
English Components: There are no materials in English.

[176e]

Cuestionario Estructural Tetradimensional para la Depresión.

Purpose: Designed to determine diagnosis, classification, and monitoring of depression.
Origin: Spain/Spanish.
Population: Adolescents and adults.
Norms: Norms information is not provided.
Publication Dates: 1986-2011.
Acronym: CET-DE.
Scores, 5: Depression, Apathy, Miscommunication, Circadian Rhythm Disturbance, Total Mean Score.
Administration: Individual.
Forms, 3: Original Form CET-DE, Short Form CET-DE, TSD (Tetradimensional Scale for Depression).
Price Data, 2022: €74.19 per complete kit, including manual (2011, sixth edition, 47 pages), 25 questionnaires, 25 short form questionnaires, and 25 test booklets; €32.97 per 25 questionnaires; €20.57 per 25 short form questionnaires; €32.67 per 25 test booklets; €9.70 per answer keys.
Time: 10-15 minutes.
Author: Francisco Alonso-Fernández.
Publisher: Hogrefe TEA Ediciones.
Spanish Components: All materials are in Spanish.
English Components: There are no materials in English.

[177e]

Cuestionario Factorial de Personalidad, Quinta Edición.

Original Name: 16pf® Fifth Edition Questionnaire (Institute for Personality and Ability Testing, Inc. [IPAT]).
Purpose: Designed to measure the 16 first-order traits and five global dimensions of personality.
Origin: United States (1994)/English.
Translation/Adaptation: The adaptation process began with a translation of the 185 original items. Then, 15 items were added to form an experimental Spanish edition, which was revised by various experts in psychological measurement and by the original authors. This version was administered in various pilot studies, followed by analysis of the results, selection of the definitive items, and reordering of the personality items.

Población: Edades 16 en adelante.
Baremos: Los baremos fueron actualizados en 2011 y se desarrollaron utilizando muestras, distribuidos por edad y género, de 10 países: Argentina (n = 2.315), Chile (n = 4.523), Colombia (n = 36.542), Costa Rica (n = 1.567), Ecuador (n = 3.586), España (n = 115.712), Guatemala (n = 3.435), Honduras (n = 871), México (n = 3.576) y Panamá (n = 1.015).
Fechas de Publicación: 1995-2013.
Acrónimo: 16PF-5.
Puntuación, 24: 16 factores (Afabilidad, Razonamiento, Estabilidad, Dominancia, Animación, Atención a Normas, Atrevimiento, Sensibilidad, Vigilancia, Abstracción, Privacidad, Aprensión, Apertura al Cambio, Autosuficiencia, Perfeccionismo, Tensión), 5 dimensiones (Extraversión, Ansiedad, Dureza, Independencia, Auto-Control), 3 estilos de respuesta (Manipulación de la Imagen, Infrecuencia, Aquiescencia).
Administración: Individual o colectiva.
Precios, 2022: €191,86 por juego completo, incluye manual (2013; 10a edición, revisada y ampliada; 144 páginas), 10 cuadernillos, juego de corrección y guía de interpretación; €54,45 por 10 cuadernillos; €34,63 por guía de interpretación; €66,97 por juego de corrección (25 hojas de respuestas y PIN para 25 usos en línea); €66,40 por manual en línea.
Duración: (40-45) minutos.
Comentarios: El manual de la prueba contiene información sobre una adaptación argentina, incluye baremos (n = 1.165), por Oscar Petkevicius (Universidad del Salvador y la Universidad de Ciencias Sociales y Empresariales).
Autores: R. B. Cattell, A. K. S. Cattell y H. E. P. Cattell (prueba); Mary T. Russell y Darcie L. Karol (manual).
Traductores/Adaptadores: Nicolás Seisdedos y Irene Fernández-Pinto.
Editorial: Hogrefe TEA Ediciones.
Componentes en Español: Todos los materiales son en español.
Componentes en Inglés: No hay materiales en inglés en esta versión.

[178s]

Cuestionario Mi Envejecer.

Propósito: Diseñado como una "técnica de evaluación psicológica que permite la detección temprana de factores de riesgo psíquico, factores protectores y de resiliencia frente al proceso de envejecimiento;" así como un instrumento de prevención/intervención para promover los mecanismos necesarios para un envejecimiento saludable.
Procedencia: Argentina/español.
Población: Edades 21 en adelante.
Baremos: No es una prueba de referencia normativa.
Fecha de Publicación: 2014.

Population: Ages 16 and over.
Norms: Norms were updated in 2011 and developed using samples, distributed by age and gender, from 10 countries: Argentina (n = 2,315), Chile (n = 4,523), Colombia (n = 36,542), Costa Rica (n = 1,567), Ecuador (n = 3,586), Guatemala (n = 3,435), Honduras (n = 871), Mexico (n = 3,576), Panama (n = 1,015), and Spain (n = 115,712).
Publication Dates: 1995-2013.
Acronym: 16PF-5.
Scores, 24: 16 factors (Warmth, Reasoning, Emotional Stability, Dominance, Liveliness, Rule-Consciousness, Social Boldness, Sensitivity, Vigilance, Abstractedness, Privateness, Apprehension, Openness to Change, Self-Reliance, Perfectionism, Tension), 5 dimensions (Extraversion, Anxiety, Tough-Mindedness, Independence, Self-Control), 3 response styles (Impression Management, Infrequency, Acquiescence).
Administration: Individual or group.
Price Data, 2022: €191.86 per complete kit, including manual (2013; 10th edition, revised and extended; 144 pages), 10 test booklets, scoring kit, and interpretation guide; €54.45 per 10 test booklets; €34.63 per interpretation guide; €66.97 per scoring kit (25 response sheets and a PIN for 25 online uses); €66.40 per online manual.
Time: (40-45) minutes.
Comments: The test manual contains information about an Argentinian adaptation, including norms (n = 1,165), by Oscar Petkevicius (University of Salvador and the University of Social Sciences and Business).
Authors: R. B. Cattell, A. K. S. Cattell, and H. E. P. Cattell (test); Mary T. Russell and Darcie L. Karol (manual).
Translators/Adaptors: Nicolás Seisdedos and Irene Fernández-Pinto.
Publisher: Hogrefe TEA Ediciones.
Spanish Components: All materials are in Spanish.
English Components: There are no English materials in this version.

[178e]

Cuestionario Mi Envejecer.

Purpose: Designed as a psychological evaluation technique for the early detection of mental risk factors, resiliency, and protective factors related to aging; also serves as a tool of prevention/intervention to promote mechanisms needed for healthy aging.
Origin: Argentina/Spanish.
Population: Ages 21 and older.
Norms: This is not a norm-referenced test.
Publication Date: 2014.

Acrónimo: CME.
Puntuación: Sin puntuación.
Administración: Individual o colectivo.
Formularios, 2: Vm (adultos menores: 21-59 años); VM (adultos mayores: 60 años en adelante).
Precios, 2022: USD$50.30 por juego completo, incluye manual (226 páginas), 10 cuestionarios versión mayores, 10 cuestionarios versión menores, grilla de síntesis y guía de análisis de respuestas.
Duración: (30-40) minutos.
Comentarios: Las respuestas cualitativas que se generan mediante los cuestionarios se evalúan a partir de 25 dimensiones teóricas.
Autora: Graciela Zarebski.
Editorial: Editorial Paidós.
Componentes en Español: Todos los materiales son en español.
Componentes en Inglés: No hay materiales en inglés.

[179s]

Cuestionario Oviedo para la Evaluación de la Esquizotipia.

Propósito: Diseñado como "evaluación de los rasgos de la personalidad esquizotípica o la propensión a la psicosis en población adolescente española".
Procedencia: España/español.
Población: Edades 14-19.
Baremos: Los baremos se desarrollaron utilizando una muestra con 1.653 estudiantes, distribuidos por sexo y edad.
Fecha de Publicación: 2010.
Administración: Individual o colectiva.
Precios, 2022: €110,69 por juego completo, incluyendo manual (2010, 104 páginas), juego de corrección y 25 ejemplares abreviados; €69,09 por juego de corrección (25 ejemplares completos y PIN para 25 usos en línea); €28,44 por 25 ejemplares abreviados.
Autores: Eduardo Fonseca-Pedrero, José Muñiz, Serafín Lemos-Giráldez, Mercedes Paino y Úrsula Villazón-García.
Editorial: Hogrefe TEA Ediciones.
Componentes en Español: Todos los materiales son en español.
Componentes en Inglés: No hay materiales en inglés.

a) COMPLETO.
Acrónimo: ESQUIZO-Q.
Puntuación, 13: Ideas de Referencia, Pensamiento Mágico, Experiencias Perceptivas Extrañas, Pensamiento y Lenguaje Raros, Ideación Paranoide, Anhedonia Física, Anhedonia Social, Comportamiento Raro, Falta de Amigos Íntimos, Ansiedad Social Excesiva, Distorsión de la Realidad, Dimensión Negativa, Desorganización Interpersonal.
Duración: (4-8) minutos.

Acronym: CME.
Scores: Not scored.
Administration: Individual or group.
Forms, 2: Vm (younger adults: ages 21-59); VM (older adults: 60 and older).
Price Data, 2022: USD$50.30 per complete set, including manual (226 pages), 10 questionnaires for older adults, 10 questionnaires for younger adults, summary rubric, and guide for analyzing responses.
Time: (30-40) minutes.
Comments: Qualitative responses that arise through the questionnaires are evaluated based on 25 theoretical dimensions.
Author: Graciela Zarebski.
Publisher: Editorial Paidós.
Spanish Components: All materials are in Spanish.
English Components: There are no materials in English.

[179e]

Cuestionario Oviedo para la Evaluación de la Esquizotipia.

Purpose: Designed to evaluate the features of schizotypal personality or susceptibility to psychosis in adolescents from Spain.
Origin: Spain/Spanish.
Population: Ages 14-19.
Norms: Norms were developed using a sample of 1,653 students, distributed by gender and age.
Publication Date: 2010.
Administration: Individual or group.
Price Data, 2022: €110.69 per complete kit, including manual (2010, 104 pages), scoring kit, and 25 abbreviated test booklets; €69.09 per scoring kit (25 complete test booklets and PIN for 25 online uses); €28.44 per 25 abbreviated test booklets.
Authors: Eduardo Fonseca-Pedrero, José Muñiz, Serafín Lemos-Giráldez, Mercedes Paino, and Úrsula Villazón-García.
Publisher: Hogrefe TEA Ediciones.
Spanish Components: All materials are in Spanish.
English Components: There are no materials in English.

a) COMPLETE.
Acronym: ESQUIZO-Q.
Scores, 13: Ideas of Reference, Magical Thinking, Strange Perceptual Experiences, Strange Thoughts and Language, Paranoid Ideation, Physical Anhedonia, Social Anhedonia, Strange Behavior, Lack of Close Friends, Excessive Social Anxiety, Distortion of Reality, Negative Dimension, Interpersonal Disorganization.
Time: (4-8) minutes.

b) ABREVIADO.
Acrónimo: ESQUIZO-Q-A.
Puntuación, 3: Distorsión de la Realidad, Dimensión Negativa, Desorganización.
Duración: (2-4) minutos.

[180s]

Cuestionario para la Evaluación de Adoptantes, Cuidadores, Tutores y Mediadores.

Propósito: Diseñado para evaluar la capacidad de un individuo para proporcionar la atención adecuada y el cuidado a una persona en situación de dependencia (como los hijos biológicos, hijos adoptados, hijos bajo custodia y los individuos de edad avanzada, enfermos o discapacitados).
Procedencia: España/español.
Población: Adultos.
Baremos: Los baremos fueron actualizados en 2014 y fueron desarrollados utilizando una muestra total de 70.850 participantes, distribuidos por género y edad, de 9 países: España (general *n* = 54.604; idoneidad adopción o acogimiento *n* = 6.695; competencia parental/custodial *n* = 18.898; selección de personal *n* = 690; orientación y desarrollo personal *n* = 451; pacientes clínicos *n* = 288), Colombia (general *n* = 5.276; idoneidad adopción o acogimiento *n* = 1.240; selección de personal *n* = 806), Costa Rica (general *n* = 264), Ecuador (general *n* = 239), El Salvador (general *n* = 550), Guatemala (general *n* = 1.464), México (general *n* = 7.936; idoneidad adopción o acogimiento *n* = 3.744; competencia parental/custodial *n* = 2.431; selección de personal *n* = 550), Panamá (*n* = 201), Venezuela (*n* = 316). Adicionalmente, se desarrollaron baremos latinoamericanos utilizando una muestra de 10.000 participantes, distribuidos por género, edad y región geográfica: Norte (México; *n* = 3.191), Centro (Costa Rica, República Dominicana, El Salvador, Guatemala, Honduras, Panamá; *n* = 1.433) y Sur (Argentina, Bolivia, Chile, Colombia, Ecuador, Paraguay, Perú, Uruguay, Venezuela; *n* = 5.376).
Fechas de Publicación: 2006-2014.
Acrónimo: CUIDA.
Puntuación, 21: Deseabilidad Social, Índice de Invalidez, Índice de Inconsistencia de Respuestas, Altruismo, Apertura, Asertividad, Autoestima, Capacidad de Resolver Problemas, Empatía, Equilibrio Emocional, Independencia, Flexibilidad, Reflexividad, Sociabilidad, Tolerancia a la Frustración, Capacidad de Establecer Vínculos Afectivos de Apego, Capacidad de Resolución del Duelo, Cuidado Responsable, Cuidado Afectivo, Sensibilidad Hacia los Demás, Agresividad.
Administración: Individual o colectiva.
Precios, 2022: €90,92 por juego completo, incluye manual (2014; cuarta edición, revisada y ampliada; 95 páginas), 10 cuadernillos y juego de corrección; €28,44

b) ABBREVIATED.
Acronym: ESQUIZO-Q-A.
Scores, 3: Distortion of Reality, Negative Dimension, Interpersonal Disorganization.
Time: (2-4) minutes.

[180e]

Cuestionario para la Evaluación de Adoptantes, Cuidadores, Tutores y Mediadores.

Purpose: To evaluate the capacity of an individual to provide appropriate attention and care to a person in a situation of dependence (such as biological children, adopted children, children in custody, and individuals who are elderly, sick, or disabled).
Origin: Spain/Spanish.
Population: Adults.
Norms: Norms were updated in 2014 and were developed using a total sample of 70,850 participants, distributed by gender and age, from 9 countries: Spain (general *n* = 54,604; adoption or foster care suitability *n* = 6,695; parent competency/custody *n* = 18,898; recruitment *n* = 690; personal orientation and development *n* = 451; clinical patients *n* = 288), Colombia (general *n* = 5,276; adoption or foster care suitability *n* = 1,240; recruitment *n* = 806), Costa Rica (general *n* = 264), Ecuador (general *n* = 239), El Salvador (general *n* = 550), Guatemala (general *n* = 1,464), Mexico (general *n* = 7,936; adoption or foster care suitability *n* = 3,744; parent competency/custody *n* = 2,431; recruitment *n* = 550), Panama (*n* = 201), Venezuela (*n* = 316). In addition, norms for Latin America were developed using a sample of 10,000 participants, distributed by gender, age, and geographic region: North (Mexico; *n* = 3,191), Central (Costa Rica, Dominican Republic, El Salvador, Guatemala, Honduras, Panama; *n* = 1,433), and South (Argentina, Bolivia, Chile, Colombia, Ecuador, Paraguay, Peru, Uruguay, Venezuela; *n* = 5,376).
Publication Dates: 2006-2014.
Acronym: CUIDA.
Scores, 21: Social Desirability, Validity Index, Inconsistent Response Index, Altruism, Openness, Assertiveness, Self-Esteem, Problem-Solving Skills, Empathy, Emotional Equilibrium, Independence, Flexibility, Reflexivity, Sociability, Tolerance to Frustration, Ability to Establish Effective Attachments, Ability to Face a Loss, Responsible Care, Emotional Care, Sensibility Toward Others, Aggressiveness.
Administration: Individual or group.
Price Data, 2022: €90.92 per complete kit, including manual (2014; fourth edition, revised and expanded; 95 pages), 10 test booklets, and

por 10 cuadernillos; €40,68 por juego de corrección (25 hojas de respuestas y PIN para 25 usos en línea); €45,18 por manual en línea.
Duración: 45 minutos aproximadamente.
Autores: Fernando A. Bermejo, Isabel Estéves, María Isabel García, Estrella García-Rubio, Montserrat Lapastora, Paloma Letamendía, Jacoba Cruz Parra, Ángel Polo, Manuel J. Sueiro y Fátima Velázquez de Castro.
Editorial: Hogrefe TEA Ediciones.
Componentes en Español: Todos los componentes son en español.
Componentes en Inglés: Una traducción al inglés del cuadernillo de la prueba está disponible a pedida.

[181s]

Cuestionario para la Evaluación de Problemas en Adolescentes.

Nombre Original: Test Q-PAD: Questionario per la Valutazione della Psicopatologia in Adolescenza (Edizioni Centre Studi Erickson).
Propósito: Diseñado para evaluar "los problemas en los adolescentes".
Procedencia: Italia (2011)/italiano.
Traducción/Adaptación: En el proceso de traducción y adaptación, se siguieron las directrices internacionales de la Comisión Internacional de Tests del 2013. Una psicóloga bilingüe tradujo los elementos originales en coordinación y colaboración con el adaptador de la prueba. Un grupo de cinco psicólogos revisaron esta versión para garantizar la traducción correcta y sentido cultural. Esta segunda versión fue enviada para revision lingüística y cultural a seis expertos en evaluación psicológica de varios países latinoamericanos: México, Colombia, Chile, Argentina, República Dominicana y Guatemala. Después de unas revisiones menores, una tercera versión fue analizada con relación al nivel de lectura requerido por sus ítems en español y luego aplicado a una muestra pilota.
Población: Adolescentes de 12 a 18 años.
Baremos: Se han provisto baremos con la adaptación al español. Los baremos se desarrollaron utilizando una muestra con 6.462 participantes de distintas regiones geográficas en España y Latinoamérica y diversos niveles socioeconómicos y educativos, distribuidos por edad y sexo.
Fecha de Publicación: 2016.
Acrónimo: Q-PAD.
Puntuación, 9: Insatisfacción Corporal, Ansiedad, Depresión, Abuso de Sustancias, Problemas Interpersonales, Problemas Familiares, Incertidumbre Sobre el Futuro, Riesgo Psicosocial, Autoestima y Bienestar.
Administración: Individual o colectiva.
Precios, 2022: €90,43 por juego completo, incluye manual (2016, 135 páginas), 10 cuadernillos y juego

scoring kit; €28.44 per 10 test booklets; €40.68 per scoring kit (25 response sheets and PIN for 25 online uses); €45.18 per online manual.
Time: Approximately 45 minutes.
Authors: Fernando A. Bermejo, Isabel Estéves, María Isabel García, Estrella García-Rubio, Montserrat Lapastora, Paloma Letamendía, Jacoba Cruz Parra, Ángel Polo, Manuel J. Sueiro, and Fátima Velázquez de Castro.
Publisher: Hogrefe TEA Ediciones.
Spanish Components: All test materials are in Spanish.
English Components: An English translation of the test booklet is available upon request.

[181e]

Cuestionario para la Evaluación de Problemas en Adolescentes.

Original Name: Test Q-PAD: Questionario per la Valutazione della Psicopatologia in Adolescenza (Edizioni Centre Studi Erickson).
Purpose: Designed to evaluate problems in adolescents.
Origin: Italy (2011)/Italian.
Translation/Adaptation: Test translators and adaptors followed the 2013 guidelines of the International Test Commission. A bilingual psychologist worked with the test adaptor to translate the original items. A group of five psychologists then revised this version to ensure the correct translation and cultural meaning. This second version was sent for linguistic and cultural review by six psychological testing experts from various Latin American countries: Mexico, Colombia, Chile, Argentina, Dominican Republic, and Guatemala. After minor revisions, a third version was analyzed to establish that the items were at the appropriate reading level in Spanish and then administered to a pilot sample.
Population: Adolescents ages 12 to 18.
Norms: Separate norms are provided with the Spanish adaptation. Norms were developed using a sample of 6,462 participants from different geographic regions in Spain and Latin America and diverse educational and socioeconomic levels, distributed by age and gender.
Publication Date: 2016.
Acronym: Q-PAD.
Scores, 9: Body Dissatisfaction, Anxiety, Depression, Substance Abuse, Interpersonal Problems, Family Problems, Uncertainty About the Future, Psychosocial Risk, Self Esteem and Well-Being.
Administration: Individual or group.
Price Data, 2022: €90.43 per complete kit, including manual (2016, 135 pages), 10 test booklets,

de corrección; €15,73 por 10 cuadernillos; €39,47 por juego de corrección (25 hojas de respuestas y PIN para 25 usos en línea); €45,18 por manual en línea.
Duración: (20) minutos.
Comentarios: También disponible en catalán.
Autores: Claudio Sica, Luigi Rocco Chiri, Riccardo Favilli e Igor Marchetti.
Traductores/Adaptadores: Pablo Santamaría, Antonella Orsucci y otros colaboradores.
Editorial: Hogrefe TEA Ediciones.
Componentes en Español: Todos los materiales son en español.
Componentes en Inglés: No hay materiales en inglés.

[182s]

Cuestionario para la Evaluación del Síndrome de Quemarse por el Trabajo.

Propósito: Diseñado para medir "la respuesta al estrés laboral crónico que se origina en los profesionales dedicados a los servicios o a la atención a personas (burnout)".
Procedencia: España/español.
Población: Adultos.
Fechas de Publicación: 2011-2019.
Acrónimo: CESQT.
Administración: Individual y colectiva.
Formularios, 2: CESQT, CESQT-DP (Desencanto Profesional).
Precios, 2022: €86,66 por juego completo, incluye manual (2019; segunda edición, revisada y ampliada; 98 páginas), juego de corrección CESQT 25 usos, juego de corrección CESQT-DP 25 usos; €27,43 por juego de corrección (25 ejemplares CESQT o CESQT-DP y PIN para 25 usos en línea); €45,18 por manual en línea.
Duración: 5-10 minutos.
Autor: Pedro R. Gil-Monte.
Editorial: Hogrefe TEA Ediciones.
Componentes en Español: Todos los materiales son en español.
Componentes en Inglés: No hay materiales en inglés.

a) CESQT.
Población: Profesionales que realizan su actividad laboral atendiendo a personas.
Baremos: Los baremos se desarrollaron utilizando una muestra con 12.025 participantes, distribuidos por género, país de procedencia (España [*n* = 2.927], Argentina [*n* = 513], Brasil [*n* = 851], Chile [*n* = 1.810], Colombia [*n* = 561], Costa Rica [*n* = 351], México [*n* = 3.955], Perú [*n* = 60], Portugal [*n* = 929], Uruguay [*n* = 68]) y sector ocupacional.
Puntuación, 5: Ilusión por el Trabajo, Desgaste Psíquico, Indolencia, Culpa, Total SQT.
b) CESQT-DP.
Población: Profesionales que no trabajan en contacto directo con personas.

and scoring kit; €15.73 per 10 test booklets; €39.47 per scoring kit (25 response sheets and PIN for 25 online uses); €45.18 per online manual.
Time: (20) minutes.
Comments: Also available in Catalan.
Authors: Claudio Sica, Luigi Rocco Chiri, Riccardo Favilli, and Igor Marchetti.
Translators/Adaptors: Pablo Santamaría, Antonella Orsucci, and other collaborators.
Publisher: Hogrefe TEA Ediciones.
Spanish Components: All materials are in Spanish.
English Components: There are no materials in English.

[182e]

Cuestionario para la Evaluación del Síndrome de Quemarse por el Trabajo.

Purpose: Designed to measure the response to chronic job stress that originates in individuals dedicated to service or care professions (burnout).
Origin: Spain/Spanish.
Population: Adults.
Publication Dates: 2011-2019.
Acronym: CESQT.
Administration: Individual and group.
Forms, 2: CESQT, CESQT-DP (Professional Disillusionment).
Price Data, 2022: €86.66 per complete kit, including manual (2019; second edition, revised and extended 98 pages), 25 CESQT scoring kit uses, and 25 CESQT-DP scoring kit uses; €27.43 per scoring kit (25 CESQT or CESQT-DP test booklets and a PIN for 25 uses online); €45.18 per online manual.
Time: 5-10 minutes.
Author: Pedro R. Gil-Monte.
Publisher: Hogrefe TEA Ediciones.
Spanish Components: All materials are in Spanish.
English Components: There are no materials in English.

a) CESQT.
Population: Professionals who work in direct contact with people.
Norms: Norms were developed using a sample of 12,025 participants, distributed by gender, country of origin (Spain [*n* = 2,297], Argentina [*n* = 513], Brazil [*n* = 851], Chile [*n* = 1,810], Colombia [*n* = 561], Costa Rica [*n* = 351], Mexico [*n* = 3,955], Peru [*n* = 60], Portugal [*n* = 929], Uruguay [*n* = 68]), and occupational field.
Scores, 5: Enthusiasm for Work, Psychic Exhaustion, Indolence, Guilt, Total SQT.
b) CESQT-DP.
Population: Professionals who do not work in direct contact with people.

Baremos: Los baremos se desarrollaron utilizando una muestra con 3.286 participantes españoles de Valencia distribuidos por género y sector ocupacional.
Puntuación, 5: Ilusión por el Trabajo, Desgaste Psíquico, Desencanto Profesional, Culpa, Total DP.

[183s]

Cuestionario para la Orientación Vocacional y Profesional.

Propósito: Diseñado para "ayudar a las personas a identificar aquellos campos profesionales que más se adaptan a sus intereses, habilidades y características personales".
Procedencia: España/español.
Población: Edades 12 en adelante.
Baremos: Los baremos se desarrollaron utilizando una muestra con 3.570 participantes españoles, distribuidos género y grado escolar.
Fechas de Publicación: 2013-2019.
Acrónimo: EXPLORA.
Puntuación, 9: Perfil Profesional (Técnico–Manual, Científico–Investigador, Artístico–Creativo, Social–Asistencial, Empresarial–Persuasivo, Oficina–Administración), Estilos de Respuesta (Inconsistencia de Respuestas, Dudas), Total.
Administración: Individual y colectiva.
Precios, 2022: €82,11 por juego completo, incluye manual (2019, segunda edición, 132 páginas), 10 cuadernillos y juego de corrección; €25,65 por 10 cuadernillos; €40,68 por juego de corrección (25 hojas de respuestas y PIN para 25 usos); €36,32 por manual en línea.
Duración: 30 minutos.
Autores: José Manuel Martínez-Vicente y Pablo Santamaría.
Editorial: Hogrefe TEA Ediciones.
Componentes en Español: Todos los materiales son en español.
Componentes en Inglés: No hay materiales en inglés.

[184s]

Cuestionario TEA Clínico–Revisado.

Propósito: Diseñado para "obtener información sobre la presencia y la gravedad de la sintomatología asociada a determinados rasgos clínicos o psicopatológicos".
Procedencia: España/español.
Población: Adultos.
Baremos: Los baremos se desarrollaron utilizando varias muestras con un total de 55.016 participantes de 10 países: España (general n = 1.008; selección de personal n = 3.539; cuerpos de seguridad n = 11.653; contexto forense n = 454; donantes de gametos n = 1.340), Argentina (selección de personal n = 296; cuerpos de seguridad n = 490), Colombia (selección de personal n = 1.403; cuerpos de seguridad

Norms: Norms were developed using a sample of 3,286 Spanish participants from Valencia distributed by gender and occupational field.
Scores, 5: Enthusiasm for Work, Psychic Exhaustion, Professional Disillusionment, Guilt, Total PD.

[183e]

Cuestionario para la Orientación Vocacional y Profesional.

Purpose: Designed to help individuals identify career fields that best suit their interests, abilities, and personal characteristics.
Origin: Spain/Spanish.
Population: Ages 12 and over.
Norms: Norms were developed using a sample of 3,570 Spanish participants, distributed by gender and grade level.
Publication Dates: 2013-2019.
Acronym: EXPLORA.
Scores, 9: Career Profile (Technical–Manual, Scientific-Researcher, Artistic–Creative, Social–Care, Business–Persuasive, Office–Administration), Response Styles (Response Inconsistency, Doubts), Total.
Administration: Individual or group.
Price Data, 2022: €82.11 per complete kit, including manual (2019, second edition, 132 pages), 10 test booklets, and scoring kit; €25.65 per 10 test booklets; €40.68 per scoring kit (25 response sheets and a PIN for 25 online uses); €36.32 per online manual.
Time: 30 minutes.
Authors: José Manuel Martínez-Vicente and Pablo Santamaría.
Publisher: Hogrefe TEA Ediciones.
Spanish Components: All materials are in Spanish.
English Components: There are no materials in English.

[184e]

Cuestionario TEA Clínico–Revisado.

Purpose: Designed to obtain information about the presence and gravity of the symptoms associated with certain clinical or pathological traits.
Origin: Spain/Spanish.
Population: Adults.
Norms: Norms were developed using various samples totaling 55,016 participants from 10 countries: Spain (general n = 1,008; employee selection n = 3,539; security forces n = 11,653; forensic n = 454; sperm donors n = 1,340), Argentina (employee selection n = 296; security forces n = 490), Colombia (employee selection

n = 4.356), Costa Rica (selección de personal n = 318; cuerpos de seguridad n = 11.016), Ecuador (selección de personal n = 246; cuerpos de seguridad n = 384), Guatemala (cuerpos de seguridad n = 279), Honduras (cuerpos de seguridad n = 1.435), México (general n = 202; selección de personal n = 468; cuerpos de seguridad n = 297), Panamá (cuerpos de seguridad n = 285) y Paraguay (cuerpos de seguridad n = 1.865). Además se desarrollaron baremos generales latinoamericanos utilizando una muestra de selección de personal (n = 6.724) y una muestra de cuerpos de seguridad (n = 2.850).
Fechas de Publicación: 2010-2022.
Acrónimo: CTC-R.
Puntuación, 13: 2 Escalas de control: Inconsistencia, Deseabilidad Social; 10 Escalas clínicas: Preocupación por la Salud, Ideación Paranoide, Psicoticismo, Depresión, Límite, Hostilidad, Consumo de Alcohol y Sustancias, Impulsividad, Ansiedad, Vulnerabilidad; más el Índice de Patología General.
Administración: Individual o colectiva.
Precios, 2022: €95,93 por juego completo, incluyendo manual (2022, 132 páginas), 10 cuadernillos y juego de corrección; €26,38 por 10 cuadernillos; €41,08 por juego de corrección, incluyendo 25 hojas de respuesta y PIN para 25 usos en línea; €45.18 por manual en línea; €6.23 por administración y corrección en línea.
Duración: Aproximadamente 20 a 30 minutos.
Comentarios: Se administra en línea o con papel y lápiz; se califica en línea; disponible en catalán, inglés, francés e italiano, también.
Autores: David Arribas, Sara Corral y Jaime Pereña.
Editorial: Hogrefe TEA Ediciones.
Componentes en Español: Todos los materiales son en español.
Componentes en Inglés: No hay materiales en inglés en esta versión.

[185s]

Currículo Carolina: Evaluación y Ejercicios para Bebes y Niños Pequeños con Necesidades Especiales.

Nombre Original: The Carolina Curriculum for Infants and Toddlers with Special Needs (Paul H. Brookes Publishing Co., Inc.).
Propósito: Diseñado como una "valoración e intervención para niños con limitaciones leves, moderadas, o múltiples".
Procedencia: Estados Unidos (1991)/inglés.
Traducción/Adaptación: No se provee información en los materiales de la prueba sobre el proceso de traducción/adaptación.
Población: Nacimiento a 24 meses.

n = 1,403; security forces n = 4,356), Costa Rica (employee selection n = 318; security forces n = 11,016), Ecuador (employee selection n = 246; security forces n = 384), Guatemala (security forces n = 279), Honduras (security forces n = 1,435), Mexico (general n = 202; employee selection n = 468; security forces n = 297), Panama (security forces n = 285), and Paraguay (security forces n = 1,865). In addition, general norms for Latin America were developed using an employee selection sample (n = 6,724) and a security forces sample (n = 2,850).
Publication Dates: 2010-2022.
Acronym: CTC-R.
Scores, 13: 2 Validity scales: Inconsistency, Social Desirability; 10 Clinical scales: Health Concerns, Paranoid Ideation, Psychoticism, Depression, Boundaries, Hostility, Alcohol and Substance Use, Impulsivity, Anxiety, Vulnerability; plus a General Pathology Index.
Administration: Individual or group.
Price Data, 2022: €95.93 per complete kit, including manual (2022, 132 pages), 10 test booklets, and scoring kit; €26.38 per 10 test booklets; €41.08 per scoring kit, including 25 response sheets and PIN for 25 uses online; €45.18 per online manual; €6.23 per online administration and scoring.
Time: Approximately 20 to 30 minutes.
Comments: Administered online or via paper and pencil; scored online; also available in Catalan, English, French, and Italian.
Authors: David Arribas, Sara Corral, and Jaime Pereña.
Publisher: Hogrefe TEA Ediciones.
Spanish Components: All materials are in Spanish.
English Components: There are no materials in English in this version.

[185e]

Currículo Carolina: Evaluación y Ejercicios para Bebes y Niños Pequeños con Necesidades Especiales.

Original Name: The Carolina Curriculum for Infants and Toddlers with Special Needs (Paul H. Brookes Publishing Co., Inc.).
Purpose: Designed as an assessment and intervention program for use with young children who have mild to severe disabilities.
Origin: United States (1991)/English.
Translation/Adaptation: No information is provided in the test materials about the translation/adaptation process.
Population: Birth to 24 months.

Baremos: Esta prueba no es de referencia normativa; es de referencia de criterio.
Fechas de Publicación: 1994-2009.
Acrónimo: CCITSN.
Puntuación: 5 áreas principales: Cognición, Comunicación, Adaptación Social, Motricidad Fina, Motricidad Gruesa.
Administración: Individual.
Precios, 2022: €87,78 por juego completo, incluyendo manual (2009, tercera edición, 470 páginas) y 25 cuadernillos de anotación; €50,22 por 25 cuadernillos de anotación.
Duración: Variable.
Comentarios: Un sistema de referencia de criterio que une la evaluación con la intervención.
Autores: Nancy M. Johnson-Martín, Kenneth G. Jens, Susan M. Attermeier y Bonnie J. Hacker.
Traductores/Adaptadores: Rita Lutkins y Maria Victoria de la Cruz.
Editorial: Hogrefe TEA Ediciones.
Componentes en Español: Todos los materiales son en español.
Componentes en Inglés: No hay materiales en inglés en esta versión.

[186s]

Cyberbullying: Screening de Acoso entre Iguales.

Propósito: Diseñado para "evaluar los niveles de victimización, agresión, observación y victimización agresiva ante distintos tipos de bullying presencial (físico, verbal, social y psicológico) y tecnológico".
Procedencia: España/español.
Población: Edades 12 a 18 años.
Baremos: Los baremos se desarrollaron utilizando una muestra con 3,026 participantes, distribuidos por edad y género.
Fecha de Publicación: 2013.
Puntuación, 8: Bullying (Victimización, Agresión, Observación, Victimización Agresiva), Ciberbullying (Cibervictimización, Ciberagresión, Ciberobservación, Cibervictimización Agresivo).
Administración: Individual o colectiva.
Precios, 2022: €70,35 por juego completo, incluyendo manual (2013, 140 páginas) y 25 ejemplares; €44,77 por 25 ejemplares; €22,50 por programa de intervención para prevenir y reducir ciberbullying.
Duración: (20) minutos.
Autora: Maite Garaigordobil.
Editorial: TEA Ediciones.
Componentes en Español: Todos los materiales son en español.
Componentes en Inglés: No hay materiales en inglés.

Norms: This test is not norm referenced, it is criterion referenced.
Publication Dates: 1994-2009.
Acronym: CCITSN.
Scores: 5 domains: Cognition, Communication, Social Adaptation, Fine Motor, Gross Motor.
Administration: Individual.
Price Data, 2022: €87.78 per complete kit, including manual (2009, third edition, 470 pages) and 25 record-keeping sheets; €50.22 per 25 record-keeping sheets.
Time: Variable.
Comments: A criterion-referenced system that links assessment with intervention.
Authors: Nancy M. Johnson-Martín, Kenneth G. Jens, Susan M. Attermeier, and Bonnie J. Hacker.
Translators/Adaptors: Rita Lutkins and Maria Victoria de la Cruz.
Publisher: Hogrefe TEA Ediciones.
Spanish Components: All materials are in Spanish.
English Components: There are no English materials in this version.

[186e]

Cyberbullying: Screening de Acoso entre Iguales.

Purpose: Designed to assess levels of victimization, aggression, and aggressive observation and victimization within different types of traditional bullying (physical, verbal, social and psychological) and cyberbullying.
Origin: Spain/Spanish.
Population: Ages 12 to 18.
Norms: Norms were developed using a sample of 3,026 participants, distributed by age and gender.
Publication Date: 2013.
Scores, 8: Bullying (Victimization, Aggression, Observation, Aggressive Victimization), Cyberbullying (Cybervictimization, Cyberaggression, Cyberobservation, Cyberaggressive Victimization).
Administration: Individual or group.
Price Data, 2022: €70.35 per complete kit, including manual (2013, 140 pages) and 25 test booklets; €44.77 per 25 test booklets; €22.50 per intervention program to prevent and decrease cyberbullying.
Time: (20) minutes.
Author: Maite Garaigordobil.
Publisher: TEA Ediciones.
Spanish Components: All materials are in Spanish.
English Components: There are no materials in English.

[187s]

Defendant Questionnaire.

Propósito: Diseñado para la evaluación del acusado (delito menor o grave) en entornos judiciales.
Procedencia: Estados Unidos/inglés.
Traducción/Adaptación: No se provee información en los materiales de la prueba sobre el proceso de traducción/adaptación.
Población: Individuos acusados.
Baremos: No se han provisto baremos con el formulario traducido al español.
Fechas de Publicación: 1997-2004.
Acrónimo: DQ.
Puntuación, 7: Veracidad, Alcohol, Drogas, Abuso de Sustancias/Dependencia, Violencia (Letalidad), Anti-Social, Habilidad de Afrontamiento al Estrés.
Administración: Colectiva.
Precios, 2022: $9.95 por prueba; descuentos de volumen disponibles.
Duración: (30) minutos.
Comentarios: Behavior Data Systems, Ltd. ofrece sus pruebas en línea exclusivamente a través de un contrato de evaluación en línea con Professional Online Testing Solutions, Inc.
Autor: Herman Lindeman.
Editorial: Behavior Data Systems, Ltd.
Componentes en Español: El formulario y las instrucciones correspondientes están disponibles en español.
Componentes en Inglés: Todos los materiales están disponibles en inglés también; el manual es en inglés.

[188s]

Depression Anxiety Stress Scales.

Propósito: Un instrumento de autoreporte diseñado para medir los estados emocionales negativos de la depresión, la ansiedad y el estrés.
Procedencia: Australia/inglés.
Traducción/Adaptación: No se provee información sobre el proceso de traducción/adaptación con los materiales de la prueba traducidos por Bados Lopez ni García Valenzuela. Para la traducción de la versión Breve por Daza et al., tres traductores profesionales trabajaban de manera independiente para traducir el formulario, revisar los resultados y retrotraducir la versión en español para mejorar la equivalencia cultural. Revisó la versión consenso un grupo de nueve individuos bilingües representativos de varias nacionalidades Hispánicas. Después de asegurándose que la traducción tenía palabras y frases común a dialécticos españoles distintos, aplicó la prueba en un estudio piloto para identificar palabras problemáticas.
Población: Adolescentes y adultos.

[187e]

Defendant Questionnaire.

Purpose: "Designed for defendant (misdemeanor or felony) assessment in court settings."
Origin: United States/English.
Translation/Adaptation: No information is provided in the test materials about the translation/adaptation process.
Population: Defendants.
Norms: Separate norms are not provided with the form translated to Spanish.
Publication Dates: 1997-2004.
Acronym: DQ.
Scores, 7: Truthfulness, Alcohol, Drugs, Substance Abuse/Dependency, Violence (Lethality), Antisocial, Stress Coping Abilities.
Administration: Group.
Price Data, 2022: $9.95 per test; volume discounts available.
Time: (30) minutes.
Comments: Behavior Data Systems, Ltd. offers its tests exclusively through an internet testing contract with Professional Online Testing Solutions, Inc.
Author: Herman Lindeman.
Publisher: Behavior Data Systems, Ltd.
Spanish Components: The form and its corresponding instructions are available in Spanish.
English Components: All materials are also available in English; the manual is in English.

[188e]

Depression Anxiety Stress Scales.

Purpose: A self-report instrument "designed to measure the negative emotional states of depression, anxiety, and stress."
Origin: Australia/English.
Translation/Adaptation: No information is provided about the process of translation/adaptation with the test materials translated by Bados Lopez or García Valenzuela. For the translation of the Short version by Daza et al., three professional translators worked independently to translate the form, edit the results, and then back translate the Spanish version to improve cultural equivalence. The consensus Spanish version was then reviewed by a panel of nine bilingual individuals representing various Hispanic nationalities. After determining that the translation used words and phrases common to different Spanish dialects, the test was given to a pilot study group who helped identify words that might need to be changed for the final version.
Population: Adolescents and adults.

Baremos: No se han provisto baremos con los formularios traducidos al español. Para la versión Breve traducido por Daza et al, probaron la traducción en una investigación del campo con una muestra de 98 participantes bilingües de Houston, Tejas, distribuidos por edad, género, ingreso mensual, años de educación, país natal, estado civil, lenguaje hablado en el hogar y país natal de los padres.
Fechas de Publicación: 1995-2022.
Acrónimos: DASS, DASS-42, DASS-21, DASS-Y.
Puntuación, 3: Depresión, Ansiedad, Estrés.
Administración: Individual o colectiva.
Formularios, 3: Regular (DASS/DASS-42), Breve (DASS-21), Joven (DASS-Y).
Precios, 2023: AUS$55 por manual (1995, segunda edición, 48 páginas; inglés); se puede descargar cuestionarios gratuitos en inglés y español del sitio web de la casa editorial de la prueba.
Duración: No se reportó tiempo de administración.
Comentarios: Versión anterior titulada Cuestionario de Autoanálisis; las traducciones de los formularios Regular y Breve fueron completados por varios individuos de manera independiente de la editorial de la prueba; los ítems traducidos al español aparecen en el mismo orden que ellos en la versión inglés. La clave de puntuación en inglés no será igual al plano del cuestionario español, pero sí indicará cuales ítems contribuyen a cada escala; la traducción por García Valenzuela está destinada para uso con individuos hispanohablantes de Latinoamérica.
Autores: Sydney H. Lovibond y Peter F. Lovibond.
Traductores/Adaptadores: Arturo Bados Lopez (DASS/DASS-42/DASS-21, España); Fabián Yesid García Valenzuela (DASS/DASS-42, Colombia); Patricia Daza, Diane M. Novy, Melinda A. Stanley y Patricia Averill (DASS-21, Tejas).
Editorial: Psychology Foundation of Australia.
Componentes en Español: Los formularios Regular y Breve con sus instrucciones correspondientes están disponibles en español.
Componentes en Inglés: Todos los materiales están disponibles en inglés también; el manual es en inglés.
Referencias Cruzadas: Para reseñas por Tony Cellucci y Carl Isenhart de los componentes en inglés de esta prueba, consulte 21:45.

[189s]

Developmental Assets Profile.

Propósito: Diseñado como una examinación colectiva del sentido de jóvenes de sus propios poderes, apoyos y destrezas, las cuales son esenciales por el suceso en la escuela y la vida.
Procedencia: Estados Unidos (2005-2016)/inglés.
Traducción/Adaptación: Varias agencias internacionales trabajaron con la casa editorial de la prueba para adaptar y pilotear el uso de la prueba en una

Norms: Separate norms are not provided with the forms translated to Spanish. The Daza et al. translation was field tested with 98 bilingual participants from Houston, Texas, distributed by age, gender, monthly income, years of education, country of birth, marital status, language spoken in the home, and parental country of birth.
Publication Dates: 1995-2022.
Acronyms: DASS, DASS-42, DASS-21, DASS-Y.
Scores, 3: Depression, Anxiety, Stress.
Administration: Individual or group.
Forms, 3: Regular (DASS/DASS-42), Short (DASS-21), Youth (DASS-Y).
Price Data, 2023: AUS$55 per manual (1995, second edition, 48 pages; English); questionnaires in Spanish and English are available as free downloads from test publisher's website.
Time: Administration time not reported.
Comments: Earlier version titled Self-Analysis Questionnaire; the translations of the Regular and Short forms were completed by various individuals independently of the test publisher; the items on the Spanish version appear in the same order as the English version. "The scoring key will not match the layout of the Spanish questionnaire, but it will indicate which items contribute to each scale;" the translation by García Valenzuela is intended for Spanish-speaking individuals from Latin America.
Authors: Sydney H. Lovibond and Peter F. Lovibond.
Translators/Adaptors: Arturo Bados Lopez (DASS/DASS-42/DASS-21, Spain); Fabián Yesid García Valenzuela (DASS/DASS-42, Colombia); Patricia Daza, Diane M. Novy, Melinda A. Stanley, and Patricia Averill (DASS-21, Texas).
Publisher: Psychology Foundation of Australia.
Spanish Components: The Regular and Short forms and their corresponding instructions are available in Spanish.
English Components: All materials are also available in English; the manual is in English.
Cross References: For reviews by Tony Cellucci and Carl Isenhart of this test's English components, see 21:45.

[189e]

Developmental Assets Profile.

Purpose: Designed as a group-level examination of "young people's own sense of their strengths, supports, and skills that are essential for success in school and life."
Origin: United States (2005-2016)/English.
Translation/Adaptation: Several international agencies partnered with the test publisher to adapt and pilot the use of the test in other

variedad de otros países y lenguajes, incluyendo español. Los pasos en este proceso incluyeron la colaboración con un equipo de un país hispanoparlante; la creación de grupos de enfoque que aseguraran la retención del significado de ítem sobre lenguaje y cultura; la traducción y retrotraducción de ítems de la prueba; y una investigación de la encuesta nueva con jóvenes de edades 9 a 25 en varios países hispanohablantes, incluyendo Bolivia (n = 153), El Salvador (n = 301), Honduras (n = 534) y México (n = 371).

Población: Estudiantes en Grados 4 a 12.

Baremos: No se provee baremos con los materiales en español.

Fecha de Publicación: 2014.

Acrónimo: DAP.

Puntuación, 16: Recursos Externos (Apoyo, Fortalecimiento, Límites y Expectativas, Utiliza el Tiempo Constructivamente), Recursos Internos (Compromiso al Aprendizaje, Valores Positivas, Competencias Sociales, Identidades Positivas), Puntuación de Recursos Compuestas, más 5 contextos de recursos (Personal, Social, Familia, Escuela, Comunidad).

Administración: Colectiva.

Precios, 2023: $250 cada reporte de sitio, incluyendo hasta 100 encuestas; $2 cada encuesta adicional (por encima de la 100 incluida); $250 cada reporte sumario (incluyendo sitios múltiples); $150 cada archivo de datos individuo de todos jóvenes encuestados.

Duración: 10 minutos o menos para completar.

Comentarios: Se puede descargar la guía del usuario (2016, 45 páginas) del sitio de web de la editorial de la encuesta; la editorial de la encuesta analiza los datos y provee los reportes; cada reporte requiere un mínimo de 30 encuestas.

Autor: Search Institute.

Traductor/Adaptador: Search Institute.

Editorial: Search Institute.

Componentes en Español: Los ítems de la prueba y sus instrucciones correspondientes están disponibles en español.

Componentes en Inglés: Todos los materiales están disponibles en inglés también; el manual es en inglés.

Referencias Cruzadas: Para reseñas por Frank Bernt y Thomas P. Hogan de los componentes en inglés de esta prueba, consulte 21:47.

[190s]

Developmental Indicators for the Assessment of Learning–Fourth Edition.

Propósito: Diseñado como un screener global para identificar los niños que necesitan intervención o evaluación diagnóstica en las siguientes áreas: motora, conceptos, lenguaje, autoayuda y habilidades socioemocionales.

Procedencia: Estados Unidos/inglés.

countries and languages, including Spanish. Steps in this process included collaboration with a team based in a Spanish-speaking country; creation of focus groups to ensure the retention of item meaning across language and culture; translation and back-translation of test items; and testing the new survey with youth ages 9 to 25 in several Spanish-speaking countries, including Bolivia (n = 153), El Salvador (n = 301), Honduras (n = 534), and Mexico (n = 371).

Population: Students in Grades 4 to 12.

Norms: Separate norms are not provided with the materials in Spanish.

Publication Date: 2014.

Acronym: DAP.

Scores, 16: External Assets (Support, Empowerment, Boundaries and Expectations, Constructive Use of Time), Internal Assets (Commitment to Learning, Positive Values, Social Competencies, Positive Identity), Composite Assets Score, plus 5 asset contexts (Personal, Social, Family, School, Community).

Administration: Group.

Price Data, 2023: $250 per site report, including up to 100 surveys; $2 per additional survey (beyond the included 100); $250 per aggregate report (encompassing multiple sites); $150 per individual data file of all youth surveyed.

Time: 10 minutes or less for completion.

Comments: User's guide (2016, 45 pages) available for download from survey publisher's website; data analyzed and report provided by survey publisher; minimum of 30 surveys required for report.

Author: Search Institute.

Translators/Adaptor: Search Institute.

Publisher: Search Institute.

Spanish Components: Test items and their corresponding instructions are available in Spanish.

English Components: All materials are also available in English; the manual is in English.

Cross References: For reviews by Frank Bernt and Thomas P. Hogan of this test's English components, see 21:47.

[190e]

Developmental Indicators for the Assessment of Learning–Fourth Edition.

Purpose: Designed as a global screener to identify children who need intervention or diagnostic evaluation in the following areas: motor, concepts, language, self-help, and social-emotional skills.

Origin: United States/English.

[190s] Developmental Indicators for the Assessment of Learning–Fourth Edition

Traducción/Adaptación: Los ítems y tareas inglesas y españolas fueron revisadas por expertos bilingües por relevancia, importancia y sesgo posible (con respeto al género y cultura/identidad étnica). Se hicieron los ajustes necesarios. Además, se excluyeron Rima Expresiva de la versión en español porque los expertos no se consideraron que la rima fuera una tarea culturalmente apropiada para niños hispanohablantes.
Población: Edades 2-6 a 5-11.
Baremos: No se han desarrollado baremos para hispanohablantes. Materiales en inglés y español fueron equiparados estadísticamente para que los baremos reflejasen los estándares para la población general de los EE. UU., incluyendo niños que hablan inglés y los niños que hablan español.
Fechas de Publicación: 1983-2011.
Acrónimo: DIAL-4.
Puntuación: 9 formularios regulares: Motora, Conceptos, Lenguaje, DIAL-4 Total, Observaciones de Comportamiento, Autoayuda Padres, Socioemocional Padres, Autoayuda Docentes, Socioemocional Docentes; 5 Speed DIAL-4: Motora, Conceptos, Lenguaje, Desarrollo de Autoayuda, Desarrollo Social.
Administración: Individual.
Formularios, 2: Regular, Corto.
Precios, 2022: $811.60 por juego completo incluyendo manual del examinador (2011, 131 páginas, inglés), 50 formularios de registro en inglés, 1 formulario de registro en español, 50 tarjetas para cortar, 50 cuestionarios para padres en inglés, 25 cuestionarios para docentes en inglés, manipulativos, guía del operario en inglés y español para motor, conceptos y lenguaje más Speed DIAL, paquete de entrenamiento y DVD de entrenamiento; $135 por manual del examinador; $27.30 por guías del operario (motor/conceptos/lenguaje); $114.80 por formularios de administración en español incluyendo 50 formularios de registro, 50 tarjetas para cortar y 50 cuestionarios para padres; $84.40 por 50 formularios de registro en español y 50 tarjetas para cortar; $47.30 por 50 cuestionarios para padres; $47.30 por 50 formularios de registro.
Duración: (30-45) minutos, Formulario Regular; (20) minutos, Formulario Corto.
Comentarios: Cuando se aplica la prueba a hispanohablantes, el administrador debe tener domino del español o la habilidad de colaborar con un intérprete cualificado.
Autoras: Carol Mardell y Dorothea S. Goldenberg.
Editorial: Pearson.
Componentes en Español: Los formularios de registro y cuestionarios para padres están disponibles en español.
Componentes en Inglés: Todos los materiales están disponibles en inglés, también; el manual es en inglés.

Translation/Adaptation: All Spanish and English items and tasks were reviewed by bilingual experts for their relevance, importance, and possible bias (with respect to sex and culture/ethnicity). Necessary adjustments were made. In addition, "Expressive Rhyming was excluded from the Spanish version because . . . experts did not consider rhyming a culturally appropriate task for Spanish-speaking children."
Population: Ages 2-6 to 5-11.
Norms: Separate norms were not developed for Spanish speakers. English and Spanish materials were statistically equated so that norms reflect performance standards for the general U.S. population, inclusive of English-speaking and Spanish-speaking children.
Publication Dates: 1983-2011.
Acronym: DIAL-4.
Scores: 9 regular forms: Motor, Concepts, Language, DIAL-4 Total, Behavioral Observations, Parent Self-Help, Parent Social Emotional, Teacher Self-Help, Teacher Social Emotional; 5 Speed DIAL-4: Motor, Concepts, Language, Self-Help Development, Social Development.
Administration: Individual.
Forms, 2: Regular, Short.
Price Data, 2022: $811.60 per complete kit including examiner's manual (2011, 131 pages, English), 50 English record forms, 1 Spanish record form, 50 cutting cards, 50 parent questionnaires (English), 25 teacher questionnaires (English), manipulatives, operator's handbooks in English and Spanish for motor, concepts and language areas plus Speed DIAL, training packet, and training DVD; $135 per examiner's manual; $27.30 per operator's handbooks (motor/concepts/language); $114.80 per Spanish administration forms including 50 record forms, 50 cutting cards, and 50 parent questionnaires; $84.40 per 50 Spanish record forms and 50 cutting cards; $47.30 per 50 parent questionnaires; $47.30 per 50 record forms.
Time: (30-45) minutes, Regular Form; (20) minutes, Short Form.
Comments: When administering the test to Spanish speakers, the administrator should be fluent in Spanish or able to work with a qualified interpreter.
Authors: Carol Mardell and Dorothea S. Goldenberg.
Publisher: Pearson.
Spanish Components: Record forms and parent questionnaires are available in Spanish.
English Components: All materials are also available in English; the manual is in English.

Referencias Cruzadas: Para reseñas por Sherry K. Bain y Claudia R. Wright de los componentes en inglés de esta prueba, consulte 19:51.

[191s]

Developmental Profile 4.

Propósito: Diseñado para evaluar el desarrollo y el funcionamiento de los individuos desde el nacimiento hasta los 21 años, 11 meses.
Procedencia: Estados Unidos/inglés.
Traducción/Adaptación: Los ítems de la prueba y las instrucciones fueron traducidos al español por un psicólogo clínico y luego se tradujeron de forma independiente al inglés. El personal editorial y el autor de la prueba revisaron las traducciones anteriores, y el traductor hizo ajustes para producir los formularios finales en español.
Población: Edades 0-0 a 21-11.
Baremos: La muestra de estandarización para el Formulario de Entrevista Para Padres/Guardianes se compone de 2,259 casos, de los cuales 2,051 se consideraron de desarrollo típico y 208 tenían diagnósticos clínicos. 55 de los casos de desarrollo típico eran principalmente de familias de habla hispana. Todos fueron emparejados con angloparlantes en la muestra en función de la edad, el género, la región y el origen étnico. No se encontraron diferencias significativas entre los dos grupos en sus puntajes estándar de escala ni el puntaje de Desarrollo General.
Fechas de Publicación: 1972-2020.
Acrónimo: DP-4.
Puntuación, 6: 5 puntajes de escala: Física, Comportamiento Adaptativo, Social-Emocional, Cognitiva, Comunicación; Desarrollo General.
Administración: Individual.
Formularios, 4: Formulario de Entrevista Para Padres/Guardianes, Formulario Para Padres/Guardianes, Formulario Para Maestros, Calificación de Clínico.
Precios, 2023: $492 por juego impreso, incluyendo el manual impreso (2020, 438 páginas, inglés), 25 Formularios de Entrevista Para Padres/Guardianes, 25 Formularios Para Maestros, 25 Formularios Para Padres/Guardianes y 25 Formularios de Calificación de Clínico; $419 por juego en línea; $27 por 5 usos en línea (Entrevista Para Padres/Guardianes, Formulario Para Maestros, Formulario Para Padres/Guardianes, o Calificación de Clínico; español o inglés); $132 por manual digital; $155 por manual impreso.
Duración: 20-40 minutos para la sesión de entrevista.
Comentarios: El Formulario de Entrevista Para Padres/Guardianes es el método de administración preferido; el Formulario Para Padres/Guardianes, que contiene el mismo contenido que el formulario de entrevista, se puede utilizar cuando no es posible administrar la entrevista; se puede administrar a través de papel y lápiz o en línea.

Cross References: For reviews by Sherry K. Bain and Claudia R. Wright of this test's English components, see 19:51.

[191e]

Developmental Profile 4.

Purpose: "Designed to assess the development and functioning of individuals from birth through age 21 years, 11 months."
Origin: United States/English.
Translation/Adaptation: Test items and instructions were translated into Spanish by a clinical psychologist, then independently back-translated into English. Back translations were reviewed by the publishing staff and the test author, and the translator made adjustments to produce the final Spanish forms.
Population: Ages 0-0 to 21-11.
Norms: The standardization sample for the Parent/Caregiver Interview form consisted of 2,259 cases, of whom 2,051 were considered typically developing and 208 had clinical diagnoses. 55 of the typically developing cases were from primarily Spanish-speaking families. All were matched with English speakers in the sample based on age, gender, region, and ethnicity. No significant difference was found between the two groups on their scale standard scores and the General Development Score.
Publication Dates: 1972-2020.
Acronym: DP-4.
Scores, 6: 5 scale scores: Physical, Adaptive Behavior, Social-Emotional, Cognitive, Communication; General Development Score.
Administration: Individual.
Forms, 4: Parent/Caregiver Interview Form, Parent/Caregiver Checklist, Teacher Checklist, Clinician Rating.
Price Data, 2023: $492 per print kit, including print manual (2020, 438 pages, English), 25 Parent/Caregiver Interview Forms, 25 Teacher Checklists, 25 Parent/Caregiver Checklists, and 25 Clinician Rating Forms; $419 per online kit; $27 per 5 online uses (Parent/Caregiver Interviewer, Teacher Checklist, Parent/Caregiver Checklist, or Clinician Rating; Spanish or English); $132 per digital manual; $155 per print manual.
Time: 20-40 minutes for the interview session.
Comments: The Parent/Caregiver Interview Form is the preferred method of administration; the Parent/Caregiver Checklist, which contains the same content as the interview form, may be used when administering the interview is not possible; may be administered online or via paper and pencil.

Autor: Gerald D. Alpern.
Traductora/Adaptadora: Susana Urbina.
Editorial: Western Psychological Services.
Componentes en Español: El Formulario de Entrevista Para Padres/Guardianes, el Formulario Para Padres/Guardianes y el Formulario Para Maestros y sus instrucciones correspondientes están disponibles in español.
Componentes en Inglés: Todos los materiales están disponibles en inglés también; el manual es en inglés.

[192s]

Devereux Early Childhood Assessment for Preschoolers, Second Edition.

Propósito: Diseñado para evaluar los factores interiores protectores e identificar a niños los cuales exhiben problemas conductuales y emocionales.
Procedencia: Estados Unidos/inglés.
Traducción/Adaptación: La prueba fue traducida por primera vez por individuos de varias identidades étnicas y dialectos españoles y luego sintetizado de las distintas traducciones en una sola versión empleando un español universal y genérico. Esta versión fue retrotraducida para asegurar conformidad con la versión original inglesa. Como verificación final, hispanohablantes afuera de la empresa de traducción revisaron la traducción y proveyeron comentarios sobre palabras específicas.
Población: Edades 3-0 a 6-0.
Baremos: No se han provisto baremos con los materiales traducidos al español. El equipo implementó un estudio de equivalencia para determinar la validez de usando los baremos en inglés para puntuar la traducción española de la prueba.
Fechas de Publicación: 1999-2012.
Acrónimo: DECA-P2.
Puntuación, 5: Iniciativa, Autoregulación, Vinculo/Relaciones, Total de Factores Protectores, Preocupaciones por Conducta.
Administración: Individual.
Precios, 2023: $229.95 por juego completo, incluye manual (2012, 136 páginas, inglés), guía de estrategias (2012, 402 páginas), 2 copias de *Building Your Bounce: Simple Strategies for a Resilient You* (2013, 80 paginas), 20 guías familiares, 1 copia de *Flip It: Transforming Challenging Behavior* (2011, 94 paginas) y 40 formularios de anotación.
Duración: (10) minutos.
Comentarios: Revisión de Devereux Early Childhood Assessment; se puede administrar y corregir en línea; calificaciones hecho por padres y maestros; el evaluador necesita observar la conducta del niño(a) por lo menos 4 semanas.
Autores: Paul A. LeBuffe y Jack A. Naglieri.
Traductores/Adaptadores: Magnum Group, Inc.
Editorial: Kaplan Early Learning Company.

Author: Gerald D. Alpern.
Translator/Adaptor: Susana Urbina.
Publisher: Western Psychological Services.
Spanish Components: The Parent/Caregiver Interview Form, Parent/Caregiver Checklist, and Teacher Checklist and their corresponding instructions are available in Spanish.
English Components: All materials are also available in English; the manual is in English.

[192e]

Devereux Early Childhood Assessment for Preschoolers, Second Edition.

Purpose: Designed to evaluate within-child protective factors and to identify children who may be exhibiting emotional and behavioral problems.
Origin: United States/English.
Translation/Adaptation: The test was first translated by individuals from a variety of Spanish ethnicities and dialects and then synthesized from those various translations to one version using a more universal or generic Spanish. This version was back-translated to confirm conformity with the original English. As a final check, Spanish speakers outside of the translation company reviewed and provided feedback on the translation and specific word choices.
Population: Ages 3-0 to 6-0.
Norms: Separate norms are not provided with the materials translated to Spanish. An equivalency study was conducted to determine the validity of using the norms collected in English to score the Spanish translation of the test.
Publication Dates: 1999-2012.
Acronym: DECA-P2.
Scores, 5: Initiative, Self-Regulation, Attachment/Relationships, Total Protective Factors, Behavioral Concerns.
Administration: Individual.
Price Data, 2023: $229.95 per kit including manual (2012, 136 pages, English), strategy guide (2012, 402 pages), 2 copies of *Building Your Bounce: Simple Strategies for a Resilient You* (2013, 80 pages), 20 family guides, 1 copy of *Flip It: Transforming Challenging Behavior* (2011, 94 pages), and 40 record forms.
Time: (10) minutes.
Comments: Revision of the Devereux Early Childhood Assessment; online administration and scoring available; ratings by teachers and parents; rater needs to observer child's behavior for at least 4 weeks.
Authors: Paul A. LeBuffe and Jack A. Naglieri.
Translators/Adaptors: Magnum Group, Inc.
Publisher: Kaplan Early Learning Company.

Componentes en Español: Las hojas de anotación y sus instrucciones correspondientes están disponibles en español.
Componentes en Inglés: Todos los materiales están disponibles en inglés también; el manual es en inglés.
Referencias Cruzadas: Para reseñas por Tracy Thorndike y Georgette Yetter de los componentes en inglés de esta prueba, consulte 21:49.

[193s]

Devereux Student Strengths Assessment.

Propósito: Desarrollada para proporcionar una medida de las competencias socioemocionales.
Procedencia: Estados Unidos/inglés.
Traducción/Adaptación: Los ítems de la escala de evaluación fueron traducidos por un servicio de traducción profesional y la traducción fue revisada por un grupo de seis profesionales de traducción que representaron varias culturas hispanas. Los profesionales participaron en un proceso conocido como armonización para discutir las preferencias terminológicas por cultura y utilizaron terminologías en español más universal cuando surgieron discrepancias. La versión final fue retrotraducida y comparada con la versión original en inglés de los ítems.
Población: Grados K-8.
Baremos: No se desarrollaron baremos separados para hispanohablantes. Padres bilingües (n = 76) y docentes/personal extraescolar (n = 100), la mayoría de los cuales eran hispanos, completaron las versiones en español e inglés de la prueba "para determinar si los baremos desarrollados a partir de los datos de estandarización recopilados en inglés son apropiados para usar con la traducción al español". Se correlacionaron las puntuaciones de las dos versiones y se consideró la estabilidad. Los resultados indicaron que se podrían usar los mismos baremos para ambas versiones.
Fechas de Publicación: 2008-2009.
Acrónimo: DESSA.
Puntuación, 9: Responsabilidad Personal, Pensamiento Optimista, Comportamiento Dirigido a Objetivos, Conciencia Social, Toma de Decisiones, Habilidades de Relación, Autoconciencia, Autogestión, Compuesto Socioemocional.
Administración: Individual o colectiva.
Precios: Disponibles con la casa editorial.
Duración: Aproximadamente 10 minutos.
Comentarios: Parte de una serie que incluye: Devereux Early Childhood Assessment-Infant/Toddler Version (DECA-I/T), Devereux Early Childhood Assessment (DECA) y Devereux Early Childhood Assessment-Clinical Form (DECA-C); calificaciones pueden ser hechas por padres, docentes o personal en escuelas y agencias de servicio a la niñez.

Spanish Components: The record forms and their corresponding instructions are available in Spanish.
English Components: All materials are also available in English; the manual is in English.
Cross References: For reviews by Tracy Thorndike and Georgette Yetter of this test's English components, see 21:49.

[193e]

Devereux Student Strengths Assessment.

Purpose: "Developed to provide a measure of social-emotional competencies."
Origin: United States/English.
Translation/Adaptation: The rating scale items were translated by a professional translation service, and the translation was reviewed by a group of six translation professionals, representing various Hispanic cultures. Professionals engaged in a process known as harmonization to discuss the terminology preferences by culture and used a more universal form of Spanish when discrepancies arose. The final version was back-translated and compared to the original English items.
Population: Grades K-8.
Norms: Separate norms were not developed for Spanish speakers. Bilingual parents (n = 76) and teachers/afterschool staff (n = 100), most of whom were Hispanic, completed Spanish and English versions of the test "to determine whether the norms developed from the standardization data collected in English are appropriate to use with the Spanish translation." Scores from the two versions were correlated, and stability was considered. Results indicated the same norms could be used for both versions.
Publication Dates: 2008-2009.
Acronym: DESSA.
Scores, 9: Personal Responsibility, Optimistic Thinking, Goal-Directed Behavior, Social-Awareness, Decision Making, Relationship Skills, Self-Awareness, Self-Management, Social-Emotional Composite.
Administration: Individual or group.
Price Data: Available from publisher.
Time: Approximately 10 minutes.
Comments: Part of a series that includes: the Devereux Early Childhood Assessment-Infant/Toddler Version (DECA-I/T), the Devereux Early Childhood Assessment (DECA), and the Devereux Early Childhood Assessment-Clinical Form (DECA-C); ratings "by parents, teachers, or staff at schools and child-serving agencies."

Autores: Paul A. LeBuffe, Valerie B. Shapiro y Jack A. Naglieri.
Editorial: Aperture Education.
Componentes en Español: La escala de evaluación y sus instrucciones correspondientes están disponibles en español.
Componentes en Inglés: Todos los materiales están disponibles en inglés también; el manual es en inglés.
Referencias Cruzadas: Para reseñas por Jeffrey A. Atlas y Koressa Kutsick Malcolm de los componentes en inglés de esta prueba, consulte 18:41.

[194s]

Devereux Student Strengths Assessment–Second Step Edition.

Propósito: Una escala de calificación diseñada para evaluar las competencias socioemocionales de los niños en el programa Second Step y para evaluar el impacto del programa.
Procedencia: Estados Unidos/inglés.
Traducción/Adaptación: Los ítems de la prueba fueron traducidos por un servicio de traducción profesional y la traducción fue revisada por un grupo de seis traductores profesionales, que representaban varias culturas hispanas. Los profesionales se involucraron en un proceso conocido como armonización para discutir las preferencias de terminología por cultura y usaron una forma más universal de español cuando surgieron discrepancias. La versión final se retrotradujo y se comparó con los ítems originales en inglés.
Población: Grados K-5.
Baremos: No se desarrollaron baremos separadas para hispanohablantes. Padres bilingües (n = 76) y docentes/personal extraescolar (n = 100), la mayoría de los cuales eran hispanos, completaron las versiones en español e inglés del DESSA completo para determinar si los baremos desarrollados a partir de los datos de estandarización recopilados en inglés fueron apropiados para usar con la traducción al español. Se correlacionaron las puntuaciones de las dos versiones y se consideró la estabilidad. Los resultados indicaron que se podrían usar los mismos baremos para ambas versiones.
Fecha de Publicación: 2011.
Acrónimo: DESSA-SSE.
Puntuación, 5: Habilidades de Aprendizaje, Empatía, Manejo de Emociones, Resolución de Problemas, Compuesto Socioemocional.
Administración: Individual o colectiva.
Precios: Disponibles con la casa editorial.
Duración: Aproximadamente 5 minutos para administración.
Comentarios: Los 36 ítems del DESSA-SSE son un subconjunto de los de la Devereux Student Strengths Assessment (DESSA) de 72 ítems; calificaciones completadas por el padre o miembro de la familia, docente,

Authors: Paul A. LeBuffe, Valerie B. Shapiro, and Jack A. Naglieri.
Publisher: Aperture Education.
Spanish Components: The rating scale and corresponding instructions are available in Spanish.
English Components: All materials are also available in English; the manual is in English.
Cross References: For reviews by Jeffrey A. Atlas and Koressa Kutsick Malcolm of this test's English components, see 18:41.

[194e]

Devereux Student Strengths Assessment–Second Step Edition.

Purpose: A rating scale designed to assess social-emotional competencies of children in the Second Step program and for evaluating the program's impact.
Origin: United States/English.
Translation/Adaptation: Test items were translated by a professional translation service, and the translation was reviewed by a group of six translation professionals, representing various Hispanic cultures. Professionals engaged in a process known as harmonization to discuss the terminology preferences by culture and used a more universal form of Spanish when discrepancies arose. The final version was back-translated and compared to the original English items.
Population: Grades K-5.
Norms: Separate norms were not developed for Spanish speakers. Bilingual parents (n = 76) and teachers/afterschool staff (n = 100), most of whom were Hispanic, completed Spanish and English versions of the full DESSA "to determine whether the norms developed from the standardization data collected in English are appropriate to use with the Spanish translation." Scores from the two versions were correlated, and stability was considered. Results indicated the same norms could be used for both versions.
Publication Date: 2011.
Acronym: DESSA-SSE.
Scores, 5: Skills for Learning, Empathy, Emotion Management, Problem Solving, Social-Emotional Composite.
Administration: Individual or group.
Price Data: Available from publisher.
Time: Approximately 5 minutes for administration.
Comments: The 36 items on the DESSA-SSE are a subset of those on the 72-item Devereux Student Strengths Assessment (DESSA); ratings completed by parent or family member, teacher,

personal del programa extracurricular o personal del servicio social, salud mental o programa de bienestar infantil.
Autores: Paul A. LeBuffe, Jack A. Naglieri y Valerie B. Shapiro.
Editorial: Aperture Education.
Componentes en Español: La escala de evaluación y sus instrucciones correspondientes están disponibles en español.
Componentes en Inglés: Todos los materiales están disponibles en inglés también; el manual es en inglés.
Referencias Cruzadas: Para reseñas por Eric S. Buhs y por Kara M. Styck y Esther H. Yi de los componentes en inglés de esta prueba, consulte 21:50.

[195s]

Diagnóstico Integral del Estudio (Niveles 1, 2 y 3).

Propósito: Diseñado como "herramienta diagnóstica que evalúa conducta compleja del estudio, aportando vías para el trabajo preventivo y correctivo de los hábitos, técnicas y estrategias de estudio".
Procedencia: España/español.
Población: Edades 9-11 (educación primaria), 12-16 (educación secundaria) y 16 en adelante (bachilleratos/educación técnico-profesional/universitarios/adultos).
Baremos: Los baremos se desarrollaron utilizando una muestra con 1.621 participantes, distribuidos por edad, grado de enseñanza y sexo.
Fechas de Publicación: 1999-2002.
Acrónimo: DIE.
Administración: Colectiva.
Niveles, 3: DIE-1, DIE-2, DIE-3.
Precios, 2022: €85,72 por juego completo (nivel 1, 2 o 3), incluye manual (2002, segunda edición, 56 páginas), 10 cuadernillos (nivel 1, 2 o 3), 25 hojas de respuestas y 25 hojas de práctica; €14,76 por 10 cuadernillos (nivel 1, 2 o 3); €24,20 por 25 hojas de respuestas (nivel 1, 2 o 3); €29,04 por 25 hojas de práctica nivel 1; €31,16 por 25 hojas de práctica nivel 2 o 3.
Duración: (60) minutos.
Autores: M. Pérez, E. Rodríguez, M. N. Cabezas y A. Polo.
Editorial: Hogrefe TEA Ediciones.
Componentes en Español: Todos los materiales son en español.
Componentes en Inglés: No hay materiales en inglés.

a) DIE-1.
Población: Edades 9-11.
Puntuación: 4 escalas, 4 estrategias: Actitud (Estrategias de Apoyo, Estrategias Complementarias), Autoconcepto Académico (Estrategias Complementarias, Estrategias de Apoyo), Aptitud para el Estudio, Resultados.

after-school program staff, or staff from social service, mental health, or child welfare program.
Authors: Paul A. LeBuffe, Jack A. Naglieri, and Valerie B. Shapiro.
Publisher: Aperture Education.
Spanish Components: The rating scale and its corresponding instructions are available in Spanish.
English Components: All materials are also available in English; the manual is in English.
Cross References: For reviews by Eric S. Buhs and by Kara M. Styck and Esther H. Yi of this test's English components, see 21:50.

[195e]

Diagnóstico Integral del Estudio (Niveles 1, 2 y 3).

Purpose: Designed as a diagnostic tool to evaluate the complex task of studying and to provide alternatives for preventive and corrective habits, techniques, and strategies for studying.
Origin: Spain/Spanish.
Population: Ages 9-11 (primary school), 12-16 (secondary school), and 16 and older (university students, students of technical/professional schools, adults).
Norms: Norms were developed using a sample of 1,621 participants, distributed by age, educational level, and gender.
Publication Dates: 1999-2002.
Acronym: DIE.
Administration: Group.
Levels, 3: DIE-1, DIE-2, DIE-3.
Price Data, 2022: €85.72 per complete kit (level 1, 2, or 3), including manual (2002, second edition, 56 pages), 10 test booklets (level 1, 2, or 3), 25 response sheets, and 25 practice sheets; €14.76 per 10 test booklets (level 1, 2, or 3); €24.20 per 25 response sheets (level 1, 2, or 3); €29.04 per 25 level 1 practice sheets; €31.16 per 25 level 2 or 3 practice sheets.
Time: (60) minutes.
Authors: M. Pérez, E. Rodríguez, M. N. Cabezas, and A. Polo.
Publisher: Hogrefe TEA Ediciones.
Spanish Components: All materials are in Spanish.
English Components: There are no materials in English.

a) DIE-1.
Population: Ages 9-11.
Scores: 4 scales, 4 strategies: Attitude (Support Strategies, Complementary Strategies), Academic Self-Concept (Complementary Strategies, Support Strategies), Aptitude for Studying, Results.

b) DIE-2.
Población: Edades 12-16.
Puntuación: 4 escalas, 8 estrategias: Actitud (Estrategias de Apoyo, Estrategias de Seguimiento, Estrategias Primarias, Estrategias Complementarias), Autoconcepto Académico (Estrategias Primarias, Estrategias Complementarias, Estrategias de Apoyo, Estrategias de Seguimiento), Aptitud para el Estudio, Resultados.
c) DIE-3.
Población: Edades 16 en adelante.
Puntuación: 4 escalas, 8 estrategias: Igual a *b)* arriba.

[196s]

Diagnóstico y Detección Temprana de la Dislexia.

Propósito: Diseñado para "detectar tempranamente casos potenciales de dislexia y ayudar al diagnóstico diferencial de este trastorno".
Procedencia: España/español.
Población: Edades 4 a 70.
Baremos: Los baremos se desarrollaron utilizando una muestra con 2.830 participantes, distribuidos por edad, género y región geográfica.
Fecha de Publicación: 2020.
Acrónimo: PROLEXIA.
Administración: Individual.
Niveles, 2: Batería de Detección Temprana, Batería Diagnóstica.
Precios, 2022: €151,84 por juego completo, incluyendo manual (2020, 136 páginas), cuaderno de láminas y juego de corrección; €56,68 por juego de corrección, incluye 25 cuadernillos de anotación y PIN para 25 usos en línea.
Duración: Aproximadamente 30 minutos.
Comentarios: Se corrige en línea.
Autores: Fernando Cuetos, David Arribas, Paz Suárez-Coalla y Cristina Martínez-García.
Editorial: Hogrefe TEA Ediciones.
Componentes en Español: Todos los materiales son en español.
Componentes en Inglés: No hay materiales en inglés.
a) BATERÍA DE DETECCIÓN TEMPRANA.
Propósito: Diseñado para detectar una potencial dislexia.
Población: Edades 4 a 6.
Puntuación, 7: Señalar el Diferente, Número de Sílabas, Repetición de Pseudopalabras, Dígitos, RAN Colores, RAN Objetos, más una Valoración Global.
b) BATERÍA DIAGNÓSTICA.
Propósito: Diseñado para ayudar al diagnóstico diferencial de la dislexia.
Población: Edades 7 a 70.
Puntuación, 13: Omisión de Sílaba, Sustitución de Fonema, Inversión de Sílaba, Deletreo de Palabras, Deletreo de Pseudopalabras, Dígitos, Lectura de Palabras, Lectura de Pseudopalabras, Dictado de Palabras, Dictado de Pseudopalabras, RAN Colores, RAN Objetos, más una Valoración Global.

b) DIE-2.
Population: Ages 12-16.
Scores: 4 scales, 8 strategies: Attitude (Support Strategies, Follow-up Strategies, Primary Strategies, Complementary Strategies), Academic Self-Concept (Primary Strategies, Complementary Strategies, Support Strategies, Follow-up Strategies), Aptitude for Studying, Results.
c) DIE-3.
Population: Ages 16 and over.
Scores: 4 scales, 8 strategies: Same as *b)* above.

[196e]

Diagnóstico y Detección Temprana de la Dislexia.

Purpose: Designed to detect potential cases of dyslexia early and aid the differential diagnosis of this disorder.
Origin: Spain/Spanish.
Population: Ages 4 to 70.
Norms: Norms were developed using a sample of 2,830 participants, distributed by age, gender, and geographic region.
Publication Date: 2020.
Acronym: PROLEXIA.
Administration: Individual.
Levels, 2: Early Detection Battery, Diagnostic Battery.
Price Data, 2022: €151.84 per complete kit, including manual (2020, 136 pages), stimulus book, and scoring kit; €56.68 per scoring kit, including 25 record booklets and PIN for 25 uses online.
Time: Approximately 30 minutes.
Comments: Scored online.
Authors: Fernando Cuetos, David Arribas, Paz Suárez-Coalla, and Cristina Martínez-García.
Publisher: Hogrefe TEA Ediciones.
Spanish Components: All materials are in Spanish.
English Components: There are no materials in English.
a) EARLY DETECTION BATTERY.
Purpose: Designed to detect potential cases of dyslexia.
Population: Ages 4 to 6.
Scores, 7: Indicate the Difference, Number of Syllables, Pseudoword Recognition, Digits, RAN Colors, RAN Objects, plus Global Score.
b) DIAGNOSTIC BATTERY.
Purpose: Designed to aid the differential diagnosis of dyslexia.
Population: Ages 7 to 70.
Scores, 13: Syllable Omission Phoneme Substitution, Syllable Inversion, Word Spelling, Pseudoword Spelling, Digits, Word Reading, Pseudoword Reading, Word Dictation, Pseudoword Dictation, RAN Colors, RAN Objects, plus Global Score.

[197s]

Dialect.

Propósito: Diseñado para evaluar la habilidad de leer y ayudar a los estudiantes y los docentes medir el progreso y predecir el desarrollo de la lectura estudiantil.
Procedencia: Chile y los Estados Unidos/español e inglés.
Traducción/Adaptación: Traductores profesionales y especialistas de evaluación colaboraron para desarrollar ítems nuevos en español y "transadaptar" (traducir y adaptar contenido, teniendo en cuenta diferencias lingüísticas y culturas) ítems en inglés del grupo de ítems del Lexile Research Test.
Población: Estudiantes chilenos en los Grados K-12.
Fecha de Publicación: 2015.
Administración: Individual.
Precios: Disponibles con la casa editorial.
Duración: 35-45 minutos.
Comentarios: Se administra en línea; la prueba se basa en El Sistema Lexile para Leer, una escala científica de habilidad lectura. Las medidas del Sistema Lexile reportadas de la prueba se derivan del Spanish Lexile Analyzer y el Spanish Lexile Scale, desarrollado por MetaMetrics; se derivaron todos los ítems de la prueba de un corpus de tres millones palabras del español chileno desarrollado por el equipo Dialect. El corpus incluye palabras que aparecen en todos los libros de textos chilenos (K-12) y otras lecturas requisitas adicionales en el currículo chileno.
Autoras: Pelusa Orellana y Carolina Melo.
Editorial: Universidad de los Andes, en colaboración con MetaMetrics, Inc.
Componentes en Español: Los ítems de prueba e instrucciones son en español.
Componentes en Inglés: La guía técnica de desarrollo es en inglés.

a) DIALECT 1.
Población: Grados 1-3.
Baremos: Los baremos se desarrollaron utilizando una muestra de 1,378 estudiantes chilenos de Kindergarten al Grado 3 (K = 249, Grado 1 = 401, Grado 2 = 350, Grado 3 = 378) provenientes de nueve municipios y escuelas subvencionadas (privadas) de diferentes distritos del área metropolitana.
Puntuación: Puntuación Total de la escala Sistema Lexile basada en ítems pictoriales, ítems de llenar los espacios, ítems de dos frases y ítems de párrafos cortos.

b) DIALECT 4.
Población: Grado 4.
Baremos: No se provee información en los materiales de la prueba sobre baremos para Grado 4.
Puntuación: Puntuación Total de la escala Sistema Lexile basada en ítems de dos frases y ítems de párrafos cortos.

[197e]

Dialect.

Purpose: Designed to "assess reading ability" and to "help students and teachers measure progress and forecast student reading development."
Origin: Chile and the United States/Spanish and English.
Translation/Adaptation: Professional translators and assessment specialists worked together to both develop new Spanish test items and "transadapt" (translate and adapt content to account for linguistic and cultural differences) English items from the Lexile Research Test item pool.
Population: Chilean students in Grades K-12.
Publication Date: 2015.
Administration: Individual.
Price Data: Available from publisher.
Time: 35-45 minutes.
Comments: Administered online; "The foundation of the test is El Sistema Lexile para Leer, a scientifically based scale of reading ability. The Spanish Lexile measures reported from the test are derived from the Spanish Lexile Analyzer and the Spanish Lexile Scale developed by MetaMetrics." All test items were derived from a corpus of three million Chilean Spanish words developed by the Dialect team. The body of words includes words that appear across all Chilean textbooks (K-12) and other additional required readings in the Chilean curriculum.
Authors: Pelusa Orellana and Carolina Melo.
Publisher: Universidad de los Andes, in collaboration with MetaMetrics Inc.
Spanish Components: The test items and instructions are in Spanish.
English Components: The Development and Technical Guide is in English.

a) DIALECT 1.
Population: Grades 1-3.
Norms: Norms were developed using a sample of 1,378 Chilean students from Kindergarten to Grade 3 (K = 249, Grade 1 = 401, Grade 2 = 350, Grade 3 = 378) from nine municipal and subsidized (private) schools in different districts across a large metropolitan area.
Scores: Total Spanish Lexile Scale score based on picture items, fill-in-the-blank items, two-sentence items, and short paragraph items.

b) DIALECT 4.
Population: Grade 4.
Norms: No information is provided in the test materials about norms for Grade 4.
Scores: Total Spanish Lexile Scale score based on two-sentence items and short paragraph items.

[198s]

DIBELS: Dynamic Indicators of Basic Early Literacy Skills, 8th Edition.

Propósito: Diseñado para identificar a los estudiantes que pueden estar a riesgo de tener dificultades de leer y para documentar progreso en habilidades lecturas.
Procedencia: Estados Unidos/inglés.
Traducción/Adaptación: No se provee información en los materiales de la prueba sobre el proceso de traducción/adaptación.
Población: Grados K-8.
Baremos: No se han provisto baremos con los materiales traducidos al español.
Fechas de Publicación: 2002-2020.
Acrónimo: DIBELS 8.
Puntuación, 6: Fluidez de Denominación de Letras, Fluidez de Segmentación Fonémica, Fluidez de Palabras Sin Sentido, Fluidez de Lectura de Palabras, Fluidez de Lectura Oral, Laberinto.
Niveles, 9: K, 1, 2, 3, 4, 5, 6, 7, 8.
Partes, 2: Evaluación de Punto de Referencia, Monitorear del Progreso.
Precios, 2023: Los materiales incluyendo el manual técnico (2020, 114 páginas) se pueden descargar del sitio web del editor de pruebas de forma gratuita; los materiales impresos se pueden comprar de Amplify Education: $47 por guía de administración y calificación (2020, 129 páginas).
Comentarios: Las evaluaciones de punto de referencia son administradas a toda la clase tres veces al año; la frecuencia recomendada de los componentes de monitorear del progreso de los niños en riesgo para cada subprueba se describe en el manual de la prueba.
Autores: Gina Biancarosa, Patrick C. Kennedy, Sunhi Park, Janet Otterstedt, Brian Gearin, Christopher Ives y HyeonJin Yoon (autores contribuyentes); Maureen Warman y David Larsen (editores contribuyentes).
Editorial: Amplify Education [derecho de University of Oregon].
Componentes en Español: La Guía para los Padres a la Evaluación DIBELS está disponible en español.
Componentes en Inglés: Todos los materiales están disponibles en inglés también; el manual es en inglés.

a) FLUIDEZ DE DENOMINACIÓN DE LETRAS.
Propósito: Diseñado para proporcionar una medida de riesgo para los logros en lectura.
Población: Grados K–1.
Acrónimo: LNF.
Administración: Individual.
Formularios: 3 formularios de referencia de punto para cada grado.
Duración: 1 minuto para proporcionar tantos nombres de letras como sea posible.

b) FLUIDEZ DE SEGMENTACIÓN FONÉMICA.
Propósito: Diseñado como una medida de conocimiento fonológico.

[198e]

DIBELS: Dynamic Indicators of Basic Early Literacy Skills, 8th Edition.

Purpose: Designed to identify students who may be at risk of having reading difficulties and to document progress in reading skills.
Origin: United States/English.
Translation/Adaptation: No information is provided in the test materials about the translation/adaptation process.
Population: Grades K–8.
Norms: Separate norms are not provided with materials translated to Spanish.
Publication Dates: 2002-2020.
Acronym: DIBELS 8.
Scores, 6: Letter Naming Fluency, Phonemic Segmentation Fluency, Nonsense Word Fluency, Word Reading Fluency, Oral Reading Fluency, Maze.
Levels, 9: K, 1, 2, 3, 4, 5, 6, 7, 8.
Parts, 2: Benchmark Assessment, Progress Monitoring.
Price Data, 2023: Materials including technical manual (2020, 114 pages) may be downloaded free of charge from test publisher's website; printed materials may be purchased from Amplify Education: $47 per administration and scoring guide (2020, 129 pages).
Comments: Benchmark Assessments administered to whole class three times per year; the recommended frequency of the progress monitoring components of at-risk children for each subtest is outlined in the testing manual.
Authors: Gina Biancarosa, Patrick C. Kennedy, Sunhi Park, Janet Otterstedt, Brian Gearin, Christopher Ives, and HyeonJin Yoon (contributing authors); Maureen Warman and David Larsen (contributing editors).
Publisher: Amplify Education [copyright owned by University of Oregon].
Spanish Components: The Parents' DIBELS Evaluation Guide is available in Spanish.
English Components: All test materials are also available in English; the manual is in English.

a) LETTER NAMING FLUENCY.
Purpose: Designed to provide a measure of risk for reading achievement.
Population: Grades K–1.
Acronym: LNF.
Administration: Individual.
Forms: 3 benchmark forms for each grade.
Time: 1 minute to provide as many letter names as possible.

b) PHONEMIC SEGMENTATION FLUENCY.
Purpose: Designed as a measure of phonological awareness.

Población: Grados K-1.
Acrónimo: PSF.
Administración: Individual.
Formularios: 3 formularios de referencia de punto y 20 formularios alternativos de monitorear del progreso para cada grado.
Duración: 1 minuto para segmentar palabras en fonemas.
c) FLUIDEZ DE PALABRAS SIN SENTIDO.
Propósito: Diseñado para evaluar la capacidad de los estudiantes para decodificar palabras según el principio alfabético.
Población: Grados K–3.
Acrónimo: NWF.
Administración: Individual.
Formularios: 3 formularios de referencia de punto y 20 formularios alternativos de monitorear del progreso para cada grado.
Duración: 1 minuto para leer o pronunciar tantas palabras sin sentido como sea posible.
d) FLUIDEZ DE LECTURA DE PALABRAS.
Propósito: Diseñado para medir la precisión y fluidez en la lectura de palabras "reconocibles a la vista".
Población: Grados K–3.
Acrónimo: WRF.
Administración: Individual.
Formularios: 3 formularios de referencia de punto y 20 formularios alternativos de monitorear del progreso para cada grado.
Duración: 1 minuto leer tantas palabras como posible.
e) FLUIDEZ DE LECTURA ORAL.
Propósito: Diseñado para evaluar la capacidad de un estudiante para leer palabras en texto conectado.
Población: Grados 1–8.
Acrónimo: ORF.
Administración: Individual.
Formularios: 3 formularios de referencia de punto y 20 formularios alternativos de monitorear del progreso para cada grado.
Duración: 1 minuto para leer tantas palabras correctamente (y autocorregidas) como sea posible.
f) LABERINTOS.
Propósito: Diseñado para medir la comprensión lectura.
Población: Grados 2–8.
Administración: Colectiva.
Formularios: 3 formularios de referencia y varios formularios de seguimiento del progreso para cada grado.
Duración: 3 minutos para elegir tantas palabras faltantes correctas como sea posible.
Comentarios: El editor de la prueba no recomienda más que un monitoreo mensual del progreso de la prueba Laberintos.

[199s]

Differential Ability Scales–Second Edition.

Propósito: Diseñado para crear un perfil de las fortalezas y debilidades del niño en una amplia gama de habilidades cognitivas.

Population: Grades K-1.
Acronym: PSF.
Administration: Individual.
Forms: There are 3 benchmark forms and 20 alternate progress-monitoring forms for each grade.
Time: 1 minute to segment words into phonemes.
c) NONSENSE WORD FLUENCY.
Purpose: A test designed to assess a students' ability to decode words based on the alphabetic principle.
Population: Grades K–3.
Acronym: NWF.
Administration: Individual.
Forms: There are 3 benchmark forms and 20 alternate progress-monitoring forms for each grade.
Time: 1 minute to read or sound out as many nonsense words as possible.
d) WORD READING FLUENCY.
Purpose: A test designed to measure the accuracy and fluency in a students' ability to read "sight" words.
Population: Grades K–3.
Acronym: WRF.
Administration: Individual.
Forms: There are 3 benchmark forms and 20 alternate progress-monitoring forms for each grade.
Time: 1 minute to read as many words as possible.
e) ORAL READING FLUENCY.
Purpose: A test designed to assess a student's ability to read words in connected text.
Population: Grades 1–8.
Acronym: ORF.
Administration: Individual.
Forms: There are 3 benchmark forms and 20 alternate progress-monitoring forms for each grade.
Time: 1 minute to read as many words correctly (and self-corrected) as possible.
f) MAZE.
Purpose: A test designed to measure a students' reading comprehension.
Population: Grades 2–8.
Administration: Group.
Forms: There are 3 benchmark forms and several progress-monitoring forms for each grade.
Time: 3 minutes to choose as many correct missing words as possible.
Comments: The test publisher indicates that they do no not recommend more than monthly progress monitoring for the Maze test.

[199e]

Differential Ability Scales–Second Edition.

Purpose: Designed "to profile a child's strengths and weaknesses in a wide range of cognitive abilities."

Procedencia: Estados Unidos/inglés.
Traducción/Adaptación: Después de la traducción y adaptación de las instrucciones de administración para las subpruebas no verbales, las instrucciones fueron revisadas y modificadas para todos los niveles de edad. En algunas ocasiones, se traducía el contenido palabra por palabra o frase por frase. En otras ocasiones, se usaba una adaptación conceptual. Un equipo de psicólogos escolares bilingües comparaba la traducción y retrotraducción y creían una versión nueva basada en los comentarios del equipo.
Población: Edades 2-6 a 17-11.
Baremos: No se han provisto baremos con los materiales traducidos al español.
Fechas de Publicación: 1979-2007.
Acrónimo: DAS-II.
Administración: Individual.
Niveles, 2: Batería de los Años Tempranos, Batería de los Años Escolares.
Precios, 2022: $1,425 por juego completo incluye manual de administración y corrección (2007, 309 páginas, inglés), manual técnico (2007, 309 páginas, inglés), manual con tablas de normas de referencia (2007, 165 páginas, inglés), 15 formularios Años Temprano, 15 formularios Años Escolares, 10 cuadernillos para cada versión A, B y C de rapidez de procesamiento, 4 libros de estímulos, tarjetas memoria de objetos, tarjetas semejanzas de figuras, CD procesamiento fonológico, manipulativos y asistente de corrección; $1,675 por juego completo más Años Tempranos juego suplementario en español.
Comentarios: Reportes y puntuación disponibles en línea.
Autor: Colin D. Elliot.
Traductores/Adaptadores: Jonathan Sandoval, Criselda Alvarado, Malú Antúnez-Bellatin, Mercedes Ibañez-Clark, Elsa Tijerina, Jennifer Meehan y un panel de revisión de psicólogos escolares miembros del Northern California Bilingual Roundtable.
Editorial: Pearson.
Componentes en Español: Las instrucciones de administración para las subpruebas no verbales (Copiar, Matrices, Construcción de Patrones, Semejanzas de Figuras, Memoria de Objetos, Razonamiento Secuencial y Cuantitativo, Emparejar Formas y Figuras, Reconocimiento de Figuras y Rapidez de Procesamiento) están disponibles en español.
Componentes en Inglés: Todos los materiales están disponibles en inglés, también; los manuales son en inglés.

a) BATERIA DE LOS AÑOS TEMPRANOS.

1) *Batería de los Años Tempranos, Nivel Más Bajo.*
Población: Edades 2-6 a 3-5.
Duración: (20) minutos.
Puntuación, 8: Habilidad Verbal (Comprensión Verbal, Vocabulario de Nombres), Habilidad No Verbal (Semejanzas de Figuras, Construcción de

Origin: United States/English.
Translation/Adaptation: After translating and adapting the directions for the nonverbal subtests, they were back translated and then reviewed and revised for all age levels. In some instances, the translation could be done word by word or sentence by sentence. In others, the concepts had to be adapted on a conceptual level. A review panel of bilingual school psychologists compared the translation and back translation and then created a new version based on the team's feedback.
Population: Ages 2-6 to 17-11.
Norms: Separate norms are not provided for the materials translated to Spanish.
Publication Dates: 1979-2007.
Acronym: DAS-II.
Administration: Individual.
Levels, 2: Early Years Battery, School-Age Battery.
Price Data, 2022: $1,425 per complete kit including administration and scoring manual (2007, 309 pages, English), technical manual (2007, 309 pages, English), normative data tables manual (2007, 165 pages, English), 15 Early Years record forms, 15 School-Age record forms, 10 each of Speed of Information Processing booklets versions A, B, and C, 4 stimulus books, object recall card, picture similarities cards, phonological process and signed sentences CD, manipulatives, and scoring assistant; $1,675 per complete kit plus Early Years Spanish supplement.
Comments: Scoring and reports available online.
Author: Colin D. Elliot.
Translators/Adaptors: Jonathan Sandoval, Criselda Alvarado, Malú Antúnez-Bellatin, Mercedes Ibañez-Clark, Elsa Tijerina, Jennifer Meehan, and a review panel of school psychologist members of the Northern California Bilingual Roundtable.
Publisher: Pearson.
Spanish Components: The directions for the nonverbal subtests (Copying, Matrices, Pattern Construction, Picture Similarities, Recall of Designs, Sequential and Quantitative Reasoning, Matching Letter-Like forms, Recognition of Pictures, and Speed of Information Processing) are available in Spanish.
English Components: All materials are also available in English; the manuals are in English.

a) EARLY YEARS BATTERY.

1) *Lower Level Early Years Battery.*
Population: Ages 2-6 to 3-5.
Time: (20) minutes.
Scores, 8: Verbal Ability (Verbal Comprehension, Naming Vocabulary), Nonverbal Ability (Picture Similarities, Pattern

Patrones), Subpruebas Diagnósticas (Memoria de Dígitos Hacia Adelante, Reconocimiento de Figuras, Primeros Conceptos Numéricos), Habilidad General Conceptual.
2) *Batería de los Años Tempranos, Nivel Alto.*
Población: Edades 3-6 a 6-11.
Duración: (31) minutos.
Puntuación, 19: Habilidad Verbal (Comprensión Verbal, Vocabulario de Nombres), Habilidad de Razonamiento No Verbal (Semejanzas de Figuras, Matrices), Habilidad Espacial (Construcción de Patrones, Copiar), Compuesto No Verbal Especial, Aprestamiento Para la Instrucción Escolar (Primeros Conceptos Numéricos, Emparejar Formas y Figuras, Procesamiento Fonológico), Memoria de Trabajo (Memoria de Secuencias, Memoria de Dígitos Hacia Atrás), Velocidad de Procesamiento (Rapidez de Procesamiento, Rapidez para Nombrar), Memoria de Objetos-Inmediata, Memoria de Objetos-Remota, Memoria de Dígitos Hacia Adelante, Reconocimiento de Figuras, Habilidad General Conceptual.
b) BATERIA DE LOS AÑOS ESCOLARES.
Población: Edades 7-0 a 17-11.
Duración: (39) minutos.
Puntuación, 17: Habilidad Verbal (Definiciones, Semejanzas Verbales), Habilidad de Razonamiento No Verbal (Matrices, Razonamiento Secuencial y Cuantitativo), Habilidad Espacial (Reconocimiento de Figuras, Construcción de Patrones), Compuesto No Verbal Especial, Memoria de Trabajo (Memoria de Secuencias, Memoria de Dígitos Hacia Atrás), Velocidad de Procesamiento (Rapidez de Procesamiento, Rapidez para Nombrar), Procesamiento Fonológico, Memoria de Objetos-Inmediata, Memoria de Objetos-Remota, Memoria de Dígitos Hacia Adelante, Reconocimiento de Figuras, Habilidad General Conceptual.
Referencias Cruzadas: Para reseñas por Andrew S. Davis y W. Holmes Finch y por Gerald Tindal de los componentes en inglés de esta prueba, consulte 18:45.

[200s]

Differential Ability Scales–Second Edition: Early Years Spanish Supplement.

Nombre Original: Differential Ability Scales–Second Edition.
Propósito: Diseñado para evaluar las fortalezas cognitivas y necesidades de los niños que hablan español sobre una amplia gama de dominios.
Procedencia: Estados Unidos (1979-2007)/inglés.
Traducción/Adaptación: Se tradujeron todas las instrucciones y ejemplos de puntuación al español y luego se retrotradujeron al inglés. La retrotraducción fue revisada para consistencia con la versión publicada en inglés. Alternativos comunes fueron incluidos para palabras que variaban sobre poblaciones hispanohablantes. Se modificaron los ítems en algunas de las subpruebas. El prototipo resultante en español fue entonces revisado por un equipo de psicólogos bilingües escolares de fondos lingüísticos españoles variados (mayormente Colombia,

Construction), Diagnostic Subtests (Recall of Digits Forward, Recognition of Pictures, Early Number Concepts), General Conceptual Ability.
2) *Upper Level Early Years Battery.*
Population: Ages 3-6 to 6-11.
Time: (31) minutes.
Scores, 19: Verbal Ability (Verbal Comprehension, Naming Vocabulary), Nonverbal Reasoning Ability (Picture Similarities, Matrices), Spatial Ability (Pattern Construction, Copying), Special Nonverbal Composite, School Readiness (Early Number Concepts, Matching Letter-Like Forms, Phonological Processing), Working Memory (Recall of Sequential Order, Recall of Digits Backward), Processing Speed (Speed of Information Processing, Rapid Naming), Recall of Objects-Immediate, Recall of Objects-Delayed, Recall of Digits Forward, Recognition of Pictures, General Conceptual Ability.
b) SCHOOL-AGE BATTERY.
Population: Ages 7-0 to 17-11.
Time: (39) minutes.
Scores, 17: Verbal Ability (Word Definitions, Verbal Similarities), Nonverbal Reasoning Ability (Matrices, Sequential and Quantitative Reasoning), Spatial Ability (Recall of Designs, Pattern Construction), Special Nonverbal Composite, Working Memory (Recall of Sequential Order, Recall of Digits Backward), Processing Speed (Speed of Information Processing, Rapid Naming), Phonological Processing, Recall of Objects-Immediate, Recall of Objects-Delayed, Recall of Digits Forward, Recognition of Pictures, General Conceptual Ability.
Cross References: For reviews by Andrew S. Davis and W. Holmes Finch and by Gerald Tindal of this test's English components, see 18:45.

[200e]

Differential Ability Scales–Second Edition: Early Years Spanish Supplement.

Original Name: Differential Ability Scales–Second Edition.
Purpose: Designed to "assess cognitive strengths and needs of Spanish-speaking children across a wide range of domains."
Origin: United States (1979-2007)/English.
Translation/Adaptation: "Instructions and scoring examplars were translated into Spanish and then translated back into English. The back-translation was reviewed for consistency with the published English version. Common alternatives were included for words that varied across Spanish-speaking populations. Several modifications were made to items in some of the subtests. The resulting Spanish prototype was then reviewed by a panel of bilingual school psychologists from different Spanish linguistic

México y Perú). Profesionales de Argentina, Chile, Colombia, Costa Rica, Cuba, El Salvador, México, Perú, Puerto Rico, España, Venezuela, Nicaragua y Panamá hicieron revisiones individuales de la traducción. Basado en la crítica del equipo y las revisiones individuales, una traducción nueva fue creada y aplicada en el piloto inicial. Se condujeron varias investigaciones (dos en Perú y dos en los Estados Unidos) con la versión piloto y se emplearon los resultados en el desarrollo de la versión de equivalencia de la prueba. Basados en los resultados de la investigación de equivalencia, se revisaron y ordenaron los ítems para la versión final.

Población: Niños hispanohablantes monolingües y bilingües de edades 2-6 a 6-11; hasta 8-11 para examinación fuera de nivel.

Baremos: No se han desarrollado baremos para hispanohablantes. Se llevó a cabo una investigación de equivalencia para establecer equivalencia entre las puntuaciones del DAS-II en inglés y las del suplemento en español. La muestra fue compuesta de 395 niños hispanohablantes de los Estados Unidos, distribuidos por edad, sexo, raza/origen étnico, nivel de educación de los padres, país de origen lingüístico y uso del idioma español.

Fecha de Publicación: 2012.

Acrónimo: DAS-II Spanish.

Administración: Individual.

Niveles, 2: Nivel Bajo, Nivel Alto.

Precios, 2022: $834.80 por juego completo incluye manual técnico y de administración (2012, 280 páginas, inglés), libro de estímulos, 25 formularios de registro, manual del intérprete (2012, 145 páginas, inglés) y tarjeta de memoria de objetos-remota; $1,675 por juego combinado del DAS-II más el suplemento en español; $252 por manual técnico y de administración; $236.80 por manual del intérprete; $105 por 25 formularios de registro.

Comentarios: Cuando un psicólogo bilingüe no está disponible, el manual del intérprete que se incluye con el Suplemento DAS-II en español proporciona información que es clave para poder colaborar efectivamente con un intérprete. Además de las sugerencias sobre entrenamiento con el intérprete, el manual incluye una versión completa del manual con instrucciones en español e inglés. De esta manera, el examinador podrá seguir lo que está sucediendo en inglés mientras el intérprete proporciona la prueba en español.

Autor: Colin D. Elliot.

Traductores/Adaptadores: Malu Antúnez-Bellatin, Jonathan Sandoval, Alejandro Dioses y un panel de revisión de psicólogos escolares miembros de "Northern California Bilingual Roundtable".

Editorial: Pearson.

Componentes en Español: Los manuales son en inglés pero se provee indicaciones orales en español para administradores. La información de puntuación en los formularios de registro es en inglés.

backgrounds (primarily Colombia, Mexico and Peru)." "Individual reviews of the translation were conducted by professionals from Argentina, Chile, Colombia, Costa Rica, Cuba, El Salvador, Mexico, Peru, Puerto Rico, Spain, Venezuela, Nicaragua, and Panama. A new translated version was created based on the feedback from the bilingual panel and reviews and used for the initial pilot." Several studies (two in Peru and two in the United States) were conducted using the pilot version of the test, and the results were used to develop the equating version of the test. Based on the results of the equating study, items were revised and ordered for the final version.

Population: Monolingual and bilingual Spanish-speaking children ages 2-6 through 6-11; out-of-level testing up to 8-11.

Norms: Separate norms were not developed for Spanish speakers. An equating study was conducted to equate the scores from the DAS-II in English and those from the Spanish supplement. The equating sample was composed of 395 Hispanic children from the United States, distributed by age, gender, race/ethnicity, parent education level, linguistic country of origin, and Spanish language usage.

Publication Date: 2012.

Acronym: DAS-II Spanish.

Administration: Individual.

Levels, 2: Lower Level, Upper Level.

Price Data, 2022: $834.80 per complete kit including administration and technical manual (2012, 280 pages, English), stimulus book, 25 record forms, interpreter's manual (2012, 145 pages, English), and recall of objects card; $1,675 per combination kit of the DAS-II and the Supplement in Spanish; $252 per administration and technical manual; $236.80 per interpreter's manual; $105 per 25 record forms.

Comments: "When a bilingual psychologist is unavailable, the interpreter's manual included with the DAS-II Spanish Supplement provides information that is key to effectively collaborating with an interpreter to administer the battery. In addition to training suggestions, the manual includes a full version of the manual with Spanish instructions for use by an interpreter so that the examiner can follow along during the administration."

Author: Colin D. Elliot.

Translators/Adaptors: Malu Antúnez-Bellatin, Jonathan Sandoval, Alejandro Dioses, and a review panel of school psychologist members of the Northern California Bilingual Roundtable.

Publisher: Pearson.

Spanish Components: Test items and administrator prompts and instructions on the record form are in Spanish.

Componentes en Inglés: Los manuales son en inglés pero se provee apuntes orales en español para administradores. La información de puntuación en los formularios de registro es en inglés.

a) NIVEL BAJO.

Población: Edades 2-6 a 3-5.

Duración: (20) minutos.

Puntuación, 8: Habilidad Verbal (Comprensión Verbal, Vocabulario de Nombres), Habilidad No Verbal (Semejanzas de Figuras, Construcción de Patrones), Subpruebas Diagnósticas (Memoria de Dígitos Hacia Adelante, Reconocimiento de Figuras, Primeros Conceptos Numéricos), Habilidad General Conceptual.

b) NIVEL ALTO.

Población: Edades 3-6 a 6-11.

Duración: (31) minutos.

Puntuación, 19: Habilidad Verbal (Comprensión Verbal, Vocabulario de Nombres), Habilidad de Razonamiento No Verbal (Semejanzas de Figuras, Matrices), Habilidad Espacial (Construcción de Patrones, Copiar), Compuesto No Verbal Especial, Aprestamiento Para la Instrucción Escolar (Primeros Conceptos Numéricos, Emparejar Formas y Figuras, Procesamiento Fonológico), Memoria de Trabajo (Memoria de Secuencias, Memoria de Dígitos Hacia Atrás), Velocidad de Procesamiento (Rapidez de Procesamiento, Rapidez para Nombrar), Memoria de Objetos-Inmediata, Memoria de Objetos-Remota, Memoria de Dígitos Hacia Adelante, Reconocimiento de Figuras, Habilidad General Conceptual.

[201s]

Distance Education Learning Environment Survey.

Propósito: Diseñado para ayudar a los instructores a evaluar las percepciones de los estudiantes sobre su entorno de aprendizaje, resaltar áreas de mejora para mejorar los resultados del aprendizaje y ayudar a los programas educativos a determinar dónde se pueden realizar cambios organizacionales para mejorar la educación a distancia.

Procedencia: Estados Unidos/inglés.

Traducción/Adaptación: El autor trabajó con investigadores internacionales para desarrollar y validar la prueba en otros lenguajes. No se provee información en los materiales de la prueba sobre el proceso de traducción/adaptación. La editorial de la prueba indica que existen varias traducciones de calidad variable, algunas de las cuales están disponibles de la casa editorial/distribuidor.

Población: Estudiantes universitarios e instructores.

Baremos: No se han provisto baremos con los materiales traducidos al español.

Fecha de Publicación: 2020.

Acrónimo: DELES.

Puntuación, 6-7: Apoyo del Instructor, Interacción y Colaboración Estudiantil, Relevancia Personal, Aprendizaje Auténtico, Aprendizaje Activo, Autonomía Estudiantil, Disfrute de la Educación a Distancia (solo en el formulario Actual).

English Components: The manuals are in English, but spoken Spanish prompts for test administrators are provided. Scoring information on the record form is in English.

a) LOWER LEVEL.

Population: Ages 2-6 to 3-5.

Time: (20) minutes.

Scores, 8: Verbal Ability (Verbal Comprehension, Naming Vocabulary), Nonverbal Ability (Picture Similarities, Pattern Construction), Diagnostic Subtests (Recall of Digits Forward, Recognition of Pictures, Early Number Concepts), General Conceptual Ability.

b) UPPER LEVEL.

Population: Ages 3-6 to 6-11.

Time: (31) minutes.

Scores, 19: Verbal Ability (Verbal Comprehension, Naming Vocabulary), Nonverbal Reasoning Ability (Picture Similarities, Matrices), Spatial Ability (Pattern Construction, Copying), Special Nonverbal Composite, School Readiness (Early Number Concepts, Matching Letter-Like Forms, Phonological Processing), Working Memory (Recall of Sequential Order, Recall of Digits Backward), Processing Speed (Speed of Information Processing, Rapid Naming), Recall of Objects-Immediate, Recall of Objects-Delayed, Recall of Digits Forward, Recognition of Pictures, General Conceptual Ability.

[201e]

Distance Education Learning Environment Survey.

Purpose: Designed to "help instructors gauge student perceptions of their learning environment, highlight areas for improvement to enhance learning outcomes, and help [education programs] determine where organizational changes could be made to enhance distance education."

Origin: United States/English.

Translation/Adaptation: "The author worked with international researchers to develop and validate the test in other languages." No information is provided in the test materials about the translation/adaptation process. The test publisher notes that various translations of varying quality exist, some of which are available from the publisher/distributor.

Population: Post-secondary students and instructors.

Norms: Separate norms are not provided with the materials translated to Spanish.

Publication Date: 2020.

Acronym: DELES.

Scores, 6-7: Instructor Support, Student Interaction and Collaboration, Personal Relevance, Authentic Learning, Active Learning, Student Autonomy, Enjoyment of Distance Education (Actual form only).

Administración: Individual o colectiva.
Formularios, 3: Preferido, Actual, Instructores.
Precios, 2022: $50 por manual (2020, 41 páginas); $2.50 por formulario (compra mínima de 20); $2.50 por la licencia para encuestas en línea (compra mínima de 50); $2.50 por la licencia para reproducir (compra mínima de 50).
Duración: 15 minutos para administración.
Autor: Scott L. Walker.
Editorial: Mind Garden, Inc.
Componentes en Español: Los formularios Actual, Instructor y Preferido; los claves de respuesta; y los instrucciones correspondientes están disponibles en español.
Componentes en Inglés: Todos los materiales están disponibles en inglés también; el manual es en inglés.

a) FORMULARIO PREFERIDO.
Propósito: Diseñado para considerar las preferencias de los estudiantes en relación con el entorno de aprendizaje psicosocial en la educación a distancia terciaria.
Población: Estudiantes.

b) FORMULARIO ACTUAL.
Propósito: Diseñado para considerar la apercepción de los estudiantes del entorno de aprendizaje psicosocial en la educación a distancia terciaria.
Población: Estudiantes.

c) FORMULARIO DE INSTRUCTORES.
Propósito: Diseñado para considerar la percepción de el/la instructor/a en el entorno de aprendizaje psicosocial en una clase actual que enseñó el/la instructor/a.
Población: Instructores.

Administration: Individual or group.
Forms, 3: Preferred, Actual, Instructor.
Price Data, 2022: $50 per manual (2020, 41 pages); $2.50 per form (minimum purchase of 20); $2.50 per remote online survey license (minimum purchase of 50); $2.50 per license to reproduce (minimum purchase of 50).
Time: 15 minutes for administration.
Author: Scott L. Walker.
Publisher: Mind Garden, Inc.
Spanish Components: The Actual, Instructor, and Preferred test forms, answer keys, and corresponding instructions are available in Spanish.
English Components: All materials are also available in English; the manual is in English.

a) PREFERRED FORM.
Purpose: Designed to consider "students' preferences as related to the psychosocial learning environment in post-secondary distance education."
Population: Students.

b) ACTUAL FORM.
Purpose: Designed to consider "students' apperception of the psychosocial learning environment of an actual class in which the student participated."
Population: Students.

c) INSTRUCTOR FORM.
Purpose: Designed to consider "the instructor's perception of the psychosocial learning environment of an actual class the instructor led."
Population: Instructors.

[202s]

Domestic Violence Inventory.

Propósito: Diseñado específicamente para la evaluación de riesgos y las necesidades de personas que han cometido abuso físico, emocional y/o verbal.
Procedencia: Estados Unidos/inglés.
Traducción/Adaptación: No se provee información en los materiales de la prueba sobre el proceso de traducción/adaptación.
Población: Edades 12-18; Adultos.
Baremos: No se han provisto baremos con los formularios traducidos al español.
Fechas de Publicación: 1991-1996.
Acrónimos: DVI; DVI-J.
Puntuación, 6: Veracidad, Alcohol, Drogas, Control, Violencia, Habilidad de Afrontamiento al Estrés.
Administración: Colectiva.
Formularios, 4: Adulto, Juvenil, Corta, Pre-Post.
Precios, 2022: $9.95 por prueba; descuentos de volumen disponibles.
Duración: (17) minutos formulario corto; (30) minutos demás formularios.
Comentarios: Behavior Data Systems, Ltd. ofrece sus pruebas en línea exclusivamente a través de un contrato con Professional Online Testing Solutions, Inc.

[202e]

Domestic Violence Inventory.

Purpose: "Designed specifically for risk and needs assessment of people who have committed physical, emotional, and verbal abuse."
Origin: United States/English.
Translation/Adaptation: No information is provided in the test materials about the translation/adaptation process.
Population: Ages 12-18; Adults.
Norms: Separate norms are not provided with the forms translated to Spanish.
Publication Dates: 1991-1996.
Acronyms: DVI; DVI-J.
Scores, 6: Truthfulness, Alcohol, Drugs, Control, Violence, Stress Coping Abilities.
Administration: Group.
Forms, 4: Adult, Juvenile, Short, Pre-Post.
Price Data, 2022: $9.95 per test; volume discounts available.
Time: (17) minutes short form; (30) minutes all other forms.
Comments: Behavior Data Systems, Ltd. offers its tests online exclusively through a contract with Professional Online Testing Solutions, Inc.

Autor: Risk & Needs Assessment, Inc.
Editorial: Behavior Data Systems, Ltd.
Componentes en Español: Los formularios de prueba Adulto, Juvenil y Pre-Post y sus hojas de respuesta e instrucciones correspondientes están disponibles en español.
Componentes en Inglés: Todos los materiales están disponibles en inglés también; el manual es en inglés.
Referencias Cruzadas: Para reseñas por Carol Collins y por David M. Kaplan y Molly L. Vanduser de los componentes en inglés de esta prueba, consulte 14:125.

[203s]

Driver Risk Inventory–II.

Propósito: Diseñado para el cernimiento de individuos delincuentes por conducir en estado de embriaguez (DUI/DWI).
Procedencia: Estados Unidos/inglés.
Traducción/Adaptación: No se provee información en los materiales de la prueba sobre el proceso de traducción/adaptación.
Población: Convictos por DUI o DWI.
Baremos: No se han provisto baremos con el formulario traducido al español.
Fechas de Publicación: 1986-1999.
Acrónimo: DRI-II.
Puntuación, 6: Veracidad, Alcohol, Riesgos por Conducir, Drogas, Habilidades de Afrontamiento al Estrés, Abuso de Sustancias/Dependencia.
Administración: Colectiva.
Precios, 2022: $9.95 por prueba; descuentos de volumen disponibles.
Duración: 30-35 minutos para administrar y puntuar.
Comentarios: Auto-administrable, corregido por computadora; Behavior Data Systems, Ltd. ofrece sus pruebas en línea exclusivamente a través de un contrato con Professional Online Testing Solutions, Inc.
Autor: Herman Lindeman.
Editorial: Behavior Data Systems, Ltd. [Esfuerzos para obtener información actualizada de la casa editorial no fueron exitosos; una edición actualizada de esta prueba aparece en el sitio web de la casa editorial.]
Componentes en Español: El formulario y sus instrucciones correspondientes están disponibles en español.
Componentes en Inglés: Todos los materiales están disponibles en inglés, también; el manual es en inglés.

a) FORMULARIO BREVE
Puntuación, 5: Veracidad, Alcohol, Riesgos por Conducir, Drogas, Abuso de Sustancias/Dependencia.
Duración: 15-30 minutos para administrar y puntuar.

Referencias Cruzadas: Para reseñas por Tony Cellucci y Kevin J. McCarthy de los componentes en inglés de esta prueba, consulte 14:127.

Author: Risk & Needs Assessment, Inc.
Publisher: Behavior Data Systems, Ltd.
Spanish Components: The Adult, Juvenile, and Pre-Post test forms and their corresponding answer sheets and instructions are available in Spanish.
English Components: All materials are also available in English; the manual is in English.
Cross References: For reviews by Carol Collins and by David M. Kaplan and Molly L. Vanduser of this test's English components, see 14:125.

[203e]

Driver Risk Inventory–II.

Purpose: "Designed for DUI/DWI offender screening."
Origin: United States/English.
Translation/Adaptation: No information is provided in the test materials about the translation/adaptation process.
Population: Convicted DUI and DWI offenders.
Norms: Separate norms are not provided with the form translated to Spanish.
Publication Dates: 1986-1999.
Acronym: DRI-II.
Scores, 6: Truthfulness, Alcohol, Driver Risk, Drugs, Stress Coping Abilities, Substance Abuse/Dependency.
Administration: Group.
Price Data, 2022: $9.95 per test; volume discounts available.
Time: 30-35 minutes to administer and score.
Comments: Self-administered, computer scored; Behavior Data Systems, Ltd. offers its tests online exclusively through a contract with Professional Online Testing Solutions, Inc.
Author: Herman Lindeman.
Publisher: Behavior Data Systems, Ltd. [Efforts to obtain updated information from the test publisher were unsuccessful. A newer edition of this test appears on the test publisher's website.]
Spanish Components: The form and its corresponding instructions are available in Spanish.
English Components: All materials are also available in English; the manual is in English.

a) SHORT FORM.
Scores, 5: Truthfulness, Alcohol, Driver Risk, Drugs, Substance Abuse/Dependency.
Time: 15-30 minutes to administer and score.

Cross References: For reviews by Tony Cellucci and Kevin J. McCarthy of this test's English components, see 14:127.

[204s]

d2 Test de Atención–Revisado.

Nombre Original: Aufmerksamkeits-und Konzentrationstest (d2-Revision; Hogrefe Verlag GmbH & Co.).
Propósito: Diseñado para evaluar la atención selectiva y concentración.
Procedencia: Alemania (1962-2010)/alemán.
Traducción/Adaptación: No se provee información en los materiales de la prueba sobre el proceso de adaptación.
Población: Edades 6 a 80.
Baremos: Se han provisto baremos con la adaptación al español. Los baremos se desarrollaron utilizando dos muestras, una de adultos (*n* = 1.015) y una de escolares (*n* = 1.969) para un total de 2.984 participantes, distribuidos por género y edad.
Fechas de Publicación: 2002-2022.
Acrónimo: d2-R.
Puntuación, 3: Concentración, Velocidad de Trabajo, Precisión.
Administración: Individual o colectiva.
Formularios, 2: Estándar, Colectiva.
Precios, 2022: €58,24 por juego completo, incluyendo manual (2022, 138 páginas) y juego de corrección; €27,09 por juego de corrección, incluyendo 25 ejemplares y PIN para 25 usos en línea.
Duración: Aproximadamente 8 minutos.
Comentarios: Se aplica con papel y lápiz; se corrige en línea; el formulario Estándar se usa más habitualmente para aplicación individual o colectiva; el formulario Colectiva se usa para aplicaciones colectivas numerosas en contexto de selección de personal.
Autores: Rolf Brickenkamp, Lothar Schmidt-Atzert y Detlev Liepmann.
Traductora/Adaptadora: Belén Ruiz-Fernández.
Editorial: Hogrefe TEA Ediciones.
Componentes en Español: Todos los materiales son en español.
Componentes en Inglés: No hay materiales en inglés en esta versión.

[204e]

d2 Test de Atención–Revisado.

Original Name: Aufmerksamkeits-und Konzentrationstest (d2-Revision; Hogrefe Verlag GmbH & Co.).
Purpose: Designed to evaluate selective attention and concentration.
Origin: Germany (1962-2010)/German.
Translation/Adaptation: No information is provided in the test materials about the adaptation process.
Population: Ages 6 to 80.
Norms: Separate norms are provided with the adaptation to Spanish. Norms were developed using two samples, one of adults (*n* = 1,015) and one of students (*n* = 1,969) for a total of 2,984 participants, distributed by gender and age.
Publication Dates: 2002-2022.
Acronym: d2-R.
Scores, 3: Concentration, Working Speed, Precision.
Administration: Individual or group.
Forms, 2: Standard, Group.
Price Data, 2022: €58.24 per complete kit, including manual (2022, 138 pages) and scoring kit; €27.09 per scoring kit, including 25 record forms and PIN for 25 scoring uses online.
Time: Approximately 8 minutes.
Comments: Administered via paper and pencil; scored online; the Standard form is used most frequently and can be used for individual or group administration; the Group form is for large group administration in the context of hiring employees.
Authors: Rolf Brickenkamp, Lothar Schmidt-Atzert, and Detlev Liepmann.
Translator/Adaptor: Belén Ruiz-Fernández.
Publisher: Hogrefe TEA Ediciones.
Spanish Components: All materials are in Spanish.
English Components: There are no English materials in this version.

[205s]

Early Childhood Inventory–4.

Propósito: Diseñado como evaluación de los síntomas de comportamiento, afectivos y cognitivos de los trastornos emocionales y conductuales en la infancia temprana.
Procedencia: Estados Unidos (1996-1997)/inglés.
Traducción/Adaptación: No se provee información en los materiales de la prueba sobre el proceso de traducción/adaptación.
Población: Edades 3-6.
Baremos: No se han provisto baremos con los formularios traducidos al español.
Fecha de Publicación: 2003.

[205e]

Early Childhood Inventory–4.

Purpose: Constructed to assess the "behavioral, affective, and cognitive symptoms of childhood psychiatric disorders."
Origin: United States (1996-1997)/English.
Translation/Adaptation: No information is provided in the test materials about the translation/adaptation process.
Population: Ages 3-6.
Norms: Separate norms are not provided with the forms translated to Spanish.
Publication Date: 2003.

Acrónimo: ECI-4.
Puntuación, 25: AD/HD Inatención, AD/HD Hiperactividad-Inatención, AD/HD Combinado, Trastorno Oposicional Desafiante, Trastorno de Conducta, Escala Conflicto Entre Pares, Trastorno de Ansiedad por Separación, Fobia Específica, Obsesiones, Compulsiones, Tics Motor, Tics Vocales, Trastorno de Ansiedad Generalizada, Mutismo Selectivo, Trastorno Depresivo Mayor, Trastorno Distímico, Trastorno de Ajusto, Fobia Social, Problemas de Sueño, Problemas de Eliminación, Trastorno del Estrés Postraumático, Problemas de Alimentación, Trastorno de Apego Reactivo, Trastorno de Autismo, Trastorno de Asperger.
Administración: Individual.
Formularios, 2: Padres, Docentes.
Precios: Disponibles con la casa editorial.
Duración: (10-15) minutos.
Comentarios: El instrumento está diseñado para corresponder con el sistema de clasificación del DSM-IV; los formularios para padres y docentes en español corresponden ítem por ítem a los formularios disponibles en inglés; materiales actualizados (ECI-5) disponibles en inglés.
Autores: Kenneth D. Gadow y Joyce Sprafkin.
Editorial: Checkmate Plus, Ltd.
Componentes en Español: Los formularios para padres y docentes y sus instrucciones correspondientes están disponibles en español.
Componentes en Inglés: Todos los materiales están disponibles en inglés también; los manuales son en inglés.
Referencias Cruzadas: Para una reseña por Robert C. Reinehr de los componentes en inglés de esta prueba, consulte 14:134.

[206s]

Early Screening Inventory, Third Edition.

Propósito: Diseñado para ayudar en la identificación de la potencial de retraso en el desarrollo o antecedentes a discapacidades de desarrollo que justificarán servicios de educación especial.
Procedencia: Estados Unidos/inglés.
Traducción/Adaptación: No se provee información en los materiales de la prueba sobre el proceso de traducción/adaptación.
Población: Edades 3:0-5:11.
Baremos: No se han provisto baremos con los materiales traducidos al español. Se realizó un estudio utilizando el modelo Rasch de la teoría de respuesta al ítem para determinar si y como la dificultad de los ítems varíe sobre inglés y español debido a diferencias en la estructura del lenguaje y la cultura. Las puntuaciones brutas de la versión en español fueron equivalentes a las puntuaciones brutas de la versión en inglés, resultando en las puntuaciones de corte mismos en ambos lenguajes.
Fechas de Publicación: 1976-2019.

Acronym: ECI-4.
Scores, 25: AD/HD Inattentive, AD/HD Hyperactive-Inattentive, AD/HD Combined, Oppositional Defiant Disorder, Conduct Disorder, Peer Conflict Scale, Separation Anxiety Disorder, Specific Phobia, Obsessions, Compulsions, Motor Tics, Vocal Tics, Generalized Anxiety Disorder, Selective Mutism, Major Depressive Disorder, Dysthymic Disorder, Adjustment Disorder, Social Phobia, Sleep Problems, Elimination Problems, Posttraumatic Stress Disorder, Feeding Problems, Reactive Attachment Disorder, Autistic Disorder, Asperger's Disorder.
Administration: Individual.
Forms, 2: Parent, Teacher.
Price Data: Available from the publisher.
Time: (10-15) minutes.
Comments: Instrument is designed to correspond with the DSM-IV classifications; the parent and teacher checklists in Spanish are keyed to the English-language version item by item; newer materials (ECI-5) are available in English.
Authors: Kenneth D. Gadow and Joyce Sprafkin.
Publisher: Checkmate Plus, Ltd.
Spanish Components: The parent and teacher checklists and their corresponding instructions are available in Spanish.
English Components: All materials are also available in English; the manual is in English.
Cross References: For a review by Robert C. Reinehr of this test's English components, see 14:134.

[206e]

Early Screening Inventory, Third Edition.

Purpose: Designed "to help identify potential developmental delays or antecedents to developmental disabilities . . . that may warrant special education services."
Origin: United States/English.
Translation/Adaptation: No information is provided in the test materials about the translation/adaptation process.
Population: Ages 3:0-5:11.
Norms: Separate norms are not provided with the materials translated to Spanish. A study using the Rasch model of item response theory was used to determine if and how item difficulty varies across English and Spanish due to differences in language structure and culture. Raw scores on the Spanish version were equivalent to raw scores on the English version, resulting in the same cut scores for both languages.
Publication Dates: 1976-2019.

Acrónimo: ESI-3.
Puntuación: Puntuación total solamente.
Administración: Individual.
Niveles, 2: Preescolar (Edades 3:0-4:5), Kindergarten (Edades 4:6-5:11).
Precios, 2022: $203.50 por juego en español de preescolar o kindergarten, incluyendo manual del examinador (2019, 234 páginas, inglés), manipulativos, 25 formularios de registro (preescolares o kindergarten) y 25 cuestionarios para padres; $84.90 por manual; $47.70 por 25 formularios de registro para preescolares o kindergarten; $39.70 por 25 cuestionarios para padres; $36.40 por juego de manipulativos.
Duración: 15-20 minutos.
Comentarios: Un cuestionario de padres suplementario está disponible que provee un resumen de varios condiciones, problemas y eventos que podrían constituir factores de riesgo para el desarrollo típico; se puede administrar y corregir por computadora.
Autores: Samuel J. Meisels, Dorothea B. Marsden, Laura W. Henderson y Martha Stone Wiske.
Editorial: Pearson.
Componentes en Español: El cuestionario para padres y los formularios de registro para preescolar y kindergarten y sus instrucciones correspondientes están disponibles en español; el manual contiene información y apuntes escritos para la administración de la prueba en español.
Componentes en Inglés: Todos los materiales están disponibles en inglés también; el manual es en inglés.
Referencias Cruzadas: Para reseñas por John D. Hall y por Carl J. Sheperis y Jordan Austin de los componentes en inglés de esta prueba, consulte 21:52.

[207s]

EARS® Evaluation of Auditory Responses to Speech.

Procedencia: Austria/inglés.
Administración: Individual.
Precios: Disponibles con la casa editorial.
Comentarios: La editorial de la prueba empaqueta y vende cada una de las pruebas de EARS® individualmente.
Editorial: MED-EL.

a) EARS®.

Propósito: Diseñado para evaluar el desarrollo de la percepción auditiva en niños con discapacidad auditiva severa y profunda que han recibido implantes cocleares, para brindar ayuda sobre ajuste del dispositivo y la rehabilitación de estos niños y proporcionar un instrumento para la evaluación a largo plazo en niños con implantes cocleares.

Traducción/Adaptación: No se provee información sobre el proceso de traducción/adaptación en los materiales de la prueba.

Población: Niños edades 3 en adelante que han recibido implantes cocleares.

Acronym: ESI-3.
Scores: Total score only.
Administration: Individual.
Levels, 2: Preschool (Ages 3:0-4:5), Kindergarten (Ages 4:6-5:11).
Price Data, 2022: $203.50 per Spanish preschool or kindergarten kit, including examiner's manual (2019, 234 pages, English), manipulatives, 25 record forms (preschool or kindergarten), and 25 parent questionnaires; $84.90 per manual; $47.70 per 25 preschool or kindergarten record forms; $39.70 per 25 parent questionnaires; $36.40 per manipulatives kit.
Time: 15-20 minutes.
Comments: Supplemental parent questionnaire available that is designed to "provide an overview of a number of conditions, problems, and events that could constitute risk factors for typical development"; computer administration and scoring available.
Authors: Samuel J. Meisels, Dorothea B. Marsden, Laura W. Henderson, and Martha Stone Wiske.
Publisher: Pearson.
Spanish Components: The parent questionnaire and preschool and kindergarten record forms and their corresponding instructions are available in Spanish; the manual contains information and written prompts for administering the test in Spanish.
English Components: All materials are also available in English; the manual is in English.
Cross References: For reviews by John D. Hall and by Carl J. Sheperis and Jordan Austin of this test's English components, see 21:52.

[207e]

EARS® Evaluation of Auditory Responses to Speech.

Origin: Austria/English.
Administration: Individual.
Price Data: Available from publisher.
Comments: The test publisher packages and sells each of the EARS® tests individually.
Publisher: MED-EL.

a) EARS®.

Purpose: Designed to "evaluate auditory perception development in severely and profoundly hearing-impaired children who have received cochlear implants, to provide support for device fitting and the rehabilitation of these children, and to provide an instrument for the long-term assessment of children with cochlear implants."

Translation/Adaptation: No information is provided in the test materials about the translation/adaptation process.

Population: Children ages 3 and older who have received cochlear implants.

Baremos: Se desarrollaron los baremos con una muestra de 765 niños de 35 clínicos de audición en 15 países, incluyendo Colombia y España.
Fecha de Publicación: 2009.
Acronym: EARS.
Puntuación, 20: Perfil LiP, Monosílabos-Bisílabos-Polisílabos (MBP) 3 Patrones, MTP 3 Palabras, MTP 6 Patrones, MTP 6 Palabras, MTP 12 Patrones, MTP 12 Palabras, Listas de Palabras Cerradas 4, Listas de Palabras Cerradas 12, Lista A de Oraciones Cerradas, Lista B1 de Oraciones Cerradas, Lista B2 de Oraciones Cerradas, Lista C de Oraciones Cerradas, Lista de Palabras Abierta: Fonemas, Lista de Palabras Abierta: Palabra, Glendonald Procedimiento de Screening Auditiva, Escala de Integración Auditiva Significativa: Padres, Escala de Integración Auditiva Significativa: Maestros, Escala de Uso Significativo del Lenguaje: Padres, Escala de Uso Significativo del Lenguaje: Maestros.
Subpruebas, 7: Perfil LiP, Monosílabos-Bisílabos-Polisílabos, Monosílabos, Listas Cerradas, Test Simbólico de Objetos Comunes, Test de Percepción Auditiva para Niños Deficientes Auditivos, Monosílabos, Listas Abiertas, Glendonald Procedimiento de Screening Auditiva, más Escala de Integración Auditiva Significativa y Escala de Uso Significativo del Lenguaje.
Duración: (5-40) minutos por subprueba.
Comentarios: La casa editorial de la prueba sugiere que se aplica las diferentes subpruebas en diferentes intervalos de tiempo (i.e., pre-quirúrgico, adaptación inicial, 1 mes, 3 meses, 6 meses, 12 meses, 18 meses, anuales).
Autora: Diane Allum-Mecklenburg.
Componentes en Español: Los materiales de la prueba, incluyendo el libro de dibujos y el libro de instrucciones, son en español.
Componentes en Inglés: El libro de información normativa es en inglés.
b) LittlEARS® AUDITORY QUESTIONNAIRE.
Propósito: Diseñado para reflejar los hitos más importantes de la conducta auditiva preverbal enfatizando la respuesta a los sonidos, sobre todo la respuesta a estímulos lingüísticos, y toma en cuenta las preferencias de los bebés para estos estímulos.
Traducción/Adaptación: Dos especialistas en el área de audiología o patología del lenguaje con experiencia en traducción realizaron de manera independiente una traducción y retrotraducción de la prueba. Discutieron y resolvieron discrepancias entre las dos versiones y llegaron a un acuerdo para mantener la versión similar a la versión original, que fuera apropiada culturalmente y que evaluara los mismos comportamientos que la versión original. Luego se le dio la prueba traducida a un grupo de padres que tuvieran niños con audición normal para evaluar la fiabilidad y validez de las puntuaciones obtenidas y establecer una referencia normativa para cada lenguaje.
Población: Edades 3 años y menor.
Baremos: Se han provisto baremos con la adaptación al español. Los baremos se desarrollaron utilizando una muestra de 3,309 niños con audición normal de 16

Norms: Norms were developed using a sample of 765 children from 35 hearing clinics in 15 countries, including Colombia and Spain.
Publication Date: 2009.
Acronym: EARS.
Scores, 20: Listening Progress Profile, Monosyllabic Trochee Polysyllabic (MTP) 3 Patterns, MTP 3 Words, MTP 6 Patterns, MTP 6 Words, MTP 12 Patterns, MTP 12 Words, Closed-Set Words 4, Closed-Set Words 12, Closed-Set Sentence Test A, Closed-Set Sentence Test B1, Closed-Set Sentence Test B2, Closed-Set Sentence Test C, Open-Set Words: Phoneme, Open-Set Words: Word, Glendonald Auditory Screening Procedure, Meaningful Auditory Integration Scale: Parent, Meaningful Auditory Integration Scale: Teacher, Meaningful Use of Speech Scale: Parent, Meaningful Use of Speech Scale: Teacher.
Subtests, 7: Listening Progress Profile, Monosyllabic Trochee Polysyllabic Word Test, Monosyllable Closed-Set Test, Common Objects Token Test, Tyler Holstad Closed-Set Sentence Test, Monosyllable Open-Set Test, Glendonald Auditory Screening Procedure, plus Meaningful Auditory Integration Scale and Meaningful Use of Speech Scale.
Time: (5-40) minutes per subtest.
Comments: The test publisher suggests the use of different subtests at different time intervals (i.e., pre-operative, near initial fitting, 1 month, 3 months, 6 months, 12 months, 18 months, yearly).
Author: Diane Allum-Mecklenburg.
Spanish Components: The test materials, including the picture book and administration manual, are in Spanish.
English Components: The normative information book is in English.
b) LittlEARS® AUDITORY QUESTIONNAIRE.
Purpose: "Designed to reflect the most important milestones of preverbal auditory behavior ... emphasizing the response to sounds, particularly the response to linguistic stimuli, and takes into account infants' preference for these stimuli."
Translation/Adaptation: The test was translated by one person and then back-translated by a second person, both specialists in the field of audiology or speech-language pathology and experienced in translation. Discrepancies were discussed and settled so that the translated version was accurate and as true to the original as possible while still being culturally appropriate and measuring the same behaviors as the original version intended. The translated test was then given to a sample of parents of children with normal hearing. Data from that study were used to evaluate validity and reliability of the scores obtained and to establish an overall norm curve for each language.
Population: Ages 3 years and younger.
Norms: Separate norms are provided with the Spanish adaptation. Norms were developed using a sample of 3,309 children with normal hearing from

países, con un mínimo de 48 niños por lenguaje. Se representaba el español como español de los EE. UU.
Fecha de Publicación: 2011.
Acrónimo: LEAQ.
Puntuación: Puntuación total solamente.
Duración: (10) minutos.
Autores: Frans Coninx, Viktor Weichbold, Labriana Tsiakpini y Heike Kühn-Inacker.
Componentes en Español: Todos los materiales son en español.
Componentes en Inglés: No hay materiales en inglés en esta versión.
c) TeenEARS®.
Propósito: Diseñado como una batería de siete pruebas y un cuestionario que abarca diferentes niveles de habilidades del lenguaje, así como las habilidades auditivas y asuntos psicosociales.
Traducción/Adaptación: No se provee información sobre el proceso de traducción/adaptación en los materiales de la prueba.
Población: Adolescentes con implantes cocleares.
Baremos: No se provee baremos con los materiales traducidos al español.
Fecha de Publicación: 2008.
Subpruebas, 7: Screening de Habilidades Auditivas, Test de Frases Cotidianas, Categorías de Rendimiento Auditivo, Valoración de la Inteligibilidad del Habla, Valoración del Uso del Teléfono, 1990 UCH Test de Sonidos Ambientales, TesTrax, más Manchester Teens Questionnaire.
Puntuación: Varía, dependiente de la subprueba.
Duración: (5-20) minutos por subprueba.
Comentarios: Se puede usar como una continuación de la batería de pruebas EARS® o como una batería de evaluación independiente para adolescentes recién implantados.
Autores: Ilona Anderson, Lucy Phillips, Lynne Roberts, Lyn Jamieson, Anne Costa y Sarie Cross.
Componentes en español: Todos los materiales son en español.
Componentes en inglés: No hay materiales en inglés en esta versión.

Referencias Cruzadas: Para reseñas por Timothy R. Konold y Jaclyn Spitzer de los componentes en inglés de esta prueba, consulte 20:79.

[208s]

easyCBM.

Propósito: Sistema en línea diseñado para proveer puntuaciones de referencia de lectura y matemáticas más monitorear el progreso de evaluaciones e informes de los distritos, las escuelas y los docentes.
Procedencia: Estados Unidos/inglés.
Traducción/Adaptación: No se provee información en los materiales de la prueba sobre el proceso de traducción/adaptación.
Población: Estudiantes en kindergarten hasta octavo grado.
Baremos: No se han provisto baremos con los materiales traducidos al español.
Fecha de Publicación: 2014.

16 countries, with a minimum of 48 children per language. Spanish was represented as U.S. Spanish.
Publication Date: 2011.
Acronym: LEAQ.
Score: Total score only.
Time: (10) minutes.
Authors: Frans Coninx, Viktor Weichbold, Labriana Tsiakpini, and Heike Kühn-Inacker.
Spanish Components: All materials are in Spanish.
English Components: There are no English materials in this version.
c) TeenEARS®.
Purpose: Designed as a battery of seven tests and one questionnaire covering "differing levels of language skills, as well as auditory skills and psycho-social issues."
Translation/Adaptation: There is no information in the test materials about the translation/adaptation process.
Population: Teenagers who have cochlear implants.
Norms: Separate norms are not provided with the materials translated to Spanish.
Publication Date: 2008.
Subtests, 7: Listening Skills Screening, Common Phrases Test, Categories of Auditory Performance, Speech Intelligibility Rating, Paediatric Telephone Profile, 1990 UCH Environmental Sounds Test, TesTrax, plus Manchester Teens Questionnaire.
Scores: Varies, depending on subtest.
Time: (5-20) minutes per subtest.
Comments: May be used "as a follow-on from the EARS® test battery, or as a stand-alone assessment battery for newly implanted teens."
Authors: Ilona Anderson, Lucy Phillips, Lynne Roberts, Lyn Jamieson, Anne Costa, and Sarie Cross.
Spanish Components: All materials are in Spanish.
English Components: There are no English materials in this version.

Cross References: For reviews by Timothy R. Konold and Jaclyn Spitzer of this test's English components, see 20:79.

[208e]

easyCBM.

Purpose: An online system designed to provide "reading and math Benchmark and Progress Monitoring assessments and reports for districts, schools, and teachers."
Origin: United States/English.
Translation/Adaptation: No information is provided in the test materials about the translation/adaptation process.
Population: Students in kindergarten through eighth grade.
Norms: Separate norms are not provided with the materials translated to Spanish.
Publication Date: 2014.

Puntuación, 15: Nombres de Letras, Sonidos de Letras, Segmentación de Fonemas, Fluidez de Lectura por Palabras, Fluidez de Lectura por Fragmento de un Cuento, Vocabulario, Lectura Competente, Lectura Básica, Matemática Competente, Matemática Básica, Medidas en Español (Segmentación de Sílabas, Lectura de Sílabas, Lectura de Palabras, Lectura de Oraciones, Vocabulario).
Administración: Individual y colectiva.
Precios, 2023: $7.15 por licencia de prueba en línea.
Duración: Varía según subprueba.
Comentarios: Las pruebas de fluidez administradas individualmente se ofrecen normalmente mediante pruebas de papel y lápiz, mientras que las medidas administradas colectivamente normalmente se ofrecen en línea. La casa editorial de la prueba recomienda la administración de medidas en línea siempre que sea posible. Las pruebas de papel y lápiz deben ser corregidas en línea.
Autores: Daniel Anderson, Julie Alonzo, Gerald Tindal, Dan Farley, P. Shawn Irvin, Cheng-Fei Lai, Jessica L. Saven y Kraig A. Wray.
Editorial: Riverside Insights.
Componentes en Español: Medidas de alfabetización para kindergarten hasta el segundo grado y texto y audio para la Matemática Competente están disponibles en español.
Componentes en Inglés: Todos los materiales están disponibles en inglés también.
Referencias Cruzadas: Para reseñas por Susan Brookhart y Leslie R. Hawley de los componentes en inglés de esta prueba, consulte 20:80.

[209s]

ElecTest.

Propósito: Diseñado para asistir en la selección de postulantes de mantenimiento y reparaciones eléctricas.
Procedencia: Estados Unidos/inglés.
Traducción/Adaptación: No se provee información en los materiales de la prueba sobre el proceso de traducción/adaptación.
Población: Solicitantes y postulantes de trabajo que requieren destrezas y conocimiento sobre la electricidad.
Baremos: No se han provisto baremos con el formulario traducido al español.
Fechas de Publicación: 1997-2014.
Puntuación, 9: Motores y Transmisiones, Electrónica Digital y Analógica, Esquemas/Interpretación de Diagramas/Circuitos de Control, Teoría Básica de CA/CC y Mantenimiento Eléctrico, Computadoras/Controladores Lógicos Programables/Instrumentos de Prueba, Suministros Eléctricos, Distribución Eléctrica/Construcción/Instalación, Herramientas Mecánicas y Manuales/Eléctricas.
Administración: Colectiva.
Precios, 2023: $28 por administración de prueba (ordenar un mínimo de 20); $25 por manual.

Scores, 15: Letter Names, Letter Sounds, Phoneme Segmentation, Word Reading Fluency, Passage Reading Fluency, Vocabulary, Proficient Reading, Basic Reading, Proficient Math, Basic Math, Spanish Measures (Syllable Sounds, Syllable Segmenting, Word Reading, Sentence Reading, Vocabulary).
Administration: Individual and group.
Price Data, 2023: $7.15 per online testing license.
Time: Varies by subtest.
Comments: "Individually administered fluency measures are typically administered using paper-and-pencil tests, while the group-administered measures are normally administered online. The (test) publisher recommends administering measures online whenever possible." Paper-and-pencil tests must be computer scored.
Authors: Daniel Anderson, Julie Alonzo, Gerald Tindal, Dan Farley, P. Shawn Irvin, Cheng-Fei Lai, Jessica L. Saven, and Kraig A. Wray.
Publisher: Riverside Insights.
Spanish Components: Literacy measures are available in Spanish for kindergarten through second grade; text and audio for Proficient Math are also available in Spanish.
English Components: All materials are also available in English.
Cross References: For reviews by Susan Brookhart and Leslie R. Hawley of this test's English components, see 20:80.

[209e]

ElecTest.

Purpose: Designed to assist in the selection of electrical repair and maintenance candidates.
Origin: United States/English.
Translation/Adaptation: No information is provided in the test materials about the translation/adaptation process.
Population: Applicants and incumbents for jobs requiring practical electrical knowledge and skills.
Norms: Separate norms are not provided for the form translated to Spanish.
Publication Dates: 1997-2014.
Scores, 9: Motors and Drives, Digital and Analog Electronics, Schematics/Print Reading/Control Circuits, Basic AC/DC Theory and Electrical Maintenance, Computers/PLCs/Test Instruments, Power Supplies, Power Distribution/Construction/Installation, Mechanical and Hand/Power Tools, Total.
Administration: Group.
Price Data, 2023: $28 per test administration (minimum order of 20); $25 per manual.

Duración: 60-70 minutos.
Comentarios: La casa editorial avisa que cambios en los nombres de los formularios indican revisiones menores.
Autor: Roland T. Ramsay.
Editorial: Ramsay Corporation.
Componentes en Español: El folleto de la prueba y sus instrucciones correspondientes están disponibles en español.
Componentes en Inglés: Todos los materiales están disponibles en inglés también; el manual es en inglés.
Referencias Cruzadas: Para una reseña por John K. Hawley de los formularios en inglés AR-C y B, consulte 19:57.

[210s]

Electrical Aptitude Test.

Propósito: Diseñado para evaluar habilidades de aptitud eléctrica.
Procedencia: Estados Unidos/inglés.
Traducción/Adaptación: No se provee información en los materiales de la prueba sobre el proceso de traducción/adaptación.
Población: Solicitantes a puestos de trabajo que requieren la habilidad de poder aprender sobre la electricidad.
Baremos: No se han provisto baremos con el formulario traducido al español.
Fechas de Publicación: 2003-2014.
Puntuación: Puntuación total para un conjunto de 6 áreas: Matemática, Conceptos Eléctricos, Esquema de Laberinto Eléctrico, Flujo de Proceso, Flujo de Señal, Secuencias Eléctricas.
Administración: Colectiva.
Precios, 2023: $28 por administración de prueba (ordenar un mínimo de 20); $25 por manual.
Duración: 18 minutos.
Comentarios: La editorial de la prueba avisa que cambios en los nombres de los formularios indican revisiones menores.
Autor: Roland T. Ramsay.
Editorial: Ramsay Corporation.
Componentes en Español: El formulario de prueba y sus instrucciones correspondientes están disponibles en español.
Componentes en Inglés: Todos los materiales están disponibles en inglés también; el manual es en inglés.
Referencias Cruzadas: Para una reseña por Martin W. Anderson del formulario inglés EA-R-C, consulte 17:65.

[211s]

Emergenetics Profile.

Propósito: Diseñado como una herramienta para medir las preferencias de comportamiento y pensamiento en cuanto a la personalidad empresarial.
Procedencia: Estados Unidos/inglés.

Time: 60-70 minutes.
Comments: Test publisher advises changes in form names indicate minor revisions and updating.
Author: Roland T. Ramsay.
Publisher: Ramsay Corporation.
Spanish Components: The test booklet and its corresponding instructions are available in Spanish.
English Components: All materials are also available in English; the manual is in English.
Cross References: For a review by John K. Hawley of English Forms AR-C and B, see 19:57.

[210e]

Electrical Aptitude Test.

Purpose: Designed to evaluate electrical aptitude skills.
Origin: United States/English.
Translation/Adaptation: No information is provided in the test materials about the translation/adaptation process.
Population: Applicants for jobs that require the ability to learn electrical skills.
Norms: Separate norms are not provided with the form translated to Spanish.
Publication Dates: 2003-2014.
Scores: Total score only for 6 areas: Mathematics, Electrical Concepts, Electrical Schematics, Process Flow, Signal Flow, Electrical Sequences.
Administration: Group.
Price Data, 2023: $28 per test administration (minimum order of 20); $25 per manual.
Time: 18 minutes.
Comments: The test publisher advises changes in form names indicate minor revisions and updating.
Author: Roland T. Ramsay.
Publisher: Ramsay Corporation.
Spanish Components: The test form and its corresponding instructions are available in Spanish.
English Components: All materials are also available in English; the manual is in English.
Cross References: For a review by Martin W. Anderson of the English Form EA-R-C, see 17:65.

[211e]

Emergenetics Profile.

Purpose: Designed as a "business personality tool" to measure "thinking and behavioral preferences."
Origin: United States/English.

Traducción/Adaptación: No se provee información en los materiales de la prueba sobre el proceso de traducción/adaptación.
Población: Adultos.
Baremos: No se han provisto baremos con los materiales traducidos al español.
Fecha de Publicación: 2014.
Puntuación, 7: 4 Atributos de Pensamiento (Analítico, Estructural, Social, Conceptual), 3 Atributos de Comportamiento (Expresividad, Asertividad, Flexibilidad).
Administración: Individual.
Precios: Disponibles con la casa editorial.
Duración: 20 minutos.
Comentarios: Administrado en línea.
Autores: R. Wendell Williams y Geil Browning.
Editorial: Emergenetics International.
Componentes en Español: El Cuestionario de Emergenetics, Reporte Narrativo y Perfil están disponibles en español.
Componentes en Inglés: Todos los materiales están disponibles en inglés también; el manual es en inglés.
Referencias Cruzadas: Para reseñas por Richard Reilly y Sheldon Zedeck de los componentes en inglés de esta prueba, consulte 20:81.

Translation/Adaptation: There is no information in the test materials about the translation/adaptation process.
Population: Adults.
Norms: Separate norms are not provided with the materials translated to Spanish.
Publication Date: 2014.
Scores, 7: 4 Thinking Attributes (Analytical, Structural, Social, Conceptual), 3 Behavioral Attributes (Expressiveness, Assertiveness, Flexibility).
Administration: Individual.
Price Data: Available from publisher.
Time: 20 minutes.
Comments: Administered online.
Authors: R. Wendell Williams and Geil Browning.
Publisher: Emergenetics International.
Spanish Components: The Questionnaire, Narrative Report, and Profile are available in Spanish.
English Components: All materials are also available in English; the manual is in English.
Cross References: For reviews by Richard Reilly and Sheldon Zedeck of this test's English components, see 20:81.

[212s]

Emotional Disturbance Decision Tree–Parent Form.

Propósito: Diseñado para ayudar a identificar los niños que califican para la categoría de Trastornos Emocionales de Educación Especial Federal.
Procedencia: Estados Unidos/inglés.
Traducción/Adaptación: No se provee información en los materiales de la prueba sobre el proceso de traducción/adaptación.
Población: Edades 5-18.
Baremos: No se han provisto baremos con los materiales traducidos al español.
Fecha de Publicación: 2010.
Acrónimo: EDDT-PF.
Puntuación, 11: Incapacidad de Formar y Mantener Relaciones, Sentimientos o Conductas Inapropiadas, Estado de Ánimo Generalizado/Depresión, Síntomas Físicos o Miedos, Puntuación Total Características Trastorno Emocional, Resiliencia, Trastorno de Déficit de Atención e Hiperactividad, Posibilidad de Psicosis, Inadaptación Social, Severidad, Motivación.
Administración: Individual.
Precios, 2022: $253 por juego inicial incluye manual (2010, 151 páginas, inglés), 25 hojas de respuestas, 25 cuadernillos y 25 hojas de resumen de respuestas; $98 por 25 hojas de respuestas en español; $52 por 25 cuadernillos de la prueba en español.
Duración: (15-20) minutos.

[212e]

Emotional Disturbance Decision Tree–Parent Form.

Purpose: Designed to help identify "children who qualify for the federal Special Education category of Emotional Disturbance."
Origin: United States/English.
Translation/Adaptation: No information is provided in the test materials about the translation/adaptation process.
Population: Ages 5-18.
Norms: Separate norms are not provided with the materials translated to Spanish.
Publication Date: 2010.
Acronym: EDDT-PF.
Scores, 11: Inability to Build or Maintain Relationships, Inappropriate Behaviors or Feelings, Pervasive Mood/Depression, Physical Symptoms or Fears, Emotional Disturbance Characteristic Total Score, Resilience, Attention-Deficit/Hyperactivity Disorder, Possible Psychosis, Social Maladjustment, Severity, Motivation.
Administration: Individual.
Price Data, 2022: $253 per introductory kit including manual (2010, 151 pages, English), 25 response booklets, 25 item booklets, and 25 score summary booklets; $98 per 25 Spanish response booklets; $52 per Spanish item booklets.
Time: (15-20) minutes.

Autor: Bryan L. Euler.
Editorial: Psychological Assessment Resources, Inc.
Componentes en Español: El cuadernillo de la prueba y la hoja de respuestas están disponibles en español.
Componentes en Inglés: Todos los materiales están disponibles en inglés también; el manual es en inglés.
Referencias Cruzadas: Para reseñas por Jeffrey A. Atlas y Tony C. Wu de los componentes en inglés de esta prueba, consulte 19:60.

[213s]

Emotional Disturbance Decision Tree–Self-Report Form.

Propósito: Diseñado para asistir con la identificación de niños que califican para la categoría de disturbio emocional de la educación especial federal.
Procedencia: Estados Unidos/inglés.
Traducción/Adaptación: El cuadernillo de ítems de prueba en español contiene todos los ítems que aparecen en el cuadernillo en inglés. Traducciones iniciales fueron completadas por una compañía de traducción que se especializa en la traducción de pruebas psicológicas y luego revisado independientemente por un psicólogo escolar bilingüe. La compañía de traducción desarrollaba una retrotraducción que fue revisada por tres jueces independientes. Después de varias revisiones adicionales, se hicieron decisiones finales y crearon formularios para la colección de datos de estandarización.
Población: Edades 9-18.
Baremos: No se han provisto baremos con los materiales traducidos al español.
Fecha de Publicación: 2016.
Acrónimo: EDDT-SR.
Puntuación, 13: Escala de Incapacidad de Construir o Mantener Relaciones, Escala de Comportamientos o Sentimientos Inapropiados, Escala Ánimo/Depresión Generalizado, Escala de Síntomas o Miedos Físicos, Puntuación Total, Escala de Resistencia, Grupo de Deficiencia de Atención o Hiperactividad, Grupo de Psicosis/Esquizofrenia Posible, Grupo de Desajuste Social, Grupo de Nivel de Severidad, Grupo de Motivación, más 2 escalas de validez (Infrecuencia, Inconsistencia).
Administración: Individual.
Precios, 2022: $253 por juego de inicio incluye 25 cuadernillos de respuesta, 25 cuadernillos de ítems de la prueba, 25 cuadernillos de puntuación y manual profesional (192 páginas, inglés); $94 por manual profesional; $98 por 25 cuadernillos de respuesta (inglés o español); $52 por 25 cuadernillos de ítems de prueba (inglés o español); $37 por 25 cuadernillos de puntuación; $21 por formulario sumario de evaluadores múltiples.
Duración: [20] minutos.

Author: Bryan L. Euler.
Publisher: Psychological Assessment Resources, Inc.
Spanish Components: Item booklet and response booklet are available in Spanish.
English Components: All materials are also available in English; the manual is in English.
Cross References: For reviews by Jeffrey A. Atlas and Tony C. Wu of this test's English components, see 19:60.

[213e]

Emotional Disturbance Decision Tree–Self-Report Form.

Purpose: Designed to "assist in the identification of children who qualify for the federal Special Education category of Emotional Disturbance (ED)."
Origin: United States/English.
Translation/Adaptation: The Spanish response booklets contain all items that appear in the English response booklets. Initial translations were created by a translation company that specializes in translating psychological measures and then independently reviewed by a practicing bilingual school psychologist. The translation company then developed a back-translation that was reviewed by three independent judges. After several rounds of review, final decisions were made and forms were created for standardization data collection.
Population: Ages 9-18.
Norms: Separate norms are not provided with the materials translated to Spanish.
Publication Date: 2016.
Acronym: EDDT-SR.
Scores, 13: Inability to Build or Maintain Relationships Scale, Inappropriate Behaviors or Feelings Scale, Pervasive Mood/Depression Scale, Physical Symptoms or Fears Scale, Total Score, Resilience Scale, Attention-Deficit Hyperactivity Disorder Cluster, Possible Psychosis/Schizophrenia Cluster, Social Maladjustment Cluster, Level of Severity Cluster, Motivation Cluster, plus 2 validity scores (Infrequency, Inconsistency).
Administration: Individual.
Price Data, 2022: $253 per introductory kit including 25 response booklets, 25 reusable item booklets, 25 score summary booklets, and professional manual (192 pages, English); $94 per professional manual; $98 per 25 response booklets (English or Spanish); $52 per 25 reusable item booklets (English or Spanish); $37 per 25 score summary booklets; $31 per multi-rater summary form.
Time: [20] minutes.

Autor: Bryan L. Euler.
Editorial: Psychological Assessment Resources, Inc.
Componentes en Español: El cuadernillo de ítems y de respuestas con sus instrucciones correspondientes están disponibles en español.
Componentes en Inglés: Todos los materiales están disponibles en inglés también; el manual es en inglés.
Referencias Cruzadas: Para reseñas por Jeffrey A. Atlas y Joseph C. Kush de los componentes en inglés de esta prueba, consulte 21:53.

[214s]

Emotional Intelligence Questionnaire.

Propósito: Diseñado para proveer información sobre las habilidades y competencias emocionales de un individuo.
Procedencia: Reino Unido (2014)/inglés.
Traducción/Adaptación: No se provee información en los materiales de la prueba sobre el proceso de traducción/adaptación.
Población: Edades 16 a 70.
Baremos: No se han provisto baremos con los materiales traducidos al español.
Fecha de Publicación: 2018.
Acrónimo: EIQ16.
Puntuación, 22: Leer las Emociones (Autoobservación, Observación de Otros, Autoexpresión, Discernimiento), Utilizar las Emociones (Pensamiento, Juicio, Sensibilidad, Resolución de Problemas), Comprender las Emociones (Síntomas, Causas, Complejidad, Transiciones), Regular las Emociones (Receptividad, Monitoreo, Autocontrol, Manejar las Emociones de los Otros), Deseabilidad Social, Nivel de Inteligencia Emocional.
Administración: Individual o colectiva.
Precios, 2023: $19.95 por cuestionario.
Duración: 20 minutos para completar la versión completa; 5 minutos para completar la versión corta.
Comentarios: Se administra y se califica en línea; una versión corta de 36 ítems en formato papel y lápiz está disponible.
Autor: MySkillsProfile.com.
Editorial: MySkillsProfile.com Limited [United Kingdom].
Componentes en Español: Los ítems de la prueba en línea y el reporte de competencias están disponibles en español.
Componentes en Inglés: Todos los materiales están disponibles en inglés también; el manual es en inglés.
Referencias Cruzadas: Para reseñas por Theodore L. Hayes y Joanne Broder Sumerson de los componentes en inglés de esta prueba, consulte 20:83.

[215s]

Emotional Quotient Inventory 2.0.

Propósito: Diseñado para medir la inteligencia emocional.

Author: Bryan L. Euler.
Publisher: Psychological Assessment Resources.
Spanish Components: The test items and response booklets and their corresponding instructions are available in Spanish.
English Components: All materials are also available in English; the manual is in English.
Cross References: For reviews by Jeffrey A. Atlas and Joseph C. Kush of this test's English components, see 21:53.

[214e]

Emotional Intelligence Questionnaire.

Purpose: "Designed to provide information about a person's emotional skills and competencies."
Origin: United Kingdom (2014)/English.
Translation/Adaptation: No information is provided in the test materials about the translation/adaptation process.
Population: Ages 16-70.
Norms: Separate norms are not provided with the materials translated to Spanish.
Publication Date: 2018.
Acronym: EIQ16.
Scores, 22: Reading People (Self-Analysis, Analysis of Others, Self-Expression, Discrimination), Using Emotions (Thinking, Judgment, Sensitivity, Problem Solving), Understanding Emotions (Symptoms, Causes, Complexity, Transitions), Managing Emotions (Openness, Monitoring, Self-Control, Managing Others), Impression Management, Emotional Intelligence Level.
Administration: Individual or group.
Price Data, 2023: $19.95 per questionnaire.
Time: 20 minutes to complete the full version; 5 minutes to complete the short version.
Comments: Administered and scored online; a short pencil-and-paper version of 36 items is available.
Author: MySkillsProfile.com.
Publisher: MySkillsProfile.com Limited [United Kingdom].
Spanish Components: The online test items and abilities report are available in Spanish.
English Components: All materials are also available in English; the manual is in English.
Cross References: For reviews by Theodore L. Hayes and Joanne Broder Sumerson of this test's English components, see 20:83.

[215e]

Emotional Quotient Inventory 2.0.

Purpose: Designed to measure emotional intelligence.

Procedencia: Estados Unidos (1997-2011)/inglés.
Traducción/Adaptación: No se provee información en los materiales de la prueba sobre el proceso de traducción/adaptación.
Población: Edades 18 en adelante.
Baremos: No se han provisto baremos con los materiales traducidos al español.
Fecha de Publicación: 2011.
Acrónimo: EQ-i 2.0.
Puntuación: 21 puntuaciones de contenido: Escala de Puntuaciones Compuestas (Coeficiente Emocional Total, Autopercepción, Autoexpresión, Interpersonal, Toma de Decisiones, Manejo del Estrés), Puntuaciones Subescala Autopercepción (Autoconsideración, Autorealización, Autoconciencia Emocional), Puntuaciones Subescala Autoexpresión (Expresión Emocional, Asertividad, Independencia), Puntuaciones Subescala Interpersonal (Relaciones Interpersonales, Empatía, Responsabilidad Social), Puntuaciones Subescala Toma de Decisiones (Resolución de Problemas, Prueba de Realidad, Control de Impulsos), Puntuaciones Subescala Manejo del Estrés (Flexibilidad, Tolerancia al Estrés, Optimismo), más 1 Indicador de Bien Estar (Felicidad) y 2 Indicadores Estilos de Respuesta (Impresión Positiva/Negativa, Índice de Inconsistencia de Respuestas).
Administración: Individual o colectiva.
Precios, 2022: $32 por tarjetas de subescala; $32 por modelo de cartel; precios adicionales disponibles de la casa editorial.
Duración: (20-30) minutos.
Comentarios: Se requiere certificación para comprar.
Autor: Multi-Health Systems, Inc.
Editorial: Multi-Health Systems, Inc.
Componentes en Español: Los ítems de prueba y instrucciones correspondientes y los reportes del liderazgo y del ambiente de trabajo están disponibles en español.
Componentes en Inglés: Todos los materiales están disponibles en inglés, también; el manual es en inglés.
Referencias Cruzadas: Para reseñas por James C. DiPerna y Lia E. Sandilos de los componentes en inglés de esta prueba, consulte 19:62.

Origin: United States (1997-2011)/English.
Translation/Adaptation: No information is provided in the test materials about the translation/adaptation process.
Population: Ages 18 and older.
Norms: Separate norms are not provided with the materials translated to Spanish.
Publication Date: 2011.
Acronym: EQ-i 2.0.
Scores: 21 content scores: Composite Scale Scores (Total EI, Self-Perception, Self-Expression, Interpersonal, Decision Making, Stress Management), Self-Perception Subscale Scores (Self-Regard, Self-Actualization, Emotional Self-Awareness), Self-Expression Subscale Scores (Emotional Expression, Assertiveness, Independence), Interpersonal Subscale Scores (Interpersonal Relationships, Empathy, Social Responsibility), Decision Making Subscale Scores (Problem Solving, Reality Testing, Impulse Control), Stress Management Subscale Scores (Flexibility, Stress Tolerance, Optimism), plus 1 Well-Being Indicator (Happiness) and 2 Response Style Indicators (Positive/Negative Impression, Inconsistency Index).
Administration: Individual or group.
Price Data, 2022: $32 per subscale cards; $32 per model poster; additional prices available from publisher.
Time: (20-30) minutes.
Comments: Certification required for purchase.
Author: Multi-Health Systems, Inc.
Publisher: Multi-Health Systems, Inc.
Spanish Components: Test items and their corresponding instructions and the workplace and leadership reports are available in Spanish.
English Components: All materials are also available in English; the manual is in English.
Cross References: For reviews by James C. DiPerna and Lia E. Sandilos of this test's English components, see 19:62.

[216s]

Emotional Quotient Inventory: Youth Version.

Propósito: Diseñado para medir la inteligencia emocional en jóvenes entre 7 a 18 años.
Procedencia: Estados Unidos (2000)/inglés.
Traducción/Adaptación: No se provee información en los materiales de la prueba sobre el proceso de traducción/adaptación.
Población: Edades 7–18.
Baremos: No se han provisto baremos con los materiales traducidos al español.
Fecha de Publicación: 2001.

[216e]

Emotional Quotient Inventory: Youth Version.

Purpose: "Designed to measure emotional intelligence in young people aged 7 to 18 years."
Origin: United States (2000)/English.
Translation/Adaptation: No information is provided in the test materials about the translation/adaptation process.
Population: Ages 7–18.
Norms: Separate norms are not provided with the materials translated to Spanish.
Publication Date: 2001.

Acrónimo: EQ-i:YV.
Puntuación, 8: Escala Intrapersonal, Escala Interpersonal, Escala Adaptabilidad, Escala Manejo del Estrés, Coeficiente Emocional Total, Escala Estado de Ánimo General, Escala de Impresión Positiva, Índice de Inconsistencia de Respuestas.
Administración: Individual o colectiva.
Formularios, 2: EQ-i:YV Formulario Completo; EQ-i:YV(S) Formulario Corto.
Precios, 2023: $127 por manual (86 páginas, inglés); $4 por formulario en línea (completo o breve, español).
Duración: (20–25) minutos.
Comentarios: Autoinforme; previamente listado como "BarOn Emotional Quotient Inventory: Youth Version".
Autores: Reuven Bar-On y James D. A. Parker.
Traductores/Adaptadores: Carmen M. Caraballo y Orlando Villegas.
Editorial: Multi-Health Systems, Inc.
Componentes en Español: Los ítems de prueba y sus instrucciones correspondientes están disponibles en español.
Componentes en Inglés: Todos los materiales están disponibles en inglés, también; el manual es en inglés.
Referencias Cruzadas: Para reseñas por Joan C. Ballard y Frederick T. L. Leong de los componentes en inglés de esta prueba cuando se llamaba BarOn Emotional Quotient Inventory: Youth Version, consulte 15:26.

[217s]

Employee Screening Questionnaire–2.

Propósito: Diseñado como una medida de selección basada en la personalidad para evaluar la propensión de los empleados a participar en comportamientos de trabajo positivos igual que en contraproducentes.
Procedencia: Estados Unidos/inglés.
Traducción/Adaptación: No se provee información en los materiales de la prueba sobre el proceso de traducción/adaptación.
Población: Empleados prospectivos.
Baremos: No se han provisto baremos con los materiales traducidos al español.
Fechas de Publicación: 2001-2009.
Acrónimo: ESQ2.
Puntuación, 15: Servicio al Cliente, Productividad, Exactitud, Compromiso/Satisfacción en el Trabajo, Promotabilidad, Abuso de Alcohol y Sustancias, Días de Enfermedad No Autorizados, Delincuencia de Conducir, Latencia, Holgazaneando, Sabotaje de Producción o Propiedad, Infracción de Seguridad, Robo, Riesgo de Comportamiento Contraproducente, Recomendación General de Contratación.
Administración: Individual o colectiva.
Precios, 2023: $285 por juego de puntuación por FAX incluye el manual técnico (2009, 47 páginas,

Acronym: EQ-i:YV.
Scores, 8: Intrapersonal Scale, Interpersonal Scale, Adaptability Scale, Stress Management Scale, Total EQ, General Mood Scale, Positive Impression Scale, Inconsistency Index.
Administration: Individual or group.
Forms, 2: EQ-i:YV Long Form; EQ-i:YV(S) Short Form.
Price Data, 2023: $127 per manual (86 pages, English); $4 per online form (long or short, Spanish).
Time: (20–25) minutes.
Comments: Self-report; previously listed as BarOn Emotional Quotient Inventory: Youth Version.
Authors: Reuven Bar-On and James D. A. Parker.
Translators/Adaptors: Carmen M. Caraballo and Orlando Villegas.
Publisher: Multi-Health Systems, Inc.
Spanish Components: Test items and their corresponding instructions are available in Spanish.
English Components: All materials are also available in English; the manual is in English.
Cross References: For reviews by Joan C. Ballard and Frederick T. L. Leong of this test's English materials when it was called the BarOn Emotional Quotient Inventory: Youth Version, see 15:26.

[217e]

Employee Screening Questionnaire–2.

Purpose: Designed as "a personality-based selection measure" to assess "employees' propensity to engage in both positive as well as counterproductive work behaviors."
Origin: United States/English.
Translation/Adaptation: There is no information in the test materials about the translation/adaptation process.
Population: Prospective employees.
Norms: Separate norms are not provided with the materials translated to Spanish.
Publication Dates: 2001-2009.
Acronym: ESQ2.
Scores, 15: Customer Service, Productivity, Accuracy, Commitment/Job Satisfaction, Promotability, Alcohol and Substance Abuse, Unauthorized Sick Days, Driving Delinquency, Lateness, Loafing, Sabotage of Production or Property, Safety Infractions, Theft, Risk of Counterproductive Behavior, Overall Hiring Recommendation.
Administration: Individual or group.
Price Data, 2023: $285 per fax-in scoring kit, including technical manual (2009, 47 pages,

inglés), 1 cuadernillo de examen reutilizable y 10 hojas de respuesta FAX; $25 por administración en línea incluye corrección y reporte; $25 por 10 hojas de respuesta FAX; $3 por cuadernillo de examen reutilizable de puntuación por FAX; $32 por manual técnico.
Duración: (15-20) minutos.
Autor: Douglas N. Jackson.
Editorial: SIGMA Assessment Systems, Inc.
Componentes en Español: Los ítems de la prueba Employee Screening Questionnaire-2 y sus instrucciones correspondientes están disponibles en español.
Componentes en Inglés: Todos los materiales están disponibles en inglés, también; el manual es en inglés.

a) EMPLOYEE SCREENING QUESTIONNAIRE–CALL CENTER.
Acrónimo: ESQ-CC.
Puntuación, 14: Igual que arriba, menos Delincuencia de Conducir y Días de Enfermedad Falsos reemplaza Días de Enfermedad No Autorizados.
Comentarios: Formulario alternativo específicamente para uso en centros de llamadas.

Referencias Cruzadas: Para reseñas por Charles A. Scherbaum y Chockalingam Viswesvaran de los componentes en inglés de esta prueba, consulte 21:55.

English), 1 reusable test booklet, and 10 fax-in answer sheets; $25 per online test administration including scoring and report (Spanish or English); $25 per 10 fax-in answer sheets; $3 per reusable booklet for fax-in scoring administration; $32 per technical manual.
Time: (15-20) minutes.
Author: Douglas N. Jackson.
Publisher: SIGMA Assessment Systems, Inc.
Spanish Components: Employee Screening Questionnaire-2 test items and their corresponding instructions are available in Spanish.
English Components: All test materials are also available in English; the manual is in English.

a) EMPLOYEE SCREENING QUESTIONNAIRE–CALL CENTER.
Acronym: ESQ-CC.
Scores, 14: Same as above minus Driving Delinquency, and Bogus Sick Days replaces Unauthorized Sick Days.
Comments: Alternate form specifically for use in call centers.

Cross References: For reviews by Charles A. Scherbaum and Chockalingam Viswesvaran of this test's English components, see 21:55.

[218s]

Entrevista para el Diagnóstico del Autismo–Revisada.

Nombre Original: Autism Diagnostic Interview–Revised (Western Psychological Services [WPS]).
Propósito: Diseñado como una entrevista estructurada que debe ser completada por el padre, la madre o cuidador(a) para ayudar a diagnosticar trastornos del espectro autista.
Procedencia: Estados Unidos (2003)/inglés.
Traducción/Adaptación: No se provee información en los materiales de la prueba sobre el proceso de traducción/adaptación.
Población: Edad mental mayor de 2 años.
Baremos: Esta prueba no es de referencia normativa.
Fechas de Publicación: 2006-2011.
Acrónimo: ADI-R.
Puntuación, 3: Interacción Social Recíproca, Comunicación y Lenguaje, Conducta Restringida/Repetitiva/Estereotipada.
Administración: Individual.
Precios, 2022: €141,65 por juego completo, incluye manual (2011; segunda edición, revisada; 104 páginas) y 10 entrevistas y algoritmos; €120,76 por 10 entrevistas y algoritmos.
Duración: (90-150) minutos.
Autores: Michael Rutter, Ann Le Couteur y Catherine Lord.
Traductores/Adaptadores: Valeria Nanclares-Nogués, Agustín Cordero y Pablo Santamaría.

[218e]

Entrevista para el Diagnóstico del Autismo–Revisada.

Original Name: Autism Diagnostic Interview–Revised (Western Psychological Services [WPS]).
Purpose: This structured interview is designed to be completed by the parent or caregiver to assist with diagnosing autism spectrum disorders.
Origin: United States (2003)/English.
Translation/Adaptation: No information is provided in the test materials about the process of translation/adaptation.
Population: Mental ages 2 and over.
Norms: This test is not norm referenced.
Publication Dates: 2006-2011.
Acronym: ADI-R.
Scores, 3: Social Interaction, Communication and Language, Restricted/Repetitive/Stereotypical Behaviors.
Administration: Individual.
Price Data, 2022: €141.65 per complete kit, including manual (2011; second edition, revised; 104 pages) and 10 interviews and algorithms; €120.76 per 10 interviews and algorithms.
Time: (90-150) minutes.
Authors: Michael Rutter, Ann Le Couteur, and Catherine Lord.
Translators/Adaptors: Valeria Nanclares-Nogués, Agustín Cordero, and Pablo Santamaría.

Editorial: Hogrefe TEA Ediciones.
Componentes en Español: Todos los materiales son en español.
Componentes en Inglés: No hay materiales en inglés en esta versión.

[219s]

Entrevista para la Evaluación Diagnóstica Infantil.

Propósito: Diseñado como una herramienta de diagnóstico para usarse en procesos de evaluación psicológica en niños que se puede usar para explorar múltiples aspectos de la vida infantil en los ámbitos clínicos, educativos, forenses e investigativos.
Procedencia: Argentina/español.
Población: Edades 4 a 12 años.
Baremos: Esta prueba no es de referencia normativa.
Fecha de Publicación: 2016.
Acrónimo: EEDI.
Puntuación: Índices de severidad basados en información recogida en 3 categorías: Anamnesis, Áreas Adaptativas, Indicadores de Sintomatología Asociada a Trastornos Psicopatológicos más Datos Sociodemográficos, Indicadores de Riesgo y Protectores Hallados en la Entrevista y Valoración Cualitativa de las Respuestas de los Padres a la Entrevista.
Administración: Individual.
Precios, 2022: USD$57.30.
Duración: (60-120) minutos.
Comentarios: Una entrevista estructurada que se administra a padres; sigue criterios diagnósticos establecidos por el DSM-5.
Autores: Fabiana Uriel, María Josefina Scheinsohn, Luciana Becerra y Ana D'Anna.
Editorial: Editorial Paidós.
Componentes en Español: Todos los materiales son en español.
Componentes en Inglés: No hay materiales en inglés.

[220s]

Entrevista para Síndromes Psiquiátricos en Niños y Adolescentes.

Nombre Original: Children's Interview for Psychiatric Syndromes (American Psychiatric Press).
Propósito: Diseñado como entrevista diagnóstica basada en los criterios del DSM-IV donde respuestas afirmativas indican presencia de síntomas asociadas con 20 trastornos mentales.
Procedencia: Estados Unidos (1999)/inglés.
Traducción/Adaptación: No se provee información en los materiales de la prueba sobre el proceso de traducción/adaptación.
Población: Edades 6 a 18.

Publisher: Hogrefe TEA Ediciones.
Spanish Components: All materials are in Spanish.
English Components: There are no English materials in this version.

[219e]

Entrevista para la Evaluación Diagnóstica Infantil.

Purpose: Designed as a diagnostic tool in the psychological evaluation of children that can be used to explore multiple aspects of childhood in clinical, educational, forensic, and research settings.
Origin: Argentina/Spanish.
Population: Ages 4 to 12 years.
Norms: This test is not norm referenced.
Publication Date: 2016.
Acronym: EEDI.
Scores: Severity indices based on information gathered in 3 categories: Medical History, Adaptive Areas, and Indicators of Symptoms Associated with Psychopathological Disorders plus Sociodemographic Data, Assessment of Risk and Protective Factors Discovered During Interview, and Qualitative Evaluation of Parents' Responses During Interview.
Administration: Individual.
Price Data, 2022: USD$57.30.
Time: (60-120) minutes.
Comments: Structured interview administered to parents; follows diagnostic criteria established by DSM-5.
Authors: Fabiana Uriel, María Josefina Scheinsohn, Luciana Becerra, and Ana D'Anna.
Publisher: Editorial Paidós.
Spanish Components: All materials are in Spanish.
English Components: There are no materials in English.

[220e]

Entrevista para Síndromes Psiquiátricos en Niños y Adolescentes.

Original Name: Children's Interview for Psychiatric Syndromes (American Psychiatric Press).
Purpose: Designed as a diagnostic interview based on DSM-IV criteria where affirmative responses indicate the presence of symptoms associated with 20 mental disorders.
Origin: United States (1999)/English.
Translation/Adaptation: No information is provided in the test materials about the translation/adaptation process.
Population: Ages 6 to 18.

Baremos: No se han provisto baremos con la traducción al español.
Fecha de Publicación: 2001.
Acrónimo: ChIPS.
Puntuación, 20: Trastorno por Déficit de Atención con Hiperactividad, Trastorno Negativista Desafiante, Trastorno Disocial, Abuso de Sustancias, Fobia Específica, Fobia Social, Trastorno de Ansiedad por Separación, Trastorno de Ansiedad Generalizada, Trastorno Obsesivo-Compulsivo, Trastorno por Estrés Postraumático, Trastorno por Estrés Agudo, Anorexia, Bulimia, Trastorno Depresivo Mayor, Trastorno Distímico, Manía, Hipomanía, Enuresis, Encopresis, Esquizofrenia/Psicosis.
Administración: Individual.
Precios, 2022: USD$60 por juego completo, incluye manual de administración (2001, 61 páginas), cuaderno de entrevista y 15 hojas de registro.
Duración: No se reportó tiempo de administración.
Autores: Marijo Teare Rooney, Mary A. Fristad, Elizabeth B. Weller y Ronald A. Weller.
Traductora/Adaptadora: Mariana Fernández de la Peña.
Editorial: Editorial El Manual Moderno, S.A de C.V.
Componentes en Español: Todos los materiales son en español.
Componentes en Inglés: No hay materiales en inglés en esta versión.

[221s]

Escala de Ajuste Diádico.

Nombre Original: Dyadic Adjustment Scale (Multi-Health Systems [MHS]).
Propósito: Diseñado como una "evaluación de la calidad de la relación de pareja".
Procedencia: Estados Unidos (1989, 2001)/inglés.
Traducción/Adaptación: Dos expertos realizaron traducciones independientes del cuestionario original en inglés. Después de comparar las dos versiones, eligieron las variantes más apropiadas para crear una versión consensuada. Un traductor bilingüe independiente entonces realizó una retrotraducción. Después de otros mejoramientos y refinamientos, el equipo administró la versión final en un estudio piloto.
Población: Parejas adultas que conviven juntas.
Baremos: Se han provisto baremos con la adaptación al español. Los baremos se desarrollaron utilizando una muestra clínica de 403 participantes españoles que solicitaban terapia de pareja y una muestra general de 512 participantes españoles que no asistían a terapia de pareja, distribuidos por edad, sexo y años de convivencia.
Fecha de Publicación: 2017.
Acrónimo: DAS.

Norms: Separate norms are not provided with the Spanish translation.
Publication Date: 2001.
Acronym: ChIPS.
Scores, 20: Attention-Deficit/Hyperactivity Disorder, Oppositional Defiant Disorder, Conduct Disorder, Substance Abuse, Specific Phobia, Social Phobia, Separation Anxiety Disorder, Generalized Anxiety Disorder, Obsessive-Compulsive Disorder, Post-Traumatic Stress Disorder, Acute Stress Disorder, Anorexia, Bulimia, Depressive Episode, Dysthymic Disorder, Manic Episode, Hypomanic Episode, Enuresis, Encopresis, Schizophrenia/Psychosis.
Administration: Individual.
Price Data, 2022: USD$60 per complete kit including administration manual (2001, 61 pages), interview booklet, and 15 scoring forms.
Time: Administration time not reported.
Authors: Marijo Teare Rooney, Mary A. Fristad, Elizabeth B. Weller, and Ronald A. Weller.
Translator/Adaptor: Mariana Fernández de la Peña.
Publisher: Editorial El Manual Moderno, S.A de C.V.
Spanish Components: All materials are in Spanish.
English Components: There are no materials in English in this version.

[221e]

Escala de Ajuste Diádico.

Original Name: Dyadic Adjustment Scale (Multi-Health Systems [MHS]).
Purpose: Designed as an evaluation of the quality of the relationship in a couple.
Origin: United States (1989, 2001)/English.
Translation/Adaptation: Two experts completed independent translations of the original English questionnaire. After comparing the two versions, they chose the most appropriate terms to create a consensus version. A third bilingual translator then completed a back translation. After additional improvements and refinements, the team administered the final version in a pilot study.
Population: Adult couples who live together.
Norms: Separate norms are provided with the Spanish adaptation. Norms were developed using a clinical sample of 403 Spanish participants who requested couples therapy and a general sample of 512 Spanish participants who were not in couples therapy, distributed by age, gender, and number of years living together.
Publication Date: 2017.
Acronym: DAS.

Puntuación, 5: Consenso Diádico, Satisfacción Diádico, Expresión Afectiva, Cohesión Diádico, Ajuste Diádico.
Administración: Individual o colectiva.
Precios, 2022: €56,18 por juego completo, incluye manual (2017, 76 páginas), 10 cuadernillos y 25 ejemplares autocorregibles; €28,44 por 25 ejemplares autocorregibles.
Duración: (5-10) minutos.
Autor: Graham B. Spanier.
Traductores/Adaptadores: Raquel Martín-Lanas, Adrián Cano-Prous y María Isabel Beunza-Nuin.
Editorial: Hogrefe TEA Ediciones.
Componentes en Español: Todos los materiales son en español.
Componentes en Inglés: No hay materiales en inglés en esta versión.

[222s]

La Escala de Ansiedad Manifiesta en Adultos.

Nombre Original: The Adult Manifest Anxiety Scale (Western Psychological Services).
Propósito: Diseñado para evaluar "el nivel de ansiedad mediante tres instrumentos dirigidos a sectores demográficos diferentes".
Procedencia: Estados Unidos (2003)/inglés.
Traducción/Adaptación: "Se realizó la traducción y adaptación al idioma español tanto de los cuestionarios como del manual de aplicación e interpretación". No se provee información en los materiales de la prueba sobre el proceso de traducción/adaptación.
Población: Edades 19 en adelante.
Baremos: Se han provisto baremos con la adaptación mexicana. Los baremos se desarrollaron utilizando una muestra de 506 participantes mexicanos por el AMAS-A, 477 participantes mexicanos por el AMAS-C y 483 participantes mexicanos por el AMAS-E. Cada muestra fue distribuida por zona geográfica, genero, escolaridad, ocupación, tratamiento médico, número de personas en el hogar, niveles de ingreso y horas de trabajo por semana.
Fecha de Publicación: 2007.
Administración: Individual o colectiva.
Niveles, 3: AMAS-A (adultos), AMAS-C (estudiantes universitarios), AMAS-E (adultos mayores).
Precios, 2022: USD$110 por juego completo, incluye manual (2007, 63 páginas) y 5 de cada formulario autocalificable (AMAS-A, AMAS-C, AMAS-E).
Duración: 15 minutos.
Autores: Cecil R. Reynolds, B. O. Richmond y P. A. Lowe.
Traductores/Adaptadores: Susana Olivares Bari y Marco Eduardo Murueta Reyes.

Scores, 5: Dyadic Agreement, Dyadic Satisfaction, Affective Expression, Dyadic Cohesion, Dyadic Adjustment.
Administration: Individual or group.
Price Data, 2022: €56.18 per complete kit, including manual (2017, 76 pages), 10 booklets, and 25 self-scoring answer sheets; €28.44 per 25 self-scoring answer sheets.
Time: (5-10) minutes.
Author: Graham B. Spanier.
Translators/Adaptors: Raquel Martín-Lanas, Adrián Cano-Prous, and María Isabel Beunza-Nuin.
Publisher: Hogrefe TEA Ediciones.
Spanish Components: All materials are in Spanish.
English Components: There are no English materials in this version.

[222e]

La Escala de Ansiedad Manifiesta en Adultos.

Original Name: The Adult Manifest Anxiety Scale (Western Psychological Services).
Purpose: Designed to assess anxiety level through three instruments targeting different demographic sectors.
Origin: United States (2003)/English.
Translation/Adaptation: The process of translation and adaptation to the Spanish language was applied to both the questionnaires and the administration and interpretation manual. There is no information in the test materials about the translation/adaptation process.
Population: Ages 19 and over.
Norms: Separate norms are provided with the Mexican adaptation. Norms were developed using a sample of 506 Mexican participants for the AMAS-A, 477 Mexican participants for the AMAS-C, and 483 Mexican participants for the AMAS-E. Each sample was distributed by geographical area, gender, schooling, occupation, medical treatment, number of individuals in the household, income, and hours of work per week.
Publication Date: 2007.
Administration: Individual or group.
Levels, 3: AMAS-A (adults), AMAS-C (college students), AMAS-E (older adults).
Price Data, 2022: USD$110 per complete kit, including manual (2007, 63 pages) and 5 sets each of the self-scoring forms (AMAS-A/AMAS-C/AMAS-E).
Time: 15 minutes.
Authors: Cecil R. Reynolds, B. O. Richmond, and P. A. Lowe.
Translators/Adaptors: Susana Olivares Bari and Marco Eduardo Murueta Reyes.

Editorial: Editorial El Manual Moderno, S.A. de C.V.
Componentes en Español: Todos los materiales son en español.
Componentes en Inglés: No hay materiales en inglés en esta versión.

a) AMAS-A.
Población: Edades 19-59.
Acrónimo: AMAS-A.
Puntuación, 5: Inquietud/Hipersensibilidad, Ansiedad Fisiológica, Preocupaciones Sociales/Estrés, Mentira, Total.

b) AMAS-C.
Población: Estudiantes Universitarios.
Acrónimo: AMAS-C.
Puntuación, 6: Inquietud/Hipersensibilidad, Ansiedad Fisiológica, Preocupaciones Sociales/Estrés, Ansiedad Ante los Exámenes, Mentira, Total.

c) AMAS-E.
Población: Edades 60 en adelante.
Acrónimo: AMAS-E.
Puntuación, 5: Inquietud/Hipersensibilidad, Ansiedad Fisiológica, Temor al Envejecimiento, Mentira, Total.

[223s]

Escala de Ansiedad Manifiesta en Niños Revisada, Segunda Edición.

Nombre Original: Revised Children's Manifest Anxiety Scale, Second Edition (Western Psychological Services).
Propósito: Diseñado para "evaluar el nivel y la naturaleza de la ansiedad en niños".
Procedencia: Estados Unidos (2008)/inglés.
Traducción/Adaptación: "Una vez traducido se llevó a cabo la revisión y adaptación al lenguaje así como la formación del cuestionario-perfil para la versión mexicana de estandarización". No se provee información en los materiales de la prueba sobre este proceso.
Población: Edades 6 a 19.
Baremos: Se han provisto baremos con la adaptación al español. Los baremos se desarrollaron utilizando una muestra con 2,490 participantes mexicanos, distribuidos por sexo, edad, localización geográfica y tipo de escuela.
Fecha de Publicación: 2012.
Acrónimo: CMASR-2.
Puntuación, 6: Índice de Respuestas Inconsistentes, Defensividad, Ansiedad Total, Ansiedad Fisiológica, Inquietud, Ansiedad Social.
Administración: Individual o colectiva.
Precios, 2022: USD$92 por juego completo, incluye manual (2012, 93 páginas), cuestionario/perfil y plantilla de calificación; USD$2.50 por tarjeta de uso individual; USD$33 por tarjeta de 15 usos electrónicos.
Duración: 10-15 minutos.
Comentarios: "Los primeros 10 reactivos pueden aplicarse a manera de cuestionario abreviado para generar la puntuación de Ansiedad Total Abreviada".
Autores: Cecil R. Reynolds y Bert O. Richmond.

Publisher: Editorial El Manual Moderno, S.A. de C.V.
Spanish Components: All materials are in Spanish.
English Components: There are no materials in English in this version.

a) AMAS-A.
Population: Ages 19 to 59.
Acronym: AMAS-A.
Scores, 5: Worry/Oversensitivity, Physiological Anxiety, Social Concerns/Stress, Lie, Total.

b) AMAS- C.
Population: College students.
Acronym: AMAS-C.
Scores, 6: Worry/Oversensitivity, Physiological Anxiety, Social Concerns/Stress, Test Anxiety, Lie, Total.

c) AMAS-E.
Population: Ages 60 and older.
Acronym: AMAS-E.
Scores, 5: Worry/Oversensitivity, Physiological Anxiety, Fear of Aging, Lie, Total.

[223e]

Escala de Ansiedad Manifiesta en Niños Revisada, Segunda Edición.

Original Name: Revised Children's Manifest Anxiety Scale, Second Edition (Western Psychological Services).
Purpose: Designed to assess the level and nature of anxiety in children.
Origin: United States (2008)/English.
Translation/Adaptation: After translating the manual and test items, the test was revised and adapted for the Mexican population. No information is provided in the test materials about this process.
Population: Ages 6 to 19.
Norms: Separate norms are provided with the Spanish adaptation. Norms were developed using a sample of 2,490 Mexican participants, distributed by gender, age, geographic location, and type of school.
Publication Date: 2012.
Acronym: CMASR-2.
Scores, 6: Inconsistent Responding Index, Defensiveness, Total Anxiety, Physiological Anxiety, Restlessness, Social Anxiety.
Administration: Individual or group.
Price Data, 2022: USD$92 per complete kit, including manual (2012, 93 pages), questionnaire/profile, and scoring template; USD$2.50 per individual card use; USD$33 per online card for 15 uses.
Time: 10-15 minutes.
Comments: The first 10 items can be given as a brief version of the questionnaire to generate a Total Brief Anxiety score.
Authors: Cecil R. Reynolds and Bert O. Richmond.

Traductores/Adaptadores: Gonzalo María Velez Espinosa y María Refugio Ríos Saldaña.
Editorial: Editorial El Manual Moderno, S.A. de C.V.
Componentes en Español: Todos los materiales son en español.
Componentes en Inglés: No hay materiales en inglés en esta versión.

[224s]

Escala de Bienestar Psicológico.

Propósito: Evaluación de la medida en que una persona percibe su propia satisfacción y comodidad en un determinado período de su vida.
Procedencia: España/español.
Población: Adolescentes y adultos entre las edades de 17 y 90.
Baremos: Los baremos se desarrollaron utilizando una muestra con 1.885 participantes españoles, distribuidos por edad, sexo, grado de instrucción, ingreso de la familia y estado civil.
Fechas de Publicación: 1998-2021.
Acrónimo: EBP.
Puntuación, 6: Bienestar Psicológico Subjetivo, Bienestar Material, Bienestar Laboral, Relaciones con la Pareja, Total Escala de Bienestar Psicológico, Total Escala Ponderada.
Administración: Individual o colectiva.
Precios, 2022: €56,01 por juego completo, incluye manual (2021; cuarta edición, revisada; 47 páginas), 10 cuadernillos y juego de corrección; €23,11 por 10 cuadernillos; €28,13 por juego de corrección (25 hojas de respuesta y PIN para 25 usos en línea); €25,92 por manual en línea.
Duración: Aproximadamente 20 minutos.
Autor: José Sánchez-Cánovas.
Editorial: Hogrefe TEA Ediciones.
Componentes en Español: Todos los materiales son en español.
Componentes en Inglés: No hay materiales en inglés.

[225s]

Escala de Calificación del Ambiente para Bebés y Niños Pequeños, Tercera Edición.

Nombre Original: Infant/Toddler Environment Rating Scale, Third Edition.
Propósito: Diseñado para evaluar las programas para niños muy pequeños en entornos de cuidado grupal.
Procedencia: Estados Unidos (1990-2017)/inglés.
Traducción/Adaptación: No se provee información en los materiales de la prueba sobre el proceso de traducción/adaptación.
Población: Programas de cuidado infantil para bebés y niños pequeños desde el nacimiento hasta los 36 meses.

Translators/Adaptors: Gonzalo María Velez Espinosa and María Refugio Ríos Saldaña.
Publisher: Editorial El Manual Moderno, S.A. de C.V.
Spanish Components: All materials are in Spanish.
English Components: There are no English materials in this version.

[224e]

Escala de Bienestar Psicológico.

Purpose: Assessment of the degree to which an individual perceives his or her own satisfaction and comfort with a period of his or her life.
Origin: Spain/Spanish.
Population: Adolescents and adults between the ages of 17 and 90.
Norms: Norms were developed using a sample of 1,885 Spanish participants, distributed by age, gender, educational level, family income, and marital status.
Publication Dates: 1998-2021.
Acronym: EBP.
Scores, 6: Subjective Psychological Well-Being, Material Well-Being, Well-Being at Work, Intimate Relationships, Total Level of Psychological Well-Being, Total Weighted Scale.
Administration: Individual or group.
Price Data, 2022: €56.01 per complete kit, including manual (2021; fourth edition, revised; 47 pages), 10 test booklets, and scoring kit; €23.11 per 10 test booklets; €28.13 per scoring kit (25 response sheets and a PIN for 25 uses online); €25.92 per online manual.
Time: Approximately 20 minutes.
Author: José Sánchez-Cánovas.
Publisher: Hogrefe TEA Ediciones.
Spanish Components: All materials are in Spanish.
English Components: There are no materials in English.

[225e]

Escala de Calificación del Ambiente para Bebés y Niños Pequeños, Tercera Edición.

Original Name: Infant/Toddler Environment Rating Scale, Third Edition.
Purpose: Designed to assess programs for very young children in group care settings.
Origin: United States (1990-2017)/English.
Translation/Adaptation: No information is provided in the test materials about the translation/adaptation process.
Population: Childcare programs for infants and toddlers ages birth to 36 months.

Baremos: Esta prueba no es de referencia normativa.
Fecha de Publicación: 2020.
Acrónimo: ITERS-3 Español.
Puntuación, 7: Espacio y Muebles, Rutinas de Cuidado Personal, Lenguaje y Libros, Actividades, Interacción, Estructura del Programa, Total.
Administración: Aulas/programas individuales.
Precios, 2022: $25.95 por manual (2020, 102 páginas), incluye la prueba, las instrucciones de administración y calificación, la hoja de calificación y el formulario de perfil.
Duración: 3 horas para observar y calificar.
Autores: Thelma Harms, Debby Cryer, Richard M. Clifford y Noreen Yazejian.
Traductor/Adaptador: Victory Productions, Inc.
Editorial: Teachers College Press.
Componentes en Español: Todos los materiales son en español.
Componentes en Inglés: No hay materiales en inglés en esta versión.

[226s]

Escala de Calificación del Ambiente para el Cuidado Infantil en Familia, Tercera Edición.

Nombre Original: Family Child Care Environment Rating Scale–Third Edition.
Propósito: Diseñado para evaluar la calidad general de los programas para la infancia temprana en hogares de cuidado infantil familiar con "ítems de evaluación de normas del ambiente para asegurar la protección de la salud y seguridad de los niños, el estímulo mediante el lenguaje y actividades, junto con interacciones cálidas y de sostén".
Procedencia: Estados Unidos (2019)/inglés.
Traducción/Adaptación: No se provee información en los materiales de la prueba sobre el proceso de traducción/adaptación.
Población: Programas de cuidado infantil familiar para niños de nacimiento a los 12 años.
Baremos: Esta prueba no es de referencia normativa.
Fecha de Publicación: 2020.
Acrónimo: FCCERS-3 Español.
Puntuación, 40: 33 ítems organizados en 6 subescalas: Espacio y Muebles (Espacio Interior Usado Para el Cuidado del Niño, Muebles Para el Cuidado de Rutina/Juego/Aprendizaje, Disposición del Espacio Interior Para el Cuidado del Niño, Exhibición de Material Visual Para los Niños), Rutinas de Cuidado Personal (Comidas y Meriendas, Cambio de Pañales y Uso del Baño, Prácticas de Salud, Prácticas de Seguridad), Lenguaje y Libros (Hablar con los Niños, Motivar el Desarrollo del Vocabulario, Responder a la Comunicación de los Niños, Motivar a los Niños a Comunicarse, Uso de los Libros con los Niños, Motivar a los Niños a Usar los Libros), Actividades (Motricidad Fina, Arte, Música y Movimiento, Bloques,

Norms: This test is not norm referenced.
Publication Date: 2020.
Acronym: ITERS-3 Español.
Scores, 7: Space and Furnishings, Personal Care Routines, Language and Books, Activities, Interaction, Program Structure, Total.
Administration: Individual classrooms/programs.
Price Data, 2022: $25.95 per manual (2020, 102 pages) including test, administration and scoring instructions, score sheet, and profile form.
Time: 3 hours to observe and rate.
Authors: Thelma Harms, Debby Cryer, Richard M. Clifford, and Noreen Yazejian.
Translator/Adaptor: Victory Productions, Inc.
Publisher: Teachers College Press.
Spanish Components: All materials are in Spanish.
English Components: There are no English materials in this version.

[226e]

Escala de Calificación del Ambiente para el Cuidado Infantil en Familia, Tercera Edición.

Original Name: Family Child Care Environment Rating Scale–Third Edition.
Purpose: Designed to assess the overall quality of early childhood programs in family homes with items that address provisions in the environment to ensure protection of children's health and safety; appropriate stimulation through language and activities; and warm, supportive interactions.
Origin: United States (2019)/English.
Translation/Adaptation: No information is provided in the test materials about the translation/adaptation process.
Population: Family child care programs serving children from birth to 12 years.
Norms: This test is not norm referenced.
Publication Date: 2020.
Acronym: FCCERS-3 Español.
Scores, 40: 33 items in 6 subscales: Space and Furnishings (Indoor Space Used for Childcare, Furniture for Routine Care/Play/Learning, Arrangement of Indoor Space for Child Care, Display for Children), Personal Care Routines (Meals/Snacks, Diapering/Toileting, Health Practices, Safety Practices), Language and Books (Talking With Children, Encouraging Vocabulary Development, Responding to Children's Communication, Encouraging Children to Communicate, Provider Use of Books With Children, Encouraging Children's Use of Books), Activities (Fine Motor, Art, Music and Movement,

Juego Dramático, Naturaleza y Ciencias, Matemáticas y Números, Uso Adecuado del Tiempo de Pantalla, Promover la Aceptación de la Diversidad, Motricidad Gruesa), Interacción (Supervisión del Juego de Motricidad Gruesa, Supervisión del Juego y el Aprendizaje [sin motricidad gruesa], Interacción Entre la Proveedora y el Niño, Proporcionar Calidez Física y Contacto, Guiar el Comportamiento de los Niños, Interacciones entre los Niños), Estructura del Programa (Horario y Transiciones, Juego Libre, Tiempo en Grupo), más Puntuación Total.
Administración: Hogares individuales de cuidado infantil familiar.
Precios, 2022: $25.95 por manual (2020, 104 páginas), incluye la prueba, instrucciones de administración y calificación, la hoja de calificación y el formulario de perfil.
Duración: 180 minutos para la observación.
Autores: Thelma Harms, Debby Cryer, Richard M. Clifford y Noreen Yazejian.
Traductor/Adaptador: Victory Productions, Inc.
Editorial: Teachers College Press.
Componentes en Español: Todos los materiales son en español.
Componentes en Inglés: No hay materiales en inglés en esta versión.

[227s]

Escala de Calificación del Ambiente para la Infancia Temprana, Tercera Edición.

Nombre Original: Early Childhood Environment Rating Scale, Third Edition.
Propósito: Diseñada para evaluar la calidad del ambiente en los programas para la infancia temprana.
Procedencia: Estados Unidos (1980-2015)/inglés.
Traducción/Adaptación: No se provee información en los materiales de la prueba sobre el proceso de traducción/adaptación.
Población: Programas o aulas de infancia temprana para niños de 3 a 5 años.
Baremos: Esta prueba no es de referencia normativa.
Fecha de Publicación: 2020.
Acrónimo: ECERS-3 Español.
Puntuación, 42: 35 ítems en 6 subescalas: Espacio y Muebles (Espacio Interior, Muebles Para el Cuidado/Juego/Aprendizaje, Disposición del Salón Para el Juego y el Aprendizaje, Espacio Para Privacidad, Exposición Relacionada con el Niño, Espacio Para Juegos de Motricidad Gruesa, Equipo Para Motricidad Gruesa), Rutinas de Cuidado Personal (Comidas y Meriendas, Cambio de Pañales y Uso del Baño, Prácticas de Salud, Prácticas de Seguridad), Lenguaje y Lectoescritura (Ayudar a los Niños a Ampliar el Vocabulario, Motivar a los Niños a Usar el Lenguaje, Uso de los Libros por el Personal con los Niños, Animar a los Niños a Usar Libros, Familiarizarse con la Letra de Molde), Actividades de Aprendizaje (Motricidad Fina, Arte, Música y Movimiento, Bloques,

Blocks, Dramatic Play, Nature/Science, Math/Number, Appropriate Use of Screen Time, Promoting Acceptance of Diversity, Gross Motor), Interaction (Supervision of Gross Motor Play, Supervision of Play and Learning [Non-Gross Motor], Provider-Child Interaction, Providing Physical Warmth/Touch, Guiding Children's Behavior, Interactions Among Children), Program Structure (Schedule and Transitions, Free Play, Group Time), plus Total Score.
Administration: Individual family childcare homes.
Price Data, 2022: $25.95 per manual (2020, 104 pages) including test, administration and scoring instructions, score sheet, and profile form.
Time: 180 minutes for observation.
Authors: Thelma Harms, Debby Cryer, Richard M. Clifford, and Noreen Yazejian.
Translator/Adaptor: Victory Productions, Inc.
Publisher: Teachers College Press.
Spanish Components: All materials are in Spanish.
English Components: There are no English materials in this version.

[227e]

Escala de Calificación del Ambiente para la Infancia Temprana, Tercera Edición.

Original Name: Early Childhood Environment Rating Scale, Third Edition.
Purpose: Designed to assess the quality of the environments in early childhood programs.
Origin: United States (1980-2015)/English.
Translation/Adaptation: No information is provided in the test materials about the translation/adaptation process.
Population: Early childhood classrooms or programs for children ages 3 to 5 years.
Norms: This test is not norm referenced.
Publication Date: 2020.
Acronym: ECERS-3 Español.
Scores, 42: 35 items in 6 subscales: Space and Furnishings (Indoor Space, Furnishings for Care/Play/Learning, Room Arrangement for Play and Learning, Space for Privacy, Child-Related Display, Space for Gross Motor Play, Gross Motor Equipment), Personal Care Routines (Meals/Snacks, Toileting/Diapering, Health Practices, Safety Practices), Language and Literacy (Helping Children Expand Vocabulary, Encouraging Children to Use Language, Staff Use of Books With Children, Encouraging Children's Use of Books, Becoming Familiar With Print), Learning Activities (Fine Motor, Art, Music and Movement,

Juego Dramático, Naturaleza y Ciencias, Material y Actividades de Matemáticas, Matemáticas en los Eventos Diarios, Comprender los Números Escritos, Promover la Aceptación de la Diversidad, Uso Apropiado de la Tecnología), Interacción (Supervisión de la Motricidad Gruesa, Enseñanza y Aprendizaje Individualizados, Interacción Personal-Niño, Interacción entre Compañeros, Disciplina), Estructura del Programa (Transiciones y Tiempos de Espera, Juego Libre, Actividades de Todo el Grupo Para el Juego y el Aprendizaje) y Puntuación Total.
Administración: Aulas individuales.
Precios, 2022: $25.95 por manual (2020, 104 páginas), incluye la prueba, las instrucciones de administración y calificación, la hoja de calificación y el formulario de perfil.
Duración: 180 minutos al mínimo para la observación.
Autores: Thelma Harms, Richard M. Clifford y Debby Cryer.
Traductor/Adaptador: Victory Productions, Inc.
Editorial: Teachers College Press.
Componentes en Español: Todos los materiales son en español.
Componentes en Inglés: No hay materiales en inglés en esta versión.

Blocks, Dramatic Play, Nature/Science, Math Materials and Activities, Math in Daily Events, Understanding Written Numbers, Promoting Acceptance of Diversity, Appropriate Use of Technology), Interaction (Supervision of Gross Motor, Individualized Teaching and Learning, Staff-Child Interaction, Peer Interaction, Discipline), Program Structure (Transitions and Waiting Games, Free Play, Whole-Group Activities for Play and Learning), plus Total Score.
Administration: Individual classrooms.
Price Data, 2022: $25.95 per manual (2020, 104 pages) including test, administration and scoring instructions, score sheet, and profile form.
Time: 180 minutes minimum for observation.
Authors: Thelma Harms, Richard M. Clifford, and Debby Cryer.
Translator/Adaptor: Victory Productions, Inc.
Publisher: Teachers College Press.
Spanish Components: All materials are in Spanish.
English Components: There are no English materials in this version.

[228s]

Escala de Desgaste Ocupacional.

Propósito: Diseñado para evaluar el desgaste ocupacional mediante tres dimensiones: cansancio emocional, despersonalización y falta de realización personal.
Procedencia: México/español.
Población: Personas en edad laboral.
Baremos: Los baremos se desarrollaron utilizando una muestra con 2,225 participantes de la Ciudad de México, distribuidos por sexo, edad, estado civil, nivel educativo y tipo de trabajo realizado.
Fecha de Publicación: 2010.
Acrónimo: EDO.
Puntuación, 11: Desgaste Ocupacional (Agotamiento, Despersonalización, Insatisfacción de Logro), Factores Psicosomáticos (Sueño, Psicosexuales, Gastrointestinales, Psiconeuróticos, Dolor, Indicador Ansiedad, Indicador Depresión, Total).
Administración: Individual o colectiva.
Precios, 2022: USD$81 por juego completo, incluye manual (2010, 95 páginas), 10 cuestionarios, 25 hojas de respuestas, plantilla de calificación y 25 hojas de perfil de calificación.
Duración: 30-50 minutos.
Autor: Jesús Felipe Uribe Prado.
Editorial: Editorial El Manual Moderno, S.A. de C.V.
Componentes en Español: Todos los materiales son en español.
Componentes en Inglés: No hay materiales en inglés.

[228e]

Escala de Desgaste Ocupacional.

Purpose: Designed to evaluate occupational burnout through three dimensions: emotional exhaustion, depersonalization, and lack of personal fulfillment.
Origin: Mexico/Spanish.
Population: People of working age.
Norms: Norms were developed using a sample of 2,225 participants from Mexico City, distributed by gender, age, relationship status, educational level, and type of work undertaken.
Publication Date: 2010.
Acronym: EDO.
Scores, 11: Job Burnout (Exhaustion, Depersonalization, Failure to Reach Goal), Psychosomatic Factors (Sleep, Psychosexual, Gastrointestinal, Psychoneurotic, Pain, Anxiety Indicator, Depression Indicator, Total).
Administration: Individual or group.
Price Data, 2022: USD$81 per complete kit, including manual (2010, 95 pages), 10 questionnaires, 25 answer sheets, scoring template, and 25 scoring profile sheets.
Time: 30-50 minutes.
Author: Jesús Felipe Uribe Prado.
Publisher: Editorial El Manual Moderno, S.A. de C.V.
Spanish Components: All materials are in Spanish.
English Components: There are no materials in English.

[229s]

Escala de Detección del TDAH y Dificultades Asociadas.

Propósito: Diseñado para "la detección del TDAH (el trastorno por déficit de atención/hiperactividad) en educación primaria".
Procedencia: España/español.
Población: Edades 6 a 12.
Baremos: Los baremos se desarrollaron utilizando dos muestras. La muestra del cuestionario para la familia fue compuesta de 1.065 participantes, distribuidos por la edad y el género del alumnado y el grado de parentesco de los familiares/cuidadores (ambos padres, madre, padre, otro familiar, otro no familiar). La muestra del cuestionario para la escuela fue compuesta de 922 participantes, distribuidos por la edad y género del alumnado además del género, la entidad (pública/privada/concertada) y el entorno (urbano/suburbano/rural) de los docentes.
Fecha de Publicación: 2020.
Acrónimo: e-TDAH.
Puntuación, 3: Inatención, Hiperactividad e Impulsividad, Dificultades Concomitantes al TDAH.
Administración: Individual o colectiva.
Formularios, 2: Familia, Escuela.
Precios, 2022: €79,27 por juego completo, incluyendo manual (2020, 83 páginas) y juego de corrección; €49,85 por juego de corrección (25 cuestionarios para la familia, 25 cuestionarios para la escuela y PIN para 25 usos en línea).
Duración: Aproximadamente 10 minutos.
Comentarios: Se administra en línea o con papel y lápiz; se corrige en línea; disponible también en euskera y catalán; "para realizar la corrección de la prueba, es necesario que se hayan respondido ambos ejemplares".
Autor: Javier Fenollar-Cortés.
Editorial: Hogrefe TEA Ediciones.
Componentes en Español: Todos los materiales son en español.
Componentes en Inglés: No hay materiales en inglés.

[229e]

Escala de Detección del TDAH y Dificultades Asociadas.

Purpose: Designed for the detection of ADHD (attention-deficit/hyperactivity disorder) in early education.
Origin: Spain/Spanish.
Population: Ages 6 to 12.
Norms: Norms were developed using two samples. The family questionnaire sample was composed of 1,065 participants, distributed by student age and gender and the type of caregiver/relative (both parents, mother, father, another relative, another non-relative). The school questionnaire sample was composed of 922 participants, distributed by student age and gender as well as the gender, school type (public/private/charter), and neighborhood (urban/suburban/rural) of the teacher.
Publication Date: 2020.
Acronym: e-TDAH.
Scores, 3: Inattention, Hyperactivity and Impulsivity, Difficulties Associated With ADHD.
Administration: Individual or group.
Forms, 2: Family, School.
Price Data, 2022: €79.27 per complete kit, including manual (2020, 83 pages) and scoring kit; €49.85 per scoring kit (25 family questionnaires, 25 school questionnaires, and PIN for 25 uses online).
Time: Approximately 10 minutes.
Comments: Administered online or with paper and pencil; scored online; also available in Basque and Catalan; in order to score the test, both questionnaires must be completed.
Author: Javier Fenollar-Cortés.
Publisher: Hogrefe TEA Ediciones.
Spanish Components: All materials are in Spanish.
English Components: There are no materials in English.

[230s]

Escala de Diagnóstico de Conducta Adaptativa.

Nombre Original: Diagnostic Adaptive Behavior Scale (American Association on Intellectual and Developmental Disabilities).
Propósito: Diseñado como una entrevista estructurada "que proporciona información sobre la existencia de limitaciones significativas en la conducta adaptativa, uno de los tres criterios diagnósticos de la discapacidad intelectual".
Procedencia: Estados Unidos (2017)/inglés.
Traducción/Adaptación: Tres traductores hicieron traducciones independientes de los ítems al español, siguiendo las directrices propuestas por la

[230e]

Escala de Diagnóstico de Conducta Adaptativa.

Original Name: Diagnostic Adaptive Behavior Scale (American Association on Intellectual and Developmental Disabilities).
Purpose: Designed as a structured interview that provides information on the existence of significant limitations in adaptive behavior, one of the three criteria for the diagnosis of intellectual disability.
Origin: United States (2017)/English.
Translation/Adaptation: Three translators independently translated the items to Spanish following the International Test Commission's

Comisión Internacional de Test. Después de sintetizar las traducciones, modificaron dos items para adaptarse claramente al contexto español. Luego la versión de síntesis fue traducida inversamente por un traductor profesional al inglés americano. Un comité experto examinó la versión original y la versión traducida para valorar la equivalencia semántica, idiomática, experiencial y conceptual. Después de resolver algunos errores, se redactó una versión piloto en español de la escala que se aplicaron a 15 personas. Luego hicieron pequeñas modificaciones.
Población: Edades 4 a 21.
Baremos: Se han provisto baremos con la adaptación al español. Los baremos se desarrollaron utilizando una muestra con 1.047 participantes, distribuidos por edad, género, región en España y condición (sin o con discapacidad intelectual).
Fecha de Publicación: 2021.
Acrónimo: DABS.
Puntuación, 4: Índice de Conducta Adaptativa, Habilidades Conceptuales, Habilidades Sociales, Habilidades Prácticas.
Administración: Individual.
Niveles, 3: 4 a 8 años; 9 a 15 años; 16 a 21 años.
Precios, 2022: €97,10 por juego completo, incluyendo manual (2021, 132 páginas), 10 ejemplares de cada grupo de edad y 30 usos de PIN de corrección en línea; €29,77 por juego de corrección (escoge el grupo de edad), incluyendo 25 ejemplares y PIN para 25 usos en línea.
Duración: Aproximadamente 30 minutos aplicar.
Comentarios: Se corrige en línea.
Autores: Marc J. Tassé, Robert L. Schalock, Giulia Balboni, Henry (Hank) Bersani, Jr., Sharon A. Borthwick-Duffy, Scott Spreat, David Thissen, Keith F. Widaman y Dalun Zhang.
Traductores/Adaptadores: Miguel Ángel Verdugo Alonso, Benito Arias Martínez y Patricia Navas Macho.
Editorial: Hogrefe TEA Ediciones.
Componentes en Español: Todos los materiales son en español.
Componentes en Inglés: No hay materiales en inglés en esta versión.

[231s]

Escala de Dificultades de Socialización de Cantoblanco.

Propósito: Cuestionario de autoinforme que permite la "evaluación de rasgos temperamentales asociados a problemas de socialización".
Procedencia: España/español.
Población: Adolescentes y adultos.
Baremos: Los baremos se desarrollaron utilizando tres tipos de muestras: adolescentes, reclusos y la población general, distribuidas por edad y sexo.
Fecha de Publicación: 2009.

proposed guidelines. After combining the translations, two items were modified to more clearly reflect a Spanish context. Then the combined version was back-translated by a professional translator to American English. An expert committee studied the original version and the translated version to assess the semantic, idiomatic, experiential, and conceptual equivalency. After resolving a few errors, a Spanish pilot version of the scale was created and administered to 15 people. Later, a few small modifications were made.
Population: Ages 4 to 21.
Norms: Separate norms are provided with the adaptation to Spanish. Norms were developed using a sample of 1,047 participants, distributed by age, gender, region in Spain, and condition (with or without intellectual disability).
Publication Date: 2021.
Acronym: DABS.
Scores, 4: Adaptive Behavior Index, Conceptual Skills, Social Skills, Practical Skills.
Administration: Individual.
Levels, 3: 4 to 8 years, 9 to 15 years, 16 to 21 years.
Price Data, 2022: €97.10 per complete kit, including manual (2021, 132 pages), 10 answer sheets for each age group, and PIN for 30 scoring uses online; €29.77 per scoring kit (choose age group), including 25 answer sheets and PIN for 25 uses online.
Time: Approximately 30 minutes to administer.
Comments: Scored online.
Authors: Marc J. Tassé, Robert L. Schalock, Giulia Balboni, Henry (Hank) Bersani, Jr., Sharon A. Borthwick-Duffy, Scott Spreat, David Thissen, Keith F. Widaman, and Dalun Zhang.
Translators/Adaptors: Miguel Ángel Verdugo Alonso, Benito Arias Martínez, and Patricia Navas Macho.
Publisher: Hogrefe TEA Ediciones.
Spanish Components: All materials are in Spanish.
English Components: There are no English materials in this version.

[231e]

Escala de Dificultades de Socialización de Cantoblanco.

Purpose: Designed as a self-report measure to assess temperamental traits linked to socialization difficulties.
Origin: Spain/Spanish.
Population: Adolescents and adults.
Norms: Norms were developed using three types of samples: adolescents, prisoners, and general population, distributed by age and gender.
Publication Date: 2009.

Acrónimo: SOC.
Puntuación, 4: Búsqueda de Sensaciones, Ausencia de Miedo, Impulsividad, Índice Global Dificultades de Socialización.
Administración: Colectiva.
Precios, 2022: €82,75 por juego completo, incluye manual (2009, 128 páginas) y juego de corrección; €57,80 por juego de corrección (25 ejemplares y PIN para 25 usos en línea); €36,32 por manual en línea.
Duración: (20) minutos.
Autores: Óscar Herrero, Sergio Escorial y Roberto Colom.
Editorial: Hogrefe TEA Ediciones.
Componentes en Español: Todos los materiales son en español.
Componentes en Inglés: No hay materiales en inglés.

[232s]

Escala de Estilos de Socialización Parental en la Adolescencia.

Propósito: Diseñado como "evaluación del estilo de socialización de cada padre".
Procedencia: España/español.
Población: Edades 12-18.
Baremos: Los baremos se desarrollaron utilizando una muestra con 3.030 adolescentes de ambos sexos con un rango de edad entre 12 y 18, escolarizados en centros públicos y privados en Valenciana.
Fechas de Publicación: 2001-2004.
Acrónimo: ESPA29.
Puntuación, 9: Aceptación/Implicación (Diálogo, Afecto, Displicencia, Indiferencia), Coerción/Imposición (Privación, Coerción Verbal, Coerción Física).
Administración: Colectiva.
Precios, 2022: €65,94 por juego complete incluye manual (2004, edición segunda, 64 páginas) y 25 hojas de respuesta autocorregibles; €52,94 hojas de respuesta autocorregibles.
Duración: (20) minutos.
Autores: Gonzalo Musitu y Fernando García.
Editorial: Hogrefe TEA Ediciones.
Componentes en Español: Todos los materiales son en español.
Componentes en Inglés: No hay materiales en inglés.

[233s]

Escala de Evaluación de Autismo Gilliam–Tercera Edición.

Nombre Original: Gilliam Autism Rating Scale–Third Edition (PRO-ED).
Propósito: "Diseñado para identificar a personas que tienen problemas de conducta severos y pueden ser indicativos de autismo".

Acronym: SOC.
Scores, 4: Sensation Seeking, Absence of Fear, Impulsivity, Socialization Difficulties Global Index.
Administration: Group.
Price Data, 2022: €82.75 per complete kit, including manual (2009, 128 pages) and scoring kit; €57.80 per scoring kit (25 test booklets and a PIN for 25 online uses); €36.32 per online manual.
Time: (20) minutes.
Authors: Óscar Herrero, Sergio Escorial, and Roberto Colom.
Publisher: Hogrefe TEA Ediciones.
Spanish Components: All materials are in Spanish.
English Components: There are no materials in English.

[232e]

Escala de Estilos de Socialización Parental en la Adolescencia.

Purpose: Designed to evaluate the socialization style of each parent.
Origin: Spain/Spanish.
Population: Ages 12-18.
Norms: Norms were developed using a sample of 3,030 adolescents of both sexes between the ages of 12 and 18 enrolled in public and private schools in Valencia.
Publication Dates: 2001-2004.
Acronym: ESPA29.
Scores, 9: Acceptance/Involvement (Dialogue, Affection, Lack of Enthusiasm, Indifference), Coercion/Imposition (Deprivation, Verbal Coercion, Physical Coercion).
Administration: Group.
Price Data, 2022: €65.94 per kit: manual (2004, second edition, 64 pages) and 25 self-scoring response sheets; €52.94 per 25 response sheets.
Time: (20) minutes.
Authors: Gonzalo Musitu and Fernando García.
Publisher: Hogrefe TEA Ediciones.
Spanish Components: All materials are in Spanish.
English Components: There are no materials in English.

[233e]

Escala de Evaluación de Autismo Gilliam–Tercera Edición.

Original Name: Gilliam Autism Rating Scale–Third Edition (PRO-ED).
Purpose: Designed to identify individuals who have severe behavioral problems that may be indicative of autism.

Procedencia: Estados Unidos (1995-2014)/inglés.
Traducción/Adaptación: No se provee información en los materiales de la prueba sobre el proceso de traducción/adaptación.
Población: Edades 3-22.
Baremos: No se han provisto baremos con la versión en español.
Fecha de Publicación: 2016.
Acrónimo: GARS–3S.
Puntuación, 7: Conductas Repetitivas/Limitadas, Interacción Social, Comunicación Social, Respuesta Emocional, Estilo Cognoscitivo, Habla Inadecuada, Índice de Autismo.
Administración: Individual.
Precios, 2023: $162 por el kit completo, incluye manual del examinador (2016, 57 páginas), manual de los objetivos de instrucción (2016, 48 páginas), 15 formularios de resumen/respuesta; $86 por manual del examinador; $41 por manual de los objetivos de instrucción; $36 por 15 formularios de resumen/respuesta.
Duración: 5-10 minutos.
Autor: James E. Gilliam.
Traductores/Adaptadores: Jorge A. Ramos Cantú, Margarita Martínez Fernández y Mauro Machuca.
Editorial: PRO-ED Latinoamérica.
Componentes en Español: Todos los materiales son en español.
Componentes en Inglés: No hay materiales en inglés en esta versión.

[234s]

Escala de Evaluación de Habilidades Sociales para Adolescentes.

Nombre Original: Cuestionario de Habilidades Sociales para el Aprendizaje Estructurado (Ediciones Martínez Roca, S. A.; Barcelona).
Propósito: Diseñado como medida autorreporte de habilidades sociales en adolescentes y jóvenes.
Procedencia: España (1989)/español.
Traducción/Adaptación: La adaptación mexicana se realizó en varias etapas, incluyendo la traducción y adaptación de la versión original, la aplicación y revisión subsecuente de tres versiones pilotos, un análisis de los reactivos y cálculo de la confiabilidad de la prueba.
Población: Jóvenes y adolescentes edades 11 a 25.
Baremos: Se han provisto baremos con la adaptación mexicana. Los baremos se desarrollaron utilizando una muestra de 4.839 adolescentes mexicanos distribuidos por edad, sexo y nivel educativo.
Fecha de Publicación: 2014.
Acrónimo: EEHSA.
Puntuación, 7: Habilidades Iniciales Básicas, Habilidades Sociales de Comunicación, Habilidades

Origin: United States (1995-2014)/English.
Translation/Adaptation: No information is provided in the test materials about the translation/adaptation process.
Population: Ages 3-22.
Norms: Separate norms are not provided with the Spanish version.
Publication Date: 2016.
Acronym: GARS–3S.
Scores, 7: Restricted/Repetitive Behaviors, Social Interaction, Social Communication, Emotional Response, Cognitive Style, Maladaptive Speech, Autism Index.
Administration: Individual.
Price Data, 2023: $162 per complete kit, including examiner's manual (2016, 57 pages), instructional objectives manual (2016, 48 pages), 15 summary/response forms; $86 per examiner's manual; $41 per the instructional objectives manual; $36 per 15 summary/response forms.
Time: 5-10 minutes.
Author: James E. Gilliam.
Translators/Adaptors: Jorge A. Ramos Cantú, Margarita Martínez Fernández, and Mauro Machuca.
Publisher: PRO-ED Latinoamérica.
Spanish Components: All materials are in Spanish.
English Components: There are no English materials in this version.

[234e]

Escala de Evaluación de Habilidades Sociales para Adolescentes.

Original Name: Cuestionario de Habilidades Sociales para el Aprendizaje Estructurado (Ediciones Martínez Roca, S.A.; Barcelona).
Purpose: Designed as a self-report measure of social skills in adolescents and young adults.
Origin: Spain (1989)/Spanish.
Translation/Adaptation: The Mexican adaptation occurred in various phases, including the translation and adaptation of the original version, the application and subsequent revision of three pilot versions, review of the test items, and examination of reliability evidence.
Population: Youth and adolescents ages 11 to 25.
Norms: Separate norms are provided with the Mexican adaptation. Norms were developed using a sample of 4,839 Mexican adolescents distributed by age, gender and education level.
Publication Date: 2014.
Acronym: EEHSA.
Scores, 7: Initial Basic Skills, Social Communication Skills, Social Skills for the Management

Sociales para el Manejo de los Sentimientos, Habilidades Alternativas a la Agresión, Habilidades de Afrontamiento al Estrés, Habilidades de Planeación y Toma de Decisiones, Puntuación Global.
Administración: Individual o colectiva.
Precios, 2022: USD$80 por juego completo incluyendo el manual (2014, 70 páginas) y una tarjeta de prepago 50 usos en línea; USD$2.50 por tarjeta uso individual; USD$33 por tarjeta de 50 usos electrónicos.
Duración: 30 minutos.
Comentarios: Se administra en línea; una adaptación mexicana del Cuestionario de Habilidades Sociales para el Aprendizaje Estructurado, lo que es una prueba incluida en el manual de entrenamiento Habilidades sociales y autocontrol en la adolescencia (1980) por Arnold P. Goldstein, Robert P. Sprafkin, N. Jane Gershaw y Paul Klein.
Autora: Ma. Refugio Ríos Saldaña.
Editorial: Editorial El Manual Moderno, S.A de C.V.
Componentes en Español: Todos los materiales son en español.
Componentes en Inglés: No hay materiales en inglés en esta versión.

[235s]

Escala de Evaluación de la Administración de Negocios para el Cuidado de Niños en el Hogar, Segunda Edición.

Nombre Original: Business Administration Scale for Family Child Care, Second Edition.
Propósito: Diseñado "para medir y mejorar la calidad total de las prácticas de administración de programas del cuidado de niños en el hogar".
Procedencia: Estados Unidos (2009-2018)/inglés.
Traducción/Adaptación: Los materiales fueron traducidos por una traductora bilingüe, asesora y entrenadora con experiencia en múltiples áreas de contenido de la educación de la primera infancia. No se provee información en los materiales de la prueba sobre el proceso de traducción/adaptación.
Población: Proveedores de cuidado a niños en su hogar y aquellas que trabajan para supervisar y mejorar la calidad de las prácticas en la administración de negocios para el cuidado de los niños en el hogar.
Baremos: Esta prueba no es de referencia normativa.
Fecha de Publicación: 2020.
Acrónimo: BAS.
Puntuación, 12: Cualificaciones y Desarrollo Profesional, Ingresos y Beneficios, Ambiente de Trabajo, Manejo Fiscal, Mantenimiento de Archivos, Manejo de Riesgos, Comunicación Entre Proveedor y Familia, Apoyo y Envolvimiento de Familias, Mercadeo y Relaciones Comunitarias, Proveedor Como Empleador, más Calificación Total, Calificación Ítem Promedio.

of Emotions, Alternative Skills for Reacting to Aggression, Coping Skills for Stress, Skills for Planning and Making Decisions, Total.
Administration: Individual or group.
Price Data, 2022: USD$50 per complete kit including manual (2014, 70 pages) and prepaid card with 50 online administrations; USD$2.50 per individual card use; USD$33 per online card for 50 uses.
Time: 30 minutes.
Comments: Administered online; a Mexican adaptation of the test Cuestionario de Habilidades Sociales para el Aprendizaje Estructurado, which is a test included in the training manual Habilidades sociales y autocontrol en la adolescencia (1980) by Arnold P. Goldstein, Robert P. Sprafkin, N. Jane Gershaw, and Paul Klein.
Author: Ma. Refugio Ríos Saldaña.
Publisher: Editorial El Manual Moderno, S.A de C.V.
Spanish Components: All materials are in Spanish.
English Components: There are no materials in English in this version.

[235e]

Escala de Evaluación de la Administración de Negocios para el Cuidado de Niños en el Hogar, Segunda Edición.

Original Name: Business Administration Scale for Family Child Care, Second Edition.
Purpose: Designed for measuring and improving the overall quality of business practices in family childcare settings.
Origin: United States (2009-2018)/English.
Translation/Adaptation: Test materials were translated by a bilingual translator, who is also a consultant and trainer with experience in multiple content areas in early childhood education. No information is provided in the test materials about the translation/adaptation process.
Population: Family childcare providers and those working to monitor and improve the quality of family childcare business practices.
Norms: This test is not norm referenced.
Publication Date: 2020.
Acronym: BAS.
Scores, 12: Qualifications and Professional Development, Income and Benefits, Work Environment, Fiscal Management, Recordkeeping, Risk Management, Provider-Family Communication, Family Support and Engagement, Marketing and Community Relations, Provider as Employer, plus Total Score, Average Score.

Administración: Individual.
Precios, 2022: $25.95 por manual (2020, 56 páginas) incluyendo la prueba, instrucciones de administración y calificación, hoja de puntuación y formulario de perfil.
Duración: Aproximadamente 60 minutos para la entrevista y 60 minutos para la revisión del documento.
Comentarios: Diseñado para complementar la Escala de Calificación del Ambiente de Cuidado Infantil en Familia, Edición Revisada.
Autores: Teri N. Talan y Paula Jorde Bloom.
Traductora/Adaptadora: Migdalia Young.
Editorial: Teachers College Press.
Componentes en Español: Todos los materiales están en español.
Componentes en Inglés: No hay materiales en inglés en esta versión.

Administration: Individual.
Price Data, 2022: $25.95 per manual (2020, 102 pages) including test, administration and scoring instructions, score sheet, and profile form.
Time: Approximately 60 minutes for interview and 60 minutes for document review.
Comments: Designed to complement the Escala de Calificación del Ambiente de Cuidado Infantil en Familia, Edición Revisada.
Authors: Teri N. Talan and Paula Jorde Bloom.
Translator/Adaptor: Migdalia Young.
Publisher: Teachers College Press.
Spanish Components: All materials are in Spanish.
English Components: There are no English materials in this version.

[236s]

Escala de Evaluación de Psicopatía de HARE, Revisada.

Nombre Original: Hare Psychopathy Checklist–Revised: Second Edition (Multi-Health Systems, Inc. [MHS]).
Propósito: Diseñado como "evaluación de la psicopatía en delincuentes criminales y pacientes psiquiátricos forenses".
Procedencia: Canadá (2003)/inglés.
Traducción/Adaptación: Se tradujeron y adaptaron los ítems en la entrevista semiestructurada, realizando una versión fiel aunque no literal. Se procuró tener en cuenta por un lado las diferencias culturales y lingüísticas entre Canadá y España, y por otro, las diferencias entre los códigos penales de ambos países. Entonces se hizo una retrotraducción de la versión en español al inglés, y luego se revisó la versión española para corregir las discrepancias. Se elaboró una segunda versión de la retrotraducción antes de aprobar la versión definitiva.
Población: Adultos.
Baremos: No se han provisto baremos con la versión en español.
Fecha de Publicación: 2010.
Acrónimo: PCL-R.
Puntuación, 7: Factor 1 (Interpersonal, Afectiva, Total), Factor 2 (Estilo de Vida, Antisocial, Total), Total.
Administración: Individual.
Formularios, 2: Cuaderno de Evaluación, Guía de Entrevista.
Precios, 2022: €266,33 por juego completo, incluye manual (2010, 301 páginas), juego de corrección, 25 guías de entrevista y 5 cuadernos de evaluación; €40,68 por juego de corrección (25 hojas de puntuación y PIN para 25 usos en línea); €121,91 por 25 guías de entrevista; €48,88 por 5 cuadernos de evaluación.

[236e]

Escala de Evaluación de Psicopatía de HARE, Revisada.

Original Name: Hare Psychopathy Checklist–Revised: Second Edition (Multi-Health Systems, Inc. [MHS]).
Purpose: Designed for the assessment of psychopathy in research, clinical, and forensic settings.
Origin: Canada (2003)/English.
Translation/Adaptation: Items in the semi-structured interview were translated and adapted, creating a version in Spanish that was faithful to the original English but not a literal translation. The intent was to keep in mind both the cultural and linguistic differences between Canada and Spain and also the differences between the penal codes in both countries. The Spanish version was then back translated to English and subsequently revised to correct discrepancies. A second back translation was completed before approving the final Spanish version.
Population: Adults.
Norms: Separate norms are not provided with the Spanish version.
Publication Date: 2010.
Acronym: PCL-R.
Scores, 7: Factor 1 (Interpersonal, Affective, Total), Factor 2 (Lifestyle, Antisocial, Total), Total.
Administration: Individual.
Forms, 2: Rating Booklet, Interview Guide.
Price Data, 2022: €266.33 per complete kit, including manual (2010, 301 pages), scoring kit, 25 interview guides, and 5 rating booklets; €40.68 per scoring kit (25 scoring forms and a PIN for 25 online uses); €121.91 per 25 interview guides; €48.88 per 5 rating booklets.

Duración: (90-120) minutos para la entrevista; (60) minutos para información colateral.
Comentarios: El manual provee evidencia empírica acerca de las propiedades psicométricas del PCL-R en población penitenciaria española.
Autor: Robert D. Hare.
Traductores/Adaptadores: Rafael Torrubia, Rosario Poy, Javier Moltó, Philip R. Grayston (traducción inversa) y Sara Corral.
Editorial: Hogrefe TEA Ediciones.
Componentes en Español: Todos los materiales son en español.
Componentes en Inglés: No hay materiales en inglés en esta versión.

[237s]

Escala de Habilidades Sociales.

Propósito: Diseñado para proveer una "evaluación de la aserción y de las habilidades sociales en adolescentes y adultos".
Procedencia: España/español.
Población: Adolescentes y adultos.
Baremos: Se desarrollaron los baremos utilizando dos muestras, una con adultos (*n* = 770) y otra con niños y adolescentes (*n* = 1.017), ambas distribuidas por edad y género.
Fechas de Publicación: 2000-2010.
Acrónimo: EHS.
Puntuación, 7: Autoexpresión en Situaciones Sociales, Defensa de los Propios Derechos Como Consumidor, Expresión de Enfado o Disconformidad, Decir No y Cortar Interacciones, Hacer Peticiones, Iniciar Interacciones Positivas con el Sexo Opuesto, Total.
Administración: Colectiva.
Precios, 2022: €48,80 por juego completo, incluye manual (2010, tercera edición, 56 páginas) y juego de corrección; €29,95 por juego de corrección (25 ejemplares y PIN para 25 usos en línea); €25,92 por manual en línea.
Duración: (10-15) minutos.
Autora: Elena Gismero.
Editorial: Hogrefe TEA Ediciones.
Componentes en Español: Todos los materiales son en español.
Componentes en Inglés: No hay materiales en inglés.

[238s]

Escala de Inteligencia de Wechsler para Adultos–IV [España].

Nombre Original: Wechsler Adult Intelligence Scale–Fourth Edition (NCS Pearson, Inc.).
Propósito: Diseñado para evaluar "la aptitud intelectual de adolescentes y adultos"; "ofrece puntuaciones compuestas que reflejan el funcionamiento intelectual

Time: (90-120) minutes for interview; (60) minutes for collateral information.
Comments: The manual provides empirical evidence about the psychometric properties of the PCL-R when used in the prison population of Spain.
Author: Robert D. Hare.
Translators/Adaptors: Rafael Torrubia, Rosario Poy, Javier Moltó, Philip R. Grayston (back-translation), and Sara Corral.
Publisher: Hogrefe TEA Ediciones.
Spanish Components: All materials are in Spanish.
English Components: There are no English materials in this version.

[237e]

Escala de Habilidades Sociales.

Purpose: Designed to provide an assessment of assertion and social skills in adolescents and adults.
Origin: Spain/Spanish.
Population: Adolescents and adults.
Norms: Norms were developed using two samples, one with adults (*n* = 770) and one with children and adolescents (*n* = 1,017), both distributed by age and gender.
Publication Dates: 2000-2010.
Acronym: EHS.
Scores, 7: Self-Expression in Social Situations, Defense of Consumer Rights, Expression of Anger or Discomfort, Saying No and Stopping Interactions, Making Requests, Initiates Positive Interactions with Opposite Sex, Total.
Administration: Group.
Price Data, 2022: €48.80 per complete kit, including manual (2010, third edition, 56 pages) and scoring kit; €29.95 per scoring kit (25 test booklets and a PIN for 25 online uses); €25.92 per manual online.
Time: (10-15) minutes.
Author: Elena Gismero.
Publisher: Hogrefe TEA Ediciones.
Spanish Components: All materials are in Spanish.
English Components: There are no materials in English.

[238e]

Escala de Inteligencia de Wechsler para Adultos–IV [Spain].

Original Name: Wechsler Adult Intelligence Scale–Fourth Edition (NCS Pearson, Inc.).
Purpose: Designed to assess the cognitive ability of adolescents and adults; provides composite scores that represent intellectual functioning in

en determinadas áreas cognitivas y una puntuación compuesta que representa la aptitud intelectual general".
Procedencia: Estados Unidos (1939-2008)/inglés.
Traducción/Adaptación: "El equipo de investigación y desarrollo junto con un experto traductor tradujeron al castellano todos los ítems verbales de la versión original estadounidense. A continuación, el equipo se analizó en detalle los ítems traducidos con el objetivo de conservarlos, modificarlos o eliminarlos, basándose en la idoneidad del contenido de cada ítem y en la adecuación a la cultura española".
Población: Edades 16-0 a 89-11.
Baremos: Se han provisto baremos para la adaptación al español. Los baremos se desarrollaron utilizando una muestra con 1.002 participantes adultos, distribuidos por edad, sexo, nivel educativo, zona geográfica y tipo de población (urbano, intermedio, rural).
Fecha de Publicación: 2012.
Acrónimo: WAIS-IV.
Puntuación, 6: Índice de Comprensión Verbal, Índice de Razonamiento Perceptivo, Índice de Velocidad de Procesamiento, Índice de Memoria de Trabajo, Escala Total, CI Total.
Subpruebas, 15: Cubos, Semejanzas, Dígitos, Matrices, Vocabulario, Aritmética, Búsqueda de Símbolos, Puzles Visuales, Información, Clave de Números, Letras y Números, Balanzas, Comprensión, Cancelación, Figuras Incompletas.
Administración: Individual.
Precios, 2022: €1.025 o €1.090 depende de la opción de embalaje por juego completo incluye manual de aplicación y corrección, manual técnico y de interpretación (2012, 177 páginas), cuaderno de estímulos I, cuaderno de estímulos II, 25 cuadernillos de anotación, 25 cuadernillos de respuesta I, 25 cuadernillos de respuesta II y cubos.
Duración: (60-90) minutos.
Autor: David Wechsler.
Traductores/Adaptadores: Elena de la Guía, Ana Hernández, Èrica Paradell y Frédérique Vallar.
Editorial: Pearson España.
Componentes en Español: Todos los materiales son en español.
Componentes en Inglés: No hay materiales en inglés en esta versión.

[239s]

Escala de Inteligencia de Wechsler para Adultos–Tercera Edición [Argentina].

Nombre Original: Wechsler Adult Intelligence Scale–Third Edition (The Psychological Corporation).
Propósito: Diseñado para evaluar "las capacidades intelectuales en adultos".
Procedencia: Estados Unidos (1939-1997)/inglés.

specific cognitive domains, as well as a composite score that represents general intellectual ability.
Origin: United States (1939-2008)/English.
Translation/Adaptation: The research and development team, along with an expert translator, translated to Spanish all of the verbal items from the original United States version. Next the team reviewed the translated items with the goal of retaining, modifying, or replacing them, based on item content and its relevance in Spanish culture.
Population: Ages 16-0 to 89-11.
Norms: Separate norms are provided with the Spanish adaptation. Norms were developed using a sample of 1,002 adult participants, distributed by sex, gender, educational level, geographic location, and type of community (urban, suburban, rural).
Publication Date: 2012.
Acronym: WAIS-IV.
Scores, 6: Verbal Comprehension Index, Perceptual Reasoning Index, Processing Speed Index, Full Scale, IQ Total.
Subtests, 15: Block Design, Similarities, Digit Span, Matrix Reasoning, Vocabulary, Arithmetic, Symbol Search, Visual Puzzles, Information, Coding, Letter-Number Sequencing, Figure Weights, Comprehension, Cancellation, Picture Completion.
Administration: Individual.
Price Data, 2022: €1,025 or €1,090 depending on the choice of packaging per complete test kit that includes administration and scoring manual, technical and interpretive manual (2012, 177 pages), stimulus book I, stimulus book II, 25 record forms, 25 response booklets I, 25 response booklets II, and block set.
Time: (60-90) minutes.
Author: David Wechsler.
Translators/Adaptors: Elena de la Guía, Ana Hernández, Èrica Paradell, and Frédérique Vallar.
Publisher: Pearson España.
Spanish Components: All materials are in Spanish.
English Components: There are no English materials in this version.

[239e]

Escala de Inteligencia de Wechsler para Adultos–Tercera Edición [Argentina].

Original Name: Wechsler Adult Intelligence Scale–Third Edition (The Psychological Corporation).
Purpose: Designed to assess cognitive abilities in adults.
Origin: United States (1939-1997)/English.

Traducción/Adaptación: Las subpruebas de ejecución no fueron adaptadas. Algunos ítems de Vocabulario, Información y Comprensión fueron adaptados para incorporar contenido culturalmente apropiado.
Población: Edades 16-89.
Baremos: No se han provisto baremos con la versión de Argentina. Se proveen los baremos norteamericanos, que, según la casa editorial de la prueba, han probado ser útiles para la población urbana de Buenos Aires y otras ciudades de Argentina.
Fechas de Publicación: 2002-2006.
Acrónimo: WAIS-III.
Puntuación, 5: Índice de Comprensión Verbal, Índice de Organización Perceptual, Índice de Memoria Operativa, Índice de Velocidad de Procesamiento, Coeficiente Intelectual Escala Completa.
Subpruebas, 14: Diseño con Cubos, Analogías, Dígitos, Razonamiento con Matrices, Vocabulario, Aritmética, Búsqueda de Símbolos, Rompecabezas, Información, Ordenamiento de Números y Letras, Ordenamiento de Láminas, Comprensión, Dígitos-Símbolos-Codificación, Completamiento de Figuras.
Administración: Individual.
Precios, 2022: USD$639.50 por juego completo, incluye manual técnico (2006, 235 páginas), manual de administración y puntuación (2006, 228 páginas), cuaderno de estímulos y formularios.
Duración: (60-90) minutos.
Autor: David Wechsler.
Traductores/Adaptadores: Silvina Vizzini (manual técnico), Jorge Piatigorsky (manual de administración y puntuación) y María Elena Brenlla (adaptadora).
Editorial: Editorial Paidós.
Componentes en Español: Todos los materiales son en español.
Componentes en Inglés: No hay materiales en inglés en esta versión.

[240s]

Escala de Inteligencia de Wechsler para Niños–Cuarta Edición [Argentina].

Nombre Original: Wechsler Intelligence Scale for Children–Fourth Edition (NCS Pearson Inc.).
Propósito: Diseñado para evaluar las habilidades cognitivas de niños.
Procedencia: Estados Unidos (2003)/inglés.
Traducción/Adaptación: "Las pautas para la administración y los parámetros de puntuación fueron construidos a partir de la concatenación de los siguientes pasos: Primer ajuste lingüístico, prueba pre-piloto complementada con un estudio específico de ítems alternativos, construcción y puesta a prueba de la segunda versión experimental y, por último, la creación de la versión argentina definitiva".
Población: Edades 6-0 a 16-11.

Translation/Adaptation: Performance subtests were not adapted. Some items from subtests comprising the Verbal Comprehension Index (Vocabulary, Information, and Comprehension) were adapted to incorporate appropriate cultural content.
Population: Ages 16-89.
Norms: Separate norms are not provided with the Argentinian version. However, the test publisher asserts that the norms developed in North America have demonstrated utility for the urban population of Buenos Aires and other cities in Argentina.
Publication Dates: 2002-2006.
Acronym: WAIS-III.
Scores, 5: Verbal Comprehension Index, Perceptual Reasoning Index, Working Memory Index, Processing Speed Index, Full Scale IQ.
Subtests, 14: Block Design, Similarities, Digit Span, Matrix Reasoning, Vocabulary, Arithmetic, Symbol Search, Visual Puzzles, Information, Letter-Number Sequencing, Figure Weights, Comprehension, Cancellation, Picture Completion.
Administration: Individual.
Price Data, 2022: USD$639.50 per complete kit, including technical manual (2006, 235 pages), administration and scoring manual (2006, 228 pages), stimulus book, and forms.
Time: (60-90) minutes.
Author: David Wechsler.
Translators/Adaptors: Silvina Vizzini (technical manual), Jorge Piatigorsky (scoring and administration manual), and María Elena Brenlla (adaptor).
Publisher: Editorial Paidós.
Spanish Components: All materials are in Spanish.
English Components: There are no English materials in this version.

[240e]

Escala de Inteligencia de Wechsler para Niños–Cuarta Edición [Argentina].

Original Name: Wechsler Intelligence Scale for Children–Fourth Edition (NCS Pearson Inc.).
Purpose: Designed to assess the cognitive abilities of children.
Origin: United States (2003)/English.
Translation/Adaptation: Procedures for administration and scoring were developed using the following steps: linguistic adjustment, pre-pilot testing with consideration of alternative items, construction and testing of the second pilot version, and creation of the final version.
Population: Ages 6-0 to 16-11.

Baremos: Se han provisto baremos para la adaptación argentina. Los baremos se desarrollaron utilizando una muestra con 1,485 sujetos, distribuidos por edad, sexo, nivel educativo de los padres y zona geográfica.
Fecha de Publicación: 2010.
Acrónimo: WISC-IV.
Puntuación, 15 a 20: Índice de Comprensión Verbal (Semejanzas, Vocabulario, Comprensión, Información [optativo], Adivinanzas [optativo], Total), Índice de Razonamiento Perceptivo (Construcción con Cubos, Conceptos, Matrices, Completamiento de Figuras [optativo], Total), Índice de Memoria Operativa (Retención de Dígitos, Letras y Números, Aritmética [optativo], Total), Índice de Velocidad de Procesamiento (Claves, Búsqueda de Símbolos, Animales [optativo], Total), Cociente Intelectual Total.
Administración: Individual.
Precios, 2022: USD$841.40 por juego completo incluye manual de administración y puntuación (2010, 286 páginas), manual técnico y de interpretación (2010, 303 páginas), formularios de respuesta y protocolos.
Duración: (90-120) minutos por la batería completa.
Comentarios: Se corrige en línea.
Autor: David Wechsler.
Traductores/Adaptadores: Alejandra Taborda, Claribel Barbenza y María E. Brenlla (adaptación); Silvina Vizzini y Ángeles Ganduglia (traducción).
Editorial: Editorial Paidós.
Componentes en Español: Todos los materiales son en español.
Componentes en Inglés: No hay materiales en inglés en esta versión.

[241s]

Escala de Inteligencia de Wechsler para Niños–V.

Nombre Original: Wechsler Intelligence Scale for Children–Fifth Edition (NCS Pearson).
Propósito: Diseñado para evaluar las aptitudes intelectuales en niños.
Procedencia: Estados Unidos (2014)/inglés.
Traducción/Adaptación: Los ítems de las pruebas verbales se tradujeron del inglés al español y se revisaron las traducciones e imágenes que ilustran los ítems gráficos. Los ítems se mantuvieron, modificaron o eliminaron en función de la idoneidad de su contenido y la adecuación a la cultura española. Para reemplazar los ítems eliminados, se crearon nuevos ítems para cada prueba verbal. Los datos de la versión experimental fueron analizados estadísticamente y los ítems fueron seleccionados para la versión de estandarización. Las pruebas que no se incluyeron en la fase experimental debido a su escaso contenido

Norms: Separate norms are provided for the Argentinian adaptation. Norms were developed using a sample of 1,485 participants, distributed by age, gender, parent's educational level, and geographic region.
Publication Date: 2010.
Acronym: WISC-IV.
Scores, 15 to 20: Verbal Comprehension Index (Similarities, Vocabulary, Comprehension, Information [supplemental], Word Completion [supplemental], Total), Perceptual Reasoning Index (Block Design, Picture Concepts, Matrix Reasoning, Picture Completion [supplemental], Total), Working Memory Index (Digit Span, Letter-Number Sequencing, Arithmetic [supplemental], Total), Processing Speed Index (Coding, Symbol Search, Animals [supplemental], Total), Full Scale IQ.
Administration: Individual.
Price Data, 2022: USD$841.40 per complete kit including administration and scoring manual (2010, 286 pages), technical and interpretation manual (2010, 303 pages), response forms and protocols.
Time: (90-120) minutes for full battery.
Comments: Scored online.
Author: David Wechsler.
Translators/Adaptors: Alejandra Taborda, Claribel Barbenza, and María E. Brenlla (adaptation); Silvina Vizzini and Ángeles Ganduglia (translation).
Publisher: Editorial Paidós.
Spanish Components: All materials are in Spanish.
English Components: There are no English materials in this version.

[241e]

Escala de Inteligencia de Wechsler para Niños–V.

Original Name: Wechsler Intelligence Scale for Children–Fifth Edition (NCS Pearson).
Purpose: Designed to evaluate intellectual aptitude in children.
Origin: United States (2014)/English.
Translation/Adaptation: The verbal tests' items were translated from English to Spanish, and the translations and images that illustrate graphic items were reviewed. Items were retained, modified, or eliminated based on the suitability of their content and appropriateness for the Spanish culture. To replace eliminated items, new items were created for each verbal test. Data from the experimental version were statistically analyzed, and items were selected for the standardization version. Tests that were not included in the experimental phase because of their scarce verbal

verbal fueron examinadas por un panel de expertos en evaluación y adaptación de pruebas y determinadas aptas para su inclusión.

Población: Edades 6 años a 16 años 11 meses.

Baremos: Se han provisto baremos con la adaptación española. Los baremos se desarrollaron utilizando una muestra con 1.008 participantes, distribuidos por edad, género, nivel educativo, zona geográfica en España y tipo de población (urbana, intermedia, rural).

Fecha de Publicación: 2015.

Acrónimo: WISC–V.

Puntuación, 26: 15 escalas en 5 índices primarias para la Escala Total CI: Comprensión Verbal (Semejanzas, Vocabulario, [sustituciones admisibles: Información, Comprensión]), Visoespacial (Cubos, [sustitución admisible: Puzles Visuales]), Razonamiento Fluido (Matrices, Balanzas, [sustitución admisible: Aritmética]) Memoria de Trabajo (Dígitos, [sustituciones admisibles: Span de Dibujos, Letras y Números]), Velocidad de Procesamiento (Claves, [sustituciones admisibles: Búsqueda de Símbolos, Cancelación]), CI Total; 5 escalas secundarias: Razonamiento Cuantitativo, Memoria de Trabajo Auditiva, No Verbal, Capacidad General, Competencia Cognitiva.

Administración: Individual.

Precios, 2023: €1.125 por juego completo impreso incluyendo manual técnico y de interpretación (2015, 199 páginas), manual de aplicación y corrección (2015, 364 páginas), cuaderno de estímulos 1 y 2, 25 de cada cuadernillo de respuestas 1 (claves) y 2 (cancelación), 25 cuadernillos de anotación, juego de bloques y plantillas de corrección en un maletín; €103 por manual técnico y de interpretación; €103 por manual de aplicación y corrección; €89,95 por 25 cuadernillos de anotación; €48,50 por 25 cuadernillos de respuestas 1; €25,95 por 25 cuadernillos de respuestas 2.

Duración: 65 minutos aproximadamente para la aplicación de las 10 pruebas principales; 48 minutos aproximadamente para obtener el puntaje de CI total.

Comentarios: Se administra y se corrige en línea o con papel y lápiz; la Escala Total CI es la única puntuación compuesta que permite substituciones de subpruebas; se permite solo una sustitución; "se recomienda aplicar las 10 pruebas principales para realizar una evaluación y descripción completas de la capacidad intelectual; las cinco pruebas secundarias pueden aplicarse junto con las pruebas principales para obtener una representación más amplia del funcionamiento intelectual, así como información adicional para la toma de decisiones clínicas".

Autor: David Wechsler.

Traductoras/Adaptadoras: Ana Hernández, Cristina Aguilar, Èrica Paradell y Frédérique Vallar.

Editorial: Pearson España.

content were examined by a panel of experts in assessment and test adaptation and determined suitable for inclusion.

Population: Ages 6 years to 16 years 11 months.

Norms: Norms are provided with the Spanish adaptation. Norms were developed using a sample of 1,008 participants, distributed by age, gender, education level, geographic area in Spain, and type of population (urban, suburban, rural).

Publication Date: 2015.

Acronym: WISC-V.

Scores, 26: 15 scales in 5 primary indexes for the Full Scale IQ: Verbal Comprehension (Similarities, Vocabulary, [allowable substitutions: Information, Comprehension]), Visual Spatial (Block Design, [allowable substitutions: Visual Puzzles]), Fluid Reasoning (Matrix Reasoning, Figure Weights, [allowable substitution: Arithmetic]) Working Memory (Digit Span, [allowable substitutions: Picture Span, Letter-Number Sequencing]), Processing Speed (Coding, [allowable substitutions: Symbol Search, Cancellation]), Full Scale IQ; 5 secondary scales: Quantitative Reasoning, Auditory Working Memory, Nonverbal, General Ability, Cognitive Proficiency.

Administration: Individual.

Price Data, 2023: €1,125 per complete print kit including technical and interpretation manual (2015, 199 pages), administration and scoring manual (2015, 364 pages), stimulus books 1 and 2, 25 of each answer booklet 1 (coding) and 2 (symbol search), 25 record booklets, scoring keys, and block design set in a carry bag; €103 per technical and interpretation manual; €103 per administration and scoring manual; €89,95 per 25 record booklets; €48,50 per 25 answer booklets 1; €25,95 per 25 answer booklets 2.

Time: Approximately 65 minutes to administer the 10 principal tests; approximately 48 minutes to obtain the Full Scale IQ.

Comments: May be administered and scored digitally or with paper and pencil; Full Scale IQ is the only composite score that allows subtest substitutions; only one substitution permitted; the test publisher recommends administration of the 10 primary tests to achieve a complete evaluation and description of intellectual ability; the five secondary tests can be administered together with the primary tests to obtain a broader picture of intellectual functioning, as well as additional information about clinical decision making.

Author: David Wechsler.

Translators/Adaptors: Ana Hernández, Cristina Aguilar, Èrica Paradell, and Frédérique Vallar.

Publisher: Pearson España.

Componentes en Español: Todos los materiales son en español.
Componentes en Inglés: No hay materiales en inglés en esta versión.

[242s]

Escala de Inteligencia de Wechsler para Preescolar y Primaria–IV.

Nombre Original: Wechsler Preschool and Primary Scale of Intelligence–Fourth Edition (NCS Pearson, Inc.).
Propósito: Diseñado para "evaluar las aptitudes intelectuales en niños".
Procedencia: Estados Unidos (2012)/inglés.
Traducción/Adaptación: El equipo de I+D junto con una experta traductora y filóloga tradujeron al castellano los ítems de las pruebas verbales y examinaron las imágenes que ilustraban los ítems gráficos. Se decidió conservar, modificar o sustituir cada ítem en función de la idoneidad de su contenido y la adecuación a la cultura española. Se aplicó una versión pilota de la prueba a un grupo de psicológicos de distintas zonas geográficas en España y a una muestra experimental. Se implementaron los resultados para seleccionar los ítems para la versión final. El manual contiene información sobre modificaciones específicas hechas durante la adaptación.
Población: 2-6 hasta 7-7 años.
Baremos: Se han provisto baremos con la adaptación al español. Los baremos se desarrollaron utilizando una muestra con 885 participantes, distribuidos por edad, sexo, nivel educativo, zona geográfica y tipo de comunidad (rural/urbana).
Fecha de Publicación: 2014.
Acrónimo: WPPSI-IV.
Administración: Individual.
Formularios, 2: Edades 2-6 hasta 3-11, Edades 4-0 hasta 7-7.
Precios, 2022: €955 por juego completo, incluye manual de aplicación y corrección (2014, 331 páginas), manual técnico y de interpretación (2014, 208 páginas), 3 cuadernos de estímulos, 25 de cada cuadernillo de anotación (edades 2-6 hasta 3-11 y edades 4-0 hasta 7-7), 25 de cada cuadernillo de respuesta (1, 2 y 3), plantillas de corrección, caja con 14 cubos, caja de rompecabezas, caja de tarjetas de animales y 2 tampones de tinta.
Autor: David Wechsler.
Traductoras/Adaptadoras: Ana Hernández, Elena de la Guía, Èrica Paradell y Frédérique Vallar.
Editorial: Pearson España.
Componentes en Español: Todos los materiales son en español.
Componentes en Inglés: No hay materiales en inglés en esta versión.

Spanish Components: All materials are in Spanish.
English Components: There are no English materials in this version.

[242e]

Escala de Inteligencia de Wechsler para Preescolar y Primaria–IV.

Original Name: Wechsler Preschool and Primary Scale of Intelligence–Fourth Edition (NCS Pearson, Inc.).
Purpose: Designed for measuring the intelligence of children.
Origin: United States (2012)/English.
Translation/Adaptation: The R&D team worked with an expert translator and linguist to translate the items from the verbal tests and examine the images used in the graphic items. They chose whether to retain, modify or replace each item based on the suitability of the item content and its relevance in Spanish culture. The revised version was piloted by a group of psychologists from different geographic regions in Spain and an experimental sample. Results were used to select items for the final version. The manual contains information about specific modifications made during the adaptation.
Population: Ages 2-6 through 7-7.
Norms: Separate norms are provided with the Spanish adaptation. Norms were developed using a sample of 885 participants, distributed by age, gender, educational level, geographic location, and type of community (rural/urban).
Publication Date: 2014.
Acronym: WPPSI-IV.
Administration: Individual.
Forms, 2: Ages 2-6 through 3-11; Ages 4-0 through 7-7.
Price Data, 2022: €955 per complete box kit, including administration and scoring manual (2014, 331 pages), technical and interpretive manual (2014, 208 pages), 3 stimulus books, 25 of each record form (ages 2-6 through 3-11 and ages 4-0 through 7-7), 25 of each response booklet (1, 2, and 3), scoring keys, block set, puzzle set, zoo location set, and 2 markers.
Author: David Wechsler.
Translators/Adaptors: Ana Hernández, Elena de la Guía, Èrica Paradell, and Frédérique Vallar.
Publisher: Pearson España.
Spanish Components: All materials are in Spanish.
English Components: There are no English materials in this version.

a) EDADES 2-6 HASTA 3-11.
Población: Edades 2-6 a 3-11.
Puntuación, 9 a 14: Escalas Primarias: Índice de Comprensión Verbal (Dibujos, Información, Total), Índice Visoespacial (Cubos, Rompecabezas, Total), Índice de Memoria de Trabajo (Reconocimiento, Localización, Total); Escalas Secundarias: Índice de Adquisición de Vocabulario (Dibujos, Nombres, Total), Índice No Verbal (Cubos, Rompecabezas, Reconocimiento, Localización, Total), Índice de Capacidad General (Dibujos, Información, Nombres [suplementario], Cubos, Rompecabezas, Total); CI Total consiste de Índice de Comprensión Verbal (con Nombres suplementario), Índice Visoespacial y Índice de Memoria de Trabajo (con Localización suplementario).
Duración: [30-45] minutos.
b) EDADES 4-0 HASTA 7-7.
Población: Edades 4-0 a 7-7.
Puntuación, 12 a 25: Escalas Primarias: Índice de Comprensión Verbal (Información, Semejanzas, Total), Índice Visoespacial (Cubos, Rompecabezas, Total), Índice de Razonamiento Fluido (Matrices, Conceptos, Total), Índice de Memoria de Trabajo (Reconocimiento, Localización, Total), Índice de Velocidad de Procesamiento (Búsqueda de Animales, Cancelación, Total); Escalas Secundarias: Índice de Adquisición de Vocabulario (Dibujos, Nombres, Total), Índice No Verbal (Cubos, Rompecabezas [suplementario], Matrices, Conceptos, Reconocimiento, Localización [suplementario] Búsqueda de Animales, Cancelación [suplementario], Clave de Figuras [suplementario], Total), Índice de Capacidad General (Información, Semejanzas, Vocabulario [suplementario], Comprensión [suplementario], Cubos, Rompecabezas [suplementario], Matrices, Conceptos [suplementario], Total), Índice de Competencia Cognitiva (Reconocimiento, Localización, Búsqueda de Animales, Cancelación, Clave de Figuras [suplementario], Total); CI Total consiste de Índice de Comprensión Verbal (con Vocabulario, Comprensión suplementario), Índice Visoespacial (con Rompecabezas suplementario), Índice de Razonamiento Fluido (con Conceptos suplementario), Índice de Memoria de Trabajo (con Localización suplementario) y Índice de Velocidad de Procesamiento (con Cancelación y Claves de Figuras suplementario).
Duración: [45-60] minutos.

a) AGES 2-6 THROUGH 3-11.
Population: Ages 2-6 through 3-11.
Scores, 9 to 14: Primary Scales: Verbal Comprehension Index (Pictures, Information, Total), Visual Spatial Index (Cubes, Puzzles, Total), Working Memory Index (Recognition, Localization, Total); Secondary Scales: Vocabulary Acquisition Index (Pictures, Names, Total), Nonverbal Index (Cubes, Puzzles, Picture Memory, Zoo Locations, Total), General Ability Index (Pictures, Information, Names [supplemental], Cubes, Puzzles, Total); Full Scale IQ consists of Verbal Comprehension Index (with supplemental Names), Visual Spatial Index, and Working Memory Index (with supplemental Localization).
Time: [30-45] minutes.
b) AGES 4-0 THROUGH 7-7.
Population: Ages 4-0 through 7-7.
Scores, 12 to 25: Primary Scales: Verbal Comprehension Index (Information, Similarities, Total), Visual Spatial Index (Cubes, Puzzles, Total), Fluid Reasoning Index (Matrices, Concepts, Total), Working Memory Index (Recognition, Localization, Total), Processing Speed Index (Animal Search, Cancellation, Total); Secondary Scales: Vocabulary Acquisition Index (Pictures, Names, Total), Nonverbal Index (Cubes, Puzzles [supplemental], Matrices, Concepts, Recognition, Localization [supplemental], Animal Search, Cancellation [supplemental], Animal Coding [supplemental], Total), General Ability Index (Information, Similarities, Vocabulary [supplemental], Comprehension [supplemental], Cubes, Puzzles [supplemental], Matrices, Concepts [supplemental], Total), Cognitive Proficiency Index (Recognition, Localization, Animal Search, Cancellation, Animal Coding [supplemental], Total); Full Scale IQ consists of Verbal Comprehension Index (with supplemental Vocabulary, Comprehension), Visual Spatial Index (with supplemental Puzzles), Fluid Reasoning Index (with supplemental Concepts), Working Memory Index (with supplemental Localization), and Processing Speed Index (with supplemental Cancellation and Animal Coding).
Time: [45-60] minutes.

[243s]

Escala de Inteligencia Wechsler para Adultos–Tercera Edición [Puerto Rico].

Nombre Original: Wechsler Adult Intelligence Scale–Third Edition (The Psychological Corporation).
Propósito: Diseñado como "evaluación de las capacidades intelectuales en adultos".
Procedencia: Estados Unidos (1997)/inglés.
Traducción/Adaptación: Se realizaron varias modificaciones basadas en datos recogidos durante un estudio piloto de la adaptación, incluyendo la creación de nuevos reactivos y múltiples cambios en la ubicación de los reactivos originales. Además, se

[243e]

Escala de Inteligencia Wechsler para Adultos–Tercera Edición [Puerto Rico].

Original Name: Wechsler Adult Intelligence Scale–Third Edition (The Psychological Corporation).
Purpose: Designed to assess cognitive abilities in adults.
Origin: United States (1997)/English.
Translation/Adaptation: Modifications were made based on information collected during the pilot study phase of the adaptation, including the creation of new items and several changes in

eliminaron varios de los reactivos originales debido a la carga cultural que contenían.
Población: Edades 16-64.
Baremos: Se han provisto baremos con la adaptación puertorriqueña. Los baremos se desarrollaron utilizando una muestra con 330 participantes de Puerto Rico, distribuidos por edad, género y nivel educativo.
Fechas de Publicación: 2002-2008.
Acrónimo: EIWA-III.
Puntuación, 5: Índice de Comprensión Verbal, Índice de Organización Perceptual, Índice de Memoria de Trabajo, Índice de Velocidad de Procesamiento, Cociente Intelectual Total.
Subpruebas, 11-13: Figuras Incompletas, Vocabulario, Dígito Símbolo-Clave, Semejanzas, Diseño con Bloques, Aritmética, Matriz de Razonamiento, Retención de Dígitos, Información, Arreglo de Dibujos, Comprensión, Identificación de Símbolos (opcional), Secuencia de Letras y Números (opcional).
Administración: Individual.
Precios, 2022: $1,361.30 por kit básico incluye manual de administración y puntuación (2008, 242 páginas), 25 hojas de respuesta, 25 folletos de respuesta, plantillas de corrección, libro de estímulos y manipulativos; $299.80 por manual de administración y puntuación; $104 por 25 cuadernillos de respuesta; $173.10 por 25 formularios de registro; $25.70 por llave de puntuación; $298.50 por libro de estímulos; $240.60 por tarjetas de arreglo de dibujos.
Duración: (60-95) minutos.
Comentarios: El juego de prueba incluye el manual técnico en CD para la versión en inglés de la prueba (WAIS-III); materiales en el CD son en inglés.
Autor: David Wechsler.
Traductoras/Adaptadoras: Laura Leticia Herrans, Jenny M. Rodríguez, Leida Matías, Giselle Medina y Mary Rodríguez.
Editorial: Pearson.
Componentes en Español: Todos los materiales son en español.
Componentes en Inglés: No hay materiales en inglés en esta versión.

[244s]

Escala de Inteligencia Wechsler para Niños–Revisada de Puerto Rico.

Nombre Original: Wechsler Intelligence Scale for Children–Revised (NCS Pearson).
Propósito: Diseñado para proveer una medida de la capacidad intelectual del niño.
Procedencia: Estados Unidos (1974)/inglés.
Traducción/Adaptación: El equipo de adaptación hizo correcciones para mejorar gramaticalmente el texto en el manual y eliminar traducciones literales, realizó una retrotraducción y luego sometió las revisiones

the order of the items. In addition, some items were eliminated due to their cultural connotations.
Population: Ages 16-64.
Norms: Separate norms are provided with the Puerto Rican adaptation. Norms were developed using a sample of 330 participants from Puerto Rico, distributed by age, gender, and education level.
Publication Dates: 2002-2008.
Acronym: EIWA-III.
Scores, 5: Verbal Comprehension Index, Perceptual Reasoning Index, Working Memory Index, Processing Speed Index, Full Scale IQ.
Subtests, 11-13: Picture Completion, Vocabulary, Digit Symbol-Coding, Similarities, Block Design, Arithmetic, Matrix Reasoning, Digit Span, Information, Picture Arrangement, Comprehension, Symbol Search (optional), Letter-Number Sequencing (optional).
Administration: Individual.
Price Data, 2022: $1,361.30 per basic kit, including administration and scoring manual (2008, 242 pages), 25 response booklets, 25 record forms, scoring keys, stimulus books, and manipulatives; $299.80 per administration and technical manual; $104 per 25 response booklets; $173.10 per 25 record forms; $25.70 per scoring key; $298.50 per stimulus book; $240.60 per picture arrangement cards.
Time: (60-95) minutes.
Comments: Test kit includes the technical manual on CD for the English version of the test (WAIS-III); material on the CD is in English.
Author: David Wechsler.
Translators/Adaptors: Laura Leticia Herrans, Jenny M. Rodríguez, Leida Matías, Giselle Medina, and Mary Rodríguez.
Publisher: Pearson.
Spanish Components: All materials are in Spanish.
English Components: There are no English materials in this version.

[244e]

Escala de Inteligencia Wechsler para Niños–Revisada de Puerto Rico.

Original Name: Wechsler Intelligence Scale for Children–Revised (NCS Pearson).
Purpose: Designed to provide a measure of a child's intellectual ability.
Origin: United States (1974)/English.
Translation/Adaptation: The adaptation team made corrections to grammatically improve the text in the manual and eliminate literal translations, completed a back-translation, and

a una lingüista de la Universidad de Puerto Rico para su revisión y crítica. Se procedió a adaptar el contenido de la prueba con consideración del contexto cultural puertorriqueño. Las preguntas que contenían material extraño a la experiencia de vida del niño puertorriqueño fueron eliminadas y sustituidas por preguntas análogas nuevas. Se añadieron nuevos reactivos en 8 de las 12 subpruebas. El manual contiene una tabla que resume las alteraciones.
Población: Edades 6-0 a 16-11.
Baremos: Se han provisto baremos con la adaptación puertorriqueña. Los baremos se desarrollaron utilizando una muestra con 2,200 participantes puertorriqueños, distribuidos por edad, sexo, región geográfica, tipo de escuela (pública o privada), localización de la escuela y grados escolares.
Fecha de Publicación: 1992.
Acrónimo: EIWN-R PR.
Puntuación, 13 a 15: Verbal (Información, Semejanzas, Aritmética, Vocabulario, Comprensión, Retención de Dígitos [opcional], Total); Ejecución (Figuras Incompletas, Claves, Arreglo de Dibujos, Diseño con Bloques, Composición de Objetos, Laberintos [opcional], Total), Total.
Administración: Individual.
Precios, 2022: $1,490.70 por juego completo incluye manual (1992, 217 páginas), 25 hojas de respuestas y cuadernillos de laberintos/claves y manipulativos; $256 por manual; $153 por 25 cuadernillos de laberintos/claves; $190.10 por 25 hojas de respuestas.
Duración: (50-75) minutos.
Comentarios: La versión original en inglés de la prueba fue traducida al español por psicólogos en Florida y publicado de forma experimental por The Psychological Corporation en 1982. Esta traducción sirvió como una base de la adaptación puertorriqueña.
Autor: David Wechsler.
Traductoras/Adaptadoras: Laura Leticia Herrans y Juana Myrtia Rodriguez.
Editorial: Pearson.
Componentes en Español: Todos los materiales son en español.
Componentes en Inglés: No hay materiales en inglés en esta versión.

[245s]

Escala de Memoria de Wechsler–IV.

Nombre Original: Wechsler Memory Scale–Fourth Edition (NCS Pearson, Inc.).
Propósito: Diseñado para evaluar varias habilidades de memoria y de la memoria de trabajo entre individuos con deficiencias sospechadas de memoria o diagnosticados con una gama de trastornos neurológicos, psiquiátricos y trastornos del desarrollo.
Procedencia: Estados Unidos (2008)/inglés.

then submitted the revisions to a linguist at the University of Puerto Rico for review and critique. The team then adapted the content of the test to the cultural context of Puerto Rico. Questions that contained material foreign to the life experience of a Puerto Rican child were eliminated and replaced with new analogous questions. The team added new items in 8 of the 12 subtests. The manual contains a table that summarizes the changes that were made.
Population: Ages 6-0 to 16-11.
Norms: Separate norms are provided with the Puerto Rican adaptation. Norms were developed using a sample of 2,200 participants, distributed by age, sex, geographic region, type of school (public or private), school location, and grade.
Publication Date: 1992.
Acronym: EIWN-R PR.
Scores, 13 to 15: Verbal (Information, Similarities, Arithmetic, Vocabulary, Comprehension, Digit Span [optional], Total); Performance (Picture Completion, Coding, Picture Arrangement, Block Design, Object Assembly, Mazes [optional], Total), Total.
Administration: Individual.
Price Data, 2022: $1,490.70 per complete set including manual (1992, 217 pages), 25 record forms and mazes/coding booklets, and manipulatives; $256 per manual; $153 per 25 mazes/coding booklets; $190.10 per 25 record forms.
Time: 50-75 minutes.
Comments: The original English test was translated to Spanish by psychologists in Florida and published in experimental form by The Psychological Corporation in 1982. That translation served as the basis for the Puerto Rican adaptation.
Author: David Wechsler.
Translators/Adaptors: Laura Leticia Herrans and Juana Myrtia Rodriguez.
Publisher: Pearson.
Spanish Components: All materials are in Spanish.
English Components: There are no English materials in this version.

[245e]

Escala de Memoria de Wechsler–IV.

Original Name: Wechsler Memory Scale–Fourth Edition (NCS Pearson, Inc.).
Purpose: Designed to "assess various memory and working memory abilities" among "individuals with suspected memory deficits or diagnosed with a range of neurological, psychiatric, and developmental disorders."
Origin: Unites States (2008)/English.

Traducción/Adaptación: El equipo de adaptación revisó las pruebas con contenido verbal de la versión estadounidense para identificar los ítems que requerían una adaptación. A continuación, "un panel de expertos en evaluación y adaptación de instrumentos examinó las pruebas que por su escaso contenido verbal no habían sido probadas en el estudio piloto y dictaminó que el resto de las pruebas no requerían modificaciones". Después de la adaptación de los ítems, se reunió un equipo de diversos profesionales, formado por psicólogos del departamento de investigación y desarrollo, una experta traductora y filóloga y un psicómetra, para revisar los resultados del estudio piloto de la adaptación. Todos los cambios derivados del estudio piloto se incorporaron a la versión final.
Población: Edades 16-89.
Baremos: Se han provisto baremos con la adaptación española. Los baremos se desarrollaron utilizando una muestra con 810 participantes, distribuidos por edad, sexo, nivel educativo, tipo de comunidad (rural, intermedio, urbana) y zona geográfica de España.
Fecha de Publicación: 2013.
Acrónimo: WMS-IV.
Subprueba: Test Breve para la Evaluación del Estado Cognitivo (BCSE) (opcional).
Administración: Individual.
Precios, 2022: €670 o €753,50 depende de la opción de embalaje por juego completo incluye manual de aplicación y corrección (2013, 173 páginas), manual técnico y de interpretación (2013, 173 páginas), cuaderno de estímulos 1, cuaderno de estímulos 2, 25 cuadernillos de anotación (edades 16 a 69), 25 cuadernillos de anotación (edades 65 a 89), 25 cuadernillos de respuesta, tarjetas de memoria, plantilla de corrección y rejilla de memoria.
Duración: (45-60) minutos.
Comentarios: Números romanos I y II indican condiciones inmediatas y demoradas de una subprueba, respectivamente; directrices de administración estándar requiere entre "20-30 minutos entre el fin del recuerdo inmediato y el inicio del correspondiente recuerdo demorado".
Autor: David Wechsler.
Traductores/Adaptadores: Ana Hernández, Elena de la Guía, Èrica Paradell y Frédérique Vallar.
Editorial: Pearson España.
Componentes en Español: Todos los materiales son en español.
Componentes en Inglés: No hay materiales en inglés en esta versión.

a) BATERÍA PARA ADULTOS.
Población: Edades 16-0 a 69-11.
Puntuación, 15 o 16: Índice de Memoria Auditiva (Memoria Lógica I, Memoria Lógica II, Pares de Palabras I, Pares de Palabras II), Índice de Memoria Visual (Diseños I, Diseños II, Reproducción Visual I, Reproducción Visual II), Índice de Memoria de

Translation/Adaptation: The adaptation team reviewed the sections of the U.S. version of the test with verbal content to identify items that might need to be adapted. A panel of experts in evaluation and adaptation of tests also examined nonverbal sections of the test and determined that these sections did not require modification. Following item adaptations, a team of diverse professionals, including psychologists from the research and development department, an expert translator and philologist, and a psychometrician, gathered to review results from a pilot study of the adapted version. All changes derived from the pilot study were retained in the final version.
Population: Ages 16-89.
Norms: Separate norms are provided with the Spanish adaptation. Norms were developed using a sample of 810 participants, distributed by age, gender, educational level, type of community (rural, suburban, urban), and geographic location in Spain.
Publication Date: 2013.
Acronym: WMS-IV.
Subtest: Brief Cognitive Status Exam (BCSE) (optional).
Administration: Individual.
Price Data, 2022: €670 or €753.50 dependent on the choice of packaging per complete test kit including administration and scoring manual (2013, 173 pages), technical and interpretive manual (2013, 172 pages), stimulus book 1, stimulus book 2, 25 adult record forms, 25 older adult record forms, 25 response booklets, design and spatial addition card set, scoring template, and memory grid.
Time: (45-60) minutes.
Comments: Roman numerals I and II indicate a subtest's immediate and delayed conditions, respectively; standard administration procedures require 20-30 minutes to elapse between a subtest's immediate and delayed conditions.
Author: David Wechsler.
Translators/Adaptors: Ana Hernández, Elena de la Guía, Èrica Paradell, and Frédérique Vallar.
Publisher: Pearson España.
Spanish Components: All materials are in Spanish.
English Components: There are no English materials in this version.

a) ADULT BATTERY.
Population: Ages 16-0 to 69-11.
Scores, 15 or 16: Auditory Memory Index (Logical Memory I, Logical Memory II, Verbal Paired Associates I, Verbal Paired Associates II), Visual Memory Index (Designs I, Designs II, Visual Reproduction I, Visual Reproduction II),

Trabajo Visual (Suma Espacial, Span de Símbolos), Índice de Memoria Inmediata, Índice de Memoria Demorada, más 1 puntuación opcional (Test Breve para la Evaluación del Estado Cognitivo).
b) BATERÍA PARA MAYORES.
Población: Edades 65-0 a 89-11.
Puntuación, 11: Índice de Memoria Auditiva (Memoria Lógica I, Memoria Lógica II, Pares de Palabras I, Pares de Palabras II), Índice de Memoria Visual (Reproducción Visual I, Reproducción Visual II), Índice de Memoria Inmediata, Índice de Memoria Demorada, Span de Símbolos.

[246s]

Escala de Metas de Aprendizaje, Población Militar.

Propósito: Diseñado para evaluar la autopercepción sobre la motivación para una carrera militar.
Procedencia: Argentina/español.
Población: Estudiantes militares.
Baremos: Los baremos se desarrollaron utilizando una muestra con 272 jóvenes estudiantes (cadetes), distribuidos por sexo, edad y años de estudio en su formación académica-militar en Argentina.
Fechas de Publicación: 2002-2005.
Acrónimo: EMA-M.
Puntuación, 3: Metas de Aprendizaje/Dominio, Metas Aversivas Externas, Metas de Lucimiento.
Administración: Colectiva.
Precios, 2022: USD$24.41 por libro Técnicas de Evaluación Psicológica en los Ámbitos Militares (2005, 298 páginas) incluye todos los formularios y protocolos necesarios.
Duración: (5) minutos.
Comentarios: El test EMA-M se presenta en conjunto con el VAL (Cuestionario de Valores Contextualizados) y el CELID (Cuestionario de Estilos de Liderazgo). Ambos son componentes del libro *Técnicas de Evaluación Psicológica en los Ámbitos Militares* en el marco de una exhaustiva investigación en el campo de la psicología militar.
Autor: Alejandro Castro.
Editorial: Editorial Paidós.
Componentes en Español: Todos los materiales son en español.
Componentes en Inglés: No hay materiales en inglés.

[247s]

Escala de Metas de Vida para Adolescentes.

Propósito: Diseñado para evaluar el conocimiento de metas a corto y a largo plazo en adolescentes y determinar el tipo de meta predominante.
Procedencia: Argentina/español.
Población: Adolescentes.

Visual Working Memory Index (Spatial Addition, Symbol Span), Immediate Memory Index, Delayed Memory Index, plus 1 optional score (Brief Cognitive Status Exam).
b) OLDER ADULT BATTERY.
Population: Ages 65-0 to 89-11.
Scores, 11: Auditory Memory Index (Logical Memory I, Logical Memory II, Verbal Paired Associates I, Verbal Paired Associates II), Visual Memory Index (Visual Reproduction I, Visual Reproduction II), Immediate Memory Index, Delayed Memory Index, Symbol Span.

[246e]

Escala de Metas de Aprendizaje, Población Militar.

Purpose: Designed to assess self-perception of motivation toward a military career.
Origin: Argentina/Spanish.
Population: Military students.
Norms: Norms were developed using a sample of 272 young students (cadets), distributed by gender, age, and years of study in academic-military formation in Argentina.
Publication Dates: 2002-2005.
Acronym: EMA-M.
Scores, 3: Goals for Learning/Knowledge of a Subject, Aversive External Goals, Goals for Success.
Administration: Group.
Price Data, 2022: USD$24.41 for the book Técnicas de Evaluación Psicológica en los Ámbitos Militares (2005, 298 pages) including all the necessary forms and protocols.
Time: (5) minutes.
Comments: The test EMA-M is presented along with the VAL (Cuestionario de Valores Contextualizados) and CELID (Cuestionario de Estilos de Liderazgo). Both are included in the book *Técnicas de Evaluación Psicológica en los Ámbitos Militares* within the framework of in-depth research in military psychology.
Author: Alejandro Castro.
Publisher: Editorial Paidós.
Spanish Components: All materials are in Spanish.
English Components: There are no materials in English.

[247e]

Escala de Metas de Vida para Adolescentes.

Purpose: Designed to assess knowledge of both short- and long-term goals in adolescents and to determine an individual's predominant goal type.
Origin: Argentina/Spanish.
Population: Adolescents.

Baremos: Los baremos se desarrollaron utilizando una muestra con 3,000 adolescentes entre 17 y 19 años de edad, de ambos sexos, provenientes de 15 provincias argentinas y escuelas ambas públicas y privadas.
Fecha de Publicación: 2014.
Acrónimo: EMVA.
Puntuación, 10: Moral-Social-Familiar, Afectivo-Interpersonal, Logros Materiales y Prestigio, Logro Económico-Laboral, Afiliativo, Idealista-Altruista, Presión Contextual, Capacitación como Medio, Hedonista, Estándar-Conformista.
Administración: Individual o colectiva.
Precios, 2022: USD$37.60 por juego completo, incluye manual (2014, 116 páginas), protocolos y registros de respuesta.
Duración: El tiempo de administración no se reportó.
Autoras: María Elisa Cattaneo y Vanina Schmidt.
Editorial: Editorial Paidós.
Componentes en Español: Todos los materiales son en español.
Componentes en Inglés: No hay materiales en inglés.

Norms: Norms were developed using a sample of 3,000 adolescents between 17 and 19 years old, of both sexes, from 15 Argentinian provinces and enrolled in both public and private schools.
Publication Date: 2014.
Acronym: EMVA.
Scores, 10: Moral-Social-Family, Affective-Interpersonal, Material Achievements and Prestige, Economic Attainment-Labor, Affiliative, Idealistic-Altruistic, Contextual Pressure, Capacity Building, Hedonist, Standard-Conformist.
Administration: Individual or group.
Price Data, 2022: USD$37.60 per complete kit including manual (2014, 116 pages), record forms, and response forms.
Time: Administration time not reported.
Authors: María Elisa Cattaneo and Vanina Schmidt.
Publisher: Editorial Paidós.
Spanish Components: All materials are in Spanish.
English Components: There are no materials in English.

[248s]

Escala de Motivaciones Psicosociales.

Propósito: Diseñado para evaluar algunos factores y componentes de las motivaciones psicosociales en el mundo laboral.
Procedencia: España/español.
Población: Edades 18 en adelante.
Baremos: Los baremos se desarrollaron utilizando una muestra con 847 participantes, distribuidos por edad y sexo.
Fechas de Publicación: 1987-2009.
Acrónimo: MPS.
Puntuación: 6 factores y 5 componentes: Factores (Aceptación e Integración Social, Reconocimiento Social, Autoestima o Autoconcepto, Autodesarrollo, Poder, Seguridad), Componentes (Activación, Expectativa, Ejecución, Incentivos, Satisfacción).
Administración: Colectiva.
Precios, 2022: €63,85 por juego completo, incluyendo manual (2009; cuarta edición, revisada; 24 páginas) y juego de corrección; €56,91 por juego de corrección (25 ejemplares y PIN para 25 usos en línea).
Duración: (20-30) minutos.
Autor: J. L. Fernández.
Editorial: Hogrefe TEA Ediciones.
Componentes en Español: Todos los materiales son en español.
Componentes en Inglés: No hay materiales en inglés.

[248e]

Escala de Motivaciones Psicosociales.

Purpose: Designed to assess some of the factors and components of the psychosocial motivations present in the workplace.
Origin: Spain/Spanish.
Population: Ages 18 and over.
Norms: Norms were developed using a sample of 847 participants, distributed by age and gender.
Publication Dates: 1987-2009.
Acronym: MPS.
Scores: 6 factors, 5 components: Factors (Acceptance and Social Integration, Social Recognition, Self-Esteem or Self-Concept, Self-Development, Power, Confidence), Components (Activation, Expectation, Implementation, Incentives, Satisfaction).
Administration: Group.
Price Data, 2022: €63.85 per complete kit, including manual (2009; fourth edition, revised; 24 pages) and scoring kit; €56.91 per scoring kit (25 test booklets and a PIN for 25 online uses).
Time: (20-30) minutes.
Author: J. L. Fernández.
Publisher: Hogrefe TEA Ediciones.
Spanish Components: All materials are in Spanish.
English Components: There are no materials in English.

[249s]

Escala de Observación para el Diagnóstico del Autismo, Segunda Edición.

Nombre Original: Autism Diagnostic Observation Schedule, Second Edition (Western Psychological Services).

Propósito: Diseñado como una "evaluación estandarizada y semi-estructurada de la comunicación, la interacción social y el juego o el uso imaginativo de materiales para individuos en los cuales se sospecha un diagnóstico de autismo o algún otro trastorno generalizado del desarrollo".

Procedencia: Estados Unidos (2012)/inglés.

Traducción/Adaptación: No se provee información en los materiales de la prueba sobre el proceso de traducción/adaptación.

Población: Niños de 12 meses hasta la adultez.

Baremos: Esta prueba no es de referencia normativa.

Fecha de Publicación: 2015.

Acrónimo: ADOS-2.

Administración: Individual.

Precios, 2022: €3.817,09 por juego completo, incluye manual (2015, 394 páginas), juegos de corrección para cada módulo (T/1/2/3/4) y manipulativos; €38,68 por juego de corrección con 10 protocolos y PIN para 10 usos en línea por módulo T/1/2/3/4.

Duración: (40-60) minutos cada módulo.

Comentarios: "Cada módulo ofrece distintas actividades estandarizadas que han sido diseñadas para evocar comportamientos que están directamente relacionados con los diagnósticos de los trastornos del espectro autista"; observaciones son codificados y convertidos a puntuaciones.

Autores: Catherine Lord, Michael Rutter, Pamela C. DiLavore, Susan Risi, Katherine Gotham, Somer L. Bishop, Rhiannon J. Luyster y Whitney Guthrie.

Traductores/Adaptadores: Tamara Luque y el Departamento de Investigación y Desarrollo de TEA Ediciones.

Editorial: Hogrefe TEA Ediciones.

Componentes en Español: Todos los materiales son en español.

Componentes en Inglés: No hay materiales en inglés en esta versión.

a) MÓDULO T.

Población: Niños de 12 a 30 meses que no utilicen lenguaje de frases consistentemente.

Puntuación: 17 en uno de dos categorías: Niños con pocas palabras: Afectación Social (Frecuencia de la Vocalización Espontánea Dirigida a Otros, Gestos, Contacto Visual Inusual, Expresiones Faciales Dirigidas a Otros, Integración de la Mirada y Otras Conductas Durante las Iniciaciones Sociales, Disfrute Compartido Durante la Interacción, Mostrar, Iniciación Espontánea de la Atención Conjunta, Respuesta a la Atención Conjunta, Características de las Iniciaciones Sociales), Comportamiento Restringido y Repetitivo (Entonación de las Vocalizaciones o Verbalizaciones, Interés Sensorial

[249e]

Escala de Observación para el Diagnóstico del Autismo, Segunda Edición.

Original Name: Autism Diagnostic Observation Schedule, Second Edition (Western Psychological Services).

Purpose: Standardized and semi-structured assessment of communication, social interaction, and play or imaginative use of materials for individuals in whom a diagnosis of autism or some other generalized developmental disorder is suspected.

Origin: United States (2012)/English.

Translation/Adaptation: No information is provided in the test materials about the translation/adaptation process.

Population: Children 12 months to adulthood.

Norms: This test is not norm referenced.

Publication Date: 2015.

Acronym: ADOS-2.

Administration: Individual.

Price Data, 2022: €3,817.09 per complete kit, including manual (2015, 394 pages), scoring kits for each of the modules (T/1/2/3/4), and manipulatives; €38.68 per scoring kit with 10 protocols and a PIN for 10 online uses per module T/1/2/3/4.

Time: (40-60) minutes for each module.

Comments: Each module offers different standardized activities that have been designed to evoke behaviors directly related with the diagnosis of disorders on the autism spectrum; observations are coded and then converted to scores.

Authors: Catherine Lord, Michael Rutter, Pamela C. DiLavore, Susan Risi, Katherine Gotham, Somer L. Bishop, Rhiannon J. Luyster, and Whitney Guthrie.

Translators/Adaptors: Tamara Luque and the TEA Ediciones Research and Development Department.

Publisher: Hogrefe TEA Ediciones.

Spanish Components: All materials are in Spanish.

English Components: There are no English materials in this version.

a) MODULE T.

Population: Children between 12 and 30 months who do not consistently use phrase speech.

Scores: 17 in one of two categories: Children with few words: Social Affectation (Frequency of Spontaneous Vocalization Directed at Others, Gestures, Unusual Visual Contact, Facial Expressions Directed at Others, Integration of Eye Contact and Other Behaviors During Social Initiations, Shared Enjoyment During Interaction, Demonstrate, Spontaneous Initiation of Group Attention, Response to Group Attention, Characteristics of Social Initiations), Restricted and Repetitive Behaviors (Intonation of

Inusual en los Materiales de Juego o en las Personas, Movimientos de Manos y Dedos/Postura, Intereses Inusualmente Repetitivos o Comportamientos Estereotipadas), Puntuación Total Global; Niños con algunas palabras: Afectación Social (Señalar, Contacto Visual Inusual, Expresiones Faciales Dirigidas a Otros, Integración de la Mirada y Otras Conductas Durante las Iniciaciones Sociales, Respuesta al Nombre, Ignorar, Pedir, Iniciación Espontánea de la Atención Conjunta, Características de las Iniciaciones Sociales, Cantidad de las Iniciaciones Sociales/Familiar o Cuidador, Calidad General de la Relación), Comportamiento Restringido y Repetitivo (Interés Sensorial Inusual en los Materiales de Juego o en las Personas, Movimientos de Manos y Dedos/Postura, Intereses Inusualmente Repetitivos o Comportamientos Estereotipadas), Puntuación Total Global.

b) MÓDULO 1.

Población: Niños a partir de los 31 meses y mayores que no utilicen lenguaje de frases consistentemente.

Puntuación: 17 en uno de dos categorías: Niños con pocas palabras: Afectación Social (Frecuencia de la Vocalización Espontánea Dirigida a Otros, Gestos, Contacto Visual Inusual, Expresiones Faciales Dirigidas a Otros, Integración de la Mirada y Otras Conductas Durante las Iniciaciones Sociales, Disfrute Compartido Durante la Interacción, Mostrar, Iniciación Espontánea de la Atención Conjunta, Respuesta a la Atención Conjunta, Características de las Iniciaciones Sociales), Comportamiento Restringido y Repetitivo (Entonación de las Vocalizaciones o Verbalizaciones, Interés Sensorial Inusual en los Materiales de Juego o en las Personas, Manierismos de Manos y Dedos y Otros Manierismos Complejos, Intereses Inusualmente Repetitivos o Comportamientos Estereotipadas), Puntuación Total Global; Niños con algunas palabras: Afectación Social (Frecuencia de la Vocalización Espontánea Dirigida a Otros, Señalar, Gestos, Contacto Visual Inusual, Expresiones Faciales Dirigidas a Otros, Integración de la Mirada y Otras Conductas Durante las Iniciaciones Sociales, Disfrute Compartido Durante la Interacción, Mostrar, Iniciación Espontánea de la Atención Conjunta, Características de las Iniciaciones Sociales), Comportamiento Restringido y Repetitivo (Uso Estereotipado o Idiosincrásico de Palabras o Frases, Interés Sensorial Inusual en los Materiales de Juego o en las Personas, Manierismos de Manos y Dedos y Otros Manierismos Complejos, Intereses Inusualmente Repetitivos o Comportamientos Estereotipadas), Puntuación Total Global.

c) MÓDULO 2.

Población: Personas de cualquier edad que utilicen un lenguaje de frases pero que aún no tengan fluidez verbal y niños con fluidez verbal que tengan menos de 3 años de edad.

Puntuación, 17: Afectación Social (Señalar, Gestos Descriptivos/Convencionales/Instrumentales o Informativos, Contacto Visual Inusual, Expresiones Faciales Dirigidas a Otros, Disfrute Compartido Durante la Interacción, Mostrar, Iniciación Espontánea de la Atención Conjunta, Características de las Iniciaciones Sociales, Cantidad de Comunicación Social Recíproca, Calidad General de la Relación), Comportamiento Restringido y Repetitivo (Uso Estereotipado o

Vocalizations and Verbalizations, Unusual Sensory Interest in Playthings or People, Hand or Finger Movements/Posture, Unusually Repetitive Interests or Stereotypical Behaviors), Total Global Score; Children with some words: Social Affectation (Point At, Unusual Visual Contact, Facial Expressions Directed at Others, Integration of Eye Contact and Other Behaviors During Social Initiations, Responding to Name, Ignoring, Asking, Spontaneous Initiation of Group Attention, Characteristics of Social Initiations, Quantity of Social Initiations/Family or Caretaker, General Quality of Relationship), Restricted and Repetitive Behavior (Unusual Sensory Interest in Playthings or People, Hand or Finger Movements/Posture, Unusually Repetitive Interests or Stereotypical Behaviors), Total Global Score.

b) MODULE 1.

Population: Children 31 months and older who do not consistently use phrase speech.

Scores: 17 in one of two categories: Children with few words: Social Affectation (Frequency of Spontaneous Vocalization Directed at Others, Gestures, Unusual Visual Contact, Facial Expressions Directed at Others, Integration of Eye Contact and Other Behaviors During Social Initiations, Shared Enjoyment During Interaction, Demonstrate, Spontaneous Initiation of Group Attention, Response to Group Attention, Characteristics of Social Initiations), Restricted and Repetitive Behaviors (Intonation of Vocalizations and Verbalizations, Unusual Sensory Interest in Playthings or People, Hand and Finger Mannerisms and Other Complex Mannerisms, Unusually Repetitive Interests or Stereotypical Behaviors), Total Global Score; Children with some words: Social Affectation (Frequency of Spontaneous Vocalization Directed at Others, Point At, Gestures, Unusual Visual Contact, Facial Expressions Directed at Others, Integration of Eye Contact and Other Behaviors During Social Initiations, Shared Enjoyment During Interaction, Demonstrate, Spontaneous Initiation of Group Attention, Characteristics of Social Initiations) Restricted and Repetitive Behavior (Stereotypical or Idiosyncratic Use of Words or Phrases, Unusual Sensory Interest in Playthings or People, Hand and Finger Mannerisms and Other Complex Mannerisms, Unusually Repetitive Interests or Stereotypical Behaviors), Total Global Score.

c) MODULE 2.

Population: Individuals of any age who use phrase speech but are not verbally fluent and children with verbal fluidity who are younger than 3 years.

Scores, 17: Social Affectation (Point At, Descriptive/Conventional/Instrumental or Informative Gestures, Unusual Visual Contact, Facial Expressions Directed at Others, Shared Enjoyment During Interaction, Demonstrate, Spontaneous Initiation of Group Attention, Characteristics of Social Initiations, Quantity of Reciprocal Social Communication, General Quality of Relationship), Restricted and Repetitive

Idiosincrásico de Palabras o Frases, Interés Sensorial Inusual en los Materiales de Juego o en las Personas, Manierismos de Manos y Dedos y Otros Manierismos Complejos, Intereses Inusualmente Repetitivos o Comportamientos Estereotipadas), Puntuación Total Global.

d) MÓDULO 3.

Población: Niños y adolescentes menores con fluidez verbal.

Puntuación, 17: Afectación Social (Narración de Sucesos, Conversación, Gestos Descriptivos/Convencionales/Instrumentales o Informativos, Contacto Visual Inusual, Expresiones Faciales Dirigidas al Examinador, Disfrute Compartido Durante la Interacción, Características de las Iniciaciones Sociales, Calidad de la Respuesta Social, Cantidad de Comunicación Social Recíproca, Calidad General de la Relación), Comportamiento Restringido y Repetitivo (Uso Estereotipado o Idiosincrásico de Palabras o Frases, Interés Sensorial Inusual en los Materiales de Juego o en las Personas, Manierismos de Manos y Dedos y Otros Manierismos Complejos, Interés Excesivo en Temas u Objetos Inusuales o Altamente Específicos), Puntuación Total Global.

e) MÓDULO 4.

Población: Adolescentes mayores y adultos con fluidez verbal.

Puntuación, 20: Comunicación (Uso Estereotipado o Idiosincrásico de Palabras o Frases, Conversación, Gestos Descriptivos/Convencionales/Instrumentales o Informativos, Gestos Enfáticos o Emocionales), Interacción Social Recíproca (Contacto Visual Inusual, Expresiones Faciales Dirigidas al Examinador, Comentarios Sobre las Emociones de Otros/Empatía, Responsabilidad, Características de las Iniciaciones Sociales, Calidad de la Respuesta Social, Cantidad de Comunicación Social Recíproca), Puntuación Comunicación e Interacción Social Recíproca Total, Imaginación y Creatividad, Comportamientos Estereotipados e Intereses Restringidos (Interés Sensorial Inusual en los Materiales de Juego o en las Personas, Manierismos de Manos y Dedos y Otros Manierismos Complejos, Interés Excesivo en Temas u Objetos Inusuales o Altamente Específicos, Compulsiones o Rituales).

[250s]

Escala de Preferencias–Personal de Kuder [Formulario AH].

Nombre Original: Kuder Preference Record–Personal (Science Research Associates).

Propósito: Diseñado para "evaluar las condiciones de desempeño que el individuo considera deseables".

Procedencia: Estados Unidos (1948)/inglés.

Población: Adolescentes y adultos.

Baremos: No se han provisto baremos con la versión traducida al español.

Fecha de Publicación: 1999.

Acrónimo: KP.

Puntuación, 5: Actividad del Grupo, Situaciones Estables, Trabajo Teórico, Rehuir Conflicto, Trabajo Directo.

Behavior (Stereotypical or Idiosyncratic Use of Words or Phrases, Unusual Sensory Interest in Playthings or People, Hand and Finger Mannerisms and Other Complex Mannerisms, Unusually Repetitive Interests or Stereotypical Behaviors), Total Global Score.

d) MODULE 3.

Population: Verbally fluent children and young adolescents.

Scores, 17: Social Affectation (Narration of Successes, Conversation, Descriptive/Conventional/Instrumental or Informative Gestures, Unusual Visual Contact, Facial Expressions Directed at Examiner, Shared Enjoyment During Interaction, Characteristics of Social Initiations, Quality of Social Response, Quantity of Reciprocal Social Communication), Restricted and Repetitive Behavior (Stereotypical or Idiosyncratic Use of Words or Phrases, Unusual Sensory Interest in Playthings or People, Hand and Finger Mannerisms and Other Complex Mannerisms, Excessive Interest in Unusual or Highly Specific Topics or Objects), Total Global Score.

e) MODULE 4.

Population: Verbally fluent older adolescents and adults.

Scores, 20: Communication (Stereotypical or Idiosyncratic Use of Words or Phrases, Conversation, Descriptive/Conventional/Instrumental or Informative Gestures, Emphatic or Emotional Gestures), Reciprocal Social Interaction (Unusual Visual Contact, Facial Expressions Directed at Examiner, Comments about the Emotions of Others/Empathy, Responsibility, Characteristics of Social Initiations, Quality of Social Response, Quantity of Reciprocal Social Communication), Communication and Reciprocal Social Interaction Total Score, Imagination and Creativity, Stereotypical Behaviors and Limited Interests (Unusual Sensory Interest in Playthings or People, Hand and Finger Mannerisms and Other Complex Mannerisms, Excessive Interest in Unusual or Highly Specific Topics or Objects, Compulsions or Rituals).

[250e]

Escala de Preferencias–Personal de Kuder [Formulario AH].

Original Name: Kuder Preference Record–Personal (Science Research Associates).

Purpose: Designed to evaluate performance conditions preferred by an individual.

Origin: United States (1948)/English.

Population: Adolescents and adults.

Norms: Separate norms are not provided with the version translated to Spanish.

Publication Date: 1999.

Acronym: KP.

Scores, 5: Group Activity, Stable Situations, Theoretical Work, Avoid Conflict, Direct Work.

Administración: Individual o colectiva.
Precios, 2022: USD$85 por juego completo, incluye manual de instrucciones (1999, 16 páginas), 4 folletos de aplicación, 15 hojas de respuesta, 15 perfiles y portadocumentos.
Duración: 60 minutos.
Autor: G. Frederic Kuder.
Traductores/Adaptadores: Wladimiro Woyno y Raúl E. Oñoro Amador.
Editorial: Editorial El Manual Moderno, S.A de C.V.
Componentes en Español: Todos los materiales son en español.
Componentes en Inglés: No hay materiales en inglés en esta versión.

[251s]

Escala de Preferencias–Vocacional de Kuder [Formulario CH].

Nombre Original: Kuder Preference Record–Vocational (Science Research Associates).
Propósito: Diseñado para "descubrir las áreas generales donde se sitúan los intereses y las preferencias del individuo".
Procedencia: Estados Unidos (1948)/inglés.
Traducción/Adaptación: No se provee información en los materiales de la prueba sobre el proceso de traducción/adaptación.
Población: Adolescentes y adultos.
Baremos: Se han provisto baremos con la adaptación latinoamericana. Los baremos se desarrollaron utilizando una muestra de 1,382 participantes de varias ciudades en Colombia distribuidos por edad, sexo, curso educativo, tipo de escuela (privado o pública) y ubicación (urbana o rural).
Fecha de Publicación: 1981.
Acrónimo: KV.
Puntuación, 10: Aire Libre, Mecánico, Cálculo, Científico, Persuasivo, Artístico, Literario, Musical, Servicio Social, Oficina.
Administración: Individual o colectiva.
Precios, 2022: USD$85 por juego completo, incluye manual de instrucciones (1981, 29 páginas), 4 folletos de aplicación, 15 hojas de respuesta, 15 perfiles y portadocumentos.
Duración: 60 minutos.
Autor: G. Frederic Kuder.
Traductores/Adaptadores: Wladimiro Woyno y Raúl E. Oñoro Amador.
Editorial: Editorial El Manual Moderno, S.A. de C.V.
Componentes en Español: Todos los materiales son en español.
Componentes en Inglés: No hay materiales en inglés en esta version.

Administration: Individual or group.
Price Data, 2022: USD$85 per complete kit including manual (1999, 16 pages), 4 test booklets, 15 answer sheets, 15 profiles, and document holders.
Time: 60 minutes.
Author: G. Frederic Kuder.
Translators/Adaptors: Wladimiro Woyno and Raúl E. Oñoro Amador.
Publisher: Editorial El Manual Moderno, S.A de C.V.
Spanish Components: All materials are in Spanish.
English Components: There are no English materials in this version.

[251e]

Escala de Preferencias–Vocacional de Kuder [Formulario CH].

Original Name: Kuder Preference Record–Vocational (Science Research Associates).
Purpose: Designed to identify individuals' preferences and interests in broad occupational areas.
Origin: United States (1948)/English.
Translation/Adaptation: No information is provided in the test materials about the translation/adaptation process.
Population: Adolescents and adults.
Norms: Separate norms are provided with the Latin American adaptation. Norms were developed using a sample of 1,382 participants from various cities in Colombia distributed by age, sex, area of study, type of school (public or private), and location (urban or rural).
Publication Date: 1981.
Acronym: KV.
Scores, 10: Outdoors, Mechanical, Computational, Scientific, Persuasive, Artistic, Literary, Musical, Social Service, Clerical.
Administration: Individual or group.
Price Data, 2022: USD$85 per complete kit including manual (1981, 29 pages), 4 application forms, 15 response sheets, 15 profiles, and document holders
Time: 60 minutes.
Author: G. Frederic Kuder.
Translators/Adaptors: Wladimiro Woyno and Raúl E. Oñoro Amador.
Publisher: Editorial El Manual Moderno, S.A. de C.V.
Spanish Components: All materials are in Spanish.
English Components: There are no English materials in this version.

[252s]

Escala de Satisfacción Familiar por Adjetivos.

Propósito: Diseñado a evaluar "la satisfacción familiar expresada por los sujetos a través de distintos adjetivos".
Procedencia: España/español.
Población: Adolescentes y adultos.
Baremos: Los baremos se desarrollaron utilizando una muestra española con 274 participantes entre los 20 y los 30 años que residían en la ciudad de Madrid.
Fechas de Publicación: 1997-2017.
Acrónimo: ESFA.
Puntuación: Puntuación total solamente.
Administración: Individual o colectiva.
Precios, 2022: €35,62 por juego completo, incluye manual (2017; quinta edición, revisada y ampliada; 48 páginas) y 25 ejemplares; €29,34 por 25 ejemplares; €20,63 por manual en línea.
Duración: (10) minutos.
Autores: Jorge Barraca Mairal y Luis López-Yarto Elizalde.
Editorial: Hogrefe TEA Ediciones.
Componentes en Español: Todos los materiales son en español.
Componentes en Inglés: No hay materiales en inglés.

a) ADAPTACIÓN MEXICANA.
Traducción/Adaptación: La casa editorial identifica seis adjetivos que podrían requerir explicación adicional debido a las diferencias idiomáticas entre México y España.
Baremos: Los baremos fueron actualizados en el 2017 para incluir una muestra mexicana de 476 estudiantes de edades 8-15 que pertenecían a centros públicos de la Ciudad de México, distribuidos por sexo, edad y grado.
Traductores/Adaptadores: Gabriela Tercero Quintanilla, Alejandra Hernández Roque y Rosa María Chartt León.

b) ADAPTACIÓN PERUANA.
Traducción/Adaptacion: El proceso de adaptación empezó con la identificación de adjetivos opuestos que no eran de uso común en Perú. Un grupo de universitarios peruanos identificaron los adjetivos confusos de comprensión y sugerieron adjetivos alternativos. Se realizó un análisis de los adjetivos identificados y las propuestas de cada estudiante, comprobando la equivalencia entre los adjetivos originales y los sugeridos para determinar las modificaciones necesarias. El manual incluye una tabla con las modificaciones sugeridas.
Baremos: Los baremos fueron actualizados en el 2017 para incluir una muestra de 796 participantes peruanos de una universidad nacional de Lima Metropolitana, distribuidos por sexo, edad, estado civil, carrera y religión.
Traductores/Adaptadores: Rosario Guillen Balbín, Katiuska Aliaga Giraldo, Fredy Quispe Vilcatoma, Ysela Nicolás Hoyos, Rosario Solís Ramos, Yolanda

[252e]

Escala de Satisfacción Familiar por Adjetivos.

Purpose: Designed to evaluate an individual's satisfaction with family life by means of the different adjectives used to describe it.
Origin: Spain/Spanish.
Population: Adolescents and adults.
Norms: Norms were developed using a Spanish sample of 274 participants between the ages of 20 and 30, residing in the city of Madrid.
Publication Dates: 1997-2017.
Acronym: ESFA.
Scores: Total score only.
Administration: Individual or group.
Price Data, 2022: €35.62 per complete kit, including manual (2017; fifth edition, revised and extended; 48 pages) and 25 response sheets; €29.34 per 25 response sheets; €20.63 per online manual.
Time: (10) minutes.
Authors: Jorge Barraca Mairal and Luis López-Yarto Elizalde.
Publisher: Hogrefe TEA Ediciones.
Spanish Components: All materials are in Spanish.
English Components: There are no materials in English.

a) MEXICAN ADAPTATION.
Translation/Adaptation: The test publisher identifies six adjectives that may require additional explanations because of idiomatic differences between Mexico and Spain.
Norms: Norms were updated in 2017 to include a Mexican sample of 476 students ages 8-15 attending public schools in Mexico City and distributed by gender, age, and grade.
Translators/Adaptors: Gabriela Tercero Quintanilla, Alejandra Hernández Roque, and Rosa María Chartt León.

b) PERUVIAN ADAPTATION.
Translation/Adaptation: The adaptation process began with the identification of adjective pairs that are not commonly used in Peru. A group of Peruvian university students then identified the adjective pairs that caused confusion and suggested alternatives. The original pairs and the suggested pairs were analyzed for equivalence, and modifications were made. The test manual includes a table with the suggested modifications.
Norms: Norms were updated in 2017 to include a sample of 796 Peruvian participants from a public university in Lima, distributed by gender, age, marital status, major, and religion.
Translators/Adaptors: Rosario Guillen Balbín, Katiuska Aliaga Giraldo, Fredy Quispe Vilcatoma, Ysela Nicolás Hoyos, Rosario Solís Ramos, Yolanda Robles Arana, Emír Valencia

Robles Arana, Emír Valencia Romero, Elizabeth Vargas D'Uniam y Liliana Vílchez Gálvez.

[253s]

Escala de Servicio al Cliente.

Propósito: Diseñado para "medir la disposición de los empleados hacia la calidad en el servicio al cliente".
Procedencia: Puerto Rico/español.
Población: Empleados.
Baremos: Los baremos se desarrollaron utilizando una muestra de 865 participantes distribuidos por sexo y estatus empleado (general o gerencial).
Fecha de Publicación: 2017.
Acrónimo: ESC.
Puntuación, 6: 5 subescalas: Aprecio Incondicional, Instrumentalidad, Equidad vs. Servicio, Racionalización vs. Servicio, Servilismo vs. Servicio, más Puntuación Total.
Administración: Individual.
Precios: Disponibles con la casa editorial; varía según el país.
Duración: 45 minutos.
Comentarios: Se administra en línea.
Autores: Gabriel Cirino Gerena y el equipo de psicólogos de Test Innovations, Inc.
Editorial: Test Innovations, Inc.
Componentes en Español: Todos los materiales son en español.
Componentes en Inglés: No hay materiales en inglés.

[254s]

Escala de Violencia en el Trabajo (Mobbing).

Propósito: Diseñado para evaluar comportamientos violentos y reconocer las formas y niveles de violencia laboral mediante 16 factores que lo constituyen.
Procedencia: México/español.
Población: Personas de edad laboral.
Baremos: Los baremos se desarrollaron utilizando una muestra con 1.800 participantes mexicanos, distribuidos por edad, sexo, género, nivel educativo y tipo de organización.
Fecha de Publicación: 2013.
Acrónimo: EVT.
Puntuación, 16: Hostigamiento Sexual, Amenazas, Violencia Física, Violencia Verbal, Generar Culpa, Comunicación Deteriorada, Aislamiento, Castigo, Sabotaje y Situaciones Deshonestas, Abuso del Poder, Maltrato y Humillación, Desacreditación Profesional, Sobrecarga de Trabajo, Clima Laboral Hostil, Discriminación, Exceso de Supervisión y Control.
Administración: Individual o colectiva.
Precios, 2022: USD$80 por juego completo incluye manual (2013, 105 páginas), 10 cuestionarios,

Romero, Elizabeth Vargas D'Uniam, and Liliana Vílchez Gálvez.

[253e]

Escala de Servicio al Cliente.

Purpose: Designed to measure employee disposition toward quality client service.
Origin: Puerto Rico/English.
Population: Employees.
Norms: Norms were developed using a sample of 865 participants, distributed by gender and employee status (general or managerial).
Publication Date: 2017.
Acronym: ESC.
Scores, 6: 5 subscales: Unconditional Appreciation, Instrumentality, Equity vs. Service, Rationalization vs. Service, Servility vs. Service, plus Total Score.
Administration: Individual.
Price Data: Available from publisher; varies by country.
Time: 45 minutes.
Comments: Test administered online.
Authors: Gabriel Cirino Gerena and the team of psychologists at Test Innovations, Inc.
Publisher: Test Innovations, Inc.
Spanish Components: All materials are in Spanish.
English Components: There are no materials in English.

[254e]

Escala de Violencia en el Trabajo (Mobbing).

Purpose: Designed to evaluate violent behaviors and recognize the forms and levels of workplace violence through its 16 constituent factors.
Origin: Mexico/Spanish.
Population: People of working age.
Norms: Norms were developed using a sample of 1,800 participants from Mexico, distributed by age, sex, gender, educational level, and type of organization.
Publication Date: 2013.
Acronym: EVT.
Scores, 16: Sexual Harassment, Threats, Physical Violence, Verbal Violence, Generating Guilt, Impaired Communication, Isolation, Punishment, Sabotage and Dishonest Situations, Abuse of Power, Maltreatment and Humiliation, Professional Discreditation, Overworking, Hostile Working Climate, Discrimination, Excessive Supervision and Control.
Administration: Individual or group.
Price Data, 2022: USD$80 per complete kit including manual (2013, 105 pages), 10

10 hojas de respuestas y 50 usos tarjetas de prepago; USD$2.50 por tarjeta uso individual; USD$31 por tarjeta de 50 usos electrónicos.
Duración: 50 minutos.
Comentarios: Prueba en línea, con formatos disponibles para aplicación lápiz-papel, se califica en línea.
Autor: Jesús Felipe Uribe Prado.
Editorial: Editorial El Manual Moderno S.A. de C.V.
Componentes en Español: Todos los materiales son en español.
Componentes en Inglés: No hay materiales en inglés.

[255s]

Escala Gilliam para Evaluar Trastorno de Asperger.

Nombre Original: Gilliam Asperger's Disorder Scale (PRO-ED).
Propósito: Diseñado para "ayudar a que los profesionales diagnostiquen trastornos de Asperger".
Procedencia: Estados Unidos (2001)/inglés.
Traducción/Adaptación: No se provee información en los materiales de la prueba sobre el proceso de traducción/adaptación.
Población: Individuos de edades 3 a 22 años que presentan problemas conductuales únicos.
Baremos: No se han provisto baremos con la versión traducida al español.
Fecha de Publicación: 2008.
Acrónimo: GADS.
Puntuación, 4: Interacción Social, Patrones Restringidos de Conducta, Patrones Cognitivos, Habilidades Pragmáticas.
Administración: Individual.
Precios, 2022: USD$56 por juego completo incluye manual (2008, 69 páginas) y cuadernillos de respuestas.
Duración: 5-10 minutos.
Autor: James E. Gilliam.
Traductores/Adaptadores: María Miroslava Guerra Frías (traducción) y María Lilia Guerrero Sámano (revisión técnica).
Editorial: Editorial El Manual Moderno, S.A. de C.V.
Componentes en Español: Todos los materiales son en español.
Componentes en Inglés: No hay materiales en inglés en esta versión.

[256s]

Escala Manipulativa Internacional de Leiter, Tercera Edición.

Nombre Original: Leiter International Performance Scale–Third Edition (Stoelting).

questionnaires, 10 response sheets, and 50-use prepaid cards; USD$2,50 per individual card use; USD$31 per online card for 50 uses.
Time: 50 minutes.
Comments: Test can be administered online or via paper and pencil; scored online.
Author: Jesús Felipe Uribe Prado.
Publisher: Editorial El Manual Moderno S.A. de C.V.
Spanish Components: All materials are in Spanish.
English Components: There are no materials in English.

[255e]

Escala Gilliam para Evaluar Trastorno de Asperger.

Original Name: Gilliam Asperger's Disorder Scale (PRO-ED).
Purpose: Designed to help professionals diagnose Asperger's disorder.
Origin: United States (2001)/English.
Translation/Adaptation: No information is provided in the test materials about the translation/adaptation process.
Population: Individuals ages 3 to 22 years who present unique behavior problems.
Norms: Separate norms are not provided with the version translated to Spanish.
Publication Date: 2008.
Acronym: GADS.
Scores, 4: Social Interaction, Restricted Patterns of Behavior, Cognitive Patterns, Pragmatic Skills.
Administration: Individual.
Price Data, 2022: USD$56 per complete kit including manual (2008, 69 pages) and response booklets.
Time: 5-10 minutes.
Author: James E. Gilliam.
Translators/Adaptors: María Miroslava Guerra Frías (translation) and María Lilia Guerrero Sámano (technical revision).
Publisher: Editorial El Manual Moderno, S.A. de C.V.
Spanish Components: All materials are in Spanish.
English Components: There are no materials in English in this version.

[256e]

Escala Manipulativa Internacional de Leiter, Tercera Edición.

Original Name: Leiter International Performance Scale–Third Edition (Stoelting).

Propósito: Diseñado para evaluar "habilidades cognitivas, neuropsicológicas y atencionales de forma no verbal".
Procedencia: Estados Unidos (2013)/inglés.
Traducción/Adaptación: No se provee información en los materiales de la prueba sobre el proceso de traducción/adaptación.
Población: Edades 3 a 75 años en adelante.
Baremos: No se han provisto baremos con la versión traducida al español.
Fecha de Publicación: 2014.
Acrónimo: Leiter-3.
Puntuación, 19: 11 puntuaciones de subpruebas: Colocación de Figuras, Completar Modelos, Clasificación/Analogías, Orden Secuencial, Modelos Visuales (Opcional), Atención Sostenida, Memoria Hacia Adelante, Memoria Inversa, Stroop No Verbal Incongruente Correcta, Stroop No Verbal Congruente Correcta, Efecto Stroop No Verbal; 3 puntuaciones compuestas: IQ No Verbal, Memoria No Verbal, Velocidad de Procesamiento; 5 puntuaciones suplementaria: Errores Atención Sostenida, Correctas Atención Dividida, Incorrectas Atención Dividida, Incorrectas Congruentes Stroop No Verbal, Incorrectas Incongruentes Stroop No Verbal.
Administración: Individual.
Precios: Disponibles con la casa editorial.
Duración: 20-45 minutos.
Autores: Gale H. Roid, Lucy J. Miller, Mark Pomplun y Chris Koch.
Editorial: Psymtec [Licenciado de Stoelting].
Componentes en Español: Todos los materiales son en español.
Componentes en Inglés: No hay materiales en inglés en esta versión.

a) ESCALA DEL EXAMINADOR.
Propósito: Diseñado para proporcionar información sobre características de comportamiento que pueden afectar el razonamiento, la visualización, la memoria y la atención.
Puntuación, 10: Cognitivo/Social (Atención, Organización/Control de Impulsos, Nivel de Actividad, Sociabilidad, Total), Emoción/Regulación (Energía y Sentimientos, Regulación, Ansiedad y Reacción Sensorial, Total).

Purpose: Designed to evaluate cognitive, neuropsychological, and attention abilities in a nonverbal format.
Origin: United States (2013)/English.
Translation/Adaptation: No information is provided in the test materials about the translation/adaptation process.
Population: Ages 3 to 75 years and older.
Norms: Separate norms are not provided with the Spanish version.
Publication Date: 2014.
Acronym: Leiter-3.
Scores, 19: 11 subtest scores: Figure Ground, Form Completion, Classification/Analogies, Sequential Order, Visual Patterns (Optional), Attention Sustained, Forward Memory, Reverse Memory, Nonverbal Stroop Incongruent Correct, Nonverbal Stroop Congruent Correct, Nonverbal Stroop Effect; 3 composite scores: Nonverbal IQ, Nonverbal Memory, Processing Speed; 5 supplemental scores: Attention Sustained Errors, Attention Divided Correct, Attention Divided Incorrect, Nonverbal Stroop Congruent Incorrect, Nonverbal Stroop Incongruent Incorrect.
Administration: Individual.
Price Data: Available from publisher.
Time: 20-45 minutes.
Authors: Gale H. Roid, Lucy J. Miller, Mark Pomplun, and Chris Koch.
Publisher: Psymtec [Licensed from Stoelting].
Spanish Components: All materials are in Spanish.
English Components: There are no English materials in this version.

a) EXAMINER RATING SCALE.
Purpose: Designed to provide information about the behavioral characteristics that can affect reasoning, visualization, memory, and attention.
Scores, 10: Cognitive/Social (Attention, Organization/Impulse Control, Activity Level, Sociability, Total), Emotions/Regulations (Energy and Feelings, Regulation, Anxiety, Sensory Reaction, Total).

[257s]

Escala Multidimensional de Asertividad.

Propósito: Diseñado como un instrumento autoaplicable que evalua el tipo y grado de asertividad que presenta el individuo.
Procedencia: México/español.
Población: Edades 15 en adelante.
Baremos: Los baremos se desarrollaron utilizando una muestra de 1,420 participantes de las ciudades mexicanas de Mérida y Yucatán, distribuidos por edad, nivel escolar y género.

[257e]

Escala Multidimensional de Asertividad.

Purpose: Designed as a self-report instrument to assess an individual's assertiveness level and type.
Origin: Mexico/Spanish.
Population: Ages 15 and older.
Norms: Norms were developed using a sample of 1.420 participants from the Mexican cities of Yucatan and Merida, distributed by age, school level, and gender.

Fecha de Publicación: 2004.
Acrónimo: EMA.
Puntuación, 3: Asertividad Indirecta, No Asertividad, Asertividad.
Administración: Individual o colectiva.
Precios, 2022: USD$51 por juego completo, incluye manual (2004, 68 páginas), cuestionario, 15 hojas de respuestas y perfil y 3 plantillas de calificación.
Duración: 20-30 minutos.
Autores: Mirta Margarita Flores Galaz y Rolando Díaz-Loving.
Editorial: Editorial El Manual Moderno, S.A. de C.V.
Componentes en Español: Todos los materiales son en español.
Componentes en Inglés: No hay materiales en inglés en esta versión.

[258s]

Escala No Verbal de Aptitud Intelectual de Wechsler.

Nombre Original: Wechsler Nonverbal Scale of Ability (NCS Pearson, Inc.).
Propósito: Diseñado "para medir la aptitud intelectual general".
Procedencia: Estados Unidos (2006)/inglés.
Traducción/Adaptación: Se tradujeron las instrucciones al español. A excepción de los ítems en la prueba Historietas, no cambiaron los estímulos e ítems de la prueba por ser noverbales. Se adaptaron los materiales solamente para facilitar la administración de la prueba en español. Se revisaron los ítems en la prueba Historietas para que la administración y puntuación de la prueba en español fuere paralela con la de la versión original en inglés.
Población: Edades 5-0 a 21-11.
Baremos: Se han provisto baremos con la adaptación al español. Los baremos se desarrollaron utilizando una muestra con 715 participantes, distribuidos por edad, sexo, nivel educativo, zona geográfica en España (Norte, Este, Centro, Sur) y tipo de comunidad (urbana, intermedia, rural).
Fecha de Publicación: 2011.
Acrónimo: WNV.
Administración: Individual.
Niveles, 2: Edades 5-0 a 7-11, Edades 8-0 a 21-11.
Precios, 2022: €795 por juego completo incluyendo manual de aplicación y corrección (2011, 205 páginas), manual técnico y de interpretación (2011, 88 páginas), cuaderno de estímulos, 25 cuadernillos de anotación, 25 cuadernillos de respuesta, plantilla de corrección claves A y B, caja para rompecabezas, caja de tarjetas para historietas y tablero para memoria.
Duración: Formulario 2 pruebas: (20) minutos; Formulario 4 pruebas: (45) minutos.

Publication Date: 2004.
Acronym: EMA.
Scores, 3: Indirect Assertiveness, Non-Assertiveness, Assertiveness.
Administration: Individual or group.
Price Data, 2022: USD$51 per complete kit, including manual (2004, 68 pages), questionnaire, 15 answer and profile sheets, and 3 score templates.
Time: 20-30 minutes.
Authors: Mirta Margarita Flores Galaz and Rolando Díaz-Loving.
Publisher: Editorial El Manual Moderno, S.A. de C.V.
Spanish Components: All materials are in Spanish.
English Components: There are no materials in English in this version.

[258e]

Escala No Verbal de Aptitud Intelectual de Wechsler.

Original Name: Wechsler Nonverbal Scale of Ability (NCS Pearson, Inc.).
Purpose: Designed as a nonverbal measure of general cognitive ability.
Origin: United States (2006)/English.
Translation/Adaptation: Instructions were translated to Spanish. Stimuli and test items, all of which are nonverbal, were retained in their original form, with the exception of Picture Arrangement items. Materials were adapted solely to facilitate test administration in Spanish. Picture Arrangement items were revised so that administration and scoring procedures were parallel to those of the original (English) version.
Population: Ages 5-0 to 21-11.
Norms: Separate norms are provided with the Spanish adaptation. Norms were developed using a sample of 715 participants, distributed by age, gender, educational level, geographic region in Spain (North, East, Central, South), and type of community (urban, suburban, rural).
Publication Date: 2011.
Acronym: WNV.
Administration: Individual.
Levels, 2: Ages 5-0 to 7-11, Ages 8-0 to 21-11.
Price Data, 2022: €795 per complete test kit including administration and scoring manual (2011, 205 pages), technical and interpretive manual (2011, 88 pages), stimulus book, 25 record forms, 25 response booklets, scoring sheets A and B, spatial span board, object assembly puzzles, and picture arrangement cards.
Time: 2-subtest battery: (20) minutes; 4-subtest battery: (45) minutes.

Comentarios: Las instrucciones se proporcionan mediante una secuencia pictórica.
Autores: David Wechsler y Jack A. Naglieri.
Traductores/Adaptadores: Frédérique Vallar, Elena de la Guía y Èrica Paradell.
Editorial: Pearson España.
Componentes en Español: Todos los materiales son en español.
Componentes en Inglés: No hay materiales en inglés en esta versión.

a) EDADES 5-0 A 7-11.
Puntuaciones, 3-5: Matrices, Claves (Formulario 4 pruebas solamente), Rompecabezas (Formulario 4 pruebas solamente), Reconocimiento, CI Total.
b) EDADES 8-0 A 21-11.
Puntuaciones, 3-5: Matrices, Claves (Formulario 4 pruebas solamente), Memoria Espacial, Historietas (Formulario 4 pruebas solamente), CI Total.

[259s]

Escala Observacional del Desarrollo.

Propósito: Diseñado para asistir en la identificación de un "diagnóstico del desarrollo evolutivo, descripción de los procesos y secuencias temporales de las principales áreas del desarrollo y métodos de intervención educativa para la recuperación del retraso".
Procedencia: España/español.
Población: Nacimiento a 6 años.
Baremos: Los baremos se desarrollaron utilizando diversas muestras para cada escala, datos provenientes de las Universidades de Valencia y Tarragona.
Fechas de Publicación: 1988-2009.
Acrónimo: EOD.
Administración: Individual.
Niveles, 8: Primer Semestre, Segundo Semestre, Un Año, Dos Años, Tres Años, Cuatro Años, Cinco Años, Seis Años.
Precios, 2022: €60,42 por libro (2009, 328 páginas) que funciona como manual y contiene las escalas y las hojas de perfil.
Comentarios: Existe una escala breve para cada una de las edades entre 1 y 6 años. También, se ofrece la posibilidad de visualizar los resultados de la exploración en un perfil breve.
Duración: (20) minutos.
Autor: Francisco Secadas.
Editorial: Hogrefe TEA Ediciones.
Componentes en Español: Todos los materiales son en español.
Componentes en Inglés: No hay materiales en inglés.

a) PRIMER SEMESTRE.
Población: Nacimiento a 6 meses.
Puntuación, 6: Reacción Afectiva, Desarrollo Somático, Despertar Sensorial, Reacción Motriz, Exploración Senso-Motriz, Contacto y Comunicación.

Comments: Examinee instructions are delivered via pictorial sequence.
Authors: David Wechsler and Jack A. Naglieri.
Translators/Adaptors: Frédérique Vallar, Elena de la Guía, and Èrica Paradell.
Publisher: Pearson España.
Spanish Components: All materials are in Spanish.
English Components: There are no English materials in this version.

a) AGES 5-0 TO 7-11.
Scores, 3-5: Matrices, Coding (4-subtest battery only), Object Assembly (4-subtest battery only), Recognition, Full Scale Score.
b) AGES 8-0 TO 21-11.
Scores, 3-5: Matrices, Coding (4-subtest battery only), Spatial Span, Picture Arrangement (4-subtest battery only), Full Scale Score.

[259e]

Escala Observacional del Desarrollo.

Purpose: Designed to assist in the identification of developmental diagnoses, description of processes and temporal sequences of the main areas of development, and methods of educational intervention to address developmental delays.
Origin: Spain/Spanish.
Population: Birth to 6 years.
Norms: Norms were developed using various samples for each scale; data were collected at the Universities of Valencia and Tarragon.
Publication Dates: 1988-2009.
Acronym: EOD.
Administration: Individual.
Levels, 8: First Semester, Second Semester, One Year, Two Years, Three Years, Four Years, Five Years, Six Years.
Price Data, 2022: €60.42 per book (2009, 328 pages) that serves as the manual and includes the scales and profile sheets.
Comments: There is a short scale for each of the ages between 1 and 6 years that serves as a screener. After its administration, results may be viewed in a short profile.
Time: (20) minutes.
Author: Francisco Secadas.
Publisher: Hogrefe TEA Ediciones.
Spanish Components: All materials are in Spanish.
English Components: There are no materials in English.

a) FIRST SEMESTER.
Population: Birth to six months.
Scores, 6: Affective Response, Somatic Development, Sensory Awakening, Motor Reaction, Senso-Motor Exploration, Contact and Communication.

b) SEGUNDO SEMESTRE.
Población: 6 meses a 12 meses.
Puntuación, 6: Reacción Afectiva, Desarrollo Somático, Despertar Senso-Perceptivo, Coordinación Motriz, Exploración Senso-Motriz, Contacto y Comunicación.
c) UN AÑO.
Población: Edades 1-2 años.
Puntuación, 6: Igual a *b)* arriba.
d) DOS AÑOS.
Población: Edades 2-3 años.
Puntuación, 7: Igual a *c)* más Conceptuación.
e) TRES AÑOS.
Población: Edades 3-4 años.
Puntuación, 7: Reacción Afectiva, Desarrollo Somático, Senso-Perceptivo, Reacción Motriz, Coordinación Senso-Motriz, Contacto y Comunicación, Conceptuación.
f) CUATRO AÑOS.
Población: Edades 4-5 años.
Puntuación, 7: Igual a *e)* arriba.
g) CINCO AÑOS.
Población: Edades 5-6 años.
Puntuación, 8: Igual a *f)* arriba más Normatividad.
h) SEIS AÑOS.
Población: Edades 6-7 años.
Puntuación, 8: Igual a *g)* arriba.

[260s]

Escala Toronto de Alexitimia Consensuada de América Latina.

Nombre Original: Toronto Alexithymia Scale (TAS-20).
Propósito: Diseñado como un cuestionario de autoadministración para medir alexitimia mediante tres factores o subescalas.
Procedencia: Canadá (1994)/inglés.
Traducción/Adaptación: "Con el objetivo de desarrollar una escala que pudiera ser uniformemente aplicada en Latinoamérica, se formó un equipo de trabajo . . . para analizar y discutir distintas traducciones de los ítems originales, profundizándose en los significados culturales de ciertos términos". Las modificaciones específicas aparecen en el manual de prueba.
Población: Edades 18-75.
Baremos: Se han provisto baremos con la adaptación latinoamericana. Los baremos se desarrollaron utilizando una muestra con 220 estudiantes universitarios de Argentina, distribuidos por edad y sexo.
Fecha de Publicación: 2012.
Acrónimo: LAC TAS-20.
Puntuación: 3 puntos de corte: Alexitimia Definitiva, Alexitimia Moderada, No Alexitimia.
Administración: Individual o colectiva.
Precios, 2022: USD$42 por el libro que incluye la prueba.
Duración: 5-15 minutos.

b) SECOND SEMESTER.
Population: 6 months to 12 months.
Scores, 6: Affective Response, Somatic Development, Sensory-Perceptual Awakening, Motor Coordination, Senso-Motor Exploration, Contact and Communication.
c) ONE YEAR.
Population: Ages 1-2 years.
Scores, 6: Same as *b)* above.
d) TWO YEARS.
Population: Ages 2-3 years.
Scores, 7: Same as *c)* plus Conceptualization.
e) THREE YEARS.
Population: Ages 3-4 years.
Scores, 7: Affective Response, Somatic Development, Sensory Perception, Motor Reaction, Sensory-Motor Coordination, Contact and Communication, Conceptualization.
f) FOUR YEARS.
Population: Ages 4-5 years.
Scores, 7: Same as *e)* above.
g) FIVE YEARS.
Population: Ages 5-6 years.
Scores, 8: Same as *f)* above plus Normal.
h) SIX YEARS.
Population: Ages 6-7 years.
Scores, 8: Same as *g)* above.

[260e]

Escala Toronto de Alexitimia Consensuada de América Latina.

Original Name: Toronto Alexithymia Scale (TAS-20).
Purpose: Designed as a self-administered measure of alexithymia through three factors or subscales.
Origin: Canada (1994)/English.
Translation/Adaptation: A working team was formed with the objective to analyze and discuss translations of the original items, carefully considering the cultural significance of certain terms, in order to develop a scale that could be uniformly administered in Latin America. The specific modifications are listed in the test manual.
Population: Ages 18-75.
Norms: Separate norms are provided for the Latin American adaptation. Norms were developed using a sample of 220 university students from Argentina, distributed by age and gender.
Publication Date: 2012.
Acronym: LAC TAS-20.
Scores: 3 cutoff scores: Alexithymia, Possible Alexithymia, Non-Alexithymia.
Administration: Individual or group.
Price Data, 2022: USD$42 for the book that includes the test.
Time: 5-15 minutes.

Comentarios: Una escala de tipo Likert de 5 opciones de respuesta, la prueba se encuentra dentro de la obra *Alexitimia: Cruzando el Puente Entre la Teoría, la Investigación y la Práctica* (H. A. Lunazzi), junto a un pormenorizado tratamiento del tema de la alexitimia, su clínica, las investigaciones internacionales y la psicoterapéutica.
Autores: R. M. Bagby, G. J. Taylor y J. D. Parker.
Traductores/Adaptadores: H. A. Lunazzi (Argentina), E. Férnández Jiménez, M. A. Pérez San Gregorio (España), R. M. Bagby, G. J. Taylor y J. D. Parker.
Editorial: Editorial Paidós.
Componentes en Español: Todos los materiales son en español.
Componentes en Inglés: No hay materiales en inglés en esta versión.

[261s]

Escala Wechsler de Inteligencia para Adultos–IV [México].

Nombre Original: Wechsler Adult Intelligence Scale–Fourth Edition (Pearson).
Propósito: Diseñado para "evaluar la capacidad cognoscitiva en adolescentes y adultos".
Procedencia: Estados Unidos (2008)/inglés.
Traducción/Adaptación: "El proyecto de estandarización incluyó la traducción, adaptación y actualización de [esta prueba] en la población mexicana". "El equipo asignado a este proyecto [compuesto de Facultad de Psicología, UNAM (Universidad Nacional Autónoma de México)] realizó la revisión de todo el material necesario, desde la revisión de la traducción hasta la adaptación culturalmente relevante de los reactivos". Se realizó la fase pilota con una muestra de 107 individuos. Se usaron los resultados para realizar los cambios y ajustes en los materiales que así lo requirieron, tales como clarificación de instrucciones y consideraciones culturales contextuales, sin afectar el orden de los reactivos.
Población: Edades 16-0 a 90-11.
Baremos: Se han provisto baremos con la adaptación mexicana. Los baremos se desarrollaron utilizando una muestra de 1.450 participantes mexicanos, distribuidos por edad, sexo, región geográfica y nivel educativo.
Fecha de Publicación: 2014.
Acrónimo: WAIS-IV.
Puntuación, 6: Índice de Comprensión Verbal, Índice de Razonamiento Perceptual, Índice de Memoria de Trabajo, Índice de Velocidad de Procesamiento, Escala Total, CI Total.
Subpruebas, 15: Diseño con Cubos, Semejanzas, Retención de Dígitos, Matrices, Vocabulario, Aritmética, Búsqueda de Símbolos, Rompecabezas Visual,

Comments: A Likert-type scale with 5 answer options, the test is included in the book *Alexitimia: Cruzando el Puente Entre la Teoría, la Investigación y la Práctica* (H. A. Lunazzi) along with detailed information about alexithymia in a clinical setting, psychotherapeutic treatment options, and a compilation of international research findings.
Authors: R. M. Bagby, G. J. Taylor, and J. D. Parker.
Translators/Adaptors: H. A. Lunazzi (Argentina), E. Férnández Jiménez, M. A. Pérez San Gregorio (Spain), R. M. Bagby, G. J. Taylor, and J. D. Parker.
Publisher: Editorial Paidós.
Spanish Components: All materials are in Spanish.
English Components: There are no English materials in this version.

[261e]

Escala Wechsler de Inteligencia para Adultos–IV [México].

Original Name: Wechsler Adult Intelligence Scale–Fourth Edition (Pearson).
Purpose: Designed to evaluate the cognitive capacity of adolescents and adults.
Origin: United States (2008)/English.
Translation/Adaptation: The standardization project included translating, adapting, and updating the test for the Mexican population. The team assigned to this project included faculty from the psychology department of UNAM (Universidad Nacional Autónoma de México) and carried out the revision on all necessary material, from the revision of the translation to the relevant cultural adaptation of items. Pilot testing was conducted using a sample of 107 individuals. Results were used to make changes and adjustments to the materials (such as clarifying instructions and cultural contextual considerations) without affecting the order of the items.
Population: Ages 16-0 to 90-11.
Norms: Separate norms are provided with the Mexican adaptation. Norms were developed using a sample of 1,450 Mexican participants, distributed by age, gender, geographic region, and educational level.
Publication Date: 2014.
Acronym: WAIS-IV.
Scores, 6: Verbal Comprehension Index, Perceptual Reasoning Index, Working Memory Index, Processing Speed Index, Full Scale, IQ Total.
Subtests, 15: Block Design, Similarities, Digit Span, Matrix Reasoning, Vocabulary, Arithmetic, Symbol Search, Visual Puzzles,

Información, Claves, Sucesión de Números y Létras, Peso Figurado, Comprensión, Cancelación, Figuras Incompletas.
Administración: Individual.
Precios, 2022: USD$465 por juego completo, incluye manual de aplicación (2014, 272 páginas), manual técnico (2014, 248 páginas), 15 protocolos de registro, 15 cuadernillos de repuesta 1, 15 cuadernillos de respuesta 2, libreta de estímulos 1, libreta de estímulos 2, plantillas de corrección y cubos.
Duración: 60-100 minutos.
Autor: David Wechsler.
Traductores/Adaptadores: María Carolina Uribe Ferrari (traducción), Ying Meng, Imelda Martínez y Jianjun Zhu (análisis estadístico).
Editorial: Editorial El Manual Moderno, S.A. de C.V.
Componentes en Español: Todos los materiales son en español.
Componentes en Inglés: No hay materiales en inglés en esta versión.

[262s]

Escala Wechsler de Inteligencia para los Niveles Preescolar y Primario–III.

Nombre Original: Wechsler Preschool and Primary Scale of Intelligence–Third Edition (Pearson).
Propósito: Diseñado para "evaluar la inteligencia de los niños".
Procedencia: Estados Unidos (2002)/inglés.
Traducción/Adaptación: Se llevó a cabo una traducción y adaptación de la versión en inglés al idioma español y revisión técnica. Se aplicaron la versión adaptada en un estudio piloto nacional antes del proceso de estandarización.
Población: Niños de 2-6 hasta 7-3 de edad.
Baremos: Se han provisto baremos con la adaptación mexicana. Los baremos se desarrollaron utilizando una muestra con 829 participantes mexicanos distribuidos por edad, género, el tipo de educación y región geográfica.
Fecha de Publicación: 2011.
Acrónimo: WPPSI-III.
Administración: Individual.
Niveles, 2: Etapa 1, Etapa 2.
Precios, 2022: USD$506 por juego completo incluye manual técnico (2011, 285 páginas), manual de aplicación, 2 libretas de estímulos, 15 protocolos de registro edades 2-6 a 3-11, 15 protocolos de registro edades 4-0 a 7-3, 15 cuadernillos de respuesta, libreta de estímulos 1, libreta de estímulos 2, 14 cubos, 14 rompecabezas y 2 plantillas de calificación.
Autor: David Wechsler.
Traductores/Adaptadores: Miroslava Guerra Frías, Carolina Uribe Ferrari, Pedro Sánchez Escobedo y Jianjun Zhu.

Information, Coding, Letter-Number Sequencing, Figure Weights, Comprehension, Cancellation, Picture Completion.
Administration: Individual.
Price Data, 2022: USD$465 per complete kit, including administration manual (2014, 272 pages), technical manual (2014, 248 pages), 15 register protocols, 15 response booklets 1, 15 response booklets 2, stimulus book 1, stimulus book 2, score templates, and cubes.
Time: 60-100 minutes.
Author: David Wechsler.
Translators/Adaptors: María Carolina Uribe Ferrari (translation), Ying Meng, Imelda Martínez, and Jianjun Zhu (statistical analysis).
Publisher: Editorial El Manual Moderno, S.A. de C.V.
Spanish Components: All materials are in Spanish.
English Components: There are no English materials in this version.

[262e]

Escala Wechsler de Inteligencia para los Niveles Preescolar y Primario–III.

Original Name: Wechsler Preschool and Primary Scale of Intelligence–Third Edition (Pearson).
Purpose: Designed to evaluate intelligence in children.
Origin: United States (2002)/English.
Translation/Adaptation: The test publisher translated and adapted the English version to Spanish and completed a technical review. The adapted version was then used in a national pilot study before the standardization process was begun.
Population: Children ages 2-6 to 7-3.
Norms: Separate norms are provided with the Mexican adaptation. Norms were developed using a sample of 829 Mexican participants, distributed by age, gender, type of education, and geographic region.
Publication Date: 2011.
Acronym: WPPSI-III.
Administration: Individual.
Levels, 2: Stage 1, Stage 2.
Price Data, 2022: USD$506 per complete kit including technical manual (2011, 285 pages), administration manual, 2 stimulus books, 15 register protocols ages 2-6 to 3-11, 15 register protocols ages 4-0 to 7-3, 15 response booklets, stimulus book 1, stimulus book 2, 14 cubes, 14 puzzles, and 2 scoring templates.
Author: David Wechsler.
Translators/Adaptors: Miroslava Guerra Frías, Carolina Uribe Ferrari, Pedro Sánchez Escobedo, and Jianjun Zhu.

Editorial: Editorial El Manual Moderno, S.A. de C.V.
Componentes en Español: Todos los materiales son en español.
Componentes en Inglés: No hay materiales en inglés en esta versión.

a) ETAPA 1.
Población: Edades 2-6 a 3-11.
Puntuaciones, 7 a 9: Verbal (Información, Vocabulario Receptivo, Denominaciones [suplementario], Total), Ejecución (Diseño con Cubos, Rompecabezas, Total), Compuesto Global Lenguaje [suplementario], Cociente Intelectual Total.
Duración: 25-35 minutos.

b) ETAPA 2.
Población: Edades 4-0 a 7-3.
Puntuaciones, 11 a 19: Verbal (Información, Vocabulario, Pistas, Total), Ejecución (Diseño con Cubos, Matrices, Conceptos con Dibujos, Claves [opcional], Total), Velocidad Procesamiento (Búsqueda de Símbolos [suplementaria], Comprensión [suplementaria], Semejanzas [suplementaria], Rompecabezas [suplementaria], Total), Compuesto Global Lenguaje (Vocabulario Receptivo [opcional], Denominaciones [opcional], Total [opcional]), Cociente Intelectual Total.
Duración: 40-50 minutos.

[263s]

Escala Wechsler de Inteligencia para Niños–IV [México].

Nombre Original: Wechsler Intelligence Scale for Children–Fourth Edition (Pearson).
Propósito: Diseñado para "evaluar la inteligencia en niños".
Procedencia: Estados Unidos (2003)/inglés.
Traducción/Adaptación: El proceso de adaptación "contó con el apoyo de académicos de ocho universidades mexicanas quienes aportaron sus experiencias, comentarios y reflexiones en la fase experimental de la investigación". En algunos casos, se reordenaron los ítems de acuerdo con consideraciones culturales y curriculares.
Población: Edades 6-0 a 16-11.
Baremos: Se han provisto baremos con la adaptación mexicana. Los baremos se desarrollaron utilizando una muestra con 1,234 participantes Mexicanos, distribuidos por edad, sexo, región geográfica y tipo de escuela.
Fecha de Publicación: 2007.
Acrónimo: WISC-IV.
Puntuación, 15 a 20: Comprensión Verbal (Semejanzas, Vocabulario, Comprensión, Información [suplementaria], Palabras en Contexto/Pistas [suplementaria], Total), Razonamiento Perceptual (Diseño con Cubos, Conceptos con Dibujos, Matrices, Figuras Incompletas [suplementaria], Total), Memoria de Trabajo, (Retención de Dígitos, Sucesión

Publisher: Editorial El Manual Moderno, S.A. de C.V.
Spanish Components: All materials are in Spanish.
English Components: There are no materials in English in this version.

a) STAGE 1.
Population: Ages 2-6 to 3-11.
Scores, 7 to 9: Verbal (Information, Receptive Vocabulary, Picture Naming [supplemental], Total), Performance (Block Design, Object Assembly, Total), Global Language Composite [supplemental], Full Scale Intelligence Quotient.
Time: 25-35 minutes.

b) STAGE 2.
Population: Ages 4-0 to 7-3.
Scores, 11 to 19: Verbal (Information, Vocabulary, Word Reasoning, Total), Performance (Block Design, Matrix Reasoning, Picture Concepts, Coding [optional], Total), Processing Speed (Symbol Search [supplemental], Comprehension [supplemental], Similarities [supplemental], Object Assembly [supplemental], Total) Global Language Composite (Receptive Vocabulary [optional], Picture Naming [optional], Total [optional]), Full Scale Intelligence Quotient.
Time: 40-50 minutes.

[263e]

Escala Wechsler de Inteligencia para Niños–IV [Mexico].

Original Name: Wechsler Intelligence Scale for Children–Fourth Edition (Pearson).
Purpose: Designed to evaluate cognitive ability in children.
Origin: United States (2003)/English.
Translation/Adaptation: The adaptation process relied upon support from academics from eight Mexican universities who contributed their experiences, comments, and reflections during the experimental phase of research. In some cases, items were reordered in keeping with cultural and curricular considerations.
Population: Ages 6-0 to 16-11.
Norms: Separate norms are provided with the Mexican adaptation. Norms were developed using a sample of 1,234 Mexican participants, distributed by age, gender, geographic region, and type of school.
Publication Date: 2007.
Acronym: WISC-IV.
Scores, 15 to 20: Verbal Comprehension (Similarities, Vocabulary, Comprehension, Information [supplemental], Word Reasoning [supplemental], Total), Perceptual Reasoning (Block Design, Picture Concepts, Matrix Reasoning, Picture Completion [supplemental], Total), Working Memory (Digit Span,

de Números y Letras, Aritmética [suplementaria], Total), Velocidad de Procesamiento (Claves, Búsqueda de Símbolos, Registros [suplementaria], Total), Escala Total.
Administración: Individual.
Precios, 2022: USD$491 por juego completo, incluye manual de aplicación (2007, 320 páginas), manual técnico (2007, 200 páginas), 15 protocolos de registro, 15 cuadernillos de repuesta 1, 15 cuadernillos de respuesta 2, libreta de estímulos, plantilla de calificación registros, plantilla de calificación claves A y B, plantilla de calificación búsqueda de símbolos y 9 cubos.
Duración: 65-80 minutos.
Autor: David Wechsler.
Traductores/Adaptadores: Gloria Padilla Sierra (traducción), Cristina Heredia Ancona (revisión técnica) y Pedro Antonio Sánchez Escobedo (estandarización).
Editorial: Editorial El Manual Moderno, S.A. de C.V.
Componentes en Español: Todos los materiales son en español.
Componentes en Inglés: No hay materiales en inglés en esta versión.

[264s]

Escalas Bayley de Desarrollo Infantil–III.

Nombre Original: Bayley Scales of Infant and Toddler Development–Third Edition (NCS Pearson, Inc.).
Propósito: Diseñado para evaluar "el desarrollo de bebés y niños pequeños en tres dominios: cognitivo, lenguaje y motor".
Procedencia: Estados Unidos (2006)/inglés.
Traducción/Adaptación: "Para la traducción de los materiales se contó con un traductor español cualificado con alto conocimiento de la lengua inglesa. Esta versión inicial fue revisada por una psicóloga clínica y una neuropsicóloga, por el equipo I+D de Pearson y una filóloga experta en la adaptación de tests de evaluación psicológica. Se analizaron con detalle los ítems traducidos, según la idoneidad del contenido de cada ítem y la adecuación a la cultura y a la lengua española. Se prestó especial atención a las propiedades lingüísticas de los ítems que evalúan habilidades de lenguaje o cuyo contenido se basa en estímulos lingüísticos". Para examinar la validez de la traducción al español, se han realizado estudios de correlación utilizando otras medidas adaptadas para la población española (Escalas McCarthy de Aptitudes y Psicomotricidad para Niños [MSCA, 2006] y Batería de Evaluación de Kaufman para Niños [K-ABC, 1997]).
Población: Edades 1-42 meses.
Baremos: Pearson continua con los baremos estadounidenses (*n* = 1,700) para su utilización en la

Letter-Number Sequencing, Arithmetic [supplemental], Total), Processing Speed (Coding, Symbol Search, Cancellation [supplemental], Total), Full Scale IQ.
Administration: Individual.
Price Data, 2022: USD$491 per complete kit, including administration manual (2007, 320 pages), technical manual (2007, 200 pages), 15 record forms, 15 response booklets 1, 15 response booklets 2, stimulus book, scoring record sheet, scoring sheet key A and B, scoring sheet search A and B, and 9 cubes.
Time: 65-80 minutes.
Author: David Wechsler.
Translators/Adaptors: Gloria Padilla Sierra (translation), Cristina Heredia Ancona (technical revision), and Pedro Antonio Sánchez Escobedo (standardization).
Publisher: Editorial El Manual Moderno, S.A. de C.V.
Spanish Components: All materials are in Spanish.
English Components: There are no materials in English in this version.

[264e]

Escalas Bayley de Desarrollo Infantil–III.

Original Name: Bayley Scales of Infant and Toddler Development–Third Edition (NCS Pearson, Inc.).
Purpose: Designed to evaluate the development of infants and toddlers in three domains: cognitive, language, and motor.
Origin: United States (2006)/English.
Translation/Adaptation: Test materials were translated by a Spanish translator with a high level of English-language skills. This initial version was revised by a clinical psychologist and a neuropsychologist, by the Research and Development team at Pearson, and by a philologist with expertise in the adaptation of psychological tests. They analyzed the translated items to evaluate the suitability and relevance of the content for the Spanish language and culture, paying special attention to the linguistic properties of the items that evaluate language abilities or whose content is based on linguistic stimuli. To examine validity of the Spanish translation, correlational studies were conducted using other measures adapted for the Spanish population (Escalas McCarthy de Aptitudes y Psicomotricidad para Niños [MSCA, 2006] and Batería de Evaluación de Kaufman para Niños [K-ABC, 1997]).
Population: Ages 1-42 months.
Norms: Pearson continues to use U.S. norms (*n* = 1,700) with the Spanish population. To

población española. Para examinar la validez concurrente de la traducción española, se realizó estudios con grupos clínicos de niños (n = 123 [MSCA], n = 62 [K-ABC]).
Fecha de Publicación: 2015.
Acrónimo: Bayley-III.
Puntuación, 7: Cognitiva, Lenguaje (Comunicación Receptiva, Comunicación Expresiva, Total), Motora (Motricidad Fina, Motricidad Gruesa, Total).
Administración: Individual.
Precios, 2022: €1.075 por juego completo, incluye manual de aplicación (237 páginas), manual técnico (127 páginas), 25 cuadernillos de anotación, cuaderno de estímulos, libro de imágenes, libro de animales, sets de materiales manipulativos, informe para los padres o el cuidador y 25 perfiles de corrección en linea (Q-Global).
Duración: (30-90) minutos.
Comentarios: Está a la venta un paquete de "materiales en español" para aquellos que ya disponen de los materiales manipulativos de la versión americana, y sólo necesitan adquirir los materiales de la versión española.
Autora: Nancy Bayley.
Traductores/Adaptadores: CDIAP Parc Taulí, Universidad de Murcia y el Dept. de Investigación y Desarrollo de Pearson Clinical & Talent Assessment.
Editorial: Pearson España.
Componentes en Español: Todos los materiales son en español.
Componentes en Inglés: No hay materiales en inglés en esta versión.

examine validity of the Spanish translation, clinical studies with children from the Spanish population were conducted (n = 123 [MSCA], n = 62 [K-ABC]).
Publication Date: 2015.
Acronym: Bayley-III.
Scores, 7: Cognitive, Language (Receptive Communication, Expressive Communication, Total), Motor (Fine Motor, Gross Motor, Total).
Administration: Individual.
Price Data, 2022: €1,075 per complete kit including administration manual (237 pages), technical manual (127 pages), 25 record forms, stimulus booklet, picture book, animal book, manipulative set, caregiver report forms, and 25 online scoring record forms (Q-Global).
Time: (30-90) minutes.
Comments: A package of Spanish materials is for sale for those who already have the manipulatives for the English version and only need the materials for the Spanish version.
Author: Nancy Bayley.
Translators/Adaptors: CDIAP Parc Taulí, Murcia University, and the Pearson Clinical & Talent Assessment Research & Development Department.
Publisher: Pearson España.
Spanish Components: All materials are in Spanish.
English Components: There are no English materials in this version.

[265s]

Escalas de Afrontamiento para Adolescentes.

Nombre Original: Adolescent Coping Scale (The Australian Council for Educational Research Ltd.).
Propósito: Diseñado como inventario de autoinforme que evalúa las distintas estrategias que los adolescentes utilizan para afrontar sus problemas.
Procedencia: Australia/inglés.
Traducción/Adaptación: Se ha cambiado el orden de los ítems en la versión español, agrupándolos de forma que se pudiesen incluir en una hoja de respuestas que permitiese una corrección manual de forma rápida y sencilla.
Población: Adolescentes de 12-18 años.
Baremos: Se han provisto baremos con la adaptación al español. Los baremos se desarrollaron utilizando una muestra de 505 adolescentes, distribuidos por edad, género y región geográfica en España.
Fechas de Publicación: 1996-2000.
Acrónimo: ACS.
Puntuación, 18: Buscar Apoyo Social, Concentrarse en Resolver el Problema, Esforzarse y Tener

[265e]

Escalas de Afrontamiento para Adolescentes.

Original Name: Adolescent Coping Scale (The Australian Council for Educational Research Ltd.).
Purpose: Designed as a self-report assessment to evaluate the different strategies adolescents use to cope with their problems.
Origin: Australia/English.
Translation/Adaptation: The order of the items was changed in the Spanish version; they were grouped so they could be included on a single sheet to make hand scoring easier and faster.
Population: Adolescents ages 12-18.
Norms: Separate norms are provided with the Spanish adaptation. Norms were developed using a sample of 505 adolescents, distributed by age, gender, and region in Spain.
Publication Dates: 1996-2000.
Acronym: ACS.
Scores, 18: Seek Social Support, Focus on Resolving a Problem, Work Hard to Succeed,

Exito, Preocuparse, Invertir en Amigos Íntimos, Buscar Pertenencia, Hacerse Ilusiones, Estrategia de Falta de Afrontamiento, Reducción de la Tensión, Acción Social, Ignorar el Problema, Autoinculparse, Reservarlo Para Sí, Buscar Apoyo Espiritual, Fijarse en lo Positivo, Buscar Ayuda Profesional, Buscar Diversions Relajantes, Distracción Física.
Administración: Individual o colectiva.
Formularios, 2: General, Específica.
Precios, 2022: €55,34 por juego completo, incluye manual (2000, tercera edición, 52 páginas), 5 cuadernillos, 25 hojas de respuesta y 25 hojas de perfil; €26,38 por 10 cuadernillos; €13,31 por 25 hojas de respuestas; €13,31 por 25 hojas de perfil.
Duración: (10-15) minutos cada formulario.
Autores: Erica Frydenberg y Ramon Lewis.
Traductores/Adaptadores: Jaime Pereña y Nicolás Seisdedos.
Editorial: Hogrefe TEA Ediciones.
Componentes en Español: Todos los materiales son en español.
Componentes en Inglés: No hay materiales en inglés en esta versión.

[266s]

Escalas de Apreciación del Estrés.

Propósito: "Se evalúa, a partir de las situaciones que potencialmente generan estrés, la incidencia y la intensidad con que afectan a la vida de cada sujeto".
Procedencia: España/español.
Población: Edades 18-85.
Baremos: Los baremos se desarrollaron utilizando una muestra con 2.059 participantes españoles, distribuidos por edad y sexo.
Fechas de Publicación: 1992-2017.
Acrónimo: EAE.
Puntuación, 4: Presencia, Ausencia, Intensidad (0, 1, 2, 3), Vigencia (Ha Dejado de Afectarle, Todavía le Afecta).
Administración: Individual o colectiva.
Formularios, 4: EAE-G (Escala General de Estrés), EAE-A (Escala de Acontecimientos Estresantes en Ancianos), EAE-S (Escala de Estrés Socio-Laboral), EAE-C (Escala de Estrés en la Conducción).
Precios, 2022: €28,89 por juego completo, incluye manual (2017; quinta edición, revisada; 23 páginas), 5 cuadernillos de cada formulario y 25 hojas de respuestas; €5,32 por 10 cuadernillos de cada formulario; €9,68 por 25 hojas de respuestas.
Duración: (20-30) minutos cada escala.
Autores: José Luis Fernández-Seara y Manuela Mielgo Robles.
Editorial: Hogrefe TEA Ediciones.
Componentes en Español: Todos los materiales son en español.

Worry, Invest in Close Friends, Seek Acceptance, False Impressions, Lack of Coping, Reduction of Tension, Social Action, Disregard, Self-Accusation, Alienation, Seek Spiritual Support, Positivism, Seek Professional Help, Seek Relaxing Activities, Physical Activity.
Administration: Individual or group.
Forms, 2: General, Specific.
Price Data, 2022: €55.34 per complete kit, including manual (2000, third edition, 52 pages), 5 test booklets, 25 response forms, and 25 profile sheets: €26.38 per 10 test booklets; €13.31 per 25 response forms; €13.31 per 25 profile sheets.
Time: (10-15) minutes per form.
Authors: Erica Frydenberg and Ramon Lewis.
Translators/Adaptors: Jaime Pereña and Nicolás Seisdedos.
Publisher: Hogrefe TEA Ediciones.
Spanish Components: All materials are in Spanish.
English Components: There are no English materials in this version.

[266e]

Escalas de Apreciación del Estrés.

Purpose: Evaluates, from situations that potentially generate stress, the incidence and intensity with which these situations affect the lives of individual test takers.
Origin: Spain/Spanish.
Population: Ages 18-85.
Norms: Norms were developed using a sample of 2,059 Spanish participants, distributed by age and gender.
Publication Dates: 1992-2017.
Acronym: EAE.
Scores, 4: Presence, Absence, Intensity (0, 1, 2, 3), Force (Stopped Affecting, Still Affecting).
Administration: Individual or group.
Forms, 4: EAE-G (General Stress Level Scale), EAE-A (Scale of Stressful Events for the Elderly), EAE-S (Scale of Social-Work Stress), EAE-C (Scale of Stress While Driving).
Price Data, 2022: €28.89 per complete kit, including manual (2017; fifth edition, revised; 23 pages), 5 test booklets of each form, and 25 response sheets; €5.32 per 10 test booklets of each form; €9.68 per 25 response sheets.
Time: (20-30) minutes per scale.
Authors: José Luis Fernández-Seara and Manuela Mielgo Robles.
Publisher: Hogrefe TEA Ediciones.
Spanish Components: All materials are in Spanish.

Componentes en Inglés: No hay materiales en inglés.

[267s]

Escalas de Aptitudes Intelectuales.

Nombre Original: British Ability Scales: Second Edition (nferNelson Publishing Company Ltd.).
Propósito: Diseñado como una "batería de tests de aplicación individual que evalúa las aptitudes cognitivas y el rendimiento educativo de los niños y los adolescentes".
Procedencia: Reino Unido (1997)/inglés.
Traducción/Adaptación: No se provee información en los materiales de la prueba sobre el proceso de traducción/adaptación.
Población: Niños y adolescentes entre las edades 2-6 a 17-11.
Baremos: Se han provisto baremos con la adaptación al español. Los baremos se desarrollaron utilizando una muestra con 1.725 participantes, distribuidos por edad, sexo, región geográfica, zona de residencia (urbana, intermedia, rural), tipo de colegio (privado, concertado, público), lengua maternal y nivel educativo de los padres.
Fecha de Publicación: 2011.
Acrónimo: BAS-II.
Administración: Individual.
Formularios, 2: Infantil, Escolar.
Precios, 2022: €1.245,92 por juego completo Infantil y Escolar, incluye manuales, juegos de corrección, cuadernos de estímulos y manipulativos; €916,21 por juego completo Infantil; €813,70 por juego completo Escolar; €104,16 por juego de corrección Infantil o Escolar (25 cuadernillos de anotación y PIN para 25 usos en línea); €146,71 por 25 ejemplares de razonamiento numérico A; €44,17 por 25 ejemplares de velocidad de procesamiento A, B o C; €65,95 por 25 ejemplares de aritmética y ortografía A/O.
Duración: (25-45) minutos para los tests principales; (35-70) minutos para la batería completa.
Autores: Colin D. Elliot, Pauline Smith y Kay McCullogh.
Traductores/Adaptadores: David Arribas y Sara Corral.
Editorial: Hogrefe TEA Ediciones.
Componentes en Español: Todos los materiales son en español.
Componentes en Inglés: No hay materiales en inglés en esta versión.

a) INFANTIL.

Puntuación, 3: Índice Global, Índice Verbal e Índice de Razonamiento Perceptivo más Escalas Principales Infantil (Construcción, Comprensión Verbal, Semejanzas Gráficas, Nominación, Recuerdo de Objetos Inmediato, Cubos, Conceptos Numéricos, Recuerdo de Objetos Demorado, Copia).

English Components: There are no materials in English.

[267e]

Escalas de Aptitudes Intelectuales.

Original Name: British Ability Scales: Second Edition (nferNelson Publishing Company Ltd.).
Purpose: Designed as a battery of tests to assess the cognitive abilities and educational achievement of children and adolescents.
Origin: United Kingdom (1997)/English.
Translation/Adaptation: No information is provided in the test materials about the translation/adaptation process.
Population: Children and adolescents between the ages of 2-6 and 17-11.
Norms: Separate norms are provided for the Spanish adaptation. Norms were developed using a sample of 1,725 participants, distributed by age, gender, geographic region, area of residence (urban, intermediate, rural), type of school (private, charter, public), native language, and educational level of parents.
Publication Date: 2011.
Acronym: BAS-II.
Administration: Individual.
Forms, 2: Early Years, School Age.
Price Data, 2022: €1,245.92 per complete Infant and School kits, including manuals, scoring kits, stimulus books, and manipulatives; €916.21 per complete Infant kit; €813.70 per complete School kit; €104.16 per Infant or School scoring kit (25 recording books and a PIN for 25 online uses); €146.71 per 25 numerical reasoning forms A; €44.17 per 25 processing speed forms A, B, or C; €65.95 per 25 math and spelling forms A/O.
Time: (25-45) minutes for the principal tests; (35-70) minutes for the complete battery.
Authors: Colin D. Elliot, Pauline Smith, and Kay McCullogh.
Translators/Adaptors: David Arribas and Sara Corral.
Publisher: Hogrefe TEA Ediciones.
Spanish Components: All materials are in Spanish.
English Components: There are no English materials in this version.

a) EARLY YEARS.

Scores, 3: Global Index, Verbal Index, and Index of Perceptive Reasoning plus Early Years Core Scales (Pattern Construction, Verbal Comprehension, Picture Similarities, Naming Vocabulary, Recall of Objects-Immediate, Block Building, Early Number Concepts, Recall of Objects-Delayed, Copying).

b) ESCOLAR.
Puntuación, 4: Índice Global, Índice Verbal, Índice de Razonamiento no Verbal e Índice Espacial, más Escalas Principales Escolar (Recuerdo de Figuras, Definiciones, Recuerdo de Objetos Inmediato, Cubos, Matrices, Recuerdo de Objetos Demorado, Semejanzas Verbales, Razonamiento Numérico), Tests Diagnósticos (Velocidad del Procesamiento, Dígitos Orden Directo, Emparejamiento de Figuras, Reconocimiento de Imágenes, Dígitos Orden Inverso), Tests de Rendimiento (Aritmética, Ortografía).

[268s]

Escalas de Estrategias de Aprendizaje.

Propósito: Diseñado como "evaluación del uso, por parte de los estudiantes, de estrategias cognitivas facilitadoras del aprendizaje escolar".
Procedencia: España/español.
Población: Edades 12-16 en adelante.
Baremos: Los baremos se desarrollaron utilizando una muestra de 650 estudiantes, distribuidos por género.
Fechas de Publicación: 1994-2008.
Acrónimo: ACRA.
Puntuación: Escala Adquisición (Exploración, Subrayado Lineal, Subrayado Idiosincrático, Epigrafiado, Repaso en Voz Alta, Repaso Mental, Repaso Reiterado), Escala Codificación (Nemotécnicas, Relaciones Intracontenido, Relaciones Compartidas, Imágenes, Metáforas, Aplicaciones, Autopreguntas, Paráfrasis, Agrupamientos, Secuencias, Mapas Conceptuales, Diagramas), Escala Recuperación (Búsqueda de Codificaciones, Búsqueda de Indicios, Planificación de Respuesta, Respuesta Escrita), Escala Apoyo (Autoconocimiento, Automanejo/ Planificación, Automanejo/Regulación y Evaluación, Autoinstrucciones, Autocontrol, Contradistractores, Interacciones Sociales, Motivación Intrínseca y Extrínseca, Motivación de Escape).
Administración: Colectiva.
Precios, 2022: €43,49 por juego completo, incluye manual (2008, cuarta edición, 48 páginas), 10 cuadernillos y 25 hojas de respuestas; €19,36 por 10 cuadernillos; €8,77 por 25 hojas de respuestas.
Duración: 45(50) minutos: Escala I, (10) minutos; Escala II, (15) minutos; Escala III, (8) minutos; Escala IV, (12) minutos.
Comentarios: Las escalas pueden utilizarse por separado.
Autores: José María Román Sánchez y Sagrario Gallego Rico.
Editorial: Hogrefe TEA Ediciones.
Componentes en Español: Todos los materiales son en español.
Componentes en Inglés: No hay materiales en inglés.

b) SCHOOL YEARS.
Scores, 4: Global Index, Verbal Index, Index of Nonverbal Reasoning, and Spatial Index plus School Age Core Scales (Recall of Designs, Word Definitions, Recall of Objects-Immediate, Pattern Construction, Matrices, Recall of Objects-Delayed, Verbal Similarities, Quantitative Reasoning), Diagnostic Tests (Speed of Information Processing, Direct Number Order, Matching Letter-Like Forms, Recognition of Pictures, Inverse Number Order), Achievement Scales (Arithmetic, Spelling).

[268e]

Escalas de Estrategias de Aprendizaje.

Purpose: Designed to evaluate students' use of cognitive strategies that facilitate learning.
Origin: Spain/Spanish.
Population: Ages 12-16 or older.
Norms: Norms were developed using a sample of 650 students, distributed by gender.
Publication Dates: 1994-2008.
Acronym: ACRA.
Scores: Acquisition Scale (Exploration, Linear Underline, Distinctive Underline, Outlines, Reviewing Aloud, Mental Review, Review by Repetition), Encoding Scale (Mnemonics, Relationships Within Text, Shared Relationships, Images, Metaphors, Applications, Self-questioning, Paraphrasing, Groupings, Sequences, Conceptual Maps, Diagrams), Recall Scale (Search for Encodings, Search for Clues, Planning, Written Response), Support Scale (Self-Awareness, Self-Management/ Planning, Self-Management/Regulation and Evaluation, Self-Instructions, Self-Control, Anti-Distractors, Social Interactions, Intrinsic and Extrinsic Motivation, Escape Motivation).
Administration: Group.
Price Data, 2022: €43.49 per complete kit, including manual (2008, fourth edition, 48 pages), 10 test booklets, and 25 response sheets; €19.36 per 10 test booklets; €8.77 per 25 response sheets.
Time: 45(50) minutes: Scale I, (10) minutes; Scale II, (15) minutes; Scale III, (8) minutes; Scale IV, (12) minutes.
Comments: The scales can be used and administered independently of each other.
Authors: José María Román Sánchez and Sagrario Gallego Rico.
Publisher: Hogrefe TEA Ediciones.
Spanish Components: All materials are in Spanish.
English Components: There are no materials in English.

[269s]

Escalas de Inteligencia de Reynolds y Test de Inteligencia Breve de Reynolds.

Nombre Original: Reynolds Intellectual Assessment Scales and Reynolds Intellectual Screening Test (Psychological Assessment Resources [PAR]).
Propósito: Diseñado para evaluar la capacidad intelectual, verbal y no verbal y la memoria.
Procedencia: Estados Unidos (2003)/inglés.
Traducción/Adaptación: La casa editorial de la prueba dice que se añadieron ítems nuevos para lograr una traducción y adaptación adecuada que atendió a diferencias culturales.
Población: Edades 3-94.
Baremos: Se han provisto baremos para la adaptación al español. Los baremos se desarrollaron utilizando una muestra con 2.065 participantes, distribuidos por edad, sexo, región geográfica dentro de España y nivel de estudios.
Fechas de Publicación: 2009-2016.
Acrónimos: RIAS, RIST.
Administración: Individual.
Precios, 2022: €317,62 por juego completo, combinación de RIAS/RIST, incluye manual (2016, segunda edición 295 páginas), 25 cuadernillos de anotación y cuaderno de elementos 1, 2 y 3; €127,35 por 25 cuadernillos de anotación.
Autores: Cecil R. Reynolds y Randy W. Kamphaus.
Traductores/Adaptadores: Pablo Santamaría e Irene Fernández.
Editorial: Hogrefe TEA Ediciones.
Componentes en Español: Todos los materiales son en español.
Componentes en Inglés: No hay materiales en inglés en esta versión.

a) ESCALAS DE INTELIGENCIA DE REYNOLDS.
Propósito: Diseñado como evaluación de la capacidad intelectual.
Acrónimo: RIAS.
Puntuación, 10: Índice de Inteligencia Verbal (Adivinanzas, Analogías Verbales), Índice de Inteligencia No Verbal (Categorías, Figuras Incompletas), Índice de Inteligencia General, Índice de Memoria (Memoria Verbal, Memoria No Verbal).
Duración: 30-40 minutos.

b) TEST DE INTELIGENCIA BREVE DE REYNOLDS.
Propósito: Diseñado para "obtener una estimación general del nivel de inteligencia" e identifica a los que necesitan una evaluación más comprensiva.
Acrónimo: RIST.
Puntuación, 3: Adivinanzas, Categorías, Índice Total RIST.
Duración: 10-15 minutos.
Comentarios: Medida breve de la inteligencia compuesta por dos subpruebas del RIAS.

[269e]

Escalas de Inteligencia de Reynolds y Test de Inteligencia Breve de Reynolds.

Original Name: Reynolds Intellectual Assessment Scales and Reynolds Intellectual Screening Test (Psychological Assessment Resources [PAR]).
Purpose: Designed to assess verbal and nonverbal intelligence and memory.
Origin: United States (2003)/English.
Translation/Adaptation: To ensure an adequate translation and adaptation, the test publisher states that new items were added to address cultural influence issues.
Population: Ages 3-94.
Norms: Separate norms are provided with the Spanish adaptation. Norms were developed using a sample of 2,065 participants, distributed by age, sex, geographic region within Spain, and educational level.
Publication Dates: 2009-2016.
Acronyms: RIAS, RIST.
Administration: Individual.
Price Data, 2022: €317.62 per RIAS/RIST combination kit, including manual (2016, second edition, 295 pages), 25 record forms, and three-volume set of stimulus books; €127.35 per 25 record forms.
Authors: Cecil R. Reynolds and Randy W. Kamphaus.
Translators/Adaptors: Pablo Santamaría and Irene Fernández.
Publisher: Hogrefe TEA Ediciones.
Spanish Components: All materials are in Spanish.
English Components: There are no English materials in this version.

a) REYNOLDS INTELLECTUAL ASSESSMENT SCALES.
Purpose: Designed to measure intellectual level.
Acronym: RIAS.
Scores, 10: Verbal Intelligence Index (Guesses, Verbal Reasoning), Nonverbal Intelligence Index (Categories, Incomplete Figures), Composite Intelligence Index, Composite Memory Index (Verbal Memory, Nonverbal Memory).
Time: 30-40 minutes.

b) REYNOLDS INTELLECTUAL SCREENING TEST.
Purpose: Designed to identify quickly those who need a more comprehensive intellectual assessment.
Acronym: RIST.
Scores, 3: Guesses, Categories, Total RIST Index.
Time: 10-15 minutes.
Comments: Brief screening test comprising two RIAS subtests.

[270s]

Escalas McCarthy de Aptitudes y Psicomotricidad para Niños.

Nombre Original: McCarthy Scales of Children's Abilities (The Psychological Corporation).
Propósito: Diseñado para "evaluar el desarrollo cognitivo y psicomotor del niño".
Procedencia: Estados Unidos (1972)/inglés.
Traducción/Adaptación: No se provee información en los materiales de la prueba sobre la traducción/adaptación original.
Población: Edades 2-5 a 8-5.
Baremos: Se han provisto baremos con la adaptación española. Los baremos se desarrollaron utilizando una muestra con 994 participantes, distribuidos por sexo, edad y región geográfica en España.
Fechas de Publicación: 1977-2006.
Acrónimo: MSCA.
Puntuación, 6: Verbal, Perceptivo-Manipulativa, Numérica, Compuesto (Índice General Cognitivo), Memoria, Motricidad.
Administración: Individual.
Precios, 2022: €699 o €775 depende de la opción de embalaje por juego completo incluye manual (2011 reimpresión, 278 páginas), 25 cuadernillos de anotación, cuaderno de láminas y manipulativos.
Duración: (45-60) minutos.
Comentarios: La prueba fue revisada en 1996 para incluir una renovación parcial de los materiales y un apartado de estudios estadísticos y baremos españoles específicos para ciertos rangos de edad (4-6). La edición de 2006 es la más reciente versión revisada de la adaptación española original. Incluye una revisión y actualización de los elementos; nueva y completa tipificación española; y amplificación de información proporcionada en el manual sobre administración, corrección e interpretación de la prueba.
Autora: Dorothea McCarthy.
Traductores/Adaptadores: Agustín Cordero, Nicolás Seisdedos, María Victoria de la Cruz y Marina Gonzáles.
Editorial: Pearson España.
Componentes en Español: Todos los materiales son en español.
Componentes en Inglés: No hay materiales en inglés en esta versión.

[270e]

Escalas McCarthy de Aptitudes y Psicomotricidad para Niños.

Original Name: McCarthy Scales of Children's Abilities (The Psychological Corporation).
Purpose: Designed to assess cognitive and psychomotor development of children.
Origin: United States (1972)/English.
Translation/Adaptation: No information is provided in the test materials about the original translation/adaptation process.
Population: Ages 2-5 to 8-5.
Norms: Separate norms are provided with the Spanish adaptation. Norms were developed using a sample of 994 participants, distributed by gender, age, and geographic region in Spain.
Publication Dates: 1977-2006.
Acronym: MSCA.
Scores, 6: Verbal, Perceptive-Manipulative, Quantitative, Composite (General Cognitive Index), Memory, Motor.
Administration: Individual.
Price Data, 2022: €699 or €775 depending on the choice of packaging per complete test kit including manual (2011 reprint, 278 pages), 25 record booklets, picture book, and manipulatives.
Time: (45-60) minutes.
Comments: Test was revised in 1996 to include a partial renovation of the materials and a section of statistical studies and norms specific for Spanish children ages 4-6. The 2006 edition is the most current revision of the original Spanish adaptation. It includes revised and updated test elements; a new Spanish norms sample; and additional administration, scoring, and interpretation information in the manual.
Author: Dorothea McCarthy.
Translators/Adaptors: Agustín Cordero, Nicolás Seisdedos, María Victoria de la Cruz, and Marina González.
Publisher: Pearson España.
Spanish Components: All materials are in Spanish.
English Components: There are no English materials in this version.

[271s]

Escalas Reynolds de Acoso Victimización para Escolares.

Nombre Original: Reynolds Bully-Victimization Scales for Schools (NCS Pearson, Inc.).
Propósito: Diseñado para "evaluar el impacto de la victimización por intimidación en niños y adolescentes".
Procedencia: Estados Unidos (2003)/inglés.

[271e]

Escalas Reynolds de Acoso Victimización para Escolares.

Original Name: Reynolds Bully-Victimization Scales for Schools (NCS Pearson, Inc.).
Purpose: Designed to evaluate the impact of victimization among children and adolescents.
Origin: United States (2003)/English.

Traducción/Adaptación: "Se realizó la versión en español cuidando la equivalencia del lenguaje original, así como la adaptación lingüística y sociocultural al contexto mexicano". Este proceso incluyó traducción y retrotraducción por expertos en el campo de habla inglés y español. Se puede ver en detalle los reactivos en español y su correspondiente versión en inglés en el manual de la prueba.
Población: Niños y adolescentes.
Baremos: Se han provisto baremos con la adaptación mexicana. Los baremos se desarrollaron utilizando una muestra con 2.655 estudiantes mexicanos, distribuidos por grado, sexo y región geográfica.
Fecha de Publicación: 2017.
Acrónimo: ERAVE.
Administración: Individual o colectiva.
Formularios, 3: Escala de Acoso Victimización, Escala de Angustia de Acoso Victimización, Escala de Ansiedad por Violencia Escolar.
Precios, 2022: USD$99 por juego completo incluye manual (2017, 154 páginas), 25 protocolos/perfiles y 2 plantillas de calificación.
Duración: 5-10 minutos cada escala; 15-20 minutos batería completa.
Comentarios: Se puede usar las escalas individualmente o como una batería.
Autor: William M. Reynolds.
Traductores/Adaptadores: L. Isabel Reyes Lagunes (revisión técnica); Universidad Pedagógica Nacional (traducción y coordinación de estandarización).
Editorial: Editorial El Manual Moderno, S.A. de C.V.
Componentes en Español: Todos los materiales son en español.
Componentes en Inglés: No hay materiales en inglés en esta versión.

a) ESCALA DE ACOSO VICTIMIZACIÓN.
Propósito: Diseñado "para medir el comportamiento de intimidación y acoso entre iguales en o cerca de las escuelas".
Población: Grados 3-12.
Acrónimo: EAV.
Puntuación, 2: Acoso, Victimización.

b) ESCALA DE ANGUSTIA DE ACOSO VICTIMIZACIÓN.
Propósito: Diseñado "para evaluar las dimensiones de la angustia psicológica específica de los estudiantes al ser acosados".
Población: Grados 3-12.
Acrónimo: EAAV.
Puntuación, 3: Angustia Internalizada, Angustia Externalizada, Angustia Total.

c) ESCALA DE ANSIEDAD POR VIOLENCIA ESCOLAR.
Propósito: Diseñado "para medir la ansiedad del estudiante respecto de las escuelas como entornos peligrosos o amenazantes".
Población: Grados 5-12.
Acrónimo: EAVE.
Puntuación: Puntuación total solamente.

Translation/Adaptation: Items were translated and back-translated by English- and Spanish-speaking experts in the field. The goals of this process were both to match the original language and to adapt linguistically and socioculturally to the Mexican context. Detailed information about the Spanish items and their corresponding versions in English can be found in the test manual.
Population: Children and adolescents.
Norms: Separate norms are provided with the Mexican adaptation. Norms were developed using a sample of 2,655 Mexican students, distributed by grade, gender, and geographic region.
Publication Date: 2017.
Acronym: ERAVE.
Administration: Individual or group.
Forms, 3: Bully-Victimization Scale, Bully-Victimization Distress Scale, School Violence Anxiety Scale.
Price Data, 2022: USD$99 per complete kit, including manual (2017, 154 pages), 25 protocols/profiles, and 2 scoring sheets.
Time: 5-10 minutes for each scale; 15-20 minutes for the complete battery.
Comments: Scales may be used individually or as a battery.
Author: William M. Reynolds.
Translators/Adaptors: L. Isabel Reyes Lagunes (technical revision); National Pedagogical University (translation and coordination of standardization).
Publisher: Editorial El Manual Moderno, S.A. de C.V.
Spanish Components: All materials are in Spanish.
English Components: There are no English materials in this version.

a) BULLY-VICTIMIZATION SCALE.
Purpose: Designed to measure bullying behavior and victimization among peers in or near school settings.
Population: Grades 3-12.
Acronym: EAV.
Scores, 2: Bullying, Victimization.

b) BULLY-VICTIMIZATION DISTRESS SCALE.
Purpose: Designed to evaluate the dimensions of students' psychological distress specific to being bullied.
Population: Grades 3-12.
Acronym: EAAV.
Scores, 3: Internalized Distress, Externalized Distress, Total Distress.

c) SCHOOL VIOLENCE ANXIETY SCALE.
Purpose: Designed to measure student anxiety about schools as unsafe or threatening environments.
Population: Grades 5-12.
Acronym: EAVE.
Scores: Total score only.

[272s]

Escrutinio de Predictores de Lectura.

Propósito: Diseñado para "facilitar a educadores, investigadores y clínicos, la detección de los niños con riesgo de dificultades de lectura".
Procedencia: México/español.
Población: Estudiantes de grados 2 a 6.
Baremos: Los baremos se desarrollaron utilizando una muestra con 1,401 participantes mexicanos, distribuidos por edad, grado, sexo, estado y tipo de escuela.
Fecha de Publicación: 2014.
Acrónimo: PROLEER.
Puntuación, 6: Pseudopalabras, No Palabras, Antónimos, Sinónimos, Sílaba Tónica, Ortografía.
Administración: Individual o colectiva.
Precios, 2022: USD$126 por juego completo incluye manual (2014, 54 páginas), 30 cuadernillos de prueba, guía de ejercicios y 6 plantillas de calificación.
Duración: 10 minutos.
Autores: Esmeralda Matute y Ana Luisa González Reyes.
Editorial: Editorial El Manual Moderno, S.A. de C.V.
Componentes en Español: Todos los materiales son en español.
Componentes en Inglés: No hay materiales en inglés.

[272e]

Escrutinio de Predictores de Lectura.

Purpose: Designed to facilitate educators, researchers, and clinicians in detecting children at risk for reading difficulties.
Origin: Mexico/Spanish.
Population: Students in grades 2 to 6.
Norms: Norms were developed using a sample of 1,401 Mexican participants, distributed by age, grade, gender, state, and type of school.
Publication Date: 2014.
Acronym: PROLEER.
Scores, 6: Pseudowords, No Words, Antonyms, Synonyms, Tonic Syllable, Spelling.
Administration: Individual or group.
Price Data, 2022: USD$126 per complete kit including manual (2014, 54 pages), 30 test booklets, activity guide, and 6 scoring sheets.
Time: 10 minutes.
Authors: Esmeralda Matute and Ana Luisa González Reyes.
Publisher: Editorial El Manual Moderno, S.A. de C.V.
Spanish Components: All materials are in Spanish.
English Components: There are no materials in English.

[273s]

Estudio de Valores: Una Escala para la Medición de los Intereses Dominantes de la Personalidad, Segunda Edición.

Nombre Original: Study of Values: A Scale for Measuring the Dominant Interests in Personality, Third Edition (Riverside Publishing).
Propósito: Diseñado a medir "la importancia relativa de seis intereses o motivos básicos en la personalidad".
Procedencia: Estados Unidos (1970)/inglés.
Traducción/Adaptación: No se provee información en los materiales de la prueba sobre el proceso de traducción/adaptación.
Población: Estudiantes universitarios y adultos.
Baremos: No se han provisto baremos con la versión traducida al español.
Fecha de Publicación: 2001.
Puntuación, 6: Teórico, Económico, Estético, Social, Político y Religioso.
Administración: Individual o colectiva.
Partes, 2: Parte I, Parte II.
Precios, 2022: USD$47 por juego completo incluye manual de instrucciones (2001, 42 páginas), reactivos y 5 procedimientos de calificación y perfiles de valores; USD$2,50 por tarjeta uso individual; USD$30 por tarjeta de 25 usos electrónicos.
Duración: 20 minutos.

[273e]

Estudio de Valores: Una Escala para la Medición de los Intereses Dominantes de la Personalidad, Segunda Edición.

Original Name: Study of Values: A Scale for Measuring the Dominant Interests in Personality, Third Edition (Riverside Publishing).
Purpose: Designed to measure the relative importance of six basic interests or motives in personality.
Origin: United States (1970)/English.
Translation/Adaptation: There is no information in the test materials about the translation/adaptation process.
Population: University students and adults.
Norms: Separate norms are not provided with the Spanish version.
Publication Date: 2001.
Scores, 6: Theoretical, Economic, Aesthetic, Social, Political, and Religious.
Administration: Individual or group.
Parts, 2: Part I, Part II.
Price Data, 2022: USD$47 per complete kit including instruction manual (2001, 42 pages), reactives, and 5 scoring procedures and values profile; USD$2.50 per individual card use; USD$30 per online card for 25 uses.
Time: 20 minutes.

Autores: Gordon W. Allport, Philip E. Vernon y Gardner E. Lindzey.
Traductora/Adaptadora: Gloria Padilla Sierra.
Editorial: Editorial El Manual Moderno, S.A. de C.V.
Componentes en Español: Todos los materiales son en español.
Componentes en Inglés: No hay materiales en inglés en esta versión.

[274s]

Evaluación Clínica de los Fundamentos del Lenguaje–5.

Nombre Original: Clinical Evaluation of Language Fundamentals–Fifth Edition.
Propósito: Diseñado para "identificar, diagnosticar y realizar el seguimiento de los trastornos del lenguaje y la comunicación en niños y adolescentes".
Procedencia: Estados Unidos (2013)/inglés.
Traducción/Adaptación: Los ítems e instrucciones de la versión en inglés se tradujeron al español. La traducción fue revisada y evaluada en cuanto a equivalencia, representatividad y adecuación para la población española. Se reformularon algunos ítems e instrucciones para aumentar su idoneidad y se realizó un estudio piloto. La versión que resultó de la fase piloto se administró en una fase experimental, y los datos recopilados se sometieron a análisis estadísticos. Entre los ítems con redacción múltiple, los desarrolladores de la prueba eligieron la versión con las mejores propiedades psicométricas y el nivel de lectura requerido más bajo para la comprensión.
Población: Edades 5-15.
Baremos: Se han provisto baremos con la adaptación española. Los baremos se desarrollaron utilizando una muestra general de 922 participants y una muestra clínica de 94 participantes, distribuidos por edad, género y nivel educativo de los padres.
Fecha de Publicación: 2018.
Acrónimo: CELF-5.
Administración: Individual.
Niveles, 2: Edades 5-8 años, Edades 9-15 años.
Formularios, 3: Cuadernillo de Anotación 1 (edades 5-8), Cuadernillo de Anotación 2 (edades 9-15), Cuestionario de Competencia Lingüística (CCL).
Precios, 2023: €845 por juego impreso completo incluye manual de aplicación y corrección (2018, 230 páginas), manual técnico y de interpretación (2018, 74 páginas), cuadernos de estímulos 1 y 2; 25 cuadernillos de anotación 1 (5 a 8 años) y 2 (9 a 15 años), 50 Cuestionarios de Competencia Lingüística y 25 usos de corrección en línea; €150 por manual de aplicación y corrección; €59,50 por manual técnico y de interpretación; €84,20 por cuadernillo de anotación 1 o 2; €61,50 por Cuestionario de Competencia Lingüística.

Authors: Gordon W. Allport, Philip E. Vernon, and Gardner E. Lindzey.
Translator/Adaptor: Gloria Padilla Sierra.
Publisher: Editorial El Manual Moderno, S.A. de C.V.
Spanish Components: All materials are in Spanish.
English Components: There are no materials in English in this version.

[274e]

Evaluación Clínica de los Fundamentos del Lenguaje–5.

Original Name: Clinical Evaluation of Language Fundamentals–Fifth Edition.
Purpose: Designed for the identification, diagnosis, and follow-up evaluation of language and communication disorders in children and adolescents.
Origin: United States (2013)/English.
Translation/Adaptation: Items and instructions from the English version were translated to Spanish. The translation was reviewed and evaluated for equivalence, representativeness, and adequacy for the Spanish population. Some items and instructions were reworded to increase their suitability, and a pilot study was conducted. The version that resulted from the pilot phase was administered in an experimental phase, and data collected were subjected to statistical analyses. Among items with multiple wordings, test developers chose the version with the best psychometric properties and the lowest required reading level for comprehension.
Population: Ages 5-15.
Norms: Norms are provided with the Spanish adaptation. Norms were developed using a general sample of 922 participants and a clinical sample of 94 participants, distributed by age, gender, and parents' education level.
Publication Date: 2018.
Acronym: CELF-5.
Administration: Individual.
Levels, 2: Ages 5-8 years, Ages 9-15 years.
Forms, 3: Record booklet 1 (ages 5-8), Record booklet 2 (ages 9-15), Linguistic Competence Questionnaire (CCL).
Price Data, 2023: €845 per complete print kit including administration and scoring manual (2018, 230 pages), technical and interpretation manual (2018, 74 pages), stimulus manuals 1 and 2; 25 record booklets 1 (5 to 8 years) and 2 (9 to 15 years), 50 linguistic competence questionnaires and 25 scoring uses online; €150 per administration and scoring manual; €59,50 per technical and interpretation manual; €84,20 per record booklet 1 or 2; €61,50 per linguistic competence questionnaire.

Duración: 35-90 minutos para la batería completa.
Comentarios: Se aplica con papel y lápiz; se puede corregir en línea; la prueba incluye un Cuestionario de Competencia Lingüística (CCL) que se puede completar un docente, padre, guardian o examinado de 12 años en adelante; la prueba también incluye un recurso de Verificación de Habilidades Prácticas (VHP) que permite la evaluación de habilidades lingüísticas sociales en interacciones conversacionales auténticas.
Autores: Elisabeth H. Wiig, Eleanor Semel y Wayne A. Secord.
Traductoras/Adaptadoras: Cristina Aguilar, Ana Hernández, Èrica Paradell y Frédérique Vallar.
Editorial: Pearson España.
Componentes en Español: Todos los materiales son en español.
Componentes en Inglés: No hay materiales en inglés en esta versión.

a) EDADES 5-8 AÑOS.
Puntuación, 15: 5 puntuaciones compuestas: Puntuación Principal de Lenguaje, Índice de Lenguaje Receptivo, Índice de Lenguaje Expresivo, Índice de Contenido Lingüístico, Índice de Estructura Lingüística; 9 puntuaciones escalares: Comprensión de Frases, Conceptos Lingüísticos, Morfosintaxis, Palabras Relacionadas, Ejecución de Indicaciones, Elaboración de Frases, Repetición de Frases, Comprensión Oral de Textos, Perfil de Habilidades Pragmáticas más una puntuación de Verificación de Habilidades Pragmáticas.
Duración: 5-14 minutos cada prueba; 34 minutos para las pruebas que componen la Puntuación Principal de Lenguaje.

b) EDADES 9-15 AÑOS.
Puntuación 15: 5 puntuaciones compuestas: Puntuación Principal de Lenguaje, Índice de Lenguaje Receptivo, Índice de Lenguaje Expresivo, Índice de Contenido Lingüístico, Índice de Memoria Lingüística; 9 puntuaciones escalares: Palabras Relacionadas, Ejecución de Indicaciones, Elaboración de Frases, Repetición de Frases, Comprensión Oral de Textos, Definición de Palabras, Puzle de Palabras, Relaciones Semánticas, Perfil de Habilidades Pragmáticas más una puntuación de Verificación de Habilidades Pragmáticas.
Duración: 6-15 minutos cada prueba; 42 minutos para las pruebas que componen la Puntuación Principal de Lenguaje.

[275s]

Evaluación Conductual de la Función Ejecutiva [Segunda Edición].

Nombre Original: Behavior Rating Inventory of Executive Function, Second Edition (Psychological Assessment Resources [PAR]).
Propósito: Diseñado para "la evaluación de las funciones ejecutivas en niños y adolescentes".
Procedencia: Estados Unidos (2015)/inglés.
Traducción/Adaptación: Un equipo que contaba con amplia experiencia tanto en los aspectos metodológicos y de adaptación de pruebas extranjeras

Time: 35-90 minutes for complete battery.
Comments: Administered with paper and pencil; may be scored online; battery includes a Linguistic Competence Questionnaire (CCL) that may be completed by a teacher, parent, guardian or test taker over 12 years old; battery also includes a verification of practical skills resource (VHP) that allows the evaluation of social linguistic skills in real conversational interactions.
Authors: Elisabeth H. Wiig, Eleanor Semel, Wayne A. Secord.
Translators/Adaptors: Cristina Aguilar, Ana Hernández, Èrica Paradell, and Frédérique Vallar.
Publisher: Pearson España.
Spanish Components: All materials are in Spanish.
English Components: There are no materials in English in this version.

a) AGES 5-8 YEARS.
Scores, 15: 5 composite scores: Core Language Score, Receptive Language Index, Expressive Language Index, Language Content Index, Language Structure Index; 9 scale scores: Sentence Comprehension, Linguistic Concepts, Morphosyntax, Word Classes, Following Directions, Formulated Sentences, Recalling Sentences, Understanding Spoken Paragraphs, Practical Abilities Profile plus a Practical Abilities Checklist score.
Time: 5-14 minutes for each test; 34 minutes for the tests that comprise the Core Language Score.

b) AGES 9-15 YEARS.
Scores, 15: 5 composite scores: Core Language Score, Receptive Language Index, Expressive Language Index, Language Content Index, Language Memory Index; 9 scale scores: Word Classes, Following Directions, Formulated Sentences, Recalling Sentences, Understanding Spoken Paragraphs, Word Definitions, Word Puzzles, Semantic Relationships, Practical Abilities Profile plus a Practical Abilities Checklist score.
Time: 6-15 minutes for each test; 42 minutes for the tests that comprise the Core Language Score.

[275e]

Evaluación Conductual de la Función Ejecutiva [Segunda Edición].

Original Name: Behavior Rating Inventory of Executive Function, Second Edition (Psychological Assessment Resources [PAR]).
Purpose: Designed to evaluate executive function in children and adolescents.
Origin: United States (2015)/English.
Translation/Adaptation: A team with experience in both the methodological and adaptation aspects of foreign tests and the more clinical

como en los aspectos más clínicos de evaluación de las funciones ejectutivas empezó la adaptación con dos traducciones independientes de los elementos originales al español. Las traducciones fueron comparadas para generar una versión de consenso. Esta versión fue analizada con relación al nivel de lectura requerido por sus ítems en español. Entonces implementaron un estudio piloto y hicieron los cambios necesarios que resultaron. Conjuntamente con la tipificación de la prueba se diseñaron los estudios de validez y fiabilidad antes de llegar a la versión final.
Población: Edades 5-18.
Baremos: Se han provisto baremos con la adaptación al español. Los baremos se desarrollaron utilizando una muestra con 3.389 participantes (*n* = 1.756 formulario Familia, *n* = 1.633 formulario Escuela), distribuidos por edad, sexo, región geográfica en España, nivel educativo de padres, localidad (urbano, intermedio, rural), centro educativo (público, concertado, privado) y relación con examinado (madre, padre, otro familiar, docente/cuidador).
Fecha de Publicación: 2017.
Acrónimo: BRIEF-2.
Puntuación, 16: 3 escalas de validez: Infrecuencia, Inconsistencia, Negatividad; 9 escalas clínicas: Inhibición, Supervisión de Sí Mismo, Flexibilidad, Control Emocional, Iniciativa, Memoria de Trabajo, Planificación y Organización, Supervisión de la Tarea, Organización de Materiales; 4 índices: Regulación Conductual, Regulación Emocional, Regulación Cognitiva, Función Ejecutiva Global.
Administración: Individual.
Formularios, 2: Familia, Escuela.
Precios, 2022: €190,49 por juego completo, incluye manuales, kit de corrección de familia y kit de corrección de escuela; €51,90 por kit de corrección para familia o escuela (25 ejemplares y PIN para 25 usos); €51,90 por manual técnico en línea; €57,31 por manual de aplicación en línea.
Duración: (10) minutos.
Comentarios: Se puede administrar de papel y lápiz o en línea; es completado por madres, padres, docentes o cuidadores de la persona evaluada; versión catalán disponible.
Autores: Gerard A. Gioia, Peter K. Isquith, Steven C. Guy y Lauren Kenworthy.
Traductores/Adaptadores: María Jesús Maldonado Belmonte, María de la Concepción Fournier del Castillo, Rosario Martínez Arias, Javier González Marqués, Juan Manuel Espejo-Saavedra Roca y Pablo Santamaría.
Editorial: Hogrefe TEA Ediciones.
Componentes en Español: Todos los materiales son en español.
Componentes en Inglés: No hay materiales en inglés en esta versión.

aspects of the evaluation of executive functions began the adaptation process with two independent translations of the original elements to Spanish. The translations were compared in order to arrive at a consensus version. This version was analyzed to ensure that the Spanish items met reading level requirements. The team then implemented a pilot study and made the necessary changes that resulted from that study. Reliability and validity analyses were conducted during standardization before arriving at the final version.
Population: Ages 5-18.
Norms: Separate norms are provided with the Spanish adaptation. Norms were developed using a total sample of 3,389 participants (*n* = 1,756 for the Family form, *n* = 1,633 for the School form), distributed by age, gender, geographic region in Spain, parental educational level, community (urban, suburban, rural), type of school (public, charter, private), and relationship to examinee (mother, father, other family member, teacher/caregiver).
Publication Date: 2017.
Acronym: BRIEF-2.
Scores, 16: 3 validity scales: Infrequency, Inconsistency, Negativity; 9 clinical scales: Inhibition, Self-Supervision, Flexibility, Emotional Control, Initiative, Working Memory, Planning and Organization, Homework Supervision, Organization of Materials; 4 indices: Behavior Regulation, Emotional Regulation, Cognitive Regulation, Global Executive Function.
Administration: Individual.
Forms, 2: Family, School.
Price Data, 2022: €190.49 per complete kit, including manuals, family scoring kit, and school scoring kit; €51.90 per family or school scoring kit (25 test booklets and a PIN for 25 uses); €51.90 per online technical manual; €57.31 per online administration manual.
Time: (10) minutes.
Comments: Can be administered via paper and pencil or online; completed by mother, father, teacher, or caretaker of the person being evaluated; Catalan version available.
Authors: Gerard A. Gioia, Peter K. Isquith, Steven C. Guy, and Lauren Kenworthy.
Translators/Adaptors: María Jesús Maldonado Belmonte, María de la Concepción Fournier del Castillo, Rosario Martínez Arias, Javier González Marqués, Juan Manuel Espejo-Saavedra Roca, and Pablo Santamaría.
Publisher: Hogrefe TEA Ediciones.
Spanish Components: All materials are in Spanish.
English Components: There are no materials in English in this version.

[276s]

Evaluación Conductual de la Función Ejecutiva–Versión Infantil.

Nombre Original: Behavior Rating Inventory of Executive Function–Preschool Version (Psychological Assessment Resources [PAR]).

Propósito: Diseñado para evaluar comportamientos de función ejecutiva de niños de edad preescolar en los ambientes del hogar y preescolares utilizando observaciones de padres, maestros y proveedores de cuidado infantil.

Procedencia: Estados Unidos (2003)/inglés.

Traducción/Adaptación: Los ítems originales fueron traducidos al español, teniendo en consideración aspectos lingüísticos y culturales. Esta traducción fue revisado por un equipo de traducción con experiencia en la adaptación de pruebas extranjeras y en los aspectos de la evaluación de las funciones ejecutivas. Una vez obtenida una versión de consenso, esta versión fue revisada otra vez por cuatro expertos en evaluación psicológica y psicometría. Con esta tercera versión, el equipo realizó una traducción inversa y los resultados fueron comparados con la versión original en inglés para generar la versión definitiva para tipificación. En todo el proceso se siguieron las pautas de la Comisión Internacional de Tests para la adaptación de pruebas.

Población: Edades 2-0 a 5-11.

Baremos: Se han provisto baremos con la adaptación española. Los baremos se desarrollaron utilizando dos muestras: una de 1.077 padres y otra de 902 profesores, ambas evaluando niños distribuidos por edad, sexo, región geográfica en España, número de hermanos, nivel educativo de los padres, centro educativo (público, concertado, privado, no escuela) y localidad (urbano, rural o intermedio).

Fecha de Publicación: 2016.

Acrónimo: BRIEF-P.

Puntuación, 11: 2 escalas de validez: Inconsistencia, Negatividad; 5 escala clínicas: Inhibición, Flexibilidad, Control Emocional, Memoria de Trabajo, Planificación y Organización; 4 índices: Autocontrol Inhibitorio, Flexibilidad, Metacognición Emergente, Función Ejecutiva Global.

Administración: Individual.

Precios, 2022: €72,34 por juego completo, incluye manual (2016, 131 páginas) y kit de corrección; €51,90 por juego de corrección (25 ejemplares y PIN para 25 usos); €33,08 por manual en línea.

Duración: (10-15) minutos.

Comentarios: Versiones en catalán y euskera disponibles.

Autores: Gerard A. Gioia, Kimberly A. Espy y Peter K. Isquith.

Traductores/Adaptadores: Esperanza Bausela y Tamara Luque.

[276e]

Evaluación Conductual de la Función Ejecutiva–Versión Infantil.

Original Name: Behavior Rating Inventory of Executive Function–Preschool Version (Psychological Assessment Resources [PAR]).

Purpose: Designed to assess executive function behaviors of preschool-aged children in the home and preschool environments using the observations of parents, teachers, and daycare providers.

Origin: United States (2003)/English.

Translation/Adaptation: The original test items were translated to Spanish, taking into consideration linguistic and cultural aspects. This translation was revised by a translation team with experience in the adaptation of foreign tests and the evaluative aspects of executive functions. After reaching a consensus version, the test was revised again by four experts in psychological and psychometric evaluation. The translation team back-translated this third version and compared the results to the original English version to create the standardization version. Throughout the process, the team followed steps outlined by the International Test Commission for the adaptation of tests.

Population: Ages 2-0 to 5-11.

Norms: Separate norms are provided with the Spanish adaptation. Norms were developed using two samples: one with 1,077 parents and the other with 902 teachers, both evaluating children distributed by age, gender, geographic region in Spain, number of siblings, parental education level, type of school (public, charter, private, no schooling), and community (urban, rural, or suburban).

Publication Date: 2016.

Acronym: BRIEF-P.

Scores, 11: 2 validity scales: Inconsistency, Negativity; 5 clinical scales: Inhibition, Flexibility, Emotional Control, Working Memory, Planning and Organization; 4 Indices: Inhibitory Self-Control, Flexibility, Emergent Metacognition, Global Executive Function.

Administration: Individual.

Price Data, 2022: €72.34 per complete kit, including manual (2016, 131 pages) and scoring kit; €51.90 per scoring kit (25 answer sheets and a PIN for 25 uses); €33.08 per online manual.

Time: (10-15) minutes.

Comments: Catalan and Basque versions available.

Authors: Gerard A. Gioia, Kimberly A. Espy, and Peter K. Isquith.

Translators/Adaptors: Esperanza Bausela and Tamara Luque.

Editorial: Hogrefe TEA Ediciones.
Componentes en Español: Todos los materiales son en español.
Componentes en Inglés: No hay materiales en inglés en está versión.

[277s]

Evaluación de Competencias Organizacionales.

Propósito: Diseñado a "conocer el nivel de competencias y metacompetencias organizacionales".
Procedencia: Perú/español.
Población: Adolescentes y adultos participando en un proceso de selección de personal.
Baremos: Los baremos se desarrollaron utilizando una muestra con 2,005 participantes de Lima, Perú, distribuidos por edad, sexo y nivel educativo.
Fecha de Publicación: 2017.
Acrónimo: ECO.
Puntuación, 23: 3 Índices de Validez: Inconsistencia, Impresión Positiva, Involucramiento; 20 competencias en 8 categorías de metacompetencia: Intelectual (Capacidad de Análisis, Capacidad para Resolver Problemas, Proactividad), Emocional (Autocontrol, Capacidad para Afrontar la Presión), Social (Relaciones Sociales, Colaboración, Comunicación Eficaz), Ética (Valores, Responsabilidad), Emprendedora (Orientación al Cambio, Emprendimiento, Creatividad), Directiva (Persuasión, Liderazgo, Trabajo en Equipo), Administrativa (Planificación y Organización, Capacidad de Aprendizaje), Alto Desempeño (Orientación al Logro, Iniciativa) más una puntuación total de metacompetencia organizacional.
Administración: Individual o colectiva.
Precios, 2022: USD$59 por juego completo incluye manual (2017, 113 páginas) y 15 tarjetas de uso en línea; USD$3.50 por tarjeta uso individual; USD$32 por tarjeta de 15 usos electrónicos.
Duración: 35 minutos.
Comentarios: Se administra en línea.
Autor: Juan José Kaneko Aguilar.
Editorial: Editorial El Manual Moderno, S.A. de C.V.
Componentes en Español: Todos los materiales son en español.
Componentes en Inglés: No hay materiales en inglés.

[278s]

Evaluación de Comprensión de la Lectura.

Propósito: Diseñado para evaluar las habilidades de lectura de hablantes nativos del español viviendo en los Estados Unidos.
Procedencia: Estados Unidos/español e inglés.
Población: Adultos.

Publisher: Hogrefe TEA Ediciones.
Spanish Components: All materials are in Spanish.
English Components: There are no English materials in this version.

[277e]

Evaluación de Competencias Organizacionales.

Purpose: Designed to recognize the level of organizational competencies and metacompetencies.
Origin: Peru/Spanish.
Population: Adolescent and adult job applicants.
Norms: Norms were developed using a sample of 2,005 participants from Lima, Peru, distributed by age, gender, and educational level.
Publication Date: 2017.
Acronym: ECO.
Scores, 23: 3 Validity Indices: Inconsistency, Positive Impression, Involvement; 20 competencies in 8 metacompetency categories: Intellectual (Analysis Capacity, Capacity to Solve Problems, Proactivity), Emotional (Self-Control, Capacity to Deal with Pressure), Social (Social Relationships, Collaboration, Effective Communication), Ethics (Values, Responsibility), Entrepreneur (Change Orientation, Enterprising, Creativity), Directive (Persuasion, Leadership, Teamwork), Administrative (Planning and Organization, Learning Capacity), High Performance (Achievement Orientation, Initiative) plus one total score for organizational metacompetence.
Administration: Individual or group.
Price Data, 2022: USD$59 per complete kit, including manual (2017, 113 pages) and 15 cards for online usage; USD$3.50 per individual card use; USD$32 per online card for 15 uses.
Time: 35 minutes.
Comments: Administered online.
Author: Juan José Kaneko Aguilar.
Publisher: Editorial El Manual Moderno, S.A. de C.V.
Spanish Components: All materials are in Spanish.
English Components: There are no materials in English.

[278e]

Evaluación de Comprensión de la Lectura.

Purpose: "Designed to assess the Spanish reading skills of native Spanish speakers living in the United States or anyone learning Spanish."
Origin: United States/Spanish and English.
Population: Adults.

Baremos: Esta prueba no es de referencia normativa.
Fecha de Publicación: 1994.
Puntuación: Puntacion total solamente.
Administración: Individual o colectiva.
Formularios, 2: 653, 654.
Precios, 2023: $20 por manual de administración (1994, 9 páginas, inglés) con plantillas de respuesta e información de calificación; $75 por 25 folletos de prueba (escoge formulario 653 o 654); $49 por 25 hojas de respuesta autocorregibles (escoge formulario 653 o 654).
Duración: Sin límite de tiempo; aproximadamente 50-60 minutos.
Autor: Comprehensive Adult Student Assessment System, Foundation for Educational Achievement, Inc.
Editorial: CASAS.
Componentes en Español: Los folletos de prueba y hojas de respuesta y sus instrucciones correspondientes son en español.
Componentes en Inglés: El manual es en inglés.

[279s]

Evaluación de Estilos de Trabajo.

Nombre Original: Working Styles Assessment (Psychological Assessment Resources).
Propósito: Diseñado como "una herramienta de autoaplicación, autocalificación y autointerpretación de exploración de carrera".
Procedencia: Estados Unidos (2014)/inglés.
Traducción/Adaptación: Después de la traducción del instrumento original al español de México, se retradujo la prueba y se condujo una evaluación de la equivalencia antes de generar la primera versión en español. Está versión se usó en una aplicación piloto. Los comentarios del proceso piloto se usó para crear una versión final.
Población: Edades 17 en adelante.
Baremos: Se han provisto baremos para la versión en español. Los baremos se desarrollaron utilizando una muestra de 198 participantes de la Ciudad de México, distribuidos por edad y género.
Fecha de Publicación: 2018.
Acrónimo: WSA.
Puntuación, 20: Logro, Iniciativa, Persistencia, Confianza en Sí Mismo, Liderazgo, Cooperación, Preocupación por Otros, Orientación Social, Autocontrol, Manejo del Estrés, Adaptabilidad, Cumplimiento, Atención a los Detalles, Integridad, Meticulosidad, Independencia, Innovación, Pensamiento Analítico, Elevación de Perfil, Diferenciación.
Administración: Individual o colectiva.
Precios, 2022: $56 por juego completo incluye manual (2018, 80 páginas) y tarjeta de 25 usos en línea; $3.50 por tarjeta uso individual; $48 por tarjeta de 25 usos electrónicos.
Duración: 40-50 minutos.

Norms: This test is not norm referenced.
Publication Date: 1994.
Score: Total score only.
Administration: Individual or group.
Forms, 2: 653, 654.
Price Data, 2023: $20 per administration manual (1994, 9 pages, English) with answer keys and scoring information; $75 per 25 test booklets (choose form 653 or 654); $49 per 25 self-scoring answer sheets (choose form 653 or 654).
Time: Untimed; approximately 50-60 minutes.
Author: Comprehensive Adult Student Assessment System, Foundation for Educational Achievement, Inc.
Publisher: CASAS.
Spanish Components: The test booklets and answer keys and their corresponding instructions are in Spanish.
English Components: The manual is in English.

[279e]

Evaluación de Estilos de Trabajo.

Original Name: Working Styles Assessment (Psychological Assessment Resources).
Purpose: Designed as a self-administered, self-scored, and self-interpreted career exploration tool.
Origin: United States (2014)/English.
Translation/Adaptation: After the translation of the original test to Mexican Spanish, the test was back-translated and tested for equivalency before creating the first version in Spanish. This version was used in a pilot test. Feedback from the piloting process was used to create the final version.
Population: Ages 17 and older.
Norms: Separate norms are provided with the version in Spanish. Norms were developed using a sample of 198 participants from Mexico City, distributed by age and gender.
Publication Date: 2018.
Acronym: WSA.
Scores, 20: Achievement, Initiative, Persistence, Confidence, Leadership, Cooperation, Concern for Others, Social Orientation, Self-Control, Stress Tolerance, Adaptability, Dependability, Attention to Detail, Integrity, Conscientiousness, Independence, Innovation, Analytical Thinking, Profile Elevation, Differentiation.
Administration: Individual or group.
Price Data, 2022: USD$56 per complete kit, including manual (2018, 80 pages) and card for 25 uses online; USD$3.50 per individual card use; USD$48 per online card for 25 uses.
Time: 40-50 minutes.

Comentarios: Se administra y califica en línea.
Autores: Melissa A. Messer y Heather Ureksoy.
Traductores/Adaptadores: Emmanuel Martínez Mejía e Investigación en Psicología Organizacional S.C.
Editorial: Editorial El Manual Moderno, S.A. de C.V.
Componentes en Español: Todos los materiales son en español.
Componentes en Inglés: No hay materiales en inglés en esta versión.

[280s]

Evaluación de Grado Medio y Alto.

Nombre Original: Graduate and Managerial Assessment (NFER-NELSON [ASE]).
Propósito: Diseñado para la evaluación del razonamiento verbal, numérico y abstracto en adultos con una formación de grado medio o superior.
Procedencia: Reino Unido (1985)/inglés.
Traducción/Adaptación: "Profesionales con larga experiencia en el diseño y adaptación de tests tradujeron completamente al español los tests verbal y numérico así como las instrucciones de la prueba no verbal, la abstracta". Posteriormente se aplicaron esas pruebas experimentales a un comité de profesionales y técnicos de la psicometría que identificaron ítems confusos, haciendo modificaciones cuando fuera necesario y desarrollando índices de dificultad. "Una vez concluidos los estudios anteriores se pasó a configurar cada test en función de la dificultad mostrada por sus elementos".
Población: Adultos con una formación de grado medio o superior.
Baremos: Se han provisto baremos para la adaptación española. "La tipificación de todos los tests del GMA con población española se llevó a cabo en 1998". Usaron muestras de varias cuantías representativas de la población propuesta: estudiantes grado medio o superior. El manual de 2011 incluye información sobre estudios adicionales hechos de 2006 a 2010, también utilizando muestras de varios tamaños (n = 594 a n = 3,417) para las pruebas y formularios diferentes.
Fechas de Publicación: 1999-2011.
Acrónimo: GMA.
Puntuación, 3: Numérico, Abstracto, Verbal.
Administración: Individual o colectiva.
Formularios: 2 formularios paralelos: A, B.
Precios, 2022: €210,19 por juego completo, incluye manual (2011; segunda edición, revisada y ampliada; 60 páginas), 5 cuadernillos, 25 hojas de respuestas de cada prueba; €68,37 por 10 cuadernillos (Abstracto/Verbal); €52,88 por 10 cuadernillos (Numérico); €35,39 por 25 hojas de respuestas (Abstracto/Numérico/Verbal).
Duración: (30) minutos cada prueba.
Autor: S. F. Blinkhorn.
Traductores/Adaptadores: Jaime Pereña (traducción de las pruebas y organización del proceso de

Comments: Administered and scored online.
Authors: Melissa A. Messer and Heather Ureksoy.
Translators/Adaptors: Emmanuel Martínez Mejía and Organizational Psychology Research, S.C.
Publisher: Editorial El Manual Moderno, S.A. de C.V.
Spanish Components: All materials are in Spanish.
English Components: There are no English materials in this version.

[280e]

Evaluación de Grado Medio y Alto.

Original Name: Graduate and Managerial Assessment (NFER-NELSON [ASE]).
Purpose: Designed to measure verbal, numerical, and abstract reasoning in adults at the undergraduate or graduate educational level.
Origin: United Kingdom (1985)/English.
Translation/Adaptation: Professionals with experience in the design and adaptation of tests translated all of the verbal and numeric tests to Spanish and translated the instructions for the nonverbal (abstract) test as well. These experimental tests were then administered to a committee of psychometric technicians and professionals who identified confusing items, modified wording when necessary, and developed difficulty indices. The team then arranged each test according to item difficulty.
Population: Adults at the undergraduate or graduate educational level.
Norms: Separate norms are provided for the Spanish adaptation. Norms were developed beginning in 1998, using samples of varying sizes that were reasonably representative of the intended population: graduate and undergraduate students. The 2011 manual includes information about additional studies done from 2006 to 2010, also using samples of varying sizes (n = 594 to n = 3,417) across the different tests and forms.
Publication Dates: 1999-2011.
Acronym: GMA.
Scores, 3: Numeric, Abstract, Verbal.
Administration: Individual or group.
Forms: 2 parallel forms: A, B.
Price Data, 2022: €210.19 per complete kit, including manual (2011; second edition, revised and extended; 60 pages), 5 booklets, and 25 response sheets per test; €68.37 per 10 booklets (Abstract/Verbal); €52.88 per 10 booklets (Numeric); €35.39 per 25 response sheets (Abstract/Numeric/Verbal).
Time: (30) minutes for each test.
Author: S. F. Blinkhorn.
Translators/Adaptors: Jaime Pereña (test translation and organization of the adaptation

adaptación), Nicolás Seisdedos, Sara Corral (revisiones), Antonio Pamos (redacción del manual y análisis estadístico) y el Departamento de Investigación y Desarrollo de TEA Ediciones.
Editorial: Hogrefe TEA Ediciones.
Componentes en Español: Todos los materiales son en español.
Componentes en Inglés: No hay materiales en inglés en esta versión.

process), Nicolás Seisdedos, Sara Corral (revisions), Antonio Pamos (manual and statistical analysis), and the TEA Ediciones Department of Research and Development.
Publisher: Hogrefe TEA Ediciones.
Spanish Components: All materials are in Spanish.
English Components: There are no English materials in this version.

[281s]

La Evaluación de Habilidades de Lenguaje y Aprendizaje Básicas–Revisada.

Nombre Original: The Assessment of Basic Language and Learning Skills–Revised.
Propósito: Diseñado a identificar "habilidades de lenguaje y otros campos que necesitan desarrollo para que el niño/a sea capaz de aprender a partir de sus experiencias cotidianas".
Procedencia: Estados Unidos (2006-2010)/inglés.
Traducción/Adaptación: No se provee información en los materiales de la prueba sobre el proceso de traducción/adaptación.
Población: Niños con autismo u otras discapacidades del desarrollo.
Baremos: Esta prueba no es de referencia normativa; es de referencia de criterio.
Fecha de Publicación: 2013.
Acrónimo: ABLLS-R.
Puntuación, 25: Habilidades Básicas del Estudiante (Cooperación y Eficacia de los Reforzadores, Desempeño Visual, Lenguaje Receptivo, Imitación Motor, Imitación Vocal, Pedidos, Nombrar, Intraverbales, Vocalizaciones Espontáneas, Sintaxis y Gramática, Recreo y Tiempo Libre, Interacción Social, Instrucción Grupal, Rutinas en la Aula, Respuestas Generalizadas), Habilidades Académicas (Leer, Matemáticas, Escribir, Ortografía), Habilidades de Autoayuda (Vestirse, Comer, Mantenimiento Personal, Higiene Personal e Ir al Baño), Habilidades de Motor (Motoras Gruesas, Motoras Finas).
Administración: Individual.
Precios, 2023: $64.95 por juego completo, incluyendo la guía (2013, 107 páginas) y el protocolo (2013, 128 páginas); $39.95 por guía; $39.95 por protocolo; descuentos de cantidad disponibles.
Duración: No se reportó el tiempo de administración.
Autor: James W. Partington.
Traductoras/Adaptadoras: Carlota Belloso Díaz y Lorena García Asenjo.
Editorial: Behavior Analysts, Inc.; distribuido por CentralReach.
Componentes en Español: Todos los materiales son en español.
Componentes en Inglés: No hay materiales en inglés en esta versión.

[281e]

La Evaluación de Habilidades de Lenguaje y Aprendizaje Básicas–Revisada.

Original Name: The Assessment of Basic Language and Learning Skills–Revised.
Purpose: Designed to identify language and other critical skills that are in need of intervention in order for a child to become more capable of learning from his or her everyday experiences.
Origin: United States (2006-2010)/English.
Translation/Adaptation: No information is provided in the test materials about the translation/adaptation process.
Population: Children with autism and other developmental disabilities.
Norms: This test is not norm referenced; it is criterion referenced.
Publication Date: 2013.
Acronym: ABLLS-R.
Scores, 25: Basic Learner Skills (Cooperation and Reinforcer Effectiveness, Visual Performance, Receptive Language, Motor Imitation, Vocal Imitation, Requests, Labeling, Intraverbals, Spontaneous Vocalizations, Syntax and Grammar, Play and Leisure, Social Interactions, Group Instruction, Classroom Routines, Generalized Responding), Academic Skills (Reading, Math, Writing, Spelling), Self-Help Skills (Dressing, Eating, Grooming, Toileting), Motor Skills (Gross Motor, Fine Motor).
Administration: Individual.
Price Data, 2023: $64.95 per complete kit, including guide (2013, 107 pages) and protocol (2013, 128 pages); $39.95 per guide; $39.95 per protocol; quantity discounts available.
Time: Administration time not reported.
Author: James W. Partington.
Translators/Adaptors: Carlota Belloso Díaz and Lorena García Asenjo.
Publisher: Behavior Analysts, Inc.; distributed by CentralReach.
Spanish Components: All materials are in Spanish.
English Components: There are no English materials in this version.

[282s]

Evaluación de la Comprensión Lectora [ECL].

Propósito: Diseñado como una "apreciación del nivel de comprensión lectora en escolares".
Procedencia: España/español.
Población: Edades 6-10.
Baremos: Los baremos se desarrollaron utilizando una muestra diversa de 1.159 escolares de los cursos primero a quinto de educación primaria que asistían a colegios públicos y privados de Madrid, Barcelona y Bilbao de nivel socioeconómico medio y medio-bajo.
Fechas de Publicación: 1999-2011.
Acrónimo: ECL.
Puntuación: Puntuación total solamente.
Administración: Individual o colectiva.
Niveles, 2: ECL-1 (Edades 6-8), ECL-2 (Edades 9-10).
Precios, 2022: €49,74 por juego completo de ECL-1, incluye manual (2011, cuarta edición, 23 páginas) y 25 ejemplares; €29,34 por 25 ejemplares de ECL-1; €65,26 por juego completo de ECL-2, incluye manual (2011, cuarta edición, 23 páginas) y 25 ejemplares; €49,01 por 25 ejemplares de ECL-2.
Duración: (30) minutos.
Comentarios: Una adaptación vasca con baremos está disponible también.
Autora: María Victoria de la Cruz.
Editorial: Hogrefe TEA Ediciones.
Componentes en Español: Todos los materiales son en español.
Componentes en Inglés: No hay materiales en inglés.

[282e]

Evaluación de la Comprensión Lectora [ECL].

Purpose: Designed to assess students' level of reading comprehension.
Origin: Spain/Spanish.
Population: Ages 6-10.
Norms: Norms were developed using a diverse sample of 1,159 children between first and fifth grade who attended public and private schools in Madrid, Barcelona, and Bilbao from low-middle to middle socioeconomic levels.
Publication Dates: 1999-2011.
Acronym: ECL.
Score: Total score only.
Administration: Individual or group.
Levels, 2: ECL-1 (Ages 6-8), ECL-2 (Ages 9-10).
Price Data, 2022: €49.74 per complete ECL-1 kit, including manual (2011, fourth edition, 23 pages) and 25 test booklets; €29.34 per 25 ECL-1 test booklets; €65.26 per complete ECL-2 kit, including manual (2011, fourth edition, 23 pages) and 25 test booklets; €49.01 per 25 ECL-2 test booklets.
Time: (30) minutes.
Comments: A Basque adaptation with norms is also available.
Author: María Victoria de la Cruz.
Publisher: Hogrefe TEA Ediciones.
Spanish Components: All materials are in Spanish.
English Components: There are no materials in English.

[283s]

Evaluación de la Comprensión Lectora [ECOMPLEC].

Propósito: Diseñado para la evaluación "la competencia lectora de los alumnos ante distintos tipos de textos, niveles de representación y tipos de comprensión".
Procedencia: España/español.
Población: Edades 9-15.
Baremos: Los baremos se desarrollaron utilizando una muestra con 1.545 participantes, 699 participantes para el ECOMPLEC-Pri y 846 participantes para el ECOMPLEC-Sec, distribuidos por curso y sexo.
Fecha de Publicación: 2012.
Acrónimo: ECOMPLEC.
Puntuación, 15: 5 escalas: Modelo Mental (MM), Base del Texto (BT), Texto Narrativo (N), Texto Expositivo (E), Texto Discontinuo (D); 6 subescalas: Modelo Mental Narrativo (MMn), Base del Texto Narrativo (BTn), Modelo Mental Expositivo (MMe), Base del Texto Expositivo (BTe), Modelo Mental

[283e]

Evaluación de la Comprensión Lectora [ECOMPLEC].

Purpose: Designed to assess the reading competence of students utilizing different types of texts, levels of representation, and types of comprehension.
Origin: Spain/Spanish.
Population: Ages 9-15.
Norms: Norms were developed using a sample of 1,545 participants, 699 participants for the ECOMPLEC-Pri and 846 participants for the ECOMPLEC-Sec, distributed by grade and gender.
Publication Date: 2012.
Acronym: ECOMPLEC.
Scores, 15: 5 scales: Mental Model (MM), Basis of Text (BT), Narrative Text (N), Expositive Text (E), Discontinuous Text (D); 6 subscales: Narrative Mental Model (MMn), Narrative Basis of Text (BTn), Expositive Mental Model (MMe), Expositive Basis of Text (BTe), Discontinuous Mental Model

Discontinuo (MMd), Base del Texto Discontinuo (BTd); 3 índices de asimetría: Asimetría Entre el Texto Narrativa y el Expositivo (N-E), Asimetría Entre el Texto Narrativa y el Discontinuo (N-D), Asimetría Entre el Texto Expositivo y el Discontinuo (E-D), más un Índice de Comprensión Lectora.
Administración: Individual o colectiva.
Niveles, 2: ECOMPLEC-Pri (Edades 9-11), ECOMPLEC-Sec (Edades 13-15).
Precios, 2022: €190 por juego completo primaria y secundaria, incluye manual (2012, 127 páginas), 10 cuadernillos primaria, 10 cuadernillos secundaria, 25 hojas de respuestas primaria, 25 hojas de respuestas secundaria y 2 PINs para 25 usos en línea; €134,34 por juego completo primaria o secundaria, incluye manual, 10 cuadernillos y juego de corrección; €53,72 por 10 cuadernillos primaria o secundaria; €31,41 por juego de corrección primaria o secundaria (25 hojas de respuesta y PIN para 25 usos en línea); €66,40 por manual en línea.
Duración: (60) minutos.
Autores: José A. León, Inmaculada Escudero y Ricardo Olmos.
Editorial: Hogrefe TEA Ediciones.
Componentes en Español: Todos los materiales son en español.
Componentes en Inglés: No hay materiales en inglés.

[284s]

Evaluación de la Insatisfacción con la Imagen Corporal.

Propósito: Diseñado como "evaluación de la insatisfacción con la imagen corporal y sus tres principales componentes: cognitivo-emocional, perceptivo y comportamental".
Procedencia: España/español.
Población: Edades 11 en adelante.
Baremos: Los baremos se desarrollaron utilizando dos muestras. La primera muestra fue compuesta de 538 mujeres españolas distribuidos por edad y relación con el trastorno (*n* = 406 sin patología alimentaria, *n* = 44 con patología alimentaria, *n* = 88 con riesgo de patología alimentaria). La segunda muestra fue compuesta de 352 varones españoles distribuidos por edad y relación con el trastorno (*n* = 298 sin patología alimentaria, *n* = 54 con riesgo de patología alimentaria).
Fecha de Publicación: 2010.
Acrónimo: IMAGEN.
Puntuación, 4: Cognitivo-Emocional, Perceptivo, Comportamental, Total.
Administración: Colectiva.
Precios, 2022: €66,40 por juego completo, incluye manual (2010, 48 páginas) y 25 ejemplares; €52,94 por 25 ejemplares.

(MMd), Discontinuous Basis of Text (BTd); 3 asymmetry indices: Asymmetry Between Narrative and Expositive Text (N-E), Asymmetry Between Narrative and Discontinuous Text (N-D), Asymmetry Between Expositive and Discontinuous Text (E-D), plus one Reading Comprehension Index.
Administration: Individual or group.
Levels, 2: ECOMPLEC-Pri (Ages 9-11), ECOMPLEC-Sec (Ages 13-15).
Price Data, 2022: €190 per complete primary and secondary kit, including manual (2012, 127 pages), 10 primary test booklets, 10 secondary test booklets, 25 primary response sheets, 25 secondary response sheets, and 2 PINS for 25 online uses; €134.34 per complete primary or secondary kit, including manual, 10 test booklets, and scoring kit; €53.72 per 10 primary or secondary test booklets; €31.41 per primary or secondary scoring kit (25 response sheets and a PIN for 25 online uses); €66.40 per online manual.
Time: (60) minutes.
Authors: José A. León, Inmaculada Escudero, and Ricardo Olmos.
Publisher: Hogrefe TEA Ediciones.
Spanish Components: All materials are in Spanish.
English Components: There are no materials in English.

[284e]

Evaluación de la Insatisfacción con la Imagen Corporal.

Purpose: Designed as an evaluation of body image satisfaction and its three principal components: cognitive-emotional, perceptive, and behavioral.
Origin: Spain/Spanish.
Population: Ages 11 and over.
Norms: Norms were developed using two samples. The first sample was composed of 538 Spanish women distributed by age and relationship with the disorder (*n* = 406 with no eating disorder, *n* = 44 with an eating disorder, *n* = 88 at risk for an eating disorder). The second sample was composed of 352 Spanish men distributed by age and relationship with the disorder (*n* = 298 with no eating disorder, *n* = 54 at risk for an eating disorder).
Publication Date: 2010.
Acronym: IMAGEN.
Scores, 4: Cognitive-Emotional, Perceptive, Behavioral, Total.
Administration: Group.
Price Data, 2022: €66.40 per complete kit, including manual (2010, 48 pages) and 25 test booklets; €52.94 per 25 test booklets.

Duración: (10) minutos.
Autores: Natalia Solano y Antonio Cano.
Editorial: Hogrefe TEA Ediciones.
Componentes en Español: Todos los materiales son en español.
Componentes en Inglés: No hay materiales en inglés.

[285s]

Evaluación de la Memoria Semántica en la Enfermedad de Alzheimer.

Nombre Original: Evaluación de la Memoria Semántica en la Demencia de Alzheimer (Departamento de Psicología Básica, Universidad Nacional de Educación a Distancia, Madrid).
Propósito: Diseñado para evaluar "las alteraciones semánticas presentes en la enfermedad de Alzheimer".
Procedencia: España (2000)/español.
Traducción/Adaptación: Se realizaron algunas adaptaciones lingüísticas y culturales, por ejemplo reemplazaron ciertos términos y se sustituyeron ítems y estímulos visuales.
Población: Edades 60 a 85.
Baremos: Se han provisto baremos con la adaptación para Argentina. Los baremos se desarrollaron utilizando una muestra con 177 participantes (*n* = 91 sin deterioro cognitivo, *n* = 86 con enfermedad de Alzheimer) de Buenos Aires, distribuidos por edad, sexo y nivel educativo.
Fecha de Publicación: 2015.
Acrónimo: EMSEA.
Puntuación, 8: Fluidez Verbal, Definición de Categorías Semánticas, Denominación de Dibujos, Reconocimiento de Atributos, Emparejamiento Palabra Oída/Dibujo, Verificación de la Verdad o Falsedad de Enunciados, Analogías Semánticas, Total.
Administración: Individual.
Precios, 2022: USD$12.90.
Duración: (45-90) minutos.
Autores: Herminia Peraita Adrados, M. J. González Labra, M. Galeote Moreno, M. L. Sánchez Bernardos.
Traductora/Adaptadora: Lina Grasso.
Editorial: Editorial Paidós.
Componentes en Español: Todos los materiales son en español.
Componentes en Inglés: No hay materiales en inglés.

[286s]

Evaluación de los Procesos de Escritura.

Propósito: Diseñado para evaluar "los principales procesos implicados en la escritura y la detección de errores".
Procedencia: España/español.
Población: Edades 8-15.

Time: (10) minutes.
Authors: Natalia Solano and Antonio Cano.
Publisher: Hogrefe TEA Ediciones.
Spanish Components: All materials are in Spanish.
English Components: There are no materials in English.

[285e]

Evaluación de la Memoria Semántica en la Enfermedad de Alzheimer.

Original Name: Evaluación de la Memoria Semántica en la Demencia de Alzheimer (Psychology Department, National University of Distance Education, Madrid).
Purpose: Designed to evaluate the semantic alterations present in Alzheimer's disease.
Origin: Spain (2000)/Spanish.
Translation/Adaptation: Some linguistic and cultural adaptations were made for test takers in Argentina, including changing certain terms and substituting items and visual stimuli.
Population: Ages 60 to 85.
Norms: Separate norms are provided with the adaptation for Argentina. Norms were developed using a sample of 177 participants (*n* = 91 without cognitive deterioration, *n* = 86 with Alzheimer's disease) from Buenos Aires, distributed by age, gender, and level of education.
Publication Date: 2015.
Acronym: EMSEA.
Scores, 8: Verbal Fluency, Definition of Semantic Categories, Picture Naming, Recognition of Attributes, Pairing Spoken Word with Drawing, Identifying True or False Statements, Semantic Analogies, Total.
Administration: Individual.
Price Data, 2022: USD$12.90.
Time: (45-90) minutes.
Authors: Herminia Peraita Adrados, M. J. González Labra, M. Galeote Moreno, M. L. Sánchez Bernardos.
Translator/Adaptor: Lina Grasso.
Publisher: Editorial Paidós.
Spanish Components: All materials are in Spanish.
English Components: There are no materials in English.

[286e]

Evaluación de los Procesos de Escritura.

Purpose: Designed to assess the main processes involved in writing and error detection.
Origin: Spain/Spanish.
Population: Ages 8-15.

Baremos: Los baremos se desarrollaron utilizando una muestra con 1.060 participantes, distribuidos por curso, tipo de centro escolar y sexo.
Fechas de Publicación: 2002-2004.
Acrónimo: PROESC.
Puntuación, 11: Dictado de Sílabas, Dictado de Palabras (Ortografía Arbitraria, Ortografía Reglada), Dictado de Pseudopalabras (Reglas Ortográficas, Total), Dictado de Frases (Acentos, Mayúsculas, Signos de Puntuación), Escritura de un Cuento, Escritura de una Redacción, Total.
Administración: Colectiva.
Formularios, 2: A, B.
Precios, 2022: €80,38 por juego completo, incluye manual (2004, segunda edición, 40 páginas), 25 hojas de respuestas A y 25 hojas de respuestas B; €67,76 por 25 hojas de anotación A y B.
Duración: (40-50) minutos.
Autores: Fernando Cuetos, José L. Ramos y Elvira Ruano.
Editorial: Hogrefe TEA Ediciones.
Componentes en Español: Todos los materiales son en español.
Componentes en Inglés: No hay materiales en inglés.

[287s]

Evaluación de Precurrentes Instrumentales para la Adquisición de la Lectoescritura, Segunda Edición.

Propósito: Diseñado para "detectar, antes, durante o después de iniciar el proceso de enseñanza de la lectoescritura, la situación del niño respecto a las habilidades que pueden facilitarlo".
Procedencia: México/español.
Población: Grados 2 a 3.
Baremos: Esta prueba no es de referencia normativa; es de referencia de criterio.
Fechas de Publicación: 1990-1999.
Acrónimo: FACILITO.
Puntuación, 17: Articulación de Palabras (Fonemas con Error), Imitación Vocal, Discriminación Visual (Tamaño, Forma, Ubicación, Conjuntos, Elementos de Conjunto), Expresión Oral (Denominación de Objetos, Descripción de Situaciones, Narración de Secuencias), Expresión Gráfica (Ilustración de Objetos, Ilustración de Situaciones, Ilustración de Secuencias), Trazo de Líneas (Líneas Rectas, Líneas Curvas), Imitación Gráfica de Secuencias de Líneas (Copia de Secuencia, Copia de Secuencia con Espacios Intermedios).
Administración: Individual o colectiva.
Precios, 2022: USD$110 por el juego completo incluye manual (1999, 67 páginas), protocolos, 15 hojas de respuesta, cuaderno de ejercicios discriminación visual 1, cuaderno de ejercicios discriminación visual

Norms: Norms were developed using a sample of 1,060 participants, distributed by grade level, type of school, and gender.
Publication Dates: 2002-2004.
Acronym: PROESC.
Scores, 11: Dictation of Syllables, Dictation of Words (Arbitrary Spelling, Ruled Spelling), Dictation of Pseudo-Words (Orthographic Rules, Total), Dictation of Sentences (Accents, Capital Letters, Punctuation Signs), Short Story Writing, Essay Writing, Total.
Administration: Group.
Forms, 2: A, B.
Price Data, 2022: €80.38 per complete kit, including manual (2004, second edition, 40 pages), 25 response sheets A, and 25 response sheets B; €67.76 per 25 record forms A and B.
Time: (40-50) minutes.
Authors: Fernando Cuetos, José L. Ramos, and Elvira Ruano.
Publisher: Hogrefe TEA Ediciones.
Spanish Components: All materials are in Spanish.
English Components: There are no materials in English.

[287e]

Evaluación de Precurrentes Instrumentales para la Adquisición de la Lectoescritura, Segunda Edición.

Purpose: Designed to detect, prior to, during, or after initiating the process of teaching literacy, the child's situation regarding the skills that can facilitate it.
Origin: Mexico/Spanish.
Population: Grades 2 to 3.
Norms: This test is not norm referenced; it is criterion referenced.
Publication Dates: 1990-1999.
Acronym: FACILITO.
Scores, 17: Word Articulation (Error with Phonemes), Vocal Imitation, Visual Discrimination (Shape, Form, Position, Combinations, Combination Elements), Oral Expression (Object Names, Description of Situations, Narration of Sequences), Graphic Expression (Object Illustration, Situation Illustration, Sequence Illustration), Line Tracing (Straight Lines, Curved Lines), Graphic Imitation of Line Sequences (Sequence Copying, Sequence Copying with Intermediate Spaces).
Administration: Individual or group.
Price Data, 2022: USD$110 per complete kit, including manual (1999, 67 pages), protocols, 15 response sheets, visual discrimination 1 exercise booklet, visual discrimination 2 exercise

2, cuaderno de ejercicios articulación de palabras, cuaderno de ejercicios expresión oral y escrita 1: trazos, cuaderno de ejercicios expresión oral y escrita 2: imitación gráfica y láminas.
Duración: 45 minutos.
Autora: Teresa Fuentes Navarro.
Editorial: Editorial El Manual Moderno, S.A. de C.V.
Componentes en Español: Todos los materiales son en español.
Componentes en Inglés: No hay materiales en inglés.

[288s]

Evaluación del Desarrollo de la Lectura K-6, Segunda Edición.

Nombre Original: Developmental Reading Assessment, Second Edition.
Propósito: Diseñado para ayudar a docentes en aulas bilingües y de dos idiomas a observar, registrar y evaluar de manera sistemática los cambios en el desempeño de los/las estudiantes que leen en español.
Procedencia: Estados Unidos/inglés.
Traducción/Adaptación: Se adaptaron y reconstruyeron (transadaptaron) los ítems del Developmental Reading Assessment (DRA, 1997) del inglés al español para la primera edición de la Evaluación del desarrollo de la lectura (EDL, 1997-1998) y luego se los analizaron para variación del idioma. Se revisaron las historias para reflejar un idioma más genérico culturalmente para proporcionar una comprensión lingüística más amplia de los dialectos del idioma español y luego se analizaron una segunda vez. El tercer paso fue revisar la gramática y ortografía en las historias; luego llevaron a cabo un estudio piloto; basado en este estudio, se hicieron revisiones adicionales. Las revisiones de la EDL comenzaron en 2005, seguidas de estudios piloto por parte de 85 docentes bilingües de todo los Estados Unidos que hicieron conferencias con estudiantes bilingües. Se hicieron las revisiones y adiciones menores resultantes a los texto y formularios de evaluación en la EDL2+.
Población: Estudiantes de Grados K–6 en aulas bilingües, de dos idiomas y de inmersión que son hispanohablantes nativos o que están aprendiendo el español.
Baremos: Esta prueba no es de referencia normativa.
Fecha de Publicación: 2007.
Acrónimo: EDL2+.
Administración: Individual.
Precios, 2023: $534.10 por juego impreso completo incluye la guía de recursos para el maestro (2007, 159 páginas), la guía para el maestro de la evaluación para verificar el progreso (2007, 127 páginas), la guía para el maestro del análisis de palabras (2014, 192 páginas), el libro de evaluación para estudiantes del análisis de palabras, el cuadernillo de hojas reproducibles, hojas

booklet, word articulation exercise booklet, oral and written expression 1: traces exercise booklet, oral and written expression 2: graphic imitation exercise booklet and laminates.
Time: 45 minutes.
Author: Teresa Fuentes Navarro.
Publisher: Editorial El Manual Moderno, S.A. de C.V.
Spanish Components: All materials are in Spanish.
English Components: There are no materials in English.

[288e]

Evaluación del Desarrollo de la Lectura K-6, Segunda Edición.

Original Name: Developmental Reading Assessment, Second Edition.
Purpose: Designed to "help teachers in bilingual and dual-language classrooms to systematically observe, record, and evaluate changes in the performance of students reading in Spanish."
Origin: United States/English.
Translation/Adaptation: Items from the Developmental Reading Assessment (DRA, 1997) were adapted or reconstructed (transadapted) from English to Spanish for the first edition of the Evaluación del desarrollo de la lectura (EDL, 1997-1998) and reviewed for language variation. The stories were revised to reflect a more culturally generic language to provide a broader linguistic understanding across Spanish-language dialects and then sent out for a second review. The third step was to review the stories for grammar and spelling; they were then sent out for field testing, and further revisions were made based on that feedback. Revisions of the EDL began in 2005, followed by field testing by 85 bilingual teachers from across the United States who conducted conferences with bilingual students. The resulting minor revisions and additions were made to the Benchmark Assessment Books and forms in the EDL2+.
Population: Students in Grades K-6 in bilingual, dual-language, and immersion classrooms who are native Spanish speakers or are learning Spanish.
Norms: This test is not norm referenced.
Publication Date: 2007.
Acronym: EDL2+.
Administration: Individual.
Price Data, 2023: $534.10 per complete print kit including Teacher's Guide (2007, 159 pages), Progress Monitoring Assessment Teacher Guide (2007, 127 pages), Word Analysis Teacher Guide (2014, 192 pages), Word Analysis Student Assessment Book, reproducible blackline masters, reproducible forms

reproducibles en línea, 47 textos de evaluación, 30 carpetas de evaluación para estudiantes, una tarjeta de proceso general de evaluación, una tablilla con cronómetro y calculadora, DVD de entrenamiento y 48 carpetas de archivo colgantes en una caja organizadora; $182.70 por juego de evaluación para verificar el progreso.

Comentarios: En entornos bilingües y de dos idiomas, el uso de EDL2+ y DRA3 puede proporcionar a los/las docentes información de lectura en el primer y segundo idioma para ayudar a informar sobre la transición de las habilidades de alfabetización de un idioma a otro; se puede administrar y calificar con papel y lápiz o en línea.

Autores: Joetta M. Beaver y Mark A. Carter.

Traductoras/Adaptadoras: Olivia A. Ruiz y Vivian M. Cuesta.

Editorial: Pearson.

Componentes en Español: Las indicaciones verbales dirigidas a estudiantes, instrucciones escritos para estudiantes y respuestas aceptables son en español. Los textos de evaluación son en español. Los continuos de puntuación y formularios de enfoque para instrucción están disponibles en español en línea como PDFs imprimibles.

Componentes en Inglés: Las guías de observación para el maestro y las instrucciones de administración y calificación para los maestros son en inglés.

a) EVALUACIÓN.

Propósito: Diseñado para ayudar a docentes a determinar el nivel de lectura independiente de cada estudiante e identificar lo que el estudiante necesita aprender a continuación.

Niveles: 21 niveles en 6 etapas: Emergente, Temprano, Transicional, Ampliado, Intermedio, Secundario.

Puntuación: Se registran los puntajes en un continuo de categorías de puntuación (Emergente/Intervención, Desarrollo/Instrucción, Independiente, Avanzado) en tres áreas: Compromiso de Lectura, Fluidez de Lectura Oral, Conceptos del Lenguaje Impreso (Niveles A-3), Comprensión (Niveles 4-60).

Duración: 35-45 minutos para completar el cuadernillo estudiantil; en general, docentes pueden fácilmente evaluar dos estudiantes en un día.

Comentarios: Se puede usar anualmente o semianualmente para monitorear y documentar cambios a lo largo del tiempo en la lectura de los estudiantes; se puede usar con más frecuencia con lectores con dificultades para asegurar un progreso continuo.

b) EVALUACIÓN PARA VERIFICAR EL PROGRESO.

Propósito: Diseñado para ayudar a docentes a monitorear el progreso de lectores con dificultades.

Población: Lectores en riesgo en Grado 1 a Grado 6.

Niveles: 17 niveles en 6 grados: Grado 1, Grado 2, Grado 3, Grado 4, Grado 5, Grado 6.

Puntuación: Se registran los puntajes en un continuo de Emergente, Desarrollar, Independiente, Avanzado en Fluidez de Lectura Oral, Comprensión, Vocabulario, Lectura de Palabras.

available online, 47 benchmark assessment books, 30 student assessment folders, assessment procedures overview card, clipboard with timer and calculator, training DVD, and 48 hanging file folders in an organizer box; $182.70 per progress monitoring bundle.

Comments: In bilingual and dual-language settings, using both EDL2+ and DRA3 can provide teachers with first- and second-language reading information to help inform teachers on the transition of literacy skills from one language to another; can be administered and scored with paper and pencil or online.

Authors: Joetta M. Beaver and Mark A. Carter.

Translators/Adaptors: Olivia A. Ruiz and Vivian M. Cuesta.

Publisher: Pearson.

Spanish Components: Verbal prompts spoken to students, written instructions for students, and acceptable answers are in Spanish. Benchmark Assessment books are in Spanish. Scoring continuums and Focus for Instruction forms are available in Spanish online as printable PDFs.

English Components: The Teachers Observation Guides and administration and scoring instructions for teachers are in English.

a) BENCHMARK ASSESSMENT.

Purpose: Designed to "help teachers determine each student's independent reading level and identify what the student needs to learn next."

Levels: 21 levels in 6 stages: Emerging, Early, Transitional, Extending, Intermediate, Middle School.

Scores: Scores recorded on a continuum of scoring categories (Emerging/Intervention, Developing/Instructional, Independent, Advanced) in three areas: Reading Engagement, Oral Reading Fluency, Printed Language Concepts (Levels A-3), Comprehension (Levels 4-60).

Time: 35-45 minutes to complete the Student Booklet portion; generally teachers can comfortably assess two students a day.

Comments: Can be used on a semi-annual or annual basis to monitor and document changes over time in students' reading; may be used more frequently with struggling readers to ensure continued progress.

b) PROGRESS MONITORING ASSESSMENT.

Purpose: Designed to help teachers monitor the progress of struggling readers.

Population: At-risk readers in Grade 1 through Grade 6.

Levels: 17 levels across 6 grades: Grade 1, Grade 2, Grade 3, Grade 4, Grade 5, Grade 6.

Scores: Scores recorded on a contiuum of Emerging, Developing, Independent, Advanced in Oral Reading Fluency, Comprehension, Vocabulary, Word Reading.

Duración: Menos de 3 minutos para leer cada evaluación.
Comentarios: Se puede administrar cada 2-3 semanas; diseñado para usarse con el componente de evaluación del EDL2+; se administran todas las evaluaciones oralmente.
c) ANÁLISIS DE PALABRAS.
Propósito: "Una evaluación diagnóstica que brinda a los docentes de aula y de lectura un medio sistemático para observar cómo los lectores emergentes y con dificultades en español prestan atención y trabajan con los diversos componentes de las palabras habladas y escritas.
Población: Estudiantes que están aprendiendo a leer en español y que son lectores emergentes en Kindergarten y el comienzo del Grado 1, lectores con dificultades en la segunda mitad del Grado 1 al Grado 3 que están leyendo por debajo del nivel del grado y estudiantes en los Grados 4, 5 y 6 que tienen un texto EDL nivel de 38 o menos.
Fecha de Publicación: 2014.
Puntuación: 30 tareas en 5 áreas: Conocimiento Fonológico, Metalenguaje, Reconocimiento de Letras/Palabras de Frecuencia Alta, Fonética, Análisis de Estructura y Silabeo.
Duración: 2–3 minutos cada tarea de evaluación.
Comentarios: Se puede usarse con la primera o segunda edición del EDL; debe administrarse en la parte primera del año escolar después de administrar el EDL.

[289s]

Evaluación Diagnóstica de la Comprensión Lectora.

Propósito: Diseñado para evaluar y detectar dificultades en la comprensión lectora.
Procedencia: España/español.
Población: Edades 7 a 11.
Baremos: Los baremos se desarrollaron utilizando una muestra con 1.008 estudiantes, distribuidos por edad, género, curso, región geográfica en España (norte, centro, este, sur) y centro educativo (público, concertado).
Fecha de Publicación: 2020.
Acrónimo: EDICOLE.
Puntuación, 5: Escala de Validez, Conocimientos, Representación Textual, Integración, Índice de Comprensión Lector.
Administración: Individual o colectiva.
Precios, 2022: €56,77 por juego completo, incluyendo manual (2020, 73 páginas) y juego de corrección; €29,91 por juego de corrección, incluye 25 ejemplares y PIN para 25 usos en línea.
Duración: Aproximadamente 15-20 minutos.
Comentarios: Se aplica en línea o con papel y lápiz; se corrige en línea.
Autores: Isabel Gómez-Veiga, Juan A. García-Madruga, Elena Pérez-Hernández, Isabel Orjales-Villar, Carmen López-Escribano, Gonzalo Duque de Blas y David J. Francis.
Editorial: Hogrefe TEA Ediciones.

Time: Less than 3 minutes for the student to read each assessment.
Comments: Can be administered every 2-3 weeks; designed to be used with the EDL2+ benchmark assessment; all assessments administered orally.
c) WORD ANALYSIS.
Purpose: "A diagnostic assessment that provides classroom and reading teachers with a systematic means to observe how struggling and emerging readers Spanish attend to and work with the various components of spoken and written words."
Population: Students learning to read Spanish who are emerging readers in Kindergarten and beginning Grade 1, struggling readers in the latter half of Grade 1 through Grade 3 who are reading below grade level, and students in Grades 4, 5, and 6 who have an EDL text level of 38 or below.
Publication Date: 2014.
Scores: 30 tasks in 5 strands: Phonological Awareness, Metalanguage, Letter/High-Frequency Word Recognition, Phonics, Structural Analysis and Syllabication.
Time: 2–3 minutes for each assessment task.
Comments: Can be used with the first or second edition of the EDL; should be administered during the first part of the school year after administering the EDL.

[289e]

Evaluación Diagnóstica de la Comprensión Lectora.

Purpose: Designed to evaluate and detect reading comprehension difficulties.
Origin: Spain/Spanish.
Population: Ages 7 to 11.
Norms: Norms were developed using a sample of 1,008 students, distributed by age, gender, grade, region in Spain (north, central, east, south), and type of school (public, private).
Publication Date: 2020.
Acronym: EDICOLE.
Scores, 5: Validity Scale, Knowledge, Textual Representation, Integration, Reading Comprehension Index.
Administration: Individual or group.
Price Data, 2022: €56.77 per complete kit, including manual (2020, 73 pages) and scoring kit; €29.91 per scoring kit, including 25 test booklets and PIN for 25 uses online.
Time: Approximately 15-20 minutes.
Comments: Administered online or with paper and pencil; scored online.
Authors: Isabel Gómez-Veiga, Juan A. García-Madruga, Elena Pérez-Hernández, Isabel Orjales-Villar, Carmen López-Escribano, Gonzalo Duque de Blas, and David J. Francis.
Publisher: Hogrefe TEA Ediciones.

Componentes en Español: Todos los materiales son en español.
Componentes en Inglés: No hay materiales en inglés.

[290s]

Evaluación Factorial de las Aptitudes Intelectuales.

Propósito: Diseñado como evaluación de "la capacidad actual para resolver ágilmente problemas de diverso tipo, mantener una adecuada flexibilidad intelectual y realizar procesos lógicos de deducción e inducción".
Procedencia: España/español.
Población: Edades 7 en adelante.
Baremos: Los baremos se desarrollaron utilizando dos muestras: La primera muestra fue compuesta de 10.088 niños y adolescentes de varios centros educativos y regiones en España, distribuidos por edad, género, curso escolar, tipo de escuela (concertado/privado o público), localidad (rural, intermedio, o urbano) y nivel socioeconómico. La segunda muestra fue compuesta de 13.705 adultos de población general de varias regiones en España, distribuidos por género, edad y profesión (Nivel 3)/nivel educativo (Nivel 4).
Fechas de Publicación: 2005-2018.
Acrónimo: EFAI.
Puntuación, 13: Inteligencia General, Inteligencia Verbal, Inteligencia No Verbal, Aptitud Espacial, Aptitud Numérica, Razonamiento Abstracto, Aptitud Verbal y Memoria, más 2 puntuaciones del estilo de respuesta (Rapidez, Eficacia) y 3 puntuaciones de percepción del sujeto de la prueba (Presencia de Factores Negativos, Expectativas de Resultados, Discrepancia).
Administración: Individual o colectiva.
Niveles, 4: Para distintos niveles de educación con dificultad creciente.
Precios, 2022: €182,54 por juego completo nivel 1, incluye manual (2018; tercera edición, revisada y ampliada; 349 páginas), 25 ejemplares y hojas de memoria, 25 hojas de información y 25 hojas de corrección; €139,29 por juegos completos niveles 2/3/4; €148,23 por nivel 1 ejemplar y 25 hojas de memoria; €65,58 por 10 cuadernillos y hojas de memoria niveles 2/3/4; €13,61 por 25 hojas de corrección nivel 1; €27,53 por 25 hojas de respuestas niveles 2/3/4; €13,01 por 25 hojas de información nivel 1/2/3/4; €79,59 por manual en línea.
Duración: 35-90 minutos.
Comentarios: Versión catalán disponible.
Autores: Pablo Santamaría, David Arribas, Jaime Pereña y Nicolás Seisdedos.
Editorial: Hogrefe TEA Ediciones.
Componentes en Español: Todos los materiales son en español.
Componentes en Inglés: No hay materiales en inglés.

Spanish Components: All materials are in Spanish.
English Components: There are no materials in English.

[290e]

Evaluación Factorial de las Aptitudes Intelectuales.

Purpose: Designed to evaluate the current capacity to easily solve diverse problems, maintain adequate intellectual flexibility, and perform logical processes of deduction and induction.
Origin: Spain/Spanish.
Population: Ages 7 and older.
Norms: Norms were developed using two samples. The first sample was composed of 10,088 children and adolescents from various schools and regions in Spain, distributed by age, gender, grade, type of school (charter/private or public), locality (rural, suburban, urban), and socioeconomic level. The second sample was composed of 13,705 adults from the general population of various regions in Spain, distributed by gender, age, and profession (Level 3)/educational level (Level 4).
Publication Dates: 2005-2018.
Acronym: EFAI.
Scores, 13: General Intelligence, Verbal Intelligence, Nonverbal Intelligence, Spatial Aptitude, Numerical Aptitude, Abstract Reasoning, Verbal Aptitude, and Memory, plus 2 response style scores (Rapidity, Efficacy) and 3 subject's perception of the test scores (Presence of Negative Factors, Result Expectations, Discrepancy).
Administration: Individual or group.
Levels, 4: For different levels of education with increasing difficulty.
Price Data, 2022: €182,54 per complete level 1 kit, including manual (2018; third edition, revised and extended; 349 pages), 25 booklets and memory sheets, 25 information sheets, and 25 scoring sheets; €139,29 per complete level 2/3/4 kits; €148,23 per level 1 booklet and 25 memory sheets; €65,58 per 10 level 2/3/4 booklets and memory sheets; €13,61 per 25 level 1 scoring sheets; €27,53 per 25 level 2/3/4 response sheets; €13,01 per 25 level 1/2/3/4 information sheets; €79,59 per online manual.
Time: 35-90 minutes.
Comments: A Catalan version is available.
Authors: Pablo Santamaría, David Arribas, Jaime Pereña, and Nicolás Seisdedos.
Publisher: Hogrefe TEA Ediciones.
Spanish Components: All materials are in Spanish.
English Components: There are no materials in English.

[291s]

Evaluación Global de Estrés Postraumático [DSM-5].

Propósito: Diseñado para "la evaluación de la sintomatología postraumática y diagnóstico del trastorno del estrés postraumático (TEPT) en víctimas adultas de distintos acontecimientos traumáticos".
Procedencia: España/español.
Población: Edades 18 en adelante.
Baremos: Los baremos se desarrollaron utilizando una muestra con 165 participantes que habían vivido, presenciado o tenido conocimiento de un acontecimiento traumático acaecido al menos un mes antes de la evaluación, distribuidos por edad y sexo.
Fecha de Publicación: 2017.
Acrónimo: EGEP-5.
Puntuación, 7: Exposición a Acontecimiento Traumatico, Síntomas Intrusivos, Evitación, Alteraciones Cognitivas y del Estado de Ánimo, Alteraciones en la Activación y Reactividad, Duración, Funcionamiento.
Administración: Individual.
Precios, 2022: €76,42 por juego completo, incluye manual (2017, 111 páginas) y juego de corrección; €40,68 por juego de corrección (25 ejemplares, 25 hojas de corrección y PIN para 25 usos en línea).
Duración: (30) minutos.
Comentarios: El manual de la prueba introduce un capítulo sobre la validación de las puntuaciones del EGEP-5 con una muestra colombiana; baremos colombianos están disponibles también.
Autoras: María Crespo, María del Mar Gómez y Carmen Soberón.
Editorial: Hogrefe TEA Ediciones.
Componentes en Español: Todos los materiales son en español.
Componentes en Inglés: No hay materiales en inglés.

[292s]

Evaluación Inicial para Estudiantes con Aptitudes Sobresalientes (Educación Primaria y Secundaria).

Nombre Original: Screening Assessment for Gifted Elementary and Middle School Students, Second Edition (PRO-ED).
Propósito: Diseñado para identificar a los estudiantes dotados en los estudios y el razonamiento.
Procedencia: Estados Unidos (2001)/inglés.
Traducción/Adaptación: Los adaptadores intentaron preservar intactas las características esenciales del instrumento original mientras identificar contenidos que pudiesen ser objetables por causa de sesgo cultural. Expertos revisores técnicos estudiaron el contenido traducido para asegurar la exactitud e idoneidad cultural, además de compararla contra los

[291e]

Evaluación Global de Estrés Postraumático [DSM-5].

Purpose: Designed as an assessment of posttraumatic symptomatology and diagnosis of posttraumatic stress disorder (PTSD) in adult victims of diverse traumatic events.
Origin: Spain/Spanish.
Population: Ages 18 and over.
Norms: Norms were developed using a sample of 165 participants who had experienced, witnessed, or been aware of a traumatic event occurring at least a month before the evaluation, distributed by age and gender.
Publication Date: 2017.
Acronym: EGEP-5.
Scores, 7: Exposure to Traumatic Event, Intrusive Symptoms, Avoidance, Cognitive and Mood Changes, Changes in Initiative and Reactivity, Duration, Functioning.
Administration: Individual.
Price Data, 2022: €76.42 per complete kit, including manual (2017, 111 pages) and scoring kit; €40.68 per scoring kit (25 booklets, 25 scoring sheets, and PIN for 25 online uses).
Time: (30) minutes.
Comments: The test manual includes a chapter on validation of EGEP-5 scores with a Colombian sample; Colombian norms are also available.
Authors: María Crespo, María del Mar Gómez, and Carmen Soberón.
Publisher: Hogrefe TEA Ediciones.
Spanish Components: All materials are in Spanish.
English Components: There are no materials in English.

[292e]

Evaluación Inicial para Estudiantes con Aptitudes Sobresalientes (Educación Primaria y Secundaria).

Original Name: Screening Assessment for Gifted Elementary and Middle School Students, Second Edition (PRO-ED).
Purpose: Designed to identify students who are gifted in academics and reasoning.
Origin: United States (2001)/English.
Translation/Adaptation: The adaptors sought to preserve the essential characteristics of the original instrument while also identifying content that might be culturally objectionable. The technical editors examined the translated content to ensure accuracy and cultural appropriateness and then compared the curriculum

planes de estudio en México de las áreas académicas que abordan las subescalas.
Población: Edades 5 a 14.
Baremos: Se han provisto baremos con la adaptación al español. Los baremos se desarrollaron utilizando una muestra de 1,402 participantes mexicanos de la población general, distribuidos por localización geográfica, género, edad, grado escolar y tipo de escuela. La muestra para la validación incluyó a 47 participantes mexicanos con aptitudes sobresalientes, distribuidos por género, edad, grado escolar, tipo de escuela y localización geográfica.
Fecha de Publicación: 2003.
Acrónimo: SAGES-2.
Puntuación, 3: Matemáticas/Ciencias Naturales, Lengua y Literatura/Ciencias Sociales, Razonamiento.
Administración: Colectiva.
Precios, 2022: USD$93 por juego completo incluyendo manual (2003, 167 páginas), plantilla de calificación, formularios de calificación y cuadernillos de respuestas.
Duración: 30–45 minutos.
Comentarios: "En esta edición se han combinado dos pruebas publicadas con anterioridad, la Screening Assessment for Gifted Elementary Students (SAGES; Evaluación Inicial para Estudiantes de Educación Elemental con Aptitudes Sobresalientes, 1987) y la Screening Assessment for Gifted Elementary Students-Primary (SAGES-P; Evaluación Inicial para Estudiantes de Educación Elemental-Primaria, 1992)".
Autoras: Susan K. Johnsen y Anne L. Corn.
Traductores/Adaptadores: José Alberto Jiménez Tapia, Pedro Sánchez Escobedo y Guadalupe Acle Tomasini.
Editorial: Editorial El Manual Moderno, S.A. de C.V.
Componentes en Español: Todos los materiales son en español.
Componentes en Inglés: No hay materiales en inglés en esta versión.

[293s]

Evaluación Neuropsicológica de las Funciones Ejecutivas en Niños.

Propósito: Diseñado como "evaluación del nivel de madurez y del rendimiento cognitivo en actividades relacionadas con las funciones ejecutivas".
Procedencia: España/español.
Población: Edades 6-12.
Baremos: Los baremos se desarrollaron utilizando una muestra con 837 participantes, distribuidos por edad y sexo, razonablemente representativos de la población escolar de Madrid en términos de posición socioeconómica.
Fecha de Publicación: 2009.
Acrónimo: ENFEN.

in Mexico with the academic areas addressed in the subscales.
Population: Ages 5 to 14.
Norms: Separate norms are provided with the Spanish adaptation. Norms were developed using a sample of 1,402 Mexican participants, distributed by geographical location, gender, age, grade level, and type of school. The validation sample included 47 Mexican participants deemed to be gifted students, distributed by gender, age, grade, type of school, and geographical location.
Publication Date: 2003.
Acronym: SAGES-2.
Scores, 3: Mathematics/Natural Sciences, Language and Literature/Social Sciences, Reasoning.
Administration: Group.
Price Data, 2022: USD$93 for complete kit, including manual (2003, 167 pages), scoring transparency, scoring forms, and response booklets.
Time: 30–45 minutes.
Comments: This edition combines two previously published tests, the Screening Assessment for Gifted Elementary Students (SAGES; Evaluación Inicial para Estudiantes de Educación Elemental con Aptitudes Sobresalientes, 1987) and the Screening Assessment for Gifted Elementary Students-Primary (SAGES-P; Evaluación Inicial para Estudiantes de Educación Elemental-Primaria, 1992).
Authors: Susan K. Johnsen and Anne L. Corn.
Translators/Adaptors: José Alberto Jiménez Tapia, Pedro Sánchez Escobedo, and Guadalupe Acle Tomasini.
Publisher: Editorial El Manual Moderno, S.A. de C.V.
Spanish Components: All materials are in Spanish.
English Components: There are no English materials in this version.

[293e]

Evaluación Neuropsicológica de las Funciones Ejecutivas en Niños.

Purpose: Designed to evaluate maturity level and cognitive performance in activities related to executive functions.
Origin: Spain/Spanish.
Population: Ages 6-12.
Norms: Norms were developed using a sample of 837 participants, distributed by age and gender, reasonably representative of the school population of Madrid in terms of socioeconomic status.
Publication Date: 2009.
Acronym: ENFEN.

Puntuación, 6: Fluidez Fonológica, Fluidez Semántica, Sendero Gris, Sendero a Color, Anillas, Interferencia.
Administración: Individual.
Partes, 4: Fluidez, Senderos, Anillas, Interferencia.
Precios, 2022: €214,36 por juego completo, incluye manual (2009, 115 páginas), 25 cuadernillos de anotación y senderos y cuaderno de estímulos; €105,88 por 25 cuadernillos de anotación y senderos.
Duración: (20) minutos.
Autores: José Antonio Portellano, Rosario Martínez y Lucía Zumárraga.
Editorial: Hogrefe TEA Ediciones.
Componentes en Español: Todos los materiales son en español.
Componentes en Inglés: No hay materiales en inglés.

Scores, 6: Phonological Fluency, Semantic Fluency, Gray Trail, Color Trail, Rings, Interference.
Administration: Individual.
Parts, 4: Fluidity, Trails, Rings, Interference.
Price Data, 2022: €214.36 per complete kit, including manual (2009, 115 pages), 25 record booklets and trail making manipulatives, and stimulus book; €105.88 per 25 record forms and trail making manipulatives.
Time: (20) minutes.
Authors: José Antonio Portellano, Rosario Martínez, and Lucía Zumárraga.
Publisher: Hogrefe TEA Ediciones.
Spanish Components: All materials are in Spanish.
English Components: There are no materials in English.

[294s]

Evaluación Neuropsicológica Infantil–Preescolar.

Propósito: Diseñado para la "detección de alteraciones cerebrales en habilidades cognitivas, motoras, lingüísticas y conductuales".
Procedencia: México, Colombia y Guatemala/español.
Población: Edades 2-6 a 5-11.
Baremos: Los baremos se desarrollaron utilizando una muestra con 643 preescolares, distribuidos por género, edad, escolaridad del padre y madre, composición familiar y país (México *n* = 473, Colombia *n* = 115, Guatemala *n* = 55).
Fecha de Publicación: 2021.
Acrónimo: ENI-P.
Niveles, 2: Edades 2-6 a 3-5; edades 3-6 a 5-11.
Administración: Individual.
Precios, 2022: USD$328 por juego completo, incluyendo manual (2021, 292 páginas), cuestionario para padres, historia clínica, libretas de estímulos I y II, cuadernillo de respuestas, cuadernillo de puntuaciones y manipulativos.
Duración: Aproximadamente 3 horas.
Comentarios: "El diseño de esta prueba permite realizar a la vez un análisis cualitativo y otro cuantitativo de las ejecuciones de cada caso".
Autoras: Esmeralda Matute, Mónica Rosselli, Beatriz Beltrán-Navarro y Alfredo Ardila.
Editorial: Editorial El Manual Moderno, S. A. de C. V.
Componentes en Español: Todos los materiales son en español.
Componentes en Inglés: No hay materiales en inglés.

a) EDADES 2-6 A 3-5.

Puntuación: 51 tareas y 19 dominios cognitivos en 5 escalas de índice: Funciones Receptivas (Percepción Visual

[294e]

Evaluación Neuropsicológica Infantil–Preescolar.

Purpose: Designed for the detection of brain alterations in cognitive, motor, linguistic, and behavioral skills.
Origin: Mexico, Colombia, and Guatemala/Spanish.
Population: Ages 2-6 to 5-11.
Norms: Norms were developed using a sample of 643 children, distributed by gender, age, parental education level, family makeup, and country (Mexico *n* = 473, Colombia *n* = 115, Guatemala *n* = 55).
Publication Date: 2021.
Acronym: ENI-P.
Levels, 2: Ages 2-6 to 3-5; ages 3-5 to 5-11.
Administration: Individual.
Price Data, 2022: USD$328 per complete kit, including manual (2021, 292 pages), parent questionnaire, clinical history, stimulus booklets I and II, answer booklet, scoring booklet, and manipulatives.
Time: Approximately 3 hours.
Comments: The test is designed to allow both a qualitative and quantitative analysis of the performance of each task.
Authors: Esmeralda Matute, Mónica Rosselli, Beatriz Beltrán-Navarro, and Alfredo Ardila.
Publisher: Editorial El Manual Moderno, S. A. de C. V.
Spanish Components: All materials are in Spanish.
English Components: There are no English materials.

a) AGES 2-6 TO 3-5.

Scores: 51 tasks and 19 cognitive domains in 5 index scales: Receptive Functions (Visual and

y Auditiva [Imágenes, Sonido-Objeto], Percepción Táctil [Objeto-Objeto, Identificación con Mano Derecho, Identificación con Mano Izquierda], Lenguaje Receptivo [Comprensión, Instrucciones, Designación]), Funciones Expresivas (Motricidad Fina [Pijas-Mano Preferida, Pijas-Mano No Preferida, Pijas-Ambas Manos, Tablero], Praxias [Praxia Facial, Praxia Manual], Habilidades Construccionales [Cubos], Habilidades Gráficas [Copia de Figuras, Figura Humana], Motricidad Gruesa [Motricidad-Piernas, Motricidad-Brazos], Lenguaje Expresivo [Datos Personales, Denominación, Juego, Fluidez, Repetición]), Funciones Básicas (Memoria Fase de Codificación [Secuencia Visual, Secuencia Verbal], Memoria Diferida [Secuencia Visual Diferida, Secuencia Verbal Diferida], Atención [Tachado, Ritmo]), Funciones de Procesamiento (Razonamiento [Términos Espaciales, Estrellas, Contrastes, Clasificación], Habilidades Matemáticas [Estimación de Cantidades, Conteo, Pequeños Colecciones, Subitización, Cálculo], Habilidades Prelectoras [Escritura de Nombre, Sílabas, Rima, Sonido Inicial, Habilidad de Denominación]), Funciones Ejecutivas (Flexibilidad Cognitiva [Interferencia, Categorización], Control Inhibitorio [Estatua, Estatua Sentada, Regalo], Memoria Operativa [Señalamiento], Teoría de la Mente [Creencias]).

b) EDADES 3-6 A 5-11.

Puntuación: 57 tareas y 20 dominios cognitivos en 5 escalas de índice: Funciones Receptivas (Percepción Visual y Auditiva [Imágenes, Sonido-Objeto], Percepción Táctil [Objeto-Objeto, Identificación con Mano Derecho, Identificación con Mano Izquierda], Lenguaje Receptivo [Comprensión, Instrucciones, Designación]), Funciones Expresivas (Motricidad Fina [Pijas-Mano Preferida, Pijas-Mano No Preferida, Pijas-Ambas Manos, Tablero], Praxias [Praxia Facial, Praxia Manual], Habilidades Construccionales [Cubos], Habilidades Gráficas [Copia de Figuras, Figura Humana], Motricidad Gruesa [Motricidad-Piernas, Motricidad-Brazos], Lenguaje Expresivo [Datos Personales, Denominación, Juego, Fluidez, Repetición], Habilidades Narrativas [Macroestructura, Palabras Diferentes, Conjunciones]), Funciones Básicas (Memoria Fase de Codificación [Memoria Narrativa, Secuencia Visual, Secuencia Verbal], Memoria Diferida [Narración Diferida, Secuencia Visual Diferida, Secuencia Verbal Diferida], Atención [Alertamiento, Tachado, Ritmo]), Funciones de Procesamiento (Razonamiento [Términos Espaciales, Estrellas, Contrastes, Clasificación], Habilidades Matemáticas [Estimación de Cantidades, Conteo, Pequeños Colecciones, Subitización, Cálculo], Habilidades Prelecturas [Escritura de Nombre, Sílabas, Rima, Sonido Inicial, Habilidad de Denominación]), Funciones Ejecutivas (Flexibilidad Cognitiva [Interferencia, Categorización], Control Inhibitorio [Estatua, Estatua Sentada, Regalo], Memoria Operativa [Señalamiento], Teoría de la Mente [Creencias]).

Auditory Perception [Images, Sound-Object], Tactile Perception [Object-Object, Identification With Right Hand, Identification With Left Hand], Receptive Language [Understanding, Instructions, Naming]), Expressive Functions (Fine Motor [Pegs-Preferred Hand, Pegs-Non-Preferred Hand, Pegs-Both Hands, Peg Board], Praxias [Facial Praxia, Manual Praxia], Building Skills [Cubes], Graphic Skills [Figure Copying, Human Figure], Gross Motor [Mobility-Legs, Mobility-Arms], Expressive Language [Personal Information, Naming, Play, Fluency, Repetition]), Basic Functions (Coding Phase Memory [Visual Sequence, Verbal Sequence], Deferred Memory [Deferred Visual Sequence, Deferred Verbal Sequence], Attention [Cross Out, Rhythm]), Processing Functions (Reasoning [Spacial Terms, Stars, Contrasts, Sorting], Math Skills [Quantity Estimation, Counting, Small Collections, Subitizing, Calculation], Prereading Skills [Name Writing, Syllables, Rhyme, Initial Sound, Naming Ability]), Executive Functions (Cognitive Flexibility [Interference, Categorization], Inhibitory Control [Statue, Sitting Statue, Gift], Working Memory [Pointing], Mental Theory [Beliefs]).

b) AGES 3-6 TO 5-11.

Scores: 57 tasks and 20 cognitive domains in 5 index scales: Receptive Functions (Visual and Auditory Perception [Images, Sound-Object], Tactile Perception [Object-Object, Identification With Right Hand, Identification With Left Hand], Receptive Language [Understanding, Instructions, Naming]), Expressive Functions (Fine Motor [Pegs-Preferred Hand, Pegs-Non-Preferred Hand, Pegs-Both Hands, Peg Board], Praxias [Facial Praxia, Manual Praxia], Building Skills [Cubes], Graphic Skills [Figure Copying, Human Figure], Gross Motor [Mobility-Legs, Mobility-Arms], Expressive Language [Personal Information, Naming, Play, Fluency, Repetition]), Narrative Skills [Macrostructure, Different Words, Conjunctions]), Basic Functions (Coding Phase Memory [Narrative Memory, Visual Sequence, Verbal Sequence], Deferred Memory [Deferred Narration, Deferred Visual Sequence, Deferred Verbal Sequence], Attention [Warning, Cross Out, Rhythm]), Processing Functions (Reasoning [Spacial Terms, Stars, Contrasts, Sorting], Math Skills [Quantity Estimation, Counting, Small Collections, Subitizing, Calculation], Prereading Skills [Name Writing, Syllables, Rhyme, Initial Sound, Naming Ability]), Executive Functions (Cognitive Flexibility [Interference, Categorization], Inhibitory Control [Statue, Sitting Statue, Gift], Working Memory [Pointing], Mental Theory [Beliefs]).

[295s]

Evaluación Neuropsicológica Infantil, Segunda Edición.

Propósito: Diseñado para "examinar el desarrollo neuropsicológico de la población infantil de habla hispana".

[295e]

Evaluación Neuropsicológica Infantil, Segunda Edición.

Purpose: Designed to examine the neuropsychological development of Spanish-speaking children.

[295s] Evaluación Neuropsicológica Infantil, Segunda Edición

Procedencia: México/español.
Población: Edades 5 a 16.
Baremos: Los baremos se desarrollaron utilizando una muestra con 788 participantes no perjudicados de México y Colombia, distribuidos por edad, género, país de origen, lateralidad manual, tipo de escuela y grado escolar.
Fecha de Publicación: 2013.
Acrónimo: ENI-2.
Puntuación: 127 en 12 dominios: Habilidades Construccionales (Construcción con Palillos, Habilidades Gráficas [Figura Humana, Copia de Figuras, Copia de la Figura Compleja]), Memoria-Codificación (Verbal Auditiva [Lista de Palabras, Recuerdo de una Historia], Visual [Lista de Figuras]), Memoria-Evocación Diferida (Estímulos Auditivos [Recobro Espontáneo de la Lista de Palabras, Recobro por Claves, Reconocimiento Verbal-Auditivo, Recuperación de una Historia], Estímulos Visuales [Recobro de la Figura Compleja, Recobro Espontáneo de la Lista de Figuras, Recobro por Claves, Reconocimiento Visual]), Habilidades Perceptuales (Percepción Táctil [Mano Derecha, Mano Izquierda], Percepción Visual [Imágenes Sobrepuestas, Imágenes Borrosas, Cierre Visual, Reconocimiento de Expresiones Faciales, Integración de Objetos], Percepción Auditiva [Notas Musicales, Sonidos Ambientales, Fonémica]), Lenguaje (Repetición [Sílabas, Palabras, No Palabras, Oraciones], Expresión [Denominación de Imágenes, Coherencia Narrativa, Longitud de la Expresión], Comprensión [Designación de Imágenes, Seguimiento de Instrucciones, Comprensión del Discurso]), Habilidades Metalingüísticas (Síntesis Fonémica, Conteo de Sonidos, Deletreo, Conteo de Palabras), Lectura (Precisión [Lectura de Sílabas, Palabras, No Palabras, Oraciones, Palabras con Errores en la Lectura en Voz Alta], Comprensión [Lectura en Voz Alta, Lectura de Oraciones, Lectura Silenciosa], Velocidad [Lectura en Voz Alta, Lectura Silenciosa]), Escritura (Precisión [Escritura del Nombre, Dictado de Sílabas, Palabras, No Palabras, Oraciones, Porcentaje de Palabras con Error en la Recuperación Escrita, Porcentaje de Palabras con Error en la Copia de un Texto], Composición Narrativa [Coherencia, Longitud de la Producción Narrativa], Velocidad [Recuperación Escrita, Copia de un Texto]), Aritmética (Conteo, Manejo Numérico [Lectura de Números, Dictado de Números, Comparación de Números Escritos, Ordenamiento de Cantidades], Cálculo [Serie Directa, Serie Inversa, Cálculo Mental, Cálculo Escrito], Razonamiento Lógico-Matemático [Problemas Aritméticos]), Habilidades Espaciales (Comprensión Derecha-Izquierda, Expresión Derecha-Izquierda, Dibujos Desde Ángulos Diferentes, Orientación de Líneas, Ubicación de Coordenadas), Atención (Visual [Cancelación de Dibujos, Letras], Auditiva [Dígitos en Progresión, Regresión]), Habilidades Conceptuales (Similitudes, Matrices, Problemas Aritméticos), Funciones Ejecutivas (Fluidez

Origin: Mexico/Spanish.
Population: Ages 5 to 16.
Norms: Norms were developed using a sample of 788 non-impaired participants from México and Colombia, distributed by age, gender, country of origin, dominant hand, type of school, and grade.
Publication Date: 2013.
Acronym: ENI-2.
Scores: 127 in 12 domains: Construction Skills (Building with Sticks, Graphic Skills [Human Figure, Copying Figures, Complete Copy of the Figure]), Memory-Coding (Verbal-Auditory [List of Words, Recall a Story], Visual [List of Figures]), Memory-Delayed Recall (Auditory Stimulus [Spontaneous Recovery of a List of Words, Recovery with Clues, Verbal-Auditory Recognition, Recall a Story], Visual Stimulus [Recovery of the Complete Figure, Spontaneous Recovery of the List of Figures, Recovery with Clues, Visual Recognition]), Perceptual Skills (Tactile Perception [Right Hand, Left Hand], Visual Perception [Overlapping Images, Blurry Images, Visual Closure, Emotional Expression Recognition, Object Integration], Auditory Perception [Musical Notes, Background Noises, Phonemics), Language (Repetition [Syllables, Words, Nonsense Words, Sentences], Expression [Classification of Images, Narrative Coherence, Length of Expression], Comprehension [Naming Images, Following Instructions, Speech Comprehension]), Metalinguistic Skills (Phonemic Synthesis, Sound Counting, Spelling, Word Counting), Reading (Precision [Syllable Reading, Words, Nonsense Words, Sentences, Word Errors While Reading Aloud], Comprehension [Reading Aloud, Sentence Reading, Reading Silently], Speed [Reading Aloud, Reading Silently]), Writing (Precision [Name Writing, Dictation of Syllables, Words, Nonsense Words, Sentences, Percentage of Error Words During Writing Recovery, Percentage of Error Words While Copying a Passage], Narrative Composition [Coherence, Narrative Production Length], Speed [Writing Recovery, Copying a Passage]), Arithmetic (Counting, Numerical Manipulation [Reading of Numbers, Dictation of Numbers, Comparison of Written Numbers, Ordering Quantities], Calculation [Direct Series, Inverse Series, Mental Calculation, Written Calculation], Logical-Mathematical Reasoning [Arithmetic Problems]), Spatial Skills (Comprehension of Right-Left, Right-Left Expression, Drawings from Different Angles, Line Orientation, Coordinates Location), Attention (Visual [Drawing Cancellation, Words], Auditory [Forward Digit Span, Backward Digit Span]), Conceptual Skills (Similarities, Matrices, Arithmetic Problems), Executive Functions (Verbal Fluidity

Verbal [Fluidez Semántica (Frutas, Animales), Fluidez Fonémica], Fluidez Gráfica [Fluidez Semántica, Fluidez No Semántica], Flexibilidad Cognoscitiva [Número de Ensayos Administrados, Total de Respuestas Correctas, Porcentaje de Respuestas Correctas, Total de Errores, Porcentaje de Errores, Número de Categorías, Incapacidad para Mantener la Organización, Número de Respuestas Perseverativas, Porcentaje de Respuestas Perseverativas], Planeación y Organización [Diseños Correctos, Excedente del Número de Movimientos en Aciertos, Diseños Correctos con el Mínimo de Movimientos, Tiempo de Ejecución en Aciertos]).
Administración: Individual.
Precios, 2022: USD$282 por juego completo, incluye manual (2013, 207 páginas), libreta de estímulos 1 y 2, 10 hojas de historia clínica, 10 cuestionarios para padres, 10 libretas de puntajes (protocolo), 10 libretas de respuestas, 10 libretas de puntajes de signos neurológicos, 30 juegos de tarjetas con estímulo, 27 juegos de tarjetas sin estímulo, 3 bloques de madera, CD de estímulos auditivos y 4 plantillas de calificación.
Duración: 180 minutos.
Comentarios: Recurso web para la calificación disponible.
Autores: Esmeralda Matute, Mónica Rosselli, Alfredo Ardila y Feggy Ostrosky.
Editorial: Editorial El Manual Moderno, S.A. de C.V.
Componentes en Español: Todos los materiales son en español.
Componentes en Inglés: No hay materiales en inglés.

[296s]

Evaluación y Prevención de la Adicción a Internet, Móvil y Videojuegos.

Propósito: Diseñado para la "evaluación y prevención de las adicciones tecnológicas (Internet, teléfono móvil y videojuegos) en adolescentes".
Procedencia: España/español.
Población: Edades 12-17.
Fecha de Publicación: 2016.
Acrónimo: ADITEC.
Administración: Individual o colectiva.
Precios, 2022: €137,45 por juego completo, incluye manual (2016, 129 páginas), juego de corrección por cada modulo y programa de prevención en línea; €24,20 por juego de corrección (escoge modulo; cada uno incluye 25 ejemplares y PIN por 25 usos en línea).
Duración: 5-10 minutos cada cuestionario; 50 minutos cada sesión del programa de prevención.
Comentarios: Se puede administrar y puntuar en línea; la prueba incluye programa de prevención con tres módulos (uno por cada adicción), dirigido a los adolescentes de 10 a 16 años.

[Semantic Fluidity (Fruit, Animals), Phonemic], Graphic Fluidity [Semantic Fluidity, Non-Semantic], Cognitive Flexibility [Number of Administer Essays, Total of Correct Responses, Percentage of Correct Responses, Total of Errors, Percentage of Errors, Number of Categories, Incapacity to Maintain Organization, Number of Perseverative Responses, Percentage of Perseverative Responses], Planning and Organization [Correct Designs, Excess Number of Correct Movements, Correct Designs with the Least Number of Movements, Amount of Time Taken to Carry Out the Correct Answer]).
Administration: Individual.
Price Data, 2022: USD$282 per complete kit, including manual (2013, 207 pages), stimulus booklet 1 and 2, 10 clinic history sheets, 10 parent questionnaires, 10 response booklets, 10 scoring booklets for neurological signs, 10 scoring booklets, 30 card games with stimulus, 27 card games without stimulus, 3 wooden blocks, CD of auditory stimulus, and 4 scoring sheets.
Time: 180 minutes.
Comments: Online support for scoring available.
Authors: Esmeralda Matute, Mónica Rosselli, Alfredo Ardila, and Feggy Ostrosky.
Publisher: Editorial El Manual Moderno, S.A. de C.V.
Spanish Components: All materials are in Spanish.
English Components: There are no materials in English.

[296e]

Evaluación y Prevención de la Adicción a Internet, Móvil y Videojuegos.

Purpose: Designed to evaluate and prevent technology addictions (Internet, mobile phones, video games) among adolescents.
Origin: Spain/Spanish.
Population: Ages 12-17.
Publication Date: 2016.
Acronym: ADITEC.
Administration: Individual or group.
Price Data, 2022: €137.45 per complete kit, including manual (2016, 129 pages), scoring kit for each module, and online prevention program; €24.20 per scoring kit (choose module; each includes 25 answer sheets and PIN for 25 uses online).
Time: 5-10 minutes per questionnaire; 50 minutes per session of the prevention program.
Comments: Online administration and scoring available; includes a prevention program with three modules (one for each addiction), directed at adolescents ages 10 to 16.

Autores: Mariano Chóliz Montañés, Clara Marco Puche y Carmen Chóliz Montañés.
Editorial: Hogrefe TEA Ediciones.
Componentes en Español: Todos los materiales son en español.
Componentes en Inglés: No hay materiales en inglés.

a) TEST DE ADICCIÓN AL INTERNET.
Propósito: Diseñado a evaluar "el nivel de dependencia de Internet".
Baremos: Los baremos se desarrollaron utilizando una muestra con 2.066 participantes, distribuidos por sexo.
Acrónimo: ADITEC-I.
Puntuación, 5: Abuso, Abstinencia, Perturbación y Ausencia de Control, Escape, Total.

b) TEST DE ADICCIÓN AL MÓVIL.
Propósito: Diseñado a evaluar "el grado de dependencia del teléfono móvil o celular".
Baremos: Los baremos se desarrollaron utilizando una muestra con 2.438 participantes, distribuidos por sexo.
Acrónimo: ADITEC-M.
Puntuación, 5: Tolerancia y Abstinencia, Dificultad para Controlar el Impulso, Problemas Derivados del Gasto Económico, Abuso, Total.

c) TEST DE ADICCIÓN A LOS VIDEOJUEGOS.
Propósito: Diseñado a evaluar "las principales dimensiones de la adicción a los videojuegos".
Baremos: Los baremos se desarrollaron utilizando una muestra con 1.676 participantes, distribuidos por sexo.
Acrónimo: ADITEC-V.
Puntuación, 5: Juego Compulsivo, Abstinencia, Tolerancia e Interferencia con Otras Actividades, Problemas Asociados y Escape, Total.

[297s]

Evaluación y Valoración de los Vínculos Interpersonales en Adultos.

Propósito: Diseñado para "la evaluación de los vínculos interpersonales".
Procedencia: España/español.
Población: Adultos.
Baremos: Los baremos se desarrollaron utilizando dos muestras. La muestra de población general incluyó 426 participantes, distribuidos por edad, género, nivel educativo y áreas profesionales. La muestra de población clínica psicopatológica incluyó 129 participantes, distribuidos por edad y género. Esta muestra clínica se divide en tres grupos: a) diagnosticados con trastornos de la conducta alimentaria crónicos o severos, b) pacientes con psicopatología ansioso-depresiva y c) personas con trastornos variados que incluían patología de tipo psicótica o adicción al alcohol.
Fecha de Publicación: 2018.
Acrónimo: VINCULATEST.
Puntuación, 11: 6 escalas primarias: Interdependencia Adaptativa, Regulación Emocional, Vinculación Dependiente, Vinculación Evitativa, Vinculación Paranoide, Vinculación Hostil; 1 escala adicional: Inocencia

Authors: Mariano Chóliz Montañés, Clara Marco Puche, and Carmen Chóliz Montañés.
Publisher: Hogrefe TEA Ediciones.
Spanish Components: All materials are in Spanish.
English Components: There are no materials in English.

a) INTERNET ADDICTION TEST.
Purpose: Designed to evaluate the level of dependence on the Internet.
Norms: Norms were developed using a sample of 2,066 participants, distributed by gender.
Acronym: ADITEC-I.
Scores, 5: Abuse, Abstinence, Anguish and Lack of Control, Escape, Total.

b) MOBILE PHONE ADDICTION TEST.
Purpose: Designed to evaluate the level of dependence on a mobile or cellular phone.
Norms: Norms were developed using a sample of 2,438 participants, distributed by gender.
Acronym: ADITEC-M.
Scores, 5: Tolerance and Abstinence, Difficulty Controlling Impulses, Problems with Spending Money, Abuse, Total.

c) VIDEO GAME ADDICTION TEST.
Purpose: Designed to evaluate the principal dimensions of video game addiction.
Norms: Norms were developed using a sample of 1,676 participants, distributed by gender.
Acronym: ADITEC-V.
Scores, 5: Compulsive Play, Abstinence, Tolerance and Interference with Other Activities, Associated Problems and Escape, Total.

[297e]

Evaluación y Valoración de los Vínculos Interpersonales en Adultos.

Purpose: Designed to evaluate interpersonal bonds.
Origin: Spain/Spanish.
Population: Adults.
Norms: Norms were developed using two samples. The general population sample included 426 participants, distributed by age, gender, educational level, and profession. The clinical psychopathology sample included 129 participants, distributed by age and gender. The clinical sample was divided into three groups: a) those diagnosed with chronic or severe eating disorders, b) patients with psychopathological anxiety/depression, and c) people with varied disorders including psychotic pathology or alcoholism.
Publication Date: 2018.
Acronym: VINCULATEST.
Scores, 11: 6 primary scales: Adaptive Interdependence, Emotional Regulation, Dependent Bonding, Avoidance Bonding, Paranoid Bonding, Hostile Bonding; 1 additional scale:

Psicológica; 3 índices de vinculación: Índice de Vinculación Segura, Índice de Vinculación Insegura, Índice de Vinculación Desorganizada; 1 índice global: Índice de Vinculación Global.
Administración: Individual o colectiva.
Precios, 2022: €51,14 por juego completo, incluye manual y juego de corrección; €24,20 por juego de corrección (25 ejemplares y PIN para 25 usos en línea); €33,08 por manual en línea.
Duración: 5-15 minutos.
Comentarios: Se puede administrar con papel y lápiz o en línea.
Autor: Manuel R. Abuín.
Editorial: Hogrefe TEA Ediciones.
Componentes en Español: Todos los materiales son en español.
Componentes en Inglés: No hay materiales en inglés.

Psychological Innocence; 3 bonding indices: Safe Bonding Index, Unsafe Bonding Index, Disorganized Bonding Index; 1 global index: Global Bonding Index.
Administration: Individual or group.
Price Data, 2022: €51.14 per complete kit, including manual and scoring kit; €24.20 per scoring kit (25 booklets and a PIN for 25 uses online); €33.08 per online manual.
Time: 5-15 minutes.
Comments: Can be administered via paper and pencil or online.
Author: Manuel R. Abuín.
Publisher: Hogrefe TEA Ediciones.
Spanish Components: All materials are in Spanish.
English Components: There are no materials in English.

[298s]

Examen Cognoscitivo Mini-Mental.

Nombre Original: Mini-Mental State Examination (Psychological Assessment Resources, Inc. [PAR]).
Propósito: Diseñado para proveer una evaluación rápida de las funciones cognoscitivas.
Procedencia: Estados Unidos (2000)/inglés.
Traducción/Adaptación: No se provee información específica en los materiales de la prueba sobre el proceso de traducción/adaptación.
Población: Adultos con posible deterioro cognoscitivo.
Baremos: Se han provisto baremos con la adaptación al español. Los baremos se desarrollaron utilizando una muestra con 588 ancianos, distribuidos por grupos de edad y nivel de escolarización.
Fecha de Publicación: 2002.
Acrónimo: MMSE.
Puntuación, 12: Orientación Temporal, Orientación Espacial, Fijación, Atención y Cálculo, Memoria, Nominación, Repetición, Comprensión, Lectura, Escritura, Dibujo, Total.
Administración: Individual.
Precios, 2022: €48,25 por juego completo, incluye manual (2002, 48 páginas) y 25 hojas de anotación; €35,70 por 25 hojas de anotación.
Duración: Aproximadamente 15 minutos.
Autores: Marshal F. Folstein, Susan E. Folstein, Paul R. McHugh y Gary Fanjiang.
Traductores/Adaptadores: A. Lobo, P. Saz, G. Marcos y grupo de trabajo ZARADEMP.
Editorial: Hogrefe TEA Ediciones.
Componentes en Español: Todos los materiales son en español.
Componentes en Inglés: No hay materiales en inglés en esta versión.

[298e]

Examen Cognoscitivo Mini-Mental.

Original Name: Mini-Mental State Examination (Psychological Assessment Resources, Inc. [PAR]).
Purpose: Designed to provide rapid assessment of overall cognitive functioning.
Origin: United States (2000)/English.
Translation/Adaptation: No specific information is provided in the test materials about the process of translation/adaptation.
Population: Adults with possible cognitive deterioration.
Norms: Separate norms are provided with the Spanish adaptation. Norms were developed using a sample of 588 elderly participants, distributed by age range and level of schooling.
Publication Date: 2002.
Acronym: MMSE.
Scores, 12: Orientation to Time, Orientation to Place, Registration, Attention and Calculation, Recall, Naming, Repetition, Comprehension, Reading, Writing, Drawing, Total.
Administration: Individual.
Price Data, 2022: €48.25 per complete kit, including manual (2002, 48 pages), and 25 record sheets; €35.70 per 25 record sheets.
Time: Approximately 15 minutes.
Authors: Marshal F. Folstein, Susan E. Folstein, Paul R. McHugh, and Gary Fanjiang.
Translators/Adaptors: A. Lobo, P. Saz, G. Marcos, and collaborative group ZARADEMP.
Publisher: Hogrefe TEA Ediciones.
Spanish Components: All materials are in Spanish.
English Components: There are no English materials in this version.

[299s]

Examen de Afasia Multilingüe–Español.

Nombre Original: Multilingual Aphasia Examination (AJA Associates).
Propósito: "Diseñado para evaluar la presencia, severidad y los aspectos cualitativos de desórdenes afásicos".
Procedencia: Estados Unidos (1978)/inglés.
Traducción/Adaptación: No se provee información en los materiales de la prueba sobre el proceso de traducción/adaptación; la casa editorial indica que aunque el MAE-S no es una traducción directa de la versión original, es una adaptación con diferente terminología e ítems que son relevantes para las personas que hablan español.
Población: Edades 6-69.
Baremos: Se han provisto baremos con la adaptación al español. Los baremos se desarrollaron utilizando una muestra con 234 adultos (Cubanos, Mexicanos y Puertorriqueños), sin antecedentes de problemas neuropsicológicos o deterioros críticos, los cuales su primer idioma era el español, distribuidos por edad, sexo y educación.
Fecha de Publicación: 1991.
Acrónimo: MAE-S.
Puntuación, 7: Nombramiento Visual, Repetición de Oraciones, Asociación Controlada de Palabras, Escala de Evaluación Articulatoria, Token Test, Comprensión Auditiva de Palabras y Frases, Comprensión Escrita de Palabras y Frases.
Administración: Individual.
Precios, 2022: $495 por juego completo incluye manual (1991, 26 páginas), estímulos comprensión escrita, estímulos visuales, fichas manipulativas y 100 hojas de respuesta de cada formulario; $72 por manual; $68 por estímulos comprensión escrita; $54 por estímulos visuales; $51 por 100 hojas de respuesta cada formulario por separado.
Duración: Variable.
Autores: Gustavo J. Rey, Abigail B. Sivan y Arthur L. Benton.
Editorial: Psychological Assessment Resources, Inc.
Componentes en Español: Todos los materiales son en español.
Componentes en Inglés: No hay materiales en inglés en esta versión.

[299e]

Examen de Afasia Multilingüe–Español.

Original Name: Multilingual Aphasia Examination (AJA Associates).
Purpose: Designed to assess the presence, severity, and qualitative aspects of aphasic disorders.
Origin: United States (1978)/English.
Translation/Adaptation: No information is provided in the test materials about the translation/adaptation process; the test publisher notes that "although the MAE-S is not a direct translation of the original version, it is an adaptation with different terminology and items that are relevant to Spanish-speaking individuals."
Population: Ages 6-69.
Norms: Separate norms are provided with the Spanish adaptation. Norms were developed using a "standardization sample consisting of 234 adults [Cubans, Mexicans, and Puerto Ricans] without a history of neuropsychological or critical impairment whose primary language was Spanish," distributed by age, gender, and education.
Publication Date: 1991.
Acronym: MAE-S.
Scores, 7: Visual Naming, Sentence Repetition, Controlled Word Association, Rating of Articulation, Token Test, Aural Comprehension of Words and Phrases, Reading Comprehension of Words and Phrases.
Administration: Individual.
Price Data, 2022: $495 per complete Spanish kit including manual (1991, 26 pages), reading stimulus cards, visual stimulus cards, set of tokens, and 100 each of all record forms; $72 per manual; $68 per reading stimulus cards; $54 per visual stimulus cards; $51 per 100 record forms.
Time: Variable.
Authors: Gustavo J. Rey, Abigail B. Sivan, and Arthur L. Benton.
Publisher: Psychological Assessment Resources, Inc.
Spanish Components: All materials are in Spanish.
English Components: There are no English materials in this version.

[300s]

Expressive One-Word Picture Vocabulary Test–4: Spanish-Bilingual Edition.

Propósito: Diseñado para proveer una evaluación sobre la capacidad de un individuo para nombrar—en inglés o en español—diferentes objetos, acciones o conceptos mostrados en unas ilustraciónes a color.

[300e]

Expressive One-Word Picture Vocabulary Test–4: Spanish-Bilingual Edition.

Purpose: Designed to provide an "assessment of an individual's ability to name—either in Spanish or English—objects, actions, and concepts shown in color illustrations."

Procedencia: Estados Unidos/inglés y español.
Población: Edades 2:0-70+.
Baremos: Los baremos se desarrollaron utilizando una muestra representativa con 1,260 sujetos bilingües hablantes del español que residen en los Estados Unidos, distribuidos por género, origen étnico, región geográfica, educación y discapacidad.
Fecha de Publicación: 2013.
Acrónimo: EOWPVT-4: SBE.
Puntuación: Puntuación total solamente.
Administración: Individual.
Precios, 2023: $220 por kit completo incluye manual (2013, 105 páginas, inglés), libro de estímulos y 25 hojas de anotación bilingües-español; $85 por manual; $45 por 25 hojas de anotación; $90 por libro de estímulos.
Duración: 20 minutos.
Comentarios: Esta prueba evalúa la capacidad para nombrar lo que se ha visto en una ilustración; no es una prueba de lenguaje ya que no evalúa sintaxis, gramática, o el contexto. Debido a que los dos idiomas [español o inglés] pueden utilizarse en la administración, la prueba permite una estimación precisa sobre el conocimiento del participante sin el efecto desproporcionado de dominio de lenguaje. Reportes de calificación y libros de estímulos disponibles en línea.
Autora: Nancy A. Martin.
Editorial: Academic Therapy Publications.
Componentes en Español: Todos los ítems de la prueba y sus instrucciones de administración están disponibles en español.
Componentes en Inglés: Todos los materiales están disponibles en inglés también; el manual es en inglés.
Referencias Cruzadas: Para una reseña por Michael S. Matthews, consulte 19:70.

[301s]

Eyberg Child Behavior Inventory and Sutter-Eyberg Student Behavior Inventory–Revised.

Propósito: Diseñado para medir problemas de conducta en niños.
Procedencia: Estados Unidos (1978-1999)/inglés.
Traducción/Adaptación: No se provee información en los materiales de la prueba sobre el proceso de traducción/adaptación.
Población: Edades 2-16.
Baremos: No se han provisto baremos con los materiales traducidos al español.
Fechas de Publicación: 1998-2014.
Acrónimos: ECBI; SESBI-R.
Puntuación, 2: Intensidad, Problema.
Administración: Individual o colectiva.
Formularios, 2: Eyberg Child Behavior Inventory; Sutter-Eyberg Student Behavior Inventory–Revised.

Origin: United States/English and Spanish.
Population: Ages 2:0-70+.
Norms: Norms were developed using a representative sample of 1,260 bilingual Spanish-speaking participants residing in the United States, distributed by gender, ethnicity, geographic region, education, and disability.
Publication Date: 2013.
Acronym: EOWPVT-4: SBE.
Scores: Total score only.
Administration: Individual.
Price Data, 2023: $220 per complete kit including manual (2013, 105 pages, English), stimulus test plates, and 25 Spanish-bilingual record forms; $85 per manual; $45 per 25 record forms; $90 per stimulus test plates.
Time: 20 minutes.
Comments: This is "an assessment that targets the ability to name what is seen; it is not a language test, since it does not assess syntax, grammar, or context." "Because either [Spanish or English] language can be used, an accurate estimation of a person's knowledge of the world is obtained without the undue effect of language ability." Digital score reports and digital plates available online.
Author: Nancy A. Martin.
Publisher: Academic Therapy Publications.
Spanish Components: All of the test items and their corresponding administration instructions are available in Spanish.
English Components: All materials are also available in English; the manual is in English.
Cross References: For a review by Michael S. Matthews, see 19:70.

[301e]

Eyberg Child Behavior Inventory and Sutter-Eyberg Student Behavior Inventory–Revised.

Purpose: Designed "to measure conduct problems in children."
Origin: United States (1978-1999)/English.
Translation/Adaptation: No information is provided in the test materials about the translation/adaptation process.
Population: Ages 2-16.
Norms: Separate norms are not provided with the materials translated to Spanish.
Publication Dates: 1998-2014.
Acronyms: ECBI; SESBI-R.
Scores, 2: Intensity, Problem.
Administration: Individual or group.
Forms, 2: Eyberg Child Behavior Inventory; Sutter-Eyberg Student Behavior Inventory–Revised.

Precios, 2022: $318 por juego de inicio que incluye manual profesional (1999, 64 páginas, inglés), 50 formularios ECBI y 50 formularios SESBI-R; $88 por manual profesional; $64 por 25 formularios ECBI para padres en español; $64 por 25 formularios SESBI-R para docentes en español.
Duración: (5-10) minutos.
Comentarios: ECBI es un formulario completado por los padres; SESBI-R es un formulario completado por los docentes.
Autores: Sheila Eyberg (SESBI-R, ECBI y manual profesional), Joseph Sutter (SESBI-R) y Donna Pincus (manual profesional).
Editorial: Psychological Assessment Resources, Inc.
Componentes en Español: Los formularios ECBI para padres y SESBI-R para docentes y sus instrucciones correspondientes están disponibles en español.
Componentes en Inglés: Todos los materiales están disponibles en inglés, también; el manual es en inglés.
Referencias Cruzadas: Para reseñas por Joyce Meikamp y Susan C. Whiston y por Jennifer C. Bouwkamp de los componentes en inglés de esta prueba, consulte 15:96.

Price Data, 2022: $318 per introductory kit, including professional manual (1999, 64 pages, English), 50 ECBI rating forms, and 50 SESBI-R rating forms; $88 per professional manual; $64 per 25 ECBI rating forms in Spanish; $64 per 25 SESBI-R rating forms for teachers in Spanish.
Time: (5-10) minutes.
Comments: ECBI is a rating form completed by parents; SESBI-R is a rating form completed by teachers.
Authors: Sheila Eyberg (SESBI-R, ECBI, and professional manual), Joseph Sutter (SESBI-R), and Donna Pincus (professional manual).
Publisher: Psychological Assessment Resources, Inc.
Spanish Components: The ECBI parent and SESBI-R teacher rating forms and their corresponding instructions are available in Spanish.
English Components: All materials are also available in English; the manual is in English.
Cross References: For reviews by Joyce Meikamp and Susan C. Whiston and by Jennifer C. Bouwkamp of this test's English components, see 15:96.

[302s]

Fábulas De Düss: El Método de Las Fábulas en Psicoanálisis Infantil.

Nombre Original: La Méthode des Fables en Psychanalyse Infantile (L'Archer Editeur).
Propósito: Diseñado como "diagnóstico de complejos inconscientes y conflictos de comportamiento" mediante el uso de la fábula.
Procedencia: Francia (1950)/francés.
Traducción/Adaptación: No se provee información en los materiales de la prueba sobre el proceso de traducción/adaptación.
Población: Edades 3 años en adelante.
Baremos: Esta prueba no es de referencia normativa.
Fechas de Publicación: 1980-2004.
Puntuación: Sin puntuación.
Administración: Individual.
Precios, 2022: €38,23 por juego completo, incluye manual (2004, sexta edición, 107 páginas) y 25 hojas de anotación; €13,01 por 25 hojas de anotación.
Duración: Tiempo de administración no se reportó.
Autora: Louisa Düss.
Traductor/Adaptador: Agustín Cordero.
Editorial: Hogrefe TEA Ediciones.
Componentes en Español: Todos los materiales son en español.
Componentes en Inglés: No hay materiales en inglés en esta versión.

[302e]

Fábulas De Düss: El Método de Las Fábulas en Psicoanálisis Infantil.

Original Name: La Méthode des Fables en Psychanalyse Infantile (L'Archer Editeur).
Purpose: Designed to describe unconscious complexities and behavioral conflict through the use of fables.
Origin: France (1950)/French.
Translation/Adaptation: No information is provided in the test materials about the translation/adaptation process.
Population: Ages 3 years and older.
Norms: This test is not norm referenced.
Publication Dates: 1980-2004.
Scores: Not scored.
Administration: Individual.
Price Data, 2022: €38.23 per complete kit, including manual (2004, sixth edition, 107 pages) and 25 record forms; €13.01 per 25 record forms.
Time: Administration time not reported.
Author: Louisa Düss.
Translator/Adaptor: Agustín Cordero.
Publisher: Hogrefe TEA Ediciones.
Spanish Components: All materials are in Spanish.
English Components: There are no English materials in this version.

[303s]

Factores de Riesgo Interpersonales para el Consumo de Drogas en Adolescentes.

Propósito: Diseñado para evaluar los "factores de riesgo interpersonales para el consumo de drogas en adolescentes".
Procedencia: España/español.
Población: Edades 12-16.
Baremos: Los baremos se desarrollaron utilizando una muestra con 2.126 adolescentes, distribuidos por edad, sexo y región geográfica española.
Fecha de Publicación: 2006.
Acrónimo: FRIDA.
Puntuación, 8: Reacción de la Familia Ante el Consumo, Grupo de Amigos o Iguales, Acceso a las Drogas, Riesgo Familiar, Educación Familiar en Drogas, Actividades Protectoras, Estilo Educativo, Índice de Vulnerabilidad Global.
Administración: Colectiva.
Precios, 2022: €74,66 por juego completo, incluye manual (2006, 24 páginas) y juego de corrección; €69,09 por juego de corrección (25 ejemplares y PIN para 25 usos en línea); €20,63 por manual en línea.
Duración: (15-20) minutos.
Autores: Roberto Secades, José L. Caraballo, José R. Fernández, Olaya García y Eduardo García.
Editorial: Hogrefe TEA Ediciones.
Componentes en Español: Todos los materiales son en español.
Componentes en Inglés: No hay materiales en inglés.

[303e]

Factores de Riesgo Interpersonales para el Consumo de Drogas en Adolescentes.

Purpose: Designed to evaluate interpersonal risk factors for drug consumption in adolescents.
Origin: Spain/Spanish.
Population: Ages 12-16.
Norms: Norms were developed using a sample of 2,126 adolescents, distributed by age, gender, and geographic region in Spain.
Publication Date: 2006.
Acronym: FRIDA.
Scores, 8: Family Reaction Toward Drug Consumption, Group of Friends or Equals, Access to Drugs, Family Risk, Family Education Toward Drug Use, Protective Activities, Educational Style, Global Vulnerability Index.
Administration: Group.
Price Data, 2022: €74.66 per complete kit, including manual (2006, 24 pages) and scoring kit; €69.09 per scoring kit (25 test booklets and PIN for 25 uses online); €20.63 per online manual.
Time: (15-20) minutes.
Authors: Roberto Secades, José L. Caraballo, José R. Fernández, Olaya García, and Eduardo García.
Publisher: Hogrefe TEA Ediciones.
Spanish Components: All materials are in Spanish.
English Components: There are no materials in English.

[304s]

Family Assessment Measure Version III.

Propósito: Diseñado para proporcionar índices cuantitativos de las fortalezas y debilidades familiares.
Procedencia: Estados Unidos/inglés.
Traducción/Adaptación: No se provee información en los materiales de la prueba sobre el proceso de traducción/adaptación.
Población: Miembros de la familia con 10 años o más de edad.
Baremos: No se han provisto baremos con los materiales traducidos al español.
Fechas de Publicación: 1993-1999.
Acrónimo: FAM-III.
Puntuación, 26: Escala General (Realización de la Tarea, Desempeño de su Parte, Comunicación, Expresión del Afecto, Compromiso, Control, Valores y Normas, Deseo de Interacción Social, Nivel Defensivo, Total), Escala de Relación de Pareja (Realización de la Tarea, Desempeño de su Parte, Comunicación, Expresión del Afecto, Compromiso, Control, Valores y Normas, Total), Escala de Autoevaluación (Realización de la Tarea, Desempeño de su Parte, Comunicación,

[304e]

Family Assessment Measure Version III.

Purpose: Designed to "provide quantitative indices of family strengths and weaknesses."
Origin: United States/English.
Translation/Adaptation: No information is provided in the test materials about the translation/adaptation process.
Population: Family members 10 years and older.
Norms: Separate norms are not provided with the materials translated to Spanish.
Publication Dates: 1993-1999.
Acronym: FAM-III.
Scores, 26: General Scale (Task Accomplishment, Role Performance, Communication, Affective Expression, Involvement, Control, Values and Norms, Social Desirability, Defensiveness, Total), Dyadic Relationships (Task Accomplishment, Role Performance, Communication, Affective Expression, Involvement, Control, Values and Norms, Total) Self-Rating (Task Accomplishments, Role Performance, Communication, Affective

Expresión del Afecto, Compromiso, Control, Valores y Normas, Total).
Administración: Individual.
Formularios: 2 cada escala: Completo, Breve.
Precios, 2023: $90 por 25 formularios corrección a mano cada escala; $123 por manual.
Duración: 20 minutos cada escala completa; 5-10 minutos cada escala breve.
Autores: Harvey A. Skinner, Paul D. Steinhauer y Jack Santa-Barbara.
Traductora/Adaptadora: Yvette Dawson Rybolt.
Editorial: Multi-Health Systems, Inc.
Componentes en Español: Los formularios completos de la escala general y autoevaluación y los formularios completos y breves de la escala relación de pareja están disponibles en español.
Componentes en Inglés: Todos los materiales están disponibles en inglés, también; los manuales y el Perfil ColorPlot Percepción de la Familia son en inglés.
Referencias Cruzadas: Para reseñas por Kenneth J. Manges y Stephen A. Spilland de los componentes en inglés de esta prueba, consulte 14:145.

[305s]

Family Environment Scale [Fourth Edition Manual].

Propósito: Diseñado para evaluar la percepción de los miembros de la familia sobre lo actual, preferido y esperado en el ambiente socio-familiar.
Procedencia: Estados Unidos/inglés.
Traducción/Adaptación: La editorial indica que existen varias traducciones de calidad variable, algunas de las cuales están disponibles de la casa editorial/distribuidor; no se provee información en los materiales de la prueba sobre el proceso de traducción/adaptación.
Población: Edades 11 en adelante.
Baremos: No se han provisto baremos con el formulario traducido al español.
Fechas de Publicación: 1974-2009.
Acrónimo: FES.
Puntuación: 10 en 3 dimensiones: Relaciones (Cohesión, Expresividad, Conflicto), Crecimiento Personal (Independencia, Orientación de Logros, Orientación Intelectual–Cultural, Orientación Activa–Recreacional, Énfasis Moral–Religiosa), Mantenimiento del Sistema (Organización, Control).
Administración: Individual o colectiva.
Formularios, 3: Real (Formulario R), Ideal (Formulario I), Expectativas (Formulario E).
Precios, 2022: $60 por manual imprimible (2009, 188 páginas, inglés); $50 por manual digital; $100 por reporte colectivo (Formulario Real); $15 por reporte individual (Formulario Real); $2.50 por encuesta en línea (todos los formularios; un mínimo de 50); $2.50 por la licencia para la encuesta en línea (todos los formularios; un mínimo de 50).

Expression, Involvement, Control, Values and Norms, Total).
Administration: Individual.
Forms: 2 for each scale: Full, Brief.
Price Data, 2023: $90 per 25 handscore scale forms; $123 per manual.
Time: 20 minutes for each complete scale; 5-10 minutes for each brief scale.
Authors: Harvey A. Skinner, Paul D. Steinhauer, and Jack Santa-Barbara.
Translator/Adaptor: Yvette Dawson Rybolt.
Publisher: Multi-Health Systems, Inc.
Spanish Components: The full-length forms for the general and self-rating scales and the full-length and brief forms for the dyadic relationship scale are available in Spanish.
English Components: All materials are also available in English; the manuals and ColorPlot Profile of Family Perceptions are in English.
Cross References: For reviews by Kenneth J. Manges and Stephen A. Spilland of this test's English components, see 14:145.

[305e]

Family Environment Scale [Fourth Edition Manual].

Purpose: Designed to measure family member perceptions of "actual, preferred, and expected family social environments."
Origin: United States/English.
Translation/Adaptation: The test publisher indicates that various translations of varying quality exist, some of which are available from the publisher/distributor; no information is provided in the test materials about the translation/adaptation process.
Population: Ages 11 and older.
Norms: Separate norms are not provided with the form translated to Spanish.
Publication Dates: 1974-2009.
Acronym: FES.
Scores: 10 in 3 dimensions: Relationship (Cohesion, Expressiveness, Conflict), Personal Growth (Independence, Achievement Orientation, Intellectual–Cultural Orientation, Active–Recreational Orientation, Moral–Religious Emphasis), System Maintenance (Organization, Control).
Administration: Individual or group.
Forms, 3: Real (Form R), Ideal (Form I), Expectations (Form E).
Price Data, 2022: $60 per print manual (2009, 188 pages, English); $50 per digital manual; $100 per group report (Real form); $15 per Individual report (Real form); $2.50 per online survey (all forms; minimum of 50); $2.50 per online survey license (all forms; minimum 50).

Duración: (15-20) minutos.
Autores: Rudolf H. Moos y Bernice S. Moos.
Traductor/Adaptador: Jose Jaime.
Editorial: Mind Garden, Inc.
Componentes en Español: Los items del Formulario R y instrucciones correspondientes están disponibles en español.
Componentes en Inglés: Todos los materiales están disponibles en inglés también; el manual es en inglés.
Referencias Cruzadas: Para reseñas por Mary M. Clare y Mark D. Shriver de los componentes en inglés de esta prueba, consulte 21:61.

[306s]

Feedback 360°.

Propósito: Diseñado como "evaluación del rendimiento y de las competencias de los mandos y directivos de las organizaciones mediante la técnica de evaluación 360°".
Procedencia: España/español.
Población: Adultos, mandos y directivos en una organización.
Baremos: Esta prueba no es de referencia normativa.
Fecha de Publicación: 2007.
Acrónimo: FB 360.
Puntuación, 16: Intrapersonal (Autoconocimiento, Estabilidad Emocional, Intrapersonal Total), Interpersonal (Comunicación, Empatía, Persuasión y Negociación, Interpersonal Total), Gerencial (Coaching de Equipo, Liderazgo, Planificación y Organización, Toma de Decisiones, Gerencial Total), Entorno (Gestión del Cambio, Orientación Cliente, Visión, Entorno Total).
Administración: Individual o colectiva.
Precios, 2022: €669,66 por juego completo, incluye manual (2007, 43 páginas) e informe de tres participates; precio por informe varía según la cantidad de participantes; €33,08 por manual en línea.
Duración: (10) minutos cada sujeto.
Comentarios: Se administra y corrige en línea.
Autores: P. Mamolar, C. Bustillo, D. Arribas y J. Minguijón.
Editorial: Hogrefe TEA Ediciones.
Componentes en Español: Todos los materiales son en español.
Componentes en Inglés: Aplicación y reporte en línea están disponibles en inglés también.

[307s]

Formas Idénticas–R.

Nombre Original: Perceptual Speed (Identical Forms; Laboratorio de Psicología Experimental de la Universidad de Chicago).
Propósito: Diseñado como "evaluación de las aptitudes perceptivas y atencionales y del nivel de control de la impulsividad".

Time: (15-20) minutes.
Authors: Rudolf H. Moos and Bernice S. Moos.
Translator/Adaptor: Jose Jaime.
Publisher: Mind Garden, Inc.
Spanish Components: Form R test items and corresponding instructions are available in Spanish.
English Components: All materials are also available in English; the manual is in English.
Cross References: For reviews by Mary M. Clare and Mark D. Shriver of this test's English components, see 21:61.

[306e]

Feedback 360°.

Purpose: Designed to evaluate performance and competencies of managers and directors of organizations using the 360° evaluation technique.
Origin: Spain/Spanish.
Population: Adults, managers, and directors in an organization.
Norms: This test is not norm referenced.
Publication Date: 2007.
Acronym: FB 360.
Scores, 16: Intrapersonal (Self-Knowledge, Emotional Stability, Intrapersonal Total), Interpersonal (Communication, Empathy, Persuasion and Negotiation, Interpersonal Total), Management (Team Coaching, Leadership, Planning and Organization, Decision Making, Management Total), Environment (Change Management, Client Orientation, Vision, Environment Total).
Administration: Individual or group.
Price Data, 2022: €669.66 per complete kit, including manual (2007, 43 pages) and report for 3 participants; pricing for online reports varies by number of participants; €33.08 per online manual.
Time: (10) minutes for each participant.
Comments: Administered and scored online.
Authors: P. Mamolar, C. Bustillo, D. Arribas, and J. Minguijón.
Publisher: Hogrefe TEA Ediciones.
Spanish Components: All materials are in Spanish.
English Components: Online administration and report are also available in English.

[307e]

Formas Idénticas–R.

Original Name: Perceptual Speed (Identical Forms; Laboratory of Experimental Psychology at the University of Chicago).
Purpose: Designed as an evaluation of perception and attention skills and the level of impulse control.

Procedencia: Estados Unidos (1956)/inglés.
Traducción/Adaptación: No se provee información en los materiales de la prueba sobre el proceso de traducción/adaptación.
Población: Escolares de edades 9 a 12 y adultos de edades 19 a 50.
Baremos: Se han provisto baremos con la adaptación al español. Los baremos se desarrollaron utilizando una muestra escolar con 2.896 participantes, distribuidos por sexo, curso escolar y zona geográfica en España y una muestra de adultos con 2.531 participantes, distribuidos por sexo, edad y zona geográfica en España.
Fechas de Publicación: 1975-2013.
Acrónimo: FI-R.
Puntuación, 2: Índice de Percepción y Atención, Índice de Control de la Impulsividad.
Administración: Individual o colectiva.
Precios, 2022: €54,02 por juego completo, incluye manual (2013; sexta edición, revisada y ampliada; 44 páginas), 10 cuadernillos y 25 hojas de respuestas; €17,18 por 10 cuadernillos; €31,76 por 25 hojas de respuestas; €16,53 por manual en línea.
Duración: 4 minutos.
Autor: L. L. Thurstone.
Traductores/Adaptadores: Agustín Cordero, Nicolás Seisdedos, Marina González y María Victoria de la Cruz (estudios de tipificación y redacción de la primera edición del manual); Tamara Luque (ampliación, revisión y estudios estadísticos en la sexta edición del manual).
Editorial: Hogrefe TEA Ediciones.
Componentes en Español: Todos los materiales son en español.
Componentes en Inglés: No hay materiales en inglés en esta versión.

Origin: United States (1956)/English.
Translation/Adaptation: No information is provided in the test materials about the translation/adaptation process.
Population: Students ages 9 to 12 and adults ages 19 to 50.
Norms: Separate norms are provided with the Spanish adaptation. Norms were developed using a student sample of 2,896 participants, distributed by sex, grade, and geographic region in Spain, and an adult sample of 2,531 participants, distributed by sex, age, and geographic region in Spain.
Publication Dates: 1975-2013.
Acronym: FI-R.
Scores, 2: Perception and Attention Index, Impulsivity Control Index.
Administration: Individual or group.
Price Data, 2022: €54.02 per complete kit, including manual (2013; sixth edition, revised and extended; 44 pages), 10 test booklets, and 25 response forms; €17.18 per 10 test booklets; €31.76 per 25 response forms; €16.53 per online manual.
Time: 4 minutes.
Author: L. L. Thurstone.
Translators/Adaptors: Agustín Cordero, Nicolás Seisdedos, Marina González, and María Victoria de la Cruz (norm studies and editing of the first edition of the manual); Tamara Luque (extension, revision, and statistical studies in the sixth edition of the manual).
Publisher: Hogrefe TEA Ediciones.
Spanish Components: All materials are in Spanish.
English Components: There are no materials in English in this version.

[308s]

GED® Test [2014 Series].

Propósito: Diseñado para medir habilidades académicas fundamentales y conocimiento necesario para graduación de bachillerato, para proveer información sobre el desempeño en estándares de preparación para la carrera y la universidad del examinado y para proveer evidencia de preparación para entrar a programas de entrenamiento de la fuerza de trabajo, algunas carreras, o educación post-secundaria.
Procedencia: Estados Unidos (1944-2014)/inglés.
Traducción/Adaptación: La casa ditorial de la prueba nota que los materiales han sido traducidos a un español que se habla y usa ampliamente en los Estados Unidos.
Población: Adultos que no tienen un título tradicional de escuela secundaria.
Baremos: No se han provisto baremos con los materiales traducidos al español.

[308e]

GED® Test [2014 Series].

Purpose: Designed to measure "foundational academic skills and knowledge" necessary for high school graduation, to provide information about an examinee's "performance on career- and college-readiness standards," and "to provide evidence of readiness to enter workforce training programs, some careers, or post-secondary education."
Origin: United States (1944-2014)/English.
Translation/Adaptation: The test publisher notes that the materials have been translated to a Spanish that is widely spoken and used in the United States.
Population: Adults who do not have a traditional high school diploma.
Norms: Separate norms are not provided with the materials translated to Spanish.

Fecha de Publicación: 2014.
Acrónimo: GED.
Puntuación: Puntuación total en 4 secciones: Razonamiento a través de las Artes del Lenguaje, Razonamiento Matemático, Ciencias, Estudios Sociales.
Administración: Individual o colectiva.
Formularios: 3 formularios equivalentes en inglés y tres formularios equivalentes en español cada año.
Precios: Disponibles con la casa editorial.
Duración: 142 minutos para Razonamiento a través de las Artes del Lenguaje; 115 minutos para Razonamiento Matemático; 90 minutos para Ciencias; 70 minutos para Estudios Sociales.
Comentarios: Se administra via computadora en sitios autorizados por la editorial.
Autor: GED Testing Service.
Editorial: GED Testing Service.
Componentes en Español: Los ítems de la prueba y sus instrucciones correspondientes están disponibles en español.
Componentes en Inglés: Todos los materiales están disponibles en inglés también; la guía de evaluación e información sobre el desarrollo de la prueba son en inglés.

a) GED READY®.
Propósito: Diseñado para proveer una oportunidad de práctica para los que toman el examen y para servir como un indicador de su desempeño en el examen operacional.
Puntuación: Puntuación total interpretada usando 3 zonas de informes de rendimiento (No Es Probable que Pase, Demasiado Difícil para Pronosticar, Probable a Pasar).
Comentarios: Una versión abreviada del examen GED operacional; administrado en línea excepto en ajustes correccionales.

Referencias Cruzadas: Para reseñas por Mark A. Albanese y Andrew Mroch y por Thomas P. Hogan de los componentes en inglés de esta prueba, consulte 20:92.

[309s]

Geriatric Anxiety Inventory.

Propósito: Diseñado para evaluar la ansiedad dimensional en adultos mayores.
Procedencia: Australia (2007-2011)/inglés.
Traducción/Adaptación: Se realizan las traducciones de forma independiente y luego otras dos individuos independientes retraducen al inglés. Los ítems problemáticos luego se revisan y modifican por el traductor y la autora primera de la prueba según sea necesario.
Población: Edades 65 en adelante.
Baremos: No se han provisto baremos con el formulario traducido al español.
Fecha de Publicación: 2011.
Acrónimo: GAI.
Puntuación: Puntuación total solamente.
Administración: Individual o colectiva.

Publication Date: 2014.
Acronym: GED.
Scores: Total scores in 4 sections: Reasoning Through Language Arts, Mathematical Reasoning, Science, Social Studies.
Administration: Individual or group.
Forms: 3 equivalent English forms and 3 equivalent Spanish forms per year.
Price Data: Available from publisher.
Time: 142 minutes for Reasoning Through Language Arts; 115 minutes for Mathematical Reasoning; 90 minutes for Science; 70 minutes for Social Studies.
Comments: Administered via computer at sites authorized by test publisher.
Author: GED Testing Service.
Publisher: GED Testing Service.
Spanish Components: The test items and their corresponding instructions are available in Spanish.
English Components: All materials are also available in English; the assessment guide and information about test development are in English.

a) GED READY®.
Purpose: "To provide a practice opportunity for test-takers" and to serve as an indicator of how they might perform on the operational test.
Scores: Total score interpreted using 3 performance reporting zones (Not Likely to Pass, Too Close to Call, Likely to Pass).
Comments: An abbreviated version of the operational GED test; administered online except in correctional settings.

Cross References: For reviews by Mark A. Albanese and Andrew Mroch and by Thomas P. Hogan of this test's English components, see 20:92.

[309e]

Geriatric Anxiety Inventory.

Purpose: Designed to assess dimensional anxiety in older adults.
Origin: Australia (2007-2011)/English.
Translation/Adaptation: Translations are done independently and then back-translated into English by two other independent parties. Problematic items are then reviewed by the translator and the first test author and modified as necessary.
Population: Ages 65 and older.
Norms: Separate norms are not provided with the form translated to Spanish.
Publication Date: 2011.
Acronym: GAI.
Scores: Total score only.
Administration: Individual or group.

Formularios, 2: Estándar (20 ítems); Breve (GAI-SF, 5 ítems).
Precios: Cuota anual para licencia comercial disponible de la casa editorial.
Duración: 30-40 minutos aproximadamente.
Autores: Nancy A. Pachana, Gerard J. Byrne, Helen Siddle, Natasha Koloski, Emma Harley y Elizabeth Arnold.
Editorial: UniQuest Pty Limited [Australia].
Componentes en Español: El formulario estándar y sus instrucciones correspondientes están disponibles en español por México, España, Cuba, Puerto Rico, Perú y Argentina.
Componentes en Inglés: Todos los materiales están disponibles en inglés también; el manual es en inglés.

[310s]

Gesell Developmental Observation–Revised.

Propósito: Diseñado como un examen de cribado completo del desarrollo que mide las habilidades sociales/emocionales/adaptativas, crecimiento físico/neurológico, habilidades del lenguaje y comportamientos cognitivos tales como pensamiento, memoria, percepción, atención a la tarea, capacidad de seguir instrucciones, memoria a corto plazo visual y auditiva, pensamiento cognitivo-perceptual, habilidades de organización, habilidades de pensamiento lógico matemático y la aplicación de lo aprendido.
Procedencia: Estados Unidos (1964-2012)/inglés.
Traducción/Adaptación: No se provee información en los materiales de la prueba sobre el proceso de traducción/adaptación.
Población: Edades 2.5 hasta 9 años.
Baremos: No se han provisto baremos con los materiales traducidos al español.
Fechas de Publicación: 2011-2022.
Acrónimo: GDO-R.
Puntuación: 26 tareas: Cubos, Entrevista, Nombre y Números, Copiar Formas, Hombre Incompleto, Derecha e Izquierda, Visual I, Visual III, Nombrar Animales, Intereses, Preposiciones, Repetición de Dígitos, Preguntas de Comprensión, Formas de Colores, Tablero de Formas con Tres Agujeros, Agentes de Acción, Identificación de Letras y Números, Cálculo (Contar, Correspondencia Uno-a-Uno, Conservación, Cálculos), Motricidad (Fina, Gruesa), Conducta Manifiesta, Social/Emocional/Adaptativo.
Administración: Individual.
Niveles, 2: Edades 2.5 a 6; Edades 6 a 9.
Precios, 2023: $300 por kit completo con materiales manipulativos (español); $200 por manual del examinador (2022, 247 páginas); $130 por paquete de cuestionarios incluyendo 30 formularios GDO-R, 30 cuestionarios para padres/guardianes y 30 cuestionarios para docentes; $40 por 30 cuestionarios para

Forms, 2: Standard (20 items); Short (GAI-SF, 5 items).
Price Data: Annual fee for commercial license available from publisher.
Time: Approximately 30-40 minutes.
Authors: Nancy A. Pachana, Gerard J. Byrne, Helen Siddle, Natasha Koloski, Emma Harley, and Elizabeth Arnold.
Publisher: UniQuest Pty Limited [Australia].
Spanish Components: The standard test form and its corresponding instructions are available in Spanish for Mexico, Spain, Cuba, Puerto Rico, Peru, and Argentina.
English Components: All materials are also available in English; the manual is in English.

[310e]

Gesell Developmental Observation–Revised.

Purpose: Designed as a comprehensive developmental screening measure spanning social/emotional/adaptive skills, physical/neurological growth, language skills, and cognitive behaviors such as thinking, memory, perception, attention to task, ability to follow directions, short-term visual and auditory memory, cognitive-perceptual thinking, organizational skills, logical mathematical thinking skills, and application to what is learned.
Origin: United States (1964-2012)/English.
Translation/Adaptation: No information is provided in the test materials about the translation/adaptation process.
Population: Ages 2.5 through 9 years.
Norms: Separate norms are not provided with the material translated to Spanish.
Publication Dates: 2011-2022.
Acronym: GDO-R.
Scores: 26 tasks: Cubes, Interview, Name and Numbers, Copy Forms, Incomplete Man, Right and Left, Visual I, Visual III, Naming Animals, Interests, Prepositions, Digit Repetition, Comprehension Questions, Color Forms, Three-Hole Form Board, Action Agents, Identifying Letters and Numbers, Numeracy (Counting, One-to-One Correspondence, Conservation, Calculations), Motor (Fine, Gross), Overt Behavior, Social/Emotional/Adaptive.
Administration: Individual.
Levels, 2: Ages 2.5 to 6; Ages 6 to 9.
Price Data, 2023: $300 for complete kit with manipulatives (Spanish); $200 per examiner's manual (2022, 247 pages); $130 per questionnaire bundle including 30 GDO-R forms, 30 parent/guardian questionnaires, and 30 teacher questionnaires; $40 per 30 Spanish parent/guardian

padres/guardianes en español; $300 por cuestionario digital para padres/guardianes.
Duración: Sin límite de tiempo; 20-45 minutos.
Autor: The Gesell Institute of Child Development.
Editorial: Gesell Program in Early Childhood at Yale.
Componentes en Español: El cuestionario para padres/guardianes y las instrucciones correspondientes están disponibles en español.
Componentes en Inglés: Todos los materiales están disponibles en inglés también; el manual es en inglés.
Referencias Cruzadas: Para reseñas por Theresa Graham Laughlin y Timothy R. Konold de los componentes en inglés de esta prueba, consulte 19:75.

[311s]

Gesell Early Screener.

Propósito: Diseñado como un instrumento de tamizaje del desarrollo para identificar a niños que puedan tener un problema de aprendizaje o trastorno que pudiera afectar su potencial para aprender.
Procedencia: Estados Unidos/inglés.
Traducción/Adaptación: No se provee información en los materiales de la prueba sobre el proceso de traducción/adaptación.
Población: Edades 3 a 6.
Baremos: No se han provisto baremos con los materiales traducidos al español.
Fechas de Publicación: 2011-2012.
Acrónimo: GES.
Puntuación: 14 puntuaciones en 4 áreas: Área Cognitiva (Cubos, Copiar Formas, Preposiciones, Correspondencia Uno-a-Uno, Conservación, Identificación de Números), Área de Lenguaje (Entrevista), Área Motora (Ir de Puntillas, Balance en un Solo Pie, Saltar en un Pie Adelante, Saltar, Atrapar, Lanzar), Social/Emocional/Adaptativo.
Administración: Individual.
Precios, 2023: $350 por kit completo con manipulativos incluye 30 formularios GES, 30 cuestionarios para padres/guardianes (español o inglés), 30 cuestionarios para docentes y manual del examinador (2011, 78 páginas, inglés); $75 por 30 formularios de niños; $125 por manual del examinador.
Duración: (15-20) minutos.
Autor: The Gesell Institute of Child Development.
Editorial: Gesell Program in Early Childhood at Yale.
Componentes en Español: El cuestionario para padres/guardianes y las instrucciones correspondientes están disponibles en español.
Componentes en Inglés: Todos los materiales están disponibles en inglés, también; el manual es en inglés.
Referencias Cruzadas: Para reseñas por Jean N. Clark y Joseph C. Kush de los componentes en inglés de esta prueba, consulte 19:76.

questionnaires; $300 for digital Spanish parent/guardian questionnaire.
Time: Untimed; 20-45 minutes.
Author: The Gesell Institute of Child Development.
Publisher: Gesell Program in Early Childhood at Yale.
Spanish Components: The parent/guardian questionnaires and their corresponding instructions are available in Spanish.
English Components: All materials are also available in English; manual is in English.
Cross References: For reviews by Theresa Graham Laughlin and Timothy R. Konold of this test's English components, see 19:75.

[311e]

Gesell Early Screener.

Purpose: Designed as a brief developmental screening instrument to "identify children who may have a learning problem or condition that could affect his or her potential to learn."
Origin: United States/English.
Translation/Adaptation: No information is provided in the test materials about the translation/adaptation process.
Population: Ages 3 to 6.
Norms: Separate norms are not provided with the material translated to Spanish.
Publication Dates: 2011-2012.
Acronym: GES.
Scores: 14 scores in 4 strands: Cognitive Strand (Cubes, Copy Forms, Prepositions, One-to-One Correspondence, Conservation, Identifying Numbers), Language Strand (Interview), Motor Strand (Tiptoe, Balance on One Foot, Hop on One Foot Forward, Skip, Catch, Throw), Social/Emotional/Adaptive.
Administration: Individual.
Price Data, 2023: $350 per complete kit with manipulatives including 30 child recording forms, 30 parent/guardian questionnaires (Spanish or English), 30 teacher questionnaires, and examiner's manual (2011, 78 pages, English); $75 per 30 child recording forms; $125 per examiner's manual.
Time: (15-20) minutes.
Author: The Gesell Institute of Child Development.
Publisher: Gesell Program in Early Childhood at Yale.
Spanish Components: The parent/guardian questionnaire and its corresponding instructions are available in Spanish.
English Components: All materials are also available in English; manual is in English.
Cross References: For reviews by Jean N. Clark and Joseph C. Kush of this test's English components, see 19:76.

[312s]

Gibson Test of Cognitive Skills–Version 2.

Propósito: Diseñado como una herramienta de tamizaje para evaluar las habilidades cognitivas.
Procedencia: Estados Unidos/inglés.
Traducción/Adaptación: Se contrató a una empresa de traducción de idiomas para realizar una traducción inicial del inglés al español (México y España). Esta traducción se envió a un clínico de habla nativa que proporcionó una traducción inversa del español al inglés sin ver el original. Se reconciliaron todas las diferencias en estas dos traducciones. La traducción digital final fue enviada al clínico de habla hispana, quien se la entregó a tres miembros del personal para que la validaran de forma independiente.
Población: Edades 5-85.
Baremos: No se han provisto baremos con los materiales traducidos al español.
Fecha de Publicación: 2016.
Acrónimo: GTCS.
Puntuación, 9: Memoria a Largo Plazo, Procesamiento Visual, Procesamiento Auditivo, Lógica y Razonamiento, Memoria de Trabajo, Velocidad de Procesamiento, Ataque Lingüístico Comprensión, Atención, Habilidad Cognitiva General.
Administración: Individual.
Precios, 2023: $149 por prueba en línea; $199-$299 por prueba en persona más consulta.
Duración: Aproximadamente 45 minutos para administración.
Comentarios: Una evaluación basada en línea que se puede administrar en una computadora o tableta.
Autores: Ken Gibson (prueba); Amy Lawson Moore y Terissa Miller (manual técnico).
Traductor/Adaptador: Linguavista.
Editorial: Gibson Institute of Cognitive Research.
Componentes en Español: Los ítemes en línea, el reporte de calificación y los instrucciones verbales de administración están disponibles en español.
Componentes en Inglés: Todos los materiales están disponibles en inglés también; el manual es en inglés.

[312e]

Gibson Test of Cognitive Skills–Version 2.

Purpose: Designed as a screening tool for cognitive assessment.
Origin: United States/English.
Translation/Adaptation: A language translation company was hired to do an initial translation from English to Spanish (Mexico and Spain). This translation was sent to a native-speaking clinician who provided a back translation from the Spanish back to English without seeing the original. Any differences in these two translations were reconciled. The final digital translation was sent back to the Spanish-speaking clinician who gave it to three staff members to independently validate.
Population: Ages 5-85.
Norms: Separate norms are not provided with materials translated to Spanish.
Publication Date: 2016.
Acronym: GTCS.
Scores, 9: Long-Term Memory, Visual Processing, Auditory Processing, Logic and Reasoning, Short-Term Memory, Processing Speed, Word Attack, Attention, General Cognitive Ability.
Administration: Individual.
Price Data, 2023: $149 per online test; $199-$299 per in-person test plus consultation.
Time: Approximately 45 minutes for administration.
Comments: Web-based assessment that can be administered on a computer or tablet.
Authors: Ken Gibson (test); Amy Lawson Moore and Terissa Miller (technical manual).
Translator/Adaptor: Linguavista.
Publisher: Gibson Institute of Cognitive Research.
Spanish Components: Online test items, score report, and verbal administration instructions are available in Spanish.
English Components: All materials are also available in English; the manual is in English.

[313s]

Goldman-Fristoe Test of Articulation–Third Edition, Spanish.

Propósito: Diseñado para evaluar las habilidades en sonidos del habla en el área de articulación en niños, adolescentes y adultos jóvenes que hablan español.
Procedencia: Estados Unidos/español e inglés.
Traducción/Adaptación: Este es la primera edición del Goldman-Fristoe Test of Articulation in Spanish; no es una traducción sino una evaluación nueva desarrollada en español, con la asistencia de

[313e]

Goldman-Fristoe Test of Articulation–Third Edition, Spanish.

Purpose: Designed "to measure the speech sound abilities in the area of articulation in Spanish-speaking children, adolescents, and young adults."
Origin: United States/Spanish and English.
Translation/Adaptation: This is the first edition of the Goldman-Fristoe Test of Articulation in Spanish; it is not a translation but a new

patólogos de habla-lenguaje de los EE. UU. y Puerto Rico familiarizados con la evaluación de habla sonido en español. Se desarrollaron los ítems y estímulos de dibujos y se los revisaron por sesgo potencial, junto con las instrucciones de administración, palabras de objetivo e historias, para determinar si fuesen apropiados para individuos de ambos sexos, de fondos diversos hispánicos, con diferentes dialectos españoles y de niveles socioeconómicos diferentes. Ítems problemáticos fueron u omitidos o modificados antes del estudio piloto y la creación de la versión de estandarización final.

Población: Edades 2-0 a 21-11.

Baremos: Los baremos se desarrollaron utilizando una muestra con 860 participantes, distribuidos por edad, género, procedencia (Puerto Rico, México, región en los EE. UU.), nivel educativo de los padres e identidad étnica. Adicionalmente se recogió información sobre el país de origen del cuidador primario para determinar el dialecto español o variación geográfica hablado por el individuo. Los países representados incluyen Argentina, Colombia, Cuba, Ecuador, El Salvador, Guatemala, Honduras, México, Nicaragua, Panamá, Paraguay, Perú, Puerto Rico, República Dominicana, España, Uruguay y Venezuela.

Fecha de Publicación: 2017.

Acrónimo: GFTA–3 Spanish.

Puntuación, 6: Puntuación total en dos secciones: Sonidos-en-Palabras, Sonidos-en-Oraciones; 4 evaluaciones suplementarias: Análisis de Error Fonético, Observaciones de Error Vocal, Inteligibilidad, Estimulación de Consonantes y Fonemas.

Administración: Individual.

Partes, 2: Sonidos-en-Palabras (todas edades), Sonidos-en-Oraciones (edades 4-0 a 21-11).

Precios, 2022: $374.50 por juego completo, incluye manual (2017, 253 páginas, inglés), libro de estímulos y 25 protocolos de registro; $271.50 por libro de estímulos (impreso o electrónico); $128.25 por manual (impreso o electrónico); $70.25 por 25 protocolos de registro; $45 por un año de suscripción para informe de puntuación en línea; $1.70 por un informe de puntuación individual en línea.

Duración: 13 minutos, en promedio, por administración de Sonidos-en-Palabras; 14 minutos por administración de Sonidos-en-Oraciones.

Comentarios: Los administradores de la prueba requieren del dominio o casi dominio de un nativo en el español; se puede administrar y corregir en línea; se debe usar la edición en inglés de esta prueba cuando se evalúen individuos que hablan el inglés como lengua nativa.

Autores: Ronald Goldman y Macalyne Fristoe.

Editorial: Pearson.

Componentes en Español: Los ítems de prueba, apuntes y pistes en el protocolo de registro y cuaderno de estímulos son en español.

measure developed in Spanish, with assistance from speech-language pathologists from the U.S. and Puerto Rico familiar with Spanish speech sound assessment. Items and picture stimuli were reviewed for potential bias, as were the administration directions, target words, and stories, to determine their appropriateness for use with individuals of either sex, from diverse Hispanic backgrounds, with different Spanish dialects, and from different socioeconomic levels. Flawed items were dropped or modified before pilot testing and the creation of the final standardization version.

Population: Ages 2-0 through 21-11.

Norms: Norms were developed using a sample of 860 participants, distributed by age, gender, provenance (Puerto Rico, Mexico, region in the U.S.), parental education level, and ethnicity. Information was also gathered about the primary caregiver's country of origin to determine the Spanish dialect or geographical variation spoken by the individual. Countries represented included Argentina, Columbia, Cuba, Dominican Republic, Ecuador, El Salvador, Guatemala, Honduras, Mexico, Nicaragua, Panama, Paraguay, Peru, Puerto Rico, Spain, Uruguay, and Venezuela.

Publication Date: 2017.

Acronym: GFTA–3 Spanish.

Scores, 6: Total scores in two sections: Sounds-in-Words, Sounds-in-Sentences; 4 supplemental measures: Phonetic Error Analysis, Vowel Error Observations, Intelligibility, Stimulation of Consonants and Phonemes.

Administration: Individual.

Parts, 2: Sounds-in-Words (all ages), Sounds in Sentences, (ages 4-0 through 21-11).

Price Data, 2022: $374.50 per kit including manual (2017, 253 pages, English), stimulus book, and 25 record forms; $271.50 per stimulus book (print or digital); $128.25 per manual (print or digital); $70.25 per 25 record forms; $45 per 1-year online score report subscription; $1.70 per individual online score report.

Time: 13 minutes, on average, to administer Sounds-in-Words; 14 minutes to administer Sounds-in-Sentences.

Comments: Test administrators must have native or near native proficiency in Spanish; online administration and scoring available; the English edition of this test should be used when examining individuals whose primary language is English.

Authors: Ronald Goldman and Macalyne Fristoe.

Publisher: Pearson.

Spanish Components: The test items, question prompts, and suggested cues on the record form and in the stimulus booklet are in Spanish.

Componentes en Inglés: Las instrucciones para administración y puntuación en el protocolo de registro y cuaderno de estímulos son en inglés; el manual es en inglés.
Referencias Cruzadas: Para una reseña por Rebecca J. McCauley, consulte 21:70.

[314s]

Group Environment Scale [Third Edition Manual].

Propósito: Diseñado para medir cual es el entorno real, preferido y esperado de individuos en grupos orientados a la tarea, de psicoterapia, sociales y de autoayuda.
Procedencia: Estados Unidos (1974)/inglés.
Traducción/Adaptación: La editorial indica que existen varias traducciones de calidad variable, algunas de las cuales están disponibles de la casa editorial/distribuidor; no se provee información en los materiales de la prueba sobre el proceso de traducción/adaptación.
Población: Miembros y líderes del grupo; clínicos, consultores y evaluadores del programa.
Baremos: No se han provisto baremos con el formulario traducido al español.
Fechas de Publicación: 1974-2002.
Acrónimo: GES.
Puntuación, 10: Cohesión, Apoyo del Líder, Expresividad, Independencia, Orientación a la Tarea, Autodescubrimiento, Ira y Agresión, Orden y Organización, Control del Líder, Innovación.
Administración: Colectiva.
Formularios, 3: Real (R), Ideal (I), Expectativas (E).
Precios, 2022: $60 por manual impreso; $50 por manual digital; $200 por reporte de grupo (formulario Real); $2.50 por administración en línea (todos formularios; compra mínima de 50); $2.50 por licencia para reproducir (todos formularios, compra mínima de 50).
Duración: Tiempo de administración no se reportó.
Comentarios: Parte de las Escalas de Clima Social ("Social Climate Scales"); las traducciones son basadas en el original de Consulting Psychologists Press, Inc. (CPP).
Autor: Rudolf H. Moos.
Traductora/Adaptadora: Diana Barry.
Editorial: Mind Garden, Inc.
Componentes en Español: El Formulario R y sus instrucciones correspondientes están disponibles en español.
Componentes en Inglés: Todos los materiales están disponibles en inglés, también; el manual es en inglés.
Referencias Cruzadas: Para reseñas por Laura L. B. Barnes y Malinda Hendricks Green de los componentes en inglés de esta prueba, consulte 17:82.

English Components: The instructions for administration and scoring on the record form and in the stimulus booklet are in English; the manual is in English.
Cross References: For a review by Rebecca J. McCauley, see 21:170.

[314e]

Group Environment Scale [Third Edition Manual].

Purpose: Designed to "measure the actual, preferred, and expected social environments of task-oriented, social, psychotherapy, and self-help groups."
Origin: United States (1974)/English.
Translation/Adaptation: Test publisher indicates that various translations of varying quality exist, some of which are available from the publisher/distributor; there is no information in the test materials about the translation/adaptation process.
Population: Group members and leaders; clinicians, consultants and program evaluators.
Norms: Separate norms are not provided with the form translated to Spanish.
Publication Dates: 1974-2002.
Acronym: GES.
Scores, 10: Cohesion, Leader Support, Expressiveness, Independence, Task Orientation, Self-Discovery, Anger and Aggression, Order and Organization, Leader Control, Innovation.
Administration: Group.
Forms, 3: Real (R), Ideal (I), Expectations (E).
Price Data, 2022: $60 per print manual; $50 per digital manual; $200 per group report (Real form); $2.50 per online administration (all forms; minimum of 50); $2.50 per license to reproduce (all forms; minimum 50).
Time: Administration time not reported.
Comments: A component of the Social Climate Scales; translations are based on the original by Consulting Psychologists Press, Inc. (CPP).
Author: Rudolf H. Moos.
Translator/Adaptor: Diana Barry.
Publisher: Mind Garden, Inc.
Spanish Components: Form R and its corresponding instructions are available in Spanish.
English Components: All materials are also available in English; the manual is in English.
Cross References: For reviews by Laura L. B. Barnes and Malinda Hendricks Green of this test's English components, see 17:82.

[315s]

Group Inventory for Finding Creative Talent.

Propósito: Diseñado para identificar estudiantes con actitudes y valores usualmente asociados a la creatividad.
Procedencia: Estados Unidos/inglés.
Traducción/Adaptación: No se provee información en los materiales de la prueba sobre el proceso de traducción/adaptación.
Población: Estudiantes en Grados K-6.
Baremos: No se han provisto baremos con los formularios traducidos al español.
Fechas de Publicación: 1976-2010.
Acrónimos: GIFT, PRENDA.
Puntuación, 4: Imaginación, Independencia, Intereses Variados, Total.
Administración: Individual o colectiva.
Niveles, 3: K-2, 3-4, 5-6.
Precios, 2023: $160 por 30 formularios de prueba y servicios de corrección (hecha por la casa editorial).
Duración: (20-45) minutos.
Autora: Sylvia B. Rimm.
Editorial: Educational Assessment Services, Inc.
Componentes en Español: Los formularios y las instrucciones correspondientes están disponibles en español.
Componentes en Inglés: Todos los materiales están disponibles en inglés, también.
Referencias Cruzadas: Para reseñas por Patricia L. Dwinell y Dan Wright de los componentes en inglés de esta prueba, consulte 9:454.

[315e]

Group Inventory for Finding Creative Talent.

Purpose: Designed to "identify students with attitudes and values usually associated with creativity."
Origin: United States/English.
Translation/Adaptation: No information is provided in the test materials about the translation/adaptation process.
Population: Students in Grades K-6.
Norms: Separate norms are not provided with the forms translated to Spanish.
Publication Dates: 1976-2010.
Acronyms: GIFT, PRENDA.
Scores, 4: Imagination, Independence, Many Interests, Total.
Administration: Individual or group.
Levels, 3: K-2, 3-4, 5-6.
Price Data, 2023: $160 per 30 test booklets and scoring services (done by publisher).
Time: (20-45) minutes.
Author: Sylvia B. Rimm.
Publisher: Educational Assessment Services, Inc.
Spanish Components: The forms and their corresponding instructions are available in Spanish.
English Components: All materials are also available in English.
Cross References: For reviews by Patricia L. Dwinell and Dan Wright of this test's English components, see 9:454.

[316s]

Group Inventory for Finding Interests.

Propósito: Diseñado para identificar a estudiantes con actitudes e intereses usualmente relacionados con la creatividad.
Procedencia: Estados Unidos/inglés.
Traducción/Adaptación: No se provee información en los materiales de la prueba sobre el proceso de traducción/adaptación.
Población: Grados 6-12.
Baremos: No se han provisto baremos con los formularios traducidos al español.
Fechas de Publicación: 1979-2010.
Acrónimos: GIFFI, IGPEI.
Puntuación: 5 dimensiones: Escritura y Arte Creativo, Reto-Ingenio, Confianza, Imaginación, Intereses Variados.
Administración: Individual o colectiva.
Niveles, 2: Nivel 1 (Grados 6-9), Nivel 2 (Grados 9-12).
Precios, 2023: $190 por 30 formularios de prueba y servicios de corrección (hecha por la editorial de la prueba).
Duración: (20-40) minutos.

[316e]

Group Inventory for Finding Interests.

Purpose: Designed to "identify students with attitudes and interests usually associated with creativity."
Origin: United States/English.
Translation/Adaptation: No information is provided in the test materials about the translation/adaptation process.
Population: Grades 6-12.
Norms: Separate norms are not provided with the forms translated to Spanish.
Publication Dates: 1979-2010.
Acronyms: GIFFI, IGPEI.
Scores: 5 dimensions: Creative Arts and Writing, Challenge-Inventiveness, Confidence, Imagination, Many Interests.
Administration: Individual or group.
Levels, 2: Level 1 (Grades 6-9), Level 2 (Grades 9-12).
Price Data, 2023: $190 per 30 test booklets and scoring services (done by test publisher).
Time: (20-40) minutes.

Autores: Sylvia B. Rimm y Gary A. Davis.
Traductora/Adaptadora: Christine Maas.
Editorial: Educational Assessment Services, Inc.
Componentes en Español: Los formularios y sus instrucciones correspondientes están disponibles en español.
Componentes en Inglés: Todos los materiales están disponibles en inglés, también.
Referencias Cruzadas: Para una reseña por M. O'Neal Weeks de los componentes en inglés de esta prueba, consulte 9:455.

[317s]

H-T-P/D-A-P: Sistema de Evaluación Cuantitativa del Abuso Infantil.

Nombre Original: House-Tree-Person and Draw-A-Person as Measures of Abuse in Children: A Quantitative Scoring System (Psychological Assessment Resources).
Propósito: Un instrumento de dibujo proyectivo diseñado para detectar un posible abuso sexual.
Procedencia: Estados Unidos (1994)/inglés.
Traducción/Adaptación: No se provee información en los materiales de la prueba sobre el proceso de traducción/adaptación.
Población: Edades 7 a 11.
Baremos: No se han provisto baremos con la traducción al español.
Fecha de Publicación: 2019.
Acrónimo: H-T-P/D-A-P.
Puntuación, 4: Preocupación por Contenidos Sexuales Relevantes, Agresión y Hostilidad, Retraimiento y Accesibilidad Reservada, Alerta por Peligro/Suspicacia y Falta de Confianza.
Administración: Individual.
Precios, 2022: USD$65 por juego completo incluye manual y cuadernillo de calificación.
Duración: No se reportó tiempo de administración.
Autora: Valerie Van Hutton.
Traductor/Adaptador: Jesús Cisneros Herrera.
Editorial: El Manual Moderno, S.A. de C.V.
Componentes en Español: Todos los materiales son en español.
Componentes en Inglés: No hay materiales en inglés en esta versión.

[318s]

Hassles and Uplifts Scales.

Propósito: Diseñado para identificar fuentes y aspectos positivos de la vida diaria que ayudan a contrarrestar los efectos dañinos del estrés.
Procedencia: Estados Unidos/inglés.
Traducción/Adaptación: La editorial de la prueba indica que existen varias traducciones de calidad variable, algunas de las cuales están disponibles de la casa editorial/

Authors: Sylvia B. Rimm and Gary A. Davis.
Translator/Adaptor: Christine Maas.
Publisher: Educational Assessment Services, Inc.
Spanish Components: The forms and their corresponding instructions are available in Spanish.
English Components: All materials are also available in English.
Cross References: For a review by M. O'Neal Weeks of this test's English components, see 9:455.

[317e]

H-T-P/D-A-P: Sistema de Evaluación Cuantitativa del Abuso Infantil.

Original Name: House-Tree-Person and Draw-A-Person as Measures of Abuse in Children: A Quantitative Scoring System (Psychological Assessment Resources).
Purpose: A projective drawing instrument designed to detect possible sexual abuse.
Origin: United States (1994)/English.
Translation/Adaptation: No information is provided in the test materials about the translation/adaptation process.
Population: Ages 7 to 11.
Norms: Separate norms are not provided with the translation to Spanish.
Publication Date: 2019.
Acronym: H-T-P/D-A-P.
Scores, 4: Preoccupation with Sexually Relevant Concepts, Aggression and Hostility, Withdrawal and Guarded Accessibility, Alertness for Danger/Suspicious and Lack of Trust.
Administration: Individual.
Price Data, 2022: USD$65 per complete kit including manual and scoring booklets.
Time: Administration time not reported.
Author: Valerie Van Hutton.
Translator/Adaptor: Jesús Cisneros Herrera.
Publisher: El Manual Moderno, S.A. de C.V.
Spanish Components: All materials are in Spanish.
English Components: There are no English materials in this version.

[318e]

Hassles and Uplifts Scales.

Purpose: Designed to identify sources of stress and positive aspects of daily living that help counteract the damaging effects of stress.
Origin: United States/English.
Translation/Adaptation: Test publisher indicates that various translations of varying quality exist, some of which are available from the publisher/

distribuidor; no se provee información en los materiales de la prueba sobre el proceso de traducción/adaptación.
Población: Adultos.
Baremos: No se han provisto baremos con los materiales traducidos al español.
Fecha de Publicación: 1989.
Acrónimo: HSUP.
Administración: Individual o colectiva.
Formularios, 3: Escala de Problemas Diarias, Escala de Aliento, Escalas Combinadas de Problemas e Aliento.
Precios, 2022: $15 por reporte individual: Escalas Combinadas de Problemas e Aliento; $50 por manual (1989, 43 páginas).
Duración: 5-10 minutos para completar cada escala.
Comentarios: Las escalas son autoadministradas; las escalas están disponibles individualmente; se puede administrar en línea; compre licencia para reproducir y administrar mediante papel y lápiz.
Autores: Richard S. Lazarus y Susan Folkman.
Editorial: Mind Garden, Inc.
Componentes en Español: Las Escalas Combinadas de Problemas e Aliento y sus instrucciones correspondientes están disponibles en español.
Componentes en Inglés: Todos los materiales están disponibles en inglés también; el manual es en inglés.

a) ESCALA DE PROBLEMAS DIARIAS.
Puntuación, 2: Frecuencia, Severidad.
b) ESCALA DE ALIENTO.
Puntuación, 2: Frecuencia, Intensidad.
c) ESCALAS COMBINADAS DE PROBLEMAS E ALIENTO.
Puntuación, 2: Problemas, Aliento.

Referencias Cruzadas: Para reseñas por Karen S. Budd y Nancy Heilman y por Barbara A. Reilly de los componentes en inglés de esta prueba, consulte 11:155.

distributor; no information is provided in the test materials about the translation/adaptation process.
Population: Adults.
Norms: Separate norms are not provided with the materials translated to Spanish.
Publication Date: 1989.
Acronym: HSUP.
Administration: Individual or group.
Forms, 3: The Daily Hassles Scale, The Uplifts Scale, The Combined Hassles and Uplifts Scales.
Price Data, 2022: $15 per individual report: Combined Hassles and Uplifts Scales; $50 per manual (1989, 43 pages).
Time: 5-10 minutes to complete each scale.
Comments: Self-administered scales; scales are available as separates; may administer online; purchase license to reproduce to administer via paper and pencil.
Authors: Richard S. Lazarus and Susan Folkman.
Publisher: Mind Garden, Inc.
Spanish Components: The Combined Hassles and Uplifts Scales form and its corresponding instructions are available in Spanish.
English Components: All materials are also available in English; the manual is in English.

a) THE DAILY HASSLES SCALE.
Scores, 2: Frequency, Severity.
b) THE UPLIFTS SCALE.
Scores, 2: Frequency, Intensity.
c) THE COMBINED HASSLES AND UPLIFTS SCALES.
Scores, 2: Hassles, Uplifts.

Cross References: For reviews by Karen S. Budd and Nancy Heilman and by Barbara A. Reilly of this test's English components, see 11:155.

[319s]

Home & Community Social Behavior Scales.

Propósito: Diseñado para evaluar la competencia social y el comportamiento antisocial.
Procedencia: Estados Unidos/inglés.
Traducción/Adaptación: No se provee información en los materiales de la prueba sobre el proceso de traducción/adaptación.
Población: Edades 5–18 (Grados K-12).
Baremos: No se han provisto baremos con el formulario traducido al español.
Fecha de Publicación: 2002.
Acrónimo: HCSBS.
Puntuación, 6: Relaciones con los Compañeros, Autogestión/Cumplimiento, Total de Competencia Social, Desafiante/Perturbador, Antisocial/Agresivo, Comportamiento Antisocial Total.
Administración: Individual.

[319e]

Home & Community Social Behavior Scales.

Purpose: Designed to evaluate social competence and antisocial behavior.
Origin: United States/English.
Translation/Adaptation: No information is provided in the test materials about the translation/adaptation process.
Population: Ages 5–18 (Grades K–12).
Norms: Separate norms are not provided with the form translated to Spanish.
Publication Date: 2002.
Acronym: HCSBS.
Scores, 6: Peer Relations, Self-Management/Compliance, Social Competence Total, Defiant/Disruptive, Antisocial/Aggressive, Antisocial Behavior Total.
Administration: Individual.

Precios, 2022: $49.95 por guía de usuario (2002,120 páginas); $39.95 por 25 formularios de prueba.
Duración: 5–10 minutos para completar.
Comentarios: Compañero del School Social Behavior Scales, Second Edition; calificado por los padres u otro evaluador basado en el hogar o la comunidad.
Autores: Kenneth W. Merrell y Paul Caldarella.
Editorial: Paul H. Brookes Publishing Co., Inc.
Componentes en Español: El formulario de evaluación y sus instrucciones correspondientes están disponibles en español.
Componentes en Inglés: Todos los materiales están disponibles en inglés también; el manual es en inglés.
Referencias Cruzadas: Para reseñas por Theodore Coladarci y por Stephanie Stein y Phil Diaz de los componentes en inglés de esta prueba, consulte 16:107.

[320s]

HRR Pseudoisochromatic Plates for Detecting, Classifying and Estimating The Degree of Defective Color Vision.

Propósito: Diseñado para medir la visión de color; distingue individuos con visión de color normal de las personas con daltonismo. Para aquellos con visión defectuosa de color, la prueba indica el tipo (Protan, Deutan o Tritan) y el grado del defecto (leve, medio o fuerte).
Procedencia: Estados Unidos/inglés.
Traducción/Adaptación: No se provee información en los materiales de la prueba sobre el proceso de traducción/adaptación.
Población: Personas que puedan tener visión de color defectuosa en cualquier ambiente profesional donde el trabajo requiera conocer el nivel de visión de color.
Baremos: No se han provisto baremos con los materiales traducidos al español.
Fechas de Publicación: 1991-2002.
Puntuación, 3: Visión de Color Normal, Visión de Color Defectuosa (Deficiencia Rojo-Verde, Deficiencia Azul-Amarillo).
Administración: Individual.
Precios, 2023: $249.95 por prueba.
Duración: (1-3) minutos.
Autores: Richmond Products, Inc.; Legrand H. Hardy (manual), Gertrude Rand (manual) y M. Catherine Rittler (manual); J. Neitz (cuarta edición) y J. Bailey (cuarta edición).
Editorial: Good-Lite Company.
Componentes en Español: Instrucciones para administración y corrección de la prueba están disponibles en español.
Componentes en Inglés: Todos los materiales están disponibles en inglés, también.

Price Data, 2022: $49.95 per user's guide (2002,120 pages); $39.95 per 25 test forms.
Time: 5–10 minutes to complete.
Comments: Companion to the School Social Behavior Scales, Second Edition; rated by parent or other home- or community-based rater.
Authors: Kenneth W. Merrell and Paul Caldarella.
Publisher: Paul H. Brookes Publishing Co., Inc.
Spanish Components: The rating form and its corresponding instructions are available in Spanish.
English Components: All materials are also available in English; the manual is in English.
Cross References: For reviews by Theodore Coladarci and by Stephanie Stein and Phil Diaz of this test's English components, see 16:107.

[320e]

HRR Pseudoisochromatic Plates for Detecting, Classifying and Estimating The Degree of Defective Color Vision.

Purpose: Designed to test for color vision; distinguishes individuals with normal color vision from those with defective color vision. For those with defective color vision, indicates the type (Protan, Deutan, or Tritan) and the degree of defect (mild, medium, or strong).
Origin: United States/English.
Translation/Adaptation: No information is provided in the test materials about the translation/adaptation process.
Population: People who may have color vision deficiency in occupational settings where the work requires a known level of color vision.
Norms: Separate norms are not provided with the materials translated to Spanish.
Publication Dates: 1991-2002.
Scores, 3: Normal Color Vision, Defective Color Vision (Red-Green Deficiency, Blue-Yellow Deficiency).
Administration: Individual.
Price Data, 2023: $249.95 per test.
Time: (1-3) minutes.
Authors: Richmond Products, Inc.; Legrand H. Hardy (manual), Gertrude Rand (manual), and M. Catherine Rittler (manual); J. Neitz (fourth edition), and J. Bailey (fourth edition).
Publisher: Good-Lite Company.
Spanish Components: Instructions for administration and scoring are available in Spanish.
English Components: All materials are also available in English.

Referencias Cruzadas: Para una reseña por Ayres G. D'Costa de los componentes en inglés de esta prueba, consulte 15:120.

[321s]

IMPACT Articulation and Phonology Rating Scale.

Propósito: Diseñado para desarrollar una mejor comprensión de cómo las habilidades de articulación y fonología de un(a) estudiante pueden afectar su desempeño académico y progreso en la escuela.
Procedencia: Estados Unidos/inglés.
Traducción/Adaptación: No se provee información en los materiales de la prueba sobre el proceso de traducción/adaptación.
Población: Individuos de 5 a 21 años que se sospecha que tengan o tienen un diagnóstico previo de un trastorno del sonido del habla.
Baremos: No se han provisto baremos con el formulario traducido al español.
Fecha de Publicación: 2020.
Puntuación: Puntuación total solamente.
Administración: Individual.
Formularios, 3: Clínico, Docente, Padre.
Precios, 2023: $125 por membresía anual, incluye el uso ilimitado de las Escalas de Calificación de Impacto y las Herramientas de Evaluación de Video; $24.99 por membresía de 1 mes.
Duración: 20 a 25 minutos.
Comentarios: Se administra en línea.
Autoras: Adriana Lavi (prueba) y Charlotte Granitto (manual).
Editorial: Lavi Institute.
Componentes en Español: El formulario de padres y sus instrucciones correspondientes están disponibles en español.
Componentes en Inglés: Todos los materiales están disponibles en inglés también; el manual es en inglés.

[322s]

IMPACT Language Rating Scale.

Propósito: Diseñado para evaluar el impacto y el resultado de una discapacidad del habla y/o lenguaje en la educación y las interacciones sociales.
Procedencia: Estados Unidos/inglés.
Traducción/Adaptación: No se provee información en los materiales de la prueba sobre el proceso de traducción/adaptación.
Población: Individuos de 5 a 21 años que se sospecha que tengan o tienen un diagnóstico previo de un trastorno del lenguaje.
Baremos: No se han provisto baremos con el formulario traducido al español.
Fecha de Publicación: 2020.
Puntuación: Puntuación total solamente.

Cross References: For a review by Ayres G. D'Costa of this test's English components, see 15:120.

[321e]

IMPACT Articulation and Phonology Rating Scale.

Purpose: Designed "to develop a better understanding as to how a student's articulation and phonology skills may impact their academic performance and progress in school."
Origin: United States/English.
Translation/Adaptation: No information is provided in the test materials about the translation/adaptation process.
Population: Individuals ages 5–21 who are suspected of having or were previously diagnosed with a speech sound disorder.
Norms: Separate norms are not provided with the form translated to Spanish.
Publication Date: 2020.
Score: Total score only.
Administration: Individual.
Forms, 3: Clinician, Parent, Teacher.
Price Data, 2023: $125 per annual membership that includes unlimited use of test publisher's Impact Rating Scales and Video Assessment Tools; $24.99 per 1-month membership.
Time: 20 to 25 minutes.
Comments: Administered online.
Authors: Adriana Lavi (test) and Charlotte Granitto (manual).
Publisher: Lavi Institute.
Spanish Components: The parent form and its corresponding instructions are available in Spanish.
English Components: All materials are also available in English; the manual is in English.

[322e]

IMPACT Language Rating Scale.

Purpose: Designed to assess "the impact and the outcome of a speech and/or language impairment on education and social interactions."
Origin: United States/English.
Translation/Adaptation: No information is provided in the test materials about the translation/adaptation process.
Population: Individuals ages 5–21 who are suspected of having or who were previously diagnosed with a language disorder.
Norms: Separate norms are not provided with the form translated to Spanish.
Publication Date: 2020.
Score: Total score only.

Administración: Individual.
Formularios, 3: Clínico, Docente, Padre.
Precios, 2023: $125 por membresía anual, incluye el uso ilimitado de las Escalas de Calificación de Impacto y las Herramientas de Evaluación de Video; $24.99 por membresía de 1 mes.
Duración: 30 a 35 minutos.
Comentarios: Se administra en línea.
Autoras: Adriana Lavi (prueba) y Charlotte Granitto (manual).
Editorial: Lavi Institute.
Componentes en Español: El formulario de los padres y sus instrucciones correspondientes están disponibles en español.
Componentes en Inglés: Todos los materiales están disponibles en inglés también; el manual es en inglés.

[323s]

IMPACT Social Communication Rating Scale.

Propósito: Diseñado para proporcionar información comprensiva sobre las habilidades lingüísticas pragmáticas y el desarrollo del lenguaje social de niños y adultos jóvenes.
Procedencia: Estados Unidos/inglés.
Traducción/Adaptación: No se provee información en los materiales de la prueba sobre el proceso de traducción/adaptación.
Población: Individuos de 5 a 21 años que se sospecha que tengan o tienen un diagnóstico previo de dificultades del lenguaje pragmático.
Baremos: No se han provisto baremos con el formulario traducido al español.
Fecha de Publicación: 2020.
Puntuación: Puntuación total solamente.
Administración: Individual.
Formularios, 3: Clínico, Docente, Padre.
Precios, 2023: $125 por membresía anual, incluye el uso ilimitado de las Escalas de Calificación de Impacto y las Herramientas de Evaluación de Video; $24.99 por membresía de 1 mes.
Duración: 15-20 minutos.
Comentarios: Se administra en línea.
Autoras: Adriana Lavi (prueba) y Charlotte Granitto (manual).
Editorial: Lavi Institute.
Componentes en Español: El formulario para padres y sus instrucciones correspondientes están disponibles en español.
Componentes en Inglés: Todos los materiales están disponibles en inglés también; el manual es en inglés.

[324s]

Indicador de Tipos Psicológicos.

Propósito: Diseñado para evaluar los tipos psicológicos propuestos por Carl G. Jung en universitarios.

Administration: Individual.
Forms, 3: Clinician, Parent, Teacher.
Price Data, 2023: $125 per annual membership that includes unlimited use of test publisher's Impact Rating Scales and Video Assessment Tools; $24.99 per 1-month membership.
Time: 30 to 35 minutes.
Comments: Administered online.
Authors: Adriana Lavi (test) and Charlotte Granitto (manual).
Publisher: Lavi Institute.
Spanish Components: The parent form and its corresponding instructions are available in Spanish.
English Components: All materials are also available in English; the manual is in English.

[323e]

IMPACT Social Communication Rating Scale.

Purpose: Designed to "provide comprehensive information on pragmatic language skills and social language development of children and young adults."
Origin: United States/English.
Translation/Adaptation: No information is provided in the test materials about the translation/adaptation process.
Population: Individuals ages 5–21 who are suspected of having or who were previously diagnosed with pragmatic language difficulties.
Norms: Separate norms are not provided with the parent form translated to Spanish.
Publication Date: 2020.
Score: Total score only.
Administration: Individual.
Forms, 3: Clinician, Parent, Teacher.
Price Data, 2023: $125 per annual membership that includes unlimited use of test publisher's Impact Rating Scales and Video Assessment Tools; $24.99 per 1-month membership.
Time: 15-20 minutes for administration.
Comments: Administered online.
Authors: Adriana Lavi (test) and Charlotte Granitto (manual).
Publisher: Lavi Institute.
Spanish Components: The parent form and its corresponding instructions are available in Spanish.
English Components: All materials are also available in English; the manual is in English.

[324e]

Indicador de Tipos Psicológicos.

Purpose: Designed to evaluate Carl G. Jung's proposed psychological types in college students.

Procedencia: México/español.
Población: Edades 17 en adelante.
Baremos: Los baremos se desarrollaron utilizando una muestra con 1,193 participantes mexicanos procedentes de la Universidad de Guanajuato, Universidad de Guadalajara y Universidad Autónoma Metropolitana, distribuidos por edad, género, orientación sexual y programa académico.
Fecha de Publicación: 2019.
Acrónimo: ITP.
Puntuación, 10: Sentimiento Introvertido, Pensamiento Introvertido, Sentimiento Extravertido, Impulsivo Introvertido, Marginación Introvertida, Precisión Introvertida, Sensación Extravertida, Practicidad Extravertida, Realismo Extravertido, Audacia Extravertida.
Administración: Individual o colectiva.
Precios, 2022: USD$48 por juego completo incluyendo manual y tarjeta de prepago.
Duración: 15-20 minutos.
Comentarios: Se administra en línea.
Autores: María Elena Hernández Hernández, José María de la Roca Chiapas y Luis Felipe García y Barragán.
Editorial: Editorial El Manual Moderno, S. A. de C. V.
Componentes en Español: Todos los materiales son en español.
Componentes en Inglés: No hay materiales en inglés.

[325s]

Individual Directions Inventory™.

Propósito: Diseñado para medir la complejidad y la riqueza de la forma en que las personas interactúan con el mundo y toman decisiones en la vida.
Procedencia: Estados Unidos/inglés.
Traducción/Adaptación: Los materiales fueron traducidos por una empresa de traducción profesional trabajando con un comerciante profesional de habla hispana nativa. El cuestionario traducido fue luego retrotraducido a inglés y comparado al original por expertos en la materia de la casa editorial de la prueba. Los ítems cuestionables se volvieron a traducir. Se realizan una investigación estadística con los ítems finalizados para asegurar que cada ítem funcione como se espera. Los ítems sospechosos son candidatos para una traducción.
Población: Adultos.
Baremos: No se han provisto baremos con los materiales traducidos al español.
Fechas de Publicación: 1987-2020.
Acrónimo: IDI.
Puntuación: 17 dimensiones en 6 áreas: Afiliación (Dar, Recibir, Pertenecer, Expresar), Atracción (Ganar Importancia, Amenizar), Percepción (Crear, Interpretar),

Origin: Mexico/Spanish.
Population: Ages 17 and older.
Norms: Norms were developed using a sample of 1,193 Mexican participants from the University of Guanajuato, the University of Guadalajara, and the Autonomous Metropolitan University, distributed by age, gender, sexual orientation, and academic program.
Publication Date: 2019.
Acronym: ITP.
Scores, 10: Introverted Feeling, Introverted Thinking, Extraverted Feeling, Introverted Impulsiveness, Introverted Marginalization, Introverted Accuracy, Extraverted Sensation, Extraverted Practicality, Extraverted Realism, Extraverted Boldness.
Administration: Individual or group.
Price Data, 2022: USD$48 per complete kit, including manual and prepaid card.
Time: 15-20 minutes.
Comments: Administered online.
Authors: María Elena Hernández Hernández, José María de la Roca Chiapas, and Luis Felipe García y Barragán.
Publisher: Editorial El Manual Moderno, S. A. de C. V.
Spanish Components: All materials are in Spanish.
English Components: There are no materials in English.

[325e]

Individual Directions Inventory™.

Purpose: Designed to "measure the complexity and richness of the way individuals interact with the world and make life choices."
Origin: United States/English.
Translation/Adaptation: Materials were translated by a professional translation firm working with a business professional whose native language is Spanish. The translated questionnaire was then back-translated to English and compared to the original by test publisher subject matter experts. Questionable items were retranslated. "Once finalized, statistical item analyses were performed to assure that each item is operating as expected. Suspect items are candidates for retranslation."
Population: Adults.
Norms: Separate norms are not provided with the materials translated to Spanish.
Publication Dates: 1987-2020.
Acronym: IDI.
Scores: 17 dimensions in 6 areas: Affiliating (Giving, Receiving, Belonging, Expressing), Attracting (Gaining Stature, Entertaining), Perceiving (Creating, Interpreting), Mastering (Excelling, Enduring,

Dominio (Superarse, Perseverar, Estructuración), Reto (Maniobrar, Ganar, Controlar), Consistencia (Estabilidad, Independencia, Irreprochabilidad).
Administración: Individual.
Precios: Disponibles con la casa editorial.
Duración: Aproximadamente 30 minutos completar.
Comentarios: Administrado y calificado en línea; en algunos casos, los cuestionarios en papel pueden estar disponibles; la compra y el uso requieren capacitación por parte del editor o revisión de credenciales.
Autores: James T. Mahoney (prueba) y Maria D. Brown (manual).
Editorial: Management Research Group.
Componentes en Español: El cuadernillo de prueba y el informe de perfil están disponibles en español.
Componentes en Inglés: Todos los materiales están disponibles en inglés también; el manual es en inglés.

Structuring), Challenging (Maneuvering, Winning, Controlling), Maintaining (Stability, Independence, Irreproachability).
Administration: Individual.
Price Data: Available from publisher.
Time: Approximately 30 minutes to complete.
Comments: Administered and scored online; in some cases, paper questionnaires may be available; purchase and use require training by publisher or credential review.
Authors: James T. Mahoney (test) and Maria D. Brown (manual).
Publisher: Management Research Group.
Spanish Components: The test booklet and profile report are available in Spanish.
English Components: All materials are also available in English; the manual is in English.

[326s]

Infant Development Inventory.

Propósito: Diseñado para detectar o evaluar el desarrollo de infantes en los primeros 18 meses.
Procedencia: Estados Unidos (1980-1995)/inglés.
Traducción/Adaptación: No se provee información en los materiales de la prueba sobre el proceso de traducción/adaptación.
Población: Nacimiento a 18 meses.
Baremos: Esta prueba no es de referencia normativa.
Fechas de Publicación: 1994-2005.
Acrónimo: IDI.
Puntuación, 5: Social, Ayuda Propia, Motor Grueso, Motor Fino, Lenguaje.
Administración: Individual.
Precios, 2023: $55 por 75 cuestionarios para los padres/tabla de desarrollo.
Duración: [5–10] minutos.
Autor: Harold Ireton.
Editorial: Child Development Review - Behavior Science Systems, Inc.
Componentes en Español: Los cuestionarios/tablas de desarrollo y sus instrucciones correspondientes están disponibles en español.
Componentes en Inglés: Todos los materiales están disponibles en inglés, también; no hay manual, pero las instrucciones de administración y puntuación son en inglés.
Referencias Cruzadas: Para reseñas por Alan S. Kaufman y John J. Vacca de los componentes en inglés de esta prueba, consulte 14:176.

[326e]

Infant Development Inventory.

Purpose: Designed "for screening or assessing the development of infants in the first eighteen months."
Origin: United States (1980-1995)/English.
Translation/Adaptation: No information is provided in the test materials about the translation/adaptation process.
Population: Birth to 18 months.
Norms: This test is not norm referenced.
Publication Dates: 1994-2005.
Acronym: IDI.
Scores, 5: Social, Self-Help, Gross Motor, Fine Motor, Language.
Administration: Individual.
Price Data, 2023: $55 per 75 parent questionnaires/infant chart.
Time: [5–10] minutes.
Author: Harold Ireton.
Publisher: Child Development Review - Behavior Science Systems, Inc.
Spanish Components: The parent questionnaire/child development charts and their corresponding instructions are available in Spanish.
English Components: All materials are also available in English; there is no manual, but the administration and scoring instructions are in English.
Cross References: For reviews by Alan S. Kaufman and John J. Vacca of this test's English components, see 14:176.

[327s]

Infant-Toddler Developmental Assessment–Second Edition.

Propósito: Diseñado para mejorar la identificación temprana de niños quienes están en riesgo de problemas

[327e]

Infant-Toddler Developmental Assessment–Second Edition.

Purpose: "Designed to improve early identification of children who are developmentally at

de desarrollo y quienes puedan necesitar monitoreo o servicios de intervención.
Procedencia: Estados Unidos/inglés.
Traducción/Adaptación: No se provee información en los materiales de la prueba sobre el proceso de traducción/adaptación.
Población: Nacimiento a 3 años.
Baremos: Esta prueba no es de referencia normativa; es de referencia de criterio.
Fechas de Publicación: 1995-2016.
Acrónimo: IDA-2.
Puntuación: Puntuación de Referencia de Criterio en 8 dominios: Motor Grueso, Motor Fino, Relación a Objetos Inanimados, Lenguaje/Comunicación, Autoayuda, Relación a Personas, Estados de Emociones y Sentimientos, Comportamiento de Afrontamiento.
Administración: Individual.
Partes: 6 fases: Referencia y Recogido de Datos; Entrevista de Padres; Evaluación de Salud; Observación y Evaluación del Desarrollo (Perfil del Desarrollo Provence Nacimiento-a-Tres); Integración y Síntesis; Compartir Resultados, Finalización e Informe.
Precios, 2022: $656 por juego completo, incluye manual de administración (2016, 145 páginas, inglés), guía de estudio (2016, 155 páginas, inglés), 25 formularios de reportes para padres, 25 guías de registro de salud, 25 formularios de registro de prueba y un juego de materiales manipulativos en un maletín; $120 por manual de administración (digital o impreso); $208 por juego de materiales manipulativos; $52 por 25 formularios de reportes para padres (español o inglés); $52 por 25 guías de registro de salud (inglés); $86 por 25 formularios de registro de prueba (español o inglés); $120 por guía de estudio (digital o impreso).
Duración: Variable.
Comentarios: Realizado por un equipo transdisciplinario de dos (o más) profesionales; el Perfil de Provence está diseñado para usarse en el contexto del proceso de evaluación completo y nunca debe ser usado como una prueba independiente.
Autores: Sally Provence, Joanna Erikson, Susan Vater, Kyle Pruett, Jennifer Rosinia, Saro Palmeri.
Editorial: PRO-ED.
Componentes en Español: Los formularios de reportes para padres y formularios de registro y sus instrucciones correspondientes están disponibles en español.
Componentes en Inglés: Todos los materiales están disponibles en inglés también; el manual es en inglés.
Referencias Cruzadas: Para reseñas por Michelle S. Athanasiou y Annabel W. Li y por Iheoma U. Iruka de los componentes en inglés de esta prueba, consulte 21:75.

[328s]

Instrumento de Codependencia.

Propósito: Diseñado para "detectar en las mujeres el trastorno por codependencia en la relación de pareja".

risk and who may be in need of monitoring or intervention services."
Origin: United States/English.
Translation/Adaptation: No information is provided in the test materials about the translation/adaptation process.
Population: Birth to 3 years.
Norms: This test is not norm referenced; it is criterion referenced.
Publication Dates: 1995-2016.
Acronym: IDA–2.
Scores: Criterion-referenced scores in 8 domains: Gross Motor, Fine Motor, Relationship to Inanimate Objects, Language/Communication, Self-Help, Relationship to Persons, Emotions and Feeling States, Coping Behavior.
Administration: Individual.
Parts: 6 phases: Referral and Data Gathering; Parent Interview; Health Review; Developmental Observation and Assessment (the Provence Birth-to-Three Developmental Profile); Integration and Synthesis; Share Findings, Completion, and Report.
Price Data, 2022: $656 per complete kit including administration manual (2016, 145 pages, English), study guide (2016, 155 pages, English), 25 parent report forms, 25 health recording guides, 25 test record forms, and a manipulatives kit in canvas carrying case; $120 per administration manual (print or digital); $208 per manipulatives kit; $52 per 25 parent report forms (Spanish or English); $52 per 25 health recording guides (English); $86 per 25 test record forms (Spanish or English); $120 per study guide (print or digital).
Time: Varies.
Comments: Conducted by a transdisciplinary team of two (or more) professionals; "the Provence Profile is designed to be used within the context of the complete assessment process and never used as a standalone test."
Authors: Sally Provence, Joanna Erikson, Susan Vater, Kyle Pruett, Jennifer Rosinia, Saro Palmeri.
Publisher: PRO-ED.
Spanish Components: The parent report forms and test record forms and their corresponding instructions are available in Spanish.
English Components: All materials are also available in English; the manual is in English.
Cross References: For reviews by Michelle S. Athanasiou and Annabel W. Li and by Iheoma U. Iruka of this test's English components, see 21:75.

[328e]

Instrumento de Codependencia.

Purpose: Designed to identify codependency in women in a relationship.

[329s] IntegriTEST

Procedencia: México/español.
Población: Mujeres entre 18 y 65.
Baremos: Los baremos se desarrollaron utilizando una muestra con 230 mujeres participantes mexicanas, distribuidos por edad, tiempo de cohabitación, nivel de escolaridad y empleo.
Fecha de Publicación: 2011.
Acrónimo: ICOD.
Puntuación, 5: Mecanismos de Negación, Desarrollo Incompleto de la Identidad, Represión Emocional, Orientación Rescatadora, Total.
Administración: Individual o colectiva.
Precios, 2022: USD$31 por juego completo, incluyendo manual (2011, 34 páginas) y 25 cuestionarios.
Duración: 10 minutos.
Autora: Gloria Noriega Gayol.
Editorial: Editorial El Manual Moderno, S.A. de C.V.
Componentes en Español: Todos los materiales son en español.
Componentes en Inglés: No hay materiales en inglés.

Origin: Mexico/Spanish.
Population: Women between 18 and 65.
Norms: Norms were developed using a sample of 230 female participants from Mexico, distributed by age, length of cohabitation, level of education, and employment.
Publication Date: 2011.
Acronym: ICOD.
Scores, 5: Mechanisms of Denial, Incomplete Identity Development, Emotional Repression, Rescuing Orientation, Total.
Administration: Individual or group.
Price Data, 2022: USD$31 per complete kit: manual (2011, 34 pages) and 25 response forms.
Time: 10 minutes.
Author: Gloria Noriega Gayol.
Publisher: Editorial El Manual Moderno, S.A. de C.V.
Spanish Components: All materials are in Spanish.
English Components: There are no materials in English.

[329s]

IntegriTEST.

Propósito: Diseñado para predecir comportamientos de trabajo desviados, tales como robo, fraude, uso de drogas y soborno, entre los solicitantes de empleo y empleados en el proceso de selección.
Procedencia: Israel/hebreo.
Traducción/Adaptación: La traducción ha seguido un riguroso proceso de retrotraducción por psicólogos bilingües nativos y locales en colaboración con los autores y la casa editorial de la prueba. Tras la traducción, la prueba fue estudiada y analizada para la estabilidad psicométrica y los baremos se ajustaron según fue necesario.
Población: Solicitantes de empleo y empleados.
Baremos: No se han provisto baremos con la traducción al español.
Fechas de Publicación: 1984-2015.
Puntuación, 7: Evaluación General (Recomendado, Marginal, No Recomendado), Robo, Veracidad, Soborno, Normas, Drogas, Tolerancia en el Servicio.
Administración: Individual o colectiva.
Precios: Disponibles con la casa editorial.
Duración: (15-20) minutos.
Comentarios: Se administra en línea. El IntegriTEST se compone de ítems de prueba que son corregidos y otros que proveen información cualitativa. La prueba está disponible en varios idiomas adicionales.
Autores: Ishayahu Horowitz, Avinoam Galatzer, Hanoch Weigler y Saul Fine (manual).
Editorial: Midot, Ltd.
Componentes en Español: Los ítems de prueba y sus instrucciones correspondientes están disponibles en español.

[329e]

IntegriTEST.

Purpose: "Designed to predict deviant work behaviors, such as theft, fraud, drug use and bribery, among job applicants and employees in selection scenarios."
Origin: Israel/Hebrew.
Translation/Adaptation: Translation "followed a rigorous process of backwards translations by native and local bilingual psychologists in cooperation with the test authors and its publisher. After translation, the tests were monitored and analyzed for psychometric stability and the norms were adjusted as needed."
Population: Job applicants and employees.
Norms: Separate norms are not provided with the Spanish translation.
Publication Dates: 1984-2015.
Scores, 7: Overall Evaluation (Recommended, Marginal, Not Recommended), Theft, Honesty, Bribery, Norms, Drugs, Service Tolerance.
Administration: Individual or group.
Price Data: Available from publisher.
Time: (15-20) minutes.
Comments: Administered online. The IntegriTEST consists of scored test items and non-scored informational items. The test is available in various additional languages.
Authors: Ishayahu Horowitz, Avinoam Galatzer, Hanoch Weigler, and Saul Fine (manual).
Publisher: Midot, Ltd.
Spanish Components: Test items and their corresponding instructions are available in Spanish.

Componentes en Inglés: Todos los materiales están disponibles en inglés, también; el manual es en inglés.

[330s]

Inteligencia Creativa: Una Medida Cognitiva de la Creatividad.

Propósito: Diseñado para apreciar la inteligencia creativa.
Procedencia: España y Argentina/español.
Población: Edades 6 en adelante.
Baremos: Los baremos se desarrollaron utilizando una muestra con 2.223 participantes, 1.075 de España y 1.148 de Argentina, distribuidos por sexo y edad.
Fechas de Publicación: 2003-2015.
Acrónimo: CREA.
Puntuación: Puntuación total solamente.
Administración: Individual o colectiva.
Formularios, 3: A (edades 10-17 y adultos), B (edades 12-17), C (edades 6-16).
Precios, 2022: €139,33 por juego completo, incluye manual (2015, tercera edición, 112 páginas) y 25 ejemplares de cada formulario A/B/C; €44,77 por 25 ejemplares de cade formulario A/B/C; €33,08 por manual en línea.
Duración: (10-20) minutos.
Comentarios: Formulario C debe ser administrado de forma verbal y de aplicación individual a niños edades 6 a 9.
Autores: Francisco Javier Corbalán, Fermín Antonio Martínez Zaragoza, Danilo S. Donolo (prueba y manual), Carlos Alonso Monreal, María Tejerina Arreal y Rosa María Limiñana Gras (manual).
Editorial: Hogrefe TEA Ediciones.
Componentes en Español: Todos los materiales son en español.
Componentes en Inglés: No hay materiales en inglés.

[331s]

Intereses y Preferencias Profesionales–Revisado.

Propósito: Diseñado para ayudar a los estudiantes identificar las profesiones y actividades que les puedan proporcionar mayor satisfacción en el trabajo.
Procedencia: España/español.
Población: Edades 13 en adelante.
Baremos: Los baremos fueron actualizados en el 2015 y se desarrollaron utilizando una muestra total de 85.859 participantes, distribuidos por sexo y edad, de 14 países: España (*n* = 54.934), Colombia (*n* = 9.956), El Salvador (*n* = 5.428), México (*n* = 4.420), Ecuador (*n* = 2.938), Panamá (*n* = 2.000), Argentina (*n* = 1.960), Guatemala (*n* = 1.394), Perú (*n* = 926), Costa Rica (*n* = 729), Chile (*n* = 460), Paraguay (*n* = 346), Venezuela (*n* = 212) y República Dominicana (*n* = 156). Adicionalmente, se desarrollaron baremos

English Components: All test materials are also available in English; the manual is in English.

[330e]

Inteligencia Creativa: Una Medida Cognitiva de la Creatividad.

Purpose: Designed to assess creative intelligence.
Origin: Spain and Argentina/Spanish.
Population: Ages 6 and older.
Norms: Norms were developed using a sample of 2,223 participants, 1,075 from Spain and 1,148 from Argentina, distributed by gender and age.
Publication Dates: 2003-2015.
Acronym: CREA.
Scores: Total score only.
Administration: Individual or group.
Forms, 3: A (ages 10-17 and adults), B (ages 12-17), C (ages 6-16).
Price Data, 2022: €139.33 per complete kit, including manual (2015, third edition, 112 pages) and 25 of each form A/B/C; €44.77 per 25 of each form A/B/C; €33.08 per online manual.
Time: (10-20) minutes.
Comments: Form C should be administered verbally and individually to children ages 6 to 9.
Authors: Francisco Javier Corbalán, Fermín Antonio Martínez Zaragoza, Danilo S. Donolo (test and manual), Carlos Alonso Monreal, María Tejerina Arreal, and Rosa María Limiñana Gras (manual).
Publisher: Hogrefe TEA Ediciones.
Spanish Components: All materials are in Spanish.
English Components: There are no materials in English.

[331e]

Intereses y Preferencias Profesionales–Revisado.

Purpose: Designed to help students identify professions and activities that may provide job satisfaction.
Origin: Spain/Spanish.
Population: Ages 13 and older.
Norms: Norms were updated in 2015 and were developed using a total sample of 85,859 participants, distributed by gender and age, from 14 countries: Spain (*n* = 54,934), Colombia (*n* = 9,956), El Salvador (*n* = 5,428), Mexico (*n* = 4,420), Ecuador (*n* = 2,938), Panama (*n* = 2,000), Argentina (*n* = 1,960), Guatemala (*n* = 1,394), Peru (*n* = 926), Costa Rica (*n* = 729), Chile (*n* = 460), Paraguay (*n* = 346), Venezuela (*n* = 212), and Dominican Republic (*n* = 156). In addition, norms for Latin America

latinoamericanos utilizando una muestra de 17.158 participantes, distribuidos por género y región geográfica: Norte (México, n = 5.167), Centro (Guatemala, El Salvador, Costa Rica, Panamá, Nicaragua, República Dominicana, Honduras y Puerto Rico, en orden de aportación de mayor a menor; n = 2.788) y Sur (Colombia, Argentina, Perú, Ecuador, Chile, Paraguay, Venezuela, Bolivia y Uruguay, en orden de aportación de mayor a menor; n = 9.203).
Fechas de Publicación: 2004-2015.
Acrónimo: IPP-R.
Puntuación, 30: 15 en cada una de dos categorías, Actividades y Profesiones: Científico, Técnico, Sanitario, Científico–Social/Humanidades, Jurídico–Social, Comunicación–Información, Psicopedagógico, Empresarial/Administrativo/Comercial, Informática, Agrario/Agropecuario/Ambiental, Artístico-Plástico/Artesanía/Moda, Artístico–Musical/Espectáculo, Fuerzas Armadas/Seguridad/Protección, Deportivo, Turismo/Hostelería.
Administración: Individual o colectiva.
Precios, 2022: €84,57 por juego completo, incluye manual (2015; cuarta edición, revisada; 31 páginas), 10 cuadernillos y juego de corrección; €26,38 por 10 cuadernillos; €40,68 por juego de corrección (25 hojas de respuestas y PIN para 25 usos en línea); €33,08 por manual en línea; €4,19 por aplicación y corrección en línea; €7,48 por informe en línea.
Duración: (20-35) minutos.
Autora: María Victoria de la Cruz López.
Editorial: Hogrefe TEA Ediciones.
Componentes en Español: Todos los materiales son en español.
Componentes en Inglés: No hay materiales en inglés.

were developed using a sample of 17,158 participants, distributed by gender and geographic region: North (Mexico, n = 5,167), Central (Guatemala, El Salvador, Costa Rica, Panama, Nicaragua, Dominican Republic, Honduras, and Puerto Rico, in order of contribution from most to least; n = 2,788), and South (Colombia, Argentina, Peru, Ecuador, Chile, Paraguay, Venezuela, Bolivia, and Uruguay, in order of contribution from most to least; n = 9,203).
Publication Dates: 2004-2015.
Acronym: IPP-R.
Scores, 30: 15 in each of two categories, Activities and Professions: Scientific, Technical, Health, Social Science/Humanities, Social Law, Communication–Information, Psychopedagogy, Business/Management/Commerce, Technology, Agricultural/Environmental, Plastic Art/Crafts/Fashion, Musical Artist/Performance, Armed Forces/Security/Protection, Athletic, Tourism/Hospitality.
Administration: Individual or group.
Price Data, 2022: €84.57 per complete kit, including manual (2015; fourth edition, revised; 31 pages), 10 test booklets, and scoring kit; €26.38 per 10 test booklets; €40.68 per scoring kit (25 response sheets and a PIN for 25 uses online); €33.08 per online manual; €4.19 per online administration and scoring; €7.48 per online report.
Time: (20-35) minutes.
Author: María Victoria de la Cruz López.
Publisher: Hogrefe TEA Ediciones.
Spanish Components: All materials are in Spanish.
English Components: There are no materials in English.

[332s]

Inventario Autodescriptivo del Adolescente.

Propósito: Diseñada para obtener una descripción de dimensiones diversas del ambiente del adolescente y evaluar la presencia de indicadores de riesgo para problemas de conducta.
Procedencia: México/español.
Población: Edades 13 a 18.
Baremos: Los baremos se desarrollaron utilizando una muestra con 1,660 participantes mexicanos, distribuidos por edad, sexo, nivel de escolaridad y área geográfica.
Fecha de Publicación: 2010.
Acrónimo: IADA.
Puntuación, 5: Familiar, Social, Escolar, Personal, Salud.
Administración: Individual o colectiva.
Formularios, 2: Secundaria, Preparatoria.

[332e]

Inventario Autodescriptivo del Adolescente.

Purpose: Designed to obtain a description of different dimensions in the environment of an adolescent and to evaluate the presence of risk indicators for behavioral problems.
Origin: Mexico/Spanish.
Population: Ages 13 to 18.
Norms: Norms were developed using a sample of 1,660 Mexican participants, distributed by age, gender, level of schooling, and geographical area.
Publication Date: 2010.
Acronym: IADA.
Scores, 5: Family, Social, School, Personal, Health.
Administration: Individual or group.
Forms, 2: Middle School, High School.

Precios, 2022: USD$89 por juego completo, incluyendo manual (2010, 86 páginas) y cuadernillos de respuesta, plantillas de calificación, perfiles y hojas de respuesta para secundaria y preparatoria.
Duración: 30-35 minutos.
Autores: Emilia Lucio Gómez-Maqueo, Blanca Estela Barcelata Eguiarte, Consuelo Durán Patiño.
Editorial: Editorial El Manual Moderno, S.A. de C.V.
Componentes en Español: Todos los materiales son en español.
Componentes en Inglés: No hay materiales en inglés.

[333s]

Inventario Bochum de Personalidad y Competencias.

Nombre Original: Das Bochumer Inventar zur berufsbezogenen Persönlichkeitsbeschreibung (Hogrefe-Verlag GMBH & Co. KG).
Propósito: Diseñado para "evaluar las principales características de la personalidad y determinadas competencias que son habitualmente importantes" en el ámbito laboral.
Procedencia: Alemania (1998)/alemán.
Traducción/Adaptación: "Para hacer la version española se trabajó simultáneamente con las dos versiones preexistentes, la original y la adaptación hecha en Inglaterra". Esta versión fue sometida a la crítica y revision de varios psicólogos especialistas en evaluación para comprobar la pertinencia de cada elemento, mejorar la redacción y buscar que los elementos fuesen fácilmente comprensibles.
Población: Adultos.
Baremos: Los baremos fueron actualizados en 2015 utilizando una muestra total de 99.329 participantes, distribuidos por género, de 14 países: España (general *n* = 19.124; cuerpos de seguridad *n* = 3.048; desarrollo personal *n* = 4.492), Argentina (*n* = 2.062), Chile (general *n* = 2.162; desarrollo personal *n* = 1.402), Colombia (general *n* = 26.688; cuerpos de seguridad *n* = 3.434; desarrollo personal *n* = 1.426), Costa Rica (general *n* = 6.006; cuerpos de seguridad *n* = 2.037; desarrollo personal *n* = 492), Ecuador (*n* = 6.750), El Salvador (*n* = 586), Guatemala (*n* = 1,292), Honduras (*n* = 1.748), México (*n* = 2.360), Panamá (*n* = 298), Paraguay (*n* = 466), Perú (*n* = 11.322) y Uruguay (*n* = 2.134). Se desarrollaron baremos distintos para cada país. Adicionalmente, se desarrollaron baremos generales latinoamericanos utilizando una muestra de 10.124 participantes, distribuidos por género y región geográfica: Norte (*n* = 3.095 de México), Centro (*n* = 1.497 de Guatemala, Honduras, República Dominicana, El Salvador, Nicaragua, Panamá y Costa Rica, en orden de aportación) y Sur (*n* = 5.531 de Colombia,

Price Data, 2022: USD$89 per complete kit, including manual (2010, 86 pages) and response booklets, scoring templates, profiles, and scoring sheets for middle school and high school.
Time: 30-35 minutes.
Authors: Emilia Lucio Gómez-Maqueo, Blanca Estela Barcelata Eguiarte, Consuelo Durán Patiño.
Publisher: Editorial El Manual Moderno, S.A. de C.V.
Spanish Components: All materials are in Spanish.
English Components: There are no materials in English.

[333e]

Inventario Bochum de Personalidad y Competencias.

Original Name: Das Bochumer Inventar zur berufsbezogenen Persönlichkeitsbeschreibung (Hogrefe-Verlag GMBH & Co. KG).
Purpose: To assess the main features of personality and determine the skills that are important in the workplace.
Origin: Germany (1998)/German.
Translation/Adaptation: The Spanish adaptation was aided by simultaneously consulting two versions of the test already available, the original and the U.K. adaptation. This version was then submitted for critique and revision by various psychologists specializing in evaluation to confirm the relevance of each item, make editorial improvements, and verify that the items were easy to understand.
Population: Adults.
Norms: Norms were updated in 2015 and were developed using a total sample of 99,329 participants, distributed by gender, from 14 countries: Spain (general *n* = 19,124; law enforcement *n* = 3,048; personnel development *n* = 4,492), Argentina (*n* = 2,062), Chile (general *n* = 2,162; personnel development *n* = 1,402), Colombia (general *n* = 26,688; law enforcement *n* = 3,434; personnel development *n* = 1,426), Costa Rica (general *n* = 6,006; law enforcement *n* = 2,037; personnel development *n* = 492), Ecuador (*n* = 6,750), El Salvador (*n* = 586), Guatemala (*n* = 1,292), Honduras (*n* = 1,748), Mexico (*n* = 2,360), Panama (*n* = 298), Paraguay (*n* = 466), Peru (*n* = 11,322), and Uruguay (*n* = 2,134). Separate norms are provided for each country. In addition, general norms for Latin America were developed using a sample of 10,124 participants, distributed by gender and geographic region: North (*n* = 3,095 from Mexico), Central (*n* = 1,497 from Guatemala, Honduras, Dominican Republic, El Salvador, Nicaragua, Panama, and Costa Rica, in order of contribution), and South (*n* = 5,531 from

Argentina, Perú, Uruguay, Paraguay, Ecuador, Chile y Bolivia, en orden de aportación).
Fechas de Publicación: 1998-2006.
Acrónimo: BIP.
Puntuación, 19: Orientación a los Resultados, Iniciativa para el Cambio, Liderazgo, Esmero, Flexibilidad, Orientación a la Acción, Inteligencia Social, Sociabilidad, Desarrollo de Relaciones, Trabajo en Equipo, Influencia, Estabilidad Emocional, Calidad de Trabajo, Seguridad en Sí Mismo, Sensación de Control, Competitividad, Movilidad, Orientación al Ocio, Distorsión de la Imagen.
Administración: Individual o colectiva.
Precios, 2023: €183,45 por juego completo, incluye manual (2006, 98 páginas), 10 cuadernillos, kit de corrección con 25 usos y 25 informes personales; €35,99 por 25 juegos de corrección (25 hojas de respuestas y PIN para 25 usos en línea); €38,60 por 10 cuadernillos; €77,25 por 25 informes personales.
Duración: (30-45) minutos.
Autores: Rüdiger Hossiep y Michael Paschen, con la colaboración de Carola Fink, Britta Herrmann, Britta Külpmann, Oliver Mühlhaus, Jan K. Woike y Marion Wolff.
Traductores/Adaptadores: David Arribas, Sara Corral y Jaime Pereña.
Editorial: Hogrefe TEA Ediciones.
Componentes en Español: Todos los materiales son en español.
Componentes en Inglés: No hay materiales en inglés en esta versión.

[334s]

Inventario Breve de 18 Síntomas.

Nombre Original: Brief Symptom Inventory 18 (NCS Pearson, Inc.).
Propósito: Diseñado para "realizar un cribado del distres psicológico y síntomas psiquiátricos en población general y médica".
Procedencia: Estados Unidos (2001)/inglés.
Traducción/Adaptación: Un equipo bilingüe internacional tradujo los ítems e instrucciones de la prueba para hispanohablantes en los EE. UU y entonces se realizó una traducción inversa al inglés. "A partir de esta traducción, un equipo de investigación de la Facultad de Psicología de la Universidad de Valencia adaptó los ítems de la prueba a las particularidades lingüísticas de la población de España. Se realizaron ligeras modificaciones para forma la versión definitiva".
Población: Edades 18 en adelante.
Baremos: Se han provisto baremos con la adaptación española. Los baremos se desarrollaron utilizando dos muestras: La primera estuvo compuesta de 800 trabajadores en activo, distribuidos por edad, género, nivel educativo, zona geográfica en España y sector económico. La segunda muestra estuvo compuesta de

Colombia, Argentina, Peru, Uruguay, Paraguay, Ecuador, Chile and Bolivia, in order of contribution).
Publication Dates: 1998-2006.
Acronym: BIP.
Scores, 19: Result-Oriented, Initiative for Change, Leadership, Dedication, Flexibility, Action-Oriented, Social Intelligence, Sociability, Development of Relationships, Teamwork, Influence, Emotional Stability, Quality of Work, Self-Confidence, Sense of Control, Competitiveness, Mobility, Leisure Orientation, Image Distortion.
Administration: Individual or group.
Price Data, 2023: €183.45 per complete kit, including manual (2006, 98 pages), 10 test booklets, 25 scoring kit uses, and 25 personal profile reports; €35.99 per 25 scoring kits (25 response sheets and PIN for 25 uses online); €38.60 per 10 test booklets; €77.25 per 25 personal profile reports.
Time: (30-45) minutes.
Authors: Rüdiger Hossiep and Michael Paschen, with the collaboration of Carola Fink, Britta Herrmann, Britta Külpmann, Oliver Mühlhaus, Jan K. Woike, and Marion Wolff.
Translators/Adaptors: David Arribas, Sara Corral, and Jaime Pereña.
Publisher: Hogrefe TEA Ediciones.
Spanish Components: All materials are in Spanish.
English Components: There are no English materials in this version.

[334e]

Inventario Breve de 18 Síntomas.

Original Name: Brief Symptom Inventory 18 (NCS Pearson, Inc.).
Purpose: Designed to screen for psychological distress and psychiatric disorders in general and medical populations.
Origin: United States (2001)/English.
Translation/Adaptation: An international, bilingual team translated the test items and instructions for Spanish speakers in the United States and then translated the material back to English to evaluate the quality of the Spanish translation. After the translation, a research team from the psychology department of the University of Valencia adapted the test items to the linguistic particularities of the population in Spain. Minor modifications were made to form the final version.
Population: Ages 18 and older.
Norms: Separate norms are provided with the Spanish adaptation. Norms were developed using two samples: The first was composed of 800 active workers, distributed by age, gender, education level, geographic region in Spain, and economic sector. The second sample was composed of 1,010 cancer

1.010 pacientes con cáncer, distribuidos por edad, género, nivel educativo, estado civil y diagnóstico principal.
Fecha de Publicación: 2013.
Acrónimo: BSI 18.
Puntuación, 4: Somatización, Depresión, Ansiedad, Total (Índice Global de Severidad).
Administración: Individual.
Precios, 2022: €95 por juego completo, incluye manual (2013, 43 páginas) y 25 ejemplares autocorregibles; €53,50 por manual; €60,50 por 25 ejemplares autocorregibles.
Duración: (5) minutos.
Autor: Leonard R. Derogatis.
Traductores/Adaptadores: Departamento de I+D de Pearson Clinical & Talent Assessment en colaboración con la Universidad de Valencia y la empresa SGS Tecnos S. A.
Editorial: Pearson España.
Componentes en Español: Todos los materiales son en español.
Componentes en Inglés: No hay materiales en inglés en esta versión.

[335s]

Inventario Cinco Factores de Personalidad para Niños.

Nombre Original: Five-Factor Personality Inventory–Children (PRO-ED).
Propósito: Diseñado para "evaluar los rasgos de personalidad de niños y adolescentes para identificar a quienes estén en riesgo de tener problemas de adaptación en la escuela o la comunidad".
Procedencia: Estados Unidos (2010)/inglés.
Traducción/Adaptación: No se provee información en los materiales de la prueba sobre el proceso de traducción/adaptación.
Población: Edades 9-0 a 18-11.
Baremos: Se han provisto baremos con la edición mexicana. Los baremos se desarrollaron utilizando una muestra de 1,025 participantes provenientes de cinco estados de México, distribuidos por edad, grado escolar y estado.
Fecha de Publicación: 2019.
Acrónimo: FFPI-C.
Puntuación, 5: Amabilidad, Extraversión, Apertura a la Experiencia, Escrupulosidad, Regulación Emocional.
Administración: Individual o colectiva.
Precios, 2022: USD$96 por juego completo incluye manual y protocolo/perfil.
Duración: 15 a 40 minutos.
Autores: Ronnie L. McGhee, David J. Ehrler y Joseph A. Buckhalt.
Traductor/Adaptador: Jesús Cisneros Herrera.
Editorial: Editorial El Manual Moderno, S.A. de C.V.

patients, distributed by age, gender, education level, marital status, and primary diagnosis.
Publication Date: 2013.
Acronym: BSI 18.
Scores, 4: Somatization, Depression, Anxiety, Total (Global Severity Index).
Administration: Individual.
Price Data, 2022: €95 per complete kit including manual (2013, 43 pages) and 25 self-scoring response forms; €53.50 per manual; €60.50 per 25 self-scoring response forms.
Time: (5) minutes.
Author: Leonard R. Derogatis.
Translators/Adaptors: Pearson Clinical & Talent Assessment Research & Development Department in collaboration with the University of Valencia and SGS Tecnos S. A.
Publisher: Pearson España.
Spanish Components: All materials are in Spanish.
English Components: There are no English materials in this version.

[335e]

Inventario Cinco Factores de Personalidad para Niños.

Original Name: Five-Factor Personality Inventory–Children (PRO-ED).
Purpose: Designed to evaluate the personality traits of children and adolescents to identify those who are at risk of having adjustment problems in their school or community.
Origin: United States (2010)/English.
Translation/Adaptation: No information is provided in the test materials about the translation/adaptation process.
Population: Ages 9-0 to 18-11.
Norms: Separate norms are provided with the Mexican edition. Norms were developed using a sample of 1,025 participants from five Mexican states, distributed by age, grade, and state.
Publication Date: 2019.
Acronym: FFPI-C.
Scores, 5: Agreeableness, Extraversion, Openness to Experience, Conscientiousness, Emotional Regulation.
Administration: Individual or group.
Price Data, 2022: USD$96 per complete kit including manual and protocol/profile.
Time: 15 to 40 minutes.
Authors: Ronnie L. McGhee, David J. Ehrler, and Joseph A. Buckhalt.
Translator/Adaptor: Jesús Cisneros Herrera.
Publisher: Editorial El Manual Moderno, S.A. de C.V.

Componentes en Español: Todos los materiales son en español.
Componentes en Inglés: No hay materiales en inglés en esta versión.

[336s]

Inventario Cirino de Intereses y Autoeficacia.

Propósito: Diseñado para evaluar las orientaciones primarias e intereses básicos de los individuos para uso en los entornos de selección de trabajo.
Procedencia: Puerto Rico/español.
Población: Grados 3-12.
Baremos: Los baremos se desarrollaron utilizando una muestra con aproximadamente 800 estudiantes de escuelas representativas de las escuelas públicas de Puerto Rico, distribuidos por sexo y grado.
Fechas de Publicación: 2013-2017.
Acrónimo: ICI-AE.
Administración: Individual o colectiva.
Niveles, 4: Grados 3-5, Grados 6-7, Grados 8-9, Grados 10-12.
Precios: Disponibles con la casa editorial; varía según el país.
Duración: 45-60 minutos.
Comentarios: Se administra y califica la prueba en línea.
Autor: Gabriel Cirino Gerena.
Editorial: Test Innovations, Inc.
Componentes en Español: Todos los materiales son en español.
Componentes en Inglés: Los resultados están disponibles en inglés.

a) GRADOS 3-5.
Puntuación, 9: Personas (Servicio Social), Datos (Oficinescos, Comerciales), Objetos (Manual); más 3 escalas de autoeficacia: Español, Inglés, Matemáticas, 1 escala de Validez y 1 escala No Sé de Qué Se Trata.
b) GRADOS 6-7.
Puntuación, 16: Personas (Servicio Social), Datos (Oficinescos, Comerciales), Objetos (Aire Libre, Manual, Animales), Investigación (Científicos, Servicios de Salud, Matemáticas), Creatividad (Verbales, Musicales); más 3 escalas de autoeficacia: Español, Inglés, Matemáticas, 1 escala de Validez y 1 escala No Sé de Qué Se Trata.
c) GRADOS 8-9.
Puntuación, 20: Personas (Servicio Social, Interacción Social), Datos (Oficinescos, Comerciales, Legales, Sedentarios), Objetos (Aire Libre, Manual, Animales), Investigación (Científicos, Servicios de Salud, Matemáticas), Creatividad (Artísticos, Verbales, Musicales); más 3 escalas de autoeficacia: Español, Inglés, Matemáticas, 1 escala de Validez y 1 escala No Sé de Qué Se Trata.
d) GRADOS 10-12.
Puntuación: Igual a *c)* arriba.

Spanish Components: All materials are in Spanish.
English Components: There are no English materials in this version.

[336e]

Inventario Cirino de Intereses y Autoeficacia.

Purpose: Designed to evaluate individuals' primary orientations and basic interests for use in job selection settings.
Origin: Puerto Rico/Spanish.
Population: Grades 3-12.
Norms: Norms were developed using a sample of approximately 800 students from schools representative of the public schools in Puerto Rico, distributed by sex and grade.
Publication Dates: 2013-2017.
Acronym: ICI-AE.
Administration: Individual or group.
Levels, 4: Grades 3-5, Grades 6-7, Grades 8-9, Grades 10-12.
Price Data: Available from publisher; varies by country.
Time: 45-60 minutes.
Comments: Test administered and scored online.
Author: Gabriel Cirino Gerena.
Publisher: Test Innovations, Inc.
Spanish Components: All materials are in Spanish.
English Components: Test results are available in English.

a) GRADES 3-5.
Scores, 9: People (Social Service), Data (Office, Commercial), Objects (Manual Labor); plus 3 self-efficacy scales: Spanish, English, and Math, 1 Validity scale, and 1 "I Don't Know" scale.
b) GRADES 6-7.
Scores, 16: People (Social Service), Data (Office, Commercial), Objects (Outdoors, Manual Labor, Animals), Research (Scientific, Health Services, Math), Creativity (Verbal, Musical); plus 3 self-efficacy scales: Spanish, English, and Math, 1 Validity scale, and 1 "I Don't Know" scale.
c) GRADES 8-9.
Scores 20: People (Social Service, Social Interaction), Data (Office, Commercial, Legal, Stationary), Objects (Outdoors, Manual, Animals), Research (Scientific, Health Services, Math), Creativity (Artistic, Verbal, Musical); plus 3 self-efficacy scales: Spanish, English, and Math, 1 Validity scale, and 1 "I Don't Know" scale.
d) GRADES 10-12.
Scores: Same as *c)* above.

[337s]

Inventario Clínico Multiaxial de Millon–IV.

Nombre Original: Millon Clinical Multiaxial Inventory–IV (NCS Pearson).
Propósito: Un instrumento de autoreporte diseñado "para evaluar la personalidad y la psicopatología de los adultos".
Procedencia: Estados Unidos (2015)/inglés.
Traducción/Adaptación: Se tradujeron los ítems e instrucciones de la versión en inglés al español. La traducción fue revisada y evaluada en cuanto a equivalencia, representatividad y adecuación del instrumento para la población española. Se reformularon algunos ítems e instrucciones y se realizó un estudio piloto. La versión que resultó de la fase piloto se administró en una fase experimental y los datos se sometieron a análisis estadísticos. Entre los ítems con redacción múltiple, el equipo eligió la versión con las mejores propiedades psicométricas y el nivel de lectura requerido más bajo para la comprensión.
Población: Edades 18 en adelante.
Baremos: Se han provisto baremos con la adaptación al español.Los baremos se desarrollaron utilizando una muestra con 889 participantes clínicos, distribuidos por género, edad, situación de tratamiento actual, zona geográfica en España, nivel educativo y estado civil.
Fecha de Publicación: 2018.
Acrónimo: MCMI–IV.
Puntuación, 75: 15 Patrones Clínicos de la Personalidad y Escalas de Patología Grave de la Personalidad más 45 Escalas de Facetas de Grossman: Esquizoide (Interpersonalmente Desvinculado, Contenido Escaso, Temperamentalmente Apático), Evitativo (Interpersonalmente Aversivo, Autoimagen Alienada, Contenido Vejatorio), Melancólico (Cognitivamente Fatalista, Autoimagen Inútil, Temperamentalmente Afligido), Dependiente (Expresivamente Pueril, Interpersonalmente Sumiso, Autoimagen Inepta), Histriónico (Expresivamente Dramático, Interpersonalmente Buscador de Atención), Tempestuoso (Expresivamente Impetuoso, Interpersonalmente Eufórico, Autoimagen Sobreestimada), Narcisista (Interpersonalmente Explotador, Cognitivamente Expansivo, Autoimagen Admirable), Antisocial (Interpersonalmente Irresponsable, Autoimagen Autónoma, Dinámicas de Irreflexión [Paso al Acto]), Sádico (Expresivamente Precipitado, Interpersonalmente Desagradable, Arquitectura Eruptiva), Compulsivo (Expresivamente Disciplinado, Cognitivamente Constreñido, Autoimagen Responsable), Negativista (Expresivamente Resentido, Autoimagen Descontenta, Temperamentalmente Irritable), Masoquista (Autoimagen Desmerecedora, Arquitectura Invertida, Temperamentalmente Disfórico), Esquizotípico (Cognitivamente Circunstancial, Autoimagen Disociada,

[337e]

Inventario Clínico Multiaxial de Millon–IV.

Original Name: Millon Clinical Multiaxial Inventory–IV (NCS Pearson).
Purpose: A self-report instrument designed to evaluate adult personality and psychopathology.
Origin: United States (2015)/English.
Translation/Adaptation: Items and instructions from the English version were translated to Spanish. The translation was reviewed and evaluated for equivalence, representativeness, and adequacy of the instrument for the Spanish population. Some items and instructions were reworded, and a pilot study was conducted. The version that resulted from the pilot phase was administered in an experimental phase, and data were subjected to statistical analyses. Among items with multiple wordings, the team chose the version with the best psychometric properties and the lowest required reading level for comprehension.
Population: Ages 18 and older.
Norms: Norms are provided with the Spanish adaptation. Norms were developed using a sample of 889 clinical participants, distributed by gender, age, current treatment situation, geographic region in Spain, education level, and marital status.
Publication Date: 2018.
Acronym: MCMI–IV.
Scores, 75: 15 Personality Patterns and Severe Personality Pathology Scales plus 45 Grossman Facet Scales: Schizoid (Interpersonally Unengaged, Meager Content, Temperamentally Apathetic), Avoidant (Interpersonally Aversive, Alienated Self-Image, Vexatious Content), Melancholic (Cognitively Fatalistic, Worthless Self-Image, Temperamentally Woeful), Dependent (Expressively Puerile, Interpersonally Submissive, Inept Self-Image), Histrionic (Expressively Dramatic, Interpersonally Attention-Seeking, Temperamentally Fickle), Turbulent (Expressively Impetuous, Interpersonally High-Spirited, Exalted Self-Image), Narcissistic (Interpersonally Exploitive, Cognitively Expansive, Admirable Self-Image), Antisocial (Interpersonally Irresponsible, Autonomous Self-Image, Acting-Out Dynamics), Sadistic (Expressively Precipitate, Interpersonally Abrasive, Eruptive Architecture), Compulsive (Expressively Disciplined, Cognitively Constricted, Reliable Self-Image), Negativistic (Expressively Embittered, Discontented Self-Image, Temperamentally Irritable), Masochistic (Undeserving Self-Image, Inverted Architecture, Temperamentally Dysphoric), Schizotypal (Cognitively Circumstantial, Estranged Self-Image,

Contenido Caótico), Límite (Autoimagen Inestable, Arquitectura Desgregada, Temperamentalmente Lábil), Paranoide (Expresivamente Defensivo, Cognitivamente Desconfiado, Dinámicas de Proyección); 7 Síndromes Clínicos: Ansiedad Generalizada, Síntomas Somáticos, Espectro Bipolar, Depresión Persistente, Consumo de Alcohol, Consumo de Drogas, Estrés Postraumático; 3 Síndromes Clínicos Graves: Espectro Esquizofrénico, Depresión Mayor, Delirante; 5 Escalas de Validez: Invalidez, Inconsistencia, Sinceridad, Deseabilidad Social, Devaluación.
Administración: Individual.
Precios, 2023: €255 por juego completo incluyendo manual (2023, 143 páginas), 25 hojas de respuesta, 10 cuadernillos de prueba y 25 usos en línea; €151 por manual; €27,95 por 25 hojas de respuestas; €48,40 por 10 cuadernillos de prueba.
Duración: 20-30 minutos.
Comentarios: Se administra en línea o con papel y lápiz; se corrige en línea.
Autores: Theodore Millon, Seth Grossman y Carrie Millon.
Traductores/Adaptadores: Departamento de I+D de Pearson Clinical & Talent Assessment, Ma. Pilar Sánchez López y Violeta Cardenal Hernáez.
Editorial: Pearson España.
Componentes en Español: Todos los materiales son en español.
Componentes en Inglés: No hay materiales en inglés en esta versión.

[338s]

Inventario Clínico para Adolescentes de Millon–II.

Nombre Original: Millon Adolescent Clinical Inventory–II (NCS Pearson).
Propósito: "Un instrumento autoinformado diseñado para evaluar los rasgos de personalidad y los síndromes clínicos de los adolescentes en el marco de una evaluación o tratamiento psicológicos".
Procedencia: Estados Unidos (2020)/inglés.
Traducción/Adaptación: Se tradujeron los ítems e instrucciones de la versión en inglés al español. La traducción fue revisada y evaluada en cuanto a equivalencia, representatividad y adecuación para la población española. Se reformularon algunos ítems e instrucciones para aumentar su idoneidad y se realizó un estudio piloto. La versión que resultó de la fase piloto se administró en una fase experimental y los datos recopilados se sometieron a análisis estadísticos. Entre los ítems con redacción múltiple, el equipo eligió la versión con las mejores propiedades psicométricas y el nivel de lectura requerido más bajo para la comprensión.
Población: Edades 13-18.

Chaotic Content), Borderline (Uncertain Self-Image, Split Architecture, Temperamentally Labile), Paranoid (Expressively Defensive, Cognitively Mistrustful, Projection Dynamics); 7 Clinical Syndromes: Generalized Anxiety, Somatic Symptom, Bipolar Spectrum, Persistent Depression, Alcohol Use, Drug Use, Post-Traumatic Stress; 3 Severe Clinical Syndromes: Schizophrenic Spectrum, Major Depression, Delusional; 5 Validity Scales: Invalidity, Inconsistency, Sincerity, Social Desirability, Debasement.
Administration: Individual.
Price Data, 2023: €255 per complete kit including manual (2023, 143 pages), 25 answer sheets, 10 test booklets, and 25 uses online; €151 per manual; €27.95 per 25 answer sheets; €48.40 per 10 test booklets.
Time: 20-30 minutes.
Comments: Administered online or with paper and pencil; scored online.
Authors: Theodore Millon, Seth Grossman, and Carrie Millon.
Translators/Adaptors: Pearson Clinical & Talent Assessment R&D Department, Ma. Pilar Sánchez López, and Violeta Cardenal Hernáez.
Publisher: Pearson España.
Spanish Components: All materials are in Spanish.
English Components: There are no English materials in this version.

[338e]

Inventario Clínico para Adolescentes de Millon–II.

Original Name: Millon Adolescent Clinical Inventory–II (NCS Pearson).
Purpose: A self-report inventory designed to assess personality characteristics and clinical syndromes in adolescents who are receiving psychological assessment or treatment.
Origin: United States (2020)/English.
Translation/Adaptation: Items and instructions from the English version were translated to Spanish. The translation was reviewed and evaluated for equivalence, representativeness, and adequacy for the Spanish population. Some items and instructions were reworded to increase their suitability, and a pilot study was conducted. The version that resulted from the pilot phase was administered in an experimental phase, and data collected were subjected to statistical analyses. Among items with multiple wordings, test developers chose the version with the best psychometric properties and the lowest required reading level for comprehension.
Population: Ages 13-18.

Baremos: Se han provisto baremos con la adaptación al español. Los baremos se desarrollaron utilizando una muestra con 804 participantes clínicas, distribuidos por género, edad, zona geográfica de España, nivel educativo y situación de tratamiento actual.
Fecha de Publicación: 2023.
Acrónimo: MACI-II.
Puntuación, 60: 11 Patrones de Personalidad y 33 Escalas de las Facetas de Grossman: Introvertido (Expresivamente Imperturbable, Temperamentalmente Apático, Interpersonalmente Desvinculado), Inhibido (Expresivamente Intranquilo, Interpersonalmente Aversivo, Autoimagen Alienada), Sumiso (Interpersonalmente Dócil, Temperamentalmente Pacífico, Expresivamente Incompetente), Dramático (Interpersonalmente Buscador de Atención, Autoimagen Sociable, Temperamentalmente Inconstante), Egocéntrico (Autoimagen Admirable, Cognitivamente Expansivo, Interpersonalmente Explotador), Rebelde (Expresivamente Impulsivo, Mecanismo de Irreflexión, Interpersonalmente Irresponsable), Hostil (Interpersonalmente Desagradable, Expresivamente Precipitado, Temperamentalmente Beligerante), Conformista (Expresivamente Disciplinado, Interpersonalmente Respetuoso, Autoimagen Responsable), Resentido (Autoimagen Desanimada, Expresivamente Amargado, Interpersonalmente Oposicionista), Agraviado (Cognitivamente Inseguro, Autoimagen Desmerecedora, Temperamentalmente Disfórico), Tendencia Límite (Temperamentalmente Lábil, Interpersonalmente Paradójico, Autoimagen Inestable); 4 Preocupaciones Expresadas: Difusión de la Identidad, Infravaloración de Uno Mismo, Inseguridad con Otros Adolescentes, Desavenencias Familiares; 11 Síndromes Clínicos: Patrones de Ingesta por Atracón, Propensión al Abuso de Sustancias, Predisposición a la Delincuencia, Estados de Ansiedad, Ánimo Depresivo, Tendencia Suicida, Desregulación Disruptiva del Estado de Ánimo, Estrés Postraumático, Distorsiones de la Realidad; 3 Indicadores de Validez de las Respuestas: Invalidez, Inconsistencia, Negatividad de las Respuestas.
Administración: Individual.
Precios, 2023: €193,50 por kit completo incluyendo manual (2023, 111 páginas), 25 hojas de respuestas, 10 cuadernillos de respuestas y 25 perfiles en línea; €140 por manual; €28,50 por 25 hojas de respuestas; €39,95 por 10 cuadernillos de respuestas.
Duración: 25 minutos o menos para completar.
Comentarios: Se administra en línea o con papel y lápiz; se corrige en línea.
Autores: Theodore Millon, Robert Tringone, Seth Grossman y Carrie Millon.
Traductoras/Adaptadoras: Ana Hernández, Èrica Paradell, Laura Saavedra y Frédérique Vallar.
Editorial: Pearson España.
Componentes en Español: Todos los materiales son en español.

Norms: Norms are provided with the Spanish adaptation. Norms were developed using a sample of 804 clinical participants, distributed by gender, age, geographic region in Spain, educational level, and current treatment situation.
Publication Date: 2023.
Acronym: MACI-II.
Scores, 60: 11 Personality Patterns and 33 corresponding Grossman Facet Scales: Introverted (Expressively Impassive, Temperamentally Apathetic, Interpersonally Unengaged), Inhibited (Expressively Fretful, Interpersonally Aversive, Alienated Self-Image), Submissive (Interpersonally Docile, Temperamentally Pacific, Expressively Incompetent), Dramatizing (Interpersonally Attention-Seeking, Gregarious Self-Image, Temperamentally Fickle), Egotistic (Admirable Self-Image, Cognitively Expansive, Interpersonally Exploitive), Unruly (Expressively Impulsive, Acting-Out Mechanism, Interpersonally Irresponsible), Forceful (Interpersonally Abrasive, Expressively Precipitate, Temperamentally Hostile), Conforming (Expressively Disciplined, Interpersonally Respectful, Conscientious Self-Image), Discontented (Dispirited Self-Image, Expressively Resentful, Interpersonally Contrary), Aggrieved (Cognitively Diffident, Undeserving Self-Image, Temperamentally Dysphoric), Borderline Tendency (Temperamentally Labile, Interpersonally Paradoxical, Uncertain Self-Image); 4 Expressed Concerns: Identity Diffusion, Self-Devaluation, Peer Insecurity, Family Discord; 9 Clinical Syndromes: Binge-Eating Patterns, Substance-Abuse Proneness, Delinquent Predisposition, Anxious Feelings, Depressive Affect, Suicidal Tendency, Disruptive Mood Dysregulation, Post-Traumatic Stress, Reality Distortions; 3 Response Validity Indicators: Invalidity, Inconsistency, Response Negativity.
Administration: Individual.
Price Data, 2023: €193.50 per complete kit including manual (2023, 111 pages), 25 answer sheets, 10 response booklets, and 25 online profiles; €140 per manual; €28.50 per 25 answer sheets; €39.95 per 10 response booklets.
Time: 25 minutes or less to complete.
Comments: Administered online or with paper and pencil; scored online.
Authors: Theodore Millon, Robert Tringone, Seth Grossman, and Carrie Millon.
Translators/Adaptors: Ana Hernández, Èrica Paradell, Laura Saavedra, and Frédérique Vallar.
Publisher: Pearson España.
Spanish Components: All materials are in Spanish.

Componentes en Inglés: No hay materiales en inglés en esta versión.

[339s]

Inventario Conductual de Millon para Pacientes con Diagnóstico Médico.

Nombre Original: Millon Behavioral Medicine Diagnostic (NCS Pearson, Inc.).
Propósito: Diseñado para "la evaluación psicológica exhaustiva de los pacientes con diagnóstico médico".
Procedencia: Estados Unidos (2001, 2006)/inglés.
Traducción/Adaptación: Se llevaron a cabo dos traducciones del inglés al español por parte de dos traductores bilingües independientes con lengua materna española. Posteriormente, se reunió un comité bilingüe que examinó las dos traducciones iniciales y consensuó una versión provisional de los ítems. La retrotraducción de esta versión fue examinada por el comité, que reviso y ajustó algunos ítems. La versión final estuvo compuesta de 172 ítems, incluyendo dos formulaciones para 7 de los 165 ítems originales.
Población: Adultos de edades comprendidas entre 18 y 85 años.
Baremos: Se han provisto baremos con la adaptación española. Los baremos se desarrollaron utilizando una muestra con 685 participantes, distribuidos por sexo, edad, estado civil, nivel de estudios, tipo de centro de tratamiento y principal grupo diagnóstico.
Fecha de Publicación: 2014.
Acrónimo: MBMD.
Puntuación, 39: Puntuación de Validez, Patrones de Respuesta (Sinceridad, Deseabilidad Social, Devaluación), Hábitos Negativos de Salud (Alcohol, Drogas, Alimentación, Cafeína, Sedentarismo, Tabaco), Indicaciones Psiquiátricas (Ansiedad-Tensión, Depresión, Deterioro Cognitivo, Labilidad Emocional, Vigilancia), Estilos de Afrontamiento (Introvertido, Inhibido, Desanimado, Cooperativo, Sociable, Confiado, Inconformista, Dominante, Respetuoso, Oposicionista, Autodenigrante), Moderadores del Estrés (Aprensión a la Enfermedad, Déficits de las Capacidades Funcionales, Sensibilidad al Dolor, Aislamiento Social, Pesimismo Respecto al Futuro, Ausencia de Espiritualidad), Pronósticos de Tratamiento (Debilidad Ante la Intervención, Abuso de Medicación, Malestar Ante la Información, Uso Excesivo, Incumplimiento Terapéutico), Guías de Tratamiento (Problemas de Adaptación a la Enfermedad, Derivación Psicológica o Psiquiátrica).
Administración: Individual.
Precios, 2022: €199 por juego completo, incluye manual (2014, 113 páginas), 25 hojas de respuesta, 10 cuadernillos y corrección online (Q-Global); €112 por manual; €35,95 por 10 cuadernillos; €20,50 por 25 hojas de respuesta.
Duración: (20-30) minutos.

English Components: There are no materials in English in this version.

[339e]

Inventario Conductual de Millon para Pacientes con Diagnóstico Médico.

Original Name: Millon Behavioral Medicine Diagnostic (NCS Pearson, Inc.).
Purpose: Designed for use in comprehensive psychological evaluation of patients with medical diagnoses.
Origin: United States (2001, 2006)/English.
Translation/Adaptation: Two independent bilingual translators whose native language was Spanish separately translated the test from English to Spanish. A committee then examined the two initial translations and agreed on a provisional version of the test. A back-translation of this version was examined by the committee, which revised and adjusted some items. The final version contained 172 items, including two forms for 7 of the original 165 items.
Population: Adults between the ages of 18 and 85 years.
Norms: Separate norms are provided with the Spanish adaptation. Norms were developed using a sample of 685 participants, distributed by gender, age, marital status, level of education, type of treatment center, and primary diagnostic group.
Publication Date: 2014.
Acronym: MBMD.
Scores, 39: Validity Indicator, Response Patterns (Disclosure, Desirability, Debasement), Negative Health Habits (Alcohol, Drug, Eating, Caffeine, Inactivity, Smoking), Psychiatric Indications (Anxiety-Tension, Depression, Cognitive Impairment, Emotional Lability, Guardedness), Coping Styles (Introversion, Inhibited, Dejected, Cooperative, Sociable, Confident, Nonconforming, Forceful, Respectful, Oppositional, Denigrated), Stress Moderators (Illness Apprehension, Functional Deficits, Pain Sensitivity, Social Isolation, Future Pessimism, Spiritual Absence), Treatment Prognostics (Interventional Fragility, Medication Abuse, Information Discomfort, Utilization Excess, Problematic Compliance), Management Guides (Adjustment Difficulties, Psych Referral).
Administration: Individual.
Price Data, 2022: €199 per complete kit including manual (2014, 113 pages), 25 response forms, 10 test booklets, and online scoring (Q-Global); €112 per manual; €35.95 per 10 test booklets; €20.50 per 25 response forms.
Time: (20-30) minutes.

Autores: Theodore Millon, Michael Antoni, Carrie Millon, Sarah Minor y Seth Grossman.
Traductoras/Adaptadoras: Ana Hernández, Elena de la Guía, Èrica Paradell y Frédérique Vallar.
Editorial: Pearson España.
Componentes en Español: Todos los materiales son en español.
Componentes en Inglés: No hay materiales en inglés en esta versión.

[340s]

Inventario de Adaptación de Conducta.

Propósito: Diseñado para "evaluar el nivel de adaptación que presenta la persona en el ámbito personal, familiar, escolar y social".
Procedencia: España/español.
Población: Edades 11-18.
Baremos: Los baremos se actualizaron en 2015 y se desarrollaron utilizando una muestra con 2.091 participantes, distribuidos por género y grado escolar.
Fechas de Publicación: 1981-2015.
Acrónimo: IAC.
Puntuación, 5: Adaptación Personal, Adaptación Familiar, Adaptación Escolar, Adaptación Social, Adaptación Global.
Administración: Individual o colectiva.
Precios, 2022: €36,90 por juego completo, incluye manual (2015; séptima edición, revisada y ampliada; 28 páginas), 5 cuadernillos y 25 hojas de respuestas; €15,61 por 10 cuadernillos; €29,04 por 25 hojas de respuestas; €20,63 por manual en línea.
Duración: (30) minutos.
Autores: Maria Victoria de la Cruz, Agustín Cordero (estudios de tipificación y redacción de la primera edición del manual) y Tamara Luque (ampliación, revisión y estudios estadísticos en la séptima edición del manual).
Editorial: Hogrefe TEA Ediciones.
Componentes en Español: Todos los materiales son en español.
Componentes en Inglés: No hay materiales en inglés.

[341s]

Inventario de Adjetivos para la Evaluación de los Trastornos de la Personalidad.

Propósito: Diseñado como "evaluación de los trastornos de la personalidad descritos en el Eje II del DSM-IV en una población normal" mediante un instrumento de autoinforme.
Procedencia: España/español.
Población: Adolescentes y adultos.
Baremos: Los baremos se desarrollaron utilizando una muestra con 1.460 participantes, divididos en dos grupos (adolescentes y adultos) y distribuidos por sexo.

Authors: Theodore Millon, Michael Antoni, Carrie Millon, Sarah Minor, and Seth Grossman.
Translators/Adaptors: Ana Hernández, Elena de la Guía, Èrica Paradell, and Frédérique Vallar.
Publisher: Pearson España.
Spanish Components: All materials are in Spanish.
English Components: There are no English materials in this version.

[340e]

Inventario de Adaptación de Conducta.

Purpose: Designed to evaluate one's level of adaptation in personal, family, school, and social aspects of life.
Origin: Spain/Spanish.
Population: Ages 11-18.
Norms: Norms were updated in 2015 and were developed using a sample of 2,091 participants, distributed by gender and grade.
Publication Dates: 1981-2015.
Acronym: IAC.
Scores, 5: Personal Adaptation, Family Adaptation, School Adaptation, Social Adaptation, Global Adaption.
Administration: Individual or group.
Price Data, 2022: €36.90 per complete kit, including manual (2015; seventh edition, revised and extended; 28 pages), 5 test booklets, and 25 response sheets; €15.61 per 10 test booklets; €29.04 per 25 response sheets; €20.63 per online manual.
Time: (30) minutes.
Authors: Maria Victoria de la Cruz, Agustín Cordero (norm studies and creation of first edition of manual), and Tamara Luque (additions, revisions, and statistical studies in the seventh edition of the manual).
Publisher: Hogrefe TEA Ediciones.
Spanish Components: All materials are in Spanish.
English Components: There are no materials in English.

[341e]

Inventario de Adjetivos para la Evaluación de los Trastornos de la Personalidad.

Purpose: Designed to evaluate personality disorders indexed on Axis II of the DSM-IV in a normal population by means of a self-report instrument.
Origin: Spain/Spanish.
Population: Adolescents and adults.
Norms: Norms were developed using a sample of 1,460 participants, divided into two groups (adolescents and adults) and distributed by gender.

Fechas de Publicación: 2005-2009.
Acrónimo: IA-TP.
Puntuación, 9: Introvertido, Inhibido, Cooperativo, Sociable, Confiado, Convincente, Respetuoso, Sensible, Impulsivo.
Administración: Colectiva.
Formularios, 2: IA-TP: Varón, IA-TP: Mujer.
Precios, 2022: €94,93 por juego completo, incluye manual (2009, segunda edición, 77 páginas), 25 ejemplares para varón, 25 ejemplares para mujer y dos PINs de corrección para 25 usos en línea; €40,68 por juego de corrección para varón o mujer; €36,32 por manual en línea.
Duración: (10-15) minutos.
Comentarios: "Para interpretar exactamente el IA-TP, la casa editorial de la prueba recomienda que el evaluador esté familiarizado con la teoría de Millon de personalidad y domine el significado de los tipos de personalidad que propone esta teoría, que utilice como criterio diagnostico clasificador el DSM-IV".
Autores: José M. Tous, Nuria Pont y Rubén Muiños.
Editorial: Hogrefe TEA Ediciones.
Componentes en Español: Todos los materiales son en español.
Componentes en Inglés: No hay materiales en inglés.

Publication Dates: 2005-2009.
Acronym: IA-TP.
Scores, 9: Introverted, Inhibited, Cooperative, Sociable, Confident, Compelling, Respectful, Sensitive, Impulsive.
Administration: Group.
Forms, 2: IA-TP: Male, IA-TP: Female.
Price Data, 2022: €94.93 per complete kit, including manual (2009, second edition, 77 pages), 25 test forms for males, 25 test forms for females, and two scoring PINS valid for 25 uses online; €40.68 per scoring kit for males or females; €36.32 per online manual.
Time: (10-15) minutes.
Comments: To accurately interpret the IA-TP, the test publisher recommends that the administrator be familiar with Millon's theory of personality and that they master the meaning of personality types proposed in this theory, which uses the DSM-IV as a diagnostic criterion tool.
Authors: José M. Tous, Nuria Pont, and Rubén Muiños.
Publisher: Hogrefe TEA Ediciones.
Spanish Components: All materials are in Spanish.
English Components: There are no materials in English.

[342s]

Inventario de Ansiedad de Beck.

Nombre Original: Beck Anxiety Inventory (NCS Pearson, Inc).
Propósito: Diseñado para "medir la gravedad de la ansiedad en adultos y adolescentes".
Procedencia: Estados Unidos (1988, 1990)/inglés.
Traducción/Adaptación: El desarrollo de la versión española se realizó en varias etapas, utilizando varios traductores, traducción inversa y un estudio piloto para examinar la comprensibilidad de la traducción y de la facilidad de administración. Se realizaron algunos cambios a la traducción basado en las observaciones del estudio piloto con el fin de hacerla más apropiada para la población propuesta.
Población: Edades 13 en adelante.
Baremos: Se han provisto baremos para la adaptación al español. Los baremos se desarrollaron utilizando dos muestras de pacientes externos con diversos trastornos psicológicos totalizando 392 participantes, dos muestras de adultos de la población general totalizando 348 participantes y dos muestras de estudiantes universitarios totalizando 727 participantes.
Fecha de Publicación: 2011.
Acrónimo: BAI.
Puntuación: Puntuación total solamente.
Administración: Individual.

[342e]

Inventario de Ansiedad de Beck.

Original Name: Beck Anxiety Inventory (NCS Pearson, Inc).
Purpose: Designed to evaluate the level of anxiety in adults and adolescents.
Origin: United States (1988, 1990)/English.
Translation/Adaptation: The development of the Spanish version occurred in several stages, relying on various translators, back translation, and a pilot study to examine the comprehensibility of translated items and ease of administration. Results of the study were used to make changes to the translation to make it more appropriate for the intended population.
Population: Ages 13 and older.
Norms: Separate norms are provided with the Spanish version. Norms were developed using two samples of outpatients with various psychological disorders totaling 392 participants, two samples of adults in the general population totaling 348 participants, and two samples of college students totaling 727 participants.
Publication Date: 2011.
Acronym: BAI.
Scores: Total score only.
Administration: Individual.

Precios, 2022: €97.50 por juego completo incluyendo manual (2011, 75 páginas) y 50 hojas de respuesta; €55.25 por manual; €60.95 por 50 hojas de respuesta.
Duración: (5-10) minutos.
Autores: Aaron T. Beck y Robert A. Steer.
Traductor/Adaptador: Jesús Sanz.
Editorial: Pearson España.
Componentes en Español: Todos los materiales son en español.
Componentes en Inglés: No hay materiales en inglés en esta versión.

[343s]

Inventario de Ansiedad: Rasgo-Estado.

Nombre Original: State-Trait Anxiety Inventory (Consulting Psychologists Press, Inc.).
Propósito: Diseñado para evaluar la ansiedad como un estado emocional (A-Estado) y las diferencias individuales en la ansiedad como un rasgo de personalidad (A-Rasgo).
Procedencia: Estados Unidos (1970)/inglés.
Traducción/Adaptación: No se provee información en los materiales de la prueba sobre el proceso de traducción/adaptación.
Población: Grados 9 en adelante.
Baremos: No se han provisto baremos con la versión traducida al español.
Fecha de Publicación: 1975.
Acrónimo: IDARE.
Puntuación, 2: Ansiedad Estado, Ansiedad Rasgo.
Administración: Individual o colectiva.
Formularios, 2: Escala A-Estado (SXE), Escala A-Rasgo (SXR).
Precios, 2022: USD$42 por prueba completa incluye manual (1975, 35 páginas), 25 inventarios y plantilla de calificación.
Duración: 15 minutos.
Autores: Charles D. Spielberger y Rogelio Díaz-Guerrero.
Editorial: Editorial El Manual Moderno, S.A. de C.V.
Componentes en Español: Todos los materiales son en español.
Componentes en Inglés: No hay materiales en inglés en esta versión.

[344s]

Inventario de Dependencia Emocional.

Propósito: Diseñado para evaluar la dependencia emocional en el contexto de una relación de pareja.
Procedencia: México/español.
Población: Edades 18 a 55.
Baremos: Los baremos se desarrollaron utilizando una muestra con 400 participantes, distribuidos por sexo y edad.

Price Data, 2022: €97.50 per complete kit, including manual (2011, 75 pages) and 50 answer sheets; €55.25 per manual; €60.95 per 50 answer sheets.
Time: (5-10) minutes.
Authors: Aaron T. Beck and Robert A. Steer.
Translator/Adaptor: Jesús Sanz.
Publisher: Pearson España.
Spanish Components: All materials are in Spanish.
English Components: There are no English materials in this version.

[343e]

Inventario de Ansiedad: Rasgo-Estado.

Original Name: State-Trait Anxiety Inventory (Consulting Psychologists Press, Inc.).
Purpose: Designed to assess anxiety as an emotional state (A-State) and individual differences in anxiety proneness as a personality trait (A-Trait).
Origin: United States (1970)/English.
Translation/Adaptation: No information is provided in the test materials about the translation/adaptation process.
Population: Grades 9 and older.
Norms: Separate norms are not provided with the version translated to Spanish.
Publication Date: 1975.
Acronym: IDARE.
Scores, 2: State Anxiety, Trait Anxiety.
Administration: Individual or group.
Forms, 2: Scale A-State (SXE), Scale A-Trait (SXR).
Price Data, 2022: USD$42 per complete kit including manual (1975, 35 pages), 25 response booklets, and scoring template.
Time: 15 minutes.
Authors: Charles D. Spielberger and Rogelio Díaz-Guerrero.
Publisher: Editorial El Manual Moderno, S.A. de C.V.
Spanish Components: All materials are in Spanish.
English Components: There are no materials in English in this version.

[344e]

Inventario de Dependencia Emocional.

Purpose: Designed to assess emotional dependency in the context of a relationship.
Origin: Mexico/Spanish.
Population: Ages 18 to 55.
Norms: Norms were developed using a sample of 400 participants, distributed by gender and age.

Fecha de Publicación: 2015.
Acrónimo: IDE.
Puntuación, 8: Miedo a la Ruptura, Miedo e Intolerancia a la Soledad, Prioridad de la Pareja, Necesidad de Acceso a la Pareja, Deseos de Exclusividad, Subordinación y Sumisión, Deseos de Control y Dominio, Total.
Administración: Individual o colectiva.
Precios, 2022: USD$40 por juego completo, incluye manual (2015, 49 páginas) y tarjeta de 25 usos; USD$33 por tarjeta de 25 usos; USD$2.50 por tarjeta de uso individual.
Duración: 20-25 minutos.
Comentarios: Se administra en línea.
Autor: Jesús Joel Aiquipa Tello.
Editorial: Editorial El Manual Moderno, S.A. de C.V.
Componentes en Español: Todos los materiales son en español.
Componentes en Inglés: No hay materiales en inglés.

Publication Date: 2015.
Acronym: IDE.
Scores, 8: Fear of Rupture, Fear and Intolerance of Loneliness, Partner is Priority, Need for Access to Partner, Desire for Exclusivity, Subordination and Submission, Desire for Control and Dominion, Total.
Administration: Individual or group.
Price Data, 2022: USD$40 per complete kit: manual (2015, 49 pages) and 25 online administrations; USD$33 per 25 online administrations; USD$2.50 per individual online administration.
Time: 20-25 minutes.
Comments: Administered online.
Author: Jesús Joel Aiquipa Tello.
Publisher: Editorial El Manual Moderno, S.A. de C.V.
Spanish Components: All materials are in Spanish.
English Components: There are no materials in English.

[345s]

Inventario de Depresión de Beck FastScreen para Pacientes Médicos.

Nombre Original: BDI–FastScreen for Medical Patients.
Propósito: Diseñado para "evaluar los síntomas de depresión en pacientes que informan de síntomas somáticos y conductuales que pueden atribuirse a problemas biológicos, médicos o de abuso del alcohol o de sustancias".
Procedencia: Estados Unidos (2000)/inglés.
Traducción/Adaptación: "En la traducción del BDI-FS se utilizaron las instrucciones y los ítems correspondientes de la adaptación del BDI-II. El desarrollo de la traducción española se realizó en varias etapas, utilizando [tres] traductores, el procedimiento de traducción inversa y un estudio piloto de comprensibilidad de sus instrucciones e ítems y de su facilidad de aplicación".
Población: Edades 13 en adelante.
Baremos: Se han provisto baremos con la adaptación al español. Los baremos se desarrollaron utilizando dos muestras, la primera con 295 pacientes de atención primaria atendidos en un centro de salud en Madrid y la segunda con 198 pacientes de atención primaria atendidos en cuatro centros de salud en Palencia, ambos distribuidos por edad y género, estado civil y nivel de estudios.
Fecha de Publicación: 2011.
Acrónimos: BDI-FS, BDI-FastScreen.
Puntuación: Puntuación total solamente.
Administración: Individual o colectiva.
Precios, 2023: €88,95 por juego completo incluye manual (2011, 70 páginas, español) y 50 hojas de respuesta; €51,95 por manual; €57,95 por 50 hojas de respuesta.

[345e]

Inventario de Depresión de Beck FastScreen para Pacientes Médicos.

Original Name: BDI–FastScreen for Medical Patients.
Purpose: Designed to assess symptoms of depression in patients reporting somatic and behavioral symptoms that may be attributed to biological, medical, or substance abuse problems.
Origin: United States (2000)/English.
Translation/Adaptation: The items and instructions in the adaptation of the BDI-II were used in the translation of the BDI-FS. The development of the Spanish translation of the BDI-II was done in several stages, using three translators, the process of backtranslation, and a pilot study to determine the comprehensibility of the instructions and items and their ease of administration.
Population: Ages 13 and older.
Norms: Norms are provided with the Spanish adaptation. Norms were developed using two samples, the first with 295 primary care patients of a health center in Madrid and the second with 198 primary care patients of four health centers in Palencia, distributed by age, gender, marital status, and education level.
Publication Date: 2011.
Acronyms: BDI-FS, BDI-FastScreen.
Scores: Total score only.
Administration: Individual or group.
Price Data, 2023: €88.95 per complete kit, including manual (2011, 70 pages) and 50 answer sheets; €51.95 per manual; €57.95 per 50 answer sheets.

Duración: Menos de 5 minutos.
Comentarios: Anteriormente llamado Beck Depression Inventory for Primary Care; basado en el Beck Depression Inventory–II.
Autores: Aaron T. Beck, Robert A. Steer y Gregory K. Brown.
Traductores/Adaptadores: Jesús Sanz, Amaia Izquierdo Elizo y María Paz García-Vera.
Editorial: Pearson España.
Componentes en Español: Todos los materiales son en español.
Componentes en Inglés: No hay materiales en inglés en esta versión.

[346s]

Inventario de Depresión de Beck–II [Argentina].

Nombre Original: Beck Depression Inventory–Second Edition (The Psychological Corporation).
Propósito: Diseñado para evaluar la severidad de síntomas depresivos según los criterios de DSM-IV.
Procedencia: Estados Unidos (1996)/inglés.
Traducción/Adaptación: Para realizar la adaptación de la prueba, se conformaron dos grupos independientes de traductores: el primero estuvo compuesto por tres traductores profesionales de inglés y el segundo por tres estudiantes avanzadas de psicología con una formación bilingüe en inglés. Ambos grupos realizaron una versión experimental de la prueba y reportaron sus resultados a un comité. Luego estas versiones fueron retraducidas por dos traductores independientes. Dos profesionales en psicología clínica y psiquiátrica las analizaron y escogieron la versión que reflejaba más claramente el significado psicológico de los términos escogidos. De esta versión, implementaron una versión piloto que administraron a 75 personas. Usaron la versión piloto para crear la versión final de la prueba.
Población: Edades 13 en adelante.
Baremos: Se han provisto baremos con la adaptación al español. En Argentina, se utilizaron 325 pacientes clínicos externos, 472 personas de población general y 248 estudiantes universitarios, distribuidos por sexo, nivel de educación y estado civil.
Fechas de Publicación: 2006-2009.
Acrónimo: BDI-II.
Puntuación: Puntuación total solamente.
Administración: Colectiva.
Precios, 2022: USD$48.40 por juego completo, incluye manual (2009, 87 páginas).
Duración: (5-10) minutos.
Autores: Aaron T. Beck, Robert A. Steer y Gregory K. Brown.
Traductoras/Adaptadoras: Sandra Vizzini (traducción), María E. Brenlla y Carolina M. Rodríguez (adaptación).
Editorial: Editorial Paidós.

Time: Less than 5 minutes.
Comments: Formerly called Beck Depression Inventory for Primary Care; based on Beck Depression Inventory–II.
Authors: Aaron T. Beck, Robert A. Steer, and Gregory K. Brown.
Translators/Adaptors: Jesús Sanz, Amaia Izquierdo Elizo, and María Paz García-Vera.
Publisher: Pearson España.
Spanish Components: All materials are in Spanish.
English Components: There are no English materials in this version.

[346e]

Inventario de Depresión de Beck–II [Argentina].

Original Name: Beck Depression Inventory–Second Edition (The Psychological Corporation).
Purpose: Designed to assess severity of depression symptoms according to DSM-IV criteria.
Origin: United States (1996)/English.
Translation/Adaptation: Two independent groups of translators were formed to adapt the test: The first was composed of three professional English translators and the second of three advanced psychology students with bilingual training in English. Both groups completed an experimental version of the test and reported the results to a committee. These versions were then back-translated by two independent translators. Two clinical psychology and psychiatric professionals analyzed the back translations and chose the version that most clearly reflected the psychological meaning of the selected terms. From this version, a pilot version was administered to 75 people. The final version of the test was derived from the pilot version.
Population: Ages 13 and over.
Norms: Norms are provided with the Spanish adaptation. Argentinian samples included 325 clinical outpatients, 472 individuals from the general population, and 248 university students, distributed by gender, level of education, and marital status.
Publication Dates: 2006-2009.
Acronym: BDI-II.
Scores: Total score only.
Administration: Group.
Price Data, 2022: USD$48.40 per complete kit, including manual (2009, 87 pages).
Time: (5-10) minutes.
Authors: Aaron T. Beck, Robert A. Steer, and Gregory K. Brown.
Translators/Adaptors: Sandra Vizzini (translation), María E. Brenlla, and Carolina M. Rodríguez (adaptation).
Publisher: Editorial Paidós.

Componentes en Español: Todos los materiales son en español.
Componentes en Inglés: No hay materiales en inglés en esta versión.

[347s]

Inventario de Depresión de Beck–II [España].

Nombre Original: Beck Depression Inventory–Second Edition (NCS Pearson, Inc.).
Propósito: Diseñado para "medir la gravedad de la depresión en adultos y adolescentes".
Procedencia: Estados Unidos (1996)/inglés.
Traducción/Adaptación: El desarrollo de la versión española se realizó en varias etapas, utilizando varios traductores, una traducción inversa y un estudio piloto para examinar la comprensibilidad de los ítems traducidos y de su facilidad de administración. Se realizaron algunos cambios como resultado del estudio piloto con el fin de hacer la traducción más apropiada para la población propuesta.
Población: Edades 13 en adelante.
Baremos: Se han provisto baremos con la versión española. Los baremos se desarrollaron utilizando tres muestras con un total de 712 pacientes externos con diversos trastornos psicológicos, dos muestras con un total de 569 adultos de la población general y dos muestras con un total de 727 estudiantes universitarios, distribuidos por edad y género.
Fecha de Publicación: 2011.
Acrónimo: BDI-II.
Puntuación: Puntuación total solamente.
Administración: Individual o colectiva.
Precios, 2022: €97,50 por juego completo, incluye manual (2011, 103 páginas) y 50 hojas de respuesta; €55,25 por manual; €60,95 por 50 hojas de respuesta.
Duración: (5-10) minutos.
Autores: Aaron T. Beck, Robert A. Steer y Gregory K. Brown.
Traductores/Adaptadores: Jesús Sanz y Carmelo Vázquez.
Editorial: Pearson España.
Componentes en Español: Todos los materiales son en español.
Componentes en Inglés: No hay materiales en inglés en esta versión.

[348s]

Inventario de Depresión Estado-Rasgo.

Nombre Original: State/Trait Depression Questionnaire (Psychological Assessment Resources, Inc. [PAR]).
Propósito: Diseñado como "evaluación del componente afectivo de la depression mediante dos escalas: estado y rasgo".

Spanish Components: All materials are in Spanish.
English Components: There are no English materials in this version.

[347e]

Inventario de Depresión de Beck–II [Spain].

Original Name: Beck Depression Inventory–Second Edition (NCS Pearson, Inc.).
Purpose: Designed to evaluate the severity of depression in adults and adolescents.
Origin: United States (1996)/English.
Translation/Adaptation: The development of the Spanish version of the BDI-II occurred in several stages, relying on various translators, back translation, and a pilot study to examine the comprehensibility of translated items and ease of administration. Results of the study were used to make changes to the translation to make it more appropriate for the intended population.
Population: Ages 13 and over.
Norms: Separate norms are provided with the Spanish version. Norms were developed using three samples totaling 712 outpatients with various psychological disorders, two samples totaling 569 adults in the general population, and two samples totaling 727 university students, distributed by age and gender.
Publication Date: 2011.
Acronym: BDI-II.
Scores: Total score only.
Administration: Individual or group.
Price Data, 2022: €97.50 per complete kit: manual (2011, 103 pages) and 50 response forms; €55.25 per manual; €60.95 per 50 response forms.
Time: (5-10) minutes.
Authors: Aaron T. Beck, Robert A. Steer, and Gregory K. Brown.
Translators/Adaptors: Jesús Sanz and Carmelo Vázquez.
Publisher: Pearson España.
Spanish Components: All materials are in Spanish.
English Components: There are no English materials in this version.

[348e]

Inventario de Depresión Estado-Rasgo.

Original Name: State/Trait Depression Questionnaire (Psychological Assessment Resources, Inc. [PAR]).
Purpose: Designed to evaluate the affective component of depression by means of two scales: state and trait.

Procedencia: Estados Unidos (1996)/inglés.
Traducción/Adaptación: No se provee información en los materiales de la prueba sobre el proceso de traducción/adaptación.
Población: Adolescentes y adultos.
Baremos: Se han provisto baremos con la adaptación al español. Los baremos se desarrollaron utilizando una muestra con 2.128 participantes españoles, distribuidos por edad, sexo y tipo de población (muestra normal o clínica).
Fecha de Publicación: 2008.
Acrónimo: IDER.
Puntuación, 4: 2 principales, 2 subescalas: Depresión Estado, Depresión Rasgo, Eutimia, Distimia.
Administración: Colectiva.
Precios, 2022: €54,26 por juego completo, incluye manual (2008, 48 páginas) y 25 ejemplares; €29,95 por 25 ejemplares.
Duración: (7-10) minutos.
Autor: C. D. Spielberger.
Traductores/Adaptadores: Gualberto Buela-Casal y Diana Agudelo.
Editorial: Hogrefe TEA Ediciones.
Componentes en Español: Todos los materiales son en español.
Componentes en Inglés: No hay materiales en inglés en esta versión.

[349s]

Inventario de Depresión Infantil.

Nombre Original: Children's Depression Inventory (Multi-Health Systems [MHS]).
Propósito: Diseñado para evaluar "sintomatología depresiva en niños".
Procedencia: Canadá (1992)/inglés.
Traducción/Adaptación: No se provee información en los materiales de la prueba sobre el proceso de traducción/adaptación.
Población: Edades 7-15.
Baremos: Se han provisto baremos para la versión en español. Los baremos se desarrollaron utilizando una muestra de 7.759 participantes españoles, distribuidos por sexo y edad.
Fechas de Publicación: 2004-2011.
Acrónimo: CDI.
Puntuación, 3: Disforia, Autoestima, Puntuación Total.
Administración: Individual o colectiva.
Precios, 2022: €67,88 por juego completo, incluye manual (2011, segunda edición, 47 páginas) y 25 ejemplares; €52,94 por 25 ejemplares.
Duración: (10-25) minutos.
Autora: Maria Kovacs.
Traductores/Adaptadores: Victoria del Barrio Gándara y Miguel Ángel Carrasco Ortiz.
Editorial: Hogrefe TEA Ediciones.

Origin: United States (1996)/English.
Translation/Adaptation: No information is provided in the test materials about the translation/adaptation process.
Population: Adolescents and adults.
Norms: Separate norms are provided with the Spanish adaptation. Norms were developed using a sample of 2,128 participants from Spain, distributed by age, gender, and type of population (normal or clinical sample).
Publication Date: 2008.
Acronym: IDER.
Scores, 4: 2 main scores, 2 subscales: State Depression, Trait Depression, Euthymia, Dysthymia.
Administration: Group.
Price Data, 2022: €54.26 per complete kit, including manual (2008, 48 pages) and 25 test forms; €29.95 per 25 test forms.
Time: (7-10) minutes.
Author: C. D. Spielberger.
Translators/Adaptors: Gualberto Buela-Casal and Diana Agudelo.
Publisher: Hogrefe TEA Ediciones.
Spanish Components: All materials are in Spanish.
English Components: There are no English materials in this version.

[349e]

Inventario de Depresión Infantil.

Original Name: Children's Depression Inventory (Multi-Health Systems [MHS]).
Purpose: Designed to evaluate depressive symptomatology in children.
Origin: Canada (1992)/English.
Translation/Adaptation: There is no information in the test materials about the translation/adaptation process.
Population: Ages 7-15.
Norms: Separate norms are provided for the Spanish version. Norms were developed using a sample of 7,759 participants from Spain, distributed by gender and age.
Publication Dates: 2004-2011.
Acronym: CDI.
Scores, 3: Dysphoria, Self-Esteem, Total Score.
Administration: Individual or group.
Price Data, 2022: €67.88 per complete kit, including manual (2011, second edition, 47 pages) and 25 test booklets; €52.94 per 25 test booklets.
Time: (10-25) minutes.
Author: Maria Kovacs.
Translators/Adaptors: Victoria del Barrio Gándara and Miguel Ángel Carrasco Ortiz.
Publisher: Hogrefe TEA Ediciones.

Componentes en Español: Todos los materiales son en español.
Componentes en Inglés: No hay materiales en inglés en esta versión.

[350s]

Inventario de Desarrollo Comunicativo MacArthur [España].

Nombre Original: MacArthur-Bates Communicative Development Inventories (CDI Advisory Board, Paul H. Brookes Publishing Co., Inc.).
Propósito: Diseñado a evaluar los niveles de habilidades "de lenguaje y comunicación de los niños pequeños según cumplimentados por los padres o cuidadores".
Procedencia: Estados Unidos (2003)/inglés.
Traducción/Adaptación: "La adaptación española se ha desarrollado a partir de la versión original, modificándola cultural y lingüísticamente y revisándola técnicamente". Se basaron los ítems para la mayoría de las escalas en los ítems de las adaptaciones mexicanas y gallegas de la prueba. La escala Vocalizaciones se ha desarrollado por primera vez en la adaptación española.
Población: Niños de 8 a 30 meses.
Baremos: Los baremos se desarrollaron utilizando una muestra con 1.105 participantes españoles, distribuidos por edad, sexo, orden de nacimiento y nivel educativo de la madre.
Fecha de Publicación: 2005.
Administración: Individual.
Precios, 2022: €154,95 por juego completo, incluye manual (2005, 165 páginas), 25 cuadernillos de anotación (8-15 meses), 25 cuadernillos de anotación (16-30 meses); €68,67 por 25 cuadernillos (8-15 o 16-30 meses).
Duración: (60-90) minutos.
Autores: D. Jackson-Maldonado, D. Thal, V. A. Marchman, L. Fenson, T. Newton y B. Conboy.
Traductores/Adaptadores: S. López, C. Gallego, P. Gallo, A. Karousou, S. Mariscal y M. Martínez.
Editorial: Hogrefe TEA Ediciones.
Componentes en Español: Todos los materiales son en español.
Componentes en Inglés: No hay materiales en inglés en esta versión.

a) INVENTARIO 1.
Puntuación, 9: Vocalizaciones Prelingüísticas, Primeras Palabras (Comprensión Temprana, Comprensión Global de Frases, Producción Temprana, Vocabulario), Gestos y Acciones (Gestos, Juegos, Acciones, Acciones con un Objeto en Lugar de Otro).
Partes, 3: Vocalizaciones Prelingüísticas, Primeras Palabras, Gestos y Acciones.
b) INVENTARIO 2.
Puntuación, 10: Vocalizaciones, Palabras (Producción Temprana, Desarrollo del Vocabulario, Vocabulario, Usos del Lenguaje), Gramática (Terminaciones de las Palabras, Verbos Difíciles, Palabras

Spanish Components: All materials are in Spanish.
English Components: There are no English materials in this version.

[350e]

Inventario de Desarrollo Comunicativo MacArthur [Spain].

Original Name: MacArthur-Bates Communicative Development Inventories (CDI Advisory Board, Paul H. Brookes Publishing Co., Inc.).
Purpose: Designed to evaluate levels of language and communication skills in young children using parent or caregiver reports.
Origin: United States (2003)/English.
Translation/Adaptation: The Spanish adaptation was developed from the original version, making both cultural and linguistic modifications as well as technical revisions. Items for most scales were based on items from Mexican and Gallegan adaptations of the test. The Vocalizations scale was added for the first time in the Spanish adaptation.
Population: Children from 8 to 30 months.
Norms: Norms were developed using a sample of 1,105 participants from Spain, distributed by age, gender, birth order, and maternal educational level.
Publication Date: 2005.
Administration: Individual.
Price Data, 2022: €154.95 per complete kit, including manual (2005, 165 pages), 25 record forms (8-15 months), and 25 record forms (16-30 months); €68.67 per 25 record forms (8-15 or 16-30 months).
Time: (60-90) minutes.
Authors: D. Jackson-Maldonado, D. Thal, V. A. Marchman, L. Fenson, T. Newton, and B. Conboy.
Translators/Adaptors: S. López, C. Gallego, P. Gallo, A. Karousou, S. Mariscal, and M. Martínez.
Publisher: Hogrefe TEA Ediciones.
Spanish Components: All materials are in Spanish.
English Components: There are no English materials in this version.

a) INVENTORY 1.
Scores, 9: Prelinguistic Vocalizations, Early Words (Early Signs of Understanding, Total Phrases Understood, Starting to Talk, Vocabulary), Actions and Gestures (Gestures, Games, Actions, Actions with One Object in Place of Another).
Parts, 3: Prelinguistic Vocalizations, Early Words, Actions and Gestures.
b) INVENTORY 2.
Scores, 10: Vocalizations, Words (Early Word Production, Vocabulary Development, Vocabulary, Language Use), Grammar (Word Endings, Difficult Verbs Forms, Surprising

Sorprendentes, Combinación de Palabras, Complejidad Morfosintáctica).
Partes, 3: Vocalizaciones, Palabras, Gramática.

[351s]

Inventario de Dimensiones Empresariales y de Autogestión.

Propósito: Diseñado para identificar a "las personas que, por sus atributos psicológicos, tienen mayor probabilidad de éxito empresarial y conocer los rasgos de personalidad relacionados a la actitud emprendedora".
Procedencia: Puerto Rico/español.
Población: Adultos que tienen o quieren tener su propia pequeña empresa.
Baremos: Los baremos se desarrollaron utilizando una muestra de 202 estudiantes universitarios y 52 microempresarios en Puerto Rico.
Fecha de Publicación: 2017.
Acrónimo: IDEA.
Puntuación, 6: Confianza en Sí Mismo, Competencia, Liderato, Manejo de Estrés, Disponibilidad, Auto Empleo.
Administración: Individual.
Precios: Disponibles con la casa editorial; varía según el país.
Duración: 35 minutos.
Comentarios: Se administra en línea.
Autor: Test Innovations, Inc.
Editorial: Test Innovations, Inc.
Componentes en Español: Todos los materiales son en español.
Componentes en Inglés: No hay materiales en inglés.

[352s]

Inventario de Estrés Cotidiano Infantil.

Propósito: Diseñado para evaluar estrés cotidiano.
Procedencia: España/español.
Población: Edades 6-12.
Baremos: Los baremos se desarrollaron utilizando una muestra con 1.957 niños, distribuidos por sexo, curso y edad.
Fecha de Publicación: 2011.
Acrónimo: IECI.
Puntuación, 4: Problemas de Salud y Psicosomáticos, Estrés en el Ámbito Escolar, Estrés en el Ámbito Familiar, Total.
Administración: Colectiva.
Precios, 2022: €62,90 por juego completo, incluye manual (2011, 60 páginas) y 25 ejemplares; €27,53 por 25 ejemplares; €45,18 por manual en línea; €2,49 por 1 aplicación y corrección en línea.
Duración: (15-25) minutos.
Autores: Maria V. Trianes, Maria J. Blanca, F. J. Fernández-Baena, M. Escobar y E. F. Maldonado.

Words, Combining Words, Morphosyntactic Complexity).
Parts, 3: Vocalizations, Words, Grammar.

[351e]

Inventario de Dimensiones Empresariales y de Autogestión.

Purpose: Designed to identify individuals whose psychological attributes give them a higher probability of business success and to identify the personality traits related to an enterprising attitude.
Origin: Puerto Rico/Spanish.
Population: Adults who own or want to own their own small business.
Norms: Norms were developed using a sample of 202 university students and 52 small-business owners in Puerto Rico.
Publication Date: 2017.
Acronym: IDEA.
Scores, 6: Self-Confidence, Competence, Leadership, Stress Management, Availability, Self-Employment.
Administration: Individual.
Price Data: Available from publisher; varies by country.
Time: 35 minutes.
Comments: Test administered online.
Author: Test Innovations, Inc.
Publisher: Test Innovations, Inc.
Spanish Components: All materials are in Spanish.
English Components: There are no materials in English.

[352e]

Inventario de Estrés Cotidiano Infantil.

Purpose: Designed to evaluate daily stress.
Origin: Spain/Spanish.
Population: Ages 6-12.
Norms: Norms were developed using a sample of 1,957 children, distributed by gender, education level, and age.
Publication Date: 2011.
Acronym: IECI.
Scores, 4: Health Problems and Psychosomatic Responses to Stress, Stress in School, Stress in the Family, Total.
Administration: Group.
Price Data, 2022: €62.90 per complete kit, including manual (2011, 60 pages) and 25 test forms; €27.53 per 25 test forms; €45.18 per online manual; €2.49 per 1 administration and scoring online.
Time: (15-25) minutes.
Authors: Maria V. Trianes, Maria J. Blanca, F. J. Fernández-Baena, M. Escobar, and E. F. Maldonado.

Editorial: Hogrefe TEA Ediciones.
Componentes en Español: Todos los materiales son en español.
Componentes en Inglés: No hay materiales en inglés.

[353s]

Inventario de Evaluación de la Personalidad.

Nombre Original: Personality Assessment Inventory (Psychological Assessment Resources [PAR]).
Propósito: Diseñado como evaluación de las características de la personalidad más relevantes en la evaluación clínica y forense.
Procedencia: Estados Unidos (1991-2007)/inglés.
Traducción/Adaptación: La adaptación española empezó con la traducción de los ítems originales por un profesional en el área de evaluación psicológica con experiencia en la adaptación de pruebas extranjeras con el objetivo de obtener enunciados que resultaron claros, comprensibles y sensibles al contexto cultural específico. Esta versión fue entonces revisada por cuatro psicólogos que, a través de varias reuniones, obtuvieron una versión consensuada para usar en un estudio piloto. Conjunto con la tipificación de la prueba, se diseñaron estudios de fiabilidad y de validez. Se siguieron en este proceso las directrices internacionales para la adaptación de tests de la International Test Commission en 2010.
Población: Adultos.
Baremos: Los baremos se actualizaron en 2016 para la adaptación española. Se desarrollaron los baremos utilizando una muestra española de 940 participantes de la población general, 400 estudiantes y 1.009 participantes de una población clínica, distribuidos por edad, género, estado civil, educación y actividad laboral. Las muestras mexicanas estuvieron compuestas de 832 participantes de la población general, 1.463 participantes de una población clínica, 1.440 participantes de múltiples procesos de selección personal y 3.122 estudiantes que participaban en diversos procesos de selección de distintas universidades de México, todos distribuidos por edad y género. También se incluyeron muestras de Argentina (*n* = 998) y Chile (*n* = 471), distribuidos por edad y género.
Fecha de Publicación: 2011.
Acrónimo: PAI.
Puntuación, 53: Inconsistencia, Infrecuencia, Impresión Negativa, Impresión Positiva, Quejas Somáticas, (Conversión, Somatización, Hipocondría), Ansiedad (Cognitiva, Emocional, Fisiológica), Trastornos Relacionados con la Ansiedad (Obsesivo-Compulsivo, Fobias, Estrés Postraumático), Depresión (Cognitiva, Emocional, Fisiológica), Manía (Nivel de Actividad, Grandiosidad, Irritabilidad), Paranoia (Hipervigilancia, Persecución, Resentimiento), Esquizofrenia (Experiencias Psicóticas, Indiferencia Social, Alteración

Publisher: Hogrefe TEA Ediciones.
Spanish Components: All materials are in Spanish.
English Components: There are no materials in English.

[353e]

Inventario de Evaluación de la Personalidad.

Original Name: Personality Assessment Inventory (Psychological Assessment Resources [PAR]).
Purpose: Designed as an evaluation of the personality traits most relevant in clinical and forensic assessment.
Origin: United States (1991-2007)/English.
Translation/Adaptation: The Spanish adaptation began with the translation of the original items by a psychological evaluation expert with experience in test adaptation. The goal was to obtain wording that would be clear, understandable, and sensitive to the specific cultural context. This version was then revised by four psychologists who reached a consensus version to use in a pilot study for norming as well as studies to examine validity and reliability. Throughout this process the team followed the international guidelines for adapting tests set forth by the International Test Commission in 2010.
Population: Adults.
Norms: Norms for the Spanish adaptation were updated in 2016. Norms were developed using a Spanish sample of 940 participants from the general population, 400 student participants, and 1,009 participants from a clinical population, distributed by age, gender, marital status, education, and work activity. The Mexican samples included 832 participants from the general population, 1,463 participants from a clinical population, 1,440 participants who were part of employee selection processes, and 3,122 participants who were applying to various universities in Mexico, all distributed by age and gender. Also included were samples from Argentina (*n* = 998) and Chile (*n* = 471), distributed by age and gender.
Publication Date: 2011.
Acronym: PAI.
Scores, 53: Inconsistency, Infrequency, Negative Impression, Positive Impression, Somatic Complaints (Conversion, Somatization, Health Concerns), Anxiety (Cognitive, Affective, Physiological), Anxiety-Related Disorders (Obsessive-Compulsive, Phobias, Post-Traumatic Stress), Depression (Cognitive, Affective, Physiological), Mania (Activity Level, Grandiosity, Irritability), Paranoia (Hypervigilance, Persecution, Resentment), Schizophrenia (Psychotic Experiences,

del Pensamiento), Rasgos Límites (Inestabilidad Emocional, Alteración de la Identidad, Relaciones Interpersonales Problemáticas, Autoagresiones), Rasgos Antisociales (Conductas Antisociales, Egocentrismo, Búsqueda de Sensaciones), Problemas con el Alcohol, Problemas con las Drogas, Agresión (Actitud Agresiva, Agresiones Verbales, Agresiones Físicas), Ideaciones Suicidas, Estrés, Falta de Apoyo Social, Rechazo de Tratamiento, Dominancia, Afabilidad.
Administración: Individual o colectiva.
Precios, 2022: €204,19 por juego completo, incluye manual técnico (2013, edición segunda, 320 páginas), manual de aplicación (2012, segunda edición revisada, 130 páginas), 10 cuadernillos, juego de corrección y guía de casos; €36,54 por 10 cuadernillos; €69,58 por juego de corrección (25 hojas de respuestas y PIN para 25 usos en línea); €31,20 por guía de casos; €57,31 por manual técnico o de aplicación en línea.
Duración: 45 minutos.
Comentarios: Existe una versión abreviada del PAI que "se compone de los primeros 165 ítems del cuestionario; para su aplicación se emplea el mismo cuadernillo del PAI aunque contestando solo a estos primeros 165 elementos;" versión catalana disponible.
Autor: Leslie C. Morey.
Traductores/Adaptadores: Margarita Ortiz-Tallo (coordinadora clínica), Pablo Santamaría (análisis estadísticos), Violeta Cardenal y María Pilar Sánchez (traducción); Samah AdbelKader, Juan Manuel Antúnez, María del Mar Campos, Marta Ferragut, Anabel Melguizo y Mercedes Ovejero (equipo de adaptación de la Universidad de Málaga y Universidad Complutense de Madrid).
Editorial: Hogrefe TEA Ediciones.
Componentes en Español: Todos los materiales son en español.
Componentes en Inglés: No hay materiales en inglés en esta versión.

[354s]

Inventario de Evaluación de la Personalidad para Adolescentes.

Nombre Original: Personality Assessment Inventory–Adolescent (Psychological Assessment Resources).
Propósito: Diseñado como una "evaluación comprensiva de la personalidad y de la psicopatología en adolescentes".
Procedencia: Estados Unidos (2007)/inglés.
Traducción/Adaptación: Se siguieron en el proceso de adaptación las directrices de la Comisión Internacional de Tests (ITC, 2013). "El primer paso fue realizar la traducción de los elementos originales al español . . . por un profesional experto en el área de evaluación psicológica y con experiencia en la adaptación

Social Detachment, Thought Disorder), Borderline Features (Affective Instability, Identity Problems, Negative Relationships, Self-Harm), Antisocial Features (Antisocial Behavior, Egocentrism, Stimulus-Seeking), Alcohol Problems, Drug Problems, Aggression (Aggressive Attitude, Verbal Aggression, Physical Aggression), Suicidal Ideation, Stress, Nonsupport, Treatment Rejection, Dominance, Warmth.
Administration: Individual or group.
Price Data, 2022: €204.19 per complete kit, including technical manual (2013, second edition, 320 pages), administration manual (2012, second revised edition, 130 pages), 10 test booklets, scoring kit, and case study guide; €36.54 per 10 test booklets; €69.58 per scoring kit (25 response sheets and a PIN for 25 uses online); €31.20 per case study guide; €57.31 per technical or administration manual online.
Time: 45 minutes.
Comments: There is an abbreviated version of the PAI that consists of the first 165 items of the questionnaire; administration uses the same test booklet as the PAI with respondents answering only the first 165 items; Catalan version available.
Author: Leslie C. Morey.
Translators/Adaptors: Margarita Ortiz-Tallo (clinical coordinator), Pablo Santamaría (statistical analysis), Violeta Cardenal and María Pilar Sánchez (translation); Samah AdbelKader, Juan Manuel Antúnez, María del Mar Campos, Marta Ferragut, Anabel Melguizo, and Mercedes Ovejero (adaptation team from the University of Málaga and University Complutense of Madrid).
Publisher: Hogrefe TEA Ediciones.
Spanish Components: All materials are in Spanish.
English Components: There are no English materials in this version.

[354e]

Inventario de Evaluación de la Personalidad para Adolescentes.

Original Name: Personality Assessment Inventory–Adolescent (Psychological Assessment Resources).
Purpose: Designed as a comprehensive evaluation of adolescents' personality and psychopathology.
Origin: United States (2007)/English.
Translation/Adaptation: The adaptation process followed the guidelines of the International Test Commission (ITC, 2013). An expert in the area of psychological evaluation with experience in adapting tests translated the original items to Spanish. This translation was reviewed by four

de pruebas extranjeras". Esta traducción fue revisada por cuatro psicólogos con experiencia en evaluación, y sus revisiones fueron integrados para configurar una segunda versión de la prueba en español, la cual aplicaron a un estudio piloto. Un traductor independiente—experto en psicología y nativo de lengua inglesa—realizó una traducción inversa. Los resultados fueron comparados con la versión original en inglés para generar la versión para estandarización. Tras la recogida de la muestra, los protocolos fueron revisados, y estudios de fiabilidad y validez fueron realizados. Finalmente, los ítems fueron ordenados en su adaptación española.

Población: Adolescentes de edades 12 a 18 años.

Baremos: Se han provisto baremos con la adaptación española utilizando cuatro muestras: el primero de la población general (n = 1.844), una segunda muestra clínica (n = 1.144), una tercera de centros de menores infractores (n = 266) y una final muestra forense (n = 242), todos distribuidos por género y edad.

Fecha de Publicación: 2018.

Acrónimo: PAI-A.

Puntuación, 53: Quejas Somáticas (Conversión, Somatización, Hipocondría), Ansiedad (Cognitiva, Emocional, Fisiológica), Trastornos Relacionados con la Ansiedad (Obsesivo-Compulsivo, Fobias, Estrés Postraumático), Depresión (Cognitiva, Emocional, Fisiológica), Manía (Nivel de Actividad, Grandiosidad, Irritabilidad), Paranoia (Hipervigilancia, Persecución, Resentimiento), Esquizofrenia (Experiencias Psicóticas, Indiferencia Social, Alteración del Pensamiento), Rasgos Límites (Inestabilidad Emocional, Alteración de la Identidad, Relaciones Interpersonales Problemáticas, Autoagresiones), Rasgos Antisociales (Conductas Antisociales, Egocentrismo, Búsqueda de Sensaciones), Problemas con el Alcohol, Problemas con las Drogas, Agresión (Actitud Agresiva, Agresiones Verbales, Agresiones Físicas), Inconsistencia, Infrecuencia, Impresión Negativa, Impresión Positiva, Ideaciones Suicidas, Estrés, Falta de Apoyo Social, Rechazo al Tratamiento, Dominancia, Afabilidad.

Administración: Individual o colectiva.

Precios, 2022: €143,44 por juego completo, incluye manual (2018, 254 páginas), 10 cuadernillos y juego de corrección; €35,45 por 10 cuadernillos; €69,58 por juego de corrección (25 hojas de respuestas y PIN para 25 usos en línea); €57,31 por manual en línea; €11,22 por 1 aplicación y corrección en línea; €23,68 por 1 informe en línea.

Duración: 45 minutos aproximadamente para aplicación.

Comentarios: Se puede aplicar los primeros 165 ítems como una versión breve que provee puntuaciones para las 22 escalas primarias; versión catalana disponible.

Autor: Leslie C. Morey.

Traductores/Adaptadores: Violeta Cardenal Hernáez, Margarita Ortiz-Tallo Alarcón, María del Mar Campos Ríos y Pablo Santamaría.

psychologists with experience in evaluation from diverse professional areas, and their revisions were integrated to create a second version of the test in Spanish, which was administered to a pilot study group. An independent translator—a native English-speaking psychologist—back-translated this second version. The results were compared to the original version in English to create the standardization version. After gathering the sample, the record forms were revised, and validity and reliability studies were conducted. Finally, the items were reordered for the Spanish adaptation.

Population: Adolescents ages 12 to 18 years.

Norms: Separate norms are provided with the Spanish adaptation using four samples: the first from the general population (n = 1,844), the second a clinical sample (n = 1,144), the third from juvenile detention centers (n = 266), and the fourth a forensic sample (n = 242), all distributed by gender and age.

Publication Date: 2018.

Acronym: PAI-A.

Scores, 53: Somatic Complaints (Conversion, Somatization, Hypochondria), Anxiety (Cognitive, Affective, Physiological), Anxiety-Related Disorders (Obsessive-Compulsive, Phobias, Post-Traumatic Stress), Depression (Cognitive, Affective, Physiological), Mania (Activity Level, Grandiosity, Irritability), Paranoia (Hypervigilance, Persecution, Resentment), Schizophrenia (Psychotic Experiences, Social Detachment, Thought Disorder), Borderline Features (Emotional Instability, Identity Problems, Problematic Interpersonal Relationships, Self-Harm), Antisocial Features (Antisocial Behaviors, Egocentricity, Stimulus-Seeking), Alcohol Problems, Drug Problems, Aggression (Aggressive Attitude, Verbal Aggression, Physical Aggression), Inconsistency, Infrequency, Negative Impression, Positive Impression, Suicidal Ideation, Stress, Nonsupport, Treatment Rejection, Dominance, Affability.

Administration: Individual or group.

Price Data, 2022: €143.44 per complete kit, including manual (2018, 254 pages), 10 booklets, and a scoring kit; €35.45 per 10 booklets; €69.58 per scoring kit (25 response sheets and a PIN for 25 uses online); €57.31 per online manual; €11.22 per 1 administration and scoring online; €23.68 per 1 online report.

Time: Approximately 45 minutes for administration.

Comments: The first 165 items can be given as a brief version that provides scores for the 22 primary scales; Catalan version available.

Author: Leslie C. Morey.

Translators/Adaptors: Violeta Cardenal Hernáez, Margarita Ortiz-Tallo Alarcón, María del Mar Campos Ríos, and Pablo Santamaría.

Editorial: Hogrefe TEA Ediciones.
Componentes en Español: Todos los materiales son en español.
Componentes en Inglés: No hay materiales en inglés en esta versión.

a) VERSIÓN ARGENTINA.

Traducción/Adaptación: Durante del proceso de traducción y adaptación de la versión española, "cinco jueces expertos en evaluación psicológica y psicometría revisaron los ítems y examinaron su adecuación para su aplicación al trabajo con adolescentes argentinos. Complemetariamente, se realizó un piloto del cuestionario previa a su estandarización para poder verificar que el enunciado de los ítems era comprendido correctamente por los adolescentes argentinos".

Baremos: Se desarrollaron los baremos argentinos utilizando una muestra de 969 participantes de la población general argentina, distribuidos por edad y género.

Traductores/Adaptadores: Guadalupe de la Iglesia, Alejandro Castro Solano y Mercedes Fernández Liporace.

Publisher: Hogrefe TEA Ediciones.
Spanish Components: All materials are in Spanish.
English Components: There are no English materials in this version.

a) ARGENTINE VERSION.

Translation/Adaptation: During the process of translating and adapting the test to Spanish, five experts in psychological and psychometric evaluation reviewed the items to test their suitability for administration to Argentine adolescents. A pilot study was conducted prior to standardization to test whether item wording would be correctly understood by Argentine adolescents.

Norms: Argentine norms were developed using a sample of 969 participants distributed by age and gender.

Translators/Adaptors: Guadalupe de la Iglesia, Alejandro Castro Solano, and Mercedes Fernández Liporace.

[355s]

Inventario de Expresión de Ira Estado-Rasgo en Niños y Adolescentes.

Nombre Original: State-Trait Anger Expression Inventory–2: Child and Adolescent (Psychological Assessment Resources [PAR]).
Propósito: Diseñado como evaluación de la ira en niños y adolescentes.
Procedencia: Estados Unidos/inglés.
Traducción/Adaptación: Después de ser traducido, se "envió la prueba a diferentes especialistas de cada uno de los países del centro, sur y norte de América de habla hispana (españoles, mexicanos, argentinos, chilenos, puertorriqueños, venezolanos, guatemaltecos, peruanos) para que se criticasen aquellos términos usados en la prueba referidos a la ira, que no fuesen habituales en sus países". Palabras o frases identificadas fueron eliminadas. Se aplicaron dos versiones pilotas y se realizaron un análisis factorial para determinar la versión final más apropiada.
Población: Edades 8-17.
Baremos: Se han provisto baremos con la adaptación al español. Los baremos se desarrollaron utilizando una muestra con 2.193 participantes, distribuidos por edad, sexo y región geográfica española.
Fechas de Publicación: 2005-2009.
Acrónimo: STAXI-NA.
Puntuación, 6: Ira Estado, Ira Rasgo, Expresión Externa de la Ira, Expresión Interna de la Ira, Control Externo de la Ira, Control Interno de la Ira.
Administración: Individual o colectiva.
Precios, 2022: €65,57 por juego completo, incluye manual (2009, segunda edición, 40 páginas) y 25 ejemplares; €50,22 por 25 ejemplares; €33,08 por manual en línea.

[355e]

Inventario de Expresión de Ira Estado-Rasgo en Niños y Adolescentes.

Original Name: State-Trait Anger Expression Inventory–2: Child and Adolescent (Psychological Assessment Resources [PAR]).
Purpose: Designed to assess the expression of anger in children and adolescents.
Origin: United States/English.
Translation/Adaptation: After being translated, the questionnaire was sent to different specialists from Spanish-speaking countries in Central, South, and North America (Spain, Mexico, Argentina, Chile, Puerto Rico, Venezuela, Guatemala, and Peru). These specialists evaluated the terms relating to anger and identified words that were not common in their respective countries. Identified words or phrases were eliminated. Two pilot versions were administered, and factor analysis was conducted to determine the most appropriate final version.
Population: Ages 8-17.
Norms: Separate norms are provided with the Spanish adaptation. Norms were developed using a sample of 2,193 participants, distributed by age, gender, and geographic region within Spain.
Publication Dates: 2005-2009.
Acronym: STAXI-NA.
Scores, 6: Anger State, Anger Trait, External Expression of Anger, Internal Expression of Anger, External Control of Anger, Internal Control of Anger.
Administration: Individual or group.
Price Data, 2022: €65.57 per complete kit, including manual (2009, second edition, 40 pages) and 25 test booklets; €50.22 per 25 text booklets; €33.08 per digital manual.

Duración: (15-30) minutos.
Autor: Charles D. Spielberger.
Traductores/Adaptadores: V. del Barrio y A. Aluja.
Editorial: Hogrefe TEA Ediciones.
Componentes en Español: Todos los materiales son en español.
Componentes en Inglés: No hay materiales en inglés en esta versión.

[356s]

Inventario de Expresión de Ira Estado-Rasgo–2.

Nombre Original: State-Trait Anger Expression Inventory–2 (Psychological Assessment Resources [PAR]).
Propósito: Diseñado para evaluar "la experiencia, expresión y control de la ira" y sus facetas como estado y rasgo.
Procedencia: Estados Unidos (1999)/inglés.
Traducción/Adaptación: La versión española de la prueba se desarrolló a la vez que la versión en inglés, ambas basadas en la versión experimental del inventario con 69 ítems. Se realizaron algunas modificaciones a esta versión experimental, incluyendo la adición de ítems nuevos y la sustitución de otros ítems que resultaban ambiguos o redundantes en español. Después de varios estudios de análisis factoriales, añadieron ítems nuevos y refinaron los ítems existentes hasta que se consideró completada la adaptación española con 49 ítems.
Población: Adolescentes y adultos.
Baremos: Se han provisto baremos con la adaptación al español. Los baremos se desarrollaron utilizando una muestra con 1.806 participantes, distribuidos por sexo y edad.
Fechas de Publicación: 2001-2009.
Acrónimo: STAXI-2.
Puntuación, 12: 6 escalas, 5 subescalas, 1 índice global: Estado de la Ira (Sentimiento, Expresión Verbal, Expresión Física), Rasgo de la Ira (Temperamento de la Ira, Reacción de la Ira), Expresión Externa de la Ira, Expresión Interna de la Ira, Control Externo de la Ira, Control Interno de la Ira, Índice de Expresión de la Ira.
Administración: Individual o colectiva.
Precios, 2022: €71,45 por juego completo, incluye manual (2009; tercera edición, revisada; 80 páginas) y 25 ejemplares; €53,24 por 25 ejemplares; €36,32 por uno uso de manual, aplicación y corrección en línea.
Duración: (10-15) minutos.
Autor: Charles D. Spielberger.
Traductores/Adaptadores: J. J. Miguel Tobal, M. I. Casado, A. Cano y Charles D. Spielberger.
Editorial: Hogrefe TEA Ediciones.

Time: (15-30) minutes.
Author: Charles D. Spielberger.
Translators/Adaptors: V. del Barrio and A. Aluja.
Publisher: Hogrefe TEA Ediciones.
Spanish Components: All materials are in Spanish.
English Components: There are no English materials in this version.

[356e]

Inventario de Expresión de Ira Estado-Rasgo–2.

Original Name: State-Trait Anger Expression Inventory–2 (Psychological Assessment Resources [PAR]).
Purpose: Designed to assess the experience, expression, and control of anger and its facets such as state and trait.
Origin: United States (1999)/English.
Translation/Adaptation: The Spanish version was developed at the same time as the English version, both based on a 69-item experimental version. Several changes were made to this version, including the addition of new items and the substitution of other items to remove ambiguity or redundancy in the Spanish adaptation. Several factor analytic studies were conducted, resulting in the addition of new items and refinement of existing items until the final 49-item Spanish adaptation was complete.
Population: Adolescents and adults.
Norms: Separate norms are provided with the Spanish adaptation. Norms were developed using a sample of 1,806 participants, distributed by gender and age.
Publication Dates: 2001-2009.
Acronym: STAXI-2.
Scores, 12: 6 scales, 5 subscales, 1 global index: Anger State (Feeling Angry, Verbal Expression, Physical Expression), Anger Trait (Angry Temperament, Angry Reaction), External Expression of Anger, Internal Expression of Anger, External Control of Anger, Internal Control of Anger, Expression of Anger Index.
Administration: Individual or group.
Price Data, 2022: €71.45 per complete kit, including manual (2009; third edition, revised; 80 pages) and 25 test booklets; €53.24 per 25 test booklets; €36.32 per 1 use of manual, administration and scoring online.
Time: (10-15) minutes.
Author: Charles D. Spielberger.
Translators/Adaptors: J. J. Miguel Tobal, M. I. Casado, A. Cano, and Charles D. Spielberger.
Publisher: Hogrefe TEA Ediciones.

Componentes en Español: Todos los materiales son en español.
Componentes en Inglés: No hay materiales en inglés en esta versión.

[357s]

Inventario de Hábitos de Estudio.

Propósito: Diseñado para apreciar "la forma y condiciones en que el estudiante realiza su tarea y fallos que limitan su eficacia en el estudio".
Procedencia: España/español.
Población: Edades 12-24.
Baremos: Los baremos se desarrollaron utilizando una muestra de 2.986 participantes españoles, distribuidos por género, edad y grado escolar.
Fechas de Publicación: 1981-2014.
Acrónimo: IHE.
Puntuación, 5: Condiciones Ambientales del Estudio, Planificación del Estudio, Utilización de Materiales, Asimilación de Contenidos, más Sinceridad (escala de validez).
Administración: Individual o colectiva.
Precios, 2022: €57,56 por juego completo, incluye manual (2014; 10a edición, revisada y ampliada; 68 páginas), 10 cuadernillos y 25 hojas de respuestas; €13,31 por 10 cuadernillos; €35,09 por 25 hojas de respuestas; €25,92 por manual en línea.
Duración: (15) minutos.
Autor: Francisco Fernández Pozar.
Editorial: Hogrefe TEA Ediciones.
Componentes en Español: Todos los materiales son en español.
Componentes en Inglés: No hay materiales en inglés.

a) ADAPTACIÓN MEXICANA.
Traducción/Adaptación: "Para adaptarse al uso lingüístico del español en México, se introdujeron tres cambios específicos," los cuales aparecen en el manual.
Baremos: Se añadieron baremos mexicanos en 2014; se los desarrollaron utilizando una muestra de 750 participantes mexicanos de estratos socioeconómicos medio y medio-bajo de la zona metropolitana de la Ciudad de México, distribuidos por género y grado escolar.
Traductora/Adaptadora: Laura Edna Aragón Borja.

[358s]

Inventario de Inteligencia Emocional de BarOn: Versión Para Jóvenes.

Nombre Original: Emotional Quotient Inventory: Youth Version (Multi-Health Systems).
Propósito: Diseñado para la "evaluación de la inteligencia emocional y de sus diferentes componentes socioemocionales".
Procedencia: Estados Unidos (2000)/inglés.

Spanish Components: All materials are in Spanish.
English Components: There are no English materials in this version.

[357e]

Inventario de Hábitos de Estudio.

Purpose: Designed to assess the form and conditions under which a student does schoolwork and the flaws that limit the effectiveness of studying.
Origin: Spain/Spanish.
Population: Ages 12-24.
Norms: Norms were developed using a sample of 2,986 Spanish participants, distributed by gender, age, and grade.
Publication Dates: 1981-2014.
Acronym: IHE.
Scores, 5: Study Environment Conditions, Study Planning, Use of Materials, Content Assimilation, plus Sincerity (validity scale).
Administration: Individual or group.
Price Data, 2022: €57.56 per complete kit, including manual (2014; 10th edition, revised and extended; 68 pages), 10 test booklets, and 25 response sheets; €13.31 per 10 test booklets; €35.09 per 25 response sheets; €25.92 per online manual.
Time: (15) minutes.
Author: Francisco Fernández Pozar.
Publisher: Hogrefe TEA Ediciones.
Spanish Components: All materials are in Spanish.
English Components: There are no materials in English.

a) MEXICAN ADAPTATION.
Translation/Adaptation: To adapt linguistically to the Spanish spoken in Mexico, three specific changes were introduced. Those changes are listed in the test manual.
Norms: Norms for the Mexican population were added in 2014 and were developed using a sample of 750 Mexican participants of middle to lower-middle socioeconomic status from the metropolitan area of Mexico City, distributed by gender and grade.
Translator/Adaptor: Laura Edna Aragón Borja.

[358e]

Inventario de Inteligencia Emocional de BarOn: Versión Para Jóvenes.

Original Name: Emotional Quotient Inventory: Youth Version (Multi-Health Systems).
Purpose: Designed to measure emotional intelligence and its different social-emotional components.
Origin: United States (2000)/English.

Traducción/Adaptación: El proceso de adaptación comenzó con un estudio profundo sobre la traducción al español. Esta revisión fue supervisada por dos doctoras en filología hispánica y por dos profesores. Luego se realizó un estudio piloto para abordar las discrepancias en el idioma o la dificultad en la comprensión de los ítems.
Población: Edades 7-18.
Baremos: Se han provisto baremos con la adaptación española. Los baremos se desarrollaron utilizando una muestra con 1.580 participantes, distribuidos por edad y género.
Fecha de Publicación: 2018.
Acrónimo: BarOn EQ-i:YV.
Puntuación, 8: Impresión Positiva, Inconsistencia, Estado de Ánimo General, Intrapersonal, Interpersonal, Adaptabilidad, Manejo del Estrés, Inteligencia Emocional Total.
Administración: Individual o colectiva.
Precios, 2022: €53,41 por juego completo, incluye manual y juego de corrección; €24,20 por juego de corrección (25 ejemplares y PIN para 25 usos en línea); €33,08 por manual en línea; €2,49 por 1 aplicación y corrección en línea.
Duración: 20-25 minutos para aplicación.
Autores: Reuven Bar-On y James D. A. Parker.
Traductores/Adaptadores: Rosario Bermejo García, Carmen Ferrándiz García, Mercedes Ferrando Prieto, María Dolores Prieto Sánchez, Marta Sáinz Gómez.
Editorial: Hogrefe TEA Ediciones.
Componentes en Español: Todos los materiales son en español.
Componentes en Inglés: No hay materiales en inglés en esta versión.

[359s]

Inventario de Lectura en Español (Tejas LEE).

Propósito: Diseñado para proveerles a los docentes una herramienta que les permita adquirir información sobre el progreso del desarrollo de los estudiantes en áreas de lectura y comprensión lectora en español; permitiendo que los docentes brinden instrucción diferenciada que cumpla con las necesidades específicas de cada estudiante.
Procedencia: Estados Unidos/español.
Población: Estudiantes en grados K-3 con dominio limitado del inglés matriculados en programas bilingües español/inglés que reciben instrucción en español y estudiantes en programas de inmersión dual que reciben instrucción en español.
Baremos: Esta prueba no es de referencia normativa.
Fecha de Publicación: 2010.
Acrónimo: Tejas LEE.
Puntuación: Kindergarten (Conocimiento de los Grafofonemas, Conciencia Fonológica, Comprensión

Translation/Adaptation: The adaptation process began with a thorough review of the translation to Spanish. This review was supervised by two PhDs in Hispanic studies and two professors. A pilot study was then conducted to address language discrepancies or difficulty in item comprehension.
Population: Ages 7-18.
Norms: Separate norms are provided with the Spanish adaptation. Norms were developed using a sample of 1,580 participants, distributed by age and gender.
Publication Date: 2018.
Acronym: BarOn EQ-i:YV.
Scores, 8: Positive Impression, Inconsistency, General Mood, Intrapersonal, Interpersonal, Adaptability, Stress Management, Total Emotional Intelligence.
Administration: Individual or group.
Price Data, 2022: €53.41 per complete kit, including manual and scoring kit; €24.20 per scoring kit (25 booklets and a PIN for 25 online uses); €33.08 per online manual; €2.49 per 1 administration and scoring online.
Time: 20-25 minutes for administration.
Authors: Reuven Bar-On and James D. A. Parker.
Translators/Adaptors: Rosario Bermejo García, Carmen Ferrándiz García, Mercedes Ferrando Prieto, María Dolores Prieto Sánchez, Marta Sáinz Gómez.
Publisher: Hogrefe TEA Ediciones.
Spanish Components: All materials are in Spanish.
English Components: There are no English materials in this version.

[359e]

Inventario de Lectura en Español (Tejas LEE).

Purpose: Designed to "provide teachers an opportunity to acquire data to help match reading instruction with specific student needs"; recording "student performance in areas important to the development of Spanish reading and reading comprehension."
Origin: United States/Spanish.
Population: Students in grades K-3 with limited English proficiency enrolled in Spanish/English bilingual programs who receive instruction in Spanish and students in dual-language bilingual programs who receive instruction in Spanish.
Norms: This test is not norm referenced.
Publication Date: 2010.
Acronym: Tejas LEE.
Scores: Kindergarten (Graphophonemic Knowledge, Phonological Awareness, Listening

Auditiva, Comprensión de Lectura), Primer Grado (Conocimiento de los Grafofonemas, Conciencia Fonológica, Exactitud de Lectura, Fluidez de Lectura, Comprensión de Lectura), Segundo Grado (Conocimiento de los Grafofonemas, Acentuación, Exactitud de Lectura, Fluidez de Lectura, Comprensión de Lectura), Tercer Grado (Conocimiento de los Grafofonemas, Acentuación, Exactitud de Lectura, Fluidez de Lectura, Comprensión de Lectura).

Administración: Individual o colectiva.

Niveles, 2: Monitoreo del Progreso para Lectores Emergentes (MPLE), Monitoreo del Progreso para Lectores Principiantes (MPLP).

Precios: Disponible electrónicamente de Tango Software; disponible gratis para distritos escolares públicos y escuelas autónomas de Texas (solo los componentes del primer y segundo grado) en la plataforma CLI Engage.

Duración: Tiempo ilimitado. (No hay que administrar en una sola sesión).

Comentarios: La casa editorial informa que la prueba está diseñada para ser administrada en momentos específicos durante el año escolar para facilitar el seguimiento del progreso. La prueba puede ser individualizada; varias secciones se pueden administrar a toda la clase o a grupos pequeños de estudiantes.

Autores: The Texas Education Agency, The University of Texas System y The University of Houston System; David J. Francis, Coleen D. Carlson, Elsa Cardenas-Hagan, Kristi L. Santi, Angie Durand, Iris Gutierrez, Ken Nieser, Griselda Hernandez y Valentina Hardin.

Editorial: Texas Institute for Measurement, Evaluation, and Statistics, de la Universidad de Houston en colaboración con la Agencian de Educación de Tejas.

Componentes en español: Todos los materiales son en español.

Componentes en inglés: Las descripciones de los conceptos evaluados y las tareas de la prueba están disponibles en inglés también.

a) MONITOREO DEL PROGRESO PARA LECTORES PRINCIPIANTES.

Propósito: Diseñado para supervisar el progreso de exactitud, fluidez y comprensión de la lectura oral en español.

Población: Grados 1-3.

Acrónimo: MPLP.

Comentarios: Existen dos opciones para administrar el MPLP: cada dos semanas para estudiantes que necesitan de intervención intensiva y cada seis semanas para estudiantes que no requieren ser supervisado tan frecuentemente.

b) MONITOREO DEL PROGRESO PARA LECTORES EMERGENTES.

Propósito: Diseñado para medir el progreso de los estudiantes mientras adquieren habilidades relacionadas a la lectura en español.

Población: Grado K.

Acrónimo: MPLE.

Comprehension, Reading Comprehension), First Grade (Graphophonemic Knowledge, Phonological Awareness, Reading Accuracy, Reading Fluency, Reading Comprehension), Second Grade (Graphophonemic Knowledge, Accenting, Reading Accuracy, Reading Fluency, Reading Comprehension), Third Grade (Graphophonemic Knowledge, Accenting, Reading Accuracy, Reading Fluency, Reading Comprehension).

Administration: Individual or group.

Levels, 2: Progress Monitor for Emerging Readers (MPLE), Progress Monitor for Beginning Readers (MPLP).

Price Data: Available electronically from Tango Software; available at no charge for Texas public school districts and charter schools (first and second grade components only) on the CLI Engage platform.

Time: Unlimited. (The test need not be administered in one sitting.)

Comments: The publisher advises that the test is designed to be administered at specific points during the school year to facilitate progress monitoring. The test may be individualized; several sections may be administered to the entire class or small groups of students.

Authors: The Texas Education Agency, The University of Texas System and The University of Houston System; David J. Francis, Coleen D. Carlson, Elsa Cardenas-Hagan, Kristi L. Santi, Angie Durand, Iris Gutierrez, Ken Nieser, Griselda Hernandez, and Valentina Hardin.

Publisher: Texas Institute for Measurement, Evaluation, and Statistics at the University of Houston in collaboration with the Texas Education Agency.

Spanish Components: All materials are in Spanish.

English Components: Descriptions of evaluated concepts and test tasks are also available in English.

a) PROGRESS MONITOR FOR BEGINNING READERS.

Purpose: "Designed to be used for progress monitoring of oral reading accuracy, fluency and comprehension" in Spanish.

Population: Grades 1-3.

Acronym: MPLP.

Comments: There are two options for MPLP administration: every two weeks for students receiving intensive intervention and every six weeks for students who do not require closer monitoring.

b) PROGRESS MONITOR FOR EMERGING READERS.

Purpose: "Designed to measure students' progress in the acquisition of important skills related to early reading" in Spanish.

Population: Grade K.

Acronym: MPLE.

Comentarios: El MPLE fue diseñado para ser administrado cada dos semanas.

[360s]

Inventario de los Cinco Continuos de la Personalidad.

Propósito: Diseñado para evaluar los rasgos patológicos y positivos de la personalidad.
Procedencia: Argentina/español.
Población: 18 años en adelante.
Baremos: Los baremos se desarrollaron utilizando una muestra con 1.061 participantes de Argentina, distribuidos por género, edad, nivel de educación y nivel socioeconómico.
Fecha de Publicación: 2021.
Acrónimo: ICCP.
Puntuación, 23: 5 Escalas de Validez: Ausencia de Respuesta, Inconsistencia, Magnificación de Psicopatología, Minimización de Psicopatología, Magnificación de Rasgos Positivos; 6 Índices Globales: Índice de Funcionamiento de la Personalidad, Índice de Rasgos Patológicos de la Personalidad, Índice de Rasgos Positivos de la Personalidad, Índice de Ajuste de la Personalidad, Índice de Conductas Externalizantes, Índice de Conductas Internalizantes; 12 Escalas Específicas: Funcionamiento del Sí-Mismo, Funcionamiento Interpersonal, Afecto Negativo, Serenidad, Desapego, Humanidad, Antagonismo, Integridad, Desinhibición, Moderación, Psicoticismo, Vivacidad y Foco.
Administración: Individual o colectiva.
Precios, 2022: USD$33.80 por prueba.
Duración: 30 minutos aproximadamente.
Comentarios: Se administra y se califica en línea o con papel y lápiz.
Autores: Guadalupe de la Iglesia y Alejandro Castro Solano.
Editorial: Editorial Paidós.
Componentes en Español: Todos los materiales son en español.
Componentes en Inglés: No hay materiales en inglés.

[361s]

Inventario de Pensamiento Constructivo.

Nombre Original: Constructive Thinking Inventory (Psychological Assessment Resources, Inc. [PAR]).
Propósito: Diseñado para evaluar y predecir "muchas de las habilidades y reacciones adaptativas para el éxito en la vida"; "apreciación del pensamiento constructivo y varias facetas de la inteligencia emocional".
Procedencia: Estados Unidos (1987)/inglés.
Traducción/Adaptación: No se provee información específica en los materiales de la prueba sobre el proceso de traducción/adaptación.

Comments: The MPLE is designed to be administered once every two weeks.

[360e]

Inventario de los Cinco Continuos de la Personalidad.

Purpose: Designed to evaluate pathological and positive personality traits.
Origin: Argentina/Spanish.
Population: 18 years and older.
Norms: Norms were developed using a sample of 1,061 participants from Argentina, distributed by gender, age, education level, and socioeconomic status.
Publication Date: 2021.
Acronym: ICCP.
Scores, 23: 5 Validity Scales: Absence of Response, Inconsistency, Magnification of Psychopathology, Minimization of Psychopathology, Magnification of Positive Traits; 6 Global Indices: Personality Functioning Index, Pathological Personality Traits Index, Positive Personality Traits Index, Personality Adjustment Index, Externalizing Behaviors Index, Internalizing Behaviors Index; 12 Specific Scales: Self-Functioning, Interpersonal Functioning, Negative Affect, Serenity, Detachment, Humanity, Antagonism, Integrity, Disinhibition, Moderation, Psychoticism, Liveliness and Focus.
Administration: Individual or group.
Price Data, 2022: USD$33.80 per test.
Time: Approximately 30 minutes.
Comments: Administered and scored online or via paper and pencil.
Authors: Guadalupe de la Iglesia and Alejandro Castro Solano.
Publisher: Editorial Paidós.
Spanish Components: All materials are in Spanish.
English Components: There are no materials in English.

[361e]

Inventario de Pensamiento Constructivo.

Original Name: Constructive Thinking Inventory (Psychological Assessment Resources, Inc. [PAR]).
Purpose: Designed to evaluate and predict skills and adaptive reactions for success in life as well as constructive thought and various components of emotional intelligence.
Origin: United States (1987)/English.
Translation/Adaptation: There is no specific information in the test materials about the translation/adaptation process.

Población: Adolescentes y adultos.
Baremos: Se han provisto baremos con la adaptación al español. Los baremos se desarrollaron utilizando muestras de adultos de cinco países: España (n = 7.943), Costa Rica (n = 2.188), El Salvador (n = 484), Guatemala (n = 1.049) y México (n = 1.239). También se desarrollaron baremos utilizando una muestra de 1.468 adolescentes de España. Para cada país, se ofrece un baremo general de adultos, un baremo general de adolescentes y baremos específicos para varones y mujeres.
Fechas de Publicación: 2001-2019.
Acrónimo: CTI.
Puntuación, 24: Afrontamiento Emocional (Autoaceptación, Ausencia de Sobregeneralización Negativa, Ausencia de Hipersensibilidad, Ausencia de Rumiaciones Sobre Experiencias Desagradables), Afrontamiento Conductual (Pensamiento Positivo, Orientación a la Acción, Responsabilidad), Pensamiento Mágico, Pensamiento Categórico (Pensamiento Polarizado, Suspicacia, Intransigencia), Pensamiento Esotérico (Creencias Paranormales, Pensamiento Supersticioso), Optimismo Ingenuo (Optimismo Exagerado, Pensamiento Estereotipado, Ingenuidad), Pensamiento Constructivo Global, más dos escalas de validez: Deseabilidad, Validez.
Administración: Individual o colectiva.
Precios, 2022: €96,96 por juego completo, incluye manual (2019, quinta edición, 95 páginas), 10 cuadernillos y juego de corrección; €26,38 por 10 cuadernillos; €41,08 por juego de corrección (25 hojas de respuesta y PIN para 25 usos en línea); €45,18 por manual en línea; €6,23 por 1 aplicación y corrección en línea; €12,46 por informe en línea; €18,69 por aplicación, corrección e informe en línea.
Duración: 15-30 minutos.
Comentarios: Se puede aplicar en línea o con papel y lápiz; se corrige en línea.
Autor: Seymour Epstein.
Traductor/Adaptador: Departamento de Investigación y Desarrollo de TEA Ediciones.
Editorial: Hogrefe TEA Ediciones.
Componentes en Español: Todos los materiales son en español.
Componentes en Inglés: No hay materiales en inglés en esta versión.

[362s]

Inventario de Personalidad NEO Revisado.

Nombre Original: Revised NEO Personality Inventory and NEO Five-Factor Inventory (Psychological Assessments Resources [PAR]).
Propósito: Diseñado como evaluación comprensiva y detallada de la personalidad según el modelo de los "cinco grandes factores".
Procedencia: Estados Unidos (1978-1992)/inglés.
Traducción/Adaptación: "Un equipo de investigación formado por profesores y alumnos universitarios

Population: Adolescents and adults.
Norms: Separate norms are provided with the Spanish adaptation. Norms were developed using samples of adults from five countries: Spain (n = 7,943), Costa Rica (n = 2,188), El Salvador (n = 484), Guatemala (n = 1,049), and Mexico (n = 1,239). Norms were also developed using a sample of 1,468 Spanish adolescents. For each country, general norms are provided for adults and for adolescents, and gender-specific norms are provided for adults.
Publication Dates: 2001-2019.
Acronym: CTI.
Scores, 24: Emotional Coping (Self-Esteem, Tolerance, Impassivity, Resilience), Efficacy (Positive Thinking, Activity, Responsibility), Superstitious Thinking, Austerity (Extremism, Suspicion, Intolerance), Esoteric Thoughts (Paranormal Beliefs, Irrational Beliefs), Illusion (Euphoria, Stereotypical Thinking, Naïveté), Global Score for Constructive Thinking, plus two validity scales: Desirability, Validity.
Administration: Individual or group.
Price Data, 2022: €96.96 per complete kit, including manual (2019, fifth edition, 95 pages), 10 test booklets, and scoring kit; €26.38 per 10 test booklets; €41.08 per scoring kit (25 response sheets and a PIN for 25 online uses); €45.18 per online manual; €6.23 per 1 administration and scoring online; €12.46 per online report; €18.69 per online administration, scoring, and report.
Time: 15-30 minutes.
Comments: Can be administered online or with paper and pencil; scored online.
Author: Seymour Epstein.
Translator/Adaptor: TEA Ediciones Research and Development Department.
Publisher: Hogrefe TEA Ediciones.
Spanish Components: All materials are in Spanish.
English Components: There are no English materials in this version.

[362e]

Inventario de Personalidad NEO Revisado.

Original Name: Revised NEO Personality Inventory and NEO Five-Factor Inventory (Psychological Assessments Resources [PAR]).
Purpose: Designed to obtain a comprehensive and detailed assessment of personality based on the Five Factor Model.
Origin: United States (1978-1992)/English.
Translation/Adaptation: A research team of professors and university alumni adapted the

adaptaron el cuestionario y lo analizaron en muestras españolas diversas". La editorial indica que los adaptadores intentaron conservar "el esquema y modelo de personalidad propuesto por los autores [de la prueba] originales".
Población: Adolescentes y adultos.
Baremos: Se han provisto baremos con la adaptación al español. Dispone de baremos generales distribuidos por género (n = 8.000), baremos para cuerpos de seguridad (n = 4.000) y baremos para adultos jóvenes (n = 722). También se desarrollaron baremos adicionales utilizando muestras de tres países: Colombia (n = 611), Costa Rica (n = 1.276) y Guatemala (n = 2.446) distribuidos por género. Se proveen baremos distintos para cada país.
Fechas de Publicación: 1999-2008.
Administración: Individual o colectiva.
Comentarios: Disponible también en catalán.
Autores: Paul T. Costa Jr. y Robert R. McCrae.
Traductores/Adaptadores: A. Cordero, A. Pamos y N. Seisdedos (Departamento de Investigación y Desarrollo de TEA Ediciones).
Editorial: Hogrefe TEA Ediciones.
Componentes en Español: Todos los materiales son en español.
Componentes en Inglés: No hay materiales en inglés en esta versión.

a) INVENTARIO DE PERSONALIDAD NEO REVISADO.
Acrónimo: NEO PI-R.
Puntuación, 35: 30 facetas en 5 dimensiones: Neuroticismo (Ansiedad, Hostilidad, Depresión, Ansiedad Social, Impulsividad, Vulnerabilidad), Extraversión (Cordialidad, Gregarismo, Asertividad, Actividad, Búsqueda de Emociones, Emociones Positivas), Apertura (Fantasía, Estética, Sentimientos, Acciones, Ideas, Valores), Amabilidad (Confianza, Franqueza, Altruismo, Actitud Conciliadora, Modestia, Sensibilidad a los Demás), Responsabilidad (Competencia, Orden, Sentido del Deber, Necesidad de Logro, Autodisciplina, Deliberación).
Precios, 2022: €114,54 por juego completo, incluye manual (2008; tercera edición, revisada y ampliada; 143 páginas), 10 cuadernillos y juego de corrección; €44,53 por 10 cuadernillos; €12,71 por 25 hojas de resumen; €41,08 por juego de corrección (25 hojas de respuestas, una hoja de resumen y PIN para 25 usos en línea); €12,46 por un informe en línea; €47,20 por manual en línea; €18,69 por una aplicación, corrección e informe en línea.
Duración: (35-45) minutos.

b) INVENTARIO NEO REDUCIDO DE CINCO FACTORES.
Acrónimo: NEO-FFI.
Puntuación, 5: Neuroticismo, Extraversión, Apertura, Amabilidad, Responsabilidad.
Precios, 2022: €90,79 por juego completo, incluye manual (2008; tercera edición, revisada y ampliada; 143 páginas), 25 ejemplares y 25 hojas de resumen; €50,82 por 25 ejemplares; €41,08 por juego de corrección (25 hojas de respuestas, una hoja de resumen y PIN para

questionnaire and analyzed it in different Spanish samples. The test publisher indicates that the adaptors worked to reproduce in Spanish the scheme and personality model proposed by the original test authors.
Population: Adolescents and adults.
Norms: Separate norms are provided with the Spanish adaptation. They include general norms distributed by gender (n = 8,000), norms for security guards (n = 4,000) and norms for young adults (n = 722). Additional norms were developed using samples from three countries: Colombia (n = 611), Costa Rica (n = 1,276), and Guatemala (n = 2,446), distributed by gender. Separate norms are provided for each country.
Publication Dates: 1999-2008.
Administration: Individual or group.
Comments: Also available in Catalan.
Authors: Paul T. Costa Jr. and Robert R. McCrae.
Translators/Adaptors: A. Cordero, A. Pamos, and N. Seisdedos (TEA Ediciones Research and Development Department).
Publisher: Hogrefe TEA Ediciones.
Spanish Components: All materials are in Spanish.
English Components: There are no English materials in this version.

a) INVENTARIO DE PERSONALIDAD NEO REVISADO.
Acronym: NEO PI-R.
Scores, 35: 30 facets in 5 domains: Neuroticism (Anxiety, Hostility, Depression, Social Anxiety, Impulsiveness, Vulnerability), Extraversion (Cordiality, Gregariousness, Assertiveness, Activity, Excitement-Seeking, Positive Emotions), Openness (Fantasy, Aesthetics, Feelings, Actions, Ideas, Values), Agreeableness (Trust, Straightforwardness, Altruism, Compliance, Modesty, Tender-Mindedness), Conscientiousness (Competence, Order, Dutifulness, Achievement Striving, Self-Discipline, Deliberation).
Prices, 2022: €114.54 per complete kit: manual (2008; third edition, revised and extended; 143 pages), 10 booklets, and scoring kit; €44.53 per 10 booklets; €12.71 per 25 summary feedback sheets; €41.08 per scoring kit (25 response sheets, summary feedback sheet, and a PIN for 25 online uses); €12.46 per NEO PI-R e-report; €47.20 per online manual; €18.69 per online administration, scoring, and report.
Time: (35-45) minutes.

b) INVENTARIO NEO REDUCIDO DE CINCO FACTORES.
Acronym: NEO-FFI.
Scores, 5: Neuroticism, Extraversion, Openness, Agreeableness, Conscientiousness.
Prices, 2022: €90.79 per complete kit, including manual (2008; third edition, revised and extended, 143 pages), 25 booklets, and 25 summary feedback sheets; €50.82 per 25 booklets; €41.08 per scoring kit (25 response sheets, summary feedback sheet, and

25 usos en línea); €47,20 por manual en línea; €13,71 por una aplicación, corrección e informe en línea.
Duración: (15-20) minutos.
Comentarios: El Inventario NEO de cinco factores (NEO-FFI) es una versión breve del NEO.

[363s]

Inventario de Personalidad para Vendedores.

Nombre Original: Inventaire de la Personalité des Vendeurs (Les Editions du Centre de Psychologie Appliquée).
Propósito: Diseñado para proveer un perfil de variables de personalidad que reflejan las características necesarias para el éxito profesional en tareas de venta.
Procedencia: Francia (1977)/francés.
Traducción/Adaptación: "Una vez redactados los elementos de la prueba, atendiendo a las características propias de la cultura española, se intentó optimizar el proceso de corrección y puntuación reduciendo el número de plantillas originales a una sola; para ello hubo necesidad de alterar la ordenación francesa de los reactivos". No se provee información adicional sobre el proceso de traducción/adaptación en los materiales de la prueba.
Población: Adultos.
Baremos: Se han provisto baremos con la adaptación al español. Los baremos para España y Argentina se desarrollaron utilizando una muestra de 8.945 participantes de diversas regiones en España (actualizado en 2016) y 336 participantes de Argentina, ambos distribuidos por sexo y edad.
Fechas de Publicación: 1983-2016.
Acrónimo: IPV.
Puntuación, 12: Disposición General Venta, Receptividad (Comprensión, Adaptabilidad, Control de Sí Mismo, Tolerancia a la Frustración), Agresividad (Combatividad, Dominancia, Seguridad, Actividad), Sociabilidad.
Administración: Individual o colectiva.
Precios, 2022: €62,97 por juego completo, incluye manual (2016, 43 páginas), 10 cuadernillos y juego de corrección; €24,93 por 10 cuadernillos; €28,25 por juego de corrección (25 hojas de respuestas y PIN para 25 usos en línea); €12,46 por informe en línea; €25,92 por manual en línea.
Duración: (40) minutos.
Comentarios: Existe una versión catalana.
Autor: Les Editions du Centre de Psychologie Appliquée (ECPA).
Traductores/Adaptadores: Nicolás Seisdedos y Agustín Cordero.
Editorial: Hogrefe TEA Ediciones.
Componentes en Español: Todos los materiales son en español.
Componentes en Inglés: No hay materiales en inglés en esta versión.

PIN for 25 online uses); €47.20 per online manual; €13.71 per online administration, scoring, and report.
Time: (15-20) minutes.
Comments: The NEO Five-Factor Inventory (NEO-FFI) is a shortened version of the NEO.

[363e]

Inventario de Personalidad para Vendedores.

Original Name: Inventaire de la Personalité des Vendeurs (Les Editions du Centre de Psychologie Appliquée).
Purpose: Designed to provide a profile of personality traits that reflect the necessary features for professional success in the area of sales.
Origin: France (1977)/French.
Translation/Adaptation: After rewriting the test items with an eye to the specific characteristics of the Spanish culture, the number of original scoring sheets was reduced to one in order to make scoring easier. This required a change in the organization of the original French items. No additional information about the translation/adaptation process is included in the test materials.
Population: Adults.
Norms: Separate norms for Spain and Argentina are provided with the Spanish adaptation. Norms were developed using a sample of 8,945 participants from different regions in Spain (updated in 2016) and 336 participants from Argentina, both distributed by sex and age.
Publication Dates: 1983-2016.
Acronym: IPV.
Scores, 12: General Sales Disposition, Openness (Comprehension, Adaptability, Self-Control, Tolerance of Frustration), Aggression (Fight, Dominance, Security, Activity), Sociability.
Administration: Individual or group.
Price Data, 2022: €62.97 per complete kit, including manual (2016, 43 pages), 10 test booklets, and scoring kit; €24.93 per 10 test booklets; €28.25 per scoring (25 response sheets and a PIN for 25 online uses); €12.46 per e-report; €25.92 per online manual.
Time: (40) minutes.
Comments: Catalán version available.
Author: Les Editions du Centre de Psychologie Appliquée (ECPA).
Translators/Adaptors: Nicolás Seisdedos and Agustín Cordero.
Publisher: Hogrefe TEA Ediciones.
Spanish Components: All materials are in Spanish.
English Components: There are no English materials in this version.

[364s]

Inventario de Rasgos Temperamentales.

Nombre Original: Thurstone Temperament Schedule (Science Research Associates).
Propósito: Diseñado para la "evaluación de la personalidad por medio de los rasgos temperamentales".
Procedencia: United States (1949)/inglés.
Traducción/Adaptación: En 1959, los adaptadores concluyeron su replicación de la investigación y análisis estadístico de la labor de Thurstone. Posteriormente, la labor fue validado y archivado por Science Research Associates in Chicago. La prueba fue adaptada al español por primera vez con baremos colombianos en 1960 y publicada por la editorial colombiana Ediciones Pedagógicas Latinoamericanas Ltda. Los baremos latinoamericanos más amplios se desarrollaron en 1964. El folleto de instrucciones fue revisado en 1990.
Población: Edades 16 en adelante.
Baremos: Los baremos se desarrollaron utilizando una muestra de 5.520 participantes de Colombia, Costa Rica, El Salvador, México, Perú y Venezuela, distribuidos por edad y género. Dos submuestras del mismo grupo fueron estratificadas, una por estatus estudiantil y la otra por ocupación.
Fecha de Publicación: 2001.
Acrónimo: IRT.
Puntuación, 7: Activo, Vigoroso, Impulsivo, Dominante, Estable, Sociable, Reflexivo.
Administración: Individual o colectiva.
Precios, 2022: USD$73 por prueba completa, incluye manual de instrucciones (2001, 23 páginas), 4 folletos de aplicación y 15 hojas de respuesta.
Duración: 30 minutos.
Comentarios: La prueba fue adaptada al español por primera vez con baremos colombianos en 1960 y publicada por la editorial colombiana Ediciones Pedagógicas Latinoamericanas Ltda. Los baremos más amplios latinoamericanos se desarrollaron en 1964. El folleto de instrucciones fue revisado en 1990.
Autor: L. L. Thurstone.
Traductores/Adaptadores: Wladimiro Woyno y Raúl E. Oñoro Amador.
Editorial: Editorial El Manual Moderno, S.A. de C.V.
Componentes en Español: Todos los materiales son en español.
Componentes en Inglés: No hay materiales en inglés en esta versión.

[365s]

Inventario de Respuestas de Afrontamiento para Adultos.

Nombre Original: Coping Responses Inventory–Adult Form (Psychological Assessment Resources [PAR]).

[364e]

Inventario de Rasgos Temperamentales.

Original Name: Thurstone Temperament Schedule (Science Research Associates).
Purpose: Designed for the evaluation of personality through temperamental traits.
Origin: United States (1949)/English.
Translation/Adaptation: In 1959, the adaptors completed their replication of Thurstone's research and statistical analyses. Subsequently, the work was validated and archived by Science Research Associates in Chicago. The test was adapted to Spanish for the first time with Colombian norms in 1960 and published by the Colombian publisher Ediciones Pedagógicas Latinoamericanas Ltda. A more inclusive Latin American norm sample was developed in 1964. The instruction manual was revised in 1990.
Population: Ages 16 and over.
Norms: Norms were developed using a sample of 5,520 participants from Colombia, Costa Rica, El Salvador, Mexico, Peru, and Venezuela, distributed by age and gender. Two subsamples from the same group were further stratified, one by student status and one by occupation.
Publication Date: 2001.
Acronym: IRT.
Scores, 7: Active, Vigorous, Impulsive, Dominant, Stable, Sociable, Reflexive.
Administration: Individual or group.
Price Data, 2022: USD$73 per complete kit, including instruction manual (2001, 23 pages), 4 administration forms, and 15 answer sheets.
Time: 30 minutes.
Comments: The test was adapted to Spanish for the first time with Colombian norms in 1960 and published by the Colombian publisher Ediciones Pedagógicas Latinoamericanas Ltda. A more inclusive Latin American norm sample was developed in 1964. The instruction manual was revised in 1990.
Author: L. L. Thurstone.
Translators/Adaptors: Wladimiro Woyno and Raúl E. Oñoro Amador.
Publisher: Editorial El Manual Moderno, S.A. de C.V.
Spanish Components: All materials are in Spanish.
English Components: There are no English materials in this version.

[365e]

Inventario de Respuestas de Afrontamiento para Adultos.

Original Name: Coping Responses Inventory–Adult Form (Psychological Assessment Resources [PAR]).

Propósito: Diseñado para identificar las estrategias de afrontamiento empleadas por adultos ante problemas y situaciones estresantes.
Procedencia: Estados Unidos (1993)/inglés.
Traducción/Adaptación: "La adaptación española de la prueba se inició con una traducción de los ítems del original inglés al español y posteriormente con una retrotraducción por parte de expertos en ambas lenguas. La primera traducción fue enviada a la editorial original [PAR] y al autor, que indicaron la conveniencia de efectuar algunos cambios. La segunda traducción fue aprobada tanto por la editorial norteamericana como por el autor de la versión original del inventario".
Población: Edades 18 años en adelante.
Baremos: Se han provisto baremos con la adaptación al español. Los baremos se desarrollaron utilizando una muestra de 1.024 participantes españoles, distribuidos por género.
Fecha de Publicación: 2010.
Acrónimo: CRI-A.
Puntuación, 8: Análisis Lógico, Reevaluación Positiva, Búsqueda de Guía y Soporte, Solución de Problemas, Evitación Cognitiva, Aceptación o Resignación, Búsqueda de Recompensas Alternativas, Descarga Emocional.
Administración: Individual y colectiva.
Precios, 2022: €88,56 por juego completo, incluye manual (2010, 62 páginas) y 25 ejemplares autocorregibles; €52,94 por 25 ejemplares autocorregibles; €47,20 por manual en línea.
Duración: Variable; (10-30) minutos.
Comentarios: Se puede administrar de formato autoaplicado o como entrevista estructurada.
Autor: R. H. Moos.
Traductoras/Adaptadoras: Teresa Kirchner Nebot y María Forns i Santacana.
Editorial: Hogrefe TEA Ediciones.
Componentes en Español: Todos los materiales son en español.
Componentes en Inglés: No hay materiales in inglés en esta versión.

Purpose: Designed to identify coping strategies used by adults when they encounter stressful situations.
Origin: United States (1993)/English.
Translation/Adaptation: The Spanish adaptation of the test began with a translation of the original English items to Spanish and then a back translation done by experts in both languages. The first translation was sent to the original publisher [PAR] and the author, who indicated the benefit of making several changes. Both the original publisher and the author then approved the second translation.
Population: Ages 18 and over.
Norms: Separate norms are provided with the Spanish adaptation. Norms were developed using a sample of 1,024 participants from Spain, distributed by gender.
Publication Date: 2010.
Acronym: CRI-A.
Scores, 8: Logical Analysis, Positive Reevaluation, Search for Guidance and Support, Problem Solving, Cognitive Avoidance, Acceptance/Resignation, Search for Alternative Rewards, Emotional Catharsis.
Administration: Individual and group.
Price Data, 2022: €88.56 per complete kit, including manual (2010, 62 pages) and 25 self-score test forms; €52.94 per 25 self-score test forms; €47.20 per online manual.
Time: Variable; (10-30) minutes.
Comments: Can be self administered or given as a structured interview.
Author: R. H. Moos.
Translators/Adaptors: Teresa Kirchner Nebot and María Forns i Santacana.
Publisher: Hogrefe TEA Ediciones.
Spanish Components: All materials are in Spanish.
English Components: There are no English materials in this version.

[366s]

Inventario de Riesgo Suicida para Adolescentes–Screening/Diagnóstico.

Propósito: Diseñado como una evaluación del riesgo suicida en dos etapas: screening y diagnóstica.
Procedencia: Argentina/español.
Población: Edades 13-22.
Fecha de Publicación: 2023.
Administración: Individual o colectiva.
Acrónimo: IRSA.
Formularios, 2: Screening, Diagnóstico.
Precios, 2023: $30,68 por prueba, incluyendo el manual (2023, 133 páginas), protocolos y hojas de puntuación.

[366e]

Inventario de Riesgo Suicida para Adolescentes–Screening/Diagnóstico.

Purpose: Designed as an evaluation of suicide risk in two stages: screening and diagnosis.
Origin: Argentina/Spanish.
Population: Ages 13-22.
Publication Date: 2023.
Administration: Individual or group.
Acronym: IRSA.
Forms, 2: Screening, Diagnosis.
Price Data, 2023: $30.68 per test, including manual (2023, 133 pages), record forms, and score sheets.

Duración: Aproximadamente 10 minutos cada escala.
Comentarios: Se administra con papel y lápiz; se permite la reproducción de los protocolos y las hojas de respuesta.
Autores: Aixa Galarza, Claudia Castañeiras y Mercedes Fernández Liporace.
Editorial: Editorial Paidós.
Componentes en Español: Todos los materiales son en español.
Componentes en Inglés: No hay materiales en inglés.

a) SCREENING.
Propósito: Diseñado para "identificar casos en posible riesgo de suicidio a partir de la medición de ideaciones suicidas y factores asociados".
Baremos: Los baremos se desarrollaron utilizando una muestra con 632 participantes, distribuidos por edad, género y nivel educativo.
Acrónimo: IRSA-S.
Puntuación, 6: Ideaciones Suicidas, Baja Autoestima, Falta de Apoyo Social, Baja Regulación Emocional, Dificultades en la Resolución de Problemas, Perspectiva Negativa del Futuro.

b) DIAGNÓSTICO.
Propósito: "Diseñado para detectar la potencialidad e intencionalidad del acto suicida en aquellos casos que alcancen puntuaciones de riesgo en la fase de cribado para proporcionar mayor precisión y especificidad diagnóstica en la relación con el tipo y el grado de riesgo".
Baremos: Los baremos se desarrollaron utilizando una muestra con 411 participantes, distribuidos por edad, género y nivel educativo.
Acrónimo: IRSA-D.
Puntuación, 4: Planeación e Intento Previo, Autolesiones No Suicidas, Comportamientos de Alerta, Severidad Global.

[367s]

Inventario de Salud Mental, Estrés y Trabajo.

Propósito: Diseñado para evaluar los niveles de estrés y salud mental de la población productiva según las áreas personal, laboral-organizacional y social situacional.
Procedencia: México y los Estados Unidos/español y inglés.
Población: Adolescentes y adultos.
Baremos: Los baremos se desarrollaron utilizando una muestra con 8,086 participantes mexicanos, distribuidos por sexo.
Fecha de Publicación: 2017.
Acrónimo: SWS.
Puntuación: 8 escalas primarias: Estrés Personal, Estrés Vocacional, Estrés Social, Apoyo Personal, Apoyo Vocacional, Apoyo Social, Salud Mental Funcional, Salud Mental Dysfuncional; 13 escalas de desempeño: Cantidad, Calidad, Moral/Actitud, Disciplina, Trabajo en Equipo, Responsabilidad, Puntualidad y Asistencia, Iniciativa, Organización y Limpieza, Eficiencia, Ritmo,

Time: Approximately 10 minutes per form.
Comments: Administered via paper and pencil; the record forms and score sheets can be copied.
Authors: Aixa Galarza, Claudia Castañeiras, and Mercedes Fernández Liporace.
Publisher: Editorial Paidós.
Spanish Components: All materials are in Spanish.
English Components: There are no materials in English.

a) SCREENING.
Purpose: Designed to identify cases at possible risk of suicide based on the measurement of suicidal ideation and associated factors.
Norms: Norms were developed using a sample of 632 participants, distributed by age, gender, and education level.
Acronym: IRSA-S.
Scores, 6: Suicidal Ideation, Low Self-Esteem, Lack of Social Support, Low Emotional Regulation, Problem Solving Difficulties, Negative Perspective of the Future.

b) DIAGNOSIS.
Purpose: Designed to detect the potential for and intention of suicide in those cases where screening determines there is a risk with the objective of providing a more precise diagnosis in terms of the type and level of risk.
Norms: Norms were developed using a sample of 411 participants, distributed by age, gender, and education level.
Acronym: IRSA-D.
Scores, 4: Planning and Previous Attempt, Non-Suicidal Self-Harm, Alarming Behaviors, Overall Severity.

[367e]

Inventario de Salud Mental, Estrés y Trabajo.

Purpose: Designed to evaluate the stress and mental health of the working population in the areas of personal, work, and social situations.
Origin: Mexico and the United States/Spanish and English.
Population: Adolescents and adults.
Norms: Norms were developed using a sample of 8,086 Mexican participants, distributed by gender.
Publication Date: 2017.
Acronym: SWS.
Scores: 8 primary scales: Personal Stress, Work Stress, Social Stress, Personal Support, Work Support, Social Support, Functional Mental Health, Impaired Mental Health; 13 performance scales: Quantity, Quality, Moral/Attitude, Discipline, Team Work, Responsibility, Punctuality and Attendance, Initiative, Organization and Neatness, Efficiency, Pace, Cooperation, Commitment; 7

Cooperación y Compromiso; 7 escalas de afecciones psicosomáticas: Cardiovascular, Respiratoria, Gastrointestinal, Muscular, Dermatológica, Personal, Psicológica.
Administración: Individual o colectiva.
Precios, 2022: USD$62 por juego completo, incluye manual (2017, 84 páginas), juego de puntuación y una tarjeta de prepago; USD$29 por una tarjeta de prepago por 15 usos de puntuación en línea; USD$3.50 por tarjeta de uso individual en línea.
Duración: 25-30 minutos.
Comentarios: El SWS tiene fundamento en el modelo teórico sobre salud mental, estrés y apoyos de R. Ostermann (The SWS Model of stress and mental health, Fairleigh Dickinson University, 1989).
Autores: Rodolfo Enrique Gutiérrez Martínez y Priscila Guido García.
Editorial: Editorial El Manual Moderno, S.A. de C.V.
Componentes en Español: Todos los materiales son en español.
Componentes en Inglés: No hay materiales en inglés.

[368s]

Inventario de Satisfacción Marital–Revisado.

Nombre Original: Marital Satisfaction Inventory–Revised.
Propósito: Diseñado para identificar, "por separado y en varias dimensiones claves de la relación, la naturaleza y extensión de la ansiedad de cada cónyuge".
Procedencia: Estados Unidos (1997)/inglés.
Traducción/Adaptación: No se provee información en los materiales de la prueba sobre el proceso de traducción/adaptación.
Población: Edades 18 en adelante; parejas casadas o que viven juntas.
Baremos: No se han provisto baremos con los materiales traducidos al español.
Fechas de Publicación: 1997-2008.
Acrónimo: MSI-R.
Puntuación, 13: Inconsistencia, Convencionalismo, Ansiedad Global, Comunicación Afectiva, Comunicación para la Solución de Problemas, Agresión, Tiempo Juntos, Desacuerdo en las Finanzas, Insatisfacción Sexual, Orientación de Roles, Antecedentes Familiares de Ansiedad, Insatisfacción con los Hijos, Conflictos por la Crianza de los Hijos.
Administración: Individual o colectiva.
Precios, 2022: USD$85 por juego completo, incluye manual (2017, 140 páginas) y 15 formularios autocalificables.
Duración: 25 minutos.
Autor: Douglas K. Snyder.
Traductoras/Adaptadoras: Laura Delia Garibay y Diana Isela Córdoba Basulto (revisión técnica).

psychosomatic illness scales: Cardiovascular, Respiratory, Gastrointestinal, Muscular, Dermatological, Personal, Psychological.
Administration: Individual or group.
Price Data, 2022: USD$62 per complete kit, including manual (2017, 84 pages), scoring kit, and a prepaid card; USD$29 per prepaid card to use 15 times for online scoring; USD$3.50 per individual online administration.
Time: 25-30 minutes.
Comments: The SWS is based on R. Ostermann's theoretical model about mental health, stress, and support (The SWS Model of stress and mental health, Fairleigh Dickinson University, 1989).
Authors: Rodolfo Enrique Gutiérrez Martínez and Priscila Guido García.
Publisher: Editorial El Manual Moderno, S.A. de C.V.
Spanish Components: All materials are in Spanish.
English Components: There are no materials in English.

[368e]

Inventario de Satisfacción Marital–Revisado.

Original Name: Marital Satisfaction Inventory–Revised.
Purpose: Designed to identify, separately and in various key dimensions of the relationship, the nature and extent of anxiety for each spouse.
Origin: United States (1997)/English.
Translation/Adaptation: No information is provided in the test materials about the translation/adaptation process.
Population: Ages 18 and older; couples who are married or living together.
Norms: Separate norms are not provided with the materials translated to Spanish.
Publication Dates: 1997-2008.
Acronym: MSI-R.
Scores, 13: Inconsistency, Conventionalization, Global Distress, Affective Communication, Problem-Solving Communication, Aggression, Time Together, Disagreement About Finances, Sexual Dissatisfaction, Role Orientation, Family History of Distress, Dissatisfaction with Children, Conflict over Child Rearing.
Administration: Individual or group.
Price Data, 2022: USD$85 per complete kit, including manual (2017, 140 pages) and 15 self-score forms.
Time: 25 minutes.
Author: Douglas K. Snyder.
Translators/Adaptors: Laura Delia Garibay and Diana Isela Córdoba Basulto (technical revision).

Editorial: Editorial El Manual Moderno, S.A. de C.V.
Componentes en Español: Todos los materiales son en español.
Componentes en Inglés: No hay materiales en inglés en esta versión.

[369s]

Inventario de Situaciones y Respuestas de Ansiedad.

Propósito: Diseñado para proveer una evaluación "de respuestas cognitivas, fisiológicas y motoras de ansiedad ante situaciones de la vida cotidiana".
Procedencia: España/español.
Población: Edades 16 en adelante.
Baremos: Se desarrollaron los baremos españoles utilizando una muestra con 1.209 participantes distribuidos por sexo y por población normal y población clínica.
Fechas de Publicación: 1986-2007.
Acrónimo: ISRA.
Puntuación, 8: Cognitivo, Fisiológico, Motora, Total, Ansiedad Ante la Evaluación, Ansiedad Interpersonal, Ansiedad Fóbica, Ansiedad Ante Situaciones Habituales o de la Vida Cotidiana.
Administración: Colectiva.
Precios, 2022: €57,45 por juego completo, incluye manual (2007, 42 páginas), 25 ejemplares, 25 hojas de perfil (sistema de respuestas) y 25 hojas de perfil (rasgos específicos); €26,62 por 25 ejemplares; €12,71 por 25 hojas de perfil (sistema de respuestas); €12,71 por 25 hojas de perfil (rasgos específicos); €25,92 por manual en línea.
Duración: 50 minutos aproximadamente.
Autores: J. J. Miguel Tobal y A. R. Cano Vindel.
Editorial: Hogrefe TEA Ediciones.
Componentes en Español: Todos los materiales son en español.
Componentes en Inglés: No hay materiales en inglés.

a) ADAPTACIÓN ARGENTINA.
Traducción/Adaptación: Las adaptaciones lingüísticas que se hicieron fueron muy ligeras. No se provee información adicional en los materiales de la prueba sobre el proceso de traducción/adaptación.
Baremos: Se desarrollaron los baremos argentinos utilizando una muestra con 200 participantes de la población general de Argentina, distribuidos por sexo, nivel educativo y estado civil.
Traductora/Adaptadora: Nora B. Leibovich.

[370s]

Inventario de Trastornos de la Conducta Alimentaria–3.

Nombre Original: Eating Disorder Inventory–3 (Psychological Assessment Resources, Inc. [PAR]).

Publisher: Editorial El Manual Moderno, S.A. de C.V.
Spanish Components: All materials are in Spanish.
English Components: There are no English materials in this version.

[369e]

Inventario de Situaciones y Respuestas de Ansiedad.

Purpose: Designed to provide an assessment of cognitive, physiological, and motor responses of anxiety toward everyday life situations.
Origin: Spain/Spanish.
Population: Ages 16 and over.
Norms: Norms were developed for Spain using a sample of 1,209 participants, distributed by gender and by clinical and normal populations.
Publication Dates: 1986-2007.
Acronym: ISRA.
Scores, 8: Cognitive, Physiological, Motor, Total, Evaluation Anxiety, Interpersonal Anxiety, Phobic Anxiety, Anxiety Toward Habitual Situations or Everyday Life.
Administration: Group.
Price Data, 2022: €57.45 per complete kit: manual (2007, 42 pages), 25 booklets, 25 profile sheets (response systems), and 25 profile sheets (specific traits); €26.62 per 25 booklets; €12.71 per 25 profile sheets (response systems); €12.71 per 25 profile sheets (specific traits); €25.92 per online manual.
Time: Approximately 50 minutes.
Authors: J. J. Miguel Tobal and A. R. Cano Vindel.
Publisher: Hogrefe TEA Ediciones.
Spanish Components: All materials are in Spanish.
English Components: There are no materials in English.

a) ARGENTINE ADAPTATION.
Translation/Adaptation: Very light linguistic adaptations were made. No additional information is provided in the test materials about the translation/adaptation process.
Norms: Norms were developed for Argentina using a sample of 200 participants from the general population in Argentina, distributed by gender, educational level, and marital status.
Translator/Adaptor: Nora B. Leibovich.

[370e]

Inventario de Trastornos de la Conducta Alimentaria–3.

Original Name: Eating Disorder Inventory–3 (Psychological Assessment Resources, Inc. [PAR]).

Propósito: Diseñado como una medida estandarizada "para la evaluación de los trastornos relacionados con la conducta alimentaria".
Procedencia: Estados Unidos (2004)/inglés.
Población: Edades 10 en adelante.
Traducción/Adaptación: No se provee información en los materiales de la prueba sobre el proceso de traducción/adaptación.
Baremos: Se han provisto baremos con la adaptación al español. Los baremos se desarrollaron utilizando dos muestras provenientes de España: una muestra clínica con 512 pacientes diagnosticados de algún tipo de trastorno de la conducta alimentaria que acudían a centros especializados para su tratamiento y una segunda muestra no clínica con 5.148 participantes, distribuidos por edad y sexo. Se provee también baremos para la población mexicana basado en una muestra de 1.268 participantes, distribuidos por edad y sexo.
Fecha de Publicación: 2010.
Acrónimo: EDI-3.
Administración: Individual o colectiva.
Precios, 2022: €177,06 por juego completo, incluye manual EDI-3 (2010, 338 páginas), manual RF (2010, 40 páginas), 10 cuadernillos EDI-3, 25 hojas de respuestas autocorregibles EDI-3, 25 hojas de perfil EDI-3, 25 ejemplares autocorregibles EDI-3-RF; €14,16 por 10 cuadernillos EDI-3; €29,34 por 25 hojas de respuestas autocorregibles EDI-3; €12,71 por 25 hojas de perfil; €73,79 por juego completo EDI-3-RF, incluye manual RF, 25 ejemplares autocorregibles; €52,94 por 25 ejemplares autocorregibles EDI-3-RF; €57,31 por manual en línea; €2,49 por una aplicación y corrección en línea EDI-3.
Comentarios: Una versión euskera está disponible también.
Autor: David M. Garner.
Traductores/Adaptadores: Paula Elosua, Alicia López-Jáuregui y Fernando Sánchez.
Editorial: Hogrefe TEA Ediciones.
Componentes en Español: Todos los materiales son en español.
Componentes en Inglés: No hay materiales en inglés en esta versión.

a) EDI-3.
Población: Edades 10 en adelante en muestras no clínicas; 12 en adelante en muestras clínicas.
Puntuación, 21: 6 índices (Riesgo de Trastorno de la Conducta Alimentaria, Desajuste Psicológico General, Ineficacia, Problemas Interpersonales, Problemas Afectivos, Exceso de Control), 12 escalas primarias (Obsesión por la Delgadez, Bulimia, Insatisfacción Corporal, Baja Autoestima, Alienación Personal, Inseguridad Interpersonal, Desconfianza Interpersonal, Déficits Introspectivos, Desajuste Emocional, Perfeccionismo, Ascetismo, Miedo a la Madurez), 3 escalas indicadores de respuesta (Inconsistencia, Infrecuencia, Impresión Negativa).
Duración: (15-20) minutos.
Comentarios: Batería Completa.

Purpose: Designed to provide a standardized assessment of disorders related to eating behavior.
Origin: United States (2004)/English.
Population: Ages 10 and older.
Translation/Adaptation: No information is provided in the test materials about the translation/adaptation process.
Norms: Separate norms are provided with the Spanish adaptation. Norms were developed using two samples from Spain: one clinical sample of 512 patients diagnosed with some type of eating disorder attending specialized centers for treatment and a second sample of 5,148 non-clinical participants, distributed by age and gender. Norms are also available for the Mexican population based on a sample of 1,268 participants, distributed by age and gender.
Publication Date: 2010.
Acronym: EDI-3.
Administration: Individual or group.
Price Data, 2022: €177.06 per complete kit, including EDI-3 manual (2010, 338 pages), RF manual (2010, 40 pages), 10 EDI-3 booklets, 25 EDI-3 autoscore response sheets, 25 EDI-3 profile sheets, 25 EDI-3-RF autoscore booklets; €14.26 per 10 EDI-3 booklets; €29.34 per 25 EDI-3 autoscore response sheets; €12.71 per 25 profile sheets; €73.79 per complete EDI-3-RF kit, including manual RF, 25 autoscore booklets; €52.94 per 25 EDI-3-RF autoscore booklets; €57.31 per online manual; €2.49 per one administration and scoring online.
Comments: A Basque version is also available.
Author: David M. Garner.
Translators/Adaptors: Paula Elosua, Alicia López-Jáuregui, and Fernando Sánchez.
Publisher: Hogrefe TEA Ediciones.
Spanish Components: All materials are in Spanish.
English Components: There are no English materials in this version.

a) EDI-3.
Population: Ages 10 and older in non-clinical sample; 12 and older in clinical samples.
Scores, 21: 6 composite scores (Eating Disorder Risk, General Psychological Maladjustment, Ineffectiveness, Interpersonal Problems, Affective Problems, Overcontrol), 12 primary scores (Drive for Thinness, Bulimia, Body Dissatisfaction, Low Self-Esteem, Personal Alienation, Interpersonal Insecurity, Interpersonal Alienation, Introspective Deficits, Emotional Maladjustment, Perfectionism, Asceticism, Maturity Fears), 3 response style indicators (Inconsistency, Infrequency, Negative Impression).
Time: (15-20) minutes.
Comments: Full battery.

b) EDI-3 CUESTIONARIO DE REMISIÓN.
Población: Edades 12 en adelante.
Acrónimo: EDI-3-RF.
Puntuación, 4: Obsesión por la Delgadez, Insatisfacción Corporal, Bulimia, Índice de Masa Corporal.
Duración: (10) minutos.
Comentarios: Un formulario de referencia abreviado que se usa para "realizar una evaluación de la necesidad de remitir al sujeto a un servicio especializado en trastornos de la conducta alimentaria".
c) EDI-3-LISTA DE SÍNTOMAS.
Población: Edades 12 en adelante.
Acrónimo: EDI-3-SC.
Puntuación: Frecuencias.
Duración: (10) minutos.
Comentarios: Una lista independiente de síntomas que "ayuda a establecer el diagnóstico; no debe utilizarse como única herramienta para formular el mismo".

[371s]

Inventario de Valores Ocupacionales.

Propósito: Diseñado para ayudar a individuos en "identificar y explorar los valores ocupacionales durante el proceso de consejería ocupacional".
Procedencia: Puerto Rico/español.
Población: Personas aspirantes a puestos laborales.
Baremos: Los baremos se desarrollaron utilizando una muestra de 207 participantes de un programa del gobierno para adiestrar personas desempleadas.
Fecha de Publicación: 2023.
Acrónimo: IVO.
Puntuación, 6: Reconocimiento, Social, Económico, Variedad, Seguridad, Logro.
Administración: Individual o colectiva.
Precios: Disponibles con la casa editorial; varía según el país.
Duración: Aproximadamente 30 minutos.
Comentarios: Se administra y se corrige en línea.
Autor: Gabriel Cirino Gerena.
Editorial: Test Innovations, Inc.
Componentes en Español: Todos los materiales son en español.
Componentes en Inglés: No hay materiales en inglés.

[372s]

Inventario Estructurado de Simulación de Síntomas.

Nombre Original: Structured Inventory of Malingered Symptomatology (Psychological Assessment Resources, Inc. [PAR]).
Propósito: "Instrumento de screening para la detección de simulación de sintomatología psicopatológica y neurocognitiva".
Procedencia: Estados Unidos (2005)/inglés.
Traducción/Adaptación: No se provee información en los materiales de la prueba sobre el proceso de traducción/adaptación.

b) EDI-3 REFERRAL FORM.
Population: Ages 12 and over.
Acronym: EDI-3-RF.
Scores, 4: Drive for Thinness, Bulimia, Body Dissatisfaction, Body Mass Index.
Time: (10) minutes.
Comments: Abbreviated referral form of Eating Disorder Inventory-3 used to identify individuals who are at risk for eating disorders.
c) EDI-3 SYMPTOMS CHECKLIST.
Population: Ages 12 and over.
Acronym: EDI-3-SC.
Scores: Frequency Ratings.
Time: (10) minutes.
Comments: Independent symptom checklist used as an aid in the diagnosis of eating disorders; it should not be used as the only tool for evaluating diagnostic criteria.

[371e]

Inventario de Valores Ocupacionales.

Purpose: Designed to help individuals identify and explore occupational values during career counseling.
Origin: Puerto Rico/Spanish.
Population: Job applicants.
Norms: Norms were developed using a sample of 207 participants in a government program that trains unemployed individuals.
Publication Date: 2023.
Acronym: IVO.
Scores, 6: Recognition, Social, Economic, Variety, Security, Achievement.
Administration: Individual or group.
Price Data: Available from publisher; varies by country.
Time: Approximately 30 minutes.
Comments: Administered and scored online.
Author: Gabriel Cirino Gerena.
Publisher: Test Innovations, Inc.
Spanish Components: All materials are in Spanish.
English Components: There are no materials in English.

[372e]

Inventario Estructurado de Simulación de Síntomas.

Original Name: Structured Inventory of Malingered Symptomatology (Psychological Assessment Resources, Inc. [PAR]).
Purpose: Designed as a screening measure of malingering to assess symptoms of both feigned psychopathology and cognitive function.
Origin: United States (2005)/English.
Translation/Adaptation: No information is provided in the test materials about the translation/adaptation process.

Población: Adultos.
Baremos: Se han provisto baremos para la versión en español. Se desarrollaron los baremos utilizando una muestra de 1.005 participantes, distribuidos por género y edad.
Fechas de Publicación: 2009-2015.
Acrónimo: SIMS.
Puntuación, 6: Deterioro Neurológico, Trastornos Afectivos, Psicosis, Baja Inteligencia, Trastornos Amnésicos, Total.
Administración: Individual o colectiva.
Precios, 2022: €83,20 por juego completo, incluye manual (2015, 98 páginas) y juego de corrección; €69,13 por juego de corrección (25 ejemplares y PIN para 25 usos en línea); €33,08 por manual en línea.
Duración: (10-15) minutos.
Autores: Michelle R. Widows y Glenn P. Smith.
Traductores/Adaptadores: Héctor González y Pablo Santamaría.
Editorial: Hogrefe TEA Ediciones.
Componentes en Español: Todos los materiales son en español.
Componentes en Inglés: No hay materiales en inglés en esta versión.

[373s]

Inventario Millon de Estilos de Personalidad [Segunda Edición en Castellano].

Nombre Original: Millon Index of Personality Styles (The Psychological Corporation).
Propósito: Diseñado para evaluar la personalidad de adultos que funcionan normalmente.
Procedencia: Estados Unidos (1994)/inglés.
Traducción/Adaptación: "Se realizó una traducción del inglés tratando de respetar la validez lingüística de los ítems según los usos idiomáticos locales. Dos jueces psicólogos tradujeron la versión en forma separada y luego se realizaron dos estudios piloto con el propósito de verificar la comprensión adecuada de los ítems".
Población: Edades 18-65.
Baremos: Muestras de estandarización fueron recopiladas de la población de Buenos Aires (Argentina; 1998) y de Río Cuarto (Córdoba, Argentina; 2009-2010). Los baremos para Buenos Aires se desarrollaron utilizando una muestra con 939 participantes, distribuidos por edad y nivel de educación. Baremos de Río Cuarto se desarrollaron utilizando una muestra con 1.115 participantes, distribuidos por población general y universitaria.
Fechas de Publicación: 1997-2011.
Acrónimo: MIPS.
Puntuación, 28: 6 Metas Motivacionales (Apertura, Preservación, Modificación, Acomodación, Individualismo, Protección), 8 Modos Cognitivos (Extraversión, Introversión, Sensación, Intuición,

Population: Adults.
Norms: Separate norms are provided for the Spanish version. Norms were developed using a total sample of 1,005 participants, distributed by gender and age.
Publication Dates: 2009-2015.
Acronym: SIMS.
Scores, 6: Neurologic Impairment, Affective Disorders, Psychosis, Low Intelligence, Amnestic Disorders, Total.
Administration: Individual or group.
Price Data, 2022: €83.20 per complete kit, including manual (2015, 98 pages) and scoring kit; €69.13 per scoring kit (25 test booklets and a PIN for 25 online uses); €33.08 per online manual.
Time: (10-15) minutes.
Authors: Michelle R. Widows, Glenn P. Smith.
Translators/Adaptors: Héctor González and Pablo Santamaría.
Publisher: Hogrefe TEA Ediciones.
Spanish Components: All materials are in Spanish.
English Components: There are no English materials in this version.

[373e]

Inventario Millon de Estilos de Personalidad [Segunda Edición en Castellano].

Original Name: Millon Index of Personality Styles (The Psychological Corporation).
Purpose: Designed to evaluate the personality of normally functioning adults.
Origin: United States (1994)/English.
Translation/Adaptation: Two psychologists independently translated the test from English to Spanish with an eye toward respecting the linguistic validity of the items according to local idiomatic usage. Two pilot studies were then completed to verify adequate comprehension of the items.
Population: Ages 18-65.
Norms: Standardization samples were drawn from the populations of Buenos Aires (Argentina; 1998) and Rio Cuarto (Cordoba, Argentina; 2009-2010). Norms for Buenos Aires were based on a sample of 939 participants, distributed by age and education level. Norms for Rio Cuarto were based on a sample of 1,115 participants, distributed between the general population and university students.
Publication Dates: 1997-2011.
Acronym: MIPS.
Scores, 28: 6 Motivating Styles (Openness, Preservation, Modification, Accommodation, Individualism, Protection), 8 Thinking Styles (Extraversion, Introversion, Sensation, Intuition,

Reflexión, Afectividad, Sistematización, Innovación), 10 Conductas Interpersonales (Retraimiento, Comunicatividad, Vacilación, Firmeza, Discrepancia, Conformismo, Sometimiento, Control, Insatisfacción, Concordancia), 3 Indicadores de Validez (Impresión Positiva, Impresión Negativa, Consistencia), Índice Clínico.
Administración: Colectiva.
Precios, 2022: USD$73.20 por equipo completo, incluye manual (2008, 208 páginas), cuadernos de administración, hojas de respuesta, plantillas de corrección y cinco tomas en línea de obsequio. Las tomas en línea pueden ser para la administración completa de la prueba o para la corrección de la prueba.
Duración: (30) minutos.
Autor: Theodore Millon.
Traductores/Adaptadores: Adolfo Negrotto (traducción); María Martina y Alicia Cayssials (adaptación).
Editorial: Editorial Paidós.
Componentes en Español: Todos los materiales son en español.
Componentes en Inglés: No hay materiales en inglés en esta versión.

[374s]

Inventario Multifásico de la Personalidad Minnesota para Adolescentes [Mexico].

Nombre Original: Minnesota Multiphasic Personality Inventory–Adolescent (Univeristy of Minnesota Press).
Propósito: Diseñado para evaluar la personalidad, los síntomas psicológicos y los problemas de conducta de adolescentes en cuanto a salud mental, delincuencia juvenil y problemas escolares.
Procedencia: Estados Unidos (1992)/inglés.
Traducción/Adaptación: Después de la adaptación de los ítems a la lengua y cultura española, la casa editorial de la prueba hizo una traducción inversa antes de preparar la versión final.
Población: Edades 14 a 18.
Baremos: Se han provisto baremos con la adaptación mexicana. Los baremos se desarrollaron utilizando una muestra con 4,050 adolescentes de diferentes zonas geográficas de la Ciudad de México, distribuidos por edad, grado, sexo, ocupación y educación de padres, tipo de escuela (privado/público) y situación familiar. Se incluyo una muestra clínica de 218 adolescentes, distribuidos por edad, sexo y grado de instrucción.
Fecha de Publicación: 1998.
Acrónimo: MMPI-A.
Puntuación, 70: 8 escalas de validez: No Podría Decir (?), Mentira (L), Infrecuencia (F), Defensividad (K), Infrecuencia 1 (F1), Infrecuencia 2 (F2), Inconsistencia de las Respuestas Variables (INVAR), Inconsistencia de las Respuestas Verdaderas

Reflection, Affectivity, Systematization, Innovation), 10 Behavior Styles (Withdrawal, Communicative, Hesitation, Assertion, Discrepancy, Conformism, Submission, Control, Insatisfaction, Agreement), 3 Validity Indices (Positive Impression, Negative Impression, Consistency), Clinical Index.
Administration: Group.
Price Data, 2022: USD$73.20 per complete set, including manual (2008, 208 pages), administration booklets, response forms, and scoring templates; five online uses are complimentary and can be used for complete administration of the test or for scoring.
Time: (30) minutes.
Author: Theodore Millon.
Translators/Adaptors: Adolfo Negrotto (translation); María Martina and Alicia Cayssials (adaptation).
Publisher: Editorial Paidós.
Spanish Components: All materials are in Spanish.
English Components: There are no English materials in this version.

[374e]

Inventario Multifásico de la Personalidad Minnesota para Adolescentes [Mexico].

Original Name: Minnesota Multiphasic Personality Inventory–Adolescent (University of Minnesota Press).
Purpose: Designed to evaluate an adolescent's personality, psychological symptoms, and behavior problems in terms of mental health, juvenile delinquency, and school problems.
Origin: United States (1992)/English.
Translation/Adaptation: After adapting items to the Spanish language and culture, the test publisher back-translated the materials before preparing the final version.
Population: Ages 14 to 18.
Norms: Separate norms are provided with the Mexican adaptation. Norms were developed using a sample of 4,050 adolescents from different geographic zones in Mexico City, distributed by age, grade, gender, parental occupation and education, type of school (private/public), and living situation. The norms included a clinical sample of 218 adolescents, distributed by age, gender, and grade.
Publication Date: 1998.
Acronym: MMPI-A.
Scores, 70: 8 validity scales: Cannot Say (?), Lie (L), Infrequency 1 (F1), Infrequency 2 (F2), Infrequency (F), Defensiveness (K), Variable Response Inconsistency (INVAR), True Response

(INVER); 10 escalas clinícas: Hipocondriasis (Hs), Depresión (D), Histeria (Hi), Desviación Psicopática (Dp), Masculinidad-Femineidad (Mf), Paranoia (Pa), Psicastenia (Pt), Esquizofrenia (Es), Hipomanía (Ma), Introversión Social (Is); 28 subescalas Harris-Lingoes: Depresión Subjetiva (D1), Retardo Psicomotor (D2), Problemas en el Funcionamiento Físico (D3), Retraso Mental (D4), Preocupación (D5), Negación de Ansiedad Social (Hi1), Necesidad de Afecto (Hi2), Lasitud (Hi3), Quejas Somáticas (Hi4), Inhibición de la Agresión (Hi5), Problemas Familiares (Dp1), Problemas con la Autoridad (Dp2), Imperturbabilidad Social (Dp3), Alienación Social (Dp4), Autoalienación (Dp5), Ideas Persecutorias (Pa1), Asertividad (Pa2), Ingenuidad (Pa3), Alienación Social (Es1), Alienación Emocional (Es2), Falta de Destreza Cognoscitiva del Yo (Es3), Falta de Destreza Conativa del Yo (Es4), Falta de Destreza del Yo-Inhibición del Afecto (Es5), Alucinaciones (Es6), Inmoralidad (Ma1), Aceleración Psicomotriz (Ma2), Imperturbabilidad (Ma3), Sobrevaloración del Yo (Ma4); 3 subescalas de introversión social: Timidez/Autoconsciencia del Yo (Si1), Evitación Social (Si2), Alienación de Sí Mismo y de Otros (Si3); 15 escalas de contenido adolescente: Ansiedad (ANS-A), Obsesividad (OBS-A), Depresión (DEP-A), Preocupación por la Salud (SAU-A), Enajenación (ENA-A), Pensamiento Delirante (DEL-A), Enojo (ENJ-A), Cinismo (CIN-A), Problemas de Conducta (PCO-A), Baja Autoestima (BAE-A), Aspiraciones Limitadas (ASL-A), Incomodidad en Situaciones Sociales (ISO-A), Problemas Familiares (FAM-A), Problemas Escolares (ESC-A), Rechazo al Tratamiento (RTR-A); 6 escalas suplementarias: Ansiedad (A-A), Represión (R-A), Escala de Alcoholismo de MacAndrew–Revisada (MAC-A), Reconocimiento de Problemas con el Alcohol y/o Drogas (RPAD), Tendencia a Problemas con el Alcohol y/o Drogas (TPAD), Inmadurez (INM-A).

Administración: Individual o colectiva.

Precios, 2022: USD$315 por juego completo, incluye manual (1998, 190 páginas), 10 cuadernillos de aplicación, 25 hojas de respuestas, 16 plantillas de calificación básica, 15 plantillas de calificación contenido, plantilla de calificación suplementario, 25 perfiles básicos (baremos mexicanos) y 25 perfiles contenido suplementario de baremos estadounidenses.

Duración: 45-60 minutos.

Autores: James N. Butcher, Carolyn L. Williams, John R. Graham, Robert P. Archer, Auke Tellegen, Yossef S. Ben-Porath y Beverly Kaemmer.

Traductores/Adaptadores: Emilia Lucio Gómez-Maqueo con la colaboración de Amada Ampudia y Consuelo Durán Patiño.

Editorial: Editoral El Manual Moderno, S.A. de C.V.

Inconsistency (INVER); 10 clinical scales: Hypochondriasis (Hs), Depression (D), Hysteria (Hi), Psychopathic Deviate (Dp), Masculinity-Femininity (Mf), Paranoia (Pa), Psychasthenia (Pt), Schizophrenia (Es), Hypomania (Ma), Social Introversion (Is); 28 Harris-Lingoes subscales: Subjective Depression (D1), Psychomotor Retardation (D2), Physical Malfunctioning (D3), Mental Dullness (D4), Brooding (D5), Denial of Social Anxiety (Hi1), Need for Affection (Hi2), Lassitude-Malaise (Hi3), Somatic Complaints (Hi4), Inhibition of Aggression (Hi5), Familial Discord (Dp1), Authority Problems (Dp2), Social Imperturbability (Dp3), Social Alienation (Dp4), Self-Alienation (Dp5), Persecutory Ideas (Pa1), Poignancy (Pa2), Naïveté (Pa3), Social Alienation (Es1), Emotional Alienation (Es2), Lack of Ego Mastery-Cognitive (Es3), Lack of Ego Mastery-Conative (Es4), Lack of Ego Mastery-Defective Inhibition (Es5), Bizarre Sensory Experiences (Es6), Amorality (Ma1), Psychomotor Acceleration (Ma2), Imperturbability (Ma3), Ego Inflation (Ma4); 3 Si subscales: Shyness/Self-Consciousness (Si1), Social Avoidance (Si2), Alienation (Si3); 15 adolescent content scales: Anxiety (ANS-A), Obsessiveness (OBS-A), Depression (DE-A), Health Concerns (SAU-A), Alienation (ENA-A), Bizarre Mentation (DEL-A), Anger (ENJ-A), Cynicism (CIN-A), Conduct Problems (PCO-A), Low Self-Esteem (BAE-A), Low Aspirations (ASL-A), Social Discomfort (ISO-A), Family Problems (FAM-A), School Problems (ESC-A), Negative Treatment Indicators (RTR-A); 6 supplementary scales: Anxiety (A-A), Repression (R-A), MacAndrew Alcoholism Scale–Revised (MAC-A), Alcohol/Drug Problem Acknowledgment (RPAD), Alcohol/Drug Problem Proneness (TPAD), Immaturity (INM-A).

Administration: Individual or group.

Price Data, 2022: USD$315 for the complete kit, including manual (1998, 190 pages), 10 test booklets, 25 response sheets, 16 basic score sheets, 15 content score sheets, supplementary score sheet, 25 basic profiles (Mexican norms), and 25 supplementary profiles of U.S. norms.

Time: 45-60 minutes.

Authors: James N. Butcher, Carolyn L. Williams, John R. Graham, Robert P. Archer, Auke Tellegen, Yossef S. Ben-Porath, and Beverly Kaemmer.

Translators/Adaptors: Emilia Lucio Gómez-Maqueo in collaboration with Amada Ampudia and Consuelo Durán Patiño.

Publisher: Editoral El Manual Moderno, S.A. de C.V.

Componentes en Español: Todos los materiales son en español.
Componentes en Inglés: No hay materiales en inglés en esta versión.

[375s]

Inventario Multifásico de la Personalidad Minnesota–2, Edición Revisada.

Nombre Original: Minnesota Multiphasic Personality Inventory–2, Revised Edition (University of Minnesota Press).
Propósito: Diseñado para "evaluar ciertos patrones de la personalidad, así como los trastornos emocionales más comunes".
Procedencia: Estados Unidos (1989-2001)/inglés.
Traducción/Adaptación: No se provee información en los materiales de la prueba sobre el proceso de traducción/adaptación.
Población: Adultos.
Baremos: Se han provisto baremos con la adaptación al español. Los baremos se desarrollaron utilizando una muestra con 1.920 participantes de la Universidad Nacional Autónoma de México (UNAM), distribuidos por edad, sexo, carrera, semestre y turno escolar (matutino o vespertino).
Fecha de Publicación: 2015.
Acrónimo: MMPI-2.
Puntuación: 5 escalas de validez: Inconsistencia de las Respuestas Variables (INVAR), Inconsistencia de las Respuestas Verdaderas (INVER), Infrecuencia (F), Fp Posterior (F Back), Infrecuencia Psicopatológica (Fpsi); 3 Escalas de Defensa: Mentira (L), Corrección (K), Presentación Superlativa de Uno Mismo (S); 10 escalas clínicas: Hipocondriasis (Hs), Depresión (D), Histeria Conversiva (Hi), Desviación Psicopática (Dp), Masculinidad-Femineidad (Mf), Paranoia (Pa), Psicastenia (Pt), Esquizofrenia (Es), Hipomanía (Ma), Introversión Social (Is); 15 escalas de contenido: Ansiedad (ANS), Miedo (MIE), Obsesividad (OBS), Depresión (DEP), Preocupación por la Salud (SAU), Pensamiento Delirante (DEL), Enojo (ENJ), Cinismo (CIN), Practicas Antisociales (PAS), Personalidad Tipo A (PTA), Baja Autoestima (BAE), Incomodidad Social (ISO), Problemas Familiares (FAM), Dificultades en el Trabajo (DTR), Rechazo al Tratamiento (RTR); 5 Escalas de Personalidad Psicopatológica: Agresividad (AGGR), Psicoticismo (PSIC), Falta de Control (FDC), Emocionalidad Negativa/Neuroticismo (EMN), Introversión/Escasa Emoción Positiva (INTR); 15 escalas suplementarias: Ansiedad (A), Represión (R), Fuerza del Yo (Fyo), Dominancia (Do), Responsabilidad Social (Rs), Desajuste Profesional (Dpr), Desorden por Estrés Postraumático (EPK), Dificultades Maritales (DM), Hostilidad (Ho), Hostilidad Reprimida (HR), Escala Revisada de Alcoholismo de MacAndrew (A-Mac-R), Reconocimiento de Adicciones (RA), Predisposición a

Spanish Components: All materials are in Spanish.
English Components: There are no materials in English in this version.

[375e]

Inventario Multifásico de la Personalidad Minnesota–2, Edición Revisada.

Original Name: Minnesota Multiphasic Personality Inventory–2, Revised Edition (University of Minnesota Press).
Purpose: Designed to evaluate certain personality patterns and the most common emotional disorders.
Origin: United States (1989-2001)/English.
Translation/Adaptation: There is no information in the test materials about the translation/adaptation process.
Population: Adults.
Norms: Separate norms are provided for the Mexican adaptation. Norms were developed using a sample of 1,920 participants from the Universidad Nacional Autónoma de México (UNAM), distributed by age, gender, major, semester in school, and school shift (evening or morning).
Publication Date: 2015.
Acronym: MMPI-2.
Scores: 5 validity scales: Variable Response Inconsistency (INVAR), True Response Inconsistency (INVER), Infrequency (F), Fp Posterior (F Back), Infrequency Psychopathology (Fpsi); 3 defensive scales: Lie (L), Correction (K), Superlative Self-Presentation (S); 10 clinical scales: Hypochondriasis (Hs), Depression (D), Conversion Hysteria (Hi), Psychopathic Deviation (Dp), Masculinity-Femininity (Mf), Paranoia (Pa), Psychasthenia (Pt), Schizophrenia (Es), Hypomania (Ma), Social Introversion (Is); 15 content scales: Anxiety (ANS), Fears (MIE), Obsessiveness (OBS), Depression (DEP), Health Concerns (SAU), Bizarre Mentation (DEL), Anger (ENJ), Cynicism (CIN), Antisocial Practices (PAS), Type A (PTA), Low Self-Esteem (BAE), Social Discomfort (ISO), Family Problems (FAM), Work Interference (DTR), Negative Treatment Indicators (RTR); 5 psychopathological personality scales: Aggressiveness (AGGR), Psychoticism (PSIC), Disconstraint (FDC), Negative Emotionality/Neuroticism (EMN), Introversion/Low Positive Emotions (INTR); 15 supplementary scales: Anxiety (A), Repression (R), Ego Strength (Fyo), Dominance (Do), Social Responsibility (Rs), College Maladjustment (Dpr), Post-Traumatic Stress Disorder (EPK), Marital Difficulties (DM), Hostility (Ho), Repressed Hostility (HR), MacAndrew Alcoholism Scale-Revised (A-Mac-R), Recognition of Addictions (RA), Predisposition

Problemas con las Adicciones (PPA), Escala de Género Rol-Masculino (GM) y Escala de Género Rol-Femenino (GF); 28 subescalas Harris-Lingoes: Depresión Subjetiva (D1), Retardo Psicomotor (D2), Funcionamiento Físico Inapropiado (D3), Torpeza Mental (D4), Ensimismamiento (D5), Negación de Ansiedad Social (Hi1), Necesidad de Afecto (Hi2), Apatía-Malestar (Hi3), Quejas Somáticas (Hi4), Inhibición de la Agresión (Hi5), Discordia Familiar (Dp1), Problemas de Autoridad (Dp2), Imperturbabilidad Social (Dp3), Enajenación Social (Dp4), Autoenajenación (Dp5), Ideas Persecutorias (Pa1), Mordacidad (Pa2), Ingenuidad (Pa3), Enajenación Social (Es1), Enajenación Emocional (Es2), Falta de Fuerza del Yo-Cognoscitiva (Es3), Falta de Fuerza del Yo-Conativa (Es4), Falta de Fuerza del Yo-Inhibición Defectuosa (Es5), Experiencias Sensoriales Extrañas (Es6), Amoralidad (Ma1), Aceleración Psicomotora (Ma2), Imperturbabilidad (Ma3), Sobrevaloración del Yo (Ma4); 3 subescalas de introversión social: Timidez/Autoconcepto (Si1), Evasión Social (Si2), Alienación del Yo y de los Demás (Si3); 9 escalas clínicas restructuradas: Desmoralización (CRd desm), Quejas Somáticas (CR1 som), Disminución de Emociones Positivas (CR2 dep), Cinismo (CR3 cin), Conducta Antisocial (CR4 cas), Ideas de Persecución (CR6 per), Emociones Disfuncionales Negativas (CR7 edn), Experiencias Aberrantes (CR8 eab), Activación Hipomaníaca (CR9 hip).

Administración: Individual o colectiva.

Precios, 2022: USD$558 por juego completo, incluye manual (2015, 249 páginas), 10 cuadernillos de aplicación, 25 hojas de respuestas, 18 plantillas de calificación escalas de validez y clínicas, 15 plantillas de calificación escalas de contenido, 20 plantillas de calificación escalas suplementarias, 9 plantillas de calificación escalas CR P, 25 perfiles para escalas de validez y clínicas, 25 perfiles para escalas de validez y clínicas s/corrección K, 25 perfiles para escalas de contenido, 25 perfiles para escalas suplementarias, 25 perfiles para escalas CR y tarjeta de 25 usos electrónicos.

Duración: 60-90 minutos.

Comentarios: Se puede administrar por papel y lápiz o electrónicamente.

Autores: James N. Butcher, John R. Graham, Yossef S. Ben-Porath, Auke Tellegen y W. Grant Dahlstrom.

Traductores/Adaptadores: Emilia Lucio Gómez-Maqueo, Consuelo Durán Patiño, María Cristina Heredia Ancona, Paulina Arenas Landgrave y Laura Verónica Martínez Pantoja.

Editorial: Editorial El Manual Moderno, S.A. de C.V.

Componentes en Español: Todos los materiales son en español.

Componentes en Inglés: No hay materiales en inglés en esta versión.

to Addiction Problems (PPA), Gender Role-Masculine (GM), Gender Role-Feminine (GF); 28 Harris-Lingoes subscales: Subjective Depression (D1), Psychomotor Retardation (D2), Physical Malfunctioning (D3), Mental Dullness (D4), Brooding (D5), Denial of Social Anxiety (Hi1), Need for Affection (Hi2), Lassitude-Malaise (Hi3), Somatic Complaints (Hi4), Inhibition of Aggression (Hi5), Family Discord (Dp1), Authority Problems (Dp2), Social Imperturbability (Dp3), Social Alienation (Dp4), Self-Alienation (Dp5), Persecutory Ideas (Pa1), Poignancy (Pa2), Naïveté (Pa3), Social Alienation (Es1), Emotional Alienation (Es2), Lack of Ego Mastery-Cognitive (Es3), Lack of Ego Mastery-Conative (Es4), Lack of Ego Mastery-Defective Inhibition (Es5), Bizarre Sensory Experiences (Es6), Amorality (Ma1), Psychomotor Acceleration (Ma2), Imperturbability (Ma3), Ego Inflation (Ma4); 3 social introversion subscales: Shyness/Self-Consciousness (Si1), Social Avoidance (Si2), Alienation-Self and Others (Si3); 9 restructured clinical scales: Demoralization (CRd desm), Somatic Complaints (CR1 som), Reduction of Positive Emotions (CR2), Cynicism (CR3 cin), Antisocial Conduct (CR4 cas), Persecutory Thoughts (CR6 per), Negative Dysfunctional Emotions (CR7 edn), Abnormal Experiences (CR8 eab), Hypomanic Activation (CR9 hip).

Administration: Individual or group.

Price Data, 2022: USD$558 per complete kit: manual (2015, 249 pages), 10 administration booklets, 25 answer sheets, 18 scoring templates for validity and clinical scales, 15 scoring templates for content scales, 20 scoring templates for supplementary scales, 9 scoring templates for CR P scales, 25 profiles for validity and clinical scales, 25 profiles for validity and clinical scales s/correction K, 25 profiles for content scales, 25 profiles for supplementary scales, 25 profiles for CR scales, and online card for 25 uses.

Time: 60 to 90 minutes.

Comments: May be administered by paper and pencil or electronically.

Authors: James N. Butcher, John R. Graham, Yossef S. Ben-Porath, Auke Tellegen, and W. Grant Dahlstrom.

Translators/Adaptors: Emilia Lucio Gómez-Maqueo, Consuelo Durán Patiño, María Cristina Heredia Ancona, Paulina Arenas Landgrave, and Laura Verónica Martínez Pantoja.

Publisher: Editorial El Manual Moderno, S.A. de C.V.

Spanish Components: All materials are in Spanish.

English Components: There are no materials in English in this version.

[376s]

Inventario Multifásico de la Personalidad Minnesota–2–Forma Reestructurada.

Nombre Original: Minnesota Multiphasic Personality Inventory–2–Restructured Form (University of Minnesota Press).

Propósito: Diseñado para proveer información sobre síntomas clínicos, características de personalidad, tendencias de comportamiento, funcionamiento interpersonal y los intereses.

Procedencia: Estados Unidos (2008, 2011)/inglés.

Traducción/Adaptación: La traducción, adaptación y estandarización fue realizada por un equipo proveniente de la Facultad de Psicología de la Universidad Nacional Autónoma de México (UNAM). No se provee más información en los materiales de la prueba sobre el proceso de traducción/adaptación.

Población: Edades 18 en adelante.

Baremos: Se han provisto baremos con la adaptación al español. Los baremos se desarrollaron utilizando una muestra con 1,744 participantes, distribuidos por edad, sexo, nivel educativo, estado civil y regiones geográficas mexicanas.

Fecha de Publicación: 2015.

Acrónimo: MMPI-2-RF.

Puntuación, 52: 10 escalas de validez: No Puedo Decir (?), Inconsistencia de las Respuestas Variables (INVAR-r), Inconsistencia de las Respuestas Verdadero (INVER-r), Respuestas Infrecuentes (F-r), Respuestas Infrecuentes de Psicopatología (Fpsi-r), Respuestas Infrecuentes Somáticas (Fs), Validez del Síntoma (FVS-r), Síntomas Inconsistentes (SI), Virtudes Poco Comunes (L-r), Validez de Adaptación (K-r); 3 escalas de orden superior: Alteración Emocional/Problemas Internalizados (AE/PI), Alteración del Pensamiento (AP), Alteraciones de la Conducta/Problemas Externalizados (AC/PE); 9 escalas clínicas reestructuradas: Desmoralización (CRd), Quejas Somáticas (CR1), Disminución de Emociones Positivas (CR2), Cinismo (CR3), Conducta Antisocial (CR4), Ideas de Persecución (CR6), Emociones Negativas Disfuncionales (CR7), Experiencias Aberrantes (CR8), Activación Hipomaníaca (CR9); 5 escalas de problemas somáticos/cognitivos: Malestar (MAL), Quejas Gastrointestinales (QGI), Quejas de Dolor de Cabeza (QDC), Quejas Neurológicas (QNEU), Quejas Cognitivas (QCO); 9 escalas de problemas internalizados: Ideación Suicida/Deseos de Muerte (ISU), Impotencia/Desesperanza (Im/D), Desconfianza de Sí Mismo (DSM), Ineficacia (INE), Preocupación/Estrés (P/E), Ansiedad (ANS), Tendencia al Enojo (TEN), Limitaciones Conductuales por Miedos (LCM), Miedos Específicos Múltiples (MEM); 4 escalas de problemas externalizados: Problemas de Conducta Infanto-Juveniles (PCI-J), Abuso de Sustancias (ABS), Agresión (AG), Euforia (EUF); 5 escalas de problemas interpersonales: Problemas

[376e]

Inventario Multifásico de la Personalidad Minnesota–2–Forma Reestructurada.

Original Name: Minnesota Multiphasic Personality Inventory–2–Restructured Form (University of Minnesota Press).

Purpose: Designed to provide information about clinical symptoms, personality characteristics, behavioral tendencies, interpersonal functioning, and interests.

Origin: United States (2008, 2011)/English.

Translation/Adaptation: The translation, adaptation, and standardization was completed by a team from the psychology department at the Universidad Nacional Autónoma de México (UNAM). No further information about the translation/adaptation process is included in the test materials.

Population: Ages 18 and older.

Norms: Separate norms are provided with the Mexican adaptation. Norms were developed using a sample of 1,744 participants, distributed by age, gender, education level, marital status, and geographic region in Mexico.

Publication Date: 2015.

Acronym: MMPI-2-RF.

Scores, 52: 10 validity scales: Cannot Say (?), Variable Response Inconsistency (INVAR-r), True Response Inconsistency (INVER-r), Infrequent Responses (F-r), Infrequent Psychopathology Responses (Fpsi-r), Infrequent Psychosomatic Responses (Fs), Symptom Validity (FVS-r), Response Bias (SI), Uncommon Virtues (L-r), Adjustment Validity (K-r); 3 superior order scales: Emotional/Internalizing Dysfunction (AE/PI), Thought Dysfunction (AP), Behavioral/Externalizing Dysfunction (AC/PE); 9 restructured clinical scales: Demoralization (CRd), Somatic Complaints (CR1), Low Positive Emotions (CR2), Cynicism (CR3), Antisocial Behavior (CR4), Ideas of Persecution (CR6), Dysfunctional Negative Emotions (CR7), Aberrant Experiences (CR8), Hypomanic Activation (CR9); 5 somatic/cognitive problem scales: Malaise (MAL), Gastrointestinal Complaints (QGI), Head Pain Complaints (QDC), Neurological Complaints (QNEU), Cognitive Complaints (QCO); 9 internalized problems scales: Suicidal/Death Ideation (ISU), Helplessness/Hopelessness (Im/D), Self-Doubt (DSM), Inefficacy (INE), Stress/Worry (P/E), Anxiety (ANS), Anger Proneness (TEN), Behavior-Restricting Fears (LCM), Multiple Specific Fears (MEM); 4 externalized problems scales: Juvenile Conduct Problems (PCI-J), Substance Abuse (ABS), Aggression (AG), Activation (EUF); 5 interpersonal problem scales: Family Problems (PFA), Interpersonal

Familiares (PFA), Pasividad Interpersonal (PIP), Evitación Social (ESO), Timidez (TIM), Desapego (DES); 2 escalas de intereses específicos: Intereses Estéticos-Literarios (IEL), Intereses Físico-Mecánicos (IFM); 5 escalas de psicopatología de la personalidad: Agresividad-Revisada (AGGR-r), Psicoticismo-Revisada (PSYC-r), Impulsividad-Revisada (DISC-r), Neuroticismo/Emocionalidad Negativa-Revisada (NEGE-r), Introversión/Disminución de Emociones Positivas-Revisada (INTR-r).
Administración: Individual.
Precios, 2022: USD$349 por juego completo, incluye manual de aplicación (2015, 168 páginas), manual técnico (2015, 73 páginas), 10 cuadernillos de aplicación, 25 hojas de respuestas, 25 hojas de perfil para 5 perfiles, 49 plantillas de calificación y tarjeta de 25 usos electrónicos.
Duración: 35-50 minutos.
Autores: Yossef S. Ben-Porath y Auke Tellegen.
Traductores/Adaptadores: Emilia Lucio Gómez-Maqueo (traducción), Consuelo Durán Patiño, María Cristina Heredia Ancona, Paulina Arenas Landgrave y Laura Verónica Martínez Pantoja (estandarización).
Editorial: Editorial El Manual Moderno, S.A. de C.V.
Componentes en Español: Todos los materiales son en español.
Componentes en Inglés: No hay materiales en inglés en esta versión.

[377s]

Inventario Multifásico de Personalidad de Minnesota para Adolescentes–Reestructurado.

Nombre Original: Minnesota Multiphasic Personality Inventory–Adolescent–Restructured Form (University of Minnesota Press).
Propósito: Un instrumento de amplio espectro diseñado para evaluar la personalidad normal y patológica en adolescentes.
Procedencia: Estados Unidos (2016)/inglés.
Traducción/Adaptación: No se provee información en los materiales de la prueba sobre el proceso de traducción/adaptación.
Población: Edades 14–18.
Baremos: Se han provisto baremos con la adaptación al español. Los baremos se desarrollaron utilizando una muestra con 2.346 participantes, distribuidos por edad y género.
Fecha de Publicación: 2021.
Acrónimo: MMPI-A-RF.
Puntuación, 48: 6 Escalas de Validez: Inconsistencia por Respuestas Variables (VRIN-r), Inconsistencia por Respuestas Fijas (TRIN-r), Inconsistencia Global

Passivity (PIP), Social Avoidance (ESO), Shyness (TIM), Disaffiliativeness (DES); 2 specific interest scales: Aesthetic-Literary Interests (IEL), Mechanical-Physical Interests (IFM); 5 personality psychopathology scales: Aggressiveness-Revised (AGGR-r), Psychoticism-Revised (PSYC-r), Disconstraint-Revised (DISC-r), Negative Emotionality/Neuroticism-Revised (NEGE-r), Introversion/Low Positive Emotionality-Revised (INTR-r).
Administration: Individual.
Price Data, 2022: USD$349 per complete kit, including administration manual (2015, 168 pages), technical manual (2015, 73 pages), 10 test booklets, 25 answer sheets, 25 profile sheets for 5 profiles, 49 scoring templates, and an online access card to use 25 times.
Time: 35-50 minutes.
Authors: Yossef S. Ben-Porath and Auke Tellegen.
Translators/Adaptors: Emilia Lucio Gómez-Maqueo (translation), Consuelo Durán Patiño, María Cristina Heredia Ancona, Paulina Arenas Landgrave, and Laura Verónica Martínez Pantoja (standardization).
Publisher: Editorial El Manual Moderno, S.A. de C.V.
Spanish Components: All materials are in Spanish.
English Components: There are no materials in English in this version.

[377e]

Inventario Multifásico de Personalidad de Minnesota para Adolescentes–Reestructurado.

Original Name: Minnesota Multiphasic Personality Inventory–Adolescent–Restructured Form (University of Minnesota Press).
Purpose: A broad-spectrum instrument designed to assess the normal and pathological personality of adolescents.
Origin: United States (2016)/English.
Translation/Adaptation: No information is provided in the test materials about the translation/adaptation process.
Population: Ages 14–18.
Norms: Separate norms are provided with the adaptation to Spanish. Norms were developed using a sample of 2,346 participants, distributed by age and gender.
Publication Date: 2021.
Acronym: MMPI-A-RF.
Scores, 48: 6 Validity Scales: Variable Response Inconsistency (VRIN-r), True Response Inconsistency (TRIN-r), Combined Response

(CRIN), Infrecuencia (F-r), Virtudes Inusuales (L-r), Validez del Ajuste (K-r); 3 Escalas de Segundo Orden: Alteraciones Emocionales o Interiorizadas (EID), Alteraciones del Pensamiento (THD), Alteraciones Comportamentales o Exteriorizadas (BXD); 9 Escalas Clínicas Reestructuradas (RC): Desmoralización (RCd), Quejas Somáticas (RC1), Escasez de Emociones Positivas (RC2), Desconfianza (RC3), Conducta Antisocial (RC4), Ideas Persecutorias (RC6), Emociones Negativas Disfuncionales (RC7), Experiencias Anormales (RC8), Activación Hipomaníaca (RC9); 5 Escalas de Personalidad Psicopatológica (PSY-5): Agresividad-Revisada (AGGR-r), Psicoticismo-Revisada (PSYC-r), Falta de Control-Revisada (DISC-r), Emocionalidad Negativa/Neuroticismo-Revisada (NEGE-r), Introversión/ Escasa Emocionalidad Positiva-Revisada (INTR-r); 5 Escalas de Problemas Somáticos/Cognitivos: Malestar General (MLS), Quejas Gastrointestinales (GIC), Quejas de Dolor de Cabeza (HPC), Quejas Neurológicas (NUC), Quejas Cognitivas (COG); 9 Escalas de Problemas Interiorizadas: Indefensión/ Desesperanza (HLP), Inseguridad (SFD), Ineficacia (NFC), Obsesiones/Compulsiones (OCS), Estrés/ Preocupaciones (STW), Ansiedad (AXY), Propensión a la Ira (ANP), Miedos Incapacitantes (BRF), Miedos Específicos (SPF); 6 Escalas de Problemas Exteriorizados: Actitudes Negativas Hacia la Escuela (NSA), Actitudes Antisociales (ASA), Problemas de Conducta (CNP), Abuso de Sustancias (SUB), Influencia Negativa de Amigos (NPI), Agresión (AGG); 5 Escalas de Problemas Interpersonales: Problemas Familiares (FML), Pasividad Interpersonal (IPP), Evitación Social (SAV), Timidez (SHY), Misantropía (DSF).

Administración: Individual o colectiva.

Precios, 2022: €234 por juego completo, incluyendo manual (2021, 174 páginas), 10 cuadernillos de prueba y juego de corrección; €52,76 por 10 cuadernillos de prueba; €157,48 por juego de corrección, incluye 25 hojas de respuesta y PIN para 25 usos en línea; €57,31 por manual en línea; €11,22 por aplicación y corrección en línea.

Duración: Aproximadamente 30-45 minutos para administrar.

Comentarios: Un formulario estructurado que contiene 241 ítems que son parte de un subconjunto de los 478 ítems del MMPI-A; se administra en línea o via papel y lápiz; se corrige en línea.

Autores: Robert P. Archer, Richard W. Handel, Yossef S. Ben-Porath y Auke Tellegen.

Traductor/Adaptador: Pablo Santamaría.

Editorial: Hogrefe TEA Ediciones.

Componentes en Español: Todos los materiales son en español.

Componentes en Inglés: No hay materiales en inglés en esta versión.

Inconsistency (CRIN), Infrequent Responses (F-r), Uncommon Virtues (L-r), Adjustment Validity (K-r); 3 Higher-Order Scales: Emotional/Internalizing Dysfunction (EID), Thought Dysfunction (THD), Behavioral/Externalizing Dysfunction (BXD); 9 Restructured Clinical Scales: (RC) Demoralization (RCd), Somatic Complaints (RC1), Low Positive Emotions (RC2), Cynicism (RC3), Antisocial Behavior (RC4), Ideas of Persecution (RC6), Dysfunctional Negative Emotions (RC7), Aberrant Experiences (RC8), Hypomanic Activation (RC9); 5 Personality Psychopathology Scales (PSY-5): Aggressiveness-Revised (AGGR-r), Psychoticism-Revised (PSYC-r), Disconstraint-Revised (DISC-r), Negative Emotionality/Neuroticism-Revised (NEGE-r), Introversion/Low Positive Emotionality-Revised (INTR-r); 5 Somatic/Cognitive Problems Scales: Malaise (MLS), Gastrointestinal Complaints (GIC), Head Pain Complaints (HPC), Neurological Complaints (NUC), Cognitive Complaints (COG); 9 Internalizing Problems Scales: Helplessness/Hopelessness (HLP), Self-Doubt (SFD), Inefficacy (NFC), Obsessions/Compulsions (OCS), Stress/Worry (STW), Anxiety (AXY), Anger Proneness (ANP), Behavior-Restricting Fears (BRF), Specific Fears (SPF); 6 Externalizing Problems Scales: Negative School Attitudes (NSA), Antisocial Attitudes (ASA), Conduct Problems (CNP), Substance Abuse (SUB), Negative Peer Influence (NPI), Aggression (AGG); 5 Interpersonal Problems Scales: Family Problems (FML), Interpersonal Passivity (IPP), Social Avoidance (SAV), Shyness (SHY), Disaffiliativeness (DSF).

Administration: Individual or group.

Price Data, 2022: €234 per complete kit, including manual (2021, 174 pages), 10 test booklets, and scoring kit; €52.76 per 10 test booklets; €157.48 per scoring kit, including 25 answer sheets and PIN for 25 uses online; €57.31 per online manual; €11.22 per online administration and scoring.

Time: Approximately 30-45 minutes to administer.

Comments: A restructured form containing 241 items that are a subset of the 478 MMPI-A items; administered online or via paper and pencil; scored online.

Authors: Robert P. Archer, Richard W. Handel, Yossef S. Ben-Porath, and Auke Tellegen.

Translator/Adaptor: Pablo Santamaría.

Publisher: Hogrefe TEA Ediciones.

Spanish Components: All materials are in Spanish.

English Components: There are no English materials in this version.

[378s]

Inventario Multifásico de Personalidad Minnesota para Adolescentes [Spain].

Nombre Original: Minnesota Multiphasic Personality Inventory–Adolescent (University of Minnesota Press; The Regents of the University of Minnesota, Minneapolis).

Propósito: Diseñado para evaluar la personalidad normal, dificultades de comportamiento y psicopatología en adolescentes.

Procedencia: Estados Unidos (1992)/inglés.

Traducción/Adaptación: Un profesional de la psicología tradujo el manual y el cuestionario. Un grupo de licenciados en Psicología revisaron las traducciones e identificaron dificultades idiomáticas. No llegaron "a la aceptación final hasta que al menos cinco profesores de psicología que imparten materias de evaluación lograron un consenso final sobre la version española del cuestionario. En la redacción final se retiró la identificación masculino y femenino de los diferentes ítems".

Población: Edades 14-18.

Baremos: Se han provisto baremos con la adaptación española. Los baremos se desarrollaron utilizando una muestra con 3.039 participantes, distribuidos por sexo, edad y región geográfica en España.

Fechas de Publicación: 2003-2009.

Acrónimo: MMPI-A.

Puntuación, 70: 8 escalas de validez: Interrogante (?), Mentira (L), Incoherencia (F), Incoherencia 1 (F1), Incoherencia 2 (F2), Inconsistencia Respuesta Verdadera (TRIN), Inconsistencia Respuesta Variable (VRIN), Corrección (K); 10 Escalas Básicas: Hipocondría (Hs), Depresión (D), Histeria de Conversión (Hy), Desviación Psicopática (Pd), Masculinidad-Femineidad (Mf), Paranoia (Pa), Psicastenia (Pt), Esquizofrenia (Sc), Hipomanía (Ma), Introversión Social (Si); 15 Escalas de Contenido: Ansiedad (ANX), Obsesividad (OBS), Depresión (DEP), Preocupaciones por la Salud (HEA), Alienación (ALN), Pensamiento Extravagante (BIZ), Hostilidad (ANG), Cinismo (CYN), Problemas de Conducta (CON), Baja Autoestima (LSE), Bajas Aspiraciones (LAS), Malestar Social (SOD), Problemas Familiares (FAM), Problemas Escolares (SCH), Indicadores Negativos Tratamiento (TRT); 6 Escalas Suplementarias: Escalas Revisadas Alcoholismo MacAndrew (MAC-R), Reconocer Problemas con Alcohol/Drogas (ACK), Propensión Problemas con Alcohol/Drogas (PRO), Inmadurez (IMM), Ansiedad (A), Represión (R); 3 Subescalas Si: Timidez/Auto-Cohibición (Si1), Evitación Social (Si2), Alienación Respecto a Sí Mismo/Otros (Si3); 28 subescalas Harris-Lingoes: Depresión Subjetiva (D1), Retardo Psicomotor (D2), Disfunción Física (D3), Enlentecimiento Mental (D4), Rumiación (D5), Negación de Ansiedad Social (Hy1),

[378e]

Inventario Multifásico de Personalidad Minnesota para Adolescentes [Spain].

Original Name: Minnesota Multiphasic Personality Inventory–Adolescent (University of Minnesota Press; The Regents of the University of Minnesota, Minneapolis).

Purpose: Designed to evaluate normal personality, behavior difficulties, and psychopathology in adolescents.

Origin: United States (1992)/English.

Translation/Adaptation: A psychology professional translated the manual and questionnaire. A group of licensed psychologists reviewed the translations and identified idiomatic problems. Final approval was not given until at least five psychology professors who administer tests reached consensus for the final Spanish version of the questionnaire. In the final edit, masculine and feminine differentiation was removed from the items.

Population: Ages 14-18.

Norms: Separate norms are provided with the Spanish adaptation. Norms were developed using a sample of 3,039 participants, distributed by age, sex, and geographic region in Spain.

Publication Dates: 2003-2009.

Acronym: MMPI-A.

Scores, 70: 8 Validity Scales: Cannot Say (?), Lie (L), Infrequency (F), Infrequency 1 (F1), Infrequency 2 (F2), True Response Inconsistency (TRIN), Variable Response Inconsistency (VRIN), Correction (K); 10 Clinical Scales: Hypochondriasis (Hs), Depression (D), Conversion Hysteria (Hy), Psychopathic Deviation (Pd), Masculinity-Femininity (Mf), Paranoia (Pa), Psychasthenia (Pt), Schizophrenia (Sc), Hypomania (Ma), Social Introversion (Si); 15 Content Scales: Anxiety (ANX), Obsession (OBS), Depression (DEP), Health Concerns (HEA), Alienation (ALN), Bizarre Mentation (BIZ), Anger (ANG), Cynicism (CYN), Behavior Problems (CON), Low Self-Esteem (LSE), Low Aspirations (LAS), Social Discomfort (SOD), Family Problems (FAM), School Problems (SCH), Negative Treatment Indicators (TRT); 6 Supplementary Scales: MacAndrew Alcoholism Scale-Revised (MAC-R), Acknowledge Problems with Drugs/Alcohol (ACK), Propensity to Problems with Drugs/Alcohol (PRO), Immaturity (IMM), Anxiety (A), Repression (R); 3 Si Subscales: Shyness/Self-Consciousness (Si1), Social Avoidance (Si2), Alienation-Self/Others (Si3); 28 Harris-Lingoes Subscales: Subjective Depression (D1), Psychomotor Retardation (D2), Physical Malfunctioning (D3), Mental Dullness (D4), Brooding (D5), Denial of Social Anxiety

Necesidad de Afecto (Hy2), Lasitud-Malestar (Hy3), Quejas Somáticas (Hy4), Inhibición de la Agresión (Hy5), Discordia Familiar (Pd1), Problemas con la Autoridad (Pd2), Frialdad Social (Pd3), Alienación Social (Pd4), Autoalienación (Pd5), Ideas Persecutorias (Pa1), Hipersensibilidad (Pa2), Ingenuidad (Pa3), Alienación Social (Sc1), Alienación Emocional (Sc2), Ausencia Control Yo-Cognitivo (Sc3), Ausencia Control Yo-Conativo (Sc4), Ausencia Control Yo-Inhibitorio/Defectivo (Sc5), Experiencias Sensoriales Extrañas (Sc6), Amoralidad (Ma1), Aceleración Psicomotriz (Ma2), Imperturbabilidad (Ma3), Auto-Envanecimiento (Ma4).
Administración: Individual o colectiva.
Precios, 2022: €234 por juego completo, incluye manual (2009, segunda edición, 119 páginas), 10 cuadernillos y juego de corrección 25 usos; €52,76 por 10 cuadernillos; €157,48 por juego de corrección 25 usos (PIN y hojas de respuesta); €23,68 por informe en línea.
Duración: (50-70) minutos.
Comentarios: El Informe Interpretativo del MMPI-A está disponible también.
Autores: J. N. Butcher, C. L. Williams, J. R. Graham, R. P. Archer, A. Tellegen, Y. S. Ben-Porath y B. Kaemmer.
Traductores/Adaptadores: Fernándo Jiménez-Goméz y Alejandro Ávila-Espada.
Editorial: Hogrefe TEA Ediciones.
Componentes en Español: Todos los materiales son en español.
Componentes en Inglés: No hay materiales en inglés en esta versión.

(Hy1), Need for Affection (Hy2), Lassitude-Malaise (Hy3), Somatic Complaints (Hy4), Inhibition of Aggression (Hy5), Familial Discord (Pd1), Authority Problems (Pd2), Social Imperturbability (Pd3), Social Alienation (Pd4), Self-Alienation (Pd5), Persecutory Ideas (Pa1), Poignancy (Pa2), Naïveté (Pa3), Social Alienation (Sc1), Emotional Alienation (Sc2), Lack of Ego Mastery-Cognitive (Sc3), Lack of Ego Mastery-Conative (Sc4), Lack of Ego Mastery-Defective Inhibition (Sc5), Bizarre Sensory Experiences (Sc6), Amorality (Ma1), Psychomotor Acceleration (Ma2), Imperturbability (Ma3), Ego Inflation (Ma4).
Administration: Individual or group.
Price Data, 2022: €234 per complete kit, including manual (2009, second edition, 119 pages), 10 test booklets, and 25-use scoring kit; €52.76 per 10 test booklets; €157.48 per 25-use scoring kit (PIN and response sheets); €23.68 per one e-report.
Time: (50-70) minutes.
Comments: The MMPI-A Interpretive Report is also available.
Authors: J. N. Butcher, C. L. Williams, J. R. Graham, R. P. Archer, A. Tellegen, Y. S. Ben-Porath, and B. Kaemmer.
Translators/Adaptors: Fernándo Jiménez-Goméz and Alejandro Ávila-Espada.
Publisher: Hogrefe TEA Ediciones.
Spanish Components: All materials are in Spanish.
English Components: There are no English materials in this version.

[379s]

Inventario Multifásico de Personalidad de Minnesota–2 Reestructurado.

Nombre Original: Minnesota Multiphasic Personality Inventory–2–Restructured Form (MMPI-2-RF; University of Minnesota Press; The Regents of the University of Minnesota, Minneapolis).
Propósito: Diseñado para proveer información sobre síntomas clínicos, características de personalidad, tendencias de comportamiento, funcionamiento interpersonal y los intereses.
Procedencia: Estados Unidos (2008)/inglés.
Traducción/Adaptación: No se provee información en los materiales de la prueba sobre el proceso de traducción/adaptación.
Población: Adultos.
Baremos: Se han provisto baremos para la adaptación al español. Los baremos se desarrollaron utilizando una muestra con 1.468 participantes de la población no clínica y una muestra clínica con 525 participantes, distribuidos por sexo, edad y región geográfica dentro de España (Norte, Centro, Este y Sur).

[379e]

Inventario Multifásico de Personalidad de Minnesota–2 Reestructurado.

Original Name: Minnesota Multiphasic Personality Inventory–2–Restructured Form (MMPI-2-RF; University of Minnesota Press; The Regents of the University of Minnesota, Minneapolis).
Purpose: Designed to provide information about clinical symptoms, personality characteristics, behavioral tendencies, interpersonal functioning, and interests.
Origin: United States (2008)/English.
Translation/Adaptation: No information is provided in the test materials about the translation/adaptation process.
Population: Adults.
Norms: Separate norms are provided for the Spanish adaptation. Norms were developed using a normative sample of 1,468 participants and a clinical sample of 525 participants, distributed by gender, age, and geographic region within Spain (North, Central, East, South).

Fechas de Publicación: 2009-2015.
Acrónimo: MMPI-2-RF.
Puntuación, 52: 10 Escalas de Validez: Interrogante (?), Inconsistencia Respuesta Variable (VRIN-r), Inconsistencia Respuesta Verdadera (TRIN-r), Infrecuencia (F-r), Psicopatología Infrecuente (Fp-r), Quejas Somáticas Infrecuentes (Fs), Validez de los Síntomas (FBS-r), Sesgo de Respuesta (RBS), Virtudes Inusuales (L-r), Validez del Ajuste (K-r), 3 Escalas de Segundo Orden: Alteraciones Emocionales o Internalizadas (EID), Alteraciones del Pensamiento (THD), Alteraciones del Comportamiento o Externalizadas (BXD), 9 Escalas Clínicas Reestructuradas: Desmoralización (RCd), Quejas Somáticas (RC1), Escasez de Emociones Positivas (RC2), Desconfianza (RC3), Conducta Antisocial (RC4), Ideas Persecutorias (RC6), Emociones Negativas Disfuncionales (RC7), Experiencias Anormales (RC8), Activación Hipomaníaca (RC9), 5 Escalas Somáticas/Cognitivas: Malestar General (MLS), Quejas Gastrointestinales (GIC), Quejas de Dolor de Cabeza (HPC), Quejas Neurológicas (NUC), Quejas Cognitivas (COG), 9 Escalas de Internalización: Ideación Suicida (SUI), Indefensión/Desesperanza (HLP), Inseguridad (SFD), Ineficacia (NFC), Estrés/Preocupaciones (STW), Ansiedad (AXY), Propensión a la Ira (ANP), Miedos Incapacitantes (BRF), Miedos Específicos (MSF), 4 Escalas de Externalización: Problemas Conductuales Juveniles (JCP), Abuso de Sustancias (SUB), Agresión (AGG), Activación (ACT), 5 Escalas Interpersonales: Problemas Familiares (FML), Pasividad Interpersonal (IPP), Evitación Social (SAV), Timidez (SHY), Misantropía (DSF), 2 Escalas de Intereses: Intereses Estéticos-Literarios (AES), Intereses Mecánicos-Físicos (MEC), 5 Escalas de Personalidad Patológica: Agresividad-Revisada (AGGR-r), Psicoticismo-Revisada (PSYC-r), Falta de Control-Revisada (DISC-r), Emocionalidad Negativa/Neuroticismo-Revisada (NEGE-r), Introversión/Escasa Emocionalidad Positiva-Revisada (INTR-r).
Administración: Individual o colectiva.
Precios, 2022: €234 por juego completo, incluye manual (2015, tercera edición, 237 páginas), 10 cuadernillos y juego de corrección; €157,48 por juego de corrección (25 hojas de respuesta y PIN para 25 usos en línea); €52,76 por 10 cuadernillos; €57,31 por manual en línea.
Duración: (35-50) minutos.
Comentarios: Una versión revisada del MMPI-2 con 338 ítems y las escalas clínicas reestructuradas (RC) al fondo; se añadió la escala de validez Sesgo de Respuesta (RBS) en 2015.
Autores: Yossef S. Ben-Porath y Auke Tellegen.
Traductores/Adaptadores: Pablo Santamaría (con el Departamento de Investigación y Desarrollo de TEA Ediciones).

Publication Dates: 2009-2015.
Acronym: MMPI-2-RF.
Scores, 52: 10 Validity Scales: Cannot Say (?), Variable Response Inconsistency (VRIN-r), True Response Inconsistency (TRIN-r), Infrequent Responses (F-r), Infrequent Psychopathology Responses (Fp-r), Infrequent Somatic Responses (Fs), Symptom Validity (FBS-r), Response Bias (RBS), Uncommon Virtues (L-r), Adjustment Validity (K-r), 3 Higher-Order Scales: Emotional/Internalizing Dysfunction (EID), Thought Dysfunction (THD), Behavioral/Externalizing Dysfunction (BXD), 9 Restructured Clinical Scales: Demoralization (RCd), Somatic Complaints (RC1), Low Positive Emotions (RC2), Cynicism (RC3), Antisocial Behavior (RC4), Ideas of Persecution (RC6), Dysfunctional Negative Emotions (RC7), Aberrant Experiences (RC8), Hypomanic Activation (RC9), 5 Somatic/Cognitive Scales: Malaise (MLS), Gastrointestinal Complaints (GIC), Head Pain Complaints (HPC), Neurological Complaints (NUC), Cognitive Complaints (COG), 9 Internalization Scales: Suicidal/Death Ideation (SUI), Helplessness/Hopelessness (HLP), Self-Doubt (SFD), Inefficacy (NFC), Stress/Worry (STW), Anxiety (AXY), Anger Proneness (ANP), Incapacitating Fear (BRF), Specific Fears (MSF), 4 Externalization Scales: Juvenile Conduct Problems (JCP), Substance Abuse (SUB), Aggression (AGG), Activation (ACT), 5 Interpersonal Scales: Family Problems (FML), Interpersonal Passivity (IPP), Social Avoidance (SAV), Shyness (SHY), Antisocial (DSF), 2 Interest Scales: Aesthetic-Literary Interests (AES), Mechanical-Physical Interests (MEC), 5 Pathological Personality Scales: Aggressiveness-Revised (AGGR-r), Psychoticism-Revised (PSYC-r), Loss of Control-Revised (DISC-r), Negative Emotionality/Neuroticism-Revised (NEGE-r), Introversion/Low Positive Emotionality-Revised (INTR-r).
Administration: Individual or group.
Price Data, 2022: €234 per complete kit, including manual (2015, third edition, 237 pages), 10 test booklets, and scoring kit; €157,48 per scoring kit (25 response sheets and PIN for 25 online uses); €52.76 per 10 test booklets; €57.31 per online manual.
Time: (35-50) minutes.
Comments: A revised version of the MMPI-2 with 338 items and restructured clinical scales; the Response Bias (RBS) validity scale was added in 2015.
Authors: Yossef S. Ben-Porath and Auke Tellegen.
Translators/Adaptors: Pablo Santamaría (TEA Ediciones Research and Development Department).

Editorial: Hogrefe TEA Ediciones.
Componentes en Español: Todos los materiales son en español.
Componentes en Inglés: No hay materiales en inglés en esta versión.

[380s]

Inventario Multifásico de Personalidad de Minnesota–2 [2019 Manual].

Nombre Original: Minnesota Multiphasic Personality Inventory–2 [2001 Manual Revision] (University of Minnesota Press; The Regents of the University of Minnesota).
Propósito: Diseñado para evaluar la personalidad normal y anormal.
Procedencia: Estados Unidos (1942-2001)/inglés.
Traducción/Adaptación: Se tradujeron los ítems, mediante la comparación de las versiones independientes preparadas por seis psicólogos (tres de ellos bilingües), habituados a la realización de traducciones científicas del inglés al español. Después de varias comparaciones y redacciones de estas distintas versiones traducidas de los miembros del equipo, se llegaron a una versión consensuada, la cual se comparó con otras versiones existentes en español (Chile, Argentina y México). Después de hacer correcciones, se aplicó la traducción a varios grupos de psicólogos, alumnos del postgrado en psicología clínica y la población general. Con los resultados de estos estudios, se llevó a cabo una segunda versión en español, la cual fue retrotraducida y utilizada en los estudios psicométricos.
Población: Adultos.
Baremos: Se han provisto baremos para la adaptación al español. Los baremos para la población en España se desarrollaron utilizando una muestra con 1.906 sujetos, distribuidos por edad, sexo y región geográfica. Los baremos para la población en Argentina se desarrollaron utilizando una muestra con 1.000 sujetos, distribuidos por edad y sexo.
Fechas de Publicación: 1999-2019.
Acrónimo: MMPI-2.
Puntuación, 114: 11 Escalas de Validez: Omisiones (¿), Virtudes Inusuales (L), Infrecuencia (F), Corrección (K), F Posterior (Fb), Inconsistencia Respuesta Verdadera (TRIN), Inconsistencia Respuesta Variable (VRIN), Psicopatología Infrecuencia (Fp), Validez de los Síntomas (FBS), Sesgo de Respuesta (RBS), Autorepresentación (S); 10 Escalas Clínicas: Hipocondría (Hs), Depresión (D), Histeria de Conversión (Hy), Desviación Psicopática (Pd), Masculinidad-Femineidad (Mf), Paranoia (Pa), Psicastenia (Pt), Esquizofrenia (Sc), Hipomanía (Ma), Introversión Social (Si); 28 Subescalas Harris-Lingoes: Depresión Sujetiva (D1), Retardo Psicomotor (D2), Disfunción Física (D3), Enlentecimiento Mental (D4), Rumiación Negativa (D5), Negación de Ansiedad Social (Hy1), Necesidad

Publisher: Hogrefe TEA Ediciones.
Spanish Components: All materials are in Spanish.
English Components: There are no English materials in this version.

[380e]

Inventario Multifásico de Personalidad de Minnesota–2 [2019 Manual].

Original Name: Minnesota Multiphasic Personality Inventory–2 [2001 Manual Revision] (University of Minnesota Press; The Regents of the University of Minnesota).
Purpose: Designed to assess normal and abnormal personalities.
Origin: United States (1942-2001)/English.
Translation/Adaptation: Items were translated independently by six psychologists (three of them bilingual), accustomed to translating scientific material from English to Spanish. After comparing and reviewing these various versions, the group arrived at a consensus version, which they then compared to various other Spanish versions (from Chile, Argentina, and Mexico). After making corrections, they administered the translation to psychologists, postgraduate clinical psychology students, and people from the general population. Data from the results of these studies was used to create a second version in Spanish, which was back-translated and used in psychometric studies.
Population: Adults.
Norms: Separate norms are provided for the Spanish adaptation. Norms were developed for Spain using a sample of 1,906 participants, distributed by age, gender, and geographic region. Norms were developed for Argentina using a sample of 1,000 participants, distributed by age and gender.
Publication Dates: 1999-2019.
Acronym: MMPI-2.
Scores, 114: 11 Validity Scales: Omissions (?), Unusual Virtues (L), Infrequency (F), Correction (K), Back F (Fb), True Response Inconsistency (TRIN), Variable Response Inconsistency (VRIN), Infrequent Psychopathology (Fp), Symptom Validity (FBS), Response Bias (RBS), Superlative Self-Presentation (S); 10 Clinical Scales: Hypochondriasis (Hs), Depression (D), Conversion Hysteria (Hy), Psychopathic Deviation (Pd), Masculinity-Femininity (Mf), Paranoia (Pa), Psychasthenia (Pt), Schizophrenia (Sc), Hypomania (Ma), Social Introversion (Si); 28 Harris-Lingoes Subscales: Subjective Depression (D1), Psychomotor Retardation (D2), Physical Malfunctioning (D3), Mental Dullness (D4), Brooding (D5), Denial of

de Afecto (Hy2), Lasitud-Malestar (Hy3), Quejas Somáticas (Hy4), Inhibición de la Agresión (Hy5), Discordia Familiar (Pd1), Problemas con la Autoridad (Pd2), Frialdad Social (Pd3), Alienación Social (Pd4), Autoalienación (Pd5), Ideas Persecutorias (Pa1), Hipersensibilidad (Pa2), Ingenuidad (Pa3), Alienación Social (Sc1), Alienación Emocional (Sc2), Ausencia Control Yo, Cognitivo (Sc3), Ausencia Control Yo, Conativo (Sc4), Ausencia Control Yo, Inhibitorio/Defectivo (Sc5), Experiencias Sensoriales Extrañas (Sc6), Amoralidad (Ma1), Aceleración Psicomotriz (Ma2), Imperturbabilidad (Ma3), Auto-Envanecimiento (Ma4); 3 Subescalas Si: Timidez/Auto-Cohibición (Si1), Evitación Social (Si2), Alienación Respecto a Sí Mismo/Otros (Si3); 15 Escalas de Contenido: Ansiedad (ANX), Miedos (FRS), Obsesividad (OBS), Depresión (DEP), Preocupaciones por la Salud (HEA), Pensamiento Extravagante (BIZ), Ira (ANG), Desconfianza (CYN), Conductas Antisociales (ASP), Comportamiento Tipo A (TPA), Problemas de Autoestima (LSE), Incomodidad Social (SOD), Problemas Familiares (FAM), Interferencia Laboral (WRK), Indicadores Negativos Tratamiento (TRT); 27 Subescalas de Contenido: Miedo Generalizado (FRS1), Miedos Múltiples (FRS2), Falta de Impulso (DEP1), Disforia (DEP2), Autodevaluación (DEP3), Ideación Suicida (DEP4), Síntomas Gastrointestinales (HEA1), Síntomas Neurológicos (HEA2), Preocupaciones Generales por la Salud (HEA3), Sintomatología Psicótica (BIZ1), Características Esquizotípicas (BIZ2), Conducta Explosiva (ANG1), Irritabilidad (ANG2), Creencias Misantrópicas (CYN1), Suspicacia Interpersonal (CYN2), Actitudes Antisociales (ASP1), Conducta Antisocial (ASP2), Impaciencia (TPA1), Impulso Competitivo (TPA2), Duda de Sí Mismo (LSE1), Sumisión (LSE2), Introversión (SOD1), Timidez (SOD2), Conflictos Familiares (FAM1), Alienación Familiar (FAM2), Baja Motivación (TRT1), Incapacidad para Abrirse a los Demás (TRT2); 15 Escalas Suplementarias: Ansiedad (A), Represión (R), Fuerza del Yo (Es), Dominancia (Do), Responsabilidad Social (Re), Inadaptación Universitaria (Mt), Trastorno Estrés Postraumático Keane (PK), Malestar Matrimonial (MDS), Hostilidad (Ho), Hostilidad Excesivamente Controlada (O-H), Escala Revisada Alcoholismo MacAndrew (MAC-R), Reconocimiento de Adicción (AAS), Potencial de Adicción (APS), Rol del Género Masculino (GM), Rol del Género Femenino (GF); 5 Escalas de los Cinco de Personalidad Psicopatológica: Agresividad (AGGR), Psicoticismo (PSYC), Falta de Control (DISC), Emocionalidad Negativa/Neuroticismo (NEGE), Introversión/Escasa Emocionalidad Positiva (INTR).

Administración: Individual o colectiva.

Precios, 2022: €234 por juego completo, incluye manual (2019; cuarta edición, revisada y ampliada;

Social Anxiety (Hy1), Need for Affection (Hy2), Lassitude-Malaise (Hy3), Somatic Complaints (Hy4), Inhibition of Aggression (Hy5), Familial Discord (Pd1), Authority Problems (Pd2), Social Imperturbability (Pd3), Social Alienation (Pd4), Self-Alienation (Pd5), Persecutory Ideas (Pa1), Poignancy (Pa2), Naïveté (Pa3), Social Alienation (Sc1), Emotional Alienation (Sc2), Lack of Ego Mastery, Cognitive (Sc3), Lack of Ego Mastery, Conative (Sc4), Lack of Ego Mastery, Defective Inhibition (Sc5), Bizarre Sensory Experiences (Sc6), Amorality (Ma1), Psychomotor Acceleration (Ma2), Imperturbability (Ma3), Ego Inflation (Ma4); 3 Si Subscales: Shyness/Self-Consciousness (Si1), Social Avoidance (Si2), Alienation-Self/Others (Si3); 15 Content Scales: Anxiety (ANX), Fears (FRS), Obsession (OBS), Depression (DEP), Health Concerns (HEA), Bizarre Mentation (BIZ), Anger (ANG), Cynicism (CYN), Antisocial Practices (ASP), Type A Behavior (TPA), Low Self-Esteem (LSE), Social Discomfort (SOD), Family Problems (FAM), Work Interference (WRK), Negative Treatment Indicators (TRT); 27 Content Subscales: Generalized Fear (FRS1), Multiple Fears (FRS2), Lack of Drive (DEP1), Dysphoria (DEP2), Self-Depreciation (DEP3), Suicidal Ideation (DEP4), Gastrointestinal Symptoms (HEA1), Neurological Symptoms (HEA2), General Health Concerns (HEA3), Psychotic Symptomatology (BIZ1), Schizotypal Characteristics (BIZ2), Explosive Behavior (ANG1), Irritability (ANG2), Misanthropic Beliefs (CYN1), Interpersonal Suspiciousness (CYN2), Antisocial Attitudes (ASP1), Antisocial Behavior (ASP2), Impatience (TPA1), Competitive Drive (TPA2), Self-Doubt (LSE1), Submissiveness (LSE2), Introversion (SOD1), Shyness (SOD2), Family Discord (FAM1), Familial Alienation (FAM2), Low Motivation (TRT1), Inability to Disclose (TRT2); 15 Supplementary Scales: Anxiety (A), Repression (R), Ego Strength (Es), MacAndrew Alcoholism Scale-Revised (MAC-R), Hostility (Ho), Overcontrolled Hostility (O-H), Dominance (Do), Social Responsibility (Re), College Maladjustment (Mt), Gender Role-Masculine (GM), Gender Role-Feminine (GF), Post-Traumatic Stress Disorder-Keane (PK), Marital Distress Scales (MDS), Addiction Potential Scales (APS), Addiction Admission Scale (AAS); 5 Personality Psychopathology Scales: Aggressiveness (AGGR), Psychoticism (PSYC), Disconstraint (DISC), Negative Emotionality/Neuroticism (NEGE), Introversion/Low Positive Emotionality (INTR).

Administration: Individual or group.

Price Data, 2022: €234 per complete kit, including manual (2019; fourth edition, revised

160 páginas), 10 cuadernillos y juego de corrección 25 usos; €52,76 por 10 cuadernillos; €157,48 por juego de corrección 25 usos (PIN y 25 hojas de respuestas); €57,31 por manual en línea.
Duración: 60-90 minutos.
Comentarios: Se corrige en línea.
Autores: James N. Butcher, John R. Graham, Yossef S. Ben-Porath, Auke Tellegen, W. Grant Dahlstrom y Beverly Kaemmer.
Traductores/Adaptadores: Alejandro Ávila-Espada y Fernando Jiménez-Gómez.
Editorial: Hogrefe TEA Ediciones.
Componentes en Español: Todos los materiales son en español.
Componentes en Inglés: No hay materiales en inglés en esta versión.

[381s]

Inventarios de Beck para Niños y Adolescentes–2.

Nombre Original: Beck Youth Inventories–Second Edition.
Propósito: Cinco inventarios autoaplicados diseñados para "evaluar la depresión, la ansiedad, la ira, la conducta disruptiva y el autoconcepto en niños y adolescentes".
Procedencia: Estados Unidos (2005)/inglés.
Traducción/Adaptación: El equipo de I+D co-laboró con una experta traductora y filóloga y cinco reconocidos expertos en psicología clínica infanto-juvenil para traducir y adaptar todos los ítems, las instrucciones y las opciones de respuesta de inglés al español. El equipo analizó los ítems traducidos para llegar a un consenso sobre la idoneidad del contenido de los ítems y para asegurar la adecuación a la cultura y a la lengua española. Como resultado, crearon algunos ítems nuevos. Después de una prueba pilota, modificaron algunos ítems y aplicaron una versión experimental. Análisis estadísticos y cualitativos de los datos de la fase experimental permitieron seleccionar los ítems para la versión final.
Población: Edades 7 hasta 18.
Baremos: Se proveen baremos separados con la adaptación española. Los baremos se desarrollaron utilizando una muestra representativa de la población española compuesta de 703 niños(as) y adolescentes, distribuidos por edad y sexo.
Fecha de Publicación: 2017.
Acrónimos: BYI-2, BDI-Y, BAI-Y, BANI-Y, BDBI-Y, BSCI-Y.
Puntuación, 5: Depresión, Ansiedad, Ira, Conducta Disruptiva, Autoconcepto.
Subpruebas, 5: Inventario de Depresión de Beck para Niños y Adolescentes (BDI-Y), Inventario de Ansiedad de Beck para Niños y Adolescentes (BAI-Y), Inventario de Ira de Beck para Niños y Adolescentes

and extended; 160 pages), 10 test booklets, and 25-use scoring kit; €52.76 per 10 test booklets; €157.48 per 25-use scoring kit (PIN and 25 response sheets); €57.31 per online manual.
Time: 60-90 minutes.
Comments: Scored online.
Authors: James N. Butcher, John R. Graham, Yossef S. Ben-Porath, Auke Tellegen, W. Grant Dahlstrom, and Beverly Kaemmer.
Translators/Adaptors: Alejandro Ávila-Espada and Fernando Jiménez-Gómez.
Publisher: Hogrefe TEA Ediciones.
Spanish Components: All materials are in Spanish.
English Components: There are no English materials in this version.

[381e]

Inventarios de Beck para Niños y Adolescentes–2.

Original Name: Beck Youth Inventories–Second Edition.
Purpose: Five self-administered inventories designed to evaluate depression, anxiety, anger, disruptive behavior, and self-concept in children and adolescents.
Origin: United States (2005)/English.
Translation/Adaptation: The R&D team collaborated with an expert in language and translation and five recognized experts in clinical child psychology to translate and adapt the items, instructions, and response options from English to Spanish. The team analyzed the translated items to agree on the suitability of item content and to ensure adequate adaptation to the Spanish culture and language. As a result, some new items were created. Following a pilot test, some items were modified, and an experimental version was administered. Statistical and qualitative analyses of data from the experimental phase led to the selection of items for the final version.
Population: Ages 7 through 18.
Norms: Separate norms are provided with the adaptation to Spanish. Norms were developed using a sample representative of the Spanish population composed of 703 children and adolescents, distributed by age and gender.
Publication Date: 2017.
Acronyms: BYI-2, BDI-Y, BAI-Y, BANI-Y, BDBI-Y, BSCI-Y.
Scores, 5: Depression, Anxiety, Anger, Disruptive Behavior, Self-Concept.
Subtests, 5: Beck Depression Inventory for Youth (BDI-Y), Beck Anxiety Inventory for Youth (BAI-Y), Beck Anger Inventory for Youth (BANI-Y), Beck Disruptive Behavior

(BANI-Y), Inventario de Conducta Disruptiva de Beck para Niños y Adolescentes (BDBI-Y), Inventario de Autoconcepto de Beck para Niños y Adolescentes (BSCI-Y).
Administración: Individual o colectiva.
Precios, 2023: €274 por juego completo, incluye el manual (2017, 99 páginas), 25 cuadernillos de respuesta y 125 usos de corrección en línea €112 por manual; €46,95 por 25 inventarios (Depresión, Ansiedad, Ira, Conducta Disruptiva o Autoconcepto), incluyendo 25 hojas de respuesta y 25 usos en línea.
Duración: 5-10 minutos para cada inventario; 30-60 minutos para los cinco inventarios en combinación.
Comentarios: Se administra con papel y lápiz o en línea; se corrige en línea; se puede utilizar los cinco inventarios por separado o combinados.
Autores: Judith S. Beck, Aaron T. Beck, John B. Jolly y Robert A. Steer.
Traductores/Adaptadores: Ana Hernández, Cristina Aguilar, Èrica Paradell, Frédérique Vallar y el Departamento de I+D de Pearson Clinical & Talent Assessment.
Editorial: Pearson España.
Componentes en Español: Todos los materiales son en español.
Componentes en Inglés: No hay materiales en inglés en esta versión.

[382s]

Inventory for Client and Agency Planning.

Propósito: Diseñado para evaluar el estado, el funcionamiento adaptativo y las necesidades por servicios de clientes.
Procedencia: Estados Unidos (1986)/inglés.
Traducción/Adaptación: No se provee información en los materiales de la prueba sobre el proceso de traducción/adaptación.
Población: Infante a adulto.
Baremos: No se han provisto baremos con el formulario traducido al español.
Fecha de Publicación: 1991.
Acrónimo: ICAP.
Puntuación, 10: Índice de Conducta Inadecuada (Interno, Asocial, Externo, General), Conducta Adaptativa (Destrezas Motrices, Destrezas Sociales y Comunicativas, Destrezas de la Vida Personal, Destrezas de la Vida Comunitaria, Total), Índice de Nivel de Servicio de Independencia General.
Administración: Individual.
Precios, 2023: $392.70 por juego completo (inglés o español), incluyendo el manual del examinador (1986, 165 páginas, inglés) y 25 folletos de respuestas; $151.80 por 25 folletos de respuestas.
Duración: (20-30) minutos.

Inventory for Youth (BDBI-Y), Beck Self-Concept Inventory for Youth (BSCI-Y).
Administration: Individual or group.
Price Data, 2023: €274 per complete kit, including manual (2017, 99 pages), 25 response booklets and 125 online scoring uses; €112 per manual; €46.95 per 25 inventories (Depression, Anxiety, Anger, Disruptive Behavior or Self-Concept), including 25 response sheets and 25 online uses.
Time: 5-10 minutes per each inventory; 30-60 minutes for all five inventories combined.
Comments: Administered with paper and pencil or online; scored online; inventories can be administered separately or together.
Authors: Judith S. Beck, Aaron T. Beck, John B. Jolly, and Robert A. Steer.
Translators/Adaptors: Ana Hernández, Cristina Aguilar, Èrica Paradell, Frédérique Vallar, and the Pearson Clinical & Talent Assessment Research and Development Department.
Publisher: Pearson España.
Spanish Components: All materials are in Spanish.
English Components: There are no English materials in this version.

[382e]

Inventory for Client and Agency Planning.

Purpose: Designed "to assess the status, adaptive functioning, and service needs of clients."
Origin: United States (1986)/English.
Translation/Adaptation: No information is provided in the test materials about the translation/adaptation process.
Population: Infant to adult.
Norms: Separate norms are not provided with the form translated to Spanish.
Publication Date: 1991.
Acronym: ICAP.
Scores, 10: Maladaptive Behavior Indexes (Internalized, Asocial, Externalized, General), Adaptive Behavior (Motor Skills, Social and Communication Skills, Personal Living Skills, Community Living Skills, Total), Broad Independence Service Level Index.
Administration: Individual.
Price Data, 2023: $392.70 per complete kit (English or Spanish), including examiner's manual (1986, 165 pages, English) and 25 response booklets; $151.80 per 25 response booklets.
Time: (20-30) minutes.

Comentarios: Debe ser completado por un respondedor que conozca bien al cliente (por lo menos tres meses) y que vea al cliente a diario.
Autores: Robert H. Bruininks, Bradley K. Hill, Richard F. Weatherman y Richard W. Woodcock.
Traductor/Adaptador: The Riverside Publishing Company.
Editorial: Riverside Insights.
Componentes en Español: El folleto de respuestas y sus instrucciones correspondientes están disponibles en español.
Componentes en Inglés: Todos los materiales están disponibles en inglés también; el manual es en inglés.
Referencias Cruzadas: Para reseñas por Ronn Johnson y Richard L. Wikoff de los componentes en inglés de esta prueba, consulte 10:152.

[383s]

IPT Educación Prescolar.

Propósito: Diseñado para evaluar la competencia oral en español.
Procedencia: Estados Unidos/español.
Población: Niños de 2.5 a 5.5 años bilingües en español-inglés o que asistirán a programas preescolares español-inglés como aprendices de español.
Baremos: Los baremos se desarrollaron utilizando una muestra de 14,942 participantes, distribuidos por edad, género, lenguaje primario (81% español; 18% inglés), identidad étnica y estado/distrito de residencia.
Fecha de Publicación: 2020.
Puntuación, 9: Nivel de Competencia Oral (Inicio, Intermedio, Avanzado), Denominación Oral (No Habla Español, Limitado, Habla con Fluidez), Escuchar, Hablar, Comprensión, Expresión Verbal, Gramática, Habilidades Básicas de Comunicación Interpersonal (BICS), Competencia Cognitiva Académica del Lenguaje (CALP).
Administración: Individual.
Niveles, 3: 3 años, 4 años, 5 años.
Precios, 2023: $200 por 50 créditos de prueba en línea; $94 por un guion gráfico; $94 por piezas de historia en una caja.
Duración: Aproximadamente 15 minutos para administración.
Comentarios: Entrevista oral estructurada; examinadores deben ser hispanohablantes competentes; los examinadores introducen puntajes correctos/incorrectos en el sistema en línea, que produce reportes de calificaciones; se puede combinar con observaciones sobre el uso del lenguaje del niño en el entorno preescolar; pareja de la prueba IPT Early Childhood que evalúa la competencia oral en inglés.
Autores: Maricela Morales (prueba); Jennifer Balogh-Ghosh y Sari Luoma (reporte técnico).
Editorial: Ballard & Tighe, Publishers.

Comments: Should be completed by "a respondent who has known a client for at least three months and who sees him or her on a day-to-day basis."
Authors: Robert H. Bruininks, Bradley K. Hill, Richard F. Weatherman, and Richard W. Woodcock.
Translator/Adaptor: The Riverside Publishing Company.
Publisher: Riverside Insights.
Spanish Components: The response booklet and corresponding instructions are available in Spanish.
English Components: All materials are also available in English; the manual is in English.
Cross References: For reviews by Ronn Johnson and Richard L. Wikoff of this test's English components, see 10:152.

[383e]

IPT Educación Prescolar.

Purpose: Designed to assess Spanish oral proficiency.
Origin: United States/Spanish.
Population: Children ages 2.5 through 5.5 who are Spanish-English bilingual speakers or who will be attending Spanish-English preschool programs as Spanish learners.
Norms: Norms were developed using a sample of 14,942 participants, distributed by age, gender, primary language (81% Spanish; 18% English), ethnicity, and state/district of residence.
Publication Date: 2020.
Scores, 9: Oral Proficiency Level (Beginning, Intermediate, Advanced), Oral Designation (Non-Spanish Speaking, Limited, Fluent Spanish Speaking), Listening, Speaking, Comprehension, Verbal Expression, Grammar, Basic Interpersonal Communication Skills (BICS), Cognitive Academic Language Proficiency (CALP).
Administration: Individual.
Levels, 3: Age 3, Age 4, Age 5.
Price Data, 2023: $200 for 50 online test credits; $94 per story board; $94 per story pieces and box.
Time: Approximately 15 minutes to administer.
Comments: Structured oral interview; examiner must be proficient Spanish speaker; examiners enter correct/incorrect scores into the online system, which produces score reports; can be combined with observations of the child's language use in the preschool environment; partner test to the IPT Early Childhood, which evaluates oral proficiency in English.
Authors: Maricela Morales (test); Jennifer Balogh-Ghosh and Sari Luoma (technical report).
Publisher: Ballard & Tighe, Publishers.

Componentes en Español: Los ítems de la prueba y las instrucciones de administración son en español.
Componentes en Inglés: El manual de administración y el manual técnico son en inglés.

[384s]

IPT Oral Spanish Proficiency Test, Fifth Edition.

Propósito: Diseñado para evaluar el dominio del lenguaje oral de estudiantes que hablan español y para colocarlos en programas adecuados de instrucción y monitorear su progreso.
Procedencia: Estados Unidos/inglés y español.
Población: Hispanohablantes nativos, hispanohablantes de herencia y aquellos que están aprendiendo español de edades 3-18.
Fecha de Publicación: 2017.
Acrónimo: IPT Oral Spanish.
Puntuación: 4 áreas de habilidad: Vocabulario, Gramática, Comprensión, Expresión Verbal.
Administración: Individual.
Niveles, 3: Pre-IPT, IPT I, IPT II.
Precios: Disponibles con la casa editorial.
Duración: (15-20) minutos.
Comentarios: Los resultados se presentan como una de las tres denominaciones: No Dominio, Limitado o Fluido en español hablado (NSS, LSS y FSS por sus siglas en inglés) y como uno de los cinco niveles de dominio del lenguaje (Principiante, Intermedio Temprano, Intermedio, Avanzado Temprano, Avanzado); Examinadores de las pruebas deben tener dominio en hablar el español. Para evaluar la competencia global del estudiante en español, los resultados del IPT Oral Spanish Proficiency Test deben evaluarse en conjunto con los resultados del Spanish Reading and Writing Proficiency Test.
Autores: Monica Chen-Ryan, Sari Luoma, George Seretis, Constance O. Williams, Enrique F. Dalton, Patricia Fernández, Trina Philpot Montano y Beverly Amori.
Editorial: Ballard & Tighe, Publishers.
Componentes en Español: El cuaderno de ítems de la prueba y sus instrucciones correspondientes son en español, tal como un resumen de niveles de la prueba e información sobre el contenido de los ítems de prueba.
Componentes en Inglés: El manual técnico, manual del examinador e información sobre puntuación son en inglés.

a) PRE-IPT.
Población: Edades 3-5.
Baremos: Los baremos se desarrollaron utilizando una muestra de 15,555 participantes de distritos escolares en California, Washington D.C., Illinois, Kansas, Massachusetts, New México, Tejas y Wisconsin tal como el país de Suriname, distribuidos por género, grado, edad, identidad étnica, lenguaje primario (inglés, español, otro) e hispanohablantes nativos.
Niveles, 4: B, C, D, E.

Spanish Components: The test items and administration instructions are in Spanish.
English Components: The technical manual and administration manuals are in English.

[384e]

IPT Oral Spanish Proficiency Test, Fifth Edition.

Purpose: Designed "to evaluate the oral language proficiency of Spanish-speaking students" and to facilitate appropriate placement decisions and progress monitoring.
Origin: United States/English and Spanish.
Population: Native Spanish speakers, Spanish heritage speakers, and Spanish learners ages 3-18.
Publication Date: 2017.
Acronym: IPT Oral Spanish.
Scores: 4 skill areas: Vocabulary, Grammar, Comprehension, Verbal Expression.
Administration: Individual.
Levels, 3: Pre-IPT, IPT I, IPT II.
Price Data: Available from publisher.
Time: (15-20) minutes.
Comments: Test results are reported as one of three designations: Non-, Limited, or Fluent Spanish Speaking (NSS, LSS, FSS), and as one of five proficiency levels (Beginning, Early Intermediate, Intermediate, Early Advanced, Advanced); test administrators must be proficient Spanish speakers. "To evaluate students' overall Spanish language proficiency, the results of the IPT Oral Spanish Proficiency Test should be used in conjunction with the results from the IPT Spanish Reading and Writing Proficiency Test."
Authors: Monica Chen-Ryan, Sari Luoma, George Seretis, Constance O. Williams, Enrique F. Dalton, Patricia Fernández, Trina Philpot Montano, and Beverly Amori.
Publisher: Ballard & Tighe, Publishers.
Spanish Components: Test item booklet and corresponding instructions are in Spanish; the test level summary and test item content information is also provided in Spanish.
English Components: The technical manual, examiner's manual, and scoring information are in English.

a) PRE-IPT.
Population: Ages 3-5.
Norms: Norms were developed using a sample of 15,555 participants from school districts in California, Washington D.C., Illinois, Kansas, Massachusetts, New Mexico, Texas, and Wisconsin as well as the country of Suriname, distributed by gender, grade, age, ethnicity, primary language (English, Spanish, other), and native Spanish speakers.
Levels, 4: B, C, D, E.

b) IPT I.
Población: Grados K-6.
Baremos: Los baremos se desarrollaron utilizando una muestra de 30,798 participantes de distritos escolares en California, Colorado, Washington D.C., Florida, Illinois, Kansas, North Carolina, New México, Ohio, Oregón, Texas, Utah, el estado de Washington y Wisconsin tal como el país de Suriname, distribuidos por género, grado, edad, identidad étnica, lenguaje primario (inglés, español, otro) e hispanohablantes nativos.
Niveles, 5: B, C, D, E, F.
c) IPT II.
Población: Grados 6-12.
Baremos: Los baremos se desarrollaron utilizando una muestra de 587 participantes de distritos escolares en California, Florida, New México, Ohio, Texas y el estado de Washington, tal como los países Suriname y Georgia, distribuidos por género, grado, edad, identidad étnica, lenguaje primario (holandés, inglés, francés, alemán, español, turco) e hispanohablantes nativos.
Niveles, 6: A, B, C, D, E, F.

[385s]

IPT Spanish Early Literacy Test, Second Edition.

Propósito: Diseñado para evaluar el desarrollo de las habilidades de estudiantes hispanohablantes en kindergarten y el primer grado en el continuo del desarrollo de alfabetización.
Procedencia: Estados Unidos/español y inglés.
Población: Estudiantes hispanohablantes en Grados K-1.
Fecha de Publicación: 2015.
Administración: Colectiva.
Precios, 2023: $493 por juego completo de papel, incluyendo manual del examinador (2015, 162 páginas, inglés), 50 cuadernillos de prueba de lectura y 50 cuadernillos de prueba de escritura; $143 por manual del examinador; $88 por manual técnico (2015, 85 páginas, inglés); $229 por 50 cuadernillos de prueba de lectura; $175 por cuadernillos de prueba de escritura.
Comentarios: Esta prueba y su equivalente en inglés, el IPT English Early Literacy Test, siguen las mismas especificaciones, pero fueron desarrollados por separado; el uno no es traducción del otro; el contenido de la prueba no cambió en la segunda edición pero se añadieron nuevos baremos; la editorial de la prueba avisa que para evaluar el dominio total del lenguaje del hispanohablante, se debe usar los resultados de esta prueba en conjunto con los resultados del IPT I Oral Spanish Test.
Autores: Beverly Amori, Enrique F. Dalton y George Seretis (prueba); Jennifer Balogh y Sari Luoma (baremos).
Editorial: Ballard & Tighe, Publishers.
Componentes en Español: Los cuadernillos de prueba y sus instrucciones correspondientes son en español; el manual del examinador también incluye instrucciones de administración en español.

b) IPT I.
Population: Grades K-6.
Norms: Norms were developed using a sample of 30,798 participants from school districts in California, Colorado, Washington D.C., Florida, Illinois, Kansas, North Carolina, New Mexico, Ohio, Oregon, Texas, Utah, Washington state, and Wisconsin as well as the country of Suriname, distributed by gender, grade, age, ethnicity, primary language (English, Spanish, other), and native Spanish speakers.
Levels, 5: B, C, D, E, F.
c) IPT II.
Population: Grades 6-12.
Norms: Norms were developed using a sample of 587 participants from school districts in California, Florida, New Mexico, Ohio, Texas, and Washington, as well as the countries of Suriname and Georgia, distributed by gender, grade, age, ethnicity, primary language (Dutch, English, French, German, Spanish, Turkish), and native Spanish speakers.
Levels, 6: A, B, C, D, E, F.

[385e]

IPT Spanish Early Literacy Test, Second Edition.

Purpose: Designed to "assess the skill development of Spanish-speaking learners in kindergarten and first grade on the continuum of literacy development."
Origin: United States/Spanish and English.
Population: Spanish-speaking students in Grades K-1.
Publication Date: 2015.
Administration: Group.
Price Data, 2023: $493 per complete paper-based kit, including examiner's manual (2015, 162 pages, English), 50 reading test booklets, and 50 writing test booklets; $143 per examiner's manual; $88 per technical manual (2015, 85 pages, English); $229 per 50 reading booklets; $175 per 50 writing test booklets.
Comments: This test and its English counterpart, the IPT English Early Literacy Test, both follow the same specifications but were developed separately and are not translations of each other; test content did not change in the second edition but new norms were developed; test publisher advises that to evaluate student's overall Spanish language proficiency, the results of this test should be used in conjunction with the results from the IPT I Oral Spanish Test.
Authors: Beverly Amori, Enrique F. Dalton, and George Seretis (test); Jennifer Balogh and Sari Luoma (norms).
Publisher: Ballard & Tighe, Publishers.
Spanish Components: The test booklets and their corresponding instructions are in Spanish; the examiner's manual also includes administration instructions in Spanish.

Componentes en Inglés: El manual técnico y manual del examinador son en inglés.

a) LECTURA.

Baremos: Se desarrollaron los baremos utilizando una muestra de 801 estudiantes de distritos escolares en California, New México y Tejas, distribuidos por género, edad, grado, identidad étnica y lenguaje primario.

Puntuación, 7 o 9: Discriminación Visual, Reconocer Letras, Discriminación Fonémica-Sonidos Iniciales, Fonética-Pares de Consonantes (solamente para primer grado), Vocabulario para la Lectura, Lectura para la Vida Cotidiana, Comprensión de Oraciones, Comprensión de Cuentos (solamente para primer grado), Total.

Duración: (15-30) minutos.

b) ESCRITURA.

Baremos: Se desarrollaron los baremos utilizando una muestra de 779 estudiantes de distritos escolares en California, New México y Tejas, distribuidos por género, edad, grado, identidad étnica y lenguaje primario.

Puntuación, 4 o 5: Copiar Letras, Escribir Su Nombre y Copiar la Oración, Ejemplo Descriptivo o Narrativo, Deletrear Palabras (solamente para primer grado), Total.

Duración: (10-30) minutos.

[386s]

IPT Spanish Reading and Writing Proficiency Test, Fifth Edition.

Propósito: Diseñado para ayudar en la clasificación y ubicación de estudiantes por instrucción lingüística [por medio de la evaluación de sus habilidades de lectura y escritura], así como, cuando sea relevante y posible, dar una recomendación del idioma de instrucción para las distintas áreas de contenido.

Procedencia: Estados Unidos/inglés y español.

Población: Estudiantes hablantes nativos del español, estudiantes de herencia española y estudiantes que están estudiando español como segundo idioma en Grados 2-12.

Fecha de Publicación: 2017.

Acrónimo: IPT R&W Spanish.

Puntuación: 2 áreas de habilidad: Lectura, Escritura; 5 puntuaciones diagnósticas para lectura: Vocabulario, Vocabulario en Contexto, Comprensión de Lectura, Habilidades Cotidianas, Uso del Lenguaje; 3 puntuaciones diagnósticas para escritura: Puntuación y Mayúsculas, Escribe un Cuento, Escribe Tu Propio Cuento/Propia Carta.

Administración: Colectiva.

Niveles, 3: IPT 1, IPT 2, IPT 3.

Precios: Disponibles con la casa editorial.

Duración: (55-80) minutos para la prueba de lectura; (30-50) minutos para la prueba de escritura.

Comentarios: Administradores de la prueba deben ser proficientes en español, tal como tener control suficiente del inglés; los resultados se presentan como una de las tres denominaciones: No Dominio, Limitado o Competente en pruebas de lectura y escritura en español y como uno de los cinco niveles de dominio del lenguaje (Principiante, Intermedio Temprano,

English Components: The technical manual and examiner's manual are in English.

a) READING.

Norms: Norms were developed using a sample of 801 students from school districts in California, New Mexico, and Texas, distributed by gender, age, grade, ethnicity, and primary language.

Scores, 7 or 9: Visual Discrimination, Letter Recognition, Phonemic Awareness-Initial Sounds, Phonics-Consonant Pairs (first grade only), Reading Vocabulary, Reading for Life Skills, Understanding Sentences, Understanding Stories (first grade only), Total.

Time: (15-30) minutes.

b) WRITING.

Norms: Norms were developed using a sample of 779 students from school districts in California, New Mexico, and Texas, distributed by gender, age, grade, ethnicity, and primary language.

Scores, 4 or 5: Copy Letters, Write Your Name and Copy the Sentence, Descriptive or Narrative Example, Spelling Words (first grade only), Total.

Time: (10-30) minutes.

[386e]

IPT Spanish Reading and Writing Proficiency Test, Fifth Edition.

Purpose: Designed to "help categorize and place students for language instruction [by assessing their reading and writing skills] as well as, when relevant and possible, recommending language of content area instruction."

Origin: United States/English and Spanish.

Population: Native Spanish-speaking students, Spanish heritage students, and students who are studying Spanish as a second language in Grades 2-12.

Publication Date: 2017.

Acronym: IPT R&W Spanish.

Scores: 2 skill scores: Reading, Writing; 5 diagnostic scores for reading: Vocabulary, Vocabulary in Context, Reading for Understanding, Reading for Life Skills, Language Usage; 3 diagnostic scores for writing: Conventions, Write a Story, Write Your Own Story/Letter.

Administration: Group.

Levels, 3: IPT 1, IPT 2, IPT 3.

Price Data: Available from publisher.

Time: (55-80) minutes for the reading test; (30-50) minutes for the writing test.

Comments: Text examiner must be proficient Spanish speaker with "good control of English; test results are reported as one of three designations: Non, Limited, or Competent Spanish readers and writers, and as one of five proficiency levels (Beginning, Early Intermediate, Intermediate, Early Advanced, Advanced). "To evaluate

Intermedio, Avanzado Temprano, Avanzado). Para evaluar la comptetencia global del estudiante en español, los resultados del IPT Spanish Reading and Writing Proficiency Test deben evaluarse en conjunto a los resultados del IPT Oral Spanish Proficiency Test.
Autores: Nathalie Longrée-Guevara, Sari Luoma, George Seretis, Beverly Amori, Enrique F. Dalton y Cecilia Rosenblum.
Editorial: Ballard & Tighe, Publishers.
Componentes en Español: Los cuadernillos de prueba y sus instrucciones correspondientes, las categorías de puntuación y las descripciones de designaciones de escritura y lectura son en español.
Componentes en Inglés: Las descripciones de designaciones de escritura y lectura y las categorías de puntuación están disponibles en inglés, también; el manual técnico y del examinador son en inglés.

a) IPT 1–LECTURA Y ESCRITURA ESPAÑOL.
Población: Grados 2-3.
Baremos: Los baremos se desarrollaron utilizando dos muestras: 1.004 para lectura y 714 para escritura, ambos con participantes de distritos escolares en California, Florida, Nuevo México, Ohio y Tejas, distribuidos por género, edad, grado, identidad étnica y lenguaje primario (inglés, español, otro).

b) IPT 2–LECTURA Y ESCRITURA ESPAÑOL.
Población: Grados 4-6.
Baremos: Los baremos se desarrollaron utilizando dos muestras: 1.010 para lectura y 832 para escritura, ambos con participantes de distritos escolares en California, Florida, Illinois, Carolina del Norte, Nuevo México, Ohio y Tejas, distribuidos por género, edad, grado, identidad étnica y lenguaje primario (inglés, español, otro).

c) IPT 3–LECTURA Y ESCRITURA ESPAÑOL.
Población: Grados 7-12.
Baremos: Los baremos se desarrollaron utilizando dos muestras: 476 para lectura y 399 para escritura, ambos con participantes de distritos escolares en California, Massachusetts, Nuevo México, Ohio y Tejas, distribuidos por género, edad, grado, identidad étnica y lenguaje primario (inglés, español, otro).

[387s]

ITSEA/BITSEA: Infant-Toddler and Brief Infant-Toddler Social and Emotional Assessment.

Propósito: Diseñado para identificar a los niños que puedan tener problemas socioemocionales y de conducta y/o retrasos o deficiencias en la competencia social-emocional.
Procedencia: Estados Unidos/inglés.
Traducción/Adaptación: No se provee información en los materiales de la prueba sobre el proceso de traducción/adaptación.
Población: Edades 12-0 a 36 meses.
Baremos: No se han provisto baremos con los materiales traducidos al español.

students' overall Spanish language proficiency, the results of the IPT Spanish Reading and Writing Proficiency Test should be used in conjunction with the results from the IPT Oral Spanish Proficiency Test."
Authors: Nathalie Longrée-Guevara, Sari Luoma, George Seretis, Beverly Amori, Enrique F. Dalton, and Cecilia Rosenblum.
Publisher: Ballard & Tighe, Publishers.
Spanish Components: Test booklets and their corresponding instructions, scoring rubrics, and the descriptors for writing and reading designations are in Spanish.
English Components: The descriptors for writing and reading designations and scoring rubrics are also available in English; the technical and examiner's manuals are in English.

a) IPT 1–SPANISH READING AND WRITING.
Population: Grades 2-3.
Norms: Norms were developed using two samples: 1,004 for reading and 714 for writing, both with participants from school districts in California, Florida, New Mexico, Ohio, and Texas, distributed by gender, age, grade, ethnicity, and primary language (English, Spanish, other).

b) IPT 2–SPANISH READING AND WRITING.
Population: Grades 4-6.
Norms: Norms were developed using two samples: 1,010 for reading and 832 for writing, both with participants from school districts in California, Florida, Illinois, North Carolina, New Mexico, Ohio, and Texas, distributed by gender, age, grade, ethnicity, and primary language (English, Spanish, other).

c) IPT 3–SPANISH READING AND WRITING.
Population: Grades 7-12.
Norms: Norms were developed using two samples: 476 for reading and 399 for writing, both with participants from school districts in California, Massachusetts, New Mexico, Ohio, and Texas, distributed by gender, age, grade, ethnicity, and primary language (English, Spanish, other).

[387e]

ITSEA/BITSEA: Infant-Toddler and Brief Infant-Toddler Social and Emotional Assessment.

Purpose: Designed to identify children "who may have social-emotional and behavioral problems and/or delays, or deficits in social-emotional competence."
Origin: United States/English.
Translation/Adaptation: No information is provided in the test materials about the translation/adaptation process.
Population: Ages 12-0 to 36 months.
Norms: Separate norms are not provided with the materials translated to Spanish.

Fecha de Publicación: 2006.
Administración: Individual.
Partes: 2 Brief Infant Toddler Social Emotional Assessment, Infant Toddler Social Emotional Assessment.
Formularios, 2: Padres de Familia, Cuidador/a de niños,
Precios: Disponibles con la casa editorial.
Comentarios: Estas pruebas son para ser completadas por el padre/tutor o cuidador del niño; el formulario de los padres puede ser completado como una entrevista; se requiere permiso del distribuidor para usar.
Autoras: Alice S. Carter y Margaret J. Briggs-Gowan.
Editorial: Mapi Research Trust [distribuidor].
Componentes en Español: Los cuadernos de respuesta están disponibles en español (España).
Componentes en Inglés: Todos los materiales están disponibles en inglés, también; el manual es en inglés.

a) EVALUACIÓN BREVE SOCIOEMOCIONAL INFANTIL.
Acrónimo: BITSEA.
Puntuación, 2: Problema Total, Capacidad Total.
Duración: (5-10) minutos.

b) EVALUACIÓN SOCIOEMOCIONAL INFANTIL.
Acrónimo: ITSEA.
Puntuación, 20: Externalización (Actividad/Impulsividad, Agresión/Desafío, Agresión Entre Pares), Internalización (Depresión/Retraimiento, Ansiedad General, Angustia de Separación, Inhibición a la Novedad), Desregulación (Sueño, Emocionalidad Negativa, Comer, Sensitividad Sensorial), Capacidad (Cumplimiento de Normas, Atención, Imitación/Juego, Motivación por Maestría, Empatía, Relaciones Prosociales Entre Pares), Grupo de Ítems Maladaptativos, Grupo de Relación Social, Grupo de Ítems Atípicos.
Duración: (20-30) minutos.

Referencias Cruzadas: Para reseñas por Abigail Baxter y Timothy R. Konold de los componentes en inglés de esta prueba, consulte 17:95.

[388s]

IVA-2 [Integrated Visual and Auditory Continuous Performance Test].

Propósito: Diseñado principalmente para ayudar en el diagnóstico y la cuantificación de los síntomas de déficit de atención/hiperactividad (TDAH).
Procedencia: Estados Unidos/inglés.
Traducción/Adaptación: No se provee información en los materiales de la prueba sobre el proceso de traducción/adaptación.
Población: Edades 6 a adulto.
Baremos: No se han provisto baremos con los materiales traducidos al español.
Fechas de Publicación: 1993-2018.
Acrónimo: IVA-2 CPT.
Puntuación, 82: Coeficiente de Atención Escala Completa, Coeficiente de Atención Auditiva, Coeficiente

Publication Date: 2006.
Administration: Individual.
Parts: 2 assessments: Brief Infant Toddler Social Emotional Assessment, Infant Toddler Social Emotional Assessment.
Forms, 2: Parent, Childcare Provider.
Price Data: Available from publisher.
Comments: These tests are to be completed by a parent/guardian and a childcare provider; the parent form may be completed as an interview; permission from distributor required for use.
Authors: Alice S. Carter and Margaret J. Briggs-Gowan.
Publisher: Mapi Research Trust [distributor].
Spanish Components: Test booklets are available in Spanish (Spain).
English Components: All test materials are also available in English; the manual is in English.

a) BRIEF INFANT TODDLER SOCIAL EMOTIONAL ASSESSMENT.
Acronym: BITSEA.
Scores, 2: Problem Total, Competence Total.
Time: (5-10) minutes.

b) INFANT TODDLER SOCIAL EMOTIONAL ASSESSMENT.
Acronym: ITSEA.
Scores, 20: Externalizing (Activity/Impulsivity, Aggression/Defiance, Peer Aggression), Internalizing (Depression/Withdrawal, General Anxiety, Separation Distress, Inhibition to Novelty), Dysregulation (Sleep, Negative Emotionality, Eating, Sensory Sensitivity), Competence (Compliance, Attention, Imitation/Play, Mastery Motivation, Empathy, Prosocial Peer Relations), Maladaptive Item Cluster, Social Relatedness Cluster, Atypical Item Cluster.
Time: (20-30) minutes.

Cross References: For reviews by Abigail Baxter and Timothy R. Konold of this test's English components, see 17:95.

[388e]

IVA-2 [Integrated Visual and Auditory Continuous Performance Test].

Purpose: "Designed primarily to help in the diagnosis and quantification of the symptoms of Attention-Deficit/Hyperactivity Disorder (ADHD)."
Origin: United States/English.
Translation/Adaptation: There is no information in the test materials about the translation/adaptation process.
Population: Ages 6 to adult.
Norms: Separate norms are not provided with the materials translated to Spanish.
Publication Dates: 1993-2018.
Acronym: IVA-2 CPT.
Scores, 82: Full Scale Attention Quotient, Auditory Attention Quotient, Visual Attention

de Atención Visual, Coeficiente de Control de Respuesta Escala Completa, Coeficiente de Control de Respuesta Auditiva, Coeficiente de Control de Respuesta Visual, Vigilancia Auditiva, Vigilancia Visual, Vigilancia Combinada, Concentración Auditiva, Concentración Visual, Concentración Combinada, Velocidad Auditiva, Velocidad Visual, Velocidad Combinada, Prudencia Auditiva, Prudencia Visual, Prudencia Combinada, Consistencia Auditiva, Consistencia Visual, Consistencia Combinada, Fortaleza Auditiva, Fortaleza Visual, Fortaleza Combinada, Hiperactividad Motor Fino, Coeficiente de Atención Sostenida Auditiva, Coeficiente de Atención Sostenida Visual, Coeficiente de Atención Sostenida Escala Completa, Comprensión Auditiva, Comprensión Visual, Perseverancia Auditiva, Perseverancia Visual, Audición Sensorial/Motora, Visión Sensorial/Motora, Concentración Mental Auditiva, Concentración Mental Visual, Escala Global de Concentración Mental, Autocontrol Auditivo, Autocontrol Visual, Autocontrol Combinado, Presencia Auditiva, Presencia Visual, Presencia Combinada, Resistencia Auditiva, Resistencia Visual, Resistencia Combinada, Agilidad Auditiva, Agilidad Visual, Agilidad Combinada, Confiabilidad Auditiva, Confiabilidad Visual, Confiabilidad Combinada, Agudeza Auditiva, Agudeza Visual, Agudeza Combinada, Elasticidad Auditiva, Elasticidad Visual, Elasticidad Combinada, Constancia Auditiva, Constancia Visual, Constancia Combinada, Fiabilidad Auditiva, Fiabilidad Visual, Fiabilidad Combinada, Estabilidad Auditiva, Estabilidad Visual, Estabilidad Combinada, Rapidez Auditiva, Rapidez Visual, Rapidez Combinada, Prontitud Auditiva, Prontitud Visual, Prontitud Combinada, Precisión Auditiva, Precisión Visual, Precisión Combinada, Competencia Auditiva, Competencia Visual, Competencia Combinada, Mantenibilidad Auditiva, Mantenibilidad Visual, Mantenibilidad Combinada.

Administración: Individual.

Precios, 2023: $875 por kit estándar, incluyendo 5 administraciones de prueba, sistema de escribir reportes, 5 reportes narrativos, análisis comprensivo y escalas de clasificación; $395 para administrar la prueba en varios idiomas, inclusivo del español; descuentos por volumen disponibles.

Duración: 15 minutos para administrar.

Comentarios: Se puede administrar a través de computadora o en línea utilizando Chrome en una PC de Windows o iPad/iPhone; se basa en los criterios diagnósticos de DSM-5.

Autores: Joseph A. Sandford y Shana E. Anton.

Editorial: BrainTrain, Inc.

Componentes en Español: Los estímulos de prueba e instrucciones auditivos y escritos están disponibles en español.

Componentes en Inglés: Todos los materiales están disponibles en inglés, también; el manual y los reportes de la prueba son en inglés.

Quotient, Full Scale Response Control Quotient, Auditory Response Control Quotient, Visual Response Control Quotient, Auditory Vigilance, Visual Vigilance, Vigilance Combined, Auditory Focus, Visual Focus, Focus Combined, Auditory Speed, Visual Speed, Speed Combined, Auditory Prudence, Visual Prudence, Prudence Combined, Auditory Consistency, Visual Consistency, Consistency Combined, Auditory Stamina, Visual Stamina, Stamina Combined, Fine Motor Hyperactivity, Auditory Sustained Attention Quotient, Visual Sustained Attention Quotient, Full Scale Sustained Attention Quotient, Auditory Comprehension, Visual Comprehension, Auditory Persistence, Visual Persistence, Auditory Sensory-Motor, Visual Sensory-Motor, Auditory Mental Concentration, Visual Mental Concentration, Mental Concentration Global Scale, Auditory Self-Control, Visual Self-Control, Self-Control Combined, Auditory Presence, Visual Presence, Presence Combined, Auditory Resilience, Visual Resilience, Resilience Combined, Auditory Agility, Visual Agility, Agility Combined, Auditory Reliability, Visual Reliability, Reliability Combined, Auditory Acuity, Visual Acuity, Acuity Combined, Auditory Elasticity, Visual Elasticity, Elasticity Combined, Auditory Steadiness, Visual Steadiness, Steadiness Combined, Auditory Dependability, Visual Dependability, Dependability Combined, Auditory Stability, Visual Stability, Stability Combined, Auditory Quickness, Visual Quickness, Quickness Combined, Auditory Swiftness, Visual Swiftness, Swiftness Combined, Auditory Accuracy, Visual Accuracy, Accuracy Combined, Auditory Competence, Visual Competence, Competence Combined, Auditory Maintainability, Visual Maintainability, Maintainability Combined.

Administration: Individual.

Price Data, 2023: $875 per standard kit, including 5 test administrations, report writer system, 5 narrative reports to start, comprehensive analyses, and rating scales; $395 to administer the test in different languages, including Spanish; volume discounts available.

Time: 15 minutes for administration.

Comments: May be administered via PC or online using a Chrome browser on a Windows PC or iPhone/iPad; based on DSM-5 diagnostic criteria.

Authors: Joseph A. Sandford and Shana E. Anton.

Publisher: BrainTrain, Inc.

Spanish Components: Test stimuli and spoken and written instructions are available in Spanish.

English Components: All materials are also available in English; the manual and test reports are in English.

[389s]

Jackson Vocational Interest Survey [1999 Revision].

Propósito: Diseñado para generar un conjunto de puntuaciones que representan intereses y preferencias relevantes al trabajo, conceptualizados como la función en el trabajo y los estilos del trabajo.
Procedencia: Estados Unidos/inglés.
Traducción/Adaptación: No se provee información en los materiales de la prueba sobre el proceso de traducción/adaptación.
Población: Preparatoria en adelante.
Baremos: No se han provisto baremos con los materiales traducidos al español.
Fechas de Publicación: 1977-1999.
Acrónimo: JVIS.
Puntuación, 50: 34 Escalas de Intereses Básicos (Artes Creativas, Artes Escénicas, Matemáticas, Ciencia Física, Ingeniería, Ciencias de la Vida, Ciencias Sociales, Aventura, Naturaleza–Agricultura, Comercio, Servicio Personal, Actividad Familiar, Servicio Médico, Liderazgo Dominante, Seguridad en el Empleo, Fortaleza, Responsabilidad, Enseñanza, Servicio Social, Educación Primaria, Finanzas, Negocios, Trabajo de Oficina, Ventas, Supervisión, Gestión de Relaciones Humanas, Derecho, Consejo Profesional, Autor–Periodismo, Logro Académico, Escritura Técnica, Independencia, Planificación, Confidencia Interpersonal); 10 Temas de Ocupación General (Expresivo, Lógico, Inquirir, Práctico, Resuelto, Socializar, Ayudar, Convencional, Emprendedor, Comunicativo); 3 Índices Administrativos (Respuestas Indescifrables, Índice de Consistencia de Respuesta, Índice de Infrecuencia); Satisfacción Académica; Semejanza a Estudiantes de Universidad; Semejanza a Clasificaciones de Ocupación.
Administración: Individual o colectiva.
Precios, 2023: $53 por juego completo de corrección a mano, incluyendo CD con manual técnico (2000, 149 páginas, inglés), guía de aplicación, guía de ocupaciones, folleto de prueba reutilizable, hoja de respuesta, hoja de perfil, reporte extendido y contraseña en línea; $32 por el CD con manual técnico; $80 por 25 folletos de la prueba reutilizables (español o inglés); $72 por 25 hojas de respuesta; $69 por 25 hojas de perfil.
Duración: (45) minutos.
Comentarios: Se puede administrar en formato de papel y lápiz (calificar a mano o por correo); también se puede aplicar y calificar electrónicamente.
Autor: Douglas N. Jackson.
Editorial: SIGMA Assessment Systems, Inc.
Componentes en Español: El cuadernillo de la prueba y sus instrucciones correspondientes están disponibles en español.
Componentes en Inglés: Todos los materiales están disponibles en inglés también; el manual es en inglés.

[389e]

Jackson Vocational Interest Survey [1999 Revision].

Purpose: "Designed to yield a set of scores representing interests and preferences relevant to work, conceptualized as work roles and work styles."
Origin: United States/English.
Translation/Adaptation: No information is provided in the test materials about the translation/adaptation process.
Population: High school and above.
Norms: Separate norms are not provided with the materials translated to Spanish.
Publication Dates: 1977-1999.
Acronym: JVIS.
Scores, 50: 34 Basic Interest Scales (Creative Arts, Performing Arts, Mathematics, Physical Science, Engineering, Life Science, Social Science, Adventure, Nature–Agriculture, Skilled Trades, Personal Service, Family Activity, Medical Service, Dominant Leadership, Job Security, Stamina, Accountability, Teaching, Social Service, Elementary Education, Finance, Business, Office Work, Sales, Supervision, Human Relations Management, Law, Professional Advising, Author–Journalism, Academic Achievement, Technical Writing, Independence, Planfulness, Interpersonal Confidence); 10 General Occupational Themes (Expressive, Logical, Inquiring, Practical, Assertive, Socialized, Helping, Conventional, Enterprising, Communicative); 3 Administrative Indices (Unscorable Responses, Response Consistency Index, Infrequency Index); Academic Satisfaction; Similarity to College Students; Similarity to Occupational Classifications.
Administration: Individual or group.
Price Data, 2023: $53 per hand score kit including manual on CD (2000, 149 pages, English), administration handbook, occupations guide, reusable test booklet, answer sheet, profile sheet, extended report, and online password; $32 per manual on CD; $80 per 25 reusable test booklets (Spanish or English); $72 per 25 hand score answer sheets; $69 per 25 profile sheets.
Time: (45) minutes.
Comments: Can be administered via paper and pencil (hand scoring or mail-in scoring); can also be administered and scored electronically.
Author: Douglas N. Jackson.
Publisher: SIGMA Assessment Systems, Inc.
Spanish Components: The test booklet and its corresponding instructions are available in Spanish.
English Components: All materials are also available in English; the manual is in English.

Referencias Cruzadas: Para reseñas por Eleanor E. Sanford y Wendy J. Steinberg de los componentes en inglés de esta prueba, consulte 15:129.

[390s]

Jesness Inventory–Revised.

Propósito: Diseñado para ser utilizado como un inventario de personalidad para jóvenes y adultos delincuentes y/o con trastorno de conducta.
Procedencia: Estados Unidos/inglés.
Traducción/Adaptación: No se provee información en los materiales de la prueba sobre el proceso de traducción/adaptación.
Población: Edades 8 en adelante.
Baremos: No se han provisto baremos con el formulario traducido al español.
Fechas de Publicación: 1962-2003.
Acrónimo: JI-R.
Puntuación, 24: Escala Aleatoria, Escala de Mentira, Índice Asocial, Desajuste Social, Orientación de Valores, Inmadurez, Autismo, Alienación, Agresión Manifiesta, Apartamiento-Depresión, Ansiedad Social, Represión, Negación, Trastorno de Conducta, Trastorno de Oposición Desafiante, Poca Socialización/Activa [No Socializado/Agresivo], Poca Socialización /Pasiva [No Socializado /Pasivo], Conformista [Conformista Inmadura], Orientación Grupal [Conformista Cultural], Pragmatista [Manipulador], Orientación Autónoma [Neuroticismo/Mal Comportamiento], Introspectivo [Neurótico/Ansioso], Inhibido [Situacional], Adaptativo [Identificador Cultural].
Administración: Individual o colectiva.
Precios, 2022: $127 por manual; $8.50 por formulario en línea.
Duración: (20-30) minutos.
Autor: Carl F. Jesness.
Editorial: Multi-Health Systems, Inc.
Componentes en Español: Los formularios electrónicos de prueba y sus instrucciones correspondientes están disponibles en español.
Componentes en Inglés: Todos los materiales están disponibles en inglés también; el manual es en inglés.
Referencias Cruzadas: Para reseñas por Elizabeth Kelley Rhoades y Georgette Yetter de los componentes en inglés de esta prueba, consulte 16:118.

[391s]

Juvenile Automated Substance Abuse Evaluation.

Propósito: Diseñado para evaluar el uso/abuso de drogas y alcohol y la actitud ante las situaciones estresantes de la vida en adolescentes.
Procedencia: Estados Unidos (1989-1997)/inglés.

Cross References: For reviews by Eleanor E. Sanford and Wendy J. Steinberg of this test's English components, see 15:129.

[390e]

Jesness Inventory–Revised.

Purpose: Designed to be used as a personality inventory for delinquent and conduct-disordered youth and adults.
Origin: United States/English.
Translation/Adaptation: No information is provided in the test materials about the translation/adaptation process.
Population: Ages 8 and over.
Norms: Separate norms are not provided with the form translated to Spanish.
Publication Dates: 1962-2003.
Acronym: JI-R.
Scores, 24: Randomness Scale, Lie Scale, Asocial Index, Social Maladjustment, Value Orientation, Immaturity, Autism, Alienation, Manifest Aggression, Withdrawal-Depression, Social Anxiety, Repression, Denial, Conduct Disorder, Oppositional Defiant Disorder, Undersocialized/Active [Unsocialized/Aggressive], Undersocialized/Passive [Unsocialized/Passive], Conformist [Immature Conformist], Group Oriented [Cultural Conformist], Pragmatist [Manipulator], Autonomy-Oriented [Neurotic/Acting-Out], Introspective [Neurotic/Anxious], Inhibited [Situational], Adaptive [Cultural Identifier].
Administration: Individual or group.
Price Data, 2022: $127 per manual; $8.50 per online form.
Time: (20-30) minutes.
Author: Carl F. Jesness.
Publisher: Multi-Health Systems, Inc.
Spanish Components: The online test forms and their corresponding instructions are available in Spanish.
English Components: All test forms are also available in English; the manual is in English.
Cross References: For reviews by Elizabeth Kelley Rhoades and Georgette Yetter of this test's English components, see 16:118.

[391e]

Juvenile Automated Substance Abuse Evaluation.

Purpose: Intended to evaluate "adolescent alcohol and drug use/abuse . . . attitudes and life-stress issues."
Origin: United States (1989-1997)/English.

Traducción/Adaptación: No se provee información en los materiales de la prueba sobre el proceso de traducción/adaptación.
Población: Adolescentes.
Baremos: No se han provisto baremos con los formularios traducidos al español.
Fecha de Publicación: 2012.
Acrónimo: JASAE.
Puntuación, 6: Actitud Ante la Prueba, Evaluación de las Circunstancias de la Vida, Evaluación Patrones de Beber, Evaluación Adicción al Alcohol, Evaluación Uso de Drogas, Total.
Administración: Individual o colectiva.
Precios: Disponibles con la casa editorial.
Duración: 20 minutos.
Comentarios: Auto administrable en línea o con papel y lápiz.
Autor: ADE Incorporated.
Editorial: ADE Incorporated.
Componentes en Español: El cuestionario y las instrucciones correspondientes están disponibles en español.
Componentes en Inglés: Todos los materiales están disponibles en inglés, también.
Referencias Cruzadas: Para reseñas por Mark Pope y Jody L. Swartz-Kulstad de los componentes en inglés de esta prueba, consulte 14:190.

[392s]

Juvenile Substance Abuse Profile.

Propósito: Diseñado para la evaluación de jóvenes con problemas en tribunales de menores, programas de cernimiento, escuelas y agencias de tratamiento.
Procedencia: Estados Unidos/inglés.
Traducción/Adaptación: No se provee información en los materiales de la prueba sobre el proceso de traducción/adaptación.
Población: Jóvenes afligidos.
Baremos: No se han provisto baremos con el formulario traducido al español.
Fecha de Publicación: 2002.
Acrónimo: JSAP.
Puntuación, 5: Veracidad, Agresividad, Alcohol, Drogas, Habilidades de Afrontamiento al Estrés.
Administración: Colectiva.
Precios, 2022: $9.95 por prueba; descuentos de volumen disponibles.
Duración: (20) minutos.
Comentarios: Behavior Data Systems, Ltd. ofrece sus pruebas en línea exclusivamente a través de un contrato con Professional Online Testing Solutions, Inc.
Autor: Herman Lindeman.
Editorial: Behavior Data Systems, Ltd.
Componentes en Español: El formulario y las instrucciones correspondientes están disponibles en español.

Translation/Adaptation: No information is provided in the test materials about the translation/adaptation process.
Population: Adolescents.
Norms: Separate norms are not provided with the materials translated into Spanish.
Publication Date: 2012.
Acronym: JASAE.
Scores, 6: Test Taking Attitude, Life Circumstance Evaluation, Drinking Evaluation Category, Alcohol Addiction Evaluation, Drug Use Evaluation, Summary.
Administration: Individual or group.
Price Data: Available from publisher.
Time: 20 minutes.
Comments: Self-administered online or via paper and pencil.
Author: ADE Incorporated.
Publisher: ADE Incorporated.
Spanish Components: The questionnaire and its corresponding instructions are available in Spanish.
English Components: All materials are also available in English.
Cross References: For reviews by Mark Pope and Jody L. Swartz-Kulstad of this test's English components, see 14:190.

[392e]

Juvenile Substance Abuse Profile.

Purpose: "Designed for troubled youth . . . assessment in juvenile courts, screening programs, school systems, and treatment agencies."
Origin: United States/English.
Translation/Adaptation: No information is provided in the test materials about the translation/adaptation process.
Population: Troubled youth.
Norms: Separate norms are not provided with the form translated to Spanish.
Publication Date: 2002.
Acronym: JSAP.
Scores, 5: Truthfulness, Aggressiveness, Alcohol, Drugs, Stress Coping Abilities.
Administration: Group.
Price Data, 2022: $9.95 per test; volume discounts available.
Time: (20) minutes.
Comments: Behavior Data Systems, Ltd. offers its tests online exclusively through a contract with Professional Online Testing Solutions, Inc.
Author: Herman Lindeman.
Publisher: Behavior Data Systems, Ltd.
Spanish Components: The form and its corresponding instructions are available in Spanish.

Componentes en Inglés: Todos los materiales están disponibles en inglés, también; el manual es en inglés.

[393s]

Kaufman Assessment Battery for Children, Second Edition Normative Update.

Propósito: Diseñado para medir el procesamiento y las capacidades cognitivas de niños y adolescentes.
Procedencia: Estado Unidos/inglés.
Traducción/Adaptación: Varios traductores han revisado cuidadosamente las respuestas correctas, las instrucciones y las instrucciones de enseñanza en español para garantizar que sean apropiadas para niños de una variedad de orígenes del idioma español. No se proporciona información sobre el proceso de traducción/adaptación.
Población: Edades 3 hasta 18.
Baremos: No se provee baremos separados con los materiales traducidos al español.
Fechas de Publicación: 1983-2018.
Acrónimo: KABC-II NU.
Puntuación, 7–23: Secuencial (Recordar Números, Orden de Palabras, Movimientos del Mano, Total), Simultáneo (Contar Bloques, Pensamiento Conceptual, Reconocimiento de la Cara, Razonamiento de Patrones [Edades 5 y 6], Perro, Concluir una Historia [Edades 5 y 6], Triángulos, Cierre Gestalt, Total), Planificación [Edades 7–18 solamente] (Razonamiento de Patrones, Concluir una Historia, Total), Aprendizaje (Atlantis, Pictograma, Atlantis Retrasado, Pictograma Retrasada, Total), Conocimiento (Vocabulario Expresivo, Acertijos, Conocimiento Verbal, Total), Índice No Verbal, Índice de Procesamiento Mental, Índice de Fluido Cristalizado.
Administración: Individual.
Precios, 2023: $1,107 por kit complete impreso incluyendo 4 caballetes de subpruebas, el KABC-II manual (2004, 236 páginas), manual suplementario de actualización normativa (2018, 155 páginas), materiales de estímulos y manipulativos, 25 formularios de registro y maletín; $116.40 por juego de KABC-II manual y manual suple suplementario mental de actualización normativa; $113.40 por manual suplementario de actualización normativa.
Duración: 25-70 minutos.
Comentarios: Escala no verbal disponible para niños con discapacidad auditiva y trastornos del habla y del lenguaje así como para niños que aún no dominan el inglés (una adaptación que los examinadores pueden hacer cuando hay problemas verbales); los datos de actualización normativa se recopilaron utilizando los materiales originales de KABC-II sin cambios ni en el contenido ni en la estructura de la prueba; la editorial de la prueba informe que los usuarios del KABC-II pueden continuar usando sus materiales de prueba junto con el

English Components: All materials are also available in English; the manual is in English.

[393e]

Kaufman Assessment Battery for Children, Second Edition Normative Update.

Purpose: Designed to measure the "processing and cognitive abilities of children and adolescents."
Origin: United States/English.
Translation/Adaptation: "The Spanish correct responses, directions, and teaching instructions have been carefully reviewed by several translators to ensure that they are appropriate for children from a variety of Spanish-language backgrounds." No information is provided about the translation/adaptation process.
Population: Ages 3 through 18.
Norms: Separate norms are not provided with the materials translated to Spanish.
Publication Dates: 1983-2018.
Acronym: KABC-II NU.
Scores, 7–23: Sequential (Number Recall, Word Order, Hand Movements, Total), Simultaneous (Block Counting, Conceptual Thinking, Face Recognition, Pattern Reasoning [Ages 5 and 6], Rover, Story Completion [Ages 5 and 6], Triangles, Gestalt Closure, Total), Planning [Ages 7–18 only] (Pattern Reasoning, Story Completion, Total), Learning (Atlantis, Rebus, Atlantis Delayed, Rebus Delayed, Total), Knowledge (Expressive Vocabulary, Riddles, Verbal Knowledge, Total), Nonverbal Index, Mental Processing Index, Fluid-Crystallized Index.
Administration: Individual.
Price Data, 2023: $1,107 per complete print kit including 4 easels, KABC-II manual (2004, 236 pages), normative update manual supplement (2018, 155 pages), stimulus and manipulative materials, 25 record forms, and soft-sided nylon briefcase; $116.40 per KABC-II manual and normative update manual supplement package; $113.40 per normative update manual supplement.
Time: 25-70 minutes.
Comments: Nonverbal scale available for hearing impaired and speech-and-language disordered children as well as children who are not yet fluent in English (an adaptation that examiners can make when verbal concerns are present); Normative Update data were collected using the original KABC-II materials with no changes to either the test content or structure; the test publisher advises that users of the KABC-II can continue to use their test

suplemento del manual y los formularios de registro del actualización normativa.
Autores: Alan S. Kaufman y Nadeen L. Kaufman.
Editorial: Pearson.
Componentes en Español: Las listas de respuestas verbales correctas e incorrectas se proporcionan en español en las páginas de caballete de las subpruebas de Vocabulario Expresivo y Cierre Gestalt y en el formulario de registro para la subprueba de Adivinanzas. Además, se proporciona la redacción en español de las instrucciones para el niño en todas las subpruebas con ítems de muestra o de enseñanza.
Componentes en Inglés: Todos los materiales están disponibles en inglés también; el manual es en inglés.
Referencias Cruzadas: Para reseñas por Kathy J. Bohan y Timothy R. Konold de los componentes en inglés de esta prueba, consulte 21:85.

[394s]

Kaufman Brief Intelligence Test, Second Edition Revised.

Propósito: Diseñado para aquellas circunstancias en las que será suficiente aplicar una medida breve de inteligencia tal como para fines de cribado o para trabajar con un gran número de individuos.
Procedencia: Estados Unidos/inglés.
Traducción/Adaptación: No se provee información en los materiales de la prueba sobre el proceso de traducción/adaptación.
Población: Edades 4 a 90.
Baremos: No se han provisto baremos con los materiales traducidos al español.
Fechas de Publicación: 1990-2022.
Acrónimo: KBIT-2 Revised.
Puntuación, 3: Verbal, No Verbal, Compuesto CI.
Administración: Individual.
Precios, 2022: $350 por juego impreso completo incluyendo manual (2022, 199 páginas), libro de estímulos, 25 formularios de registro y suscripción anual para corrección en línea; $350 por juego digital completo incluyendo manual, libro de estímulos y suscripción anual para corrección en línea; $200 por libro de estímulos (impreso o digital); $100 por manual (impreso o digital); $75 por 25 formularios de registro; $1.30 por reporte de puntuación en línea.
Duración: 15-30 minutos para aplicación.
Autores: Alan S. Kaufman y Nadeen L. Kaufman.
Editorial: Pearson.
Componentes en Español: Los instrucciones de administración para el subtest Matrices están disponibles en español en el libro de estímulos; respuestas a algunos ítems del subtest Riddles están disponibles en español en el formulario de registro.
Componentes en Inglés: Todos los materiales están disponibles en inglés; el manual es en inglés.

materials along with the Normative Update manual supplement and record forms.
Authors: Alan S. Kaufman and Nadeen L. Kaufman.
Publisher: Pearson.
Spanish Components: Lists of correct and incorrect verbal responses are provided in Spanish on the easel pages of the Expressive Vocabulary and Gestalt Closure subtests and on the record form for the Riddles subtest. In addition, Spanish wording of instructions to the child is provided on all subtests with sample or teaching items.
English Components: All materials are also available in English; the manual is in English.
Cross References: For reviews by Kathy J. Bohan and Timothy R. Konold of this test's English components, see 21:85.

[394e]

Kaufman Brief Intelligence Test, Second Edition Revised.

Purpose: "Designed for those circumstances when administering a brief measure of intelligence will suffice" such as for screening purposes or working with large numbers of individuals.
Origin: United States/English.
Translation/Adaptation: No information is provided in the test materials about the translation/adaptation process.
Population: Ages 4 to 90.
Norms: Separate norms are not provided with the materials translated to Spanish.
Publication Dates: 1990-2022.
Acronym: KBIT-2 Revised.
Scores, 3: Verbal, Nonverbal, IQ Composite.
Administration: Individual.
Price Data, 2022: $350 per complete print kit including manual (2022, 199 pages), stimulus book, 25 record forms, and 1 year online scoring subscription; $350 per complete digital kit including manual, stimulus book, and 1 year scoring subscription; $200 per stimulus book (print or digital); $100 per manual (print or digital); $75 per 25 record forms; $1.30 per online score report.
Time: 15-30 minutes for administration.
Authors: Alan S. Kaufman and Nadeen L. Kaufman.
Publisher: Pearson.
Spanish Components: Administration instructions for the Matrices subtest are available in Spanish in the stimulus book; responses to some Riddles items are available in Spanish on the record form.
English Components: All materials are available in English; the manual is in English.

[395s]

Kindergarten Readiness Test–Larson: English-Spanish Bilingual Edition.

Propósito: Diseñado para determinar la disposición de los niños para comenzar el kindergarten de infantes.
Procedencia: Estado Unidos/inglés.
Traducción/Adaptación: No se provee información en los materiales de la prueba sobre el proceso de traducción/adaptación.
Población: Edades 4-6.
Baremos: No se han provisto baremos para los materiales traducidos al español.
Fecha de Publicación: 2013.
Acrónimo: KRT Larson Bilingual.
Puntuación: Puntuación total solamente.
Administración: Individual.
Precios, 2023: $210 por el juego completo, incluyendo manual, 25 cuadernillos de prueba, 25 hojas de cuadrícula de rendimiento, 25 copias de la carta para padres, 25 formularios de interpretación de puntuación y los ítems de estímulo; $68 por manual; $102.50 por 25 cuadernillos de prueba; $26.75 por 25 hojas de cuadrícula de rendimiento; $26.75 por 25 copias de la carta para padres; $26.75 por 25 formularios de interpretación de puntuación; $37.50 por los ítems de estímulo.
Duración: Sin límite de tiempo; normalmente 15-20 minutos para completar.
Comentarios: Una extensión del Kindergarten Readiness Test–Larson; se puede administrar a niños que solo hablan inglés, solo español o ambos inglés y español.
Autores: Sue L. Larson (prueba y manual) y Bradley T. Erford (solamente manual).
Editorial: Slosson Educational Publications, Inc.
Componentes en Español: El cuadernillo de prueba contiene indicaciones verbales dirigidas a lo(a) s examinado(a)s y opciones de respuesta en español.
Componentes en Inglés: Todos los materiales están disponibles en inglés, también.

[396s]

Leader Efficacy Questionnaire.

Propósito: Diseñado para evaluar las percepciones de los líderes sobre su propio nivel de confianza en sus capacidades y para comparar cómo las autocalificaciones coinciden con las calificaciones de otros sobre el nivel de eficacia del líder que muestran.
Procedencia: Estados Unidos/inglés.
Traducción/Adaptación: La casa editorial indica que existen varias traducciones de calidad variable, algunas de las cuales están disponibles de la casa editorial/distribuidor; no se provee información en los materiales de la prueba sobre el proceso de traducción/adaptación.
Población: Adultos.

[395e]

Kindergarten Readiness Test–Larson: English-Spanish Bilingual Edition.

Purpose: Designed to determine the readiness of children to begin kindergarten.
Origin: United States/English.
Translation/Adaptation: There is no information in the test materials about the translation/adaptation process.
Population: Ages 4-6.
Norms: Separate norms are not provided for the materials translated to Spanish.
Publication Date: 2013.
Acronym: KRT Larson Bilingual.
Scores: Total score only.
Administration: Individual.
Price Data, 2023: $210 per complete kit, including manual, 25 test booklets, 25 performance grid sheets, 25 copies of the letter to parent, 25 scoring interpretation forms, and stimulus items; $68 per manual; $102.50 per 25 test booklets; $26.75 per 25 performance grid sheets; $26.75 per 25 letter to parent; $26.75 per 25 scoring interpretation forms; $37.50 per stimulus items.
Time: Untimed; typically 15-20 minutes to complete.
Comments: An extension of the Kindergarten Readiness Test–Larson; can be administered to children who speak only English, only Spanish, or children both English and Spanish.
Authors: Sue L. Larson (test and manual) and Bradley T. Erford (manual only).
Publisher: Slosson Educational Publications, Inc.
Spanish Components: The test booklet contains verbal prompts spoken to test takers and response options in Spanish.
English Components: All materials are also available in English.

[396e]

Leader Efficacy Questionnaire.

Purpose: Designed to "assess leaders' perceptions of their own level of confidence in their capabilities" and for comparing how "self-ratings coincide with others' ratings of the level of leader efficacy they display."
Origin: United States/English.
Translation/Adaptation: Test publisher indicates that various translations of varying quality exist, some of which are available from the publisher/distributor; no information is provided in the test materials about the translation/adaptation process.
Population: Adults.

Baremos: Este cuestionario no es de referencia normativa.
Fecha de Publicación: 2013.
Acrónimo: LEQ.
Puntuación, 4: Autoeficacia de la Acción del Líder, Eficacia de los Medios de Líder, Eficacia de la Autorregulación del Líder, Total.
Administración: Individual o colectiva.
Formularios, 2: Autoevaluación, Calificación Externa.
Precios, 2022: $8 por cuestionario en línea: Formulario de Calificadores Múltiples ($100 tarifa de configuración); $2.50 por cuestionario en línea: Autoevaluación (compra mínima de 20); $2.50 por licencia para reproducir (compra mínima de 50).
Duración: 5-10 minutos.
Autores: Sean T. Hannah y Bruce J. Avolio.
Editorial: Mind Garden, Inc.
Componentes en Español: El Formulario de Autoevaluación y sus instrucciones correspondientes están disponibles en español.
Componentes en Inglés: Todos los materiales están disponibles en inglés, también; el manual es en inglés.

[397s]

Leadership Effectiveness Analysis™.

Propósito: Desarrollado para proveer información a los gerentes/líderes sobre sus percepciones de sus prácticas, perspectivas y comportamiento de gestión y liderazgo.
Procedencia: Estados Unidos/inglés.
Traducción/Adaptación: Los materiales fueron traducidos por una empresa de traducción profesional trabajando con un comerciante profesional de habla hispana nativa. El cuestionario traducido fue luego retrotraducido a inglés y comparado al original por expertos en la materia de la casa editorial de la prueba. Los ítems cuestionables se volvieron a traducir. Se realizan una investigación estadística con los ítems finalizados para asegurar que cada ítem funcione como se espera. Los ítems sospechosos son candidatos para una traducción.
Población: Gerentes y otros profesionales en todos los niveles dentro de una organización.
Baremos: No se han provisto baremos con los materiales traducidos al español.
Fechas de Publicación: 1981-2019.
Acrónimo: LEA.
Puntuación, 23: 22 dimensiones en 6 áreas: Crear una Visión (Conservadurismo, Innovación, Especialización, Autonomía Individual, Orientación Estratégica), Conseguir la Adhesión (Persuasión, Extroversión, Entusiasmo, Autocontrol), Llevar la Visión a la Práctica (Estructuración, Orientación a la Acción, Comunicación, Delegación), Seguimiento (Control, Feedback), Conseguir Resultados (Enfoque Directivo, Dominio, Producción), Actuación en Equipo (Cooperación, Consultivo, Autoridad, Empatía), más una puntuación de Exageración.

Norms: This questionnaire is not norm referenced.
Publication Date: 2013.
Acronym: LEQ.
Scores, 4: Leader Action Self-Efficacy, Leader Means Efficacy, Leader Self-Regulation Efficacy, Total.
Administration: Individual or group.
Forms, 2: Self, External Rating.
Price Data, 2022: $8 per online questionnaire: Multi-rater Form ($100 setup fee); $2.50 per online questtionnaire: Self Form (minimum purchase of 20); $2.50 per license to reproduce (minimum purchase of 50).
Time: 5-10 minutes.
Authors: Sean T. Hannah and Bruce J. Avolio.
Publisher: Mind Garden, Inc.
Spanish Components: The Self Form and its corresponding instructions are available in Spanish.
English Components: All materials are also available in English; the manual is in English.

[397e]

Leadership Effectiveness Analysis™.

Purpose: Developed to "provide information to managers/leaders concerning their perceptions of their management and leadership practices, perspectives, and behavior."
Origin: United States/English.
Translation/Adaptation: Materials were translated by a professional translation firm working with a business professional whose native language is Spanish. The translated questionnaire was then back-translated to English and compared to the original by test publisher subject matter experts. Questionable items were re-translated. "Once finalized, statistical item analyses are performed to assure that each item is operating as expected. Suspect items are candidates for retranslation."
Population: Managers and other professionals at all levels within an organization.
Norms: Separate norms are not provided with the materials translated to Spanish.
Publication Dates: 1981-2019.
Acronym: LEA.
Scores, 23: 22 dimensions in 6 areas: Creating a Vision (Conservative, Innovative, Technical, Self, Strategic), Developing Followership (Persuasive, Outgoing, Excitement, Restraint), Implementing a Vision (Structuring, Tactical, Communication, Delegation), Following Through (Control, Feedback), Achieving Results (Management Focus, Dominant, Production), Team Playing (Cooperation, Consensual, Authority, Empathy) plus an Exaggeration score.

Administración: Individual o colectiva.
Formularios, 5: Autodiagnóstico, Observador, Direcciones Estratégicas (LEA-SDQ), Expectativas de Rol (LEA-REQ), Cultura (LEA-LC).
Precios: Disponibles con la casa editorial.
Duración: 30 minutos para completar el cuestionario Auto-Reporte y el cuestionario Observador; 25 minutos para completar los cuestionarios de Direcciones Estratégicas, Expectativas de Rol y Cultura.
Comentarios: Requiere capacitación por parte de la casa editorial antes de la compra y el uso; administrado en línea o con papel y lápiz; calificado en línea.
Autores: James T. Mahoney (prueba) y Maria D. Brown (manual).
Editorial: Management Research Group.
Componentes en Español: El cuestionario autodiagnóstico, el cuestionario observador, el informe del impacto de liderazgo, el perfil personal y sus instrucciones correspondientes están disponibles en español.
Componentes en Inglés: Todos los materiales están disponibles en inglés también; el manual es en inglés.

[398s]

Leadership Potential Indicator.

Propósito: Diseñado para ayudar a las personas en puestos gerenciales y de liderazgo a identificar sus áreas de competencia actuales y decidir dónde deben enfocar sus esfuerzos de desarrollo.
Procedencia: Reino Unido (2015)/inglés.
Traducción/Adaptación: No se provee información en los materiales de la prueba sobre el proceso de traducción/adaptación.
Población: Edades 16 a 65.
Baremos: No se han provisto baremos con los materiales traducidos al español.
Fecha de Publicación: 2018.
Acrónimo: LPI.
Puntuación, 25: Gestionar el Cambio (Iniciar Actividad, Tomar Riesgos, Crear e Innovar, Adaptar al Cambio), Planificar y Organizar (Analizar e Interpretar, Tomar Decisiones, Planificar y Priorizar, Monitorear Calidad), Habilidades Interpersonales (Comunicar, Escuchar y Apoyar, Relacionar y Conectar, Trabajar en Equipo), Entregar Resultados (Lograr Objetivos, Satisfacer a los Clientes, Enfocar en el Negocio, Aprender y Desarrollar), Liderazgo (Persuadir e Influir, Motivar y Empoderar, Entrenamiento, Manejar el Estrés).
Administración: Individual.
Precios, 2023: $19.95 por administración en línea; el manual del usuario (57 páginas) está disponible para descargar desde el sitio web del editor de la prueba.
Duración: 15 minutos.
Comentarios: Se aplica en línea.

Administration: Individual or group.
Forms, 5: Self, Observer, Strategic Directions (LEA-SDQ), Role Expectations (LEA-REQ), Culture (LEA-LC).
Price Data: Available from publisher.
Time: 30 minutes to complete Self and Observer questionnaires; 25 minutes to complete Strategic Directions, Role Expectations, and Culture questionnaires.
Comments: Requires training by publisher before purchase and use; administered online or via paper and pencil; scored online.
Authors: James T. Mahoney (test) and Maria D. Brown (manual).
Publisher: Management Research Group.
Spanish Components: The Self questionnaire, Observer questionnaire, leadership impact report, personal feedback report, and their corresponding instructions are available in Spanish.
English Components: All materials are also available in English; the manual is in English.

[398e]

Leadership Potential Indicator.

Purpose: "Designed to help individuals in management and leadership positions identify their current areas of competency, and decide where they should focus their developmental efforts."
Origin: United Kingdom (2015)/English.
Translation/Adaptation: No information is provided in the test materials about the translation/adaptation process.
Population: Ages 16 to 65.
Norms: Separate norms are not provided with the materials translated to Spanish.
Publication Date: 2018.
Acronym: LPI.
Scores, 25: Managing Change (Initiating Activity, Taking Risks, Creating and Innovating, Adapting to Change), Planning and Organizing (Analyzing and Interpreting, Making Decisions, Planning and Prioritizing, Monitoring Quality), Interpersonal Skills (Communicating, Listening and Supporting, Relating and Networking, Team Working), Results Orientation (Achieving Goals, Meeting Customer Needs, Focusing on the Business, Learning and Developing), Leadership (Persuading and Influencing, Motivating and Empowering, Coaching Others, Coping with Pressure).
Administration: Individual.
Price Data, 2023: $19.95 per online administration; user's manual (57 pages) available for download from test publisher's website.
Time: 15 minutes.
Comments: Administered online.

Autor: MySkillsProfile.com.
Editorial: MySkillsProfile.com Limited [United Kingdom].
Componentes en Español: Los ítems de prueba y el reporte de competencias están disponibles en español.
Componentes en Inglés: Todos los materiales están disponibles en inglés también; el manual es en inglés.
Referencias Cruzadas: Para reseñas por John K. Hawley y por Janet Houser y Susan Dalbey de los componentes en inglés de esta prueba, consulte 20:111.

[399s]

Leadership Spectrum Profile.

Propósito: Diseñado para identificar las prioridades comerciales del liderazgo en una situación determinada, desarrollar la perspicacia comercial, mejorar la eficacia del equipo, mejorar el pensamiento estratégico y reflejar que los requisitos de liderazgo cambian según el contexto o las circunstancias.
Procedencia: Estados Unidos/inglés.
Traducción/Adaptación: No se provee información en los materiales de la prueba sobre el proceso de traducción/adaptación.
Población: Líderes superiores, equipos e individuos en posiciones de liderazgo.
Baremos: No se han provisto baremos con los ítems traducidos al español.
Fechas de Publicación: 1998-2000.
Acrónimo: LSP.
Puntuación: 6 opciones: Inventor (nuevos productos/servicios), Catalizador (crecimiento del mercado), Desarrollador (reducir el riesgo y mejorar las responsabilidades), Desempeñar (aumentar la eficiencia, la calidad y la utilización de recursos), Proteger (construir cultura y desarrollar talento) y Desafiante (posición para el futuro, verifique supuestos y tendencias).
Administración: Individual o colectiva.
Precios, 2023: $45.95 por administración en línea.
Duración: 12-18 minutos.
Comentarios: Los resultados reflejan las prioridades comerciales que actualmente están impulsando al líder; la versión en español se administra en línea; ejercicios de aplicación agregados al informe generado en 2020.
Autora: Mary Lippitt.
Editorial: Enterprise Management Ltd.
Componentes en Español: Los ítems de la prueba están disponibles en español.
Componentes en Inglés: Todos los materiales están disponibles en inglés también; el manual es en inglés.
Referencias Cruzadas: Para reseñas por Janet F. Carlson y por L. Carolyn Pearson y Sharon Ann Richardson de los componentes en inglés de esta prueba, consulte 17:104.

Author: MySkillsProfile.com.
Publisher: MySkillsProfile.com Limited [United Kingdom].
Spanish Components: The test items and competencies report are available in Spanish.
English Components: All materials are also available in English; the manual is in English.
Cross References: For reviews by John K. Hawley and by Janet Houser and Susan Dalbey of this test's English components, see 20:111.

[399e]

Leadership Spectrum Profile.

Purpose: To identify leadership business priorities in a given situation, develop business acumen, improve team effectiveness, enhance strategic thinking, and to reflect that leadership requirements change by context or circumstance.
Origin: United States/English.
Translation/Adaptation: No information is provided in the test materials about the translation/adaptation process.
Population: Senior leaders, teams, and individuals in leadership positions.
Norms: Separate norms are not provided with the items translated to Spanish.
Publication Dates: 1998-2000.
Acronym: LSP.
Scores: 6 choices: Inventor (new products/services), Catalyst (market growth), Developer (reduce risk and improve accountabilities), Performer (increase efficiency, quality, and resource utilization), Protector (build culture and develop talent), and Challenger (position for the future, check assumptions and trends).
Administration: Individual or group.
Price Data, 2023: $45.95 per online administration.
Time: 12-18 minutes.
Comments: Results reflect the business priorities that are currently driving the leader; the Spanish version is administered online; application exercises added to generated report in 2020.
Author: Mary Lippitt.
Publisher: Enterprise Management Ltd.
Spanish Components: The test items are available in Spanish.
English Components: All materials are also available in English; the manual is in English.
Cross References: For reviews by Janet F. Carlson and by L. Carolyn Pearson and Sharon Ann Richardson of this test's English components, see 17:104.

[400s]

Learning Style Inventory [Price Systems, Inc.].

Propósito: Identifica las condiciones bajo las cuales es más probable que un individuo aprenda, recorde y logre.
Procedencia: Estados Unidos (1975-1994)/inglés.
Traducción/Adaptación: No se provee información en los materiales de la prueba sobre el proceso de traducción/adaptación.
Población: Grados 3-12.
Baremos: No se han provisto baremos con los materiales traducidos al español.
Fechas de Publicación: 1975-1996.
Acrónimo: LSI.
Puntuación: 22 áreas: Nivel de Ruido, Iluminación, Temperatura, Diseño, Motivación, Persistente, Responsable, Estructura, Aprendizaje Solo/Orientado a Pares, Figuras de Autoridad Presentes, Aprender de Varias Formas, Auditivo, Visual, Táctil, Kinestésico, Requiere Ingesta, Tarde/Mañana, Tarde en la Mañana, Tarde, Necesita Movilidad, Motivación por Padres, Motivación por Docentes, más una puntuación de Consistencia.
Administración: Individual o colectiva.
Precios, 2023: $22.50 por 10 hojas de respuesta para Grados 3 y 4 o para Grados 5 hasta 12 (incluye puntuación); $7.50 o menos por perfiles colectivas y subescalas disponibles de la editorial de la prueba solo en adición a perfiles individuos; $.60 por cuadernillo interpretativo individuo; $16 por manual (1989, 95 páginas); $3.25 por reporte investigativo.
Duración: 20-30 minutos.
Autores: Rita Dunn, Kenneth Dunn y Gary E. Price.
Traductora/Adaptadora: Aura I. Ramírez.
Editorial: Price Systems, Inc.
Componentes en Español: Los ítems de prueba e instrucciones correspondientes están disponibles en español.
Componentes en Inglés: Todos los materiales están disponibles en inglés también; el manual es en inglés.
Referencias Cruzadas: Para reseñas por Thomas R. Knapp y Craig S. Shwery de los componentes en inglés de esta prueba, consulte 13:180.

[400e]

Learning Style Inventory [Price Systems, Inc.].

Purpose: Identifies "the conditions under which an individual is most likely to learn, remember, and achieve."
Origin: United States (1975-1994)/English.
Translation/Adaptation: No information is provided in the test materials about the translation/adaptation process.
Population: Grades 3-12.
Norms: Separate norms are not provided with the materials translated to Spanish.
Publication Dates: 1975-1996.
Acronym: LSI.
Scores: 22 areas: Noise Level, Light, Temperature, Design, Motivation, Persistent, Responsible, Structure, Learning Alone/Peer Oriented, Authority Figures Present, Learn in Several Ways, Auditory, Visual, Tactile, Kinesthetic, Requires Intake, Evening/Morning, Late Morning, Afternoon, Needs Mobility, Parent Figure Motivated, Teacher Motivated, plus a Consistency score.
Administration: Individual or group.
Price Data, 2023: $22.50 per 10 answer sheets for Grades 3 and 4 or for Grades 5 through 12 (includes scoring); $7.50 or less per group and subscale summaries available from publisher only in addition to individual profiles; $.60 per individual interpretative booklet; $16 per manual (1989, 95 pages); $3.25 per research report.
Time: 20-30 minutes.
Authors: Rita Dunn, Kenneth Dunn, and Gary E. Price.
Translator/Adaptor: Aura I. Ramirez.
Publisher: Price Systems, Inc.
Spanish Components: The test items and their corresponding instructions are available in Spanish.
English Components: All materials are also available in English; the manual is in English.
Cross References: For reviews by Thomas R. Knapp and Craig S. Shwery of this test's English components, see 13:180.

[401s]

The Level of Service Inventory–Revised [2003 Norms Update].

Propósito: Diseñado como encuesta cuantitativa de los atributos y situaciones de los ofensores para determinar el nivel de servicio a ofrecerle a estos.
Procedencia: Estados Unidos/inglés.
Traducción/Adaptación: No se provee información en los materiales de la prueba sobre el proceso de traducción/adaptación.
Población: Edades 16 en adelante.

[401e]

The Level of Service Inventory–Revised [2003 Norms Update].

Purpose: Designed as a "quantitative survey of attributes of offenders and their situations relevant to level of service decisions."
Origin: United States/English.
Translation/Adaptation: No information is provided in the test materials about the translation/adaptation process.
Population: Ages 16 and older.

Baremos: No se han provisto baremos con los materiales traducidos al español.
Fechas de Publicación: 1995-2003.
Acrónimo: LSI-R.
Puntuación: Puntuación total solamente.
Administración: Individual.
Precios, 2022: $378 por juego completo normativo, incluyendo manual (2001, 63 páginas, inglés), suplemento normativo, 25 guías de entrevista, 25 formularios de prueba y 25 formularios de perfil; $119 por manual; $43 por suplemento normativo; $146 por 25 guías de entrevista; $96 por 25 formularios de prueba.
Duración: 30-45 minutos.
Autores: Don A. Andrews y James L. Bonta.
Traductores/Adaptadores: Nedda Echevarría y Orlando Pedroza.
Editorial: Multi-Health Systems, Inc.
Componentes en Español: El formulario de perfil, formulario de prueba y guía de entrevista están disponibles en español.
Componentes en Inglés: Todos los materiales están disponibles en inglés, también; el manual es en inglés.
Referencias Cruzadas: Para reseñas por David F. Ciampi y Andrew A. Cox de los componentes en inglés de esta prueba, consulte 17:107.

[402s]

Light's Retention Scale, 5th Edition.

Propósito: Diseñado para ayudar a determinar si la retención de grado tendrá un resultado positivo o negativo para un estudiante en particular.
Procedencia: Estados Unidos (1981-2015)/inglés.
Traducción/Adaptación: No se provee información en los materiales de la prueba sobre el proceso de traducción/adaptación.
Población: Kindergarten hasta Grado 12.
Baremos: Esta prueba es de referencia de criterio, no de referencia normativa.
Fechas de Publicación: 1991-2015.
Acrónimo: LRS-5.
Puntuación: Puntuación total solamente.
Administración: Individual.
Precios, 2023: $135 por kit de prueba incluyendo manual (2015, 96 páginas, inglés), 25 formularios, 25 guías de padres en inglés y guía del director para retención y promoción de grado (2013, 32 páginas); $50 por manual; $40 por 25 formularios de registro (inglés); $25 por 25 guías para padres (inglés o español); $20 por guía del director (inglés); $25 por kit de administrador (25 borradores de retención, 25 formularios de consentimiento de padres y 25 formularios de recurso).
Duración: 10-15 minutos.
Comentarios: Un instrumento no psicométrico utilizado como una herramienta de asesoramiento con un candidato específico de retención.

Norms: Separate norms are not provided for the materials translated to Spanish.
Publication Dates: 1995-2003.
Acronym: LSI-R.
Scores: Total score only.
Administration: Individual.
Price Data, 2022: $378 per complete U.S. norms kit including manual (2001, 63 pages, English), norms supplement, 25 interview guides, 25 test forms, and 25 profile forms; $119 per manual; $43 per U.S. norms supplement; $146 per 25 interview guides; $96 per 25 test forms.
Time: 30-45 minutes.
Authors: Don A. Andrews and James L. Bonta.
Translators/Adaptors: Nedda Echevarría and Orlando Pedroza.
Publisher: Multi-Health Systems, Inc.
Spanish Components: The profile form, test form, and interview guide are available in Spanish.
English Components: All test materials are also available in English; the manual is in English.
Cross References: For reviews by David F. Ciampi and Andrew A. Cox of this test's English components, see 17:107.

[402e]

Light's Retention Scale, 5th Edition.

Purpose: Designed to assist in determining whether grade retention will have a positive or negative outcome for a particular student.
Origin: United States (1981-2015)/English.
Translation/Adaptation: No information is provided in the test materials about the translation/adaptation process.
Population: Kindergarten to Grade 12.
Norms: The test is criterion referenced, not norm referenced.
Publication Dates: 1991-2015.
Acronym: LRS-5.
Scores: Total score only.
Administration: Individual.
Price Data, 2023: $135 per test kit including manual (2015, 96 pages, English), 25 record forms, 25 parent's guides in English, and principal's guide to grade retention and promotion (2013, 32 pages, English); $50 per manual; $40 per 25 record forms (English); $25 per 25 parent guides (English or Spanish); $20 per principal's guide (English); $25 per school administrator's kit (25 retention worksheets, 25 parent consent forms, and 25 appeal forms).
Time: 10-15 minutes.
Comments: A non-psychometric instrument used as a counseling tool with a specific retention candidate.

Autores: H. Wayne Light (escala y guía del director) y Jill DelConte (guía del director).
Editorial: Academic Therapy Publications.
Componentes en Español: La guía para padres sobre retención de grado está disponible en español.
Componentes en Inglés: Todos los materiales están disponibles en inglés también; el manual y guía del director son en inglés.
Referencias Cruzadas: Para reseñas por Michael Harwell y Jean Powell Kirnan de los componentes en inglés de esta prueba, consulte 20:113.

Authors: H. Wayne Light (scale and principal's guide) and Jill DelConte (principal's guide).
Publisher: Academic Therapy Publications.
Spanish Components: The parent's guide to grade retention is available in Spanish.
English Components: All materials are also available in English; the manual and principal's guide are in English.
Cross References: For reviews by Michael Harwell and Jean Powell Kirnan of this test's English components, see 20:113.

[403s]

Listado de Adjetivos para la Evaluación del Autoconcepto en Adolescentes y Adultos.

Propósito: Diseñado como evaluación del autoconcepto global.
Procedencia: España/español.
Población: Edades 12-65.
Baremos: Los baremos se desarrollaron utilizando una muestra con 8.171 participantes, distribuidos por edad, nivel de estudios y por ocupación.
Fecha de Publicación: 2011.
Acrónimo: LAEA.
Puntuación, 5: Autoconcepto Físico, Autoconcepto Social, Autoconcepto Emocional, Autoconcepto Intelectual, Autoconcepto Global.
Administración: Individual y colectiva.
Precios, 2022: €48,91 por juego completo, incluye manual (2011, 98 páginas) y 25 ejemplares; €23,90 por 25 ejemplares; €33,08 por manual en línea.
Duración: (10-15) minutos.
Autor: Maite Garaigordobil.
Editorial: Hogrefe TEA Ediciones.
Componentes en Español: Todos los materiales son en español.
Componentes en Inglés: No hay materiales en inglés.

[403e]

Listado de Adjetivos para la Evaluación del Autoconcepto en Adolescentes y Adultos.

Purpose: Designed to evaluate global self-concept.
Origin: Spain/Spanish.
Population: Ages 12-65.
Norms: Norms were developed using a sample of 8,171 participants, distributed by age, level of education, and occupation.
Publication Date: 2011.
Acronym: LAEA.
Scores, 5: Physical Self-Concept, Social Self-Concept, Emotional Self-Concept, Intellectual Self-Concept, Global Self-Concept.
Administration: Individual and group.
Price Data, 2022: €48.91 per complete kit, including manual (2011, 98 pages) and 25 booklets; €23.90 per 25 booklets; €33.08 per online manual.
Time: (10-15) minutes.
Author: Maite Garaigordobil.
Publisher: Hogrefe TEA Ediciones.
Spanish Components: All materials are in Spanish.
English Components: There are no materials in English.

[404s]

Listado de Síntomas Breve [3a Edición Manual].

Propósito: Cuestionario clínico diseñado para la "identificación y valoración de síntomas psicológicos y psicosomáticos".
Procedencia: España/español.
Población: Adultos.
Baremos: Los baremos se desarrollaron utilizando muestras de seis países, distribuidos por género: Argentina (n = 1.999 adolescentes y adultos de población general), Bolivia (n = 321 adultos de cinco empresas públicas y privadas), Colombia (n = 687 adultos de población general), España (n = 1.124 adultos de población general, odontológica y clínica), México

[404e]

Listado de Síntomas Breve [3a Edición Manual].

Purpose: Clinical questionnaire designed for the identification and assessment of psychological and psychosomatic symptoms.
Origin: Spain/Spanish.
Population: Adults.
Norms: Norms were developed using samples from six countries, distributed by gender: Argentina (n = 1,999 adolescents and adults from the general population), Bolivia (n = 321 adults from five public and private businesses), Colombia (n = 687 adults from the general population), Dominican Republic (n = 387 adults), Mexico

(n = 1.918 adultos) y República Dominicana (n = 387 adultos).
Fechas de Publicación: 2012-2022.
Acrónimo: LSB-50.
Puntuación, 15: 2 escalas de validez: Minimización, Magnificación; 3 índices generales: Índice Global de Severidad, Número de Síntomas Presentes, Índice de Intensidad de Síntomas Presentes; 9 escalas clínicas: Psicorreactividad, Hipersensibilidad, Obsesión-Compulsión, Ansiedad, Hostilidad, Somatización, Depresión, Alteraciones del Sueño, Alteraciones del Sueño-Ampliada; más 1 Índice de Riesgo Psicopatológico.
Administración: Individual o colectiva.
Precios, 2022: €55,91 por juego completo, incluyendo manual (2022; tercera edición, revisada y ampliada; 103 páginas) y kit de corrección; €27,65 por kit de corrección (25 ejemplares y PIN para 25 usos en línea); €33,08 por manual en línea; €2,49 por una aplicación y corrección en línea.
Duración: Aproximadamente 5-10 minutos.
Comentarios: Se puede administrar via papel y lápiz o en línea; se corrige en línea; kit disponible en catalán también; se puede administrar en inglés en línea.
Autores: Luis de Rivera y Manuel R. Abuín.
Editorial: Hogrefe TEA Ediciones.
Componentes en Español: Todos los materiales son en español.
Componentes en Inglés: No hay materiales en inglés en el kit español.

[405s]

Logramos Tercera Edición.

Nombre Original: Iowa Assessments, Form E.
Propósito: Diseñado para medir el logro en lectura, lenguaje, matemáticas, ciencias y estudios sociales de estudiantes hispanohablantes.
Procedencia: Estados Unidos (2012)/inglés.
Traducción/Adaptación: El equipo de desarrollo de Logramos estuvo compuesto totalmente de hispanohablantes nativos, representantes de varios orígenes geográficos—incluyendo México, Puerto Rico y Argentina—y reflejando la diversidad de aquellos que aprenden inglés en los estados unidos. Los ítems originales en inglés primero fueron analizados por sesgo lingüístico o cultural y luego traducidos, adaptados o reemplazados con ítems nuevos. En el caso de confusión producido por la diversidad dialéctica, los miembros del equipo acordaron en usar términos universales. Material gráfico, especialmente en los niveles bajos, también fue reemplazado cuando fuera necesario. Estos materiales nuevos fueron entonces revisados por expertos internos y externos antes de ser empleados en la investigación de estandarización. El juego de prueba incluye un reporte técnico que provee ejemplos específicos de casos que se requirieron adaptación en vez de traducción por razones lingüísticos o culturales.

(n = 1,918 adults), and Spain (n = 1,124 adults from general, odontological and clinical populations).
Publication Dates: 2012-2022.
Acronym: LSB-50.
Scores, 15: 2 validity scales: Minimization, Magnification; 3 general indexes: Global Severity Index, Number of Symptoms Present, Intensity of Symptoms Present Index; 9 clinical scales: Psychoreactivity, Hypersensitivity, Obsessive-Compulsive, Anxiety, Hostility, Somatization, Depression, Sleep Disturbance, Sleep Disturbance-Extended; plus 1 Psychopathological Risk Index.
Administration: Individual or group.
Price Data, 2022: €55.91 per complete kit, including manual (2022; third edition, revised and extended; 103 pages) and scoring kit; €27.65 per scoring kit (25 answer sheets and PIN for 25 uses online); €33.08 per manual online, €2.49 per one administration and scoring online.
Time: Approximately 5-10 minutes.
Comments: Administered via paper and pencil or online; scored online; also available in Catalan and English.
Authors: Luis de Rivera and Manuel R. Abuín.
Publisher: Hogrefe TEA Ediciones.
Spanish Components: All materials are in Spanish.
English Components: There are no English materials in the Spanish kit.

[405e]

Logramos Tercera Edición.

Original Name: Iowa Assessments, Form E.
Purpose: Designed to measure the reading, language, mathematics, science, and social studies achievement of Spanish-speaking students.
Origin: United States (2012)/English.
Translation/Adaptation: "The team that developed Logramos was comprised entirely of native Spanish speakers, representing a range of geographical origins—including Mexico, Puerto Rico, and Argentina—and reflecting the diversity of English language learners in the United States." The original English items were first analyzed for linguistic and cultural bias and then translated, adapted, or replaced with new items. In the case of confusion caused by dialectic diversity, universal terms were agreed upon by team members. Artwork, especially at the lower levels, was also replaced as needed. These new materials were then reviewed both internally and externally before being used in the standardization study. The test kit includes a white paper that provides examples of specific cases where adaptation was required instead of translation for linguistic or cultural reasons.

Población: Grados K-8.
Baremos: Se han provisto baremos con la adaptación al español. Los baremos se desarrollaron utilizando una muestra de participantes provenientes de 23 escuelas. Estos participantes fueron distribuidos por edad, grado de instrucción y región geográfica en los EE. UU. (noreste/medio oeste, sur, oeste). Este procedimiento de muestreo fue diseñado para producir una muestra representativa nacional de estudiantes hablantes del español en las escuelas de la nación (incluyendo a Puerto Rico).
Fecha de Publicación: 2014.
Administración: Colectiva.
Niveles, 9: Nivel 5/6 (Grados K.8-1.9), Nivel 7 (Grados 1.7-2.5), Nivel 8 (Grados 2.5-3.5), Nivel 9 (Grados 3.0-3.9), Nivel 10 (Grados 4.0-4.9), Nivel 11 (Grados 5.0-5.9), Nivel 12 (Grados 6.0-6.9), Nivel 13 (Grados 7.0-7.9), and Nivel 14 (Grados 8.0-8.9).
Precios, 2023: $358.20 por 25 cuadernillos de prueba calificables por máquina; $354.55 por 25 cuadernillos de prueba reutilizables; $15.30 por administración en línea cada estudiante.
Duración: (160-340) minutos.
Autor: Houghton Mifflin Harcourt.
Editorial: Riverside Insights.
Componentes en Español: Las instrucciones de administración y los ítems de prueba son en español.
Componentes en Inglés: Los manuales de prueba son en inglés.

a) NIVELES 5/6 (GRADOS K-1).
Puntuación, 23: Vocabulario, Análisis de Palabras (Conocimiento Fonológico y Descodificación, Identificación y Análisis de Partes de Palabras, Total), Comprensión Auditiva (Comprensión Literal, Comprensión Ilativo, Total), Lenguaje (Tiempo Verbal, Clasificación, Uso del Singular y Plural, Lenguaje Operativo, Lenguaje Espacial y Direccional, Preposiciones para Denotar Relaciones, Adjetivos Comparativos y Superlativos, Total), Matemáticas (Sentido y Operaciones Numéricas, Patrones y Conexiones Algebraicas, Geometría, Medida, Total), Lectura Parte 1 y Lectura Parte 2 (Palabras, Comprensión, Total).
Duración: (160) minutos.

b) NIVEL 7 (GRADOS 1-2).
Puntuación, 35: Vocabulario, Análisis de Palabras (Conocimiento Fonológico y Descodificación, Identificación y Análisis de Partes de Palabras, Total), Lectura Parte 1 y Lectura Parte 2 (Texto Literario, Texto Informativo, Significado Explícito, Significado Implícito, Ideas Principales, Total), Comprensión Auditiva (Comprensión Literal, Comprensión Ilativo, Total), Lenguaje (Ortografía, Uso de Mayúsculas, Puntuación, Expresión Escrita, Total), Matemáticas Parte I and Matemáticas Parte II (Sentido y Operaciones Numéricas, Patrones y Conexiones Algebraicas, Análisis de Datos, Probabilidad y Estadística, Geometría, Medida, Total), Cálculo (Calcular con Números Enteros, Total), Estudios Sociales (Historia, Geografía, Economía, Educación Cívica y Gobierno, Total), Ciencias (Ciencias de la Vida, Ciencias de la Tierra y del Espacio, Ciencias Físicas, Total).

Population: Grades K-8.
Norms: Separate norms are provided with the adaptation to Spanish. Norms were developed using a sample of participants from 23 schools. These participants were distributed by age, grade, and geographic region in the United States (Northeast/Midwest, South, and West). "This sampling procedure was designed to produce a national probability sample representative of Spanish-speaking students in the nation's schools" (including Puerto Rico).
Publication Date: 2014.
Administration: Group.
Levels, 9: Level 5/6 (Grades K.8-1.9), Level 7 (Grades 1.7-2.5), Level 8 (Grades 2.5-3.5), Level 9 (Grades 3.0-3.9), Level 10 (Grades 4.0-4.9), Level 11 (Grades 5.0-5.9), Level 12 (Grades 6.0-6.9), Level 13 (Grades 7.0-7.9), and Level 14 (Grades 8.0-8.9).
Price Data, 2023: $358.20 for 25 machine scoreable test booklets; $354.55 for 25 reusable test booklets; online testing is $15.30 per student.
Time: (160-340) minutes.
Author: Houghton Mifflin Harcourt.
Publisher: Riverside Insights.
Spanish Components: Administration instructions and test items are in Spanish.
English Components: Test manuals are in English.

a) LEVELS 5/6 (GRADES K-1).
Scores, 23: Vocabulary, Word Analysis (Phonological Awareness and Decoding, Identifying and Analyzing Word Parts, Total), Listening (Literal Comprehension, Inferential Comprehension, Total), Language (Verb Tense, Classification, Singular-Plural Usage, Operational Language, Spatial-Directional Language, Prepositions to Denote Relationships, Comparative and Superlative Adjectives, Total), Mathematics (Number Sense and Operations, Algebraic Patterns and Connections, Geometry, Measurement, Total), Reading Parts 1 and 2 (Words, Comprehension, Total).
Time: (160) minutes.

b) LEVEL 7 (GRADES 1-2).
Scores, 35: Vocabulary, Word Analysis (Phonological Awareness and Decoding, Identifying and Analyzing Word Parts, Total), Reading Parts 1 and 2 (Literary Text, Informational Text, Explicit Meaning, Implicit Meaning, Key Ideas, Total), Listening (Literal Comprehension, Inferential Comprehension, Total), Language (Spelling, Capitalization, Punctuation, Written Expression, Total), Mathematics Parts 1 and 2 (Number Sense and Operations, Algebraic Patterns and Connections, Data Analysis Probability and Statistics, Geometry, Measurement, Total), Computation (Compute With Whole Numbers, Total), Social Studies (History, Geography, Economics, Civics and Government, Total), Science (Life Science, Earth and Space Science, Physical Science, Total).

Duración: (200-250) minutos.
c) NIVEL 8 (GRADOS 2-3).
Puntuación, 37: Igual a *b)* arriba más Lectura (Vocabulario, Arte del Autor).
Duración: (200-250) minutos.
d) NIVELES 9-14 (GRADOS 3-8).
Puntuación, 44: Igual a *c)* arriba más Cálculo (Calcular con Fracciones, Calcular con Decimales, Manipulaciones Algebraicas), Expresión Escrita (Uso y Gramática, Estructura de la Oración, Planificación y Organización, Expresión Apropiada).
Duración: (225-340) minutos.

[406s]

LURIA-INICIAL: Evaluación Neuropsicológica en la Edad Preescolar.

Propósito: Diseñado como "evaluación del funcionamiento ejecutivo y lingüístico en niños pequeños".
Procedencia: España/español.
Población: Edades 4-6.
Baremos: Los baremos se desarrollaron utilizando una muestra con 263 niños, distribuidos por edad y sexo.
Fechas de Publicación: 2006-2009.
Acrónimo: LURIA-INICIAL.
Puntuación, 17: Funciones Ejecutivas (Motricidad Manual, Orientación Derecha-Izquierda, Gestos y Praxias, Regulación Verbal, Orientación Espacial), Funciones Lingüísticas (Nombrar Objetos y Dibujos, Audición Fonémica, Vocabulario en Imágenes, Semejanzas y Diferencias, Operaciones Numéricas), Rapidez de Procesamiento (Denominación de Dibujos, Denominación de Colores), Memoria Inmediata (Memoria Verbal, Memoria Visual), Lateralidad Manual (Preferencia, Rapidez, Estereognosia).
Administración: Individual.
Precios, 2022: €193,19 por juego completo, incluye manual (2009, segunda edición, 62 páginas), cuaderno de láminas, 25 cuadernos del examinador y material auxiliar; €85,91 por 25 cuadernos del examinador.
Duración: (60) minutos.
Autores: Dionisio Manga y Francisco Ramos.
Editorial: Hogrefe TEA Ediciones.
Componentes en Español: Todos los materiales son en español.
Componentes en Inglés: No hay materiales en inglés.

[407s]

MacArthur-Bates Inventarios del Desarrollo de Habilidades Comunicativas.

Nombre Original: MacArthur Communicative Development Inventories (The Psychological Corporation).
Propósito: Diseñado para proveer información sobre el curso del desarrollo del lenguaje del niño desde la comprensión temprana del lenguaje, gestos

Time: (200-250) minutes.
c) LEVEL 8 (GRADES 2-3).
Scores, 37: Same as *b)* above plus Reading (Vocabulary, Author's Craft).
Time: (200-250) minutes.
d) LEVELS 9-14 (GRADES 3-8).
Scores, 44: Same as *c)* above plus Computations (Compute With Fractions, Compute With Decimals, Algebraic Manipulations), Written Expression (Usage and Grammar, Sentence Structure, Planning and Organization, Appropriate Expression).
Time: (225-340) minutes.

[406e]

LURIA-INICIAL Evaluación Neuropsicológica en la Edad Preescolar.

Purpose: Designed to evaluate linguistic and executive functioning in young children.
Origin: Spain/Spanish.
Population: Ages 4-6.
Norms: Norms were developed using a sample of 263 children, distributed by age and gender.
Publication Dates: 2006-2009.
Acronym: LURIA-INICIAL.
Scores, 17: Executive Functions (Manual Motor Skills, Left-Right Orientation, Gestures and Praxias, Verbal Regulation, Spatial Orientation), Linguistic Functions (Object and Picture Naming, Phonemic Hearing, Image Vocabulary, Similarities and Differences, Numerical Operations), Processing Speed (Picture Naming, Color Naming), Immediate Memory (Verbal Memory, Visual Memory), Manual Laterality (Preference, Speed, Stereognosis).
Administration: Individual.
Price Data, 2022: €193.19 per complete kit, including manual (2009, second edition, 62 pages), test booklet, 25 examiner books, and manipulatives; €85.91 per 25 examiner books.
Time: (60) minutes.
Authors: Dionisio Manga and Francisco Ramos.
Publisher: Hogrefe TEA Ediciones.
Spanish Components: All materials are in Spanish.
English Components: There are no materials in English.

[407e]

MacArthur-Bates Inventarios del Desarrollo de Habilidades Comunicativas.

Original Name: MacArthur Communicative Development Inventories (The Psychological Corporation).
Purpose: A parent report assessment designed to provide "information on the course of language development from a child's early

no-verbales, producción de palabras, hasta cómo usa y comprende el lenguaje según informado por los padres.

Procedencia: Estados Unidos (1993)/inglés; Italia (1995)/italiano.

Traducción/Adaptación: "Los instrumentos que se describen en [el manual de esta prueba] son adaptaciones al español de las versiones en inglés y en italiano de los CDI. Estas adaptaciones al español se desarrollaron de manera específica para niños de habla hispana y utilizan los datos normativos recolectados en México durante nueve años". "Las formas en habla hispana se adaptaron lingüística y culturalmente a partir de las versiones en italiano e inglés de los inventarios MacArthur. Se añadieron nuevas palabras a la Lista de vocabulario y se modificaron ciertas secciones para reflejar las diferencias intralingüísticas en categorías gramaticales. La segunda parte del Inventario II, Operaciones y gramática, se modificó por completo para reflejar aquellas propiedades que son específicas de la lengua española". También se realizaron algunas modificaciones a los reactivos. Consulte la Guía del Usuario y Manual Técnico para más información sobre los cambios específicos.

Población: Niños hispanohablantes de edades 8-30 meses.

Baremos: Se han provisto baremos con la adaptación al español. Los baremos se desarrollaron utilizando una muestra con 778 sujetos mexicanos para el Inventario I y 1,094 participantes para el Inventario II, distribuidos por edad, sexo, nacionalidad, nivel educativo de la madre, estatus socioeconómico, orden de nacimiento y exposición a un segundo idioma.

Fecha de Publicación: 2003.

Acrónimo: CDI.

Administración: Individual.

Precios, 2022: $90 por la Guía del Usuario y Manual Técnico (2003, 178 páginas, inglés), incluye 25 formularios de respuesta para el Inventario I (español) y 25 formularios de respuesta para el Inventario II (español).

Duración: Tiempo de administración no se reportó.

Autores: Donna Jackson-Maldonado, Donna J. Thal, Larry Fenson, Virginia A. Marchman, Tyler Newton y Barbara Conboy.

Editorial: Paul H. Brookes Publishing Co., Inc.

Componentes en Español: Los inventarios y sus instrucciones correspondientes son en español.

Componentes en Inglés: La Guía del Usuario y Manual Técnico es en inglés.

a) INVENTARIO I.

Población: Niños hispanohablantes de edades 8-18 meses.

Partes, 2: Primeras Palabras, Gestos y Acciones.

Puntuación, 9: Primeras Palabras (Comprensión Temprana, Comprensión de las Primeras Frases, Maneras de Hablar, Lista de Vocabulario), Gestos

signs of comprehension, to his or her first nonverbal gestural signals, to the expansion of early vocabulary, to the beginnings of grammar."

Origin: United States (1993)/English; Italy (1995)/Italian.

Translation/Adaptation: The instruments that are described in this test's manual are adaptations to Spanish of the versions in English and Italian of the CDI. These adaptations to Spanish were developed in a specific manner for Spanish-speaking children and use normative data collected in Mexico over nine years. The Spanish forms were adapted linguistically and culturally from the English and Italian versions of the MacArthur inventories. New words have been added to the Vocabulary Checklist, and certain sections were modified to reflect the cross linguistic differences in grammatical categories. The second part of the Inventory II, Operations and Grammar, was completely modified to reflect those properties that are specific to the Spanish language. Some modifications were also made to the items. Consult the User's Guide and Technical Manual for more information about specific changes.

Population: Spanish-speaking children ages 8-30 months.

Norms: Separate norms are provided with the adaptation to Spanish. Norms were developed using a sample of 778 Mexican participants for Inventory I and 1,094 for Inventory II, distributed by age, gender, nationality, maternal education, socioeconomic status, birth order, and exposure to second language.

Publication Date: 2003.

Acronym: CDI.

Administration: Individual.

Price Data, 2022: $90 per kit, including the User's Guide and Technical Manual (2003, 178 pages, English), 25 response forms for Inventory I (Spanish) and 25 response forms for Inventory II (Spanish).

Time: Administration time not reported.

Authors: Donna Jackson-Maldonado, Donna J. Thal, Larry Fenson, Virginia A. Marchman, Tyler Newton, and Barbara Conboy.

Publisher: Paul H. Brookes Publishing Co., Inc.

Spanish Components: The inventories and their corresponding instructions are in Spanish.

English Components: The User's Guide and Technical Manual is in English.

a) INVENTORY I.

Population: Spanish-speaking children ages 8-18 months.

Parts, 2: Early Words, Actions and Gestures.

Scores, 9: Early Words (First Signs of Understanding, Phrases Understood, Starting to Talk, Vocabulary Checklist), Actions and Gestures (First

y Acciones (Primeros Gestos, Juegos con Adultos y Rutinas, Acciones con Objetos, Jugar a Ser Adulto, Imitación de Otros Tipos de Actividades de Adultos).
b) INVENTARIO II.
Población: Niños hispanohablantes de edades 16-30 meses.
Partes, 2: El Uso de Palabras, Oraciones y Gramática.
Puntuación, 6: El Uso de Palabras (Lista de Vocabulario, Cómo Usa y Comprende el Niño/a el Lenguaje), Oraciones y Gramática (Formularios de Verbos, Combinación de Palabras, Ejemplos, Complejidad de Frases).

[408s]

MAINTEST.

Propósito: Diseñado para evaluar conocimientos y habilidades prácticas en las áreas de mecánica y electricidad.
Procedencia: Estados Unidos/inglés.
Traducción/Adaptación: No se provee información en los materiales de la prueba sobre el proceso de traducción/adaptación.
Población: Solicitantes y titulares de puestos de trabajo que requieran conocimientos y habilidades en las areas de mecánica y electricidad.
Baremos: No se han provisto baremos con el formulario traducido al español.
Fechas de Publicación: 1991-2012.
Puntuación, 22: Hidráulica, Neumática, Soldadura, Transmisión de Potencia, Lubricación, Bombas, Tuberías, Montajes, Mantenimiento Mecánico, Máquinas de Taller/Herramientas/Equipos, Combustión, Motores, Electrónica Digital, Esquemas e Interpretación de Diagramas, Circuitos de Control, Suministros Eléctricos, Teoría Básico Sobre CA/CC, Distribución de la Potencia, Instrumentos de Prueba, Computadoras y PLC, Mantenimiento Eléctrico, Total.
Administración: Colectiva.
Formularios: Formularios paralelos disponibles.
Precios, 2023: $70 por folleto de prueba (ordenar un mínimo de 10, descuentos de volumen disponibles) o administración en línea; manual es gratis (30 páginas).
Duración: 150 minutos (sin límite de tiempo).
Comentarios: Se puede administrar en papel y lápiz o en línea; la casa editorial de la prueba avisa que cambios en los nombres de los formularios indican revisiones menores.
Autor: Roland T. Ramsay.
Editorial: Ramsay Corporation.
Componentes en Español: El formulario de prueba está disponible en español.
Componentes en Inglés: Todos los materiales están disponibles en inglés, también; el manual es en inglés.
Referencias Cruzadas: Para una reseña por Michael J. Zickar de los formularios en inglés NL-1, NL-1R, B y C, consulte 17:114.

Communicative Gestures, Games and Routines, Actions with Objects, Pretending to be a Parent, Imitating Other Adult Actions).
b) INVENTORY II.
Population: Spanish-speaking children ages 16-30 months.
Parts, 2: Words Children Use, Sentences and Grammar.
Scores, 6: Words Children Use (Vocabulary Checklist, How Children Use Words), Sentences and Grammar (Verb Forms, Combining, Examples, Complexity).

[408e]

MAINTEST.

Purpose: "Designed to measure the mechanical and electrical knowledge and skills required for maintenance jobs."
Origin: United States/English.
Translation/Adaptation: No information is provided in the test materials about the translation/adaptation process.
Population: Applicants and incumbents for jobs requiring practical mechanical and electrical knowledge.
Norms: Separate norms are not provided with the form translated to Spanish.
Publication Dates: 1991-2012.
Scores, 22: Hydraulics, Pneumatics, Welding, Power Transmission, Lubrication, Pumps, Piping, Rigging, Mechanical Maintenance, Shop Machines and Tools and Equipment, Combustion, Motors, Digital Electronics, Schematics and Print Reading, Control Circuits, Power Supplies, Basic AC/DC Theory, Power Distribution, Test Instruments, Computers and PLC, Electrical Maintenance, Total.
Administration: Group.
Forms: Parallel forms available.
Price Data, 2023: $70 per paper-and-pencil or online test administration (minimum order of 10, quantity discounts available); no charge for manual (30 pages).
Time: 150 minutes (untimed).
Comments: Available for online or paper-and-pencil administration; test publisher advises changes in form names indicate minor revisions and updating.
Author: Roland T. Ramsay.
Publisher: Ramsay Corporation.
Spanish Components: Test form is available in Spanish.
English Components: All materials are also available in English; the manual is in English.
Cross References: For a review by Michael J. Zickar of the English Forms NL-1, NL-1R, B, and C, see 17:114.

[409s]

Maslach Burnout Inventory [Fourth Edition Manual].

Propósito: Diseñado para captar sentimientos de agotamiento.
Procedencia: Estados Unidos/inglés.
Traducción/Adaptación: La editorial indica que existen varias traducciones de calidad variable, algunas de las cuales están disponibles de la casa editorial/distribuidor; no se provee información en los materiales de la prueba sobre el proceso de traducción/adaptación.
Población: Adultos.
Baremos: No se han provisto baremos con los formularios traducidos al español.
Fechas de Publicación: 1981-2016.
Acrónimo: MBI.
Administración: Individual o colectiva.
Formularios, 5: Servicios Humanos, Personal Médico, Educadores, General, Estudiantes.
Precios, 2022: $60 por manual impreso (2016, 79 páginas); $50 por manual digital; $15 por reporte individual; $200 por reporte de grupo; $2.50 por encuesta remota en línea o licencia para reproducir.
Comentarios: Se puede calificar y administrar en línea.
Autores: Christina Maslach (manual y todos los formularios), Susan E. Jackson (manual y todos los formularios), Michael P. Leiter (manual, Encuesta General, Encuesta de Estudiantes), Wilmar B. Schaufeli (Encuesta General, Encuesta de Estudiantes) y Richard L. Schwab (Encuesta de Educadores).
Traductores/Adaptadores: Gustavo Rivera (2002), Maria Ximena Franco Bontempo (1997), Ana Marissa Ramírez (1993), Aida Luz Ortiz (1995).
Editorial: Mind Garden, Inc.
Componentes en Español: Los formularios General, Servicios Humanos, Personal Médicos y Educadores y sus instrucciones correspondientes están disponibles en español.
Componentes en Inglés: Todos los materiales están disponibles en inglés también; el manual es en inglés.

a) ENCUESTA DE SERVICIOS HUMANOS.
Población: Individuos que trabajan en servicios humanos.
Fecha de Publicación: 1981.
Acrónimo: MBI–HSS.
Puntuación, 3: Agotamiento Emocional, Despersonalización, Realización Personal.
Duración: 10-15 minutos.

b) ENCUESTA DE PERSONAL MÉDICO.
Población: Personal médico.
Fecha de Publicación: 2016.
Acrónimo: MBI–HSS (MP)
Puntuación, 3: Igual a *a)* arriba.
Duración: 10-15 minutos.

[409e]

Maslach Burnout Inventory [Fourth Edition Manual].

Purpose: "Designed to capture feelings of burnout."
Origin: United States/English.
Translation/Adaptation: Test publisher indicates that various translations of varying quality exist, some of which are available from the publisher/distributor; no information is provided in the test materials about the translation/adaptation process.
Population: Adults.
Norms: Separate norms are not provided with the forms translated to Spanish.
Publication Dates: 1981-2016.
Acronym: MBI.
Administration: Individual or group.
Forms, 5: Human Services, Medical Personnel, Educators, General, Students.
Price Data, 2022: $60 per print manual (2016, 79 pages); $50 per digital manual; $15 per individual report; $200 per group report; $2.50 per remote online survey or license to reproduce.
Comments: Online administration and scoring available.
Authors: Christina Maslach (manual and all forms), Susan E. Jackson (manual and all forms), Michael P. Leiter (manual, General Survey, Student Survey), Wilmar B. Schaufeli (General Survey, Student Survey), and Richard L. Schwab (Educators Survey).
Translators/Adaptors: Gustavo Rivera (2002), Maria Ximena Franco Bontempo (1997), Ana Marissa Ramírez (1993), Aida Luz Ortiz (1995).
Publisher: Mind Garden, Inc.
Spanish Components: The General, Human Services, Medical Personnel, and Educators forms and their corresponding instructions are available in Spanish.
English Components: All materials are also available in English; the manual is in English.

a) HUMAN SERVICES SURVEY.
Population: Individuals who work in human services.
Publication Date: 1981.
Acronym: MBI–HSS.
Scores, 3: Emotional Exhaustion, Depersonalization, Personal Accomplishment.
Time: 10-15 minutes.

b) MEDICAL PERSONNEL SURVEY.
Population: Medical personnel.
Publication Date: 2016.
Acronym: MBI–HSS (MP).
Scores, 3: Same as *a)* above.
Time: 10-15 minutes.

c) ENCUESTA DE EDUCADORES.
Población: Docentes, administradores, otros miembros del personal y voluntarios que trabajan en algún contexto educativo.
Fecha de Publicación: 1986.
Acrónimo: MBI–ES.
Puntuación, 3: Igual a *a)* arriba.
Duración: 10-15 minutos.
d) ENCUESTA GENERAL.
Población: Adultos trabajando en otras ocupaciones que no sean servicios humanos y en educación.
Fecha de Publicación: 1986.
Acrónimo: MBI–GS.
Puntuación, 3: Agotamiento, Cinismo, Eficacia Profesional.
Duración: 5-10 minutos.
Comentarios: Se enfoca en el desempeño general en el trabajo sin dar importancia a la naturaleza del trabajo.
e) ENCUESTA GENERAL PARA ESTUDIANTES.
Población: Estudiantes universitarios y de colegio.
Fecha de Publicación: 2016.
Acrónimo: MBI–GS (S).
Puntuación, 3: Igual a *d)* arriba.
Duración: 5–10 minutos.
Referencias Cruzadas: Para reseñas por Michael G. Kavan y Deborah M. Powell de los componentes en inglés de esta prueba, consulte 21:87.

[410s]

Massachusetts Youth Screening Instrument–Version 2.

Propósito: Diseñado para identificar jóvenes con posibles problemas mentales, emocionales o de comportamiento al ingresar el sistema judicial juvenil.
Procedencia: Estados Unidos/inglés.
Traducción/Adaptación: No se provee información en los materiales de la prueba sobre el proceso de traducción/adaptación.
Población: Edades 12-17.
Baremos: No se han provisto baremos con el formulario traducido al español.
Fechas de Publicación: 1998-2006.
Acrónimo: MAYSI-2.
Administración: Individual.
Formularios, 2: Hombre, Mujer.
Precios, 2023: $140 por manual, incluye CD-ROM con versiones imprimibles de todos los formularios.
Duración: 15 minutos.
Comentarios: Para utilizar el MAYSI-2, hay que estar registrado con el "National Youth Screening Assistance Project".
Autores: Thomas Grisso y Richard Barnum.
Editorial: Professionial Resource Press.
Componentes en Español: El cuestionario para clientes y sus instrucciones correspondientes están disponibles en español.

c) EDUCATORS SURVEY.
Population: Teachers, administrators, other staff members, and volunteers who work in any educational setting.
Publication Date: 1986.
Acronym: MBI–ES.
Scores, 3: Same as *a)* above.
Time: 10-15 minutes.
d) GENERAL SURVEY.
Population: Adults working in occupations other than human services and education.
Publication Date: 1986.
Acronym: MBI–GS.
Scores, 3: Exhaustion, Cynicism, Professional Efficacy.
Time: 5-10 minutes.
Comments: "Focuses on the performance of work in general regardless of the specific nature of that work."
e) GENERAL SURVEY FOR STUDENTS.
Population: College and university students.
Publication Date: 2016.
Acronym: MBI–GS (S).
Scores, 3: Same as *d)* above.
Time: 5-10 minutes.
Cross References: For reviews by Michael G. Kavan and Deborah M. Powell of this test's English components, see 21:87.

[410e]

Massachusetts Youth Screening Instrument–Version 2.

Purpose: Designed "to identify youths with potential mental, emotional, or behavioral problems at entry points in the juvenile justice system."
Origin: United States/English.
Translation/Adaptation: No information is provided in the test materials about the translation/adaptation process.
Population: Ages 12-17.
Norms: Separate norms are not provided with the form translated to Spanish.
Publication Dates: 1998-2006.
Acronym: MAYSI-2.
Administration: Individual.
Forms, 2: Male, Female.
Price Data, 2023: $140 per manual, includes CD-ROM with printable versions of all forms.
Time: 15 minutes.
Comments: To use the MAYSI-2, one must be registered with the National Youth Screening Assistance Project.
Authors: Thomas Grisso and Richard Barnum.
Publisher: Professional Resource Press.
Spanish Components: The client questionnaire and its corresponding instructions are available in Spanish.

Componentes en Inglés: Todos los materiales están disponibles en inglés, también.

a) HOMBRE.

Puntuación, 7: Uso de Alcohol/Drogas, Enojado-Irritable, Deprimido-Ansioso, Quejas Somáticas, Ideación Suicida, Pensamiento Perturbado, Experiencias Traumáticas.

b) MUJER.

Puntuación, 6: Uso de Alcohol/Drogas, Enojado-Irritable, Deprimido-Ansioso, Quejas Somáticas, Ideación Suicida, Experiencias Traumáticas.

Referencias Cruzadas: Para reseñas por Randy G. Floyd y por Renee M. Tobin y Corinne Zimmerman de los componentes en inglés de esta prueba, consulte 18:71.

[411s]

Mathematics Self-Efficacy Scale.

Propósito: Destinado a medir creencias con respecto a la capacidad para realizar diversas tareas y comportamientos relacionados con las matemáticas.

Procedencia: Estados Unidos/inglés.

Traducción/Adaptación: La editorial indica que existen varias traducciones de calidad variable, algunas de las cuales están disponibles de la casa editorial/distribuidor; no se provee información en los materiales de la prueba sobre el proceso de traducción/adaptación.

Población: Estudiantes universitarios.

Baremos: No se han provisto baremos con los materiales traducidos al español.

Fecha de Publicación: 1993.

Acrónimo: MSES.

Puntuación, 3: Autoeficacia en Tareas de Matemáticas, Autoeficacia en Cursos de Matemáticas, Total de Autoeficacia en Matemáticas.

Administración: Individual o colectiva.

Partes, 2: Tareas Matemáticas Cotidianas, Cursos de Matemáticas.

Precios, 2022: $50 por manual incluyendo la prueba; $2.50 por administración en línea (todos formularios; compra mínima de 50); $2.50 por licencia para reproducir (todo formularios, compra mínima de 50).

Duración: 15 minutos para administrar.

Comentarios: Puede administrarse en línea; compre una licencia para reproducir y administrar vía papel y lápiz.

Autores: Nancy E. Betz y Gail Hackett.

Editorial: Mind Garden, Inc.

Componentes en Español: Los ítems de prueba y sus instrucciones correspondientes están disponibles en español.

Componentes en Inglés: Todos los materiales están disponibles en inglés, también; el manual es en inglés.

Referencias Cruzadas: Para reseñas por Joseph C. Ciechalski y Everett V. Smith, Jr. de los componentes en inglés de esta prueba, consulte 14:223.

English Components: All materials are also available in English.

a) MALE.

Scores, 7: Alcohol/Drug Use, Angry-Irritable, Depressed-Anxious, Somatic Complaints, Suicide Ideation, Thought Disturbance, Traumatic Experiences.

b) FEMALE.

Scores, 6: Alcohol/Drug Use, Angry-Irritable, Depressed-Anxious, Somatic Complaints, Suicide Ideation, Traumatic Experiences.

Cross References: For reviews by Randy G. Floyd and by Renee M. Tobin and Corinne Zimmerman of this test's English components, see 18:71.

[411e]

Mathematics Self-Efficacy Scale.

Purpose: Intended to measure beliefs regarding ability to perform various math-related tasks and behaviors.

Origin: United States/English.

Translation/Adaptation: Test publisher indicates that various translations of varying quality exist, some of which are available from the publisher/distributor; no information is provided in the test materials about the translation/adaptation process.

Population: College students.

Norms: Separate norms are not provided with the materials translated to Spanish.

Publication Date: 1993.

Acronym: MSES.

Scores, 3: Mathematics Task Self-Efficacy, Math-Related School Subjects Self-Efficacy, Total Mathematics Self-Efficacy Score.

Administration: Individual or group.

Parts, 2: Daily Math Tasks, Math Courses.

Price Data, 2022: $50 for manual including the test; $2.50 per online survey (all forms; minimum of 50); $2.50 per license to reproduce (all forms; minimum 50).

Time: 15 minutes to administer.

Comments: May be administered online; purchase a license to reproduce to administer via paper and pencil.

Authors: Nancy E. Betz and Gail Hackett.

Publisher: Mind Garden, Inc.

Spanish Components: The test items and their corresponding instructions are available in Spanish.

English Components: All materials are also available in English; the manual is in English.

Cross References: For reviews by Joseph C. Ciechalski and Everett V. Smith, Jr. of this test's English components, see 14:223.

[412s]

Matrices Progresivas de Raven 2.

Nombre Original: Raven's Progressive Matrices 2, Clinical Edition (NCS Pearson).
Propósito: Diseñado como una evaluación no verbal del funcionamiento cognitivo general, específicamente la capacidad de razonar y resolver problemas complejos.
Procedencia: Estados Unidos (2018)/inglés.
Traducción/Adaptación: "Los equipos de investigación de Pearson en España, Alemania, Australia, Canadá, Escandinavia, Francia, India, Inglaterra y los Países Bajos revisaron el sesgo cultural de los ítems de la prueba y determinaron que el test era culturalmente adecuado para estos países". El equipo se contó con la colaboración de una traductora experta y filóloga para traducir las instrucciones para los examinados al español. Se añadió una página en blanco entre ítems para presentar un único ítem cada vez.
Población: Edades 4 a 69.
Baremos: Se han provisto baremos con la adaptación española. Los baremos se desarrollaron utilizando una muestra con 644 participantes españoles, distribuidos por edad, género y nivel educativo.
Fecha de Publicación: 2019.
Acrónimo: Raven's 2.
Puntuación: Puntuación total solamente.
Administración: Individual o colectiva.
Formularios, 3: Formulario Digital Largo, Formulario Digital Breve, Formulario en Papel.
Precios, 2023: €295 por juego completo incluye manual (2019, 74 páginas), cuaderno de estímulos, 25 hojas de respuestas y 25 usos de aplicación y corrección en línea; €146 por manual; €21,95 por 25 hojas de respuestas; €157 por el cuaderno de estímulos.
Duración: 25-40 minutos depende el formulario.
Comentarios: Se administra con papel y lápiz o en línea; se corrige en línea.
Autor: Pearson.
Traductoras/Adaptadoras: Ana Hernández, Cristina Aguilar, Èrica Paradell y Frédérique Vallar.
Editorial: Pearson España.
Componentes en Español: Todos los materiales son en español.
Componentes en Inglés: No hay materiales en inglés en esta versión.

a) FORMULARIO DIGITAL LARGO.
Duración: Tiempo límite de 30 minutos para edades 4 a 8 años; tiempo límite de 45 minutos para edades 9 a 69 años.
Comentarios: "Tiene millones de combinaciones de ítems, únicas y equivalentes, seleccionadas a partir del banco de ítems". "Si se dispone de un ordenador o una tableta adecuada, con conexión a internet, y el sujeto se siente cómodo cumplimentando el test en él, se recomienda realizar la aplicación en línea".

b) FORMULARIO DIGITAL BREVE.
Duración: Tiempo límite de 20 minutos.

[412e]

Matrices Progresivas de Raven 2.

Original Name: Raven's Progressive Matrices 2, Clinical Edition (NCS Pearson).
Purpose: Designed as a nonverbal assessment of general cognitive ability, specifically the ability to reason and resolve complex problems.
Origin: United States (2018)/English.
Translation/Adaptation: The Pearson R&D teams in Spain, Germany, Australia, Canada, Scandinavia, France, India, England, and the Netherlands reviewed the test items for cultural bias and determined that the test was culturally adequate for these countries. The team collaborated with an expert translator and philologist to translate the instructions for examinees to Spanish. A blank page was added between items to present one item at a time.
Population: Ages 4 through 69.
Norms: Separate norms are provided with the Spanish adaptation. Norms were developed using a sample of 644 Spanish participants, distributed by age, gender, and education level.
Publication Date: 2019.
Acronym: Raven's 2.
Scores: Total score only.
Administration: Individual or group.
Forms, 3: Digital Long Form, Digital Short Form, Paper Form.
Price Data, 2023: €295 per complete kit, including manual (2019, 74 pages), stimulus book, 25 answer sheets, and 25 online scoring and administration uses; €146 per manual; €21.95 for 25 answer sheets; €157 per stimulus book.
Time: 25-40 minutes depending on form.
Comments: Administered by paper and pencil or online; scored online.
Author: Pearson.
Translators/Adaptors: Ana Hernández, Cristina Aguilar, Èrica Paradell, and Frédérique Vallar.
Publisher: Pearson España.
Spanish Components: All materials are in Spanish.
English Components: There are no English materials in this version.

a) DIGITAL LONG FORM.
Time: 30-minute time limit for ages 4 to 8 years; 45-minute time limit for ages 9 to 69 years.
Comments: Contains millions of unique parallel item sets that are randomly assembled from a large item bank; the test publisher advises that if an internet connection and computers are available and examinees are comfortable taking a digital test, it is best practice to use the digital forms.

b) DIGITAL SHORT FORM.
Time: 20-minute time limit.

c) FORMULARIO EN PAPEL.
Duración: Tiempo límite de 30 minutos para edades 4 a 8 años; tiempo límite de 45 minutos para edades 9 a 69 años.
Comentarios: "Se puede utilizar si no se dispone de un ordenador o una tableta adecuada, con conexión a internet, o si el sujeto no se siente cómodo cumplimentando el test en él".

[413s]

Mechanic Evaluation Test.

Propósito: Diseñado para seleccionar o evaluar mecánicos en la indústria.
Procedencia: Estados Unidos/inglés.
Traducción/Adaptación: No se provee información en los materiales de la prueba sobre el proceso de traducción/adaptación.
Población: Solicitantes de puestos de trabajos en áreas de mecánica.
Baremos: No se han provisto baremos con los formularios traducidos al español.
Fechas de Publicación: 1992-2014.
Administración: Colectiva.
Niveles, 3: Mecánico C, Mecánico B, Mecánico A.
Precios, 2023: $28 por administración de prueba (ordenar un mínimo de 20); $25 por manual.
Duración: 60-70 minutos.
Comentarios: La casa editorial avisa que cambios en los nombres de los formularios indican revisiones menores.
Autor: Roland T. Ramsay.
Editorial: Ramsay Corporation.
Componentes en Español: Los formularios de prueba y sus instrucciones correspondientes están disponibles en español.
Componentes en Inglés: Todos los materiales están disponibles en inglés también; el manual es en inglés.
a) MECÁNICO A.
Puntuación: 6 áreas: Soldadura y HVAC, Neumática y Lubricación, Interpretación de Diagramas y Taller, Eléctricos, Mecánica y Temas Varios, Total.
b) MECÁNICO B.
Puntuación: 5 áreas: Soldadura y Plomería y HVAC, Neumática y Lubricación, Interpretación de Diagramas, Mecánica y Taller, Eléctricos, Total.
c) MECÁNICO C.
Puntuación: 6 áreas: Soldadura y Plomería y HVAC, Neumática y Lubricación, Mecánica e Interpretación de Diagramas, Eléctricos, Taller y Herramientas y Máquinas, Montajes y Mecánica Varia, Total.
Referencias Cruzadas: Para reseñas por Stephen B. Johnson y Charles A. Scherbaum de los formularios en inglés A1R-C, B1-C, C1-C y C1R-C, consulte 19:99.

[414s]

Mechanical Aptitude Test.

Propósito: Diseñado para evaluar aptitudes mecánicas.

c) PAPER FORM.
Time: 30-minute time limit for ages 4 to 8 years; 45-minute time limit for ages 9 to 69 years.
Comments: For use if an internet connection and adequate computers or tablets are not available or if examinees are not comfortable taking a digital test.

[413e]

Mechanic Evaluation Test.

Purpose: Designed for selecting or evaluating industrial mechanics.
Origin: United States/English.
Translation/Adaptation: No information is provided in the test materials about the translation/adaptation process.
Population: Mechanic job applicants.
Norms: Separate norms are not provided with the forms translated to Spanish.
Publication Dates: 1992-2014.
Administration: Group.
Levels, 3: C Mechanic, B Mechanic, A Mechanic.
Price Data, 2023: $28 per test administration (minimum order of 20); $25 per manual.
Time: 60-70 minutes.
Comments: Publisher advises that changes in form names indicate minor revisions and updating.
Author: Roland T. Ramsay.
Publisher: Ramsay Corporation.
Spanish Components: The test forms and their corresponding instructions are available in Spanish.
English Components: All materials are also available in English; the manual is in English.
a) A MECHANIC.
Scores: 6 areas: Welding and HVAC, Pneumatics and Lubrication, Print Reading and Shop, Electrical, Mechanical and Miscellaneous, Total.
b) B MECHANIC.
Scores: 5 areas: Welding and Plumbing and HVAC, Pneumatics and Lubrication, Print Reading, Mechanical and Shop, Electrical, Total.
c) C MECHANIC.
Scores: 6 areas: Welding and Plumbing and HVAC, Pneumatics and Lubrication, Mechanical and Print Reading, Electrical, Shop and Tools and Machines, Rigging and Miscellaneous, Total.
Cross References: For reviews by Stephen B. Johnson and Charles A. Scherbaum of English Forms A1R-C, B1-C, C1-C, and C1R-C, see 19:99.

[414e]

Mechanical Aptitude Test.

Purpose: Designed to evaluate mechanical aptitude.

Procedencia: Estados Unidos/inglés.
Traducción/Adaptación: No se provee información en los materiales de la prueba sobre el proceso de traducción/adaptación.
Población: Solicitantes de puestos de trabajos que requieren la habilidad de poder aprender sobre áreas de mecánica.
Baremos: No se han provisto baremos con el formulario traducido al español.
Fechas de Publicación: 2002-2015.
Puntuación: Puntuación total que mide 4 áreas: Artículos del Hogar, Producción y Mantenimiento, Ciencia Básica y Física, Herramientas Mecánicas y Manuales.
Administración: Colectiva.
Precios, 2023: $28 por administración de prueba con instrucciones (ordenar un mínimo de 20); $25 por manual.
Duración: 20-30 minutos.
Comentarios: Se puede administrar en línea; la casa editorial avisa que cambios en los nombres de los formularios indican revisiones menores.
Autor: Roland T. Ramsay.
Editorial: Ramsay Corporation.
Componentes en Español: El formulario de prueba y sus instrucciones correspondientes están disponibles en español.
Componentes en Inglés: Todos los materiales están disponibles en inglés también; el manual es en inglés.
Referencias Cruzadas: Para reseñas por James T. Austin y Karl N. Kelley del formulario inglés MAT-3-C, consulte 19:100.

Origin: United States/English.
Translation/Adaptation: No information is provided in the test materials about the translation/adaptation process.
Population: Applicants for jobs that require the ability to learn mechanical skills.
Norms: Separate norms are not provided with the form translated to Spanish.
Publication Dates: 2002-2015.
Scores: Total score only covering 4 areas: Household Objects, Work-Production and Maintenance, School-Science and Physics, Hand and Power Tools.
Administration: Group.
Price Data, 2023: $28 per test administration (minimum order of 20); $25 per manual.
Time: 20-30 minutes.
Comments: Available for online administration; test publisher advises changes in form names indicate minor revisions and updating.
Author: Roland T. Ramsay.
Publisher: Ramsay Corporation.
Spanish Components: The test form and its corresponding instructions are available in Spanish.
English Components: All test materials are also available in English; the manual is in English.
Cross References: For reviews by James T. Austin and Karl N. Kelley of English Form MAT-3-C, see 19:100.

[415s]

Mechanical Technician B.

Propósito: Diseñado para asistir en la selección de técnicos de mantenimiento para puestos de trabajo específicamente en la industria manufacturera o de metales.
Procedencia: Estados Unidos/inglés.
Traducción/Adaptación: No se provee información en los materiales de la prueba sobre el proceso de traducción/adaptación.
Población: Solicitantes o titulares de puestos de trabajo que requieren habilidades y conocimiento en áreas de mantenimiento mecánico.
Baremos: No se han provisto baremos con el formulario traducido al español.
Fechas de Publicación: 2003-2011.
Puntuación, 8: Hidráulica y Neumática, Interpretación de Diagramas, Soldadura con Soplete/Fabricación/Soldadura/Montaje, Transmisión de Potencia y Lubricación, Bombas y Tuberías, Principios de Mantenimiento Mecánico, Equipos y Herramientas de Taller, Total.
Administración: Colectiva.
Precios, 2023: $28 por administración de la prueba (ordenar un mínimo de 20); $25 por manual.

[415e]

Mechanical Technician B.

Purpose: Designed to assist in selecting or evaluating mid-journey level maintenance technicians for jobs in the metals or manufacturing industry.
Origin: United States/English.
Translation/Adaptation: No information is provided in the test materials about the translation/adaptation process.
Population: Applicants and incumbents for jobs requiring mechanical maintenance knowledge and skills.
Norms: Separate norms are not provided with the form translated to Spanish.
Publication Dates: 2003-2011.
Scores, 8: Hydraulics and Pneumatics, Print Reading, Burning/Fabricating/Welding/Rigging, Power Transmission and Lubrication, Pumps and Piping, Mechanical Maintenance Principles, Shop Equipment and Tools, Total.
Administration: Group.
Price Data, 2023: $28 per test administration (minimum order of 20); $25 per manual.

Duración: 60-70 minutos (sin límite de tiempo).
Comentarios: La casa editorial avisa que cambios en los nombres de los formularios indican revisiones menores.
Autor: Roland T. Ramsay.
Editorial: Ramsay Corporation.
Componentes en Español: El formulario de prueba y sus instrucciones correspondientes están disponibles en español.
Componentes en Inglés: Todos los materiales están disponibles en inglés también; el manual es en inglés.
Referencias Cruzadas: Para una reseña por Gregory J. Cizek de los folletos en inglés del formulario MTB-XC y MTB-YC, consulte 17:119.

[416s]

MecTest.

Propósito: Diseñado para asistir en la selección de mecánicos de mantenimiento de nivel "journey".
Procedencia: Estados Unidos/inglés.
Traducción/Adaptación: No se provee información en los materiales de la prueba sobre el proceso de traducción/adaptación.
Población: Solicitantes y titulares de puestos de trabajos de mantenimiento.
Baremos: No se han provisto baremos con el formulario traducido al español.
Fechas de Publicación: 1991-2014.
Puntuación, 9: Hidráulica y Neumática, Material Impreso, Soldadura y Montaje, Transmisión de Potencia, Lubricación, Bombas y Tuberías, Mantenimiento Mecánico, Máquinas/Herramientas/Equipo del Taller, Total.
Administración: Colectiva.
Precios, 2023: $28 por administración de prueba (ordenar un mínimo de 20); $25 por manual.
Duración: 60-70 minutos.
Comentarios: La casa editorial avisa que cambios en los nombres de los formularios indican revisiones menores.
Autor: Roland T. Ramsay.
Editorial: Ramsay Corporation.
Componentes en Español: El folleto de prueba y sus instrucciones correspondientes están disponibles en español.
Componentes en Inglés: Todos los materiales están disponibles en inglés también; el manual es en inglés.
Referencias Cruzadas: Para reseñas por Nancy T. Tippins y Sheldon Zedeck de los formularios en inglés AU-C y BV-R, consulte 19:104.

[417s]

Medidas Amplias de la Personalidad Adulta.

Propósito: Diseñada para "medir las cinco grandes dimensiones de la personalidad entre los hispanos y en particular los puertorriqueños".

Time: 60-70 minutes (untimed).
Comments: Test publisher advises changes in form names indicate minor revisions and updating.
Author: Roland T. Ramsay.
Publisher: Ramsay Corporation.
Spanish Components: The test form and its corresponding instructions are available in Spanish.
English Components: All materials are also available in English; the manual is in English.
Cross References: For a review by Gregory J. Cizek of the English forms MTB-XC and MTB-YC, see 17:119.

[416e]

MecTest.

Purpose: Designed to assist in the selection of journey-level maintenance mechanics.
Origin: United States/English.
Translation/Adaptation: No information is provided in the test materials about the translation/adaptation process.
Population: Applicants and incumbents for maintenance jobs.
Norms: Separate norms are not provided with the form translated to Spanish.
Publication Dates: 1991-2014.
Scores, 9: Hydraulics and Pneumatics, Print Reading, Welding and Rigging, Power Transmission, Lubrication, Pumps and Piping, Mechanical Maintenance, Machines/Tools/Equipment, Total.
Administration: Group.
Price Data, 2023: $28 per test administration (minimum order of 20); $25 per manual.
Time: 60-70 minutes.
Comments: Test publisher advises changes in form names indicate minor revisions and updating.
Author: Roland T. Ramsay.
Publisher: Ramsay Corporation.
Spanish Components: The test booklet and its corresponding instructions are available in Spanish.
English Components: All materials are also available in English; the manual is in English.
Cross References: For reviews by Nancy T. Tippins and Sheldon Zedeck of the English Forms AU-C and BV-R, see 19:104.

[417e]

Medidas Amplias de la Personalidad Adulta.

Purpose: Designed to measure the Big Five personality dimensions in Hispanics, particularly among Puerto Ricans.

Procedencia: Puerto Rico/español.
Población: Hispanos, en particular puertorriqueños, de 15 años en adelante.
Baremos: No provee información sobre baremos.
Fecha de Publicación: 2023.
Acrónimo: MAPA.
Puntuación, 5: Control Emocional, Extroversión, Intelectualidad, Afabilidad, Rectitud.
Administración: Individual.
Precios: Disponibles con la casa editorial; varía según el país.
Duración: 30 minutos aproximadamente.
Comentarios: Se administra y se corrige en línea.
Autor: Gabriel Cirino Gerena.
Editorial: Test Innovations, Inc.
Componentes en Español: Todos los materiales son en español.
Componentes en Inglés: No hay materiales en inglés.

[418s]

Memoria Visual de Rostros.

Propósito: Diseñado para evaluar la "capacidad para recordar representaciones fisiognómicas de personas y datos asociados a ellas".
Procedencia: España/español.
Población: Adolescentes y adultos.
Baremos: Los baremos se desarrollaron utilizando una muestra con 603 participantes, distribuidos por sexo.
Fecha de Publicación: 2002.
Acrónimo: MVR.
Puntuación: Puntuación total solamente.
Administración: Colectiva.
Precios, 2022: €70,75 por juego completo, incluye manual (2002, 20 páginas), 25 ejemplares A y 25 hojas B; €70,18 por 25 ejemplares A y 25 hojas B.
Duración: (8-15) minutos.
Autor: Nicolás Seisdedos.
Editorial: Hogrefe TEA Ediciones.
Componentes en Español: Todos los materiales son en español.
Componentes en Inglés: No hay materiales en inglés.

[419s]

Menstrual Distress Questionnaire.

Propósito: Diseñado como un inventario de auto-reporte para utilizarse en el diagnóstico y tratamiento de angustia/dolor premenstrual o menstrual.
Procedencia: Estados Unidos (1968-1991)/inglés.
Traducción/Adaptación: Las traducciones se basan en la versión original de Western Psychological Services (WPS); traducciones están disponibles en el español que se habla en España, Argentina, Chile,

Origin: Puerto Rico/Spanish.
Population: Hispanics, particularly Puerto Ricans, 15 years and older.
Norms: Norms information is not provided.
Publication Date: 2023.
Acronym: MAPA.
Scores, 5: Neuroticism, Extraversion, Openness, Agreeableness, Conscientiousness.
Administration: Individual.
Price Data: Available from publisher; varies by country.
Time: Approximately 30 minutes.
Comments: Administered and scored online.
Author: Gabriel Cirino Gerena.
Publisher: Test Innovations, Inc.
Spanish Components: All materials are in Spanish.
English Components: There are no materials in English.

[418e]

Memoria Visual de Rostros.

Purpose: Designed to assess the capacity to remember physiognomic representations of people and information related to them.
Origin: Spain/Spanish.
Population: Adolescents and adults.
Norms: Norms were developed using a sample of 603 participants, distributed by gender.
Publication Date: 2002.
Acronym: MVR.
Scores: Total score only.
Administration: Group.
Price Data, 2022: €70.75 per complete kit, including manual (2002, 20 pages), 25 test booklets A, and 25 test sheets B; €70.18 per 25 test booklets A and 25 test sheets B.
Time: (8-15) minutes.
Author: Nicolás Seisdedos.
Publisher: Hogrefe TEA Ediciones.
Spanish Components: All materials are in Spanish.
English Components: There are no materials in English.

[419e]

Menstrual Distress Questionnaire.

Purpose: Designed as a "self-report inventory for use in the diagnosis and treatment of premenstrual and menstrual distress."
Origin: United States (1968-1991)/English.
Translation/Adaptation: Translations are based on original test from Western Psychological Services (WPS); translations are available for the Spanish spoken in Spain, Argentina, Chile,

México y los Estados Unidos; la editorial indica que existen varias traducciones de calidad variable, algunas de las cuales están disponibles de la casa editorial/distribuidor; no se provee información en los materiales de la prueba sobre el proceso de traducción/adaptación.
Población: Mujeres que experimentan dolor/angustia premenstrual o menstrual entre fuerte y severo.
Baremos: No se han provisto baremos con el formulario traducido al español.
Fechas de Publicación: 1968-2010.
Acrónimo: MDQ.
Puntuación, 8: Dolor, Retención de Agua, Reacciones Autonómicas, Afecto Negativo, Problemas de Concentración, Cambios en el Comportamiento, Excitación, Control.
Administración: Colectiva.
Formularios, 2: C (Ciclo), T (Hoy).
Precios, 2022: $60 por manual impreso; $50 por manual digital; $2.50 por prueba en línea (todos formularios; compra mínima de 50); $2.50 por licencia de reproducir (todos formularios, compra mínima de 50).
Duración: (15) minutos Formulario C; (5) minutos Formulario T.
Autor: Rudolf H. Moos.
Editorial: Mind Garden, Inc.
Componentes en Español: El Formulario C y instrucciones correspondientes están disponibles en español.
Componentes en Inglés: Todos los materiales están disponibles en inglés, también.
Referencias Cruzadas: Para reseñas por Jennifer J. Fager y Donna L. Sundre de los componentes en inglés de esta prueba, consulte 12:230.

[420s]

Merrill-Palmer Escalas de Desarrollo Revisadas.

Nombre Original: Merrill-Palmer–Revised Scales of Development (Stoelting Company).
Propósito: Diseñado para la "evaluación de las cinco principales áreas del desarrollo: cognición, lenguaje, motricidad, conducta adaptativa y autocuidado y socioemocional".
Procedencia: Estados Unidos (2004)/inglés.
Traducción/Adaptación: Un grupo de expertos en adaptaciones de instrumentos de evaluación psicológica examinó el contenido de cada escala para determinar si había algún sesgo en los ítems que afectara el rendimiento de los niños españoles. El grupo alcanzó un acuerdo sobre cuales ítems en cada batería debían modificarse, cambiarse o sustituirse. Se basó la selección final de los ítems en investigaciones estadísticas que determinaron la dificultad, discriminación, correlación y consistencia interna del ítem. Finalmente, se estableció el orden definitivo de los ítems.
Población: Edades 1 mes a 78 meses.

Mexico, and the United States; test publisher indicates that various translations of varying quality exist, some of which are available from the publisher/distributor; there is no information in the test materials about the translation/adaptation process.
Population: Women who experience strong to severe premenstrual or menstrual distress.
Norms: Separate norms are not provided with the form translated to Spanish.
Publication Dates: 1968-2010.
Acronym: MDQ.
Scores, 8: Pain, Water Retention, Autonomic Reactions, Negative Affect, Impaired Concentration, Behavior Change, Arousal, Control.
Administration: Group.
Forms, 2: C (Cycle), T (Today).
Price Data, 2022: $60 per print manual; $50 per digital manual; $2.50 per online survey (all forms; minimum of 50); $2.50 per license to reproduce (all forms; minimum 50).
Time: (15) minutes for Form C; (5) minutes for Form T.
Author: Rudolf H. Moos.
Publisher: Mind Garden, Inc.
Spanish Components: Form C and its corresponding instructions are available in Spanish.
English Components: All materials are also available in English.
Cross References: For reviews by Jennifer J. Fager and Donna L. Sundre of this test's English components, see 12:230.

[420e]

Merrill-Palmer Escalas de Desarrollo Revisadas.

Original Name: Merrill-Palmer–Revised Scales of Development (Stoelting Company).
Purpose: Designed to evaluate the five main areas of development: cognition, language, fine and gross motor, adaptive and self-help behavior, and social emotional.
Origin: United States (2004)/English.
Translation/Adaptation: A group of experts in the adaptation of psychological evaluation instruments examined the content of each scale for item bias. The group reached an agreement about which items in each battery needed to be modified, changed, or substituted. Final items were selected based on statistical analyses such as item difficulty, discrimination, correlation, and internal consistency. Finally, the group determined the final item order.
Population: Ages 1 month to 78 months.

Baremos: Se han provisto baremos con la adaptación al español. Los baremos se desarrollaron utilizando una muestra de 968 niños, distribuidos por edad, género y región geográfica de España.
Fecha de Publicación: 2011.
Acrónimo: MP-R.
Administración: Individual.
Formularios, 7-8: Batería Cognitiva-Examinador, Motricidad Gruesa-Examinador, Lenguaje Expresivo-Examinador, Lenguaje Expresivo-Padres, Socioemocional-Padres, Conducta Adaptativa y Autocuidado-Padres, Estilo de Temperamento-Padres, Entrevista para Padres Indicadores de Problemas Socioemocionales y Conductuales (opcional).
Precios, 2022: €1.369,24 por juego completo, incluye manual (2011, 522 páginas), 25 cuadernillos de cada batería, 25 hojas de resumen, cuadernos de estímulos A y B, material manipulativo y PIN de corrección; €98,92 por 25 cuadernillos batería cognitiva; €47,49 por 25 cuadernillos motricidad gruesa; €20,57 por 25 cuadernillos (lenguaje expresivo/lenguaje expresivo-padres/socioemocional/conducta adaptativa y autocuidado/estilo temperamento); €10,29 por 25 hojas de resumen de resultados; €15,34 por PIN de corrección para 25 usos en línea.
Duración: Aproximadamente 60-90 minutos.
Comentarios: El formulario Entrevista para Padres Indicadores de Problemas Socioemocionales y Conductuales en el manual de la prueba puede ser aplicada por el examinador o puede ser respondida directamente por los padres para valorar la presencia de conductas problemáticas.
Autores: Gale H. Roid, Jackie Sampers, Gregory Anderson, Joan Erickson y Patricia Post.
Traductores/Adaptadores: Fernando Sánchez, Pablo Santamaría, Irene Fernández y David Arribas.
Editorial: Hogrefe TEA Ediciones.
Componentes en Español: Todos los materiales son en español.
Componentes en Inglés: No hay materiales en inglés en esta versión.

a) BATERÍA COGNITIVA-EXAMINADOR.
Niveles, 7: Nivel 0 (1-5 meses), Nivel 0,5 (6-11 meses), Nivel 1 (12-23 meses), Nivel 2 (24-35 meses), Nivel 3 (36-47 meses), Nivel 4 (48-59 meses), Nivel 5 (60-78 meses).
Puntuación, 7-8: 3 escalas principales: Cognición, Motricidad Fina, Lenguaje Receptivo; 3 escalas complementarias: Memoria, Velocidad de Procesamiento, Coordinación Visomotora; 1 Índice Global de Cognición; dos escalas para niños/as menores de 12 meses: Lenguaje Infantil, Memoria Infantil.

1) *Comportamiento Durante la Evaluación.*
Niveles, 2: Nivel 0 (1-17 meses), Nivel 1,5 (18-78 meses).
Puntuación, 6: Irritado, Atento, Temeroso y Cauteloso, Organizado y Cooperativo, Activo y Diligente, Enfadado y Poco Colaborador.

Norms: Separate norms are provided with the Spanish adaptation. Norms were developed using a sample of 968 children, distributed by age, gender, and geographic region in Spain.
Publication Date: 2011.
Acronym: MP-R.
Administration: Individual.
Forms, 7-8: Cognitive Battery-Examiner, Gross Motor-Examiner, Expressive Language-Examiner, Expressive Language-Parents, Social-Emotional-Parents, Adaptive Behavior and Self-Care-Parents, Temperament Style-Parents, Indicators of Social-Emotional and Behavioral Problems Parent Interview (optional).
Price Data, 2022: €1,369.24 per complete kit, including manual (2011, 522 pages), 25 test booklets for each battery, 25 summary sheets, stimulus booklet A and B, manipulatives, and a scoring PIN; €98.92 per 25 cognitive battery booklets; €47.49 per 25 gross motor booklets; €20.57 per 25 booklets (expressive language/expressive language parent/social emotional development/self-help-adaptive development/temperament style); €10.29 per 25 summary reports/growth score profiles; €15.34 per scoring PIN for 25 online uses.
Time: Approximately 60-90 minutes.
Comments: The Indicators of Social-Emotional and Behavioral Problems Parent Interview form in the test manual can be administered by the examiner or filled out by the parents to assess the presence of problematic behaviors.
Authors: Gale H. Roid, Jackie Sampers, Gregory Anderson, Joan Erickson, and Patricia Post.
Translators/Adaptors: Fernando Sánchez, Pablo Santamaría, Irene Fernández, and David Arribas.
Publisher: Hogrefe TEA Ediciones.
Spanish Components: All materials are in Spanish.
English Components: There are no English materials in this version.

a) COGNITIVE BATTERY-EXAMINER.
Levels, 7: Level 0 (1-5 months), Level 0.5 (6-11 months), Level 1 (12-23 months), Level 2 (24-35 months), Level 3 (36-47 months), Level 4 (48-59 months), Level 5 (60-78 months).
Scores, 7-8: 3 principal scales: Cognition, Fine Motor, Receptive Language; 3 supplemental scales: Memory, Processing Speed, Visual Motor Coordination; 1 Global Cognition Index; two scales for children younger than 12 months: Infant Language, Infant Memory.

1) *Testing Behaviors.*
Levels, 2: Level 0 (1-17 months), Level 1.5 (18-78 months).
Scores, 6: Irritated, Attentive, Fearful and Cautious, Organized and Cooperative, Active and Eager, Angry and Oppositional.

b) MOTRICIDAD GRUESA-EXAMINADOR.
Niveles, 5: Nivel 0 (1-11 meses), Nivel 1 (12-23 meses), Nivel 2 (24-35 meses), Nivel 3 (36-47 meses), Nivel 4 (48-78 meses).
Puntuación: Motricidad Gruesa Total.
c) LENGUAJE EXPRESIVO.
Formularios, 2: Lenguaje Expresivo-Padres, Lenguaje Expresivo-Examinador.
Puntuación, 2: Lenguaje Expresivo, Índice Total de Lenguaje.
1) *Lenguaje Expresivo-Padres.*
Niveles, 2: 0 (1-12 meses), 1 (1-78 meses).
Acrónimo: LE-P.
Puntuacion: Puntuación total solamente.
2) *Lenguaje Expresivo-Examinador.*
Niveles, 1: 1 (13-78 meses).
Acrónimo: LE-E.
Puntuación: Puntuación total solamente.
d) SOCIOEMOCIONAL-PADRES.
Niveles, 5: Nivel 0 (1-11 meses), Nivel 1 (12-23 meses), Nivel 2 (24-35 meses), Nivel 3 (36-47 meses), Nivel 4 (48-78 meses).
Puntuación: Socioemocional Total.
e) ESTILO DE TEMPERAMENTO-PADRES.
Puntuaciones, 3: Fácil, Temeroso, Difícil.
f) CONDUCTA ADAPTATIVA Y AUTOCUIDADO-PADRES.
Niveles, 5: Nivel 0 (1-11 meses), Nivel 1 (12-23 meses), Nivel 2 (24-35 meses), Nivel 3 (36-47 meses), Nivel 4 (48-78 meses).
Puntuación, 1: Conducta Adaptativa y Autocuidado Total.

[421s]

Merrill-Palmer–Revised Scales of Development.

Propósito: Diseñado para evaluar el desarrollo cognoscitivo, socioemocional, autoayuda, lenguaje y el motor grueso y fino en bebes y niños.
Procedencia: Estados Unidos (1926-2004)/inglés.
Traducción/Adaptación: La traductora implementó un método literal en combinación con un método consensuado para elegir redacciones universales sobre las variantes regionales en español. La traducción fue examinada y redactada por varios psicólogos/educadores hispanohablantes y un grupo de psicólogos de escuela y especialistas en diagnóstico educacional hasta que se alcanzó una versión consensuada final.
Población: Edades 1 mes a 78 meses.
Baremos: No se han provisto baremos con los materiales traducidos al español.
Fecha de Publicación: 2004.
Acrónimo: M-P-R.
Administración: Individual.
Formularios, 8: Batería Cognitiva–Examinador, Motricidad Gruesa–Examinador, Lenguaje Expresivo–Examinador, Desarrollo Socioemocional–Padres, Estilo de Temperamento Socioemocional–Padres, Autoayuda/Adaptativo–Padres, Entrevista para Padres

b) GROSS MOTOR-EXAMINER.
Levels, 5: Level 0 (1 -11 months), Level 1 (12-23 months), Level 2 (24-35 months), Level 3 (36-47 months), Level 4 (48-78 months).
Score: Gross Motor Total.
c) EXPRESSIVE LANGUAGE.
Forms, 2: Expressive Language-Parent, Expressive Language-Examiner.
Scores, 2: Expressive Language, Total Language Index.
1) *Expressive Language-Parent.*
Levels, 2: 0 (1-12 months), 1 (13-78 months).
Acronym: LE-P.
Scores: Total score only.
2) *Expressive Language-Examiner.*
Levels, 1: 1 (13-78 months).
Acronym: LE-E.
Scores: Total score only.
d) SOCIAL-EMOTIONAL-PARENT.
Levels, 5: Level 0 (1-11 months), Level 1 (12-23 months), Level 2 (24-35 months, Level 3 (36-47 months), Level 4 (48-78 months).
Score: Social-Emotional Total.
e) TEMPERAMENT STYLE-PARENT.
Scores, 3: Easy, Fearful, Difficult.
f) ADAPTIVE BEHAVIOR AND SELF-HELP-PARENT.
Levels, 5: Level 0 (1-11 months), Level 1 (12-23 months), Level 2 (24-35 months, Level 3 (36-47 months), Level 4 (48-78 months).
Scores, 1: Adaptive Behavior and Self-Help Total.

[421e]

Merrill-Palmer–Revised Scales of Development.

Purpose: Designed to assess cognitive, social-emotional, self-help, language, and fine and gross motor development in infants and children.
Origin: United States (1926-2004)/English.
Translation/Adaptation: The translator used a literal approach combined with the "consensus" method of selecting wordings most universal across regional variations in Spanish usage. The translation was examined and edited by several Spanish-speaking psychologists/educators and a panel of school psychologists and educational diagnosticians until consensus for the final version was reached.
Population: Ages 1 month to 78 months.
Norms: Separate norms are not provided with the materials translated to Spanish.
Publication Date: 2004.
Acronym: M-P-R.
Administration: Individual.
Forms, 8: Cognitive Battery–Examiner, Gross Motor–Examiner, Expressive Language–Examiner, Expressive Language–Parent, Social-Emotional Development–Parent, Social-Emotional Temperament Style–Parent, Self-Help/Adaptive–Parent,

Indicadores de Problemas Socioemocionales y Conductuales (opcional).
Precios, 2023: $1,095 por juego completo incluyendo manual (2004, 267 páginas, inglés), libro de estímulos para infantes, libro de instrucciones con caballete, libro de Fido, juguetes y manipulativos y 20 de cada uno de los formularios en un bolso rodante.
Duración: Aproximadamente 45 minutos para administrar.
Comentarios: Partes de esta prueba deben ser completadas por un padre/cuidador(a); el formulario Entrevista para Padres Indicadores de Problemas Socioemocionales y Conductuales puede ser completado por los padres o un examinador para evaluar la presencia de conductas problemáticas.
Autores: Gale H. Roid, Jackie Sampers, Gregory Anderson, Joan Erickson, and Patricia Post.
Traductora/Adaptadora: Yvette D. Rybolt.
Editorial: Stoelting Co.
Componentes en Español: Las indicaciones habladas por el/la examinador/a en la Batería Cognitiva están disponibles en español. Los formularios Desarrollo Socioemocional–Padres, Estilo de Temperamento Socioemocional–Padres y Autoayuda/Adaptativo–Padres están disponibles en español.
Componentes en Inglés: Todos los materiales están disponibles en inglés también; el manual es en inglés.

a) BATERÍA COGNITIVA–EXAMINADOR.
Niveles, 7-9: 0 (1-5 meses), .5 (6-12 meses), 1 (13-23 meses), 2 (24-35 meses), 3 (36-47 meses), 4 (48-59 meses), 5 (60-78 meses).
Puntuaciones, 9: 3 escalas primarias: Cognición, Motricidad Fina, Lenguaje Receptivo; 3 escalas suplementarias: Memoria, Velocidad de Procesamiento, Coordinación Visomotora; Índice Global de Cognición; más dos escalas para niños menores de 12 meses: Memoria Infantil, Lenguaje Infantil.

1) *Comportamiento Durante la Evaluación.*
Niveles, 4: 0 (1-5 meses), .5 (6-11 meses), 1 (12-17 meses), 1.5 (18-78 meses).
Puntuación, 6: Irritado, Atención, Temeroso y Cauteloso, Organizado y Cooperativo, Activo y Diligente, Enfadado y Poco Colaborador.

b) MOTRICIDAD GRUESA–EXAMINADOR.
Niveles, 5: 0 (0-12 meses), 1 (13-23 meses), 2 (24-35 meses), 3 (36-47 meses), 4+ (48-78 meses).
Puntuación: Motricidad Gruesa Total.

c) LENGUAJE EXPRESIVO.
Formularios, 2: Lenguaje Expresivo–Padres; Lenguaje Expresivo–Examinador.
Puntuación, 2: Lenguaje Expresivo, Índice Total de Lenguaje.

1) *Lenguaje Expresivo–Padres.*
Población: 0-78 meses.
Niveles, 2: 0 (0-12 meses), 1+ (13-78 meses).
Puntuación: Puntuación total solamente.

2) *Lenguaje Expresivo–Examinador.*
Población: 1+ (13-78 meses).
Puntuación: Puntuación total solamente.

Social-Emotional Problem Indicators Interview (optional).
Price Data, 2023: $1,095 per complete kit including manual (2004, 267 pages, English), infant stimuli book, easel book, Fido book, choke-safe toys and manipulatives, and 20 of each form in a rolling bag.
Time: Approximately 45 minutes to administer.
Comments: Portions of this test are to be completed by a parent/guardian; the Social-Emotional Problem Indicators Examiner Record form can be administered by the examiner or filled out by the parents to assess the presence of problematic behaviors.
Authors: Gale H. Roid, Jackie Sampers, Gregory Anderson, Joan Erickson, and Patricia Post.
Translator/Adaptor: Yvette D. Rybolt.
Publisher: Stoelting Co.
Spanish Components: The directions spoken by the examiner in the Cognitive Battery are available in Spanish. The Social-Emotional Developmental–Parent, Social-Emotional Temperament Style–Parent, and Self-Help/Adaptive–Parent forms are also available in Spanish.
English Components: All materials are also available in English; the manual is in English.

a) COGNITIVE BATTERY–EXAMINER.
Levels, 7-9: 0 (1-5 months), .5 (6-12 months), 1 (13-23 months), 2 (24-35 months), 3 (36-47 months), 4 (48-59 months), 5 (60-78 months).
Scores, 9: 3 principal scales: Cognitive, Fine Motor, Receptive Language; 3 supplementary scales: Memory, Speed of Processing, Visual Motor; Developmental Index Quotient; plus two scales for children younger than 12 months: Infant Memory, Infant Language.

1) *Testing Behaviors-Examiner.*
Levels, 4: 0 (1-5 months), .5 (6-11 months), 1 (12-17 months), 1.5 (18-78 months).
Scores, 6: Emotionality, Attention, Fearful and Cautious, Organized and Cooperative, Active and Eager, Angry and Oppositional.

b) GROSS MOTOR–EXAMINER.
Levels, 5: 0 (0-12 months), 1 (13-23 months), 2 (24-35 months), 3 (36-47 months), 4+ (48-78 months).
Score: Gross Motor Total.

c) EXPRESSIVE LANGUAGE.
Forms, 2: Expressive Language-Parent; Expressive Language-Examiner.
Scores, 2: Expressive Language, Total Language Index.

1) *Expressive Language–Parent.*
Population: 0-78 months.
Levels, 2: 0 (0-12 months), 1+ (13-78 months).
Score: Total score only.

2) *Expressive Language–Examiner.*
Population: 1+ (13-78 months).
Score: Total score only.

d) DESARROLLO SOCIOEMOCIONAL–PADRES.
Niveles, 5: 0 (0-11 meses), 1 (12-23 meses), 2 (24-35 meses), 3 (36-47 meses), 4+ (48-78 meses).
Puntuación: Desarrollo Socioemocional Total.
e) ESTILO DE TEMPERAMENTO SOCIOEMOCIONAL–PADRES.
Niveles, 2: 0 (0-17 meses), 1.5 (18-78 meses).
Puntuación, 3: Fácil, Temeroso, Difícil.
f) AUTOAYUDA/ADAPTATIVO–PADRES.
Niveles, 5: 0 (0-11 meses), 1 (12-23 meses), 2 (24-35 meses), 3 (36-47 meses), 4+ (48-78 meses).
Puntuación: Autoayuda Total.
Cross References: Para reseñas por Sandra Loew y por Loraine J. Spenciner y Dolores J. Appl de los componentes en inglés de esta prueba, consulte 17:122.

d) SOCIAL-EMOTIONAL DEVELOPMENTAL–PARENT.
Levels, 5: 0 (0-11 mos.), 1 (12-23 mos.), 2 (24-35 mos.), 3 (36-47 mos.), 4+ (48-78 mos.).
Score: Social-Emotional Developmental Total.
e) SOCIAL-EMOTIONAL TEMPERAMENT STYLE–PARENT.
Levels, 2: 0 (0-17 months), 1.5 (18-78 months).
Scores, 3: Easy, Fearful, Difficult.
f) SELF-HELP/ADAPTIVE–PARENT.
Levels, 5: 0 (0-11 mos.), 1 (12-23 mos.), 2 (24-35 mos.), 3 (36-47 mos.), 4+ (48-78 mos.).
Score: Self-Help/Adaptive Total.
Cross References: For reviews by Sandra Loew and by Loraine J. Spenciner and Dolores J. Appl of this test's English components, see 17:122.

[422s]

Método de Evaluación de la Percepción Visual de Frostig, Tercera Edición.

Nombre Original: Developmental Test of Visual Perception, Third Edition (PRO-ED).
Propósito: Diseñado para evaluar percepción visual y habilidades visomotoras.
Procedencia: Estados Unidos (1961-2014)/inglés.
Traducción/Adaptación: No se provee información en los materiales de la prueba sobre el proceso de traducción/adaptación.
Población: Edades 4 a 12.
Baremos: Se han provisto baremos con la adaptación mexicana. Los baremos se desarrollaron utilizando una muestra con 1,527 participantes, distribuidos por edad, nivel de escolaridad, sexo, presencia de necesidades especiales, ingreso familiar y estado de la República Mexicana.
Fecha de Publicación: 2016.
Acrónimo: DTVP-3.
Puntuación, 8: Coordinación Ojo-Mano, Copiado, Figura-Fondo, Cierre Visual, Constancia de Forma, Percepción Visual de Motricidad Reducida, Integración Visomotriz, Percepción Visual General.
Administración: Individual.
Precios, 2022: USD$129 por juego completo incluye manual (2016, 148 páginas), libreta de estímulos y 15 cuadernillos de respuesta y de examinador.
Duración: 20-40 minutos.
Autores: Donald D. Hammill, Nils A. Pearson y Judith K. Voress.
Traductores/Adaptadores: José Antonio Martínez Pineda (traducción) y Isabel Reyes Lagunes (revisión técnica).
Editorial: Editorial El Manual Moderno, S.A. de C.V.
Componentes en Español: Todos los materiales son en español.
Componentes en Inglés: No hay materiales en inglés en esta versión.

[422e]

Método de Evaluación de la Percepción Visual de Frostig, Tercera Edición.

Original Name: Developmental Test of Visual Perception, Third Edition (PRO-ED).
Purpose: Designed to measure visual perception and visual-motor abilities.
Origin: United States (1961-2014)/English.
Translation/Adaptation: No information is provided in the test materials about the process of translation/adaptation.
Population: Ages 4 through 12.
Norms: Separate norms are provided with the Mexican adaptation. Norms were developed using a sample of 1,527 participants, distributed by age, education level, gender, presence of special needs, family income, and state in the Mexican Republic.
Publication Date: 2016.
Acronym: DTVP-3.
Scores, 8: Eye-Hand Coordination, Copying, Figure-Ground, Visual Closure, Form Constancy, Motor-Reduced Visual Perception, Visual-Motor Integration, General Visual Perception.
Administration: Individual.
Price Data, 2022: USD$129 per complete kit including manual (2016, 148 pages), stimulus book, and 15 response and examiner booklets.
Time: 20-40 minutes.
Authors: Donald D. Hammill, Nils A. Pearson, and Judith K. Voress.
Translators/Adaptors: José Antonio Martínez Pineda (translation) and Isabel Reyes Lagunes (technical revision).
Publisher: Editorial El Manual Moderno, S.A. de C.V.
Spanish Components: All materials are in Spanish.
English Components: There are no English materials in this version.

[423s]

The MIDAS: Multiple Intelligences Developmental Assessment Scales [Revised].

Propósito: Diseñado para proveer una evaluación objetiva de las inteligencias múltiples según lo informado por la persona o por una persona bien informada.
Procedencia: Estados Unidos (1994-2007)/inglés.
Traducción/Adaptación: No se provee información en los materiales de la prueba sobre el proceso de traducción/adaptación.
Población: Edades 4-18 y adultos.
Baremos: Los baremos fueron desarrollados con muestras de España, Puerto Rico y Chile. La casa editorial de la prueba indica que las muestras no son necesariamente aleatorias ni representativas de toda la población.
Fechas de Publicación: 1999-2011.
Acrónimo: MIDAS.
Administración: Individual (autoreporte) o colectiva (entrevista estructurada).
Formularios, 4: MIDAS, MIDAS Adolescentes, MIDAS para Niños: Todo Acerca de Mí, MIDAS para Niños: Mi Hijo Joven.
Precios: Disponibles con la casa editorial.
Duración: 25-35 minutos si se utiliza el sistema autoreporte MIDAS en línea o el cuestionario en papel; 60-90 minutos por medio de entrevista estructurada.
Comentarios: La traducción del MIDAS al español se considera un instrumento de investigación.
Autor: C. Branton Shearer.
Editorial: Association for Multiple Intelligences.
Componentes en Español: Los ítems de prueba con sus respectivas instrucciones de administración para el MIDAS, MIDAS Adolescentes, MIDAS para Niños: "Todo Acerca de Mí" y MIDAS para Niños: "Mi Hijo Joven" están disponibles en español.
Componentes en Inglés: Todos los materiales están disponibles en inglés, también.

a) MIDAS.
Población: Adultos.
Puntuación: 8 escalas básicas, 26 subescalas y 3 escalas de estilo: Escalas Básicas: Musical (Apreciación, Habilidad Vocal, Habilidad Instrumental, Composición), Cenestésico (Atletismo, Destreza), Lógico-Matemática (Juegos de Estrategia, Habilidades Cotidianas con las Matemáticas, Solución de Problemas Cotidianos, Matemática Escolar), Espacial (Percepción Espacial, Diseño Artístico, Trabajar con Objetos), Lingüístico (Habilidad Retórica, Sensibilidad Expresiva, Habilidad Académica/Escrito), Interpersonal (Sensibilidad Social, Persuasión Social, Trabajo Interpersonal), Intrapersonal (Conocimiento Personal/Eficacia, Eficacia Personal/Otros, Cálculos, Solución de Problemas Espaciales), Naturalista (Cuidado de Animales, Cuidado de Plantas, Ciencia), Escalas Estilo Intelectual: Liderazgo (Destreza Social, Habilidades Comunicativas, Habilidad Administrativa), Innovación (Musical, Cenestésico,

[423e]

The MIDAS: Multiple Intelligences Developmental Assessment Scales [Revised].

Purpose: Designed to provide an "objective assessment of the multiple intelligences as reported by the person or by a knowledgeable informant."
Origin: United States (1994-2007)/English.
Translation/Adaptation: No information is provided in the test materials about the translation/adaptation process.
Population: Ages 4-18 and adults.
Norms: Norms were developed using samples from Spain, Puerto Rico, and Chile. The test publisher indicates that samples used to develop the norms are not necessarily representative of the entire population.
Publication Dates: 1999-2011.
Acronym: MIDAS.
Administration: Individual (self-report) or group (structured interview).
Forms, 4: MIDAS, Teen MIDAS, MIDAS Kids: All About Me, MIDAS Kids: My Young Child.
Price Data: Available from publisher.
Time: 25-35 minutes via self-report online or via paper questionnaire; 60-90 minutes via structured interview.
Comments: The Spanish translation of the MIDAS is considered a research instrument.
Author: C. Branton Shearer.
Publisher: Association for Multiple Intelligences.
Spanish Components: Test items and instructions for the MIDAS, Teen MIDAS, MIDAS Kids: "All About Me," and MIDAS Kids: "My Young Child" are available in Spanish.
English Components: All materials are also available in English.

a) MIDAS.
Population: Adults.
Scores: 8 main scales, 26 subscales and 3 style scales: Basic Scales: Musical (Appreciation, Vocal Ability, Instrumental Skill, Composing), Kinesthetic (Athletics, Dexterity), Logical-Mathematical (Strategy Games, Everyday Skills with Math, Everyday Problem Solving, School Math), Spatial (Spatial Awareness, Artistic Design, Working with Objects), Linguistic (Rhetorical Skill, Expressive Sensitivity, Written/Academic Ability), Interpersonal (Social Sensitivity, Social Persuasion, Interpersonal Work), Intrapersonal (Personal Knowledge/Efficacy, Self/Other Efficacy, Calculations, Spatial Problem-Solving), Naturalist (Animal Care, Plant Care, Science), Intellectual Style Scales: Leadership (Social Adeptness, Communication Skill, Managerial Skill), Innovation (Musical, Kinesthetic, Logical-Mathematical,

Lógica-Matemática, Espacial, Lingüístico, Interpersonal, Intrapersonal), Lógica General (Lógica-Matemática, Espacial, Interpersonal, Intrapersonal).
b) MIDAS ADOLESCENTES.
Población: Edades 14-18.
Puntuación: Igual a *a)* arriba.
c) MIDAS PARA NIÑOS: TODO ACERCA DE MÍ.
Población: Edades 9-14.
Puntuación: 10 escalas and 24 subescalas: Escalas Básicas: Musical (Musicalidad, Vocal, Appreciación, Instrumentos), Kinéstesico (Habilidad Física, Baile, Trabajo Manual), Lógica-Matemática (Solución de Problemas, Cálculos), Espacial (Artística, Construcciónes, Imágenes), Lingüístico (Sensibilidad Lingüística, Escritura, Lectura), Interpersonal (Liderazgo, Entender a Personas, Llevarse Bien con Otros), Intrapersonal (Autoconocimiento, Manejo de Emociones, Relaciones Efectivas, Logro de Metas), Naturalista (Cuidado de Animales, Ciencias Terrestres), Escalas Estilo Intelectual: Técnicas, Innovadoras.
d) MIDAS PARA NIÑOS: MI HIJO JOVEN.
Población: Edades 4-8.
Puntuación: Igual a *c)* arriba; menos las Escalas de Estilo Intelectual.
Referencias Cruzadas: Para reseñas por Robert W. Hiltonsmith y W. Joel Schneider de los componentes en inglés de esta prueba, consulte 17:123.

[424s]

Millon Adolescent Clinical Inventory–II.

Propósito: Un inventario de autoevaluación diseñado para evaluar los rasgos de la personalidad y síndromes clínicos en adolescentes que reciben evaluaciones y/o tratamientos psicológicos.
Procedencia: Estados Unidos/inglés.
Traducción/Adaptación: Los ítems experimentales (bajo consideración para la segunda edición del MACI) fueron traducidos al español por miembros bilingües del personal de Pearson que tienen una amplia experiencia en la adaptación de ítems en inglés para su uso con hispanohablantes. Luego se consultó a profesionales bilingües de varios disciplinas psicológicas y regiones de los EE. UU. para evaluar la precisión de la traducción y ofrecer versiones alternativas según fuera necesario, confirmar que una variedad de individuos hispanohablantes viviendo en los EE. UU. comprenderían los ítems traducidos y revisar los ítems para prejuicios raciales/étnicos. Los ítems se modificaron según fuera necesario para claridad y consistencia y luego se retrotradujeron para asegurar aún más la calidad del grupo final de ítems en español.
Población: Edades 13-18.
Baremos: No se han provisto baremos con los materiales traducidos al español.
Fechas de Publicación: 1993-2020.
Acrónimo: MACI-II.
Puntuación, 60: 11 Patrones de Personalidad y 33 Escalas de las Facetas de Grossman: Introvertido

Spatial, Linguistic, Interpersonal, Intrapersonal), General Logic (Logical-Mathematical, Spatial, Interpersonal, Intrapersonal).
b) TEEN MIDAS.
Population: Ages 14-18.
Scores: Same as *a)* above.
c) MIDAS KIDS: ALL ABOUT ME.
Population: Ages 9-14.
Scores: 10 scales and 24 subscales: Basic Scales: Musical (Musicality, Vocal, Appreciation, Instrument), Kinesthetic (Physical Ability, Dance, Working with Hands), Logical-Mathematical (Problem Solving, Calculations), Spatial (Artistic, Constructions, Imagery), Linguistic (Linguistic Sensitivity, Writing, Reading), Interpersonal (Leadership, Understanding People, Getting Along With Others), Intrapersonal (Self-Knowledge, Managing Feelings, Effective Relationships, Goal Achievement), Naturalist (Animal Care, Earth Science), Intellectual Styles Scales: Technical, Innovative.
d) MIDAS KIDS: MY YOUNG CHILD.
Population: Ages 4-8.
Scores: Same as *c)* above, except without Intellectual Scale Skills.
Cross References: For reviews by Robert W. Hiltonsmith and W. Joel Schneider of this test's English components, see 17:123.

[424e]

Millon Adolescent Clinical Inventory–II.

Purpose: A self-report inventory "designed to assess personality characteristics and clinical syndromes" in adolescents who are receiving psychological assessment and/or treatment.
Origin: United States/English.
Translation/Adaptation: "The experimental items [under consideration for the second edition of the MACI] were translated into Spanish by bilingual members of Pearson's staff who have extensive experience adapting English items for use with Spanish speakers. Bilingual professionals from various psychological disciplines and regions of the U.S. were then consulted to evaluate the accuracy of the translations and offer alternate versions as needed, confirm that a variety of Spanish-speaking individuals living in the U.S. would comprehend the translated items, and review the items for racial/ethnic bias. Items were modified as needed for clarity and consistency and then back-translated to further ensure the quality of the final Spanish item set."
Population: Ages 13-18.
Norms: Separate norms are not provided with the materials translated to Spanish.
Publication Dates: 1993-2020.
Acronym: MACI-II.
Scores, 60: 11 Personality Patterns and 33 corresponding Grossman Facet Scales:

(Expresivamente Imperturbable, Temperamentalmente Apático, Interpersonalmente Desvinculado), Inhibido (Expresivamente Intranquilo, Interpersonalmente Aversivo, Autoimagen Alienada), Sumiso (Interpersonalmente Dócil, Temperamentalmente Pacífico, Expresivamente Incompetente), Dramático (Interpersonalmente Buscador de Atención, Autoimagen Sociable, Temperamentalmente Inconstante), Egocéntrico (Autoimagen Admirable, Cognitivamente Expansivo, Interpersonalmente Explotador), Rebelde (Expresivamente Impulsivo, Mecanismo de Irreflexión, Interpersonalmente Irresponsable), Hostil (Interpersonalmente Desagradable, Expresivamente Precipitado, Temperamentalmente Beligerante), Conformista (Expresivamente Disciplinado, Interpersonalmente Respetuoso, Autoimagen Responsable), Resentido (Autoimagen Desanimada, Expresivamente Amargado, Interpersonalmente Oposicionista), Agraviado (Cognitivamente Inseguro, Autoimagen Desmerecedora, Temperamentalmente Disfórico), Tendencia Límite (Temperamentalmente Lábil, Interpersonalmente Paradójico, Autoimagen Inestable); 4 Preocupaciones Expresadas: Difusión de la Identidad, Infravaloración de Uno Mismo, Inseguridad con Otros Adolescentes, Desavenencias Familiares; 11 Síndromes Clínicos: Patrones de Ingesta por Atracón, Propensión al Abuso de Sustancias, Predisposición a la Delincuencia, Estados de Ansiedad, Ánimo Depresivo, Tendencia Suicida, Desregulación Disruptiva del Estado de Ánimo, Estrés Postraumático, Distorsiones de la Realidad; 3 Indicadores de Validez de las Respuestas: Invalidez, Inconsistencia, Negatividad de las Respuestas.

Administración: Individual o colectiva.

Precios, 2022: $376.80 por juego de calificación manual completo, incluye manual (2020, 114 páginas, inglés), 25 hojas de perfil, 25 cuadernillos de respuesta con hojas de respuesta y claves de respuesta incluyendo las escalas de facetas; $64.60 por manual (digital o impreso); $37.70 por 25 digital/software cuadernillos de respuesta/hojas de respuesta (español o inglés); $75.40 por USB de audio (español o inglés).

Duración: 25 minutos o menos para completar.

Comentarios: MACI-II puede ser administrado y calificado vía papel y lápiz, en un formato digital, o utilizando una combinación de ambos formatos. Se encuentra disponible en reporte interpretativo o de perfil; escalas de facetas están disponibles también.

Autores: Theodore Millon, Robert Tringone, Seth Grossman y Carrie Millon.

Editorial: Pearson.

Componentes en Español: Los cuadernillos de prueba, las hojas de respuesta, una grabación de audio de los ítems y los instrucciones correspondientes están disponibles en español.

Componentes en Inglés: Todos los materiales (incluyendo la USB con grabaciones de audio de los ítems) están disponibles en inglés también; el manual es en inglés.

Introverted (Expressively Impassive, Temperamentally Apathetic, Interpersonally Unengaged), Inhibited (Expressively Fretful, Interpersonally Aversive, Alienated Self-Image), Submissive (Interpersonally Docile, Temperamentally Pacific, Expressively Incompetent), Dramatizing (Interpersonally Attention-Seeking, Gregarious Self-Image, Temperamentally Fickle), Egotistic (Admirable Self-Image, CognitivelyExpansive, Interpersonally Exploitive), Unruly (Expressively Impulsive, Acting-Out Mechanism, Interpersonally Irresponsible), Forceful (Interpersonally Abrasive, Expressively Precipitate, Temperamentally Hostile), Conforming (Expressively Disciplined, Interpersonally Respectful, Conscientious Self-Image), Discontented (Dispirited Self-Image, Expressively Resentful, Interpersonally Contrary), Aggrieved (Cognitively Diffident, Undeserving Self-Image, Temperamentally Dysphoric), Borderline Tendency (Temperamentally Labile, Interpersonally Paradoxical, Uncertain Self-Image); 4 Expressed Concerns: Identity Diffusion, Self-Devaluation, Peer Insecurity, Family Discord; 9 Clinical Syndromes: Binge-Eating Patterns, Substance-Abuse Proneness, Delinquent Predisposition, Anxious Feelings, Depressive Affect, Suicidal Tendency, Disruptive Mood Dysregulation, Post-Traumatic Stress, Reality Distortions; 3 Response Validity Indicators: Invalidity, Inconsistency, Response Negativity.

Administration: Individual or group.

Price Data, 2022: $376.80 per complete handscore starter kit, including manual (2020, 114 pages; English), 25 handscore profile sheets, 25 response booklets with answer sheets (print), and handscore answer keys including facet scales (print); $64.60 per manual (digital or print); $37.70 per 25 online/software response booklets/answer sheets (Spanish or English); $75.40 per audio USB (Spanish and English).

Time: 25 minutes or less to complete.

Comments: Can be administered and scored via paper and pencil, online, or software; available in interpretative report and profile formats; facet scales also available.

Authors: Theodore Millon, Robert Tringone, Seth Grossman, and Carrie Millon.

Publisher: Pearson.

Spanish Components: The test booklets, answer sheets, audio recording of items, and corresponding instructions are available in Spanish.

English Components: All materials, including the USB with audio recording of items, are also available in English; the manual is in English.

[425s]

Millon Adolescent Personality Inventory.

Propósito: Diseñado para evaluar la personalidad de un adolescente.
Procedencia: Estados Unidos (1976-1982)/inglés.
Traducción/Adaptación: No se provee información en los materiales de la prueba sobre el proceso de traducción/adaptación.
Población: Edades 13-18.
Baremos: No se han provisto baremos con los materiales traducidos al español.
Fechas de Publicación: 1976-2004.
Acrónimo: MAPI.
Puntuación, 20: 8 Estilos de Personalidad (Introvertido, Inhibido, Cooperativo, Sociable, Seguro, Violento, Respetuoso, Sensible); 8 Preocupaciones Expresadas (Autoconcepto, Autoestima, Confort Corporal, Aceptación Sexual, Aceptación por los Pares, Tolerancia Social, Clima Familiar, Confianza Escolar); 4 Escalas Comportamentales (Control de Impulso, Conformidad Social, Rendimiento Escolar, Asistencia a la Escuela).
Administración: Individual o colectiva.
Precios, 2022: $133.30 por juego de inicio en línea, incluyendo manual digital (1982, 72 páginas, inglés) y 3 administraciones en línea; $60.30 por manual digital/impreso; $42 por 10 cuadernillos de prueba (inglés); $7.60 por cuadernillo de prueba español; $27.60 por 25 hojas de respuesta (español o inglés); $46.50 por reporte interpretativo (español o inglés).
Duración: (20-30) minutos.
Comentarios: Inventario de autoinforme; administración disponible en línea o en formato papel y lápiz; corrección disponible mediante computadora (Q Local), por envío de correo o a mano.
Autores: Theodore Millon, Catherine J. Green y Robert B. Meagher, Jr.
Editorial: Pearson.
Componentes en Español: El cuaderno de prueba, hoja de respuesta/corrección y reporte interpretativo y sus instrucciones correspondientes están disponibles en español.
Componentes en Inglés: Todos los materiales están disponibles en inglés también; el manual y los instrucciones de administración y puntuación son en inglés.
Referencias Cruzadas: Para reseñas por Douglas T. Brown y Thomas A. Widiger de los componentes en inglés de esta prueba, consulte 9:707.

[426s]

Millon Behavioral Medicine Diagnostic.

Propósito: Diseñado para evaluar los factores psicológicos que pueden influir en el curso del tratamiento de pacientes con enfermedades médicas . . .

[425e]

Millon Adolescent Personality Inventory.

Purpose: Designed to assess an adolescent's personality.
Origin: United States (1976-1982)/English.
Translation/Adaptation: No information is provided in the test materials about the translation/adaptation process.
Population: Ages 13-18.
Norms: Separate norms are not provided with the materials translated to Spanish.
Publication Dates: 1976-2004.
Acronym: MAPI.
Scores, 20: 8 Personality Styles (Introversive, Inhibited, Cooperative, Sociable, Confident, Forceful, Respectful, Sensitive); 8 Expressed Concerns (Self-Concept, Personal Esteem, Body Comfort, Sexual Acceptance, Peer Security, Social Tolerance, Family Rapport, Academic Confidence); 4 Behavioral Correlates (Impulse Control, Social Conformity, Scholastic Achievement, Attendance Consistency).
Administration: Individual or group.
Price Data, 2022: $133.30 per online Q-global starter kit, including digital manual (1982, 72 pages, English) and 3 online administrations; $60.30 per print/digital manual; $42 per 10 print test booklets (English); $7.60 per Spanish test booklet; $27.60 per 25 answer sheets (Spanish or English); $46.50 per interpretive report (Spanish or English).
Time: (20-30) minutes.
Comments: Self-report personality inventory; paper-and-pencil and online administration available; computer (Q Local), mail-in scoring, and hand-scoring options.
Authors: Theodore Millon, Catherine J. Green, and Robert B. Meagher, Jr.
Publisher: Pearson.
Spanish Components: The test booklet, answer/scoring sheet, and interpretive reports and their corresponding instructions are available in Spanish.
English Components: All forms are also available in English; the manual and administration and scoring instructions are in English.
Cross References: For reviews by Douglas T. Brown and Thomas A. Widiger of this test's English components, see 9:707.

[426e]

Millon Behavioral Medicine Diagnostic.

Purpose: Designed to "assess psychological factors that can influence the course of treatment of medically ill patients ... especially for

especialmente para los pacientes en los cuales los factores psicosociales pueden desempeñar un papel en el curso de la evolución de la enfermedad y el tratamiento.
Procedencia: Estados Unidos (2001)/inglés.
Traducción/Adaptación: No se provee información en los materiales de la prueba sobre el proceso de traducción/adaptación.
Población: Pacientes clínicos y en rehabilitación edades 18-85.
Baremos: No se han provisto baremos con los materiales traducidos al español.
Fechas de Publicación: 2000-2004.
Acrónimo: MBMD.
Puntuación, 39: Indicador de Validez, Patrones de Respuesta (Divulgación, Deseabilidad Social, Devaluación), Hábitos Negativos de Salud (Alcohol, Drogas, Alimentación, Cafeína, Inactividad, Fumar), Indicaciones Psiquiátricas (Ansiedad-Tensión, Depresión, Disfunción Cognitiva, Labilidad Emocional, Recelo), Estilos de Afrontamiento (Introversión, Inhibido, Desanimado, Cooperativo, Sociable, Confiado, Inconforme, Dominante, Respetuoso, Oposicional, Denigrado), Moderadores del Estrés (Aprensión a la Enfermedad, Déficits Funcionales, Sensibilidad al Dolor, Aislamiento Social, Pesimismo Ante el Futuro, Ausencia de Espiritualidad), Pronósticos de Tratamiento (Fragilidad Ante la Intervención, Abuso de Medicación, Malestar Ante la Información, Exceso de Utilización, Cumplimiento Problemático), Guías de Tratamiento (Dificultades de Adaptación, Referido Psicológico/Psiquiátrico).
Administración: Individual o colectiva.
Precios, 2022: $461.10 por juego de inicio puntuación a mano, incluyendo el manual (2001, 183 páginas, inglés), guía del usuario, 50 hojas de respuesta, 50 borradores de puntuación, 50 formularios de perfil (general/médico/bariátrico), 10 cuadernillos de prueba y llaves de corrección.
Duración: (20–25) minutos.
Autores: Theodore Millon, Michael Antoni, Carrie Millon, Sarah Minor y Seth Grossman.
Editorial: Pearson.
Componentes en Español: El cuaderno de prueba y sus instrucciones correspondientes y el audio CD están disponibles en español.
Componentes en Inglés: Todos los materiales están disponibles en inglés, también; el manual es en inglés.
Referencias Cruzadas: Para reseñas por Mark J. Atkinson y John C. Caruso de los componentes en inglés de esta prueba, consulte 15:164.

[427s]

Millon Clinical Multiaxial Inventory–IV.

Propósito: Diseñado para ayudar a los médicos/clínicos a evaluar la personalidad y la psicopatología en adultos que están recibiendo evaluación o tratamiento psicológico o psiquiátrico.

patients in which psychosocial factors may play a role in the course of the disease and treatment outcome."
Origin: United States (2001)/English.
Translation/Adaptation: No information is provided in the test materials about the translation/adaptation process.
Population: Clinical and rehabilitation patients ages 18–85.
Norms: Separate norms are not provided with the materials translated to Spanish.
Publication Dates: 2000-2004.
Acronym: MBMD.
Scores, 39: Validity Indicator, Response Patterns (Disclosure, Desirability, Debasement), Negative Health Habits (Alcohol, Drug, Eating, Caffeine, Inactivity, Smoking), Psychiatric Indications (Anxiety-Tension, Depression, Cognitive Dysfunction, Emotional Lability, Guardedness), Coping Styles (Introversion, Inhibited, Dejected, Cooperative, Sociable, Confident, Nonconforming, Forceful, Respectful, Oppositional, Denigrated), Stress Moderators (Illness Apprehension, Functional Deficits, Pain Sensitivity, Social Isolation, Future Pessimism, Spiritual Absence), Treatment Prognostics (Interventional Fragility, Medication Abuse, Information Discomfort, Utilization Excess, Problematic Compliance), Management Guides (Adjustment Difficulties, Psych Referral).
Administration: Individual or group.
Price Data, 2022: $461.10 per handscore starter kit, including print manual (2001, 183 pages, English), user's guide, 50 answer sheets, 50 scoring worksheets, 50 profile forms (general/medical/bariatric), 10 test booklets, and answer keys.
Time: (20-25) minutes.
Authors: Theodore Millon, Michael Antoni, Carrie Millon, Sarah Minor, and Seth Grossman.
Publisher: Pearson.
Spanish Components: Test booklet and its corresponding instructions and audio CD are available in Spanish.
English Components: All test materials are also available in English; the manual is in English.
Cross References: For reviews by Mark J. Atkinson and John C. Caruso of this test's English components, see 15:164.

[427e]

Millon Clinical Multiaxial Inventory–IV.

Purpose: Designed to "help clinicians assess personality and psychopathology in adults ... who are undergoing psychological or psychiatric assessment or treatment."

Procedencia: Estados Unidos/inglés.
Traducción/Adaptación: No se provee información en los materiales de la prueba sobre el proceso de traducción/adaptación.
Población: Edades 18 en adelante.
Baremos: No se han provisto baremos con los materiales traducidos al español.
Fechas de Publicación: 1976-2015.
Acrónimo: MCMI-IV.
Puntuación, 75: 15 Patrones Clínicos de la Personalidad y Escalas de Patología Grave de la Personalidad más 45 Escalas de Facetas de Grossman: Esquizoide (Interpersonalmente Desvinculado, Contenido Escaso, Temperamentalmente Apático), Evitativo (Interpersonalmente Aversivo, Autoimagen Alienada, Contenido Vejatorio), Melancólico (Cognitivamente Fatalista, Autoimagen Inútil, Temperamentalmente Afligido), Dependiente (Expresivamente Pueril, Interpersonalmente Sumiso, Autoimagen Inepta), Histriónico (Expresivamente Dramático, Interpersonalmente Buscador de Atención), Tempestuoso (Expresivamente Impetuoso, Interpersonalmente Eufórico, Autoimagen Sobreestimada), Narcisista (Interpersonalmente Explotador, Cognitivamente Expansivo, Autoimagen Admirable), Antisocial (Interpersonalmente Irresponsable, Autoimagen Autónoma, Dinámicas de Irreflexión [Paso al Acto]), Sádico (Expresivamente Precipitado, Interpersonalmente Desagradable, Arquitectura Eruptiva), Compulsivo (Expresivamente Disciplinado, Cognitivamente Constreñido, Autoimagen Responsable), Negativista (Expresivamente Resentido, Autoimagen Descontenta, Temperamentalmente Irritable), Masoquista (Autoimagen Desmerecedora, Arquitectura Invertida, Temperamentalmente Disfórico), Esquizotípico (Cognitivamente Circunstancial, Autoimagen Disociada, Contenido Caótico), Límite (Autoimagen Inestable, Arquitectura Desgregada, Temperamentalmente Lábil), Paranoide (Expresivamente Defensivo, Cognitivamente Desconfiado, Dinámicas de Proyección); 7 Síndromes Clínicos: Ansiedad Generalizada, Síntomas Somáticos, Espectro Bipolar, Depresión Persistente, Consumo de Alcohol, Consumo de Drogas, Estrés Postraumático; 3 Síndromes Clínicos Graves: Espectro Esquizofrénico, Depresión Mayor, Delirante; 5 Escalas de Validez: Invalidez, Inconsistencia, Sinceridad, Deseabilidad Social, Devaluación.
Administración: Individual o colectiva.
Precios, 2022: $179.40 por juego de inicio en línea incluyendo manual digital (2015, 125 páginas, inglés) 3 administraciones en línea; $70.90 por manual impreso/digital; $46.20 por reporte interpretativo en línea; $23.40 por reporte de perfil en línea; $32.40 por 25 hojas de respuesta (español o inglés); $68.70 por audio CD (español o inglés).
Duración: (30) minutos.
Comentarios: Diseñado para alinearse con las categorías de trastornos de la personalidad y desordenes

Origin: United States/English.
Translation/Adaptation: No information is provided in the test materials about the translation/adaptation process.
Population: Ages 18 and older.
Norms: Separate norms are not provided with the materials translated to Spanish.
Publication Dates: 1976-2015.
Acronym: MCMI-IV.
Scores, 75: 15 Personality Patterns and Severe Personality Pathology Scales plus 45 Grossman Facet Scales: Schizoid (Interpersonally Unengaged, Meager Contenta, Temperamentally Apathetic), Avoidant (Interpersonally Aversive, Alienated Self-Image, Vexatious Content), Melancholic (Cognitively Fatalistic, Worthless Self-Image, Temperamentally Woeful), Dependent (Expressively Puerile, Interpersonally Submissive, Inept Self-Image), Histrionic (Expressively Dramatic, Interpersonally Attention-Seeking, Temperamentally Fickle), Turbulent (Expressively Impetuous, Interpersonally High-Spirited, Exalted Self-Image), Narcissistic (Interpersonally Exploitive, Cognitively Expansive, Admirable Self-Image), Antisocial (Interpersonally Irresponsible, Autonomous Self-Image, Acting-Out Dynamics), Sadistic (Expressively Precipitate, Interpersonally Abrasive, Eruptive Architecture), Compulsive (Expressively Disciplined, Cognitively Constricted, Reliable Self-Image), Negativistic (Expressively Embittered, Discontented Self-Image, Temperamentally Irritable), Masochistic (Undeserving Self-Image, Inverted Architecture, Temperamentally Dysphoric), Schizotypal (Cognitively Circumstantial, Estranged Self-Image, Chaotic Content), Borderline (Uncertain Self-Image, Split Architecture, Temperamentally Labile), Paranoid (Expressively Defensive, Cognitively Mistrustful, Projection Dynamics); 7 Clinical Syndromes: Generalized Anxiety, Somatic Symptom, Bipolar Spectrum, Persistent Depression, Alcohol Use, Drug Use, Post-Traumatic Stress; 3 Severe Clinical Syndromes: Schizophrenic Spectrum, Major Depression, Delusional; 5 Validity Scales: Invalidity, Inconsistency, Sincerity, Social Desirability, Debasement.
Administration: Individual or group.
Price Data, 2022: $179.40 per online starter kit including digital manual (2015, 125 pages, English) and 3 online administrations; $70.90 per print/digital manual; $46.20 per online interpretive report; $23.40 per online profile report; $32.40 per 25 answer sheets (Spanish or English); $68.70 per audio CD (Spanish or English).
Time: (30) minutes.
Comments: Designed to align with DSM-5 categories of personality disorders and clinical

clínicos del DSM-5; se administra digitalmente o por medio de papel y lápiz; se corrige por computadora.
Autores: Theodore Millon, Seth Grossman y Carrie Millon.
Editorial: Pearson.
Componentes en Español: Los ítems de prueba están disponibles en español, ambos en las hojas de respuesta y en el audio CD.
Componentes en Inglés: Todos los materiales están disponibles en inglés, también; el manual es en inglés.
Referencias Cruzadas: Para reseñas por Steven Rouse y Peter Zachar de los componentes en inglés de esta prueba, consulte 20:119.

[428s]

Mindex: Su Perfil de Estilo de Pensamiento.

Nombre Original: Mindex: Your Thinking Style Profile.
Propósito: Diseñado para medir el "estilo de pensar, lo que es su única y propia manera de procesar ideas y obtener sentido de sus experiencias".
Procedencia: Estados Unidos/inglés.
Traducción/Adaptación: No se provee información en los materiales de la prueba sobre el proceso de traducción/adaptación.
Población: Adultos.
Baremos: No se han provisto baremos con la versión en español.
Fecha de Publicación: 1983.
Puntuación, 20: Preferencia de Modo de Pensar (Tierra Roja, Tierra Azul, Cielo Rojo, Cielo Azul), Preferencia de Modo Sensorial (Percepción Cenestésica, Percepción Visual, Percepción Auditiva), Preferencia de Estructura (Orientación Hacia el Tiempo, Orientación Hacia el Detalle, Orientación Técnica, Orientación Hacia una Meta), Flexibilidad Mental (Tolerancia para la Ambigüedad, Flexibilidad de Opinión, Flexibilidad Semántica, Orientación Positiva, Sentido del Humor, Orientación Investigativa, Resistencia a la Culturización), Fluidez del Pensamiento (Fluidez de Idea, Fluidez Lógica).
Administración: Individual.
Precios: Disponibles con la casa editorial.
Duración: Tiempo de administración no se reportó.
Comentarios: Licencias disponibles para profesionales (formadores, consultores, entrenadores) en el campo de desarrollo humano. El proceso de certificación (curso en línea y examen) para cada perfil es en inglés. Por lo tanto, la editorial de la prueba requiere que los posibles usuarios cuenten con fluidez en inglés.
Autor: Karl Albrecht.
Editorial: Karl Albrecht International.
Componentes en Español: Todos los materiales están disponibles en español.

syndromes; administered digitally or via paper and pencil; computer scored.
Authors: Theodore Millon, Seth Grossman, and Carrie Millon.
Publisher: Pearson.
Spanish Components: The test items are available in Spanish, both on the answer sheets and read aloud on an audio CD.
English Components: All materials are also available in English; the manual is in English.
Cross References: For reviews by Steven Rouse and Peter Zachar of this test's English components, see 20:119.

[428e]

Mindex: Su Perfil de Estilo de Pensamiento.

Original Name: Mindex: Your Thinking Style Profile.
Purpose: Designed to measure an individual's thinking style, the unique way in which that individual processes ideas and derives meaning from his or her experiences.
Origin: United States/English.
Translation/Adaptation: No information is provided in the test materials about the translation/adaptation process.
Population: Adults.
Norms: Separate norms are not provided with the Spanish version.
Publication Date: 1983.
Scores, 20: Thinking Style Preference (Red Earth, Blue Earth, Red Sky, Blue Sky), Sensory Mode Preference (Kinesthetic, Visual, Auditory), Structure Preference (Time Orientation, Detail Orientation, Technical Orientation, Goal Orientation), Mental Flexibility (Tolerance for Ambiguity, Opinion Flexibility, Semantic Flexibility, Positive Orientation, Sense of Humor, Investigative Orientation, Resistance to Enculturation), Thinking Fluency (Idea Fluency, Logical Fluency).
Administration: Individual.
Price Data: Available from publisher.
Time: Administration time not reported.
Comments: Licenses available to practitioners (trainers, consultants, coaches) in the human development field. The certification process (online course and exam) for each of the profiles is in English; therefore, the test publisher requires prospective users to be fluent in English.
Author: Karl Albrecht.
Publisher: Karl Albrecht International.
Spanish Components: All materials are available in Spanish.

Componentes en Inglés: El proceso de certificación es en inglés.

[429s]

Mini-Examen del Estado Mental, 2a Edición.

Nombre Original: Mini-Mental State Examination, 2nd Edition.
Propósito: Diseñado como instrumento de evaluación para el deterioro cognitivo.
Procedencia: Estados Unidos/inglés.
Traducción/Adaptación: No se provee información en los materiales de la prueba sobre el proceso de traducción/adaptación.
Población: Edades 18 en adelante.
Baremos: No se han provisto baremos con la traducción al español. Los usuarios de versiones de idiomas distintos al inglés del MMSE-2 deben basar la interpretación clínica de las puntuaciones del MMSE-2 en datos normativos recogidos a nivel local y/o los datos clínicos del paciente. La casa editorial de la prueba no respalda el uso de las normas basadas en la población de los EE. UU. para la interpretación de las puntuaciones en el MMSE-2 de los pacientes que no corresponden a las características demográficas de la muestra normativa. El uso clínico de los puntos de corte de puntuaciones brutas debe basarse en la literatura científica sobre la MMSE/MMSE-2 en la lengua nativa en la que se está administrando.
Fechas de Publicación: 1975-2010.
Acrónimo: MMSE-2.
Administración: Individual.
Ediciones, 3: Español para Latinoamérica, Castellano, Español para los Estados Unidos.
Formularios: Cada versión (Breve, Estándar, Ampliada) tiene 2 formularios equivalentes (rojo, azul).
Precios, 2022: $165 por juego español (escoge Latinoamérica, Castellano o EE. UU.), incluyendo el manual de administración y puntuación (2010, 11 páginas, español), 25 formularios azules versión estándar y 25 formularios rojos versión estándar; $45 por manual de administración y puntuación; $21 por plantilla de puntuación para la velocidad de procesamiento (azul y rojo juego de 2); $64 por 25 formularios versión estándar (azul o rojo); $31 por 25 formularios versión breve (azul o rojo); $90 por 25 formularios versión ampliada (azul o rojo).
Autores: Marshal F. Folstein (prueba y manual), Susan E. Folstein (prueba y manual), Travis White (manual) y Melissa A. Messer (manual).
Traductor/Adaptador: Comms Multilingual Ltd.
Editorial: Psychological Assessment Resources, Inc.

English Components: The certification process is in English.

[429e]

Mini-Examen del Estado Mental, 2a Edición.

Original Name: Mini-Mental State Examination, 2nd Edition.
Purpose: Designed to screen for cognitive impairment.
Origin: United States/English.
Translation/Adaptation: No information is provided in the test materials about the translation/adaptation process.
Population: Ages 18 and over.
Norms: Separate norms are not provided with the Spanish translation. "Users of non-English language versions of the MMSE-2 should base the clinical interpretation of MMSE-2 scores upon locally collected standardization data and/or clinical patient data. [The test publisher] does not endorse use of the U.S. population-based MMSE-2 norms for interpreting the MMSE-2 scores of patients who do not match the demographic characteristics of the MMSE-2 standardization sample. Clinical use of the raw score cutoff ranges for the MMSE-2 should be based on the scientific literature on the MMSE/MMSE-2 in the native language in which it is being used."
Publication Dates: 1975-2010.
Acronym: MMSE-2.
Administration: Individual.
Editions, 3: Spanish for Latin America, European Spanish, Spanish for the United States.
Forms: Each version (Brief, Standard, Expanded) has 2 equivalent forms (red, blue).
Price Data, 2022: $165 per Spanish kit (choose Latin America, Europe, or U.S.), including administration and scoring manual (2010, 11 pages, Spanish), 25 standard version blue forms and 25 standard version red forms; $45 per administration and scoring manual; $21 per processing speed scoring template (blue and red set of 2); $64 per 25 standard version forms (blue or red); $31 per 25 brief version forms (blue or red); $90 per 25 expanded version forms (blue or red).
Authors: Marshal F. Folstein (test and manual), Susan E. Folstein (test and manual), Travis White (manual), and Melissa A. Messer (manual).
Translator/Adaptor: Comms Multilingual Ltd.
Publisher: Psychological Assessment Resources, Inc.

Componentes en Español: Los formularios breve, estándar y ampliada (rojo y azul) y el manual de administración y puntuación son en español.
Componentes en Inglés: El manual del usuario, guía de baremos y plantillas de puntuación para la velocidad de procesamiento (rojo y azul) son en inglés.

a) MMSE-2: VERSIÓN BREVE.
Propósito: Diseñado para el tamizaje de poblaciones grandes y el tamizaje de individuos en la práctica clínica que no han sido remitidos debido a quejas cognitivas.
Acrónimo: MMSE-2: BV.
Puntuación, 4: Registro, Orientación en el Tiempo, Orientación en el Espacio, Recuerdo.
Duración: (5) minutos.

b) MMSE-2: VERSION ESTÁNDAR.
Propósito: Diseñado para ser administrado a individuos que son referidos debido a una queja de disminuye cognitivo o que dicen que su memoria no es tan bueno como anteriormente.
Acrónimo: MMSE-2: SV.
Puntuación, 11: Registro, Orientación en el Tiempo, Orientación en el Espacio, Recuerdo, Atención y Cálculo, Denominación, Repetición, Comprensión, Lectura, Escritura, Dibujo.
Duración: [10-15] minutos.

c) MMSE-2: VERSIÓN AMPLIADA.
Propósito: Diseñado para aumentar la sensibilidad de evaluación para los individuos que presentan deterioro cognitivo menos grave.
Acrónimo: MMSE-2: EV.
Puntuación, 13: Registro, Orientación en el Tiempo, Orientación en el Espacio, Recuerdo, Atención y Cálculo, Denominación, Repetición, Comprensión, Lectura, Escritura, Dibujo, Recuerdo de la Historia, Velocidad de Procesamiento.
Duración: (20) minutos.

Spanish Components: The standard, extended and brief forms (red and blue) and administration and scoring manual are in Spanish.
English Components: The user's manual, pocket norms guide, and processing speed scoring templates (red and blue) are in English.

a) MMSE-2: BRIEF VERSION.
Purpose: Designed "for screening large populations and for screening individuals in clinical practice who have not been referred because of cognitive complaints."
Acronym: MMSE-2: BV.
Scores, 4: Registration, Orientation to Time, Orientation to Place, Recall.
Time: (5) minutes.

b) MMSE-2: STANDARD VERSION.
Purpose: Designed to "be given first to individuals who are referred because of a complaint of cognitive decline or who, when asked about their memory, reply that it is not as good as in the past."
Acronym: MMSE-2: SV.
Scores, 11: Registration, Orientation to Time, Orientation to Place, Recall, Attention and Calculation, Naming, Repetition, Comprehension, Reading, Writing, Drawing.
Time: [10-15] minutes.

c) MMSE-2: EXPANDED VERSION.
Purpose: Designed to extend the test's ceiling, "increasing the screening sensitivity for individuals with less severe cognitive impairment."
Acronym: MMSE-2: EV.
Scores, 13: Registration, Orientation to Time, Orientation to Place, Recall, Attention and Calculation, Naming, Repetition, Comprehension, Reading, Writing, Drawing, Story Memory, Processing Speed.
Time: (20) minutes.

[430s]

Minnesota Multiphasic Personality Inventory–Adolescent–Restructured Form.

Propósito: Un instrumento de amplio espectro diseñado para evaluar el funcionamiento psicológico (patrones de personalidad y psicopatología) de adolescentes.
Procedencia: Estados Unidos/inglés.
Traducción/Adaptación: No se provee información en los materiales de la prueba sobre el proceso de traducción/adaptación.
Población: Edades 14-18.
Baremos: No se han provisto baremos con los materiales traducidos al español.
Fecha de Publicación: 2016.
Acrónimo: MMPI–A–RF.
Puntuación, 48: 6 Escalas de Validez: Inconsistencia de Respuesta Variable (VRIN-r), Inconsistencia de Respuesta Verdadera (TRIN-r), Inconsistencia de Respuesta Combinada (CRIN), Respuestas Infrecuentes (F-r), Virtudes Inusuales

[430e]

Minnesota Multiphasic Personality Inventory–Adolescent–Restructured Form.

Purpose: "A broad-spectrum instrument designed to assess the psychological functioning [patterns of personality and psychopathology] of adolescents."
Origin: United States/English.
Translation/Adaptation: No information is provided in the test materials about the translation/adaptation process.
Population: Ages 14-18.
Norms: Separate norms are not provided with the materials translated to Spanish.
Publication Date: 2016.
Acronym: MMPI-A-RF.
Scores, 48: 6 Validity Scales: Variable Response Inconsistency (VRIN-r), True Response Inconsistency (TRIN-r), Combined Response Inconsistency (CRIN-r), Infrequent Responses (F-r), Uncommon Virtues (L-r), Adjustment

(L-r), Validez del Ajuste (K-r); 3 Escalas de Alto Orden (H-O): Disfunción Emocional/Internalización (EID), Pensamientos Disfuncionales (THD), Disfunción Conductual/Externalización (BXD); 9 Escalas Clínicas Reestructuradas: Desmoralización (RCd), Quejas Somáticas (RC1), Reducción de Emociones Positivas (RC2), Cinismo (RC3), Comportamiento Antisocial (RC4), Ideas de Persecución (RC6), Emociones Disfuncionales Negativas (RC7), Experiencias Aberrantes (RC8), Activación Hipomaníaca (RC9); 5 Escalas de Psicopatología de Personalidad (PSY–5): Agresividad-Revisada (AGGR-r), Psicoticismo-Revisada (PSYC-r), Falta de Control-Revisada (DISC-r), Emotividad Negativa/Neuroticismo-Revisada (NEGE-r), Introversión/ Baja Emotividad Positiva-Revisada (INTR-r); 25 Escalas de Problemas Específicos (SP) [5 Escalas Somáticas/Cognitivas: Malestar (MLS), Quejas Gastrointestinales (GIC), Quejas de Dolor de Cabeza (HPC), Quejas Neurológicas (NUC), Quejas Cognitivas (COG); 9 Escalas de Internalización: Impotencia/Desesperación (HLP), Inseguridad (SFD), Ineficacia (NFC), Obsesiones/Compulsiones (OCS), Estrés/Preocupaciónes (STW), Ansiedad (AXY), Propensión al Enojo (ANP), Comportamiento-Restricción de Miedos (BRF), Miedos Específicos (SPF); 6 Escalas de Externalización: Actitudes Negativas de la Escuela (NSA), Problemas de Conducta (CNP), Abuso de Sustancias (SUB), Influencia Negativa de Compañeros (NPI), Agresión (AGG); 5 Escalas Interpersonales: Problemas Familiares (FML), Pasividad Interpersonal (IPP), Evasión Social (SAV), Timidez (SHY), Desafiliarse (DSF)].

Administración: Individual.

Precios: Disponibles de la casa editorial.

Duración: 20-35 minutos por administración de computadora; 30-45 minutos por administración via papel y lápiz.

Comentarios: Un formulario reestructurado conteniendo un subconjunto de 241 ítems de los 478 ítems del MMPI-A; se puede administrar y puntuar por computadora.

Autores: Robert P. Archer, Richard W. Handel, Yossef S. Ben-Porath y Auke Tellegen.

Traductores/Adaptadores: Rosa E. García-Peltoniemi, Alex A. Azán Chaviano y Emilia Lucio-G. M.

Editorial: University of Minnesota Press; distribuido por Pearson.

Componentes en Español: Los folletos de prueba y sus instrucciones correspondientes y un CD de audio con todo los ítems de la prueba están disponibles en español.

Componentes en Inglés: Todos los materiales están disponibles en inglés también; el manual es en inglés.

Validity (K-r); 3 Higher-Order (H-O) Scales: Emotional/Internalizing Dysfunction (EID), Thought Dysfunction (THD), Behavioral/Externalizing Dysfunction (BXD); 9 Restructured Clinical (RC) Scales: Demoralization (RCd), Somatic Complaints (RC1), Low Positive Emotions (RC2), Cynicism (RC3), Antisocial Behavior (RC4), Ideas of Persecution (RC6), Dysfunctional Negative Emotions (RC7), Aberrant Experiences (RC8), Hypomanic Activation (RC9); Personality Psychopathology Five (PSY-5) Scales: Aggressiveness-Revised (AGGR-r), Psychoticism-Revised (PSYC-r), Disconstraint-Revised (DISC-r), Negative Emotionality/Neuroticism-Revised (NEGE-r), Introversion/Low Positive Emotionality-Revised (INTR-r), 25 Specific Problems (SP) Scales [5 Somatic/Cognitive Scales: Malaise (MLS), Gastrointestinal Complaints (GIC), Head Pain Complaints (HPC), Neurological Complaints (NUC), Cognitive Complaints (COG); 9 Internalizing Scales: Helplessness/Hopelessness (HLP), Self-Doubt (SFD), Inefficacy (NFC), Obsessions/Compulsions (OCS), Stress/Worry (STW), Anxiety (AXY), Anger Proneness (ANP), Behavior-Restricting Fears (BRF), Specific Fears (SPF); 6 Externalizing Scales: Negative School Attitudes (NSA), Antisocial Attitudes (ASA), Conduct Problems (CNP), Substance Abuse (SUB), Negative Peer Influence (NPI), Aggression (AGG); 5 Interpersonal Scales: Family Problems (FML), Interpersonal Passivity (IPP), Social Avoidance (SAV), Shyness (SHY), Disaffiliativeness (DSF)].

Administration: Individual.

Price Data: Available from publisher.

Time: 20-35 minutes for computer administration; 30-45 minutes for paper and pencil administration.

Comments: A restructured form containing 241 items that are a subset of the 478 MMPI-A items; computer administration and scoring are available.

Authors: Robert P. Archer, Richard W. Handel, Yossef S. Ben-Porath, and Auke Tellegen.

Translators/Adaptors: Rosa E. García-Peltoniemi, Alex A. Azán Chaviano, and Emilia Lucio-G. M.

Publisher: University of Minnesota Press; distributed by Pearson.

Spanish Components: The test booklets and their corresponding instructions and an audio CD with all the test items are available in Spanish.

English Components: All materials are also available in English; the manual is in English.

Referencias Cruzadas: Para una reseña por Stephanie Stein de los componentes en inglés de esta prueba, consulte 21:93.

[431s]

Minnesota Multiphasic Personality Inventory–3.

Propósito: Diseñado para medir constructos psicológicos relevantes para la evaluación de la personalidad y la psicopatología en entornos de salud mental, médicos, forenses y de seguridad público.
Procedencia: Estados Unidos/inglés.
Traducción/Adaptación: Se reunió un equipo de personas para garantizar que las palabras, frases y oraciones traducidas conservaran su construcción original y que las traducciones al español elegidas fueran, cuando fuera posible, "pan-español" y no perjudicaran a los hispanohablantes de América Latina, el Caribe o España. Dos miembros de este equipo tradujeron los artículos del inglés al español. Luego, esa traducción se volvió a traducir al inglés. Luego, un lingüista volvió a revisar tanto la traducción como la retrotraducción. Finalmente, el equipo discutió las diferencias entre los elementos originales en inglés y los nuevos elementos en español.
Población: Edades 18 en adelante.
Baremos: Los baremos se desarrollaron utilizando una muestra de 550 participantes de Texas, Miami, San Diego y Washington DC distribuidos por edad, género, raza/etnia, orígenes ancestrales (México, Centroamérica, Islas del Caribe, Sudamérica, Europa, Otro, Desconocido) y educación.
Fechas de Publicación: 1942-2020.
Acrónimo: MMPI-3.
Puntuación, 52: No Se Puede Decir (CNS); 10 Escalas de Validez: Inconsistencia de Respuesta Combinada (CRIN), Inconsistencia de Respuesta Variable (VRIN), Inconsistencia de Respuesta Verdadera (TRIN), Respuestas Infrecuentes (F), Respuestas Psicopatológicas Infrecuentes (Fp), Respuestas Somáticas Infrecuentes (Fs), Escala de Validez de Síntomas (FBS), Escala de Sesgo de Respuesta (RBS), Virtudes Inusuales (L), Validez de Ajuste (K); 3 Escalas de Orden Superior: Disfunción Emocional/Internalizante (EID), Disfunción de Pensamiento (THD), Disfunción Conductual/Externalizante (BXD); 8 Escalas Clínicas Reestructuradas: Desmoralización (DEM/RCd), Quejas Somáticas (SOM/RC1), Emociones Positivas Bajas (LPE/RC2), Comportamiento Antisocial (ASB/RC4), Ideas de Persecución (PER/RC6), Emociones Negativas Disfuncionales (DNE/RC7), Experiencias Aberrantes (ABX/RC8), Activación Hipomaníaca (HPM/RC9); 4 Escalas Somáticas/Cognitivas: Malestar (MLS), Quejas Neurológicas (NUC), Problemas de Alimentación (EAT), Quejas Cognitivas (COG);

Cross References: For a review by Stephanie Stein of this test's English components, see 21:93.

[431e]

Minnesota Multiphasic Personality Inventory–3.

Purpose: Designed to measure "psychological constructs relevant to assessment of personality and psychopathology" in mental health, medical, forensic, and public safety settings.
Origin: United States/English.
Translation/Adaptation: A team of individuals was assembled to ensure that the translated words, phrases, and sentences retained their original construct and that the chosen Spanish translations were, where possible, "pan-Spanish" and would not disadvantage Spanish speakers from Latin America, the Caribbean, or Spain. Two members of this team translated the items from English to Spanish. That translation was then back-translated into English. A linguist then double-checked both the translation and the back-translation. Finally, the team discussed any differences between the original English items and the new Spanish items.
Population: Ages 18 years and older.
Norms: Norms were developed using a sample of 550 participants from Texas, Miami, San Diego, and Washington D.C. distributed by age, gender, race/ethnicity, ancestral origins (Mexico, Central America, Caribbean Islands, South America, Europe, Other, Unknown), and education.
Publication Dates: 1942-2020.
Acronym: MMPI-3.
Scores, 52: Cannot Say (CNS); 10 Validity Scales: Combined Response Inconsistency (CRIN), Variable Response Inconsistency (VRIN), True Response Inconsistency (TRIN), Infrequent Responses (F), Infrequent Psychopathology Responses (Fp), Infrequent Somatic Responses (Fs), Symptom Validity Scale (FBS), Response Bias Scale (RBS), Uncommon Virtues (L), Adjustment Validity (K); 3 Higher-Order Scales: Emotional/Internalizing Dysfunction (EID), Thought Dysfunction (THD), Behavioral/Externalizing Dysfunction (BXD); 8 Restructured Clinical Scales: Demoralization (DEM/RCd), Somatic Complaints (SOM/RC1), Low Positive Emotions (LPE/RC2), Antisocial Behavior (ASB/RC4), Ideas of Persecution (PER/RC6), Dysfunctional Negative Emotions (DNE/RC7), Aberrant Experiences (ABX/RC8), Hypomanic Activation (HPM/RC9); 4 Somatic/Cognitive Scales: Malaise (MLS), Neurological Complaints (NUC), Eating Concerns (EAT), Cognitive Complaints (COG); 10 Internalizing Scales:

10 Escalas de Internalización: Ideación Suicida/Muerte (SUI), Impotencia/Desesperanza (HLP), Autoduda (SFD), Ineficacia (NFC), Estrés (STR), Preocupación (WRY), Compulsividad (CMP), Experiencias Relacionadas con la Ansiedad (ARX), Propensión a la Ira (ANP), Temores que Restringen la Conducta (BRF); 7 Escalas de Externalización: Problemas Familiares (FML), Problemas de Conducta Juvenil (JCP), Abuso de Sustancias (SUB), Impulsividad (IMP), Activación (ACT), Agresión (AGG), Cinismo (CYN); 5 Escalas Interpersonales: Autoimportancia (SFI), Dominación (DOM), Desafiliación (DSF), Evitación Social (SAV), Timidez (SHY); 5 Escalas de Psicopatología Cinco de la Personalidad (PSY-5): Agresividad (AGGR), Psicoticismo (PSYC), No Reservado (DISC), Emocionalidad Negativa/Neuroticismo (NEGE), Introversión/Emocionalidad Positiva Baja (INTR).
Administración: Individual o colectiva.
Precios, 2023: $674.10 por juego de corrección a mano en español incluyendo el manual de administración, puntuación e interpretación (2020, 181 páginas, inglés), el manual técnico (2020, 439 páginas, inglés), el manual suplementario para la traducción al español de los EE. UU. (2020, 61 páginas, español e inglés), 5 cuadernillos de prueba (español), 25 hojas de respuestas (español), 25 formularios de perfil (español e inglés) y 1 set de claves de respuesta en un bolso de mano.
Duración: 25-35 minutos para administración digital; 35-50 minutos para administración por papel y lápiz.
Comentarios: Se puede administrar y puntuar electrónicamente o por papel y lápiz.
Autores: Yossef S. Ben-Porath y Auke Tellegen.
Traductores/Adaptadores: Rosa E. García-Peltoniemi, Alex A. Azán Chaviano y Antonio E. Puente.
Editorial: Publicado por University of Minnesota Press; distribuido por Pearson.
Componentes en Español: Las hojas de respuesta y el cuadernillo de prueba están disponibles en español; instrucciones de administración de audio también están disponibles en español a través de USB; los items de prueba y los formularios de perfil se incluyen en español en el apéndice del manual suplementario.
Componentes en Inglés: El manual suplementario, el manual técnico y el manual de administración están en inglés; los formularios de perfil están disponibles en inglés también.

[432s]

Minnesota Multiphasic Personality Inventory–2–Restructured Form.

Propósito: Diseñado para proveer información sobre los síntomas clínicos, las características de la personalidad, las tendencias conductuales, el funcionamiento interpersonal y los intereses de cada persona que realiza la prueba.
Procedencia: Estados Unidos (2008-2011)/inglés.

Suicidal/Death Ideation (SUI), Helplessness/Hopelessness (HLP), Self-Doubt (SFD); Inefficacy (NFC), Stress (STR), Worry (WRY), Compulsivity (CMP), Anxiety-Related Experiences (ARX), Anger Proneness (ANP), Behavior-Restricting Fears (BRF); 7 Externalizing Scales: Family Problems (FML), Juvenile Conduct Problems (JCP), Substance Abuse (SUB), Impulsivity (IMP), Activation (ACT), Aggression (AGG), Cynicism (CYN); 5 Interpersonal scales: Self-Importance (SFI), Dominance (DOM), Disaffiliativeness (DSF), Social Avoidance (SAV), Shyness (SHY); 5 Personality Psychopathology Five (PSY-5) Scales: Aggressiveness (AGGR), Psychoticism (PSYC), Disconstraint (DISC), Negative Emotionality/Neuroticism (NEGE), Introversion/Low Positive Emotionality (INTR).
Administration: Individual or group.
Price Data, 2023: $674.10 per handscore kit in Spanish including manual for administration, scoring, and interpretation manual (2020, 181 pages, English), technical manual (2020, 439 pages, English), manual supplement for U.S. Spanish translation (2020, 61 pages, Spanish and English), 5 softcover tests booklets (Spanish), 25 answer sheets (Spanish), 25 of each profile form (Spanish and English), and 1 set of answer keys in a tote bag.
Time: 25-35 minutes for digital administration; 35-50 minutes for paper and pencil administration.
Comments: May be administered and scored digitally or via paper and pencil.
Authors: Yossef S. Ben-Porath and Auke Tellegen.
Translators/Adaptors: Rosa E. García-Peltoniemi, Alex A. Azán Chaviano, and Antonio E. Puente.
Publisher: Published by University of Minnesota Press; distributed by Pearson.
Spanish Components: The handscore answer sheets and test booklet are available in Spanish; audio administration instructions are also available in Spanish via USB; the test items and profile forms are included in Spanish in the appendix of the manual supplement.
English Components: The manual supplement, technical manual, and administration manual are in English; the profile forms are also available in English.

[432e]

Minnesota Multiphasic Personality Inventory–2–Restructured Form.

Purpose: Designed to "provide information on the individual test taker's clinical symptoms, personality characteristics, behavioral tendencies, interpersonal functioning, and interests."
Origin: United States (2008-2011)/English.

Traducción/Adaptación: No se provee información en los materiales de la prueba sobre el proceso de traducción/adaptación.
Población: Edades 18 en adelante.
Baremos: No se han provisto baremos con los materiales traducidos al español.
Fecha de Publicación: 2016.
Acrónimo: MMPI-2-RF.
Puntuación, 51: Inconsistencia Respuesta Variable (VRIN-r), Inconsistencia Respuesta Verdadera (TRIN-r), Infrecuencia (F-r), Psicopatología Infrecuente (Fp-r), Quejas Somáticas Infrecuentes (Fs), Validez de los Síntomas (FBS-r), Escala de Respuestas de Preferencia (RBS), Virtudes Inusuales (L-r), Validez del Ajuste (K-r), Disfunción Emocional/Internalización (EID), Disfunción de Pensamiento (THD), Disfunción Conductual/Externalización (BXD), Desmoralización (RCd), Quejas Somáticas (RC1), Escasez de Emociones Positivas (RC2), Desconfianza (RC3), Conducta Antisocial (RC4), Ideas de Persecución (RC6), Disfunción de Emociones Negativas (RC7), Experiencias Aberrantes (RC8), Activación Hipomaníaca (RC9), Malestar General (MLS), Quejas Gastrointestinales (GIC), Quejas de Dolor de Cabeza (HPC), Quejas Neurológicas (NUC), Quejas Cognitivas (COG), Ideación de Suicidio/Muerte (SUI), Impotencia/Desesperación (HLP), Inseguridad (SFD), Ineficacia (NFC), Estrés/Preocupaciónes (STW), Ansiedad (AXY), Propensión de Enojo (ANP), Miedos Incapacitantes (BRF), Miedos Específicos (MSF), Problemas Conductuales Juveniles (JCP), Abuso de Sustancias (SUB), Agresión (AGG), Activación (ACT), Problemas Familiares (FML), Pasividad Interpersonal (IPP), Evitación Social (SAV), Timidez (SHY), Misantropía (DSF), Intereses Estéticos- Literarios (AES), Intereses Mecánicos-Físicos (MEC), Agresividad-Revisada (AGGR-r), Psicoticismo-Revisada (PSYC-r), Falta de Control-Revisada (DISC-r), Emociones Negativas/Neuroticismo-Revisado (NEGE-r), Introversión/Escasa Emocionalidad Positiva-Revisada (INTR-r).
Administración: Individual.
Precios, 2023: $620.30 por juego inicial, incluye manual de administración y técnico, 25 hojas de respuestas, 5 conjuntos de formularios de perfil, 5 conjuntos de hojas de respuesta y 5 folletos de prueba y un bolso de mano; $112.60 por manual de administración (2011, 157 páginas, inglés) y manual técnico (2011, 436 páginas, inglés); $46.20 por guía de usuario para reportes; $30.10 por 5 folletos de prueba (español o inglés); $15.30 por un cuadernillo de prueba (español); $79.10 por audio CD en español.
Duración: (35-50) minutos.
Comentarios: Una versión revisada del MMPI-2 con 338 ítems y escalas clínicas re-estructuradas (RC).

Translation/Adaptation: No information is provided in the test materials about the translation/adaptation process.
Population: Ages 18 and older.
Norms: Separate norms are not provided with the materials translated to Spanish.
Publication Date: 2016.
Acronym: MMPI-2-RF.
Scores, 51: Variable Response Inconsistency (VRIN-r), True Response Inconsistency (TRIN-r), Infrequent Responses (F-r), Infrequent Psychopathology Responses (Fp-r), Infrequent Somatic Responses (Fs), Symptom Validity (FBS-r), Response Bias Scale (RBS), Uncommon Virtues (L-r), Adjustment Validity (K-r), Emotional/Internalizing Dysfunction (EID), Thought Dysfunction (THD), Behavioral/Externalizing Dysfunction (BXD), Demoralization (RCd), Somatic Complaints (RC1), Low Positive Emotions (RC2), Cynicism (RC3), Antisocial Behavior (RC4), Ideas of Persecution (RC6), Dysfunctional Negative Emotions (RC7), Aberrant Experiences (RC8), Hypomanic Activation (RC9), Malaise (MLS), Gastrointestinal Complaints (GIC), Head Pain Complaints (HPC), Neurological Complaints (NUC), Cognitive Complaints (COG), Suicidal/Death Ideation (SUI), Helplessness/Hopelessness (HLP), Self-Doubt (SFD), Inefficacy (NFC), Stress/Worry (STW), Anxiety (AXY), Anger Proneness (ANP), Behavior-Restricting Fears (BRF), Multiple Specific Fears (MSF), Juvenile Conduct Problems (JCP), Substance Abuse (SUB), Aggression (AGG), Activation (ACT), Family Problems (FML), Interpersonal Passivity (IPP), Social Avoidance (SAV), Shyness (SHY), Disaffiliativeness (DSF), Aesthetic-Literary Interests (AES), Mechanical-Physical Interests (MEC), Aggressiveness-Revised (AGGR-r), Psychoticism-Revised (PSYC-r), Disconstraint-Revised (DISC-r), Negative Emotionality/Neuroticism-Revised (NEGE-r), Introversion/Low Positive Emotionality-Revised (INTR-r).
Administration: Individual.
Price Data, 2023: $620.30 per starter kit including administration and technical manuals, 25 answer sheets, 5 sets of profile forms, 5 sets of answer keys, and 5 test booklets and tote bag; $112.60 for administration manual (2011, 157 pages, English) and technical manual (2011, 436 pages, English) bundle; $46.20 per user's guide for reports; $30.10 for 5 test booklets (Spanish or English); $15.30 for one Spanish test booklet; $79.10 for Spanish Audio CD.
Time: (35-50) minutes.
Comments: A revised, 338-item version of the MMPI-2 with the restructured clinical (RC)

Se puede calificar y denotar los resultados a mano, por correo, o electrónicamente.
Autores: Yossef S. Ben-Porath y Auke Tellegen.
Traductores/Adaptadores: Rosa E. García-Peltoniemi y Alex A. Azán Chaviano.
Editorial: Publicado por University of Minnesota Press; distribuido por Pearson.
Componentes en Español: Los folletos de prueba y sus instrucciones correspondientes están disponibles en español.
Componentes en Inglés: Todos los materiales están disponibles en inglés también; los manuales son en inglés.
Referencias Cruzadas: Para reseñas por Shawn K. Acheson y Geoffrey L. Thorpe de los componentes en inglés de esta prueba, consulte 20:121.

[433s]

Minnesota Multiphasic Personality Inventory–2 [2001 Manual Revision].

Propósito: Diseñado para evaluar un número de los patrones mayores de desórdenes emocionales y de la personalidad.
Procedencia: Estados Unidos/inglés.
Traducción/Adaptación: No se provee información en los materiales de la prueba sobre el proceso de traducción/adaptación.
Población: Edades 18 en adelante.
Baremos: No se han provisto baremos con los materiales traducidos al español.
Fechas de Publicación: 1942–2001.
Acrónimo: MMPI-2.
Puntuación, 78: 7 Indicadores de Validez: Interrogante (?), Mentira (L), Infrecuencia (F), Corrección (K), Posterior F (FB), Inconsistencia de las Respuestas Variables (VRIN), Inconsistencia de las Respuestas Verdaderas (TRIN); 10 Escalas Clínicas: Hipocondriasis (Hs), Depresión (D), Histeria Conversiva (Hy), Desviación Psicopática (Pd), Masculinidad-Femineidad (Mf), Paranoia (Pa), Psicastenia (Pt), Esquizofrenia (Sc), Hipomanía (Ma), Introversión Social (Si); 15 Escalas Suplementarias: Ansiedad (A), Represión (R), Fuerza del Yo (Es), Escala Revisada de Alcoholismo de MacAndrew (MAC-R), Hostilidad Reprimida (O-H), Dominancia (Do), Responsabilidad Social (Re), Desajuste Profesional (Mt), Escala de Género Rol-Masculino (GM), Escala de Género Rol-Feminino (GF), Escala de Desorden por Estrés Postraumático PK, Escala de Desorden por Estrés Postraumático PS, Escala de Peligro Marital (MDS), Escala de Predisposición a Problemas con las Adicciones (APS), Escala de Reconocimiento de Adicciones (AAS); 15 Escalas de Contenido: Ansiedad (ANX), Miedo (FRS), Obsesividad (OBS), Depresión (DEP), Preocupación por la Salud (HEA), Pensamiento Delirante (BIZ), Enojo (ANG), Cinismo (CYN), Prácticas Antisociales (ASP), Personalidad Tipo

scales at its core. Scoring and reporting may be done manually or via mail, software, or online.
Authors: Yossef S. Ben-Porath and Auke Tellegen.
Translators/Adaptors: Rosa E. García-Peltoniemi and Alex A. Azán Chaviano.
Publisher: Published by University of Minnesota Press; distributed by Pearson.
Spanish Components: The test booklets and their corresponding instructions are available in Spanish.
English Components: All materials are also available in English; the manuals are in English.
Cross References: For reviews by Shawn K. Acheson and Geoffrey L. Thorpe of this test's English components, see 20:121.

[433e]

Minnesota Multiphasic Personality Inventory–2 [2001 Manual Revision].

Purpose: "Designed to assess a number of the major patterns of personality and emotional disorders."
Origin: United States/English.
Translation/Adaptation: No information is provided in the test materials about the translation/adaptation process.
Population: Ages 18 and over.
Norms: Separate norms are not provided with the materials translated to Spanish.
Publication Dates: 1942–2001.
Acronym: MMPI-2.
Scores, 78: 7 Validity Indicators: Cannot Say (?), Lie (L), Infrequency (F), Correction (K), Back F (FB), Variable Response Inconsistency (VRIN), True Response Inconsistency (TRIN); 10 Clinical Scales: Hypochondriasis (Hs), Depression (D), Conversion Hysteria (Hy), Psychopathic Deviate (Pd), Masculinity-Femininity (Mf), Paranoia (Pa), Psychasthenia (Pt), Schizophrenia (Sc), Hypomania (Ma), Social Introversion (Si); 15 Supplementary Scales: Anxiety (A), Repression (R), Ego Strength (Es), MacAndrew Alcoholism Scale-Revised (MAC-R), Overcontrolled Hostility (O-H), Dominance (Do), Social Responsibility (Re), College Maladjustment (Mt), Gender Role-Masculine (GM), Gender Role-Feminine (GF), Post-Traumatic Stress Disorder Scale PS, Post-Traumatic Stress Disorder Scale PK, Marital Distress Scale (MDS), Addiction Potential Scale (APS), Addiction Admission Scale (AAS); 15 Content Scales: Anxiety (ANX), Fears (FRS), Obsessiveness (OBS), Depression (DEP), Health Concerns (HEA), Bizarre Mentation (BIZ), Anger (ANG), Cynicism (CYN), Antisocial Practices (ASP), Type A (TPA), Low Self-Esteem (LSE),

A (TPA), Baja Autoestima (LSE), Incomodidad Social (SOD), Problemas Familiares (FAM), Dificultades en el Trabajo (WRK), Rechazo al Tratamiento (TRT); 3 Si Subescalas: Timidez/Autoconcepto (Si1), Evasión Social (Si2), Alienación del Yo y de los Demás (Si3); 28 Subescalas Harris-Lingoes: Depresión Subjetiva (D1), Retardo Psicomotor (D2), Funcionamiento Físico Inapropiado (D3), Torpeza Mental (D4), Ensimismamiento (D5), Negación de Ansiedad Social (Hy1), Necesidad de Afecto (Hy2), Apatía-Malestar (Hy3), Quejas Somáticas (Hy4), Inhibición de la Agresión (Hy5), Discordia Familiar (Pd1), Problemas con Autoridad (Pd2), Imperturbabilidad Social (Pd3), Enajenación Social (Pd4), Autoenajenación (Pd5), Ideas Persecutorias (Pa1), Mordacidad (Pa2), Ingenuidad (Pa3), Enajenación Social (Sc1), Enajenación Emocional (Sc2), Falta de Fuerza del Yo-Cognoscitiva (Sc3), Falta de Fuerza del Yo-Conativa (Sc4), Falta de Fuerza del Yo-Inhibición Defectuosa (Sc5), Experiencias Sensoriales Extrañas (Sc6), Amoralidad (Ma1), Aceleración Psicomotora (Ma2), Imperturbabilidad (Ma3), Sobrevaloración del Yo (Ma4).
Administración: Individual o colectiva.
Precios: Disponibles de la casa editorial.
Duración: 90 minutos.
Comentarios: Se administra por ordenador, audio CD o papel y lápiz.
Autores: James N. Butcher, W. Grant Dahlstrom, John R. Graham y Auke Tellegen (cuadernillo de prueba); James N. Butcher, John R. Graham, Yossef S. Ben-Porath, Auke Tellegen y W. Grant Dahlstrom (2001 manual).
Editorial: Publicado por University of Minnesota Press; distribuido por Pearson.
Componentes en Español: El cuadernillo de ítems de prueba y audio CD con ítems de prueba hablados están disponibles en español.
Componentes en Inglés: Todos los materiales están disponibles en inglés también; el manual es en inglés.
Referencias Cruzadas: Para reseñas por Jeffrey A. Atlas y Peter Zachar de los componentes en inglés de esta prueba, consulte 21:94.

[434s]

Moral Potency Questionnaire.

Propósito: Diseñado para medir la potencia moral, definida como la capacidad de generar responsabilidad y motivación para tomar acción moral frente a la adversidad y perseverar a través de desafíos.
Procedencia: Estados Unidos/inglés.
Traducción/Adaptación: La editorial de la prueba indica que existen varias traducciones de calidad variable, algunas de las cuales están disponibles de la casa editorial/distribuidor; no se provee información en los materiales de la prueba sobre el proceso de traducción/adaptación.
Población: Adultos.

Social Discomfort (SOD), Family Problems (FAM), Work Interference (WRK), Negative Treatment Indicators (TRT); 3 Si Subscales: Shyness/Self-Consciousness (Si1), Social Avoidance (Si2), Alienation-Self and Others (Si3); 28 Harris-Lingoes Subscales: Subjective Depression (D1), Psychomotor Retardation (D2), Physical Malfunctioning (D3), Mental Dullness (D4), Brooding (D5), Denial of Social Anxiety (Hy1), Need for Affection (Hy2), Lassitude-Malaise (Hy3), Somatic Complaints (Hy4), Inhibition of Aggression (Hy5), Familial Discord (Pd1), Authority Problems (Pd2), Social Imperturbability (Pd3), Social Alienation (Pd4), Self-Alienation (Pd5), Persecutory Ideas (Pa1), Poignancy (Pa2), Naïveté (Pa3), Social Alienation (Sc1), Emotional Alienation (Sc2), Lack of Ego Mastery-Cognitive (Sc3), Lack of Ego Mastery-Conative (Sc4), Defective Inhibition (Sc5), Bizarre Sensory Experiences (Sc6), Amorality (Ma1), Psychomotor Acceleration (Ma2), Imperturbability (Ma3), Ego Inflation (Ma4).
Administration: Group or individual.
Price Data: Available from publisher.
Time: 90 minutes.
Comments: May be administered via computer, audio CD, or paper and pencil.
Authors: James N. Butcher, W. Grant Dahlstrom, John R. Graham, and Auke Tellegen (test booklet); James N. Butcher, John R. Graham, Yossef S. Ben-Porath, Auke Tellegen, and W. Grant Dahlstrom (2001 manual).
Publisher: Published by University of Minnesota Press; distributed by Pearson.
Spanish Components: The test booklet and audio CD with spoken items are available in Spanish.
English Components: All materials are also available in English; the manual is in English.
Cross References: For reviews by Jeffrey A. Atlas and Peter Zachar of this test's English components, see 21:94.

[434e]

Moral Potency Questionnaire.

Purpose: Designed to "measure moral potency," defined as "the capacity to generate responsibility and motivation to take moral action in the face of adversity and persevere through challenges."
Origin: United States/English.
Translation/Adaptation: The test publisher indicates that various translations of varying quality exist, some of which are available from the publisher/distributor; there is no information in the test materials about the translation/adaptation process.
Population: Adults.

Baremos: No se han provisto baremos con los materiales traducidos al español.
Fecha de Publicación: 2010.
Acrónimo: MPQ.
Puntuación, 3: Valentía Moral, Propiedad Moral, Eficacia Moral.
Administración: Individual o colectiva.
Formularios, 2: Autoinforme, Evaluador.
Precios, 2022: $8 por administración en línea: Formulario de Multi-evaluadores ($100 precio de inicio); $2.50 por la licencia remota de la encuesta en línea (compra mínima de 50); $2.50 por licencia de reproducción (compra mínima de 50).
Duración: [5-10] minutos.
Autores: Sean T. Hannah y Bruce J. Avolio.
Editorial: Mind Garden, Inc.
Componentes en Español: El formulario de auto-informe y sus instrucciones correspondientes están disponibles en español.
Componentes en Inglés: Todos los materiales están disponibles en inglés, también; no hay manual.

[435s]

MultiCraft Aptitude Test.

Propósito: Diseñado para evaluar aptitudes mecánicas y eléctricas.
Procedencia: Estados Unidos/inglés.
Traducción/Adaptación: No se provee información en los materiales de la prueba sobre el proceso de traducción/adaptación.
Población: Solicitantes a puestos de trabajos que requieren la habilidad de poder aprender sobre áreas de eléctrica y mecánica.
Baremos: No se han provisto baremos con el formulario traducido al español.
Fechas de Publicación: 2004-2013.
Puntuación: Puntuación total que cubre 9 áreas: Ciencia General, Herramientas Mecánicas, Herramientas Manuales, Artículos del Hogar, Conceptos de Eléctrica, Circuitos Eléctricos, Flujo de Proceso, Flujo de Señal, Secuencias Eléctricas.
Administración: Colectiva.
Precios, 2023: $28 por administración de prueba (ordenar un mínimo de 20); $25 por manual.
Duración: 20-30 minutos.
Comentarios: La casa editorial avisa que cambios en los nombres de los formularios indican revisiones menores.
Autor: Roland T. Ramsay.
Editorial: Ramsay Corporation.
Componentes en Español: El formulario de prueba y sus instrucciones correspondientes están disponibles en español.
Componentes en Inglés: Todos los materiales están disponibles en inglés también; el manual es en inglés.
Referencias Cruzadas: Para una reseña por Kevin J. McCarthy del formulario inglés A, consulte 17:127.

Norms: Separate norms are not provided with the materials translated to Spanish.
Publication Date: 2010.
Acronym: MPQ.
Scores, 3: Moral Courage, Moral Ownership, Moral Efficacy.
Administration: Individual or group.
Forms, 2: Self, Rater.
Price Data, 2022: $8 per online administration: Multi-rater Form ($100 set-up fee); $2.50 per remote online survey license (minimum purchase of 50); $2.50 per license to reproduce (minimum purchase of 50).
Time: [5-10] minutes.
Authors: Sean T. Hannah and Bruce J. Avolio.
Publisher: Mind Garden, Inc.
Spanish Components: The self-report form and its corresponding instructions are available in Spanish.
English Components: All materials are also available in English; there is no manual.

[435e]

MultiCraft Aptitude Test.

Purpose: Designed to evaluate mechanical and electrical aptitude.
Origin: United States/English.
Translation/Adaptation: No information is provided in the test materials about the translation/adaptation process.
Population: Applicants for jobs that require the ability to learn mechanical and electrical skills.
Norms: Separate norms are not provided with the form translated to Spanish.
Publication Dates: 2004-2013.
Scores: Total score only covering 9 areas: General Science, Power Tools, Hand Tools, Household Items, Electrical Concepts, Electrical Schematic Maze, Process Flow, Signal Flow, Electrical Sequences.
Administration: Group.
Price Data, 2023: $28 per test administration (minimum order of 20); $25 per manual.
Time: 20-30 minutes.
Comments: Publisher advises changes in form names indicate minor revisions and updating.
Author: Roland T. Ramsay.
Publisher: Ramsay Corporation.
Spanish Components: The test form and its corresponding instructions are available in Spanish.
English Components: All test materials are also available in English; the manual is in English.
Cross References: For a review by Kevin J. McCarthy of English Form A, see 17:127.

[436s]

MultiCraft Trainee Test.

Propósito: Diseñado para utilizarse en la selección de aprendices en diversos oficios en las áreas de mecánica y eléctrica.
Procedencia: Estados Unidos/inglés.
Traducción/Adaptación: No se provee información en los materiales de la prueba sobre el proceso de traducción/adaptación.
Población: Solicitantes de empleo donde se necesitan algunos conocimientos y habilidades en las áreas de mecánica y eléctrica.
Baremos: No se han provisto baremos con el formulario traducido al español.
Fechas de Publicación: 2004-2011.
Puntuación, 8: Hidráulica y Neumática, Soldadura/Cortaje/Montajes, Transmisión de Potencia/Lubricación/Mantenimiento Mecánico/Máquinas de Taller/Herramientas/Equipos, Bombas/Tuberías/Combustión, Motores/Circuitos de Control/Esquemas/Interpretación de Diagramas, Electrónica Digital/Analógica/Suministros Eléctricos/Computadoras/Controladores Lógicos Programables/Instrumentos de Prueba, Teoría Básica de CA/CC y Distribución de Potencia/Mantenimiento Eléctrico, Total.
Administración: Colectiva.
Precios, 2023: $28 por administración de prueba (ordenar un mínimo de 20); $25 por manual.
Duración: 60-70 minutos.
Comentarios: La casa editorial avisa que cambios en los nombres de los formularios indican revisiones menores.
Autor: Roland T. Ramsay.
Editorial: Ramsay Corporation.
Componentes en Español: El formulario de prueba y sus instrucciones correspondientes están disponibles en español.
Componentes en Inglés: Todos los materiales están disponibles en inglés también; el manual es en inglés.
Referencias Cruzadas: Para reseñas por Nancy L. Crumpton y Frederick L. Oswald del formulario inglés A, consulte 19:112.

[436e]

MultiCraft Trainee Test.

Purpose: Designed for use in selecting Multi-Craft (mechanical and electrical) trainees.
Origin: United States/English.
Translation/Adaptation: No information is provided in the test materials about the translation/adaptation process.
Population: Applicants for jobs where some knowledge and skill in mechanical and electrical areas are needed.
Norms: Separate norms are not provided with the form translated to Spanish.
Publication Dates: 2004-2011.
Scores, 8: Hydraulics and Pneumatics, Welding/Cutting/Rigging, Power Transmission/Lubrication/Mechanical Maintenance/Shop Machines/Tools/Equipment, Pumps/Piping/Combustion, Motors/Control Circuits/Schematics/Print Reading, Digital and Analog Electronics/Power Supplies/Computers/PLC and Test Instruments, Basic AC/DC Theory/Power Distribution and Electrical Maintenance, Total.
Administration: Group.
Price Data, 2023: $28 per test administration (minimum order of 20); $25 per manual.
Time: 60-70 minutes.
Comments: Publisher advises changes in form names indicate minor revisions and updating.
Author: Roland T. Ramsay.
Publisher: Ramsay Corporation.
Spanish Components: The test form and its corresponding instructions are available in Spanish.
English Components: All materials are also available in English; the manual is in English.
Cross References: For reviews by Nancy L. Crumpton and Frederick L. Oswald of English Form A, see 19:112.

[437s]

MultiCrafTest.

Propósito: Diseñado para seleccionar y evaluar a empleados de "multicraft" (mecánicos y eléctricos).
Procedencia: Estados Unidos/inglés.
Traducción/Adaptación: No se provee información en los materiales de la prueba sobre el proceso de traducción/adaptación.
Población: Solicitantes y titulares de puestos de trabajos que requieren conocimientos y habilidades en áreas mecánicos y eléctricos.
Baremos: No se han provisto baremos con el formulario traducido al español.

[437e]

MultiCrafTest.

Purpose: Designed for selecting or evaluating multicraft (mechanical and electrical) employees.
Origin: United States/English.
Translation/Adaptation: No information is provided in the test materials about the translation/adaptation process.
Population: Applicants and incumbents for jobs requiring mechanical and electrical knowledge and skills.
Norms: Separate norms are not provided with the form translated to Spanish.

Fechas de Publicación: 2000-2011.
Puntuación, 8: Hidráulica y Neumática, Soldadura y Montaje, Transmisión de Potencia/Lubricación/Mantenimiento Mecánico/Maquinas de Taller/Herramientas/Equipos, Bombas y Tuberías/Combustión, Motores/Circuitos de Control/Esquemas/Interpretación de Diagramas, Electrónicos Digitales/Suministros Eléctricos/Computadoras/Controladores Lógicos Programables/Instrumentos de Prueba, Teoría Básica Sobre CA/CC y Distribución de Potencia/Mantenimiento Eléctrico, Total.
Administración: Colectiva.
Precios, 2023: $28 por administración de prueba (ordenar un mínimo de 20); $25 por manual.
Duración: 60-70 minutos.
Comentarios: La casa editorial avisa que cambios en los nombres de los formularios indican revisiones menores.
Autor: Roland T. Ramsay.
Editorial: Ramsay Corporation.
Componentes en Español: El formulario de prueba y sus instrucciones correspondientes están disponibles en español.
Componentes en Inglés: Todos los materiales están disponibles en inglés también; el manual es en inglés.
Referencias Cruzadas: Para reseñas por Bruce Biskin y M. David Miller de los formularios en inglés MC-C y B, consulte 19:109.

Publication Dates: 2000-2011.
Scores, 8: Hydraulics and Pneumatics, Welding and Rigging, Power Transmission/Lubrication/Mechanical Maintenance and Shop Machines/Tools and Equipment, Pumps/Piping and Combustion, Motors/Control Circuits and Schematics and Print Reading, Digital Electronics/Power Supplies/Computers and PLC and Test Instruments, Basic AC and DC Theory/Power Distribution and Electrical Maintenance, Total.
Administration: Group.
Price Data, 2023: $28 per test administration (minimum order of 20); $25 per manual.
Time: 60-70 minutes.
Comments: Test publisher advises that changes in form names indicate minor revisions and updating.
Author: Roland T. Ramsay.
Publisher: Ramsay Corporation.
Spanish Components: The test form and its corresponding instructions are available in Spanish.
English Components: All materials are also available in English; the manual is in English.
Cross References: For reviews by Bruce Biskin and M. David Miller of English Forms MC-C and B, see 19:109.

[438s]

Multifactor Leadership Questionnaire [Third Edition Manual].

Propósito: Diseñado para evaluar una amplia gama de tipos de liderazgo, identificar características de un líder transformacional y ayudar a las personas descubrir cómo ellos se describen así como cuál es la percepción de los que trabajan con ellos.
Procedencia: Estados Unidos (1985-2004)/inglés.
Traducción/Adaptación: La editorial de la prueba indica que existen varias traducciones de calidad variable, algunas de las cuales están disponibles de la casa editorial/distribuidor; no se provee información en los materiales de la prueba sobre el proceso de traducción/adaptación.
Población: Investigadores, consultores, líderes, supervisores, colegas, compañeros y subordinados directos.
Baremos: No se han provisto baremos con los formularios traducidos al español.
Fecha de Publicación: 1995.
Acrónimo: MLQ.
Puntuación, 12: Liderazgo Transformacional (Atributos Idealizados, Comportamientos Idealizados, Motivacional Inspiracional, Estimulación Intelectual, Consideración Individualizada), Liderazgo Transaccional (Recompensa Contingente,

[438e]

Multifactor Leadership Questionnaire [Third Edition Manual].

Purpose: Designed to assess a broad range of leadership types, identify the characteristics of a transformational leader, and help individuals discover how they measure up in their own eyes and in the eyes of those with whom they work.
Origin: United States (1985-2004)/English.
Translation/Adaptation: Test publisher indicates that various translations of varying quality exist, some of which are available from the publisher/distributor; there is no information in the test materials about the translation/adaptation process.
Population: Researchers, consultants, leaders, supervisors, colleagues, peers, and direct reports.
Norms: Separate norms are not provided with the forms translated to Spanish.
Publication Date: 1995.
Acronym: MLQ.
Scores, 12: Transformational Leadership (Idealized Attributes, Idealized Behaviors, Inspirational Motivational, Intellectual Stimulation, Individualized Consideration), Transactional Leadership (Contingent Reward,

Administración-por-Excepción: Activo), Comportamientos de Evitación Pasiva (Administración-por-Excepción: Pasiva, Liberalismo), Esfuerzo Adicional, Efectividad, Satisfacción con el Liderazgo.
Administración: Colectiva.
Formularios, 3: 5X-Breve: Líder, 5X-Breve: Clasificador, Real-Ideal.
Precios, 2022: $50 por manual; $8 por administración en línea: Formulario de Multi-evaluadores ($100 precio de inicio); $2.50 por la licencia remota de la encuesta en línea (compra mínima de 50); $2.50 por licencia para reproducir (compra mínima de 50).
Duración: (15) minutos.
Autores: Bernard M. Bass y Bruce J. Avolio.
Traductora/Adaptadora: Ivelisse Blasini Torres.
Editorial: Mind Garden, Inc.
Componentes en Español: Los formularios 5X-Breve: Líder y 5X-Breve: Clasificador y sus instrucciones correspondientes están disponibles en español.
Componentes en Inglés: Todos los materiales están disponibles en inglés, también.
Referencias Cruzadas: Para reseñas por John W. Fleenor y Eugene P. Sheehan de los componentes en inglés de esta prueba, consulte 17:130.

[439s]

Myers-Briggs Type Indicator®, Form M.

Propósito: Diseñado para identificar las preferencias básicas en cada una de las cuatro dicotomías especificadas o implícitas en la teoría de Jung y la identificación y descripción de 16 tipos de personalidad que resultan de las interacciones entre las preferencias.
Procedencia: Estados Unidos (1943–1998)/inglés.
Traducción/Adaptación: La evaluación MBTI fue traducido a un idioma que se puede describir como español para negocios para su uso con hispanohablantes en el hemisferio occidental (en América del norte y latina).
Población: Edades 14 en adelante.
Baremos: No se han provisto baremos con los materiales traducidos al español. Se recopilaron los datos de una muestra compuesta por 101 participantes que completaron la evaluación en español de América Latina y Norteamérica para investigar las propiedades de traducción y medición de la prueba.
Fechas de Publicación: 1998-2005 (forma de autoevaluación); 1993-2008 (folletos e informe técnico).
Acrónimo: MBTI®.
Puntuación, 4: Extraversión vs. Introversión, Sensación vs. Intuición, Pensamiento vs. Sentimiento, Juicio vs. Percepción.
Administración: Individual o colectiva.
Precios, 2023: $24.95 por administración de perfil; $189 por manual.

Management-by-Exception: Active), Passive Avoidant Behaviors (Management-by-Exception: Passive, Laissez-Faire), Extra Effort, Effectiveness, Satisfaction with the Leadership.
Administration: Group.
Forms, 3: Leader 5X-Short, Rater 5X-Short, Actual-Ought.
Price Data, 2022: $50 per manual; $8 per online administration: Multi-rater Form ($100 set-up fee); $2.50 per remote online survey license (minimum purchase of 50); $2.50 per license to reproduce (minimum purchase of 50).
Time: (15) minutes.
Authors: Bernard M. Bass and Bruce J. Avolio.
Translator/Adaptor: Ivelisse Blasini Torres.
Publisher: Mind Garden, Inc.
Spanish Components: The Leader 5X-Short and the Rater 5X-Short forms and their corresponding instructions are in Spanish.
English Components: All materials are also available in English.
Cross References: For reviews by John W. Fleenor and Eugene P. Sheehan of this test's English components, see 17:130.

[439e]

Myers-Briggs Type Indicator®, Form M.

Purpose: Designed for "the identification of basic preferences on each of the four dichotomies specified or implicit in Jung's theory" and "the identification and description of the 16 personality types that result from interactions among the preferences."
Origin: United States (1943–1998)/English.
Translation/Adaptation: The MBTI assessment was translated for use with Spanish speakers in the western hemisphere (in Latin and North America) into language that can best be described as "business Spanish."
Population: Ages 14 and older.
Norms: Separate norms are not provided with the materials translated to Spanish. Data were collected from a sample composed of 101 participants who completed the assessment in Latin and North American Spanish in order to investigate the translation and measurement properties of the assessment.
Publication Dates: 1998-2005 (self-evaluation test form); 1993-2008 (booklets and technical brief).
Acronym: MBTI®.
Scores, 4: Extraversion vs. Introversion, Sensing vs. Intuition, Thinking vs. Feeling, Judging vs. Perceiving.
Administration: Individual or group.
Price Data, 2023: $24.95 per profile administration; $189 per manual.

Duración: 15–25 minutos.
Autores: Katharine C. Briggs, Isabel Briggs Myers, Mary H. McCaulley (manual revisado), Naomi L. Quenk (manual revisado) y Allen L. Hammer (manual revisado).
Traductores/Adaptadores: Peter B. Myers, Katherine D. Myers, Donna Dunning, Sandra Krebs Hirsh, Jean M. Kummerow, Elizabeth Hirsh, Katherine W. Hirsh, Allen L. Hammer, Isabel Briggs Myers y Linda K. Kirby.
Editorial: The Myers-Briggs Company.
Componentes en Español: El formulario MBTI Autoevaluación Formulario M y los siguientes folletos están disponibles en español: Introducción al Type, Introducción al Type y los Equipos, Introducción al Type en Organizaciones e Introducción al Type y la Comunicación. También se puede tomar la prueba en español en línea.
Componentes en Inglés: Todos los materiales están disponibles en inglés, también; el manual es en inglés.
Referencias Cruzadas: Para reseñas por John W. Fleenor y Paul M. Mastrangelo de los componentes en inglés de esta prueba, consulte 14:251.

[440s]

Myers-Briggs Type Indicator® Global Step I and Step II.

Propósito: Diseñado para identificar las preferencias de un individuo, para mostrar como las combinaciones de preferencias funcionan como tipos de personalidad completos y dinámicos y para explorar las variaciones en la manera en que las personas del mismo tipo experimentar y expresar su tipo.
Procedencia: Estados Unidos (2018)/inglés.
Traducción/Adaptación: Después de que una empresa de traducción tradujo la evaluación, la traducción fue revisada por un lingüista y varios revisores en México y España. La traducción se modificó y revisó aún más en un proceso iterativo hasta que se aprobó la versión final.
Población: Edades 18-70.
Baremos: Se utilizaban dos muestras para evaluar el uso de las traducciones con individuos que hablan español en México (n = 359) y España (n = 564), distribuidos por edad, género y estatus de empleo.
Fecha de Publicación: 2019.
Acrónimo: MBTI® Global Step I y Step II.
Administración: Individual o colectiva.
Precios, 2023: $72 por administración en línea (español); $79 por reporte interpretativo (inglés); $31 por reporte de perfil (inglés); $467 por manual (cuarta edición, 2018, 422 páginas, inglés).
Comentarios: Se requiere certificación para administrar la prueba; administrado en línea; el manual global combina e integra en un solo volumen

Time: 15–25 minutes.
Authors: Katharine C. Briggs, Isabel Briggs Myers, Mary H. McCaulley (revised manual), Naomi L. Quenk (revised manual), and Allen L. Hammer (revised manual).
Translators/Adaptors: Peter B. Myers, Katherine D. Myers, Donna Dunning, Sandra Krebs Hirsh, Jean M. Kummerow, Elizabeth Hirsh, Katherine W. Hirsh, Allen L. Hammer, Isabel Briggs Myers, and Linda K. Kirby.
Publisher: The Myers-Briggs Company.
Spanish Components: The MBTI self-scorable Form M and the following booklets are available in Spanish: Introduction to Type, Introduction to Type and Teams, Introduction to Type in Organizations, and Introduction to Type and Communication. The test may also be taken in Spanish online.
English Components: All materials are also available in English; the manual is in English.
Cross References: For reviews by John W. Fleenor and Paul M. Mastrangelo of this test's English components, see 14:251.

[440e]

Myers-Briggs Type Indicator® Global Step I and Step II.

Purpose: Designed to identify an individual's preferences, to show "how combinations of preferences operate as dynamic, whole [personality] types," and "to explore variations in the way people of the same type experience and express their type."
Origin: United States (2018)/English.
Translation/Adaptation: After a translation company translated the assessment, the translation was reviewed by a linguist and a number of reviewers in Mexico and Spain. The translation was further modified and reviewed in an iterative process until the final version was approved.
Population: Ages 18-70.
Norms: Two samples were used to evaluate the use of the translations with individuals who speak Spanish in Mexico (n = 359) and Spain (n = 564), both distributed by age, gender, and employment status.
Publication Date: 2019.
Acronym: MBTI® Global Step I and Step II.
Administration: Individual or group.
Price Data, 2023: $72 per online assessment (Spanish); $79 per interpretive report (English); $31 per profile report (English); $467 per manual (fourth edition, 2018, 422 pages, English).
Comments: Certification required for administration; administered online; "global manual combines and integrates into a single volume information that

información que anteriormente estaba cubierta en manuales y suplementos separados de EE. UU. y Europa; los suplementos del manual en español europeo (España) y latinoamericano (México) están disponibles como descarga gratuita; los formularios MBTI M y Q todavía están disponibles.
Autores: Isabel Briggs Myers, Mary H. McCaulley, Naomi L. Quenk y Allen L. Hammer (prueba); Nancy A. Schaubhut, Richard C. Thompson, Michael L. Morris y Justin J. Arneson (suplementos al manual).
Editorial: The Myers-Briggs Company.
Componentes en Español: Se puede aplicar la prueba en español para Europa (España) y español para Latinamérica (México) en línea.
Componentes en Inglés: Todos los materiales están disponibles in inglés, también; el manual es en inglés.

a) GLOBAL STEP I.
Propósito: Diseñado para identificar cuál de las formas opuestas de usar la mente que están especificadas o implícitas en la teoría de Jung un individuo inclina a usar de manera más natural o cómoda.
Puntuación, 4: Extraversión vs. Introversión, Sensación vs. Intuición, Pensamiento vs. Sentimiento, Juicio vs. Percepción.
Duración: 15-25 para administración.
Comentarios: Global Step I reemplaza el MBTI Form M y el Step I europeo.

b) GLOBAL STEP II.
Propósito: Diseñado para identificar y medir facetas de los cuatro pares de opuestos incluidos en el Step I.
Puntuación, 24: 4 dicotomías y 20 facetas: Extraversión vs. Introversión (Iniciador–Receptor, Expresivo–Reservado, Gregario–Íntimo, Activo–Reflexivo, Entusiasta–Tranquilo), Sensación vs. Intuición (Concreto–Abstracto, Realista–Imaginativo, Práctico–Conceptual, Experiencial–Teórico, Tradicional–Original), Pensamiento vs. Sentimiento (Lógico-Empático, Razonable-Compasivo, Inquisitivo–Complaciente, Crítico–Tolerante, Firme–Flexible), Juicio vs. Percepción (Sistemático–Informal, Planeador–Abierto, Anticipado–Incitado por Presión, Programado–Espontáneo, Metódico–Emergente).
Duración: 25-30 minutos para administración.
Comentarios: Global Step II reemplaza el MBTI Form Q y el Step II europeo.

[441s]

Myers-Briggs Type Indicator® Step II (Form Q).

Propósito: Diseñado para proveer un reporte personalizado y detallado de las preferencias de la personalidad.
Procedencia: Estados Unidos (2001)/inglés.
Traducción/Adaptación: La evaluación MBTI fue traducido a un idioma que se puede describir como español para negocios para su uso con hispanohablantes en el hemisferio occidental (en América del norte y latina).

previously was covered" in separate U.S. and European manuals and supplements; European (Spain) Spanish and Latin American (Mexico) Spanish manual supplements are available as free downloads; MBTI Forms M and Q are still available.
Authors: Isabel Briggs Myers, Mary H. McCaulley, Naomi L. Quenk, and Allen L. Hammer (test); Nancy A. Schaubhut, Richard C. Thompson, Michael L. Morris, and Justin J. Arneson (manual supplements).
Publisher: The Myers-Briggs Company.
Spanish Components: The test may be taken in Latin American (Mexico) Spanish and European (Spain) Spanish online.
English Components: All materials are also available in English; the manual is in English.

a) GLOBAL STEP I.
Purpose: Designed "to identify which of the opposite ways of using one's mind that are specified or implicit in Jung's theory an individual tends to use most naturally and comfortably."
Scores, 4: Extraversion vs. Introversion, Sensing vs. Intuition, Thinking vs. Feeling, Judging vs. Perceiving.
Time: 15-25 minutes for administration.
Comments: Global Step I replaces MBTI Form M and European Step I.

b) GLOBAL STEP II.
Purpose: Designed to identify and measure facets of the four pairs of opposites included in Step I.
Scores, 24: 4 dichotomies and 20 facets: Extraversion vs. Introversion (Initiating–Receiving, Expressive–Contained, Gregarious–Intimate, Active–Reflective, Enthusiastic–Quiet), Sensing vs. Intuition (Concrete–Abstract, Realistic-Imaginative, Practical–Conceptual, Experiential–Theoretical, Traditional–Original), Thinking vs. Feeling (Logical–Empathetic, Reasonable–Compassionate, Questioning–Accommodating, Critical–Accepting, Tough–Tender), Judging vs. Perceiving (Systematic–Casual, Planful–Open-Ended, Early Starting-Pressure-Prompted, Scheduled–Spontaneous, Methodical–Emergent).
Time: 25-30 minutes for administration.
Comments: Global Step II replaces MBTI Form Q and European Step II.

[441e]

Myers-Briggs Type Indicator® Step II (Form Q).

Purpose: Designed to "provide an in-depth personalized account of personality preferences."
Origin: United States (2001)/English.
Translation/Adaptation: The MBTI assessment was translated for use with Spanish speakers in the western hemisphere (in Latin and North America) into language that can best be described as "business Spanish."

[441s] Myers-Briggs Type Indicator® Step II (Form Q)

Población: Edades 12 en adelante.
Baremos: No se han provisto baremos con los materiales traducidos al español. Se recopilaron los datos de una muestra compuesta por 101 participantes que completaron la evaluación en español de América Latina y Norteamérica para investigar las propiedades de traducción y medición de la prueba.
Fechas de Publicación: 1993-2007.
Acrónimo: MBTI Step II–Form Q.
Puntuación, 24: 4 dicotomías (Extraversión vs. Introversión, Sensación vs. Intuición, Pensamiento vs. Sentimiento, Juicio vs. Percepción), 20 facetas: 5 facetas Extraversión–Introversión (Iniciador–Receptor, Expresivo–Reservado, Gregario–Íntimo, Activo–Reflexivo, Entusiasta–Tranquilo), 5 facetas Sensación–Intuición (Concreto–Abstracto, Realista–Imaginativo, Práctico–Conceptual, Experiencial–Teórico, Tradicional–Original), 5 facetas Pensamiento–Sentimiento (Lógico–Empático, Razonable–Compasivo, Inquisitivo–Complaciente, Crítico–Tolerante, Firme–Flexible), 5 facetas Juicio–Percepción (Sistemático–Informal, Planeador–Abierto, Anticipado–Incitado por Presión, Programado–Espontáneo, Metódico–Emergente).
Administración: Individual o colectiva.
Precios, 2023: $43.95 por perfil administración; $169 por manual (2001, 217 páginas, inglés).
Duración: 25–35 minutos.
Comentarios: Incluye todos los elementos que forman Step I, Formulario M de MBTI; se puede usar para generar todos los informes producidos por Step I, Formulario M de MBTI; puntuación se obtiene a través de computadora o en línea.
Autores: Katharine C. Briggs, Isabel Briggs Myers, Naomi L. Quenk (formualrio de pérfil, formulario interpretativo, MBTI Step II manual), Jean Kummerow (formulario de pérfil, formulario interpretativo), Allen L. Hammer (Manual MBTI Step II) y Mark S. Majors (Manual MBTI Step II).
Traductores/Adaptadores: Peter B. Myers, Katherine D. Myers, Donna Dunning, Sandra Krebs Hirsh, Jean M. Kummerow, Elizabeth Hirsh, Katherine W. Hirsh, Allen L. Hammer, Isabel Briggs Myers y Linda K. Kirby.
Editorial: The Myers-Briggs Company.
Componentes en Español: Se puede tomar la prueba en español en línea; los siguientes folletos están disponibles in español: Introducción al Type, Introducción al Type y los Equipos, Introducción al Type en Organizaciones e Introducción al Type y la Comunicación.
Componentes en Inglés: Todos los materiales están disponibles en inglés, también; el manual es en inglés.
Referencias Cruzadas: Para reseñas por Allen K. Hess y Kevin Lanning de los componentes en inglés de esta prueba, consulte 15:172.

Population: Ages 12 and older.
Norms: Separate norms are not provided with the materials translated to Spanish. Data were collected from a sample composed of 101 participants who completed the assessment in Latin and North American Spanish in order to investigate the translation and measurement properties of the assessment.
Publication Dates: 1993-2007.
Acronym: MBTI Step II–Form Q.
Scores, 24: 4 dichotomies (Extraversion vs. Introversion, Sensing vs. Intuition, Thinking vs. Feeling, Judging vs. Perceiving), 20 facets: 5 Extraversion–Introversion facets (Initiating–Receiving, Expressive–Contained, Gregarious–Intimate, Active–Reflective, Enthusiastic–Quiet), 5 Sensing–Intuition facets (Concrete–Abstract, Realistic–Imaginative, Practical–Conceptual, Experiential–Theoretical, Traditional–Original), 5 Thinking–Feeling facets (Logical–Empathetic, Reasonable–Compassionate, Questioning–Accommodating, Critical–Accepting, Tough–Tender), 5 Judging–Perceiving facets (Systematic–Casual, Planful–Open-Ended, Early Starting–Pressure-Prompted, Scheduled–Spontaneous, Methodical–Emergent).
Administration: Individual or group.
Price Data, 2023: $43.95 per profile administration; $169 per manual (2001, 217 pages, English).
Time: 25–35 minutes.
Comments: Includes all items comprising Step I, Form M of MBTI; can be used to generate all reports produced by Step I, Form M of MBTI; computer or web-administered scoring available.
Authors: Katharine C. Briggs, Isabel Briggs Myers, Naomi L. Quenk (Profile Form, Interpretive Form, MBTI Step II Manual), Jean Kummerow (Profile Form, Interpretive Form), Allen L. Hammer (MBTI Step II Manual), and Mark S. Majors (MBTI Step II Manual).
Translators/Adaptors: Peter B. Myers, Katherine D. Myers, Donna Dunning, Sandra Krebs Hirsh, Jean M. Kummerow, Elizabeth Hirsh, Katherine W. Hirsh, Allen L. Hammer, Isabel Briggs Myers, and Linda K. Kirby.
Publisher: The Myers-Briggs Company.
Spanish Components: The test may be taken in Spanish online; the following booklets are also available in Spanish: Introduction to Type, Introduction to Type and Teams, Introduction to Type in Organizations, and Introduction to Type and Communication.
English Components: All materials are also available in English; the manual is in English.
Cross References: For reviews by Allen K. Hess and Kevin Lanning of this test's English components, see 15:172.

[442s]

Naglieri Nonverbal Ability Test–Individual Administration.

Propósito: Diseñado para proveer una medida no-verbal breve de habilidades generales.
Procedencia: Estados Unidos/inglés.
Traducción/Adaptación: Se aplicó la prueba a una muestra de 40 individuos distribuidos por edad y género que recibieron las instrucciones de la prueba en español. Los resultados de esta investigación indicaron que las instrucciones en español son intercambiables con las instrucciones en inglés.
Población: Edades 5-0 a 17-11 años.
Baremos: No se han provisto baremos con los materiales en español.
Fecha de Publicación: 2003.
Acrónimo: NNAT-I.
Puntuación: Puntuación total solamente.
Administración: Individual.
Precios, 2022: $406 por juego completo incluye manual (2003, 139 páginas, inglés), libro de estímulos, 25 reportes para padres, 25 formularios de registro A y 25 formularios de registro B; $100 por manual, $104 por 25 formularios de registro (A o B); $197 por libro de estímulos; $100 por reporte para padres (español o inglés).
Duración: 25-30 minutos.
Autor: Jack A. Naglieri.
Editorial: Pearson.
Componentes en Español: El reporte para padres y las instrucciones para administrar la prueba están disponibles en español.
Componentes en Inglés: Todos los materiales están disponibles en inglés, también; el manual es en inglés.
Referencias Cruzadas: Para reseñas por Connie T. England y Brian F. French de los componentes en inglés de esta prueba, consulte 16:159.

[442e]

Naglieri Nonverbal Ability Test–Individual Administration.

Purpose: Designed to provide a brief nonverbal measure of general ability.
Origin: United States/English.
Translation/Adaptation: The test was administered to a sample of 40 individuals distributed by age and gender who were given the test instructions in Spanish. The results of this study indicated that the Spanish instructions are interchangeable with the English instructions.
Population: Ages 5-0 to 17-11.
Norms: Separate norms are not provided for the materials in Spanish.
Publication Date: 2003.
Acronym: NNAT-I.
Score: Total score only.
Administration: Individual.
Price Data, 2022: $406 per complete kit including manual (2003, 139 pages, English), stimulus book, 25 parent reports, 25 record forms A, and 25 record forms B; $100 per manual, $104 per 25 record forms (A or B); $197 per stimulus book; $100 per parent report (Spanish or English).
Time: 25-30 minutes.
Author: Jack A. Naglieri.
Publisher: Pearson.
Spanish Components: The parent report and instructions for administering the test are available in Spanish.
English Components: All test materials are also available in English; the manual is in English.
Cross References: For reviews by Connie T. England and Brian F. French of this test's English components, see 16:159.

[443s]

Naglieri Nonverbal Ability Test–Third Edition.

Propósito: Diseñado como una prueba no-verbal de habilidad general para estudiantes con habilidades en todos los niveles para quienes una evaluación sin lenguaje es requerida, así como para usarse en la identificación de estudiantes dotados y talentosos, especialmente aquellos de grupos subrepresentados.
Procedencia: Estados Unidos/inglés.
Traducción/Adaptación: No se provee información en los materiales de la prueba sobre el proceso de traducción/adaptación.
Población: Estudiantes en kindergarten a Grado 12.
Baremos: No se han provisto baremos con los materiales traducidos al español.

[443e]

Naglieri Nonverbal Ability Test–Third Edition.

Purpose: Designed as a "nonverbal measure of general ability" for "students of all ability levels for whom a language–free assessment is required," as well as for use in "the identification of gifted or talented students, especially those from underrepresented groups."
Origin: United States/English.
Translation/Adaptation: No information is provided in the test materials about the translation/adaptation process.
Population: Students in kindergarten through Grade 12.
Norms: Separate norms are not provided with the materials translated to Spanish.

Fechas de Publicación: 1996-2016.
Acrónimo: NNAT3.
Puntuación: Puntuación total solamente.
Administración: Colectiva.
Niveles, 7: A (Kindergarten), B (Grado 1), C (Grado 2), D (Grados 3-4), E (Grados 5-6), F (Grados 7-9), G (Grados 10-12).
Formularios: Niveles A a D tienen formularios paralelos (Formulario 1, Formulario 2).
Precios: Disponibles con la casa editorial.
Duración: (30) minutos.
Comentarios: Vendido solamente a escuelas y distritos acreditados/aprobados; administrado en línea o con papel y lápiz; ítems en los Niveles A-D son nuevos; ítems en los Niveles E-G son los mismos que en el NNAT2, pero tienen nuevos baremos.
Autor: Jack A. Naglieri.
Editorial: Pearson.
Componentes en Español: Instrucciones de administración y el informe de hogar están disponibles en español.
Componentes en Inglés: Todos los materiales están disponibles en inglés también; el manual es en inglés.
Referencias Cruzadas: Para reseñas por Nicholas F. Benson y Rebecca J. Tipton y por Randy G. Floyd y Patrick J. McNicholas de los componentes en inglés de esta prueba, consulte 21:99.

[444s]

National Spanish Examinations.

Propósito: Diseñado para evaluar las capacidades, habilidades y logros de los alumnos que estudian español como segundo idioma.
Procedencia: Estados Unidos/inglés y español.
Población: Grados 6-12.
Baremos: Se desarrollaron los baremos para tres grupos de examinados basado en su exposición al español: Experiencia en la Aula, Experiencia External y Bilingüe.
Fechas de Publicación: 1957-2005 (escrito), 2006-2022 (en línea).
Acrónimo: NSE.
Administración: Individual o colectiva.
Partes, 2: Logro, Dominio.
Niveles, 7: 01 Novato Bajo, 1 Novato Medio, 2 Novato Alto, 3 Intermedio Bajo, 4 Intermedio Medio, 5 Intermedio Alto, 6 Avanzado Bajo/Medio.
Puntuación, 10: 6 categorías de medida: Logro (Vocabulario, Gramática), Dominio (Comprensión de Lectura, Comprensión Auditiva), más 4 resultados de aprendizaje de interpretación comunicativa: Identifica la Idea Principal, Identifica los Detalles de Apoyo, Hace Inferencias e/o Identifica la Audiencia Deseada, Identifica el Propósito/Tono/Punto de Vista.
Precios, 2023: $5 por estudiante, $75 por docente que administra el examen; miembros de la AATSP no tienen que pagar el costo del docente.

Publication Dates: 1996-2016.
Acronym: NNAT3.
Scores: Total score only.
Administration: Group.
Levels, 7: A (Kindergarten), B (Grade 1), C (Grade 2), D (Grades 3-4), E (Grades 5-6), F (Grades 7-9), G (Grades 10-12).
Forms: Levels A through D have parallel forms (Form 1, Form 2).
Price Data: Available from publisher.
Time: (30) minutes.
Comments: Administered online or via paper and pencil; sold only to accredited/approved schools and districts; items in Levels A-D are new; items in Levels E-G are the same as in the NNAT2, but they have been renormed.
Author: Jack A. Naglieri.
Publisher: Pearson.
Spanish Components: Directions for administration and home report are available in Spanish.
English Components: All materials are also available in English; the manual is in English.
Cross References: For reviews by Nicholas F. Benson and Rebecca J. Tipton and by Randy G. Floyd and Patrick J. McNicholas of this test's English components, see 21:99.

[444e]

National Spanish Examinations.

Purpose: Designed "to measure proficiency and achievement of students who are studying Spanish as a second language."
Origin: United States/English and Spanish.
Population: Grades 6-12.
Norms: Norms developed for three groups of examinees based on their exposure to Spanish: Classroom Experience, Outside Experience, and Bilingual.
Publication Dates: 1957-2005 (written), 2006-2022 (online).
Acronym: NSE.
Administration: Individual or group.
Parts, 2: Achievement, Proficiency.
Levels, 7: 01 Novice Low, 1 Novice Mid, 2 Novice High, 3 Intermediate Low, 4 Intermediate Mid, 5 Intermediate High, 6 Advanced Low/Mid.
Scores, 10: 6 measurement categories: Achievement (Vocabulary, Grammar), Proficiency (Reading Comprehension, Listening Comprehension), plus 4 interpretive communication learner outcomes: Identify Main Ideas, Identify Supporting Ideas, Make an Inference and/or Identify the Intended Audience, Identify the Purpose/Tone/Point of View.
Price Data, 2023: $5 per student, $75 for each teacher administering the exam; AATSP members do not have to pay the teacher fee.

Duración: 40 minutos para el Examen de Logro más 5 minutos para completar la sección de información estudiantil; 40 minutos para el Examen de Dominio.
Comentarios: Se administra en línea; el examen ofrece tres categorías de competición: Experiencia en la Aula (estudiantes que solamente tienen contacto con el español en la aula), Experiencia External (estudiantes que han tenido experiencias específicas con el español a fuera de la aula) y Bilingüe (estudiantes que vienen de una aula donde el español es el idioma dominante); hispanohablantes nativos deben competir solamente en la categoría Bilingüe.
Autores: Docentes que son miembros de la American Association of Teachers of Spanish and Portuguese (AATSP).
Editorial: National Spanish Exams.
Componentes en Español: Los textos de aptitud y las preguntas de logro son en español.
Componentes en Inglés: Las instrucciones de administración son en inglés.

[445s]

NEEDS Survey.

Propósito: Diseñado para proporcionar un perfil conciso, pero completo, del funcionamiento del individuo en relación con el tratamiento de abuso de sustancias.
Procedencia: Estados Unidos (1994)/inglés.
Traducción/Adaptación: No se provee información en los materiales de la prueba sobre el proceso de traducción/adaptación.
Población: Adultos.
Baremos: No se han provisto baremos con el formulario traducido al español.
Fecha de Publicación: 2012.
Acrónimo: NEEDS.
Puntuación, 10: Actitud Ante la Prueba, Solución de Problemas Básicos y Lectura, Estabilidad Emocional, Abuso de Sustancias, Empleo, Relaciones Personales y Sistema de Apoyo, Salud Física, Educación, Historia Criminal, Necesidades Generales.
Administración: Individual o colectiva.
Precios: Disponibles con la casa editorial.
Duración: 26 minutos.
Comentarios: Auto-administrable; corrección a través de la computadora.
Autor: ADE Incorporated.
Editorial: ADE Incorporated.
Componentes en Español: El cuestionario y sus instrucciones correspondientes están disponibles en español.
Componentes en Inglés: Todos los materiales están disponibles en inglés, también.
Referencias Cruzadas: Para reseñas por Anita M. Hubley y Paul M. Mastrangelo de los componentes en inglés de esta prueba, consulte 14:253.

Time: 40 minutes for Achievement Exam plus 5 minutes to fill out student information section; 40 minutes for Proficiency Exam.
Comments: Administered online; the exam offers three categories of competition: Classroom Experience (students whose only contact with Spanish is in the classroom), Outside Experience (students who have had specific experiences with Spanish beyond the classroom), and Bilingual (students who come from a home where Spanish is the predominant language); native speakers should compete in the Bilingual category only.
Authors: Teacher members of the American Association of Teachers of Spanish and Portuguese (AATSP).
Publisher: National Spanish Exams.
Spanish Components: Proficiency texts and achievement questions are in Spanish.
English Components: Administration instructions are in English.

[445e]

NEEDS Survey.

Purpose: Designed "to provide a concise but comprehensive profile of an individual's functioning" relative to the treatment of substance abuse.
Origin: United States (1994)/English.
Translation/Adaptation: No information is provided in the test materials about the translation/adaptation process.
Population: Adults.
Norms: Separate norms are not provided with the form translated to Spanish.
Publication Date: 2012.
Acronym: NEEDS.
Scores, 10: Test-Taking Attitude, Basic Problem Solving and Reading, Emotional Stability, Substance Abuse, Employment, Personal Relationships and Support System, Physical Health, Education, Criminal History, Overall "Needs."
Administration: Individual or group.
Price Data: Available from publisher.
Time: 26 minutes.
Comments: Self-administered; scored via computer.
Author: ADE Incorporated.
Publisher: ADE Incorporated.
Spanish Components: The questionnaire and its corresponding instructions are available in Spanish.
English Components: All materials are also available in English.
Cross References: For reviews by Anita M. Hubley and Paul M. Mastrangelo of this test's English components, see 14:253.

[446s]

NEO Personality Inventory–3.

Propósito: Diseñado para medir las cinco dimensiones o dominios principales de la personalidad y los rasgos o facetas más importantes que definen cada dominio.
Procedencia: Estados Unidos (1978-2010)/inglés.
Traducción/Adaptación: Los ítems de la prueba fueron traducidos al español para los Estados Unidos y luego retrotraducidos al inglés por una persona que no estaba familiarizada con el contenido de la prueba de la versión en inglés. Esta retrotraducción fue revisada por el personal de PAR, así como por un editor de textos profesional de habla hispana.
Población: Edades 12 en adelante.
Baremos: No se han provisto baremos con el formulario traducido al español.
Fecha de Publicación: 2020.
Administración: Individual o colectiva.
Precios, 2022: $594 por juego completo para adultos o adolescentes incluye manual profesional (2010, 145 páginas, inglés), 10 cuadernillos de formulario S reutilizables, 10 cuadernillos reutilizables de formulario R (5 para hombres y 5 para mujeres), 25 hojas de respuesta calificación a mano, 25 formularios de perfil de adultos de formulario S, 25 formularios de perfil de adultos del formulario R, 25 formularios de perfil de adultos de género combinado (formulario S/ formulario R) y 25 hojas de resumen de comentarios; $121 por manual profesional; $74 por 10 cuadernillos reutilizables de NEO-PI-3 formulario S en español; $81 por 25 formularios S de perfil (adolescente o adulto); $81 por 25 hojas de respuestas corrección a mano; $64 por 25 formularios de sumario.
Comentarios: Una gran novedad de esta edición es la modificación del NEO PI-R en la que se sustituyeron 37 ítems; el NEO-PI-3 ahora es adecuado para evaluar la personalidad en niños y adolescentes en edad escolar media, así como en adultos; se puede seguir usando NEO PI-R; el NEO-FFI-3 es una revisión del NEO-FFI en el que se han reemplazado 15 ítems para mejorar la legibilidad y las propiedades psicométricas.
Autores: Paul T. Costa, Jr. y Robert R. McCrae.
Editorial: Psychological Assessment Resources, Inc.
Componentes en Español: Los cuadernillos de ítems para el NEO-PI-3 formulario S y NEO-FFI-3 formulario S adulto, sus instrucciones de administración correspondientes y la hoja de respuesta NEO-PI-3 de calificación a mano están disponibles en español.
Componentes en Inglés: Todos los materiales están disponibles en inglés también; el manual es en inglés.

a) NEO PERSONALITY INVENTORY-3.
Acrónimo: NEO-PI-3.
Puntuación, 35: 30 facetas en 5 dominios: Neuroticismo (Ansiedad, Hostilidad Enojado, Depresión,

[446e]

NEO Personality Inventory–3.

Purpose: Designed to measure "the five major dimensions, or domains, of personality and the most important traits or facets that define each domain."
Origin: United States (1978-2010)/English.
Translation/Adaptation: Test items were translated into Spanish for the United States and then back-translated to English by an individual who was unfamiliar with the test content from the English version. This back-translation was reviewed by PAR staff as well as a professional Spanish-speaking copy editor.
Population: Ages 12 and older.
Norms: Separate norms are not provided with the materials translated to Spanish.
Publication Date: 2020.
Administration: Individual or group.
Price Data, 2022: $594 per complete adult or adolescent kit including professional manual (2010, 145 pages, English), 10 reusable form S item booklets, 10 reusable form R item booklets (5 male and 5 female), 25 handscore answer sheets, 25 form S adult profile forms, 25 form R adult profile forms, 25 adult combined-gender profile forms (form S/form R), and 25 summary feedback sheets; $121 per professional manual; $74 per 10 reusable Spanish NEO-PI-3 form S item booklets; $81 per 25 form S profile forms (adolescent or adult); $81 per 25 Spanish handscore answer sheets; $64 per 25 summary feedback sheets.
Comments: A major innovation of this edition is the modification of the NEO PI-R in which 37 items were replaced; the NEO-PI-3 is now "suitable for assessing personality in middle school-aged children and adolescents, as well as adults"; clinicians may continue using the NEO PI-R; "The NEO-FFI-3 is a revision of the NEO-FFI in which 15 … items have been replaced to improve readability and psychometric properties."
Authors: Paul T. Costa, Jr. and Robert R. McCrae.
Publisher: Psychological Assessment Resources, Inc.
Spanish Components: The item booklets for NEO-PI-3 Form S and NEO-FFI-3 Form S adult, their corresponding administration instructions, and the NEO-PI-3 handscore answer key are available in Spanish.
English Components: All materials are also available in English; the manual is in English.

a) NEO PERSONALITY INVENTORY-3.
Acronym: NEO-PI-3.
Scores, 35: 30 facets in 5 domains: Neuroticism (Anxiety, Angry Hostility, Depression, Self-Consciousness, Impulsiveness, Vulnerability), Extraversion (Warmth, Gregariousness, Assertiveness,

Autoconciencia, Impulsividad, Vulnerabilidad), Extraversión (Calidez, Gregarismo, Asertividad, Actividad, Búsqueda de Emoción, Emociones Positivas), Apertura (Fantasía, Estética, Sentimientos, Acciones, Ideas, Valores), Amabilidad (Confianza, Sencillez, Altruismo, Cumplimiento, Modestia, Sensibilidad), Conciencia (Competencia, Orden, Obediencia, Esfuerzo por el logro, Autodisciplina, Deliberación).
Formularios, 2: Formulario S (auto-reporte), Formulario R (observador).
Duración: 30-40 minutos.
b) REVISED NEO PERSONALITY INVENTORY.
Acrónimo: NEO PI-R.
Puntuación, 35: 30 facetas en 5 dominios: Neuroticismo (Ansiedad, Hostilidad Enojado, Depresión, Autoconciencia, Impulsividad, Vulnerabilidad), Extraversión (Calidez, Gregarismo, Asertividad, Actividad, Búsqueda de Emoción, Emociones Positivas), Apertura (Fantasía, Estética, Sentimientos, Acciones, Ideas, Valores), Amabilidad (Confianza, Sencillez, Altruismo, Cumplimiento, Modestia, Sensibilidad), Conciencia (Competencia, Orden, Obediencia, Esfuerzo por el Logro, Autodisciplina, Deliberación).
Formularios, 2: Formulario S (auto-reporte), Formulario R (observador).
Duración: 30-40 minutos.
c) NEO FIVE-FACTOR INVENTORY-3.
Acrónimo: NEO-FFI-3.
Puntuación, 5: Neuroticismo, Extraversión, Apertura, Amabilidad, Escrupulosidad.
Formularios, 4: Formulario S (auto-reporte), Formulario R (observador), Adolescente, Adulto.
Duración: 5-10 minutos.

Referencias Cruzadas: Para reseñas por Nicholas F. Benson y Annette S. Kluck de los componentes en inglés de esta prueba, consulte 19:116.

[447s]

NEPSY-II.

Nombre Original: NEPSY II–Second Edition (NCS Pearson, Inc.).
Propósito: Diseñada para evaluar "el funcionamiento neuropsicológico del niño".
Procedencia: Estados Unidos (1998-2007) /inglés.
Traducción/Adaptación: Se tradujeron al castellano los ítems verbales de la versión original estadounidense y se los analizaron con el objetivo de conservarlos, modificarlos o eliminarlos, según la idoneidad del contenido de ítem y la adecuación a la cultura y a la lengua española. Con estos ítems experimentales se aplicó una versión piloto de la prueba a un grupo de neuropsicológicos de distintas zonas geográficas en España y a una muestra experimental. Los resultados le permitieron seleccionar los ítems para la versión final. El manual contiene información sobre modificaciones específicas hechas durante la adaptación.
Población: Edades 3-0 a 16-11.

Activity, Excitement-Seeking, Positive Emotions), Openness (Fantasy, Aesthetics, Feelings, Actions, Ideas, Values), Agreeableness (Trust, Straightforwardness, Altruism, Compliance, Modesty, Tender-Mindedness), Conscientiousness (Competence, Order, Dutifulness, Achievement Striving, Self-Discipline, Deliberation).
Forms, 2: Form S (self-report), Form R (observer ratings).
Time: 30-40 minutes.
b) REVISED NEO PERSONALITY INVENTORY.
Acronym: NEO PI-R.
Scores, 35: 30 facets in 5 domains: Neuroticism (Anxiety, Angry Hostility, Depression, Self-Consciousness, Impulsiveness, Vulnerability), Extraversion (Warmth, Gregariousness, Assertiveness, Activity, Excitement-Seeking, Positive Emotions), Openness (Fantasy, Aesthetics, Feelings, Actions, Ideas, Values), Agreeableness (Trust, Straightforwardness, Altruism, Compliance, Modesty, Tender-Mindedness), Conscientiousness (Competence, Order, Dutifulness, Achievement Striving, Self-Discipline, Deliberation).
Forms, 2: Form S (self-report), Form R (observer ratings).
Time: 30-40 minutes.
c) NEO FIVE-FACTOR INVENTORY-3.
Acronym: NEO-FFI-3.
Scores, 5: Neuroticism, Extraversion, Openness, Agreeableness, Conscientiousness.
Forms, 4: Form S (self-report), Form R (observer ratings), Adolescent, Adult.
Time: 5-10 minutes.

Cross References: For reviews by Nicholas F. Benson and Annette S. Kluck of this test's English components, see 19:116.

[447e]

NEPSY-II.

Original Name: NEPSY II–Second Edition (NCS Pearson, Inc.).
Purpose: Designed to assess the neuropsychological development of a child.
Origin: United States (1998-2007)/English.
Translation/Adaptation: The verbal items were translated from the original U.S. version to Spanish and analyzed to decide whether to retain, modify, or eliminate them depending on the suitability of item content and its relevance in Spanish language and culture. The revised version was piloted by a group of neuropsychologists from different geographic regions in Spain and an experimental sample. Results were used to select items for the final version. The manual contains information about specific modifications made during the adaptation.
Population: Ages 3-0 to 16-11.

Baremos: Se han provisto baremos con la adaptación al español. Los baremos se desarrollaron utilizando una muestra con 639 participantes, distribuidos por edad, sexo, nivel educativo, zona geográfica y tipo de población.
Fecha de Publicación: 2014.
Acrónimo: NEPSY-II.
Puntuación, 36: Atención/Función Ejecutiva (Atención Auditiva y Flexibilidad Cognitiva, Clasificación de Animales, Estatua, Fluidez de Diseños, Inhibición, Relojes), Lenguaje (Comprensión de Instrucciones, Denominación e Identificación de Partes del Cuerpo, Fluidez Verbal, Procesamiento Fonológico, Repetición de Pseudopalabras, Secuencias Oromotoras, Velocidad de Denominación,) Memoria y Aprendizaje (Interferencia de Lista de Palabras, Memoria de Caras, Memoria de Caras Demorada, Memoria de Diseños, Memoria de Diseños Demorada, Memoria de Listas, Memoria de Listas Demorada, Memoria de Nombres, Memoria de Nombres Demorada, Memoria Narrativa, Repetición de Frases), Sensoriomotor (Golpeteo con la Punta de los Dedos, Imitación de Configuraciones de la Mano, Precisión Visomotora, Secuencias Motoras Manuales), Percepción Social (Reconocimiento de Emociones, Teoría de la Mente), Procesamiento Visoespacial (Construcción de Cubos, Copia de Diseños, Descubrimiento de Rutas, Flechas, Puzles de Imágenes, Puzles Geométricos).
Administración: Individual.
Formularios, 2: Edades 3-4, Edades 5-16.
Precios, 2022: €849 por juego completo, incluye manual de aplicación y corrección (2014, 268 páginas), manual clínico y de interpretación (2014, 195 páginas), cuadernos de estímulos, 25 cuadernillos de anotación: edades 3-4 años, 25 cuadernillos de anotación: edades 5-16 años, 25 cuadernillos de respuestas: edades 3-4 años, 25 cuadernillos de respuestas: edades 5-16 años, plantillas de corrección y manipulativos; €148,95 por manual clínico y de interpretación; €104,95 por manual de aplicación y corrección; €64,50 por 25 cuadernillos de anotación: edades 3-4 años; €83,95 por 25 cuadernillos de anotación: edades 5-16 años; €38,25 por 25 cuadernillos de respuestas: edades 3-4 años; €48,95 por 25 cuadernillos de respuestas: edades 5-16 años.
Duración: (45-60) minutos para la batería de evaluación general; (90-180) minutos para una evaluación completa.
Autores: Marit Korkman, Ursula Kirk y Sally Kemp.
Traductores/Adaptadores: Centro de Rehabilitación Neurológica FIVAN y Laboratorio de Diversidad, Cognición y Lenguaje en colaboración con el Departamento de I+D de Pearson Clinical & Talent Assessment.
Editorial: Pearson España.
Componentes en Español: Todos los materiales son en español.

Norms: Separate norms are provided with the Spanish adaptation. Norms were developed using a sample of 639 participants, distributed by age, gender, educational level, geographic location, and type of community.
Publication Date: 2014.
Acronym: NEPSY-II.
Scores, 36: Attention/Executive Functioning (Animal Sorting, Auditory Attention and Cognitive Flexibility, Clocks, Design Fluency, Inhibition, Statue), Language (Body Part Naming and Identification, Comprehension of Instructions, Oromotor Sequences, Phonological Processing, Repetition of Nonsense Words, Speeded Naming, Verbal Fluency), Memory and Learning (Memory for Lists, Memory for Lists Delayed, Memory for Designs, Memory for Designs Delayed, Memory for Faces, Memory for Faces Delayed, Memory for Names, Memory for Names Delayed, Narrative Memory, Sentence Repetition, Word List Interference,), Sensorimotor (Fingertip Tapping, Imitating Hand Positions, Manual Motor Sequences, Visuomotor Precision), Social Perception (Recognition of Emotions, Theory of Mind), Visuospatial Processing (Arrows, Block Construction, Design Copying, Geometric Puzzles, Picture Puzzles, Route Finding).
Administration: Individual.
Forms, 2: Ages 3-4, Ages 5-16.
Price Data, 2022: €849 per complete kit, including administration and scoring manual (2014, 268 pages), interpretation and clinical manual (2014, 195 pages), stimulus books, 25 worksheets: ages 3-4 years, 25 worksheets: ages 5-16 years, 25 response booklets: ages 3-4 years, 25 response booklets: ages 5-16 years, scoring templates, and manipulatives; €148.95 per interpretation and clinical manual; €104.95 per administration and scoring manual; €64.50 per 25 worksheets: ages 3-4 years; €83.95 per 25 worksheets: ages 5-16 years; €38.25 per 25 response booklets: ages 3-4 years; €48.95 per 25 response booklets: ages 5-16 years.
Time: (45-60) minutes for the general test battery; (90-180) minutes for a complete evaluation.
Authors: Marit Korkman, Ursula Kirk, and Sally Kemp.
Translators/Adaptors: Center of Neurological Rehabilitation FIVAN and Laboratory of Diversity, Cognition and Language in collaboration with the Pearson Clinical & Talent Assessment Research and Development Department.
Publisher: Pearson España.
Spanish Components: All materials are in Spanish.

Componentes en Inglés: No hay materiales en inglés en esta versión.

[448s]

NEUROPSI Atención y Memoria, 3a Edición.

Propósito: Diseñado para evaluar "los procesos cognitivos en pacientes psiquiátricos, neurológicos y con diversos problemas médicos".
Procedencia: México/español.
Población: Edades 6 a 85.
Baremos: Los baremos se desarrollaron utilizando una muestra no clínica de 950 participantes, distribuidos por edad y nivel educativo.
Fechas de Publicación: 2003-2019.
Puntuación, 35: 32 en 4 dominios: Orientación (Tiempo, Espacio, Persona), Atención y Concentración (Retención de Dígitos en Progresión, Cubos en Progresión, Detección Visual Aciertos, Detección Dígitos Total, Series Sucesivas), Funciones Ejecutivas (Formación de Categorías, Fluidez Verbal Semántica, Fluidez Verbal Fonológica, Fluidez No Verbal Total, Funciones Motoras Total, Stroop Puntuación Interferencia, Stroop Aciertos Interferencia), Memoria (Retención de Dígitos en Regresión, Cubos en Regresión, Curva de Memoria Codificación, Pares Asociados Codificación, Memoria Lógica–Codificación Promedio Historias, Memoria Lógica–Codificación Promedio Temas, Figura Semicompleja/Rey-Osterreith Codificación, Caras Codificación, Memoria Verbal Espontánea, Memoria Verbal por Claves, Memoria Verbal Reconocimiento, Pares Asociados Evocación, Memoria Lógica–Evocación Promedio Historias, Memoria Lógica–Evocación Promedio Temas, Figura Semicompleja/Rey-Osterreith Evocación, Evocación de Nombres, Reconocimiento de Caras), más Atención y Funciones Ejecutivas Total, Memoria Total, Atención y Memoria Total.
Administración: Individual.
Precios, 2022: USD$208 por juego completo incluye manual, protocolo, libreta de estímulos y cubos.
Duración: 50-60 minutos para aplicación a poblaciones sin alteraciones cognoscitivas; 80-90 minutos para aplicación a poblaciones con trastornos cognitivos.
Comentarios: La calificación y gráfica de los perfiles están disponibles en línea.
Autores: Feggy Ostrosky, María Esther Gómez, Esmeralda Matute, Mónica Rosselli, Alfredo Ardila y David Pineda.
Editorial: Editorial El Manual Moderno, S.A. de C.V.
Componentes en Español: Todos los materiales son en español.

English Components: There are no English materials in this version.

[448e]

NEUROPSI Atención y Memoria, 3a Edición.

Purpose: Designed to evaluate cognitive processes in psychiatric and neurologic patients as well as those with diverse medical problems.
Origin: Mexico/Spanish.
Population: Ages 6 to 85.
Norms: Norms were developed using a non-clinical sample of 950 participants, distributed by age and education level.
Publication Dates: 2003-2019.
Scores, 35: 32 in 4 domains: Orientation (Time, Space, Person), Attention and Concentration (Forward Digit Retention, Cubes Forward, Correct Visual Detection, Total Digit Detection, Successive Series) Executive Functions (Category Formation, Verbal Semantic Fluidity, Verbal Phonological Fluidity, Nonverbal Fluidity Total, Motor Functions, Stroop Interference Time, Correct Stroop Interference), Memory (Backward Digit Retention, Cubes Backward, Memory Curve Coding–Average Volume, Paired Associates Coding–Average Volume, Logical Memory Coding–Average Stories, Logical Memory Coding–Average Themes, Semi-Complete Figure/Rey-Osterreith Coding, Facial Coding, Spontaneous Verbal Memory Recall, Coded Verbal Memory Recall, Verbal Memory Recognition Recall, Paired Associates Recall, Logical Memory Recall–Average Stories, Logical Memory Recall–Average Themes, Semi-Complete Figure/Rey-Osterreith Recall, Name Recall, Facial Recognition), plus Attention and Executive Functions Total, Memory Total, and Attention and Memory Total.
Administration: Individual.
Price Data, 2022: USD$208 per complete kit including manual, protocol, stimulus booklet, and cubes.
Time: 50-60 minutes for administration to people without cognitive disabilities; 80-90 minutes for administration to people with cognitive disabilities.
Comments: Online scoring and profile graphing available.
Authors: Feggy Ostrosky, María Esther Gómez, Esmeralda Matute, Mónica Rosselli, Alfredo Ardila, and David Pineda.
Publisher: Editorial El Manual Moderno, S.A. de C.V.
Spanish Components: All materials are in Spanish.

Componentes en Inglés: No hay materiales en inglés.

[449s]

NEUROPSI: Evaluación Neuropsicológica Breve en Español.

Propósito: Diseñado para "evaluar un amplio espectro de funciones cognoscitivas en pacientes psiquiátricos, geriátricos, neurológicos y pacientes con diversos problemas médicos".
Procedencia: México/español.
Población: Edades 16-86.
Baremos: Los baremos se desarrollaron utilizando una muestra de 800 participantes monolingües del español, distribuidos por rango de edad y nivel educativo.
Fecha de Publicación: 1997.
Acrónimo: NEUROPSI Breve.
Puntuación: 9 áreas: Orientación, Atención y Concentración, Lenguaje, Memoria, Funciones Ejecutivas, Conceptuales y Motoras, Lectura, Escritura, Cálculo.
Administración: Individual.
Formularios, 2: Protocolo Escolaridad Nula, Protocolo Escolaridad Baja Media y Alta.
Niveles: 4 rangos de edad; 4 niveles de escolaridad: Edades 16-30, Edades 31-50, Edades 51-65, Edades 66-85; 0 años de estudio, 1-4 años de estudio, 5-9 años de estudio, 10-24 años de estudio.
Precios, 2022: $418.60 por juego completo incluye manual (1997, 33 páginas), láminas, 20 protocolos (escolaridad nula), 20 protocolos (escolaridad baja media y alta) y 120 hojas de perfil; $88.20 por 20 protocolos (escolaridad nula o escolaridad baja media y alta); $95.10 por 120 hojas de perfil.
Duración: (20-25) minutos en población sin alteraciones cognoscitivas; (35-40) minutos en población con trastornos cognoscitivos.
Autores: Feggy Ostrosky-Solís, Alfredo Ardila y Mónica Rosselli.
Editorial: Publicado por los autores; distribuido por Pearson en los EE. UU.
Componentes en Español: Todos los materiales son en español.
Componentes en Inglés: No hay materiales en inglés.

[450s]

NIH Toolbox en Español–Cognition Domain.

Nombre Original: NIH Toolbox–Cognition Domain.
Propósito: Diseñado para evaluar varios aspectos de funcionamiento cognitivo incluyendo lenguaje, memoria episódica, función ejecutiva y velocidad de procesamiento.

English Components: There are no materials in English.

[449e]

NEUROPSI: Evaluación Neuropsicológica Breve en Español.

Purpose: Designed to evaluate a broad range of cognitive functions in psychiatric, geriatric, and neurologic patients and patients with diverse medical disorders.
Origin: Mexico/Spanish.
Population: Ages 16-86.
Norms: Norms were developed using a sample of 800 monolingual Spanish-speaking participants, distributed by age and education level.
Publication Date: 1997.
Acronym: NEUROPSI Breve.
Scores: 9 areas: Orientation, Attention and Concentration, Language, Memory, Executive Functioning, Visuomotor, Reading, Writing, Calculations.
Administration: Individual.
Forms, 2: No Education Record Form, 1-24 Years of Education Record Form.
Levels: 4 age ranges; 4 education levels: Ages 16-30, Ages 31-50, Ages 51-65, Ages 66-85; No education, 1-4 years of education, 5-9 years of education, 10-24 years of education.
Price Data, 2022: $418.60 per complete kit including manual (1997, 33 pages), stimulus book, 20 record forms (no education), 20 record forms (1-24 years of education), and 120 profile sheets; $88.20 per 20 record forms (no education or 1-24 years education); $95.10 per 120 profile sheets.
Time: (20-25) minutes for people without cognitive disabilities; (35-40) minutes for people with cognitive disabilities.
Authors: Feggy Ostrosky-Solís, Alfredo Ardila, and Mónica Rosselli.
Publisher: Published by the authors; distributed by Pearson in the U.S.
Spanish Components: All materials are in Spanish.
English Components: There are no materials in English.

[450e]

NIH Toolbox en Español–Cognition Domain.

Original Name: NIH Toolbox–Cognition Domain.
Purpose: Designed to assess "several aspects of cognitive functioning … including language, episodic memory, executive function, working memory, and processing speed."

Procedencia: Estados Unidos/inglés.
Traducción/Adaptación: Se reunió un Grupo de Trabajo del Lenguaje Español para identificar problemas específicos durante de una revisión de traducción durante el desarrollo del instrumento y para ofrecer una redacción alternativa. Después se implementó un método de traducción integral para producir una versión universal en español apropiada para la mayoría de los hispanohablantes en los EE. UU. Este proceso incluyó dos traducciones directas simultáneas, una tercera traducción por un traductor independiente para conciliar las dos primeras realizadas, una retrotraducción por un traductor de habla inglesa nativa, una comparación de la versión original y la versión retrotraducida para identificar discrepancias, revisiones por tres expertos bilingües y finalización por el coordinador del lenguaje español. El material resultante luego se probó con hablantes nativos del español.
Población: Edades 3-85.
Baremos: Se han provisto baremos con la versión en español. Se desarrollaron los baremos utilizando una muestra de 496 niños de 3 a 7 años y 408 adultos de 18 a 85 años que indicaron que prefieren leer en español. La muestra, que fue distribuida por género, edad y idioma primario, se reclutó en todo Estados Unidos, con un 77.5% de adultos nacidos fuera de los Estados Unidos. Entre los países de nacimiento representados se encuentran Brasil, Chile, Colombia, Costa Rica, Cuba, la República Dominicana, El Salvador, Ecuador, Guatemala, Honduras, México, Nicaragua, Panamá, Perú, España, Uruguay y Venezuela.
Fechas de Publicación: 2012-2018.
Administración: Individual.
Niveles, 2: Edades 3-6, Edades 7-85.
Precios, 2023: $499.99 por subscripción anual para la aplicación y puntuación de los cuatro NIH Toolbox dominios (Cognición, Emoción, Motor, Sensación) después de descargar la aplicación gratis.
Comentarios: Se aplica y califica por aplicación de iPad; requisitos completos de hardware y software disponibles de la casa editorial de prueba; la casa editorial de prueba indica que puntuaciones similares en las pruebas de Vocabulario de Imágenes y Reconocimiento de Lectura Oral en inglés y español no son comparables.
Autores: Sandra Weintraub, Sureyya S. Dikmen, Robert K. Heaton, David S. Tulsky, Philip D. Zelazo, Patricia J. Bauer, Noelle E. Carlozzi, Jerry Slotkin, David Blitz, Kathleen Wallner-Allen, Nathan A. Fox, Jennifer L. Beaumont, Dan Mungas, Cindy J. Nowinski, Jennifer Richler, Joanne A. Deocampo, Jacob E. Anderson, Jennifer J. Manly, Beth Borosh, Richard Havlik, Kevin Conway, Emmeline Edwards, Lisa Freund, Jonathan W. King, Claudia Moy, Ellen Witt y Richard C. Gershon.
Traductor/Adaptador: Grupo de Trabajo del Lenguaje Español.

Origin: United States/English.
Translation/Adaptation: A Spanish Language Working Group was formed to identify specific problems through a translatability review during instrument development and to offer alternative wording. Next, a comprehensive translation method was used to produce a universal Spanish version appropriate for the majority of U.S. Spanish speakers. This process included two simultaneous forward translations, a third translation to reconcile the first two conducted by an independent translator, a back-translation by a native English-speaking translator, a comparison of source and back-translated versions to identify discrepancies, reviews from three bilingual experts, and finalization by the Spanish language coordinator. The resultant material was then pilot tested with native Spanish speakers.
Population: Ages 3-85.
Norms: Separate norms are provided with the Spanish version. Norms were developed using a sample of 496 children ages 3-7 and 408 adults ages 18-85 who indicated that they prefer to read in Spanish. The sample, which was distributed by age, gender and primary language, was recruited across the United States, with 77.5% of adults born outside of the United States. Among the birth countries represented were Brazil, Chile, Colombia, Costa Rica, Cuba, Dominican Republic, El Salvador, Ecuador, Guatemala, Honduras, Mexico, Nicaragua, Panama, Peru, Spain, Uruguay, and Venezuela.
Publication Dates: 2012-2018.
Administration: Individual.
Levels, 2: Ages 3-6, Ages 7-85.
Price Data, 2023: $499.99 per annual subscription for administration and scoring of tests in all four NIH Toolbox domains (Cognition, Emotion, Motor, Sensation) after downloading free app.
Comments: Administered and scored via iPad app; full hardware and software requirements available from test publisher; test publisher indicates that similar scores on the English and Spanish Picture Vocabulary and Oral Reading Recognition tests are not comparable.
Authors: Sandra Weintraub, Sureyya S. Dikmen, Robert K. Heaton, David S. Tulsky, Philip D. Zelazo, Patricia J. Bauer, Noelle E. Carlozzi, Jerry Slotkin, David Blitz, Kathleen Wallner-Allen, Nathan A. Fox, Jennifer L. Beaumont, Dan Mungas, Cindy J. Nowinski, Jennifer Richler, Joanne A. Deocampo, Jacob E. Anderson, Jennifer J. Manly, Beth Borosh, Richard Havlik, Kevin Conway, Emmeline Edwards, Lisa Freund, Jonathan W. King, Claudia Moy, Ellen Witt, and Richard C. Gershon.
Translators/Adaptors: Spanish Language Working Group.

Editorial: Toolbox Assessments, Inc.
Componentes en Español: Los ítems de la prueba y sus instrucciones correspondientes son en español.
Componentes en Inglés: El manual de aplicación, guía de puntuación e interpretación, materiales suplementarias y la interfaz de la aplicación son en inglés.

a) BATERÍA DE COGNICIÓN PRIMERA INFANCIA.
Población: Edades 3-6
Puntuación, 5-9: 5 Puntuaciones de la Batería Primera Infancia: Primera Infancia Compuesta (Vocabulario de Imágenes, Control y Atención Inhibitorio Flanker, Cambio Dimensional Clasificación de Tarjetas, Memoria de Imágenes en Secuencia); 4 puntuaciones suplementarias: Velocidad de Procesamiento Comparación de Patrones, Control y Atención Inhibitorio Flanker con Extensión de Desarrollo (Experimental), Cambio Dimensional Clasificación de Tarjetas con Extensión de Desarrollo (Experimental), Ordenación de Lista Memoria de Trabajo.
Duración: Aproximadamente 20 minutos para la aplicación de 4 subpruebas de la batería base.

b) BATERÍA DE COGNICIÓN.
Población: Edades 7-85.
Puntuación, 10-12: Cognición Fluida Compuesta (Control y Atención Inhibitorio Flanker, Cambio Dimensional Clasificación de Tarjetas, Memoria de Imágenes en Secuencia, Ordenación de Lista Memoria de Trabajo, Velocidad de Procesamiento Comparación de Patrones), Cognición Cristalizada Compuesta (Vocabulario de Imágenes, Reconocimiento de Lectura Oral), Función Cognitiva Compuesta; 2 puntuaciones suplementarias: Símbolo Dígito Oral, Aprendizaje Verbal Auditivo (Rey).
Duración: Aproximadamente 30 minutos para la aplicación de 7 subpruebas de la batería base.

[451s]

NIH Toolbox en Español–Emotion Domain.

Nombre Original: NIH Toolbox–Emotion Domain.
Propósito: Diseñado para evaluar la emoción en cuatro subdominios: bienestar psicológico, relaciones sociales, estrés y autoeficacia y afecto negativo.
Procedencia: Estados Unidos/inglés.
Traducción/Adaptación: Se reunió un Grupo de Trabajo del Lenguaje Español para identificar problemas específicos durante de una revisión de traducción durante el desarrollo del instrumento y para ofrecer una redacción alternativa. Después se implementó un método de traducción integral para producir una versión universal en español apropiada para la mayoría de los hispanohablantes en los EE. UU. Este proceso incluyó dos traducciones directas simultáneas, una tercera traducción por un traductor independiente para conciliar las dos primeras realizadas, una retrotraducción por un traductor de habla inglesa nativa, una comparación de la versión

Publisher: Toolbox Assessments, Inc.
Spanish Components: Test items and their corresponding instructions are in Spanish.
English Components: The administrator's manual, scoring and interpretation guide, supplemental materials, and application interface are in English.

a) EARLY CHILDHOOD COGNITION BATTERY.
Population: Ages 3-6.
Scores, 5-9: 5 Early Childhood Battery scores: Early Childhood Composite (Picture Vocabulary, Flanker Inhibitory Control and Attention, Dimensional Change Card Sort, Picture Sequence Memory); 4 supplemental scores: Pattern Comparison Processing Speed, Flanker Inhibitory Control and Attention with Developmental Extension (Experimental), Dimensional Change Card Sort with Developmental Extension (Experimental), List Sorting Working Memory.
Time: Approximately 20 minutes for administration of 4 core battery subtests.

b) COGNITION BATTERY.
Population: Ages 7-85.
Scores, 10-12: Fluid Cognition Composite (Flanker Inhibitory Control and Attention, Dimensional Change Card Sort, Picture Sequence Memory, List Sorting Working Memory, Pattern Comparison Processing Speed), Crystallized Cognition Composite (Picture Vocabulary, Oral Reading Recognition), Cognitive Function Composite; 2 supplemental scores: (Oral Symbol Digit, Auditory Verbal Learning [Rey]).
Time: Approximately 30 minutes for administration of 7 core battery subtests.

[451e]

NIH Toolbox en Español–Emotion Domain.

Original Name: NIH Toolbox–Emotion Domain.
Purpose: Designed to assess emotion in four subdomains: psychological well-being, social relationships, stress and self-efficacy, and negative affect.
Origin: United States/English.
Translation/Adaptation: A Spanish Language Working Group was formed to identify specific problems through a translatability review during instrument development and to offer alternative wording. Next, a comprehensive translation method was used to produce a universal Spanish version appropriate for the majority of U.S. Spanish speakers. This process included two simultaneous forward translations, a third translation to reconcile the first two conducted by an independent translator, a back-translation by a native English-speaking translator, a comparison of

original y la versión retrotraducida para identificar discrepancias, revisiones por tres expertos bilingües y finalización por el coordinador del lenguaje español. El material resultante luego se probó con hablantes nativos del español.
Población: Edades 3-85.
Baremos: Se han provisto baremos con la versión en español. Se desarrollaron los baremos utilizando una muestra de 496 niños de 3 a 7 años y 408 adultos de 18 a 85 años que indicaron que prefieren leer en español. La muestra, que fue distribuida por género, edad y idioma primario, se reclutó en todo Estados Unidos, con un 77.5% de adultos nacidos fuera de los Estados Unidos. Entre los países de nacimiento representados se encuentran Brasil, Chile, Colombia, Costa Rica, Cuba, la República Dominicana, El Salvador, Ecuador, Guatemala, Honduras, México, Nicaragua, Panamá, Perú, España, Uruguay y Venezuela.
Fechas de Publicación: 2012-2018.
Administración: Individual.
Niveles, 5: 3 de Autoreporte, 2 de Reporte de Padres.
Formularios, 2: Autoreporte, Reporte de Padres.
Precios, 2023: $499.99 por subscripción anual para la aplicación y puntuación de todo 4 NIH Toolbox dominios (Cognición, Emoción, Motor, Sensación) después de descargar la aplicación gratis.
Duración: 1-2 minutos para completar cada prueba/encuesta.
Comentarios: Se aplica y califica por aplicación de iPad; requisitos completos de hardware y software disponibles de la casa editorial de prueba.
Autores: John M. Salsman, Zeeshan Butt, Paul A. Pilkonis, Jill M. Cyranowski, Nicholas Zill, Hugh C. Hendrie, Mary Jo Kupst, Morgen A. R. Kelly, Rita K. Bode, Seung W. Choi, Jin-Shei Lai, James W. Griffith, Catherine M. Stoney, Pim Brouwers, Sarah S. Knox y David Cella.
Traductor/Adaptador: Grupo de Trabajo del Lenguaje Español.
Editorial: Toolbox Assessments, Inc.
Componentes en Español: Los ítems de la prueba y sus instrucciones correspondientes son en español.
Componentes en Inglés: El manual de aplicación, guía de puntuación y interpretación, materiales suplementarias y la interfaz de la aplicación son en inglés.

a) BATERÍA DE AUTOREPORTE.

1) *Edades 8-12.*

Puntuaciones, 14: 11 puntuaciones de encuesta: Afecto Positivo, Satisfacción de Vida General, Apoyo Emocional, Amistad, Soledad, Hostilidad Percibido, Rechazo Percibido, Autoeficacia, Ira, Miedo, Tristeza; 3 puntuaciones sumarias: Afecto Negativo, Satisfacción Social, Percepción Social Negativo.
Duración: 11-22 minutos para completar.

source and back-translated versions to identify discrepancies, reviews from three bilingual experts, and finalization by the Spanish language coordinator. The resultant material was then pilot tested with native Spanish speakers.
Population: Ages 3-85.
Norms: Separate norms are provided with the Spanish version. Norms were developed using a sample of 496 children ages 3-7 and 408 adults ages 18-85 who indicated that they prefer to read in Spanish. The sample, which was distributed by age, gender and primary language, was recruited across the United States, with 77.5% of adults born outside of the United States. Among the birth countries represented were Brazil, Chile, Colombia, Costa Rica, Cuba, Dominican Republic, El Salvador, Ecuador, Guatemala, Honduras, Mexico, Nicaragua, Panama, Peru, Spain, Uruguay, and Venezuela.
Publication Dates: 2012-2018.
Administration: Individual.
Levels, 5: 3 for Self-Report, 2 for Parent Report.
Forms, 2: Self Report, Parent Report.
Price Data, 2023: $499.99 per annual subscription for administration and scoring of tests in all 4 NIH Toolbox domains (Cognition, Emotion, Motor, Sensation) after downloading free app.
Time: 1-2 minutes to complete each measure/survey.
Comments: Administered and scored via iPad app; full hardware and software requirement available from test publisher.
Authors: John M. Salsman, Zeeshan Butt, Paul A. Pilkonis, Jill M. Cyranowski, Nicholas Zill, Hugh C. Hendrie, Mary Jo Kupst, Morgen A. R. Kelly, Rita K. Bode, Seung W. Choi, Jin-Shei Lai, James W. Griffith, Catherine M. Stoney, Pim Brouwers, Sarah S. Knox, and David Cella.
Translator/Adaptor: Spanish Language Working Group.
Publisher: Toolbox Assessments, Inc.
Spanish Components: Test items and their corresponding instructions are in Spanish.
English Components: The administrator's manual, scoring and interpretation guide, supplemental materials, and application interface are in English.

a) SELF-REPORT BATTERY.

1) *Ages 8-12.*

Scores, 14: 11 survey scores: Positive Affect, General Life Satisfaction, Emotional Support, Friendship, Loneliness, Perceived Hostility, Perceived Rejection, Self-Efficacy, Anger, Fear, Sadness; 3 summary scores: Negative Affect, Social Satisfaction, Negative Social Perception.
Time: 11-22 minutes for completion.

2) *Edades 13-17.*
Puntuaciones, 15: 12 puntuaciones de encuesta: Afecto Positivo, Satisfacción de Vida General, Apoyo Emocional, Amistad, Soledad, Hostilidad Percibido, Rechazo Percibido, Estrés Percibido, Autoeficacia, Ira, Miedo, Tristeza; 3 puntuaciones sumarias: Afecto Negativo, Satisfacción Social, Percepción Social Negativo.
Duración: 12-24 minutos para completar.
3) *Edades 18-85.*
Puntuaciones, 19: 17 Puntuaciones de encuesta: Afecto Positivo, Satisfacción de Vida General, Relevancia y Objetivo Particular, Apoyo Emocional, Apoyo Instrumental, Amistad, Soledad, Hostilidad Percibido, Rechazo Percibido, Estrés Percibido, Autoeficacia, Ira-Agresión Físico, Ira-Hostilidad, Ira-Afecto, Miedo-Afecto, Miedo-Incitación Somática, Tristeza; 2 puntuaciones sumarias: Satisfacción Social, Bienestar Psicológico.
Duración: 17-34 minutos para completar.
b) BATERÍA DE REPORTE DE PADRES.
1) *Edades 3-7.*
Puntuaciones, 12: 10 puntuaciones de encuesta: Afecto Positivo, Satisfacción de Vida General, Interacción Positiva con Pares, Privación Social, Rechazo de Pares, Comportamiento Empático, Ira, Miedo-Muy Ansioso, Miedo-Ansiedad de Separación, Tristeza; 2 puntuaciones sumarias: Ansiedad, Funcionamiento Psicosocial Negativo.
Duración: 10-20 minutos para completar.
2) *Edades 8-12.*
Puntuaciones, 12: 11 puntuaciones de encuesta: Afecto Positivo, Satisfacción de Vida General, Interacción Positiva con Pares, Privación Social, Rechazo de Pares, Comportamiento Empático, Estrés Percibido, Autoeficacia, Ira, Miedo, Tristeza; 1 puntuación sumaria: Relaciones con Pares Negativas.
Duración: 11-22 minutos para completar.

[452s]

NIH Toolbox en Español–Motor Domain.

Nombre Original: NIH Toolbox–Motor Domain.
Propósito: Diseñado para evaluar el desempeño motor incluyendo destreza, fuerza, equilibrio, locomoción y resiliencia.
Procedencia: Estados Unidos/inglés.
Traducción/Adaptación: Se reunió un Grupo de Trabajo del Lenguaje Español para identificar problemas específicos durante de una revisión de traducción durante el desarrollo del instrumento y para ofrecer una redacción alternativa. Después se implementó un método de traducción integral para producir una versión universal en español apropiada para la mayoría de los hispanohablantes en los EE. UU. Este proceso incluyó dos traducciones directas simultáneas, una tercera traducción por un traductor independiente para conciliar las dos primeras realizadas, una retrotraducción por un traductor de habla inglesa nativa, una comparación de la versión

2) *Ages 13-17.*
Scores, 15: 12 survey scores: Positive Affect, General Life Satisfaction, Emotional Support, Friendship, Loneliness, Perceived Hostility, Perceived Rejection, Perceived Stress, Self-Efficacy, Anger, Fear, Sadness; 3 summary scores: Negative Affect, Social Satisfaction, Negative Social Perception.
Time: 12-24 minutes for completion.
3) *Ages 18-85.*
Scores, 19: 17 survey scores: Positive Affect, General Life Satisfaction, Meaning and Purpose, Emotional Support, Instrumental Support, Friendship, Loneliness, Perceived Hostility, Perceived Rejection, Perceived Stress, Self-Efficacy, Anger-Physical Aggression, Anger-Hostility, Anger-Affect, Fear-Affect, Fear-Somatic Arousal, Sadness; 2 summary scores: Social Satisfaction, Psychological Well Being.
Time: 17-34 minutes for completion.
b) PARENT-REPORT BATTERY.
1) *Ages 3-7.*
Scores, 12: 10 survey scores: Positive Affect, General Life Satisfaction, Positive Peer Interaction, Social Withdrawal, Peer Rejection, Empathic Behaviors, Anger, Fear-Over Anxious, Fear-Separation Anxiety, Sadness; 2 summary scores: Anxiety, Negative Psychosocial Functioning.
Time: 10-20 minutes for completion.
2) *Ages 8-12.*
Scores, 12: 11 survey scores: Positive Affect, General Life Satisfaction, Positive Peer Interaction, Social Withdrawal, Peer Rejection, Empathic Behaviors, Perceived Stress, Self-Efficacy, Anger, Fear, Sadness; 1 summary score: Negative Peer Relations.
Time: 11-22 minutes for completion.

[452e]

NIH Toolbox en Español–Motor Domain.

Original Name: NIH Toolbox–Motor Domain.
Purpose: Designed to assess motor performance including dexterity, strength, balance, locomotion, and endurance.
Origin: United States/English.
Translation/Adaptation: A Spanish Language Working Group was formed to identify specific problems through a translatability review during instrument development and to offer alternative wording. Next, a comprehensive translation method was used to produce a universal Spanish version appropriate for the majority of U.S. Spanish speakers. This process included two simultaneous forward translations, a third translation to reconcile the first two conducted by an independent translator, a back-translation by a native English-speaking translator, a comparison of

original y la versión retrotraducida para identificar discrepancias, revisiones por tres expertos bilingües y finalización por el coordinador del lenguaje español. El material resultante luego se probó con hablantes nativos del español.
Población: Edades 3-85.
Baremos: Se han provisto baremos con la versión en español. Se desarrollaron los baremos utilizando una muestra de 496 niños de 3 a 7 años y 408 adultos de 18 a 85 años que indicaron que prefieren leer en español. La muestra, que fue distribuida por género, edad y idioma primario, se reclutó en todo Estados Unidos, con un 77.5% de adultos nacidos fuera de los Estados Unidos. Entre los países de nacimiento representados se encuentran Brasil, Chile, Colombia, Costa Rica, Cuba, la República Dominicana, El Salvador, Ecuador, Guatemala, Honduras, México, Nicaragua, Panamá, Perú, España, Uruguay y Venezuela.
Fechas de Publicación: 2012-2018.
Puntuación, 4-5: Destreza con Tablero de Clavijas de 9 Huecos, Fuerza de Agarre, Equilibrio de Pie, Velocidad de Marcha en Paseo de 4 Metros (edades 7 en adelante), Resiliencia en Paseo de 2 Minutos.
Administración: Individual.
Precios, 2023: $499.99 por subscripción anual para la aplicación y puntuación de los cuatro NIH Toolbox dominios (Cognición, Emoción, Motor, Sensación) después de descargar la aplicación gratis.
Duración: Aproximadamente 3-7 minutes para la aplicación de cada subprueba; aproximadamente 20 minutos para la aplicación de la batería completa.
Comentarios: Se aplica y califica por aplicación de iPad; requisitos completos de hardware y software disponibles de la casa editorial de prueba; equipo adicional necesario para aplicación de las subpruebas incluye un tablero de clavijas de 9 huecos con varillas de madera sustituibles, un dinamómetro de mano digital, iPod Touch (quinta generación o subsiguiente), almohadilla de equilibrio, cinturón de marcha, centímetro, cinta de enmascarar, dos conos y una silla.
Autores: David B. Reuben, Susan Magasi, Heather E. McCreath, Richard W. Bohannon, Ying-Chih Wang, Deborah J. Bubela, William Z. Rymer, Jennifer Beaumont, Rose Marie Rine, Jin-Shei Lai y Richard C. Gershon.
Traductor/Adaptador: Grupo de Trabajo del Lenguaje Español.
Editorial: Toolbox Assessments, Inc.
Componentes en Español: Los ítems de la prueba y sus instrucciones correspondientes son en español.
Componentes en Inglés: El manual de aplicación, guía de puntuación y interpretación, materiales suplementarias y la interfaz de la aplicación son en inglés.

source and back-translated versions to identify discrepancies, reviews from three bilingual experts, and finalization by the Spanish language coordinator. The resultant material was then pilot tested with native Spanish speakers.
Population: Ages 3-85.
Norms: Separate norms are provided with the Spanish version. Norms were developed using a sample of 496 children ages 3-7 and 408 adults ages 18-85 who indicated that they prefer to read in Spanish. The sample, which was distributed by age, gender and primary language, was recruited across the United States, with 77.5% of adults born outside of the United States. Among the birth countries represented were Brazil, Chile, Colombia, Costa Rica, Cuba, Dominican Republic, El Salvador, Ecuador, Guatemala, Honduras, Mexico, Nicaragua, Panama, Peru, Spain, Uruguay, and Venezuela.
Publication Dates: 2012-2018.
Scores, 4-5: 9-Hole Pegboard Dexterity, Grip Strength, Standing Balance, 4 Meter Walk Gait Speed (ages 7 and older), 2-Minute Walk Endurance.
Administration: Individual.
Price Data, 2023: $499.99 per annual subscription for administration and scoring of tests in all four NIH Toolbox domains (Cognition, Emotion, Motor, Sensation) after downloading free app.
Time: Approximately 3-7 minutes for administration of each subtest; approximately 20 minutes for administration of full battery.
Comments: Administered and scored via iPad app; full hardware and software requirement available from test publisher; additional equipment needed for administration of subtests includes 9-hole pegboard with replacement pegs, digital hand dynamometer, iPod Touch (5th generation or later), balance pad, gait belt, measuring tape, masking tape, two cones, and chair.
Authors: David B. Reuben, Susan Magasi, Heather E. McCreath, Richard W. Bohannon, Ying-Chih Wang, Deborah J. Bubela, William Z. Rymer, Jennifer Beaumont, Rose Marie Rine, Jin-Shei Lai, and Richard C. Gershon.
Translator/Adaptor: Spanish Language Working Group.
Publisher: Toolbox Assessments, Inc.
Spanish Components: Test items and their corresponding instructions are in Spanish.
English Components: The administrator's manual, scoring and interpretation guide, supplemental materials, and application interface are in English.

[453s]

NIH Toolbox en Español–Sensation Domain.

Nombre Original: NIH Toolbox–Sensation Domain.

Propósito: Diseñado para evaluar los procesos sensoriales de dolor, olfato, visión, oído y sentir.

Procedencia: Estados Unidos/inglés.

Traducción/Adaptación: Se reunió un Grupo de Trabajo del Lenguaje Español para identificar problemas específicos durante de una revisión de traducción durante el desarrollo del instrumento y para ofrecer una redacción alternativa. Después se implementó un método de traducción integral para producir una versión universal en español apropiada para la mayoría de los hispanohablantes en los EE. UU. Este proceso incluyó dos traducciones directas simultáneas, una tercera traducción por un traductor independiente para conciliar las dos primeras realizadas, una retrotraducción por un traductor de habla inglesa nativa, una comparación de la versión original y la versión retrotraducida para identificar discrepancias, revisiones por tres expertos bilingües y finalización por el coordinador del lenguaje español. El material resultante luego se probó con hablantes nativos del español.

Población: Edades 3-85.

Baremos: Se han provisto baremos con la versión en español. Se desarrollaron los baremos utilizando una muestra de 496 niños de 3 a 7 años y 408 adultos de 18 a 85 años que indicaron que prefieren leer en español. La muestra, que fue distribuida por género, edad y idioma primario, se reclutó en todo Estados Unidos, con un 77.5% de adultos nacidos fuera de los Estados Unidos. Entre los países de nacimiento representados se encuentran Brasil, Chile, Colombia, Costa Rica, Cuba, la República Dominicana, El Salvador, Ecuador, Guatemala, Honduras, México, Nicaragua, Panamá, Perú, España, Uruguay y Venezuela.

Fechas de Publicación: 2012-2018.

Puntuación, 2-6: Palabras-en-Ruido (edades 6-85), Intensidad de Sabor Regional (edades 12-85), Agudeza Visual, Identificación de Olor, Intensidad de Dolor (edades 18-85), Interferencia de Dolor (edades 18-85).

Administración: Individual.

Precios, 2023: $499.99 por subscripción anual para la aplicación y puntuación de los cuatro NIH Toolbox dominios (Cognición, Emoción, Motor, Sensación) después de descargar la aplicación gratis.

Duración: 1-6 minutos para la aplicación de cada prueba; aproximadamente 24 minutos para la aplicación de la batería completa.

Comentarios: Se aplica y califica por aplicación de iPad; requisitos completos de hardware y software disponibles de la casa editorial de prueba.

Autores: Susan E. Coldwell, Karon F. Cook, Pamela Dalton, Winnie Dunn, Rose Marie Rine, Rohit

[453e]

NIH Toolbox en Español–Sensation Domain.

Original Name: NIH Toolbox–Sensation Domain.

Purpose: Designed to assess the sensory processes of pain, olfaction, vision, audition, and taste.

Origin: United States/English.

Translation/Adaptation: A Spanish Language Working Group was formed to identify specific problems through a translatability review during instrument development and to offer alternative wording. Next, a comprehensive translation method was used to produce a universal Spanish version appropriate for the majority of U.S. Spanish speakers. This process included two simultaneous forward translations, a third translation to reconcile the first two conducted by an independent translator, a back-translation by a native English-speaking translator, a comparison of source and back-translated versions to identify discrepancies, reviews from three bilingual experts, and finalization by the Spanish language coordinator. The resultant material was then pilot tested with native Spanish speakers.

Population: Ages 3-85.

Norms: Separate norms are provided with the Spanish version. Norms were developed using a sample of 496 children ages 3-7 and 408 adults ages 18-85 who indicated that they prefer to read in Spanish. The sample, which was distributed by age, gender and primary language, was recruited across the United States, with 77.5% of adults born outside of the United States. Among the birth countries represented were Brazil, Chile, Colombia, Costa Rica, Cuba, Dominican Republic, El Salvador, Ecuador, Guatemala, Honduras, Mexico, Nicaragua, Panama, Peru, Spain, Uruguay, and Venezuela.

Publication Dates: 2012-2018.

Scores, 2-6: Words-in-Noise (ages 6-85), Regional Taste Intensity (ages 12-85), Visual Accuity, Odor Identification, Pain Intensity (ages 18-85), Pain Interference (ages 18-85).

Administration: Individual.

Price Data, 2023: $499.99 per annual subscription fee for administration and scoring of tests in all four NIH Toolbox domains (Cognition, Emotion, Motor, Sensation) after downloading the free app.

Time: 1-6 minutes for administration of each measure; approximately 24 minutes for administration of entire battery.

Comments: Administered and scored via iPad app; full hardware and software requirement available from test publisher.

Authors: Susan E. Coldwell, Karon F. Cook, Pamela Dalton, Winnie Dunn, Rose Marie Rine,

Varma, Steven G. Zecker y el Equipo de Sensación de NIH Toolbox.
Traductor/Adaptador: Grupo de Trabajo del Lenguaje Español.
Editorial: Toolbox Assessments, Inc.
Componentes en Español: Los ítems de la prueba y sus instrucciones correspondientes son en español.
Componentes en Inglés: El manual de aplicación, guía de puntuación y interpretación, materiales suplementarias y la interfaz de la aplicación son en inglés.

[454s]

NPF [Second Edition].

Propósito: Diseñado a evaluar tolerancia al estrés y ajuste general.
Procedencia: Estados Unidos (1955-1992)/inglés.
Traducción/Adaptación: No se provee información en los materiales de la prueba sobre el proceso de traducción/adaptación.
Población: Edades 16 a adultos.
Baremos: No se han provisto baremos con los materiales traducidos al español.
Fecha de Publicación: 1992.
Acrónimo: NPF.
Puntuación, 3: Puntajes de Validez (Incertidumbre, Buena Impresión), Total Ajuste General.
Administración: Colectiva.
Precios, 2023: $40 por kit de inicio, incluye manual (1992, 10 páginas, inglés), 20 cuadernos de respuesta con instrucciones (español o inglés) y clave de calificación; $35 por 20 cuadernos de respuesta; $4 por clave de calificación; $10 por manual.
Duración: Sin límite de tiempo; aproximadamente 5-10 minutos para administración.
Autor: Samuel E. Krug.
Editorial: Industrial Psychology International, Ltd.
Componentes en Español: Los cuadernos de respuesta están disponibles en español.
Componentes en Inglés: Todos los materiales están disponibles en inglés también.
Referencias Cruzadas: Para reseñas por Charles D. Claiborn y Howard M. Knoff de los componentes en inglés de esta prueba, consulte 12:261.

[455s]

Occupational Personality Questionnaire.

Propósito: Diseñado para evaluar el estilo preferido o típico de las personas de comportarse, pensar y sentirse en el trabajo.
Procedencia: Reino Unido/inglés.
Traducción/Adaptación: No se provee información en los materiales de la prueba sobre el proceso de traducción/adaptación.

Rohit Varma, Steven G. Zecker, and NIH Toolbox Sensation Team.
Translator/Adaptor: Spanish Language Working Group.
Publisher: Toolbox Assessments, Inc.
Spanish Components: Test items and their corresponding instructions are in Spanish.
English Components: The administrator's manual, scoring and interpretation guide, supplemental materials, and application interface are in English.

[454e]

NPF [Second Edition].

Purpose: "To assess stress tolerance and overall adjustment."
Origin: United States (1955-1992)/English.
Translation/Adaptation: No information is provided in the test materials about the translation/adaptation process.
Population: Ages 16 to adult.
Norms: Separate norms are not provided with the materials translated to Spanish.
Publication Date: 1992.
Acronym: NPF.
Scores, 3: Validity Scores (Uncertainty, Good Impression), Total Adjustment.
Administration: Group.
Price Data, 2023: $40 per introductory kit, including manual (1992, 10 pages, English), 20 test booklets with instructions (Spanish or English) and scoring key; $35 per 20 test booklets; $4 per scoring key; $10 per manual.
Time: Untimed; approximately 5-10 minutes for administration.
Author: Samuel E. Krug.
Publisher: Industrial Psychology International, Ltd.
Spanish Components: Test booklets are in Spanish.
English Components: All materials are also available in English.
Cross References: For reviews by Charles D. Claiborn and Howard M. Knoff of this test's English components, see 12:261.

[455e]

Occupational Personality Questionnaire.

Purpose: Designed to assess "people's preferred or typical style of behaving, thinking, and feeling at work."
Origin: United Kingdom/English.
Translation/Adaptation: No information is provided in the test materials about the translation/adaptation process.

Población: Adultos que entran o están actualmente en la fuerza laboral.
Baremos: La casa editorial indica que está convirtiendo su método de tipificación a una estrategia internacional/regional. Baremos regionales están diseñados para reflejar la población de candidatos dentro de una región geográfica en lugar de las características de una versión de idioma de la prueba. Cuando hay datos disponibles, se crean baremos regionales para la población general además de para varios niveles de trabajo: entrada, posgrado, profesional, gerencial, ejecutiva y alta directiva. Si no tiene suficientes datos para crear baremos para una región o un nivel de trabajo dentro de una región, los clientes deben usar los baremos internacionales.
Fechas de Publicación: 1984-2023.
Acrónimos: OPQ, OPQ32, OPQ32r™.
Puntuación, 33: Persuasivo, Controlador, Franco, Mente Independiente, Extrovertido, Afiliativo, Socialmente Seguro, Modesto, Democrático, Cariñoso, Racional de Datos, Evaluativo, Conductual, Convencional, Conceptual, Innovador, Buscar Variedad, Adaptable, Iluminado, Meticuloso, Escrupuloso, Seguir Reglas, Relajado, Preocupado, Tenaz, Optimista, Confiado, Controlado por las Emociones, Vigoroso, Competitivo, Tener Éxito, Decisivo, más Constante.
Administración: Individual.
Precios: Disponibles con la casa editorial.
Duración: Sin límite de tiempo; tiempo medio para completar es aproximadamente 20 minutos.
Comentarios: Se aplica y se corrige en línea; el diseño del OPQ32r™ Reimagined utiliza un nuevo formato de respuesta mientras mantiene el contenido de ítems del diseño OPQ32r™ anterior.
Autor: SHL.
Editorial: SHL.
Componentes en Español: Los cuestionarios y sus instrucciones correspondientes están disponibles en español castellano y latinoamericano.
Componentes en Inglés: Todos los materiales están disponibles en inglés también; el manual es en inglés.

[456s]

Offender Assessment Index.

Propósito: Diseñado para evaluar demandados/acusados de delitos menores o graves en un tribunal para adultos.
Procedencia: Estados Unidos/inglés.
Traducción/Adaptación: No se provee información en los materiales de la prueba sobre el proceso de traducción/adaptación.
Población: Adultos acusados/demandados.
Baremos: No se han provisto baremos con el formulario traducido al español.
Fechas de Publicación: 1985-1997.
Acrónimo: OAI.

Population: Adults entering or currently in the workforce.
Norms: The test publisher indicates that it is transitioning to an "international/regional norms approach." "Regional norms are designed to reflect the candidate population within a geographic region rather than the characteristics of one language version" of the test. Where data are available, regional norms are created for several job levels: General population norms; entry-level, graduate-level, professional-level, and manager-level job norms; and senior manager and executive norms. "If there are not enough data for norms to be created for a region or a job level within a region, clients will be encouraged to use the international norms."
Publication Dates: 1984-2023.
Acronyms: OPQ, OPQ32, OPQ32r™.
Scores, 33: Persuasive, Controlling, Outspoken, Independent Minded, Outgoing, Affiliative, Socially Confident, Modest, Democratic, Caring, Data Rational, Evaluative, Behavioral, Conventional, Conceptual, Innovative, Variety Seeking, Adaptable, Forward Thinking, Detail Conscious, Conscientious, Rule Following, Relaxed, Worrying, Tough Minded, Optimistic, Trusting, Emotionally Controlled, Vigorous, Competitive, Achieving, Decisive, plus Consistency.
Administration: Individual.
Price Data: Available from publisher.
Time: Untimed; median completion time is approximately 20 minutes.
Comments: Administered and scored online; the OPQ32r™ Reimagined design uses a new response format while maintaining the item content from the previous OPQ32r™ design.
Author: SHL.
Publisher: SHL.
Spanish Components: The questionnaires and their corresponding instructions are available in both Castilian Spanish and Latin American Spanish.
English Components: All materials are also available in English; the manual is in English.

[456e]

Offender Assessment Index.

Purpose: Designed to evaluate "misdemeanor and felony defendants" in adult courts.
Origin: United States/English.
Translation/Adaptation: No information is provided in the test materials about the translation/adaptation process.
Population: Adult defendants.
Norms: Separate norms are not provided with the form translated to Spanish.
Publication Dates: 1985-1997.
Acronym: OAI.

Puntuación, 7: Veracidad, Resistencia, Violencia, Alcohol, Drogas, Abuso de Sustancias/Dependencia, Habilidades de Afrontamiento al Estrés.
Administración: Colectiva.
Precios, 2022: $9.95 por prueba; descuentos de volumen disponibles.
Duración: (30-35) minutos.
Comentarios: Behavior Data Systems, Ltd. ofrece sus pruebas en línea exclusivamente a través de un contrato con Professional Online Testing Solutions, Inc.
Autor: Herman Lindeman.
Editorial: Behavior Data Systems, Ltd.
Componentes en Español: El formulario y las instrucciones correspondientes están disponibles en español.
Componentes en Inglés: Todos los materiales están disponibles en inglés, también; el manual es en inglés.

[457s]

OQ-ASC [Outcome Questionnaire Assessment for Signal Clients].

Propósito: Diseñado a evaluar el tipo y severidad de problemas que pueden impedir el progreso del tratamiento.
Procedencia: Estados Unidos/inglés.
Traducción/Adaptación: No se provee información en los materiales de la prueba sobre el proceso de traducción/adaptación.
Población: Los/las clientes cuya respuesta positiva a la terapia está en duda.
Baremos: No se han provisto baremos con los materiales traducidos al español.
Fecha de Publicación: 2015.
Acrónimo: OQ-ASC.
Puntuación, 4: Alianza Terapéutica, Apoyo Social, Motivación, Eventos de Vida.
Administración: Individual.
Precios: Disponibles de la casa editorial.
Duración: Tiempo de administración no se reportó.
Comentarios: Diseñado para usarse con cuestionarios OQ para adultos y como complemento de la terapia con clientes que se predicen que terminarán el tratamiento peor que cuando comenzaron.
Autores: Michael J. Lambert, Russell J. Bailey, Melissa White, K. Morgan Tingey y Eliza Stevens.
Editorial: OQ Measures LLC.
Componentes en Español: Los ítems de la prueba y sus instrucciones de administración están disponibles en español.
Componentes en Inglés: Todos los materiales están disponibles en inglés, también.

[458s]

OQ-45.2 [Outcome Questionnaire].

Propósito: Diseñado para evaluar el progreso de un paciente en terapia.

Scores, 7: Truthfulness, Resistance, Violence, Alcohol, Drugs, Substance Abuse/Dependency, Stress Coping Abilities.
Administration: Group.
Price Data, 2022: $9.95 per test; volume discounts available.
Time: (30-35) minutes.
Comments: Behavior Data Systems, Ltd. offers its tests online exclusively through a contract with Professional Online Testing Solutions, Inc.
Author: Herman Lindeman.
Publisher: Behavior Data Systems, Ltd.
Spanish Components: The form and its corresponding instructions are available in Spanish.
English Components: All materials are also available in English; the manual is in English.

[457e]

OQ-ASC [Outcome Questionnaire Assessment for Signal Clients].

Purpose: Designed to assess the type and severity of problems that may be impeding treatment progress.
Origin: United States/English.
Translation/Adaptation: No information is provided in the test materials about the translation/adaptation process.
Population: Clients whose positive response to therapy is in doubt.
Norms: Separate norms are not provided with the materials translated to Spanish.
Publication Date: 2015.
Acronym: OQ-ASC.
Scores, 4: Therapeutic Alliance, Social Support, Motivation, Life Events.
Administration: Individual.
Price Data: Available from publisher.
Time: Administration time not reported.
Comments: Designed for use with OQ adult outcome questionnaires and for use "as a supplement to therapy with clients who are predicted to leave treatment worse off than when they started."
Authors: Michael J. Lambert, Russell J. Bailey, Melissa White, K. Morgan Tingey, and Eliza Stevens.
Publisher: OQ Measures LLC.
Spanish Components: The test items and the corresponding administration instructions are available in Spanish.
English Components: All materials are also available in English.

[458e]

OQ-45.2 [Outcome Questionnaire].

Purpose: Designed to assess "patient progress in therapy."

Procedencia: Estados Unidos/inglés.
Traducción/Adaptación: No se provee información en los materiales de la prueba sobre el proceso de traducción/adaptación.
Población: Pacientes adultos en terapia.
Baremos: No se han provisto baremos con el formulario traducido al español.
Fechas de Publicación: 1996-2004.
Acrónimo: OQ-45.2.
Puntuación, 4: Angustia Sintomática, Relaciones Interpersonales, Rol Social, Total.
Administración: Individual.
Precios: Disponibles con la casa editorial.
Duración: 5-15 minutos.
Comentarios: Diseñado para administrarse varias veces durante el transcurso de la terapia; corrección en línea disponible; puede administrarse oralmente.
Autores: Michael J. Lambert, Jared S. Morton, Derick Hatfield, Cory Harmon, Stacy Hamilton, Rory C. Reid, Kenichi Shumokawa, Cody Christopherson y Gary Burlingame.
Editorial: OQ Measures LLC.
Componentes en Español: El formulario de la prueba está disponible en español.
Componentes en Inglés: Todos los materiales están disponibles en inglés, también; el manual es en inglés.
Referencias Cruzadas: Para reseñas por William E. Hanson y Brad M. Merker y por Steven I. Pfeiffer de los componentes en inglés de esta prueba, consulte 16:176.

Origin: United States/English.
Translation/Adaptation: No information is provided in the test materials about the translation/adaptation process.
Population: Adult therapy patients.
Norms: Separate norms are not provided with the form translated to Spanish.
Publication Dates: 1996-2004.
Acronym: OQ-45.2.
Scores, 4: Symptom Distress, Interpersonal Relations, Social Role, Total.
Administration: Individual.
Price Data: Available from publisher.
Time: 5-15 minutes.
Comments: Designed for repeated administration over the course of therapy; computer scoring available; may be administered orally.
Authors: Michael J. Lambert, Jared S. Morton, Derick Hatfield, Cory Harmon, Stacy Hamilton, Rory C. Reid, Kenichi Shumokawa, Cody Christopherson, and Gary Burlingame.
Publisher: OQ Measures LLC.
Spanish Components: The test form is available in Spanish.
English Components: All materials are also available in English; the manual is in English.
Cross References: For reviews by William E. Hanson and Brad M. Merker and by Steven I. Pfeiffer of this test's English components, see 16:176.

[459s]

OQ-GQ [Outcome Questionnaire Group Questionnaire].

Propósito: Diseñado para identificar cómo los miembros de grupos de terapia perciben las relaciones que tienen con el grupo en conjunto, con otros miembros y con el líder.
Procedencia: Estados Unidos/inglés.
Traducción/Adaptación: No se provee información en los materiales de la prueba sobre el proceso de traducción/adaptación.
Población: Miembros de un grupo de terapia.
Baremos: No se han provisto baremos con los materiales traducidos al español.
Fechas de Publicación: 2010-2017.
Acrónimo: OQ-GQ.
Puntuación, 3: Vínculo Positivo, Trabajo Positivo, Relación Negativa.
Administración: Colectiva.
Precios: Disponibles con la casa editorial.
Duración: Tiempo de administración no se reportó.
Autores: Gary M. Burlingame, Robert Gleave, Mark Beecher, Derek Griner, Kristina Hansen, Jennifer Jensen, Vaughn Worthen y Hal Svien (manual); Gary M. Burlingame y Jared S. Warren (prueba).
Editorial: OQ Measures LLC.

[459e]

OQ-GQ [Outcome Questionnaire Group Questionnaire].

Purpose: Designed to identify how members of therapy groups perceive the relationships they have with the group as a whole, other members, and the leader.
Origin: United States/English.
Translation/Adaptation: No information is provided in the test materials about the translation/adaptation process.
Population: Members of a therapy group.
Norms: Separate norms are not provided with material translated to Spanish.
Publication Dates: 2010-2017.
Acronym: OQ-GQ.
Scores, 3: Positive Bond, Positive Work, Negative Relationship.
Administration: Group.
Price Data: Available from publisher.
Time: Administration time not reported.
Authors: Gary M. Burlingame, Robert Gleave, Mark Beecher, Derek Griner, Kristina Hansen, Jennifer Jensen, Vaughn Worthen, Hal Svien (manual); Gary M. Burlingame, Jared S. Warren (test).
Publisher: OQ Measures LLC.

Componentes en Español: Los items de prueba y sus instrucciones correspondientes están disponibles en español.
Componentes en Inglés: Todos los materiales están disponibles en inglés también; el manual es en inglés.

[460s]

OQ-TA [Outcome Questionnaire Therapeutic Alliance].

Propósito: Un instrumento independiente diseñado para medir la calidad de la relación entre el/la cliente y el/la terapeuta desde el punto de vista del/la cliente.
Procedencia: Estados Unidos (2010-2012)/inglés.
Traducción/Adaptación: No se provee información en los materiales de la prueba sobre el proceso de traducción/adaptación.
Población: Clientes adultos de terapía.
Baremos: No se han provisto baremos con los materiales traducidos al español.
Fecha de Publicación: 2010.
Acrónimo: OQ-TA.
Puntuación: Puntuación total solamente.
Administración: Individual.
Precios, 2023: Gratis con la compra de una licencia para cualquier cuestionario OQ.
Duración: Tiempo de administración no se reportó.
Comentarios: Óptimo para administrar después de una sesión de terapia.
Autores: Michael J. Lambert y Gary M. Burlingame.
Editorial: OQ Measures LLC.
Componentes en Español: Los items de la prueba y sus instrucciones de administración están disponibles en español.
Componentes en Inglés: Todos los materiales están disponibles en inglés, también.

[461s]

OQ-10.2 [A Brief Screening & Outcome Questionnaire].

Propósito: Diseñado como un instrumento de cernimiento que pretende alertar al médico sobre la posibilidad de que el paciente está experimentando angustia psicológica suficiente como para considerar seguimiento con otras pruebas o entrevistas de diagnóstico más específicas.
Procedencia: Estados Unidos/inglés.
Traducción/Adaptación: No se provee información en los materiales de la prueba sobre el proceso de traducción/adaptación.
Población: Edades 17-80.
Baremos: No se han provisto baremos con el formulario traducido al español.
Fechas de Publicación: 1998-2000.
Acrónimo: OQ-10.2.
Puntuación: Puntuación total solamente.

Spanish Components: The test items and their accompanying administration instructions are available in Spanish.
English Components: All materials are also available in English; the manual is in English.

[460e]

OQ-TA [Outcome Questionnaire Therapeutic Alliance].

Purpose: A stand-alone instrument designed "to measure the quality of the relationship between client and therapist from the client's point of view."
Origin: United States (2010-2012)/English.
Translation/Adaptation: No information is provided in the test materials about the translation/adaptation process.
Population: Adult therapy clients.
Norms: Separate norms are not provided with the materials translated to Spanish.
Publication Date: 2010.
Acronym: OQ-TA.
Scores: Total score only.
Administration: Individual.
Price Data, 2023: Free with the purchase of a license for any OQ outcome questionnaire.
Time: Administration time not reported.
Comments: Optimal to administer following a therapy session.
Authors: Michael J. Lambert and Gary M. Burlingame.
Publisher: OQ Measures LLC.
Spanish Components: The test items and their corresponding instructions are available in Spanish.
English Components: All materials are also available in English.

[461e]

OQ-10.2 [A Brief Screening & Outcome Questionnaire].

Purpose: "Designed as a brief screening instrument . . . intended to alert the physician to the possibility that the patient was experiencing enough psychological distress to consider follow-up with other specific diagnostic tests or interviews."
Origin: United States/English.
Translation/Adaptation: No information is provided in the test materials about the translation/adaptation process.
Population: Ages 17-80.
Norms: Separate norms are not provided with the form translated to Spanish.
Publication Dates: 1998-2000.
Acronym: OQ-10.2.
Scores: Total score only.

Administración: Individual o colectiva.
Precios: Disponibles con la casa editorial.
Duración: (1-5) minutos.
Comentarios: Requiere una licencia de acreditación de OQ Measures LLC para administrar la prueba.
Autores: Michael J. Lambert, Arthur M. Finch, John Okishi, Gary M. Burlingame (manual solamente), Celeste McKelvey (manual solamente) y Curtis W. Reisinger.
Editorial: OQ Measures LLC.
Componentes en Español: El cuestionario de resultados está disponible en español.
Componentes en Inglés: Todos los materiales están disponibles en inglés, también; el manual es en inglés.
Referencias Cruzadas: Para reseñas por Jody L. Kulstad y Michael J. Scheel de los componentes en inglés de esta prueba, consulte 17:136.

Administration: Individual or group.
Price Data: Available from publisher.
Time: (1-5) minutes.
Comments: Requires licensure of accreditation from OQ Measures LLC to administer the test.
Authors: Michael J. Lambert, Arthur M. Finch, John Okishi, Gary M. Burlingame (manual only), Celeste McKelvey (manual only), and Curtis W. Reisinger.
Publisher: OQ Measures LLC.
Spanish Components: The test form is available in Spanish.
English Components: All materials are also available in English; the manual is in English.
Cross References: For reviews by Jody L. Kulstad and Michael J. Scheel of this test's English components, see 17:136.

[462s]

OQ-30.2 [Outcome Questionnaire for Adults].

Propósito: Diseñado para evaluar el progreso del paciente después de intervenciones psicológicas y/o médicas.
Procedencia: Estados Unidos/inglés.
Traducción/Adaptación: No se provee información en los materiales de la prueba sobre el proceso de traducción/adaptación.
Población: Edades 17-80.
Baremos: No se han provisto baremos con el formulario traducido al español.
Fechas de Publicación: 2001-2003.
Acrónimo: OQ-30.2.
Puntuación: Puntuación total solamente.
Administración: Individual o colectiva.
Precios: Disponibles con la casa editorial.
Duración: (2-15) minutos.
Comentarios: Requiere una licencia de acreditación de OQ Measures LLC para administrar la prueba; se puede aplicar la prueba oralmente.
Autores: Michael J. Lambert, Derek R. Hatfield, David A. Vermeersch (manual solamente), Gary M. Burlingame, Curtis W. Reisinger y G. S. (Jeb) Brown (manual solamente).
Editorial: OQ Measures LLC.
Componentes en Español: El formulario de la prueba está disponible en español.
Componentes en Inglés: Todos los materiales están disponibles en inglés, también; el manual es en inglés.

[462e]

OQ-30.2 [Outcome Questionnaire for Adults].

Purpose: Designed to assess "patient progress following psychological and medical interventions."
Origin: United States/English.
Translation/Adaptation: No information is provided in the test materials about the translation/adaptation process.
Population: Ages 17-80.
Norms: Separate norms are not provided with the form translated to Spanish.
Publication Dates: 2001-2003.
Acronym: OQ-30.2.
Scores: Total score only.
Administration: Individual or group.
Price Data: Available from publisher.
Time: (2-15) minutes.
Comments: Requires licensure of accreditation from OQ Measures LLC to administer the test; test can be administered orally.
Authors: Michael J. Lambert, Derek R. Hatfield, David A. Vermeersch (manual only), Gary M. Burlingame, Curtis W. Reisinger, and G. S. (Jeb) Brown (manual only).
Publisher: OQ Measures LLC.
Spanish Components: The test form is available in Spanish.
English Components: All materials are also available in English; the manual is in English.

[463s]

Organizational Description Questionnaire.

Propósito: Diseñado para medir la frecuencia con la que cada miembro de la organización percibe que la

[463e]

Organizational Description Questionnaire.

Purpose: Designed to "measure how often each member of the organization perceives the culture

cultura de su unidad/departamento/organización utiliza una gama completa de factores de liderazgo específicos.
Procedencia: Estados Unidos/inglés.
Traducción/Adaptación: La editorial indica que existen varias traducciones de calidad variable, algunas de las cuales están disponibles de la casa editorial/distribuidor; no se provee información en los materiales de la prueba sobre el proceso de traducción/adaptación.
Población: Adultos trabajadores.
Baremos: Este cuestionario no es de referencia normativa.
Fecha de Publicación: 1992.
Acrónimo: ODQ.
Puntuación, 2: Transaccional, Transformacional.
Administración: Individual o colectiva.
Precios, 2022: $50 por manual incluye una copia del formulario ODQ para revisión exclusivamente; $2.50 por licencia de administración en línea (mínimo 20); $200 por informe de grupo; $2.50 por licencia de encuesta remota en línea (mínimo 50); $2.50 por licencia para reproducir (mínimo 50).
Duración: 10-15 minutos para administración.
Comentarios: Puede administrarse en línea; se puede comprar una licencia para reproducir administración mediante papel y lápiz.
Autores: Bernard M. Bass y Bruce J. Avolio.
Editorial: Mind Garden, Inc.
Componentes en Español: Los ítems de prueba, instrucciones de administración y guía de calificación están disponibles en español.
Componentes en Inglés: Todos los materiales están disponibles en inglés también; el manual es en inglés.

[464s]

Ortiz Picture Vocabulary Acquisition Test.

Propósito: Diseñado para evaluar la competencia lingüística general, como indicado por la adquisición del vocabulario receptivo y para asistir en la identificación de las discapacidades lingüísticas en hablantes nativos del inglés y principiantes del inglés.
Procedencia: Estados Unidos/inglés y español.
Población: Edades 2-6 a 22-11.
Baremos: Dos muestras normativas están disponibles. Se desarrollaron baremos para hablantes del inglés utilizando una muestra de 1,530 individuos que hablan inglés en el hogar, distribuidos por edad, género, raza/identidad étnica, región geográfica en los EE. UU. y nivel educativo de los padres. Se desarrollaron baremos para principiantes del inglés utilizando una muestra de 1,190 individuos que hablan un lenguaje además del inglés en el hogar, distribuidos por edad, género, lenguaje hablado y exposición al inglés, región geográfica en los EE. UU. y nivel educativo de los padres.

of their unit/department/organization to be using a full range of specific leadership factors."
Origin: United States/English.
Translation/Adaptation: Test publisher indicates that various translations of varying quality exist, some of which are available from the publisher/distributor; no information is provided in the test materials about the translation/adaptation process.
Population: Working adults.
Norms: This questionnaire is not norm referenced.
Publication Date: 1992.
Acronym: ODQ.
Scores, 2: Transactional, Transformational.
Administration: Individual or group.
Price Data, 2022: $50 per manual including review-only copy of ODQ form; $2.50 per online administration license (minimum 20); $200 per Group Report; $2.50 per remote online survey license (minimum 50); $2.50 per license to reproduce (minimum 50).
Time: 10-15 minutes to administer.
Comments: May be administered online; purchase license to reproduce to administer via paper and pencil.
Authors: Bernard M. Bass and Bruce J. Avolio.
Publisher: Mind Garden, Inc.
Spanish Components: The test items, administration instructions, and scoring guide are available in Spanish.
English Components: All materials are also available in English; the manual is in English.

[464e]

Ortiz Picture Vocabulary Acquisition Test.

Purpose: Designed to assess "general language competence, as indicated by receptive vocabulary acquisition, and to assist in the identification of language impairments in both [native] English speakers and [English] learners."
Origin: United States/English and Spanish.
Population: Ages 2-6 to 22-11.
Norms: Two normative samples are available. Norms for English speakers were developed using a sample of 1,530 individuals who speak only English in the home, distributed by age, gender, race/ethnicity, geographic region in the U.S., and parental education level. Norms for English learners were developed using a sample of 1,190 individuals who speak a language other than English in the home, distributed by age, gender, language spoken and exposure to English, geographic region in the U.S., and parental level of education.

Fecha de Publicación: 2018.
Acrónimo: Ortiz PVAT.
Puntuación, 14: Adquisición y Desarrollo de Vocabulario Total, Análisis del Tipo de Vocabulario [Partes del Discurso Total (Pronombre, Verbo, Adjetivo, Adverbio, Preposición), Tipos de Palabras Total (Habilidades Comunicativas Interpersonales Básicas: Emergente, Intermedio, Avanzado; Dominio del Lenguaje Cognitivo Académica: Emergente, Intermedio, Avanzado)].
Administración: Individual.
Formularios, 2: Dos formularios paralelos A y B.
Precios, 2023: $594 por juego completo, incluyendo un programa de computadora descargable que un usuario puede usar en aparatos ilimitados, manual digital y 50 usos de la prueba.
Duración: 15-30 minutos.
Comentarios: Se administra por computadora (Windows) o iPad; se califica en línea.
Autor: Samuel O. Ortiz.
Editorial: Multi-Health Systems, Inc.
Componentes en Español: Las instrucciones para administración están disponibles en español.
Componentes en Inglés: Todos los materiales están disponibles en inglés también.
Referencias Cruzadas: Para reseñas por Charles Barrett y Michael S. Matthews de los componentes en inglés de esta prueba, consulte 21:113.

[465s]

Otis Sencillo, Test de Inteligencia General.

Nombre Original: Otis Ottawa.
Propósito: Diseñado para evaluar la inteligencia general.
Procedencia: Canadá/inglés.
Traducción/Adaptación: No se provee información en los materiales de la prueba sobre el proceso de traducción/adaptación.
Población: Adultos.
Baremos: Los baremos fueron actualizados en 2015 y se desarrollaron utilizando una muestra total de 6.067 participantes de 3 países: España (n = 5.305, distribuidos por profesión, edad, género y región geográfica), Colombia (n = 182, distribuidos por profesión, edad y género) y Costa Rica (n = 580, distribuidos por profesión, edad y género). Adicionalmente, se desarrollaron baremos latinoamericanos utilizando una muestra de 500 participantes distribuidos por edad, género y región geográfica: Centro (n = 354; Costa Rica, Guatemala, Honduras, El Salvador y República Dominicana) y Sur (n = 146; Colombia, Paraguay, Chile y Perú).
Fechas de Publicación: 1980-2012.
Acrónimo: OTIS.
Puntuación: Puntuación total solamente.

Publication Date: 2018.
Acronym: Ortiz PVAT.
Scores, 14: Vocabulary Acquisition and Development Total, Vocabulary Type Analysis [Parts of Speech Total (Noun, Verb, Adjective, Adverb, Preposition), Word Types Total (Basic Interpersonal Communicative Skills: Emergent, Intermediate, Advanced; Cognitive Academic Language Proficiency: Emergent, Intermediate, Advanced)].
Administration: Individual.
Forms, 2: Parallel forms A and B.
Price Data, 2023: $594 per complete kit, including downloadable software for a single user across unlimited devices, digital manual, and 50 test uses.
Time: 15-30 minutes.
Comments: Administered via Windows computer or iPad; scored online.
Author: Samuel O. Ortiz.
Publisher: Multi-Health Systems, Inc.
Spanish Components: Administration instructions are available in Spanish.
English Components: All materials are also available in English.
Cross References: For reviews by Charles Barrett and Michael S. Matthews of this test's English components, see 21:113.

[465e]

Otis Sencillo, Test de Inteligencia General.

Original Name: Otis Ottawa.
Purpose: Designed to evaluate general intelligence.
Origin: Canada/English.
Translation/Adaptation: No information is provided in the test materials about the process of translation/adaptation.
Population: Adults.
Norms: Norms were updated in 2015 and were developed using a total sample of 6,067 participants from 3 countries: Spain (n = 5,305, distributed by profession, age, gender, and geographic region), Colombia (n = 182, distributed by profession, age, and gender), and Costa Rica (n = 580, distributed by profession, age, and gender). In addition, norms for Latin America were developed using a sample of 500 participants distributed by age, gender, and geographic region: Central (n = 354; Costa Rica, Guatemala, Honduras, Dominican Republic, and El Salvador) and South (n = 146; Colombia, Paraguay, Chile, and Peru).
Publication Dates: 1980-2012.
Acronym: OTIS.
Scores: Total score only.

Administración: Individual o colectiva.
Precios, 2022: €59,03 por juego completo, incluye manual (2012; sexta edición, revisada y ampliada; 23 páginas), 10 cuadernillos y juego de corrección; €25,65 por 10 cuadernillos; €27,65 por juego de corrección (25 hojas de respuestas autocorregibles y PIN de corrección para 25 usos en línea); €20,63 por manual en línea.
Duración: (30-45) minutos.
Comentarios: Se puede administrar y puntuar en línea.
Autor: Arthur S. Otis.
Traductores/Adaptadores: M. Yela y colaboradores (Departamento de Psicología Experimental del CSIC, Madrid).
Editorial: Hogrefe TEA Ediciones.
Componentes en Español: Todos los materiales son en español.
Componentes en Inglés: No hay materiales en inglés en esta versión.

[466s]

The Ounce Scale: An Infant/Toddler Observational Assessment.

Propósito: Una evaluación de observación diseñada como un medio basado en la fortaleza de evaluar el crecimiento para emparejar los comportamientos observados a estándares establecidos y tomar determinaciones acerca de si el crecimiento de un(a) niño(a) está desarrollando como se esperaba o si necesita desarrollo.
Procedencia: Estados Unidos/inglés.
Traducción/Adaptación: No se provee información en los materiales de la prueba sobre el proceso de traducción/adaptación.
Población: Niño(a)s de nacimiento a 42 meses.
Baremos: Esta prueba no es de referencia normativa; es de referencia de criterio.
Fechas de Publicación: 2003-2004.
Puntuación: 6 áreas de desarrollo: Relaciones Personales–Se Trata de Confianza, Sentimientos Sobre Mí Mismo–¿Quién Soy?, Relaciones con Otros Niños–De Niño a Niño, Entender y Comunicar–¡Mira Quien Habla!, Explorar y Resolver Problemas–Descubrimientos, Movimiento y Coordinación–Como Me Muevo.
Administración: Individual.
Niveles, 8: Bebés I: Nacimiento-4 meses; Bebés II: 4-8 meses; Bebés III: 8-12 meses; Bebés IV: 12-18 meses; Niños Pequeños I: 18-24 meses; Niños Pequeños II: 24-30 meses; Niños Pequeños III: 30-36 meses; Niños Preescolares: 36-42 meses.
Partes, 3: Registro de Observación, Álbum de Familia, Estándares y Perfiles del Desarrollo.
Precios, 2023: $196.50 por kit de referencia de la aula, incluyendo el manual de los estándares para los perfiles del desarrollo (96 páginas, inglés), el guía del

Administration: Individual or group.
Price Data, 2022: €59.03 per complete kit, including manual (2012; sixth edition, revised and extended; 23 pages) 10 test booklets, and scoring kit; €25.65 per 10 test booklets; €27.65 per scoring kit (25 self-scoring response forms and PIN for 25 uses online); €20.63 per online manual.
Time: (30-45) minutes.
Comments: Can be administered and scored online.
Author: Arthur S. Otis.
Translators/Adaptors: M. Yela and collaborators (Department of Experimental Psychology at CSIC, Madrid).
Publisher: Hogrefe TEA Ediciones.
Spanish Components: All materials are in Spanish.
English Components: There are no materials in English in this version.

[466e]

The Ounce Scale: An Infant/Toddler Observational Assessment.

Purpose: An observational assessment designed as a strength-based means of evaluating growth to "match observed behaviors to established standards and make determinations about whether a child's growth is developing as expected or needs development."
Origin: United States/English.
Translation/Adaptation: No information is provided in the test materials about the translation/adaptation process.
Population: Children from birth to 42 months.
Norms: This test is not norm referenced; it is criterion referenced.
Publication Dates: 2003-2004.
Scores: 6 areas of development: Personal Connections–It's About Trust, Feelings About Self–Learning About Me, Relationships With Other Children–Child to Child, Understanding and Communicating–Baby/Toddler/Preschooler Talk, Exploration and Problem Solving–Baby/Toddler/Preschooler Discoveries, Movement and Coordination–Babies/Toddlers/Preschoolers in Motion.
Administration: Individual.
Levels, 8: Babies I: Birth-4 months; Babies II: 4-8 months; Babies III: 8-12 months; Babies IV: 12-18 months; Toddlers I: 18-24 months; Toddlers II: 24-30 months; Toddlers III: 30-36 months; Preschoolers: 36-42 months.
Parts, 3: Observation Record, Family Album, Developmental Profiles and Standards.
Price Data, 2023: $196.50 per classroom reference set including Standards for the Developmental

usuario (39 páginas, inglés), hojas para fotocopiar y uno de cada registro de observación y álbum de familia en inglés; $82.50 por kit suplementario de administrador en español, incluyendo un álbum de familia en español para cada uno de los 8 niveles y 1 juego de hojas para fotocopiar; $65.70 por kit del álbumes de familia en español, incluyendo un álbum de familia para cada uno de los 8 niveles en español; $61.60 por el manual de los estándares para los perfiles del desarrollo; $37 por el guía del usuario; $29 por las hojas para fotocopiar; $12.40 por una licencia anual en línea cada niño.
Duración: Tiempo de administración no se reportó.
Comentarios: Una extensión hacia abajo del Work Sampling System.
Autores: Samuel J. Meisels, Amy Laura Dombro, Dorothea B. Marsden, Donna R. Weston y Abigail M. Jewkes (el manual de los estándares para los perfiles del desarrollo y los álbumes de familia); Dorothea B. Marsden, Amy Laura Dombro y Margo L. Dichtelmiller (el guía del usuario).
Editorial: Pearson.
Componentes en Español: Los álbumes de familia y las hojas para fotocopiar (incluyendo los perfiles de cada nivel de desarrollo y la carta para las familias) están disponibles en español.
Componentes en Inglés: Todos los materiales están disponibles en inglés también; los manuales son en inglés.

[467s]

Overall Assessment of the Speaker's Experience of Stuttering [2016 Manual].

Propósito: Diseñado para proporcionar a patólogos del habla y el lenguaje una medida del impacto total de la tartamudez en la vida de un individuo.
Procedencia: Estados Unidos (2008-2016)/inglés.
Traducción/Adaptación: No se provee información en los materiales de la prueba sobre el proceso de traducción/adaptación.
Población: Individuos con una edad de 7 en adelante que tartamudean.
Baremos: No se han provisto baremos con los materiales traducidos al español.
Fechas de Publicación: 2008-2020.
Acrónimo: OASES.
Puntuación, 5: Información General, Su Reacción a la Tartamudez, Comunicación en Situaciones Cotidianas, Calidad de Vida, Impacto Total.
Administración: Individual o colectiva.
Formularios, 3: Escolar, Adolescente, Adulto.
Precios, 2023: $60 por manual impreso (2016, 60 páginas, inglés); $66 por manual PDF; $50 por 25 protocolos impresos; $55 por 25 protocolos PDF.
Duración: 15-20 minutos para administración.
Autores: J. Scott Yaruss y Robert W. Quesal (manual y los formularios de prueba); Craig E. Coleman (los formularios para escolares y adolescentes).

Profiles (96 pages, English), user's guide (39 pages, English), reproducible masters, and one of each observation record and family album in English; $82.50 per Spanish supplemental administrator's kit including one family album in Spanish for each of the 8 levels and 1 set of reproducible masters; $65.70 per Spanish family album kit including one family album for each of the 8 levels in Spanish; $61.60 per Standards book; $37 per user's guide; $29 per reproducible masters; $12.40 per child for online annual license.
Time: Administration time not reported.
Comments: Downward extension of The Work Sampling System.
Authors: Samuel J. Meisels, Amy Laura Dombro, Dorothea B. Marsden, Donna R. Weston, and Abigail M. Jewkes (Standards for the Developmental Profiles and Family Album books); Dorothea B. Marsden, Amy Laura Dombro, and Margo L. Dichtelmiller (User's Guide).
Publisher: Pearson.
Spanish Components: The family albums and reproducible masters (including developmental profiles and letter to families) are available in Spanish.
English Components: All materials are also available in English; the manuals are in English.

[467e]

Overall Assessment of the Speaker's Experience of Stuttering [2016 Manual].

Purpose: Designed to "provide speech-language pathologists with a measure of the overall impact of stuttering on a person's life."
Origin: United States (2008-2016)/English.
Translation/Adaptation: No information is provided in the test materials about the translation/adaptation process.
Population: Individuals ages 7 and older who stutter.
Norms: Separate norms are not provided with the materials translated to Spanish.
Publication Dates: 2008-2020.
Acronym: OASES.
Scores, 5: General Information, Your Reactions to Stuttering, Communication in Daily Situations, Quality of Life, Overall Impact.
Administration: Individual or group.
Forms, 3: School-Age, Teenage, Adult.
Price Data, 2023: $60 per print manual (2016, 60 pages, English); $66 per PDF manual; $50 per 25 print record forms; $55 per 25 PDF record forms.
Time: 15-20 minutes for administration.
Authors: J. Scott Yaruss and Robert W. Quesal (manual and test forms); Craig E. Coleman (School-Age and Teenage forms).

Traductores/Adaptadores: Jorgelina Cubillos, Gustavo Demonte, Mara Luque, Claudia Moreno Thillois, Anabella Parente, Carolina Salguero (Argentina), Ana Karina Espinoza Peña (Chile), Rosa Luz Agüero, Emy Yoza (Perú), Margarita H. Brashear (Estados Unidos), Denise Behrens, Luis Alberto Navarro Guerra (Venezuela).
Editorial: Stuttering Therapy Resources, Inc.
Componentes en Español: Los formularios de prueba con sus instrucciones de administración están disponibles en español.
Componentes en Inglés: Todos los materiales están disponibles en inglés también; el manual es en inglés.

a) ESCOLAR.
Población: Edades 7-12.
Acrónimo: OASES-S.
b) ADOLESCENTE.
Población: Edades 13-17.
Acrónimo: OASES-T.
c) ADULTO.
Población: Edades 18 en adelante.
Acrónimo: OASES-A.

Referencias Cruzadas: Para reseñas por Robin L. Edge y Kenneth Melnick de los componentes en inglés de esta prueba, consulte 21:114.

[468s]

Pain Patient Profile.

Propósito: Diseñado para identificar pacientes que estén experimentando angustia emocional asociada con quejas de dolor y evaluar la gravedad de la angustia en comparación con la comunidad y con una muestra nacional de pacientes que han experimentado dolor.
Procedencia: Estados Unidos (1992-1995)/inglés.
Traducción/Adaptación: No se provee información en los materiales de la prueba sobre el proceso de traducción/adaptación.
Población: Pacientes con dolor 17 a 76 años de edad.
Baremos: No se han provisto baremos con los materiales traducidos al español.
Fechas de Publicación: 1992–2004.
Acrónimo: P-3®.
Puntuación, 4: Depresión, Ansiedad, Somatización, Índice de Validez.
Administración: Colectiva.
Precios, 2022: $75.70 por juego de inicio en línea incluyendo manual (1995, 89 páginas, inglés), 3 hojas de respuesta, 1 cuadernillo de prueba y 3 administraciones en línea; $48.80 por manual, $136.50 por 50 hojas de respuesta puntuación a mano; $33.50 por 25 FAX hojas de respuesta (inglés o español); $68.20 por audio CD.
Duración: (10-15) minutos.
Autores: C. David Tollison y Jerry C. Langley.
Editorial: Pearson.
Componentes en Español: El cuadernillo de prueba con los ítems de prueba, hoja de respuestas e instrucciones correspondientes están disponibles en español.

Translators/Adaptors: Jorgelina Cubillos, Gustavo Demonte, Mara Luque, Claudia Moreno Thillois, Anabella Parente, Carolina Salguero (Argentina), Ana Karina Espinoza Peña (Chile), Rosa Luz Agüero, Emy Yoza (Peru), Margarita H. Brashear (United States), Denise Behrens, Luis Alberto Navarro Guerra (Venezuela).
Publisher: Stuttering Therapy Resources, Inc.
Spanish Components: The test forms and their administration instructions are available in Spanish.
English Components: All test materials are also available in English; the manual is in English.

a) SCHOOL-AGE.
Population: Ages 7-12.
Acronym: OASES-S.
b) TEENAGE.
Population: Ages 13-17.
Acronym: OASES-T.
c) ADULT.
Population: Ages 18 and older.
Acronym: OASES-A.

Cross References: For reviews by Robin L. Edge and Kenneth Melnick of this test's English components, see 21:114.

[468e]

Pain Patient Profile.

Purpose: "Designed to identify patients who are experiencing emotional distress associated with primary complaints of pain and assess the severity of distress in comparison to community and pain patient population national sample."
Origin: United States (1992-1995)/English.
Translation/Adaptation: No information is provided in the test materials about the translation/adaptation process.
Population: Pain patients aged 17–76.
Norms: Separate norms are not provided with the materials translated to Spanish.
Publication Dates: 1992–2004.
Acronym: P-3®.
Scores, 4: Depression, Anxiety, Somatization, Validity Index.
Administration: Group.
Price Data, 2022: $75.70 per online starter kit including manual (1995, 89 pages, English), 3 answer sheets, 1 test booklet, and 3 online administrations; $48.80 per manual, $136.50 per 50 handscoring answer sheets; $33.50 per 25 FAX-in answer sheets (English or Spanish); $68.20 per audio CD.
Time: (10–15) minutes.
Authors: C. David Tollison and Jerry C. Langley.
Publisher: Pearson.
Spanish Components: The test booklet with test items, answer sheet, and corresponding instructions are available in Spanish.

Componentes en Inglés: Todos los materiales están disponibles en inglés, también; el manual es en inglés.
Referencias Cruzadas: Para reseñas por Gregory J. Boyle y Ronald J. Ganellen de los componentes en inglés de esta prueba, consulte 14:273.

[469s]

Parent As A Teacher Inventory [Revised].

Propósito: Diseñado para ayudar a los padres de niños(as) en grados primarios a reconocer cualidades favorables e identificar los ámbitos en los que es necesario mayor desarrollo.
Procedencia: Estados Unidos (1984-1995)/inglés.
Traducción/Adaptación: No se provee información en los materiales de la prueba sobre el proceso de traducción/adaptación.
Población: Padres de niños(as) entre 3 y 9 años.
Baremos: No se han provisto baremos con los materiales traducidos al español; sin embargo, padres hispanos se incluyeron en las muestras realizadas con el PAAT.
Fecha de Publicación: 1995.
Acrónimo: PAAT.
Puntuación, 6: Creatividad, Frustración, Control, Juego, Enseñanza/Aprendizaje, Total.
Administración: Colectiva.
Precios: Disponibles con la casa editorial.
Duración: 30-45 minutos.
Autores: Robert D. Strom y Paris S. Strom.
Traductora/Adaptadora: Aileen Johnson.
Editorial: Paris Strom and Robert Strom (los autores).
Componentes en Español: El Inventario de los Padres como Maestro, el Perfil de los Padres como Maestro y el Cuestionario de Identificación de los Padres como Maestro y sus instrucciones correspondientes están disponibles en español.
Componentes en Inglés: Todos los formularios de prueba están disponibles en inglés, también; el manual es en inglés.
Referencias Cruzadas: Para reseñas por Alice J. Corkill y Ralph F. Darr, Jr. de los componentes en inglés de esta prueba, consulte 13:218.

[470s]

Parent-Child Relationship Inventory.

Propósito: Diseñado como un instrumento de autoinforme que evalúa las actitudes de los padres ante la crianza y sus hijos.
Procedencia: Estados Unidos (1994)/inglés.
Traducción/Adaptación: No se provee información en los materiales de la prueba sobre el proceso de traducción/adaptación.
Población: Padres de niños(as) entre los 3 a 15 años.

English Components: All materials are also available in English; the manual is in English.
Cross References: For reviews by Gregory J. Boyle and Ronald J. Ganellen of this test's English components, see 14:273.

[469e]

Parent As A Teacher Inventory [Revised].

Purpose: "Intended to help mothers and fathers of preschool and primary grade children ... recognize their favorable qualities and identify realms in which further personal growth is needed."
Origin: United States (1984-1995)/English.
Translation/Adaptation: No information is provided in the test materials about the translation/adaptation process.
Population: Parents of children ages 3 to 9.
Norms: Separate norms are not provided for the materials translated to Spanish; however, Hispanic parents were included in the field-testing of the PAAT.
Publication Date: 1995.
Acronym: PAAT.
Scores, 6: Creativity, Frustration, Control, Play, Teaching/Learning, Total.
Administration: Group.
Price Data: Available from publisher.
Time: 30-45 minutes.
Authors: Robert D. Strom and Paris S. Strom.
Translator/Adaptor: Aileen Johnson.
Publisher: Paris Strom and Robert Strom (the authors).
Spanish Components: The Parent As A Teacher Inventory, Individual Parent Profile, and Parent Identification Form and their corresponding instructions are available in Spanish.
English Components: All test forms are also available in English; the manual is in English.
Cross References: For reviews by Alice J. Corkill and Ralph F. Darr, Jr. of this test's English components, see 13:218.

[470e]

Parent-Child Relationship Inventory.

Purpose: Self-report instrument that "assesses parents' attitudes toward parenting and toward their children."
Origin: United States (1994)/English.
Translation/Adaptation: No information is provided in the test materials about the translation/adaptation process.
Population: Parents of 3- to 15-year-old children.

Baremos: No se han provisto baremos con el formulario traducido al español.
Fecha de Publicación: 2000.
Acrónimo: PCRI.
Puntuación, 9: 7 escalas de contenido (Apoyo de los Padres, Satisfacción con el Rol de Padres, Participación, Comunicación, Establecimiento de Límites, Autonomía, Orientación), 2 indicadores de validez (Deseabilidad Social, Inconsecuencia).
Administración: Individual.
Precios, 2023: $191 por juego completo, incluye manual (57 páginas, 1994, inglés) y 25 hojas de respuesta; $93 por 25 hojas de respuesta (inglés); $115 por manual; $755 por CD para PC de 25 usos de corrección e interpretación; $34 por 100 hojas de respuesta PC; $35 por 5 hojas de respuesta en español.
Duración: 15 minutos.
Autor: Anthony B. Gerard.
Editorial: Western Psychological Services.
Componentes en Español: Se puede usar la hoja de respuesta en español, pero se debe usarla con el formulario de AutoScore en inglés.
Componentes en Inglés: Todos los materiales están disponibles en inglés, también; el manual es en inglés.
Referencias Cruzadas: Para reseñas por Roger A. Boothroyd y Gregory J. Marchant de los componentes en inglés de esta prueba, consulte 13:220.

[471s]

Parent Success Indicator [Revised Edition].

Propósito: Diseñado para identificar cualidades favorables de los padres y, a la vez, reconocer aspectos del comportamiento que ameritan adiestramiento.
Procedencia: Estados Unidos (1984-2009)/inglés.
Traducción/Adaptación: No se provee información en los materiales de la prueba sobre el proceso de traducción/adaptación.
Población: Padres de niños(as) edades 10 a 14.
Baremos: No se han provisto baremos con los formularios traducidos al español.
Fecha de Publicación: 1999.
Acrónimo: PSI.
Puntuación, 6: Comunicación, Aprovechamiento del Tiempo, Enseñanza, Frustración, Satisfacción, Necesidad de Obtener Información.
Administración: Colectiva.
Formularios, 2: Padres, Hijos.
Precios: Disponibles con la casa editorial.
Duración: 15-20 minutos.
Comentarios: Los padres informan percepción de sí mismo; los hijos informan observaciones de sus padres.
Autores: Robert D. Strom y Paris S. Strom.
Traductora/Adaptadora: Lydia P. Buki.

Norms: Separate norms are not provided with the form translated to Spanish.
Publication Date: 2000.
Acronym: PCRI.
Scores, 9: 7 content scales (Parental Support, Satisfaction with Parenting, Involvement, Communication, Limit Setting, Autonomy, Role Orientation), 2 validity indicators (Social Desirability, Inconsistency).
Administration: Individual.
Price Data, 2023: $191 per complete kit including manual (57 pages, 1994, English) and 25 autoscore answer sheets; $93 per 25 autoscore answer sheets (English); $115 per manual; $755 per 25-use scoring and interpretation CD for PC; $34 per 100 PC answer sheets; $35 per 5 Spanish test forms.
Time: 15 minutes.
Author: Anthony B. Gerard.
Publisher: Western Psychological Services.
Spanish Components: The answer sheet is available in Spanish but must be used in conjunction with the English AutoScore forms.
English Components: All materials are also available in English; the manual is in English.
Cross References: For reviews by Roger A. Boothroyd and Gregory J. Marchant of this test's English components, see 13:220.

[471e]

Parent Success Indicator [Revised Edition].

Purpose: Designed to identify "favorable qualities of parents and aspects of their behavior where education seems warranted."
Origin: United States (1984-2009)/English.
Translation/Adaptation: No information is provided in the test materials about the translation/adaptation process.
Population: Parents of children ages 10 to 14.
Norms: Separate norms are not provided with the forms translated to Spanish.
Publication Date: 1999.
Acronym: PSI.
Scores, 6: Communication, Use of Time, Teaching, Frustration, Satisfaction, Information Needs.
Administration: Group.
Forms, 2: Parent, Child.
Price Data: Available from publisher.
Time: 15-20 minutes.
Comments: Parents report self-impressions; children report observations of their parents.
Authors: Robert D. Strom and Paris S. Strom.
Translator/Adaptor: Lydia P. Buki.

Editorial: Paris Strom y Robert Strom (los autores).
Componentes en Español: El perfil y el formulario para los padres y sus instrucciones correspondientes están disponibles en español.
Componentes en Inglés: El perfil y el formulario para los padres y sus correspondientes instrucciones están disponibles en inglés también; el manual y formulario para los hijos son en inglés.
Referencias Cruzadas: Para reseñas por Rosemary Flanagan y Geoffrey L. Thorpe de los componentes en inglés de esta prueba, consulte 19:126.

[472s]

Parenting Interactions with Children: Checklist of Observations Linked to Outcomes.

Propósito: Diseñado para ser una medida de las interacciones de crianza que predice desarrollo temprano en aspectos sociales, cognitivos y del lenguaje en niños.
Procedencia: Estados Unidos/inglés.
Traducción/Adaptación: No se provee información en los materiales de la prueba sobre el proceso de traducción/adaptación.
Población: Padres de niños 10 a 47 meses.
Baremos: Esta prueba no es de referencia normativa.
Fecha de Publicación: 2013.
Acrónimo: PICCOLO.
Puntuación: 4 ámbitos de crianza: Afecto, Receptividad, Aliento, Enseñanza.
Administración: Individual
Precios, 2020: $60 por juego de inicio que incluye la guía del usuario (2013, 106 páginas, inglés) y 25 formularios; $32 por guía del usuario; $28 por 25 formularios; $175 por entrenamiento en formato DVD.
Duración: (10) minutos.
Comentarios: Basado en observaciones de interacción entre padres e hijos, la editorial recomienda que las observaciones se registren en vídeo.
Autores: Lori A. Roggman, Gina A. Cook, Mark S. Innocenti, Vonda Jump Norman, Katie Christiansen y Sheila Anderson.
Editorial: Paul H. Brookes Publishing Co., Inc.
Componentes en Español: Los formularios de observación están disponibles en español.
Componentes en Inglés: Todos los materiales están disponibles en inglés también; el manual es en inglés.
Referencias Cruzadas: Para reseñas por Mark Fugate y Carmen Reisener de los componentes en inglés de esta prueba, consulte 20:132.

[473s]

Parenting Stress Index, Fourth Edition.

Propósito: Diseñado para evaluar la magnitud del estrés entre padres e hijos.

Publisher: Paris Strom and Robert Strom (the authors).
Spanish Components: The profile and test form for parents and their corresponding instructions are available in Spanish.
English Components: The profile and test form for parents and their corresponding instructions are also available in English; the manual and test form for children are in English.
Cross References: For reviews by Rosemary Flanagan and Geoffrey L. Thorpe of this test's English components, see 19:126.

[472e]

Parenting Interactions with Children: Checklist of Observations Linked to Outcomes.

Purpose: Designed to be "a measure of parenting interactions that predicts children's early social, cognitive, and language development."
Origin: United States/English.
Translation/Adaptation: No information is provided in the test materials about the translation/adaptation process.
Population: Parents of children 10 to 47 months.
Norms: This test is not norm referenced.
Publication Date: 2013.
Acronym: PICCOLO.
Scores: 4 parenting domains: Affection, Responsiveness, Encouragement, Teaching.
Administration: Individual.
Price Data, 2022: $60 per starter kit, including user's guide (2013, 106 pages, English) and 25 forms; $32 per user's guide; $28 per 25 forms; $175 per training DVD.
Time: (10) minutes.
Comments: Based on observations of parent-child interaction, the test publisher recommends that observations be video recorded.
Authors: Lori A. Roggman, Gina A. Cook, Mark S. Innocenti, Vonda Jump Norman, Katie Christiansen, and Sheila Anderson.
Publisher: Paul H. Brookes Publishing Co., Inc.
Spanish Components: Observation forms are available in Spanish.
English Components: All materials are also available in English; the manual is in English.
Cross References: For reviews by Mark Fugate and Carmen Reisener of this test's English components, see 20:132.

[473e]

Parenting Stress Index, Fourth Edition.

Purpose: "Designed to evaluate the magnitude of stress in the parent-child system."

Procedencia: Estados Unidos/inglés.
Traducción/Adaptación: No se provee información en los materiales de la prueba sobre el proceso de traducción/adaptación.
Población: Padres de niños edades 1 mes a 12 años.
Baremos: No se han provisto baremos con los materiales traducidos al español.
Fechas de Publicación: 1983-2012.
Administración: Individual o colectiva.
Autor: Richard R. Abidin.
Editorial: Psychological Assessment Resources, Inc.
Componentes en Español: El formulario breve está disponible en español.
Componentes en Inglés: Todos los materiales están disponibles en inglés, también; el manual es en inglés.

a) VERSIÓN COMPLETA.
Acrónimo: PSI-4.
Puntuación, 18: Estrés Total (Niños [Distracción/Hiperactividad, Adaptabilidad, Refuerza los Padres, Exigencias, Humor, Aceptabilidad, Total], Padres [Competencia, Aislamiento, Apego, Salud, Restricción de Roles, Depresión, Cónyuge/Relación de Pareja para la Crianza, Total], Total), Estrés de la Vida, Respuesta Defensiva.
Precios, 2022: $336 por juego de inicio que incluye manual profesional (2012, 174 páginas, inglés), 10 cuadernillos reutilizables, 25 hojas de respuestas y 25 formularios de perfil; $118 por manual profesional; $110 por 10 cuadernillos reutilizables; $118 por 25 hojas de respuestas; $41 por 25 formularios de perfil.
Duración: (20) minutos.

b) FORMULARIO BREVE.
Acrónimo: PSI-4-SF.
Puntuación, 5: Estrés Total (Angustia Parental, Interacción Disfuncional Entre Padres-Hijos, Niño Difícil, Total), Respuesta Defensiva.
Precios, 2022: $205 por juego de formulario breve, incluyendo manual profesional (2012, 174 páginas, inglés) y 25 formularios breves; $118 por manual (impreso o digital); $128 por 25 formularios breves (especifique español o inglés).
Duración: (10) minutos.

Referencias Cruzadas: Para reseñas por Mary M. Clare y Suzanne Young de los componentes en inglés de esta prueba, consulte 19:127.

Origin: United States/English.
Translation/Adaptation: No information is provided in the test materials about the translation/adaptation process.
Population: Parents of children ages 1 month to 12 years.
Norms: Separate norms are not provided with the materials translated to Spanish.
Publication Dates: 1983-2012.
Administration: Individual or group.
Author: Richard R. Abidin.
Publisher: Psychological Assessment Resources, Inc.
Spanish Components: The short form is available in Spanish.
English Components: All test materials are also available in English; the manual is in English.

a) FULL LENGTH.
Acronym: PSI-4.
Scores, 18: Total Stress (Child Domain [Distractibility/Hyperactivity, Adaptability, Reinforces Parent, Demandingness, Mood, Acceptability, Total], Parent Domain [Competence, Isolation, Attachment, Health, Role Restriction, Depression, Spouse/Parenting Partner Relationship, Total], Total), Life Stress, Defensive Responding.
Price Data, 2022: $336 per introductory kit, including professional manual (2012, 174 pages, English), 10 reusable item booklets, 25 answer sheets, and 25 profile forms; $118 per professional manual; $110 per 10 reusable item booklets, $118 per 25 answer sheets; $41 per 25 profile forms.
Time: (20) minutes.

b) SHORT FORM.
Acronym: PSI-4-SF.
Scores, 5: Total Stress (Parental Distress, Parent-Child Dysfunctional Interaction, Difficult Child, Total), Defensive Responding.
Price Data, 2022: $205 per short form kit: professional manual (2012, 174 pages, English) and 25 short forms; $118 per manual (print or digital); $128 per 25 short forms (Spanish or English).
Time: (10) minutes.

Cross References: For reviews by Mary M. Clare and Suzanne Young of this test's English components, see 19:127.

[474s]

Parents' Evaluation of Developmental Status–Developmental Milestones (PEDS:DM) and PEDS:DM Assessment Level.

Propósito: Diseñado como un instrumento de cribado de las habilidades de los niños en los dominios del desarrollo para su uso durante encuentros muy breves, como chequeos de rutina para detección temprana y la vigilancia.
Procedencia: Estados Unidos (2007-2016)/inglés.

[474e]

Parents' Evaluation of Developmental Status–Developmental Milestones (PEDS:DM) and PEDS:DM Assessment Level.

Purpose: Designed as a screener of children's skills across developmental domains for use during very brief encounters such as well-child visits for early detection and surveillance.
Origin: United States (2007-2016)/English.

Traducción/Adaptación: No se provee información en los materiales de la prueba sobre el proceso de traducción/adaptación.
Población: Niños desde nacimiento hasta los 8 años.
Baremos: No se han provisto baremos con los materiales traducidos al español.
Fechas de Publicación: 2008-2023.
Acrónimo: PEDS:DM.
Puntuación: 8 dominios: Motor Fino/Escritura, Motor Grueso, Lenguaje Expresivo, Lenguaje Receptivo, Socioemocional, Lectura/Pre-Lectura, Matemáticas/Pre-Matemáticas.
Administración: Individual.
Precios, 2023: $349 por kit introductorio incluyendo formularios laminados reutilizables, 100 formularios de registro, cuaderno con plantilla de puntuación, libro de familia con ítems y evaluaciones suplementarias, manual profesional (2016, 190 páginas), marcador lavable y clip; $130 por libro de familia (inglés o español); $57 por 100 formularios de registro (inglés); $75 por manual profesional (inglés).
Duración: Aproximadamente 5 minutos para administración.
Comentarios: Proporcione puntajes de aprobar/reprobar por cada dominio; se puede usar solo o junto con el Parents' Evaluation of Developmental Status–Revised (PEDS-R); se puede administrar vía entrevista, de forma práctica, o informe de los padres; disponible también en línea (PEDS Online).
Autores: Frances Page Glascoe y Nicholas S. Robertshaw.
Traductoras/Adaptadoras: Barbara Mejia y Patricia Lakatos.
Publisher: PEDStest.com, LLC.
Componentes en Español: El libro de familia con los ítems de prueba y medidas suplementarias está disponible en español; los apéndices en el manual profesional contienen los ítems de prueba en español además de información sobre la guía de puntuación.
Componentes en Inglés: El libro de familia está disponible en inglés, también; el manual profesional y los formularios de registro son en inglés.

a) PEDS:DM Nivel de Evaluación.
Propósito: Diseñado para consulta NICU e intervención temprana; ofrece un método para seguimiento del progreso en cada dominio a través del tiempo.
Acrónimo: PEDS:DM-AL.
Puntuación: 9 dominios: Motor Fino, Lenguaje Receptivo, Lenguaje Expresivo, Académico, Motor Grueso, Autoayuda, Socioemocional, Lectura/Pre-Lectura, Matemáticas, Pre-Matemáticas, Cognitivo.
Precios: $86 por 25 cuadernillos de registro de PEDS:DM-AL (inglés o español), reutilizables con el mismo niño, junto con una tabla de crecimiento longitudinal.
Duración: Aproximadamente 30 minutos para administración.

Translation/Adaptation: No information is provided in the test materials about the process of translation/adaptation.
Population: Children from birth to 8 years.
Norms: Separate norms are not provided for the materials translated to Spanish.
Publication Dates: 2008-2023.
Acronym: PEDS:DM.
Scores: 8 domains: Fine Motor/Writing, Gross Motor, Expressive Language, Receptive Language, Social-Emotional, Self-Help, Reading/Pre-Reading, Math/Pre-Math.
Administration: Individual.
Price Data, 2023: $349 per starter kit including reusable laminated forms, 100 recording forms, binder case with scoring template, family book with items and supplementary measures, professional manual (2016, 190 pages), dry erase marker, and clip; $130 per family book (English or Spanish); $57 per 100 recording forms/longitudinal growth charts (English); $75 per professional manual (English).
Time: Approximately 5 minutes for administration.
Comments: Provides pass/fail scores for each domain; may be used alone or in conjunction with Parents' Evaluation of Developmental Status–Revised (PEDS-R); may be administered by interview, hands-on, or parent report; also available online (PEDS Online).
Authors: Frances Page Glascoe and Nicholas S. Robertshaw.
Translators/Adaptors: Barbara Mejia and Patricia Lakatos.
Publisher: PEDStest.com, LLC.
Spanish Components: The family book with test items and supplementary measures is available in Spanish. The professional manual appendices contain Spanish test items with scoring guide information.
English Components: The family book is also available in English; the professional manual and recording forms are in English.

a) PEDS:DM Assessment Level.
Purpose: Designed for early intervention intake, neonatal intensive care unit follow-up, other medical subspecialty clinics, longitudinal progress tracking, and outcomes research.
Acronym: PEDS:DM-AL.
Scores: 9 domains: Fine Motor, Receptive Language, Expressive Language, Academic, Gross Motor, Self-Help, Social-Emotional, Reading/Pre-Reading, Math, Pre-Math, Cognitive.
Price Data: $86 per 25 PEDS:DM-AL record booklets (English or Spanish), reusable with the same child, along with a longitudinal growth chart.
Time: Approximately 30 minutes for administration.

Comentarios: Proporciona puntajes equivalentes a la edad, porcentaje de retraso y porcentaje de habilidades dominadas para cada dominio evaluado.

Componentes en Español: Los cuadernos de registro están disponibles en español.

Componentes en Inglés: Los cuadernos de registro están disponibles en inglés, también.

Referencias Cruzadas: Para revistas por Sandra I. Plata-Potter y John J. Vacca de los materiales en inglés del PEDS Tools, lo cual incluye el PEDS:DM, consulte 20:135.

[475s]

Parents' Evaluation of Developmental Status–Revised.

Propósito: Diseñado para obtener y abordar las preocupaciones de los padres para identificar el riesgo en las áreas de salud mental (incluido el comportamiento socioemocional), retraso/trastorno del desarrollo y la combinación de ambos.

Procedencia: Estados Unidos (1997-2023)/inglés.

Traducción/Adaptación: No se provee información en los materiales de la prueba sobre el proceso de traducción/adaptación.

Población: Niños de nacimiento a 8 años.

Baremos: El PEDS-R se estandarizó en inglés y español en una muestra representativa a nivel nacional de 262,310 niños norteamericanos desde el nacimiento hasta los 8 años. Se aplicó el PEDS-R en español a 2% de familias (*n* = 6,170); se utilizó el inglés con el 98% restante (*n* = 256,140).

Fechas de Publicación: 2008-2023.

Acrónimo: PEDS-R.

Puntuación: Asigna niveles y tipos de riesgo vía 7 caminos que indican necesidades de referencia y/o información. Los niveles y tipos de riesgo se asignan según las preocupaciones en 11 dominios: Lenguaje Expresivo y Articulación, Lenguaje Receptivo, Motricidad Fina, Motricidad Gruesa, Comportamiento, Socioemocional, Autoayuda, Habilidades Escolares, Global/Cognitivo, Salud, Otro.

Administración: Individual.

Precios, 2023: $52 por 50 cuadernos; cada cuaderno contiene instrucciones, un formulario de respuesta, un formulario de interpretación/puntuación y una guía con conclusiones y próximos pasos; el PEDS-R instructivo (2023, 23 páginas) y el documento de investigación psicométrica (2023, 41 páginas) están disponibles como descargas gratuitas desde el sitio web de la casa editorial de la prueba.

Duración: Promedio de 2 minutos (una gama de 1-11 minutos) para completar; aproximadamente 2 minutos para corregir la versión en papel.

Comentarios: Se puede usar solo o junto con el Parents' Evaluation of Developmental Status–Developmental Milestones (PEDS:DM); disponible

Comments: Provides age equivalent scores, percent of delay, and percent of skills mastered for each domain assessed.

Spanish Components: The record booklets are available in Spanish.

English Components: The record booklets are also available in English.

Cross References: For reviews by Sandra I. Plata-Potter and John J. Vacca of the English materials in PEDS Tools, which included the PEDS:DM, see 20:135.

[475e]

Parents' Evaluation of Developmental Status–Revised.

Purpose: Designed to elicit and address parents' concerns to identify risk in the areas of mental health (including social-emotional behavior), developmental delay/disorder, and the combination of both.

Origin: United States (1997-2023)/English.

Translation/Adaptation: No information is provided in the test materials about the translation/adaptation process.

Population: Children from birth to 8 years.

Norms: The PEDS-R was standardized in English and Spanish on a nationally representative sample of 262,310 North American children ages birth to 8 years. PEDS-R was administered in Spanish to 2% of families (*n* = 6,170); English was used with the remaining 98% (*n* = 256,140).

Publication Dates: 2008-2023.

Acronym: PEDS-R.

Scores: Assigns levels and types of risk via 7 paths that indicate referral and/or information needs. Levels and types of risk are assigned by concerns in 11 domains: Expressive Language and Articulation, Receptive Language, Fine Motor, Gross Motor, Behavior, Social-Emotional, Self-Help, School Skills, Global/Cognitive, Health, Other.

Administration: Individual.

Price Data, 2023: $52 per 50 booklets; each booklet contains directions, a response form, a score/interpretation form, and findings and action steps; the PEDS-R handbook (2023, 23 pages) and psychometric research document (2023, 41 pages) are available as free downloads from the test publisher's website.

Time: 2 minutes on average (range: 1-11 minutes) for completion; approximately 2 minutes to score the paper version.

Comments: May be used alone or in conjunction with Parents' Evaluation of Developmental Status–Developmental Milestones (PEDS:DM);

en versión impresa y en línea; se puede administrar vía entrevista.
Autores: Frances Page Glascoe (prueba, instructivo y documento de investigación psicométrica), Shirley Kathryn Woods (solo el instructivo), Terri D. Mills (solo el instructivo) y Vikrum Vishnubhakta (solo el documento de investigación psicométrica).
Publisher: PEDStest.com, LLC.
Componentes en Español: Los formularios de respuesta están disponibles en español.
Componentes en Inglés: Todos los materiales están disponibles in inglés también; los manuales son en inglés.

available in print and online; may be administered via interview.
Authors: Frances Page Glascoe (test, handbook, and psychometric research document), Shirley Kathryn Woods (handbook only), Terri D. Mills (handbook only), and Vikrum Vishnubhakta (psychometric research document only).
Publisher: PEDStest.com, LLC.
Spanish Components: Response forms are available in Spanish.
English Components: All materials are also available in English; the manuals are in English.

[476s]

PDD Behavior Inventory [Including 2017 Manual Supplements: Adolescent Normative Data and Autism Spectrum Disorder Decision Tree].

Propósito: Diseñado para la evaluación de niños y adolescentes los cuales tienen un diagnóstico previamente identificado en el trastorno generalizado del desarrollo, el cual ahora está identificado como trastorno del espectro autista en el Manual Diagnóstico y Estadístico de los Trastornos Mentales, 5th Ed.
Procedencia: Estados Unidos (1999-2017)/inglés.
Traducción/Adaptación: Después de que se tradujeron los elementos e instrucciones del formulario principal, el texto en español se envió a un traductor independiente que no estaba familiarizado con la prueba, quien tradujo todos los elementos e instrucciones nuevamente al inglés. La retrotraducción fue comparada críticamente por los autores de la prueba y un experto en revisión de traducción. Se señalaron las diferencias de significado o los posibles problemas que pudieran surgir de la interpretación cultural, y este proceso se repitió hasta que los autores y el editor completaron y aprobaron una versión mutuamente satisfactoria del formulario.
Población: Edades 1-6 a 12-5 con el formulario estándar y el formulario Árbol de Decisión de Trastorno del Espectro Autista (ASD-DT); hasta edad 18-5 con datos normativos de adolescentes.
Baremos: No se han provisto baremos con el formulario traducido al español.
Fecha de Publicación: 2019.
Acrónimo: PDDBI.
Puntuación: 61 (formulario del padre/cuidador), 59 (formulario de docente): 34-36 puntajes de Problemas de Acercamiento/Desprendimiento: Compuesto de Problemas de Acercamiento/Desprendimiento, Compuesto de Problemas Rituales/Resistencia a Cambios, Comportamientos de Acercamiento Sensorial/Perceptivo (Comportamientos Visuales, Comportamientos Relacionados con Llevar Cosas a la Boca–No Relativo a Alimentos [formulario del padre/cuidador solamente], Comportamientos Relacionados con el Gusto o el Olfato no Alimentarios

[476e]

PDD Behavior Inventory [Including 2017 Manual Supplements: Adolescent Normative Data and Autism Spectrum Disorder Decision Tree].

Purpose: Designed to assist in the assessment of children and adolescents who have been diagnosed "with any one of the previously identified pervasive developmental disorders, now identified as autism spectrum disorder in the Diagnostic and Statistical Manual of Mental Disorders, 5th Ed."
Origin: United States (1999-2017)/English.
Translation: After the parent form's items and instructions were translated, the Spanish text was then submitted to an independent translator unfamiliar with the test, who translated all items and instructions back into English. The back-translation was critically compared by the authors of the test and a translational review expert. Differences in meaning or possible issues that could arise from cultural interpretation were flagged, and this process was repeated until a mutually satisfactory version of the form was completed and approved by the authors and publisher.
Population: Ages 1-6 to 12-5 with standard and Autism Spectrum Disorder Decision Tree (ASD-DT) forms; up to age 18-5 with adolescent normative data.
Norms: Separate norms are not provided with the form translated to Spanish.
Publication Date: 2019.
Acronym: PDDBI.
Scores: 61 (parent/caregiver form), 59 (teacher form): 34-36 Approach/Withdrawal Problems scores: Approach/Withdrawal Problems Composite, Repetitive/Ritualistic/Pragmatic Problems Composite, Sensory/Perceptual Approach Behaviors (Visual Behaviors, Non-Food Taste Behaviors [parent/caregiver form only], Non-Food Taste or Smell Behaviors [teacher form only], Touch Behaviors [parent/caregiver form

[formulario del docente solamente], Comportamientos del Tacto [formulario del padre/cuidador solamente], Comportamientos que Hacen Ruido [formulario del docente solamente], Conductas de Movimientos Propios, Comportamientos Repetitivos Manipulativos, Comportamientos de Movimiento Basados en Caminar [solo formulario del docente]), Rituales/Resistencia a Cambios (Resistencia a Cambiar en el Medio Ambiente, Resistencia a Cambios de Programas/Planes/Rutinas, Rituales), Problemas de Sociabilidad Prácticos (Problemas con Acercamientos Sociales, Problemas Sociales de Situación, Reacciones Inapropiadas a los Acercamientos con Otros), Problemas Semánticos Prácticos (Calidad de Voz no Natural Cuando Habla, Problemas en la Comprensión de Palabras, Déficits Verbales Prácticos); Solo formulario extendido: Problemas de Control de la Excitabilidad (Comportamientos de Movimientos, Respuestas Disminuidas, Problemas de Regulación del Sueño [solo formulario para padres/cuidadores]), Temores Específicos (Tristeza/Se Siente Triste Cuando Está Alejado de la Persona que lo Cuida/de Otra Persona Significativa/ en una Nueva Situación [solo formulario para padres/ cuidadores], Parece Ansioso Cuando Está Alejado de la Persona que lo Cuida/de Otra Persona Significativa/en una Nueva Situación [formulario del padre/cuidador solamente], Comportamientos de Perturbaciones Auditivas, Temores y Ansiedades, Comportamientos de Evitación Social), Agresividad (Comportamientos Agresivos Auto Infligidos, Emociones Negativas Incongruentes, Problemas con la Persona que lo Cuida u Otras Personas Significativas Cuando Vuelven del Trabajo/Paseo/Vacaciones, Agresividad Contra Otros, Problemas Generales del Temperamento); 22 Puntuaciones de Habilidades Receptivas/Expresivas en la Comunicación Social: Compuesto de Habilidades Receptivas/Expresivas en la Comunicación Social, Comportamientos de Aproximación Social (Comportamientos de Acercamiento Visual Social, Comportamientos Afectivos Positivos, Comportamientos Gestuales de Acercamiento, Receptividad a Indicaciones de Inhibición Social, Comportamientos Sociales de Juego, Comportamientos de Juego Imaginativo, Comportamientos de Empatía, Comportamientos de Interacción Social [solo formulario de padre/cuidador], Comportamientos de Imitación Social), Lenguaje Expresivo (Producción de Vocales [padre], Producción de Vocales Básicas [docente], Producción de Consonantes al Principio/ Medio/y Final de Palabras, Producción de Diptongos [padres], Producción de Diptongos Básicos [docente], Competencia del Lenguaje Expresivo, Tono Afectivo Verbal, Habilidades Conversación Prácticas); Forma Extendida solamente: Aprendizaje/Memoria/Comprensión del Lenguaje (Habilidades Generales de la Memoria, Competencia Receptiva del Lenguaje, Habilidades de Memoria Asociativa [docente]); más Compuesto de Autismo, Puntaje de Discrepancia SOCPP-SOCAPP, Puntaje de Discrepancia SEMPP-EXPRESS.

only], Noise Making Behaviors [teacher form only], Proprioceptive/Kinesthetic Behaviors, Repetitive Manipulative Behaviors, Gait-Based (Walking) Kinesthetic Behaviors [teacher form only]), Ritualisms/Resistance to Change (Resistance to Change in the Environment, Resistance to Change in Schedules/Routines, Rituals), Social Pragmatic Problems (Problems with Social Approach, Social Awareness Problems, Inappropriate Reactions to the Approaches of Others), Semantic/Pragmatic Problems (Aberrant Vocal Quality When Speaking, Problems with Understanding Words, Verbal Pragmatic Deficits); Extended form only: Arousal Regulation Problems (Kinesthetic Behaviors, Reduced Responsiveness, Sleep Regulation Problem [parent/caregiver form only]), Specific Fears (Sadness When Away From Caregiver/Other Significant Figure/or in New Situation [parent/ caregiver form only], Anxiousness When Away From Caregiver/Other Significant Figure/ or in New Situation [parent/caregiver form only], Auditory Withdrawal Behaviors, Fears and Anxieties, Social Withdrawal Behaviors), Aggressiveness (Self-Directed Aggressive Behaviors, Incongruous Negative Affect, Problems When Caregiver or Other Significant Figure Returns From Work/an Outing/ or Vacation, Aggressiveness Toward Others, Overall Temperament Problems); 22 Receptive/ Expressive Social Communication Abilities scores: Receptive/Expressive Social Communication Abilities Composite, Expressive Social Communication Abilities Composite, Social Approach Behaviors (Visual Social Approach Behaviors, Positive Affect Behaviors, Gestural Approach Behaviors, Responsiveness to Social Inhibition Cues, Social Play Behaviors, Imaginative Play Behaviors, Empathy Behaviors, Social Interaction Behaviors [parent/caregiver form only], Social Imitative Behaviors), Expressive Language (Vowel Production [parent], Basic Vowel Production [teacher], Consonant Production at the Beginning/Middle/and End of Words, Basic Consonant Production at the Beginning/Middle/and End of Words [teacher], Diphthong Production [parent], Basic Diphthong Production [teacher], Expressive Language Competence, Verbal Affective Tone, Pragmatic Conversational Skills); Extended form only: Learning/Memory/Receptive Language (General Memory Skills, Receptive Language Competence, Associative Memory Skills [teacher form only]); plus Autism Composite, SOCPP-SOCAPP Discrepancy Score, SEMPP-EXPRESS Discrepancy Score.

Administración: Individual o colectiva.
Formularios, 4: Padres/Cuidadores o Docente, Estándar o Extendida.
Precios, 2022: $496 por el juego comprensivo, incluyendo el manual profesional (2005, 545 páginas), el manual suplementario de ASD-DT (2017, 37 páginas), el manual suplementario de datos normativos de adolescentes (2017, 110 páginas), 25 formularios para padres (inglés o español), 25 formularios para docentes, 25 hojas de puntaje de resumen para padres, 25 hojas de puntaje de resumen para profesores, 50 formularios de perfil, 25 formularios de registro de ASD-DT, maleta y un certificado para 5 informes de puntaje en línea; $140 por manual profesional (papel o digital); $36 por manual suplementario de ASD-DT; $36 por manual suplementario de datos normativos de adolescentes; $119 por 25 formularios (ingles o español); $35 por 25 hojas de puntaje de resumen; $52 por 50 formularios de perfil; $36 por 25 formularios de registro de ASD-DT; $4.80 por administración en línea; $3.30 por informe de puntaje en línea.
Duración: 20-30 minutos por la administración del formulario estándar; 30-45 minutos por la administración del formulario extendido.
Comentarios: Las evaluaciones de ambos padres y múltiples docentes/personal de la escuela es deseable; el formulario de ASD-DT debe usarse en conjunto con el formulario extendido para padres y profesores y solo con niños de edades 1-6 a 12-5.
Autores: Ira L. Cohen y Vicki Sudhalter.
Traductor/Adaptador: Robert Weiner.
Editorial: Psychological Assessment Resources, Inc.
Componentes en Español: El formulario para padres/cuidadores y sus instrucciones correspondientes están disponibles en español.
Componentes en Inglés: Todos los materiales están disponibles en inglés también; el manual es en inglés.
Referencias Cruzadas: Para reseñas por Karen Mackler y Tracy Thorndike de los componentes en inglés de esta prueba, consulte 21:116.

[477s]

Perfil de Estrés.

Nombre Original: Stress Profile (Western Psychological Services).
Propósito: Diseñado para "identificar las áreas que permiten que una persona tolere las consecuencias dañinas del estrés cotidiano, así como las que determinan que alguien sea vulnerable a las enfermedades relacionadas a éste".
Procedencia: Estados Unidos (1999)/inglés.
Traducción/Adaptación: No se provee información en los materiales de la prueba sobre el proceso de traducción/adaptación.
Población: Adultos.

Administration: Individual or group.
Forms, 4: Parent/Caregiver or Teacher, Standard or Extended.
Price Data, 2022: $496 per comprehensive kit including professional manual (2005, 545 pages), ASD-DT manual supplement (2017, 37 pages), adolescent normative data manual supplement (2017, 110 pages), 25 parent rating forms (English or Spanish), 25 teacher rating forms, 25 parent score summary sheets, 25 teacher score summary sheets, 50 profile forms, 25 ASD-DT record forms, carrying case, and certificate for 5 online score reports; $140 per professional manual (paper or digital); $36 per ASD-DT manual supplement; $36 per adolescent normative data manual supplement; $119 per 25 rating forms (English or Spanish); $35 per 25 summary sheets; $52 per 50 profile forms; $36 per 25 ASD-DT record forms; $4.80 per online administration; $3.30 per online score report.
Time: 20-30 minutes for administration of standard forms; 30-45 minutes for administration of extended forms.
Comments: Ratings from both parents and multiple teachers/school personnel is desirable; the ASD-DT form should be used in conjunction with the parent or teacher extended form, and only with children ages 1-6 to 12-5.
Authors: Ira L. Cohen and Vicki Sudhalter.
Translator/Adaptor: Robert Weiner.
Publisher: Psychological Assessment Resources, Inc.
Spanish Components: The parent/caregiver form and its corresponding instructions are available in Spanish.
English Components: All materials are also available in English; the manual is in English.
Cross References: For reviews by Karen Mackler and Tracy Thorndike of this test's English components, see 21:116.

[477e]

Perfil de Estrés.

Original Name: Stress Profile (Western Psychological Services).
Purpose: Designed to identify the areas that allow a person to tolerate the painful consequences of daily stress as well as those that determine whether someone might be vulnerable to illnesses related to daily stress.
Origin: United States (1999)/English.
Translation/Adaptation: No information is provided in the test materials about the translation/adaptation process.
Population: Adults.

Baremos: No se han provisto baremos con la versión traducida al español.
Fecha de Publicación: 2002.
Puntuación, 15: Estrés, Hábitos de Salud, Ejercicio, Descanso/Sueño, Alimentación/Nutrición, Prevención, Conglomerado de Reactivos ARC, Red de Apoyo Social, Conducta Tipo A, Fuerza Cognitiva, Valoración Positiva, Valoración Negativa, Minimización de la Amenaza, Concentración en el Problema, Bienestar Psicológico.
Administración: Individual o colectiva.
Precios, 2022: USD$54 por juego completo incluye manual (2002, 50 páginas), 5 cuadernillos de aplicación y 15 formularios de respuesta.
Duración: 20-25 minutos.
Comentarios: También disponible en línea.
Autor: Kenneth M. Nowack.
Traductor/Adaptador: José Alberto Jiménez Tapia.
Editorial: Editorial El Manual Moderno, S.A. de C.V.
Componentes en Español: Todos los materiales son en español.
Componentes en Inglés: No hay materiales en inglés en esta versión.

Norms: Separate norms are not provided with the version translated to Spanish.
Publication Date: 2002.
Scores, 15: Stress, Health Habits, Exercise, Rest/Sleep, Eating/Nutrition, Prevention, ARC Item Cluster, Social Support Network, Type A Behavior, Cognitive Hardiness, Positive Appraisal, Negative Appraisal, Threat Minimization, Problem Focus, Psychological Well-Being.
Administration: Individual or group.
Price Data, 2022: USD$54 per complete kit including manual (2002, 50 pages), 5 item booklets, and 15 answer and scoring forms.
Time: 20-25 minutes.
Comments: Also available online.
Author: Kenneth M. Nowack.
Translator/Adaptor: José Alberto Jiménez Tapia.
Publisher: Editorial El Manual Moderno, S.A. de C.V.
Spanish Components: All materials are in Spanish.
English Components: There are no materials in English in this version.

[478s]

Perfil e Inventario de la Personalidad de Gordon [México].

Nombre Original: Gordon Personal Profile–Inventory (Harourt Brace Jovanovich, Inc.)
Propósito: Diseñado como prueba autoaplicable que "mide rasgos estables de la personalidad relacionados con la adaptación y la eficiencia del sujeto en situaciones sociales, educativas y laborales".
Procedencia: Estados Unidos (1993)/inglés.
Traducción/Adaptación: No se provee información en los materiales de la prueba sobre el proceso de traducción/adaptación.
Población: Edades 18 a 65.
Baremos: No se han provisto baremos con la versión traducida al español.
Fecha de Publicación: 1994.
Acrónimo: P-IPG.
Puntuación, 9: Ascendencia, Responsabilidad, Estabilidad Emocional, Sociabilidad, Autoestima, Cautela, Originalidad, Relaciones Personales, Vigor.
Administración: Individual o colectiva.
Precios, 2022: USD$77 por juego completo, incluye manual (1994, 132 páginas), protocolo global y plantilla de calificación 1 y 2.
Duración: 20-25 minutos.
Comentarios: "El Perfil e Inventario de Personalidad de Gordon combina dos instrumentos, el Perfil de Personalidad de Gordon y el Inventario de Personalidad Gordon".

[478e]

Perfil e Inventario de la Personalidad de Gordon [Mexico].

Original Name: Gordon Personal Profile–Inventory (Harcourt Brace Jovanovich, Inc.).
Purpose: Designed as a test of self-evaluation that measures stable personality traits related to the adaptation and efficiency of the individual in social, educational, and vocational situations.
Origin: United States (1993)/English.
Translation/Adaptation: No information is provided in the test materials about the translation/adaptation process.
Population: Ages 18 to 65.
Norms: Separate norms are not provided with the version translated to Spanish.
Publication Date: 1994.
Acronym: P-IPG.
Scores, 9: Ascendancy, Responsibility, Emotional Stability, Sociability, Self-Esteem, Cautiousness, Originality, Personal Relations, Vigor.
Administration: Individual or group.
Price Data, 2022: USD$77 per complete kit, including manual (1994, 132 pages), global protocol, and scoring template 1 and 2.
Time: 20-25 minutes.
Comments: The Perfil e Inventario de Personalidad de Gordon combines two instruments, the Perfil de Personalidad de Gordon and the Inventario de Personalidad Gordon.

Autor: Leonard V. Gordon.
Traductores/Adaptadores: Hortensia Martínez Utrilla, Blanca Eugenia Romero Soto y Ma. del Carmen Trejo Pérez.
Editorial: Editorial El Manual Moderno, S.A. de C.V.
Componentes en Español: Todos los materiales son en español.
Componentes en Inglés: No hay materiales en inglés en esta versión.

[479s]

Perfil e Inventario de Personalidad de Gordon [España].

Nombre Original: Gordon Personal Profile and Gordon Personal Inventory (Harcourt Brace Jovanovich).
Propósito: Diseñado como "evaluación de ocho rasgos básicos de la personalidad".
Procedencia: Estados Unidos (1953)/inglés.
Traducción/Adaptación: El equipo de adaptación realizó una cuidadosa traducción de los contenidos de las frases, procurando que se adaptaran a las características de la cultura de España.
Población: Adolescentes y adultos.
Baremos: Se han provisto baremos con la adaptación al español. Los baremos se desarrollaron utilizando tres muestras: 17.695 escolares adolescentes, 7.762 participantes adultos de la población general compuesta por aspirantes a diversos puestos de trabajo de diferentes sectores y con diversos niveles de formación y cualificación profesional y 17.176 participantes adultos con titulación universitaria superior que aspiran a diversos puestos de trabajo, distribuidos por género y edad.
Fechas de Publicación: 1990-2011.
Acrónimo: PPG-IPG.
Administración: Individual y colectiva.
Partes, 2: Perfil Personal (PPG), Inventario Personal (IPG).
Precios, 2022: €83,87 por juego completo, incluye manual (2011; cuarta edición, revisada y ampliada; 48 páginas) y kit de corrección; €67,08 por kit de corrección (25 ejemplares y PIN por 25 usos en línea); €33,08 por manual en línea.
Duración: (20-25) minutos.
Autor: Leonard V. Gordon.
Traductores/Adaptadores: Equipo ICCE (Instituto Calasanz de Ciencias de la Educación) y TEA Ediciones, S.A.
Editorial: Hogrefe TEA Ediciones.
Componentes en Español: Todos los materiales son en español.
Componentes en Inglés: No hay materiales en inglés en esta versión.

a) PERFIL PERSONAL.

Puntuaciones, 5: Ascendencia, Responsabilidad, Estabilidad Emocional, Sociabilidad, Autoestima.

Author: Leonard V. Gordon.
Translators/Adaptors: Hortensia Martínez Utrilla, Blanca Eugenia Romero Soto, and Ma. del Carmen Trejo Pérez.
Publisher: Editorial El Manual Moderno, S.A. de C.V.
Spanish Components: All materials are in Spanish.
English Components: There are no materials in English in this version.

[479e]

Perfil e Inventario de Personalidad de Gordon [Spain].

Original Name: Gordon Personal Profile and Gordon Personal Inventory (Harcourt Brace Jovanovich).
Purpose: Designed to assess eight basic traits of personality.
Origin: United States (1953)/English.
Translation/Adaptation: The adaptation team translated test content, taking into consideration aspects of Spanish culture.
Population: Adolescents and adults.
Norms: Separate norms are provided for the Spanish adaptation. Norms were developed using three samples: 17,695 adolescent students, 7,762 adult participants from the general population of applicants to various jobs in different industries and at different levels of training and professional qualifications, and 17,176 adult participants with a university/higher education degree applying to various jobs, distributed by gender and age.
Publication Dates: 1990-2011.
Acronym: PPG-IPG.
Administration: Individual and group.
Parts, 2: Personal Profile (PPG), Personal Inventory (IPG).
Price Data, 2022: €83.87 per complete kit, including manual (2011; fourth edition, revised and extended; 48 pages) and scoring kit; €67.08 per scoring kit (25 test booklets and PIN for 25 uses online); €33.08 online manual.
Time: (20-25) minutes.
Author: Leonard V. Gordon.
Translators/Adaptors: ICCE Team (Calasanz Institute of Educational Sciences) and TEA Ediciones, S.A.
Publisher: Hogrefe TEA Ediciones.
Spanish Components: All materials are in Spanish.
English Components: There are no English materials in this version.

a) PERSONAL PROFILE.

Scores, 5: Ascendancy, Responsibility, Emotional Stability, Sociability, Self-Esteem.

b) INVENTARIO PERSONAL.
Puntuaciones, 4: Cautela, Originalidad, Comprensión, Vitalidad.

[480s]

Perfil Motivacional Básico.

Propósito: Diseñado para proveer un cuadro de las necesidades que motivan a una persona para su uso en la selección y ubicación de personal y orientación vocacional.
Procedencia: Puerto Rico/español.
Población: Aspirantes adultos a puestos de trabajo.
Baremos: No se proveyó información sobre baremos.
Fecha de Publicación: 2022.
Acrónimo: PMB.
Puntuación, 4: Afiliación, Competencia, Autonomía, Estimulación.
Administración: Individual.
Precios: Disponibles con la casa editorial; varía según el país.
Duración: Aproximadamente 30 minutos.
Comentarios: Se administra y se corrige en línea.
Autor: Gabriel Cirino Gerena.
Editorial: Test Innovations, Inc.
Componentes en Español: Todos los materiales son en español.
Componentes en Inglés: No hay materiales en inglés.

[481s]

Perfil Sensorial–2.

Nombre Original: Sensory Profile, Second Edition (NCS Pearson).
Propósito: Diseñado para proporcionar "un conjunto de instrumentos estandarizados para evaluar los patrones de procesamiento sensorial de un niño en el contexto de la vida cotidiana".
Procedencia: Estados Unidos (2014)/inglés.
Traducción/Adaptación: El equipo de I+D de la editorial colaboró con una experta traductora y filóloga y cuatro expertas en integración sensorial para traducir al castellano los ítems. Un panel de expertos analizó en detalle los ítems traducidos, con el objetivo de llegar a un consenso para encontrar la idoneidad del contenido de cada ítem y la adecuación a la cultura y a la lengua española. Con esta versión se realizó una fase piloto y se modificó los ítems. Se creó los cuestionarios Niño y Escolar y se inició la fase de tipificación. Para la versión definitiva, se modificó ligeramente la formulación de las instrucciones para que fueran más comprensibles.
Población: Edades 3 años hasta los 14 años 11 meses.
Baremos: Se han provisto baremos con la adaptación española. Los baremos se desarrollaron utilizando dos muestras: la muestra para el cuestionario Niño (n = 396) y la muestra para el cuestionario Escolar (n = 225), distribuidos por género y edad.
Fecha de Publicación: 2016.

b) PERSONAL INVENTORY.
Scores, 4: Caution, Originality, Comprehension, Vitality.

[480e]

Perfil Motivacional Básico.

Purpose: Designed to provide a picture of a person's motivating needs for use in recruitment, placement, and career guidance.
Origin: Puerto Rico/Spanish.
Population: Adult job applicants.
Norms: Norms information is not provided.
Publication Date: 2022.
Acronym: PMB.
Scores, 4: Affiliation, Competence, Autonomy, Stimulation.
Administration: Individual.
Price Data: Available from publisher; varies by country.
Time: Approximately 30 minutes.
Comments: Administered and scored online.
Author: Gabriel Cirino Gerena.
Publisher: Test Innovations, Inc.
Spanish Components: All materials are in Spanish.
English Components: There are no materials in English.

[481e]

Perfil Sensorial–2.

Original Name: Sensory Profile, Second Edition (NCS Pearson).
Purpose: Designed to provide a set of standardized tools for evaluating a child's sensory processing patterns in the context of everyday life.
Origin: United States (2014)/English.
Translation/Adaptation: The test publisher's R&D team collaborated with an expert translator and philologist and four experts in sensory integration to translate the items. Translated items were analyzed by a panel of experts to reach a consensus on the suitability of item content and the adaptation to the Spanish culture and language. This version was piloted, and items were modified. The Child and School questionnaires were created and standardized. For the final version, light modifications were made to the wording of the instructions so they would be more understandable.
Population: Ages 3 years to 14 years 11 months.
Norms: Norms are provided with the Spanish adaptation. Norms were developed using two samples: a sample for the Child questionnaire (n = 396) and a sample for the School questionnaire (n = 225), distributed by gender and age.
Publication Date: 2016.

Administración: Individual.
Formularios, 3: Niño, Escolar, Breve.
Precios, 2023: €312 por juego completo incluyendo manual (2016, 203 páginas), 25 cuestionarios para niños, 25 cuestionarios para escolares, 25 cuestionarios breves y 75 usos aplicación y corrección en línea (cada formulario); €275 por juego completo digital; €137 por manual; €73,95 por 25 cuestionarios escolares/niños; €62,95 por 25 cuestionarios breves.
Comentarios: Se puede aplicar y corregir con papel y lápiz o en línea.
Autora: Winnie Dunn.
Traductores/Adaptadores: Dulce Romero-Ayuso, Cristina Labrador Toribio, Cristina Pérez Corbella, Ma. Pilar Martín Lobo, Montse Alberte, Cristina Aguilar, Ana Hernández y Frédérique Vallar.
Editorial: Pearson España.
Componentes en Español: Todos los materiales son en español.
Componentes en Inglés: No hay materiales en inglés en esta versión.

a) PERFIL SENSORIAL–2 NIÑO.
Puntuación, 13: 4 cuadrantes: Búsqueda/Buscador, Evitación/Evitativo, Sensibilidad/Sensitivo, Registro/Espectador; 6 secciones sensoriales: Procesamiento Auditivo, Procesamiento Visual, Procesamiento Táctil, Procesamiento de Movimiento, Procesamiento Corporal, Procesamiento Oral; 3 secciones conductuales: Respuestas Conductuales, Respuestas Socioemocionales, Respuestas Atencionales.
Duración: 15-20 minutos para completar el cuestionario; 15 minutos para puntuar manualmente.
Comentarios: Completado por los padres o cuidadores.

b) PERFIL SENSORIAL–2 ESCOLAR.
Puntuación, 13: 4 cuadrantes: Búsqueda/Buscador, Evitación/Evitativo, Sensibilidad/Sensitivo, Registro/Espectador; 5 secciones sensoriales y conductuales: Procesamiento Auditivo, Procesamiento Visual, Procesamiento Táctil, Procesamiento de Movimiento, Respuestas Conductuales; 4 factores escolares: 1, 2, 3, 4.
Duración: 15 minutos para completar el cuestionario; 15 minutos para puntuar manualmente.
Comentarios: Completado por un docente.

c) PERFIL SENSORIAL–2 BREVE.
Puntuación, 6: Búsqueda/Buscador, Evitación/Evitativo, Sensibilidad/Sensitivo, Registro/Espectador, Respuestas Conductuales, Procesamiento Sensorial.
Duración: 5-10 minutos para completar el cuestionario; 15 minutos para puntuar manualmente.
Comentarios: Completado por los padres o cuidadores.

Administration: Individual.
Formularios, 3: Child, School, Short.
Price Data, 2023: €312 per complete kit including manual (2016, 203 pages), 25 Child questionnaires, 25 School questionnaires, 25 Short questionnaires, and 75 uses for each type of form online (administration and scoring); €137 per manual; €73,95 per 25 School/Child questionnaires; €62,95 per 25 Short questionnaires.
Comments: Can be administered and scored with paper and pencil or online.
Author: Winnie Dunn.
Translators/Adaptors: Dulce Romero-Ayuso, Cristina Labrador Toribio, Cristina Pérez Corbella, Ma. Pilar Martín Lobo, Montse Alberte, Cristina Aguilar, Ana Hernández, and Frédérique Vallar.
Publisher: Pearson España.
Spanish Components: All materials are in Spanish.
English Components: There are no English materials in this version.

a) SENSORY PROFILE–2 CHILD.
Scores, 13: 4 quadrants: Seeking/Seeker, Avoiding/Avoider, Sensitivity/Sensor, Registration/Bystander; 6 sensory sections: Auditory Processing, Visual Processing, Touch Processing, Movement Processing, Body Position Processing, Oral Processing; 3 behavioral sections: Behavioral Responses, Social Emotional Responses, Attentional Responses.
Time: 15-20 minutes to complete the questionnaire; 15 minutes to score by hand.
Comments: Completed by parents or caregivers.

b) SENSORY PROFILE–2 SCHOOL.
Scores 13: 4 quadrants: Seeking/Seeker, Avoiding/Avoider, Sensitivity/Sensor, Registration/Bystander; 5 sensory and behavioral sections: Auditory Processing, Visual Processing, Touch Processing, Movement Processing, Behavioral Responses; 4 school factors: 1, 2, 3, 4.
Time: 15 minutes to complete the questionnaire; 15 minutes to score by hand.
Comments: Completed by teacher.

c) SENSORY PROFILE–2 SHORT.
Scores, 6: Seeking/Seeker, Avoiding/Avoider, Sensitivity/Sensor, Registration/Bystander, Sensory Processing, Behavioral Responses.
Time: 5-10 minutes to complete the questionnaire; 15 minutes to score by hand.
Comments: Completed by parents or caregivers.

[482s]

Personal Style Indicator [Revised].

Propósito: Diseñado para guiar al individuo a "comprender sus propias tendencias y las de los demás, y le permitirá entenderse con mayor claridad y mejorar las relaciones con los demás".

[482e]

Personal Style Indicator [Revised].

Purpose: Designed to guide an individual to understand their own tendencies and those of other and to allow an increase in self awareness and improved relationships with others.

Procedencia: Canadá (1988-2006)/inglés.
Traducción/Adaptación: No se provee información en los materiales de la prueba sobre el proceso de traducción/adaptación.
Población: Edades 15 a adultez.
Baremos: No se han provisto baremos para los materiales traducidos al español.
Fecha de Publicación: 2010.
Acrónimo: PSI.
Puntuación, 4: Relaciondo con la Conducta/Acción, Cognoscitivo/Análisis, Interpersonal/Armonía, Afectivo/Expresión.
Administración: Individual o colectiva.
Precios, 2023: $45 por prueba en línea; $75 por descargo PDF de la guía para profesionales (2006, 64 páginas); $40 por descargo PDF de la guía de entrenamiento (1996, 70 páginas).
Duración: 12-15 minutos para completar en línea.
Comentarios: Autoadministrado y autoevaluado en línea.
Autores: Terry D. Anderson, Everett T. Robinson y Ken Keis.
Editorial: CRG Consulting Resource Group International, Inc.
Componentes en Español: Los ítems de la prueba y el reporte de perfil están disponibles en español.
Componentes en Inglés: Todos los materiales están disponibles en inglés también; la guía para profesionales es en inglés.
Referencias Cruzadas: Para una reseña por Gypsy M. Denzine de los componentes en inglés de esta prueba, consulte 17:144.

Origin: Canada (1988-2006)/English.
Translation/Adaptation: No information is provided in the test materials about the translation/adaptation process.
Population: Ages 15 years to adults.
Norms: Separate norms are not provided with the materials translated to Spanish.
Publication Date: 2010.
Acronym: PSI.
Scores, 4: Behavioral/Action, Cognitive/Analysis, Interpersonal/Harmony, Affective/Expression.
Administration: Individual or group.
Price Data, 2023: $45 per test online; $75 per professional's guide (2006, 64 pages, English) PDF download; $40 per trainer's guidelines (1996, 70 pages) PDF download.
Time: 12-15 minutes to complete online.
Comments: Self-administered and self-scored online.
Authors: Terry D. Anderson, Everett T. Robinson, and Ken Keis.
Publisher: CRG Consulting Resource Group International Inc.
Spanish Components: The test items and profile report are available in Spanish.
English Components: All materials are also available in English; the professional's guide is in English.
Cross References: For a review by Gypsy M. Denzine of this test's English components, see 17:144.

[483s]

Personality Assessment Inventory–Adolescent.

Propósito: Una prueba objetiva de personalidad diseñada para proporcionar información sobre variables críticas del cliente en entornos profesionales.
Procedencia: Estados Unidos (1990-2007)/inglés.
Traducción/Adaptación: Todos menos 10 de los ítems en el cuadernillo de prueba del Personality Assessment Inventory–Adolescent (PAI-A) en español [traducido por Carlos J. Cano con la ayuda de Pedro M. Ferreira en 1992] se tomaron directamente de la versión en español del Personality Assessment Inventory (PAI). Se llevaron a cabo revisiones exhaustivas para asegurar que los ítems coincidieran entre las versiones en inglés y en español del PAI-A. Los 10 ítems fueron traducidos por una empresa de traducción certificada por la Organización Internacional de Normalización. Los ítems fueron revisados por expertos nativos hispanohablantes y un editor de textos profesional hispanohablante.
Población: Edades 12-18.

[483e]

Personality Assessment Inventory–Adolescent.

Purpose: An "objective test of personality designed to provide information on critical client variables in professional settings."
Origin: United States (1990-2007)/English.
Translation/Adaptation: All but 10 items in the Personality Assessment Inventory–Adolescent (PAI-A) Spanish test booklet were taken directly from the Spanish translation of the Personality Assessment Inventory (PAI) [translated by Carlos J. Cano, with help from Pedro M. Ferreira, in 1992]. Extensive reviews were carried out to ensure items matched between the English and Spanish versions of the PAI-A. The 10 remaining items were translated by a translation company certified by the International Organization for Standardization. Items were reviewed by native Spanish-speaking experts and a professional Spanish-speaking copy editor.
Population: Ages 12-18.

Baremos: No se han provisto baremos con los materiales traducidos al español.
Fecha de Publicación: 2020.
Acrónimo: PAI-A.
Puntuación, 53: Quejas Somáticas (Conversión, Somatización, Problemas de Salud, Total), Ansiedad (Cognitiva, Afectiva, Fisiológica, Total), Trastornos Relacionados Con la Ansiedad (Obsesivo-Compulsivo, Fobias, Estrés Traumático, Total), Depresión (Cognitiva, Afectiva, Fisiológica, Total), Manía (Nivel de Actividad, Grandiosidad, Irritabilidad, Total), Paranoia (Hipervigilancia, Persecución, Resentimiento, Total), Esquizofrenia (Experiencias Psicóticas, Desapego Social, Trastorno del Pensamiento, Total), Rasgos Limítrofes (Inestabilidad Afectiva, Problemas de Identidad, Relaciones Negativas, Autolesiones, Total), Rasgos Antisociales (Comportamientos Antisociales, Egocéntrico, Búsqueda de Estímulos, Total), Problemas de Alcohol, Problemas de Drogas, Agresión (Actitud Agresiva, Agresión Verbal, Agresión Física, Total), Ideación Suicida, Estrés, No Apoyo, Tratamiento Rechazo, Dominio, Cordialidad, Inconsistencia, Infrecuencia, Impresión Negativa, Impresión Positiva.
Administración: Individual o colectiva.
Precios, 2022: $598 por juego de inicio incluye manual profesional (2007, 190 páginas, inglés), 2 cuadernillos de ítems reutilizables de tapa dura, 2 folios de administración, 25 hojas de respuestas calificadas a mano, 25 formularios de perfil y 25 formularios de ítems críticos; $141 por manual profesional (impreso o digital); $68 por cuadernillo de ítems reutilizable de tapa dura; $81 por 10 cuadernillos de ítems reutilizables de tapa blanda en español; $107 por 25 hojas de respuestas calificadas a mano en español; $75 por 25 formularios de perfil; $64 por 25 formularios de ítems críticos.
Duración: Aproximadamente 45 minutos para administrar.
Comentarios: La hoja de calificación subyacente de la hoja de respuestas de calificación a mano en español del PAI-A no se ha traducido al español para permitir que los profesionales que no hablan español califiquen e interpreten fácilmente el instrumento.
Autor: Leslie C. Morey.
Traductor/Adaptador: Carlos J. Cano.
Editorial: Psychological Assessment Resources, Inc.
Componentes en Español: El cuadernillo de ítems reutilizable de tapa blanda, sus instrucciones de administración correspondientes y la hoja de respuestas de calificación a mano están disponibles en español.
Componentes en Inglés: Todos los materiales están disponibles en inglés también; el manual es en inglés.
Referencias Cruzadas: Para reseñas por H. Dennis Kade y Jonathan Sandoval de los componentes en inglés de esta prueba, consulte 18:92.

Norms: Separate norms are not provided with the materials translated to Spanish.
Publication Date: 2020.
Acronym: PAI-A.
Scores, 53: Somatic Complaints (Conversion, Somatization, Health Concerns, Total), Anxiety (Cognitive, Affective, Physiological, Total), Anxiety-Related Disorders (Obsessive-Compulsive, Phobias, Traumatic Stress, Total), Depression (Cognitive, Affective, Physiological, Total), Mania (Activity Level, Grandiosity, Irritability, Total), Paranoia (Hypervigilance, Persecution, Resentment, Total), Schizophrenia (Psychotic Experiences, Social Detachment, Thought Disorder, Total), Borderline Features (Affective Instability, Identity Problems, Negative Relationships, Self-Harm, Total), Antisocial Features (Antisocial Behaviors, Egocentricity, Stimulus-Seeking, Total), Alcohol Problems, Drug Problems, Aggression (Aggressive Attitude, Verbal Aggression, Physical Aggression, Total), Suicidal Ideation, Stress, Nonsupport, Treatment Rejection, Dominance, Warmth, Inconsistency, Infrequency, Negative Impression, Positive Impression.
Administration: Individual or group.
Price Data, 2022: $598 per introductory kit including professional manual (2007, 190 pages, English), 2 hardcover reusable item booklets, 2 administration folios, 25 handscore answer sheets, 25 profile forms, and 25 critical items forms; $141 per professional manual (print or digital); $68 per hardcover reusable item booklet; $81 per 10 softcover reusable item booklets in Spanish; $107 per 25 handscore answer sheets in Spanish; $75 per 25 profile forms; $64 per 25 critical items forms.
Time: Approximately 45 minutes to administer.
Comments: The underlying scoring sheet of the PAI-A Spanish handscore answer sheet has not been translated into Spanish to allow non-Spanish-speaking clinicians to easily score and interpret the instrument.
Author: Leslie C. Morey.
Translator/Adaptor: Carlos J. Cano.
Publisher: Psychological Assessment Resources, Inc.
Spanish Components: The test booklet, corresponding administration instructions, and handscore answer sheet are available in Spanish.
English Components: All materials are also available in English; the manual is in English.
Cross References: For reviews by H. Dennis Kade and Jonathan Sandoval of this test's English components, see 18:92.

[484s]

Personality Assessment Inventory Spanish: Revised Translation.

Nombre Original: Personality Assessment Inventory [2007 Manual].
Propósito: Diseñado para proveer información sobre el diagnóstico clínico relevante, planificación del tratamiento y la detección/evaluación de la psicopatología.
Procedencia: Estados Unidos (1991-2007)/inglés.
Traducción/Adaptación: La traducción revisada reemplaza la traducción original al español de 1992. Primero, una organización especializada en la traducción de evaluaciones psicométricas se llevó a cabo la revisión bilingüe inicial utilizando expertos en evaluación psicométrica de habla hispana nativa para analizar cada ítem en el texto original y el texto traducido. Se hicieron las enmiendas recomendadas, teniendo en cuenta la exactitud, la fluidez, la gramática, la lingüística y las instrucciones específicas sobre el contenido y significado del ítem. Próximo un equipo experto de psicólogos bilingües con nivel de doctorado que se especializan en evaluación psicológica revisó la traducción. Cada psicólogo experto se llevó a cabo una revista detallada de la traducción modificada y la comparó al texto original en inglés y el texto traducido original. Luego un lingüista profesional y editor bilingüe revisaron los comentarios de los psicólogos expertos bilingües en el equipo de revisión y se realizaron varias iteraciones de enmiendas. El equipo de psicólogos bilingües, el lingüista y el editor bilingüe revisaron nuevamente y aprobaron la traducción final y la retrotraducción. La traducción final revisada produjo 157 ítems sin cambios, 119 ítems con revisiones menores y 68 ítems con revisiones grandes.
Población: Adultos hispanohablantes en los Estados Unidos.
Baremos: No se han provisto baremos con los materiales traducidos al español.
Fechas de Publicación: 1992-2022.
Acrónimos: PAI, PAI Spanish.
Puntuación, 53: Inconsistencia, Infrecuencia, Impresión Negativa, Impresión Positiva, Quejas Somáticas (Conversión, Somatización, Hipocondría), Ansiedad (Cognitiva, Afectiva, Fisiológica), Trastornos Relacionados a la Ansiedad (Obsesivo-Compulsivo, Fobias, Estrés Postraumático), Depresión (Cognitiva, Emocional, Fisiológica), Manía (Nivel de Actividad, Grandiosidad, Irritabilidad), Paranoia (Hipervigilancia, Persecución, Resentimiento), Esquizofrenia (Experiencias Psicóticas, Indiferencia Social, Alteración del Pensamiento), Rasgos Límites (Inestabilidad Emocional, Alteración de la Identidad, Relaciones Interpersonales Problemáticas, Autoagresiones), Rasgos Antisociales (Conductas Antisociales, Egocentrismo, Búsqueda de Sensaciones), Problemas con Alcohol, Problemas con Drogas,

[484e]

Personality Assessment Inventory Spanish: Revised Translation.

Original Name: Personality Assessment Inventory [2007 Manual].
Purpose: Designed to provide information on relevant clinical diagnosis, treatment planning, and screening for psychopathology.
Origin: United States (1991-2007)/English.
Translation/Adaptation: The revised translation replaces the original Spanish translation from 1992. First, an organization specializing in translation of psychometric assessments used "native Spanish-speaking experts in psychological assessment to analyze each item in the source text and [the original] translated text. Recommended amendments were made, taking into account accuracy, fluency, grammar, linguistics, and specific instructions regarding item content and intended meaning." Next, a team of bilingual, doctoral-level psychologists specializing in psychological assessment reviewed the amended translation and compared it to the English source text and the original translated text. A professionally qualified linguist and a bilingual editor reviewed the feedback from the revision team, and several iterations of amendments were made. The final translation and back-translation were reviewed and approved by the team of bilingual psychologists, the linguist, and the bilingual editor. The final revised translation yielded 157 items unchanged, 119 items with minor revisions, and 68 items with major revisions.
Population: Spanish-speaking adults in the United States.
Norms: Separate norms are not provided with the materials translated to Spanish.
Publication Dates: 1992-2022.
Acronyms: PAI, PAI Spanish.
Scores, 53: Inconsistency, Infrequency, Negative Impression, Positive Impression, Somatic Complaints (Conversion, Somatization, Health Concerns), Anxiety (Cognitive, Affective, Physiological), Anxiety-Related Disorders (Obsessive-Compulsive, Phobias, Traumatic Stress), Depression (Cognitive, Affective, Physiological), Mania (Activity Level, Grandiosity, Irritability), Paranoia (Hypervigilance, Persecution, Resentment), Schizophrenia (Psychotic Experiences, Social Detachment, Thought Disorder), Borderline Features (Affective Instability, Identity Problems, Negative Relationships, Self-Harm), Antisocial Features (Antisocial Behaviors, Egocentricity, Stimulus-Seeking), Alcohol Problems, Drug Problems, Aggres-

Agresión (Actitud Agresiva, Agresiones Verbales, Agresiones Físicas), Ideaciones Suicidas, Estrés, Falta de Apoyo Social, Rechazo al Tratamiento, Dominancia, Afabilidad.
Administración: Individual o colectiva.
Precios, 2023: $505 por juego de inicio en español incluyendo manual (2007, 385 páginas, inglés), 10 cuadernillos de prueba en español, 25 hojas de respuestas en español, 25 formularios de perfil para adultos–revisado (inglés) y 25 formularios de ítems críticos–revisado (inglés); $156 por manual (impreso o digital); $90 por 10 cuadernillos de prueba; $118 por 25 hojas de respuestas.
Duración: 40-50 minutos.
Comentarios: Se hizo un esfuerzo para asegurar que se puede generalizar la traducción revisada entre hispanohablantes de nacionalidades diversas y será útil para aquellos de origen mexicano, sudamericano, centroamericano, cubano y puertorriqueño; la casa editorial nota que se puede usar los primeros 160 ítems de la prueba como una versión breve para obtener una estimación del desempeño del examinado en 20 de las 22 escalas.
Autora: Leslie C. Morey.
Traductores/Adaptadores: Carlos J. Cano y Pedro M. Ferreira (cuaderno de ítems original y traducción de hoja de respuestas); Amor A. Correa, Laura A. Cardona, Mariela G. Shibley y Raquel C. Hoersting (revisión de traducción).
Editorial: Psychological Assessment Resources, Inc.
Componentes en Español: Las hojas de respuesta e ítems de la prueba con sus instrucciones correspondientes son en español.
Componentes en Inglés: El manual, los formularios de perfil para adultos—revisado y los formularios de ítems críticos—revisado son en inglés.

[485s]

Personality Assessment Screener.

Propósito: Diseñado para identificar a las personas que puedan necesitar una evaluación adicional para una amplia gama de problemas clínicos.
Procedencia: Estados Unidos (1991-1997)/inglés.
Traducción/Adaptación: Los ítems de esta prueba se derivaron de los ítems de la hoja de respuesta del Personality Assessment Inventory (PAI), que fueron traducidos al español para los EE. UU. en 1992. Revisiones exhaustivas aseguraron que todos los ítems se transfirieron correctamente y coincidieron con el orden y el contenido de la versión en inglés del Personality Assessment Screener (PAS), y un corrector profesional de habla hispana completó una revisión adicional.
Población: Edades 18 en adelante.
Baremos: No se han provisto baremos con el formulario traducido al español.

sion (Aggressive Attitude, Verbal Aggression, Physical Aggression), Suicidal Ideation, Stress, Nonsupport, Treatment Rejection, Dominance, Warmth.
Administration: Individual or group.
Price Data, 2023: $505 per Spanish introductory kit, including manual (2007, 385 pages, English), 10 Spanish item booklets, 25 Spanish answer sheets, 25 adult profile forms–revised (English), and 25 critical items forms–revised (English); $156 per manual (print or digital); $90 per 10 item booklets; $118 per 25 answer sheets.
Time: 40-50 minutes.
Comments: An effort was made to ensure that the revised translation is generalizable among Spanish speakers of varied nationalities and will be useful for those of Mexican, South American, Central American, Cuban, and Puerto Rican background; the test publisher notes that the first 160 items of the test can be used as a short form to provide an estimate of the test-taker's performance on 20 of the 22 scales.
Author: Leslie C. Morey.
Translators/Adaptors: Carlos J. Cano and Pedro M. Ferreira (original item booklet and answer sheet translation); Amor A. Correa, Laura A. Cardona, Mariela G. Shibley, and Raquel C. Hoersting (translation revision).
Publisher: Psychological Assessment Resources, Inc.
Spanish Components: The answer sheets and test items with corresponding instructions are in Spanish.
English Components: The manual, adult profile forms—revised, and critical items forms—revised are in English.

[485e]

Personality Assessment Screener.

Purpose: Designed to "identify individuals who may need further assessment for a wide range of clinical problems."
Origin: United States (1991-1997)/English.
Translation/Adaptation: The items in this test were derived from the items in the Personality Assessment Inventory (PAI) response form, which were translated to Spanish for the U.S. in 1992. "Extensive reviews ensured that all items were correctly transferred and matched the order and content of the English version of the Personality Assessment Screener (PAS), and an additional review was completed by a professional Spanish-speaking copy editor."
Population: Ages 18 and older.
Norms: Separate norms are not provided with the form translated to Spanish.

Fecha de Publicación: 2020.
Acrónimo: PAS.
Puntuación, 11: Afecto Negativo, Actuación, Problemas de Salud, Rasgos Psicóticos, Retraimiento Social, Control Hostil, Pensamiento Suicida, Alienación, Problema de Alcohol, Control de la Ira, Total.
Administración: Individual o colectiva.
Precios, 2022: $255 por juego de inicio incluye el manual profesional (1997, 69 páginas) y 50 hojas de respuesta calificados a mano; $86 por manual profesional (impreso o digital); $100 por 25 formularios de respuesta calificados a mano en español; $68 por 25 hojas de respuesta.
Duración: 5 minutos.
Comentarios: Versión de cernimiento del Personality Assessment Inventory (PAI); no se ha traducido al español la hoja de calificación subyacente de la hoja de respuestas para permitir que los profesionales que no hablan español califiquen e interpreten fácilmente el instrumento.
Autor: Leslie C. Morey.
Traductores/Adaptadores: Carlos J. Cano y Pedro M. Ferreira.
Editorial: Psychological Assessment Resources, Inc.
Componentes en Español: La hoja de respuestas y sus instrucciones correspondientes están disponibles en español.
Componentes en Inglés: Todos los materiales están disponibles en inglés también; el manual es en inglés.
Referencias Cruzadas: Para una reseña por Matthew Burns de los componentes en inglés de esta prueba, consulte 14:288.

[486s]

Personality Disorder Adjective Check List.

Propósito: Diseñado como un método de cernimiento autoreporte para evaluar trastornos de la personalidad mediante adjetivos descriptivos.
Procedencia: Estados Unidos/inglés.
Traducción/Adaptación: La editorial indica que existen varias traducciones de calidad variable, algunas de las cuales están disponibles de la casa editorial/distribuidor; no se provee información en los materiales de la prueba sobre el proceso de traducción/adaptación.
Población: Adultos.
Baremos: No se han provisto baremos con el formulario traducido al español.
Fecha de Publicación: 2008.
Acrónimo: PDACL.
Puntuación, 20: Escalas Desorden de Personalidad (Esquizoide, Por Evitación, Depresivo, Dependiente, Histriónico, Narcisista, Antisocial, Agresivo, Compulsivo, Negativo, Autodestructivo, Esquizotípico, Limítrofe, Paranoide), Escalas de Validez (Índice

Publication Date: 2020.
Acronym: PAS.
Scores, 11: Negative Affect, Acting Out, Health Problems, Psychotic Features, Social Withdrawal, Hostile Control, Suicidal Thinking, Alienation, Alcohol Problem, Anger Control, Total.
Administration: Individual or group.
Price Data, 2022: $255 per introductory kit including professional manual (1997, 69 pages) and 50 handscore response forms; $86 per professional manual (print or digital); $100 per 25 handscore response forms in Spanish; $68 per 25 response sheets.
Time: 5 minutes.
Comments: Screening version of the Personality Assessment Inventory (PAI); the underlying scoring sheet of the response form has not been translated into Spanish to allow non-Spanish speaking clinicians to easily score and interpret the instrument.
Author: Leslie C. Morey.
Translators/Adaptors: Carlos J. Cano and Pedro M. Ferreira.
Publisher: Psychological Assessment Resources, Inc.
Spanish Components: The response form and its corresponding instructions are available in Spanish.
English Components: All materials are also available in English; the manual is in English.
Cross References: For a review by Matthew Burns of this test's English components, see 14:288.

[486e]

Personality Disorder Adjective Check List.

Purpose: Designed as a self-report screening measure to assess personality disorders with descriptive adjectives.
Origin: United States/English.
Translation/Adaptation: Test publisher indicates that various translations of varying quality exist, some of which are available from the publisher/distributor; there is no information in the test materials about the translation/adaptation process.
Population: Adults.
Norms: Separate norms are not provided with the materials translated to Spanish.
Publication Date: 2008.
Acronym: PDACL.
Scores, 20: Personality Disorder Scales (Schizoid, Avoidant, Depressive, Dependent, Histrionic, Narcissistic, Antisocial, Aggressive, Compulsive, Negativistic, Self-Defeating, Schizotypal, Borderline, Paranoid), Validity Scales (Random

Aleatorio, Cantidad de Adjetivos Seleccionados, Cantidad de Adjetivos Positivos Seleccionados, Cantidad de Adjetivos Negativos Seleccionados, Respuestas Consistentes, Respuestas Inconsistentes).
Administración: Colectiva.
Precios, 2022: $60 por manual impreso; $50 por manual digital incluye una copia del formulario PDACL para revisión exclusivamente; $2.50 por la licencia remota de la encuesta en línea (compra mínima de 50); $2.50 por licencia para reproducir (compra mínima de 50).
Duración: [5-7] minutos.
Autor: Robert J. Craig.
Editorial: Mind Garden, Inc.
Componentes en Español: Los ítems de prueba están disponibles en español.
Componentes en Inglés: Todos los materiales están disponibles en inglés, también; el manual es en inglés.

[487s]

Personality Inventory for Children, Second Edition.

Propósito: Diseñado para evaluar las dimensiones, generales o específicas, de ajuste conductual, emocional, cognitiva e interpersonal.
Procedencia: Estados Unidos/inglés.
Traducción/Adaptación: Se realizaron tres traducciones independientes de la versión original en inglés al español en Minnesota (Harris, 1977), Puerto Rico (Castro, 1981) y México (Chávez, 1981). Estas traducciones fueron revisadas con el fin de crear una sola traducción en 1983. Este proceso incluyó extensas revisiones independientes por unos psicólogos bilingües de varias culturas de idioma español (mexicana, mexicana-americana, cubana y puertorriqueña, así como España y otros países de Centro y Sudamérica); cuatro retrotraducciones completas; y la revista de declaraciones específicas que habían sido previamente identificadas como problemáticas. Se incluye en el manual de la prueba los resultados de investigaciones adicionales que apoyan la equivalencia sobre las versiones españolas e ingleses en ediciones subsiguientes de la prueba.
Población: Edades 5-19 (Kindergarten-Duodécimo grado).
Baremos: No se han provisto baremos con los materiales traducidos al español.
Fechas de Publicación: 1977-2001.
Acrónimo: PIC-2.
Administración: Individual.
Formularios, 2: Estándar, Resumen del Comportamiento.
Precios, 2023: $397 por juego completo calificación a mano incluyendo manual (2001, 237 páginas, inglés), 2 cuadernillos de administración reutilizables, 50 hojas de respuesta, un par de plantillas de calificación, 25 hojas de respuesta autocalificadas de comportamiento sumario, 50 formularios de perfil estandarizado y 50 hojas sumarias

Index, Number of Adjectives Checked, Number of Positive Adjectives Checked, Number of Negative Adjectives Checked, Response Consistency, Response Inconsistency).
Administration: Group.
Price Data, 2022: $60 per print manual; $50 per digital manual including review-only copy of PDACL form; $2.50 per remote online survey license (minimum 50); $2.50 per license to reproduce (minimum 50).
Time: [5-7] minutes.
Author: Robert J. Craig.
Publisher: Mind Garden, Inc.
Spanish Components: Test items are available in Spanish.
English Components: All materials are also available in English; the manual is in English.

[487e]

Personality Inventory for Children, Second Edition.

Purpose: Designed to assess "both broad and narrow dimensions of behavioral, emotional, cognitive, and interpersonal adjustment."
Origin: United States/English.
Translation/Adaptation: Three independent Spanish translations of the original version of the test were completed in Minnesota (Harris, 1977), Puerto Rico (Castro, 1981), and Mexico (Chávez, 1981). These three translations were then reviewed and revised to create a single translation in 1983. This process included comprehensive independent reviews by a number of bilingual psychologists from various Spanish-language cultures (Mexican, Mexican-American, Cuban, Puerto Rican, Spain, and countries in Central and South America); four complete back-translations; and the review of specific statements previously identified as translation problems. Additional research findings are described in the test manual that support test equivalence across Spanish and English versions of later editions of the test.
Population: Ages 5-19 years (Kindergarten-Grade 12).
Norms: Separate norms are not provided with the materials translated to Spanish.
Publication Dates: 1977-2001.
Acronym: PIC-2.
Administration: Individual.
Forms, 2: Standard, Behavioral Summary.
Price Data, 2023: $397 per handscore kit including manual (2001, 237 pages, English), 2 reusable administration booklets, 50 answer sheets, set of scoring templates, 25 behavioral summary autoscore forms, 50 standard form profile sheets, and 50 critical items summary

de ítems cruciales; $828 por juego de calificación por computadora con juego de interpretación; $397 por juego de calificación de computadora; $116 por manual; $60 por cuadernillo de administración reutilizable; $45 por 100 hojas de respuesta; $80 por 25 hojas de respuesta autocalificadas de comportamiento sumario; $45 por 100 formularios de perfil estandarizado (varón y mujer); $45 por 100 hojas sumarias de ítems cruciales (varón y mujer); $70 por 2 plantillas de calificación; $45 por 5 cuadernillos de administración en español.
Autores: David Lachar y Christian P. Gruber.
Traductores/Adaptadores: Luz-Mary Ramírez Harris, Carmen S. Castro, B. Patricia Chávez S., Giuseppe Constantino, Alcides Pinto, John H. Braccio y otros colaboradores.
Editorial: Western Psychological Services.
Componentes en Español: Los cuadernillos de administración y sus instrucciones correspondientes están disponibles en español.
Componentes en Inglés: Todos los materiales están disponibles en inglés, también; el manual es en inglés.

a) FORMULARIO ESTÁNDAR.
Puntuación, 33: Deterioro Cognitivo (Capacidad Inadecuada, Bajo Rendimiento, Retraso del Desarrollo), Impulsividad y Distracción (Comportamiento Perturbador, Intrepidez), Delincuencia (Comportamiento Antisocial, Descontrol, Incumplimiento), Disfunción Familiar (Conflicto Entre Miembros, Desajuste Estilos de Crianza), Distorsión de la Realidad (Desviación de Desarrollo, Alucinaciones y Delirios), Preocupación Somática (Preocupación Psicosomática, Tensión Muscular y Ansiedad), Malestar Psicológico (Miedo y Preocupación, Depresión, Perturbación del Sueño y Preocupación por la Muerte), Aislamiento Social (Introversión Social, Aislamiento), Déficit de Habilidades Sociales (Relación con Pares Limitado, Conflicto con Pares), Defensiva, Disimulo, Incoherencia.
Duración: (40) minutos.

b) FORMULARIO RESUMEN DE COMPORTAMIENTO.
Puntuación, 12: Impulsividad y Distracción-Breve, Delincuencia-Breve, Disfunción Familiar-Breve, Distorsión de la Realidad-Breve, Preocupación Somática-Breve, Malestar Psicológico-Breve, Aislamiento Social-Breve, Déficit de Habilidades Sociales-Breve, Externalización, Internalización, Ajuste, Puntuación Total.
Duración: (15) minutos.

Referencias Cruzadas: Para reseñas por Radhika Krishnamurthy y Susana Urbina de los componentes en inglés de esta prueba, consulte 16:183.

[488s]

Personality Inventory for Youth.

Propósito: Diseñado para evaluar el ajuste emocional y del comportamiento; interacción y valores familiares; y ajuste y habilidad académica.
Procedencia: Estados Unidos/inglés.

sheets; $828 per computer scoring and interpretation kit; $397 per computer scoring kit; $116 per manual; $60 per reusable administration booklet; $45 per 100 answer sheets; $80 per 25 behavioral summary autoscore answer forms; $45 per 100 standard profile (male and female) sheets; $45 per 100 critical items summary sheets (male and female); $70 per 2 scoring templates; $45 per 5 Spanish administration booklets.
Authors: David Lachar and Christian P. Gruber.
Translators/Adaptors: Luz-Mary Ramírez Harris, Carmen S. Castro, B. Patricia Chávez S., Giuseppe Constantino, Alcides Pinto, John H. Braccio, and other collaborators.
Publisher: Western Psychological Services.
Spanish Components: The administration booklets and their corresponding instructions are in Spanish.
English Components: All materials are also available in English; the manual is in English.

a) STANDARD FORM.
Scores, 33: Cognitive Impairment (Inadequate Abilities, Poor Achievement, Developmental Delay), Impulsivity and Distractibility (Disruptive Behavior, Fearlessness), Delinquency (Antisocial Behavior, Dyscontrol, Noncompliance), Family Dysfunction (Conflict Among Members, Parent Maladjustment), Reality Distortion (Developmental Deviation, Hallucinations and Delusions), Somatic Concern (Psychosomatic Preoccupation, Muscular Tension and Anxiety), Psychological Discomfort (Fear and Worry, Depression, Sleep Disturbance/Preoccupation with Death), Social Withdrawal (Social Introversion, Isolation), Social Skills Deficits (Limited Peer Status, Conflict with Peers), Defensiveness, Dissimulation, Inconsistency.
Time: (40) minutes.

b) BEHAVIORAL SUMMARY.
Scores, 12: Impulsivity and Distractibility-Short, Delinquency-Short, Family Dysfunction-Short, Reality Distortion-Short, Somatic Concern-Short, Psychological Discomfort-Short, Social Withdrawal-Short, Social Skills Deficits-Short, Externalization, Internalization, Adjustment, Total Score.
Time: (15) minutes.

Cross References: For reviews by Radhika Krishnamurthy and Susana Urbina of this test's English components, see 16:183.

[488e]

Personality Inventory for Youth.

Purpose: Designed to assess "emotional and behavioral adjustment, family character and interaction, and school adjustment and academic ability."
Origin: United States/English.

[488s] Personality Inventory for Youth

Traducción/Adaptación: No se provee información en los materiales de la prueba sobre el proceso de traducción/adaptación.
Población: Edades 9-19.
Baremos: No se han provisto baremos con los materiales traducidos al español.
Fecha de Publicación: 1995.
Acrónimo: PIY.
Puntuación, 37: Validez, Inconsecuencia, Disimulación, Actitud Defensiva, Deterioro Cognitivo (Bajo Rendimiento y Memoria, Habilidades Inadecuadas, Problemas de Aprendizaje), Impulsividad y Distracción (Descaro, Distracción e Hiperactividad, Impulsividad), Delincuencia (Comportamiento Antisocial, Descontrol, Incumplimiento), Disfunción Familiar (Conflicto Padre-Hijo, Desajuste de los Padres, Discordia Matrimonial), Distorsión de la Realidad (Sentimientos de Alienación, Alucinaciones y Delirios), Preocupación Somática (Síndrome de Psicosomatización, Tensión Muscular y Ansiedad, Hipocondría), Malestar Psicológico (Miedo y Preocupación, Depresión, Perturbación de los Patrones de Sueño), Retraimiento Social (Introversión Social, Aislamiento), Déficit de Habilidades Sociales (Estatus Bajo Entre Pares, Conflicto Entre Pares).
Administración: Colectiva.
Precios, 2023: $490 por juego completo (auto-corregible o electrónico), incluye el manual técnico (1995, 143 páginas, inglés), el manual de administración e interpretación (1995, 81 páginas, inglés), 2 cuadernillos de administración de prueba reutilizables, 100 hojas de respuesta, 1 conjunto de plantillas de puntuación, 100 formularios de perfil (hombre y mujer), 100 hojas de resumen de puntajes críticos (hombre y mujer) y 1 audio CD; $102 por manual técnico; $102 por manual de administración y interpretación; $60 por cuadernillo de administración de prueba reutilizable; $53 por 100 hojas de respuesta; $72 por 1 conjunto de plantillas de puntuación; $53 por 100 formularios de perfil; $53 por 100 hojas de resumen de puntajes críticos; $36 por audio CD; $75 por 5 cuadernillos de administración de prueba reutilizables en español.
Duración: (45) minutos; (15) minutos screener.
Comentarios: Se puede usar los primeros 80 ítems como screener.
Autores: David Lachar y Christian P. Gruber.
Editorial: Western Psychological Services.
Componentes en Español: El cuaderno de prueba y sus instrucciones de administración correspondientes están disponibles en español.
Componentes en Inglés: Todos los materiales están disponibles en inglés, también; los manuales son en inglés.
Referencias Cruzadas: Para reseñas por Lizanne DeStefano y por Gregory J. Marchant y T. Andrew Ridenour de los componentes en inglés de esta prueba, consulte 13:231.

Translation/Adaptation: No information is provided in the test materials about the translation/adaptation process.
Population: Ages 9-19.
Norms: Separate norms are not provided with the materials translated to Spanish.
Publication Date: 1995.
Acronym: PIY.
Scores, 37: Validity, Inconsistency, Dissimulation, Defensiveness, Cognitive Impairment, (Poor Achievement and Memory, Inadequate Abilities, Learning Problems), Impulsivity and Distractibility (Brashness, Distractibility and Overactivity, Impulsivity), Delinquency (Antisocial Behavior, Dyscontrol, Noncompliance), Family Dysfunction (Parent-Child Conflict, Parent Maladjustment, Marital Discord), Reality Distortion (Feelings of Alienation, Hallucinations and Delusions), Somatic Concern (Psychosomatic Syndrome, Muscular Tension and Anxiety, Preoccupation with Disease), Psychological Discomfort (Fear and Worry, Depression, Sleep Disturbance), Social Withdrawal (Social Introversion, Isolation), Social Skills Deficits (Limited Peer Status, Conflict with Peers).
Administration: Group.
Price Data, 2023: $490 per complete computer or hand-scored kit, including technical manual (1995, 143 pages, English), administration and interpretation manual (1995, 81 pages, English), 2 reusable test administration booklets, 100 answer sheets, 1 set of scoring templates, 100 profile forms (male and female), 100 critical items summary sheets (male and female), and 1 audio CD; $102 per technical manual; $102 per administration and interpretation manual; $60 per test administration booklet; $53 per 100 answer sheets; $72 per 1 set of scoring templates; $53 per 100 profile forms; $53 per 100 critical items summary sheets; $36 per audio CD; $75 per 5 test administration booklets in Spanish.
Time: (45) minutes; (15) minutes for screener.
Comments: First 80 items can be used as screening measure.
Authors: David Lachar and Christian P. Gruber.
Publisher: Western Psychological Services.
Spanish Components: The test booklet with administration instructions is available in Spanish.
English Components: All materials are also available in English; the manuals are in English.
Cross References: For reviews by Lizanne DeStefano and by Gregory J. Marchant and T. Andrew Ridenour of this test's English components, see 13:231.

[489s]

Personality Research Form, 3rd Edition.

Propósito: Diseñado como una medida de la personalidad normal.
Procedencia: Estados Unidos (1967-1984)/inglés.
Traducción/Adaptación: No se provee información en los materiales de la prueba sobre el proceso de traducción/adaptación.
Población: Grado 6 a universitarios y adultos.
Baremos: No se han provisto baremos con los materiales traducidos al español.
Fecha de Publicación: 1986.
Acrónimo: PRF.
Administración: Individual o colectiva.
Formularios, 5: A, B, AA, BB, E. (Se envía el formulario E a menos que especifique otro.)
Precios, 2023: $116 por kit de corrección a mano incluyendo manual en CD (1984, 72 páginas, inglés), 5 cuadernillos de prueba reutilizables, 5 hojas de respuesta, 5 hojas de perfil, plantilla de corrección y contraseña en línea; $23 por administración en línea, puntuación y reporte; $190 por kit de software incluyendo 10 cupones en línea; $32 por manual técnico; $80 por 25 cuadernillos de prueba reutilizables (español o inglés); $71 por 25 hojas de respuesta; $69 por 25 hojas de perfil; $30 por plantilla de corrección.
Comentarios: Se puede corregir en línea.
Autor: Douglas N. Jackson.
Editorial: SIGMA Assessment Systems, Inc.
Componentes en Español: Formulario E y sus instrucciones correspondientes están disponible en español.
Componentes en Inglés: Todos los materiales están disponibles en inglés, también; el manual es en inglés.

a) FORMULARIO A.
Población: Edades 16 a adulto.
Puntuación, 15: Logro, Afiliación, Agresión, Autonomía, Dominación, Resistencia, Exposición, Prevención de Daños, Impulsividad, Nutrición, Orden, Juego, Reconocimiento Social, Comprensión, Infrecuencia.
Duración: (30-45) minutos.

b) FORMULARIO B.
Comentarios: Formulario paralelo a Formulario A.

c) FORMULARIO AA.
Población: Estudiantes universitarios.
Puntuación, 22: Igual a Formulario A y Formulario B más Humillación, Cambio, Estructura Cognitiva, Defensa, Conciencia, Asistencia, Deseabilidad.
Duración: (40-70) minutos.

d) FORMULARIO BB.
Comentarios: Formulario paralelo a Formulario AA.

e) FORMULARIO E.
Población: Grado 6 a adulto.
Puntuación, 22: Igual a *c)* arriba.
Duración: (45) minutos.

Referencias Cruzadas: Para reseñas por Robert Hogan y Jerry S. Wiggins de los componentes en inglés de esta prueba, consulte 10:282.

[489e]

Personality Research Form, 3rd Edition.

Purpose: Designed as a measure of normal personality.
Origin: United States (1967-1984)/English.
Translation/Adaptation: There is no information in the test materials about the translation/adaptation process.
Population: Grade 6 to college and adults.
Norms: Separate norms are not provided with the materials translated to Spanish.
Publication Date: 1986.
Acronym: PRF.
Administration: Individual or group.
Forms, 5: A, B, AA, BB, E. (Form E sent out unless specified.)
Price Data, 2023: $116 per hand score kit including test manual on CD (1984, 72 pages, English), 5 reusable test booklets, 5 answer sheets, 5 profile sheets, scoring template, and online password; $23 per online administration, scoring, and report; $190 per software kit including 10 scoring coupons; $32 per technical manual; $80 per 25 reusable test booklets (Spanish or English); $71 per 25 answer sheets; $69 per 25 profile sheets; $30 per scoring template.
Comments: Online scoring available.
Author: Douglas N. Jackson.
Publisher: SIGMA Assessment Systems, Inc.
Spanish Components: Form E and its corresponding instructions are available in Spanish.
English Components: All materials are also available in English; the manual is in English.

a) FORM A.
Population: Ages 16 to adult.
Scores, 15: Achievement, Affiliation, Aggression, Autonomy, Dominance, Endurance, Exhibition, Harm Avoidance, Impulsivity, Nurturance, Order, Play, Social Recognition, Understanding, Infrequency.
Time: (30-45) minutes.

b) FORM B.
Comments: Parallel form to Form A.

c) FORM AA.
Population: College students.
Scores, 22: Same as Form A and Form B plus Abasement, Change, Cognitive Structure, Defendence, Sentience, Succorance, Desirability.
Time: (40-70) minutes.

d) FORM BB.
Comments: Parallel form to Form AA.

e) FORM E.
Populaion: Grade 6 to adult.
Scores, 22: Same as *c)* above.
Time: (45) minutes.

Cross References: For reviews by Robert Hogan and Jerry S. Wiggins of this test's English components, see 10:282.

[490s]

Piers-Harris Self-Concept Scale, Third Edition.

Propósito: Diseñado como un autoreporte para la evaluación del autoconcepto (p.ej. descripción y evaluación del comportamiento y actitudes de uno mismo).
Procedencia: Estados Unidos/inglés.
Traducción/Adaptación: No se provee información en los materiales de la prueba sobre el proceso de traducción/adaptación.
Población: Edades 6 a 22 años.
Baremos: No se han provisto baremos con el formulario traducido al español.
Fechas de Publicación: 1969-2018.
Acrónimo: Piers-Harris 3.
Puntuación, 9: Ajuste de Comportamiento, Libertad de la Ansiedad, Felicidad y Satisfacción, Estado Intelectual y de Escuela, Apariencia Física y Atributos, Aceptación Social, Total, más 2 escalas de validez (Sesgo de Respuesta, Respuesta Inconsistente).
Administración: Individual.
Precios, 2023: $214 por juego impreso, incluye manual (2018, 91 páginas, inglés) y 25 formularios autoscore; $182 por juego en línea, incluye manual digital y 25 usos de formulario en línea; $117 por manual impreso; $99 por manual digital; $98 por 25 formularios impresos (español o inglés); $83 por 25 usos de formulario en línea (español o inglés).
Duración: 10-15 minutos por aplicación.
Comentarios: Se administra y se corrige en línea o por formulario impreso.
Autores: Ellen V. Piers (escala y manual), Dale B. Harris (escala), Shirag K. Shemmassian (escala y manual) y David S. Herzberg (escala y manual).
Traductora/Adaptadora: Susana Urbina.
Editorial: Western Psychological Services.
Componentes en Español: El cuaderno de ítems y sus instrucciones correspondientes están disponibles en español.
Componentes en Inglés: Todos los materiales están disponibles en inglés también; el manual es en inglés.
Referencias Cruzadas: Para reseñas por Christopher A. Sink, Melanie Burgess y Danielle Winters y por Claudia R. Wright de los componentes en inglés de esta prueba, consulte 21:122.

[491s]

Pre-Post Inventory.

Propósito: Diseñado para proporcionar una medida de los resultados de la intervención, consejería psicológica o efectividad del tratamiento.
Procedencia: Estados Unidos/inglés.
Traducción/Adaptación: No se provee información en los materiales de la prueba sobre el proceso de traducción/adaptación.

[490e]

Piers-Harris Self-Concept Scale, Third Edition.

Purpose: Designed as a "self-reported measure of self-concept (i.e., description and evaluation of one's own behavior and attitudes)."
Origin: United States/English.
Translation/Adaptation: No information is provided in the test materials about the translation/adaptation process.
Population: Ages 6 through 22 years.
Norms: Separate norms are not provided with the materials translated to Spanish.
Publication Dates: 1969-2018.
Acronym: Piers-Harris 3.
Scores, 9: Behavioral Adjustment, Freedom from Anxiety, Happiness and Satisfaction, Intellectual and School Status, Physical Appearance and Attributes, Social Acceptance, Total, plus 2 validity scales (Response Bias, Inconsistent Responding).
Administration: Individual.
Price Data, 2023: $214 per complete print kit, including manual (2018, 91 pages, English) and 25 autoscore forms; $182 per online kit, including digital manual, and 25 online form uses; $117 per print manual; $99 per digital manual; $98 per 25 print forms (Spanish or English); $83 per 25 online form uses (Spanish or English).
Time: 10-15 minutes for administration.
Comments: Administered and scored online or via printed form.
Authors: Ellen V. Piers (scale and manual), Dale B. Harris (scale), Shirag K. Shemmassian (scale and manual), and David S. Herzberg (scale and manual).
Translator/Adaptor: Susana Urbina.
Publisher: Western Psychological Services.
Spanish Components: The test item booklet and its corresponding instructions are available in Spanish.
English Components: All materials are also available in English; the manual is in English.
Cross References: For reviews by Christopher A. Sink, Melanie Burgess, and Danielle Winters and by Claudia R. Wright of this test's English components, see 21:122.

[491e]

Pre-Post Inventory.

Purpose: Designed to "provide an outcome measure for intervention, counseling, or treatment effectiveness."
Origin: United States/English.
Translation/Adaptation: No information is provided in the test materials about the translation/adaptation process.

Población: Individuos en consejería o programa de tratamiento.
Baremos: No se han provisto baremos con el formulario traducido al español.
Fechas de Publicación: 2007-2012.
Acrónimo: PPI.
Puntuación, 8: Veracidad, Ansiedad, Depresión, Angustia, Autoestima, Alcohol, Drogas, Habilidades de Afrontamiento al Estrés.
Administración: Colectiva.
Precios, 2022: $7.95 por prueba; descuentos de volumen disponibles.
Duración: (30) minutos.
Comentarios: Behavior Data Systems, Ltd. ofrece sus pruebas en líena exclusivamente a través de un contrato del internet con Professional Online Testing Solutions, Inc.
Autor: Herman Lindeman.
Editorial: Behavior Data Systems, Ltd.
Componentes en Español: El formulario y sus instrucciones correspondientes están disponibles en español.
Componentes en Inglés: Todos los materiales están disponibles en inglés, también; el manual es en inglés.

[492s]

Preschool and Kindergarten Behavior Scales, Second Edition.

Propósito: Diseñado para utilizarse en la evaluación de destrezas sociales y problemas de comportamiento en niños de edades preescolares y jardín de infantil.
Procedencia: Estados Unidos (1994-2002)/inglés.
Traducción/Adaptación: El autor de la prueba, que no tiene dominio del español, realizó la traducción a la vez que tres estudiantes doctorales en psicología escolar y bilingües en español e inglés tradujeron independientemente los ítems e instrucciones. Luego se reunieron para comparar las traducciones y llegar a una versión consensuada de los ítems finales. Un profesor universitario de español revisó la traducción e hizo unas correcciones finales para asegurar exactitud gramática.
Población: Edades 3–6.
Baremos: No se han provisto baremos con los materiales traducidos al español.
Fecha de Publicación: 2003.
Acrónimo: PKBS-2.
Puntuación, 12: Destrezas Sociales (Cooperación Social, Interacción Social, Independencia Social, Total), Problemas de Comportamiento (Problemas de Externalización, Problemas de Internalización, Total), Subescalas Suplementarias de Problemas de Comportamiento (Autocontrol/Explosivo, Problemas de Atención/ Hiperactivo, Antisocial/Agresivo, Aislamiento Social, Ansiedad/Problemas Somáticos).

Population: Individuals in counseling or a treatment program.
Norms: Separate norms are not provided with the form translated to Spanish.
Publication Dates: 2007-2012.
Acronym: PPI.
Scores, 8: Truthfulness, Anxiety, Depression, Distress, Self-Esteem, Alcohol, Drugs, Stress Coping Abilities.
Administration: Group.
Price Data, 2022: $7.95 per test; volume discounts available.
Time: (30) minutes.
Comments: Behavior Data Systems, Ltd. offers its tests online exclusively through a contract with Professional Online Testing Solutions, Inc.
Author: Herman Lindeman.
Publisher: Behavior Data Systems, Ltd.
Spanish Components: The form and its corresponding instructions are available in Spanish.
English Components: All materials are also available in English; the manual is in English.

[492e]

Preschool and Kindergarten Behavior Scales, Second Edition.

Purpose: "Designed for use in evaluating social skills and problem behaviors of preschool and kindergarten-age children."
Origin: United States (1994-2002)/English.
Translation/Adaptation: "The translation was conducted by the author of the test, who is not fluent in Spanish, and three doctoral students in school psychology who are bilingual in Spanish and English. After the three bilingual students independently developed translations of each item and the instructions, meetings were held to compare the translations and to develop agreement on the final item content." The translation was then evaluated by a university Spanish instructor, who made a few final corrections to ensure grammatical accuracy.
Population: Ages 3–6.
Norms: Separate norms are not provided with the form translated to Spanish.
Publication Date: 2003.
Acronym: PKBS-2.
Scores, 12: Social Skills (Social Cooperation, Social Interaction, Social Independence, Total), Problem Behavior (Externalizing Problems, Internalizing Problems, Total), Supplemental Problem Behavior Subscales (Self-Control/Explosive, Attention Problems/Overactive, Antisocial/Aggressive, Social Withdrawal, Anxiety/Somatic Problems).

Administración: Individual.
Precios, 2022: $151 por juego completo, incluyendo el manual impreso (2002, 103 páginas, inglés) y 50 formularios de respuesta/resumen (escoge español o inglés); $98 por manual impreso; $91 por manual digital; $56 por 50 formularios de respuesta/resumen.
Duración: (8–12) minutos.
Comentarios: Las puntuaciones son dadas por evaluadores en el hogar o en la escuela; las subescalas suplementarias de problemas de comportamiento pueden utilizarse para identificar síntomas más específicos de problemas emocionales o de comportamiento.
Autor: Kenneth W. Merrell.
Editorial: PRO-ED.
Componentes en Español: El formulario de respuesta/resumen y sus instrucciones correspondientes están disponibles en español.
Componentes en Inglés: Todos los materiales están disponibles en inglés, también; el manual del examinador es en inglés.
Referencias Cruzadas: Para reseñas por Doreen Ward Fairbank y Ronald A. Madle de los componentes en inglés de esta prueba, consulte 16:194.

[493s]

The Preschool Behavior Questionnaire.

Propósito: Diseñado como una herramienta de cribado para identificar problemas emocionales/conductuales en niños.
Procedencia: Estados Unidos/inglés.
Traducción/Adaptación: No se provee información en los materiales de la prueba sobre el proceso de traducción/adaptación.
Población: Edades 3-6.
Baremos: No se han provisto baremos con el formulario traducido al español.
Fecha de Publicación: 1974.
Acrónimo: PBQ.
Puntuación, 4: Hostil-Agresivo, Ansioso-Temeroso, Hiperactivo-Distraído, Total.
Administración: Individual.
Precios, 2023: $20 por 50 cuestionarios y 50 hojas de corrección; $10 por manual (16 páginas, inglés).
Duración: 5-10 minutos.
Autores: Lenore Behar y Samuel Stringfield.
Editorial: Lenore Behar.
Componentes en Español: El formulario de prueba y sus instrucciones correspondientes están disponibles en español.
Componentes en Inglés: El formulario de prueba está disponible en inglés también; manuales e instrucciones de administración y puntuación son en inglés.
Referencias Cruzadas: Para una reseña por Robert A. Fox de los componentes en inglés de esta prueba, consulte 9:978.

Administration: Individual.
Price Data, 2022: $151 per complete kit including print manual (2002, 103 pages, English) and 50 summary/response forms (specify English or Spanish); $98 per print manual; $91 per digital manual; $56 per 50 summary/response forms.
Time: (8–12) minutes.
Comments: Ratings by home-based raters or school-based raters; Supplemental Problem Behavior Subscales can be used to identify more specific symptoms of emotional and behavioral problems.
Author: Kenneth W. Merrell.
Publisher: PRO-ED.
Spanish Components: The summary/response form and its corresponding instructions are available in Spanish.
English Components: All materials are also available in English; the examiner's manual is in English.
Cross References: For reviews by Doreen Ward Fairbank and Ronald A. Madle of this test's English components, see 16:194.

[493e]

The Preschool Behavior Questionnaire.

Purpose: Designed as a screening tool to identify emotional/behavioral problems in children.
Origin: United States/English.
Translation/Adaptation: No information is provided in the test materials about the translation/adaptation process.
Population: Ages 3-6.
Norms: Separate norms are not provided with the form translated to Spanish.
Publication Date: 1974.
Acronym: PBQ.
Scores, 4: Hostile-Aggressive, Anxious-Fearful, Hyperactive-Distractible, Total.
Administration: Individual.
Price Data, 2023: $20 per 50 questionnaires and 50 score sheets; $10 per manual (16 pages, English).
Time: 5-10 minutes.
Authors: Lenore Behar and Samuel Stringfield.
Publisher: Lenore Behar.
Spanish Components: The test form and its corresponding instructions are available in Spanish.
English Components: The test form is also available in English; the manuals, administration instructions, and scoring instructions are in English.
Cross References: For a review by Robert A. Fox of this test's English components, see 9:978.

[494s]

Preschool Language Scales–Fifth Edition Spanish.

Propósito: Una evaluación de dos lenguajes diseñada para identificar un retraso lingüístico o trastornos en niños que son hablantes monolingües del español o bilingües español e inglés.
Procedencia: Estados Unidos/español e inglés.
Traducción/Adaptación: Los ítems de las versiones en inglés y español del Preschool Language Scales-5 (PLS-5) fueron desarrollados a la vez, con cada lenguaje informándose uno al otro. Se mantuvieron alrededor de 40% de los ítems de la versión PLS-4 Spanish sin cambios. Cuando se añadieron ítems nuevos, un consultante bilingüe tradujo los ítems y un segundo consultante hizo una traducción inversa. Un desarrollador bilingüe de pruebas resolvió discrepancias en la redacción y la gramática. Adicionalmente, un equipo se reunía para determinar si los ítems nuevos fueron justos y apropiados cuando se administraron a niños de países de origen diversos.
Población: Niños monolingües o bilingües desde nacimiento a 7-11.
Baremos: Se han provisto baremos con la edición en español. Los baremos se desarrollaron utilizando una muestra con 1,150 participantes, distribuidos por edad, sexo, región geográfica, país de origen del cuidador primario y nivel educativo del cuidador primario.
Fecha de Publicación: 2012.
Acrónimo: PLS-5 Spanish.
Puntuación, 5: Comprensión Auditiva, Comunicación Expresiva, Lenguaje Total; Articulación (opcional), Longitud Media de Expresarse en Palabras (opcional).
Administración: Individual.
Formularios, 2: Protocolo (Evaluador de Articulación, Lista Ilustrativa de Lenguaje), Cuestionario de Comunicación en el Hogar.
Precios, 2022: $497.50 por juego completo con manipulativos, incluyendo manual del examinador (135 páginas, inglés), manual de dibujos, manual de administración y puntuación (217 páginas, inglés), 15 protocolos, 25 cuestionarios de comunicación en el hogar y manipulativos; $63 por manual del examinador; $150.75 por manual de administración y puntuación; $82 por 15 protocolos; $13.70 por 25 cuestionarios de comunicación en el hogar; $15.30 por libros para niños; $253 por manual de dibujos.
Duración: (30-50) minutos.
Comentarios: La casa editorial de la prueba avisa que los administradores deberán tener dominio nativo o casi nativo del español. De no haber un patólogo del habla y lenguaje hablante del español disponible para administrar el PLS-5 Spanish, un patólogo del habla y lenguaje hablante del inglés deberá trabajar en conjunto a un intérprete bilingüe inglés-español.

[494e]

Preschool Language Scales–Fifth Edition Spanish.

Purpose: A dual-language assessment designed "to identify a language delay or disorder in children who are monolingual Spanish speakers or bilingual Spanish-English speakers."
Origin: United States/Spanish and English.
Translation/Adaptation: The items for the English and Spanish versions of the Preschool Language Scales-5 (PLS-5) "were developed concurrently, with each language informing the other." About 40% of the items remained unchanged from the PLS-4 Spanish. Where new items were added, a bilingual consultant translated the items, and a second consultant back-translated them. Discrepancies in wording and grammar were resolved by a bilingual test developer. In addition, a bias review panel was convened to determine whether new items were fair and appropriate when administered to children from different countries of origin.
Population: Monolingual or bilingual children from birth to age 7-11.
Norms: Separate norms are provided with the Spanish edition. Norms were developed using a sample of 1,150 participants, distributed by age, gender, geographic region, primary caregiver's country of origin/descent, and primary caregiver's educational.
Publication Date: 2012.
Acronym: PLS-5 Spanish.
Scores, 5: Auditory Comprehension, Expressive Communication, Total Language, Articulation (optional), Mean Length of Utterance in Words (optional).
Administration: Individual.
Forms, 2: Record form (Articulation Screener, Language Sample Checklist), Home Communication Questionnaire.
Price Data, 2022: $497.50 per complete kit with manipulatives including examiner's manual (135 pages, English), picture manual, administration and scoring manual (217 pages, English), 15 record forms, 25 home communication questionnaires, and manipulatives; $63 per examiner's manual; $150.75 per administration and scoring manual; $82 per 15 record forms; $13.70 per 25 home communication questionnaires; $15.30 per children's books; $253 per picture manual.
Time: (30-50) minutes.
Comments: The test publisher advises that examiners need native or near-native proficiency in Spanish. If a Spanish-speaking speech language pathologist (SLP) is not available to administer PLS-5 Spanish, an English-speaking SLP may collaborate with a bilingual Spanish-English interpreter to administer the test.

Autores: Irla Lee Zimmerman, Violette G. Steiner y Roberta Evatt Pond.
Editorial: Pearson.
Componentes en Español: El cuestionario de comunicación en el hogar, los libros para niños e ítems y apuntes que se usan en la aplicación de la prueba en el protocolo son en español.
Componentes en Inglés: Los ítems y indicaciones que se usan en la aplicación de la prueba en el protocolo son en inglés, también; el manual de administración y puntuación, manual del examinador y instrucciones de administración en el protocolo son en inglés.

a) SCREENER DE ARTICULACIÓN.
Propósito: Diseñado para evaluar la articulación en una sola palabra.
Población: Edades 2-6 a 7-11.
Puntuación: Puntuación total solamente.
Comentarios: Subprueba opcional que se incluye en el protocolo basada en criterios de referencia.

b) LISTA EJEMPLAR DE LENGUAGE.
Propósito: Diseñado para evaluar el habla espontánea.
Puntuación: Longitud Media de Expresarse en Palabras.
Comentarios: Medida complementaria incluida en el protocolo se puede usar para ayudar a validar la información obtenida en la escala de la comunicación expresiva.

c) CUESTIONARIO DE COMUNICACIÓN EN EL HOGAR.
Propósito: Diseñado para ofrecer la perspectiva del cuidador sobre los comportamientos de comunicación del niño(a) en el hogar, en preescolar o guarderías.
Población: Edades nacimiento a 2-11.
Puntuación: No se corrige.
Duración: (10-15) minutos.
Comentarios: Cuestionario complementario; formulario adicional.

Referencias Cruzadas: Para reseñas por Arturo Olivárez Jr. y Norma Martínez, consulte 19:132.

[495s]

Preschool Language Scales–Fifth Edition Spanish Screening Test.

Propósito: Prueba de cribado de dos lenguajes diseñada para identificar niños monolingües del español o bilingües español e inglés que podrían necesitar una evaluación exhaustiva de sus habilidades de habla y lenguaje.
Procedencia: Estados Unidos/español e inglés.
Traducción/Adaptación: Se seleccionó un subgrupo de ítems del Preschool Language Scales–Fifth Edition Spanish para las secciones de Lenguaje y Articulación. Se tradujeron los ítems de las secciones Alimentación, Habla Continua, Social/Interpersonal, Fluidez y Voz de la edición en inglés. Se implementó una retrotraducción y un proceso de traducción resolución llamado "decentering" en el desarrollo de la prueba.

Authors: Irla Lee Zimmerman, Violette G. Steiner, and Roberta Evatt Pond.
Publisher: Pearson.
Spanish Components: The home communication questionnaire, children's books, and items and prompts to be given to test takers on the protocol form are in Spanish.
English Components: The items and prompts to be given to test takers on the protocol form are also in English; the administration and scoring manual, examiner's manual, and administration instructions on protocol form are in English.

a) ARTICULATION SCREENER.
Purpose: Designed to evaluate articulation in single words.
Population: Ages 2-6 to 7-11.
Scores: Total score only.
Comments: Criterion-referenced optional subtest included in the record form.

b) LANGUAGE SAMPLE CHECKLIST.
Purpose: Designed to evaluate spontaneous speech.
Scores: Mean Length of Utterance in Words.
Comments: Supplemental measure included on the record form may be used to support information obtained from the expressive communication scale.

c) HOME COMMUNICATION QUESTIONNAIRE.
Purpose: Designed to give "the caregiver's perspective" of a child's communication behaviors at home, preschool, or daycare.
Population: Ages birth to 2-11.
Scores: Not scored.
Time: (10-15) minutes.
Comments: Supplemental questionnaire; separate form.

Cross References: For reviews by Arturo Olivárez Jr. and Norma Martínez, see 19:132.

[495e]

Preschool Language Scales–Fifth Edition Spanish Screening Test.

Purpose: A dual-language screener designed to identify "monolingual Spanish or bilingual Spanish-English-speaking children who may need in-depth assessment of their speech and language abilities."
Origin: United States/Spanish and English.
Translation/Adaptation: A subset of items were selected from the Preschool Language Scales–Fifth Edition Spanish for the Language and Articulation sections. Items for the Feeding, Connected Speech, Social/Interpersonal, Fluency, and Voice sections were translated from the English edition. Back translation and a process of translation resolution called decentering were used in the development of the test.

Población: Niños desde el nacimiento hasta la edad 7-11 cuyo primer idioma es el español.
Baremos: Se han provisto baremos con la edición en español. Los baremos se desarrollaron utilizando una muestra con 1,150 participantes, distribuidos por edad, sexo, raza/etnia, región geográfica, país de origen, nivel educativo del cuidador primario, ambiente educativo del niño, tiempo vivido en los EE. UU., variación léxica/regional del español hablado, frecuencia/ámbito de exposición y uso del español del niño y nivel de fluidez de lenguaje.
Fecha de Publicación: 2012.
Acrónimo: PLS-5 Spanish Screening Test.
Administración: Individual.
Niveles: 9 niveles.
Formularios: 8 formularios.
Precios, 2022: $209 por juego completo incluye cuaderno de estímulos/manual de la prueba (281 páginas, inglés) y 25 protocolos para cada rango de edad; $180.75 por cuaderno de estímulos/manual de la prueba; $47.50 por 25 protocolos (cada edad).
Duración: 5-10 minutos.
Comentarios: La casa editorial de la prueba altamente recomienda que aquellos que administren la prueba a hablantes monolingües del español demuestren tener dominio nativo o casi nativo del español; aquellos que administren la prueba a un hablante bilingüe de español e inglés debe ser bilingüe también. Si el administrador no demuestra fluidez nativa o casi nativa del español, la prueba deberá ser administrada en colaboración con un intérprete entrenado y cualificado.
Autores: Irla Lee Zimmerman, Violette G. Steiner y Roberta Evatt Pond.
Editorial: Pearson.
Componentes en Español: Las indicaciones verbales dirigidas al cuidador o al examinado, así como las respuestas aceptables, se proporcionan en español en la sección de estímulo del manual. Las instrucciones de administración en la sección de estímulo del manual incluyen respuestas correctas y vocabulario alternativo para tener en cuenta las variaciones lingüísticas regionales. Los protocolos ofrecen respuestas en español. Se incluyen traducciones al español para todos los ítems en las secciones de Alimentación y Social/Interpersonal del protocolo en las últimas páginas de la sección de estímulo del manual para cada rango de edad.
Componentes en Inglés: Las indicaciones verbales dirigidas al cuidador o al examinado, así como las respuestas aceptables, también se proporcionan en inglés en la sección de estímulo del manual. Los protocolos también ofrecen respuestas en inglés; la sección de información técnica del manual es en inglés.

a) NACIMIENTO A 0:5 MESES.
Puntuación, 3: Lenguaje, Alimentación, Social/Interpersonal.
b) EDAD 0:6 A 0:11 MESES.
Puntuación: Igual a *a)* arriba.

Population: Children from birth to age 7-11 whose primary language is Spanish.
Norms: Separate norms are provided with the Spanish edition. Norms were developed using a sample of 1,150 participants, distributed by age, gender, race/ethnicity, geographic region, country of origin/descent, primary caregiver's education level, length of time lived in the U.S., Spanish lexical/regional variation spoken, frequency and context of child's Spanish exposure and usage, and level of Spanish and English fluency.
Publication Date: 2012.
Acronym: PLS-5 Spanish Screening Test.
Administration: Individual.
Levels: 9 levels.
Forms: 8 forms.
Price Data, 2022: $209 per kit including stimulus book/test manual (281 pages, English) and 25 record forms for each age; $180.75 per stimulus book/test manual; $47.50 per 25 record forms (each age).
Time: 5-10 minutes.
Comments: Test publisher "highly recommends" examiners who administer the assessment to monolingual Spanish speakers be fluent or near-fluent Spanish speakers; examiners who administer the test to bilingual Spanish-English speakers should be bilingual themselves. If an examiner does not have fluent or near-fluent proficiency in Spanish, the test can be administered in collaboration with a trained and qualified interpreter.
Authors: Irla Lee Zimmerman, Violette G. Steiner, and Roberta Evatt Pond.
Publisher: Pearson.
Spanish Components: Verbal prompts spoken to caregiver or examinee as well as acceptable responses are provided in Spanish in the stimulus section of the manual. Administration directions in the stimulus section of the manual include correct response and alternative vocabulary to account for regional linguistic variations. The record forms contain answers in Spanish. Spanish translations for all items included in the Feeding and Social/Interpersonal sections of the record form are included on the last pages of the stimulus section of the manual for each age group.
English Components: Verbal prompts spoken to caregiver or examinee as well as acceptable responses are also provided in English in the stimulus section of the manual. The record forms also contain answers in English; the technical information section of the manual is in English.

a) AGE BIRTH TO 0:5 MONTHS.
Scores, 3: Language, Feeding, Social/Interpersonal.
b) AGE 0:6 TO 0:11 MONTHS.
Scores: Same as *a)* above.

c) EDAD 1.
Puntuación: Igual a *a)* arriba.
d) EDAD 2.
Puntuación, 3: Lenguaje, Social/Interpersonal, Articulación (edades 2-6 a 2-11).
e) EDAD 3.
Puntuación, 6: Lenguaje, Articulación, Habla Conectada, Social/Interpersonal, Fluidez, Voz.
f) EDAD 4.
Puntuación, 6: Lenguaje, Articulación, Habla Conectada, Social/Interpersonal, Fluidez, Voz.
g) EDAD 5.
Puntuación, 6: Lenguaje, Articulación, Habla Conectada, Social/Interpersonal, Fluidez, Voz.
h) EDAD 6.
Puntuación, 6: Lenguaje, Articulación, Habla Conectada, Social/Interpersonal, Fluidez, Voz.
i) EDAD 7.
Puntuación, 6: Lenguaje, Articulación, Habla Conectada, Social/Interpersonal, Fluidez, Voz.

Referencias Cruzadas: Para reseñas por María Del R. Medina-Díaz y por Richard Ruth, Benjamin Morsa y Laura W. Reid, consulte 19:133.

[496s]

Preschool Language Scales–Fifth Edition Spanish Screening Test for Early Childhood Educators.

Propósito: Prueba de cribado de dos lenguajes diseñada para identificar niños monolingües del español o bilingües español e inglés que podrían necesitar una evaluación exhaustiva de sus habilidades de habla y lenguaje.
Procedencia: Estados Unidos/español e inglés.
Traducción/Adaptación: Se seleccionó un subgrupo de ítems del Preschool Language Scales–Fifth Edition Spanish para las secciones de Lenguaje y Articulación. Se tradujeron los ítems de las secciones Alimentación, Habla Continua, Social/Interpersonal, Fluidez y Voz de la edición en inglés. Se implementó una retrotraducción y un proceso de traducción resolución llamado "decentering" en el desarrollo de la prueba.
Población: Niños desde el nacimiento hasta los 6 años 11 meses que sean monolingües hispanohablantes o bilingües español-inglés.
Baremos: Los baremos se desarrollaron utilizando una muestra con 1,150 participantes, distribuidos por edad, sexo, raza/etnia, región geográfica, país de origen, nivel educativo del cuidador primario, ambiente educativo del niño, tiempo vivido en los EE. UU., variación léxica/regional del español hablado, frecuencia/ámbito de exposición y uso del español del niño y nivel de fluidez de lenguaje.
Fecha de Publicación: 2015.
Acrónimo: PLS-5 Spanish Screening Test for Early Childhood Educators.
Administración: Individual.
Niveles: 8 niveles.

c) AGE 1.
Scores: Same as *a)* above.
d) AGE 2.
Scores, 3: Language, Social/Interpersonal, Articulation (ages 2-6 to 2-11).
e) AGE 3.
Scores, 6: Language, Articulation, Connected Speech, Social/Interpersonal, Fluency, Voice.
f) AGE 4.
Scores, 6: Language, Articulation, Connected Speech, Social/Interpersonal, Fluency, Voice.
g) AGE 5.
Scores, 6: Language, Articulation, Connected Speech, Social/Interpersonal, Fluency, Voice.
h) AGE 6.
Scores, 6: Language, Articulation, Connected Speech, Social/Interpersonal, Fluency, Voice.
i) AGE 7.
Scores, 6: Language, Articulation, Connected Speech, Social/Interpersonal, Fluency, Voice.

Cross References: For reviews by María Del R. Medina-Díaz and by Richard Ruth, Benjamin Morsa, and Laura W. Reid, see 19:133.

[496e]

Preschool Language Scales–Fifth Edition Spanish Screening Test for Early Childhood Educators.

Purpose: A dual-language screener for identifying "monolingual Spanish or bilingual Spanish-English-speaking children who may need in-depth assessment of their speech and language abilities."
Origin: United States/English and Spanish.
Translation/Adaptation: A subset of items were selected from the Preschool Language Scales–Fifth Edition Spanish for the Language and Articulation sections. Items for the Feeding, Connected Speech, Social/Interpersonal, Fluency, and Voice sections were translated from the English edition. Back translation and a process of translation resolution called decentering were used in the development of the test.
Population: Children from birth through 6 years 11 months who are monolingual Spanish speakers or bilingual Spanish-English speakers.
Norms: Norms were developed using a sample of 1,150 participants, distributed by age, gender, race/ethnicity, geographic region, country of origin/descent, primary caregiver's education level, length of time lived in the U.S., Spanish lexical/regional variation spoken, frequency and context of child's Spanish exposure and usage, and level of Spanish and English fluency.
Publication Date: 2015.
Acronym: PLS-5 Spanish Screening Test for Early Childhood Educators.
Administration: Individual.
Levels: 8 levels.

Formularios: 7 formularios.
Precios, 2023: $125 por kit impreso edades 0-3, incluyendo manual/libro de estímulos (2015, 239 páginas, español e inglés) y 25 protocolos para cada edad; $125 por kit impreso edades 3-6, incluyendo manual/libro de estímulos y 25 protocolos para cada edad; $105 por manual/libro de estímulos; $50 por 25 protocolos (escoge edad).
Duración: Sin límite de tiempo; aproximadamente 5-10 minutos para administrar.
Comentarios: La casa editorial de la prueba altamente recomienda que aquellos que administren la prueba a hablantes monolingües del español demuestren tener dominio nativo o casi nativo del español; aquellos que administren la prueba a un hablante bilingüe de español e inglés debe ser bilingüe también. Si el administrador no demuestra fluidez nativa o casi nativa del español, la prueba deberá ser administrada en colaboración con un intérprete entrenado y cualificado. Esta prueba es una modificación del Preschool Language Scales–Fifth Edition Spanish Screening Test; contiene redacción más apropiada para profesionales que trabajan en programas o entornos de niñez temprana.
Autores: Irla Lee Zimmerman, Violette G. Steiner y Roberta Evatt Pond.
Editorial: Pearson.
Componentes en Español: Las indicaciones verbales dirigidas al cuidador o al examinado, así como las respuestas aceptables, se proporcionan en español en la sección de estímulo del manual. Las instrucciones de administración en la sección de estímulo del manual incluyen respuestas correctas y vocabulario alternativo para tener en cuenta las variaciones lingüísticas regionales. Los protocolos ofrecen respuestas en español. Se incluyen traducciones al español para todos los ítems en las secciones de Alimentación y Social/Interpersonal del protocolo en las últimas páginas de la sección de estímulo del manual para cada rango de edad.
Componentes en Inglés: Las indicaciones verbales dirigidas al cuidador o al examinado, así como las respuestas aceptables, también se proporcionan en inglés en la sección de estímulo del manual. Los protocolos también ofrecen respuestas en inglés; la sección de información técnica del manual es en inglés.

a) NACIMIENTO A 0:5 MESES.
Puntuación, 3: Lenguaje, Alimentación, Social/Interpersonal.
b) EDAD 0:6 A 0:11 MESES.
Puntuación: Igual a *a)* arriba.
c) EDAD 1.
Puntuación: Igual a *a)* arriba.
d) EDAD 2.
Puntuación, 3: Lenguaje, Social/Interpersonal, Articulación (edades 2-6 a 2-11).
e) EDAD 3.
Puntuación, 6: Lenguaje, Articulación, Habla Conectada, Social/Interpersonal, Fluidez, Voz.

Forms: 7 forms.
Price Data, 2023: $125 per print kit ages 0-3, including manual/stimulus book (2015, 239 pages, Spanish and English) and 25 record forms for each age; $125 per print kit ages 3-6, including manual/stimulus book and 25 record forms for each age; $195 per manual/stimulus book; $50 per 25 record forms (choose age).
Time: Untimed; approximately 5-10 minutes to administer.
Comments: Test publisher "highly recommends" examiners who administer the assessment to monolingual Spanish speakers be fluent or near-fluent Spanish speakers; examiners who administer the test to bilingual Spanish-English speakers should be bilingual themselves. If an examiner does not have fluent or near-fluent proficiency in Spanish, the test can be administered in collaboration with a trained and qualified interpreter. This test is a modification of the Preschool Language Scales–Fifth Edition Spanish Screening Test; it "contains more appropriate wording for professionals working in early childhood settings/programs."
Authors: Irla Lee Zimmerman, Violette G. Steiner, and Roberta Evatt Pond.
Publisher: Pearson.
Spanish Components: Verbal prompts spoken to caregiver or examinee as well as acceptable responses are provided in Spanish in the stimulus section of the manual. Administration directions in the stimulus section of the manual include correct response and alternative vocabulary to account for regional linguistic variations. The record forms contain answers in Spanish. Spanish translations for all items included in the Feeding and Social/Interpersonal sections of the record form are included on the last pages of the stimulus section of the manual for each age group.
English Components: Verbal prompts spoken to caregiver or examinee as well as acceptable responses are also provided in English in the stimulus section of the manual. The record forms also contain answers in English; the technical information section of the manual is in English.

a) AGE BIRTH TO 0:5 MONTHS.
Scores, 3: Language, Feeding, Social/Interpersonal.
b) AGE 0:6 TO 0:11 MONTHS.
Scores: Same as *a)* above.
c) AGE 1.
Scores: Same as *a)* above.
d) AGE 2.
Scores, 3: Language, Social/Interpersonal, Articulation (ages 2-6 to 2-11).
e) AGE 3.
Scores, 6: Language, Articulation, Connected Speech, Social/Interpersonal, Fluency, Voice.

f) EDAD 4.
Puntuación, 6: Lenguaje, Articulación, Habla Conectada, Social/Interpersonal, Fluidez, Voz.
g) EDAD 5.
Puntuación, 6: Lenguaje, Articulación, Habla Conectada, Social/Interpersonal, Fluidez, Voz.
h) EDAD 6.
Puntuación, 6: Lenguaje, Articulación, Habla Conectada, Social/Interpersonal, Fluidez, Voz.

[497s]

Prison Inmate Inventory.

Propósito: Diseñado para la evaluación de riesgos y la identificación de las necesidades de presidiarios.
Procedencia: Estados Unidos/inglés.
Traducción/Adaptación: No se provee información en los materiales de la prueba sobre el proceso de traducción/adaptación.
Población: Presidiarios.
Baremos: No se han provisto baremos con el formulario traducido al español.
Fechas de Publicación: 1990-2000.
Acrónimo: PII.
Puntuación, 10: Veracidad, Violencia, Antisocial, Ajuste, Autoestima, Alcohol, Drogas, Juicio, Angustia, Habilidad de Afrontamiento al Estrés.
Administración: Colectiva.
Precios, 2022: $9.95 por prueba; descuentos de volumen disponibles.
Duración: (35) minutos.
Comentarios: Behavior Data Systems, Ltd. ofrece sus pruebas en línea exclusivamente a través de un contrato con Professional Online Testing Solutions, Inc.
Autor: Risk & Needs Assessment, Inc.
Editorial: Behavior Data Systems, Ltd.
Componentes en Español: El formulario de prueba y hoja de respuesta y sus instrucciones correspondientes están disponibles en español.
Componentes en Inglés: Todos los materiales están disponibles en inglés también; el manual es en inglés.
Referencias Cruzadas: Para reseñas por R. J. De Ayala y John A. Mills de los componentes en inglés de esta prueba, consulte 14:297.

[498s]

Pro-Forma para Evaluar los Objetivos de la Terapia Evolutiva.

Nombre Original: Developmental Teaching Objectives and Rating Form–Revised, 5th Edition.
Propósito: Diseñado para evaluar el desarrollo de los niños con trastornos emocionales y conductuales y sugerir intervenciones terapéuticas.
Procedencia: Estados Unidos (1992-2007)/inglés.
Traducción/Adaptación: No se provee información en los materiales de la prueba sobre el proceso de traducción/adaptación.

f) AGE 4.
Scores, 6: Language, Articulation, Connected Speech, Social/Interpersonal, Fluency, Voice.
g) AGE 5.
Scores, 6: Language, Articulation, Connected Speech, Social/Interpersonal, Fluency, Voice.
h) AGE 6.
Scores, 6: Language, Articulation, Connected Speech, Social/Interpersonal, Fluency, Voice.

[497e]

Prison Inmate Inventory.

Purpose: "Designed for inmate risk assessment and needs identification."
Origin: United States/English.
Translation/Adaptation: No information is provided in the test materials about the translation/adaptation process.
Population: Prison inmates.
Norms: Separate norms are not provided for the form translated to Spanish.
Publication Dates: 1990-2000.
Acronym: PII.
Scores, 10: Truthfulness, Violence, Antisocial, Adjustment, Self-Esteem, Alcohol, Drugs, Judgment, Distress, Stress Coping Abilities.
Administration: Group.
Price Data, 2022: $9.95 per test; volume discounts available.
Time: (35) minutes.
Comments: Behavior Data Systems, Ltd. offers its tests online exclusively through a contract with Professional Online Testing Solutions, Inc.
Author: Risk & Needs Assessment, Inc.
Publisher: Behavior Data Systems, Ltd.
Spanish Components: The test form and answer sheet and their corresponding instructions are available in Spanish.
English Components: All materials are also available in English; the manual is in English.
Cross References: For reviews by R. J. De Ayala and John A. Mills of this test's English components, see 14:297.

[498e]

Pro-Forma para Evaluar los Objetivos de la Terapia Evolutiva.

Original Name: Developmental Teaching Objectives and Rating Form–Revised, 5th Edition.
Purpose: Designed to evaluate development in children with emotional and behavioral disorders and to suggest therapeutic interventions.
Origin: United States (1992-2007)/English.
Translation/Adaptation: There is no information in the test materials about the translation/adaptation process.

Población: Edades 2 a 14.
Baremos: No se han provisto baremos con los materiales traducidos al español.
Fecha de Publicación: 2017.
Acrónimo: PEOTE.
Puntuación, 4: Conducta, Comunicación, Socialización, Académica.
Administración: Individual.
Niveles, 5: Etapa I, Etapa II, Etapa III, Etapa IV, Etapa V.
Precios: Disponibles con la casa editorial.
Duración: (30) minutos.
Comentarios: La versión de esta prueba en inglés originalmente fue incluida en el libro *Developmental Therapy*, la cual fue traducida por el Instituto Cultural Nacional en Trujillo, Perú, como Objetivos de la Terrapín Evolutiva. Esta traducción al español fue revisada por el Programa de Educación Especial en Hato Rey, Puerto Rico, como parte del libro *Terapía Evolutiva*.
Autora: Mary M. Wood.
Traductores/Adaptadores: Ana Alegria Martin, Carlos A. Manucci (Perú), Programa de Educación Especial de Puerto Rico.
Editorial: Developmental Therapy Institute, Inc.
Componentes en Español: Todos los materiales son en español.
Componentes en Inglés: No hay materiales en inglés en esta versión.

Population: Ages 2-14.
Norms: Separate norms are not provided with the materials translated to Spanish.
Publication Date: 2017.
Acronym: PEOTE.
Scores, 4: Behavior, Communication, Socialization, Academics.
Administration: Individual.
Levels, 5: Stage I, Stage II, Stage III, Stage IV, Stage V.
Price Data: Available from publisher.
Time: (30) minutes.
Comments: The English version of this test was originally included in the book *Developmental Therapy*, which was translated by the National Culture Institute in Trujillo, Peru, as Objetivos de la Terrapín Evolutiva. This Spanish translation was later revised by the Department of Special Education in Hato Rey, Puerto Rico, and included as part of the book *Terapía Evolutiva*.
Author: Mary M. Wood.
Translators/Adaptors: Ana Alegria Martin, Carlos A. Manucci (Peru); Department of Special Education of Puerto Rico.
Publisher: Developmental Therapy Institute, Inc.
Spanish Components: All materials are in Spanish.
English Components: There are no English materials in this version.

[499s]

Procedimientos para Evaluación de Ancianos de Clifton.

Nombre Original: Clifton Assessment Procedures for the Elderly (CAPE; Hodder & Stoughton).
Propósito: Diseñado como evaluación y diagnóstico del grado de deterioro cognitivo y conductual de adultos de edad avanzada.
Procedencia: Inglaterra/inglés.
Traducción/Adaptación: La casa editorial de la prueba indica que se han mantenido las preguntas existentes en la prueba original con ligeras modificaciones para atender las diferencias políticas y culturales.
Población: Ancianos, especialmente los que pueden presentar síntomas de deterioro.
Baremos: Se han provisto baremos con la adaptación al español. Los baremos se desarrollaron utilizando una muestra con 90 participantes, distribuidos por sexo y situación de vivienda: desde residentes de un centro sin asistencia especial a los permanentemente hospitalizados en centros geriátricos.
Fechas de Publicación: 1979-2010.
Acrónimo: CLIFTON.
Puntuación: 2 escalas, 9 puntuaciones: CAS (Información/Orientación, Habilidad Mental, Test Psicomotor, Total), BRS (Incapacidad Física, Apatía,

[499e]

Procedimientos para Evaluación de Ancianos de Clifton.

Original Name: Clifton Assessment Procedures for the Elderly (CAPE; Hodder & Stoughton).
Purpose: Designed as an evaluation and diagnosis of the degree of cognitive and behavioral impairment of older adults.
Origin: England/English.
Translation/Adaptation: The test publisher indicates that questions from the original test were slightly modified to address cultural and political differences.
Population: The elderly, especially those with symptoms of decline.
Norms: Separate norms are provided with the Spanish adaptation. Norms were developed using a sample of 90 participants, distributed by gender and living arrangements ranging from being independent to those permanently admitted to geriatric care facilities.
Publication Dates: 1979-2010.
Acronym: CLIFTON.
Scores: 2 scales, 9 scores: CAS (Information/Orientation, Mental Ability, Psychomotor Performance, Total), BRS (Physical Disability,

Dificultades de Comunicación, Perturbación Social, Total).
Administración: Individual.
Partes: 2 Escalas: CAS (Escala de Evaluación Cognitiva), BRS (Escala de Valoración de la Conducta).
Precios, 2022: €59,34 por juego completo, incluye manual (2010, segunda edición, 48 páginas), 25 ejemplares CAS, 25 ejemplares BRS y 25 hojas de laberintos; €26,62 por 25 ejemplares CAS; €13,61 por 25 ejemplares BRS; €13,31 por 25 hojas de laberintos.
Duración: (15-25) minutos.
Comentarios: Se usan las puntuaciones para determinar el grado de dependencia (cinco niveles A-E que corresponden a grados diferentes de deterioro funcional).
Autores: A. H. Pattie y C. J. Gilleard.
Traductor/Adaptador: Jaime Pereña.
Editorial: Hogrefe TEA Ediciones.
Componentes en Español: Todos los materiales son en español.
Componentes en Inglés: No hay materiales en inglés en esta versión.

[500s]

Productivity Environmental Preference Survey.

Propósito: Identifica cómo los adultos prefieren funcionar, aprender, concentrarse y desempeñarse en su entorno ocupacional o educativo.
Procedencia: Estados Unidos (1979-1993)/inglés.
Traducción/Adaptación: No se provee información en los materiales de la prueba sobre el proceso de traducción/adaptación.
Población: Edades 18 en adelante.
Baremos: No se han provisto baremos con los formularios traducidos al español.
Fechas de Publicación: 1979-1996.
Acrónimo: PEPS.
Puntuación, 20: Sonido, Luz, Temperatura, Diseño, Motivado/Desmotivado, Persistente, Responsable, Estructura, Aprendizaje Solo/Aprendizaje Orientado a Pares, Aprendizaje Orientado a la Autoridad, Varias Formas, Preferencias Auditivas, Preferencias Visuales, Preferencias Táctiles, Preferencias Cinestésicas, Requiere Admisión, Noche/Mañana, Última Hora de la Mañana, Tarde, Necesita Movilidad.
Administración: Individual o colectiva.
Precios: Disponibles con la casa editorial.
Duración: 20-30 minutos para completar.
Autores: Gary E. Price, Rita Dunn y Kenneth Dunn.
Editorial: Price Systems, Inc.
Componentes en Español: El cuadernillo de prueba y sus instrucciones correspondientes están disponibles en español.
Componentes en Inglés: Todos los materiales están disponibles en inglés también; el manual es en inglés.

Apathy, Communication Difficulties, Social Disturbance, Total).
Administration: Individual.
Parts: 2 scales: CAS (Cognitive Assessment Scale), BRS (Behavior Rating Scale).
Price Data, 2022: €59.34 per complete kit, including manual (2010, second edition, 48 pages), 25 CAS forms, 25 BRS forms, and 25 labyrinth test sheets; €26.62 per 25 CAS forms; €13.61 per 25 BRS forms; €13.31 per 25 labyrinth test sheets.
Time: (15-25) minutes.
Comments: Scores are used to determine the degree of dependence (five levels A-E that correspond to different degrees of functional decline).
Authors: A. H. Pattie and C. J. Gilleard.
Translator/Adaptor: Jaime Pereña.
Publisher: Hogrefe TEA Ediciones.
Spanish Components: All materials are in Spanish.
English Components: There are no English materials in this version.

[500e]

Productivity Environmental Preference Survey.

Purpose: Identifies "how adults prefer to function, learn, concentrate and perform in their occupational or educational environment."
Origin: United States (1979-1993)/English.
Translation/Adaptation: No information is provided in the test materials about the translation/adaptation process.
Population: Ages 18 and older.
Norms: Separate norms are not provided with the material translated to Spanish.
Publication Dates: 1979-1996.
Acronym: PEPS.
Scores, 20: Sound, Light, Temperature, Design, Motivated/Unmotivated, Persistent, Responsible, Structure, Learning Alone/Peer-Oriented Learner, Authority-Oriented Learner, Several Ways, Auditory Preferences, Visual Preferences, Tactile Preferences, Kinesthetic Preferences, Requires Intake, Evening/Morning, Late Morning, Afternoon, Needs Mobility.
Administration: Individual or group.
Price Data: Available from publisher.
Time: 20-30 minutes to complete.
Authors: Gary E. Price, Rita Dunn, and Kenneth Dunn.
Publisher: Price Systems, Inc.
Spanish Components: The test booklet and its corresponding instructions are available in Spanish.
English Components: All materials are also available in English; the manual is in English.

Referencias Cruzadas: Para reseñas por Javaid Kaiser y Thaddeus Rozecki de los componentes en inglés de esta prueba, consulte 13:242.

[501s]

Prueba Beery-Buktenica del Desarrollo de la Integración Visomotriz.

Nombre Original: The Beery–Buktenica Developmental Test of Visual-Motor Integration, Fourth Edition (Modern Curriculum Press, a Division of Simon & Schuster).
Propósito: "Diseñado para determinar el grado en el cual los individuos pueden integrar sus habilidades visuales y motrices".
Procedencia: Estados Unidos (1997)/inglés.
Traducción/Adaptación: No se provee información en los materiales de la prueba sobre el proceso de traducción/adaptación.
Población: Niños preescolares hasta adultos.
Baremos: No se han provisto baremos con la traducción al español.
Fecha de Publicación: 2000.
Acrónimo: VMI.
Puntuación, 3: VMI, Visual, Motor.
Administración: Individual o colectiva.
Formularios, 4: Completo, Breve, Percepción Visual, Coordinación Motriz.
Precios, 2022: USD$115 por juego completo.
Duración: 10-15 minutos.
Comentarios: No se debe usar la versión breve con niños mayores de 8 años de edad.
Autor: Keith E. Beery.
Traductora/Adaptadora: María Teresa Méndez Díaz.
Editorial: Editorial El Manual Moderno, S.A. de C.V.
Componentes en Español: Todos los materiales son en español.
Componentes en Inglés: No hay materiales en inglés en esta versión.

[502s]

Prueba de Aptitudes Intelectuales SIEP (Sistema Integrado de Exploración Psicológica).

Propósito: Diseñado como "una prueba rápida de aptitudes mentales… como el razonamiento lógico o abstracto, la comprensión verbal y la facilidad para operar con números".
Procedencia: España/español.
Población: Edades 14 en adelante.
Baremos: Los baremos se desarrollaron utilizando una muestra con 400 participantes, distribuidos por sexo.
Fecha de Publicación: 2007.
Acrónimo: SIEP.

Cross References: For reviews by Javaid Kaiser and Thaddeus Rozecki of this tests's English components, see 13:242.

[501e]

Prueba Beery-Buktenica del Desarrollo de la Integración Visomotriz.

Original Name: The Beery–Buktenica Developmental Test of Visual-Motor Integration, Fourth Edition (Modern Curriculum Press, a Division of Simon & Schuster).
Purpose: Designed to determine the extent to which individuals can integrate their visual and motor abilities.
Origin: United States (1997)/English.
Translation/Adaptation: No information is provided in the test materials about the translation/adaptation process.
Population: Preschool children to adults.
Norms: Separate norms are not provided with the Spanish translation.
Publication Date: 2000.
Acronym: VMI.
Scores, 3: VMI, Visual, Motor.
Administration: Individual or group.
Forms, 4: Complete, Brief, Visual Perception, Motor Coordination.
Price Data, 2022: USD$115 per complete kit.
Time: 10–15 minutes.
Comments: The brief form should not be used with children older than 8 years of age.
Author: Keith E. Beery.
Translator/Adaptor: María Teresa Méndez Díaz.
Publisher: Editorial El Manual Moderno, S.A. de C.V.
Spanish Components: All materials are in Spanish.
English Components: There are no materials in English in this version.

[502e]

Prueba de Aptitudes Intelectuales SIEP (Sistema Integrado de Exploración Psicológica).

Purpose: Designed as a quick test of mental abilities measuring logical and abstract reasoning, verbal comprehension, and ability to work with numbers.
Origin: Spain/Spanish.
Population: Ages 14 and over.
Norms: Norms were developed using a sample of 400 participants, distributed by gender.
Publication Date: 2007.
Acronym: SIEP.

Puntuación, 4: Razonamiento, Comprensión Verbal, Capacidad Numérica, Total.
Administración: Colectiva.
Precios, 2023: €60 por juego completo; €18 por manual (2007, 22 páginas); €25 por 5 cuadernos de ejercicios; €6 por 10 hojas de respuesta; €22 por plantillas.
Duración: (30-45) minutos.
Comentarios: Se puede administrar la prueba de forma papel y lápiz o en computadora.
Autor: Josep M. Roig-Fusté.
Editorial: MTR Psicológica.
Componentes en Español: Todos los materiales son en español.
Componentes en Inglés: No hay materiales en inglés.

[503s]

Prueba de Destrezas Básicas.

Propósito: Diseñado para usarse en la selección de personal en distintos puestos.
Procedencia: Puerto Rico/español.
Población: Adultos en búsqueda de empleo y/o servicios del gobierno.
Baremos: No se provee información sobre baremos.
Fecha de Publicación: 2023.
Acrónimo: PDB.
Administración: Individual o colectiva.
Precios: Disponibles con la casa editorial.
Comentarios: Se administra y se corrige en línea.
Autor: Gabriel Cirino Gerena.
Editorial: Test Innovations, Inc.
Componentes en Español: Todos los materiales son en español.
Componentes en Inglés: No hay materiales en inglés.

a) PRUEBA DE COMPRENSIÓN DE LECTURA.
Puntuación, 3: Vocabulario en Contexto, Interpretación de Datos, Identificación de la Idea Central.
Duración: Aproximadamente 45 minutos.
b) PRUEBA DE CÓMPUTOS.
Puntuación, 5: Suma y Resta, Cómputos con Fórmulas, Multiplicación en Serie, Por Cientos, Fracciones y Decimales.
Duración: Aproximadamente 60 minutos.
c) PRUEBA DE INGLÉS.
Puntuación, 3: Gramática Contextualizada, Orden de Palabras, Comprensión de Lectura.
Duración: Aproximadamente 60 minutos.

[504s]

Prueba de Exploración Cambridge para la Valoración de los Trastornos Mentales en Adultos con Síndrome de Down o con Discapacidad Intelectual.

Nombre Original: The Cambridge Examination for Mental Disorders of Older People with Down's

Scores, 4: Reasoning, Verbal Comprehension, Numerical Ability, Total.
Administration: Group.
Price Data, 2023: €60 per complete kit; €18 per manual (2007, 22 pages); €25 per 5 test booklets; €6 per 10 response sheets; €22 per scoring templates.
Time: (30-45) minutes.
Comments: The test can be administered in paper-and-pencil format or by computer.
Author: Josep M. Roig-Fusté.
Publisher: MTR Psicológica.
Spanish Components: All materials are in Spanish.
English Components: There are no materials in English.

[503e]

Prueba de Destrezas Básicas.

Purpose: Designed to be used for hiring employees in certain positions.
Origin: Puerto Rico/Spanish.
Population: Adults seeking employment and/or government services.
Norms: Norms information is not provided.
Publication Date: 2023.
Acronym: PDB.
Administration: Individual or group.
Price Data: Available from the publisher.
Comments: Administered and scored online.
Author: Gabriel Cirino Gerena.
Publisher: Test Innovations, Inc.
Spanish Components: All materials are in Spanish.
English Components: There are no materials in English.

a) READING COMPREHENSION TEST.
Scores, 3: Contextual Vocabulary, Interpreting Information, Identifying the Central Idea.
Time: Approximately 45 minutes.
b) CALCULATION TEST.
Scores, 5: Addition and Subtraction, Calculating With Formulas, Multiplication in Series, Percents, Fractions and Decimals.
Time: Approximately 60 minutes.
c) ENGLISH TEST.
Scores, 3: Contextualized Grammar, Word Order, Reading Comprehension.
Time: Approximately 60 minutes.

[504e]

Prueba de Exploración Cambridge para la Valoración de los Trastornos Mentales en Adultos con Síndrome de Down o con Discapacidad Intelectual.

Original Name: The Cambridge Examination for Mental Disorders of Older People with

Syndrome and Others with Intellectual Disabilities (Cambridge University Press).
Propósito: Diseñado para "facilitar el diagnostico de demencia y de otros trastornos mentales y físicos en las personas con discapacidad intelectual en edades avanzadas".
Procedencia: Reino Unido (2006)/inglés.
Traducción/Adaptación: Los ítems de la prueba fueron traducidos y retrotraducidos; también se han cambiado ciertas referencias culturales y políticas.
Población: Adultos a partir de los 30 años aproximadamente con síndrome de Down o con alguna discapacidad intelectual leve o moderada.
Baremos: Se han provisto baremos con la adaptación al español. Los baremos se desarrollaron utilizando una muestra con 146 participantes, distribuidos por sexo, etiología y nivel de discapacidad intelectual.
Fecha de Publicación: 2013.
Acrónimo: CAMDEX-DS.
Puntuación, 15: Orientación, Lenguaje (Comprensión, Expresión, Total), Memoria (Nuevo Aprendizaje, Remota, Reciente, Total), Atención, Praxis (Dibujar/Copiar, Acción Motora, Total), Pensamiento Abstracto, Percepción, Total.
Administración: Individual.
Precios, 2022: €191,86 por juego completo, incluyendo manual (2013, 95 páginas), 25 cuadernillos de anotación y cuaderno de estímulos; €103,76 por 25 cuadernillos de anotación.
Duración: 35-60 minutos, dependiendo en el nivel de discapacidad intelectual.
Comentarios: El inventario CAMDEX-DS está dividido en las siguientes secciones: una entrevista estructurada con un informante (familia o cuidador) y una evaluación directa del paciente que consta de una breve entrevista clínica estructurada y una breve batería neuropsicológica (CAMCOG-DS), cuyas puntuaciones se especifican en la lista de arriba.
Autores: Sarah Ball, Tony Holland, Felicia A. Huppert, Peter Treppner y Karen Dodd.
Traductores/Adaptadores: Susanna Esteba-Castillo, Ramon Novell i Alsina, Marta Vilà i Alsina y Núria Ribas i Vidal.
Editorial: Hogrefe TEA Ediciones.
Componentes en Español: Todos los materiales son en español.
Componentes en Inglés: No hay materiales en inglés en esta versión.

[505s]

Prueba de Exploración Cambridge Revisada para la Valoración de los Trastornos Mentales en la Vejez.

Nombre Original: The Cambridge Examination for Mental Disorders of the Elderly–Revised (Cambridge University Press).

Down's Syndrome and Others with Intellectual Disabilities (Cambridge University Press).
Purpose: Designed to help diagnose dementia and other mental and physical disorders in older individuals with intellectual disabilities.
Origin: United Kingdom (2006)/English.
Translation/Adaptation: Test items were translated and back translated; in addition, some items' cultural and political references were changed.
Population: Adults approximately 30 years of age and older who have Down syndrome or some mild to moderate intellectual disabilities.
Norms: Separate norms are provided with the Spanish adaptation. Norms were developed using a sample of 146 participants, distributed by gender, etiology, and level of intellectual disability.
Publication Date: 2013.
Acronym: CAMDEX-DS.
Scores, 15: Orientation, Language (Comprehension, Expression, Total), Memory (New Learning, Remote, Recent, Total), Attention, Praxis (Draw/Copy, Motor Action, Total), Abstract Thought, Perception, Total.
Administration: Individual.
Price Data, 2022: €191.86 per complete kit, including manual (2013, 95 pages), 25 record booklets, and stimulus book; €103.76 per 25 record booklets.
Time: 35-60 minutes, depending on the level of intellectual disability.
Comments: The CAMDEX-DS inventory is divided into the following sections: structured interview with an informant (relative or caregiver) and direct patient evaluation that includes a brief neuropsychological battery (CAMCOG-DS). The CAMCOG-DS yields the scores listed above.
Authors: Sarah Ball, Tony Holland, Felicia A. Huppert, Peter Treppner, and Karen Dodd.
Translators/Adaptors: Susanna Esteba-Castillo, Ramon Novell i Alsina, Marta Vilà i Alsina, and Núria Ribas i Vidal.
Publisher: Hogrefe TEA Ediciones.
Spanish Components: All materials are in Spanish.
English Components: There are no English materials in this version.

[505e]

Prueba de Exploración Cambridge Revisada para la Valoración de los Trastornos Mentales en la Vejez.

Original Name: The Cambridge Examination for Mental Disorders of the Elderly–Revised (Cambridge University Press).

Propósito: "Entrevista estandarizada y estructurada diseñada para el diagnóstico de las enfermedades mentales, y especialmente de las demencias, propias de la edad avanzada".
Procedencia: United Kingdom (1988-1998)/inglés.
Traducción/Adaptación: La versión española tiene cinco ítems más que la versión original en inglés. "La inclusión de estos ítems ha sido necesaria para que estuvieran incorporados los ítems de [la adaptación española] del Examen Cognoscitivo Mini-Mental". Se han adaptado o sustituido, además, los ítems que, por las diferencias existentes entre las culturas anglosajona y española (tales como referencias a la Reina de Inglaterra en vez del Rey de España), impedían un buen rendimiento de los mismos si se suministraban a sujetos de cultura latina.
Población: Adultos ancianos.
Baremos: No se han provisto baremos para la versión en español.
Fechas de Publicación: 2003-2015.
Acrónimo: CAMDEX-R.
Puntuación: Consulte el manual para información completa sobre la puntuación.
Administración: Individual.
Precios, 2022: €196,49 por juego completo, incluye manual (2015, 97 páginas), 25 cuadernillos de anotación y cuaderno de estímulos; €104,97 por 25 cuadernillos de anotación.
Duración: (80) minutos.
Autores: Martin Roth, Felicia A. Huppert, C. Q. Mountjoy y Elizabeth Tym.
Traductor/Adaptador: S. López-Pousa.
Editorial: Hogrefe TEA Ediciones.
Componentes en Español: Todos los materiales son en español.
Componentes en Inglés: No hay materiales en inglés en esta versión.

Purpose: Structured and standardized interview designed to establish diagnoses of mental illnesses, especially dementia, commonly seen among the elderly.
Origin: United Kingdom (1988-1998)/English.
Translation/Adaptation: The Spanish version has five more items than the original English version. The inclusion of these items was necessary in order to incorporate the items from the Spanish adaptation of the Mini-Mental State Examination. In addition, items were adapted or substituted if, due to differences between the Anglo-Saxon and Spanish cultures (such as references to the Queen of England instead of to the King of Spain), they would prevent good performance if administered to members of the Latinx culture.
Population: Elderly adults.
Norms: Separate norms are not provided for the Spanish version.
Publication Dates: 2003-2015.
Acronym: CAMDEX-R.
Scores: Consult test manual for scoring information.
Administration: Individual.
Price Data, 2022: €196.49 per complete kit, including manual (2015, 97 pages), 25 record booklets, and stimulus book; €104.97 per 25 record booklets.
Time: (80) minutes.
Authors: Martin Roth, Felicia A. Huppert, C. Q. Mountjoy, and Elizabeth Tym.
Translator/Adaptor: S. López-Pousa.
Publisher: Hogrefe TEA Ediciones.
Spanish Components: All materials are in Spanish.
English Components: There are no English materials in this version.

[506s]

Prueba de Frases Incompletas con Aplicación a la Industria.

Propósito: Diseñado para la evaluación de la personalidad pertinente para la selección y evaluación de personal.
Procedencia: México/español.
Población: Adultos.
Baremos: No es una prueba de referencia normativa.
Fecha de Publicación: 1988.
Acrónimo: FIGS.
Puntuación, 4: Responsabilidad (Percepción/Significado de la Empresa, Ante Situaciones Inesperadas, Total), Relaciones Interpersonales (Ante el Padre, Ante la Madre, Ante la Familia, Hacia la(el) esposa(o) o novia(o), Ante la Autoridad, Hacia las Personas Externas, Total), Motivaciones (Necesidades Afiliativas,

[506e]

Prueba de Frases Incompletas con Aplicación a la Industria.

Purpose: Designed for the evaluation of personality relevant to the selection and evaluation of personnel.
Origin: Mexico/Spanish.
Population: Adults.
Norms: Test is not norm referenced.
Publication Date: 1988.
Acronym: FIGS.
Scores, 4: Responsibility (Perception/Meaning of the Company, Faced With Unexpected Situations, Total), Interpersonal Relations (Toward Father, Toward Mother, Toward Family, Toward Significant Other, Toward Authority, Toward Others, Total), Motivations (Affiliative Needs,

Ante Intereses Fundamentales, Ante el Trabajo, Ante Logros y Frustraciones, Metas u Objetivos, Total), Concepto de Sí Mismo (Rasgos y Tendencias Características, Percepción de sus Habilidades, Temores, Ante el Sexo, Total).
Administración: Individual o colectiva.
Precios, 2022: USD$53 por prueba completa, incluye folleto de aplicación y hoja de calificación.
Duración: 30 minutos.
Autores: Jaime A. Grados E. y Elda Sánchez Fernández.
Editorial: Editorial El Manual Moderno, S.A. de C.V.
Componentes en Español: Todos los materiales son en español.
Componentes en Inglés: No hay materiales en inglés.

[507s]

Prueba de Habilidades Académicas Iniciales.

Nombre Original: Young Children's Achievement Test (PRO-ED).
Propósito: Diseñado para medir los niveles de éxito de niños hispanohablantes preescolares y en kindergarten y el primer grado con respeto a las aptitudes y habilidades que aseguren suceso escolar.
Procedencia: Estados Unidos (2000)/inglés.
Traducción/Adaptación: Para crear la versión en español, se llevó a cabo cambios en el vocabulario y contenido de los ítems de la prueba para reflejar la cultura y el lenguaje de los niños que hablan español en México.
Población: Edades 4-0 a 7-11.
Baremos: Se han provisto baremos con la versión en español. Los baremos se desarrollaron utilizando una muestra con 650 participantes de México, distribuidos por edad, sexo, ingreso familiar, tipo de residencia (urbano o rural) y región geográfica.
Fechas de Publicación: 2004-2006.
Acrónimo: PHAI.
Puntuación, 6: Información General, Lectura, Matemáticas, Escritura, Lenguaje Oral, Compuesto de Aprovechamiento.
Administración: Individual.
Precios, 2023: $173 por juego completo, incluye el manual del examinador (2006, 89 páginas, inglés), libro de fotos (2004, 48 páginas), 15 formularios de respuesta del estudiante y 15 cuadernillos de prueba; $18 por 15 formularios de respuesta del estudiante; $39 por 15 cuadernillos de prueba.
Duración: (25-45) minutos.
Comentarios: La casa editorial de la prueba indica que es necesario que el examinador domine el español con conocimiento de y habilidad hablada en el dialecto español apropiado.

Faced With Fundamental Interests, Faced With Work, Faced With Achievements and Frustrations, Goals or Objectives, Total), Concept of Self (Traits and Characteristic Tendencies, Perception of One's Abilities, Fears, Toward Sex, Total).
Administration: Individual or group.
Price Data, 2022: USD$53 per complete kit, including administration booklet and rating sheets.
Time: 30 minutes.
Authors: Jaime A. Grados E. and Elda Sánchez Fernández.
Publisher: Editorial El Manual Moderno, S.A. de C.V.
Spanish Components: All materials are in Spanish.
English Components: There are no materials in English.

[507e]

Prueba de Habilidades Académicas Iniciales.

Original Name: Young Children's Achievement Test (PRO-ED).
Purpose: Designed to "measure the achievement levels of preschool, kindergarten, and first-grade Spanish-speaking children with respect to those skills and abilities that ensure success in school."
Origin: United States (2000)/English.
Translation/Adaptation: To create the Spanish version, vocabulary and test item content was changed to reflect the culture and language of Spanish-speaking children in Mexico.
Population: Ages 4-0 to 7-11.
Norms: Separate norms are provided with the Spanish version. Norms were developed using a sample of 650 participants from Mexico, distributed by age, gender, family income, type of residence (urban or rural), and geographic region.
Publication Dates: 2004-2006.
Acronym: PHAI.
Scores, 6: General Information, Reading, Mathematics, Writing, Spoken Language, Early Achievement Composite.
Administration: Individual.
Price Data, 2023: $173 per complete kit, including examiner's manual (2006, 89 pages, English), picture book (2004, 48 pages), 15 student response forms, and 15 test booklets; $18 per 15 student response forms; $39 per 15 test booklets.
Time: (25-45) minutes.
Comments: The test publisher specifies that the test administrator must be fluent in Spanish with knowledge of and speaking ability in the appropriate Spanish dialect.

Autores: Wayne P. Hresko, Pamela K. Peak, Shelley R. Herron y Deanna L. Bridges.
Traductores/Adaptadores: Margarita Ramos, Wayne P. Hresko y Jorge Ramos.
Editorial: PRO-ED Latinoamérica.
Componentes en Español: El formulario de respuesta del estudiante, el cuadernillo de prueba con instrucciones para el examinado y información sobre puntuación y el libro de dibujos son en español.
Componentes en Inglés: El manual del examinador es en inglés.

[508s]

Prueba de Imaginación Creativa para Adultos.

Propósito: Diseñado como "evaluación de la creatividad narrativa y gráfica".
Procedencia: España/español.
Población: Edades 18 en adelante.
Baremos: Los baremos se desarrollaron utilizando una muestra con 498 participantes de varias comunidades autónomas de España, distribuidos por edad, sexo, estudiante universitario o profesional y especialidad de estudio.
Fecha de Publicación: 2012.
Acrónimo: PIC-A.
Puntuación, 10: Fantasía, Fluidez, Flexibilidad, Originalidad Narrativa, Originalidad Gráfica, Elaboración, Detalles Especiales, Título, Creatividad Narrativa, Creatividad Gráfica, Creatividad General.
Administración: Individual o colectiva.
Precios, 2022: €104,57 por juego completo, incluye manual (2012, 135 páginas), 25 cuadernillos de corrección y 25 ejemplares; €97,41 por 25 ejemplares y 25 cuadernillos de corrección.
Duración: (45) minutos.
Autores: Teresa Artola, Jorge Barraca, Pilar Mosteiro, Isabel Ancillo, Belén Poveda y Natalia Sánchez.
Editorial: Hogrefe TEA Ediciones.
Componentes en Español: Todos los materiales son en español.
Componentes en Inglés: No hay materiales en inglés.

[509s]

Prueba de Imaginación Creativa para Jóvenes.

Propósito: Diseñado para evaluar la creatividad narrativa y gráfica.
Procedencia: España/español.
Población: Edades 12-18
Baremos: Los baremos se desarrollaron utilizando una muestra con 600 estudiantes de nueve centros educativos de varias comunidades autónomas en España.

Authors: Wayne P. Hresko, Pamela K. Peak, Shelley R. Herron, and Deanna L. Bridges.
Translators/Adaptors: Margarita Ramos, Wayne P. Hresko, and Jorge Ramos.
Publisher: PRO-ED Latinoamerica.
Spanish Components: The student response form, test booklet with instructions to test taker and scoring criteria, and picture book are in Spanish.
English Components: The examiner's manual is in English.

[508e]

Prueba de Imaginación Creativa para Adultos.

Purpose: Designed to evaluate narrative and graphic creativity.
Origin: Spain/Spanish.
Population: Ages 18 and over.
Norms: Norms were developed using a sample of 498 participants from various autonomous communities in Spain, distributed by age, gender, university students or professionals, and major of study.
Publication Date: 2012.
Acronym: PIC-A.
Scores, 10: Fantasy, Smoothness, Flexibility, Narrative Originality, Graphic Originality, Elaboration, Special Details, Title, Narrative Creativity, Graphic Creativity, General Creativity.
Administration: Individual or group.
Price Data, 2022: €104.57 per complete kit including manual (2012, 135 pages), 25 test booklets, and 25 scoring booklets; €97.41 per 25 test booklets and 25 scoring booklets.
Time: (45) minutes.
Authors: Teresa Artola, Jorge Barraca, Pilar Mosteiro, Isabel Ancillo, Belén Poveda, and Natalia Sánchez.
Publisher: Hogrefe TEA Ediciones.
Spanish Components: All materials are in Spanish.
English Components: There are no materials in English.

[509e]

Prueba de Imaginación Creativa para Jóvenes.

Purpose: Designed to evaluate narrative and graphic creativity.
Origin: Spain/Spanish.
Population: Ages 12-18.
Norms: Norms were developed using a sample of 600 students from nine schools in several autonomous communities in Spain.

Fechas de Publicación: 2008-2022.
Acrónimo: PIC-J.
Puntuación, 10: Fluidez, Flexibilidad, Originalidad Narrativa, Creatividad Narrativa, Originalidad Gráfica, Elaboración, Título, Detalles Especiales, Creatividad Gráfica, Creatividad General.
Administración: Individual o colectiva.
Precios, 2022: €107,71 por manual (2022, segunda edición revisada, 114 páginas), 25 cuadernillos de corrección y 25 ejemplares; €86,82 por 25 cuadernillos de corrección y 25 ejemplares.
Duración: Aproximadamente 45 minutos.
Autores: T. Artola, J. Barraca, C. Martín, P. Mosteiro, I. Ancillo y B. Poveda.
Editorial: Hogrefe TEA Ediciones.
Componentes en Español: Todos los materiales son en español.
Componentes en Inglés: No hay materiales en inglés.

[510s]

Prueba de Imaginación Creativa para Niños.

Propósito: Diseñado para evaluar la creatividad narrativa y gráfica.
Procedencia: España/español.
Población: Edades 8-12.
Baremos: Los baremos se desarrollaron utilizando una muestra con 637 estudiantes de cinco colegios de varias comunidades autónomas en España.
Fechas de Publicación: 2004-2010.
Acrónimo: PIC-N.
Puntuación, 11: Fluidez, Flexibilidad, Originalidad Narrativa, Creatividad Narrativa, Originalidad Gráfica, Elaboración, Sombras y Color, Título, Detalles Especiales, Creatividad Gráfica, Creatividad General.
Administración: Individual o colectiva.
Precios, 2022: €103,14 por manual (2010; segunda edición, revisada y ampliada; 80 páginas), 25 cuadernillos de corrección y 25 ejemplares; €69,88 por 25 cuadernillos de corrección y 25 ejemplares.
Duración: Aproximadamente 40 minutos.
Autores: Isabel Ancillo, Teresa Artola, Jorge Barraca y Pilar Mosteiro.
Editorial: Hogrefe TEA Ediciones.
Componentes en Español: Todos los materiales son en español.
Componentes en Inglés: No hay materiales en inglés.

[511s]

Prueba de Lenguaje Oral Navarra Revisada.

Propósito: Diseñado para "la detección rápida o screening del desarrollo de lenguaje oral".

Publication Dates: 2008-2022.
Acronym: PIC-J.
Scores, 10: Fluidity, Flexibility, Narrative Originality, Narrative Creativity, Graphic Originality, Elaboration, Title, Special Details, Graphical Creativity, General Creativity.
Administration: Individual or group.
Price Data, 2022: €107.71 per manual (2022, second edition revised, 114 pages), 25 scoring booklets, and 25 test booklets; €86.82 per 25 scoring booklets and 25 test booklets.
Time: Approximately 45 minutes.
Authors: T. Artola, J. Barraca, C. Martín, P. Mosteiro, I. Ancillo, and B. Poveda.
Publisher: Hogrefe TEA Ediciones.
Spanish Components: All materials are in Spanish.
English Components: There are no materials in English.

[510e]

Prueba de Imaginación Creativa para Niños.

Purpose: Designed as an evaluation of narrative and graphic creativity.
Origin: Spain/Spanish.
Population: Ages 8-12.
Norms: Norms were developed using a sample of 637 students from five schools in several autonomous communities in Spain.
Publication Dates: 2004-2010.
Acronym: PIC-N.
Scores, 11: Fluidity, Flexibility, Narrative Originality, Narrative Creativity, Graphic Originality, Elaboration, Shades and Color, Title, Special Details, Graphic Creativity, General Creativity.
Administration: Individual or group.
Price Data, 2022: €103.14 per manual (2010; second edition, revised and expanded; 80 pages), 25 scoring booklets, and 25 test booklets; €69.88 per 25 scoring booklets and 25 test booklets.
Time: Approximately 40 minutes.
Authors: Isabel Ancillo, Teresa Artola, Jorge Barraca, and Pilar Mosteiro.
Publisher: Hogrefe TEA Ediciones.
Spanish Components: All materials are in Spanish.
English Components: There are no materials in English.

[511e]

Prueba de Lenguaje Oral Navarra Revisada.

Purpose: Designed as a test for rapid detection or screening of oral language development.

Procedencia: España/español.
Población: Edades 3-6.
Baremos: Los baremos se desarrollaron utilizando una muestra con 826 niños de diferentes colegios de varias zonas geográficas de España, distribuidos por edad.
Fechas de Publicación: 2004-2005.
Acrónimo: PLON-R.
Administración: Individual.
Niveles, 4: 3 Años, 4 Años, 5 Años, 6 Años.
Precios, 2022: €196,49 por juego completo, incluye manual (2005, segunda edición, 74 páginas), 10 cuadernillos de anotación para cada nivel, cuaderno de estímulos, láminas y fichas; €94,42 por cuaderno de estímulos; €43,86 por 25 cuadernos de anotación (para un nivel).
Duración: (10-12) minutos.
Autores: Gloria Aguinaga, María L. Armentia, Ana Fraile, Pedro Olangua y Nicolás Uriz.
Editorial: Hogrefe TEA Ediciones.
Componentes en Español: Todos los materiales son en español.
Componentes en Inglés: No hay materiales en inglés.

a) 3 AÑOS.
Puntuación, 17: Forma [Fonología, Morfología-Sintaxis (Repetición de Frases, Expresión Verbal Espontánea, Total), Forma Total], Contenido [Léxico (Nivel Comprensivo, Nivel Expresivo, Total), Identificación de Colores, Relaciones Espaciales, Partes del Cuerpo, Acciones Básicas, Contenido Total], Uso [Expresión Espontánea Ante una Lámina, Interacción Espontánea a lo Largo de la Prueba, Uso Total], Puntuación Total PLON-R.

b) 4 AÑOS.
Puntuación, 17: Forma [Fonología, Morfología-Sintaxis (Repetición de Frases, Expresión Verbal Espontánea, Total), Forma Total], Contenido [Léxico (Nivel Comprensivo, Nivel Expresivo, Total), Identificación de Colores, Relaciones Espaciales, Opuestos, Necesidades Básicas, Contenido Total], Uso [Expresión Espontánea Ante una Lámina, Interacción Espontánea Rompecabezas, Uso Total], Puntuación Total PLON-R.

c) 5 AÑOS.
Puntuación, 17: Forma [Fonología, Morfología-Sintaxis (Repetición de Frases, Expresión Verbal Espontánea, Total), Forma Total], Contenido [Categorías, Acciones, Partes del Cuerpo, Ordenes Sencillas, Definición por el Uso (Nivel Comprensivo, Nivel Expresivo, Total), Contenido Total], Uso [Expresión Espontánea Ante una Lámina, Interacción Espontánea Rompecabeza, Uso Total], Puntuación Total PLON-R.

d) 6 AÑOS.
Puntuación, 17: Forma [Fonología, Morfología (Pronombre "la Suya," Pronombre "Contigo") Sintaxis, Total], Contenido (Tercio Excluso, Contrarios, Categorías, Definición de Palabras, Total), Uso (Absurdos de Contenido y Forma, Comprensión Metáfora, Ordenar y Relatar, Comprensión y Adaptación, Planificación, Uso Total), Puntuación Total PLON-R.

Origin: Spain/Spanish.
Population: Ages 3-6.
Norms: Norms were developed using a sample of 826 children from different schools in various geographic regions of Spain, distributed by age.
Publication Dates: 2004-2005.
Acronym: PLON-R.
Administration: Individual.
Levels, 4: 3 Years, 4 Years, 5 Years, 6 Years.
Price Data, 2022: €196.49 per complete kit, including manual (2005, second edition, 74 pages) 10 record booklets for each level, stimulus book, laminates, and tokens; €94.42 per stimulus book; €43.86 per 25 record booklets (for one level).
Time: (10-12) minutes.
Authors: Gloria Aguinaga, María L. Armentia, Ana Fraile, Pedro Olangua, and Nicolás Uriz.
Publisher: Hogrefe TEA Ediciones.
Spanish Components: All materials are in Spanish.
English Components: There are no materials in English.

a) 3 YEARS.
Scores, 17: Form [Phonology, Morphology-Syntax (Phrase Repetition, Spontaneous Verbal Expression, Total), Total Form], Content [Vocabulary (Comprehension Level, Expressive Level, Total), Color Identification, Spatial Relations, Parts of the Body, Basic Actions, Total Content], Use [Spontaneous Expression Before a Picture, Spontaneous Interaction Throughout the Test, Total Use], PLON-R Total Score.

b) 4 YEARS.
Scores, 17: Form [Phonology, Morphology-Syntax (Phrase Repetition, Spontaneous Verbal Expression, Total), Total Form], Content [Vocabulary (Comprehension Level, Expressive Level, Total), Color Identification, Spatial Relations, Opposites, Basic Necessities, Total Content], Use [Spontaneous Expression Before a Picture, Spontaneous Interaction With Puzzle, Total Use], PLON-R Total Score.

c) 5 YEARS.
Scores, 17: Form [Phonology, Morphology-Syntax (Phrase Repetition, Spontaneous Verbal Expression, Total), Total Form], Content [Categories, Actions, Parts of the Body, Simple Directions, Definition for Use (Comprehension Level, Expressive Level, Total), Total Content], Use [Spontaneous Expression Before a Picture, Spontaneous Interaction With Puzzle, Total Use], PLON-R Total Score.

d) 6 YEARS.
Scores, 17: Form [Phonology, Morphology ("la Suya" Pronoun, "Contigo" Pronoun), Syntax, Total Form], Content (Object Doesn't Belong, Antonyms, Categories, Word Definition, Total Content), Use (Absurd Content and Form, Metaphor Comprehension, Order and Relate, Comprehension and Adaptation, Planning, Total Use), PLON-R Total Score.

[512s]

Pruebas de Selección de Pagador.

Propósito: Una batería de pruebas diseñado para ayudar en la selección del personal al puesto de cajero.
Procedencia: Puerto Rico/español.
Población: Candidatos(as) al puesto de cajero.
Baremos: No se provee información sobre baremos.
Fecha de Publicación: 2023.
Acrónimo: PSPR.
Administración: Individual o colectiva.
Precios: Disponibles con la casa editorial.
Duración: Tiempo máximo de 38 minutos por la batería completa.
Comentarios: Se administra y se corrige en línea; se puede comprar la Prueba Rapidez de Cotejo por separado.
Autor: Gabriel Cirino Gerena.
Editorial: Test Innovations, Inc.
Componentes en Español: Todos los materiales son en español.
Componentes en Inglés: No hay materiales en inglés.

a) PRUEBA PAGADOR RECEPTOR INTEGRADA.
Propósito: Diseñado para "evaluar la capacidad de razonar y el potencial de aprendizaje" además de "la capacidad de realizar estimaciones de cómputos sencillos con rapidez".

1) *Habilidad General.*
Puntuación, 2: Vocabulario en Contexto, Comprensión de Lectura.
Duración: 15 minutos.

2) *Estimación Aritmética.*
Puntuación, 3: Suma, Suma y Resta, Por Cientos de Intereses.
Duración: Tiempo máximo de 20 minutos.

b) PRUEBA RAPIDEZ DE COTEJO.
Propósito: Diseñado para medir la capacidad de cotejar estímulos verbales y numéricos con rapidez y precisión.
Puntuación: Puntuación total solamente.
Duración: Tiempo máximo de 3 minutos.

[513s]

Psychological Capital Questionnaire.

Propósito: Diseñado para medir el capital psicológico de un individuo.
Procedencia: Estados Unidos/inglés.
Traducción/Adaptación: La editorial indica que existen varias traducciones de calidad variable, algunas de las cuales están disponibles de la casa editorial/distribuidor; no se provee información en los materiales de la prueba sobre el proceso de traducción/adaptación.
Población: Adultos trabajadores.
Baremos: No se han provisto baremos con los formularios traducidos al español.
Fechas de Publicación: 2007-2014.
Acrónimo: PCQ.
Puntuación, 5: Esperanza, Eficacia, Resiliencia, Optimismo, Capital Psicológico Total.

[512e]

Pruebas de Selección de Pagador.

Purpose: A battery of tests designed to help in the selection of personnel to the bank teller position.
Origin: Puerto Rico/Spanish.
Population: Applicants for a bank teller position.
Norms: Norms information is not provided.
Publication Date: 2023.
Acronym: PSPR.
Administration: Individual or group.
Price: Available from publisher.
Time: Maximum time of 38 minutes for complete battery.
Comments: Administered and scored online; the Rapid Comparison Test can be purchased separately.
Author: Gabriel Cirino Gerena.
Publisher: Test Innovations, Inc.
Spanish Components: All materials are in Spanish.
English Components: There are no materials in English.

a) INTEGRATED BANK TELLER TEST.
Purpose: Designed to evaluate thinking ability and learning potential as well as the ability to quickly make simple computational estimates.

1) *General Ability.*
Score, 2: Contextual Vocabulary, Reading Comprehension.
Time: 15 minutes.

2) *Arithmetic Estimation.*
Scores, 3: Addition, Addition and Subtraction, Interest Percentages.
Time: Maximum time of 20 minutes.

b) RAPID COMPARISON TEST.
Purpose: Designed to assess the ability to compare words and numbers with speed and precision.
Score: Total score only.
Time: Maximum time of 3 minutes.

[513e]

Psychological Capital Questionnaire.

Purpose: Designed to "measure an individual's psychological capital."
Origin: United States/English.
Translation/Adaptation: Test publisher indicates that various translations of varying quality exist, some of which are available from the publisher/distributor; there is no information in the test materials about the translation/adaptation process.
Population: Working adults.
Norms: Separate norms are not provided with the forms translated to Spanish.
Publication Dates: 2007-2014.
Acronym: PCQ.
Scores, 5: Hope, Efficacy, Resilience, Optimism, Overall Psychological Capital.

Administración: Individual o colectiva.
Formularios, 3: Auto-Reporte, Reporte, Auto-Reporte Corto.
Precios, 2022: $50 por manual digital (41 páginas); $60 por manual impreso; $75 por Reporte Multi-Calificador; $200 por Reporte de Grupo; $100 por Guía de Entrenador para Desarrollo Capital Psicológico; $15 por Reporte Individual: Auto Formulario; $20 por Reporte Sobre Mi: Auto Formulario; $200 por Reporte de Grupo: Auto Formulario; $2 por la licencia remota de la encuesta en línea (compra mínima de 50); $2 por licencia para reproducir (compra mínima de 50).
Duración: [10-15] minutos.
Autores: Fred Luthans, Bruce J. Avolio y James B. Avey.
Traductores/Adaptadores: Fred Luthans, Bruce J. Avolio y James B. Avey.
Editorial: Mind Garden, Inc.
Componentes en Español: Los formularios Auto-Reporte y Reporte y sus instrucciones correspondientes están disponibles en español.
Componentes en Inglés: Todos los materiales están disponibles en inglés también; el manual es en inglés.
Referencias Cruzadas: Para reseñas por Kate Hattrup y por Doug Leigh y Zecca Lehn de los componentes en inglés de esta prueba, consulte 21:125.

Administration: Individual or group.
Forms, 3: Self-Rater, Rater, Self-Rater Short.
Price Data, 2022: $50 per digital manual (41 pages); $60 per print manual; $75 per Multi-rater Report; $200 per Group Report: Multi-rater; $100 per Trainer's Guide for Developing Psychological Capital; $15 per Individual Report: Self Form; $20 per Report About Me: Self Form; $200 per Group Report: Self Form; $2 per remote online survey license (minimum purchase of 50); $2 per license to reproduce (minimum purchase of 50).
Time: [10-15] minutes.
Authors: Fred Luthans, Bruce J. Avolio, and James B. Avey.
Translators/Adaptors: Fred Luthans, Bruce J. Avolio, and James B. Avey.
Publisher: Mind Garden, Inc.
Spanish Components: The Self-Rater and Rater forms and their corresponding instructions are available in Spanish.
English Components: All materials are also available in English; the manual is in English.
Cross References: For reviews by Kate Hattrup and by Doug Leigh and Zecca Lehn of this test's English components, see 21:125.

[514s]

Quick Interactive Language Screener™: English-Spanish.

Propósito: Diseñado para evaluar si los niños que están expuestos al inglés y al español están progresando apropiadamente en el lenguaje para su grupo de edad.
Procedencia: Estados Unidos/inglés y español.
Traducción/Adaptación: Un equipo de desarrollo revisó la literatura existente sobre el desarrollo del idioma bilingüe de los niños para generar los ítems, escogiendo ítems que fueron igualmente importantes en la adquisición del español y el inglés. Para la sección español, el equipo eligió ítems que eliminarían el sesgo para los hablantes de dialécticos españoles particulares. Varias rondas de pruebas pilota durante el desarrollo de ítems ayudaron a garantizar la idoneidad del lenguaje y la edad. El Cuestionario sobre el lenguaje usado es una adaptación, modificación y traducción de los ítems del Home Survey, que se usa ampliamente en investigaciones sobre familias de habla hispana. Un equipo de desarrollo seleccionó y modificó siete preguntas de los 12 ítems del lenguaje hablado del Home Survey y usó estas versiones adaptadas con una rúbrica de corrección similar a la utilizada en el original Home Survey.
Población: Niños bilingües en inglés y español de edades 3-0 a 5-11.
Baremos: Los baremos se desarrollaron utilizando una muestra con 362 niños, distribuidos por edad, género y estatus socioeconómico.

[514e]

Quick Interactive Language Screener™: English-Spanish.

Purpose: "Designed to evaluate whether children who are exposed to English and Spanish are making appropriate language progress for their age group."
Origin: United States/English and Spanish.
Translation/Adaptation: A development team reviewed literature on children's bilingual language development to generate test items, choosing items that were equally important in the acquisition of Spanish and English. For the Spanish section, the team chose items that would eliminate bias for speakers of particular Spanish dialects. Several rounds of pilot testing during item development helped ensure language and age appropriateness. "The Language Questionnaire is an adaptation, modification, and translation of items from the Home Survey," which is "widely used in research on Spanish-speaking families." "The development team selected and modified seven questions from the 12 spoken language items of the Home Survey and used these adapted versions with a scoring rubric similar to that used in the original Home Survey."
Population: Spanish-English bilingual children ages 3-0 to 5-11.
Norms: Norms were developed using a sample of 362 children, distributed by age, gender, and socioeconomic status.

Fecha de Publicación: 2021.
Acrónimo: QUILS™: ES.
Puntuación, 7: Vocabulario (inglés), Sintaxis (inglés), Proceso (inglés), Vocabulario (español), Sintaxis (español), Proceso (español), Total.
Administración: Individual.
Partes: 2 secciones (inglés, español).
Precios, 2022: $139.95 por suscripción anual incluso el acceso al tamizaje, reportes de estudiantes, reportes de padres, reportes de grupos, manual de usuario digital (2021, 197 páginas), guía de inicio rápido, cuestionario de idiomas y actividades y consejos lingüísticos; $29.95 por manual del usuario (digital).
Duración: 15-20 minutos para administrar cada sección.
Comentarios: Administrado a través de pantalla táctil o computadora y calificado en línea; el administrador debe asegurarse de que el estudiante puede usar el mouse para indicar una respuesta si la prueba se administra en un aparato que no tiene una pantalla táctil; datos de baremos fueron completado en aparatos de pantalla táctil. El cuestionario de idioma es completado por el padre/la madre o cuidador(a) principal antes de la evaluación para determinar la elegibilidad para el QUILS™: ES y para determinar cuál sección debe administrarse primero (inglés o español). Si un/a estudiante muestra competencia en inglés solamente, el Quick Interactive Language Screener™ que está diseñado para hablantes monolingües de inglés, es probablemente el tamiz más apropiado para usar. Fluidez en inglés o español no se requiere de el/la administrador(a) de exámenes. La editorial de prueba no recomienda administrar secciones en inglés y español de forma consecutiva, sino en sesiones separadas (idealmente en días consecutivos, pero las sesiones pueden estar separadas por hasta 2 semanas).
Autores: Aquiles Iglesias, Jill de Villiers, Roberta Michnick Golinkoff, Kathy Hirsh-Pasek y Mary Sweig Wilson.
Editorial: Paul H. Brookes Publishing Co., Inc.
Componentes en Español: El cuestionario sobre el lenguaje usado y los ítems de prueba y sus instrucciones de administración correspondientes en la sección español son en español.
Componentes en Inglés: El cuestionario sobre el lenguaje usado está disponible en inglés también; los ítems de prueba y sus instrucciones de administración correspondientes en la sección inglés son en inglés.

[515s]

Rating Scale of Impairment.

Propósito: Diseñado para medir limitaciones funcionales sobre una gama de áreas de la vida.
Procedencia: United States/inglés.
Traducción/Adaptación: Dos psicólogos escolares hispanohablantes tradujeron los ítems de prueba, la información demográfica y las instrucciones. Las traducciones fueron revisadas de colaboración y se

Publication Date: 2021.
Acronym: QUILS™: ES.
Scores, 7: Vocabulary (English), Syntax (English), Process (English), Vocabulary (Spanish), Syntax (Spanish), Process (Spanish), Overall.
Administration: Individual.
Parts: 2 sections (English, Spanish).
Price Data, 2022: $139.95 per annual subscription including access to screener, student reports, parent reports, group reports, digital user's manual (197 pages), quick start guide, Language Questionnaire, and language activities and tips; $29.95 per user's manual (digital).
Time: 15-20 minutes to administer each section.
Comments: Administered via touchscreen or computer and scored online; if administered on a device that does not have a touchscreen, administrator must ensure student can use the mouse to indicate an answer; norming data collected on touchscreen devices. The Language Questionnaire is completed by parent or primary caregiver prior to screening to determine eligibility for the QUILS: ES and to determine which section should be administered first (English or Spanish). "If a student shows proficiency in English only, the Quick Interactive Language Screener™, which is designed for monolingual English speakers, is likely the more appropriate screener to use." Administered via recorded audio; "fluency in either English or Spanish" is not required of test administrator. Test publisher does not recommend administering English and Spanish sections back-to-back but rather in separate sessions (ideally on consecutive days, but sessions can be separated by up to 2 weeks).
Authors: Aquiles Iglesias, Jill de Villiers, Roberta Michnick Golinkoff, Kathy Hirsh-Pasek, and Mary Sweig Wilson.
Publisher: Paul H. Brookes Publishing Co., Inc.
Spanish Components: The Language Questionnaire and the test items and corresponding administration instructions in the Spanish section are in Spanish.
English Components: The Language Questionnaire is also available in English; the test items and corresponding administration instructions in the English section are in English.

[515e]

Rating Scale of Impairment.

Purpose: "Designed to measure functional limitations across a range of life areas."
Origin: United States/English.
Translation/Adaptation: Test items, demographic information, and instructions were translated by two Spanish-speaking school psychologists. The translations were then reviewed collaboratively and

escogieron las traducciones más representativas para una retrotraducción. Luego se compararon esta retrotraducción a la original; sí tuviera un ítem varias traducciones posibles, se escogiera la versión más comprensible para una población amplia. Las traducciones fueron revisadas otra vez por los traductores en el equipo hasta que finalmente se finalizaron los formularios.
Población: Edades 5-18.
Baremos: No se han provisto baremos con los materiales traducidos al español.
Fecha de Publicación: 2016.
Acrónimo: RSI.
Administración: Individual o colectiva.
Niveles, 2: 5-12 años, 13-18 años.
Formularios, 2: Docente, Padre.
Precios, 2023: $124 por manual (216 páginas, inglés); $4.25 por formularios en línea (escoge edad).
Duración: 5-10 minutos.
Comentarios: Se puede administrar y calificar en línea.
Autores: Sam Goldstein y Jack A. Naglieri.
Traductores/Adaptadores: Monica Oganes Murray, Tulio M. Otero y Claudia Roy.
Editorial: Multi-Health Systems, Inc.
Componentes en Español: Los formularios para padres y docentes están disponibles en español.
Componentes en Inglés: Todos los materiales están disponibles en inglés también; el manual es en inglés.

a) 5-12 AÑOS.
1) *Reporte de Docente.*
Puntuación, 4: Escuela, Social, Movilidad, Total.
Duración: (5) minutos.
2) *Reporte de Padres.*
Puntuación, 6: Escuela, Social, Movilidad, Doméstico, Familia, Total.
Duración: (10) minutos.

b) 13-18 AÑOS.
1) *Reporte de Docente.*
Puntuación, 4: Escuela, Social, Movilidad, Total.
Duración: (5) minutos.
2) *Reporte de Padres.*
Puntuación, 7: Escuela/Trabajo, Social, Movilidad, Doméstico, Familia, Autocuida, Total.
Duración: (10) minutos.

Referencias Cruzadas: Para reseñas por Gerald Tindal y Gloria M. Workman de los componentes en inglés de esta prueba, consulte 21:131.

[516s]

Receptive One-Word Picture Vocabulary Test–4: Spanish-Bilingual Edition.

Propósito: Diseñado para proveer una evaluación sobre la capacidad de un individuo para parear una palabra hablada—en inglés o en español—a una ilustración de color mostrando diferentes objetos, acciones o conceptos.
Procedencia: Estados Unidos/inglés y español.
Población: Edades 2:0-70+.

the most representative translations were selected for back-translation. The back-translation was then compared to the original; if an item had several viable translations, the one that was considered to be the easiest to understand across a wide population was selected. The translations were then reviewed again by all translators, and the forms were finalized.
Population: Ages 5-18.
Norms: Separate norms are not provided with the materials translated to Spanish.
Publication Date: 2016.
Acronym: RSI.
Administration: Individual or group.
Levels, 2: 5-12 years, 13-18 years.
Forms, 2: Teacher, Parent.
Price Data, 2023: $124 per manual (216 pages, English); $4.25 per online forms (choose age).
Time: 5-10 minutes.
Comments: Can score and administer online.
Authors: Sam Goldstein and Jack A. Naglieri.
Translators/Adaptors: Monica Oganes Murray, Tulio M. Otero, and Claudia Roy.
Publisher: Multi-Health Systems, Inc.
Spanish Components: The parent report and teacher report forms are available in Spanish.
English Components: All materials are also available in English; the manual is in English.

a) 5-12 YEARS.
1) *Teacher Form.*
Scores, 4: School, Social, Mobility, Total.
Time: (5) minutes.
2) *Parent Form.*
Scores, 6: School, Social, Mobility, Domestic, Family, Total.
Time: (10) minutes.

b) 13-18 YEARS.
1) *Teacher Form.*
Scores, 4: School, Social, Mobility, Total.
Time: (5) minutes.
2) *Parent Form.*
Scores, 7: School/Work, Social, Mobility, Domestic, Family, Self-Care, Total.
Time: (10) minutes.

Cross References: For reviews by Gerald Tindal and Gloria M. Workman of this test's English components, see 21:131.

[516e]

Receptive One-Word Picture Vocabulary Test–4: Spanish-Bilingual Edition.

Purpose: Designed to provide an "assessment of an individual's ability to match a spoken word—either in Spanish or English—to an image of an object, action, or concept shown in a color illustration."
Origin: United States/English and Spanish.
Population: Ages 2:0-70+.

Baremos: Los baremos se desarrollaron utilizando una muestra representativa con 1,260 participantes bilingües hablantes del español que residen en los Estados Unidos, distribuidos por género, origen étnico, región geográfica, educación y discapacidad.
Fecha de Publicación: 2013.
Acrónimo: ROWPVT-4: SBE.
Puntuación: Puntuación total solamente.
Administración: Individual.
Precios, 2023: $220 por kit completo incluye manual (2013, 97 páginas, inglés), libro de estímulos y 25 hojas de anotación bilingües-español; $85 por manual; $45 por 25 hojas de anotación; $90 por libro de estímulos.
Duración: 20 minutos.
Comentarios: No es una prueba de lenguaje porque no evalúa sintaxis, gramática ni el contexto. Debido a que los dos idiomas [español o inglés] pueden utilizarse en la administración, la prueba permite una estimación precisa sobre el conocimiento del participante sin el efecto desproporcionado de dominio de lenguaje. Reportes de calificación y libros de estímulos disponibles en línea.
Autora: Nancy A. Martin.
Editorial: Academic Therapy Publications.
Componentes en Español: Todos los ítems de la prueba y sus instrucciones de administración están disponibles en español.
Componentes en Inglés: Todos los materiales están disponibles en inglés también; el manual es en inglés.
Referencia Cruzadas: Para una reseña por John Anderson, consulta 19:141.

Norms: Norms were developed using a representative sample of 1,260 bilingual Spanish-speaking participants residing in the United States, distributed by gender, ethnicity, geographic region, education, and disability status.
Publication Date: 2013.
Acronym: ROWPVT-4: SBE.
Scores: Total score only.
Administration: Individual.
Price Data, 2023: $220 per complete kit including manual (2013, 97 pages, English), stimulus test plates, and 25 Spanish-bilingual record forms; $85 per manual; $45 per 25 record forms; $90 per stimulus test plates.
Time: 20 minutes.
Comments: Not a language test because it does not assess syntax, grammar, or context. "Because either [Spanish or English] language can be used, an accurate estimation of a person's knowledge of the world is obtained without the undue effect of language ability." Digital score reports and digital plates available online.
Author: Nancy A. Martin.
Publisher: Academic Therapy Publications.
Spanish Components: All of the test items and their corresponding administration instructions are available in Spanish.
English Components: All materials are also available in English; the manual is in English.
Cross References: For a review by John Anderson, see 19:141.

[517s]

Repeatable Battery for the Assessment of Neuropsychological Status Update.

Propósito: Diseñado para medir la atención, el lenguaje, las capacidades visuoespaciales/constructivas y la memoria inmediata y diferida.
Procedencia: Estados Unidos/inglés.
Traducción/Adaptación: Se tradujeron los ítems verbales al español de manera literal cuando posible. Cuando una traducción literal no servía conceptualmente, se escogía lo más similar en concepto. En todos casos, se consideraron los efectos del nivel de educación y longitud de palabra. Profesionales hispanohablantes revisaron los resultados para asegurar que los ítems fuesen precisos y apropiados culturalmente.
Población: Edades 12–89 años.
Baremos: No se han provisto baremos con los materiales traducidos al español. Se llevo a cabo una investigación de equivalencia para comparar las puntuaciones de hispanohablantes con aquellos que hablan inglés para el formulario A. La muestra de equivalencia fue compuesta de 89 participantes hispanohablantes de los EE. UU., distribuidos por edad, género y nivel de educación.

[517e]

Repeatable Battery for the Assessment of Neuropsychological Status Update.

Purpose: Designed to measure "attention, language, visuospatial/constructional abilities, and immediate and delayed memory."
Origin: United States/English.
Translation/Adaptation: Verbal test items were translated to Spanish in a way that most closely represented the actual words used in English. When a literal translation did not make sense conceptually, the most conceptually similar words were chosen. "In all cases, attention to level of education effects and word length effects were taken into consideration." Spanish-speaking professionals then reviewed the information for accuracy and cultural appropriateness.
Population: Ages 12–89 years.
Norms: Separate norms are not provided with the materials translated to Spanish. An equating study was conducted to compare the scores of Spanish speakers with those of English speakers for Form A. The equating sample was composed of 89 U.S. Spanish-speaking participants, distributed by age, gender, and education level.

Fechas de Publicación: 1998–2012.
Acrónimo: RBANS Update.
Puntuación, 6: Memoria Inmediata, Visoespacial/Construcción, Lenguaje, Atención, Memoria Diferida, Escala Total.
Subpruebas, 12: Lista de Aprendizaje, Memoria de Historias, Copia de Figuras, Orientación de Líneas, Nombrar Imágenes, Fluidez Semántica, Escala de Dígitos, Codificación, Recuperación de Listas, Reconocimiento de Listas, Recuperación de Historias, Recuperación de Figuras.
Administración: Individual.
Formularios: 4 formularios paralelos: A, B, C, D.
Precios, 2022: $790.50 por RBANS Update juego combinado impreso, incluyendo libro de estímulos A-D, plantillas de calificación A-D y manual (2012, 196 páginas, inglés); $130.20 por manual digital o impreso; $135.70 por 25 formularios de registro A, B (español o inglés), C, o D (inglés).
Duración: (20-30) minutos.
Autor: Christopher Randolph.
Editorial: Pearson.
Componentes en Español: Los cuadernos de respuesta formularios A y B con sus instrucciones correspondientes están disponibles en español.
Componentes en Inglés: Todos los materiales están disponibles en inglés, también; el manual es en inglés.
Referencias Cruzadas: Para reseñas por Brian F. French y John F. Linck de los componentes en inglés de esta prueba, consulte 19:143.

Publication Dates: 1998–2012.
Acronym: RBANS Update.
Scores, 6: Immediate Memory, Visuospatial/Constructional, Language, Attention, Delayed Memory, Total Scale.
Subtests, 12: List Learning, Story Memory, Figure Copy, Line Orientation, Picture Naming, Semantic Fluency, Digit Span, Coding, List Recall, List Recognition, Story Recall, Figure Recall.
Administration: Individual.
Forms: 4 parallel forms: A, B, C, D.
Price Data, 2022: $790.50 per RBANS print update combo kit, including stimulus books A-D, coding templates A-D, and manual (2012, 196 pages, English); $130.20 per print or digital manual; $135.70 per 25 record forms A, B (Spanish or English), C, or D (English).
Time: (20-30) minutes.
Author: Christopher Randolph.
Publisher: Pearson.
Spanish Components: Form A and B response booklets and their corresponding instructions are available in Spanish.
English Components: All materials are also available in English; the manual is in English.
Cross References: For reviews by Brian F. French and John F. Linck of this test's English components, see 19:143.

[518s]

Resolución de Problemas.

Propósito: Diseñado para proveer una "medida de la rapidez y flexibilidad para realizar operaciones lógicas".
Procedencia: España/español.
Población: Adolescentes y adultos.
Baremos: Los baremos se desarrollaron utilizando una muestra de 31.848 adultos de la población general española, distribuidos por edad, actividades profesionales y región geográfica en España. Además, se desarrollaron baremos para un grupo especial utilizando una muestra de 655 adolescentes.
Fecha de Publicación: 2002.
Acrónimo: RP-30.
Puntuación: Puntuación total solamente.
Administración: Colectiva.
Precios, 2022: €55,72 por juego completo, incluye manual (2002, 35 páginas), 10 cuadernillos, 25 hojas de respuestas; €11,98 por 10 cuadernillos; €29,95 por 25 hojas de respuestas; €20,63 por manual en línea.
Duración: (17) minutos.
Comentarios: La casa editorial recomienda que se use un técnico o personal cualificado para promover una mejor comprensión de las instrucciones y el uso adecuado de los materiales.

[518e]

Resolución de Problemas.

Purpose: Designed to provide a measure of the speed and flexibility to perform logical operations.
Origin: Spain/Spanish.
Population: Adolescents and adults.
Norms: Norms were developed using a sample of 31,848 adults from the general Spanish population, distributed by age, professional activity, and geographic region within Spain. In addition, a special norms group was developed using a sample of 655 adolescents.
Publication Date: 2002.
Acronym: RP-30.
Scores: Total score only.
Administration: Group.
Price Data, 2022: €55.72 per complete kit: manual (2002, 35 pages), 10 test booklets, and 25 response sheets; €11.98 per 10 test booklets; €29.95 per 25 response sheets; €20.63 per online manual.
Time: (17) minutes.
Comments: The test publisher recommends using a trained administrator to promote better understanding of the instructions and proper use of materials.

Autor: Nicolás Seisdedos (Departamento de Investigación y Desarrollo de TEA Ediciones).
Editorial: Hogrefe TEA Ediciones.
Componentes en Español: Todos los materiales son en español.
Componentes en Inglés: Una traducción al inglés del cuadernillo de los ítems de la prueba está disponible a pedido.

[519s]

Revised Children's Manifest Anxiety Scale: Second Edition.

Propósito: Diseñado para evaluar el nivel y la naturaleza de la ansiedad en niños y adolescentes.
Procedencia: Estados Unidos/inglés.
Traducción/Adaptación: No se provee información en los materiales de la prueba sobre el proceso de traducción/adaptación.
Población: Edades 6-19.
Baremos: No se han provisto baremos con el formulario traducido al español.
Fechas de Publicación: 1985-2008.
Acrónimo: RCMAS-2.
Puntuación, 6: Índice de Respuestas Inconsistentes, Defensividad, Ansiedad Total, Ansiedad Fisiológica, Preocupación, Ansiedad Social.
Administración: Individual o colectiva.
Precios, 2023: $199 por juego completo impreso incluyendo 25 formularios AutoScore, 1 CD de audio y manual (2008, 83 páginas, inglés); $171 por juego completo en línea incluyendo 25 formularios en línea, 1 archivo en línea y manual digital (2008, 83 páginas, inglés); $117 por manual (impreso); $99 por manual digital; $70 por 25 formularios en línea (español o inglés).
Duración: (10-15) minutos.
Autores: Cecil R. Reynolds y Bert O. Richmond.
Editorial: Western Psychological Services.
Componentes en Español: Los ítems de la prueba con sus instrucciones correspondientes están disponibles en español pero se deben usar con los formularios de AutoScore en inglés.
Componentes en Inglés: Todos los materiales están disponibles en inglés, también; el manual es en inglés.
Referencias Cruzadas: Para reseñas por Gypsy M. Denzine y Margot B. Stein de los componentes en inglés de esta prueba, consulte 18:108.

[520s]

Reynolds Adolescent Depression Scale–2nd Edition.

Propósito: Diseñado para identificar una variedad de síntomas asociadas con depresión en individuos.
Procedencia: Estados Unidos (1986-2002)/inglés.

Author: Nicolás Seisdedos (TEA Ediciones Research and Development Department).
Publisher: Hogrefe TEA Ediciones.
Spanish Components: All materials are in Spanish.
English Components: An English translation of the test items booklet is available upon request.

[519e]

Revised Children's Manifest Anxiety Scale: Second Edition.

Purpose: "Designed to assess the level and nature of anxiety in children and adolescents."
Origin: United States/English.
Translation/Adaptation: No information is provided in the test materials about the translation/adaptation process.
Population: Ages 6-19.
Norms: Separate norms are not provided with the form translated to Spanish.
Publication Dates: 1985-2008.
Acronym: RCMAS-2.
Scores, 6: Inconsistent Responding Index, Defensiveness, Total Anxiety, Physiological Anxiety, Worry, Social Anxiety.
Administration: Individual or group.
Price Data, 2023: $199 per complete print kit including 25 autoscore forms, one audio CD, and manual (2008, 83 pages, English); $171 per complete online kit including 25 online forms, one online audio file, and online manual; $117 per print manual; $99 per digital manual; $70 per 25 online forms (Spanish or English).
Time: (10-15) minutes.
Authors: Cecil R. Reynolds and Bert O. Richmond.
Publisher: Western Psychological Services.
Spanish Components: Test items and their corresponding instructions are available in Spanish but must be used with the English AutoScore forms.
English Components: All materials are also available in English; the manual is in English.
Cross References: For reviews by Gypsy M. Denzine and Margot B. Stein of this test's English components, see 18:108.

[520e]

Reynolds Adolescent Depression Scale–2nd Edition.

Purpose: "Designed to identify a range of symptoms associated with depression in individuals."
Origin: United States (1986-2002)/English.

Traducción/Adaptación: Los ítems fueron traducidos al español para los EE. UU. y luego retrotraducidos al inglés por una persona que no estaba familiarizada con la versión en inglés de la prueba. La retrotraducción fue revisada por el autor y el editor para garantizar que los elementos traducidos coincidieran con el propósito y la intención de los ítems en la medida original. Los ítems también fueron revisados durante todo el proceso por un corrector profesional de habla hispana.
Población: Edades 11-20.
Baremos: No se han provisto baremos con los materiales traducidos al español.
Fecha de Publicación: 2020.
Acrónimo: RADS-2.
Puntuación, 5: Estado de Ánimo Disfórico, Anhedonia/Afecto Negativo, Autoevaluación Negativa, Quejas Somáticas, Depresión Total.
Administración: Individual o colectiva.
Precios, 2022: $246 por juego de inicio, incluye manual profesional (2002, 172 páginas, inglés), 25 cuadernillos de prueba con calificación manual y 25 formularios de resumen/perfil; $113 por manual profesional (impreso o digital); $95 por 25 cuadernillos de prueba calificables a mano; $58 por 25 formularios de resumen/perfil.
Duración: 5-10 minutos.
Comentarios: Medida de autoinforme; puede administrarse en voz alta; la hoja de calificación subyacente del cuadernillo de prueba no se ha traducido al español para permitir que los examinadores que no hablan español califiquen e interpreten fácilmente el instrumento; sin embargo, el editor de la prueba recomienda que un examinador bilingüe de habla hispana administre la prueba; el editor de la prueba también recomienda el uso de una medida de aculturación antes de la administración de cualquier medida en español.
Autor: William M. Reynolds.
Editorial: Psychological Assessment Resources, Inc.
Componentes en Español: El cuadernillo de prueba y sus instrucciones correspondientes están disponibles en español.
Componentes en Inglés: Todos los materiales están disponibles en inglés también; el manual es en inglés.
Referencias Cruzadas: Para reseñas por Kimberly A. Blair y Janet F. Carlson de los componentes in inglés de esta prueba, consulte 16:211.

[521s]

Reynolds Bully-Victimization Scales for Schools.

Propósito: Diseñado para evaluar las dimensiones de la angustia psicológica específicos a estudiantes siendo acosados.
Procedencia: Estados Unidos/inglés.
Traducción/Adaptación: Se tradujeron los formularios al español y después retrotradujeron al

Translation/Adaptation: Items were translated to Spanish for the U.S. and then back-translated into English by an individual unfamiliar with the English version of the test. "The back-translation was reviewed by the author and publisher to ensure that translated items matched the purpose and intent of the items on the original measure." Items were also reviewed throughout the process by a professional Spanish-speaking copy editor.
Population: Ages 11-20.
Norms: Separate norms are not provided with the form translated to Spanish.
Publication Date: 2020.
Acronym: RADS-2.
Scores, 5: Dysphoric Mood, Anhedonia/Negative Affect, Negative Self-Evaluation, Somatic Complaints, Depression Total.
Administration: Individual or group.
Price Data, 2022: $246 per introductory kit including professional manual (2002, 172 pages, English), 25 handscore test booklets, and 25 summary/profile forms; $113 per professional manual (print or digital); $95 per 25 handscore test booklets; $58 per 25 summary/profile forms.
Time: 5-10 minutes.
Comments: Self-report measure; may be administered aloud; the underlying scoring sheet of the test booklet has not been translated into Spanish to allow non-Spanish speaking clinicians to easily score and interpret the instrument; however, the test publisher recommends that a bilingual Spanish-speaking examiner administer the test; the test publisher also recommends the use of an acculturation measure prior to administration of any measure in Spanish.
Author: William M. Reynolds.
Publisher: Psychological Assessment Resources, Inc.
Spanish Components: The test booklet and its corresponding instructions are available in Spanish.
English Components: All materials are also available in English; the manual is in English.
Cross References: For reviews by Kimberly A. Blair and Janet F. Carlson of this test's English components, see 16:211.

[521e]

Reynolds Bully-Victimization Scales for Schools.

Purpose: Designed to evaluate "school-related violence and its impact on students."
Origin: United States/English.
Translation/Adaptation: The test forms were translated into Spanish and then back-translated into English. The back-translation was evaluated to

inglés. Se evaluó la retrotraducción para determinar si reflejara la versión original inglesa. Se aplicaron los formularios traducidos a una muestra de 104 niños y adolescentes hispanohablantes hispanoamericanos (mayormente de la región oeste de los Estados Unidos), distribuidos por género y edad. Se compararon las puntuaciones de las versiones en inglés y español para examinar la equivalencia entre las dos.

Población: Grados 3-12.

Baremos: No se han provisto baremos para los materiales traducidos al español.

Fecha de Publicación: 2003.

Acrónimo: RBVSS.

Administración: Individual o colectiva.

Formularios, 3: Escala de Acoso-Victimización, Escala de Angustia Ante Acoso-Victimización, Escala de Ansiedad Ante la Violencia Escolar.

Precios, 2022: $281.40 por juego completo incluye manual (181 páginas, inglés), 30 de cada formulario y BVS/BVDS plantillas de corrección (inglés/español).

Duración: (5-10) minutos por escala.

Comentarios: Se puede usar las escalas individualmente o como una batería; evaluación colectiva automático disponible.

Autor: William Reynolds.

Editorial: Pearson.

Componentes en Español: Los cuadernos de respuesta están disponibles en español.

Componentes en Inglés: Los manuales e instrucciones de administración y puntuación son en inglés; el manual es en inglés.

a) ESCALA DE ACOSO-VICTIMIZACIÓN.

Propósito: Diseñado para medir el comportamiento de acoso y victimización entre pares en o cerca del ámbito escolar.

Población: Grados 3–12.

Acrónimo: BVS.

Puntuación, 2: Acoso, Victimización.

b) ESCALA DE ANGUSTIA ANTE ACOSO-VICTIMIZACIÓN.

Propósito: Diseñado para evaluar las dimensiones de la angustia psicológica especificas a estudiantes siendo acosados.

Población: Grados 3–12.

Acrónimo: BVDS.

Puntuación, 3: Angustia Total (Externalizar, Internalizar, Total).

c) ESCALA DE ANSIEDAD ANTE LA VIOLENCIA ESCOLAR.

Propósito: Diseñado para medir la ansiedad de los estudiantes acerca de las escuelas como entornos peligrosos o amenazantes.

Población: Grados 5–12.

Acrónimo: SVAS.

Puntuación: Puntuación total solamente.

Referencias Cruzadas: Para reseñas por Christopher A. Sink y Cher I. Edwards y por Susan M. Swearer y Kelly Brey Love de los componentes en inglés de esta prueba, consulte 16:212.

assess the extent to which it matched the original English version. The translated test forms were administered to a sample of 104 Spanish-speaking Hispanic-American children and adolescents (mostly from the Western region of the United States), distributed by gender and age. Scores from the English and Spanish versions were compared to assess equivalence.

Population: Grades 3-12.

Norms: Separate norms are not provided with the materials translated to Spanish.

Publication Date: 2003.

Acronym: RBVSS.

Administration: Individual or group.

Forms, 3: Bully-Victimization Scale, Bully-Victimization Distress Scale, School Violence Anxiety Scale.

Price Data, 2022: $281.40 per complete kit including manual (181 pages, English), 30 of each form, and BVS/BVDS scoring keys (English and Spanish).

Time: (5–10) minutes per scale.

Comments: Scales may be used individually or as a battery; automated group testing available.

Author: William Reynolds.

Publisher: Pearson.

Spanish Components: Test booklets and scoring keys are available in Spanish.

English Components: All test materials are also available in English; the manual is in English.

a) BULLY-VICTIMIZATION SCALE.

Purpose: "Designed to measure bullying behavior and victimization among peers in or near school settings."

Population: Grades 3–12.

Acronym: BVS.

Scores, 2: Bullying, Victimization.

b) BULLY-VICTIMIZATION DISTRESS SCALE.

Purpose: Designed to "evaluate the dimensions of students' psychological distress specific to being bullied."

Population: Grades 3–12.

Acronym: BVDS.

Scores, 3: Total Distress (Externalizing, Internalizing, Total).

c) SCHOOL VIOLENCE ANXIETY SCALE.

Purpose: Designed to "measure student anxiety about schools as unsafe or threatening environments."

Population: Grades 5–12.

Acronym: SVAS.

Scores: Total score only.

Cross References: For reviews by Christopher A. Sink and Cher I. Edwards and by Susan M. Swearer and Kelly Brey Love of this test's English components, see 16:212.

[522s]

Reynolds Child Depression Scale–2nd Edition and Short Form.

Propósito: Diseñado como medida de tamizaje para depresión en niños.
Procedencia: Estados Unidos (1981-2010)/inglés.
Traducción/Adaptación: Los ítems fueron traducidos al español para los EE. UU. y luego retrotraducidos al inglés por una persona que no estaba familiarizada con la versión en inglés de la prueba. La retrotraducción fue revisada por el autor y el editor para garantizar que los elementos traducidos coincidieran con el propósito y la intención de los ítems en la medida original. Los ítems también fueron revisados durante todo el proceso por un corrector profesional de habla hispana.
Población: Edades 7-13.
Baremos: No se han provisto baremos con el formulario traducido al español.
Fecha de Publicación: 2020.
Acrónimos: RCDS-2, RCDS-2:SF.
Puntuación: Puntuación total solamente.
Administración: Individual o colectiva.
Formularios, 2: Reynolds Child Depression Scale-2nd Edition; Reynolds Child Depression Scale-2nd Edition: Short Form.
Precios, 2022: $227 por juego de inicio, incluyendo 25 cuadernillos de prueba completos, 25 cuadernillos de prueba cortos y manual (2010, 133 páginas, inglés, impreso o digital); $94 por manual (inglés, impreso o digital); $91 por 25 cuadernillos de prueba.
Duración: 10-15 minutos prueba completa; 2-3 minutos formulario corto.
Comentarios: Ambos formularios deben administrarse por vía oral a los niños en los grados 2 a 4; el formulario corto contiene 11 de los 30 elementos del formulario completo; la hoja de calificación subyacente del cuadernillo de prueba de formato corto no se ha traducido al español para permitir que los examinadores que no hablan español califiquen e interpreten fácilmente el instrumento; sin embargo, el editor de la prueba recomienda que un examinador bilingüe de habla hispana administre la prueba; el editor de la prueba también recomienda el uso de una medida de aculturación antes de la administración de cualquier medida en español.
Autor: William M. Reynolds.
Editorial: Psychological Assessment Resources, Inc.
Componentes en Español: El cuadernillo de respuestas del formulario corto y sus instrucciones correspondientes están disponibles en español.
Componentes en Inglés: Todos los materiales están disponibles en inglés también; el manual es en inglés.
Referencias Cruzadas: Para reseñas por Eric S. Buhs y Robert Wright de los componentes en inglés de esta prueba, consulte 19:145.

[522e]

Reynolds Child Depression Scale–2nd Edition and Short Form.

Purpose: "Designed to screen for depression in children."
Origin: United States (1981-2010)/English.
Translation/Adaptation: Items were translated to Spanish for the U.S. and then back-translated into English by an individual unfamiliar with the English version of the test. "The back-translation was reviewed by the author and publisher to ensure that translated items matched the purpose and intent of the items on the original measure." Items were also reviewed throughout the process by a professional Spanish-speaking copy editor.
Population: Ages 7-13 years.
Norms: Separate norms are not provided with the form translated to Spanish.
Publication Date: 2020.
Acronyms: RCDS-2, RCDS-2:SF.
Score: Total score only.
Administration: Individual or group.
Forms, 2: Reynolds Child Depression Scale-2nd Edition; Reynolds Child Depression Scale-2nd Edition: Short Form.
Price Data, 2022: $227 per introductory kit including 25 full-length test booklets, 25 short test forms, and manual (2010, 133 pages, English, print or digital); $94 per professional manual (English, print or digital); $91 per 25 test booklets.
Time: 10-15 minutes for full length form; 2-3 minutes for short form.
Comments: Both forms should be administered orally to children in Grades 2 through 4; short form contains 11 of the 30 items on the full form; the underlying scoring sheet of the short form test booklet has not been translated into Spanish to allow non-Spanish speaking clinicians to easily score and interpret the instrument; however, the test publisher recommends that a bilingual Spanish-speaking examiner administer the test; the test publisher also recommends the use of an acculturation measure prior to administration of any measure in Spanish.
Author: William M. Reynolds.
Publisher: Psychological Assessment Resources, Inc.
Spanish Components: The short form response booklet and its corresponding instructions are available in Spanish.
English Components: All materials are also available in English; the manual is in English.
Cross References: For reviews by Eric S. Buhs and Robert Wright of this test's English components, see 19:145.

[523s]

Reynolds Intellectual Assessment Scales, Second Edition and Reynolds Intellectual Screening Test, Second Edition.

Propósito: Diseñado para evaluar la inteligencia y la memoria verbal y no verbal.

Procedencia: Estados Unidos (1998-2015)/inglés.

Traducción/Adaptación: La empresa seleccionada para brindar el servicio de traducción del formulario de registro con respuestas en español se especializa en la traducción de pruebas psicométricas, materiales de evaluación y exámenes. La traducción implicó examinar el texto de origen, completar una traducción basada en los comentarios del texto de origen, completar una retrotraducción e identificar lagunas léxicas. Los traductores familiarizados con diferentes dialectos (incluidos puertorriqueño, cubano, mexicano, argentino y centroamericano) agregaron respuestas alternativas para los subtests Adivina Qué, Razonamiento Verbal y Qué Falta. Finalmente, las traducciones fueron revisadas por un panel de profesionales bilingües de evaluación de Cuba, Venezuela y Colombia, así como por hablantes nativos de inglés bilingües en español. Las opciones finales de palabras en español incluidas fueron las más respaldadas por los expertos. Las opciones adicionales menos comunes se enumeran en el Apéndice A del suplemento del manual.

Población: Individuos de edades 3-94 que están haciendo la transición del español como su idioma principal al dominio del idioma inglés.

Baremos: No se han provisto baremos con los materiales traducidos al español.

Fecha de Publicación: 2019.

Administración: Individual.

Precios, 2022: $717 por juego de inicio del formulario de registro del RIAS-2 con respuestas en español incluyendo el manual profesional RIAS-2/RIST-2 (2015, 341 páginas) con guía rápida, 25 formularios de registro del RIAS-2, 25 formularios de respuesta del RIAS-2, libros de estímulo 1/2/3/4 y formulario de registro del RIAS-2 de respuestas en español con suplemento manual y 25 formularios de registro del RIAS-2 con respuestas en español; $147 por juego suplementario del formulario de registro con respuestas en español; $192 por manual profesional; $56 por manual suplementario en español.

Comentarios: La subprueba de Memoria Verbal (VRM) no se tradujo al español porque la traducción al español cambia el nivel de dificultad de la tarea en la rúbrica de calificación; las dos primeras páginas del formulario de registro con respuestas en español contienen el Language Acculturation Meter, "que está diseñado para administrarse en formato de entrevista y brinda a los examinadores un marco para interpretar los resultados de la prueba. Para niños muy pequeños, la información puede obtenerse de un padre o cuidador/a".

[523e]

Reynolds Intellectual Assessment Scales, Second Edition and Reynolds Intellectual Screening Test, Second Edition.

Purpose: Designed to assess verbal and nonverbal intelligence and memory.

Origin: United States (1998-2015)/English.

Translation/Adaptation: "The company selected to provide the translation service for the record form with Spanish responses specializes in translation of psychometric tests, assessment materials, and exams. The translation involved vetting the source text, completing a translation based on the source text feedback, completing a back-translation, and identifying lexical gaps. Translators familiar with different dialects (including Puerto Rican, Cuban, Mexican, Argentinian, and Central American) added alternative responses for the Guess What, Verbal Reasoning, and What's Missing subtests." Finally, the translations were reviewed "by a panel of bilingual assessment professionals from Cuba, Venezuela, and Colombia, as well as Spanish bilingual native English speakers. The final Spanish word choices included were the most commonly endorsed by the experts. Additional, less common options are listed in Appendix A of the manual supplement."

Population: Individuals ages 3-94 who are transitioning from Spanish as their primary language to English language proficiency.

Norms: Separate norms are not provided with the materials translated to Spanish.

Publication Date: 2019.

Administration: Individual.

Price Data, 2022: $717 per RIAS-2 record form with Spanish responses introductory kit including RIAS-2/RIST-2 professional manual (2015, 341 pages) with fast guide, 25 RIAS-2 record forms, 25 RIAS-2 response forms, stimulus books 1/2/3/4, Spanish manual supplement, and 25 RIAS-2 record forms with Spanish responses; $147 per RIAS-2 record form with Spanish responses supplemental kit; $192 per professional manual; $56 per RIAS-2 Spanish responses manual.

Comments: The Verbal Memory (VRM) subtest was not translated into Spanish because the Spanish translation changes the difficulty level of the task and the scoring rubric; the first two pages of the record form with Spanish responses contain the Language Acculturation Meter, "which is designed to be administered in interview format and provides examiners with a framework for interpreting test results. For very young children, the information may be gathered from a parent or guardian."

Autores: Cecil R. Reynolds y Randy W. Kamphaus.
Editorial: Psychological Assessment Resources, Inc.
Componentes en Español: El formulario de registro RIAS-2 provee respuestas aceptables en español para los subtests Adivina Qué, Qué Falta y Razonamiento Verbal.
Componentes en Inglés: Todos los materiales están disponibles en inglés, también; el manual y las instrucciones de administración son en inglés.

a) REYNOLDS PRUEBA DE SCREENING INTELECTUAL, SEGUNDA EDICIÓN.
Propósito: Diseñado producir un puntaje compuesto que indica riesgo de discapacidad intelectual.
Acrónimo: RIST-2.
Puntuaciones, 3: Adivina Qué, Fuera Ítem-Extraño, Índice RIST-2.
Duración: 10-15 minutos para administración.
Comentarios: Un uso separado para el RIST-2 es obtener una estimación general de inteligencia cuando eso es todo lo que se necesita.

b) REYNOLDS ESCALAS DE EVALUACIÓN INTELECTUAL, SEGUNDA EDICIÓN.
Propósito: Diseñado como una prueba de inteligencia administrada individualmente con medidas suplementarias y estandarizadas de memoria y velocidad de procesamiento.
Acrónimo: RIAS-2.
Puntuación, 13: Índice de Inteligencia Verbal (Adivina qué, Razonamiento Verbal), Índice de Inteligencia No Verbal (Fuera Ítem-Extraño, Qué Falta), Índice de Inteligencia Compuesta, Índice de Memoria Compuesta (Memoria Verbal, Memoria No Verbal), Índice de Procesamiento Acelerado (Tarea de Nombrando Acelerada, Búsqueda de Imagen Acelerada).
Duración: 40-45 minutos para administración.

Referencias Cruzadas: Para reseñas por Leah M. Nellis y Brandon J. Wood y por Sandra Ward de los componentes en inglés de esta prueba, consulte 21:138.

Authors: Cecil R. Reynolds and Randy W. Kamphaus.
Publisher: Psychological Assessment Resources, Inc.
Spanish Components: The RIAS-2 record form provides acceptable Spanish responses for the Guess What, What's Missing, and Verbal Reasoning subtests.
English Components: All materials are also available in English; the manual and administration instructions are in English.

a) REYNOLDS INTELLECTUAL SCREENING TEST, SECOND EDITION.
Purpose: Designed "to produce a single composite score that is an indicator of risk for intellectual impairment."
Acronym: RIST-2.
Scores, 3: Guess What, Odd-Item Out, RIST-2 Index.
Time: 10-15 minutes for administration.
Comments: A separate use for the RIST-2 is to obtain "an overall estimate of intelligence [when that is] all that is needed."

b) REYNOLDS INTELLECTUAL ASSESSMENT SCALES, SECOND EDITION.
Purpose: Designed as "an individually administered test of intelligence...with conormed, supplemental measures of memory and processing speed."
Acronym: RIAS-2.
Scores, 13: Verbal Intelligence Index (Guess What, Verbal Reasoning), Nonverbal Intelligence Index (Odd-Item Out, What's Missing), Composite Intelligence Index, Composite Memory Index (Verbal Memory, Nonverbal Memory), Speeded Processing Index (Speeded Naming Task, Speeded Picture Search).
Time: 40-45 minutes for administration.

Cross References: For reviews by Leah M. Nellis and Brandon J. Wood and by Sandra Ward of this test's English components, see 21:138.

[524s]

Risk Inventory and Strengths Evaluation.

Propósito: Diseñado para evaluar el comportamiento arriesgado y fortalezas psicológicas sobre el hogar, la escuela y la comunidad.
Procedencia: Estados Unidos/inglés.
Traducción/Adaptación: Una psicóloga clínica con experiencia extensiva de traducción y conocimiento en el desarrollo de pruebas y escalas de evaluación tradujo los ítems e instrucciones al español. Estas versiones fueron retrotraducidas al inglés y revisadas por los autores de la prueba. Los autores proporcionaron retroalimentación al traductor, quien modificó las traducciones para producir los formularios finalizados en español.
Población: Edades 9 a 25 años.
Baremos: No se han provisto baremos con los formularios traducidos al español.

[524e]

Risk Inventory and Strengths Evaluation.

Purpose: Designed to assess "risky behavior and psychological strengths" across home, school, and community settings.
Origin: United States/English.
Translation/Adaptation: "The items and instructions were translated into Spanish by a clinical psychologist with extensive translation experience and expertise in test and rating scale development. These versions were then independently back-translated into English and reviewed by the test authors. The authors provided feedback to the translator, who adjusted the translations accordingly to produce the finalized Spanish forms."
Population: Ages 9 through 25 years.
Norms: Separate norms are not provided with the forms translated to Spanish.

Fecha de Publicación: 2019.
Acrónimo: RISE.
Administración: Individual.
Formularios, 3: Autoreporte, Padre, Docente.
Precios, 2023: $310 por juego impreso, incluye manual (2019, 153 páginas, inglés) y 25 de cada formulario; $281 por juego en línea, incluye manual digital (2019, 153 páginas, inglés) y 25 usos de cada formulario en línea; $104 por manual impreso; $94 por manual en línea; $87 por 25 formularios autoscore (Autoreporte, Padre o Docente); $79 por 25 usos de formularios en línea (Autoreporte, Padre o Docente).
Comentarios: Se administra en línea o vía formularios impresos.
Autores: Sam Goldstein y David S. Herzberg.
Traductora/Adaptadora: Susana Urbina.
Editorial: Western Psychological Services.
Componentes en Español: Los ítems de prueba y los instrucciones correspondientes en los formularios Autoreporte, Padre y Docente están disponibles en español.
Componentes en Inglés: Todos los materiales están disponibles en inglés también; el manual es en inglés.

a) FORMULARIO AUTOREPORTE.
Población: Edades 12-25.
Puntuación, 14: Acoso/Agresión, Delincuencia, Alimentación/Problemas Para Dormir, Riesgo Sexual, Abuso de Substancias, Suicidio/Autolesión, Equilibrio Emocional, Habilidad Interpersonal, Autoconfianza, Escala Informe de Riesgo, Escala Informe de Fortalezas, Índice RISE, Respuesta Inconsistente, Impresión de Gestión.
Duración: 10-15 minutos por administración.

b) FORMULARIO PADRE.
Población: Padres de individuos de edades 9-18.
Puntuación, 14: Igual a *a)* arriba.
Duración: 10-15 minutos por administración.

c) FORMULARIO DOCENTE.
Población: Docentes de individuos de edades 9-18.
Puntuación, 6: Equilibrio Emocional, Habilidad Interpersonal, Autoconfianza, Escala Informe de Riesgo, Escala Informe de Fortalezas, Índice RISE.
Duración: 7-10 minutos por administración.

Referencias Cruzadas: Para reseñas por Michele Cascardi y Hannah Schorpp y por Michael P. McCreery de los componentes en inglés de esta prueba, consulte 21:140.

[525s]

The Rossetti Infant-Toddler Language Scale.

Propósito: Diseñado para evaluar la comunicación y la interacción preverbal y verbal en el niño joven.
Procedencia: Estados Unidos/inglés.
Traducción/Adaptación: La traducción se base en el español mexicanoamericano; no se provee información en los materiales de la prueba sobre el proceso de traducción.
Población: Nacimiento a 36 meses.

Publication Date: 2019.
Acronym: RISE.
Administration: Individual.
Forms, 3: Self, Parent, Teacher.
Price Data, 2023: $310 per print kit, including manual (2019, 153 pages, English) and 25 of each form; $281 per online kit, including digital manual and 25 uses of each form online; $104 per print manual; $94 per digital manual; $87 per 25 Autoscore forms (Self, Parent, or Teacher); $79 per 25 uses of online forms (Self, Parent, or Teacher).
Comments: Administered online or via printed forms.
Authors: Sam Goldstein and David S. Herzberg.
Translator/Adaptor: Susana Urbina.
Publisher: Western Psychological Services.
Spanish Components: The test items and their corresponding instructions on the Self, Parent, and Teacher forms are available in Spanish.
English Components: All materials are also available in English; the manual is in English.

a) SELF FORM.
Population: Ages 12-25.
Scores, 14: Bullying/Aggression, Delinquency, Eating/Sleeping Problems, Sexual Risk, Substance Abuse, Suicide/Self-Harm, Emotional Balance, Interpersonal Skill, Self-Confidence, Risk Summary Scale, Strength Summary Scale, RISE Index, Inconsistent Responding, Impression Management.
Time: 10-15 minutes for administration.

b) PARENT FORM.
Population: Parents of individuals ages 9-18.
Scores, 14: Same as *a)* above.
Time: 10-15 minutes for administration.

c) TEACHER FORM.
Population: Teachers of individuals ages 9-18.
Scores, 6: Emotional Balance, Interpersonal Skill, Self-Confidence, Risk Summary Scale, Strength Summary Scale, RISE Index.
Time: 7-10 minutes for administration.

Cross References: For reviews by Michele Cascardi and Hannah Schorpp and by Michael P. McCreery of this test's English components, see 21:140.

[525e]

The Rossetti Infant-Toddler Language Scale.

Purpose: Designed to assess preverbal and verbal communication and interaction in the young child.
Origin: United States/English.
Translation/Adaptation: The translation is based on Mexican American Spanish; no information is provided in the test materials about the translation process.
Population: Birth to 36 months.

Baremos: Esta prueba no es de referencia normativa; es de referencia de criterio.
Fecha de Publicación: 2006.
Puntuación, 6: 3 clasificaciones de severidad (Retraso Leve, Retraso Moderado, Retraso Serio) para cada área de desarrollo: Interracción-Apego, Pragmático, Gestos, Juego, Comprensión de Lenguaje, Expresión de Lenguaje.
Administración: Individual.
Precios, 2022: $125 por juego completo incluyendo el manual digital del examinador (206 páginas) y 15 formularios de prueba; $49 por 15 formularios de prueba; $77 por manual digital del examinador en línea.
Duración: Sin límite.
Comentarios: Los ítems varían según la edad; la evaluación incluye el cuestionario de padres, observación del niño; y entrevista para cuidadores/padres; la prueba requiere los manipulativos, que no vienen con el juego de prueba.
Autor: Louis Rossetti.
Traductora/Adaptadora: Sandra Rothschild Pavlovic.
Editorial: PRO-ED.
Componentes en Español: El cuestionario de padres y la guía de entrevista para cuidadores/padres están disponibles en español y son incluidos en el manual.
Componentes en Inglés: Todos los materiales están disponibles en inglés; el manual es en inglés.

[526s]

S-OQ® [Severe Outcome Questionnaire].

Propósito: Un cuestionario del estado de salud mental diseñado para evaluar el nivel actual de angustia, monitorear la reacción en curso al tratamiento y mejorar la calidad de la cuida de pacientes.
Procedencia: Estados Unidos/inglés.
Traducción/Adaptación: No se provee información en los materiales de la prueba sobre el proceso de traducción/adaptación.
Población: Pacientes conductuales, de atención médica y ambulatorios con enfermedades mentales graves.
Baremos: No se han provisto baremos con el formulario traducido al español.
Fecha de Publicación: 2008.
Acrónimos: S-OQ®, S-OQ® 2.0.
Puntuación: Puntuación total basada en ítems en 4 dimensiones (Inquietud Subjetivo, Relaciones Interpersonales, Representación del Rol Social, Deterioro Funcional Severo).
Administración: Individual o colectiva.
Precios: Tasa de licencia disponible con la casa editorial.
Duración: 5 a 15 minutos para completar.
Comentarios: Incluye 30 ítems del OQ®-30.2 más 15 ítems diseñados específicamente para usarse con

Norms: This test is not norm referenced.
Publication Date: 2006.
Scores, 6: 3 severity ratings (Mild Delay, Moderate Delay, Severe Delay) for each of 6 developmental areas: Interaction-Attachment, Pragmatics, Gesture, Play, Language Comprehension, Language Expression.
Administration: Individual.
Price Data, 2022: $125 per complete kit including digital examiner's manual (206 pages) and 15 test forms; $49 per 15 test forms; $77 per digital examiner's manual.
Time: Untimed.
Comments: Items vary according to age; assessment includes parent questionnaire, observation of child, and parent interview; requires manipulatives, which are not included with test kit.
Author: Louis Rossetti.
Translator/Adaptor: Sandra Rothschild Pavlovic.
Publisher: PRO-ED.
Spanish Components: The parent questionnaire and parent/caregiver interview guide are available in Spanish and are included in the manual.
English Components: All materials are available in English; the manual is in English.

[526e]

S-OQ® [Severe Outcome Questionnaire].

Purpose: A mental health status questionnaire designed to assess current level of distress, to monitor ongoing treatment response, and to improve the quality of patient care.
Origin: United States/English.
Translation/Adaptation: No information is provided in the test materials about the translation/adaptation process.
Population: Behavioral, medical health care, and outpatient-setting patients who are seriously mentally ill.
Norms: Separate norms are not provided with the form translated to Spanish.
Publication Date: 2008.
Acronyms: S-OQ®, S-OQ® 2.0.
Scores: Total score based on items in 4 dimensions (Subjective Discomfort, Interpersonal Relationships, Social Role Performance, Severe Functional Impairment).
Administration: Individual or group.
Price Data: License fee available from publisher.
Time: 5 to 15 minutes to complete.
Comments: Includes 30 items from the OQ®-30.2 plus 15 items designed specifically for use

poblaciones con enfermedades mentales graves; puede administrarse por vía oral en ciertas circunstancias.
Autores: Gary M. Burlingame y Michael J. Lambert (cuestionario y manual); Philip L. Nelson, Jeffrey A. Lee y Stephen D. Thayer (solo manual).
Editorial: OQ Measures LLC.
Componentes en Español: El cuestionario de la prueba y sus instrucciones correspondientes están disponibles en español.
Componentes en Inglés: Todos los materiales están disponibles en inglés también; el manual es en inglés.

[527s]

Safe and Civil Schools' Climate and Safety Surveys.

Propósito: Diseñado para capturar características del ambiente y entorno escolar que se pueden identificar en los esfuerzos de mejoramiento y ser monitoreados a través del tiempo.
Procedencia: Estados Unidos/inglés.
Traducción/Adaptación: No se provee información en los materiales de la prueba sobre el proceso de traducción/adaptación.
Población: Estudiantes de la escuela primaria y secundaria, padres y personal escolar.
Baremos: Esta prueba no es de referencia normativa.
Fechas de Publicación: 1985-2018.
Puntuación: Resultados de ítems individuales.
Administración: Colectiva.
Formularios, 5: Estudiante (Grados 2-8), Estudiante (Grados 6-12), Personal de Primaria, Personal de Secundaria, Padres.
Precios, 2023: $1 por estudiante ($200 pago mínimo por escuela).
Duración: El tiempo de administración no se reportó.
Comentarios: Administración en línea.
Autor: Randy Sprick.
Editorial: Ancora Publishing.
Componentes en Español: Los formularios de encuesta para estudiantes (Grados 2-8 y Grados 6-12) y para padres y sus instrucciones correspondientes están disponibles en español.
Componentes en Inglés: Todos los materiales están disponibles en inglés también; el manual es en inglés.
Referencias Cruzadas: Para reseñas por Ric Brown y R. W. Kamphaus de los componentes en inglés de esta prueba, consulte 21:143.

[528s]

Sales Performance Assessment™.

Propósito: Diseñado para ayudar a los equipos de alta gerencia a desarrollar una visión corporativa de los comportamientos de ventas clave y los impulsores necesarios para el éxito organizacional futuro.

with seriously mentally ill populations; may be administered orally under certain circumstances.
Authors: Gary M. Burlingame and Michael J. Lambert (questionnaire and manual); Philip L. Nelson, Jeffrey A. Lee, and Stephen D. Thayer (manual only).
Publisher: OQ Measures LLC.
Spanish Components: The test questionnaire and its corresponding instructions are available in Spanish.
English Components: All materials are also available in English; the manual is in English.

[527e]

Safe and Civil Schools' Climate and Safety Surveys.

Purpose: "Designed to capture features of the school environment and climate that can be targeted in improvement efforts and monitored over time."
Origin: United States/English.
Translation/Adaptation: No information is provided in the test materials about the translation/adaptation process.
Population: Elementary and secondary school students, parents, and staff.
Norms: This test is not norm-referenced.
Publication Dates: 1985-2018.
Scores: Individual item results.
Administration: Group.
Forms, 5: Student (Grades 2-8), Student (Grades 6-12), Elementary Staff, Secondary Staff, Parent.
Price Data, 2023: $1 per student ($200 minimum charge per school).
Time: Administration time not reported.
Comments: Administered online.
Author: Randy Sprick.
Publisher: Ancora Publishing.
Spanish Components: The student survey forms (Grades 2-8 and Grades 6-12) and parent survey form and their corresponding instructions are available in Spanish.
English Components: All materials are also available in English; the manual is in English.
Cross References: For reviews by Ric Brown and R. W. Kamphaus of this test's English components, see 21:143.

[528e]

Sales Performance Assessment™.

Purpose: Designed to "aid senior management teams in developing a corporate vision of the key sales behaviors and drivers required for future organizational success."

Procedencia: Estados Unidos/inglés.
Traducción/Adaptación: No se provee información en los materiales de la prueba sobre el proceso de traducción/adaptación.
Población: Altos ejecutivo/as de ventas.
Baremos: No se han provisto baremos con el formulario traducido al español.
Fecha de Publicación: 2005.
Administración: Individual.
Precios: Disponibles con la casa editorial.
Comentarios: Basado en el Sales Effectiveness Analysis (SEA, 1985); certificación requerida para comprar y usar.
Autores: James T. Mahoney (prueba) y personal de Management Research Group (manual).
Editorial: Management Research Group.
Componentes en Español: El Cuestionario Autodiagnóstico (SPA) y sus instrucciones correspondientes están disponibles en español.
Componentes en Inglés: Todos los materiales están disponibles en inglés también; el manual es en inglés.

a) CUESTIONARIO AUTODIAGNÓSTICO.
Acrónimo: SPA.
Puntuación: 25 comportamientos en 4 funciones: Preparación (Conocimiento del Mercado, Técnico, Estratégico, Estructura, Prospección, Emprendimiento), Contacto (Comunicación, Extrovertido, Optimista, Entusiasmo, Persuasivo, Percepción), Implementación (Agresividad, Táctica, Empatía, Trabajo en Equipo, Persistencia, Producción), Impulsores (Enfoque en las Ventas, Enfoque en la Administración, Enfoque en el Cliente, Materialismo, Recompensas del Ego, Idealismo, Exagerar).
Duración: 30 minutos para completar.

b) CUESTIONARIO DE DIRECCIONES ESTRATÉGICAS.
Acrónimo: SPA-SD.
Puntuación: 24 comportamientos en 4 funciones: Preparación (Conocimiento del Mercado, Técnico, Estratégico, Estructura, Prospección, Emprendimiento), Contacto (Comunicación, Extrovertido, Optimista, Entusiasmo, Persuasivo, Percepción), Implementación (Agresividad, Táctica, Empatía, Colaborador, Persistencia, Producción), Impulsores (Enfoque en las Ventas, Enfoque en la Administración, Enfoque en el Cliente, Materialismo, Recompensas del Ego, Idealismo).
Duración: 20 minutos para completar.

Origin: United States/English.
Translation/Adaptation: No information is provided in the test materials about the translation/adaptation process.
Population: Senior sales executives.
Norms: Separate norms are not provided with the form translated to Spanish.
Publication Date: 2005.
Administration: Individual.
Price Data: Available from publisher.
Comments: Based on the Sales Effectiveness Analysis (SEA, 1985); certification required to purchase and use.
Authors: James T. Mahoney (test) and Management Research Group staff (manual).
Publisher: Management Research Group.
Spanish Components: The Self-Questionnaire (SPA) and its corresponding instructions are available in Spanish.
English Components: All materials are also available in English; the manual is in English.

a) SELF QUESTIONNAIRE.
Acronym: SPA.
Scores: 25 behaviors in 4 functions: Preparation (Market Awareness, Technical, Strategic, Structure, Prospecting, Entrepreneurship), Contacting (Communication, Outgoing, Optimistic, Excitement, Persuasive, Insight), Implementation (Aggressiveness, Tactical, Empathy, Team Player, Persistence, Production), Drivers (Sales Focus, Management Focus, Customer Focus, Materialism, Ego Rewards, Idealism, Exaggerate).
Time: 30 minutes to complete.

b) STRATEGIC DIRECTIONS QUESTIONNAIRE.
Acronym: SPA-SD.
Scores: 24 behaviors in 4 functions: Preparation (Market Awareness, Technical, Strategic, Structure, Prospecting, Entrepreneurship), Contacting (Communication, Outgoing, Optimistic, Excitement, Persuasive, Insight), Implementation (Aggressiveness, Tactical, Empathy, Team Player, Persistence, Production), Drivers (Sales Focus, Management Focus, Customer Focus, Materialism, Ego Rewards, Idealism).
Time: 20 minutes to complete.

[529s]

Sales Style Indicator [Revised].

Propósito: Diseñado para ayudar al individuo a identificar su estilo de venta preferido y ayudar a individuos y equipos a aumentar su rendimiento de ventas y servicio al cliente.
Procedencia: Canadá (1988-2006)/inglés.
Traducción/Adaptación: No se provee información en los materiales de la prueba sobre el proceso de traducción/adaptación.
Población: Personal de ventas, gerentes de ventas y representativos de servicio al cliente.

[529e]

Sales Style Indicator [Revised].

Purpose: Designed to help an individual identify their preferred selling style and "assist individuals and teams to increase their sales and customer service performance."
Origin: Canada (1991-2006)/English.
Translation/Adaptation: No information is provided in the test materials about the translation/adaptation process.
Population: Sales personnel, sales managers, and customer service representatives.

Baremos: No se han provisto baremos para los materiales traducidos al español.
Fecha de Publicación: 2023.
Acrónimo: SSI.
Puntuación, 4: Conducta/Acción, Cognitivo/Análisis, Interpersonal/Armonía, Afectivo/Expresión.
Administración: Individual o colectiva.
Precios, 2023: $45 por prueba en línea; $40 por descargo PDF de la guía de entrenamiento (1996, 24 páginas).
Duración: 15 minutos para administrar; 90-180 minutos para el programa corto; hasta 2 días para el programa completo.
Comentarios: Autoadministrado y autoevaluado en línea.
Autores: Ken Keis, Terry D. Anderson y Bruce Wares.
Editorial: CRG Consulting Resource Group International, Inc.
Componentes en Español: Los ítems de la prueba y el reporte de perfil están disponibles en español.
Componentes en Inglés: Todos los materiales están disponibles en inglés también; la guía de entrenamiento es en inglés.

Norms: Separate norms are not provided with the materials translated to Spanish.
Publication Date: 2023.
Acronym: SSI.
Scores, 4: Behavioral/Action, Cognitive/Analysis, Interpersonal/Harmony, Affective/Expression.
Administration: Individual or group.
Price Data, 2023: $45 per test online; $40 per trainer's guidelines (1996, 24 pages, English) PDF download.
Time: 15 minutes to administer; 90-180 minutes for short program; up to 2 days for the full program.
Comments: Self-administered and self-scored online.
Authors: Ken Keis, Terry D. Anderson, and Bruce Wares.
Publisher: CRG Consulting Resource Group International Inc.
Spanish Components: The test items and profile report are available in Spanish.
English Components: All materials are also available in English; the trainer's guide is in English.

[530s]

Scales for Identifying Gifted Students–Second Edition.

Propósito: Diseñado para ayudar en la identificación de estudiantes superdotados, para monitorear el progreso de los estudiantes superdotados y para su uso en la investigación de la superdotación.
Procedencia: Estados Unidos/inglés.
Traducción/Adaptación: No se provee información en los materiales de la prueba sobre el proceso de traducción/adaptación.
Población: Estudiantes en Grados K-12.
Baremos: No se han provisto baremos con el formulario traducido al español.
Fechas de Publicación: 2004-2021.
Acrónimo: SIGS-2.
Puntuación, 7: Habilidad Intelectual General, Lenguaje, Matemáticas, Ciencia, Estudios Sociales, Creatividad, Liderazgo.
Administración: Individual.
Formularios, 2: Hogar, Escuela.
Precios, 2022: $220 por juego completo incluye manual (2021, 127 páginas, inglés), 25 formularios de escala de calificación de hogar, 25 formularios de escala de calificación de escuela y 25 formularios de resumen; $89.95 por manual; $64.95 por 25 formularios de escala de calificación (hogar o escuela); $39.95 por 25 formularios de resumen; $250 por versión en línea (100 asientos).
Duración: 10-15 minutos para completar.
Comentarios: Las 7 escalas se pueden usar de forma independiente o en combinación; disponible en línea.

[530e]

Scales for Identifying Gifted Students–Second Edition.

Purpose: Designed to assist in the identification of students as gifted, to monitor progress of gifted students, and for use in researching giftedness.
Origin: United States/English.
Translation/Adaptation: No information is provided in the test materials about the translation/adaptation process.
Population: Students in Grades K-12.
Norms: Separate norms are not provided with the form translated to Spanish.
Publication Dates: 2004-2021.
Acronym: SIGS-2.
Scores, 7: General Intellectual Ability, Language Arts, Mathematics, Science, Social Studies, Creativity, Leadership.
Administration: Individual.
Forms, 2: Home, School.
Price Data, 2022: $220 per complete kit including manual (2021, 127 pages, English), 25 Home Rating Scale forms, 25 School Rating Scale forms, and 25 summary forms; $89.95 per manual; $64.95 per 25 rating scale forms (Home or School); $39.95 per 25 summary forms; $250 per online version (100 seats).
Time: 10-15 minutes for completion.
Comments: The 7 scales may be used independently or in combination; available online.

Autores: Gail R. Ryser, Kathleen McConnell, Laila Y. Sanguras y Todd Ketter.
Editorial: Routledge, Taylor & Francis Group.
Componentes en Español: Los ítems en el formulario de escala de calificación de hogar y sus instrucciones correspondientes están disponibles en español.
Componentes en Inglés: Todos los materiales están disponibles en inglés también; el manual es en inglés.

[531s]

School-Age Program Quality Assessment.

Propósito: Diseñado como un conjunto de estándares puntuables para las mejores prácticas en programas después de la escuela, organizaciones comunitarias, escuelas y programas de verano para evaluar la calidad del programa e identificar las necesidades de capacitación del personal.
Procedencia: Estados Unidos (2012)/inglés.
Traducción/Adaptación: No se provee información en los materiales de la prueba sobre el proceso de traducción/adaptación.
Población: Programas para Grados K-6.
Baremos: Esta prueba no es de referencia normativa.
Fechas de Publicación: 2015-2020.
Acrónimo: School-Age PQA.
Puntuación, 23: 19 escalas en 4 dominios: Ambiente Seguro (Seguridad Emocional, Ambiente Saludable, Preparación para Emergencias, Ambiente Cómodo y Flexible, Alimentación), Ambiente de Apoyo (Bienvenida Cordial, Flujo de la Sesión, Aprendizaje Activo, Desarrollo de Habilidades, Reconocimiento, Espacio Centrado en el Niño), Interacción (Manejo de Sentimientos, Pertenencia, Liderazgo, Interacción con Adultos), Involucración (Planeación Infantil, Elección, Reflexión, Responsabilidad), más puntuaciones de los ítems.
Administración: Individual.
Precios, 2023: Descarga gratuita desde el sitio web de la casa editorial.
Duración: 45-90 minutos para observaciones.
Comentarios: Basado en observaciones y entrevistas realizadas por evaluadores independientes o para su uso como autoevaluación; basado en la prueba Youth Program Quality Assessment.
Autor: The Forum for Youth Investment.
Traductores/Adaptadores: María de la Asunción Serrano Carraso y María Eugenia Bautista Serrano conjunto con Colegio Ypsilanti de Puebla A. C.
Editorial: The Forum for Youth Investment.
Componentes en Español: Los ítems de la prueba y sus instrucciones correspondientes están disponibles en español.
Componentes en Inglés: Todos los materiales están disponibles en inglés, también.

Authors: Gail R. Ryser, Kathleen McConnell, Laila Y. Sanguras, and Todd Ketter.
Publisher: Routledge, Taylor & Francis Group.
Spanish Components: The items on the Home Rating Scales form and their corresponding instructions are available in Spanish.
English Components: All materials are also available in English; the manual is in English.

[531e]

School-Age Program Quality Assessment.

Purpose: Designed as "a set of scoreable standards for best practices in after-school programs, community organizations, schools, [and] summer programs" to evaluate program quality and identify staff training needs.
Origin: United States (2012)/English.
Translation/Adaptation: No information is provided in the test materials about the translation/adaptation process.
Population: Programs for Grades K-6.
Norms: This test is not norm referenced.
Publication Dates: 2015-2020.
Acronym: School-Age PQA.
Scores, 23: 19 scales in 4 domains: Safe Environment (Emotional Safety, Healthy Environment, Emergency Preparedness, Accommodating Environment, Nourishment), Supportive Environment (Warm Welcome, Session Flow, Active Engagement, Skill-Building, Encouragement, Child-Centered Space), Interaction (Managing Feelings, Belonging, School-Age Leadership, Interaction with Adults), Engagement (School-Aged Planning, School-Aged Choice, Reflection, Responsibility), plus item scores.
Administration: Individual.
Price Data, 2023: Free download from test publisher's site.
Time: 45-90 minutes for observations.
Comments: Based on observations and interviews by independent raters or for use as a self-assessment; based on the Youth Program Quality Assessment.
Author: The Forum for Youth Investment.
Translators/Adaptors: María de la Asunción Serrano Carraso and María Eugenia Bautista Serrano in conjunction with Colegio Ypsilanti de Puebla A. C.
Publisher: The Forum for Youth Investment.
Spanish Components: The test items and its corresponding instructions are available in Spanish.
English Components: All materials are also available in English.

[532s]

School Motivation and Learning Strategies Inventory.
Propósito: Diseñado para medir las estrategias que los estudiantes utilizan durante el proceso de aprendizaje o toma de exámenes.
Procedencia: Estados Unidos/inglés.
Traducción/Adaptación: No se provee información en los materiales de la prueba sobre el proceso de traducción/adaptación.
Población: Edades 8–12 y 13–18.
Baremos: No se han provisto baremos con los formularios traducidos al español.
Fecha de Publicación: 2007.
Acrónimo: SMALSI.
Puntuación, 9-10: Estrategias de Estudios, Habilidad de Escuchar y Tomar Notas, Estrategias de Lectura y Comprensión, Habilidades de Escritura e Investigación, Estrategias de Toma de Exámenes, Manejo del Tiempo (Adolescentes), Técnicas de Organización (Adolescentes), Manejo del Tiempo/Técnicas de Organización (Niños), Motivación Académica, Ansiedad Ante Exámenes, Dificultades con Concentración/Atención.
Administración: Individual.
Formularios, 2: Niño, Adolescente.
Precios, 2023: $446 por juego combinado impreso para niños y adolescentes: manual (2014, 108 páginas, inglés), 25 formularios de prueba (niño y adolescente), 25 hojas de perfil (niño y adolescente), plantillas de corrección (niño y adolescente), CD de audio y el libro *Strategies for Academic Success*; $380 por juego combinado en línea para niños y adolescentes; $91 por 25 formularios de prueba (especifique español o inglés); $60 por 100 hojas de perfil (especifique español o inglés); $107 por manual impreso; $91 por manual digital; $841 por CD de uso sin límite.
Duración: (20-30) minutos.
Comentarios: Se usa el mismo manual para ambos formularios adolescente y niño.
Autores: Kathy Chatham Stroud y Cecil R. Reynolds.
Editorial: Western Psychological Services.
Componentes en Español: Los formularios de adolescentes y niños y sus instrucciones correspondientes están disponibles en español.
Componentes en Inglés: Todos los materiales están disponibles en inglés también, el manual es en inglés.
Referencias Cruzadas: Para reseñas por Christine Novak y Claudia R. Wright de los componentes en inglés de esta prueba, consulte 18:113.

[533s]

Screening de Dificultades Lectoras y Matemáticas.
Propósito: Diseñado como una prueba de cribado para "detectar de forma rápida y precoz a los niños y niñas con un bajo rendimiento lector o matemático".

[532e]

School Motivation and Learning Strategies Inventory.
Purpose: Designed to measure "strategies students actively employ in learning and test taking."
Origin: United States/English.
Translation/Adaptation: No information is provided in the test materials about the translation/adaptation process.
Population: Ages 8–12 and 13–18.
Norms: Separate norms are not provided with the forms translated to Spanish.
Publication Date: 2007.
Acronym: SMALSI.
Scores, 9-10: Study Strategies, Note-Taking and Listening Skills, Reading and Comprehension Strategies, Writing and Research Skills, Test-Taking Strategies, Time Management (Teen), Organizational Techniques (Teen), Time Management/Organizational Techniques (Child), Academic Motivation, Test Anxiety, Concentration/Attention Difficulties.
Administration: Individual.
Forms, 2: Child, Teen.
Price Data, 2023: $446 per combined child and teen print kit including manual (2014, 108 pages, English), 25 test forms (child and teen), 25 profile sheets (child and teen), scoring templates (child and teen), audio CD, and *Strategies for Academic Success* handbook; $380 per combined child and teen online kit; $91 per 25 print test forms (specify Spanish or English); $60 per 100 profile sheets; $107 per print manual; $91 per digital manual; $841 per unlimited-use scoring CD.
Time: (20-30) minutes.
Comments: The same manual is used for both child and teen forms.
Authors: Kathy Chatham Stroud and Cecil R. Reynolds.
Publisher: Western Psychological Services.
Spanish Components: The child and teen forms and their corresponding instructions are available in Spanish.
English Components: All materials are also available in English; the manual is in English.
Cross References: For reviews by Christine Novak and Claudia R. Wright of this test's English components, see 18:113.

[533e]

Screening de Dificultades Lectoras y Matemáticas.
Purpose: Designed as a screening test for the rapid and early detection of children who perform poorly in reading or math.

Procedencia: España/español.
Población: Edades 7 a 12.
Baremos: Los baremos se desarrollaron utilizando una muestra con 2.015 estudiantes, distribuidos por género, curso, tipo de centro, entorno y distribución geográfica.
Fecha de Publicación: 2020.
Acrónimo: PREDISCAL.
Puntuación, 3: Frases, Fluidez Matemática, Cálculo.
Administración: Individual o colectiva.
Precios, 2022: €56,77 por juego completo, incluyendo manual (2020, 62 páginas) y juego de corrección; €37,39 por juego de corrección, incluye 25 ejemplares y PIN para 25 usos en línea.
Duración: 15 minutos.
Comentarios: Se aplica con papel y lápiz al principio del curso escolar; se corrige en línea; disponible también en catalán.
Autores: Violeta Pina-Paredes, Encarnación Hernández-Pérez, José Antonio Rabadán-Rubio, Lorenzo Hernández-Pallarés y Javier Fenollar-Cortés.
Editorial: Hogrefe TEA Ediciones.
Componentes en Español: Todos los materiales son en español.
Componentes en Inglés: No hay materiales en inglés.

[534s]

Screening de Problemas Emocionales y de Conducta Infantil.

Propósito: Diseñado para evaluar problemas emocionales y de conducta en niños.
Procedencia: España/español.
Población: Edades 5-12.
Baremos: Los baremos se desarrollaron utilizando una muestra con 1.272 participantes, distribuidos por sexo y curso escolar.
Fecha de Publicación: 2012.
Acrónimo: SPECI.
Puntuación, 3: Problemas Internalizantes, Problemas Externalizantes, Total
Administración: Individual.
Precios, 2022: €52,94 por juego completo, incluye manual (2012, 92 páginas) y 25 ejemplares; €31,16 por 25 ejemplares.
Duración: (10) minutos.
Autores: Maite Garaigordobil y Carmen Maganto.
Editorial: Hogrefe TEA Ediciones.
Componentes en Español: Todos los materiales son en español.
Componentes en Inglés: No hay materiales en inglés.

Origin: Spain/Spanish.
Population: Ages 7 to 12.
Norms: Norms were developed using a sample of 2,105 students, distributed by gender, grade, school type, school environment, and geographic distribution.
Publication Date: 2020.
Acronym: PREDISCAL.
Scores, 3: Sentences, Mathematical Fluency, Calculation.
Administration: Individual or group.
Price Data, 2022: €56.77 per complete kit, including manual (2020, 62 pages) and scoring kit; €37.39 per scoring kit, including 25 test booklets and PIN for 25 uses online.
Time: 15 minutes.
Comments: Administered via paper and pencil at the beginning of the school year; scored online; also available in Catalan.
Authors: Violeta Pina-Paredes, Encarnación Hernández-Pérez, José Antonio Rabadán-Rubio, Lorenzo Hernández-Pallarés, and Javier Fenollar-Cortés.
Publisher: Hogrefe TEA Ediciones.
Spanish Components: All materials are in Spanish.
English Components: There are no materials in English.

[534e]

Screening de Problemas Emocionales y de Conducta Infantil.

Purpose: Designed to assess emotional and behavioral problems in children.
Origin: Spain/Spanish.
Population: Ages 5-12.
Norms: Norms were developed using a sample of 1,272 participants, distributed by gender and academic year.
Publication Date: 2012.
Acronym: SPECI.
Scores, 3: Internalizing Problems, Externalizing Problems, Total.
Administration: Individual.
Price Data, 2022: €52.94 per complete kit, including manual (2012, 92 pages) and 25 test booklets; €31.16 per 25 test booklets.
Time: (10) minutes.
Authors: Maite Garaigordobil and Carmen Maganto.
Publisher: Hogrefe TEA Ediciones.
Spanish Components: All materials are in Spanish.
English Components: There are no materials in English.

[535s]

Screening del Deterioro Cognitivo en Psiquiatría.

Nombre Original: Screen for Cognitive Impairment in Psychiatry (Scot E. Purdon).
Propósito: Diseñado para la evaluación del estado cognitivo en adultos con o sin enfermedad mental.
Procedencia: Canada (2005)/inglés.
Traducción/Adaptación: No se provee información en los materiales de la prueba sobre el proceso de traducción/adaptación.
Población: Adultos.
Baremos: Se han provisto baremos con la versión en español. Los baremos se desarrollaron en cinco fases utilizando muestras con participantes universitarios españoles y canadienses (*n* = 132), pacientes con esquizofrenia (*n* = 254), pacientes con trastorno bipolar (*n* = 260) y personas no disminuidas de la población general comunitaria (*n* = 512), distribuidos por sexo, edad, situación laboral, convivencia, estado civil y nivel educativo.
Fecha de Publicación: 2014.
Acrónimo: SCIP-S.
Puntuación, 6: Aprendizaje Verbal Inmediato, Memoria de Trabajo, Fluidez Verbal, Aprendizaje Verbal Diferido, Velocidad de Procesamiento, Total.
Administración: Individual.
Formularios, 3: 3 formularios paralelos (1, 2, 3).
Precios, 2022: €48,60 por juego completo, incluye manual (2014, 102 páginas) y 25 ejemplares; €35,39 por 25 ejemplares.
Duración: (15) minutos.
Autores: Oscar Pino, Georgina Guilera, José Emilio Rojo, Juana Gómez-Benito y Scot E. Purdon.
Editorial: Hogrefe TEA Ediciones.
Componentes en Español: Todos los materiales son en español.
Componentes en Inglés: No hay materiales en inglés en esta versión.

[535e]

Screening del Deterioro Cognitivo en Psiquiatría.

Original Name: Screen for Cognitive Impairment in Psychiatry (Scot E. Purdon).
Purpose: Designed as an assessment of cognitive status in adults with or without mental illness.
Origin: Canada (2005)/English.
Translation/Adaptation: No information is provided in the test materials about the process of translation/adaptation.
Population: Adults.
Norms: Separate norms are provided with the Spanish version. Norms were developed throughout five phases using samples with participants from Spanish and Canadian universities (*n* = 132), patients with schizophrenia (*n* = 254), patients with bipolar disorder (*n* = 260), and non-impaired people from the general population (*n* = 512), distributed by sex, age, work situation, living conditions, marital status, and education level.
Publication Date: 2014.
Acronym: SCIP-S.
Scores, 6: Immediate Verbal Learning, Working Memory, Verbal Fluency, Delayed Verbal Learning, Processing Speed, Total.
Administration: Individual.
Forms, 3: 3 parallel forms (1, 2, 3).
Price Data, 2022: €48.60 per complete kit, including manual (2014, 102 pages) and 25 response forms; €35.39 per 25 response forms.
Time: (15) minutes.
Authors: Oscar Pino, Georgina Guilera, José Emilio Rojo, Juana Gómez-Benito, Scot E. Purdon.
Publisher: Hogrefe TEA Ediciones.
Spanish Components: All materials are in Spanish.
English Components: There are no materials in English in this version.

[536s]

Screening Neuropsicológico Infantil.

Propósito: Diseñado para evaluar rápidamente seis dominios cognitivos de relevancia neuropsicológica en la etapa infantil.
Procedencia: España/español.
Población: Edades 3 a 7.
Baremos: Los baremos se desarrollaron utilizando una muestra con 1.394 niños, distribuidos por edad y género.
Fecha de Publicación: 2021.
Acrónimo: NEURO-KID.
Puntuación, 7: Lenguaje Articulatorio, Lenguaje Visual, Psicomotricidad, Funciones Ejecutivas, Visopercepción, Memoria, Índice de Desarrollo Neuropscicológico.

[536e]

Screening Neuropsicológico Infantil.

Purpose: Designed to quickly evaluate six cognitive domains of neurological relevance in early childhood.
Origin: Spain/Spanish.
Population: Ages 3 to 7.
Norms: Norms were developed using a sample of 1,394 children, distributed by age and gender.
Publication Date: 2021.
Acronym: NEURO-KID.
Scores, 7: Articulatory Language, Visual Language, Psychomotricity, Executive Functions, Visual Perception, Memory, Index of Neuropsychological Development.

Administración: Individual.
Precios, 2022: €93,19 por juego completo, incluyendo manual (2021, 123 páginas) y juego de corrección; €29,67 por juego de corrección, incluye 25 cuadernos de anotación y PIN para 25 usos.
Duración: Aproximadamente 10 a 15 minutos.
Comentarios: Se corrige en línea.
Autores: José Antonio Portellano, Rocío Mateos y Rosario Martínez Arias.
Editorial: Hogrefe TEA Ediciones.
Componentes en Español: Todos los materiales son en español.
Componentes en Inglés: No hay materiales en inglés.

Administration: Individual.
Price Data, 2022: €93.19 per complete kit, including manual (2021, 123 pages) and scoring kit; €29.67 per scoring kit, including 25 record booklets plus PIN for 25 uses online.
Time: Approximately 10 to 15 minutes.
Comments: Scored online.
Authors: José Antonio Portellano, Rocío Mateos, and Rosario Martínez Arias.
Publisher: Hogrefe TEA Ediciones.
Spanish Components: All materials are in Spanish.
English Components: There are no materials in English.

[537s]

Screening Neuropsicológico para Niños.

Propósito: Diseñado como una prueba de cribado para "evaluar la madurez neuropsicológica en los niños".
Procedencia: Argentina/español.
Población: Edades 5 a 9.
Baremos: Los baremos se desarrollaron utilizando una muestra con 318 niños de Buenos Aires, distribuidos por edad y sexo.
Fecha de Publicación: 2016.
Acrónimo: SNN-UBA.
Puntuación, 14: Orientación General, Cancelación, Recuerdo Diferido, Reconocimiento de Objetos, Fluencia (Fluencia Semántica, Fluencia Fonológica), Orientación Temporal, Analogías (Analogías Visuales, Analogías Verbales), Copia de Diseño, Conteo de Números, Puntuación Total.
Administración: Individual.
Precios, 2022: USD$57.30 por juego completo.
Duración: (15) minutos.
Comentarios: Se obtiene un puntaje de corte que señale si la madurez neuropsicológica es inadecuada, normal, superior o inferior a lo esperado para su edad; incluye la tarea Repetición de Palabras que no se puntúa.
Autores: Alejandro Castro Solano y Ana D'Anna.
Editorial: Editorial Paidós.
Componentes en Español: Todos los materiales son en español.
Componentes en Inglés: No hay materiales en inglés.

[537e]

Screening Neuropsicológico para Niños.

Purpose: Designed as a screening test to evaluate neuropsychological maturity in children.
Origin: Argentina/Spanish.
Population: Ages 5 to 9.
Norms: Norms were developed using a sample of 318 children from Buenos Aires, distributed by age and gender.
Publication Date: 2016.
Acronym: SNN-UBA.
Scores, 14: General Orientation, Cancellation, Delayed Recall, Object Recognition, Fluency (Semantic Fluency, Phonological Fluency), Temporal Orientation, Analogies (Visual Analogies, Verbal Analogies), Design Copy, Number Counting, Total Score.
Administration: Individual.
Price Data, 2022: USD$57.30 per complete kit.
Time: (15) minutes.
Comments: Generates a cut-off score that signals whether the neuropsychological maturity is inadequate, normal, superior, or inferior to that which would be expected for the test-taker's age; includes the task Word Repetition that is not scored.
Authors: Alejandro Castro Solano, Ana D'Anna.
Publisher: Editorial Paidós.
Spanish Components: All materials are in Spanish.
English Components: There are no materials in English.

[538s]

Self-Directed Learning Readiness Scale/ Learning Preference Assessment.

Propósito: Diseñado para medir las actitudes, habilidades y características que constituyen la disposición de participar en el aprendizaje autónomo.
Procedencia: Estados Unidos/inglés.

[538e]

Self-Directed Learning Readiness Scale/Learning Preference Assessment.

Purpose: Designed to measure attitudes, skills, and characteristics that comprise readiness to engage in self-directed learning.
Origin: United States/English.

Traducción/Adaptación: No se provee información en los materiales de la prueba sobre el proceso de traducción/adaptación.
Población: Adultos.
Baremos: No se han provisto baremos con los formularios traducidos al español.
Fechas de Publicación: 1977-2004.
Acrónimo: SDLRS/LPA.
Puntuación: Puntuación total solamente.
Administración: Individual o colectiva.
Formularios, 3: Adultos (SDLRS-A/LPA), Primaria (SDLRS-E) Adultos con niveles bajos de lectura/hablantes de inglés no nativos (SDLRS-ABE).
Precios, 2022: $6.95 por una copia del formulario en línea; $4.95 por más de una copia del formulario en línea.
Duración: Sin límite del tiempo.
Comentarios: El formulario de autoevaluación, también conocido como Learning Preference Assessment, se creó en 1991; la versión en línea se creó en 2004.
Autores: Lucy M. Guglielmino (todos los formularios) y Paul J. Guglielmino (formularios autoevaluativos).
Editorial: Guglielmino & Associates, LLC.
Componentes en Español: El formulario para adultos está disponible en español castellano y colombiano; el formulario para adultos con niveles bajos de lectura/hablantes de inglés no nativos está disponible en español cubano.
Componentes en Inglés: Todos los materiales están disponibles en inglés también; el manual es en inglés.

Translation/Adaptation: No information is provided in the test materials about the translation/adaptation process.
Population: Adults.
Norms: Separate norms are not provided with the forms translated to Spanish.
Publication Dates: 1977-2004.
Acronym: SDLRS/LPA.
Scores: Total score only.
Administration: Individual or group.
Forms: Adults (SDLRS-A/LPA), Elementary (SDLRS-E) Adults with Low Reading levels/Non-Native English Speakers (SDLRS-ABE).
Price Data, 2022: $6.95 per a single online copy; $4.95 per more than one copy of the form.
Time: Untimed.
Comments: The self-scoring form, also known as Learning Preference Assessment, was created in 1991; online version created in 2004.
Authors: Lucy M. Guglielmino (all forms) and Paul J. Guglielmino (self-scoring form).
Publisher: Guglielmino & Associates, LLC.
Spanish Components: The adult form is available in Castilian and Colombian Spanish; the form for adults with low reading levels/non-native English speakers is available in Cuban Spanish.
English Components: All materials are also available in English; the manual is in English.

[539s]

Self-Directed Search Form E, Fourth Edition, Spanish Version.

Propósito: Diseñado para identificar las actividades, habilidades y auto-estimaciones particulares de una persona en comparación con diversos grupos ocupacionales.
Procedencia: Estados Unidos/inglés.
Traducción/Adaptación: No se provee información en los materiales de la prueba sobre el proceso de traducción/adaptación.
Población: Edades 15 en adelante.
Baremos: No se han provisto baremos con los materiales traducidos al español.
Fechas de Publicación: 1970-1997.
Acrónimo: SDS.
Puntuación, 6: Realistas, Investigadores, Artistas, Sociales, Emprendedores, Convencionales.
Administración: Individual o colectiva.
Precios, 2022: $250 por juego de inicio, incluyendo la guía del usuario profesional (1994, 110 páginas, inglés), manual técnico (1994, 104 páginas, inglés), 10 folletos Evaluación, 10 folletos Encontrador de Empleos y 10 folletos Usted y Su Empleo.

[539e]

Self-Directed Search Form E, Fourth Edition, Spanish Version.

Purpose: Designed to identify "a person's particular activities, competencies, and self-estimates compared with various occupational groups."
Origin: United States/English.
Translation/Adaptation: No information is provided in the test materials about the translation/adaptation process.
Population: Ages 15 and older.
Norms: Separate norms are not provided with the materials translated to Spanish.
Publication Dates: 1970-1997.
Acronym: SDS.
Scores, 6: Realistic, Investigative, Artistic, Social, Enterprising, Conventional.
Administration: Individual or group.
Price Data, 2022: $250 per introductory kit including Professional User's Guide (1994, 110 pages, English), Technical Manual (1994, 104 pages, English), 10 Assessment booklets, 10 Job Finders booklets, and 10 You and Your Job booklets.

Duración: (34-45) minutos.
Comentarios: Auto administrado, corregido, e interpretado; se basa en la tipología de Holland de preferencias vocacionales.
Autores: John L. Holland (prueba y manuales), Amy B. Powell (manuales) y Barbara A. Fritzsche (manuales).
Editorial: Psychological Assessment Resources, Inc.
Componentes en Español: Los folletos Encontrador de Empleos, Usted y Su Carrera y Evaluación y sus instrucciones correspondientes están disponibles en español.
Componentes en Inglés: Todos los materiales están disponibles en inglés, también; los manuales son en inglés.

Time: (34-45) minutes.
Comments: Self-administered, -scored, and -interpreted; based on the Holland typology of vocational preferences.
Authors: John L. Holland (test and manuals), Amy B. Powell (manuals), and Barbara A. Fritzsche (manuals).
Publisher: Psychological Assessment Resources, Inc.
Spanish Components: The Assessment, Job Finders, and You and Your Job booklets and their corresponding instructions are available in Spanish.
English Components: All materials are also available in English; the manuals are in English.

[540s]

Self-Directed Search Form R, Fifth Edition, Spanish Version.

Nombre Original: Self-Directed Search, 5th Edition [Form R].
Propósito: Diseñado como una guía para la planificación profesional.
Procedencia: Estados Unidos (1970-2013)/inglés.
Traducción/Adaptación: La versión en español incluye todos los ítems que aparecen en la versión en inglés. Traducciones iniciales fueron completadas por una empresa que se especializa en la traducción de medidas psicológicas. Una traducción independiente fue realizada por un psicólogo bilingüe de los EE. UU., que consultó también la versión existente del SDS Cuarta Edición en español. Se resolvieron discrepancias entre estas tres fuentes. El próximo paso fue una retrotraducción realizada por la empresa de traducción. Dos revisores independientes compararon la retrotraducción con la versión original en inglés. Después de varias revisiones, crearon la versión final.
Población: Edades 11 años en adelante.
Baremos: No se han provisto baremos con los materiales traducidos al español.
Fecha de Publicación: 2014.
Acrónimo: SDS.
Puntuación, 6: Realista, Investigativo, Artístico, Social, Emprendedor, Convencional.
Administración: Individual o colectiva.
Precios, 2022: $275 por juego en español, incluye manual profesional (2013, 95 páginas, inglés), manual suplementario para la versión en español (2014, 15 páginas, inglés), 25 cuadernos de Evaluación (español), 25 cuadernos Descubridor de Ocupaciones (español) y 25 cuadernos Usted y Su Carrera (español); $15 por manual suplementario; $70 por 25 cuadernos de evaluación; $91 por 25 cuadernos Descubridor de Ocupaciones; $49 por 25 cuadernos Usted y Su Carrera.

[540e]

Self-Directed Search Form R, Fifth Edition, Spanish Version.

Original Name: Self-Directed Search, 5th Edition [Form R].
Purpose: Designed as a "career decision-making" tool.
Origin: United States (1970-2013)/English.
Translation/Adaptation: "The Spanish version includes all items that appear in the English version. Initial translations were completed by a company that specializes in translating psychological measures. An independent translation was conducted by a bilingual counselor practicing in the U.S., and the existing Spanish version of the SDS Fourth Edition was also consulted. Discrepancies between these three sources were resolved. Next, the translation company conducted a back-translation. Two independent reviewers compared the back-translation to the original English form. After several rounds of review, the final version was created."
Population: Ages 11 years and older.
Norms: Separate norms are not provided with the materials translated to Spanish.
Publication Date: 2014.
Acronym: SDS.
Scores, 6: Realistic, Investigative, Artistic, Social, Enterprising, Conventional.
Administration: Individual or group.
Price Data, 2022: $275 per Spanish kit: professional manual (2013, 95 pages, English), supplemental manual for the Spanish version (2014, 15 pages, English), 25 Assessment booklets (Spanish), 25 Occupations Finder booklets (Spanish), and 25 You and Your Career booklets (Spanish); $15 per supplemental manual; $70 per 25 assessment booklets; $91 per 25 Occupations Finder booklets; $49 per 25 You and Your Career booklets.

Duración: (25-35) minutos.
Comentarios: Auto administrado, calificado, e interpretado; se puede administrar en línea o por medio de papel y lápiz.
Autores: John L. Holland y Melissa A. Messer.
Editorial: Psychological Assessment Resources, Inc.
Componentes en Español: El cuaderno de evaluación, el cuaderno Usted y Su Carrera y el cuaderno Descubridor de Ocupaciones y sus instrucciones correspondientes son en español.
Componentes en Inglés: El manual profesional y manual suplementario para la versión en español son en inglés.

[541s]

Sensory Processing Measure, Second Edition.

Propósito: Diseñado para evaluar clientes a lo largo de la vida y apoyar la identificación y tratamiento de aquellos con dificultades con integración sensorial y procesamiento.
Procedencia: Estados Unidos/inglés.
Traducción/Adaptación: Los ítems y las instrucciones fueron traducidos al español por un psicólogo clínico bilingüe con amplia experiencia en traducción y pericia en el desarrollo de pruebas y escalas de calificación. Las versiones en español fueron luego retrotraducidas de forma independiente por otro profesional bilingüe al inglés, y las retrotraducciones fueron revisadas por los autores. Los autores proporcionaron comentarios al traductor, que ajustó las traducciones en consecuencia. Finalmente, un panel interno de personal de investigación bilingüe revisó la traducción para lograr un 100% de acuerdo sobre las opciones de palabras finales entendidas por una variedad de hispanohablantes, independientemente del dialecto o la región.
Población: Edades 4 meses a 87 años.
Baremos: Un estudio de muestra emparejada (*n* = 210) en los cinco niveles de edad examinó hasta qué punto los formularios en español e inglés mostraron resultados similares entre los encuestados de habla hispana e inglesa. A los participantes de habla hispana se les administraron los formularios en español y luego se emparejaron, en las variables de edad, género, nivel de educación y etnia, con una submuestra seleccionada al azar de la muestra de estandarización. Las correlaciones medianas entre los formularios fueron de moderadas a fuertes para todas las escalas. Los resultados del estudio sugieren que en aplicaciones clínicas, los formularios en español e inglés se pueden usar indistintamente con los baremos del idioma inglés.
Fechas de Publicación: 2007-2021.
Acrónimo: SPM-2.

Time: (25-35) minutes.
Comments: Self-administered, -scored, and -interpreted; can be administered online or via paper and pencil.
Authors: John L. Holland and Melissa A. Messer.
Publisher: Psychological Assessment Resources, Inc.
Spanish Components: The Assessment booklet, You and Your Career booklet, and Occupations Finder booklet are in Spanish.
English Components: The professional manual and the supplemental manual for the Spanish version are in English.

[541e]

Sensory Processing Measure, Second Edition.

Purpose: Designed to "assess clients across the lifespan and to support the identification and treatment of those with sensory integration and processing difficulties."
Origin: United States/English.
Translation/Adaptation: "Items and instructions were translated into Spanish by a bilingual clinical psychologist with extensive translation experience and expertise in test and rating scale development. The Spanish versions were then independently back-translated by another bilingual professional into English, and the back-translations were reviewed by the authors. The authors provided feedback to the translator, who adjusted the translations accordingly. Finally, an in-house panel of bilingual research staff reviewed the translation to achieve 100% agreement on the final word choices understood by a variety of Spanish speakers, regardless of dialect or region."
Population: Ages 4 months to 87 years.
Norms: "A matched-sample study (*n* = 210) across all five age levels examined the extent to which the Spanish and English forms showed similar results between Spanish-speaking and English-speaking respondents. Spanish-speaking participants were administered the Spanish forms, and then matched, on the variables of age, gender, education level and ethnicity, with a randomly selected subsample from the standardization sample." "The median correlations across forms were moderate to strong for all scales." Results of the study "suggest that in clinical applications, the Spanish and English forms can be used interchangeably with the English-language norms."
Publication Dates: 2007-2021.
Acronym: SPM-2.

Puntuación, 9-16: 9 puntuaciones de escalas principales: Visión, Audición, Tacto, Gusto y Olfato, Conciencia Corporal, Balance y Movimiento, Total Sensorial, Planeación e Ideas, Participación Social; 6 puntuaciones del Entorno Escolar (opcional; formulario niño solamente): Arte, Autobús Escolar, Cafetería, Música, Educación Física, Recreo/Área de Juegos; 1 puntuación del Entorno de Manejo (opcional; formularios adolescentes y adultos solamente).
Administración: Individual.
Niveles, 5: Infante/Niño Pequeño, Preescolar, Niño, Adolescente, Adulto.
Precios, 2023: $347 por juego infantil incluye manual (2021, 216 paginas), 25 formularios infantiles, 25 formularios para cuidadores/guardianes; $341 por juego preescolar incluye manual, 25 formularios para el hogar/escuela; $341 por juego para niños incluye manual, 25 formularios para el hogar/escuela, descargas digitales ilimitadas de los formularios del entorno escolar, $347 por juego para adolescentes incluye manual, 25 formularios para el hogar/escuela/auto informe, descargas digitales ilimitadas de los formularios de auto informe de manejo e informes de evaluación de manejo; $268 por juego adulto incluye manual, 25 formularios de auto informe/informes del examinador, descargas digitales ilimitadas de los formularios de auto informe de manejo e informes de evaluación de manejo; $111 por manual; $79 por 25 formularios para cada nivel de edad (infante/niño pequeño, preescolar, niño, adolescente, adulto) en español.
Duración: 20-30 minutos para completar los formularios principales; aproximadamente 10 minutos para completar los formularios del entorno.
Comentarios: Se puede administrar y puntuar en línea; revisión y expansión del Sensory Processing Measure y el Sensory Processing Measure-Preschool; la revisión amplía el rango de edad hacia abajo para incluir a bebés y niños pequeños y hacia arriba para incluir a adolescentes y adultos.
Autores: L. Diane Parham, Cheryl L. Ecker, Heather Kuhaneck, Diana A. Henry y Tara J. Glennon.
Traductora/Adaptadora: Susana Urbina.
Editorial: Western Psychological Services.
Componentes en Español: Los cuadernos de respuesta y sus instrucciones correspondientes están disponibles en español.
Componentes en Inglés: Todos los materiales están disponibles en inglés también; el manual es en inglés.

a) INFANTE/NIÑO PEQUEÑO.
Población: 4–30 meses.
Formularios, 3: Infante (4-9 meses), Niño Pequeño (10-30 meses), formulario de Auto Informe del cuidador/guardián.

b) PREESCOLAR.
Población: 2–5 años.
Formularios, 2: Hogar, Escuela.

Scores, 9-16: 9 main scale scores: Vision, Hearing, Touch, Taste and Smell, Body Awareness, Balance and Motion, Sensory Total, Planning and Ideas, Social Participation; 6 School Environment Scores (optional; child form only): Art, School Bus, Cafeteria, Music, Physical Education, Recess/Playground; 1 Driving Environment score (optional; adolescent and adult forms only).
Administration: Individual.
Levels, 5: Infant/Toddler, Preschool, Child, Adolescent, Adult.
Price Data, 2023: $347 per Infant/Toddler kit, including manual (2021, 216 pages), 25 infant/toddler/caregiver forms; $341 per Preschool kit, including manual, 25 home/school forms; $341 per Child kit, including manual, 25 home/school forms, and unlimited digital downloads of the school environment forms; $337 per Adolescent kit, including manual, 25 home/school/self-report forms, unlimited digital downloads of the adolescent driving self-report form and driving rater report form; $268 per Adult kit including manual, 25 self-report and rater report forms, unlimited digital downloads of the adult driving self-report form and driving rater report form; $111 per manual; $79 per 25 forms of each age level (infant/toddler, preschool, child, adolescent, adults) in Spanish.
Time: 20-30 minutes to complete the main forms; approximately 10 minutes to complete the environment forms.
Comments: Online administration and scoring available; revision and expansion of the Sensory Processing Measure and the Sensory Processing Measure-Preschool; revision "expands age range downward to include infants and toddlers and upward to include adolescents and adults."
Authors: L. Diane Parham, Cheryl L. Ecker, Heather Kuhaneck, Diana A. Henry, and Tara J. Glennon.
Translator/Adaptor: Susana Urbina.
Publisher: Western Psychological Services.
Spanish Components: The rating forms and their corresponding instructions are available in Spanish.
English Components: All materials are also available in English; the manual is in English.

a) INFANT/TODDLER.
Population: 4–30 months.
Forms, 3: Infant (4-9 months), Toddler (10-30 months), Caregiver Self-Report Form.

b) PRESCHOOL.
Population: 2–5 years.
Forms, 2: Home, School.

c) NIÑO.
Población: 5–12 años.
Formularios, 8: Hogar, Escuela, Entorno Escolar (Arte, Autobús Escolar, Cafetería, Música, Educación Física, Recreo/Área de Juegos).
Comentarios: Se debe administrar los formularios de entorno solo junto con uno de los formularios principales.
d) ADOLESCENTE.
Población: 12–21 años.
Formularios, 5: Hogar, Escuela, Auto Informe, Entorno de Manejo (Auto Informe, Informe del Evaluador).
e) ADULTO.
Población: 21–87 años.
Formularios, 4: Auto Informe, Informe del Evaluador, Entorno de Manejo (Auto Informe, Informe del Evaluador).

[542s]

Sensory Profile, Second Edition.

Propósito: Diseñado como un conjunto de herramientas estandarizadas que evalúa los patrones de procesamiento sensorial del niño en el contexto de la vida cotidiana.
Procedencia: Estados Unidos (1999-2014)/inglés.
Traducción/Adaptación: Un traductor bilingüe familiarizado con el constructo de desarrollo de pruebas y el diseño de cuestionarios completó la traducción inicial de los ítems. Luego, un psicólogo y desarrollador de evaluaciones clínicas de Pearson realizó una traducción inversa. Se realizó una investigación de validación junto con la investigación de estandarización utilizando los formularios en español con el fin de evaluar la equivalencia en el proceso de observación y explicar cualquier diferencia en puntuación e interpretación de cada formulario.
Población: Nacimiento a 14 años.
Baremos: No se han provisto baremos con los materiales traducidos al español.
Fecha de Publicación: 2014.
Acrónimo: Sensory Profile 2.
Administración: Individual.
Niveles, 3: Infante, Bebé, Niño/a.
Precios, 2022: $314.30 por juego de inicio en español: manual del usuario (2014, 294 páginas, inglés), 25 de cada formulario de respuesta (Infante, Bebé, Niño/a y Corto; español) y 25 formularios de Compañero Escolar (inglés); $87.30 por manual; $60.90 por 25 formularios (Infante, Bebe o Niño/a; español o inglés); $60.90 por 25 formularios Compañero Escolar (inglés); $42.60 por 25 formularios versión abreviada (español o inglés).
Comentarios: Los formularios están disponibles en papel y en formato digital; los formularios son completados por los cuidadores excepto el formulario School Companion, que se completa por los maestros.
Autora: Winnie Dunn.
Editorial: Pearson.
Componentes en Español: Los cuadernos de respuesta menos el Compañero Escolar están disponibles en español.

c) CHILD.
Population: 5–12 years.
Forms, 8: Home, School, School Environment forms (Art, School Bus, Cafeteria, Music, Physical Education, Recess/Playground).
Comments: Environment forms should be administered only in conjunction with one of the main forms.
d) ADOLESCENT.
Population: 12–21 years.
Forms, 5: Home, School, Self-Report, Driving Environment (Self-Report, Rater Report).
e) ADULT.
Population: 21–87 years.
Forms, 4: Self-Report, Rater Report, Driving Environment (Self-Report, Rater Report).

[542e]

Sensory Profile, Second Edition.

Purpose: Designed as "a set of standardized tools for evaluating a child's sensory processing patterns in the context of everyday life."
Origin: United States (1999-2014)/English.
Translation/Adaptation: "A bilingual translator familiar with the construct of test development and questionnaire design completed the initial translation of items. Back translation was then completed by a psychologist and clinical assessment developer from Pearson." A validation study was completed alongside the standardization study using the Spanish versions of the forms in order to evaluate equivalence and assess differences in scoring and interpretation of each form.
Population: Birth through 14 years.
Norms: Separate norms are not provided with the materials translated to Spanish.
Publication Date: 2014.
Acronym: Sensory Profile 2.
Administration: Individual.
Levels, 3: Infant, Toddler, Child.
Price Data, 2022: $314.30 per Spanish starter kit including user's manual (2014, 294 pages, English), 25 each of Spanish caregiver forms (Infant, Toddler, Child, Short, Spanish), and 25 English School Companion forms (English); $87.30 per manual; $60.90 per 25 forms (Infant, Toddler or Child; Spanish or English); $60.90 per 25 School Companion forms (English); $42.60 per 25 Short forms (Spanish or English).
Comments: Forms are available in both paper and digital formats; forms are completed by caregivers except the School Companion form, which is completed by teachers.
Author: Winnie Dunn.
Publisher: Pearson.
Spanish Components: Test booklets except the School Companion are available in Spanish.

Componentes en Inglés: Todos los materiales están disponibles en inglés también; el manual es en inglés.

a) PERFIL SENSORIAL INFANTE 2.
Población: Nacimiento a 6 meses.
Puntuación, 7: Procesamiento General, Procesamiento Auditivo, Procesamiento Visual, Procesamiento Táctil, Procesamiento de Movimiento, Procesamiento Sensorial Oral, Total.
Duración: (5-10) minutos.

b) PERFIL SENSORIAL BEBÉ 2.
Población: Edades 7 a 35 meses.
Puntuación, 11: 4 Puntajes por Cuadrante (Búsqueda/Buscador, Evitación/Evitativo, Sensibilidad/Sensitivo, Registro/Espectador), 6 Puntuaciones Sección Sensorial (Procesamiento General, Procesamiento Auditivo, Procesamiento Visual, Procesamiento Táctil, Procesamiento de Movimiento, Procesamiento Sensorial Oral), Respuestas Conductuales.
Duración: (10-15) minutos.

c) PERFIL SENSORIAL NIÑO/A 2.
Población: Edades 3 a 14 años.
Puntuación, 13: 4 Puntajes por Cuadrante (Búsqueda/Buscador, Evitación/Evitativo, Sensibilidad/Sensor, Registro/Espectador), 6 Puntuaciones Sección Sensorial (Procesamiento Auditivo, Procesamiento Visual, Procesamiento Táctil, Procesamiento de Movimiento, Procesamiento de Posición del Cuerpo, Procesamiento Sensorial Oral), 3 Puntuaciones Sección Conductual (Conducta, Respuestas Emocionales/Sociales, Respuestas de Atención).
Duración: (15-20) minutos.

d) PERFIL SENSORIAL CORTO 2.
Población: Edades 3 a 14 años.
Puntuación, 6: 4 Puntajes por Cuadrante (Búsqueda/Buscador, Evitación/Evitativo, Sensibilidad/Sensor, Registro/Espectador), Procesamiento Sensorial, Respuestas Conductuales.
Duración: (5-10) minutos.

e) PERFIL SENSORIAL COMPAÑERO ESCOLAR 2.
Población: Edades 3 a 14 años.
Puntuación, 13: 4 Puntajes por Cuadrante (Búsqueda/Buscador, Evitación/Evitativo, Sensibilidad/Sensor, Registro/Espectador), 4 Puntuaciones Sección Sensorial (Procesamiento Auditivo, Procesamiento Visual, Procesamiento Táctil, Procesamiento de Movimiento), Respuestas Conductuales, 4 Puntuaciones Factor Escolar (Factores Escolares 1, 2, 3, 4).
Duración: (15) minutos.

Referencias Cruzadas: Para reseñas por Abigail Baxter y Lynn M. Shelley de los componentes en inglés de esta prueba, consulte 20:160.

[543s]

Sexual Adjustment Inventory.

Propósito: Diseñado para identificar comportamiento sexual desviado/pervertido y parafílico.
Procedencia: Estados Unidos/inglés.
Traducción/Adaptación: No se provee información en los materiales de la prueba sobre el proceso de traducción/adaptación.

English Components: All materials are also available in English; the manual is in English.

a) INFANT SENSORY PROFILE 2.
Population: Birth to 6 months.
Scores, 7: General Processing, Auditory Processing, Visual Processing, Touch Processing, Movement Processing, Oral Sensory Processing, Total.
Time: (5-10) minutes.

b) TODDLER SENSORY PROFILE 2.
Population: Ages 7 to 35 months.
Scores, 11: 4 Quadrant scores (Seeking/Seeker, Avoiding/Avoider, Sensitivity/Sensor, Registration/Bystander), 6 Sensory Section scores (General Processing, Auditory Processing, Visual Processing, Touch Processing, Movement Processing, Oral Sensory Processing), Behavioral Responses.
Time: (10-15) minutes.

c) CHILD SENSORY PROFILE 2.
Population: Ages 3 through 14 years.
Scores, 13: 4 Quadrant scores (Seeking/Seeker, Avoiding/Avoider, Sensitivity/Sensor, Registration/Bystander), 6 Sensory Section scores (Auditory Processing, Visual Processing, Touch Processing, Movement Processing, Body Position Processing, Oral Sensory Processing), 3 Behavioral Section scores (Conduct, Social Emotional Responses, Attentional Responses).
Time: (15-20) minutes.

d) SHORT SENSORY PROFILE 2.
Population: Ages 3 through 14 years.
Scores, 6: 4 Quadrant scores (Seeking/Seeker, Avoiding/Avoider, Sensitivity/Sensor, Registration/Bystander), Sensory Processing, Behavioral Responses.
Time: (5-10) minutes.

e) SCHOOL COMPANION SENSORY PROFILE 2.
Population: Ages 3 through 14 years.
Scores, 13: 4 Quadrant scores (Seeking/Seeker, Avoiding/Avoider, Sensitivity/Sensor, Registration/Bystander), 4 Sensory Section scores (Auditory Processing, Visual Processing, Touch Processing, Movement Processing), Behavioral Responses, 4 School Factor scores (School Factors 1, 2, 3, 4).
Time: (15) minutes.

Cross References: For reviews by Abigail Baxter and Lynn M. Shelley of this test's English components, see 20:160.

[543e]

Sexual Adjustment Inventory.

Purpose: "Designed to identify sexually deviant and paraphiliac behavior."
Origin: United States/English.
Translation/Adaptation: No information is provided in the test materials about the translation/adaptation process.

Población: Individuos acusados o condenados por delitos sexuales.
Baremos: No se han provisto baremos con los formularios traducidos al español.
Fecha de Publicación: 1991.
Acrónimo: SAI.
Puntuación, 13: Veracidad Ítem de Prueba, Veracidad Ítem Sexual, Ajuste Sexual, Pedofilia, Asalto Sexual, Exhibicionismo, Incesto, Alcohol, Drogas, Violencia, Anti-Social, Angustia, Juicio/Impulsividad.
Administración: Individual o colectiva.
Formularios, 2: Adulto, Menor.
Precios, 2022: $9.95 por prueba; descuentos de volumen disponibles.
Duración: 45 minutos para administrar
Comentarios: Se administra por computadora o en línea.
Autor: Herman Lindeman.
Editorial: Behavior Data Systems, Ltd.
Componentes en Español: Los formularios Adulto y Menor y sus instrucciones correspondientes están disponibles en español.
Componentes en Inglés: Todos los materiales están disponibles en inglés, también; el manual es en inglés.
Referencias Cruzadas: Para reseñas por Richard F. Farmer y Sheila Mehta de los componentes en inglés de esta prueba, consulte 14:351.

Population: Individuals accused or convicted of sexual offenses.
Norms: Separate norms are not provided with the forms translated to Spanish.
Publication Date: 1991.
Acronym: SAI.
Scores, 13: Test Item Truthfulness, Sex Item Truthfulness, Sexual Adjustment, Child Molest, Sexual Assault, Exhibitionism, Incest, Alcohol, Drugs, Violence, Antisocial, Distress, Judgement/Impulsiveness.
Administration: Individual or group.
Forms, 2: Adult, Juvenile.
Price Data, 2022: $9.95 per test; volume discounts available.
Time: 45 minutes to administer.
Comments: Can be administered via computer or online.
Author: Herman Lindeman.
Publisher: Behavior Data Systems, Ltd.
Spanish Components: The adult and juvenile forms and their corresponding instructions are available in Spanish.
English Components: All materials are also available in English; the manual is in English.
Cross References: For reviews by Richard F. Farmer and Sheila Mehta of this test's English components, see 14:351.

[544s]

Shipley–2: Escala Breve de Inteligencia.

Nombre Original: Shipley–2 (Western Psychological Services).
Propósito: Diseñado para proporcionar una breve medida de la capacidad cognitiva cristalizada y fluida.
Procedencia: Estados Unidos (2009)/inglés.
Traducción/Adaptación: Los materiales de prueba primero se tradujeron y adaptaron a la lengua y cultura españolas. La fase piloto indicó la necesidad de la adaptación lingüística de dos escalas, Vocabulario y Abstracción. La versión final se basó en los cambios que se consideraron necesarios en la fase piloto.
Población: Edades 7 a 89 años.
Baremos: Se han provisto baremos con la adaptación mexicana. Los baremos se desarrollaron utilizando una muestra con 2,447 participantes mexicanos, distribuidos por género, nivel educativo, región geográfica en México y edad.
Fecha de Publicación: 2014.
Puntuación, 6: Vocabulario, Abstracción, Bloques, Combinación A (Vocabulario más Abstracción), Combinación B (Vocabulario más Bloques), Total.
Administración: Individual o colectiva.
Precios, 2022: USD$132 por juego completo, incluye manual (2014, 165 páginas), 10 protocolos/perfiles, tarjeta electrónica y plantilla de calificación;

[544e]

Shipley–2: Escala Breve de Inteligencia.

Original Name: Shipley–2 (Western Psychological Services).
Purpose: Designed to provide a brief measure of crystallized and fluid cognitive ability.
Origin: United States (2009)/English.
Translation/Adaptation: Test materials were first translated and adapted to the Spanish language and culture. The pilot phase indicated the need for the linguistic adaptation of two scales, Vocabulary and Abstraction. The final version was based on changes deemed necessary in the pilot phase.
Population: Ages 7 to 89 years.
Norms: Separate norms are provided with the Mexican adaptation. Norms were developed using a sample of 2,447 Mexican participants, distributed by gender, educational level, geographic region in Mexico, and age.
Publication Date: 2014.
Scores, 6: Vocabulary, Abstraction, Block Patterns, Composite A (Vocabulary plus Abstraction), Composite B (Vocabulary plus Block Patterns), Total.
Administration: Individual or group.
Price Data, 2022: USD$132 per complete kit, including manual (2014, 165 pages), 10 protocols/profiles, prepaid card, and response forms with

USD$56 por tarjeta electrónica de prepago 50 usos; USD$2.50 por tarjeta de uso individual.
Duración: 20-25 minutos.
Autores: Walter C. Shipley, Christian P. Gruber, Thomas A. Martin y Amber M. Klein.
Traductor/Adaptador: Facultad de Psicología, UNAM.
Editorial: Editorial El Manual Moderno, S.A. de C.V.
Componentes en Español: Todos los materiales son en español.
Componentes en Inglés: No hay materiales en inglés en esta versión.

[545s]

Sistema Cirino de Planificación de Carreras, Revisado.

Propósito: Diseñado para "proveer información que sea esencial y útil en la planificación de carreras para los individuos" tomando en consideración sus intereses y su percepción de las habilidades, rasgos de personalidad y valores ocupacionales.
Procedencia: Puerto Rico/español.
Población: Edades 11 en adelante.
Baremos: Los baremos se desarrollaron utilizando una muestra con 2,571 estudiantes, distribuidos por edad, sexo y grado.
Fecha de Publicación: 2013.
Acrónimo: SCPC (R).
Puntuación, 19: 13 escalas de intereses básicas en 5 escalas de orientaciones primarias: Personas (Servicio Social, Interacción Social), Datos (Oficinescos, Legales, Sedentarios, Comerciales), Objetos (Manuales, Aire Libre), Creatividad (Artísticas, Verbales, Musicales), Investigación (Científica, Servicios de Salud), Validez.
Administración: Individual.
Precios: Disponibles con la casa editorial; varía según el país.
Duración: 45 minutos.
Comentarios: Se administra en línea; se presenta los resultados colectivos en tiempo real; provee perfiles de intereses y los compara con un banco de perfiles de ocupaciones desarrollado utilizando O*NET.
Autor: Gabriel Cirino Gerena.
Editorial: Test Innovations, Inc.
Componentes en Español: Todos los materiales son en español.
Componentes en Inglés: Se puede imprimir el reporte individual en español e inglés.

[546s]

Sistema de Cribado Conductual y Emocional del BASC-3.

Nombre Original: BASC-3 Behavioral and Emotional Screening System (NCS Pearson).

codes; USD$56 per prepaid card to use 50 times; USD$2.50 per individual card use.
Time: 20-25 minutes.
Authors: Walter C. Shipley, Christian P. Gruber, Thomas A. Martin, and Amber M. Klein.
Translator/Adaptor: Psychology Faculty, UNAM.
Publisher: Editorial El Manual Moderno, S.A. de C.V.
Spanish Components: All materials are in Spanish.
English Components: There are no English materials in this version.

[545e]

Sistema Cirino de Planificación de Carreras, Revisado.

Purpose: Designed to provide essential information to help with individual career planning, taking into consideration the individual's interests and perceptions of abilities, personality traits, and occupational preferences.
Origin: Puerto Rico/Spanish.
Population: Ages 11 and older.
Norms: Norms were developed using a sample of 2,571 students, distributed by age and grade.
Publication Date: 2013.
Acronym: SCPC (R).
Scores, 19: 13 basic interest scales in 5 primary orientation scales: People (Social Service, Social Interaction), Data (Office, Legal, Stationary, Commercial), Objects (Manual, Outdoors), Creativity (Artistic, Verbal, Musical), Research (Scientific, Health Services), Validity.
Administration: Individual.
Price Data: Available from publisher; varies by country.
Time: 45 minutes.
Comments: Administered online; group results are presented in real time; the system generates interest profiles and compares them to a bank of occupational profiles developed using O*NET.
Author: Gabriel Cirino Gerena.
Publisher: Test Innovations, Inc.
Spanish Components: All materials are in Spanish.
English Components: The individual report can be printed in Spanish and English.

[546e]

Sistema de Cribado Conductual y Emocional del BASC-3.

Original Name: BASC-3 Behavioral and Emotional Screening System (NCS Pearson).

Propósito: Diseñado como un instrumento de cribado para "evaluar los puntos fuertes y débiles conductuales y emocionales en niños y adolescentes".
Procedencia: Estados Unidos (2015)/inglés.
Traducción/Adaptación: El BESS del BASC-3 es una versión abreviada del BASC-3. Consulte Sistema de Evaluación de la Conducta de Niños y Adolescentes–3 para información sobre la traducción/adaptación. Algunos de los ítems que fueron creados específicamente para el BESS del BASC-3 se incorporaron en el desarrollo de los cuestionarios del BASC-3.
Población: Edades 3–18.
Baremos: Se han provisto baremos con la adaptación española. Los baremos se desarrollaron utilizando una muestra con 1.144 participantes españoles, distribuidos por edad, género, nivel educativo de los padres y región geográfica en España.
Fecha de Publicación: 2022.
Acrónimo: BESS del BASC-3.
Administración: Individual o colectiva.
Formularios, 5: Cuestionario para Profesores/Tutores–Preescolar (T-1), Cuestionario para Profesores/Tutores–Niños/Adolescentes (T-2/T-3), Cuestionario para Padres–Preescolar (P-1), Cuestionario para Padres–Niños/Adolescentes (P-2/P-3), Cuestionario Autoinforme–Niños/Adolescentes (S-2/S-3).
Precios, 2023: €185 por juego completo aplicación manual incluye manual (2022, 87 páginas), Cuestionario para Padres (10 cuadernillos de P-1 y P-2/P-3), Cuestionario para Profesores/Tutores (10 cuadernillos de T-1 y T-2/T-3), Cuestionario Autoinforme (10 cuadernillos de S-2/S-3) y 50 usos de corrección y aplicación en línea; €65 por manual; €19,95 por cuestionario (P/T/A); €34,95 por 25 cuestionarios (P/T/A) y 25 usos de aplicación y corrección en línea.
Duración: 5 minutos para la aplicación individual y 15 minutos para la aplicación colectiva.
Comentarios: Se administra con papel y lápiz o en línea; se corrige en línea.
Autores: Randy W. Kamphaus y Cecil R. Reynolds.
Traductores/Adaptadores: Ana Hernández, Èrica Paradell, Frédérique Vallar y Montse Alberte.
Editorial: Pearson España.
Componentes en Español: Todos los materiales son en español.
Componentes en Inglés: No hay materiales en inglés en esta versión.

a) CUESTIONARIO PARA PROFESORES/TUTORES.

1) *Preescolar.*
Población: Edades 3-5.
Acrónimo: T-1.
Puntuación, 6: Índice de Riesgo Conductual y Emocional, Índice de Riesgo de Exteriorización, Índice de Riesgo de Habilidades Adaptativas, Índice de Validez F, Índice de Validez Patrón de Respuestas, Índice de Validez Consistencia.

Purpose: Designed as a screening instrument to evaluate the behavioral and emotional strengths and weaknesses of children and adolescents.
Origin: United States (2015)/English.
Translation/Adaptation: The BESS del BASC-3 is an abbreviated version of the BASC-3. See Sistema de Evaluación de la Conducta de Niños y Adolescentes–3 for translation/adaptation details. A few items created specifically for the BESS del BASC-3 were incorporated into the development of the BASC-3 questionnaires.
Population: Ages 3–18.
Norms: Separate norms are provided with the Spanish adaptation. Norms were developed using a sample of 1,144 Spanish participants, distributed by age, gender, parental education level, and geographic region in Spain.
Publication Date: 2022.
Acronym: BESS del BASC-3.
Administration: Individual or group.
Forms, 5: Teacher Questionnaire–Preschool (T-1), Teacher Questionnaire–Child/Adolescent (T-2/T-3), Parent Questionnaire–Preschool (P-1), Parent Questionnaire–Child/Adolescent (P-2/P-3), Self-Report Questionnaire–Child/Adolescent (S-2/S-3).
Price Data, 2023: €185 per complete print administration kit including manual (2022, 87 pages), Parent Questionnaire (10 booklets P-1 and P-2/P-3), Teacher Questionnaire (10 booklets T-1 and T-2/T-3), Self-Report Questionnaire (10 booklets S-2/S-3), and 50 online scoring and administration uses; €65 per manual; €19.95 per questionnaire (P/T/A); €34.95 per 25 questionnaires (P/T/A) and 25 scoring and administration uses online.
Time: 5 minutes for individual administration and 15 minutes for group administration.
Comments: Administered with paper and pencil or online; scored online.
Authors: Randy W. Kamphaus and Cecil R. Reynolds.
Translators/Adaptors: Ana Hernández, Èrica Paradell, Frédérique Vallar, and Montse Alberte.
Publisher: Pearson España.
Spanish Components: All materials are in Spanish.
English Components: There are no English materials in this version.

a) TEACHER QUESTIONNAIRE.

1) *Preschool.*
Population: Ages 3-5.
Acronym: T-1.
Scores, 6: Behavioral and Emotional Risk Index, Externalizing Risk Index, Adaptive Skills Risk Index, Validity Index F, Response Pattern Validity Index, Consistency Validity Index.

2) *Niños/Adolescentes.*
Población: Edades 6-18.
Acrónimo: T-2/T-3.
Puntuación: Igual a *1)* arriba más el Índice de Riesgo de Interiorización.
b) CUESTIONARIO PARA PADRES.
1) *Preescolar.*
Población: Edades 3-5.
Acrónimo: P-1.
Puntuación, 6: Índice de Riesgo Conductual y Emocional, Índice de Riesgo de Exteriorización, Índice de Riesgo de Habilidades Adaptativas, Índice de Validez F, Índice de Validez Patrón de Respuestas, Índice de Validez Consistencia.
2) *Niños/Adolescentes.*
Población: Edades 6-18.
Acrónimo: P-2/P-3.
Puntuación: Igual a *1)* arriba más el Índice de Riesgo de Interiorización.
c) CUESTIONARIO AUTOINFORME.
1) *Niños/Adolescentes.*
Población: Edades 8-18
Acrónimo: S-2/S-3.
Puntuación, 7: Índice de Riesgo Conductual y Emocional, Índice de Riesgo de Interiorización, Índice de Riesgo de Autorregulación, Índice de Riesgo de Ajuste Personal, Índice de Validez F, Índice de Validez Patrón de Respuestas, Índice de Validez Consistencia.

[547s]

Sistema de Evaluación de Aptitudes.

Propósito: Diseñado como una batería de pruebas de aptitud o razonamiento que contribuye a la selección de personal y la planificación de una carrera.
Procedencia: Puerto Rico/español.
Población: Postulantes de empleo y ellos buscando guía profesional o educacional.
Baremos: Los baremos se desarrollaron utilizando una muestra con 1,067 aspirantes a empleo puertorriqueños con preparación académica desde escuela primaria a doctorado que fueron examinados en línea por varias empresas.
Fecha de Publicación: 2013.
Acrónimo: SEA.
Administración: Individual.
Puntuación, 6: Razonamiento Verbal, Razonamiento Numérico, Razonamiento Abstracto, Razonamiento Espacial, Rapidez de Percepción, Habilidad General.
Precios: Disponibles con la casa editorial; varía según el país.
Duración: 68 minutos total; Razonamiento Verbal: 15 minutos; Razonamiento Abstracto: 15 minutos; Razonamiento Espacial: 15 minutos; Razonamiento Numérico: 20 minutos; Rapidez de Percepción: 3 minutos.
Comentarios: Se administra y califica en línea; "Se ha hecho un esfuerzo para que las preguntas incluidas respondan a un vocabulario y experiencia común entre los hispanohablantes para que pueda ser utilizada en cualquier país de América Latina".

2) *Child/Adolescent.*
Population: Ages 6-18.
Acronym: T-2/T-3.
Scores: Same as *1)* above plus the Internalizing Risk Index.
b) PARENT QUESTIONNAIRE.
1) *Preschool.*
Population: Ages 3-5.
Acronym: P-1.
Scores, 6: Behavioral and Emotional Risk Index, Externalizing Risk Index, Adaptive Skills Risk Index, Validity Index F, Response Pattern Validity Index, Consistency Validity Index.
2) *Child/Adolescent.*
Population: Ages 6-18.
Acronym: P-2/P-3.
Scores: Same as *1)* above plus the Internalizing Risk Index.
c) SELF-REPORT QUESTIONNAIRE.
1) *Child/Adolescent.*
Population: Ages 8-18.
Acronym: S-2/S-3.
Scores, 7: Behavioral and Emotional Risk Index, Internalizing Risk Index, Self-Regulation Risk Index, Personal Adjustment Risk Index, Validity Index F, Response Pattern Validity Index, Consistency Validity Index.

[547e]

Sistema de Evaluación de Aptitudes.

Purpose: Designed as a battery of aptitude or reasoning tests that contribute to personnel selection and career planning decisions.
Origin: Puerto Rico/Spanish.
Population: Job seekers and those seeking career or educational guidance.
Norms: Norms were developed using a sample of 1,067 Puerto Rican job applicants with an educational level between primary school and the doctoral level who were tested online by various companies.
Publication Date: 2013.
Acronym: SEA.
Administration: Individual.
Scores, 6: Verbal Reasoning, Numeric Reasoning, Abstract Reasoning, Spatial Reasoning, Perceptual Speed, General Ability.
Price Data: Available from publisher; varies by country.
Time: 68 minutes total; Verbal Reasoning: 15 minutes; Abstract Reasoning: 15 minutes; Space Reasoning: 15 minutes; Numeric Reasoning: 20 minutes; Perceptual Speed: 3 minutes.
Comments: Test is administered and scored online; test publisher notes that the questions reflect a common vocabulary and experience among Spanish speakers so that it can be used in any Latin American country.

Autor: Test Innovations, Inc.
Editorial: Test Innovations, Inc.
Componentes en Español: Todos los materiales son en español.
Componentes en Inglés: No hay materiales en inglés.

a) VERSIÓN CORTA INTEGRADA.
Puntuación, 5: Razonamiento Verbal, Razonamiento Numérico, Razonamiento Abstracto, Razonamiento Espacial, Habilidad General.
Acrónimo: SEA-R.
Duración: 45-60 minutos.

[548s]

Sistema de Evaluación de la Conducta de Niños y Adolescentes–3.

Nombre Original: Behavior Assessment System for Children, Third Edition (NCS Pearson).
Propósito: "Un sistema multimétodo y multidimensional utilizado para evaluar la conducta y la autopercepción de niños y adolescentes".
Procedencia: Estados Unidos (2015)/inglés.
Traducción/Adaptación: El equipo I+D de la casa editorial colaboró con una experta traductora y filóloga para traducir al castellano todos los ítems al español. Esta traducción fue revisada por un equipo de expertos para asegurar que el contenido fue adecuado para la cultura y la lengua española. También se analizó la adecuación de las instrucciones y las opciones de respuesta; se escribieron algunos ítems nuevos para reemplazar a los ítems que pudieran resultar problemáticos. Se enviaron esta versión al autor de la versión inglés para su última revisión. Después de una fase pilota, se reformuló levemente algunos ítems de los cuestionarios de Autoinforme.
Población: Edades 3–18.
Baremos: Se han provisto baremos con la adaptación española. Los baremos se desarrollaron utilizando una muestra con 1.144 participantes españoles, distribuidos por edad, género, nivel educativo de los padres y región geográfica en España.
Fecha de Publicación: 2020.
Acrónimo: BASC-3.
Administración: Individual.
Formularios, 8: Cuestionario para Profesores/Tutores–Preescolar (T-1), Cuestionario para Profesores/Tutores–Niños (T-2), Cuestionario para Profesores/Tutores–Adolescentes (T-3), Cuestionario para Padres–Preescolar (P-1), Cuestionario para Padres–Niños (P-2), Cuestionario para Padres–Adolescentes (P-3), Cuestionario Autoinforme–Niños (S-2), Cuestionario Autoinforme–Adolescentes (S-3).
Precios, 2023: €325 por juego completo aplicación manual incluye manual (2020, 214 páginas), Cuestionario para Padres (10 cuadernillos de P1, P2 y P3), Cuestionario para Profesores/Tutores (10 cuadernillos

Author: Test Innovations, Inc.
Publisher: Test Innovations, Inc.
Spanish Components: All materials are in Spanish.
English Components: There are no materials in English.

a) SHORT INTEGRATED VERSION.
Scores, 5: Verbal Reasoning, Numeric Reasoning, Abstract Reasoning, Spatial Reasoning, General Ability.
Acronym: SEA-R.
Time: 45-60 minutes.

[548e]

Sistema de Evaluación de la Conducta de Niños y Adolescentes–3.

Original Name: Behavior Assessment System for Children, Third Edition (NCS Pearson).
Purpose: Designed as a multimethod, multidimensional system used to evaluate the behavior and self-perceptions of children and young adults.
Origin: United States (2015)/English.
Translation/Adaptation: The test publisher's R&D team collaborated with a language and translation expert to translate the items to Spanish. This translation was reviewed by a team of experts to ensure that the content was appropriate for the Spanish culture and language. The adequacy of the instructions and response options was also analyzed; new items were written to replace those that might have been problematic. This version was sent to the author of the English version for a final review. After the pilot phase, several items were slightly modified in the Self-Report questionnaires.
Population: Ages 3–18.
Norms: Separate norms are provided with the Spanish adaptation. Norms were developed using a sample of 1,144 Spanish participants, distributed by age, gender, parental education level, and geographic region in Spain.
Publication Date: 2020.
Acronym: BASC-3.
Administration: Individual.
Forms, 8: Teacher Questionnaire–Preschool (T-1), Teacher Questionnaire–Child (T-2), Teacher Questionnaire–Adolescent (T-3), Parent Questionnaire–Preschool (P-1), Parent Questionnaire–Child (P-2), Parent Questionnaire–Adolescent (P-3), Self-Report Questionnaire–Child (S-2), Self-Report Questionnaire–Adolescent (S-3).
Price Data, 2023: €325 per complete print administration kit, including manual (2020, 214 pages), Parent Questionnaire (10 P1, P2, and P3 booklets), Teacher Questionnaire (10 T1, T2,

de T1, T2 y T3), Cuestionario Autoinforme (10 cuadernillos de S2 y S3) y 80 usos de corrección y aplicación en línea; €245 por juego completo infantil y primaria aplicación manual, incluye 50 usos en línea; €195 por juego completo secundaria aplicación manual, incluye 30 usos en línea; €155 por manual; €42,50 por 25 cuestionarios (Profesores/Tutores, Padres, o Autoinforme) y 25 usos de aplicación y corrección en línea.

Comentarios: Se administra con papel y lápiz o en línea; se corrige en línea.

Autores: Cecil R. Reynolds y Randy W. Kamphaus.

Traductores/Adaptadores: Ana Hernández, Èrica Paradell, Frédérique Vallar y Montse Alberte.

Editorial: Pearson España.

Componentes en Español: Todos los materiales son en español.

Componentes en Inglés: No hay materiales en inglés en esta versión.

a) CUESTIONARIO PARA PROFESORES/TUTORES.

Duración: 10-20 minutos.

1) *Preescolar.*

Población: Edades 3-5.

Acrónimo: T-1.

Puntuación, 31: 4 escalas compuestas: Problemas de Exteriorización (Hiperactividad, Agresividad), Problemas de Interiorización (Ansiedad, Depresión, Somatización), Índice de Síntomas Conductuales (Problemas de Atención, Atipicidad, Retraimiento), Habilidades Adaptativas (Adaptabilidad, Habilidades Sociales, Comunicación Funcional), 7 escalas de contenido (Control de la Ira, Acoso Escolar, Trastornos del Desarrollo Social, Autocontrol Emocional, Funcionamiento Ejecutivo, Emocionalidad Negativa, Resiliencia), 2 índices clínicos (Probabilidad Clínica, Deterioro Funcional), 4 índices de funcionamiento ejecutivo (Funcionamiento Ejecutivo General, Control Atencional, Control Conductual, Control Emocional), 3 índices de validez (F, Patrón de Respuestas, Consistencia).

2) *Niños.*

Población: Edades 6-11.

Acrónimo: T-2.

Puntuación, 39: 4 escalas compuestas: Problemas de Exteriorización (Hiperactividad, Agresividad, Problemas de Conducta), Problemas de Interiorización (Ansiedad, Depresión, Somatización), Problemas Escolares (Problemas de Atención, Problemas de Aprendizaje), Índice de Síntomas Conductuales (Atipicidad, Retraimiento), Habilidades Adaptativas (Adaptabilidad, Habilidades Sociales, Liderazgo, Habilidades Académicas, Comunicación Funcional), 7 escalas de contenido (Control de la Ira, Acoso Escolar, Trastornos del Desarrollo Social, Autocontrol Emocional, Funcionamiento Ejecutivo, Emocionalidad Negativa, Resiliencia), 4 índices clínicos (Probabilidad de TDAH, Probabilidad de Autismo, Probabilidad de Comportamiento Perturbador, Deterioro Funcional), 5 índices de funcionamiento ejecutivo

and T3 booklets), Self-Report Questionnaire (10 S2 and S3 booklets), and 80 online scoring and administration uses; €245 per complete print administration Preschool and Child kit, including 50 online uses; €195 per complete print administration Adolescent kit, including 30 online uses; €155 per manual; €42.50 per 25 questionnaires (Teachers, Parents or Self-Report) and 25 administration and scoring uses online.

Comments: Administered with paper and pencil or online; scored online.

Authors: Cecil R. Reynolds, Randy W. Kamphaus.

Translators/Adaptors: Ana Hernández, Èrica Paradell, Frédérique Vallar, and Montse Alberte.

Publisher: Pearson España.

Spanish Components: All materials are in Spanish.

English Components: There are no English materials in this version.

a) TEACHER QUESTIONNAIRE.

Time: 10-20 minutes.

1) *Preschool.*

Population: Ages 3-5.

Acronym: T-1.

Scores, 31: 4 composite scales: Externalizing Problems (Hyperactivity, Aggression), Internalizing Problems (Anxiety, Depression, Somatization), Behavioral Symptoms Index (Attention Problems, Atypicality, Withdrawal), Adaptive Skills (Adaptability, Social Skills, Functional Communication), 7 content scales (Anger Management, Bullying, Social Developmental Disorders, Emotional Self-Control, Executive Functioning, Negative Emotionality, Resilience), 2 clinical indexes (Clinical Probability, Functional Impairment), 4 executive functioning indexes (Overall Executive Functioning, Attentional Control, Behavioral Control, Emotional Control), 3 validity indexes (F, Response Pattern, Consistency).

2) *Child.*

Population: Ages 6-11.

Acronym: T-2.

Scores, 39: 4 composite scales: Externalizing Problems (Hyperactivity, Aggression, Conduct Problems), Internalizing Problems (Anxiety, Depression, Somatization), School Problems (Attention Problems, Learning Problems), Behavioral Symptom Index (Atypicality, Withdrawal), Adaptive Skills (Adaptability, Social Skills, Leadership, Functional Communication, Study Skills), 7 content scales (Anger Management, Bullying, Social Developmental Disorders, Emotional Self-Control, Executive Functioning, Negative Emotionality, Resilience), 4 clinical indexes (ADHD Probability, Autism Probability, Disruptive Behavior Probability, Functional Impairment), 5 executive functioning indexes (Overall Executive

(Funcionamiento Ejecutivo General, Resolución de Problemas, Control Atencional, Control Conductual, Control Emocional), 3 índices de validez (F, Patrón de Respuestas, Consistencia).
3) *Adolescentes.*
Población: Edades 12-18.
Acrónimo: T-3.
Puntuación: Igual a *2)* arriba.
b) CUESTIONARIO PARA PADRES.
Duración: 10-20 minutos.
1) *Preescolar.*
Población: Edades 3-5.
Acrónimo: P-1.
Puntuación, 32: 4 escalas compuestas: Problemas de Exteriorización (Hiperactividad, Agresividad), Problemas de Interiorización (Ansiedad, Depresión, Somatización), Índice de Síntomas Conductuales (Problemas de Atención, Atipicidad, Retraimiento), Habilidades Adaptativas (Adaptabilidad, Habilidades Sociales, Comunicación Funcional, Actividades Cotidianas), 7 escalas de contenido (Control de la Ira, Acoso Escolar, Trastornos del Desarrollo Social, Autocontrol Emocional, Funcionamiento Ejecutivo, Emocionalidad Negativa, Resiliencia), 2 índices clínicos (Probabilidad Clínica, Deterioro Funcional), 4 índices de funcionamiento ejecutivo (Funcionamiento Ejecutivo General, Control Atencional, Control Conductual, Control Emocional), 3 índices de Validez (F, Patrón de Respuestas, Consistencia).
2) *Niños.*
Población: Edades 6-11.
Acrónimo: P-2.
Puntuación, 37: 4 escalas compuestas: Problemas de Exteriorización (Hiperactividad, Agresividad, Problemas de Conducta), Problemas de Interiorización (Ansiedad, Depresión, Somatización), Índice de Síntomas Conductuales (Problemas de Atención, Atipicidad, Retraimiento), Habilidades Adaptativas (Adaptabilidad, Habilidades Sociales, Liderazgo, Comunicación Funcional, Actividades Cotidianas), 7 escalas de contenido (Control de la Ira, Acoso Escolar, Trastornos del Desarrollo Social, Autocontrol Emocional, Funcionamiento Ejecutivo, Emocionalidad Negativa, Resiliencia), 4 índices clínicos (Probabilidad de TDAH, Probabilidad de Autismo, Probabilidad de Comportamiento Perturbador, Deterioro Funcional), 5 índices de funcionamiento ejecutivo (Funcionamiento Ejecutivo General, Resolución de Problemas Control Atencional, Control Conductual, Control Emocional), 3 índices de validez (F, Patrón de Respuestas, Consistencia).
3) *Adolescentes.*
Población: Edades 12-18.
Acrónimo: P-3.
Puntuación: Igual a *2)* arriba.
c) CUESTIONARIO AUTOINFORME.
Duración: 20-30 minutos.
1) *Niños.*
Población: Edades 8-11.
Acrónimo: S-2.

Functioning, Problem Solving, Attentional Control, Behavioral Control, Emotional Control), 3 validity indexes (F, Response Pattern, Consistency).
3) *Adolescent.*
Population: Ages 12-18.
Acronym: T-3.
Scores: Same as *2)* above.
b) PARENT QUESTIONNAIRE.
Time: 10-20 minutes.
1) *Preschool.*
Population: Ages 3-5.
Acronym: P-1.
Scores, 32: 4 composite scales: Externalizing Problems (Hyperactivity, Aggression), Internalizing Problems (Anxiety, Depression, Somatization), Behavioral Symptom Index (Attention Problems, Atypicality, Withdrawal), Adaptive Skills (Adaptability, Social Skills, Functional Communication, Daily Activities), 7 content scales (Anger Management, Bullying, Social Developmental Disorders, Emotional Self-Control, Executive Functioning, Negative Emotionality, Resilience), 2 clinical indexes (Clinical Probability, Functional Impairment), 4 executive functioning indexes (Overall Executive Functioning, Attentional Control, Behavioral Control, Emotional Control), 3 validity indexes (F, Response Pattern, Consistency).
2) *Child.*
Population: Ages 6-11.
Acronym: P-2.
Scores, 37: 4 composite scales: Externalizing Problems (Hyperactivity, Aggression, Conduct Problems), Internalizing Problems (Anxiety, Depression, Somatization), Behavioral Symptom Index (Attention Problems, Atypicality, Withdrawal), Adaptive Skills (Adaptability, Social Skills, Leadership, Functional Communication, Daily Activities), 7 content scales (Anger Management, Bullying, Social Developmental Disorders, Emotional Self-Control, Executive Functioning, Negative Emotionality, Resilience), 4 clinical indexes (ADHD Probability, Autism Probability, Disruptive Behavior Probability, Functional Impairment), 5 executive functioning indexes (Overall Executive Functioning, Problem Solving, Attentional Control, Behavioral Control, Emotional Control), 3 validity indexes (F, Response Pattern, Consistency).
3) *Adolescent.*
Population: Ages 12-18.
Acronym: P-3.
Scores: Same as *2)* above.
c) SELF-REPORT QUESTIONNAIRE.
Time: 20-30 minutes.
1) *Child.*
Population: Ages 8-11.
Acronym: S-2.

Puntuación, 25: 5 escalas compuestas: Problemas Escolares (Actitud Respecto a la Escuela, Actitud Respecto a los Profesores), Problemas de Interiorización (Atipicidad, Locus de Control, Estrés Social, Ansiedad, Depresión, Sensación de Ineptitud), Falta de Atención/Hiperactividad (Problemas de Atención, Hiperactividad), Índice de Síntomas Emocionales, Ajuste Personal (Relación con los Padres, Relaciones Interpersonales, Autoestima, Confianza en Sí Mismo), Índice de Deterioro Funcional, 5 índices de validez (F, Patrón de Respuestas, Consistencia, L, V).
2) *Adolescentes.*
Población: Edades 12-18.
Acrónimo: S-3.
Puntuación, 31: 5 escalas compuestas: Problemas Escolares (Actitud Respecto a la Escuela, Actitud Respecto a los Profesores, Búsqueda de Sensaciones), Problemas de Interiorización (Atipicidad, Locus de Control, Estrés Social, Ansiedad, Depresión, Sensación de Ineptitud, Somatización), Falta de Atención/Hiperactividad (Problemas de Atención, Hiperactividad), Índice de Síntomas Emocionales, Ajuste Personal (Relación con los Padres, Relaciones Interpersonales, Autoestima, Confianza en Sí mismo), Índice de Deterioro Funcional, 4 escalas de contenido (Ansiedad Ante los Exámenes, Control de la Ira, Manía, Fuerza del Ego), 5 índices de validez (F, Patrón de Respuestas, Consistencia, L, V).

Scores, 25: 5 composite scales: School Problems (Attitude Toward School, Attitude Toward Teachers), Internalizing Problems (Atypicality, Locus of Control, Social Stress, Anxiety, Depression, Sense of Inadequacy), Inattention/Hyperactivity (Attention Problems, Hyperactivity), Emotional Symptom Index, Personal Adjustment (Relationship With Parents, Interpersonal Relationships, Self-Esteem, Self-Confidence), Functional Impairment Index, 5 validity indexes (F, Response Pattern, Consistency, L, V).
2) *Adolescent.*
Population: Ages 12-18.
Acronym: S-3.
Scores, 31: 5 composite scales: School Problems (Attitude Toward School, Attitude Toward Teachers, Sensation Seeking), Internalizing Problems (Atypicality, Locus of Control, Social Stress, Anxiety, Depression, Feeling of inadequacy, Somatization), Inattention/Hyperactivity (Attention Problems, Hyperactivity), Emotional Symptom Index, Personal Adjustment (Relationship With Parents, Interpersonal Relationships, Self-Esteem, Self-Confidence), Functional Impairment Index, 4 content scales (Test Anxiety, Anger Management, Mania, Ego Strength), 5 validity indexes (F, Response Pattern, Consistency, L, V).

[549s]

Sistema de Evaluación de la Lectura, Niveles A-N.

Propósito: Diseñado como una evaluación de punto de referencia que se administra a lo largo del año escolar para proveer información inmediata a docentes sobre el progreso académico de sus estudiantes y para recomendar un nivel de instrucción apropiado.
Procedencia: Estados Unidos/español e inglés.
Traducción/Adaptación: La prueba tiene los mismos componentes que el Benchmark Assessment System 1, Levels A-N, pero los libros en español no son traducciones de los libros en inglés. Los libros son nuevos materiales escritos por hispanohablantes nativos en colaboración con un equipo de expertos bilingües de alfabetización e ilustrado por artistas hispánicos para proveer autenticidad cultural. Se desarrollaron las evaluaciones opcionales en español para tener en cuenta las discrepancias lingüísticas que no ocurren en inglés. Un conjunto de expertos bilingües de alfabetización basó su análisis de los niveles de libros en el Fountas & Pinnell Text Level Gradient (adaptado para español), prestando atención especial a la estructura del texto, complejidad de frases y vocabulario español. Después de asignar los niveles de los libros, se usaron en un estudio piloto con niños hispanohablantes y sus docentes en aulas bilingües y de lenguaje doble en cinco distritos escolares grandes urbanos a través de los EE. UU.

[549e]

Sistema de Evaluación de la Lectura, Niveles A-N.

Purpose: Designed as a benchmark assessment "administered throughout the school year to give teachers immediate feedback about how students are meeting academic standards" and "to recommend a placement level for instruction."
Origin: United States/Spanish and English.
Translation/Adaptation: "The test provides the same set of components as the Benchmark Assessment System 1, Levels A-N, but the Spanish books are not translations of the English books." They are new materials written by native Spanish speakers in collaboration with a team of bilingual literacy experts and illustrated by Hispanic artists in order to provide cultural authenticity. The optional assessments were developed in Spanish to account for language issues that do not occur in English. A panel of Spanish bilingual literacy experts used the Fountas & Pinnell Text Level Gradient as adapted for Spanish to analyze book levels, attending to Spanish text structure, sentence complexity, and vocabulary. After designating the book levels, "all books were field-tested with Spanish-speaking children and their teachers in bilingual and dual-language classrooms in five large urban school districts throughout the U.S."

Población: Estudiantes bilingües emergentes (español/inglés) en grados K-2.
Baremos: Esta prueba no es de referencia normativa; es de referencia de criterio.
Fecha de Publicación: 2012.
Acrónimo: SEL.
Puntuación, 6: Puntuaciones de Lectura Oral (Precisión, Autocorrección, Fluidez, Velocidad de Lectura [Niveles J-N]) más Conversación Comprensión y Escribir Sobre la Lectura (Niveles J-N) que se usa para determinar tres niveles de lectura: Independiente, Instruccional, Difícil.
Administración: Individual.
Niveles, 14: A-N, con dos libros equivalentes, uno ficción y uno no ficción, cada nivel.
Precios, 2023: $495 por juego completo, incluyendo guía de evaluación (2012, 218 páginas, inglés), cuaderno de formularios de evaluación (2012, 373 páginas, español), cuaderno de formularios de evaluaciones opcionales para estudiantes (2012, 19 páginas, español), Continuo de adquisición de la lectoescritura: Guía para la enseñanza, Grados PreK-2 (2012, 200 páginas, inglés), 30 carpetas para estudiantes, calculadora, CD con formularios de evaluación (español), CD del sistema de manejo de datos (inglés) y DVD de desarrollo profesional (inglés).
Duración: 15-40 minutos.
Comentarios: Se administra uno a cuatro veces a lo largo del año escolar; el/la administrador/a de la prueba debe tener dominio de ambos inglés y español.
Autoras: Irene C. Fountas y Gay Su Pinnell.
Editorial: Heinemann Publishing.
Componentes en Español: El cuaderno y CD de formularios de evaluación y lista de palabras en el cuaderno de formularios de evaluaciones opcionales para estudiantes son en español. Las instrucciones de administración están disponibles en español.
Componentes en Inglés: La guía de evaluación, instrucciones de puntuación, el libro *Continuo de adquisición de la lectoescritura: Guía para la enseñanza, Grados PreK-2* (adaptado por español) y la guía de inicio rápido para el paquete de tecnología, incluyendo el CD del sistema de manejo de datos y el DVD de desarrollo profesional son en inglés. Las instrucciones de administración están disponibles en inglés, también.

[550s]

Sistema de Evaluación de Niños y Adolescentes.

Propósito: Diseñado para "ayudar en la detección de un amplio espectro de problemas emocionales y de conducta, problemas contextuales, así como áreas de vulnerabilidad y recursos psicológicos".
Procedencia: España/español.
Población: Edades 3-18.
Baremos: Los baremos se desarrollaron utilizando dos muestras. La muestra no-clínica fue compuesta de

Population: Emerging bilingual (Spanish/English) students in Grades K-2.
Norms: This test is not norm referenced; it is criterion referenced.
Publication Date: 2012.
Acronym: SEL.
Scores, 6: Oral Reading scores (Accuracy, Self-Correction, Fluency, Reading Rate [Levels J-N]) plus Comprehension Conversation and Writing About Reading (Levels J-N) used to determine three reading levels: Independent, Instructional, Hard.
Administration: Individual.
Levels, 14: A-N, with two equivalent books, one fiction and one nonfiction, for each level.
Price Data, 2023: $495 per complete kit, including assessment guide (2012, 218 pages, English), assessment forms book (2012, 373 pages, Spanish), optional assessments student forms book (2012, 19 pages, Spanish), Continuum of Literacy Learning: A Guide to Teaching, PreK-2 (2012, 200 pages, English), 30 student folders, calculator, assessment forms CD (Spanish), data management CD (English), and professional development DVD (English).
Time: 15-40 minutes.
Comments: Administered one to four times per year; test administrator should be fluent in both English and Spanish.
Authors: Irene C. Fountas and Gay Su Pinnell.
Publisher: Heinemann Publishing.
Spanish Components: The assessment forms book and CD and word lists in the optional assessments student forms book are in Spanish. Administration instructions are available in Spanish.
English Components: The assessment guide, scoring instructions, *Continuum of Literacy Learning, PreK-2: A Guide to Teaching* (adapted for Spanish) book, and quick start guide for the technology package, including a data management system CD and a professional development DVD, are in English. Administration instructions are also available in English.

[550e]

Sistema de Evaluación de Niños y Adolescentes.

Purpose: Designed to aid in the detection of a broad spectrum of emotional, behavioral, and contextual problems as well as areas of vulnerability and psychological resources.
Origin: Spain/Spanish.
Population: Ages 3-18.
Norms: Norms were developed using two samples. The non-clinical sample was composed of 2,550

2.550 participantes, distribuido por edad, sexo, región geográfica en España, localidad (urbano, intermedio, rural), nivel socioeconómico y educativo y tipo de centro escolar (público, privado, concertado). La muestra clínica fue compuesta de 996 participantes, distribuido por edad, sexo y tipo de trastorno.
Fecha de Publicación: 2015.
Acrónimo: SENA.
Administración: Individual o colectiva.
Precios, 2022: €196,23 por juego completo, incluyendo manual técnico (2015, 203 páginas), manual de administración (2015, 199 páginas), 90 ejemplares (10 de cada formulario) y PIN de corrección para 90 usos en línea; €53,97 por juego de corrección (25 ejemplares y PIN para 25 usos en línea; escoge formulario y nivel); €57,31 por manual técnico o de administración; €3,74 por un uso de aplicación y corrección en línea; €6,23 por un uso de informe interpretativo en línea.
Duración: (20-30) minutos cada cuestionario.
Comentarios: Se corrige en línea; el manual de la prueba también incluye información sobre una adaptación catalán.
Autores: Irene Fernández-Pinto, Pablo Santamaría, Fernando Sánchez-Sánchez, Miguel Ángel Carrasco y Victoria del Barrio.
Editorial: Hogrefe TEA Ediciones.
Componentes en Español: Todos los materiales son en español.
Componentes en Inglés: No hay materiales en inglés.

a) FAMILIA.

1) *Infantil.*

Población: Edades 3-6.

Puntuación, 25: Escalas de Control (Inconsistencia, Impresión Negativa, Impresión Positiva), Índices Globales (Índice Global de Problemas, Índice de Problemas Emocionales, Índice de Problemas Conductuales, Índice de Problemas en las Funciones Ejecutivas, Índice de Recursos Personales), Escalas de Problemas (Problemas Interiorizados [Depresión, Ansiedad, Ansiedad Social, Quejas Somáticas], Problemas Exteriorizados [Problemas de Atención, Hiperactividad-Impulsividad, Problemas de Control de la Ira, Agresión, Conducta Desafiante], Otros Problemas [Retraso en el Desarrollo, Comportamiento Inusual]), Escalas de Vulnerabilidades (Problemas de Regulación Emocional, Rigidez, Aislamiento, Dificultades de Apego), Escalas de Recursos Personales (Integración y Competencia Social, Inteligencia Emocional).

2) *Primaria.*

Población: Edades 6-12.

Puntuación: Igual a *1)* arriba, menos Retraso en el Desarrollo y Dificultades de Apego y más Disposición al Estudio.

3) *Secundaria.*

Población: Edades 12-18.

Puntuación: Igual a *1)* arriba, menos Retraso en el Desarrollo y Dificultades de Apego y más Consumo de Sustancias, Conducta Antisocial, Problemas de la Conducta Alimentaria y Disposición al Estudio.

participants, distributed by age, gender, geographic region in Spain, community (urban, suburban, rural), educational and socioeconomic level, and type of school (public, private, charter). The clinical sample was composed of 996 participants, distributed by age, gender, and type of disorder.
Publication Date: 2015.
Acronym: SENA.
Administration: Individual or group.
Price Data, 2022: €196.23 per complete kit, including technical manual (2015, 203 pages), administration manual (2015, 199 pages), 90 answer booklets (10 of each form), and scoring PIN for 90 uses online; €53.97 per scoring kit (25 answer booklets and PIN for 25 uses online; choose form and level); €57.31 per technical or administration manual; €3.74 per administration and scoring online; €6.23 per online interpretive report.
Time: (20-30) minutes per questionnaire.
Comments: The test is scored online; the manual also includes information about a Catalonian adaptation.
Authors: Irene Fernández-Pinto, Pablo Santamaría, Fernando Sánchez-Sánchez, Miguel Ángel Carrasco, and Victoria del Barrio.
Publisher: Hogrefe TEA Ediciones.
Spanish Components: All materials are in Spanish.
English Components: There are no materials in English.

a) FAMILY.

1) *Infant.*

Population: Ages 3-6.

Scores, 25: Validity Scales (Inconsistency, Negative Impression, Positive Impression), Global Indices (Global Problems Index, Emotional Problems Index, Behavioral Problems Index, Executive Functions Problems Index, Personal Resources Index), Problem Scales (Internalized Problems [Depression, Anxiety, Social Anxiety, Somatic Complaints], Externalized Problems [Attention Problems, Hyperactivity-Impulsivity, Anger Control Problems, Aggression, Defiant Behavior], Other Problems [Developmental Delay, Unusual Behavior]), Vulnerability Scales (Emotional Regulation Problems, Rigidity, Isolation, Attachment Difficulties), Personal Resources Scales (Integration and Social Competence, Emotional Intelligence).

2) *Primary.*

Population: Ages 6-12.

Scores: Same as *1)* above, minus Developmental Delays and Attachment Difficulties and plus Disposition to Study.

3) *Secondary.*

Population: Ages 12-18.

Scores: Same as *1)* above, minus Developmental Delays and Attachment Difficulties and plus Substance Use, Antisocial Behavior, Eating Behavior Problems, and Disposition to Study.

b) ESCUELA.
1) *Infantil.*
Población: Edades 3-6.
Puntuación, 24: Escalas de Control (Inconsistencia, Impresión Negativa, Impresión Positiva), Índices Globales (Índice Global de Problemas, Índice de Problemas Emocionales, Índice de Problemas Conductuales, Índice de Problemas en las Funciones Ejecutivas, Índice de Recursos Personales), Escalas de Problemas (Problemas Interiorizados [Depresión, Ansiedad, Ansiedad Social, Quejas Somáticas], Problemas Exteriorizados [Problemas de Atención, Hiperactividad-Impulsividad, Problemas de Control de la Ira, Agresión, Conducta Desafiante], Otros Problemas [Retraso en el Desarrollo, Comportamiento Inusual]), Escalas de Vulnerabilidades (Problemas de Regulación Emocional, Rigidez, Aislamiento), Escalas de Recursos Personales (Integración y Competencia Social, Inteligencia Emocional).
2) *Primaria.*
Población: Edades 6-12.
Puntuación: Igual a *1)* arriba, menos Retraso en el Desarrollo, Dificultades de Apego y más Problemas de Aprendizaje y Disposición al Estudio.
3) *Secundaria.*
Población: Edades 12-18.
Puntuación: Igual a *1)* arriba, menos Retraso en el Desarrollo, Dificultades de Apego y más Conducta Antisocial y Problemas de Aprendizaje.

c) AUTOINFORME.
1) *Primaria (I).*
Población: Edades 6-8.
Puntuación, 13: Índices Globales (Índice Global de Problemas, Índice de Problemas Emocionales, Índice de Problemas Conductuales, Índice de Problemas Contextuales), Escalas de Problemas (Problemas Interiorizados [Depresión, Ansiedad], Problemas Exteriorizados [Problemas de Atención, Hiperactividad-Impulsividad, Problemas de Control de la Ira, Problemas de Conducta], Problemas Contextuales [Problemas Familiares, Problemas con los Compañeros]), Escala de Recursos Personales (Autoestima).
2) *Primaria (II).*
Población: Edades 8-12.
Puntuación, 25: Escalas de Control (Inconsistencia, Impresión Negativa, Impresión Positiva), Índices Globales (Índice Global de Problemas, Índice de Problemas Emocionales, Índice de Problemas Conductuales, Índice de Problemas en las Funciones Ejecutivas, Indice de Problemas Contextuales, Índice de Recursos Personales), Escalas de Problemas (Problemas Interiorizados [Depresión, Ansiedad, Ansiedad Social, Quejas Somáticas, Sintomatología Postraumática], Problemas Exteriorizados [Problemas de Atención, Hiperactividad-Impulsividad, Problemas de Control de la Ira, Agresión, Conducta Desafiante], Problemas Contextuales [Problemas Familiares, Problemas con la Escuela, Problemas con los Compañeros]), Escala de Vulnerabilidades (Problemas de Regulación Emocional), Escalas de Recursos Personales (Autoestima, Integración y Competencia Social).

b) SCHOOL.
1) *Infant.*
Population: Ages 3-6.
Scores 24: Validity Scales (Inconsistency, Negative Impression, Positive Impression), Global Indices (Global Problems Index, Emotional Problems Index, Behavioral Problems Index, Executive Functions Problems Index, Personal Resources Index), Problem Scales (Internalized Problems [Depression, Anxiety, Social Anxiety, Somatic Complaints], Externalized Problems [Attention Problems, Hyperactivity-Impulsivity, Anger Control Problems, Aggression, Defiant Behavior], Other Problems [Developmental Delay, Unusual Behavior]), Vulnerability Scales (Emotional Regulation Problems, Rigidity, Isolation), Personal Resources Scales (Integration and Social Competence, Emotional Intelligence).
2) *Primary.*
Population: Ages 6-12.
Scores: Same as *1)* above, minus Developmental Delay and Attachment Difficulties and plus Learning Problems and Disposition to Study.
3) *Secondary.*
Population: Ages 12-18.
Scores: Same as *1)* above, minus Developmental Delay and Attachment Difficulties and plus Antisocial Behavior and Learning Problems.

c) SELF-REPORT.
1) *Primary (I).*
Population: Ages 6-8.
Scores, 13: Global Indices (Global Problems, Emotional Problems, Behavioral Problems, Contextual Problems), Problem Scales (Internalized Problems [Depression, Anxiety], Externalized Problems [Attention Problems, Hyperactivity-Impulsivity, Anger Control Problems, Behavior Problems], Contextual Problems [Family Problems, Friend Problems]), Personal Resources Scales (Self-Esteem).
2) *Primary (II).*
Population: Ages 8-12.
Scores, 25: Validity Scales (Inconsistency, Negative Impression, Positive Impression), Global Indices (Global Problems, Emotional Problems, Behavioral Problems, Contextual Problems, Executive Function Problems, Personal Resources), Problem Scales (Internalized Problems [Depression, Anxiety, Social Anxiety, Somatic Complaints, Post-Traumatic Symptoms], Externalized Problems [Attention Problems, Hyperactivity-Impulsivity, Anger Control Problems, Aggression, Defiant Behavior], Contextual Problems [Family Problems, School Problems, Friend Problems]), Vulnerabilities Scale (Emotional Regulation Problems), Personal Resources Scales (Self-Esteem, Integration and Social Competence).

3) *Secundaria.*
Población: Edades 12-18.
Puntuación, 32: Escalas de Control (Inconsistencia, Impresión Negativa, Impresión Positiva), Índices Globales (Índice Global de Problemas, Índice de Problemas Emocionales, Índice de Problemas Conductuales, Índice de Problemas en las Funciones Ejecutivas, Índice de Problemas Conextuales, Índice de Recursos Personales), Escalas de Problemas (Problemas Interiorizados [Depresión, Ansiedad, Ansiedad Social, Quejas Somáticas, Sintomatología Postraumática, Obsesión-Compulsión], Problemas Exteriorizados [Problemas de Atención, Hiperactividad-Impulsividad, Problemas de Control de la Ira, Agresión, Conducta Desafiante, Conducta Antisocial], Otros Problemas [Consumo de Sustancias, Esquizotipia, Problemas de la Conducta Alimentaria], Problemas Contextuales [Problemas Familiares, Problemas con la Escuela, Problemas con los Compañeros]), Escalas de Vulnerabilidades (Problemas de Regulación Emocional, Búsqueda de Sensaciones), Escalas de Recursos Personales (Autoestima, Integración y Competencia Social, Conciencia de los Problemas).

[551s]

Sistema de Evaluación Diagnóstica del Aprovechamiento.

Propósito: Una batería de pruebas diseñada a medir el aprovechamiento académico que ayuda a padres y docentes a identificar las destrezas esenciales que domina y las que no domina los/las estudiantes.
Procedencia: Puerto Rico/español.
Población: Grados 3 a 12.
Baremos: No es una prueba de referencia normativa. Es una prueba de referencia de criterio.
Fecha de Publicación: 2023.
Acrónimo: SEDA.
Administración: Individual o colectiva.
Niveles, 4: Grado 3, Grados 4-6, Grados 7-9, Grados 10-12.
Precios: Disponibles con la casa editorial.
Duración: Aproximadamente 45 minutos.
Comentarios: Se administra y se corrige en línea.
Autor: Gabriel Cirino Gerena.
Editorial: Test Innovations, Inc.
Componentes en Español: Todos los materiales son en español.
Componentes en Inglés: No hay materiales en inglés.

a) ESPAÑOL.
Acrónimo: SEDA Español.
Puntuación, 7: Secuencia Lógica, Signos de Puntuación, Vocabulario en Contexto, Identificar a Base Descripción, Errores Gramaticales, Comprensión Lectora, Total.

b) INGLÉS COMO SEGUNDO IDIOMA.
Acrónimo: SEDA Inglés.
Puntuación, 4: Comprensión Lectora, Comunicación Escrita, Apreciación Literaria, Total.

3) *Secondary.*
Population: Ages 12-18.
Scores, 32: Validity Scales (Inconsistency, Negative Impression, Positive Impression), Global Indices (Global Problems, Emotional Problems, Behavioral Problems, Contextual Problems, Executive Function Problems, Personal Resources), Problem Scales (Internalized Problems [Depression, Anxiety, Social Anxiety, Somatic Complaints, Post-Traumatic Symptoms, Obsession-Compulsion], Externalized Problems [Attention Problems, Hyperactivity-Impulsivity, Anger Control Problems, Aggression, Defiant Behavior, Antisocial Behavior], Other Problems [Substance Use, Schizotypy, Eating Behavior Problems], Contextual Problems [Family Problems, School Problems, Friend Problems]), Vulnerability Scales (Emotional Regulation Problems, Sensation Seeking), Personal Resources Scales (Self-Esteem, Integration and Social Competence, Awareness of Problems).

[551e]

Sistema de Evaluación Diagnóstica del Aprovechamiento.

Purpose: A battery of tests designed to measure academic achievement to help parents and teachers identify the essential abilities that a student has and doesn't have.
Origin: Puerto Rico/Spanish.
Population: Grades 3 to 12.
Norms: This test is not norm referenced. It is criterion referenced.
Publication Date: 2023.
Acronym: SEDA.
Administration: Individual or group.
Levels, 4: Grade 3, Grades 4-6, Grades 7-9, Grades 10-12.
Price Data: Available from publisher.
Time: Approximately 45 minutes.
Comments: Administered and scored online.
Author: Gabriel Cirino Gerena.
Publisher: Test Innovations, Inc.
Spanish Components: All materials are in Spanish.
English Components: There are no materials in English.

a) SPANISH.
Acronym: SEDA Español.
Scores, 7: Logical Sequence, Punctuation Marks, Contextual Vocabulary, Identify the Main Point, Grammatical Errors, Reading Comprehension, Total.

b) ENGLISH AS A SECOND LANGUAGE.
Acronym: SEDA Inglés.
Scores, 4: Reading Comprehension, Written Communication, Literary Appreciation, Total.

c) MATEMÁTICAS.
Acrónimo: SEDA Matemáticas.
Puntuación, 6: Numeración y Operación, Álgebra, Geometría, Medición, Análisis de Datos y Probabilidad, Total.

[552s]

Sistema de Orientación Vocacional Informatizado.

Procedencia: Argentina/español.
Población: Adolescentes y adultos.
Fechas de Publicación: 2003-2010.
Acrónimo: SOVI-3.
Subpruebas, 2: Cuestionario de Intereses Profesionales Revisado (CIP-R), Inventario de Autoeficacia para Inteligencias Múltiples (IAMI).
Administración: Colectiva.
Precios, 2022: USD$34 por juego completo, incluye manual (2010, segunda edición, 59 páginas) más acceso a 5 tomas o licencias de uso en línea.
Duración: (30) minutos.
Comentarios: El SOVI-3 es un instrumento que se administra en línea, y ofrece los resultados de la prueba al concluir la administración. Brinda dos perfiles: el de intereses (CIP) y el de autopercepción de habilidades (IAMI). Una vez finalizada la prueba, el sistema ofrece unas sugerencias para carreras académicas, con sus correspondientes descripciones, a fin de crear el perfil completo del examinado.
Autores: Hermelinda Fogliatto y Edgardo Pérez.
Editorial: Editorial Paidós.
Componentes en Español: Todos los materiales son en español.
Componentes en Inglés: No hay materiales en inglés.

a) CUESTIONARIO DE INTERESES PROFESIONALES REVISADO.
Propósito: Diseñado como una "evaluación de los intereses académicos y ocupacionales".
Baremos: Los baremos se desarrollaron utilizando una muestra con 911 estudiantes argentinos, distribuidos por sexo.
Acrónimo: CIP-R.
Puntuación, 15: Cálculo, Científica, Diseño, Tecnológica, Geoastronómica, Naturalista, Sanitario, Asistencial, Jurídica, Económica, Comunicacional, Humanística, Artística, Musical, Lingüística.

b) INVENTARIO DE AUTOEFICACIA PARA INTELIGENCIAS MULTIPLES.
Propósito: Diseñado como una "evaluación de la autopercepción de habilidades en diferentes áreas" asociadas con las ocho inteligencias de Howard Gardner.
Baremos: Los baremos se desarrollaron utilizando una muestra con 936 estudiantes argentinos, distribuidos por sexo.
Acrónimo: IAMI.
Puntuación, 8: Intrapersonal, Naturalista, Lingüística, Lógico–Matemática, Espacial, Cenestésico–Corporal, Musical, Interpersonal.

c) MATHEMATICS.
Acronym: SEDA Matemáticas.
Scores, 6: Numbering and Operations, Algebra, Geometry, Measurement, Data Analysis and Probability, Total.

[552e]

Sistema de Orientación Vocacional Informatizado.

Origin: Argentina/Spanish.
Population: Adolescents and adults.
Publication Dates: 2003-2010.
Acronym: SOVI-3.
Subtests, 2: Professional Interests Questionnaire, Revised (CIP-R), Self-Efficacy Inventory for Multiple Intelligences (IAMI).
Administration: Group.
Price Data, 2022: USD$34 per complete kit including manual (2010, second edition, 59 pages) and access to 5 online-use licenses.
Time: (30) minutes.
Comments: The SOVI-3 is an instrument that is administered online and offers the test results at the conclusion of the administration. It provides two profiles: the Interests Profile (CIP) and the Self-Perception Skills Profile (IAMI). After the test, the system offers a few suggestions for academic areas of interest, with their corresponding descriptions, in order to create the full profile of the examinee.
Authors: Hermelinda Fogliatto and Edgardo Pérez.
Publisher: Editorial Paidós.
Spanish Components: All materials are in Spanish.
English Components: There are no materials in English.

a) PROFESSIONAL INTERESTS QUESTIONNAIRE, REVISED.
Purpose: Designed to evaluate academic and occupational interests.
Norms: Norms were developed using a sample of 911 Argentine students, distributed by gender.
Acronym: CIP-R.
Scores, 15: Arithmetic, Scientific, Design, Technology, Geoastronomy, Naturalist, Health, Care, Legal, Economic, Communication, Humanities, Artistic, Musical, Linguistic.

b) SELF-EFFICACY INVENTORY FOR MULTIPLE INTELLIGENCES.
Purpose: Designed to assess how an individual perceives his or her own abilities in different areas associated with the eight intelligences comprising Howard Gardner's theory of multiple intelligences.
Norms: Norms were developed using a sample of 936 Argentine participants, distributed by gender.
Acronym: IAMI.
Scores, 8: Intrapersonal, Naturalist, Linguistic, Logical–Mathematical, Spatial, Bodily–Kinesthetic, Musical, Interpersonal.

[553s]

Sistema para la Evaluación de la Conducta Adaptativa–Segunda Edición.

Nombre Original: Adaptive Behavior Assessment System–Second Edition (Western Psychological Services).
Propósito: Diseñado para evaluar la conducta adaptativa a lo largo de todo el rango de edad, tanto a nivel global como en diferentes dominios y áreas específicas.
Procedencia: Estados Unidos (2003)/inglés.
Traducción/Adaptación: Algunos ítems originales requirieron ser traducidos, mientras que otra parte necesitó ser adaptada, introduciendo modificaciones que facilitaban la comprensión del ítem. Este proceso fue revisado por expertos en evaluación psicológica y en conducta adaptable de varios países de habla español. Sus comentarios dieron lugar a modificaciones adicionales hasta llegar a la versión de tipificación consensuada. El manual de la prueba contiene ejemplos específicos de las traducciones y adaptaciones que se realizaron en algunos ítems.
Población: Nacimiento a 89 años.
Baremos: Se han provisto baremos para la adaptación al español. Los baremos se desarrollaron utilizando una muestra con 2.129 participantes, distribuidos por edad, sexo, región geográfica y nivel educativo.
Fecha de Publicación: 2013.
Acrónimo: ABAS-II.
Puntuación, 14: 3 ámbitos de conducta adaptativa, 10 áreas de habilidad, 1 puntuación global: Conceptual (Comunicación, Habilidades Académicas, Autodirección, Total), Social (Ocio, Social, Total), Práctico (Utilización Recursos Comunitarios, Vida en el Hogar, Salud y Seguridad, Autocuidado, Empleo, Total), Conducta Adaptable General.
Administración: Individual o colectiva.
Formularios, 5: Infantil-Padres (de 0 a 5), Infantil - Profesores (de 2 a 5 años), Escolar - Padres (de 5 a 21 años), Escolar - Profesores (de 5 a 21 años), Adultos (de 16 a 89 años).
Precios, 2022: €268,59 por juego completo, incluye manual (2013, 271 páginas), 10 ejemplares de cada tipo, guía de interpretación y 2 PINes por 25 correcciones en línea; €64 por juego de corrección infantil/escolar/adultos (25 ejemplares y PIN para 25 usos en línea); €44,78 por guía de uso clínico e interpretación; €66,40 por manual en línea; €2,49 por 1 aplicación y corrección en línea; €12,46 por 1 informe narrativo en línea.
Duración: (20) minutos.
Comentarios: La evaluación puede realizarse utilizando distintas fuentes de información (tales como padres, profesores, cuidadores, autoinforme).
Autores: Patti L. Harrison y Thomas Oakland.
Traductores/Adaptadores: Delfín Montero Centeno e Irene Fernández-Pinto.

[553e]

Sistema para la Evaluación de la Conducta Adaptativa–Segunda Edición.

Original Name: Adaptive Behavior Assessment System–Second Edition (Western Psychological Services).
Purpose: Designed to evaluate adaptive behavior across the life span on a global level as well as in different domains and specific areas.
Origin: United States (2003)/English.
Translation/Adaptation: Some of the original items required translation while some needed to be adapted, introducing modifications that facilitated the comprehension of the item. This process was reviewed by experts in psychological evaluation and adaptive behavior from various Spanish-speaking countries. Their comments led to additional modifications until arriving at the agreed-upon normed version. The test manual contains specific examples of the translations and adaptations that were made for some of the items.
Population: Birth to 89 years.
Norms: Separate norms are provided with the Spanish adaptation. Norms were developed using a sample of 2,129 participants, distributed by age, gender, geographic region, and educational level.
Publication Date: 2013.
Acronym: ABAS-II.
Scores, 14: 3 adaptive behavior domains, 10 skill areas, 1 overall score: Conceptual (Communication, Functional Academics, Self-Direction), Social (Leisure, Social), Practical (Community Use, Home Living, Health and Safety, Self-Care, Work), General Adaptive Composite.
Administration: Individual or group.
Forms, 5: Parent/Primary Caregiver (ages birth to 5), Teacher/Daycare Provider (ages 2-5), Parent (ages 5-21), Teacher (ages 5-21), Adult (ages 16-89).
Price Data, 2022: €268.59 per complete kit including manual (2013, 271 pages), 10 test booklets for each form, interpretation guide, and 2 PINs for 25 uses in online scoring; €64 per infant/school/adult scoring kit (25 test booklets and PIN for 25 uses online); €44.76 per interpretation and clinical guide; €66,40 per online manual; €2.49 per 1 administration and scoring online; €12.46 per 1 narrative report online.
Time: (20) minutes.
Comments: Assessment can be completed using various sources of information (i.e., parents, teachers, caregivers, self-report).
Authors: Patti L. Harrison and Thomas Oakland.
Translators/Adaptors: Delfín Montero Centeno and Irene Fernández-Pinto.

Editorial: Hogrefe TEA Ediciones.
Componentes en Español: Todos los materiales son en español.
Componentes en Inglés: No hay materiales en inglés en esta versión.

[554s]

Sleep Disorders Inventory for Adults.

Propósito: Diseñado como un instrumento de evaluación de sueño para determinar el nivel de riesgo para trastornos del sueño.
Procedencia: Estados Unidos/inglés.
Traducción/Adaptación: Tres miembros del Expert Test Review Panel (ERTP) de origen Afroamericano, Asiático Americano y Hispano Americano con experiencia experto en revisión de pruebas con niños y conocimiento acerca del sesgo de pruebas revisaron los ítems [de prueba] por sesgos culturales, lenguaje confuso y facilidad de lectura. Numerosos ítems fueron simplificados en su contenido, vocabulario y estructura oracional para evitar confusión. No se provee información en los materiales de la prueba sobre el proceso de traducción/adaptación.
Población: Edades 19 en adelante.
Baremos: No se han provisto baremos con el formulario traducido al español.
Fechas de Publicación: 2004-2019.
Acrónimo: SDI-A.
Puntuación, 6: Trastornos Respiratorios Relacionados con el Sueño/Apnea Obstructiva del Sueño, Trastorno del Movimiento Periódico de las Extremidades/Síndrome de Piernas Inquietas, Somnolencia Diurna Excesiva, Síndrome de la Fase Tardía del Sueño, Narcolepsia, Índice de Disturbio Total del Sueño.
Administración: Individual.
Precios, 2023: $2.50 por 10-99 inventarios.
Duración: 10–20 minutos para administrar.
Comentarios: Se administra y se califica en línea; esta extensión para adultos se base en el original Sleep Disorders Inventory for Students (2004).
Autora: Marsha Luginbuehl.
Editorial: Child Uplift, Inc.
Componentes en Español: El cuaderno de prueba y sus instrucciones correspondientes están disponibles en español.
Componentes en Inglés: Todos los materiales están disponibles en inglés también; el manual es en inglés.

[555s]

Sleep Disorders Inventory for Students–Revised.

Propósito: Diseñado para determinar el nivel de riesgo en desarrollar un trastorno del sueno, incluyendo enuresis y sonambulismo.
Procedencia: Estados Unidos/inglés.

Publisher: Hogrefe TEA Ediciones.
Spanish Components: All materials are in Spanish.
English Components: There are no English materials in this version.

[554e]

Sleep Disorders Inventory for Adults.

Purpose: Designed as a "sleep screening instrument to determine risk level for sleeping disorders."
Origin: United States/English.
Translation/Adaptation: "Three Expert Test Review Panel (ETRP) members of African-American, Asian-American, and Hispanic-American backgrounds who were experienced in assessment of children and knowledgeable about test bias reviewed the [test] items for cultural bias, confusing wording, and reading ease. Numerous items were simplified in their content, vocabulary, and sentence structure to avoid confusion." No information is provided in the test materials about the translation/adaptation process.
Population: Ages 19 and older.
Norms: Separate norms are not provided with the form translated to Spanish.
Publication Dates: 2004-2019.
Acronym: SDI-A.
Scores, 6: Sleep-Related Breathing Disorders/Obstructive Sleep Apnea, Periodic Limb Movement Disorder/Restless Legs Syndrome, Excessive Daytime Sleepiness, Delayed Sleep Phase Syndrome, Narcolepsy, Total Sleep Disturbance Index.
Administration: Individual.
Price Data, 2023: $2.50 for 10-99 inventories.
Time: 10–20 minutes to administer.
Comments: Administered and scored online; this extension for adults based on the original Sleep Disorders Inventory for Students (2004).
Author: Marsha Luginbuehl.
Publisher: Child Uplift, Inc.
Spanish Components: The test booklet and its corresponding instructions are available in Spanish.
English Components: All materials are also available in English; the manual is in English.

[555e]

Sleep Disorders Inventory for Students–Revised.

Purpose: Designed to "determine if a child or adolescent has a high probability of a major sleep disorder that requires treatment."
Origin: United States/English.

Traducción/Adaptación: Tres miembros del Expert Test Review Panel (ERTP) de origen Afroamericano, Asiático Americano y Hispano Americano con experiencia experto en revisión de pruebas con niños y conocimiento acerca del sesgo de pruebas revisaron los ítems [de prueba] por sesgos culturales, lenguaje confuso y facilidad de lectura. Numerosos ítems fueron simplificados en su contenido, vocabulario y estructura oracional para evitar confusión en los padres de diferentes culturas y etnias.
Baremos: No se han provisto baremos con los formularios traducidos al español.
Fechas de Publicación: 2004-2019.
Acrónimo: SDIS-R.
Administración: Individual.
Formularios, 2: Niño, Adolescente.
Precios, 2023: $2.50 por 10-99 inventarios.
Duración: 10-20 minutos para administrar.
Comentarios: Se administra y se califica en línea; la versión revisada incluye preguntas adicionales sobre la historia médica; el manual original no se cambió.
Autora: Marsha Luginbuehl.
Editorial: Child Uplift, Inc.
Componentes en Español: Los cuadernos de prueba y sus instrucciones correspondientes están disponibles en español.
Componentes en Inglés: Todos los materiales están disponibles en inglés también; el manual es en inglés.

a) INVENTARIO DE TRASTORNOS DE SUEÑO PARA ESTUDIANTES–REVISADO–NIÑO.
Población: Edades 2-10.
Acrónimo: SDIS-R-C.
Puntuación, 5: Trastornos Respiratorios Relacionados con el Sueño/Apnea Obstructiva del Sueño, Trastorno por Movimientos Periódicos de las Extremidades, Somnolencia Diurna Excesiva, Síndrome de la Fase Tardía del Sueño, Índice de Disturbio Total del Sueño.

b) INVENTARIO DE TRASTORNOS DE SUEÑO PARA ESTUDIANTES–REVISADO–ADOLESCENTE.
Población: Edades 11-18.
Acrónimo: SDIS-R-A.
Puntuación, 6: Trastornos Respiratorios Relacionados con el Sueño/Apnea Obstructiva del Sueño, Trastorno del Movimiento Periódico de las Extremidades/Síndrome de Piernas Inquietas, Somnolencia Diurna Excesiva, Síndrome de la Fase Tardía del Sueño, Narcolepsia, Índice de Disturbio Total del Sueño.

[556s]

Social Adjustment Scale–Self Report.

Propósito: Diseñado para evaluar la capacidad de una persona para adaptarse y obtener satisfacción sobre sus funciones dentro de la sociedad.
Procedencia: Canadá/inglés.
Traducción/Adaptación: No se provee información en los materiales de la prueba sobre el proceso de traducción/adaptación.

Translation/Adaptation: "Three Expert Test Review Panel (ETRP) members of African-American, Asian-American, and Hispanic-American backgrounds who were experienced in assessment of children and knowledgeable about test bias reviewed the [test] items for cultural bias, confusing wording and reading ease. Numerous items were simplified in their content, vocabulary, and sentence structure to avoid confusion for parents of different cultures and ethnicities."
Norms: Separate norms are not provided with the forms translated to Spanish.
Publication Dates: 2004-2019.
Acronym: SDIS-R.
Administration: Individual.
Forms, 2: Child, Adolescent.
Price Data, 2023: $2.50 per 10-99 inventories.
Time: 10-20 minutes for administration.
Comments: Administered and scored online; revised version includes additional questions about medical history; the original manual did not change.
Author: Marsha Luginbuehl.
Publisher: Child Uplift, Inc.
Spanish Components: The test booklets and their corresponding instructions are available in Spanish.
English Components: All materials are also available in English; the manual is in English.

a) SLEEP DISORDERS INVENTORY FOR STUDENTS–REVISED–CHILD.
Population: Ages 2-10 years.
Acronym: SDIS-R-C.
Scores, 5: Sleep-Related Breathing Disorders/Obstructive Sleep Apnea, Periodic Limb Movement Disorder, Excessive Daytime Sleepiness, Delayed Sleep Phase Syndrome, Total Sleep Disturbance Index.

b) SLEEP DISORDERS INVENTORY FOR STUDENTS–REVISED–ADOLESCENT.
Population: Ages 11-18 years.
Acronym: SDIS-R-A.
Scores, 6: Sleep-Related Breathing Disorders/Obstructive Sleep Apnea, Periodic Limb Movement Disorder/Restless Legs Syndrome, Excessive Daytime Sleepiness, Delayed Sleep Phase Syndrome, Narcolepsy, Total Sleep Disturbance Index.

[556e]

Social Adjustment Scale–Self Report.

Purpose: Designed to assess "the ability of an individual to adapt to, and derive satisfaction from, their social roles."
Origin: Canada/English.
Translation/Adaptation: No information is provided in the test materials about the translation/adaptation process.

Población: Edades 17 en adelante.
Baremos: No se han provisto baremos con los materiales traducidos al español.
Fecha de Publicación: 1999.
Acrónimo: SAS-SR.
Puntuación: 7 áreas: Rol Laboral, Actividades Sociales y Recreativas, Relaciones con Familia Extendida, Relación Principal, Relación Parental, Núcleo Familiar, Media General.
Administración: Colectiva.
Precios, 2023: $140 por manual técnico autoreporte; $75 por manual técnico breve y de cribado; $79 por 10 cuadernillos de ítems (breve o regular).
Duración: 15-20 minutos.
Comentarios: Disponible en español europeo y español sudamericano.
Autora: Myrna M. Weissman.
Traductores/Adaptadores: Daniel Gómez, María de la Paz y Adriana Hamuy-Canis.
Editorial: Multi-Health Systems, Inc.
Componentes en Español: Los cuadernillos de prueba y las hojas de respuestas QuikScore están disponibles en español.
Componentes en Inglés: Todos los materiales están disponibles en inglés, también; el manual es en inglés.
Referencias Cruzadas: Para reseñas por Julie A. Allison y Romeo Vitelli de los componentes en inglés de esta prueba, consulte 15:232.

Population: Ages 17 and older.
Norms: Separate norms are not provided with the materials translated to Spanish.
Publication Date: 1999.
Acronym: SAS-SR.
Scores: 7 areas: Work, Social and Leisure Activities, Relations with Extended Family, Primary Relationship, Parenthood, Family Life, Overall Mean.
Administration: Group.
Price Data, 2023: $140 per self-report technical manual; $75 per short and screener technical manual; $79 per 10 item booklets (short or regular).
Time: 15-20 minutes.
Comments: Available in European Spanish and South American Spanish.
Author: Myrna M. Weissman.
Translators/Adaptors: Daniel Gómez, María de la Paz, and Adriana Hamuy-Canis.
Publisher: Multi-Health Systems, Inc.
Spanish Components: The test booklets and QuikScore forms are available in Spanish.
English Components: All materials are also available in English; the manual is in English.
Cross References: For reviews by Julie A. Allison and Romeo Vitelli of this test's English components, see 15:232.

[557s]

Social-Emotional Assessment/Evaluation Measure (SEAM™), Research Edition.

Propósito: Diseñado para evaluar y monitorear el desarrollo socioemocional y de comportamiento en personas en riesgo de retrasos o problemas socioemocionales.
Procedencia: Estados Unidos/inglés.
Traducción/Adaptación: Los formularios traducidos de SEAM siguen cuidadosamente la versión original en inglés usando español estándar hasta lo posible. Unas representaciones culturales han sido cambiadas para que correspondan mejor a la cultura latina.
Población: Edades 2 meses a 66 meses.
Baremos: Esta prueba no es de referencia normativa; es de referencia de criterio.
Fecha de Publicación: 2014.
Acrónimo: SEAM.
Puntuación: 10 indicadores de referencia: Interactúa Sanamente con Otros, Expresa una Gama de Emociones, Modifica Sus Reacciones Socioemocionales, Empieza a Mostrar Empatía Hacia Otras Personas, Comparte la Atención e Interactúa con Otras Personas, Explora Sus Manos/Pies y Su Entorno (bebés), Demuestra Su Independencia (niños/preescolares),

[557e]

Social-Emotional Assessment/Evaluation Measure (SEAM™), Research Edition.

Purpose: Designed "for assessing and monitoring social-emotional and behavioral development in [persons] at risk for social-emotional delays or problems."
Origin: United States/English.
Translation/Adaptation: "The translated SEAM forms closely follow the original English version using standard Spanish to the extent possible. A few cultural representations have been altered to better correspond to Latino culture."
Population: Ages 2 months to 66 months.
Norms: This test is not norm referenced; it is criterion referenced.
Publication Date: 2014.
Acronym: SEAM.
Scores: 10 benchmarks: Participates in Healthy Interactions, Expresses a Range of Emotions, Regulates Social-Emotional Responses, Begins to Show Empathy for Others, Attends to and Engages with Others, Explores Hands and Feet and Surroundings (infants), Demonstrates Independence (toddlers/preschoolers), Displays

Muestra que Posee una Autoimagen Positiva, Controla Su Nivel de Actividad (bebes), Controla el Nivel de Su Atención o Su Actividad (niños/preescolares), Coopera con las Rutinas Diarias y Responde Cuando Le Piden Algo, Muestra una Gama de Habilidades Adaptativas.
Administración: Individual.
Niveles, 3: Bebé, Niño, Preescolar.
Formularios, 2: SEAM, SEAM con Edades.
Precios, 2022: $52 por juego completo incluye manual (2014, 62 páginas, inglés), CD-ROM y el libro electrónico con formularios imprimibles en inglés y español. (Se puede reproducir los formularios para fines clínicos o educativos.)
Duración: (15-30) minutos.
Comentarios: SEAM y "SEAM with Ages" contienen los mismos ítems; SEAM with Ages incluye rangos de edades correspondientes a los ejemplos que se proporcionan con cada ítem.
Autores: Jane Squires, Diane Bricker, Misti Waddell, Kristin Funk, Jantina Clifford y Robert Hoselton.
Traductora/Adaptadora: Ellen McQuilkin.
Editorial: Paul H. Brookes Publishing Co., Inc.
Componentes en Español: Todos los formularios están disponibles en español.
Componentes en Inglés: Todos los materiales están disponibles en inglés también; el manual es en inglés.

a) PERFIL DE LA FAMILIA.
Propósito: Diseñado para evaluar las fortalezas, preocupaciones y necesidades de apoyo y recursos adicionales del cuidador.
Puntuación: 4 indicadores de referencia: Respondiendo a las Necesidades de Mi Bebé/Niño, Facilitando Actividades que Corresponden al Nivel de Desarrollo de Mi Niño, Estableciendo una Rutina Predecible y un Ambiente Apropiado para mi Niño, Haciendo que mi Hogar esté Libre de Peligros y que Tenga Áreas Seguras para Jugar.
Time: (10-15) minutos.

Referencias Cruzadas: Para reseñas por Kathleen M. Johnson y por Renée M. Tobin y Leandra Parris de los componentes en inglés de esta prueba, consulte 20:162.

[558s]

Social Emotional Assets and Resilience Scales.

Propósito: Diseñado como un sistema de varios informantes para medir las competencias socioemocionales y bienes de niños y adolescentes.
Procedencia: Estados Unidos/inglés.
Traducción/Adaptación: No se provee información en los materiales de la prueba sobre el proceso de traducción/adaptación.
Baremos: No se han provisto baremos con los materiales traducidos al español.
Fecha de Publicación: 2011.
Administración: Individual o colectiva.

a Positive Self-Image, Regulates Activity Level (infants), Regulates Attention and Activity Level (toddlers/preschoolers), Cooperates with Daily Routines and Requests, Shows a Range of Adaptive Skills.
Administration: Individual.
Levels, 3: Infant, Toddler, Preschool.
Forms, 2: SEAM, SEAM with Ages.
Price Data, 2022: $52 per complete kit including manual (2014, 62 pages, English), CD-ROM, and e-book with printable forms in English and Spanish. (Forms may be reproduced for clinical or educational purposes.)
Time: (15-30) minutes.
Comments: SEAM and SEAM with Ages have identical items; SEAM with Ages includes corresponding age ranges for the examples provided with each item.
Authors: Jane Squires, Diane Bricker, Misti Waddell, Kristin Funk, Jantina Clifford, and Robert Hoselton.
Translator/Adaptor: Ellen McQuilkin.
Publisher: Paul H. Brookes Publishing Co., Inc.
Spanish Components: All forms are available in Spanish.
English Components: All materials are also available in English; the manual is in English.

a) SEAM FAMILY PROFILE.
Purpose: "Designed to assess caregiver strengths, concerns, and needs for additional support and resources."
Scores: 4 benchmarks: Responding to Baby's/Child's Needs, Providing Activities that Match Baby's/Child's Developmental Level, Providing Predictable Schedules/Routines and an Appropriate Environment, Providing a Safe Home and Play Environment.
Time: (10-15) minutes.

Cross References: For reviews by Kathleen M. Johnson and by Renée M. Tobin and Leandra Parris of this test's English components, see 20:162.

[558e]

Social Emotional Assets and Resilience Scales.

Purpose: Designed as "a cross-informant system for measuring the social-emotional competencies and assets of children and adolescents."
Origin: United States/English.
Translation/Adaptation: No information is provided in the test materials about the translation/adaptation process.
Norms: Separate norms are not provided with the materials translated to Spanish.
Publication Date: 2011.
Administration: Individual or group.

Precios, 2022: $439 por juego de inicio de formulario largo/abreviado, incluye manual profesional (118 páginas, inglés), 25 de cada cuadernillo, 25 de cada formulario de resumen/perfil y 25 de cada formulario abreviado; $339 por juego de inicio formulario largo, incluye manual profesional, 25 de cada cuadernillo y 25 de cada formulario de resumen/perfil (inglés o español); $169 por juego de inicio de formulario abreviado, incluye manual profesional y 25 de cada formulario abreviado; $80 por manual profesional; $56 por 25 de cada cuadernillo; $22 por 25 de cada formulario de resumen/perfil; $31 por 25 de cada formulario abreviado; $56 por 25 cuadernillos para padres en español; $31 por 25 formularios breves para padres en español.
Duración: (10-12) minutos.
Autor: Kenneth W. Merrell.
Editorial: Psychological Assessment Resources, Inc.
Componentes en Español: El formulario de resumen/perfil para padres, formulario abreviado para padres y cuadernillo para padres y sus instrucciones correspondientes están disponibles en español.
Componentes en Inglés: Todos los materiales están disponibles en inglés, también; el manual es en inglés.

a) SEARS-NIÑO.
Propósito: Diseñado para obtener una evaluación global de bienes socioemocionales y resiliencia de un niño.
Población: Edades 8-12 años.
Acrónimo: SEARS-C.
Puntuación: Puntuación total solamente.
Comentarios: Autoinforme.

b) SEARS-ADOLESCENTE.
Propósito: Diseñado para medir la percepción de un adolescente sobre su propia conciencia, metacognición, percepción intrapersonal, autocontrol y la autodirección.
Población: Edades 13-18 años.
Acrónimo: SEARS-A.
Puntuación, 5: Autoregulación, Competencia Social, Empatía, Responsabilidad, Total.
Comentarios: Autoinforme.

c) SEARS-DOCENTE.
Población: Docentes de estudiantes edades 5-18 años.
Acrónimo: SEARS-T.
Puntuación, 5: Autoregulación, Competencia Social, Empatía, Responsabilidad, Total.
Comentarios: Centrado en el contexto escolar y diseñado para ser completado por los docentes u otros educadores que conocen bien al estudiante.

d) SEARS-PADRES.
Población: Padres o tutores de niños entre las edades de 5-18 años.
Acrónimo: SEARS-P.
Puntuación, 4: Autoregulación/Responsabilidad, Competencia Social, Empatía, Total.
Comentarios: Centrado en los contextos del hogar y la comunidad y diseñado para ser completado por los cuidadores en el hogar.

Price Data, 2022: $439 per long form/short form introductory kit, including professional manual (118 pages, English), 25 of each rating booklet, 25 of each summary/profile form, and 25 of each short form; $339 per long form introductory kit, including professional manual, 25 of each rating booklet, and 25 of each summary/profile form; $169 per short form introductory kit, including professional manual and 25 of each short form; $80 per professional manual; $56 per 25 of each rating booklet; $22 per 25 of each summary/profile form (Spanish or English); $31 per 25 of each short form; $56 per 25 Spanish parent rating booklets; $31 per 25 Spanish parent short forms.
Time: (10-12) minutes.
Author: Kenneth W. Merrell.
Publisher: Psychological Assessment Resources, Inc.
Spanish Components: The parent rating form, parent short form, and parent summary/profile form and their corresponding instructions are available in Spanish.
English Components: All materials are also available in English; the manual is in English.

a) SEARS-CHILD.
Purpose: Designed "to obtain a global assessment of a child's social-emotional assets and resilience."
Population: Ages 8-12 years.
Acronym: SEARS-C.
Scores: Total score only.
Comments: Self-report.

b) SEARS-ADOLESCENT.
Purpose: "Designed to measure an adolescent's perception of his or her self-awareness, metacognition, intrapersonal insight, self-management, and self-direction."
Population: Ages 13-18 years.
Acronym: SEARS-A.
Scores, 5: Self-Regulation, Social Competence, Empathy, Responsibility, Total.
Comments: Self-report.

c) SEARS-TEACHER.
Population: Teachers of students ages 5-18 years.
Acronym: SEARS-T.
Scores, 5: Self-Regulation, Social Competence, Empathy, Responsibility, Total.
Comments: Focused on school context and designed to be completed by classroom teachers or other educators who know the student well.

d) SEARS-PARENT.
Population: Parents or guardians of children ages 5-18 years.
Acronym: SEARS-P.
Scores, 4: Self-Regulation/Responsibility, Social Competence, Empathy, Total.
Comments: Focused on home and community context and designed to be completed by home-based caregivers.

e) FORMULARIOS ABREVIADOS.
Acrónimos: SEARS-C-SF, SEARS-A-SF, SEARS-T-SF, SEARS-P-SF.
Puntuación: Puntuación total solamente.
Duración: (2) minutos.
Comentarios: Desarrollado principalmente para su uso en la medición de los resultados de intervención y monitoreo del progreso.
Referencias Cruzadas: Para reseñas por Elizabeth Bigham and Kathy J. Bohan de los componentes en inglés de esta prueba, consulte 19:152.

[559s]

Social Phobia & Anxiety Inventory for Children.

Propósito: Diseñado para evaluar la frecuencia y gama de miedos y ansiedades sociales en niños y adolescentes.
Procedencia: Estados Unidos/inglés.
Traducción/Adaptación: No se provee información en los materiales de la prueba sobre el proceso de traducción/adaptación.
Población: Edades 8-14.
Baremos: No se han provisto baremos con el formulario traducido al español.
Fechas de Publicación: 1998-1999.
Acrónimo: SPAI-C.
Puntuación: Puntuación total solamente.
Administración: Colectiva.
Precios, 2022: $80 por 25 formularios en español; $102 por manual.
Duración: (20-30) minutos.
Autores: Samuel M. Turner, Deborah C. Beidel y Tracy L. Morris.
Traductores/Adaptadores: Antonio Polo, Liza Suárez, Hortencia Rojas y Eduardo Mercado.
Editorial: Multi-Health Systems, Inc.
Componentes en Español: El formulario y sus instrucciones correspondientes están disponibles en español.
Componentes en Inglés: Todos los materiales están disponibles en inglés, también; el manual es en inglés.
Referencias Cruzadas: Para reseñas por Sarah J. Allen y Loraine J. Spenciner de los componentes en inglés de esta prueba, consulte 15:233.

[560s]

The Social Problem-Solving Inventory for Adolescents.

Propósito: Diseñado para medir la resolución de problemas sociales manifiestos o encubiertos en contextos personales como sociales mediante autoinforme.
Procedencia: Estados Unidos (1993-2003)/inglés.
Traducción/Adaptación: Los ítems de la prueba fueron traducidos al español y luego retrotraducidos

e) SHORT FORMS.
Acronyms: SEARS-C-SF, SEARS-A-SF, SEARS-T-SF, SEARS-P-SF.
Scores: Total score only.
Time: (2) minutes.
Comments: "Developed primarily for use in intervention outcome measurement and progress monitoring."
Cross References: For reviews by Elizabeth Bigham and Kathy J. Bohan of this test's English components, see 19:152.

[559e]

Social Phobia & Anxiety Inventory for Children.

Purpose: Designed to assess "the frequency and range of social fears and anxiety in children and adolescents."
Origin: United States/English.
Translation/Adaptation: No information is provided in the test materials about the translation/adaptation process.
Population: Ages 8-14.
Norms: Separate norms are not provided with the form translated to Spanish.
Publication Dates: 1998-1999.
Acronym: SPAI-C.
Scores: Total score only.
Administration: Group.
Price Data, 2022: $80 per 25 Spanish forms; $102 per manual.
Time: (20-30) minutes.
Authors: Samuel M. Turner, Deborah C. Beidel, and Tracy L. Morris.
Translators/Adaptors: Antonio Polo, Liza Suárez, Hortencia Rojas, and Eduardo Mercado.
Publisher: Multi-Health Systems, Inc.
Spanish Components: The form and its corresponding instructions are available in Spanish.
English Components: All materials are also available in English; the manual is in English.
Cross References: For reviews by Sarah J. Allen and Loraine J. Spenciner of this test's English components, see 15:233.

[560e]

The Social Problem-Solving Inventory for Adolescents.

Purpose: Designed to "measure self-reported covert and overt social problem-solving behaviors in personal as well as social contexts."
Origin: United States (1993-2003)/English.
Translation/Adaptation: Test items were translated to Spanish and then back-translated to

al inglés. Se resolvieron las discrepancias entre las dos traducciones antes de completar la traducción final.
Población: Grados 6-12, universidad.
Baremos: No se han provisto baremos con los materiales traducidos al español.
Fecha de Publicación: 2015.
Acrónimos: SPSI-A, IRPS-A.
Puntuación, 13: Proceso Automático, Orientación del Problema (Cognición, Emoción, Comportamiento), Habilidad de Resolución de Problemas (Identificación del Problema, Generación de una Alternativa, Predicción de las Consecuencias, Implementación, Evaluación, Reorganización), Puntuación Total.
Administración: Individual o colectiva.
Formularios, 2: Completo, Corto.
Precios, 2023: $6 por formularios completos y cortos reproducibles; $37.98 por manual (2003, 114 páginas, inglés, incluye formularios completo y corto en inglés).
Duración: No se reportó tiempo de administración.
Autores: Marianne Frauenknecht y David R. Black.
Editorial: Creative Solutions Press LLC.
Componentes en Español: Los formularios de prueba, completo y corto y sus instrucciones correspondientes están disponibles en español.
Componentes en Inglés: Todos los materiales están disponibles en inglés también; el manual de aplicación, interpretación y evaluación psicométrica es en inglés.
Referencias Cruzadas: Para reseñas por Stephanie Stein y Claudia R. Wright de los componentes en inglés de esta prueba, consulte 18:124.

[561s]

Social Responsiveness Scale, Second Edition.

Propósito: Diseñada como medida de síntomas asociadas con autismo.
Procedencia: Estados Unidos (2012)/inglés.
Traducción/Adaptación: No se provee información en los materiales de la prueba sobre el proceso de traducción/adaptación.
Población: Edades 2-6 a adulto.
Baremos: No se han provisto baremos con los materiales traducidos al español.
Fecha de Publicación: 2017.
Acrónimo: SRS-2.
Puntuación, 7: Comunicación e Interacción Social, Intereses Restringidos y Comportamiento Repetitivo, Conciencia Social, Cognición Social, Comunicación Social, Motivación Social, Total.
Administración: Individual.
Formularios, 4: Preescolar, Escolar, Adulto, Adulto Autoreporte.

English. Discrepancies between the two translations were resolved before the final translation was completed.
Population: Grades 6-12, college.
Norms: Separate norms are not provided with the materials translated to Spanish.
Publication Date: 2015.
Acronyms: SPSI-A, IRPS-A.
Scores, 13: Automatic Process, Problem Orientation (Cognition, Emotion, Behavior), Problem-Solving Skills (Problem Identification, Alternative Generation, Consequence Prediction, Implementation, Evaluation, Reorganization), Total Score.
Administration: Individual or group.
Forms, 2: Long, Short.
Price Data, 2023: $6 per reproducible long and short forms; $37.98 per manual (2003, 114 pages, English, includes English long and short forms).
Time: Administration time not reported.
Authors: Marianne Frauenknecht and David R. Black.
Publisher: Creative Solutions Press LLC.
Spanish Components: The test forms, long and short, and their corresponding instructions are available in Spanish.
English Components: All test materials are also available in English; the Manual for Application, Interpretation, and Psychometric Evaluation is in English.
Cross References: For reviews by Stephanie Stein and Claudia R. Wright of this test's English components, see 18:124.

[561e]

Social Responsiveness Scale, Second Edition.

Purpose: Designed as a "measure of symptoms associated with autism."
Origin: United States (2012)/English.
Translation/Adaptation: There is no information in the test materials about the translation/adaptation process.
Population: Ages 2-6 to adult.
Norms: Separate norms are not provided with the materials translated to Spanish.
Publication Date: 2017.
Acronym: SRS-2.
Scores, 7: Social Communication and Interaction, Restricted Interests and Repetitive Behavior, Social Awareness, Social Cognition, Social Communication, Social Motivation, Total.
Administration: Individual.
Forms, 4: Preschool, School-Age, Adult, Adult Self-Report.

Precios, 2023: $143 por manual impreso (2012, 117 páginas, inglés); $121 por manual digital; $71 por 25 formularios en línea en español o inglés (preescolar, escolar, adulto, o adulto autoreporte); $83 por 25 formularios de autocorrige en español o inglés (preescolar, escolar, adulto, o adulto autoreporte).
Duración: 15-20 minutos.
Autores: John N. Constantino y Christian P. Gruber.
Editorial: Western Psychological Services.
Componentes en Español: Los formularios preescolar, escolar, adulto y adulto autoreporte y sus instrucciones correspondientes están disponibles en español.
Componentes en Inglés: Todos los materiales están disponibles en inglés, también.
Referencias Cruzadas: Para reseñas por Kathryn E. Hoff y Karla J. Doepke y por Georgette Yetter de los componentes en inglés de esta prueba, consulte 19:154.

[562s]

SOSIA: Evaluación de Competencias.

Nombre Original: SOSIE (Les Editions du Centre de Psychologie Appliquée).
Propósito: Diseñado para evaluar la personalidad y los valores personales e interpersonales en el ámbito laboral así como las dimensiones y estilos de comportamiento.
Procedencia: Francia (1990)/francés.
Traducción/Adaptación: No se provee información en los materiales de la prueba sobre el proceso de traducción/adaptación.
Población: Adultos.
Baremos: Se han provisto baremos con la adaptación al español. Los baremos se desarrollaron utilizando una muestra general con 6.738 participantes de España, una muestra de participantes españoles en puestos de mando superior e intermedio (n = 2.718), una muestra general de Colombia (n = 498), una muestra general de Costa Rica (n = 332), una muestra de participantes de Costa Rica en puestos de mando superior e intermedio (n = 214) y una muestra general de Honduras (n = 526), todos distribuidos por sexo.
Fechas de Publicación: 1998-2022.
Acrónimo: SOSIA.
Puntuación, 25: Dimensiones Personales (Ascendencia, Estabilidad Emocional, Vitalidad, Autoestima, Responsabilidad), Aspiraciones (Resultados, Reconocimiento, Independencia, Variedad, Benevolencia), Trabajo (Cautela, Originalidad, Practicidad, Decisión, Orden, Metas), Intercambios (Sociabilidad, Comprensión, Estímulo, Conformidad, Liderazgo), Estilos de Comportamiento (Organización y Estructura, Poder y Actividad, Apertura y Estabilidad, Altruismo y Convicciones).
Administración: Individual o colectiva.
Precios, 2023: €161,13 por juego completo, incluyendo manual (2022, 68 páginas), 10 cuadernillos de

Price Data, 2023: $143 per print manual (2012, 117 pages, English); $121 per digital manual; $71 per 25 Spanish or English online forms (preschool, school-age, adult, or adult self-report); $83 per 25 Spanish or English autoscore forms (preschool, school-age, adult, or adult self-report).
Time: 15-20 minutes.
Authors: John N. Constantino and Christian P. Gruber.
Publisher: Western Psychological Services.
Spanish Components: The preschool, school-age, adult, and adult self-report forms and their corresponding instructions are available in Spanish.
English Components: All materials are also available in English.
Cross References: For reviews by Kathryn E. Hoff and Karla J. Doepke and by Georgette Yetter of this test's English components, see 19:154.

[562e]

SOSIA: Evaluación de Competencias.

Original Name: SOSIE (Les Editions du Centre de Psychologie Appliquée).
Purpose: Designed to evaluate personality and personal and interpersonal values in the work environment as well as dimensions and styles of behavior.
Origin: France (1990)/French.
Translation/Adaptation: No information is provided in the test materials about the translation/adaptation process.
Population: Adults.
Norms: Separate norms are provided with the Spanish adaptation. Norms were developed using a general sample of 6,738 participants from Spain, a sample of Spanish managerial job seekers (n = 2,718), a general Colombian sample (n = 498), a general Costa Rican sample (n =332), a sample of Costa Rican managerial job seekers (n = 214), and a general Honduran sample (n = 526), all distributed by gender.
Publication Dates: 1998-2022.
Acronym: SOSIA.
Scores, 25: Personal Dimensions (Outspoken, Emotional Stability, Vitality, Self-Esteem, Responsibility), Aspirations (Results, Recognition, Independence, Variety, Benevolence), Work (Caution, Originality, Practicality, Decision, Order, Goals), Interpersonal Relations (Sociability, Comprehension, Encouragement, Conformity, Leadership), Style of Work (Organization and Structure, Power and Activity, Openness and Stability, Altruism and Conviction).
Administration: Individual or group.
Price Data, 2023: €161.13 per complete kit, including manual (2022, 68 pages), 10 test

prueba y juego de corrección; €53,97 por 10 cuadernillos de prueba; €41,08 por juego de corrección que incluye 25 hojas de respuesta y PIN con 25 usos en línea; €13,71 por informe en línea; €18,69 por aplicación, corrección e informe en línea.
Duración: Aproximadamente 45 minutos.
Comentarios: Se basa en tres cuestionarios de Leonard V. Gordon: Perfil e Inventario de Personalidad de Gordon (PPG-IPG), Cuestionario de Valores Interpersonales (SIV) y Cuestionario de Valores Personales (SPV); disponible también en catalán.
Autores: L. V. Gordon, Les Editions du Centre de Psychologie Apliquée y TEA Ediciones.
Traductores/Adaptadores: Nicolás Seisdedos y Jaime Pereña.
Editorial: Hogrefe TEA Ediciones.
Componentes en Español: Todos los materiales son en español.
Componentes en Inglés: No hay materiales en inglés en esta versión.

[563s]

Spanish-American 16pf® Fifth Edition Questionnaire.

Nombre Original: 16pf® Fifth Edition Questionnaire.
Propósito: Diseñado para evaluar rasgos de la gama normal de la personalidad.
Procedencia: Estados Unidos (1993)/inglés.
Traducción/Adaptación: El objetivo de esta traducción fue desarrollar una prueba que pudiese ser entendida por las diferentes variantes del español que suelen encontrarse en los EE. UU., incluyendo los provenientes de México, Puerto Rico, Cuba, República Dominicana y muchos países de América Central y del Sur. Nótese que aunque ha existido por mucho tiempo una versión en castellano del Cuestionario 16pf que se distribuye en España, el español castellano no es ampliamente conocido por hablantes hispanoamericanos, debido a diferencias sustanciales en la cultura y lenguaje, por lo que la prueba no se ha utilizado en este proceso de traducción. Dos equipos de traductores tradujeron el cuestionario por separado y luego trabajaron para conciliar discrepancias. Un traductor profesional retro-tradujo la versión final.
Población: Edades 16 en adelante.
Baremos: Se han provisto baremos con la adaptación al español. Los baremos se desarrollaron utilizando una muestra con 385 participantes, distribuidos por sexo, edad, nivel educativo y variables de país de origen (p.ej., localización geográfica, idioma principal, grupo étnico con el cual se identifica, años en los EE. UU.).
Fecha de Publicación: 2004.
Acrónimo: 16pf.

booklets, and scoring kit; €53.97 per 10 test booklets; €41.08 per scoring kit, including 25 answer sheets and PIN for 25 uses online; €13.71 per online report; €18.69 per online administration, scoring, and report.
Time: Approximately 45 minutes.
Comments: Based on three questionnaires by Leonard V. Gordon: Gordon Personal Profile and Gordon Personal Inventory (PPG-IPG), Survey of Interpersonal Values (SIV), and Survey of Personal Values (SPV); also available in Catalan.
Authors: L. V. Gordon, Les Editions du Centre de Psychologie Apliquée, and TEA Ediciones.
Translators/Adaptors: Nicolás Seisdedos and Jaime Pereña.
Publisher: Hogrefe TEA Ediciones.
Spanish Components: All materials are in Spanish.
English Components: There are no English materials in this version.

[563e]

Spanish-American 16pf® Fifth Edition Questionnaire.

Original Name: 16pf® Fifth Edition Questionnaire.
Purpose: Designed to assess normal-range personality traits.
Origin: United States (1993)/English.
Translation/Adaptation: The publisher indicates that the goal of this translation was to develop a test that could be understood by the different kinds of Spanish speakers typically found in the United States, including those from Mexico, Puerto Rico, Cuba, the Dominican Republic, and many countries in Central and South America. Note that although there has long been a Castilian version of the 16pf Questionnaire that is distributed in Spain, Castilian Spanish is not widely understood by American Spanish speakers due to substantial cultural and language differences, and so that test was not used in this translation process. Two separate teams of translators independently translated the questionnaire, then worked to reconcile discrepancies. A professional translator back-translated the final version.
Population: Ages 16 and over.
Norms: Separate norms are provided with the Spanish adaptation. Norms were developed using a sample of 385 participants, distributed by gender, age, educational attainment, and country-of-origin variables (e.g., geographic location, primary speaking language, ethnic group identity, years in the United States).
Publication Date: 2004.
Acronym: 16pf.

Puntuación, 24: 16 Factores Primarios: Afabilidad, Razonamiento, Estabilidad Emocional, Dominancia, Animación, Atención a Normas, Atrevimiento, Sensibilidad, Vigilancia, Abstracción, Privacidad, Aprensión, Apertura al Cambio, Autosuficiencia, Perfeccionismo, Tensión; 5 Factores Globales: Extraversión, Ansiedad, Dureza, Independencia, Auto-Control; 3 Estilos de Respuesta: Manipulación de la Imagen, Infrecuencia, Aquiescencia.
Administración: Individual o colectiva.
Precios: Disponibles con la casa editorial.
Duración: (30-50) minutos.
Autores: Raymond B. Cattell, A. Karen S. Cattell y Heather E. P. Cattell.
Traductores/Adaptadores: Heather Cattell, Esmeralda Goldsmith, Marcel Ponton, Richard Ford y Marilú Gámez.
Editorial: Talogy, Inc.
Componentes en Español: Los ítems de prueba, reportes interpretativos, las hojas de respuesta y las instrucciones de administración son en español.
Componentes en Inglés: Los manuales son en inglés.

[564s]

Spanish Reading Inventory, Second Edition.

Nombre Original: Basic Reading Inventory.
Propósito: Diseñado para ayudar a docentes y otros profesionales a determinar el nivel de competencia de lectura de los estudiantes en español.
Procedencia: Estados Unidos/inglés.
Traducción/Adaptación: El desarrollo de los Formularios A y B se basó en 22 pasajes del Basic Reading Inventory. Luego de ser traducidos, un número de hablantes de español de diferentes países (Colombia, Cuba, El Salvador, Guatemala, México, Nicaragua, Perú, Puerto Rico, Venezuela) y estados (California, Florida, Illinois, Iowa, Texas, Washington) aportaron información sobre el contenido de los pasajes, opciones de palabras presentadas y preguntas de comprensión. Las listas de palabras fueron ampliadas y revisadas basadas en investigaciones hechas en escuelas bilingües y textos y materiales de instrucción usados en la enseñanza inicial de alfabetización español.
Población: Lectores emergentes hasta estudiantes en Grado 8.
Baremos: No se han provisto baremos con la versión en español.
Fechas de Publicación: 1997-2010.
Puntuación, 5: Reconocimiento de Palabras en Aislamiento, Reconocimiento de Palabras en Contexto, Comprensión, Nivel de Escucha, Índice de Lectura Oral.
Administración: Individual.
Formularios, 2: A, B.

Scores, 24: 16 Primary Factors: Warmth, Reasoning, Emotional Stability, Dominance, Liveliness, Rule-Consciousness, Social Boldness, Sensitivity, Vigilance, Abstractedness, Privateness, Apprehension, Openness to Change, Self-Reliance, Perfectionism, Tension; 5 Global Factors: Extraversion, Anxiety, Tough-Mindedness, Independence, Self-Control; 3 Response Style Indices: Impression Management, Infrequency, Acquiescence.
Administration: Individual or group.
Price Data: Available from publisher.
Time: (30-50) minutes.
Authors: Raymond B. Cattell, A. Karen S. Cattell, and Heather E. P. Cattell.
Translators/Adaptors: Heather Cattell, Esmeralda Goldsmith, Marcel Ponton, Richard Ford, and Marilú Gámez.
Publisher: Talogy, Inc.
Spanish Components: Test items, interpretive report, answer sheets, and administration instructions are in Spanish.
English Components: The manuals are in English.

[564e]

Spanish Reading Inventory, Second Edition.

Original Name: Basic Reading Inventory.
Purpose: Designed to "help teachers and other professionals determine a student's reading proficiency in Spanish."
Origin: United States/English.
Translation/Adaptation: The development of Forms A and B was based on 22 passages from the Basic Reading Inventory. After the passages were translated, "a number of Spanish speakers from different countries (Colombia, Cuba, El Salvador, Guatemala, Mexico, Nicaragua, Peru, Puerto Rico, Venezuela) and states (California, Florida, Illinois, Iowa, Texas, Washington) provided input on passage content, specific word choices, and the comprehension questions." Word lists were expanded and refined based on research conducted in bilingual schools and texts and instructional materials used in teaching initial Spanish literacy.
Population: Beginning readers through students in Grade 8.
Norms: Separate norms are not provided with the Spanish version.
Publication Dates: 1997-2010.
Scores, 5: Word Recognition in Isolation, Word Recognition in Context, Comprehension, Listening Level, Oral Reading Rate.
Administration: Individual.
Forms, 2: A, B.

Precios, 2023: $96.09 por manual impreso (2010, 164 páginas, inglés) incluyendo formularios; $50.94 por manual digital.
Duración: No se reportó tiempo de administración.
Comentarios: La prueba requiere un(a) administrador(a) bilingüe; una función importante de la prueba es la identificación de los tres niveles de lectura de un estudiante: independiente, instrucción y frustración.
Autores: Jerry L. Johns y Mayra C. Daniel.
Traductor/Adaptador: Gaylord E. Smith.
Editorial: Kendall/Hunt Publishing Company.
Componentes en Español: Las listas de palabras, ítems de prueba y cuentos para comprensión de lectura son en español.
Componentes en Inglés: El manual de administración es en inglés.
Referencias Cruzadas: Para reseñas por Arturo Olivárez, Jr. y Sandra I. Plata-Potter, consulte 20:164.

[565s]

The Spanish Substance Abuse Subtle Screening Inventory.

Nombre Original: The Substance Abuse Subtle Screening Inventory.
Propósito: Diseñado para ayudar "a identificar a individuos con una alta probabilidad de tener un problema de uso de sustancias, es decir, abuso de sustancias y dependencia de sustancias".
Procedencia: Estados Unidos (1992)/inglés.
Traducción/Adaptación: "Todos los elementos incluidos en la prueba en español fueron traducidos del inglés al español por dos o más traductores. Las preguntas en español se tradujeron luego nuevamente al inglés y se cotejaron las diferencias entre la versión original en inglés y la versión traducida del español al inglés". Algunos ítems que no discriminaron entre alta y baja probabilidad con participantes hispanohablantes fueron eliminados.
Población: Adultos hispanohablantes 18 en adelante.
Baremos: Se han provisto baremos con la prueba. Los baremos se desarrollaron utilizando una muestra con 1,744 participantes hispanohablantes dentro de los Estados Unidos, distribuidos por resultados positivos o negativos del uso de sustancias.
Fecha de Publicación: 2002.
Acrónimo: Spanish SASSI.
Puntuación: 10 escalas: Alcohol Evidente, Otras Drogas Evidentes, Síntomas, Atributos Obvios, Atributos Sutiles, Actitud Defensiva, Medida de Adicción Suplementaria, Valoración Positiva es Falsa, Valoración Negativa es Falsa, Escala de Clasificación Secundaria.
Administración: Individual o colectiva.
Precios, 2023: $85 por kit inicial pequeño incluye 25 hojas de prueba y perfil, plantilla de corrección, ejemplo de prueba corregida, manual de administración y corrección (2002, 21 páginas, inglés y español), manual

Price Data, 2023: $96.09 per print manual (2010, 164 pages, English) including forms; $50.94 per digital manual.
Time: Administration time not reported.
Comments: Test administrator "must be biliterate Spanish-English"; "A major function of the test is to identify a student's three reading levels: independent, instructional, and frustration."
Authors: Jerry L. Johns and Mayra C. Daniel.
Translator/Adaptor: Gaylord E. Smith.
Publisher: Kendall/Hunt Publishing Company.
Spanish Components: Word lists, test items, and passages for reading comprehension are in Spanish.
English Components: The administration manual is in English.
Cross References: For reviews by Arturo Olivárez, Jr. and Sandra I. Plata-Potter, see 20:164.

[565e]

The Spanish Substance Abuse Subtle Screening Inventory.

Original Name: The Substance Abuse Subtle Screening Inventory.
Purpose: Designed to help "identify individuals who have a high probability of having a substance use disorder, i.e., substance abuse and substance dependence."
Origin: United States (1992)/English.
Translation/Adaptation: "All of the items included in the test were translated from English into Spanish by two or more translators. The Spanish language questions were then back-translated into English, and differences between the original English and the back-translated items were reconciled." Some items that didn't discriminate between high and low probability when tested with Spanish-speaking participants were eliminated.
Population: Spanish-speaking adults 18 and older.
Norms: Separate norms are provided with the test. Norms were developed using a sample of 1,744 Spanish-speaking participants within the United States, distributed by those who were diagnosed as having or not having a substance use disorder.
Publication Date: 2002.
Acronym: Spanish SASSI.
Scores: 10 scales: Face Valid Alcohol, Face Valid Other Drugs, Symptoms, Obvious Attributes, Subtle Attributes, Defensiveness, Supplemental Addiction Measure, False Positive Check, False Negative Check, Secondary Classification Scale.
Administration: Individual or group.
Price Data, 2023: $85 per small starter kit including 25 paper tests and profiles, scoring key, sample scored test, administration and scoring manual (2002, 21 pages, English and Spanish),

de desarrollo y validación (2002, 12 páginas, inglés y español) y traducción de la prueba al inglés; $230 por kit inicial grande incluye 100 hojas de prueba y perfil, plantilla de corrección, ejemplo de prueba corregida, manual de administración y corrección, manual de desarrollo y validación y traducción de la prueba al inglés; $13 por plantilla de corrección; $35 por versión en audio.
Duración: 15 minutos.
Comentarios: Se puede administrar en línea.
Autores: Linda E. Lazowski, Michael W. Boye, Glenn A. Miller y Franklin G. Miller.
Editorial: The SASSI Institute.
Componentes en Español: Todos los materiales son en ambos español e inglés.
Componentes en Inglés: Todos los materiales son en ambos español e inglés.
Referencias Cruzadas: Para reseñas por David F. Ciampi y Gloria M. Workman, consulte 20:165.

[566s]

Spiritual Well-Being Scale.

Propósito: Diseñado como un indicador general del estado subjetivo de bienestar religioso y existencial.
Procedencia: Estados Unidos (1982-1991)/inglés.
Traducción/Adaptación: No se provee información en los materiales de la prueba sobre el proceso de traducción/adaptación.
Población: Adultos.
Baremos: No se han provisto baremos con los materiales traducidos al español.
Fechas de Publicación: 1994-1996.
Acrónimo: SWBS.
Puntuación, 3: Bienestar Religioso, Bienestar Existencial, Bienestar Espiritual Total.
Administración: Individual o colectiva.
Precios: Disponible gratis de la casa editorial como descarga PDF.
Duración: (10-15) minutos.
Autores: Craig W. Ellison y Raymond F. Paloutzian.
Traductores/Adaptadores: Kay C. Bruce y Ted Stagner.
Editorial: Raymond F. Paloutzian.
Componentes en Español: Los ítems de la prueba están disponibles en español.
Componentes en Inglés: Todos los materiales están disponibles en inglés también; el manual es en inglés.

[567s]

SSIS™ SEL Brief Scales and SSIS™ SEL Brief + Mental Health Scales.

Propósito: Diseñado para evaluar y mejorar las habilidades de aprendizaje socioemocional (SEL) e identificar a los niños y adolescentes que pueden tener problemas de comportamiento emocional.

development and validation manual (2002, 12 pages, English and Spanish), and an English translation of the test; $230 per large starter kit including 100 paper tests and profiles, scoring key, sample scored test, administration and scoring manual, development and validation manual, and an English translation of the test; $13 per scoring key; $35 per audio version.
Time: 15 minutes.
Comments: May be administered online.
Authors: Linda E. Lazowski, Michael W. Boye, Glenn A. Miller, and Franklin G. Miller.
Publisher: The SASSI Institute.
Spanish Components: All materials are available in both Spanish and English.
English Components: All materials are available in both Spanish and English.
Cross References: For reviews by David F. Ciampi and Gloria M. Workman, see 20:165.

[566e]

Spiritual Well-Being Scale.

Purpose: Designed as a general indicator of the subjective state of religious and existential well-being.
Origin: United States (1982-1991)/English.
Translation/Adaptation: No information is provided in the test materials about the translation/adaptation process.
Population: Adults.
Norms: Separate norms are not provided with the materials translated to Spanish.
Publication Dates: 1994-1996.
Acronym: SWBS.
Scores, 3: Religious Well-Being, Existential Well-Being, Total Spiritual Well-Being.
Administration: Individual or group.
Price Data: Available for free from the publisher as a PDF download.
Time: (10-15) minutes.
Authors: Craig W. Ellison and Raymond F. Paloutzian.
Translators/Adaptors: Kay C. Bruce and Ted Stagner.
Publisher: Raymond F. Paloutzian.
Spanish Components: The test items are available in Spanish.
English Components: All materials are also available in English; the manual is in English.

[567e]

SSIS™ SEL Brief Scales and SSIS™ SEL Brief + Mental Health Scales.

Purpose: Designed to evaluate and improve social emotional learning (SEL) skills and to identify children and adolescents who may be experiencing emotional behavior concerns.

Procedencia: Estados Unidos/inglés.
Traducción/Adaptación: Se realizaron ligeras modificaciones en los formularios en español, incluido el cambio de uso de pronombres y otras actualizaciones menores de idioma. Estas traducciones fueron revisadas por cinco psicólogos bilingües de los EE. UU. para asegurar que las modificaciones de los formularios en español fueran aceptables. Los psicólogos escolares bilingües también proporcionaron sugerencias para mejorar los formularios y estas sugerencias se incorporaron en la versión final.
Población: Edades 3-18.
Baremos: Se han provisto baremos con los formularios en español. Los baremos se desarrollaron utilizando una muestra de 234 estudiantes hispanohablantes y 482 padres/madres hispanohablantes, distribuidos por edad y región.
Fecha de Publicación: 2020.
Administración: Individual o colectiva.
Comentarios: Administración, puntuación y registración en línea; derivado de SSIS™ Social-Emotional Learning Edition; los informes conectan los resultados con el SSIS Classwide Intervention Program u otro programa de intervención alineado con CASEL.
Autores: Christopher J. Anthony y Daniella Maglione-Bashner con Stephen N. Elliott, James C. DiPerna, Pui-Wa Lei y Frank M. Gresham.
Traductora/Adaptadora: Daniella Maglione-Bashner.
Editorial: SAIL CoLab, Inc.
Componentes en Español: Los formularios para padres K-12 y estudiantes están disponibles en español.
Componentes en Inglés: Todos los materiales están disponibles en inglés, también; manual es en inglés.

a) ESCALAS SSIS™ SEL BREVE.
Propósito: Diseñado para identificar las fortalezas y habilidades de SEL de los estudiantes que necesitan mejorar, monitorear y documentar los cambios a lo largo del tiempo y evaluar los efectos de los programas de intervención.
Población: Edades 3-18.
Acrónimo: SSIS SELb.
Formularios, 5: Docente Preescolar (SSIS SELb-TP), Docente K-12 (SSIS SELb-T), Padre Preescolar (SSIS SELb-PP), Padre K-12 (SSIS-SELb-P), Estudiante (SSIS SELb-S, Grados 3-12).
Puntuación, 6-8: Autoconciencia, Autogestión, Conciencia Social, Habilidades de Relación, Toma de Decisiones Responsable, SEL Compuesta, más Índice F e Índice de Patrón de Respuesta solo para el formulario estudiantil.
Precios, 2022: $1,725 por año para la evaluación y el paquete del programa de instrucción preescolar; $4,100 por año para el paquete de evaluación e intervención K-12 (edición 2020); $59 por manual del programa de instrucción preescolar (digital); $59 por manual del programa de intervención en toda la clase (digital); $69 por guía de usuario y manual técnico (2020, 118 páginas, digital); $1,800 por año por escuela para evaluaciones preescolares, incluido el uso ilimitado, la puntuación y

Origin: United States/English.
Translation/Adaptation: Slight modifications including shifting pronoun usage and other minor language updates were made to the Spanish forms. These translations were reviewed by five bilingual psychologists from the U.S. to ensure that modifications on the Spanish forms were acceptable. Bilingual school psychologists also provided suggestions for improvement and these suggestions were incorporated in the final version.
Population: Ages 3-18.
Norms: Separate norms are provided with the materials translated to Spanish. Norms were developed using a sample of 234 Spanish-speaking students and 482 Spanish-speaking parents, distributed by age and region.
Publication Date: 2020.
Administration: Individual or group.
Comments: Administered, scored and reported online; derived from the SSIS™ Social-Emotional Learning Edition; reports connect results to SSIS Classwide Intervention Program or other CASEL-aligned intervention program.
Authors: Christopher J. Anthony and Daniella Maglione-Bashner with Stephen N. Elliott, James C. DiPerna, Pui-Wa Lei, and Frank M. Gresham.
Translator/Adaptor: Daniella Maglione-Bashner.
Publisher: SAIL CoLab, Inc.
Spanish Components: The parent K-12 and student forms are available in Spanish.
English Components: All test materials are also available in English; the manual is in English.

a) SSIS™ SEL BRIEF SCALES.
Purpose: Designed for identifying students' SEL strengths and skills in need of improvement, monitoring and documenting change over time, and evaluation the effects of intervention programs.
Population: Ages 3-18.
Acronym: SSIS SELb.
Forms, 5: Teacher Preschool (SSIS SELb-TP), Teacher K-12 (SSIS SELb-T), Parent Preschool (SSIS SELb-PP), Parent K-12 (SSIS SELb-P), Student (SSIS SELb-S, Grades 3-12).
Scores, 6-8: Self-Awareness, Self-Management, Social Awareness, Relationship Skills, Responsible Decision Making, Composite SEL, plus F-index and Response Pattern index scores for the student form only.
Price Data, 2022: $1,725 per year for assessment and Preschool Instructional Program bundle; $4,100 per year for assessment and intervention K-12 bundle (2020 Edition); $59 per Preschool Instructional Program manual (digital); $59 per Classwide Intervention Program manual (digital); $69 per user guide and technical manual (2020, 118 pages, digital); $1,800 per year per school for preschool assessments including unlimited

la presentación de informes (en línea); $2,100 por año por escuela para la evaluación K-12, incluido el uso, la puntuación y los informes ilimitados (en línea).
Duración: 5 minutos cada formulario.
Comentarios: Las puntuaciones compuestas brutas para cualquier SSIS SELb escala se pueden convertir a un nivel de desempeño con referencia a competencias: Emergente, Desarrollando, Competente y Avanzado.
b) ESCALAS SSIS SIS BREVE + ESCALAS DE SALUD MENTAL.
Purpose: Diseñado para evaluar las habilidades de SEL de los estudiantes y las preocupaciones sobre el comportamiento emocional.
Población: Edades 5-18.
Acrónimo: SSIS SELb + MHS.
Puntuación, 8-10: Autoconciencia, Autogestión, Conciencia Social, Habilidades de Relación, Toma de Decisiones Responsable, SEL Compuesta, Preocupaciones Internalizantes, Preocupaciones Externalizantes, más Índice F e Índice de Patrón de Respuesta solo para el formulario estudiantil.
Formularios, 3: Docente K-12, Padre K-12, Estudiante (Grados 3-12).
Precios, 2022: $4,800 por año para el paquete de evaluación e intervención K-12 (edición 2020); $99 por guía de usuario ampliada y manual técnico (2020, 167 páginas, digital); $2,600 por año por escuela para evaluaciones que incluyen uso ilimitado, puntuación e informes (en línea).
Duración: 3 minutos cada formulario.
Comentarios: Las puntuaciones compuestas brutas para cualquier SSIS SELb escala se pueden convertir a un nivel de desempeño con referencia a competencias: Emergente, Desarrollando, Competente y Avanzado; se proporcionan rangos de puntaje de corte para las escalas de inquietudes del comportamiento emocional: Sin Inquietud, Posible Inquietud, Preocupación.

[568s]

SSIS™ Social-Emotional Learning Edition.

Propósito: Diseñado para evaluar y mejorar las habilidades de aprendizaje socioemocional en niños y adolescentes.
Procedencia: Estados Unidos/inglés.
Traducción/Adaptación: No se provee información en los materiales de la prueba sobre el proceso de traducción/adaptación.
Población: Preescolar a Grado 12.
Baremos: No se han provisto baremos con los materiales traducidos al español.
Fechas de Publicación: 2008-2017.
Acrónimo: SSIS SEL.
Administración: Individual o colectiva.
Partes, 3: Screening/Escalas de Monitoreo de Progreso; Formularios de Docente, Padre y Estudiante; Programa de Intervención de la Aula.
Precios, 2022: $367.30 por juego incluye manual digital (2017, 139 páginas, inglés), manual digital de programa de intervención (2017, 294 páginas, inglés),

use, scoring, and reporting (online); $2,100 per year per school for K-12 assessment including unlimited use, scoring, and reporting (online).
Time: 5 minutes per form.
Comments: Composite Raw Scores for any SSIS SELb scale can be converted to a competency-referenced performance level: Emerging, Developing, Competent, Advanced.
b) SSIS™ SEL BRIEF + MENTAL HEALTH SCALES.
Purpose: Designed for assessing both students' SEL skills and emotional behavior concerns.
Population: Ages 5-18.
Acronym: SSIS™ SELb + MHS.
Scores, 8-10: Self-Awareness, Self-Management, Social Awareness, Relationship Skills, Responsible Decision Making, Composite SEL, Internalizing Concerns, Externalizing Concerns, plus F-index and Response Pattern index scores for the student form only.
Forms, 3: Teacher K-12, Parent K-12, Student (Grades 3-12).
Price Data, 2022: $4,800 per year for assessment and intervention K-12 bundle (2020 edition); $99 per expanded user guide and technical manual (2020, 167 pages, digital); $2,600 per year per school for assessments including unlimited use, scoring, and reporting (online).
Time: 3 minutes per form.
Comments: Composite raw scores for any SSIS SELb scale can be converted to a competency-referenced performance level: Emerging, Developing, Competent, Advanced; cut score ranges are provided for the emotional behavior concerns scales: No Concern, Possible Concern, Concern.

[568e]

SSIS™ Social-Emotional Learning Edition.

Purpose: "Designed for evaluating and improving social-emotional learning skills in children and adolescents."
Origin: United States/English.
Translation/Adaptation: No information is provided in the test materials about the translation/adaptation process.
Population: Preschool through Grade 12.
Norms: Separate norms are not provided with the forms translated to Spanish.
Publication Dates: 2008-2017.
Acronym: SSIS SEL.
Administration: Individual or group.
Parts, 3: Screening/Progress Monitoring Scales; Teacher, Parent, and Student Forms; Classwide Intervention Program.
Price Data, 2022: $367.30 per kit: digital manual (2017, 139 pages, English), digital intervention program manual (2017, 294 pages, English), 25

25 reportes en línea (incluye administración; escoge formulario de padre, docente, o estudiante) y 25 reportes en línea de monitoreo de progreso (incluye administración); $130.50 por manual (papel o digital); $198.50 por manual de programa de intervención (papel o digital).
Comentarios: Se puede administrar por computadora; se califica por computadora; reportes individuales y de nivel colectivo disponibles.
Autores: Frank M. Gresham y Stephen N. Elliott.
Editorial: Pearson.
Componentes en Español: Los formularios de padre y estudiante y sus instrucciones correspondientes están disponibles en español.
Componentes en Inglés: Todos los materiales están disponibles en inglés también; el manual es en inglés.

a) SCREENING/ESCALAS DE MONITOREO DE PROGRESO.
Propósito: Diseñado como un formulario de evaluación basado en la clase y completado por el docente para evaluar las fortalezas y áreas de mejoría del estudiante.
Puntuación, 10: Compuesto Socioemocional (Autoconciencia, Autogestión, Conciencia Social, Habilidades Relacionales, Tomar Decisiones Responsables, Total), Compuesto de Función Académico (Motivación para Aprender, Habilidades de Lectura, Habilidades de Matemáticas, Total).
Duración: (30-45) minutos para la evaluación de hasta 25 estudiantes.
Comentarios: Esta prueba es de referencia de criterio; evalúa las competencias de aprendizaje socioemocional identificadas por la Colaborativa para el Aprendizaje Académico, Social y Emocional (CASEL).

b) FORMULARIOS DE DOCENTE, PADRE Y ESTUDIANTE.
Propósito: Diseñado para proporcionar diferentes puntos de vista sobre el funcionamiento social y emocional del estudiante.
Puntuación, 7-8: Compuesto SEL (Autoconciencia, Autogestión, Conciencia Social, Habilidades Relacionales, Tomar Decisiones Responsables, Total), Habilidades Fundamentales, Competencia Académica (solo formulario de docente).
Duración: (10) minutos o menos para la administración.
Comentarios: Formulario de estudiante para edades 8 en adelante. Formulario de docente y padre se puede usar con estudiantes de edades 3 en adelante.

c) PROGRAMA DE INTERVENCIÓN DE LA AULA.
Comentarios: Proporciona planes de lecciones semanales para enseñar habilidades social-emocionales, así como recursos de intervención.

Referencias Cruzadas: Para reseñas por Rebecca Gokiert y Chelsea Durber y por Renée M. Tobin y Michael Matta de los componentes en inglés de esta prueba, consulte 21:154.

[569s]

Star CBM Lectura.

Propósito: Una herramienta de medida basada en currículo diseñado para su uso en cernimiento,

online reports (includes administration; choice of parent, teacher, or student form), and 25 online progress monitoring reports (includes administration); $130.50 per manual (paper or digital); $198.50 per intervention program manual (paper or digital).
Comments: Computer administration available; computer scored; individual and group-level reports available.
Authors: Frank M. Gresham and Stephen N. Elliott.
Publisher: Pearson.
Spanish Components: The parent and student forms and their corresponding instructions are available in Spanish.
English Components: All materials are also available in English; the manual is in English.

a) SCREENING/PROGRESS MONITORING SCALES.
Purpose: Designed as a teacher-completed, class-based rating form for assessing student-based strengths and improvement areas.
Scores, 10: Social-Emotional Composite (Self-Awareness, Self-Management, Social Awareness, Relationship Skills, Responsible Decision Making, Total), Academic Functioning Composite (Motivation to Learn, Reading Skills, Mathematics Skills, Total).
Time: (30-45) minutes for evaluation of up to 25 students.
Comments: Criterion-referenced; assesses social-emotional learning competencies identified by the Collaborative for Academic, Social, and Emotional Learning (CASEL).

b) TEACHER, PARENT, AND STUDENT FORMS.
Purpose: Designed to provide "different viewpoints on the social-emotional functioning of a student."
Scores, 7-8: SEL Composite (Self-Awareness, Self-Management, Social Awareness, Relationship Skills, Responsible Decision Making, Total), Core Skills, Academic Competence (Teacher form only).
Time: (10) minutes or less for administration.
Comments: Student form for ages 8 and older. Teacher and Parent forms can be used with students ages 3 and older.

c) CLASSWIDE INTERVENTION PROGRAM.
Comments: Provides weekly lesson plans for teaching social-emotional skills as well as intervention resources.

Cross References: For reviews by Rebecca Gokiert and Chelsea Durber and by Renée M. Tobin and Michael Matta of this test's English components, see 21:154.

[569e]

Star CBM Lectura.

Purpose: A curriculum-based measurement tool designed "for use in universal screening, goal

establecer los objetivos y monitorear progreso en la evaluación del desarrollo de alfabetización y lectura en estudiantes de habla hispana.

Procedencia: Estados Unidos/español e inglés.

Traducción/Adaptación: Star CBM Lectura no simplemente traduce, reutiliza o extiende medidas que se han demostrado utilidad en la evaluación de alfabetización y habilidades de lectura en inglés. Se construyeron la prueba después de identificar un grupo de medidas españoles auténticas que reflejan la lengua, la alfabetización y el desarrollo español de lectura que comúnmente se observa en las escuelas en los EE. UU.

Población: Estudiantes en los grados K-6 cuyo idioma dominante es el español y aquellos que son estudiantes bilingües español-inglés emergentes o competentes.

Baremos: Baremos están disponibles para cuatro de las subpruebas: Combinaciones de Letras, Palabras con Sílabas Simples, Palabras con Sílabas Compuestas y Pasajes para Lectura en Voz Alta. Se desarrollaron los baremos utilizando una muestra de 5,112 estudiantes, distribuidos por grado y tiempo del año escolar, de 10 estados en los EE. UU. y participantes en programas diseñados para la instrucción de estudiantes en inglés y español.

Fecha de Publicación: 2022.

Puntuación, 8: Combinación de Letras (Grados K-1), Palabras con Sílabas Simples (Grados K-1), Palabras con Sílabas Compuestas (Grados 1-2), Pasajes para Lectura en Voz Alta (Grados 1-6), Nombrar Colores Rápidamente (Grados K-3), Nombrar Objetos Rápidamente (Grados K-3), Nombrar Letras Rápidamente (Grados K-3), Nombrar Números Rápidamente (Grados K-3).

Administración: Individual.

Precios: Disponibles con la casa editorial.

Duración: Límite de tiempo de 60 segundos cada subprueba, excepto Nombrar Colores Rápidamente, lo que lleva un límite de tiempo de 90 segundos.

Comentarios: Proporciona puntajes de referencia normativa (rangos de percentiles, equivalentes de curvas normales, equivalentes de grado), puntajes de referencia de criterios (correcto por minuto, intentado por minuto, precisión/porcentaje correcto) y categorías de riesgo (satisfactorio/óptimo o alerta); se puede administrar en línea, por papel y lápiz o de manera mixto, en lo que el/la estudiante se usa papel y lápiz para la aplicación y el/la docente usa un aparato digital para corregir; debe ser aplicado por un adulto/a que tiene fluidez y alfabetización en español.

Autor: Renaissance Learning, Inc.

Editorial: Renaissance Learning, Inc.

Componentes en Español: Los ítems de prueba e instrucciones de administración son en español.

Componentes en Inglés: El manual técnico y manual de administración son en inglés.

setting, and progress monitoring" to assess literacy and reading development in Spanish-speaking students.

Origin: United States/Spanish and English.

Translation/Adaptation: "Star CBM Lectura does not simply translate, repurpose, or carry over measures that have been found to have utility for assessing students' literacy and reading skills in English." The test was developed by "identifying a set of authentic Spanish measures that reflect Spanish language, literacy, and reading development commonly observed in schools across the [United States]."

Population: "Students in Grades K-6 whose dominant language is Spanish and those who are emerging or proficient bilingual Spanish-English students."

Norms: Norms are available for four of the subtests: Letter Combinations, Simple Syllable Words, Complex Syllable Words, and Passage Oral Reading. Norms were developed using a sample of 5,112 students, distributed by grade level and time of school year, from 10 U.S. states in programs designed to instruct students in both Spanish and English.

Publication Date: 2022.

Scores, 8: Letter Combinations (Grades K-1), Simple Syllable Words (Grades K-1), Complex Syllable Words (Grades 1-2), Passage Oral Reading (Grades 1-6), Rapid Color Naming (Grades K-3), Rapid Picture Naming (Grades K-3), Rapid Letter Naming (Grades K-3), Rapid Number Naming (Grades K-3).

Administration: Individual.

Price Data: Available from the test publisher.

Time: 60-second time limit per subtest except for Rapid Color Naming, which has a 90-second time limit.

Comments: Reports norm-referenced scores (percentile ranks, normal curve equivalents, grade equivalents), criterion-referenced scores (correct per minute, attempted per minute, accuracy/percent correct), and risk categories (satisfactory/optimal or alert); can be administered online, with paper and pencil, or as a mixed format where the student reads from paper and the teacher scores on a digital device; designed for seasonal screening purposes three times a year; "must be administered by an adult who is fluent and fully literate in Spanish."

Author: Renaissance Learning, Inc.

Publisher: Renaissance Learning, Inc.

Spanish Components: Test items and administration instructions are in Spanish.

English Components: The technical and administration manuals are in English.

[570s]

Star Early Literacy Spanish.

Nombre Original: Star Early Literacy® [2018 Manual].

Propósito: Un instrumento de evaluación adaptativa por computadora diseñado para medir las habilidades de alfabetización temprana de lectores principiantes en español.

Procedencia: Estados Unidos/inglés.

Traducción/Adaptación: Los ítems del Star Early Literacy Spanish se basaron en los ítems en inglés mediante un proceso iterativo de traducción, revisión y corrección. Ítems que no eran aptos para su uso en español se reemplazaron con ítems escritos en español. Las traducciones fueron realizadas por un comerciante de traducción de lenguaje español y revisadas y corregidas por editores con fluidez en español de Renaissance. La casa editorial nota que está en proceso de desarrollar ítems escritos directamente en español.

Población: Hispanohablantes que están aprendiendo inglés en prekindergarten hasta Grado 3.

Baremos: Se desarrollaron los baremos utilizando una muestra de 65,400 estudiantes en grados K-3 de los 50 estados de EE. UU. Y el Distrito de Columbia, distribuidos por grado, región geográfica, tamaño de la escuela, estatus socioeconómico, tipo de comunidad (rural, suburbano, ciudad, urbano), tipo de escuela (público, privado), género y raza/identidad étnica. También se realizó un estudio de calibración IRT utilizado una muestra de 30,806 estudiantes que se identificaban como 'predominantemente hispanos.'

Fecha de Publicación: 2018.

Puntuación: Evalúa habilidades en 9 subdominios: Principio Alfabético, Concepto de Palabra, Discriminación Visual, Conciencia Fonémica, Fónicos, Análisis Estructural, Vocabulario, Comprensión Nivel Frase, Comprensión Nivel Párrafo.

Administración: Individual.

Precios: Pago de inicio por única vez más pago subscripción por estudiante basado en los requisitos de la escuela/el distrito; compra incluye la evaluación, el manual técnico, la guía de instalación, las instrucciones de administración y información sobre instalación e inicio remota; detalles disponibles de la casa editorial de la prueba.

Duración: Tiempo promedio de completar es 10 minutos; límite estándar de 1.5 minutos por ítem; límite extendido de 4.5 minutos por ítem.

Comentarios: Informa puntajes de referencia normativa (rangos de percentiles, equivalentes de curvas normales, equivalentes de grado) y puntajes de referencia de criterios; el software incluye capacidades de informe; capaz de compartir bases de datos con otro software Renaissance Learning; cuando se usa con Star Early Literacy en inglés, los puntajes pueden ayudar a comparar habilidades en ambos idiomas; se puede aplicar tan frecuentemente como cada semana para monitorear

[570e]

Star Early Literacy Spanish.

Original Name: Star Early Literacy® [2018 Manual].

Purpose: "A computer-adaptive assessment instrument designed to measure the early literacy skills of beginning Spanish readers."

Origin: United States/English.

Translation/Adaptation: "Star Early Literacy Spanish items were based on English-language items using an iterative process of translation, review, and revision. Items that were unfit for use in Spanish were replaced with items written directly in Spanish. All translations were done by a professional Spanish-language translation vendor and reviewed and revised by Spanish-fluent editors at Renaissance." The test publisher notes that it is in the process of developing items written directly in Spanish.

Population: Spanish-speaking English learners in prekindergarten through Grade 3.

Norms: Norms were developed using a sample of 65,400 students in grades K-3 from across the 50 United States and the District of Columbia, distributed by grade, geographic region, school size, socioeconomic status, community type (rural, suburban, town, urban), school type (public, private), gender, and race/ethnicity. An IRT calibration study using a sample of 30,806 students who were "predominantly Hispanic" was also conducted.

Publication Date: 2018.

Scores: Assesses skills in 9 subdomains: Alphabetic Principle, Concept of Word, Visual Discrimination, Phonemic Awareness, Phonics, Structural Analysis, Vocabulary, Sentence-Level Comprehension, Paragraph-Level Comprehension.

Administration: Individual.

Price Data: One-time setup fee plus annual subscription fee per student based on school/district's needs; purchase includes the tool, software/technical manual, installation guide, testing instructions, and remote installation and setup; details available from test publisher.

Time: Average completion time of 10 minutes; standard time limit is 1.5 minutes per item; extended time limit is 4.5 minutes per item.

Comments: Reports norm-referenced scores (percentile ranks, normal curve equivalents, grade equivalents) and criterion-referenced scores; software includes report capabilities; capable of sharing databases with other Renaissance Learning software; when used with Star Early Literacy in English, scores can help compare abilities in both languages; may be administered as often as weekly for progress

progreso; el manual técnico (2018, 76 páginas) disponible del sitio web de la casa editorial de prueba.
Autor: Renaissance Learning, Inc.
Editorial: Renaissance Learning, Inc.
Componentes en Español: Los ítems de prueba y las instrucciones de administración son en español; el reporte para padres está disponible en español también.
Componentes en Inglés: El manual de documentación técnico es en inglés; las instrucciones de administración están disponibles en inglés también.

[571s]

Star Math Spanish.

Nombre Original: Star Math [2018 Manual].
Propósito: Una evaluación adaptativa por computadora alineado con los estándares curriculares estatales y nacionales diseñados para estimar los niveles instruccionales de estudiantes en matemáticas, evaluar los niveles de aptitud matemática relativa a baremos que se basan en datos de usuarios a nivel nacional y monitorear progreso en matemáticas.
Procedencia: Estados Unidos/inglés.
Traducción/Adaptación: Los ítems en Star Math Spanish se clonaron directamente de los ítems en inglés cuando el ítem no contenía lenguaje, se tradujeron cuando la traducción directa era suficiente y se revisaron y corrigieron cuando fue necesario. El proceso de revisión y corrección implicaba la retención de los detalles matemáticos del ítem mientras se revisaban los componentes lingüísticos del ítem según fuera necesario para mantener la coherencia y comprensión en español. Todas las adaptaciones en español fueron realizadas por un proveedor profesional de traducción en español y revisadas por editores con fluidez en español de Renaissance.
Población: Hispanohablantes que están aprendiendo inglés en Grados K-12.
Baremos: Se desarrollaron los baremos utilizando una muestra de 88,910 estudiantes en grados 1-8 de los 50 estados de EE. UU. y el Distrito de Columbia, distribuidos por grado, región geográfica, tamaño de la escuela, estatus socioeconómico, tipo de comunidad (rural, suburbano, ciudad, urbano), tipo de escuela (público, privado), género y raza/identidad étnica.
Fecha de Publicación: 2018.
Puntuación: Evalúa habilidades en 4 dominios: Números y Operaciones, Álgebra, Geometría y Medida, Análisis de Datos/Estadísticos/Probabilidad.
Administración: Individual.
Precios: Pago de inicio por única vez más pago subscripción por estudiante basado en los requisitos de la escuela/el distrito; compra incluye la evaluación, el manual técnico, la guía de instalación, las instrucciones de administración y información sobre instalación e inicio remota; detalles adicionales disponibles de la casa editorial de la prueba.

monitoring; technical manual (2018, 76 pages) available via test publisher's website.
Author: Renaissance Learning, Inc.
Publisher: Renaissance Learning, Inc.
Spanish Components: The test items and administration instructions are in Spanish; the parent report is also available in Spanish.
English Components: The technical documentation manual is in English; the administration instructions are also available in English.

[571e]

Star Math Spanish.

Original Name: Star Math [2018 Manual].
Purpose: A computer-adaptive test aligned to state and national curriculum standards designed to estimate student instructional math levels, assess math aptitude levels relative to norms based on nationwide user data, and track math progress.
Origin: United States/English.
Translation/Adaptation: "Items were cloned directly from the English items when the item contained no language, translated when direct translation was sufficient, and reviewed and revised when necessary. The review and revision process involved retaining the mathematical details of the item while revising language components of the item as necessary to maintain coherence and understanding in Spanish. All Spanish-language adaptation was performed by a professional Spanish-language translation vendor and reviewed by Spanish-fluent editors at Renaissance."
Population: Spanish-speaking English learners in Grades K-12.
Norms: Norms were developed using a sample of 88,910 students in grades 1-8 from across the 50 U.S. states and the District of Columbia, distributed by grade, geographic region, school size, socioeconomic status, community type (rural, suburban, town, urban), school type (public, private), gender, and race/ethnicity.
Publication Date: 2018.
Scores: Assesses skills in 4 domains: Numbers and Operations, Algebra, Geometry and Measurement, Data Analysis/Statistics/Probability.
Administration: Individual.
Price Data: One-time setup fee plus annual subscription fee per student based on school/district's needs; purchase includes the tool, software/technical manual, installation guide, testing instructions, and remote installation and setup; additional details available from test publisher.

Duración: Tiempo promedio de completar de 20-30 minutos; límite estándar de 3 minutos por ítem; límite extendido de 6 minutos por ítem.
Comentarios: Informa puntajes de referencia normativa (rangos de percentiles, equivalentes de curvas normales, equivalentes de grado) y puntajes de referencia de criterios; el software incluye capacidades de informe; capaz de compartir bases de datos con otro software Renaissance Learning; datos servidos por la casa editorial de prueba; cuando se usa con Star Math en inglés, los puntajes pueden ayudar a comparar habilidades en ambos idiomas; el manual técnico (2018, 105 páginas) disponible del sitio web de la casa editorial de prueba.
Autor: Renaissance Learning, Inc.
Editorial: Renaissance Learning, Inc.
Componentes en Español: Los ítems de la prueba y las instrucciones de administración son en español; el reporte para padres está disponible en español también.
Componentes en Inglés: El manual de documentación técnico es en inglés; las instrucciones de administración están disponibles en inglés también.

[572s]

Star Reading Spanish.

Nombre Original: Star Reading® [2018 Manual].
Propósito: Una evaluación adaptativa por computadora alineado con los estándares curriculares estatales y nacionales diseñado para estimar la comprensión de lectura español utilizando los niveles instruccionales de estudiantes, evaluar el logro de lectura relativa a baremos que se basan en datos de usuarios a nivel nacional y monitorear progreso en lectura.
Procedencia: Estados Unidos/inglés.
Traducción/Adaptación: Los ítems del Star Early Literacy Spanish se basaron en los ítems en inglés mediante un proceso iterativo de traducción, revisión y corrección. Ítems que no eran aptos para su uso en español se reemplazaron con ítems escritos en español. Las traducciones fueron realizadas por un comerciante de traducción de lenguaje español y revisadas y corregidas por editores con fluidez en español de Renaissance. La casa editorial nota que está en proceso de desarrollar ítems escritos directamente en español.
Población: Hispanohablantes que están aprendiendo inglés en Grados K-12.
Baremos: Se desarrollaron los baremos utilizando una muestra de 125,605 estudiantes en grados 1-8 de los 50 estados de EE. UU. y el Distrito de Columbia, distribuidos por grado, región geográfica, tamaño de la escuela, estatus socioeconómico, tipo de comunidad (rural, suburbano, ciudad, urbano), tipo de escuela (público, privado), género y raza/identidad étnica. También se realizó un estudio de calibración IRT utilizado una muestra de 121,026 estudiantes que se identificaban como 'predominantemente hispanos.'

Time: Average completion time of 20-30 minutes; standard time limit is 3 minutes per question; extended time limit is 6 minutes per question.
Comments: Reports norm-referenced scores (percentile ranks, normal curve equivalents, grade equivalents) and criterion-referenced scores; software includes report capabilities; capable of sharing databases with other Renaissance Learning software; data hosted by the test publisher; when used with Star Math in English, scores can help compare abilities in both languages; technical manual (2018, 105 pages) available via test publisher's website.
Author: Renaissance Learning, Inc.
Publisher: Renaissance Learning, Inc.
Spanish Components: The test items and administration instructions are in Spanish; the parent report is also available in Spanish.
English Components: The technical documentation manual is in English; the administration instructions are also available in English.

[572e]

Star Reading Spanish.

Original Name: Star Reading® [2018 Manual].
Purpose: A computer-adaptive test aligned to state and national curriculum standards designed to estimate Spanish reading comprehension using students' instructional reading levels, assess Spanish reading achievement relative to norms based on nationwide user data, and track reading progress.
Origin: United States/English.
Translation/Adaptation: "Star Early Literacy Spanish items were based on English-language items using an iterative process of translation, review, and revision. Items that were unfit for use in Spanish were replaced with items written directly in Spanish. All translations were done by a professional Spanish-language translation vendor and reviewed and revised by Spanish-fluent editors at Renaissance." The test publisher notes that it is in the process of developing items written directly in Spanish.
Population: Spanish-speaking English learners in Grades K-12.
Norms: Norms were developed using a sample of 125,605 students in Grades 1-8 from across the 50 U.S. states and the District of Columbia, distributed by grade, geographic region, school size, socioeconomic status, community type (rural, suburban, town, urban), school type (public, private), gender, and race/ethnicity. An IRT calibration study using a sample of 121,026 students who were "predominantly Hispanic" was also conducted.

Fechas de Publicación: 2012-2018.
Puntuación: Evalúa habilidades en 5 dominios: Conocimientos y Habilidades de Palabras, Estrategías de Comprensión y Construcción de Significado, Análisis de Textos Literarios, Comprensión del Arte del Autor, Análisis de Argumentos y Evaluación de Textos.
Administración: Individual.
Precios: Pago de inicio por única vez más pago subscripción por estudiante basado en los requisitos de la escuela/el distrito; compra incluye la evaluación, el manual técnico, la guía de instalación, las instrucciones de administración y información sobre instalación e inicio remota; detalles disponibles de la casa editorial de la prueba.
Duración: Tiempo promedio de completar de menos que 20 minutos; límite estándar de 2 minutos por ítem para Grados K-2 y 1.5 minutos por ítem para Grados 3-12; límite extendido de 5 minutos por ítem para Grados K-2 y 3 minutos por ítem para Grados 3-12.
Comentarios: Informa puntajes de referencia normativa (rangos de percentiles, equivalentes de curvas normales, equivalentes de grado) y puntajes de referencia de criterios; el software incluye capacidades de informe; capaz de compartir bases de datos con otro software Renaissance Learning; datos servidos por la casa editorial de prueba; cuando se usa con Star Reading en inglés, los puntajes pueden ayudar a comparar habilidades en ambos idiomas; el manual técnico (2018, 85 páginas) disponible del sitio web de la casa editorial de prueba.
Autor: Renaissance Learning, Inc.
Editorial: Renaissance Learning, Inc.
Componentes en Español: Los ítems de la prueba y las instrucciones de administración son en español; el reporte para los padres está disponible en español también.
Componentes en Inglés: El manual de documentación técnico es en inglés; las instrucciones de administración están disponibles en inglés también.

[573s]

State-Trait Anxiety Inventory.

Propósito: Diseñado para evaluar la ansiedad como un estado emocional y diferencias individuales en la propensión a la ansiedad como rasgo de personalidad.
Procedencia: Estados Unidos (1973)/inglés.
Traducción/Adaptación: La editorial indica que existen varias traducciones de calidad variable, algunas de las cuales están disponibles de la casa editorial/distribuidor; no se provee información en los materiales de la prueba sobre el proceso de traducción/adaptación.
Población: Edades 16 en adelante.
Baremos: No se han provisto baremos con los formularios traducidos al español.
Fechas de Publicación: 1968-1984.
Acrónimo: STAI.

Publication Dates: 2012-2018.
Scores: Assesses skills in 5 domains: Word Knowledge and Skills, Comprehension Strategies and Constructing Meaning, Analyzing Literary Text, Understanding Author's Craft, Analyzing Argument and Evaluating Text.
Administration: Individual.
Price Data: One-time setup fee plus annual subscription fee per student based on school/district's needs; purchase includes the tool, software/technical manual, installation guide, testing instructions, and remote installation and setup; details available from test publisher.
Time: Average completion time of less than 20 minutes; standard time limit is 2 minutes per item for Grades K-2 and 1.5 minutes per item for Grades 3-12; extended time limit is 5 minutes per item for Grades K-2 and 3 minutes per item for Grades 3-12.
Comments: Reports norm-referenced scores (percentile ranks, normal curve equivalents, grade equivalents) and criterion-referenced scores (instructional reading levels); software includes report capabilities (e.g., diagnostic reports); capable of sharing databases with other Renaissance Learning software; data hosted by the test publisher; when used with Star Reading in English, scores can help compare abilities in both languages; technical manual (2018, 85 pages) available via test publisher's website.
Author: Renaissance Learning, Inc.
Publisher: Renaissance Learning, Inc.
Spanish Components: The test items and administration instructions are in Spanish; the parent report is also available in Spanish.
English Components: The technical documentation manual is in English; the administration instructions are also available in English.

[573e]

State-Trait Anxiety Inventory.

Purpose: Designed to assess anxiety as an emotional state and individual differences in anxiety proneness as a personality trait.
Origin: United States (1973)/English.
Translation/Adaptation: Test publisher indicates that various translations of varying quality exist, some of which are available from the publisher/distributor; there is no information in the test materials about the translation/adaptation process.
Population: Ages 16 and older.
Norms: Separate norms are not provided with the forms translated to Spanish.
Publication Dates: 1968-1984.
Acronym: STAI.

Puntuación, 2: Ansiedad Estado, Ansiedad Rasgo.
Administración: Individual o colectiva.
Formularios, 2: Y-1, Y-2.
Precios, 2022: $50 por manual digital; $60 por manual impreso; $15 por Reporte Individual; $20 por Reporte Sobre Mi; $2.50 por la licencia remota de la encuesta en línea (compra mínima de 50); $2.50 por licencia para reproducir (compra mínima de 50).
Duración: (10-20) minutos.
Comentarios: Las traducciones son basadas en la prueba original de Consulting Psychologists Press, Inc. (CPP).
Autores: Charles D. Spielberger, en colaboración con R. L. Gorsuch, R. E. Lushene y G. A. Jacobs.
Editorial: Mind Garden, Inc.
Componentes en Español: Los formularios de la prueba y sus instrucciones correspondientes están disponibles en español.
Componentes en Inglés: Todos los materiales están disponibles en ingles, también; el manual es en inglés.

[574s]

State-Trait Anxiety Inventory for Children.

Propósito: Diseñado para medir ansiedad en niños; estableciendo una distinción entre una propensión general a un comportamiento ansioso arraigado a la personalidad y la ansiedad como un estado emocional pasajero.
Procedencia: Estados Unidos/inglés.
Traducción/Adaptación: La editorial indica que existen varias traducciones de calidad variable, algunas de las cuales están disponibles de la casa editorial/distribuidor; no se provee información en los materiales de la prueba sobre el proceso de traducción/adaptación.
Población: Estudiantes de grados elementales altos hasta escuela intermedia.
Baremos: No se han provisto baremos con los formularios traducidos al español.
Fechas de Publicación: 1970-1973.
Acrónimo: STAIC.
Puntuación, 2: Ansiedad Estado, Ansiedad Rasgo.
Administración: Colectiva.
Formularios, 2: C1, C2.
Precios, 2022: $50 por manual digital; $60 por manual impreso; $2.50 por la licencia remota de la encuesta en línea (compra mínima de 50); $2.50 por licencia para reproducir (compra mínima de 50).
Duración: (20) minutos.
Comentarios: El STAIC es una extensión descendente del State-Trait Anxiety Inventory (STAI); auto-administrable; se puede administrar verbalmente a niños menores; las traducciones son basadas en la prueba original de Consulting Psychologists Press, Inc. (CPP).

Scores, 2: State Anxiety, Trait Anxiety.
Administration: Group.
Forms, 2: Y-1, Y-2.
Price Data, 2022: $50 per digital manual; $60 per print manual; $15 per Individual Report; $20 per Report About Me; $2.50 per remote online survey license (minimum purchase of 50); $2.50 per license to reproduce (minimum purchase of 50).
Time: (10-20) minutes.
Comments: Translations are based on the original test by Consulting Psychologists Press, Inc. (CPP).
Authors: Charles D. Spielberger, in collaboration with R. L. Gorsuch, R. E. Lushene, and G. A. Jacobs.
Publisher: Mind Garden, Inc.
Spanish Components: The test forms and their corresponding instructions are available in Spanish.
English Components: All materials are also available in English; the manual is in English.

[574e]

State-Trait Anxiety Inventory for Children.

Purpose: Designed to measure anxiety in children; distinguishes between a general proneness to anxious behavior rooted in personality and anxiety as a fleeting emotional state.
Origin: United States/English.
Translation/Adaptation: Test publisher indicates that various translations of varying quality exist, some of which are available from the publisher/distributor; there is no information in the test materials about the translation/adaptation process.
Population: Upper elementary through junior high school students.
Norms: Separate norms are not provided with the forms translated to Spanish.
Publication Dates: 1970-1973.
Acronym: STAIC.
Scores, 2: State Anxiety, Trait Anxiety.
Administration: Group.
Forms, 2: C1, C2.
Price Data, 2022: $50 per digital manual; $60 per print manual; $2.50 per remote online survey license (minimum purchase of 50); $2.50 per license to reproduce (minimum purchase of 50).
Time: (20) minutes.
Comments: Downward extension of State-Trait Anxiety Inventory (STAI); self-administered; can be administered verbally to younger children; translations are based on the original test by Consulting Psychologists Press, Inc. (CPP).

Autores: Charles D. Spielberger, en colaboración con R. L. Gorsuch, R. E. Lushene, P. R. Vagg y G. A. Jacobs.
Traductores/Adaptadores: Charles D. Spielberger, J. J. Bauemister, B. Villamil, R. Diaz-Guerrero y U. Hernandez.
Editorial: Mind Garden, Inc.
Componentes en Español: Los formularios y sus instrucciones correspondientes están disponibles en español.
Componentes en Inglés: Todos los materiales están disponibles en inglés, también.

[575s]

Stroop Test de Colores y Palabras–Edición Revisada.

Nombre Original: Stroop Color and Word Test (Stoelting Co.).
Propósito: Diseñado para "la detección de problemas neuropsicológicos y daños cerebrales y la evaluación de la interferencia".
Procedencia: Estados Unidos (1978, 2002)/inglés.
Traducción/Adaptación: No se provee información en los materiales de la prueba sobre el proceso de adaptación.
Población: Edades 6 a 85.
Baremos: Se han provisto baremos con la adaptación al español. Los baremos se desarrollaron utilizando dos muestras de España (una de escolares y una de adultos) y una muestra de México. La muestra española de escolares fue compuesta de 1.809 participantes, distribuidos por edad, género, la región geográfica de España (norte, este, centro, sur) y el tipo de centro educativo (público, privado). La muestra española de adultos fue compuesta de 863 participantes, distribuidos por edad, género, región geográfica de España (norte, este, centro, sur) y nivel educativo. La muestra mexicana fue compuesta de 1.512 participantes, distribuidos por edad.
Fechas de Publicación: 1994-2020.
Acrónimo: STROOP.
Puntuación, 4: Palabra, Color, Palabra-Color, Resistencia a la Interferencia.
Administración: Individual.
Precios, 2022: €55,70 por juego completo, incluyendo el manual (2020; sexta edición, revisada y ampliada; 110 páginas), 10 cuadernillos y juego de corrección; €15 por 10 cuadernillos; €15,79 por juego de corrección, incluye 25 hojas de anotación y PIN para 25 usos en línea.
Duración: Aproximadamente 5 minutos.
Comentarios: Se aplica con papel y lápiz; se corrige en línea.
Autor: Charles J. Golden.
Traductores/Adaptadores: Belén Ruiz-Fernández, Tamara Luque y Fernando Sánchez-Sánchez.
Editorial: Hogrefe TEA Ediciones.

Authors: Charles D. Spielberger, in collaboration with R. L. Gorsuch, R. E. Lushene, P. R. Vagg, and G. A. Jacobs.
Translators/Adaptors: Charles D. Spielberger, J. J. Bauemister, B. Villamil, R. Diaz-Guerrero, and U. Hernandez.
Publisher: Mind Garden, Inc.
Spanish Components: The forms and their corresponding instructions are available in Spanish.
English Components: All materials are also available in English.

[575e]

Stroop Test de Colores y Palabras–Edición Revisada.

Original Name: Stroop Color and Word Test (Stoelting Co.).
Purpose: Designed to detect neuropsychological problems and cerebral damage and to evaluate interference.
Origin: United States (1978, 2002)/English.
Translation/Adaptation: No information is provided in the test materials about the translation/adaptation process.
Population: Ages 6 to 85.
Norms: Separate norms are provided with the adaptation to Spanish. Norms were developed using two Spanish samples (students and adults) as well as one Mexican sample. The Spanish student sample was composed of 1,809 participants, distributed by age, gender, geographic region in Spain (north, east, central, south) and type of school (public, private). The Spanish adult sample was composed of 863 participants, distributed by age, gender, geographic region in Spain (north, east, central, south) and education level. The Mexican student sample was composed of 1,512 participants, distributed by age.
Publication Dates: 1994-2020.
Acronym: STROOP.
Scores, 4: Word, Color, Word-Color, Resistance to Interference.
Administration: Individual.
Price Data, 2022: €55.70 per complete kit, including manual (2020; sixth edition, revised and expanded; 110 pages), 10 booklets, and scoring kit; €15 per 10 booklets; €15.79 per scoring kit, including 25 test booklets and PIN for 25 uses online.
Time: Approximately 5 minutes.
Comments: Administered via paper and pencil; scored online.
Author: Charles J. Golden.
Translators/Adaptors: Belén Ruiz-Fernández, Tamara Luque, and Fernando Sánchez-Sánchez.
Publisher: Hogrefe TEA Ediciones.

Componentes en Español: Todos los materiales son en español.
Componentes en Inglés: No hay materiales en inglés en esta versión.

[576s]

Structure of Temperament Questionnaire.

Propósito: Diseñado para medir los rasgos de temperamento que aparecen como patrones consistentes y en la dinámica del comportamiento, más o menos independientemente del contenido de la situación.
Procedencia: Estados Unidos/inglés
Traducción/Adaptación: No se provee información en los materiales de la prueba sobre el proceso de traducción/adaptación.
Población: Edades 15-75.
Baremos: No se han provisto baremos con el formulario traducido al español.
Fecha de Publicación: 2007.
Acrónimo: STQ.
Administración: Individual o colectiva.
Formularios, 2: Ampliado, Compacto.
Precios, 2023: Gratuita para fines no comerciales (de investigación/académicos/personales); los precios son los siguientes para entornos clínicos/organizativos: $147 por juego completo Ampliado o Compacto incluyendo un manual profesional, 50 formularios de respuesta y 50 formularios de resumen/perfil de calificación; $77 por manual; $77 por 50 formularios de respuesta Ampliados o Compactos; $20 por cada 50 formularios de resumen/perfil de puntuación más gastos de envío.
Comentarios: Los nombres de algunas escalas se cambiaron ligeramente en 2016; el manual de prueba se actualizó ligeramente en 2021 para realizar algunos cambios cosméticos en la redacción y agregar referencias adicionales; varios ítems también se modificaron ligeramente en el formulario compacto y se proporcionaron traducciones adicionales.
Autores: Vladimir Rusalov, Irina Trofimova y William Sulis (versión Compacta).
Editorial: Psychological Services Press.
Componentes en Español: El formulario Compacto y sus instrucciones correspondientes están disponible en español.
Componentes en Inglés: Todos los materiales están disponibles en inglés también. El manual es en inglés.

a) AMPLIADO STQ.
Acrónimo: STQ-150.
Puntuaciones, 13: Resistencia Motora, Resistencia Social, Resistencia Intelectual, Plasticidad Motora, Plasticidad Social, Plasticidad Intelectual, Ritmo Motor, Ritmo Social, Ritmo Intelectual, Emocionalidad Relacionada con Objetos, Emocionalidad Social, Emocionalidad Intelectual, Escala de Validez.

Spanish Components: All materials are in Spanish.
English Components: There are no English materials in this version.

[576e]

Structure of Temperament Questionnaire.

Purpose: Designed to "measure temperament traits which appear as consistent patterns and in behavioral dynamics, more or less independently of the content of the situation."
Origin: United States/English.
Translation/Adaptation: No information is provided in the test materials about the translation/adaptation process.
Population: Ages 15-75.
Norms: Separate norms are not provided with the form translated to Spanish.
Publication Date: 2007.
Acronym: STQ.
Administration: Individual or group.
Forms, 2: Extended, Compact.
Price Data, 2023: Free for non-commercial (research/academic/personal) purposes; prices follow for commercial purposes: $147 per complete Extended or Compact test kits including professional manual, 50 response forms, and 50 scoring summary/profile forms; $77 per manual; $77 per 50 Extended or Compact response forms; $20 per 50 scoring summary/profile forms plus postage fees.
Comments: Some scale names were updated slightly in 2016; test manual was updated in 2021 to make some cosmetic changes to the writing and add additional references; several items were also changed slightly in the Compact version, and additional translations were provided.
Authors: Vladimir Rusalov, Irina Trofimova, and William Sulis (Compact version).
Publisher: Psychological Services Press.
Spanish Components: The Compact form and its corresponding instructions are available in Spanish.
English Components: All materials are also available in English. The manual is in English.

a) EXTENDED STQ.
Acronym: STQ-150.
Scores, 13: Motor Endurance, Social Endurance, Intellectual Endurance, Motor Plasticity, Social Plasticity, Intellectual Plasticity, Motor Tempo, Social Tempo, Intellectual Tempo, Object-Related Emotionality, Social Emotionality, Intellectual Emotionality, Validity Scale.

Duración: Aproximadamente 30 minutos para administrar.
b) COMPACTO STQ.
Acrónimo: STQ-77.
Puntuaciones, 13: Resistencia Motora, Resistencia Social, Ritmo Motor, Ritmo Social, Búsqueda de Sensaciones, Empatía, Resistencia Intelectual, Plasticidad, Sensibilidad a las Probabilidades, Autoconfianza, Impulsividad, Neuroticismo, Escala de Validez.
Duración: Aproximadamente 15 minutos para administrar.
Comentarios: Varias traducciones de versiones piloto de formularios que se pueden administrar a niños de cuatro grupos de edad (0-2, 3-7, 8-12, 13-17) están disponibles para descargar del sitio web del editor de la prueba.
Referencias Cruzadas: Para reseñas por Gerald E. DeMauro y Steven V. Rouse de los componentes en inglés de esta prueba, consulte 18:130.

[577s]

Structured Interview of Reported Symptoms, 2nd Edition.

Propósito: Diseñado para evaluar el fingimiento de síntomas psiquiátricos.
Procedencia: Estados Unidos/inglés.
Traducción/Adaptación: No se provee información en los materiales de la prueba sobre el proceso de traducción/adaptación.
Población: Edades 18 en adelante.
Baremos: No se han provisto baremos con los materiales traducidos al español.
Fechas de Publicación: 1986-2010.
Acrónimo: SIRS-2.
Puntuación, 14: Escalas Primarias (Síntomas Raros, Combinación de Síntomas, Síntomas Improbables o Absurdos, Síntomas Exagerados, Síntomas Sutiles, Selectividad de Síntomas, Severidad de Síntomas, Síntomas Reportados vs Observados), Escala de Clasificación (Síntomas Raros Total), Escalas Suplementarias (Evaluación Directa de la Honestidad, Síntomas Defensivos, Fracaso Improbable, Síntomas Excesivamente Específicos, Inconsistencia de Síntomas); más dos índices (Índice Modificado Total, Índice Escala Suplementaria).
Administración: Individual.
Precios, 2022: $446 por juego de inicio en español, incluyendo manual profesional (2010, 130 páginas, inglés), 25 cuadernillos de entrevista (español) y 2 plantillas de seguridad; $121 por manual (impreso o digital); $347 por 25 cuadernillos de entrevista; $18 por 2 plantillas de seguridad.
Duración: (30-40) minutos.
Autores: Richard Rogers (cuadernillo de entrevista y manual), Kenneth W. Sewell (manual) y Nathan D. Gillard (manual).
Editorial: Psychological Assessment Resources, Inc.

Time: Approximately 30 minutes to administer.
b) COMPACT STQ.
Acronym: STQ-77.
Scores, 13: Motor Endurance, Social Endurance, Motor Tempo, Social Tempo, Sensation Seeking, Empathy, Intellectual Endurance, Plasticity, Sensitivity to Probabilities, Self Confidence, Impulsivity, Neuroticism, Validity Scale.
Time: Approximately 15 minutes to administer.
Comments: Various translations of forms that can be administered to children in four age groups (0-2, 3-7, 8-12, 13-17) are available for download from the test publisher's website.
Cross References: For reviews by Gerald E. DeMauro and Steven V. Rouse of this test's English components, see 18:130.

[577e]

Structured Interview of Reported Symptoms, 2nd Edition.

Purpose: Designed to "assess feigning of psychiatric symptoms."
Origin: United States/English.
Translation/Adaptation: No information is provided in the test materials about the translation/adaptation process.
Population: Ages 18 and over.
Norms: Separate norms are not provided with the materials translated to Spanish.
Publication Dates: 1986-2010.
Acronym: SIRS-2.
Scores, 14: Primary Scales (Rare Symptoms, Symptom Combinations, Improbable or Absurd Symptoms, Blatant Symptoms, Subtle Symptoms, Selectivity of Symptoms, Severity of Symptoms, Reported vs. Observed Symptoms), Classification Scale (Rare Symptoms Total), Supplementary Scales (Direct Appraisal of Honesty, Defensive Symptoms, Improbable Failure, Overly Specified Symptoms, Inconsistency of Symptoms); plus two indexes (Modified Total Index, Supplementary Scale Index).
Administration: Individual.
Price Data, 2022: $446 per Spanish introductory kit including professional manual (2010, 130 pages, English), 25 interview booklets (Spanish), and set of 2 security templates; $121 per manual (print or digital); $347 per 25 interview booklets; $18 per security templates.
Time: (30-40) minutes.
Authors: Richard Rogers (interview booklet and manual), Kenneth W. Sewell (manual), and Nathan D. Gillard (manual).
Publisher: Psychological Assessment Resources, Inc.

Componentes en Español: El cuadernillo de entrevista está disponible en español.
Componentes en Inglés: Todos los materiales están disponibles en inglés también, el manual es en inglés.
Referencias Cruzadas: Para reseñas por Jeffrey A. Jenkins y Geoffrey L. Thorpe de los componentes en inglés de esta prueba, consulte 19:159.

[578s]

Structured Observations of Sensory Integration–Motor.

Propósito: Diseñado para medir la influencia del procesamiento sensorial en el desempeño motor.
Procedencia: Estados Unidos/inglés.
Traducción/Adaptación: Uno de los autores, un hispanohablante nativo, tradujo todas las instrucciones, indicaciones y apuntes que se proporciona al examinado. La traducción fue retrotraducido y revisado para precisión.
Población: Edades 5-0 a 14-11.
Baremos: Se administró la prueba a una muestra de examinados de habla hispana con una traducción al español de las instrucciones por parte de examinadores que hablaban español con fluidez. Se usó un diseño de pares emparejados para probar si había alguna diferencia en los puntajes generales de la prueba entre las administraciones con instrucciones en español y las administraciones con instrucciones en inglés. Los resultados demostraron que las puntuaciones generales no diferían entre los dos grupos. Esto proporciona evidencia de que los baremos desarrollados usando instrucciones en inglés también se pueden usar cuando se administra la prueba con instrucciones en español para hispanohablantes.
Fecha de Publicación: 2021.
Acrónimo: SOSI-M.
Administración: Individual.
Formularios, 2: Observaciones Estructuradas de Integración–Motora; Observaciones Comprensivas de Propiocepción–Revisada.
Precios, 2023: $350 por juego completo incluyendo manual de administración (2021, 181 páginas), manual suplementario con instrucciones de administración en español (2021, 16 páginas), la guía de administración inicio rápido, 25 formularios de registro SOSI-M, 25 formularios COP-R, materiales manipulativos y 10 reportes de puntuación en línea para cada formulario; $98 por manual de administración; $60 por 25 formularios SOSI-M; $55 por 25 formularios COP-R; $50 por colchoneta; $30 por guía de administración inicio rápido; $18 por manual suplementario con instrucciones de administración en español.
Duración: 20-40 minutos para administrar el SOSI-M; 10-15 minutos para corregir, incluyendo corrección del COP-R.
Comentarios: La editorial de la prueba indica que la prueba solo debe ser administrada en español por

Spanish Components: The interview book is in Spanish.
English Components: All materials are also available in English; the manual is in English.
Cross References: For reviews by Jeffrey A. Jenkins and Geoffrey L. Thorpe of this test's English components, see 19:159.

[578e]

Structured Observations of Sensory Integration–Motor.

Purpose: Designed to measure "the influence of sensory processing on motor performance."
Origin: United States/English.
Translation/Adaptation: "All directions, cues, and prompts provided to the examinees were translated into Spanish by one of the authors, a native Spanish speaker. The translation was then back-translated and reviewed for accuracy."
Population: Ages 5-0 through 14-11.
Norms: "A sample of Spanish-speaking examinees was administered the test with a Spanish translation of the directions by Spanish-fluent examiners. A matched-pairs design was used to test if there were any differences in the test's overall scores between administrations with Spanish directions and administrations with English directions. Results demonstrated that the overall scores did not differ between the two groups. This provides evidence that the norms developed using English directions can also be used when administering the test with Spanish directions to Spanish speakers."
Publication Date: 2021.
Acronym: SOSI-M.
Administration: Individual.
Forms, 2: Structured Observations of Sensory Integration–Motor; Comprehensive Observations of Proprioception–Revised.
Price Data, 2023: $350 per complete kit including administration manual (2021, 181 pages), supplemental manual with Spanish administration instructions (2021, 16 pages), quick start administration guide, 25 SOSI-M record forms, 25 COP-R forms, manipulatives, and 10 online scoring reports for each form; $98 per administration manual; $60 per 25 SOSI-M forms; $55 per 25 COP-R forms; $50 per foam mat; $30 per quick start administration guide; $18 per supplemental manual with Spanish administration instructions.
Time: 20-40 minutes to administer the SOSI-M; 10-15 minutes to score, including scoring the COP-R.
Comments: The test publisher indicates that "test should only be administered in Spanish by

un examinador que habla español con fluidez a los examinado/as que hablan español con fluidez y aún no dominen completamente el inglés. Los reportes digitales están disponibles en línea.
Autoras: Erna Imperatore Blanche, Gustavo Reinoso y Dominique Blanche Kiefer.
Traductor/Adaptador: Gustavo Reinoso.
Editorial: Academic Therapy Publications.
Componentes en Español: Un manual suplementario está disponible con instrucciones de administración en español para el SOSI-M.
Componentes en Inglés: Todos los materiales están disponibles en inglés también; el manual es en inglés.

a) OBSERVACIONES ESTRUCTURADAS DE INTEGRACIÓN–MOTORA.
Propósito: Diseñado para evaluar el procesamiento vestibular y propioceptivo vinculado al control postural y la planificación motriz.
Acrónimo: SOSI-M.
Puntuación: 32 puntuaciones individuales de ítems en 14 conjuntos (Romberg, Talón a Dedo del Pie, Pararse Sobre un Pie, Prueba Postural Modificada de Extensión de Brazo de Schilder, Saltar, Serie de Saltos, Arrodillarse Alto, Extensión Antigravedad, Flexión Antigravedad, Movimientos Oculares, Movimientos de Rampa Lenta, Tocar Dedo Secuencial, Diadocoquinesis, Acciones Proyectadas en el Tiempo y Espacio) más Puntuación Total y 2 puntuaciones de observación cualitativas (Fluidez, Asume la Posición/Copia de la Posición del Cuerpo).

b) OBSERVACIONES COMPRENSIVAS DE PROPIOCEPCIÓN–REVISADA.
Propósito: Diseñado como una medida observacional de comportamientos vinculados al procesamiento propioceptivo.
Acrónimo: COP-R.
Puntuación, 10: 4 puntuaciones de dominio (Tono y Alineación Articular, Manifestación Conductual, Motricidad Postural, Planificación Motriz) más Puntuación Total y 5 puntuaciones de observación cualitativas (Caminar de Puntillas, Inclinado, Pasivo, Grado de Fuerza, Control de Rango Medio).
Comentarios: Las puntuaciones se basen en observaciones completadas durante la administración del SOSI-M, durante la administración de otras pruebas de desempeño motor o durante el juego libre.

an examiner who is fluent in Spanish to examinees who are fluent in Spanish and are not yet fully fluent in English." Digital score reports are available online.
Authors: Erna Imperatore Blanche, Gustavo Reinoso, and Dominique Blanche Kiefer.
Translator/Adaptor: Gustavo Reinoso.
Publisher: Academic Therapy Publications.
Spanish Components: A supplementary manual is available with administration instructions for the SOSI-M in Spanish.
English Components: All materials are also available in English; the manual is in English.

a) STRUCTURED OBSERVATIONS OF SENSORY INTEGRATION–MOTOR.
Purpose: Designed to assess "vestibular and proprioceptive processing linked to postural control and motor planning."
Acronym: SOSI-M.
Scores: 32 individual item scores in 14 sets (Romberg, Heel to Toe, Standing on One Foot, Modified Postural Schilder's Arm Extension Test, Skipping, Series of Jumps, High Kneeling, Antigravity Extension, Antigravity Flexion, Ocular Movements, Slow Ramp Movements, Sequential Finger Touching, Diadochokinesis, Projected Actions in Time and Space) plus Overall Total and 2 qualitative observation scores (Fluidity, Assumes Position/Copying Body Position).

b) COMPREHENSIVE OBSERVATIONS OF PROPRIOCEPTION–REVISED.
Purpose: Designed as "an observational measure of behaviors linked to proprioceptive processing."
Acronym: COP-R.
Scores, 10: 4 domain scores (Tone and Joint Alignment, Behavioral Manifestation, Postural Motor, Motor Planning) plus Overall Score and 5 qualitative observation scores (Toe Walking, Leaning, Passive, Grading of Force, Midrange Control).
Comments: Scores "based on observations completed during administration of the SOSI-M, during the administration of other motor performance tests, or during free play."

[579s]

Substance Abuse Life Circumstance Evaluation.

Propósito: Diseñado para evaluar el comportamiento de uso/abuso de drogas y alcohol, así como el rol que la actitud y el estrés pueden jugar en este uso/abuso.
Procedencia: Estados Unidos (1988)/inglés.
Traducción/Adaptación: No se provee información en los materiales de la prueba sobre el proceso de traducción/adaptación.
Población: Adultos.
Baremos: No se han provisto baremos con los formularios traducidos al español.

[579e]

Substance Abuse Life Circumstance Evaluation.

Purpose: "Designed to assess alcohol and drug use/abuse behavior, as well as the role that attitude and stress may play in this use/abuse."
Origin: United States (1988)/English.
Translation/Adaptation: No information is provided in the test materials about the translation/adaptation process.
Population: Adults.
Norms: Separate norms are not provided with the materials translated to Spanish.

Fecha de Publicación: 2010.
Acrónimo: SALCE.
Puntuación, 6: Actitud Ante la Prueba, Evaluación de las Circunstancias de la Vida, Evaluación Patrones de Beber, Evaluación Adicción al Alcohol, Evaluación Uso de Drogas, Resumen.
Administración: Individual o colectiva.
Precios: Disponibles con la casa editorial.
Duración: 20 minutos.
Comentarios: Autoadministrable en línea o con papel y lápiz.
Autor: ADE Incorporated.
Editorial: ADE Incorporated.
Componentes en Español: El cuestionario y las instrucciones correspondientes están disponibles en español.
Componentes en Inglés: Todos los materiales están disponibles en inglés, también.
Referencias Cruzadas: Para una reseña por Anita M. Hubley de los componentes en inglés de esta prueba, consulte 14:377.

Publication Date: 2010.
Acronym: SALCE.
Scores, 6: Test Taking Attitude, Life Circumstance Evaluation, Drinking Evaluation Category, Alcohol Addiction Evaluation, Drug Use Evaluation, Summary.
Administration: Individual or group.
Price Data: Available from publisher.
Time: 20 minutes.
Comments: Self-administered online or via paper and pencil.
Author: ADE Incorporated.
Publisher: ADE Incorporated.
Spanish Components: The questionnaire and its corresponding instructions are available in Spanish.
English Components: All materials are also available in English.
Cross References: For a review by Anita M. Hubley of this test's English components, see 14:377.

[580s]

Supports Intensity Scale–Adult Version, 2nd Edition.

Propósito: Diseñado para medir la intensidad relativa de apoyo que una persona con discapacidades intelectuales (IDD por sus siglas en inglés) o del desarrollo necesita para participar plenamente en la vida comunitaria.
Procedencia: Estados Unidos (2004-2023)/inglés.
Traducción/Adaptación: No se provee información en los materiales de la prueba sobre el proceso de traducción/adaptación.
Población: Individuos de 16–84 años con discapacidades intelectuales o similares del desarrollo.
Baremos: No se han provisto baremos con el formulario traducido al español.
Fechas de Publicación: 2015-2023.
Acrónimo: SIS-A, 2nd Ed.
Puntuación, 10: Necesidades Excepcionales de Apoyo Médico, Necesidades Excepcionales de Apoyo Conductual, Actividades Domésticas, Actividades Comunitarias, Actividades de Salud y Seguridad, Actividades de Aprendizaje Continuo, Actividades de Trabajo, Actividades Sociales, Actividades de Defensa, Índice de Necesidades de Apoyo.
Administración: Individual.
Precios, 2023: $175 por manual (2023, 152 páginas, inglés) y 25 formularios de entrevista; $130 por manual; $55 por 25 formularios de entrevista.
Duración: Aproximadamente 120 minutos para completar la entrevista.
Comentarios: Se aplica en formato de entrevista semiestructurada con dos o más encuestados que conocen bien a la persona y pueden incluir a la persona con discapacidad intelectual.

[580e]

Supports Intensity Scale–Adult Version, 2nd Edition.

Purpose: Designed to "measure the relative intensity of support that a person with intellectual or developmental disabilities (IDD) needs to fully participate in community life."
Origin: United States (2004-2023)/English.
Translation/Adaptation: No information is provided in the test materials about the translation/adaptation process.
Population: Individuals ages 16–84 with intellectual or similar developmental disabilities.
Norms: Separate norms are not provided with the form translated to Spanish.
Publication Dates: 2015-2023.
Acronym: SIS-A, 2nd Ed.
Scores, 10: Exceptional Medical Support Needs, Exceptional Behavioral Support Needs, Home Living Activities, Community Living Activities, Health and Safety Activities, Lifelong Learning Activities, Work Activities, Social Activities, Advocacy Activities, Support Needs Index.
Administration: Individual.
Price Data, 2023: $175 per manual (2023, 152 pages, English) and 25 interview forms (Spanish); $130 per manual; $55 per 25 interview forms.
Time: Approximately 120 minutes to complete the interview.
Comments: Administered in semistructured interview format "with two or more respondents who know the person well and can include the person with IDD."

Autores: James R. Thompson, Robert L. Schalock, Karrie A. Shogren, Marc J. Tassé, Michael L. Wehmeyer, Ellis M. Craig y Carolyn Hughes.
Editorial: American Association on Intellectual and Developmental Disabilities.
Componentes en Español: El formulario de entrevista está disponible en español.
Componentes en Inglés: Todos los materiales están disponibles en inglés también; el manual es en inglés.

[581s]

Supports Intensity Scale–Children's Version.

Propósito: Diseñado como una medida estandarizada para evaluar la intensidad de las necesidades de apoyo de niños con discapacidades intelectuales o del desarrollo.
Procedencia: Estados Unidos/inglés.
Traducción/Adaptación: No se provee información en los materiales de la prueba sobre el proceso de traducción/adaptación.
Población: Individuos de 5-16 años con discapacidades intelectuales o del desarrollo relacionadas.
Baremos: No se han provisto baremos con el formulario traducido al español.
Fecha de Publicación: 2016.
Acrónimo: SIS-C.
Puntuación, 10: Necesidades Excepcionales de Apoyo Médico, Necesidades Excepcionales de Apoyo Conductual, Vida Doméstica, Comunidad y Vecindario, Participación Escolar, Aprendizaje Escolar, Salud y Seguridad, Social, Defensa, Índice de Necesidades de Apoyo.
Administración: Individual.
Precios, 2023: $155 por juego completo incluyendo manual y 25 formularios de entrevista; $120 por manual; $50 por 10 formularios de entrevista en español; $50 por 25 formularios de entrevista en inglés.
Duración: El tiempo de administración no se reportó.
Comentarios: Formato de entrevista estructurada; la información debe recopilarse de al menos dos encuestados.
Autores: James R. Thompson, Michael L. Wehmeyer, Carolyn Hughes, Karrie A. Shogren, Hyojeong Seo, Todd D. Little, Robert L. Schalock, Rodney E. Realon, Susan R. Copeland, James R. Patton, Edward A. Polloway, Debbie Shelden, Shea Tanis y Marc J. Tassé.
Editorial: American Association on Intellectual and Developmental Disabilities.
Componentes en Español: El formulario de entrevista y sus instrucciones correspondientes están disponibles en español.
Componentes en Inglés: Todos los materiales están disponibles en inglés también; el manual es en inglés.
Referencias Cruzadas: Para reseñas por Catherine A. Fiorello y Sofia Pham y por Carlen Henington de los componentes en inglés de esta prueba, consulte 21:162.

Authors: James R. Thompson, Robert L. Schalock, Karrie A. Shogren, Marc J. Tassé, Michael L. Wehmeyer, Ellis M. Craig, and Carolyn Hughes.
Publisher: American Association on Intellectual and Developmental Disabilities.
Spanish Components: The interview form is available in Spanish.
English Components: All materials are also available in English; the manual is in English.

[581e]

Supports Intensity Scale–Children's Version.

Purpose: Designed as a standardized measure to assess the intensity of support needs of children with intellectual or developmental disabilities.
Origin: United States/English.
Translation/Adaptation: No information is provided in the test materials about the translation/adaptation process.
Population: Individuals ages 5-16 with intellectual or closely related developmental disabilities.
Norms: Separate norms are not provided with the form translated to Spanish.
Publication Date: 2016.
Acronym: SIS-C.
Scores, 10: Exceptional Medical Needs, Exceptional Behavioral Needs, Home Life, Community and Neighborhood, School Participation, School Learning, Health and Safety, Social, Advocacy, Support Needs Index.
Administration: Individual.
Price Data, 2023: $155 per complete kit including manual and 25 interview forms; $120 per manual; $50 per 10 Spanish interview forms; $50 per 25 English interview forms.
Time: Administration time not reported.
Comments: Structured interview format; information must be collected from at least two respondents.
Authors: James R. Thompson, Michael L. Wehmeyer, Carolyn Hughes, Karrie A. Shogren, Hyojeong Seo, Todd D. Little, Robert L. Schalock, Rodney E. Realon, Susan R. Copeland, James R. Patton, Edward A. Polloway, Debbie Shelden, Shea Tanis, and Marc J. Tassé.
Publisher: American Association on Intellectual and Developmental Disabilities.
Spanish Components: The interview form and its corresponding instructions are available in Spanish.
English Components: All materials are also available in English; the manual is in English.
Cross References: For reviews by Catherine A. Fiorello and Sofia Pham and by Carlen Henington of this test's English components, see 21:162.

[582s]

Symptom Checklist–90–R.

Propósito: Diseñado principalmente para reflejar los patrones de síntomas psicológicos de pacientes psiquiátricos y médicos.
Procedencia: Estados Unidos (1975-2006)/inglés.
Traducción/Adaptación: No se provee información en los materiales de la prueba sobre el proceso de traducción/adaptación.
Población: Adultos y adolescentes edades 13 en adelante.
Baremos: No se han provisto baremos con los materiales traducidos al español.
Fechas de Publicación: 1991-2006.
Acrónimo: SCL-90-R.
Puntuación, 12: 9 dimensiones de síntomas primarios: Somatización, Obsesivo-Compulsivo, Sensibilidad Interpersonal, Depresión, Ansiedad, Hostilidad, Ansiedad Fóbica, Ideación Paranoide, Psicoticismo; más 3 índices de angustia: Índice de Severidad Global, Índice de Síntomas Positivos de Angustia, Total de Síntomas Positivos.
Administración: Individual o colectiva.
Precios, 2022: $143.10 por juego de inicio de corrección a mano incluyendo manual (1994, 126 páginas, inglés), 50 hojas de respuesta, 50 formularios de perfil, 2 borradores y claves de respuesta (especificar el tipo de paciente); $52.80 por manual impreso (inglés); $80.30 por 50 hojas de respuesta (español o inglés); $37 por 50 formularios de perfil (inglés); $4.40 por cuaderno de prueba en español; $37.20 por llaves de respuesta; $73.20 por CD audio en inglés o español.
Duración: (12–15) minutos.
Autor: Leonard R. Derogatis.
Editorial: Pearson.
Componentes en Español: El CD audio, el cuaderno de prueba, los reportes de perfil e interpretación y las hojas de respuesta con sus instrucciones correspondientes están disponibles en español.
Componentes en Inglés: Todos los materiales están disponibles en inglés también; el manual es en inglés.
Referencias Cruzadas: Para reseñas por Jerome D. Pauker y Robert W. Payne de los componentes en inglés de esta prueba, consulte 9:1082.

[582e]

Symptom Checklist–90–R.

Purpose: "Designed primarily to reflect the psychological symptom patterns of psychiatric and medical patients."
Origin: United States (1975-2006)/English.
Translation/Adaptation: No information is provided in the test materials about the translation/adaptation process.
Population: Adults and adolescents age 13 and older.
Norms: Separate norms are not provided with the materials translated to Spanish.
Publication Dates: 1991-2006.
Acronym: SCL-90-R.
Scores, 12: 9 primary symptom dimensions: Somatization, Obsessive-Compulsive, Interpersonal Sensitivity, Depression, Anxiety, Hostility, Phobic Anxiety, Paranoid Ideation, Psychoticism; plus 3 indices of distress: Global Severity Index, Positive Symptom Distress Index, Positive Symptom Total.
Administration: Individual or group.
Price Data, 2022: $143.10 per handscore starter kit including manual (1994, 126 pages, English), 50 answer sheets, 50 profile forms, 2 worksheets, and answer keys (specify patient type); $52.80 per print manual; $80.30 per 50 answer sheets (Spanish or English); $37 per 50 profile forms (English); $4.40 per Spanish test booklet; $37.20 per answer keys; $73.20 per English or Spanish audio CD.
Time: (12–15) minutes.
Author: Leonard R. Derogatis.
Publisher: Pearson.
Spanish Components: The audio CD, test booklet, interpretive and profile reports, and answer sheets with their corresponding instructions are available in Spanish.
English Components: All materials are also available in English; the manual is in English.
Cross References: For reviews by Jerome D. Pauker and Robert W. Payne of this test's English components, see 9:1082.

[583s]

Systematic Analysis of Language Transcripts.

Propósito: Programa clínico diseñado para evaluar la adquisición y los trastornos del lenguaje mediante el uso de muestras de lenguaje.
Procedencia: Estados Unidos/inglés y español.
Población: Estudiantes en prekindergarten hasta el Grado 12.

[583e]

Systematic Analysis of Language Transcripts.

Purpose: Clinical software designed to assess language acquisition and disorders through the use of language samples.
Origin: United States/English and Spanish.
Population: Students in prekindergarten through Grade 12.

Baremos: No es una prueba de referencia normativa; la casa editorial de la prueba provee unos bases de datos de participantes monolingües de inglés, bilingües de español/inglés y monolingües de español para usarse en la comparación del ejemplo del lenguaje del examinado.
Fechas de Publicación: 2009-2020.
Acrónimo: SALT.
Puntuación: 7 categorías de resultados de análisis con variables múltiples para Longitud de la Transcripción, Inteligibilidad, Sintaxis/Morfología, Semántica, Discurso, Facilidad Verbal, Errores.
Administración: Individual.
Precios, 2022: $209 por licencia clínica y libro de texto PDF (guía del clínico, tercera edición, inglés); $69 por versión del estudiante con libro de texto PDF; $749 por licencia de instrucción en línea; $599 por licencia de investigación; $25 por copia imprimida de la guía del clínico; descuentos disponibles para aquellos que actualizan desde versiones anteriores.
Duración: Sin límite de tiempo.
Comentarios: Programa actualizada cada dos años. La versión actual es SALT 20.
Autores: Jon F. Miller y Aquiles Iglesias (programa); Jon F. Miller, Karen Andriacchi y Ann Nockerts (guía del clínico).
Editorial: SALT Software, LLC.
Componentes en Español: La base de datos bilingüe de SALT en línea contiene narraciones únicas y de cuento-recontar en español; las instrucciones, narraciones y audio están disponibles en español.
Componentes en Inglés: Todos los materiales están disponibles en inglés también; la guía del clínico es en inglés.
Referencias Cruzadas: Para reseñas por Monica Gordon Pershey y Patricia A. Prelock de SALT 16, consulte 21:163; para reseñas por Abigail Baxter y Kathy L. Shapley de la versión inglés 2010, consulte 19:164; para reseñas por Jeanette W. Farmer y por Tiffany L. Hutchins y Michael S. Cannizzaro de la versión bilingüe SE 2010, consulte 19:163.

Norms: This test is not norm referenced; test publisher provides online databases of monolingual English, bilingual Spanish/English, and monolingual Spanish participants for comparison with test taker's language sample.
Publication Dates: 2009-2020.
Acronym: SALT.
Scores: 7 categories of analysis outcomes with multiple variables for Transcript Length, Intelligibility, Syntax/Morphology, Semantics, Discourse, Verbal Facility, Errors.
Administration: Individual.
Price Data, 2022: $209 per clinical license of software and PDF textbook (third edition clinician's guide, English); $69 per student license with PDF textbook; $749 per instructional site license; $599 per research license; $25 per print copy of clinician's guide; upgrade discounts available for those updating from previous versions.
Time: Unlimited.
Comments: Software upgrade released every two years. Current version is SALT 20.
Authors: Jon F. Miller and Aquiles Iglesias (software); Jon F. Miller, Karen Andriacchi, and Ann Nockerts (clinician's guide).
Publisher: SALT Software, LLC.
Spanish Components: The SALT online bilingual database contains story-retell and unique narratives in Spanish; the instructions, narratives, and audio are available in Spanish.
English Components: All materials are also available in English; the clinician's guide is in English.
Cross References: For reviews by Monica Gordon Pershey and Patricia A. Prelock of SALT 16, see 21:163; for reviews by Abigail Baxter and Kathy L. Shapley of the 2010 English Version, see 19:164; for reviews by Jeanette W. Farmer and by Tiffany L. Hutchins and Michael S. Cannizzaro of the 2010 Bilingual SE Version, see 19:163.

[584s]

Tamiz de Problemas del Lenguaje.

Propósito: Diseñado como "una prueba de tamizaje para detectar problemas gramaticales en español".
Procedencia: México/español.
Población: Niños monolingües hispanohablantes entre las edades de 3-0 y 6-11.
Baremos: Los baremos se desarrollaron utilizando una muestra con 872 participantes, distribuidos por edad, género y región geográfica en México. Participantes sin trastorno específico del lenguaje (n = 649) provenían de escuelas públicas y privadas de la Ciudad de México, Querétaro y Monterrey; participantes con trastorno específico del lenguaje (n = 223) provenían de centros

[584e]

Tamiz de Problemas del Lenguaje.

Purpose: Designed as a screening test to detect grammatical problems in Spanish.
Origin: Mexico/Spanish.
Population: Monolingual Spanish-speaking children between the ages of 3-0 and 6-11.
Norms: Norms were developed using a sample of 872 participants, distributed by age, gender, and geographic location in Mexico. Participants with no specific language disorder (n = 649) came from public and private schools in Mexico City, Querétaro, and Monterrey; participants with a specific language disorder (n = 223) came from

públicos o privados de atención especializada en terapia del lenguaje, centros hospitalarios y centros educativos.
Fecha de Publicación: 2018.
Acrónimo: TPL.
Puntuación, 3: TPL Morfología, Repetición de Oraciones, TPL Global.
Administración: Individual.
Precios, 2022: USD$51 por juego completo incluye manual de aplicación (2018, 76 páginas) y libreta de estímulos.
Duración: 5-7 minutos para aplicación.
Comentarios: La hoja de resultados y las hojas de respuesta para las tareas Morfología y Repetición de oraciones se encuentran en línea.
Autores: Alejandra Auza Benavides, Chiharu Murata, María Elena Márquez Caraveo y Gareth P. Morgan.
Editorial: Editorial El Manual Moderno, S.A. de C.V.
Componentes en Español: Todos los materiales son en español.
Componentes en Inglés: No hay materiales en inglés.

[585s]

Tarea de Atención Sostenida en la Infancia–Revisada.

Propósito: Diseñado para proveer una "evaluación de la capacidad de atención sostenida mediante una tarea de vigilancia".
Procedencia: España/español.
Población: Edades 6-10.
Baremos: Los baremos se desarrollaron utilizando una muestra con 584 niños, distribuidos por edad, grado de instrucción y sexo.
Fechas de Publicación: 2004-2015.
Acrónimo: CSAT-R.
Puntuación, 9: Índice de Validez (Estilo de Respuesta), Índice Global de Atención (Capacidad de Atención Sostenida), Puntuaciones Generales (Aciertos, Errores de Comisión, Tiempo de Reacción), Errores de Comisión (Perseveración, Distracción, Impulsividad, Azar).
Administración: Individual.
Precios, 2022: €33,08 por manual en línea; €3,74 por aplicación, corrección, e informe en línea (1 uso).
Duración: (7-8) minutos.
Comentarios: La prueba se puede administrar y corregir en línea.
Autores: Mateu Servera y Jordi Llabrés.
Editorial: Hogrefe TEA Ediciones.
Componentes en Español: Todos los materiales son en español.
Componentes en Inglés: No hay materiales en inglés.

specialized public or private language therapy, educational, and hospital centers.
Publication Date: 2018.
Acronym: TPL.
Scores, 3: TPL Morphology, Sentence Repetition, TPL Global.
Administration: Individual.
Price Data, 2022: USD$51 per complete kit including administration manual (2018, 76 pages) and stimulus booklet.
Time: 5-7 minutes for administration.
Comments: The results form and the response sheets for the Morphology and Sentence Repetition tasks are available online.
Authors: Alejandra Auza Benavides, Chiharu Murata, María Elena Márquez Caraveo, and Gareth P. Morgan.
Publisher: Editorial El Manual Moderno, S.A. de C.V.
Spanish Components: All materials are in Spanish.
English Components: There are no materials in English.

[585e]

Tarea de Atención Sostenida en la Infancia–Revisada.

Purpose: Designed to evaluate sustained attention during a task.
Origin: Spain/Spanish.
Population: Ages 6-10.
Norms: Norms were developed using a sample of 584 children, distributed by age, grade, and gender.
Publication Dates: 2004-2015.
Acronym: CSAT-R.
Scores, 9: Validity Index (Type of Response), Global Attention Index (Capability of Sustained Attention), General Scores (Correct, Errors, Reaction Time), Response Errors (Perseveration, Distraction, Impulsivity, Random).
Administration: Individual.
Price Data, 2022: €33.08 per online manual; €3.74 per one online administration, scoring, and profile report.
Time: (7-8) minutes.
Comments: The test is administered and scored online.
Authors: Mateu Servera and Jordi Llabrés.
Publisher: Hogrefe TEA Ediciones.
Spanish Components: All materials are in Spanish.
English Components: There are no materials in English.

[586s]

Team Skills.

Propósito: Diseñado para evaluar la habilidad del individuo para trabajar como líder y/o miembro de un equipo.
Procedencia: Estados Unidos/inglés.
Traducción/Adaptación: No se provee información en los materiales de la prueba sobre el proceso de traducción/adaptación.
Población: Solicitantes y titulares de puestos de trabajo que requieren conocimiento sobre la ética necesaria para trabajar en equipo.
Baremos: No se han provisto baremos con el formulario traducido al español.
Fechas de Publicación: 1998-2013.
Puntuación: Puntuación total solamente que incluye 7 áreas: Resolución de Conflictos, Dinámica de Grupo, Toma de Decisiones de Equipo, Productividad y Motivación, Destrezas de Comunicación, Habilidades de Liderazgo y Miembro, Destrezas Interpersonales.
Administración: Colectiva.
Precios, 2023: $20 por administración de prueba (ordenar un mínimo de 20); $25 por manual.
Duración: 30-50 minutos.
Comentarios: La casa editorial avisa que cambios en los nombres de los formularios indican revisiones menores.
Autor: Roland T. Ramsay.
Editorial: Ramsay Corporation.
Componentes en Español: El formulario de prueba y sus instrucciones correspondientes están disponibles en español.
Componentes en Inglés: Todos los materiales están disponibles en inglés también; el manual es en inglés.
Referencias Cruzadas: Para reseñas por Neeta Kantamneni y Tracy Kantrowitz del formulario en inglés AR-C, consulte 19:166.

[587s]

Test Adaptativo de Inteligencia General.

Propósito: Diseñado para "proporcionar una estimación del nivel de aptitud general o inteligencia de una persona".
Procedencia: España/español.
Población: Edades 6 a 74.
Baremos: Los baremos se desarrollaron utilizando dos muestras. La muestra de escolares fue compuesta de 10.469 participantes, distribuidos por edad, género y curso. La muestra de adultos fue compuesta de 1.742 participantes, distribuidos por edad, género y nivel de estudios.
Fecha de Publicación: 2020.
Acrónimo: Matrices-TAI.
Puntuación: Índice General de Aptitud.
Administración: Individual o colectiva.
Precios, 2022: €73,76 por manual en línea (2020, 167 páginas); €5,69 por una aplicación en línea, incluye calificación y comentarios.

[586e]

Team Skills.

Purpose: Designed to evaluate a candidate's ability to work as a member or leader of a team.
Origin: United States/English.
Translation/Adaptation: No information is provided in the test materials about the translation/adaptation process.
Population: Applicants and incumbents for jobs requiring knowledge of team principles.
Norms: Separate norms are not provided with the form translated to Spanish.
Publication Dates: 1998-2013.
Scores: Total score only covering 7 areas: Conflict Resolution, Group Dynamics, Team Decision Making, Productivity and Motivation, Communication Skills, Leader and Member Skills, Interpersonal Skills.
Administration: Group.
Price Data, 2023: $20 per test administration (minimum order of 20); $25 per manual.
Time: 30-50 minutes.
Comments: Test publisher advises changes in form names indicate minor revisions and updating.
Author: Roland T. Ramsay.
Publisher: Ramsay Corporation.
Spanish Components: The test form and its corresponding instructions are available in Spanish.
English Components: All test materials are also available in English; the manual is in English.
Cross References: For reviews by Neeta Kantamneni and Tracy Kantrowitz of English Form AR-C, see 19:166.

[587e]

Test Adaptativo de Inteligencia General.

Purpose: Designed to provide an estimate of a person's general aptitude or intelligence.
Origin: Spain/Spanish.
Population: Ages 6 to 74.
Norms: Norms were developed using two samples. The school sample was composed of 10,469 participants, distributed by age, gender, and school year. The adult sample was composed of 1,742 participants, distributed by age, gender, and level of education.
Publication Date: 2020.
Acronym: Matrices-TAI.
Scores: General Aptitude Index.
Administration: Individual or group.
Price Data, 2022: €73.76 per online manual (2020, 167 pages); €5.69 for single online administration, including scoring and feedback.

Duración: Aproximadamente 30 minutos.
Comentarios: Se administra y califica en línea; una versión adaptativa informatizado del Test de Inteligencia General (Matrices); instrucciones de administración, perfiles y los informes de resultados están disponibles también en inglés y catalán.
Autores: Francisco José Abad, Fernando Sánchez-Sánchez y Pablo Santamaría.
Editorial: Hogrefe TEA Ediciones.
Componentes en Español: Todos los materiales son en español.
Componentes en Inglés: No hay materiales en inglés.

[588s]

Test Autoevaluativo Multifactorial de Adaptación Infantil.

Propósito: Diseñado para evaluar la inadaptación personal, social, escolar y familiar, así como las actitudes de enseñanza de los padres.
Procedencia: España/español.
Población: Edades 8 en adelante.
Baremos: Los baremos se desarrollaron utilizando dos muestras. La muestra española estaba compuesta por 4.492 participantes, distribuidos por género, regiones geográficas de España, nivel socioeconómico, zona de residencia y nivel educativo. La muestra colombiana estaba compuesta de 518 estudiantes, distribuidos por género, nivel socioeconómico, colegio y zona de la ciudad de Barranquilla.
Fechas de Publicación: 1990-2015.
Acrónimo: TAMAI.
Puntuación, 11: Inadaptación General, Inadaptación Personal, Inadaptación Escolar, Inadaptación Social, Insatisfacción Familiar, Insatisfacción Hermanos, Educación Adecuada Padre, Educación Adecuada Madre, Discrepancia Educativa, Pro-Imagen, Contradicciones.
Administración: Colectiva.
Niveles, 3: Primer Nivel (Edades 8-11), Segundo Nivel (Edades 12-14), Tercer Nivel (Edades 15-18, Adultos).
Precios, 2022: €78,21 por juego completo incluyendo manual (2015, séptima edición, 74 páginas) y juego de corrección en línea; €56,91 por juego de corrección (25 ejemplares y PIN para 25 usos en línea); €6,23 por aplicación y corrección en línea (1 uso); €45,18 por manual en línea.
Duración: (30-40) minutos.
Autor: Pedro Hernández-Guanir.
Editorial: Hogrefe TEA Ediciones.
Componentes en Español: Todos los materiales son en español.
Componentes en Inglés: No hay materiales en inglés.

Time: Approximately 30 minutes.
Comments: Administered and scored online; computer-adaptive version of the Test de Inteligencia General (Matrices); administration instructions, profiles, and results reports are also available in English and Catalan.
Authors: Francisco José Abad, Fernando Sánchez-Sánchez, and Pablo Santamaría.
Publisher: Hogrefe TEA Ediciones.
Spanish Components: All materials are in Spanish.
English Components: There are no materials in English.

[588e]

Test Autoevaluativo Multifactorial de Adaptación Infantil.

Purpose: Designed to assess personal, social, school, and family maladaptation as well as the teaching attitudes of parents.
Origin: Spain/Spanish.
Population: Ages 8 and older.
Norms: Norms were developed using two samples. The Spanish sample was composed of 4,492 participants, distributed by gender, geographic region in Spain, socioeconomic level, area of residence, and education level. The Colombian sample was composed of 518 students of both genders from low, middle, and high socioeconomic levels from different schools and areas in the city of Barranquilla.
Publication Dates: 1990-2015.
Acronym: TAMAI.
Scores, 11: General Maladaptation, Personal Maladaptation, School Maladaptation, Social Maladaptation, Family Dissatisfaction, Sibling Dissatisfaction, Father Adequate Education, Mother Adequate Education, Educational Discrepancy, Pro-Image, Contradictions.
Administration: Group.
Levels, 3: First Level (Ages 8-11), Second Level (Ages 12-14), Third Level (Ages 15-18, Adults).
Price Data, 2022: €78.21 per complete kit, including manual (2015, seventh edition, 74 pages) and online scoring kit; €56.91 per scoring kit, including 25 test booklets and 25-use online scoring PIN; €6.23 per one administration and scoring online; €45.18 per online manual.
Time: (30-40) minutes.
Author: Pedro Hernández-Guanir.
Publisher: Hogrefe TEA Ediciones.
Spanish Components: All materials are in Spanish.
English Components: There are no materials in English.

[589s]

Test Boehm de Conceptos Básicos–3.

Nombre Original: Boehm Test of Basic Concepts–Third Edition (NCS Pearson).
Propósito: Diseñado para "evaluar la comprensión de los conceptos importantes para el desarrollo del lenguaje y de la cognición, así como para el adecuado rendimiento escolar".
Procedencia: Estados Unidos (2001)/inglés.
Traducción/Adaptación: Los conceptos evaluados en la versión original en inglés de los formularios E y F se tradujeron y combinaron en un solo formulario y luego se revisaron en colaboración con expertos en gramática y semántica. Los conceptos se modificaron o reemplazaron según fue necesario. Las imágenes de estímulo se modificaron o sustituyeron en los casos en que los objetos pudieran ser desconocidos, no encajaran en el contexto de los niños españoles o pudieran crear ambigüedad. La nueva versión se administró a una muestra para verificar la ausencia de ambigüedad en las instrucciones de administración y la representación adecuada de las imágenes.
Población: Grados K-2.
Baremos: Se han provisto baremos con la adaptación al español. Los baremos se desarrollaron utilizando una muestra con 1.150 niños españoles, distribuidos por nivel escolar y género.
Fecha de Publicación: 2012.
Acrónimo: Boehm-3.
Puntuación: Puntuación total solamente.
Administración: Individual o colectiva.
Precios, 2023: €95,95 por juego completo incluye manual (2012, 70 páginas), hoja de registro de la clase, 30 cuadernillos de respuestas y cuadernillo de consignas de aplicación; €58,95 por manual; €47,95 por 30 cuadernillos de respuestas; €5,15 por hoja de registro de la clase para 60 estudiantes.
Duración: 45 minutos en una única sesión (incluidos 10 minutos de preparación); 30 minutos cada sesión si se aplica en dos sesiones (incluidos 10 minutos de preparación).
Comentarios: Se administra y se corrige con papel y lápiz; las consignas de aplicación están disponibles en catalán y euskera también; los resultados de la prueba pueden expresarse en forma de puntuación directa (PD), porcentaje de respuestas correctas (PC) y diferencia entre PD y PC; el cuadernillo de respuestas incluye una sección para notas sobre el rendimiento del niño y observaciones de docente así como un informe para los padres.
Autora: Ann E. Boehm.
Traductoras/Adaptadoras: Ana Hernández, Elena de la Guía, Èrica Paradell y Frédérique Vallar.
Editorial: Pearson España.
Componentes en Español: Todos los materiales son en español.
Componentes en Inglés: No hay materiales en inglés en esta versión.

[589e]

Test Boehm de Conceptos Básicos–3.

Original Name: Boehm Test of Basic Concepts–Third Edition (NCS Pearson).
Purpose: Designed to evaluate understanding of the concepts important for language development and cognition as well as for adequate school performance.
Origin: United States (2001)/English.
Translation/Adaptation: The concepts assessed in the original English version on forms E and F were translated and combined onto a single form then reviewed in collaboration with grammar and semantics experts. Concepts were modified or replaced as needed. Stimulus images were modified or substituted in cases where objects might be unfamiliar, did not fit in the context of Spanish children, or might create ambiguity. The new version was administered to a sample to verify the absence of ambiguity in the administration instructions and the adequate representation of the images.
Population: Grades K-2.
Norms: Separate norms are provided with the Spanish adaptation. Norms were developed using a sample of 1,150 Spanish children, distributed by grade and gender.
Publication Date: 2012.
Acronym: Boehm-3.
Scores: Total score only.
Administration: Individual or group.
Price Data, 2023: €95.95 per complete kit, including manual (2012, 70 pages), class record form, 30 response booklets, and administration instructions booklet; €58.95 per manual; €47.95 per 30 response booklets; €5.15 per class record form for 60 students.
Time: 45 minutes if administered in a single session (including 10 minutes of preparation); 30 minutes per session if administered in two sessions (including 10 minutes of preparation).
Comments: Administered and scored via paper and pencil; the administration instructions are also available in Catalan and Basque; yields raw scores, percent correct, and performance range; the response booklet includes a section for child performance and teacher observation notes as well as a parent report.
Author: Ann E. Boehm.
Translators/Adaptors: Ana Hernández, Elena de la Guía, Èrica Paradell, and Frédérique Vallar.
Publisher: Pearson España.
Spanish Components: All materials are in Spanish.
English Components: There are no English materials in this version.

[590s]

Test Boehm de Conceptos Básicos–3 Preescolar.

Nombre Original: Boehm Test of Basic Concepts–3 Preschool (NCS Pearson).
Propósito: Diseñado para "evaluar la comprensión de los conceptos básicos que son importantes para el desarrollo del lenguaje y de la cognición, así como para el adecuado rendimiento escolar".
Procedencia: Estados Unidos (2001)/inglés.
Traducción/Adaptación: Los conceptos evaluados en la versión original en inglés se tradujeron y combinaron en un solo formulario y luego se revisaron en colaboración con expertos en gramática y semántica. Los conceptos se modificaron o reemplazaron según fue necesario. Las imágenes de estímulo se modificaron o sustituyeron en los casos en que los objetos pudieran ser desconocidos, no encajaran en el contexto de los niños españoles o pudieran crear ambigüedad. La nueva versión se administró a una pequeña muestra para verificar la ausencia de ambigüedad en las instrucciones de administración y la adecuada representación de las imágenes.
Población: Edades 3-0 a 5-11.
Baremos: Se han provisto baremos con la adaptación española. Los baremos se desarrollaron utilizando una muestra con 463 niños españoles, distribuidos por edad, género, nivel educativo de los padres y región geográfica en España.
Fecha de Publicación: 2012
Acrónimo: Boehm-3 Preescolar.
Puntuación: Puntuación total solamente.
Administración: Individual.
Precios, 2023: €110 por juego completo incluye manual (2012, 63 páginas), 30 hojas de anotación y cuaderno de estímulos; €59,50 por manual; €45,50 por 30 hojas de anotación.
Duración: 15-20 minutos para administrar; 5 minutos para corregir.
Comentarios: Se administra y se corrige con papel y lápiz; las consignas de instrucción están disponibles también en catalán y euskera; los resultados de la prueba pueden expresarse en forma de puntuación directa (PD), porcentaje de respuestas correctas (PC) y diferencia entre PD y PC; la hoja de anotación incluye una sección para el rendimiento del niño en la prueba, observación y planificación de la intervención, así como un informe para los padres.
Autora: Ann E. Boehm.
Traductores/Adaptadores: Ana Hernández, Elena de la Guía, Èrica Paradell y Frédérique Vallar.
Editorial: Pearson España.
Componentes en Español: Todos los materiales son en español.
Componentes en Inglés: No hay materiales en inglés en esta versión.

[590e]

Test Boehm de Conceptos Básicos–3 Preescolar.

Original Name: Boehm Test of Basic Concepts–3 Preschool (NCS Pearson).
Purpose: Designed to evaluate understanding of the basic concepts that are important for language development and cognition as well as for adequate school performance.
Origin: United States (2001)/English.
Translation/Adaptation: The concepts assessed in the original English version were translated and combined onto a single form then reviewed in collaboration with grammar and semantics experts. Concepts were modified or replaced as needed. Stimulus images were modified or substituted in cases where objects might be unfamiliar, did not fit in the context of Spanish children, or might create ambiguity. The new version was administered to a small sample to verify the absence of ambiguity in the administration instructions and the adequate representation of the images.
Population: Ages 3-0 to 5-11.
Norms: Separate norms are provided with the Spanish adaptation. Norms were developed using a sample of 463 Spanish children, distributed by age, gender, parent education level, and geographic region in Spain.
Publication Date: 2012.
Acronym: Boehm-3 Preescolar.
Scores: Total score only.
Administration: Individual.
Price Data, 2023: €110 per complete kit, including manual (2012, 63 pages), 30 record forms, and stimulus book; €59.50 per manual; €45.50 per 30 record forms.
Time: 15-20 minutes to administer; 5 minutes to score.
Comments: Administered and scored via paper and pencil; administration instructions also available in Catalan and Basque; test results can be expressed as raw score, percent correct, and performance range; the response booklet includes a section for child test performance, observation, and intervention planning as well as a parent report.
Author: Ann E. Boehm.
Translators/Adaptors: Ana Hernández, Elena de la Guía, Èrica Paradell, and Frédérique Vallar.
Publisher: Pearson España.
Spanish Components: All materials are in Spanish.
English Components: There are no English materials in this version.

[591s]

Test Breve de Inteligencia de Kaufman.

Nombre Original: Kaufman Brief Intelligence Test (NCS Pearson).
Propósito: Diseñado como una "medida de la inteligencia verbal y no verbal".
Procedencia: Estados Unidos (1990)/inglés.
Traducción/Adaptación: El equipo de adaptación comenzó eligiendo cuáles ítems deben usarse en la versión en español y determinando cuáles modificaciones debían hacerse para los examinados de habla hispana. Una vez que se completaron las modificaciones, se completó una fase experimental para determinar la idoneidad, el nivel de dificultad, el orden y la ubicación de los ítems. Después de la creación de la versión final de los ítems, se crearon una nueva edición del cuaderno de examen y cuaderno de anotación, y se actualizaron los procedimientos de puntuación antes de elegir una muestra de estandarización.
Población: Edades 4 a 90.
Baremos: Se han provisto baremos con la adaptación española. Los baremos se desarrollaron utilizando una muestra con 1.341 participantes de España, distribuidos por edad, género, región geográfica, nivel educativo y tipo de ocupación.
Fecha de Publicación: 2011.
Acrónimo: K-BIT.
Puntuación, 3: Vocabulario (Vocabulario Expresivo, Definiciones), Matrices, CI Compuesto K-BIT.
Administración: Individual.
Precios, 2023: €221 por juego completo incluye manual (2011, 111 páginas), 25 cuadernos de anotación y un cuaderno de examen; €103,95 por manual; €51,85 por 25 cuadernillos de anotación y un ejemplar del informe.
Duración: 15-30 minutos.
Comentarios: La prueba Definiciones (parte B de Vocabulario) no se administra a niños de edades 4-7 años; se anima a los examinadores a enseñar a los sujetos cómo resolver el tipo de ítems incluidos en los subtests.
Autores: Alan S. Kaufman y Nadeen L. Kaufman.
Traductores/Adaptadores: Agustín Cordero Pando, Isabel Calonge Romano y Equipo de I+D de TEA Ediciones.
Editorial: Pearson España.
Componentes en Español: Todos los materiales son en español.
Componentes en Inglés: No hay materiales en inglés.

[591e]

Test Breve de Inteligencia de Kaufman.

Original Name: Kaufman Brief Intelligence Test (NCS Pearson).
Purpose: Designed as a measure of verbal and nonverbal intelligence.
Origin: United States (1990)/English.
Translation/Adaptation: The adaptation team began by choosing which items to use in the Spanish version and determining what modifications needed to be made for Spanish-speaking test takers. Once modifications were completed, an experimental phase was completed to determine item appropriateness, level of difficulty, order, and location. After creation of the final version of the items, a new edition of the test booklet and record sheet were created, and scoring procedures were updated before choosing a standardization sample.
Population: Ages 4 to 90.
Norms: Separate norms are provided with the Spanish adaptation. Norms were developed using a sample of 1,341 participants from Spain, distributed by age, gender, geographic region, education level, and occupation.
Publication Date: 2011.
Acronym: K-BIT.
Scores, 3: Vocabulary (Expressive Vocabulary, Definitions), Matrices, K-BIT IQ Composite.
Administration: Individual.
Price Data, 2023: €221 per complete set includes manual (2011, 111 pages), 25 response booklets and exam booklet; €103.95 per manual; €51.85 for 25 response booklets and 1 score report.
Time: 15-30 minutes.
Comments: Definitions test (part B of Vocabulary) not administered to children ages 4 to 7 years; examiners are encouraged to teach individuals, using teaching items, how to solve the kinds of items included in both subtests.
Authors: Alan S. Kaufman and Nadeen L. Kaufman.
Translators/Adaptors: Agustín Cordero Pando, Isabel Calonge Romano, and TEA Ediciones R&D Team.
Publisher: Pearson España.
Spanish Components: All materials are in Spanish.
English Components: There are no English materials in this version.

[592s]

Test Breve para la Evaluación del Estado Cognitivo.

Nombre Original: Brief Cognitive Status Exam (NCS Pearson, Inc.).

[592e]

Test Breve para la Evaluación del Estado Cognitivo.

Original Name: Brief Cognitive Status Exam (NCS Pearson, Inc.).

Propósito: Diseñado "para determinar el estado cognitivo general de un sujeto, especialmente para cuantificar el nivel de deterioro".
Procedencia: Estados Unidos (2009)/inglés.
Traducción/Adaptación: No se provee información en los materiales de la prueba sobre el proceso de traducción/adaptación en español.
Población: Edades 16 a 89-11.
Baremos: Se han provisto baremos con la adaptación al español. Los baremos se desarrollaron utilizando una muestra con 750 participantes, distribuidos por edad, sexo, nivel educativo, tipo de comunidad (urbano, intermedio, rural) y zona geográfica en España.
Fecha de Publicación: 2013.
Acrónimo: BCSE.
Puntuación, 8: Orientación, Estimación Temporal, Control Mental, Dibujo del Reloj, Recuerdo Incidental, Inhibición, Producción Verbal, Total.
Administración: Individual.
Precios, 2022: €123 por juego completo incluye manual del examinador/cuaderno de estímulos (2013, 87 páginas) y 25 cuadernillos de anotación; €85,50 por manual del examinador/cuaderno de estímulos; €54,65 por 25 cuadernillos de anotación.
Duración: (10) minutos.
Comentarios: La versión original en inglés del BCSE fue inicialmente imprimida como subprueba del Wechsler Memory Scale–Fourth Edition.
Autores: James A. Holdnack y Lisa Whipple Drozdick.
Traductores/Adaptadores: Elena de la Guía, Ana Hernández, Èrica Paradell y Frédérique Vallar.
Editorial: Pearson España.
Componentes en Español: Todos los materiales son en español.
Componentes en Inglés: No hay materiales en inglés en esta versión.

[593s]

Test de Apercepción Temática.

Nombre Original: Thematic Apperception Test (Harvard University Press).
Propósito: "Constituye para el profesional entrenado un método eficaz para el descubrimiento de determinadas tendencias, emociones, sentimientos, complejos y conflictos dominantes de una personalidad".
Procedencia: Estados Unidos (1935, 1942)/inglés.
Traducción/Adaptación: No se provee información en los materiales de la prueba sobre el proceso de traducción/adaptación.
Población: Edades 4 en adelante.
Baremos: No es una prueba de referencia normativa.
Fechas de Publicación: 1951-2011.
Acrónimo: TAT.
Puntuación: Puntuación total solamente.
Administración: Individual.

Purpose: Designed to determine an individual's overall cognitive status, particularly for quantifying level of impairment.
Origin: United States (2009)/English.
Translation/Adaptation: No information is provided in the test materials about the translation/adaptation process.
Population: Ages 16 to 89-11.
Norms: Separate norms are provided with the Spanish adaptation. Norms were developed using a sample of 750 participants, distributed by age, gender, educational level, type of community (urban, suburban, rural), and geographic location in Spain.
Publication Date: 2013.
Acronym: BCSE.
Scores, 8: Orientation, Time Estimation, Mental Control, Clock Drawing, Incidental Recall, Inhibition, Verbal Production, Total.
Administration: Individual.
Price Data, 2022: €123 per complete kit including examiner's manual/stimulus book (2013, 87 pages) and 25 record forms; €85.50 per administration/stimulus book; €54.65 per 25 record forms.
Time: (10) minutes.
Comments: The original English version of the BCSE was initially printed as a subtest of the Wechsler Memory Scale–Fourth Edition.
Authors: James A. Holdnack and Lisa Whipple Drozdick.
Translators/Adaptors: Elena de la Guía, Ana Hernández, Èrica Paradell, and Frédérique Vallar.
Publisher: Pearson España.
Spanish Components: All materials are in Spanish.
English Components: There are no English materials in this version.

[593e]

Test de Apercepción Temática.

Original Name: Thematic Apperception Test (Harvard University Press).
Purpose: Designed as a method of revealing to the trained professional some of the dominant drives, emotions, sentiments, complexes, and conflicts of a personality.
Origin: United States (1935, 1942)/English.
Translation/Adaptation: There is no information provided in the test materials about the translation/adaptation process.
Population: Ages 4 and over.
Norms: This is not a norm-referenced test.
Publication Dates: 1951-2011.
Acronym: TAT.
Scores: Total score only.
Administration: Individual.

Precios, 2022: USD$77.70 por juego completo, incluye manual (2011, 215 páginas), láminas y guía para la aplicación.
Duración: Variable.
Comentarios: En la edición 2011 se incluye en el Apéndice a la edición castellana, respuestas clisé actualizadas y pautas para la administración e interpretación así mismo actualizadas.
Autor: Henry A. Murray.
Traductora/Adaptadora: Delia Carnelli.
Editorial: Editorial Paidós.
Componentes en Español: Todos los materiales son en español.
Componentes en Inglés: No hay materiales en inglés en esta versión.

[594s]

Test de Aprendizaje Verbal España-Complutense.

Propósito: Diseñado para la "evaluación neuropsicológica de la memoria y de la capacidad de aprendizaje".
Procedencia: España/español.
Población: Adolescentes y adultos.
Baremos: Los baremos se desarrollaron utilizando una muestra con 1.015 participantes españoles de la región de Madrid y distribuidos por edad, nivel educativo y sexo.
Fechas de Publicación: 1998-2014.
Acrónimo: TAVEC.
Puntuación, 7: Aprendizaje de la Lista, Aprendizaje de la Lista de Interferencia, Recuerdo Libre a Corto Plazo, Recuerdo a Corto Plazo con Claves Semánticas, Recuerdo Libre a Largo Plazo, Recuerdo a Largo Plazo con Claves Semánticas, Reconocimiento.
Administración: Individual.
Precios, 2022: €94,45 por juego completo incluye manual (2014, segunda edición revisada, 131 páginas) y 25 ejemplares; €80,47 por 25 ejemplares.
Duración: (40) minutos.
Autores: Maria J. Benedet y Maria A. Alejandre.
Editorial: Hogrefe TEA Ediciones.
Componentes en Español: Todos los materiales son en español.
Componentes en Inglés: No hay materiales en inglés.

[595s]

Test de Aprendizaje Verbal España-Complutense Infantil.

Propósito: "Evaluación neuropsicológica de la memoria y de la capacidad de aprendizaje en niños".
Procedencia: España/español.
Población: Edades 3-16.

Price Data, 2022: USD$77.70 per complete kit including manual (2011, 215 pages), picture stimulus and administration guide.
Time: Variable.
Comments: In the 2011 edition, general response patterns and guidelines for interpretations were updated and included in the Appendix for the Spanish edition.
Author: Henry A. Murray.
Translator/Adaptor: Delia Carnelli.
Publisher: Editorial Paidós.
Spanish Components: All materials are in Spanish.
English Components: There are no English materials in this version.

[594e]

Test de Aprendizaje Verbal España-Complutense.

Purpose: Designed for the neuropsychological evaluation of memory and learning capacity.
Origin: Spain/Spanish.
Population: Adolescents and adults.
Norms: Norms were developed using a sample of 1,015 Spanish participants from the Madrid region, distributed by age, education level, and gender.
Publication Dates: 1998-2014.
Acronym: TAVEC.
Scores, 7: Learning from the List, Learning from the Interference List, Free Short-Term Memory, Short-Term Memory with Key Semantics, Free Long-Term Memory, Long-Term Memory with Key Semantics, Recognition.
Administration: Individual.
Price Data, 2022: €94.45 per complete kit, including manual (2014, revised second edition, 131 pages) and 25 test booklets; €80.47 per 25 test booklets.
Time: (40) minutes.
Authors: Maria J. Benedet and Maria A. Alejandre.
Publisher: Hogrefe TEA Ediciones.
Spanish Components: All materials are in Spanish.
English Components: There are no materials in English.

[595e]

Test de Aprendizaje Verbal España-Complutense Infantil.

Purpose: Neuropsychological evaluation of memory and learning capacity in children.
Origin: Spain/Spanish.
Population: Ages 3-16.

Baremos: Los baremos se desarrollaron utilizando una muestra con 737 niños entre los 3 y 16 años, distribuidos por edad, nivel educativo y sexo.
Fechas de Publicación: 2001-2017.
Acrónimo: TAVECI.
Puntuación, 7: Aprendizaje de la Lista, Aprendizaje de la Lista de Interferencia, Recuerdo Libre a Corto Plazo, Recuerdo a Corto Plazo con Claves Semánticas, Recuerdo Libre a Largo Plazo, Recuerdo a Largo Plazo con Claves Semánticas, Reconocimiento.
Administración: Individual.
Precios, 2022: €94,45 por juego completo incluye manual (2017, tercera edición revisada, 131 páginas) y 25 ejemplares; €80,47 por 25 ejemplares.
Duración: 35-40 minutos.
Autores: María J. Benedet, María A. Alejandre y Antonio Pamos.
Editorial: Hogrefe TEA Ediciones.
Componentes en Español: Todos los materiales son en español.
Componentes en Inglés: No hay materiales en inglés.

Norms: Norms were developed using a sample of 737 girls and boys between the ages of 3 and 16, distributed by age, education level, and gender.
Publication Dates: 2001-2017.
Acronym: TAVECI.
Scores, 7: List Learning, List Learning with Interference, Free Short-Term Memory, Short-Term Memory with Key Semantics, Free Long-Term Memory, Long-Term Memory with Key Semantics, Recognition.
Administration: Individual.
Price Data, 2022: €94.45 per complete kit, including manual (2017, revised third edition, 131 pages) and 25 booklets; €80.47 per 25 booklets.
Time: 35-40 minutes.
Authors: Maria J. Benedet, Maria A. Alejandre, and Antonio Pamos.
Publisher: Hogrefe TEA Ediciones.
Spanish Components: All materials are in Spanish.
English Components: There are no materials in English.

[596s]

Test de Aptitudes Burocráticas y Administrativas.

Propósito: "Batería para la evaluación de diversas aptitudes necesarias en los trabajos de tipo administrativo".
Procedencia: España/español.
Población: Adultos.
Baremos: Los baremos fueron actualizados en 2020 y se desarrollaron utilizando muestras de siete países, distribuidos por edad y sexo: España (general n = 4.654; administrativos n = 3.875; ordenanzas n = 1.136), Colombia (general n = 1.878; administrativos n = 328), Costa Rica (general n = 196), Ecuador (general n = 112), Guatemala (general n = 116), Nicaragua (general n = 478) y Uruguay (general n = 108). Además, se desarrollaron baremos latinoamericanos utilizando dos muestras (general n = 1.100; administrativas n = 540).
Fecha de Publicación: 2008.
Acrónimo: TABA.
Puntuación, 11: Aptitudes Administrativas (Comprobación, Clasificación), Aptitudes Numéricas (Cálculo, Razonamiento Numérico), Aptitudes Verbales (Razonamiento Verbal, Sinónimos y Antónimos, Ortografía), Puntuación Total.
Administración: Individual y colectiva.
Precios, 2022: €79,86 por juego completo incluyendo manual (2008, 55 páginas), 10 cuadernillos de prueba y juego de corrección en línea; €46,95 por 10 cuadernillos de prueba; €31,16 por juego de corrección (25 hojas de respuestas y PIN para 25 usos en línea); €13,71 por aplicación, corrección e informe en línea (1 uso); €33,08 por manual en línea.
Duración: 35(50) minutos.

[596e]

Test de Aptitudes Burocráticas y Administrativas.

Purpose: Designed to evaluate various skills needed for work that is administrative in nature.
Origin: Spain/Spanish.
Population: Adults.
Norms: Norms were updated in 2020 and developed using samples from seven countries, distributed by age and gender: Spain (general n = 4,654; administrators n = 3,875; assistants n = 1,136), Colombia (general n = 1,878; administrators n = 328), Costa Rica (general n = 196), Ecuador (general n = 112), Guatemala (general n = 116), Nicaragua (general n = 478), and Uruguay (general n = 108). Additional Latin American norms were developed using two samples (general n = 1,100; assistants n = 540).
Publication Date: 2008.
Acronym: TABA.
Scores, 11: Administrative Skills (Proofreading, Classification), Numerical Skills (Calculation, Numerical Reasoning), Verbal Skills (Verbal Reasoning, Synonyms and Antonyms, Spelling), Total Score.
Administration: Individual and group.
Price Data, 2022: €79.86 per complete kit, including manual (2008, 55 pages), 10 test booklets, and online scoring kit; €46.95 per 10 test booklets; €31.16 per scoring kit (25 response sheets and scoring PIN for 25 uses online); €13.71 per one administration, scoring, and profile report online; €33.08 per online manual.
Time: 35(50) minutes.

Comentarios: Disponible también en catalán.
Autores: Jaime Pereña, David Arribas, Sara Corral y Pablo Santamaría.
Editorial: Hogrefe TEA Ediciones.
Componentes en Español: Todos los materiales son en español.
Componentes en Inglés: No hay materiales en inglés.

[597s]

Test de Aptitudes Escolares.

Nombre Original: SRA Test of Educational Ability (Science Research Associates, Inc.).
Propósito: Diseñado como una "apreciación de las aptitudes fundamentales exigidas en las tareas escolares".
Procedencia: Estados Unidos (1963)/inglés.
Traducción/Adaptación: Después de un estudio de los materiales originales, un equipo adaptó las pruebas del TEA-1 a la lengua y cultural española. Entonces el equipo redactó el manual de instrucciones y hoja de respuestas y aplicó esta versión experimental a un grupo piloto. Después de analizar los resultados de la aplicación de la versión piloto, el equipo redactó de nuevo el manual y hoja de respuestas para la segunda fase experimental. También en este momento se comenzaron los mismos procesos con los niveles TEA-2 y TEA-3. Finalmente, el equipo escribió un solo manual en lugar de usar un manual separado para cada nivel como en la versión original en inglés.
Población: Edades 8 a 18.
Baremos: Se han provisto baremos con la versión en español. Los baremos se desarrollaron utilizando una muestra con 5.250 participantes, distribuidos por edad y curso.
Fechas de Publicación: 1991-2019.
Acrónimo: TEA.
Administración: Individual y colectiva.
Niveles, 3: TEA-1, TEA-2, TEA-3.
Precios, 2022: €84,57 por juego completo, incluyendo manual (2019; edición decimotercera, revisada y ampliada; 51 páginas), 10 cuadernillos de prueba (TEA-1, TEA-2 o TEA-3) y juego de corrección en línea; €33,76 por 10 cuadernillos de prueba (TEA-1, TEA-2 o TEA-3); €1,25 por juego de corrección (25 hojas de respuesta TEA-1, TEA-2 o TEA-3 y PIN para 25 usos en línea).
Autores: L. L. Thurstone y Thelma G. Thurstone.
Traductor/Adaptador: Departamento de Investigación y Desarrollo de TEA Ediciones.
Editorial: Hogrefe TEA Ediciones.
Componentes en Español: Todos los materiales son en español.
Componentes en Inglés: No hay materiales en inglés en esta versión.

Comments: Also available in Catalan.
Authors: Jaime Pereña, David Arribas, Sara Corral, and Pablo Santamaría.
Publisher: Hogrefe TEA Ediciones.
Spanish Components: All materials are in Spanish.
English Components: There are no materials in English.

[597e]

Test de Aptitudes Escolares.

Original Name: SRA Test of Educational Ability (Science Research Associates, Inc.).
Purpose: Designed to assess the fundamental skills required for schoolwork.
Origin: United States (1963)/English.
Translation/Adaptation: After studying the original materials, a team adapted the tests in TEA-1 to the Spanish language and culture. The team then edited the instruction manual and answer sheet and administered this experimental version to a pilot group. After analyzing the results of the administration of the pilot version, the team redrafted the manual and answer sheet for a second experimental phase. At the same time, they began the same processes with levels TEA-2 and TEA-3. Finally, the team wrote a single manual instead of using a separate manual for each level as in the original English version.
Population: Ages 8 to 18.
Norms: Separate norms are provided with the Spanish version. Norms were developed using a sample of 5,250 participants, distributed by age and grade.
Publication Dates: 1991-2019.
Acronym: TEA.
Administration: Individual and group.
Levels, 3: TEA-1, TEA-2, TEA-3.
Price Data, 2022: €84.57 per complete kit, including manual (2019; 13th edition, revised and extended; 51 pages), 10 test booklets (TEA-1, TEA-2, or TEA-3), and online scoring kit; €33,76 per 10 test booklets (TEA-1, TEA-2, or TEA-3); €1.25 per scoring kit (25 response sheets TEA-1, TEA-2, or TEA-3 and PIN for 25 uses online).
Authors: L. L. Thurstone and Thelma G. Thurstone.
Translator/Adaptor: TEA Ediciones Research and Development Department.
Publisher: Hogrefe TEA Ediciones.
Spanish Components: All materials are in Spanish.
English Components: There are no English materials in this version.

a) TEA-1.
Población: Edades 8 a 12.
Puntuación, 8: Dibujos, Palabra Diferente, Vocabulario, Total Verbal, Razonamiento, Cálculo, Total, Total No Verbal.
Duración: 26 minutos (52 con instrucciones).
b) TEA-2.
Población: Edades 11 a 15.
Puntuación, 6: Palabra Diferente, Vocabulario, Total Verbal, Razonamiento, Cálculo, Total.
Duración: 42 minutos (67 minutos con instrucciones).
c) TEA-3.
Población: Edades 15 a 18.
Puntuación, 6: Igual a *b)* arriba.
Duración: 27 minutos (49 minutos con instrucciones).

[598s]

Test de Clasificación de Tarjetas de Wisconsin–Modificado.

Nombre Original: Modified Wisconsin Card Sorting Test (Psychological Assessment Resources).
Propósito: Diseñado para "evaluar la capacidad de resolución de problemas y la habilidad para cambiar de estrategia cognitiva en respuesta a los cambios en el entorno".
Procedencia: Estados Unidos (2010)/inglés.
Traducción/Adaptación: La tipificación y estandarización española se desarrolló como parte del proyecto Normacog, un estudio multicéntrico cuyo objetivo principal fue la traducción, adaptación y baremación de 19 pruebas y cuestionarios neuropsicológicos en la población española. "La adaptación implicó la traducción inicial de las instrucciones y materiales de la prueba y la aplicación posterior de un procedimiento de traducción inversa". Se realizaron también estudios de fiabilidad y validez con la adaptación española.
Población: Edades 18 a 90.
Baremos: Se han provisto baremos con la adaptación al español. Los baremos se desarrollaron utilizando una muestra con 731 participantes españoles, distribuidos por edad, género y nivel educativo.
Fecha de Publicación: 2019.
Acrónimo: M-WCST.
Puntuación, 5: Número de Categorías Completadas, Número de Errores Perseverativos, Número Total de Errores, Porcentaje de Errores Perseverativos, Índice de Función Ejecutiva.
Administración: Individual.
Precios, 2022: €231,70 por juego completo, incluyendo manual (2019, 58 páginas), juego de corrección y tarjetas; €16,75 por juego de corrección, incluyendo 25 hojas de anotación y PIN para 25 usos en línea.
Duración: Aproximadamente 10 a 15 minutos.
Comentarios: Se aplica por papel y lápiz; se corrige en línea.
Autor: David J. Schretlen.

a) TEA-1.
Population: Ages 8 to 12.
Scores, 8: Drawings, Different Word, Vocabulary, Total Verbal, Reasoning, Mathematics, Total, Nonverbal Total.
Time: 26 minutes (52 minutes with instructions).
b) TEA-2.
Population: Ages 11 to 15.
Scores, 6: Different Word, Vocabulary, Total Verbal, Reasoning, Mathematics, Total.
Time: 42 minutes (67 minutes with instructions).
c) TEA-3.
Population: Ages 15 to 18.
Scores, 6: same as *b)* above.
Time: 27 minutes (49 minutes with instructions).

[598e]

Test de Clasificación de Tarjetas de Wisconsin–Modificado.

Original Name: Modified Wisconsin Card Sorting Test (Psychological Assessment Resources).
Purpose: Designed to evaluate the ability to solve problems and change cognitive strategy based on changes in the environment.
Origin: United States (2010)/English.
Translation/Adaptation: The Spanish norming and standardization were done as part of the Normacog project, a multi-center study whose primary goal was the translation, adaptation, and norming of 19 neuropsychological tests and questionnaires for the Spanish population. After an initial translation of the test instructions and materials, the translation was back translated to English. Reliability and validity studies were also conducted using the Spanish adaptation.
Population: Ages 18 to 90.
Norms: Separate norms are provided with the adaptation to Spanish. Norms were developed using a sample of 731 participants from Spain, distributed by age, gender, and education level.
Publication Date: 2019.
Acronym: M-WCST.
Scores, 5: Number of Categories Completed, Number of Perseverative Errors, Total Number of Errors, Percentage of Perseverative Errors, Executive Function Index.
Administration: Individual.
Price Data, 2022: €231.70 per complete kit, including manual (2019, 58 pages), scoring kit, and cards; €16.75 per scoring kit, including 25 response sheets and PIN for 25 uses online.
Time: Approximately 10 to 15 minutes.
Comments: Administered via paper and pencil; scored online.
Author: David J. Schretlen.

Traductores/Adaptadores: Natalia Ojeda Del Pozo, Javier Peña Lasa, Naroa Ibarretxe-Bilbao y Rocío del Pino.
Editorial: Hogrefe TEA Ediciones.
Componentes en Español: Todos los materiales son en español.
Componentes en Inglés: No hay materiales en inglés en esta versión.

[599s]

Test de Competencia Matemática Básica 3.

Nombre Original: Test of Early Mathematics Ability, 3rd Edition (PRO-ED).
Propósito: Diseñado como una "evaluación de las competencias básicas en matemáticas". Permite "identificar fortalezas y debilidades específicas en la competencia matemática temprana" y "documentar el progreso de los alumnos".
Procedencia: Estados Unidos (2003)/inglés.
Traducción/Adaptación: "Los ítems que componen la prueba han sido traducidos prácticamente de forma literal, a excepción de los relativos al componente de Sistema Numérico Decimal".
Población: Edades 3-0 a 8-11.
Baremos: Se han provisto baremos con la adaptación al español. Los baremos se desarrollaron utilizando una muestra de 627 participantes de distintos centros educativos en Madrid, España.
Fechas de Publicación: 2003-2007.
Acrónimo: TEMA-3.
Puntuación: Competencia Matemática.
Administración: Individual.
Precios, 2022: €174,13 por juego completo, incluyendo manual (2007, 208 páginas), 25 ejemplares, cuaderno de estímulos y manipulativos; €67,16 por 25 ejemplares.
Duración: (30-45) minutos.
Autores: Herbert P. Ginsburg y Arthur J. Baroody.
Traductoras/Adaptadoras: María Cristina Núñez e Isabel Lozano.
Editorial: Hogrefe TEA Ediciones.
Componentes en Español: Todos los materiales son en español.
Componentes en Inglés: No hay materiales en inglés en esta versión.

[600s]

Test de Comprensión de Estructuras Gramaticales.

Propósito: Diseñado para "evaluar la comprensión de distintas construcciones gramaticales de diferente complejidad".
Procedencia: España/español.
Población: Edades 4-11.

Translators/Adaptors: Natalia Ojeda Del Pozo, Javier Peña Lasa, Naroa Ibarretxe-Bilbao, and Rocío del Pino.
Publisher: Hogrefe TEA Ediciones.
Spanish Components: All materials are in Spanish.
English Components: There are no English materials in this version.

[599e]

Test de Competencia Matemática Básica 3.

Original Name: Test of Early Mathematics Ability, 3rd Edition (PRO-ED).
Purpose: Designed to evaluate basic mathematics ability, identify specific strengths and weaknesses of early math skills, and record students' progress.
Origin: United States (2003)/English.
Translation/Adaptation: The items that comprise the test have been translated almost literally, with the exception of those relating to the decimal numeral system.
Population: Ages 3-0 to 8-11.
Norms: Separate norms are provided with the Spanish adaptation. Norms were developed using a sample of 627 students from different schools in Madrid, Spain.
Publication Dates: 2003-2007.
Acronym: TEMA-3.
Scores: Math Ability.
Administration: Individual.
Price Data, 2022: €174.13 per complete kit, including manual (2007, 208 pages), 25 record booklets, stimulus book, and manipulatives; €67.16 per 25 record booklets.
Time: (30-45) minutes.
Authors: Herbert P. Ginsburg and Arthur J. Baroody.
Translators/Adaptors: María Cristina Núñez and Isabel Lozano.
Publisher: Hogrefe TEA Ediciones.
Spanish Components: All materials are in Spanish.
English Components: There are no English materials in this version.

[600e]

Test de Comprensión de Estructuras Gramaticales.

Purpose: Designed to assess the comprehension of different grammatical constructions of varying complexity.
Origin: Spain/Spanish.
Population: Ages 4-11.

Baremos: Los baremos se desarrollaron utilizando una muestra de 1.404 participantes, distribuidos por género, edad y zona geográfica en España.
Fecha de Publicación: 2005.
Acrónimo: CEG.
Puntuación, 20: Oraciones Predicativas SVO No Reversibles, Oraciones Atributivas, Oraciones Predicativas Negativas, Oraciones Predicativas Pronominalizadas (Reflexivas y No Reflexivas), Oraciones Predicativas SVO Reversibles, Oraciones Predicativas SVO con Sujeto Plural (Reversibles y No Reversibles), Oraciones Coordinadas Disyuntivas (con Sujeto u Objeto Coordinado), Oraciones Predicativas SVCC de Lugar (Encima, Debajo, Delante, Detrás), Oraciones Relativas del Tipo SO, Oraciones SVO con Sujeto Escindido, Oraciones Comparativas Absolutas, Oraciones OVS con Objeto Focalizado, Oraciones con Objeto Pronominalizado (Contraste de Género), Oraciones Relativas del Tipo SS, Oraciones Coordinadas Adversativas (con Sujeto u Objeto Coordinado), Oraciones con Objeto Pronominalizado (Contrastes de Género y Número), Oraciones Pasivas OVS Reversibles, Oraciones OVS con Objeto Escindido, Oraciones Relativas del Tipo OS, Total.
Administración: Individual.
Precios, 2022: €138,08 por juego completo, incluyendo manual (2005, 66 páginas), 25 hojas de respuestas autocorregibles y cuaderno de láminas; €40,84 por 25 hojas de respuestas autocorregibles.
Duración: (15-20) minutos.
Comentarios: El rango de edad se puede ampliar con niños con dificultades de aprendizaje y otros problemas "que puedan afectar la comprensión de lenguaje. Igualmente se puede aplicar a adultos con afasia o con distintos tipos de traumatismos craneoencefálicos".
Autores: Elvira Mendoza, Gloria Carballo, Juana Muñoz y María Dolores Fresneda.
Editorial: Hogrefe TEA Ediciones.
Componentes en Español: Todos los materiales son en español.
Componentes en Inglés: No hay materiales en inglés.

[601s]

Test de Comprensión de Estructuras Gramaticales–Versión Infantil.

Propósito: "Diseñado para evaluar la comprensión de construcciones gramaticales de diferente complejidad en niños y niñas".
Procedencia: España/español.
Población: Edades 2-5 a 4-11.
Baremos: Los baremos se desarrollaron utilizando una muestra con 422 niños y niñas, distribuidos por edad y género.
Fecha de Publicación: 2020.
Acrónimo: CEG-Infantil.

Norms: Norms were developed using a sample of 1,404 participants, distributed by gender, age, and geographic region in Spain.
Publication Date: 2005.
Acronym: CEG.
Scores, 20: Non-Reversible Predicative SVO Sentences, Attributive Sentences, Negative Predicative Sentences, Predicative Pronominalized Sentences (Reflexive and Non-Reflexive), Reversible Predicative SVO Sentences, Predictive SVO Sentences with Plural Subject (Reversible and Non-Reversible), Coordinated Disjunctive Sentences (with Subject or Coordinated Object), Predicative SVCC Sentences of Place (Above, Below, Before, Behind), Relative SO Sentences, SVO Sentences with Divided Subject, Absolute Comparative Sentences, OVS Sentences with Focused Object, Sentences with Pronominalized Object (Contrast of Gender), Relative SS Sentences, Coordinated Adverse Sentences (with Subject or Coordinated Object), Sentences with Pronominalized Object (Contrasts of Gender and Number), Passive OVS Reversible Sentences, OVS Sentences with Divided Object, Relative OS Sentences, Total.
Administration: Individual.
Price Data, 2022: €138.08 per complete kit, including manual (2005, 66 pages), 25 autoscore response sheets, and stimulus booklet; €40.84 per 25 autoscore response sheets.
Time: (15-20) minutes.
Comments: The age range can be extended to include children with learning and other difficulties that may affect language comprehension. It can also be applied to adults with aphasia or with different types of traumatic brain injuries.
Authors: Elvira Mendoza, Gloria Carballo, Juana Muñoz, and Maria Dolores Fresneda.
Publisher: Hogrefe TEA Ediciones.
Spanish Components: All materials are in Spanish.
English Components: There are no materials in English.

[601e]

Test de Comprensión de Estructuras Gramaticales–Versión Infantil.

Purpose: Designed to evaluate children's understanding of differing complexities of grammatical constructions.
Origin: Spain/Spanish.
Population: Ages 2-5 to 4-11.
Norms: Norms were developed using a sample of 422 children and were distributed by age and gender.
Publication Date: 2020.
Acronym: CEG-Infantil.

Puntuación, 14: 2 Puntuaciones Globales: Ítems, Bloques; 12 Puntuaciones por Bloque: Oraciones Predicativas Sujeto-Verbo, Oraciones Atributivas, Oraciones Predicativas Sujeto-Verbo Negativas, Oraciones Predicativas Sujeto-Verbo-Objeto No Reversibles, Oraciones Predicativas Sujeto-Verbo-Objeto Reversibles, Oraciones Predicativas Sujeto-Verbo con Sujeto Plural, Oraciones Predicativas Sujeto-Verbo-Objeto Reversibles con Sujeto Escindido, Oraciones Pronominalizadas Reflexivas, Oraciones Atributivas con Complemento Circunstancial de Lugar, Oraciones Pronominalizadas, Oraciones Comparativas Absolutas, Oraciones Predicativas Objeto-Sujeto-Verbo Reversibles.
Administración: Individual.
Precios, 2022: €94,27 por juego completo, incluyendo manual (2020, 48 páginas), juego de corrección y cuaderno de estímulos; €15,34 por juego de corrección, incluyendo 25 hojas de anotación y PIN para 25 usos en línea.
Duración: Aproximadamente 20 a 30 minutos.
Comentarios: Se aplica con papel y lápiz; se corrige en línea.
Autoras: María Dolores Fresneda, Juana Muñoz, Gloria Carballo y Elvira Mendoza.
Editorial: Hogrefe TEA Ediciones.
Componentes en Español: Todos los materiales son en español.
Componentes en Inglés: No hay materiales en inglés.

Scores, 14: 2 Global Scores: Items, Blocks; 12 Block Scores: Predictive Subject-Verb Sentences, Attributive Sentences, Predictive Negative Subject-Verb Sentences, Non-Reversible Subject-Verb-Object Sentences, Reversible Subject-Verb-Object Sentences, Subject-Verb Sentences With Plural Subject, Reversible Subject-Verb-Object Sentences With Divided Subject, Pronominalized Reflexive Sentences, Attributive Sentences With Circumstantial Complement of Place, Pronominal Sentences, Absolute Comparative Sentences, Predicative Reversible Object-Subject-Verb Sentences.
Administration: Individual.
Price Data, 2022: €94.27 per complete kit, including manual (2020, 48 pages), scoring kit, and stimulus book; €15.34 per scoring kit, including 25 response sheets and PIN for 25 scoring uses online.
Time: Approximately 20 to 30 minutes.
Comments: Administered via paper and pencil; scored online.
Authors: María Dolores Fresneda, Juana Muñoz, Gloria Carballo, and Elvira Mendoza.
Publisher: Hogrefe TEA Ediciones.
Spanish Components: All materials are in Spanish.
English Components: There are no materials in English.

[602s]

Test de Copia y de Reproducción de Memoria de Figuras Geométricas Complejas.

Nombre Original: Test de Copie et de Reproductione de Mémoire de Figures Géométriques Complexes (Les Editions du Centre de Psychologie Appliquée).
Propósito: Diseñado para proveer una apreciación de posibles trastornos neurológicos mediante el estudio de la actividad perceptiva y de la memoria visual.
Procedencia: Francia (1959)/francés.
Traducción/Adaptación: No se provee información en los materiales de la prueba sobre el proceso de traducción/adaptación.
Población: Edades 4-15; Adultos con deficiencias.
Baremos: Se han provisto baremos con la adaptación español. Los baremos se desarrollaron utilizando una muestra con 332 niños catalanes, distribuidos por edad, método de enseñanza, sexo y estatus socioeconómico.
Fechas de Publicación: 1975-2009.
Acrónimo: REY.
Puntuación, 11: Elementos Copia, Elementos Memoria, Posición Copia, Posición Memoria Calidad

[602e]

Test de Copia y de Reproducción de Memoria de Figuras Geométricas Complejas.

Original Name: Test de Copie et de Reproductione de Mémoire de Figures Géométriques Complexes (Les Editions du Centre de Psychologie Appliquée).
Purpose: Designed to provide an assessment of possible neurological disorders associated with the study of perceptive activity and visual memory.
Origin: France (1959)/French.
Translation/Adaptation: No information is provided in the test materials about the translation/adaptation process.
Population: Ages 4-15; Adults with disabilities.
Norms: Separate norms are provided with the Spanish adaptation. Norms were developed using a sample of 332 children from Catalan, Spain, distributed by age, type of school, learning curriculum, gender, and socioeconomic status.
Publication Dates: 1975-2009.
Acronym: REY.
Scores, 11: Elements Copy, Elements Memory, Position Copy, Position Memory, Quality Copy,

Copia, Calidad Memoria, Elementos Total, Tamaño Total, Proporción Total, Solape Total, Calidad Global.
Administración: Individual.
Precios, 2022: €32,96 por juego completo, incluye manual (2009, novena edición, 51 páginas) y 25 hojas de anotación; €13,01 por 25 hojas de anotación adicionales.
Duración: 5-10 minutos.
Autor: André Rey.
Traductor/Adaptador: Departamento de Investigación y Desarrollo de TEA Ediciones.
Editorial: Hogrefe TEA Ediciones.
Componentes en Español: Todos los materiales son en español.
Componentes en Inglés: No hay materiales en inglés en esta versión.

[603s]

Test de Creatividad Infantil.

Propósito: Diseñado para proveer una "evaluación del pensamiento creativo libre de influencia cultural en educación primaria".
Procedencia: España/español.
Población: Edades 6-12.
Baremos: Los baremos se desarrollaron utilizando una muestra con 1.488 participantes de distintos colegios de Madrid y Valencia, distribuidos por edad, curso y sexo.
Fecha de Publicación: 2008.
Acrónimo: TCI.
Puntuación: Puntuación total solamente.
Administración: Individual y colectiva.
Precios, 2022: €158,83 por juego completo, incluyendo manual (2008, 39 páginas), 25 cuadernillos de prueba y 25 pegatinas; €151,86 por 25 cuadernillos de prueba y 25 pegatinas.
Duración: (45) minutos.
Autores: M. Romo, V. Alfonso y M. J. Sánchez-Ruiz.
Editorial: Hogrefe TEA Ediciones.
Componentes en Español: Todos los materiales son en español.
Componentes en Inglés: No hay materiales en inglés.

[604s]

Test de Desarrollo de la Percepción Visual.

Nombre Original: Developmental Test of Visual Perception (Consulting Psychologists Press [CPP]).
Propósito: Diseñado como una evaluación del grado de madurez de la percepción visual.
Procedencia: Estados Unidos (1961)/inglés.
Traducción/Adaptación: No se provee información en los materiales de la prueba sobre el proceso de traducción/adaptación.

Quality Memory, Total Elements, Total Size, Total Proportionality, Total Overlap, Overall Quality.
Administration: Individual.
Price Data, 2022: €32.96 per complete kit, including manual (2009, ninth edition, 51 pages) and 25 record sheets; €13.01 per 25 additional record sheets.
Time: 5-10 minutes.
Author: André Rey.
Translator/Adaptor: TEA Ediciones Research and Development Department.
Publisher: Hogrefe TEA Ediciones.
Spanish Components: All materials are in Spanish.
English Components: There are no English materials in this version.

[603e]

Test de Creatividad Infantil.

Purpose: Designed to provide an evaluation of creative thinking, free of cultural influence, in elementary education.
Origin: Spain/Spanish.
Population: Ages 6-12.
Norms: Norms were developed using a sample of 1,488 participants from different schools in Madrid and Valencia, distributed by age, grade, and gender.
Publication Date: 2008.
Acronym: TCI.
Scores: Total score only.
Administration: Individual and group.
Price Data, 2022: €158.83 per complete kit, including manual (2008, 39 pages), 25 test booklets, and 25 stickers; €151.86 per 25 test booklets plus stickers.
Time: (45) minutes.
Authors: M. Romo, V. Alfonso, and M. J. Sánchez-Ruiz.
Publisher: Hogrefe TEA Ediciones.
Spanish Components: All materials are in Spanish.
English Components: There are no materials in English.

[604e]

Test de Desarrollo de la Percepción Visual.

Original Name: Developmental Test of Visual Perception (Consulting Psychologists Press [CPP]).
Purpose: Designed to evaluate the level of maturity of visual perception.
Origin: United States (1961)/English.
Translation/Adaptation: No information is provided in the test materials about the translation/adaptation process.

Población: Edades 4-7.
Baremos: No se han provisto baremos con la versión en español.
Fechas de Publicación: 1988-2009.
Puntuación, 5: Coordinación Visomotora, Discriminación Figura-Fondo, Constancia de Forma, Posiciones en el Espacio, Relaciones Espaciales.
Administración: Colectiva.
Precios, 2022: €95,54 por juego completo, incluye manual (2009, edición tercera, 35 páginas) y 5 cuadernillos de prueba más láminas; €73,33 por 10 cuadernillos de prueba.
Duración: Variable.
Autora: Marianne Frostig.
Traductor/Adaptador: Departamento de Investigación y Desarrollo de TEA Ediciones.
Editorial: Hogrefe TEA Ediciones.
Componentes en Español: Todos los materiales son en español.
Componentes en Inglés: No hay materiales en inglés en esta versión.

Population: Ages 4-7.
Norms: Separate norms are not provided with the Spanish version.
Publication Dates: 1988-2009.
Scores, 5: Visual-Motor Coordination, Figure-Ground Discrimination, Form Constancy, Position in Space, Spatial Relations.
Administration: Group.
Price Data, 2022: €95.54 per complete kit, including manual (2009, third edition, 35 pages) and 5 test booklets plus picture sheets; €73.33 per 10 test booklets.
Time: Variable.
Author: Marianne Frostig.
Translator/Adaptor: TEA Ediciones Research and Development Department.
Publisher: Hogrefe TEA Ediciones.
Spanish Components: All materials are in Spanish.
English Components: There are no materials in English in this version.

[605s]

Test de Emparejamiento de Figuras Conocidas 20.

Nombre Original: Matching Familiar Figures Test 20 (Developmental Psychology).
Propósito: Diseñado como una "evaluación del estilo cognitivo reflexividad-impulsividad" mediante una prueba emparejamiento perceptivo.
Procedencia: Estados Unidos/inglés.
Traducción/Adaptación: No se provee información en los materiales de la prueba sobre el proceso de traducción/adaptación.
Población: Edades 6-12.
Baremos: En los estudios de tipificación, no se pretendió la selección de muestras representativas. Se desarrollaron los baremos utilizando muestras de conveniencia de estudiantes entre 6 y 12 años de edad.
Fechas de Publicación: 2002-2005.
Acrónimo: MFF-20.
Puntuación, 4: Impulsividad, Ineficiencia, Errores, Latencia.
Administración: Individual.
Precios, 2022: €71,64 por juego completo, incluyendo manual (2005, segunda edición, 36 páginas), cuaderno de láminas y 25 hojas de anotación; €12,10 por 25 hojas de anotación.
Duración: (15-20) minutos.
Autores: E. D. Cairns y J. Cammock.
Traductores/Adaptadores: G. Buela-Casal, H. Carretero-Dios y M. de los Santos-Roig.
Editorial: Hogrefe TEA Ediciones.
Componentes en Español: Todos los materiales son en español.

[605e]

Test de Emparejamiento de Figuras Conocidas 20.

Original Name: Matching Familiar Figures Test 20 (Developmental Psychology).
Purpose: Designed to assess reflexivity-impulsivity cognitive style through a perceptive matching test.
Origin: United States/English.
Translation/Adaptation: There is no information in the test materials about the translation/adaptation process.
Population: Ages 6-12.
Norms: The norming studies did not employ representative samples. Norms were developed using convenience sample of school children between the ages of 6 and 12 years.
Publication Dates: 2002-2005.
Acronym: MFF-20.
Scores, 4: Impulsivity, Inefficiency, Errors, Latency.
Administration: Individual.
Price Data, 2022: €71.64 per complete kit, including manual (2005, second edition, 36 pages), stimulus book, and 25 record forms; €12.10 per 25 record forms.
Time: (15-20) minutes.
Authors: E. D. Cairns and J. Cammock.
Translators/Adaptors: G. Buela-Casal, H. Carretero-Dios, and M. de los Santos-Roig.
Publisher: Hogrefe TEA Ediciones.
Spanish Components: All materials are in Spanish.

Componentes en Inglés: No hay materiales en inglés en esta versión.

[606s]

Test de Empatía Cognitiva y Afectiva.

Propósito: Diseñado para medir "la capacidad empática desde una aproximación cognitiva y afectiva".
Procedencia: España/español.
Población: Adultos que tengan al menos una formación escolar básica.
Baremos: Los baremos se desarrollaron utilizando una muestra con 380 participantes, distribuidos por edad, sexo y nivel más alto de estudios obtenidos.
Fecha de Publicación: 2008.
Acrónimo: TECA.
Puntuación, 5: Adopción de Perspectivas, Comprensión Emocional, Estrés Empático, Alegría Empática, Total Empatía.
Administración: Colectiva.
Precios, 2022: €47,87 por juego completo incluyendo manual (2008, 40 páginas) y juego de corrección; €29,85 por juego de corrección (25 ejemplares y PIN para 25 usos en línea).
Duración: (5-10) minutos.
Comentarios: Versión euskera disponible.
Autores: Belén López-Pérez, Irene Fernández-Pinto y Francisco J. Abad.
Editorial: Hogrefe TEA Ediciones.
Componentes en Español: Todos los materiales son en español.
Componentes en Inglés: No hay materiales en inglés.

[607s]

Test de Esperanza-Desesperanza.

Propósito: Diseñado para "evaluar la esperanza y la desesperanza como variables diagnósticas y pronosticas de la salud/enfermedad y los componentes asociados a la calidad de vida personal, familiar y social".
Procedencia: México/español.
Población: Adolescentes y adultos.
Baremos: Los baremos se desarrollaron utilizando una muestra de 964 participantes, distribuidos por edad, sexo, nivel educativo y creencias religiosas.
Fecha de Publicación: 2014.
Acrónimos: TED, TED-R.
Puntuación, 16: 8 dimensiones de esperanza: Fortaleza, Libertad, Trascendencia, Novedad, Productivo, Optimismo, Confianza, Prospectivo; 8 dimensiones de desesperanza: Desconfianza, Regresión, Repetición, Pesimismo, Fatalismo, Derrotismo, Destructivo, Inmanencia.
Administración: Individual o colectiva.
Precios, 2022: USD$51 por juego completo, incluye manual (2014, 94 páginas) y tarjeta electrónica de prepago

English Components: There are no English materials in this version.

[606e]

Test de Empatía Cognitiva y Afectiva.

Purpose: Designed to measure the ability to be empathic from a cognitive and affective approach.
Origin: Spain/Spanish.
Population: Adults with at least some level of schooling.
Norms: Norms were developed using a sample of 380 participants, distributed by age, gender, and highest educational degree obtained.
Publication Date: 2008.
Acronym: TECA.
Scores, 5: Taking Others' Perspectives, Emotional Comprehension, Empathic Stress, Empathic Joy, Total Empathy.
Administration: Group.
Price Data, 2022: €47.87 per complete kit including manual (2008, 40 pages) and scoring kit; €29.85 per scoring kit (25 test booklets and PIN for 25 uses online).
Time: (5-10) minutes.
Comments: Basque version available.
Authors: Belén López-Pérez, Irene Fernández-Pinto, and Francisco J. Abad.
Publisher: Hogrefe TEA Ediciones.
Spanish Components: All materials are in Spanish.
English Components: There are no materials in English.

[607e]

Test de Esperanza-Desesperanza.

Purpose: Designed to evaluate hope and despair as diagnostic and predictive variables for health/illness and as components associated with personal, family, and social quality of life.
Origin: Mexico/Spanish.
Population: Adolescents and adults.
Norms: Norms were developed using a sample of 964 participants, distributed by age, gender, educational level, and religion.
Publication Date: 2014.
Acronyms: TED, TED-R.
Scores, 16: 8 hope dimensions: Strength, Freedom, Significance, Novelty, Productive, Optimism, Trust, Prospective; 8 despair dimensions: Suspicion, Regression, Repetition, Pessimism, Fatalism, Negativity, Destructive, Immanence.
Administration: Individual or group.
Price Data, 2022: USD$51 per complete kit, including manual (2014, 94 pages) and 50 online

50 usos; USD$32 por tarjeta electrónica de prepago 50 usos; USD$2,50 per tarjeta de uso individual.
Duración: 15-20 minutos.
Comentarios: Se administra en línea; se revisó el TED original en el 2011 para incluir la octava dimensión, esperanza y desesperanza; el manual contiene información sobre el TED y el TED-R.
Autor: Mario Ramón Pereyra Lavandina.
Editorial: Editorial El Manual Moderno, S.A. de C.V.
Componentes en Español: Todos los materiales son en español.
Componentes en Inglés: No hay materiales en inglés.

[608s]

Test de Estrategias Cognitivo-Emocionales.

Propósito: Diseñado para evaluar "las estrategias o 'moldes mentales' con los que una persona interpreta, evalúa y reacciona ante la realidad".
Procedencia: España/español.
Población: Edades 14 en adelante.
Baremos: Los baremos se desarrollaron utilizando una muestra con 1.474 participantes, distribuidos por sexo, rango de edad y tipo de escolaridad.
Fecha de Publicación: 2010.
Acrónimo: MOLDES.
Puntuación, 43: 30 moldes (Implicación Directa, Hiperanálisis, Hipercontrol Anticipatorio, Anticipación Aversiva, Evaluación Selectiva Negativa, Hostiligencia, Afrontamiento Borroso, Inflación-Decepción, Focalización en la Carencia, Imantación por lo Imposible, Anticipación Devaluativa, Disociación Emocional, Reclusión, Oblicuidad Cognitiva, Justificación de los Fallos, Desplazamiento Emocional, Atribución al Temperamento, Atribución Social del Éxito, Atribución Mágica, Anticipación Esfuerzo y Costo, Precisión y Supervisión, Atribución Falta de Esfuerzo, Evaluación Positiva, Transformación Rentabilizadora, Autoconvicción Volitiva, Control Emocional Anticipatorio, Atribución Internalista del Éxito, Atribución a las Estrategias, Automotivación Proactiva, Anticipación Constructiva Previsora), 10 dimensiones (Implicación Vital, Negatividad, Discordancia, Evitación, Defensividad, Atribución Externa, Operatividad, Optimización Positivizante, Optimización Preparatoria, Optimización Autopotenciadora), 3 dominios (Espontaneidad Vital, Ajuste, Optimización).
Administración: Colectiva.
Precios, 2022: €122,40 por juego completo, incluyendo manual (2010, 143 páginas) y juego de corrección; €69,09 por juego de corrección (25 cuadernillos de prueba y PIN para 25 usos en línea).
Duración: (35-45) minutos.
Autor: Pedro Hernández-Guanir.

administrations; USD$32 per 50 online administrations; USD$2.50 per individual card use.
Time: 15-20 minutes.
Comments: Administered online; original TED revised in 2011 to include an eighth dimension for hope and despair; manual contains information about the TED and the TED-R.
Author: Mario Ramón Pereyra Lavandina.
Publisher: Editorial El Manual Moderno, S.A. de C.V.
Spanish Components: All materials are in Spanish.
English Components: There are no materials in English.

[608e]

Test de Estrategias Cognitivo-Emocionales.

Purpose: Designed to evaluate strategies or mental schemata with which a person interprets, evaluates, and responds to his or her reality.
Origin: Spain/Spanish.
Population: Ages 14 and over.
Norms: Norms were developed using a sample of 1,474 participants, distributed by gender, age range, and educational level.
Publication Date: 2010.
Acronym: MOLDES.
Scores, 43: 30 strategies (Direct Involvement, Hyperanalysis, Anticipatory Hypercontrol, Aversive Anticipation, Negative Selective Evaluation, Hostility, Fuzzy Coping, Inflation-Deception, Focus on Need, Magnetizing for the Impossible, Devaluative Anticipation, Emotional Disassociation, Reclusion, Cognitive Obliquity, Error Justification, Emotional Displacement, Attribution to Temperament, Social Attribution of Success, Magical Attribution, Effort and Cost Anticipation, Precision and Supervision, Attribution to Lack of Effort, Positive Evaluation, Yielding Transformation, Volitional Autoconviction, Anticipatory Emotional Control, Internal Attribution of Success, Strategy Attribution, Proactive Self-Motivation, Provident Constructive Anticipation), 10 dimensions (Vital Implication, Negativity, Discordance, Avoidance, Defensiveness, External Attribution, Operability, Positive Optimization, Preparatory Optimization, Self-Enhancing Optimization), 3 domains (Vital Spontaneity, Adjustment, Optimization).
Administration: Group.
Price Data, 2022: €122.40 per complete kit, including manual (2010, 143 pages) and scoring kit; €69.09 per scoring kit (25 test booklets and PIN for 25 uses online).
Time: (35-45) minutes.
Author: Pedro Hernández-Guanir.

Editorial: Hogrefe TEA Ediciones.
Componentes en Español: Todos los materiales son en español.
Componentes en Inglés: No hay materiales en inglés.

[609s]

Test de Flexibilidad Cognitiva.

Propósito: Diseñado para evaluar la flexibilidad cognitiva mediante la capacidad para concentrarse en una tarea gráfica compleja.
Procedencia: España/español.
Población: Adolescentes y adultos.
Baremos: Los baremos se desarrollaron utilizando una muestra de 2.039 adultos de la población general en España distribuidos por género y edad y una muestra de 7.009 adolescentes españoles distribuidos por género y tipo de estudio universitario.
Fechas de Publicación: 1994-2004.
Acrónimo: CAMBIOS.
Puntuación: Puntuación total solamente.
Administración: Individual o colectiva.
Precios, 2022: €52,29 por juego completo, incluye manual (2004, cuarta edición, 26 páginas) y 25 ejemplares; €37,81 por 25 ejemplares adicionales.
Duración: (7) minutos.
Autor: Nicolás Seisdedos.
Editorial: Hogrefe TEA Ediciones.
Componentes en Español: Todos los materiales son en español.
Componentes en Inglés: No hay materiales en inglés.

[610s]

Test de Fluidez Verbal.

Propósito: Diseñado "para realizar una evaluación global rápida del lenguaje y de las funciones ejecutivas".
Procedencia: España/español.
Población: Edades 6 a 90.
Baremos: Los baremos se desarrollaron utilizando una muestra con 2.178 participantes, distribuidos por edad.
Fecha de Publicación: 2020.
Acrónimo: TFV.
Puntuación, 4: Fluidez Fonológica, Fluidez Semántica, Fluidez Excluyente, Índice de Fluidez Total.
Administración: Individual.
Precios, 2022: €69,63 por juego completo, incluyendo manual (2020, 128 páginas) y juego de corrección; €24,93 por juego de corrección, incluye 25 cuadernillos de anotación y PIN para 25 usos en línea.
Duración: Aproximadamente 8 a 10 minutos.
Comentarios: Se aplica con papel y lápiz; se corrige en línea; cada tarea permite registrar diferentes tipos de errores (repeticiones y distorsiones), lo que resulta de utilidad para la interpretación cualitativa de los puntajes.

Publisher: Hogrefe TEA Ediciones.
Spanish Components: All materials are in Spanish.
English Components: There are no materials in English.

[609e]

Test de Flexibilidad Cognitiva.

Purpose: Designed to assess cognitive flexibility through the ability to concentrate on a complex graphical task.
Origin: Spain/Spanish.
Population: Adolescents and adults.
Norms: Norms were developed using a sample of 2,039 adults from the general Spanish population distributed by gender and age and a sample of 7,009 Spanish adolescents distributed by gender and university class studied.
Publication Dates: 1994-2004.
Acronym: CAMBIOS.
Scores: Total score only.
Administration: Individual or group.
Price Data, 2022: €52.29 per complete kit: manual (2004, fourth edition, 26 pages) and 25 response sheets; €37.81 per 25 additional response sheets.
Time: (7) minutes.
Author: Nicolás Seisdedos.
Publisher: Hogrefe TEA Ediciones.
Spanish Components: All materials are in Spanish.
English Components: There are no materials in English.

[610e]

Test de Fluidez Verbal.

Purpose: Designed as a rapid global evaluation of language and executive functions.
Origin: Spain/Spanish.
Population: Ages 6 to 90.
Norms: Norms were developed using a sample of 2,178 participants, distributed by age.
Publication Date: 2020.
Acronym: TFV.
Scores, 4: Phonological Fluency, Semantic Fluency, Exclusionary Fluency, Total Fluency Index.
Administration: Individual.
Price Data, 2022: €69.93 per complete kit, including manual (2020, 128 pages) and scoring kit; €24.93 per scoring kit, including 25 record booklets and PIN for 25 scoring uses online.
Time: Approximately 8 to 10 minutes.
Comments: Administered via paper and pencil; scored online; each task allows the recording of errors (repetitions and distortions) to allow for a qualitative interpretation of the scores.

Autores: José Antonio Portellano Pérez y Rosario Martínez Arias.
Editorial: Hogrefe TEA Ediciones.
Componentes en Español: Todos los materiales son en español.
Componentes en Inglés: No hay materiales en inglés.

[611s]

Test de Habilidades Mentales Primarias, Intermedio.

Nombre Original: Primary Mental Abilities, Intermediate (Science Research Associates).
Propósito: Diseñado para medir cinco habilidades mentales primarias, el cual permite identificar las fortalezas y debilidades que un individuo posee en habilidades intelectuales específicas.
Procedencia: Estados Unidos (1947)/inglés.
Traducción/Adaptación: El desarrollo de la versión en español comenzó en 1959 por la editorial colombiana Ediciones Pedagógicas Latinoamericanas Ltda. No se provee información adicional en los materiales de la prueba sobre el proceso de la traducción/adaptación del instrumento.
Población: Edades 17 en adelante.
Baremos: Se han provisto baremos con la versión en español. Los baremos se desarrollaron utilizando una muestra con 1.187 participantes de Colombia, distribuidos por edad, sexo, grado de instrucción. nacionalidad.
Fecha de Publicación: 2011.
Acrónimo: HMP.
Puntuación, 5: Comprensión Verbal, Comprensión Espacial, Raciocinio, Fluidez Verbal, Números.
Administración: Individual o colectiva.
Precios, 2022: USD$73 por juego completo incluye manual (2011, 23 páginas), 4 folletos de aplicación, 15 hojas de respuesta y 15 perfiles.
Duración: 45-75 minutos.
Autores: L. L. Thurstone y Thelma Gwinn Thurstone.
Traductores/Adaptadores: Wladimiro Woyno y Raúl E. Oñoro Amador.
Editorial: Editorial El Manual Moderno, S.A. de C.V.
Componentes en Español: Todos los materiales son en español.
Componentes en Inglés: No hay materiales en inglés en esta edición.

[612s]

Test de Identificación de Daltonismos.

Propósito: Diseñado para la "detección y diagnóstico de alteraciones en la percepción del color".
Procedencia: España/español.

Authors: José Antonio Portellano Pérez and Rosario Martínez Arias.
Publisher: Hogrefe TEA Ediciones.
Spanish Components: All materials are in Spanish.
English Components: There are no materials in English.

[611e]

Test de Habilidades Mentales Primarias, Intermedio.

Original Name: Primary Mental Abilities, Intermediate (Science Research Associates).
Purpose: Designed to measure five primary mental abilities in order to identify an individual's strengths and weaknesses in specific areas of intelligence.
Origin: United States (1947)/English.
Translation/Adaptation: The development of the Spanish version began in 1959 by Colombian publisher Ediciones Pedagógicas Latinoamericanas Ltda. No further information is provided in the test materials about the process used to translate/adapt the measure.
Population: Ages 17 and older.
Norms: Separate norms are provided with the adaptation to Spanish. Norms were developed using a sample of 1,187 participants from Colombia, distributed by age, gender, race/ethnicity, and grade.
Publication Date: 2011.
Acronym: HMP.
Scores, 5: Verbal Comprehension, Spatial Comprehension, Reasoning, Word Fluency, Numbers.
Administration: Individual or group.
Price Data, 2022: USD$73 per complete kit including manual (2011, 23 pages), 4 administration forms, 15 response sheets, and 15 profiles.
Time: 45-75 minutes.
Authors: L. L. Thurstone and Thelma Gwinn Thurstone.
Translators/Adaptors: Wladimiro Woyno and Raúl E. Oñoro Amador.
Publisher: Editorial El Manual Moderno S.A. de C.V.
Spanish Components: All materials are in Spanish.
English Components: There are no materials in English in this version.

[612e]

Test de Identificación de Daltonismos.

Purpose: Designed to detect and diagnose alterations in the perception of color.
Origin: Spain/Spanish.

Población: Niños (edades 4 en adelante), adolescentes y adultos.
Baremos: Los baremos se desarrollaron utilizando una muestra con 788 niños con edades comprendidas entre 5 y 8 años, pertenecientes a 10 colegios de la Comunidad Autónoma de Madrid. una muestra de 334 estudiantes universitarios varones de Madrid, Murcia y Valencia.
Fecha de Publicación: 1996.
Acrónimo: TIDA.
Puntuación, 2: Nivel de Daltonismo, Tipo de Daltonismo.
Administración: Individual.
Precios, 2022: €72,51 por juego completo, incluyendo manual (1996, 39 páginas) y 25 hojas de anotación; €18,76 por 25 hojas de anotación.
Duración: (5) minutos.
Comentarios: Cuando se administra la prueba, se requiere de iluminación específica; el manual de la prueba provee detalles adicionales sobre la administración.
Autor: Julio Lillo.
Editorial: Hogrefe TEA Ediciones.
Componentes en Español: Todos los materiales son en español.
Componentes en Inglés: No hay materiales en inglés.

[613s]

Test de Inteligencia Emocional Mayer-Salovey-Caruso.

Nombre Original: Mayer-Salovey-Caruso Emotional Intelligence Test (Multi-Health Systems [MHS]).
Propósito: "Medida de capacidad que permite la evaluación de la inteligencia emocional y sus componentes".
Procedencia: Canadá (2002)/inglés.
Traducción/Adaptación: Después de la traducción de la prueba, los autores de la versión en inglés juntos con dos estudiantes bilingües de la Universidad de Yale hicieron una retrotraducción. Se compararon las dos versiones para asegurar que fueran correctas y claras.
Población: Edades 17 en adelante.
Baremos: Se han provisto baremos para la versión en español. Los baremos se desarrollaron utilizando una muestra de 8.383 participantes, distribuidos por edad y género, de dos países: España (general n = 3.015, clínico n = 1.276) y México (general n = 4.092). Adicionalmente, se desarrollaron baremos generales latinoamericanos utilizando una muestra de 1.578 participantes distribuidos por género y región geográfica (Norte, Centro, Sur).
Fechas de Publicación: 2009-2016.
Acrónimo: MSCEIT.
Puntuación, 17: Área Experiencial, Área Estratégica, Percepción Emocional, Facilitación Emocional,

Population: Children (ages 4 and over), adolescents, and adults.
Norms: Norms were developed using a sample of 788 children between the ages of 5 and 8 from 10 schools in Madrid and a sample of 334 male university students from Madrid, Murcia, and Valencia.
Publication Date: 1996.
Acronym: TIDA.
Scores, 2: Level of Daltonism, Type of Daltonism.
Administration: Individual.
Price Data, 2022: €72.51 per complete kit, including manual (1996, 39 pages) and 25 record forms; €18.76 per 25 record forms.
Time: (5) minutes.
Comments: When administering the test, specific lighting is required; additional details concerning administration are provided in the test manual.
Author: Julio Lillo.
Publisher: Hogrefe TEA Ediciones.
Spanish Components: All materials are in Spanish.
English Components: There are no materials in English.

[613e]

Test de Inteligencia Emocional Mayer-Salovey-Caruso.

Original Name: Mayer-Salovey-Caruso Emotional Intelligence Test (Multi-Health Systems [MHS]).
Purpose: A measure of ability that allows assessment of emotional intelligence and its components.
Origin: Canada (2002)/English.
Translation/Adaptation: After the test was translated, the authors of the English version and two bilingual students from Yale back-translated the test. The two versions were compared to ensure the items were accurate and clear.
Population: Ages 17 and older.
Norms: Separate norms are provided for the Spanish version. Norms were developed using a sample of 8,383 participants, distributed by age and gender, from two countries: Spain (general n = 3,015; clinical n = 1,276) and Mexico (general n = 4,092). In addition, general norms for Latin America were developed using 1,578 participants distributed by gender and geographic region (North, Central, South).
Publication Dates: 2009-2016.
Acronym: MSCEIT.
Scores, 17: Experiential Area, Strategic Area, Emotional Perception, Emotional Facilitation,

Comprensión Emocional, Manejo Emocional (Rama), Caras, Dibujos, Facilitación, Sensaciones, Cambios, Combinaciones, Manejo Emocional (Tarea), Relaciones Emocionales, Dispersión, Sesgo Positivo-Negativo, Coeficiente Inteligencia Emocional Total.
Administración: Individual o colectiva.
Precios, 2022: €132,80 por juego completo, incluyendo manual (2016; segunda edición, revisada y ampliada, 109 páginas), 10 cuadernillos de prueba y juego de corrección; €52,15 por 10 cuadernillos de prueba; €58,95 por juego de corrección (25 hojas de respuesta y PIN para 25 usos en línea); €6,23 por uso de aplicación y corrección en línea; €12,46 por informe en línea; €45,18 por manual en línea.
Duración: (30-45) minutos.
Autores: John D. Mayer, Peter Salovey y David R. Caruso.
Traductores/Adaptadores: Natalio Extremera y Pablo Fernández-Berrocal.
Editorial: Hogrefe TEA Ediciones.
Componentes en Español: Todos los materiales son en español.
Componentes en Inglés: No hay materiales en inglés en esta versión.

Emotional Understanding, Emotional Management (Domain), Faces, Pictures, Facilitation, Sensations, Changes, Combinations, Emotional Management (Task), Emotional Relationships, Emotional Intelligence Coefficient Total.
Administration: Individual or group.
Price Data, 2022: €132.80 per complete kit, including manual (2016; second edition, revised and extended, 109 pages), 10 test booklets, and scoring kit; €52.15 per 10 test booklets; €58.95 per scoring kit (25 response sheets and PIN for 25 uses online); €6.23 per online administration and scoring; €12.46 per online report; €45.18 per online manual.
Time: (30-45) minutes.
Authors: John D. Mayer, Peter Salovey, and David R. Caruso.
Translators/Adaptors: Natalio Extremera and Pablo Fernández-Berrocal.
Publisher: Hogrefe TEA Ediciones.
Spanish Components: All materials are in Spanish.
English Components: There are no English materials in this version.

[614s]

Test de Inteligencia General.

Propósito: Diseñado para proveer una "estimación de la inteligencia general mediante una tarea de razonamiento abstracto no verbal basada en matrices gráficas".
Procedencia: España/español.
Población: Edades 6-74.
Baremos: Los baremos se desarrollaron utilizando una muestra con 10.469 niños y adolescentes, distribuidos por sexo, edad. curso y una muestra con 1.742 adultos, distribuidos por sexo, edad y nivel de estudios.
Fecha de Publicación: 2015.
Acrónimo: Matrices.
Puntuación: Índice General de Aptitud.
Administración: Individual o colectiva.
Niveles, 6: A (edades 6-7), B (edades 7-9), C (edades 9-12), D (edades 12-14; adultos sin estudios o con estudios primarios), E (edades 14-16; adultos con estudios secundarios o similar), F (edades 16-18; adultos con Bachillerato o estudios superiores o universitarios).
Precios, 2022: €125,87 por juego completo, incluye manual (2015, 192 páginas), guía de uso rápido, 1 ejemplar de cada cuadernillo de prueba (A/B/C/D/E/F) y juego de corrección; €6,13 por cada ejemplar A y B; €8,86 por cada cuadernillo C/D/E/F; €31,16 por juego de corrección niveles A y B (PIN para 25 usos en línea); €31,16 por juego de corrección niveles C/D/E/F (25 hojas de respuestas y PIN para 25 usos en línea).
Duración: (45) minutos.

[614e]

Test de Inteligencia General.

Purpose: Designed to provide an estimation of general intelligence through non-verbal abstract reasoning tasks based on graphic matrices.
Origin: Spain/Spanish.
Population: Ages 6-74.
Norms: Norms were developed using a sample of 10,469 children and adolescents, distributed by gender, age, and grade, and a sample of 1,742 adults, distributed by gender, age, and level of education.
Publication Date: 2015.
Acronym: Matrices.
Scores: General Aptitude Index.
Administration: Individual or group.
Levels, 6: A (ages 6-7), B (ages 7-9), C (ages 9-12), D (ages 12-14; adults with no or low-level education), E (ages 14-16; adults with high school or equivalent education), F (ages 16-18; adults with college or higher education).
Price Data, 2022: €125.87 per complete kit, including manual (2015, 192 pages), quick use guide, 1 of each test booklet (A/B/C/D/E/F), and scoring kit; €6.13 for each test booklet A and B; €8.86 for each test booklet C/D/E/F; €31.16 for scoring kit levels A and B (PIN for 25 uses online); €31.16 for scoring kit levels C/D/E/F (25 answer sheets and PIN for 25 uses online).
Time: (45) minutes.

Comentarios: Una versión no adaptativa informatizada del Test de Inteligencia General (Matrices-TAI).
Autores: Fernando Sánchez-Sánchez, Pablo Santamaría y Francisco J. Abad.
Editorial: Hogrefe TEA Ediciones.
Componentes en Español: Todos los materiales son en español.
Componentes en Inglés: No hay materiales en inglés.

[615s]

Test de Inteligencia No Verbal–4.

Nombre Original: Test of Nonverbal Intelligence–Fourth Edition (PRO-ED).
Propósito: Diseñado para "evaluar la inteligencia general mediante la resolución de problemas libres de factores lingüísticos, motores o culturales".
Procedencia: Estados Unidos (2010)/inglés.
Traducción/Adaptación: Dada las características de los ítems de la prueba, libres de factores culturales, no fue necesario adaptar los estímulos a la población española (ya que carecen de características verbales). Por tanto, este proceso de adaptación se centró en la traducción de las instrucciones de la prueba y en la obtención de una muestra representativa de la población.
Población: Edades 6 a 79 años.
Baremos: Se han provisto baremos con la adaptación al español. Los baremos se desarrollaron utilizando una muestra con 2.820 participantes (n = 1.927 niños y adolescentes, n = 893 adultos), distribuidos por región geográfica en España, tamaño de la localidad (urbana, semiurbana, rural), género, edad, nacionalidad, titularidad de colegio (privado, concertado, público), nivel de estudios, nivel educativo de los padres y lengua materna.
Fecha de Publicación: 2019.
Acrónimo: TONI-4.
Puntuación: Puntuación total solamente.
Administración: Individual.
Formularios, 2: Formularios paralelos A y B.
Precios, 2022: €88,26 por juego completo incluyendo manual (2019, 87 páginas), juego de corrección y cuaderno de láminas; €22,43 por juego de corrección (25 cuadernillos de anotación y PIN para 25 usos en línea).
Duración: 15 minutos cada formulario.
Comentarios: De forma papel y lápiz; se corrige en línea; instrucciones verbales disponibles en varios idiomas, incluso catalán, euskera y gallego; se puede aplicar de formato no verbal también con las respuestas dadas con un gesto o señal.
Autoras: Linda Brown, Rita J. Sherbenou y Susan K. Johnsen.
Traductora/Adaptadora: Belén Ruiz-Fernández.
Editorial: Hogrefe TEA Ediciones.

Comments: Non-computer-adaptive version of the Test de Inteligencia General (Matrices-TAI).
Authors: Fernando Sánchez-Sánchez, Pablo Santamaría, and Francisco J. Abad.
Publisher: Hogrefe TEA Ediciones.
Spanish Components: All materials are in Spanish.
English Components: There are no materials in English.

[615e]

Test de Inteligencia No Verbal–4.

Original Name: Test of Nonverbal Intelligence–Fourth Edition (PRO-ED).
Purpose: Designed to assess general intelligence through problem solving free of linguistic, motor, or cultural factors.
Origin: United States (2010)/English.
Translation/Adaptation: Test publisher notes that given the characteristics of this test's items, free of cultural factors, it wasn't necessary to adapt them to the Spanish population because they are nonverbal. As a result, the adaptation process focused on translating the test instructions and obtaining a representative norm sample of the Spanish population.
Population: Ages 6 to 79 years.
Norms: Separate norms are provided with the Spanish adaption. Norms were developed using a sample of 2,820 participants (n = 1,927 children and adolescents, n = 893 adults), distributed by geographical region in Spain, community size (urban, suburban, rural), gender, age, nationality, type of school (private, charter, public), education level, parent education level, and native language.
Publication Date: 2019.
Acronym: TONI-4.
Scores: Total score only.
Administration: Individual.
Forms, 2: Parallel forms A and B.
Price Data, 2022: €88.26 per complete kit including manual (2019, 87 pages), scoring kit, and stimulus book; €22.43 per scoring kit (25 record booklets and PIN for 25 uses online).
Time: 15 minutes per form.
Comments: Paper and pencil format; scored online; instructions are available in several languages, including Catalan, Basque, and Galician; the test can also be administered nonverbally, with answers given with a gesture or signal.
Authors: Linda Brown, Rita J. Sherbenou, and Susan K. Johnsen.
Translator/Adaptor: Belén Ruiz-Fernández.
Publisher: Hogrefe TEA Ediciones.

Componentes en Español: Todos los materiales son en español.
Componentes en Inglés: No hay materiales en inglés en esta versión.

[616s]

Test de Inteligencia No Verbal–Revisado [Factor g-R].

Nombre Original: Grundintelligenztest Skala 2–Revision (CFT 20-R, Hogrefe Verlag GmbH & Co.).
Propósito: Diseñado para la "evaluación del factor 'g' o factor general de la inteligencia".
Procedencia: Alemania (2006)/alemán.
Traducción/Adaptación: No se provee información en los materiales de la prueba sobre el proceso de traducción/adaptación. La casa editorial indica que "aunque en términos estrictos la prueba es una adaptación al español de la obra alemana CFT 20-R, su referente más directo e inmediato en español es el anterior Tests de Factor 'g,' Escalas 2 y 3, a la que esta nueva versión revisada sustituye y engloba".
Población: Edades 8 en adelante.
Baremos: Se han provisto baremos con la adaptación al español. Los baremos para España se desarrollaron utilizando dos muestras. La primera muestra fue compuesta por 2.136 estudiantes, distribuidos por grado, sexo, región geográfica en España, nivel de educación de los padres. tipo de escuela (privado o público). La segunda muestra fue compuesta por 1.940 adultos, distribuidos por edad, sexo y nivel de educación. También se desarrollaron baremos mexicanos utilizando una muestra de 6.690 estudiantes (n = 6.288) y adultos (n = 402), distribuidos por edad, nivel de educación y sexo.
Fecha de Publicación: 2017.
Acrónimo: Factor g-R.
Puntuación, 5: Series, Clasificación, Matrices, Condiciones, Total.
Administración: Individual o colectiva.
Precios, 2022: €86,31 por juego completo, incluyendo manual, 10 cuadernillos de prueba y kit de corrección de 25 usos; €15,79 por kit de corrección.
Duración: 40 minutos, incluyendo instrucciones de aplicación.
Comentarios: Se corrige en línea.
Autores: Raymond B. Cattell, Alberta Karen S. Cattell y Rudolf H. Weiss con la colaboración de Bernhard Weiss.
Traductor/Adaptador: Departamento de Investigación y Desarrollo de TEA Ediciones.
Editorial: Hogrefe TEA Ediciones.
Componentes en Español: Todos los materiales son en español.
Componentes en Inglés: No hay materiales en inglés en esta versión.

Spanish Components: All materials are in Spanish.
English Components: There are no English materials in this version.

[616e]

Test de Inteligencia No Verbal–Revisado [Factor g-R].

Original Name: Grundintelligenztest Skala 2–Revision (CFT 20-R, Hogrefe Verlag GmbH & Co.).
Purpose: Designed to evaluate the "g" factor or general factor of intelligence.
Origin: Germany (2006)/German.
Translation/Adaptation: No information is provided in the test materials about the translation/adaptation process. The test publisher indicates that even though the test is, strictly speaking, a Spanish adaptation of the German test CFT 20-R, its more direct and immediate model in Spanish is Tests de Factor "g," Escalas 2 y 3, which is replaced by and encompassed in this new revised version.
Population: Ages 8 and older.
Norms: Separate norms are provided with the Spanish adaptation. Spanish norms were developed using two samples. The first sample was composed of 2,136 students, distributed by grade, gender, geographic region in Spain, parental level of education, and type of school (private or public). The second sample was composed of 1,940 adults, distributed by age, gender, and education level. Mexican norms were also developed, using a sample of 6,690 students (n = 6,288) and adults (n = 402), distributed by age, level of education, and gender.
Publication Date: 2017.
Acronym: Factor g-R.
Scores, 5: Series, Classification, Matrices, Conditions, Total.
Administration: Individual or group.
Price Data, 2022: €86.31 per complete kit, including manual, 10 test booklets, and scoring kit with 25 uses; €15.79 per scoring kit.
Time: 40 minutes, including administration instructions.
Comments: Scored online.
Authors: Raymond B. Cattell, Alberta Karen S. Cattell, and Rudolf H. Weiss, with the collaboration of Bernhard Weiss.
Translator/Adaptor: TEA Ediciones Research and Development Department.
Publisher: Hogrefe TEA Ediciones.
Spanish Components: All materials are in Spanish.
English Components: There are no English materials in this version.

[617s]

Test de Interpretación Selectiva de Datos.

Propósito: Diseñado para proveer una "evaluación de los aspectos culturales de la inteligencia general o capacidad mental superior".
Procedencia: España/español.
Población: Adultos.
Baremos: Los baremos se desarrollaron utilizando una muestra con 4.530 participantes representantes de la población española y una segunda muestra con 582 participantes de Argentina, ambas compuestas por técnicos y profesionales del mundo de la empresa, en su mayor parte con titulación superior en ingeniería.
Fechas de Publicación: 1996-2008.
Acrónimo: TISD.
Puntuación: Puntuación total solamente.
Administración: Individual o colectiva.
Precios, 2022: €79,18 por juego completo, incluye manual (2008; tercera edición, revisada y ampliada; 38 páginas), 10 cuadernillos y 25 hojas de respuesta autocorregibles; €43,80 por 10 cuadernillos; €24,20 por 25 hojas de respuesta autocorregibles.
Duración: (20-30) minutos.
Autor: Nicolás Seisdedos.
Editorial: Hogrefe TEA Ediciones.
Componentes en Español: Todos los materiales son en español.
Componentes en Inglés: No hay materiales en inglés.

[617e]

Test de Interpretación Selectiva de Datos.

Purpose: Designed to provide an evaluation of the cultural aspects of general intelligence or higher mental capacity.
Origin: Spain/Spanish.
Population: Adults.
Norms: Norms were developed using a sample of 4,530 participants representative of the population in Spain and a second sample with 582 participants from Argentina, composed of technicians and professionals from the business world, many with degrees in engineering.
Publication Dates: 1996-2008.
Acronym: TISD.
Scores: Total score only.
Administration: Individual or group.
Price Data, 2022: €79.18 per complete kit, including manual (2008; third edition, revised and extended; 38 pages), 10 test booklets, and 25 self-scoring response sheets; €43.80 per 10 test booklets; €24.20 per 25 self-scoring response sheets.
Time: (20-30) minutes.
Author: Nicolás Seisdedos.
Publisher: Hogrefe TEA Ediciones.
Spanish Components: All materials are in Spanish.
English Components: There are no materials in English.

[618s]

Test de la Casa.

Propósito: Diseñado como prueba proyectiva para evaluar rasgos de la personalidad a partir del trazo del dibujo de una casa.
Procedencia: México/español.
Población: Niños, adolescentes y adultos.
Baremos: No es una prueba de referencia normativa.
Fecha de Publicación: 2006.
Puntuación, 5: Psicótica, Border, Obsesiva, Histérica, Madurez.
Administración: Individual.
Precios, 2022: USD$31 por juego completo, incluye manual (2006, 134 páginas) con las guías de aplicación e interpretación.
Duración: 10-12 minutos.
Autora: María Dolores López Pérez.
Editorial: Editorial El Manual Moderno, S.A. de C.V.
Componentes en Español: Todos los materiales son en español.
Componentes en Inglés: No hay materiales en inglés.

[618e]

Test de la Casa.

Purpose: Designed as a projective test to evaluate personality characteristics through a house drawing.
Origin: Mexico/Spanish.
Population: Children, adolescents, and adults.
Norms: Test is not norm-referenced.
Publication Date: 2006.
Scores, 5: Psychotic, Borderline, Obsessive, Hysterical, Maturity.
Administration: Individual.
Price Data, 2022: USD$31 per complete kit, including manual (2006, 134) and instructions for administration and interpretation.
Time: 10-12 minutes.
Author: María Dolores López Pérez.
Publisher: Editorial El Manual Moderno, S.A. de C.V.
Spanish Components: All materials are in Spanish.
English Components: There are no materials in English.

[619s]

Test de las Anillas para la Evaluación de las Funciones Ejecutivas.

Propósito: Diseñado para proveer una "evaluación global del funcionamiento ejecutivo en adultos mediante la capacidad de planificación".
Procedencia: España/español.
Población: Edades 18 en adelante.
Baremos: Los baremos se desarrollaron utilizando una muestra con 793 participantes, distribuidos por edad y sexo.
Fecha de Publicación: 2011.
Puntuación: Puntuación total solamente.
Administración: Individual.
Precios, 2022: €125,78 por juego completo, incluyendo manual (2011, 71 páginas), libro de estímulos, 25 hojas de anotación y materiales manipulativos; €13,92 por 25 hojas de anotación.
Duración: (10-15) minutos.
Autores: José A. Portellano y Rosario Martínez.
Editorial: Hogrefe TEA Ediciones.
Componentes en Español: Todos los materiales son en español.
Componentes en Inglés: No hay materiales en inglés.

[620s]

Test de Lectura y Escritura en Español.

Propósito: Diseñado para evaluar los procesos implicados en la lectura y escritura, haciendo referencia a los logros esperados por año escolar.
Procedencia: Argentina/español.
Población: Edades 6 a 9 (Grados 1 a 4).
Baremos: Los baremos se desarrollaron utilizando dos muestras, 417 participantes de Argentina y 400 participantes de España, distribuidos por curso escolar, sexo, gestión educativa y zona de residencia. "En la selección de la muestra, se excluyeron niños con déficit significativo en el rendimiento escolar, déficit intelectual, problemas neurológicos y psicológicos diagnosticados, absentismo escolar significativo, contexto familiar bilingüe y edad que no correspondiera al curso que se esté evaluando".
Fecha de Publicación: 2006.
Acrónimo: LEE.
Puntuación, 7 a 9: Lectura de Palabras, Lectura de Pseudopalabras, Comprensión de Palabras y Frases, Prosodia, Comprensión de Textos, Escritura de Palabras, Escritura de Pseudopalabras, Segmentación Fonémica [complementaria], Lectura de Letras [complementaria].
Administración: Individual.
Precios, 2022: USD$496.80 por juego completo, incluye manual (2006, 127 páginas), cuadernillo de estímulos, hojas de trabajo en mayúscula y minúscula y protocolo.

[619e]

Test de las Anillas para la Evaluación de las Funciones Ejecutivas.

Purpose: Designed to provide a general assessment of executive function in adults by evaluating their planning capabilities.
Origin: Spain/Spanish.
Population: Ages 18 and over.
Norms: Norms were developed using a sample of 793 participants, distributed by gender and age.
Publication Date: 2011.
Scores: Total score only.
Administration: Individual.
Price Data, 2022: €125.78 per complete kit including manual (2011, 71 pages), stimulus book, 25 response sheets, and manipulatives; €13.92 per 25 response sheets.
Time: (10-15) minutes.
Authors: José A. Portellano and Rosario Martínez.
Publisher: Hogrefe TEA Ediciones.
Spanish Components: All materials are in Spanish.
English Components: There are no materials in English.

[620e]

Test de Lectura y Escritura en Español.

Purpose: Designed to assess the processes involved in reading and writing, with reference to the achievements expected by school year.
Origin: Argentina/Spanish.
Population: Ages 6 to 9 (Grades 1 to 4).
Norms: Norms were developed using two samples, one with 417 participants from Argentina and another with 400 participants from Spain, distributed by grade level, gender, type of school (public or private), and area of residence. In selecting the sample, children with significant deficits in school performance, intellectual deficits, diagnosed neurological and psychological problems, significant truancy, bilingual family background, and age that did not correspond to the course being evaluated were excluded.
Publication Date: 2006.
Acronym: LEE.
Scores, 7 to 9: Word Reading, Reading Pseudowords, Comprehension of Words and Phrases, Prosody, Reading Comprehension, Writing Words, Writing Pseudowords, Phonemic Segmentation [supplemental], Letter Reading [supplemental].
Administration: Individual.
Price Data, 2022: USD$496.80 per complete kit, including manual (2006, 127 pages), stimulus booklet, worksheets, and protocol.

Duración: (50-60) minutos.
Comentarios: La prueba permite guardar respuestas, así como el tiempo utilizado, tipos de lectura (fluida y no fluida) y la clasificación de errores de lectura y escritura. Las pruebas complementarias [Segmentación Fonémica y Lectura de Letras] pueden utilizarse cuando se sospecha que un niño presenta dificultades en la lectura o retraso lector.
Autores: Sylvia Defior Citoler (España), Liliana Fonseca, Bárbara Gottheil, Adriana Aldrey, Gracia Jiménez, María Pujals, Graciela Rosa y Francisca Serrano (equipo argentino).
Editorial: Editorial Paidós.
Componentes en Español: Todos los materiales son en español.
Componentes en Inglés: No hay materiales en inglés.

[621s]

Test de los Cinco Dígitos.
Propósito: Diseñado como una "medida de la velocidad de procesamiento, la fluidez verbal, la atención sostenida y la eficiencia en la alternancia entre procesos mentales".
Procedencia: España/español.
Población: Edades 7 en adelante.
Baremos: Los baremos se desarrollaron utilizando varias muestras españolas de niños, adolescentes y adultos. Se incluyen varios baremos con casos clínicos. Detalles de cada muestra están disponibles en el manual.
Fecha de Publicación: 2007.
Acrónimo: FDT.
Puntuación, 6: Lectura, Conteo, Elección, Alternancia, Inhibición, Flexibilidad.
Administración: Colectiva.
Precios, 2022: €74,66 por juego completo, incluye manual (2007, 75 páginas), 25 hojas de anotación y cuaderno de estímulos; €38,12 por 25 hojas de anotación.
Duración: (5) minutos.
Autor: Manuel A. Sedó.
Editorial: Hogrefe TEA Ediciones.
Componentes en Español: Todos los materiales son en español.
Componentes en Inglés: Las instrucciones en la hoja de anotación están disponibles en inglés también.

[622s]

Test de los Cuentos de Hadas.
Nombre Original: The Fairy Tale Test (Universidad de Exeter).
Propósito: Diseñado como "evaluación dinámica de los rasgos de la personalidad, exploración de los sentimientos y actitudes" mediante una prueba proyectiva.
Procedencia: Inglaterra (1989-1993)/inglés.

Time: (50-60) minutes.
Comments: The test permits recording answers as well as time, type of reading (fluid or non fluid), and classification of reading and writing errors. The complementary tests (Phonemic Segmentation and Letter Reading) should be administered when the child is a slow reader or is suspected of having reading difficulties.
Authors: Sylvia Defior Citoler (Spain), Liliana Fonseca, Bárbara Gottheil, Adriana Aldrey, Gracia Jiménez, María Pujals, Graciela Rosa, and Francisca Serrano (Argentinian team).
Publisher: Editorial Paidós.
Spanish Components: All materials are in Spanish.
English Components: There are no materials in English.

[621e]

Test de los Cinco Dígitos.
Purpose: Designed to assess processing speed, verbal fluency, sustained attention, and efficiency in switching between mental processes.
Origin: Spain/Spanish.
Population: Ages 7 and over.
Norms: Norms were developed using various samples of children, adolescents, and adults from Spain. They include several samples with clinical cases. Details for each sample are available in the test manual.
Publication Date: 2007.
Acronym: FDT.
Scores, 6: Reading, Counting, Choosing, Switching, Inhibition, Flexibility.
Administration: Group.
Price Data, 2022: €74.66 per complete kit, including manual (2007, 75 pages), 25 record forms, and stimulus booklets; €38.12 per 25 record forms.
Time: (5) minutes.
Author: Manuel A. Sedó.
Publisher: Hogrefe TEA Ediciones.
Spanish Components: All materials are in Spanish.
English Components: Instructions on the record form are also given in English.

[622e]

Test de los Cuentos de Hadas.
Original Name: The Fairy Tale Test (Exeter University).
Purpose: Designed as a projective test to evaluate the dynamic interaction of personality traits and the exploration of feelings and attitudes.
Origin: England (1989-1993)/English.

Traducción/Adaptación: No se provee información en los materiales de la prueba sobre el proceso de traducción/adaptación.
Población: Edades 7-12.
Baremos: No se han provisto baremos con la traducción al español.
Fechas de Publicación: 1995-2002.
Acrónimo: FTT.
Puntuación, 27: Ambivalencia, Deseo de Cosas Materiales, Deseo de Superioridad, Sentido de Propiedad, Agresión Como Dominancia, Agresión Tipo A, Agresión Tipo B, Agresión Defensiva, Agresión por Celos, Agresión por Venganza, Agresión Oral, Temor a la Agresión, Necesidades Orales, Deseo de Ayudar, Necesidad de Afiliación, Necesidad de Afecto, Ansiedad, Depresión, Relaciones con la Madre, Relaciones con el Padre, Adaptación al Contenido del Cuento, Respuestas Estrafalarias, Preocupaciones Sexuales, Repeticiones, Moralidad, Necesidad de Protección, Autoestima.
Administración: Individual.
Precios, 2022: €109,03 por juego completo, incluye manual (2002; segunda edición, revisada y ampliada; 120 páginas), láminas y 25 cuadernos de anotación; €44,77 por 25 cuadernos de anotación.
Duración: (45) minutos.
Comentarios: "La puntuación de las respuestas puede ser cuantitativa y cualitativa y se completa con la observación de la conducta durante el examen"; "El FTT fue construido [por Carina Coulacoglou] como parte de la tesis doctoral en la Universidad de Exeter en Inglaterra".
Autora: Carina Coulacoglou.
Editorial: Hogrefe TEA Ediciones.
Componentes en Español: Todos los materiales son en español.
Componentes en Inglés: No hay materiales en inglés en esta versión.

Translation/Adaptation: No information is provided in the test materials about the translation/adaptation process.
Population: Ages 7-12.
Norms: Separate norms are not provided with the Spanish translation.
Publication Dates: 1995-2002.
Acronym: FTT.
Scores, 27: Ambivalence, Desire for Material Things, Desire for Superiority, Sense of Ownership, Aggression as Dominance, Type A Aggression, Type B Aggression, Defensive Aggression, Aggression for Jealousy, Aggression for Revenge, Verbal Aggression, Fear of Aggression, Oral Needs, Desire to Help, Need for Affiliation, Need for Affection, Anxiety, Depression, Relationship with Mother, Relationship with Father, Adaptation to Content of the Story, Bizarre Responses, Sexual Concerns, Repetitions, Morality, Protection Needs, Self-Esteem.
Administration: Individual.
Price Data, 2022: €109.03 per complete kit, including manual (2002; second edition, revised and extended; 120 pages), 25 record forms, and picture sheets; €44.77 per 25 record forms.
Time: (45) minutes.
Comments: The scores for the test can be both quantitative and qualitative and are interpreted together with observations of the child's behavior during test administration. The FTT was created by Carina Coulacoglou as part of a doctoral thesis at Exeter University in England.
Author: Carina Coulacoglou.
Publisher: Hogrefe TEA Ediciones.
Spanish Components: All materials are in Spanish.
English Components: There are no English materials in this version.

[623s]

Test de los Senderos para la Evaluación de las Funciones Ejecutivas.

Propósito: Diseñado para screening del funcionamiento ejecutivo mediante la realización de una tarea de planificación consistente en una actividad visomotora.
Procedencia: España/español.
Población: Edades 16 en adelante.
Baremos: Los baremos se desarrollaron utilizando una muestra con 1.189 participantes, distribuidos por edad, sexo, nivel educativo y procedencia geográfica en España.
Fecha de Publicación: 2014.
Acrónimo: TESEN.
Puntuación, 4: Velocidad, Precisión, Ejecución, Total.
Administración: Individual.
Precios, 2022: €127,91 por juego completo incluyendo manual y juego de corrección; €101,19 por juego

[623e]

Test de los Senderos para la Evaluación de las Funciones Ejecutivas.

Purpose: Designed to screen executive functioning ability through a planning task consisting of a visual-motor activity.
Origin: Spain/Spanish.
Population: Ages 16 and over.
Norms: Norms were developed using a sample of 1,189 participants, distributed by age, gender, educational level, and geographic location in Spain.
Publication Date: 2014.
Acronym: TESEN.
Scores, 4: Speed, Accuracy, Execution, Total.
Administration: Individual.
Price Data, 2022: €127.91 per complete kit including manual and scoring kit; €101.19 per

de corrección (25 ejemplares, 25 hojas de anotación y PIN para 25 usos en línea).
Duración: (8-10) minutos.
Comentarios: Los examinadores también podrán extraer información cualitativa a partir de la aplicación de cada uno de los senderos (tales como presencia de perseveraciones y pérdida de la secuencia).
Autores: José Antonio Portellano Pérez y Rosario Martínez Arias.
Editorial: Hogrefe TEA Ediciones.
Componentes en Español: Todos los materiales son en español.
Componentes en Inglés: No hay materiales en inglés.

[624s]

Test de Matrices Progresivas.

Nombre Original: Raven's Progressive Matrices and Vocabulary Scales (Oxford Psychologists Press).
Propósito: Diseñado para evaluar el desarrollo intelectual de manera no-verbal.
Procedencia: Inglaterra (1991)/inglés.
Traducción/Adaptación: No se provee información en los materiales de la prueba sobre el proceso de traducción/adaptación.
Población: Edades 4-65.
Fechas de Publicación: 1993-2010.
Acrónimo: MPR.
Puntuación: Puntuación total solamente.
Formularios, 3: General, Coloreada, Avanzada.
Administración: Colectiva o individual.
Precios, 2022: USD$52.90 por manual (2010, sexta reimpresión, 174 páginas); USD$102.50 por Escala Coloreada; USD$102.90 por Escala Avanzada; USD$107 por Escala General.
Autores: J. Raven, J. C. Raven y J. H. Court.
Traductores/Adaptadores: Jorge Piatigorsky (traducción) y María Martina Casullo (adaptación).
Editorial: Editorial Paidós.
Componentes en Español: Todos los materiales son en español.
Componentes en Inglés: No hay materiales en inglés en esta versión.

a) GENERAL.
Población: Edades 4-65.
Baremos: Se han provisto baremos con la adaptación al español. Los baremos se desarrollaron utilizando varias muestras: a) 535 participantes de Buenos Aires, Argentina (1993), b) 1.740 participantes de La Plata, Argentina (2000), c) 519 participantes de La Plata, Argentina (2003-2004), d) 548 participantes de Aguascalientes, México (1999-2000), e) 880 participantes de Montevideo, Uruguay (2003-2004) y f) 400 participantes de la Ciudad Autónoma de Buenos Aires y conurbano bonaerense (2003-2004). Todas muestras fueron distribuidas por sexo y edad.
Acrónimo: MPG.
Duración: (45) minutos.

scoring kit (25 test booklets, 25 record forms, and PIN for 25 uses online).
Time: (8-10) minutes.
Comments: Examiners may also obtain qualitative information from the administration of each of the trails (such as presence of perseverations and sequence loss).
Authors: José Antonio Portellano Pérez and Rosario Martínez Arias.
Publisher: Hogrefe TEA Ediciones.
Spanish Components: All materials are in Spanish.
English Components: There are no materials in English.

[624e]

Test de Matrices Progresivas.

Original Name: Raven's Progressive Matrices and Vocabulary Scales (Oxford Psychologists Press).
Purpose: Designed as a nonverbal assessment of intellectual development.
Origin: England (1991)/English.
Translation/Adaptation: No information is provided in the test materials about the translation/adaptation process.
Population: Ages 4-65.
Publication Dates: 1993-2010.
Acronym: MPR.
Scores: Total score only.
Forms, 3: General, Coloured, Advanced.
Administration: Group or individual.
Price Data, 2022: USD$52.90 per manual (2010, sixth edition, 174 páginas); USD$102.50 per Coloured Scale; USD$102.90 per Advanced Scale; USD$107 per General Scale.
Authors: J. Raven, J. C. Raven, and J. H. Court.
Translators/Adaptors: Jorge Piatigorsky (translation), María Martina Casullo (adaptation).
Publisher: Editorial Paidós.
Spanish Components: All materials are in Spanish.
English Components: There are no English materials in this version.

a) GENERAL.
Population: Ages 4-65.
Norms: Separate norms are provided with the adaptation to Spanish. Norms were developed using various samples: a) 535 participants from Buenos Aires, Argentina (1993), b) 1,740 participants from La Plata, Argentina (2000), c) 519 participants from La Plata, Argentina (2003-2004), d) 548 participants from Aguascalientes, Mexico (1999-2000), e) 880 participants from Montevideo, Uruguay (2003-2004), and f) 400 participants from urban and suburban Buenos Aires (2003-2004). All samples were distributed by gender and age.
Acronym: MPG.
Time: (45) minutes.

b) COLOREADA.
Población: Edades 5-11 y individuos con retraso mental o población envejeciente.
Baremos: Se han provisto baremos con la adaptación al español. Los baremos se desarrollaron utilizando dos muestras, una con 445 participantes de la Capital Federal, Argentina (1993) y la otra con 1.500 niños en grados preescolares y de primaria provenientes de Aguascalientes, México (2000-2001), distribuidos por sexo y edad.
Acrónimo: MPC.
Formularios, 2: Tablero, Libro.
Duración: (15-30) minutos.
c) AVANZADA.
Población: Edades 11 en adelante con habilidades intelectuales promedio o superior.
Baremos: Se han provisto baremos con la adaptación al español. Los baremos se desarrollaron utilizando varias muestras. La primera incluyó 110 participantes de Buenos Aires, Argentina (1993), la segunda incluyó 1.284 participantes de La Plata, Argentina (2000) y la tercera incluyó 997 estudiantes universitarios de Aguascalientes, México; todas muestras fueron distribuidas por sexo y edad.
Acrónimo: MPA.
1) *Serie I.*
Duración: (10) minutos.
2) *Serie II.*
Duración: 40(45) ó 60(65) minutos.

[625s]

Test de Memoria y Aprendizaje.

Nombre Original: Test of Memory and Learning (PRO-ED).
Propósito: "Evaluación de diversos aspectos de la memoria y el aprendizaje".
Procedencia: Estados Unidos (1994)/inglés.
Traducción/Adaptación: El primer paso en el proceso de adaptación se centró en la traducción de los cuatro subtests verbales por un comité bilingüe. Cuando no pudiera traducir las narraciones por diferencias culturales, substituyó las historias por otras más similares a la cultura española. El comité hizo entonces una retrotraducción para identificar y resolver problemas. El manual de la prueba identifica cambios específicos que hicieron en los subtests.
Población: Edades 5-19.
Baremos: Se han provisto baremos para la adaptación al español. Los baremos se desarrollaron utilizando una muestra de 582 niños y adolescentes de Almería, Barcelona, Gerona, Granada, Madrid, Palma de Mallorca, Sevilla y Vizcaya, distribuidos por edad, sexo, lugar geográfico en España y tipo de centro de enseñanzas generales.
Fechas de Publicación: 2001-2012.
Acrónimo: TOMAL.
Puntuación, 25: Verbal (Memoria de Historias, Recuerdo Selectivo de Palabras, Recuerdo de Objetos, Dígitos en Orden Directo, Recuerdo de Pares, Letras

b) COLOURED.
Population: Ages 5-11 and individuals with mental delays and elderly people.
Norms: Separate norms are provided with the adaptation to Spanish. Norms were developed using two samples, one with 445 participants from Capital Federal, Argentina (1993), and the other with 1,500 children in preschool and primary grades from Aguascalientes, Mexico (2000-2001), distributed by gender and age.
Acronym: MPC.
Forms, 2: Board, Book.
Time: (15-30) minutes.
c) ADVANCED.
Population: Ages 11 and over with average or high intellectual ability.
Norms: Separate norms are provided with the adaptation to Spanish. Norms were developed using several samples. The first included 110 participants from Buenos Aires, Argentina (1993), the second included 1,284 participants from La Plata, Argentina (2000), and the third included 997 university students from Aguascalientes, México; all samples were distributed by gender and age.
Acronym: MPA.
1) *Set I.*
Time: (10) minutes.
2) *Set II.*
Time: 40(45) or 60(65) minutes.

[625e]

Test de Memoria y Aprendizaje.

Original Name: Test of Memory and Learning (PRO-ED).
Purpose: Designed to evaluate diverse aspects of memory and learning.
Origin: United States (1994)/English.
Translation/Adaptation: A bilingual committee translated the four verbal subtests. When narrations could not be translated because of cultural differences, the stories were substituted for others that more closely related to Spanish culture. The committee then back-translated the materials to identify and resolve problems. The test manual identifies specific changes made to each subtest.
Population: Ages 5-19.
Norms: Separate norms are provided for the Spanish adaptation. Norms were developed using a sample of 582 children and adolescents from Almería, Barcelona, Gerona, Granada, Madrid, Palma de Mallorca, Sevilla, and Vizcaya, distributed by age, gender, geographic location in Spain, and type of school attended.
Publication Dates: 2001-2012.
Acronym: TOMAL.
Scores, 25: Verbal (Memory for Stories, Selective Word Recall, Object Recall, Digits Forward, Pair Recall, Letters Forward, Digits

en Orden Directo, Dígitos en Orden Inverso, Letras en Orden Inverso), No Verbal (Memoria de Caras, Recuerdo Selectivo Visual, Memoria Visual Abstracta, Memoria Secuencial Visual, Memoria de Lugares, Imitación Manual), Recuerdo Demorado (Memoria de Historias, Memoria de Caras, Recuerdo Selectivo de Palabras, Recuerdo Selectivo Visual), más 4 índices compuestas: Memoria Verbal, Memoria No Verbal, Memoria Compuesta, Recuerdo Demorado.
Administración: Individual.
Precios, 2022: €299 por juego completo, incluye manual de aplicación (2012, segunda edición, 176 páginas), 25 cuadernillos de anotación, 25 cuadernillos de análisis y manipulativos; €104,97 por 25 cuadernos de anotación y 25 cuadernos de análisis.
Duración: (40-45) minutos.
Autores: Cecil R. Reynolds y Erin D. Bigler.
Traductores/Adaptadores: Edurne Goikoetxea y Departamento de Investigación y Desarrollo de TEA Ediciones.
Editorial: Hogrefe TEA Ediciones.
Componentes en Español: Todos los materiales son en español.
Componentes en Inglés: No hay materiales en inglés en esta versión.

[626s]

Test de Orientación Motivacional.

Nombre Original: Test di Orientamento Motivazionale (Organizzazioni Speciali).
Propósito: Diseñado como autoinforme para evaluar las principales motivaciones u orientaciones laborales.
Procedencia: Italia (2004)/italiano.
Traducción/Adaptación: No se provee información en los materiales de la prueba sobre el proceso de traducción/adaptación.
Población: Adultos en contextos laborales.
Baremos: Se han provisto baremos con la adaptación al español. Los baremos se desarrollaron utilizando una muestra con 767 participantes de España, distribuidos por edad, sexo y situación de evaluación competitiva vs. no competitiva.
Fecha de Publicación: 2010.
Acrónimo: TOM.
Puntuación, 5: Orientación a los Objetivos, Orientación a la Innovación, Orientación al Liderazgo, Orientación a las Relaciones, Deseabilidad Social.
Administración: Individual o colectiva.
Precios: Disponibles con la casa editorial.
Duración: (10-15) minutos.
Comentarios: Se administra en línea.
Autores: Laura Borgogni, Laura Petitta y Claudio Barbaranelli.
Traductores/Adaptadores: Sara Corral, David Arribas e Irene Fernández.
Editorial: Giunti O.S. Psychometrics SRL.

Backward, Letters Backward), Nonverbal (Facial Memory, Selective Visual Recall, Abstract Visual Memory, Sequential Visual Memory, Memory for Locations, Manual Imitation), Delayed Recall (Memory for Stories, Facial Memory, Selective Word Recall, Selective Visual Recall), plus 4 composite indices: Verbal Memory, Nonverbal Memory, Memory Composite, Delayed Recall.
Administration: Individual.
Price Data, 2022: €299 per complete kit, including examiner's manual (2012, second edition, 176 pages), 25 record booklets, 25 scoring booklets, and manipulatives; €104.97 per 25 record booklets and 25 scoring booklets.
Time: (40-45) minutes.
Authors: Cecil R. Reynolds and Erin D. Bigler.
Translators/Adaptors: Edurne Goikoetxea and TEA Ediciones Research and Development Department.
Publisher: Hogrefe TEA Ediciones.
Spanish Components: All materials are in Spanish.
English Components: There are no English materials in this version.

[626e]

Test de Orientación Motivacional.

Original Name: Test di Orientamento Motivazionale (Organizzazioni Speciali).
Purpose: Self-report designed to evaluate main motivations or work orientations.
Origin: Italy (2004)/Italian.
Translation/Adaptation: No information is provided in the test materials about the translation/adaptation process.
Population: Adults in a work context.
Norms: Separate norms are provided with the Spanish adaptation. Norms were developed using a sample of 767 participants from Spain, distributed by age, gender, and competitive vs. noncompetitive evaluation situation.
Publication Date: 2010.
Acronym: TOM.
Scores, 5: Objective Oriented, Innovation Oriented, Leadership Oriented, Relationship Oriented, Social Desirability.
Administration: Group.
Price Data: Available from the publisher.
Time: (10-15) minutes.
Comments: Administered online.
Authors: Laura Borgogni, Laura Petitta, and Claudio Barbaranelli.
Translators/Adaptors: Sara Corral, David Arribas, and Irene Fernández.
Publisher: Giunti O.S. Psychometrics SRL.

Componentes en Español: Todos los materiales son en español.
Componentes en Inglés: No hay materiales en inglés en esta versión.

Spanish Components: All materials are in Spanish.
English Components: There are no English materials in this version.

[627s]

Test de Pata Negra.

Nombre Original: Test Pattenoire (Les Editions du Centre de Psychologie Apliquée).
Propósito: Diseñado como una técnica proyectiva "que revela los conflictos profundos de la personalidad".
Procedencia: Francia (1961)/francés.
Traducción/Adaptación: No se provee información en los materiales de la prueba sobre el proceso de traducción/adaptación.
Población: Edades 4-15.
Baremos: Los baremos se desarrollaron utilizando una muestra con 200 niños.
Fechas de Publicación: 1984-2009.
Puntuación: Sin puntuación.
Administración: Individual.
Precios, 2022: €59,71 por juego completo, incluye manual (2009, tercera edición, 28 páginas), láminas y 25 hojas de anotación; €24,50 por 25 hojas de anotación.
Duración: (60) minutos.
Autor: Louis Corman.
Traductor/Adaptador: Departamento de Investigación y Desarrollo de TEA Ediciones.
Editorial: Hogrefe TEA Ediciones.
Componentes en Español: Todos los materiales están disponibles en español.
Componentes en Inglés: No hay materiales en inglés en esta versión.

[627e]

Test de Pata Negra.

Original Name: Test Pattenoire (Les Editions du Centre de Psychologie Apliquée).
Purpose: Designed as a projective technique that reveals profound conflicts within personality.
Origin: France (1961)/French.
Translation/Adaptation: No information is provided in the test materials about the translation/adaptation process.
Population: Ages 4-15.
Norms: Norms were developed using a sample of 200 children.
Publication Dates: 1984-2009.
Scores: No scores.
Administration: Individual.
Price Data, 2022: €59.71 per complete kit, including manual (2009, third edition, 28 pages), picture sheets, and 25 record sheets; €24.50 per 25 record sheets.
Time: (60) minutes.
Author: Louis Corman.
Translator/Adaptor: TEA Ediciones Research and Development Department.
Publisher: Hogrefe TEA Ediciones.
Spanish Components: All materials are in Spanish.
English Components: There are no English materials in this version.

[628s]

Test de Percepción de Diferencias–Revisado.

Propósito: Diseñado para evaluar "la aptitud para percibir rápidamente y correctamente, semejanzas, diferencias y patrones estimulantes parcialmente ordenados".
Procedencia: España/español.
Población: Edades 6-18.
Baremos: Los baremos se desarrollaron utilizando una muestra con 12.190 participantes de España, distribuidos por sexo, edad, curso escolar y región geográfica; 4.251 participantes de Argentina, distribuidos por sexo, edad, curso escolar y ámbito escolar (urbano o socialmente vulnerable); y 10.869 participantes de Peru, distribuidos por edad y sexo.
Fechas de Publicación: 1985-2021.
Acrónimo: CARAS-R.
Puntuación, 2: Aciertos Netos, Índice de Control de la Impulsividad.

[628e]

Test de Percepción de Diferencias–Revisado.

Purpose: Designed to evaluate the ability to perceive, quickly and correctly, similarities and differences and partially ordered stimulating patterns.
Origin: Spain/Spanish.
Population: Ages 6-18.
Norms: Norms were developed using a sample of 12,190 participants from Spain, distributed by gender, age, grade, and geographic region; 4,251 participants from Argentina, distributed by gender, age, grade, and school environment (urban or socially vulnerable); and 10,869 participants from Perú, distributed by age and gender.
Publication Dates: 1985-2021.
Acronym: CARAS-R.
Scores, 2: Total Correct, Impulsivity Control Index.

Administración: Individual o colectiva.
Precios, 2022: €30,32 por juego completo, incluye manual (2012, 14a edición revisada y ampliada, 95 páginas) and 25 ejemplares autocorregibles; €23,90 por 25 ejemplares autocorregibles; €16,53 por manual en línea.
Duración: 3 minutos.
Comentarios: Se puede administrar en catalán en línea; basado en los estudios de Thurstone sobre la estructura factorial de la inteligencia (1941).
Autores: L. L. Thurstone, M. Yela y Tamara Luque (revisión del manual).
Editorial: Hogrefe TEA Ediciones.
Componentes en Español: Todos los materiales son en español.
Componentes en Inglés: No hay materiales en inglés.

[629s]

Test de Personalidad de TEA.

Propósito: Diseñado a evaluar "la personalidad en los ámbitos profesional y personal".
Procedencia: España/español.
Población: Adolescentes y adultos, específicamente en el ámbito laboral.
Baremos: Los baremos fueron actualizados en 2020 y fueron desarrollados utilizando unas muestras de 17 países distribuidos por género y edad: España (general *n* = 5.800; mandos intermedios y superiores *n* = 7.340; policías *n* = 12.620; bomberos *n* = 1.830; seguridad privada *n* = 569; desarrollo personal *n* = 628; universitarios *n* = 802), Argentina (general *n* = 1.444; mandos intermedios y superiores *n* = 325), Bolivia (general *n* = 624); Chile (general *n* = 1.620; mandos intermedios y superiores *n* = 581), Colombia (general *n* = 7.750; mandos intermedios y superiores *n* = 1.099; cuerpos de seguridad *n* = 574; desarrollo personal *n* = 394; universitarios *n* = 268), Costa Rica (general *n* = 6.546; mandos intermedios y superiores *n* = 480; cuerpos de seguridad *n* = 2.080; desarrollo personal *n* = 286; universitarios *n* = 204), Ecuador (general *n* = 484; mandos medios y superiores *n* = 176), El Salvador (general *n* = 244), Guatemala (general *n* = 9.000; mandos intermedios y superiores *n* = 360; desarrollo personal *n* = 162), Honduras (general *n* = 12.228; mandos intermedios y superiores *n* = 1.792; cuerpos de seguridad *n* = 1.000; desarrollo personal *n* = 568; universitarios *n* = 366), México (general *n* = 4.398; universitarios *n* = 17.558; mandos y superiores *n* = 4,398; cuerpos de seguridad *n* = 606; desarrollo personal *n* = 516), Panamá (general *n* = 3.096; mandos intermedios y superiores *n* = 272; cuerpos de seguridad *n* = 180), Paraguay (general *n* = 798; cuerpos de seguridad *n* = 6.533; universitarios *n* = 910), Perú (general *n* = 2.236; mandos intermedios y superiores *n* = 247;

Administration: Individual or group.
Price Data, 2022: €30.32 per complete kit, including manual (2021, 14th edition revised and extended, 95 pages) and 25 self-score test booklets; €23.90 per 25 test self-score test booklets; €16.53 per online manual.
Time: 3 minutes.
Comments: Can be administered online in Catalan; based on Thurstone's Factorial Studies of Intelligence (1941).
Authors: L. L. Thurstone, M. Yela, and Tamara Luque (manual revision).
Publisher: Hogrefe TEA Ediciones.
Spanish Components: All materials are in Spanish.
English Components: There are no materials in English.

[629e]

Test de Personalidad de TEA.

Purpose: Designed to evaluate personality in professional and personal contexts.
Origin: Spain/Spanish.
Population: Adolescents and adults, specifically in the workplace.
Norms: Norms were updated in 2020 and were developed using various samples from 17 countries distributed by gender and age: Spain (general *n* = 51,800; middle and upper management *n* = 7,340; law enforcement *n* = 12,620; firefighters *n* = 1,830; private security *n* = 569; staff development *n* = 628; college students *n* = 802), Argentina (general *n* = 1,444; middle and upper management *n* = 325), Bolivia (general *n* = 624); Chile (general *n* = 1,620; middle and upper management *n* = 581), Colombia (general *n* = 7,750; middle and upper management *n* = 1,099; security guards *n* = 574; staff development *n* = 394; college students *n* = 268), Costa Rica (general *n* = 6,546; middle and upper management *n* = 480; security guards *n* = 2,080; staff development *n* = 286; college students *n* = 204), Ecuador (general *n* = 484; middle and upper management *n* = 176), El Salvador (general *n* = 244), Guatemala (general *n* = 9,000; middle and upper management *n* = 360; staff development *n* = 162), Honduras (general *n* = 12,228; middle and upper management *n* = 1,792; security guards *n* = 1,000; staff development *n* = 568; college students *n* = 366), Mexico (general *n* = 4,398; college students *n* = 17,558; middle and upper management *n* = 4,398; security guards *n* = 606; staff development *n* = 516), Panama (general *n* = 3,096; middle and upper management *n* = 272; security guards *n* = 180), Paraguay (general *n* = 798; security guards *n* = 6,533; college students *n* = 910), Peru (general *n* = 2,236; middle and upper management *n* = 247; college

universitarios n = 508), República Dominicana (general n = 1.240; mandos intermedios y superiores n = 150; desarrollo personal n = 166), Uruguay (general n = 842) y Venezuela (general n = 108). Además, se desarrollaron baremos de Latinoamérica (general n = 36.400; mandos intermedios y superiores n = 3.400; cuerpos de seguridad n = 1.400; desarrollo personal n = 1.200; universidad n = 4.200).
Fechas de Publicación: 2002-2009.
Acrónimo: TPT.
Puntuación, 20: Desajuste, Ansiedad, Depresión, Tolerancia al Estrés, Autoconcepto, Tolerancia y Flexibilidad, Adaptación a los Cambios, Interés por Otras Culturas, Disponibilidad, Inteligencia Social, Integración Social, Trabajo en Equipo, Autoexigencia Profesional, Dinamismo y Actividad, Tesón y Constancia, Sinceridad, Estabilidad Emocional, Apertura Mental, Responsabilidad, Éxito en la Vida Profesional.
Administración: Colectiva.
Precios, 2022: €85,89 por juego completo, incluye manual (2009, cuarta edición, 67 páginas), 10 cuadernillos y juego de corrección; €27,59 por 10 cuadernillos; €41,08 por juego de corrección (25 hojas de respuesta y PIN para 25 usos en línea); €33,08 por manual en línea.
Duración: (30) minutos.
Comentarios: Disponible en catalán, italiano y francés.
Autores: Sara Corral, Antonio Pamos, Jaime Pereña y Nicolás Seisdedos.
Editorial: Hogrefe TEA Ediciones.
Componentes en Español: Todos los materiales son en español.
Componentes en Inglés: Una traducción al inglés del cuadernillo de los ítems de la prueba está disponible a pedido.

[630s]

Test de Relaciones Objetales.

Nombre Original: The Object Relations Technique (Tavistock Publications Ltd.).
Propósito: Test proyectivo de exploración de la personalidad "diseñado para analizar y valorar las actitudes hacia las relaciones objetales y aislar las principales variables dinámicas en los conflictos psicológicos".
Procedencia: Inglaterra (1965)/inglés.
Traducción/Adaptación: No se provee información en los materiales de la prueba sobre el proceso de traducción/adaptación.
Población: Edades 13 en adelante.
Baremos: Se han provisto baremos para la adaptación al español. Los baremos se desarrollaron utilizando dos muestras: una con 50 pacientes de inteligencia media superior que concurrían a una clínica psiquiátrica como pacientes externos y otra con 40 muchachas adolescentes, de 14-19 años, que asistían a escuelas

students n = 508), Dominican Republic (general n = 1,240; middle and upper management n = 150; staff development n = 166), Uruguay (general n = 842), and Venezuela (general n = 108). In addition, norms were developed for Latin America (general n = 36,400; middle and upper management n = 3,400; security guards n = 1,400; staff development n = 1,200; college students n = 4,200).
Publication Dates: 2002-2009.
Acronym: TPT.
Scores, 20: Maladjustment, Anxiety, Depression, Stress Tolerance, Self-Concept, Tolerance and Flexibility, Adaptability to Change, Interest in Other Cultures, Availability, Social Intelligence, Social Integration, Teamwork, Self-Demanding Professional, Dynamism and Activity, Tenacity and Constancy, Sincerity, Emotional Stability, Mental Openness, Responsibility, Success in Professional Life.
Administration: Group.
Price Data, 2022: €85.89 per complete kit, including manual (2009, fourth edition, 67 pages), 10 test booklets, and scoring kit; €27.59 per 10 test booklets; €41.08 per scoring kit (25 response sheets and PIN for 25 online uses); €33.08 per online manual.
Time: (30) minutes.
Comments: Available in Catalán, Italian, and French.
Authors: Sara Corral, Antonio Pamos, Jaime Pereña, and Nicolás Seisdedos.
Publisher: Hogrefe TEA Ediciones.
Spanish Components: All materials are in Spanish.
English Components: An English translation of the test items booklet is available upon request.

[630e]

Test de Relaciones Objetales.

Original Name: The Object Relations Technique (Tavistock Publications Ltd.).
Purpose: Projective personality test designed to analyze and evaluate the individual's attitude toward object relations and, as the author states, identify the main dynamic variables in psychological conflicts.
Origin: England (1965)/English.
Translation/Adaptation: No information is provided in the test materials about the translation/adaptation process.
Population: Ages 13 and over.
Norms: Separate norms are provided with the adaptation to Spanish. Norms were developed using two samples: one with 50 patients with above-average intelligence who were outpatients of a psychiatric clinic and another with 40 adolescent girls ages 14-19 attending modern or technical

secundarias modernas o técnicas. En la edición 2011 se provee un estudio actualizado sobre cada lámina y las respuestas más habituales.
Fechas de Publicación: 1965-2010.
Acrónimo: TRO.
Puntuación: Sin puntuación.
Administración: Individual.
Partes: Serie A, Serie B, Serie C.
Precios, 2022: USD$84.70 por manual (2011, 230 páginas), láminas y protocolos.
Duración: (90) minutos.
Autor: Herbert Phillipson.
Traductor/Adaptador: Gregorio Arias.
Editorial: Editorial Paidós.
Componentes en Español: Todos los materiales son en español.
Componentes en Inglés: No hay materiales en inglés en esta versión.

[631s]

Test de Siluetas para Adolescentes.

Propósito: Diseñado para identificar individuos en riesgo de desarrollar trastornos de la conducta alimentaria.
Procedencia: España/español.
Población: Adolescentes de 14 a 18 años.
Baremos: Los baremos se desarrollaron utilizando una muestra con 1.956 participantes, distribuidos por edad, sexo, situación laboral de los padres, peso, altura e índice de masa corporal.
Fecha de Publicación: 2008.
Acrónimo: TSA.
Puntuación, 3: Modelo Estético Corporal, Índice de Distorsión, Índice de Insatisfacción.
Administración: Individual y colectiva.
Precios, 2022: €87,78 por juego completo, incluye manual (2008, 104 páginas) y 25 ejemplares; €52,33 por 25 ejemplares.
Duración: (10-15) minutos.
Autoras: Carmen Maganto Mateo y María S. Cruz Sáez.
Editorial: Hogrefe TEA Ediciones.
Componentes en Español: Todos los materiales son en español.
Componentes en Inglés: No hay materiales en inglés.

[632s]

Test de Símbolos y Dígitos.

Nombre Original: Symbol Digit Modalities Test (Western Psychological Services [WPS]).
Propósito: Diseñado para la "detección rápida de disfunciones cerebrales mediante una tarea clásica de sustitución de símbolos por dígitos".
Procedencia: Estados Unidos (1973)/inglés.
Traducción/Adaptación: Como parte del proceso de adaptación, el equipo redactó las instrucciones de

secondary schools. The 2011 edition provides an updated study on each picture sheet and the most common answers given by the participants.
Publication Dates: 1965-2010.
Acronym: TRO.
Scores: No scores.
Administration: Individual.
Parts: A Series, B Series, C Series.
Price Data, 2022: USD$84.70 per manual (2011, 230 pages), picture stimuli, and protocols.
Time: (90) minutes.
Author: Herbert Phillipson.
Translator/Adaptor: Gregorio Arias.
Publisher: Editorial Paidós.
Spanish Components: All materials are in Spanish.
English Components: There are no English materials in this version.

[631e]

Test de Siluetas para Adolescentes.

Purpose: Designed to identify individuals at risk for developing an eating disorder.
Origin: Spain/Spanish.
Population: Adolescents ages 14 to 18.
Norms: Norms were developed using a sample of 1,956 participants, distributed by age, gender, parents' employment status, weight, height, and body mass index.
Publication Date: 2008.
Acronym: TSA.
Scores, 3: Aesthetic Body Model, Distortion Index, Dissatisfaction Index.
Administration: Individual and group.
Price Data, 2022: €87.78 per complete kit, including manual (2008, 104 pages) and 25 test booklets; €52.33 per 25 test booklets.
Time: (10-15) minutes.
Authors: Carmen Maganto Mateo and María S. Cruz Sáez.
Publisher: Hogrefe TEA Ediciones.
Spanish Components: All materials are in Spanish.
English Components: There are no materials in English.

[632e]

Test de Símbolos y Dígitos.

Original Name: Symbol Digit Modalities Test (Western Psychological Services [WPS]).
Purpose: Designed to rapidly detect brain dysfunction through a classic task of substituting symbols for digits.
Origin: United States (1973)/English.
Translation/Adaptation: As part of the adaptation process, the team edited the administration

administración, aplicó la prueba a una muestra española y realizó investigaciones de fiabilidad y validez.
Población: Edades 8 en adelante.
Baremos: Se han provisto baremos con la adaptación al español. Los baremos se desarrollaron utilizando dos muestras: una con 1.249 participantes con edades comprendidas entre los 8-17 y una con 1.054 adultos, distribuidos por edad, sexo y nivel educativo.
Fecha de Publicación: 2002.
Acrónimo: SDMT.
Puntuación: Puntuación total solamente.
Administración: Individual y colectiva.
Precios, 2022: €50,92 por juego completo, incluye manual (2002, 40 páginas) y 25 ejemplares; €29,34 por 25 ejemplares.
Duración: (10) minutos.
Comentarios: "La aplicación puede realizarse de dos formas: escrita y oral".
Autor: Aaron Smith.
Traductor/Adaptador: David Arribas.
Editorial: Hogrefe TEA Ediciones.
Componentes en Español: Todos los materiales son en español.
Componentes en Inglés: No hay materiales en inglés en esta versión.

[633s]

Test de Simulación de Problemas de Memoria.

Nombre Original: Test of Memory Malingering (Multi-Health Systems [MHS]).
Propósito: Diseñado como instrumento neuropsicológico para "discriminar entre problemas de memoria simulados y genuinos".
Procedencia: Canadá (1996)/inglés.
Traducción/Adaptación: Una traductora de habla nativa español tradujo las instrucciones de la prueba. El resultado de esta traducción fue entonces retro-traducida por otra traductora de habla nativa inglés. Ambas versiones en inglés (el original y la traducción inversa) fueron comparadas por una persona bilingüe. Posteriormente, replicaban los estudios originales con la versión traducida para determinar la especificidad y la sensibilidad de la prueba en distintas muestras españolas y latinoamericanas.
Población: Adolescentes y adultos.
Baremos: Se han provisto baremos con la adaptación al español. Los baremos se desarrollaron utilizando una muestra clínica con 113 participantes, individuos sin trastornos quién se les pidió simular síntomas y pacientes con sospecha de simulación. Muestras de España y Latinoamérica fueron tomados de múltiples estudios internacionales e investigaciones específicas realizadas en la adaptación al español.
Fecha de Publicación: 2011.
Acrónimo: TOMM.

instructions, administered the test to a Spanish sample, and carried out reliability and validity studies.
Population: Ages 8 and over.
Norms: Separate norms are provided with the Spanish adaptation. Norms were developed using two samples: one with 1,249 participants ages 8-17 and one with 1,054 adults, distributed by age, gender, and educational level.
Publication Date: 2002.
Acronym: SDMT.
Scores: Total score only.
Administration: Individual and group.
Price Data, 2022: €50.92 per complete kit, including manual (2002, 40 pages) and 25 test booklets; €29.34 per 25 test booklets.
Time: (10) minutes.
Comments: The test can be administered in two ways: written and oral.
Author: Aaron Smith.
Translator/Adaptor: David Arribas.
Publisher: Hogrefe TEA Ediciones.
Spanish Components: All materials are in Spanish.
English Components: There are no English materials in this version.

[633e]

Test de Simulación de Problemas de Memoria.

Original Name: Test of Memory Malingering (Multi-Health Systems [MHS]).
Purpose: Designed as a neuropsychological test to discriminate between malingering and genuine memory problems.
Origin: Canada (1996)/English.
Translation/Adaptation: Test instructions were translated by a native Spanish speaker. The result was back translated by a native English speaker. Both English versions (the original and the back translation) were compared by a bilingual speaker. Subsequently, the original studies were replicated with the translated version to determine its specificity and sensitivity to different Spanish and Latin American samples.
Population: Adolescents and adults.
Norms: Separate norms are provided with the Spanish adaptation. Norms were developed using a clinical sample of 113 participants, individuals without any disorders who were asked to simulate having one, and patients suspected of malingering. Samples from Spain and Latin America were drawn from various international studies and research specifically using the Spanish adaptation.
Publication Date: 2011.
Acronym: TOMM.

Puntuación: Puntuación total solamente.
Administración: Individual.
Precios, 2022: €136,98 por juego completo: manual (2011, 94 páginas), 25 cuadernos de registro autocorregibles y cuadernos de estímulo; €48,70 por 25 cuadernos de registro.
Duración: (15-20) minutos.
Autor: Tom N. Tombaugh.
Traductores/Adaptadores: Raquel Vilar-López, Miguel Pérez García y Antonio E. Puente.
Editorial: Hogrefe TEA Ediciones.
Componentes en Español: Todos los materiales son en español.
Componentes en Inglés: No hay materiales en inglés en esta versión.

[634s]

Test de Vocabulario en Imágenes Peabody–III.

Nombre Original: Peabody Picture Vocabulary Test–III (American Guidance Service).
Propósito: Diseñado como una "evaluación del nivel de vocabulario receptivo y screening de la aptitud verbal".
Procedencia: Estados Unidos (1997)/inglés.
Traducción/Adaptación: Un grupo de cuatro expertos en evaluación del lenguaje y adaptación de pruebas tradujeron los 408 ítems originales de inglés al español. Debido a diferencias lingüísticas, 24 ítems del formulario A y 22 ítems del formulario B tuvieron que ser sustituidos por ítems nuevos. La versión experimental fue aplicada en un estudio piloto para determinar la validez y confiabilidad de la versión en español. Después de un análisis de los resultados, se modificaron y eliminaron elementos para así obtener una versión final en español.
Población: Edades 2.5 a 90.
Baremos: Se han provisto baremos con la adaptación al español. Los baremos se desarrollaron utilizando una muestra con 2.550 participantes, distribuidos por edad, sexo y región geográfica de España.
Fechas de Publicación: 2006-2010.
Acrónimo: PPVT-III.
Puntuación: Puntuación total solamente.
Administración: Individual.
Formularios, 2: A, B.
Precios, 2022: €146,71 por juego completo, incluye manual (2010, segunda edición, 102 páginas), 25 hojas de anotación y cuaderno de estímulos; €43,86 por 25 hojas de anotación.
Duración: (10-20) minutos.
Comentarios: Existe también una version similar a esta prueba—El Test de Vocabulario en Imágenes Peabody: Adaptación Hispanoamericana—que se basa en el Peabody Picture Vocabulary Test, Revised, de la casa editorial Pearson con muestras de tipificación de Puerto Rico y México.
Autores: Lloyd M. Dunn y Leota M. Dunn.

Scores: Total score only.
Administration: Individual.
Price Data, 2022: €136.98 per complete kit including manual (2011, 94 pages), 25 self-score record booklets, and stimulus books; €48.70 per 25 self-score record booklets.
Time: (15-20) minutes.
Author: Tom N. Tombaugh.
Translators/Adaptors: Raquel Vilar-López, Miguel Pérez García, and Antonio E. Puente.
Publisher: Hogrefe TEA Ediciones.
Spanish Components: All materials are in Spanish.
English Components: There are no English materials in this version.

[634e]

Test de Vocabulario en Imágenes Peabody–III.

Original Name: Peabody Picture Vocabulary Test–III (American Guidance Service).
Purpose: Designed to evaluate the level of receptive vocabulary and screen for verbal aptitude.
Origin: United States (1997)/English.
Translation/Adaptation: A group of four experts in language evaluation and test adaptation translated the original 408 items from English to Spanish. Because of linguistic differences, 24 items from form A and 22 items from form B had to be substituted with new items. The experimental version was administered in a pilot study to conduct validity and reliability analyses, after which some items were modified or eliminated to obtain the final Spanish version.
Population: Ages 2.5 to 90.
Norms: Separate norms are provided with the Spanish adaptation. Norms were developed using a sample of 2,550 participants, distributed by age, gender, and geographic region in Spain.
Publication Dates: 2006-2010.
Acronym: PPVT-III.
Scores: Total score only.
Administration: Individual.
Forms, 2: A, B.
Price Data, 2022: €146.71 per complete kit, including manual (2010, second edition, 102 pages), 25 scoring sheets, and stimulus book; €43.86 per 25 scoring sheets.
Time: (10-20) minutes.
Comments: There is also a version of a similar test—Test de Vocabulario en Imágenes Peabody: Adaptación Hispanoamericana—that is based on the Peabody Picture Vocabulary Test, Revised, from Pearson and provides norm samples from Puerto Rico and Mexico.
Authors: Lloyd M. Dunn and Leota M. Dunn.

Traductor/Adaptador: David Arribas.
Editorial: Hogrefe TEA Ediciones.
Componentes en Español: Todos los materiales son en español.
Componentes en Inglés: No hay materiales en inglés en esta versión.

[635s]

El Test del Árbol.

Nombre Original: Le Test de l'arbre (Presses Universitaires de France).
Propósito: Diseñado como técnica proyectiva que ofrece recursos teóricos, técnicos y metodológicos para realizar diagnósticos a partir del análisis del dibujo de un árbol y dibujos en general.
Procedencia: Francia (1978)/francés.
Traducción/Adaptación: No se provee información en los materiales de la prueba sobre el proceso de traducción/adaptación.
Población: Edades 3 en adelante.
Baremos: Esta prueba no es de referencia normativa.
Fechas de Publicación: 2003-2008.
Puntuación: Sin puntuación.
Administración: Colectiva.
Precios, 2022: USD$38.80 por el juego completo, incluye manual (2008, 230 páginas).
Duración: Tiempo de administración no se reportó.
Autores: Renée Stora, Marie Françoise, Georges Fromont, Antoinette Muel, Christiane de Sousa y Francisco de Castro.
Traductor/Adaptador: Antonio H. Soto.
Editorial: Editorial Paidós.
Componentes en Español: Todos los materiales son en español.
Componentes en Inglés: No hay materiales en inglés en esta versión.

[636s]

Test del Dibujo de Dos Figuras Humanas.

Propósito: Diseñado para evaluar el nivel madurativo-mental del niño y de los problemas emocionales.
Procedencia: España/español.
Población: Edades 5-12.
Baremos: Los baremos se desarrollaron utilizando una muestra con 1.122 participantes para la parte Madurativo-Mental de la prueba y 1.623 participantes para la parte Indicadores Emocionales de la prueba, distribuidos por edad, curso, sexo y tipo de muestra (clínica vs. no clínica).
Fecha de Publicación: 2009.
Acrónimo: T2F.
Puntuación, 6: Madurez Mental Figura Masculina, Madurez Mental Figura Femenina, Madurez Mental Total, Emocional Figura Masculina, Emocional Figura Femenina, Emocional Total.

Translator/Adaptor: David Arribas.
Publisher: Hogrefe TEA Ediciones.
Spanish Components: All materials are in Spanish.
English Components: There are no English materials in this version.

[635e]

El Test del Árbol.

Original Name: Le Test de l'arbre (Presses Universitaires de France).
Purpose: Designed as a projective technique that offers theoretical, technical, and methodological resources for diagnoses based on an analysis of the drawing of a tree as well as drawings in general.
Origin: France (1978)/French.
Translation/Adaptation: No information is provided in the test materials about the translation/adaptation process.
Population: Ages 3 and over.
Norms: This test is not norm referenced.
Publication Dates: 2003-2008.
Scores: No scores.
Administration: Group.
Price Data, 2022: USD$38.80 per complete kit, including manual (2008, 230 pages).
Time: Administration time not reported.
Authors: Renée Stora, Marie-Françoise, Georges Fromont, Antoinette Muel, Christiane De Sousa, and Francisco De Castro.
Translator/Adaptor: Antonio H. Soto.
Publisher: Editorial Paidós.
Spanish Components: All materials are in Spanish.
English Components: There are no English materials in this version.

[636e]

Test del Dibujo de Dos Figuras Humanas.

Purpose: Designed to evaluate a child's mental maturity and emotional problems.
Origin: Spain/Spanish.
Population: Ages 5-12.
Norms: Norms were developed using a sample of 1,122 participants for the Mental Maturity part of the test and 1,623 participants for the Emotional Indicators part of the test, distributed by age, grade level, gender, and type of sample (clinical vs. non-clinical).
Publication Date: 2009.
Acronym: T2F.
Scores, 6: Mental Maturity Male Figure, Mental Maturity Female Figure, Mental Maturity Total, Emotional Male Figure, Emotional Female Figure, Emotional Total.

Administración: Colectiva.
Partes, 2: Evaluación Madurativo-Mental (T2F-M), Evaluación de los Indicadores Emocionales (T2F-E).
Precios, 2022: €70,83 por juego completo, incluye manual (2009, 279 páginas) y 25 cuadernillos de anotación; €34,79 por 25 cuadernillos de anotación.
Duración: (15) minutos.
Autoras: Carmen Maganto y Maite Garaigordobil.
Editorial: Hogrefe TEA Ediciones.
Componentes en Español: Todos los materiales son en español.
Componentes en Inglés: No hay materiales en inglés.

Administration: Group.
Parts, 2: Mental Maturity Evaluation (T2F-M), Emotional Indicators Evaluation (T2F-E).
Price Data, 2022: €70.83 per complete kit, including manual (2009, 279 pages) and 25 record booklets; €34.79 per 25 record booklets.
Time: (15) minutes.
Authors: Carmen Maganto and Maite Garaigordobil.
Publisher: Hogrefe TEA Ediciones.
Spanish Components: All materials are in Spanish.
English Components: There are no materials in English.

[637s]

Test for the Assessment of the English Language.

Propósito: Diseñado para "determinar el nivel de competencia comunicativa en la lengua inglesa".
Procedencia: España/español.
Población: Adolescentes y adultos.
Baremos: Los baremos se desarrollaron utilizando una muestra de 100 estudiantes de una escuela de idiomas en Madrid, distribuidos por curso escolar.
Fecha de Publicación: 2003.
Acrónimo: TAEL.
Puntuación, 5: Comprensión Lectora, Expresión Escrita, Expresión Oral, Comprensión Auditiva, Total.
Administración: Individual o colectiva.
Formularios, 2: Formularios paralelos A, B.
Precios, 2022: €107,98 por juego completo (A o B), incluye manual (2003, 64 páginas), 10 cuadernillos y juego de corrección; €52,85 por juego de corrección (A o B; 25 hojas de respuesta y PIN por 25 usos en línea); €39,69 por 10 cuadernillos (A o B); €33,08 por manual en línea; €10,47 por aplicación, corrección y comentarios en línea.
Duración: 50-60 minutos.
Comentarios: Disponible en línea.
Autores: Francisco Bazaga y Fernando Marín.
Editorial: Hogrefe TEA Ediciones.
Componentes en Español: Todos los materiales son en español.
Componentes en Inglés: No hay materiales en inglés.

[637e]

Test for the Assessment of the English Language.

Purpose: Designed to evaluate the level of communications skills in the English language.
Origin: Spain/Spanish.
Population: Adolescents and adults.
Norms: Norms were developed using a sample of 100 students from a language school in Madrid, distributed by grade.
Publication Date: 2003.
Acronym: TAEL.
Scores, 5: Reading Comprehension, Written Expression, Oral Expression, Listening Comprehension, Total.
Administration: Individual or group.
Forms, 2: Parallel forms A, B.
Price Data, 2022: €107.98 per complete kit (A or B), including manual (2003, 64 pages), 10 test booklets, and scoring kit; €52.85 per scoring kit (A or B; 25 response sheets and PIN for 25 uses online); €39.69 per 10 test booklets (A or B); €33.08 per online manual; €10.47 per online administration, scoring, and comments.
Time: 50-60 minutes.
Comments: Available online.
Authors: Francisco Bazaga and Fernando Marín.
Publisher: Hogrefe TEA Ediciones.
Spanish Components: All materials are in Spanish.
English Components: There are no materials in English.

[638s]

Test for the Assessment of the English Language in the School.

Propósito: Diseñado para evaluar el nivel de dominio del inglés de niños y adolescentes.
Procedencia: España/español.
Población: Edades 11-18.

[638e]

Test for the Assessment of the English Language in the School.

Purpose: Designed to assess children's and adolescents' level of fluency in English.
Origin: Spain/Spanish.
Population: Ages 11-18.

Baremos: Los baremos se desarrollaron utilizando una muestra con 2.394 participantes, distribuidos por edad, sexo, región de procedencia, tipo de localidad (urbana, suburbana, rural) y titularidad del colegio (público, concertado).
Fecha de Publicación: 2008.
Acrónimo: TAELIS.
Puntuación, 3: Lectura, Auditiva, Lenguaje Total.
Administración: Individual o colectiva.
Niveles, 2: TAELIS 1 (11-13 años), TAELIS 2 (12-17 años).
Precios, 2022: €127,64 por juego completo, incluye manual (2008, 87 páginas), 10 cuadernillos (TAELIS 1), 10 cuadernillos (TAELIS 2), 25 hojas de respuesta, CD y juego de corrección; €52,85 por juego de corrección (25 hojas de respuesta y PIN para 25 usos en línea); €26,38 por 10 cuadernillos de prueba TAELIS 1 o TAELIS 2; €45,18 por manual en línea.
Duración: 45-60 minutos.
Comentarios: Disponible en línea; las puntuaciones permiten una doble interpretación: competencia relativa (interpretación normativa) y competencia absoluta (interpretación criterial).
Autor: Pablo Santamaría Fernández.
Editorial: Hogrefe TEA Ediciones.
Componentes en Español: Todos los materiales son en español.
Componentes en Inglés: No hay materiales en inglés.

[639s]

Test Guestáltico Visomotor.

Nombre Original: A Visual Motor Gestalt Test (The American Orthopsychiatric Association).
Propósito: Diseñado para evaluar la madurez de la percepción visomotora y la disfunción neuropsicológica.
Procedencia: Estados Unidos (1955)/inglés.
Traducción/Adaptación: No se provee información en los materiales de la prueba sobre el proceso de traducción/adaptación.
Población: Niños y adultos.
Baremos: Se han provisto baremos para la adaptación al español. Los baremos se desarrollaron utilizando una muestra con 700 protocolos, distribuidos por tipo de escuela, edad, sexo y nivel socioeconómico, excluyendo alumnos repetidores o aquellos que tuvieran problemas de aprendizaje o emocionales severos.
Fechas de Publicación: 1955-2011.
Acrónimo: BG.
Puntuación: El BG puede ser evaluado de dos maneras: cualitativa y cuantitativamente; puede ser una prueba proyectiva también. Por eso, hay varios modelos de puntuación, los cuales se explican con detalle en el manual.
Administración: Colectiva.

Norms: Norms were developed using a sample of 2,394 participants, distributed by age, gender, geographic region, location (urban, suburban, rural), and type of school (public, private).
Publication Date: 2008.
Acronym: TAELIS.
Scores, 3: Reading, Listening, Language Total.
Administration: Individual or group.
Levels, 2: TAELIS 1 (11-13 years), TAELIS 2 (12-17 years).
Price Data, 2022: €127.64 per complete kit, including manual (2008, 87 pages), 10 test booklets (TAELIS 1), 10 test booklets (TAELIS 2), scoring kit, and CD; €52.85 per scoring kit (25 response sheets and PIN for 25 uses online); €26.38 per 10 test booklets TAELIS 1 or TAELIS 2; €45,18 per online manual.
Time: 45-60 minutes.
Comments: Available online; scores allow a double interpretation: relative competence (norm reference) and overall competence (criterion reference).
Author: Pablo Santamaría Fernández.
Publisher: Hogrefe TEA Ediciones.
Spanish Components: All materials are in Spanish.
English Components: There are no materials in English.

[639e]

Test Guestáltico Visomotor.

Original Name: A Visual Motor Gestalt Test (The American Orthopsychiatric Association).
Purpose: Designed to assess the development of visual-motor perception and neurological dysfunction.
Origin: United States (1955)/English.
Translation/Adaptation: No information is provided in the test materials about the translation/adaptation process.
Population: Children and adults.
Norms: Separate norms are provided for the Spanish adaptation. Norms were developed using a sample of 700 protocols, distributed by type of school, age, gender, and socioeconomic status, excluding those students who repeated a grade or had a learning disability or severe emotional problems.
Publication Dates: 1955-2011.
Acronym: BG.
Scores: There are two types of evaluation for the BG: qualitative and quantitative; it can also be used as a projective technique. For this reason, there are several different scoring models, which are explained in detail in the manual.
Administration: Group.

Precios, 2022: USD$82.80 por juego completo, incluye manual (2011, 261 páginas), 9 láminas de figuras, 1 guía para aplicación y 5 protocolos de registro y evaluación.
Duración: (10-30) minutos.
Autora: Lauretta Bender.
Traductora/Adaptadora: Delia Carnelli.
Editorial: Editorial Paidós.
Componentes en Español: Todos los materiales son en español.
Componentes en Inglés: No hay materiales en inglés en esta versión.

[640s]

Test Illinois de Aptitudes Psicolingüísticas.

Nombre Original: Illinois Test of Psycholinguistic Abilities: Revised Edition (Board of Trustees of the University of Illinois Press).
Propósito: Diseñado como una "evaluación de las funciones psicolingüísticas implicadas en el proceso de comunicación y, consecuentemente, detección de trastornos de aprendizaje".
Procedencia: Estados Unidos/inglés (1968); español (1980).
Traducción/Adaptación: Se basa esta adaptación para España en la traducción de 1980 de la versión original inglés, la cual fue desarrollada para usarse en países latinoamericanos y publicada por los autores. Para la adaptación de la prueba para España, se realizó una profunda adaptación de muchos de los subtests y, en ocasiones, como en los de Integración Gramatical y Comprensión Auditiva, tuvieron que proceder a la completa construcción de los mismos. Se crearon también un manual nuevo y ítems adicionales antes de analizar los datos de los resultados del estudio piloto para usarse en la formación de la versión final.
Población: Edades 3-10.
Baremos: Se han provisto baremos con la adaptación al español. Los baremos se desarrollaron utilizando una muestra con 1.035 participantes, distribuidos por edad, sexo, región geográfica dentro de España y tipo de colegio.
Fechas de Publicación: 1984-2011.
Acrónimo: ITPA.
Puntuación, 18: Comprensión Auditiva, Comprensión Visual, Memoria Secuencial Visomotora, Asociación Auditiva, Memoria Secuencial Auditiva, Asociación Visual, Integración Visual, Expresión Verbal, Integración Gramatical, Expresión Motora, Integración Auditiva, Canales de Comunicación (Canal Visomotor, Canal Auditivo-Vocal), Procesos Psicolingüísticos (Proceso Receptivo, Proceso de Asociación u Organización, Proceso Expresivo), Niveles de Organización (Nivel Automático, Nivel Representativo).
Subpruebas, 11: Comprensión Auditiva, Comprensión Visual, Memoria Secuencial Visomotora,

Price Data, 2022: USD$82.80 per complete kit, including manual (2011, 261 pages), 9 stimuli with figures, 1 application guide, and 5 record and evaluation protocols.
Time: (10-30) minutes.
Author: Lauretta Bender.
Translator/Adaptor: Delia Carnelli.
Publisher: Editorial Paidós.
Spanish Components: All materials are in Spanish.
English Components: There are no English materials in this version.

[640e]

Test Illinois de Aptitudes Psicolingüísticas.

Original Name: Illinois Test of Psycholinguistic Abilities: Revised Edition (Board of Trustees of the University of Illinois Press).
Purpose: Designed to evaluate psycholinguistic functions involved in the process of communication and, consequently, detection of learning disorders.
Origin: United States/English (1968); Spanish (1980).
Translation/Adaptation: This adaptation for Spain is based on the 1980 translation of the original English version, which was developed for use in Latin American countries and published by the authors. In adapting the test for Spain, many subtests were modified, and some, such as Grammatical Integration and Auditory Comprehension, were developed specifically for the Spanish version. A new manual and additional test items were written, and data from results of a pilot study were analyzed and used to create the final version.
Population: Ages 3-10.
Norms: Separate norms are provided with the Spanish adaptation. Norms were developed using a sample of 1,035 participants, distributed by age, gender, geographic region within Spain, and type of school.
Publication Dates: 1984-2011.
Acronym: ITPA.
Scores, 18: Listening Comprehension, Visual Comprehension, Visual-Motor Sequential Memory, Auditory Association, Auditory Sequential Memory, Visual Association, Visual Integration, Verbal Expression, Grammatical Integration, Motor Expression, Auditory Integration, Communication Channels (Visual-Motor Channel, Auditory-Vocal Channel), Psycholinguistic Processes (Receptive Process, Association or Organization Process, Expressive Process), Levels Of Organization (Automatic Level, Representative Level).
Subtests, 11: Listening Comprehension, Visual Comprehension, Visual-Motor Sequential

Asociación Auditiva, Memoria Secuencial Auditiva, Asociación Visual, Integración Visual, Expresión Verbal, Integración Gramatical, Expresión Motora, Integración Auditiva.
Administración: Individual.
Precios, 2022: €334,92 por juego completo, incluye manual (2011, octava edición, 80 páginas), 25 cuadernos de anotación y cuadernos de estímulos; €107,99 por 25 cuadernos de anotación.
Duración: 60 minutos.
Autores: Samuel A. Kirk, James J. McCarthy y Winifred D. Kirk.
Traductores/Adaptadores: Soledad Ballesteros y Agustín Cordero.
Editorial: Hogrefe TEA Ediciones.
Componentes en Español: Todos los materiales son en español.
Componentes en Inglés: No hay materiales en inglés en esta versión.

[641s]

Test Leer para Comprender.

Propósito: Diseñado para evaluar los procesos que median la comprensión de texto usando un modelo teórico que reconoce múltiples componentes.
Procedencia: Argentina/español.
Población: Edades 9-12.
Baremos: Los baremos se desarrollaron utilizando una muestra con 2.092 participantes, distribuidos por sexo, zona geográfica de la Ciudad de Buenos Aires, curso escolar y tipo de gestión educativa.
Fechas de Publicación: 2010-2011.
Acrónimo: TLC.
Puntuación: 11 áreas: Esquema Básico del Texto, Hechos y Secuencias, Semántica Léxica, Estructura Sintáctica, Cohesión Textual, Inferencias, Intuición del Texto, Jerarquía el Texto, Modelos Mentales, Flexibilidad, Errores e Incongruencias.
Administración: Colectiva.
Precios, 2022: USD$33.10 por el libro (2011, 263 páginas), incluyendo la prueba.
Duración: (90-120) minutos.
Autores: Valeria Abusamra, Aldo Ferreres, Alejandro Raiter, Rossana de Beni y Cesare Cornoldi.
Editorial: Editorial Paidós.
Componentes en Español: Todos los materiales son en español.
Componentes en Inglés: No hay materiales en inglés.

[642s]

Test Leer para Comprender II.

Propósito: Diseñado para evaluar los procesos que median la comprensión de textos a partir de un modelo teórico que reconoce múltiples componentes.
Procedencia: Argentina/español.

Memory, Auditory Association, Auditory Sequential Memory, Visual Association, Visual Integration, Verbal Expression, Grammatical Integration, Motor Expression, Auditory Integration.
Administration: Individual.
Price Data, 2022: €334.92 per complete kit, including manual (2011, eighth edition, 80 pages), 25 record forms, and stimulus booklets; €107.99 per 25 record forms.
Time: 60 minutes.
Authors: Samuel A. Kirk, James J. McCarthy, and Winifred D. Kirk.
Translators/Adaptors: Soledad Ballesteros and Agustín Cordero.
Publisher: Hogrefe TEA Ediciones.
Spanish Components: All materials are in Spanish.
English Components: There are no English materials in this version.

[641e]

Test Leer para Comprender.

Purpose: Designed to evaluate the processes that mediate the understanding of text using a theoretical model that recognizes multiple components.
Origin: Argentina/Spanish.
Population: Ages 9-12.
Norms: Norms were developed using a sample of 2,092 participants, distributed by gender, geographic region within Buenos Aires, grade level, and type of schooling.
Publication Dates: 2010-2011.
Acronym: TLC.
Scores: 11 areas: Basic Scheme of Text, Events and Sequences, Lexical Semantics, Syntactic Structure, Textual Cohesion, Inferences, Textual Intuition, Text Hierarchy, Mental Models, Flexibility, Errors and Inconsistencies.
Administration: Group.
Price Data, 2022: USD$33.10 per book (2011, 263 pages), including test.
Time: (90-120) minutes.
Authors: Valeria Abusamra, Aldo Ferreres, Alejandro Raiter, Rossana de Beni, and Cesare Cornoldi.
Publisher: Editorial Paidós.
Spanish Components: All materials are in Spanish.
English Components: There are no materials in English.

[642e]

Test Leer para Comprender II.

Purpose: Designed to evaluate the processes that mediate textual comprehension based on a theoretical model that recognizes multiple components.
Origin: Argentina/Spanish.

Población: Edades 12-15.
Baremos: Los baremos se desarrollaron utilizando una muestra con 2.667 sujetos, distribuidos por sexo, zona geográfica de la Ciudad de Buenos Aires, curso escolar y tipo de escuela (estatal o privada).
Fecha de Publicación: 2014.
Acrónimo: TLC-II.
Puntuación: 11 áreas: Esquema Básico del Texto, Hechos y Secuencias, Semántica Léxica, Estructura Sintáctica, Cohesión Textual, Inferencias, Intuición del Texto, Jerarquía el Texto, Modelos Mentales, Flexibilidad, Errores e Incongruencias.
Administración: Individual o colectiva.
Precios, 2022: USD$35 por el libro (2014, 136 páginas), incluyendo la prueba.
Duración: (165-220) minutos.
Comentarios: Incluye una prueba de tamizaje para la comprensión lectora.
Autores: Valeria Abusamra, Romina Cartoceti, Aldo Ferreres, Alejandro Raiter, Rossana de Beni y Cesare Cornoldi.
Editorial: Editorial Paidós.
Componentes en Español: Todos los materiales son en español.
Componentes en Inglés: No hay materiales en inglés.

Population: Ages 12-15.
Norms: Norms were developed using a sample of 2,667 participants, grouped by gender, geographic region within Buenos Aires, grade level, and type of school (public or private).
Publication Date: 2014.
Acronym: TLC-II.
Scores: 11 areas: Basic Scheme of Text, Events and Sequences, Lexical Semantics, Syntactic Structure, Textual Cohesion, Inferences, Textual Intuition, Text Hierarchy, Mental Models, Flexibility, Errors and Inconsistencies.
Administration: Individual or group.
Price Data, 2022: USD$35 per book (2014, 136 pages), including test.
Time: (165-220) minutes.
Comments: Includes a screening test for reading comprehension.
Authors: Valeria Abusamra, Romina Cartoceti, Aldo Ferreres, Alejandro Raiter, Rossana de Beni, and Cesare Cornoldi.
Publisher: Editorial Paidós.
Spanish Components: All materials are in Spanish.
English Components: There are no materials in English.

[643s]

Test of Auditory Processing Skills 3: Spanish-Bilingual Edition.

Propósito: Diseñado para evaluar las habilidades auditivas utilizadas comúnmente en actividades académicas y cotidianas.
Procedencia: Estados Unidos/español e inglés.
Traducción/Adaptación: Después de haber traducido la versión inglesa al español, varios patólogos del lenguaje y psicólogos escolares bilingües familiarizados con la versión en inglés revisaron la traducción. Recogieron e implementaron sugerencias recomendadas sobre redacciones alternativas que se ajustasen a los distintos dialectos del español que se encuentran en los EE. UU. para los ítems e instrucciones de la prueba. Después, la prueba resultante se usó para el estudio normativo y comentarios adicionales hechos por los examinadores durante de estudio normativo fueron incorporados para producir esta versión publicada de la prueba.
Población: Niños bilingües español/inglés edades 5-0 a 18-11.
Baremos: Se han provisto baremos con la adaptación al español. Los baremos se desarrollaron utilizando una muestra con 851 participantes, distribuidos por edad, sexo, raza/idéntica étnica, región geográfica (norte central, noreste, sur, oeste, Puerto Rico), lugar de residencia (urbano o rural). nivel educativo de los padres.
Fechas de Publicación: 1985-2009.

[643e]

Test of Auditory Processing Skills 3: Spanish-Bilingual Edition.

Purpose: Designed to assess "auditory skills commonly utilized in academic and everyday activities."
Origin: United States/Spanish and English.
Translation/Adaptation: After translating the English version to Spanish, several bilingual speech-language pathologists and school psychologists familiar with the English version reviewed the translation. Feedback and recommended alternative wordings that fit dialectical variants most likely encountered in the U.S. for test items and instructions were gathered. The resulting test was used for the norming study and additional feedback and comments from examiners during the study were incorporated to yield the published version of the test.
Population: Spanish/English-bilingual children ages 5-0 to 18-11.
Norms: Separate norms are provided with the Spanish adaptation. Norms were developed using a sample of 851 participants, distributed by age, gender, race/ethnicity, geographic region (North Central, Northeast, South, West, Puerto Rico), residence (urban or rural), and parental education level.
Publication Dates: 1985-2009.

Acrónimo: TAPS-3:SBE.
Puntuación, 13: Discriminación de Palabras, Segmentación Fonológica, Integración Fonológica, Números Memorizados Hacia Delante, Números Memorizados Hacia Atrás, Memoria de Palabras, Memoria de Oraciones, Comprensión Auditiva, Razonamiento Auditivo, Índice Fonológico, Índice de Memoria, Índice de Cohesión, Puntuación Total.
Subpruebas, 9: Discriminación de Palabras, Segmentación Fonológica, Integración Fonológica, Números Memorizados Hacia Delante, Números Memorizados Hacia Atrás, Memoria de Palabras, Memoria de Oraciones, Comprensión Auditiva, Razonamiento Auditivo.
Administración: Individual.
Precios, 2023: $175 por juego completo: manual (2009, 104 páginas), 25 cuadernillos y CD auditivo; $60 por manual; $82 por 25 cuadernillos; $25 por CD auditivo.
Duración: 60(10) minutos.
Comentarios: Los archivos de audio, los reportes de calificación y libros de estímulos disponibles en línea.
Autora: Nancy A. Martin.
Editorial: Academic Therapy Publications.
Componentes en Español: Todos los ítems de la prueba e instrucciones de administración están disponibles en español.
Componentes en Inglés: Todos los materiales, excepto los ítems de la prueba, están disponibles en inglés, también.
Referencias Cruzadas: Para reseñas por Victoria Comerchero y S. Kathleen Krach, consulte 19:168.

[644s]

Test of Nonverbal Intelligence, Fourth Edition.

Propósito: Desarrollado para evaluar aptitud, inteligencia, razonamiento abstracto y resolución de problemas en un formato completamente libre de lenguaje.
Procedencia: Estados Unidos/inglés.
Traducción/Adaptación: No se provee información en los materiales de la prueba sobre el proceso de traducción/adaptación.
Población: Edades 6-0 a 89-11.
Baremos: No se han provisto baremos con los materiales traducidos al español.
Fechas de Publicación: 1982-2010.
Acrónimo: TONI-4.
Puntuación: Puntuación total solamente.
Administración: Individual.
Formularios, 2: A, B.
Precios, 2022: $425 por juego completo, incluyendo manual del examinador (2010, 107 páginas, inglés), libro ilustrado, libro de críticas y hallazgos de investigación (1982-2009), 50 formularios de registro y cuadernillos de respuesta A y 50 formularios de registro y cuadernillos de respuesta B; $104 por manual del examinador (de papel o en línea); $164 por libro ilustrado (de

Acronym: TAPS-3:SBE.
Scores, 13: Word Discrimination, Phonological Segmentation, Phonological Blending, Number Memory Forward, Number Memory Reversed, Word Memory, Sentence Memory, Auditory Comprehension, Auditory Reasoning, Phonologic Index, Memory Index, Cohesion Index, Overall Score.
Subtests, 9: Word Discrimination, Phonological Segmentation, Phonological Blending, Number Memory Forward, Number Memory Reversed, Word Memory, Sentence Memory, Auditory Comprehension, Auditory Reasoning.
Administration: Individual.
Price Data, 2023: $175 per complete kit including manual (2009, 104 pages), 25 test booklets, and auditory CD; $68 per manual; $82 per 25 test booklets; $25 per auditory CD.
Time: 60(10) minutes.
Comments: Audio files, digital score reports, and digital plates are available online.
Author: Nancy A. Martin.
Publisher: Academic Therapy Publications.
Spanish Components: All test items and administration instructions are available in Spanish.
English Components: All materials, except the test items, are also available in English.
Cross References: For reviews by Victoria Comerchero and S. Kathleen Krach, see 19:168.

[644e]

Test of Nonverbal Intelligence, Fourth Edition.

Purpose: "Developed to assess aptitude, intelligence, abstract reasoning, and problem solving in a completely language-free format."
Origin: United States/English.
Translation/Adaptation: No information is provided in the test materials about the translation/adaptation process.
Population: Ages 6-0 to 89-11.
Norms: Separate norms are not provided with the materials translated to Spanish.
Publication Dates: 1982-2010.
Acronym: TONI-4.
Scores: Total score only.
Administration: Individual.
Forms, 2: A, B.
Price Data, 2022: $425 per complete kit including examiner's manual (2010, 107 pages, English), picture book, Critical Reviews and Research Findings (1982-2009), and 50 form A and 50 form B answer booklets and record forms; $104 per examiner's manual (paper or online); $164 per picture book (paper or

papel o en línea); $66 por 50 formularios de registro y cuadernillos de respuesta (A o B).
Duración: (15-20) minutos.
Autoras: Linda Brown, Rita J. Sherbenou y Susan K. Johnsen.
Editorial: PRO-ED.
Componentes en Español: Las instrucciones de administración están disponibles en español.
Componentes en Inglés: Todos los materiales están disponibles en inglés, también; el manual es en inglés.
Referencias Cruzadas: Para reseñas por Tawny N. Evans-McCleon y Cleborne D. Maddux de los componentes en inglés de esta prueba, consulte 19:171.

[645s]

Test para el Diagnóstico de las Competencias Básicas en Matemáticas.

Nombre Original: Test Diagnostique des Compétences de Base en Mathématiques (TEMA Editions).
Propósito: Diseñado para la "evaluación de las destrezas matemáticas básicas del niño".
Procedencia: Bélgica (2001)/francés.
Traducción/Adaptación: "Aquellos elementos que no aceptaban una mera traducción fueron adaptados procurándose conservar la esencia original". "En particular, ha tenido que ser completamente revisada la prueba Sistema Numérico Oral, que incluye expresiones verbales de números y pseudonúmeros".
Población: Edades 4-8.
Baremos: Se han provisto baremos para la adaptación al español. Los baremos se desarrollaron utilizando una muestra con 1.506 participantes españoles, distribuidos por región geográfica (Centro, Sur, Norte, Este), tipo de centro (público, privado), sexo y curso escolar.
Fechas de Publicación: 2004-2019.
Acrónimo: TEDI-MATH.
Puntuación, 32: 6 pruebas, 26 subpruebas: Contar (Contar Hasta el Número Más Alto Posible, Contar con un Límite Superior, Contar con un Límite Inferior, Contar con Límites Inferior y Superior, Contar Números a Partir de un Límite, Contar Hacia Atrás, Contar a Saltos), Numerar (Numerar Conjuntos Lineales, Numerar Conjuntos Aleatorios, Abstracción de los Objetos Contados, Números Cardinales), Comprensión del Sistema Numérico (Sistema Numérico Arábigo, Sistema Numérico Oral, Sistema en Base de 10, Codificación), Operaciones Lógicas (Series Numéricas, Clasificación Numérica, Conservación Numérica, Inclusión Numérica, Descomposición Aditiva), Operaciones (Operaciones con Apoyo de Imágenes, Operaciones con Enunciados Aritmético, Operaciones con Enunciados Verbal, Conocimientos Conceptuales), Estimación del Tamaño (Comparación de Modelos de Puntos Dispersos, Tamaño Relativo).

online); $66 per 50 answer booklets and record forms (A or B).
Time: (15-20) minutes.
Authors: Linda Brown, Rita J. Sherbenou, and Susan K. Johnsen.
Publisher: PRO-ED.
Spanish Components: Administration instructions are available in Spanish.
English Components: All materials are also available in English; manual is in English.
Cross References: For reviews by Tawny N. Evans-McCleon and Cleborne D. Maddux of this test's English components, see 19:171.

[645e]

Test para el Diagnóstico de las Competencias Básicas en Matemáticas.

Original Name: Test Diagnostique des Compétences de Base en Mathématiques (TEMA Editions).
Purpose: Designed to evaluate basic mathematics skills and abilities in children.
Origin: Belgium (2001)/French.
Translation/Adaptation: Elements that could not be directly translated were adapted while maintaining the essence of the original items. In particular, it was necessary to completely revise the Oral Number System test, which includes verbal expressions of numbers and pseudo numbers.
Population: Ages 4-8.
Norms: Separate norms are provided for the Spanish adaptation. Norms were developed using a sample of 1,506 Spanish participants, distributed by geographical region (Central, South, North, East), type of school (public, private), gender, and grade.
Publication Dates: 2004-2019.
Acronym: TEDI-MATH.
Scores, 32: 6 tests, 26 subtests: Counting (Counting to the Highest Number Possible, Counting with an Upper Limit, Counting with a Lower Limit, Counting with Upper and Lower Limits, Counting Numbers Without a Limit, Counting Backwards, Skip Counting), Numbers (Linear Number Sets, Random Number Sets, Abstraction of Objects Counted, Cardinal Numbers), Comprehension of the Numeric System (Arabic Number System, Oral Number System, Base-10 System, Coding), Logical Operations (Numerical Series, Numerical Classification, Numerical Conservation, Numerical Inclusion, Additive Decomposition), Operations (Operations with Support of Images, Operations with Arithmetic Statements, Operations with Verbal Statements, Conceptual Knowledge), Size Estimation (Comparing Measures of Dispersion, Relative Size).

Administración: Individual.
Precios, 2023: €449,34 por juego completo, incluye manual (2019, tercera edición, 123 páginas), 25 cuadernillos de anotación, cuadernos de estímulos A, B y C y material manipulativo; €121,61 por 25 cuadernillos de anotación.
Duración: 45-60 minutos.
Comentarios: La tercera edición del manual contiene los criterios diagnósticos de la discalculia según DSM-5.
Autores: Jacques Grégoire, Marie-Pascal Noël y Catherine Van Nieuwenhoven.
Traductores/Adaptadores: Manuel J. Sueiro y Jaime Pereña.
Editorial: Hogrefe TEA Ediciones.
Componentes en Español: Todos los materiales son en español.
Componentes en Inglés: No hay materiales en inglés.

[646s]

Test para la Evaluación del Procesamiento del Número y el Cálculo en Niños.

Propósito: Diseñado para evaluar el procesamiento de números y el cálculo en niños.
Procedencia: Argentina/español.
Población: Edades 6-9.
Baremos: Los baremos se desarrollaron utilizando una muestra con 447 participantes del área metropolitana de Buenos Aires, distribuidos por edad, sexo y nivel socioeconómico.
Fecha de Publicación: 2006.
Acrónimo: PRO-CÁLCULO.
Administración: Individual.
Niveles, 3: 6 años, 7 años, 8 años.
Precios, 2022: USD$362.40 por juego completo, incluye manual técnico (2006, 126 páginas), cuadernillo de evaluación, registro de respuestas, protocolo, plantillas de corrección y fichas.
Duración: (20-35) minutos.
Autores: Víctor Feld, Irene Taussik y Clara Azaretto.
Editorial: Editorial Paidós.
Componentes en Español: Todos los materiales son en español.
Componentes en Inglés: No hay materiales en inglés.

a) 6 AÑOS.
Población: Edades 5-6 a 6-11.
Puntuación, 9: Enumeración, Contar Oralmente para Atrás, Escritura de Números, Cálculo Mental Oral, Lectura de Números, Estimación de Cantidades en Contexto, Resolución de Problemas Aritméticos, Adaptación, Escribir en Cifra.

b) 7 AÑOS.
Población: Edades 7-0 a 7-11.
Puntuación, 12: Igual a *a)* arriba, excepto Adaptación y se añade Posicionar un Número en una Escala,

Administration: Individual.
Price Data, 2023: €449,34 per complete kit, including manual (2019, third edition, 123 pages), 25 record booklets, stimulus books A, B, and C, and manipulatives; €121,61 per 25 record booklets.
Time: 45-60 minutes.
Comments: The third edition of the manual contains DSM-5 diagnostic criteria for dyscalculia.
Authors: Jacques Grégoire, Marie-Pascal Noël, and Catherine Van Nieuwenhoven.
Translators/Adaptors: Manuel J. Sueiro and Jaime Pereña.
Publisher: Hogrefe TEA Ediciones.
Spanish Components: All materials are in Spanish.
English Components: There are no English materials.

[646e]

Test para la Evaluación del Procesamiento del Número y el Cálculo en Niños.

Purpose: Designed to evaluate children's processing of numbers and calculus.
Origin: Argentina/Spanish.
Population: Ages 6-9.
Norms: Norms were developed using a sample of 447 participants from the metropolitan area of Buenos Aires, distributed by age, gender, and socioeconomic status.
Publication Date: 2006.
Acronym: PRO-CÁLCULO.
Administration: Individual.
Levels, 3: 6 years, 7 years, 8 years.
Price Data, 2022: USD$362.40 per complete kit, including technical manual (2006, 126 pages), evaluation booklet, response sheets, test protocol, scoring templates and manipulatives.
Time: (20-35) minutes.
Authors: Víctor Feld, Irene Taussik, and Clara Azaretto.
Publisher: Editorial Paidós.
Spanish Components: All materials are in Spanish.
English Components: There are no materials in English.

a) 6 YEARS.
Population: Ages 5-6 to 6-11.
Scores, 9: Enumeration, Orally Counting Backwards, Number Writing, Oral Mental Calculations, Number Reading, Quantity Estimation in Context, Arithmetic Problem Solving, Adaptation, Writing Number Figures.

b) 7 YEARS.
Population: Ages 7-0 to 7-11.
Scores, 12: Same as *a)* above except for omission of Adaptation and addition of Number

Estimación Perceptiva de Cantidad, Comparación de Dos Números en Cifras, Determinación de Cantidad.
c) 8 AÑOS.
Población: Edades 8-0 a 8-11.
Puntuación, 15: Igual a *b)* arriba añadiendo Comparación Oral de Dos Números, Escritura Correcta del Número, Lectura Alfabética de Números y Escritura en Cifra.

[647s]

Tests de Aptitudes Cognoscitivas–Revisados.

Nombre Original: Cognitive Abilities Tests, Primary I and II, Form 1 (Houghton Mifflin Company).
Propósito: Diseñado para evaluar los factores que más influyen en el aprendizaje escolar.
Procedencia: Estados Unidos (1968)/inglés.
Traducción/Adaptación: En la adaptación original de esta prueba de inglés a español, se introdujeron algunas modificaciones en la subprueba Vocabulario, donde las palabras utilizadas para designar un objeto o situación podían representar una dificultad distinto. "Ello obligó, en ocasiones, a variar la alternativa sobre la que se solicitaba la respuesta del niño, a modificar algunos de los dibujos (para representar objetos más conocidos en nuestro ambiente), a utilizar palabras más o menos habituales que las propuestas originalmente para referirse a los objetos representados o a alterar el orden de colocación de algunos elementos. En esta última versión, también se realizó el cambio de un ítem para la actualización de conceptos menos utilizados ahora en España".
Población: Edades 6-8.
Baremos: Se han provisto baremos con la adaptación al español. Los baremos se desarrollaron utilizando una muestra con 1.060 participantes para Primaria I y 1.016 participantes para Primaria II de varias regiones en España, distribuidos por edad, sexo, nivel escolar y nivel socio-económico de la familia.
Fechas de Publicación: 1977-2012.
Acrónimo: PRIMARIA-R.
Puntuación: Puntuación total solamente.
Subpruebas, 4: Vocabulario, Conceptos Relacionados, Conceptos Diferentes, Conceptos Cuantitativos.
Administración: Individual o colectiva.
Niveles, 2: Primaria I (edades 6-7), Primaria II (edades 7-8).
Precios, 2022: €122,12 por juego completo, incluyendo manual (2012, cuarta edición revisada y ampliada, 52 páginas), 10 ejemplares I, 10 ejemplares II. PIN de uso en 25 correcciones en línea; €124,92 por juego de corrección en línea (PRIMARIA I o PRIMARIA II, 25 cuadernillos de prueba y PIN para 25 usos en línea); €25,92 por manual en línea.
Duración: (60) minutos cada nivel.
Comentarios: Esta edición revisada se basa en la adaptación en español (Tests de Aptitudes

Placement on a Scale, Perceptive Estimation of Quantity, Comparison of Two Number Figures, and Amount Determination.
c) 8 YEARS.
Population: Ages 8-0 to 8-11.
Scores, 15: Same as *b)* above plus Oral Comparison of Two Numbers, Correct Number Writing, and Alphabetical Reading and Writing of Number Figures.

[647e]

Tests de Aptitudes Cognoscitivas–Revisados.

Original Name: Cognitive Abilities Tests, Primary I and II, Form 1 (Houghton Mifflin Company).
Purpose: Designed to evaluate the factors that most influence the process of learning in school.
Origin: United States (1968)/English.
Translation/Adaptation: In the original adaptation of this test from English to Spanish, some changes were made in the Vocabulary subtest, where words used to designate an object or situation might represent a distinct difficulty. This required some changes in the way responses are solicited, the modification of some pictures in order to represent objects better known in Spanish culture, changing the words that refer to objects represented, and altering the order of some elements. In this, the most recent edition of the test, items were changed to update concepts that are now used less frequently in Spain.
Population: Ages 6-8.
Norms: Separate norms are provided with the Spanish adaptation. Norms were developed using a sample of 1,060 participants for Primary I and 1,016 participants for Primary II from various regions in Spain and distributed by age, gender, grade level, and family socioeconomic status.
Publication Dates: 1977-2012.
Acronym: PRIMARIA-R.
Scores: Total score only.
Subtests, 4: Vocabulary, Related Concepts, Different Concepts, Quantitative Concepts.
Administration: Individual or group.
Levels, 2: Primary I (ages 6-7), Primary II (ages 7-8).
Price Data, 2022: €122.12 for complete kit, including manual (2012, fourth edition revised and extended, 52 pages), 10 test booklets I, 10 test booklets II, and PIN for 25 scoring uses online; €124.92 per online scoring kit (PRIMARIA I or PRIMARIA II, 25 test booklets and PIN for 25 uses online); €25.92 per online manual.
Time: (60) minutes each level.
Comments: This revised edition is based on the Spanish adaptation (Tests de Aptitudes

Cognoscitivas, Primaria I y II) de la versión original en inglés (Cognitive Abilities Tests, Primary I and II, Form 1).
Autores: R. L. Thorndike, E. Hagan e I. Lorge.
Traductores/Adaptadores: Augustín Cordero, María Victoria de la Cruz. Nicolás Seisdedos (adaptación española original y primera edición del manual); Tamara Luque (estudios estadísticos y revisión de la cuarta edición del manual).
Editorial: Hogrefe TEA Ediciones.
Componentes en Español: Todos los materiales son en español.
Componentes en Inglés: No hay materiales en inglés en esta versión.

Cognoscitivas, Primaria I y II) of the original version in English (Cognitive Abilities Tests, Primary I and II, Form 1).
Authors: R. L. Thorndike, E. Hagan, and I. Lorge.
Translators/Adaptors: Augustín Cordero, María Victoria de la Cruz, and Nicolás Seisdedos (original Spanish adaptation and first edition of manual); Tamara Luque (statistical studies and revision of the fourth edition of manual).
Publisher: Hogrefe TEA Ediciones.
Spanish Components: All materials are in Spanish.
English Components: There are no English materials in this version.

[648s]

Tests de Aptitudes Diferenciales, Forma T.

Nombre Original: Differential Aptitude Test (The Psychological Corporation).
Propósito: Diseñado para evaluar las aptitudes intelectuales básicas.
Procedencia: Estados Unidos (1949-1972)/inglés.
Traducción/Adaptación: No se provee información en los materiales de la prueba sobre el proceso de traducción/adaptación.
Población: Edades 16 en adelante.
Baremos: Se han provisto baremos con la versión en español. Los baremos se desarrollaron utilizando una muestra con 303 participantes entre las edades 16 y 20 en la República Argentina, distribuidos por sexo.
Fechas de Publicación: 1992-2010.
Acrónimo: DAT.
Puntuación, 8: Razonamiento Verbal, Cálculo, Razonamiento Abstracto, Razonamiento Mecánico, Relaciones Espaciales, Ortografía, Lenguaje, Velocidad y Precisión.
Administración: Colectiva.
Precios, 2022: USD$144.60 por manual (2010, 48 páginas), láminas y protocolos.
Duración: (10-30) minutos por prueba.
Comentarios: Los formularios originales (A y B) del DAT fueron elaborados en 1947; el DAT fue revisado y reestandarizado en 1962 (Formularios L y M) y nuevamente en 1972 (Formularios S y T); en esta edición argentina sólo se presenta al Formulario T; el DAT presenta la ventaja de poder ser administrado en forma total o parcial, dependiendo de los objetivos de la evaluación.
Autores: George K. Bennett, Harold G. Seashore y Alexander G. Wesman.
Traductores/Adaptadores: Luis Justo (traductor), María Martina y Haydée Echevarría (adaptadores).
Editorial: Editorial Paidós.

[648e]

Tests de Aptitudes Diferenciales, Forma T.

Original Name: Differential Aptitude Test (The Psychological Corporation).
Purpose: Designed as a measure of basic intellectual aptitudes.
Origin: United States (1949-1972)/English.
Translation/Adaptation: No information is provided in the test materials about the translation/adaptation process.
Population: Ages 16 and over.
Norms: Separate norms are provided with the version in Spanish. Norms were developed using a sample of 303 participants between the ages of 16 and 20 in Argentina, distributed by gender.
Publication Dates: 1992-2010.
Acronym: DAT.
Scores, 8: Verbal Reasoning, Number Reasoning, Abstract Reasoning, Mechanical Reasoning, Spatial Relations, Spelling, Language, Speed and Precision.
Administration: Group.
Price Data, 2022: USD$144.60 per manual (2010, 48 pages), picture stimuli, and protocols.
Time: (10-30) minutes per test.
Comments: The original forms (A and B) of the DAT were created in 1947; the DAT was revised with new standards in 1962 (Forms L and M) and again in 1972 (Forms S and T); this Argentine edition only presents Form T; the DAT may be administered in its entirety or as separate tests, depending on the objectives of the evaluation.
Authors: George K. Bennett, Harold G. Seashore, and Alexander G. Wesman.
Translators/Adaptors: Luis Justo (translator), María Martina, and Haydée Echevarría (adaptors).
Publisher: Editorial Paidós.

Componentes en Español: Todos los materiales son en español.
Componentes en Inglés: No hay materiales en inglés en esta versión.

[649s]

Tests de Aptitudes Diferenciales, Versión 5.

Nombre Original: Differential Aptitude Tests, Fifth Edition (The Psychological Corporation).
Propósito: Diseñado para "medir la capacidad de los estudiantes [o adultos] para aprender o para actuar eficazmente en un cierto número de áreas".
Procedencia: Estados Unidos (1990)/inglés.
Traducción/Adaptación: No se cambió los ítems de las pruebas sin contenido verbal. Se eliminó la prueba Uso del Lenguaje ya que responde a una estructura idiomática distinta a la española. En las otras pruebas, además de traducir las instrucciones de administración, se modificó algunos ítems y se creó algunos de nuevo para adaptarlos al idioma y la cultura española. Estudios posteriores sirvieron de base para la selección y la ordenación definitiva de los ítems.
Población: Grados 7-12 y adultos.
Baremos: Se han provisto baremos con la adaptación española. La casa editorial de la prueba indica que, debido a razones de tiempo y oportunidad, no siempre fue posible aplicar la batería completa a todos los sujetos de la muestra. Por eso, el tamaño de las muestras varía según prueba. Las muestras fueron distribuidas por género, región geográfica y tipo de escuela (público o privado) en España.
Fecha de Publicación: 2011.
Acrónimo: DAT-5.
Puntuación, 8: Aptitud Académica (Razonamiento Verbal, Razonamiento Numérico), Razonamiento Abstracto, Razonamiento Mecánico, Relaciones Espaciales, Ortografía, Rapidez y Exactitud Perceptiva (Parte I y Parte II).
Administración: Individual o colectiva.
Niveles, 2: Nivel 1 (Grados 7-9 o adultos con esta nivel de educación) y Nivel 2 (Grados 10-12 o adultos con esta nivel de educación).
Precios, 2023: €295 por juego completo incluyendo manual (2011, 103 páginas), cuadernillos de prueba Nivel 1, 5 cuadernillos de prueba Nivel 2 y 25 hojas de respuestas autocorregibles (VR/NR/AR/MR/SR/OR y PSA); €99.90 por manual; €117.95 por 10 cuadernillos de prueba (Nivel 1 o 2); €42.95 por 25 hojas de respuestas autocorregibles.
Duración: Aproximadamente 120 minutos para completar la batería completa; aproximadamente dos horas y media incluyendo instrucciones de aplicación.
Comentarios: Basado en el Formulario C de la versión quinta en inglés; se puede aplicar la batería completa en tres sesiones.

Spanish Components: All materials are in Spanish.
English Components: There are no English materials in this version.

[649e]

Tests de Aptitudes Diferenciales, Versión 5.

Original Name: Differential Aptitude Tests, Fifth Edition (The Psychological Corporation).
Purpose: Designed to measure students' or adults' ability to learn or act effectively in a number of areas.
Origin: United States (1990)/English.
Translation/Adaptation: The items in nonverbal tests were not changed. The Language Usage test was eliminated completely given that its English idiomatic structure is so different from that of the Spanish language. For the other tests, in addition to translating the administration instructions, some items were modified, and some new items were created in order to adapt them to the Spanish language and culture. Subsequent analyses served as the basis for the final selection and ordering of the items.
Population: Grades 7-12 and adults.
Norms: Separate norms are provided with the Spanish adaptation. The test publisher states that due to time and opportunity constraints, the complete test battery could not be given to all the sample participants, so sample sizes vary by test. The samples were distributed by gender, geographic region, and type of school (public or private) in Spain.
Publication Date: 2011.
Acronym: DAT-5.
Scores, 8: Scholastic Aptitude (Verbal Reasoning, Numerical Reasoning), Abstract Reasoning, Perceptual Speed and Accuracy (Part I and Part II), Mechanical Reasoning, Space Relations, Spelling.
Administration: Individual or group.
Levels, 2: Level 1 (Grades 7-9 or adults with this level of education), Level 2 (Grades 10-12 or adults with this level of education).
Price Data, 2023: €295 per complete kit, including manual (2011, 103 pages), 5 Level 1 test booklets, 5 Level 2 test booklets, and 25 autocorrect answer sheets (VR/NR/AR/MR/SR/OR and PSA); €99.90 per manual; €117.95 per 10 test booklets (Level 1 or 2); €42.95 per 25 autocorrect answer sheets.
Time: Approximately 120 minutes to complete the total battery; approximately two and a half hours including administration instructions.
Comments: Based on Form C of the fifth edition of the English version; complete battery can be administered in three sessions.

Autores: George K. Bennett, Harold G. Seashore y Alexander G. Wesman.
Traductores/Adaptadores: Departamento I+D de TEA Ediciones, Sara Corral y Agustín Cordero.
Editorial: Pearson España.
Componentes en Español: Todos los materiales son en español.
Componentes en Inglés: No hay materiales en inglés en esta versión.

[650s]

Tests de Homogeneidad y Preferencia Lateral.

Propósito: Diseñado para evaluar dominancia lateral de mano, ojo y pie.
Procedencia: España/español.
Población: Edades 4-10.
Baremos: Los baremos se desarrollaron utilizando una muestra con 285 participantes de Madrid durante los cursos académicos 1990-1993, distribuidos por edad y sexo.
Fechas de Publicación: 1993-2004.
Acrónimo: HPL.
Puntuación, 3: Dominancia Manual, Dominancia Ocular, Dominancia del Pie.
Administración: Individual.
Precios, 2022: €148,49 por juego completo, incluye manual (2004, segunda edición, 39 páginas), 25 hojas de anotación y 25 cuestionarios de observación; €16,94 por 25 hojas de anotación; €8,47 por 25 cuestionarios de observación.
Duración: (10-15) minutos.
Autores: J. Luis Gómez y María Jesús Ortega.
Editorial: Hogrefe TEA Ediciones.
Componentes en Español: Todos los materiales son en español.
Componentes en Inglés: No hay materiales en inglés.

[651s]

Thomas-Kilmann Conflict Mode Instrument [2007 Normative Update].

Propósito: Diseñado para evaluar el comportamiento de un individuo en situaciones de conflicto.
Procedencia: Estados Unidos/inglés.
Traducción/Adaptación: Una empresa de traducción de consultación completó una traducción inicial, la que fue revisada por un experto del tema hispanohablante. Se reconciliaron discrepancias a través de un proceso de revisiones entre la empresa de traducción y el experto del tema, que tuvo la autoridad de decidir un empate por tener conocimiento del dialecto local. Se reconciliaron discrepancias adicionales antes de poner las traducciones en línea para revisar los errores tipográficos.
Población: Edades 20 a 70.

Authors: George K. Bennett, Harold G. Seashore, and Alexander G. Wesman.
Translators/Adaptors: TEA Ediciones R&D Department, Sara Corral, and Agustín Cordero.
Publisher: Pearson España.
Spanish Components: All materials are in Spanish.
English Components: There are no materials in English in this version.

[650e]

Tests de Homogeneidad y Preferencia Lateral.

Purpose: Designed to assess lateral dominance for hand, eye, and foot.
Origin: Spain/Spanish.
Population: Ages 4-10.
Norms: Norms were developed using a sample of 285 participants from Madrid during the school years between 1990-1993, distributed by age and gender.
Publication Dates: 1993-2004.
Acronym: HPL.
Scores, 3: Manual Dominance, Ocular Dominance, Foot Dominance.
Administration: Individual.
Price Data, 2022: €148.49 per complete kit, including manual (2004, second edition, 39 pages), 25 record forms, and 25 observation questionnaires; €16.94 per 25 record forms; €8.47 per 25 observation questionnaires.
Time: (10-15) minutes.
Authors: J. Luis Gómez and María Jesús Ortega.
Publisher: Hogrefe TEA Ediciones.
Spanish Components: All materials are in Spanish.
English Components: There are no materials in English.

[651e]

Thomas-Kilmann Conflict Mode Instrument [2007 Normative Update].

Purpose: Designed to assess "an individual's behavior in conflict situations."
Origin: United States/English.
Translation/Adaptation: A translation consulting firm completed an initial translation, which was reviewed by a Spanish-speaking subject matter expert. Discrepancies were reconciled through review iterations between the translation firm and the subject matter expert, who was given tie-breaking authority based on local dialect expertise. Other discrepancies were reconciled before the translations were placed online to review for typographical errors.
Population: Ages 20 through 70.

Baremos: Se desarrollaron baremos para hispanohablantes de Europa y hispanohablantes de Latinoamérica basados en muestras de 339 y 351 participantes, respectivamente, distribuidos por género y nivel en su organización.
Fechas de Publicación: 1974-2007; 2014 (informe técnico para el proyecto de investigación de la traducción global).
Acrónimo: TKI.
Puntuación, 5: Competidor, Colaborador, Compromiso, Eludir, Acomodadizo.
Administración: Individual o colectiva.
Precios: Disponibles con la casa editorial.
Duración: 15 minutos.
Comentarios: Se aplica con lápiz y papel o en línea.
Autores: Kenneth W. Thomas, Ralph H. Kilmann y Nancy A. Schaubhut (informe técnico).
Editorial: Myers-Briggs Company.
Componentes en Español: El formulario de prueba y sus instrucciones correspondientes están disponibles en español.
Componentes en Inglés: Todos los materiales están disponibles en inglés también; el informe técnico es en inglés.
Referencias Cruzadas: Para reseñas por Tony Cellucci y Francis C. Staskon de los componentes en inglés de esta prueba, consulte 20:195.

[652s]

Torrance Tests of Creative Thinking.

Propósito: Diseñado a identificar y evaluar el potencial creativo a través de palabras (formas verbales) e imágenes (formas figurativas).
Procedencia: Estados Unidos/inglés.
Traducción/Adaptación: No se provee información en los materiales de la prueba sobre el proceso de traducción/adaptación.
Población: Grados K hasta adultez.
Baremos: No se han provisto baremos con los materiales traducidos al español.
Fechas de Publicación: 1966-2008.
Acrónimo: TTCT.
Precios: Disponibles con la casa editorial.
Autor: E. Paul Torrance.
Editorial: Scholastic Testing Service, Inc.
Componentes en Español: Los ítems de la Prueba Figural e instrucciones de administración correspondientes están disponibles en español.
Componentes en Inglés: Todos los materiales están disponibles en inglés, también.

a) PRUEBA VERBAL.
Población: Grados K a 3.
Puntuación: 3 para los formularios equivalentes A y B: Fluidez, Flexibilidad, Originalidad.
Administración: Individual.
Duración: (45) minutos.

Norms: Norms were developed for European Spanish speakers and Latin American Spanish speakers based on sample sizes of 339 and 351, respectively, distributed by gender and level within organization.
Publication Dates: 1974-2007; 2014 (technical brief for the global translation research project).
Acronym: TKI.
Scores, 5: Competing, Collaborating, Compromising, Avoiding, Accommodating.
Administration: Individual or group.
Price Data: Available from publisher.
Time: 15 minutes.
Comments: Administered via paper and pencil or online.
Authors: Kenneth W. Thomas, Ralph H. Kilmann, and Nancy A. Schaubhut (technical brief).
Publisher: Myers-Briggs Company.
Spanish Components: The test booklet and its corresponding instructions are available in Spanish.
English Components: All materials are also available in English; the technical brief is in English.
Cross References: For reviews by Tony Cellucci and Francis Staskon of this test's English components, see 20:195.

[652e]

Torrance Tests of Creative Thinking.

Purpose: Designed to identify and evaluate creative potential through words (verbal forms) and pictures (figural forms).
Origin: United States/English.
Translation/Adaptation: No information is provided in the test materials about the translation/adaptation process.
Population: Grades K through adult.
Norms: Separate norms are not provided with the materials translated to Spanish.
Publication Dates: 1966-2008.
Acronym: TTCT.
Price Data: Available from publisher.
Author: E. Paul Torrance.
Publisher: Scholastic Testing Service, Inc.
Spanish Components: The Figural test items and corresponding administration instructions are available in Spanish.
English Components: All materials are also available in English.

a) VERBAL TEST.
Population: Grades K to 3.
Scores: 3 for equivalent Forms A and B: Fluency, Flexibility, Originality.
Administration: Individual.
Time: (45) minutes.

b) PRUEBA FIGURAL.
Población: Grado 4 a adultos.
Puntuación: 4 para los formularios equivalentes A y B: Fluidez, Flexibilidad, Originalidad, Elaboración.
Administración: Colectiva.
Duración: (30) minutos.

Referencias Cruzadas: Para reseñas por Clinton I. Chase y Donald J. Treffinger de los componentes en inglés de esta prueba, consulte 9:1296.

[653s]

Toulouse-Piéron–Revisado: Prueba Perceptiva y de Atención.

Propósito: Diseñado para evaluar "las aptitudes perceptivas y atencionales".
Procedencia: No se reportó.
Traducción/Adaptación: No se provee información en los materiales de la prueba sobre el proceso de traducción/adaptación.
Población: Edades 17 años en adelante.
Baremos: Se han provisto baremos con la versión en español. Los baremos se desarrollaron utilizando una muestra con 9.895 participantes, distribuidos por sexo y edad.
Fechas de Publicación: 1978-2013.
Acrónimo: TP-R.
Puntuación, 2: Índice Global de Atención y Percepción, Índice de Control de la Impulsividad.
Administración: Individual o colectiva.
Precios, 2022: €27,68 por juego completo, incluye manual (2013; octava edición, revisada y ampliada; 40 páginas), 25 ejemplares y plantilla corrección; €26,02 por 50 ejemplares.
Duración: (10) minutos.
Autores: E. Toulouse y H. Piéron.
Traductor/Adaptador: M. Yela.
Editorial: Hogrefe TEA Ediciones.
Componentes en Español: Todos los materiales son en español.
Componentes en Inglés: No hay materiales en inglés.

[654s]

Transition Planning Inventory–Third Edition.

Propósito: Diseñado para evaluar las necesidades, fortalezas, preferencias e intereses transicionales de estudiantes en el nivel secundario.
Procedencia: Estados Unidos/inglés.
Traducción/Adaptación: No se provee información en los materiales de la prueba sobre el proceso de traducción/adaptación.
Población: Estudiantes que reciben servicios educacionales especiales para quienes se exige planificación transicional como parte de su programa de educación individualizada (IEP).

b) FIGURAL TEST.
Population: Grade 4 to adults.
Scores: 4 for equivalent Forms A and B: Fluency, Flexibility, Originality, Elaboration.
Administration: Group.
Time: (30) minutes.

Cross References: For reviews by Clinton I. Chase and Donald J. Treffinger of this test's English components, see 9:1296.

[653e]

Toulouse-Piéron–Revisado: Prueba Perceptiva y de Atención.

Purpose: Designed to evaluate perceptual ability and attention.
Origin: Not reported.
Translation/Adaptation: No information is provided in the test materials about the translation/adaptation process.
Population: Ages 17 and over.
Norms: Separate norms are provided for the Spanish version. Norms were developed using a sample of 9,895 participants, distributed by gender and age.
Publication Dates: 1978-2013.
Acronym: TP-R.
Scores, 2: Attention and Perception Global Index, Impulsivity Control Index.
Administration: Individual or group.
Price Data, 2022: €27.68 per complete kit, including manual (2013; eighth edition, revised and extended; 40 pages), 25 test booklets, and scoring template; €26.02 per 50 test booklets.
Time: (10) minutes.
Authors: E. Toulouse and H. Piéron.
Translator/Adaptor: M. Yela.
Publisher: Hogrefe TEA Ediciones.
Spanish Components: All materials are in Spanish.
English Components: There are no English materials.

[654e]

Transition Planning Inventory–Third Edition.

Purpose: Designed to "assess the transition needs, strengths, preferences, and interests of students at the secondary level."
Origin: United States/English.
Translation/Adaptation: No information is provided in the test materials about the translation/adaptation process.
Population: Students receiving special education services for whom transition planning is mandated as part of their individualized education program (IEP).

Baremos: Esta prueba no es de referencia normativa; es de referencia de criterio.
Fechas de Publicación: 1997-2021.
Acrónimo: TPI-3.
Puntuación, 14: 11 dominios en 3 áreas: Trabajando (Elección y Planificación de la Carrera, Conocimientos y Destrezas del Empleo), Aprendiendo (Educación Postsecundaria o Entrenamiento, Comunicación Funcional, Autodeterminación), Viviendo (Vida Independiente, Administración del Dinero Propio, Participación en la Comunidad, Tiempo Libre y Actividades Recreativas, Salud, Relaciones Sociales e Interpersonales).
Administración: Individual o colectiva.
Formularios, 9: Evaluación de Estudiante, Evaluación en el Hogar, Evaluación en la Escuela, Preferencias e Intereses en el Hogar, Preferencias e Intereses de Estudiante-Básico, Preferencias e Intereses de Estudiante-Avanzado, Perfil y Recomendaciones de Evaluación Adicionales, Formulario Modificado Para Estudiantes con Autismo u Otros Necesidades de Apoyo Significativas, Resumen de Desempeño Documento de Salida.
Precios, 2022: $363 per juego completo incluyendo guía de aplicación y recursos (2021, 165 páginas), guía de instrucción de transición (2015, 102 páginas), Informal Assessments for Transition Planning-Second Edition (2013, 173 páginas), 25 de cada uno de los nueve formularios y acceso en línea a PDFs reproducibles; $41 por guía de aplicación y recursos; $31 por guía de instrucción de transición; $50 por Informal Assessments for Transition Planning-Second Edition; $37 por 25 formularios (Perfil y Recomendaciones de Evaluación Adicionales, Evaluación en la Escuela, Evaluación en el Hogar, Evaluación de Estudiante, Formulario Modificado Para Estudiantes con Autismo u Otros Necesidades de Apoyo Significativas,); $35 por 25 formularios (Preferencias e Intereses de Estudiante [Básico o Avanzado], Preferencias e Intereses en el Hogar); $31 por 25 formularios Resumen de Desempeño Documento de Salida.
Duración: 10 a 30 minutos por formulario, dependiente en formato de administración.
Comentarios: Disponible en línea; diseñado para autoadministración, administración guiada o administración oral; se puede administrar en conjunto con el Informal Assessments for Transition Planning–Second Edition incluido para tres niveles de evaluación.
Autores: James R. Patton y Gary M. Clark.
Editorial: PRO-ED.
Componentes en Español: El Formulario de Evaluación Para el Hogar y el Formulario Preferencias e Intereses en el Hogar están disponibles en español.
Componentes en Inglés: Todos los materiales están disponibles en inglés también; el manual es en inglés.

Norms: This test is not norm referenced; it is criterion-referenced.
Publication Dates: 1997-2021.
Acronym: TPI-3.
Scores, 14: 11 domains in 3 areas: Working (Career Choice and Planning, Employment Knowledge and Skills), Learning (Postsecondary Education/Training, Functional Communication, Self-Determination), Living (Independent Living, Personal Money Management, Community Involvement and Usage, Leisure and Recreation, Health, Social/Interpersonal Relationships).
Administration: Individual or group.
Forms, 9: Student Core Rating, Home Core Rating, School Core Rating, Home Preferences and Interests, Student Preferences and Interests-Basic, Student Preferences and Interests-Advanced, Profile and Further Assessment Recommendations, Modified Form for Students With Autism or Other Significant Support Needs, Summary of Performance Exit Document.
Price Data, 2022: $363 per test kit including administration and resource guide (2021, 165 pages), transition instruction guide (2015, 102 pages), Informal Assessments for Transition Planning-Second Edition (2013, 173 pages), 25 of each of the nine forms, and online access to reproducible PDFs; $41 per administration and resource guide; $31 per transition instruction guide; $50 per Informal Assessments for Transition Planning-Second Edition; $37 per 25 forms (Profile and Further Assessment Recommendations, School Core, Home Core, Student Core, Modified Form for Students with Autism or Other Significant Support Needs); $35 per 25 forms (Student Preferences and Interests [Basic or Advanced], Home Preferences and Interests); $31 per 25 Summary of Performance Exit Documents.
Time: 10 to 30 minutes per form, depending on administration format.
Comments: Criterion-referenced; available online; designed for independent self-administration, guided self-administration, or oral administration; can administer in combination with the included Informal Assessments for Transition Planning–Second Edition for three levels of assessment.
Authors: James R. Patton and Gary M. Clark.
Publisher: PRO-ED.
Spanish Components: The Home Preferences and Interests form and the Home Core Rating form and their corresponding instructions are available in Spanish.
English Components: All materials are also available in English; the manual is in English.

[655s]

Trauma Symptom Checklist for Children.

Propósito: Diseñado para medir el estrés postraumático agudo y crónico y la sintomatología psicológica relacionada.
Procedencia: Estados Unidos (1996)/inglés.
Traducción/Adaptación: No se provee información en los materiales de la prueba sobre el proceso de traducción/adaptación.
Población: Edades 8–16.
Baremos: No se han provisto baremos con los materiales traducidos al español.
Fecha de Publicación: 2013.
Acrónimo: TSCC.
Puntuación, 8: Escalas de Validéz (Subrespuesta, Hiperrespuesta), Escalas Clínicas (Ansiedad, Depresión, Ira, Estrés Postraumático, Disociación, Preocupaciones Sexuales).
Administración: Individual o colectiva.
Precios, 2022: $316 por juego de inicio incluyendo manual profesional (1996, 46 páginas, inglés), 25 cuadernillos de prueba, 25 formularios de perfil y 25 formularios de perfiles femeninos; $728 por software (CD-ROM) incluye puntuación ilimitada, informes y perfiles; $119 por 25 cuadernillos de prueba español.
Duración: (15–20) minutos.
Autor: John Briere.
Editorial: Psychological Assessment Resources, Inc.
Componentes en Español: El cuadernillo de prueba está disponible en español.
Componentes en Inglés: Todos los materiales están disponibles en inglés; manual es en inglés.
Referencias Cruzadas: Para reseñas por Gregory J. Boyle y Chockalingam Viswesvaran de los componentes en inglés de esta prueba, consulte 15:269.

[656s]

Trauma Symptom Checklist for Children Screening Form/Trauma Symptom Checklist for Young Children Screening Form.

Propósito: Diseñado como una evaluación de tamizaje para los síntomas de trauma.
Procedencia: Estados Unidos/inglés.
Traducción/Adaptación: Se crearon los formularios del tamizaje en español de las versiones en español completas del TSCC y TSCYC, las cuales fueron traducidas inicialmente por investigadores utilizándolas con poblaciones hispanohablantes. Después de esta traducción inicial, investigadores desarrollaron una retrotraducción. Tres profesionales bilingües independientes, incluyendo dos psicólogos escolares, revisaron

[655e]

Trauma Symptom Checklist for Children.

Purpose: Designed "to measure acute and chronic posttraumatic stress and related psychological symptomatology."
Origin: United States (1996)/English.
Translation/Adaptation: No information is provided in the test materials about the translation/adaptation process.
Population: Ages 8–16.
Norms: Separate norms are not provided with the materials translated to Spanish.
Publication Date: 2013.
Acronym: TSCC.
Scores, 8: Validity Scales (Underresponse, Hyperresponse), Clinical Scales (Anxiety, Depression, Anger, Posttraumatic Stress, Dissociation, Sexual Concerns).
Administration: Individual or group.
Price Data, 2022: $316 per introductory kit including professional manual (1996, 46 pages, English), 25 test booklets, 25 male profile forms, and 25 female profile forms; $728 per software portfolio (CD-ROM) including unlimited scoring, reports, and profiles; $119 per 25 Spanish test booklets.
Time: (15–20) minutes.
Author: John Briere.
Publisher: Psychological Assessment Resources, Inc.
Spanish Components: Test booklets are available in Spanish.
English Components: All materials are also available in English; manual is in English.
Cross References: For reviews by Gregory J. Boyle and Chockalingam Viswesvaran of this test's English components, see 15:269.

[656e]

Trauma Symptom Checklist for Children Screening Form/Trauma Symptom Checklist for Young Children Screening Form.

Purpose: Designed to screen for symptoms of trauma.
Origin: United States/English.
Translation/Adaptation: The Spanish screening forms were created from the full Spanish versions of the TSCC and TSCYC, which were initially translated by researchers using them with Spanish-speaking populations. After this initial translation, researchers developed a back-translation. "Three independent bilingual judges, including two school psychologists, reviewed the translation and the

la traducción y la retrotraducción, comparándolas a los formularios originales en inglés. Después de varias series de revista, se hicieron decisiones finales sobre la redacción, y se finalizaron los formularios de tamizaje.
Población: Edades 3 a 17.
Baremos: No se provee baremos con los materiales traducidos al español.
Fechas de Publicación: 2016-2018.
Puntuación, 2: Trauma General, Preocupaciones Sexuales.
Administración: Individual o colectiva.
Precios, 2022: $85 por juego completo incluyendo reporte técnico (2018, 14 páginas) y 25 hojas de respuesta (especifique niño/as o niño/as jóvenes); $4 por reporte técnico; $82 por 25 hojas de respuesta (especifique niño/as o niño/as jóvenes).
Duración: Aproximadamente 5 minutos en la aplicación y calificación de cualquier formulario.
Comentarios: Cada formulario contiene un subconjunto de ítems de su formulario de longitud completo respectivo; si el/la niño(a) tiene entre edades 8 y 12, se debe aplicar ambos formularios de tamizaje cuando sea posible; si se puede aplicar solo uno formulario para un/a niño(a) de edades 8 a 12, el clínico debe decidir quién sería lo más apropiado para llenar el formulario, o el/la niño(a) o el/la cuidador(a) (nonabusivo/a).
Autores: John Briere (formularios y reporte técnico) y Jeffrey N. Wherry (reporte técnico).
Editorial: Psychological Assessment Resources, Inc.
Componentes en Español: Las hojas de respuesta para niño/as y niño/as jóvenes y sus instrucciones correspondientes están disponibles en español.
Componentes en Inglés: Los materiales están disponibles en inglés también; el reporte técnico es en inglés.

a) TRAUMA SYMPTOM CHECKLIST FOR CHILDREN SCREENING FORM.
Propósito: Diseñado para evaluar síntomas de trauma autoreportados en niño/as.
Población: Edades 8 a 17.
Acrónimo: TSCC Screening Form.

b) TRAUMA SYMPTOM CHECKLIST FOR YOUNG CHILDREN SCREENING FORM.
Propósito: Diseñado para evaluar síntomas de trauma en niño/as por reporte del padre/cuidador(a).
Población: Edades 3 a 12.
Acrónimo: TSCYC Screening Form.

Referencias Cruzadas: Para reseñas por John A. Mills y por Carl J. Sheperis y Mariya T. Davis de los componentes en inglés de esta prueba, consulte 21:179.

[657s]

Trauma Symptom Checklist for Young Children.

Propósito: Diseñado para medir estrés postraumático agudo o crónico y sintomatología psicológica relacionada.
Procedencia: Estados Unidos/inglés.

back-translation and compared them to the original English forms. After several rounds of review, final wording decisions were made, and the screening forms were finalized."
Population: Ages 3 to 17.
Norms: Separate norms are not provided with the materials translated to Spanish.
Publication Dates: 2016-2018.
Scores, 2: General Trauma, Sexual Concerns.
Administration: Individual or group.
Price Data, 2022: $85 per complete kit including technical paper (2018, 14 pages) and 25 answer sheets (specify children or young children); $4 per technical paper; $82 per 25 answer sheets (specify children or young children).
Time: Approximately 5 minutes for administration and scoring of either form.
Comments: Each form contains a subset of items from its respective full length form; if the child is between ages 8 and 12, both screening forms should be administered when possible; if only one screening form can be administered for an 8- to 12-year-old, then the clinician should decide whether the child or the (nonabusive) caretaker would be most appropriate to complete the form.
Authors: John Briere (forms and technical paper) and Jeffrey N. Wherry (technical paper).
Publisher: Psychological Assessment Resources, Inc.
Spanish Components: The answer sheets for children and young children and their corresponding instructions are available in Spanish.
English Components: All materials are also available in English; the technical paper is in English.

a) TRAUMA SYMPTOM CHECKLIST FOR CHILDREN SCREENING FORM.
Purpose: Designed to evaluate "self-reported trauma symptoms in children."
Population: Ages 8 to 17.
Acronym: TSCC Screening Form.

b) TRAUMA SYMPTOM CHECKLIST FOR YOUNG CHILDREN SCREENING FORM.
Purpose: Designed to evaluate trauma symptoms in children via parent/caretaker report.
Population: Ages 3 to 12.
Acronym: TSCYC Screening Form.

Cross References: For reviews by John A. Mills and by Carl J. Sheperis and Mariya T. Davis of this test's English components, see 21:179.

[657e]

Trauma Symptom Checklist for Young Children.

Purpose: Designed "to measure acute and chronic posttraumatic stress and related psychological symptomatology."
Origin: United States/English.

Traducción/Adaptación: No se provee información en los materiales de la prueba sobre el proceso de traducción/adaptación.
Población: Edades 3–12 años.
Baremos: No se han provisto baremos con los materiales traducidos al español.
Fecha de Publicación: 2013.
Acrónimo: TSCYC.
Puntuación, 11: Escalas de Validez (Nivel de Respuesta, Respuesta Atípica), Escalas Clínicas (Ansiedad, Depresión, Ira/Agresión, Estrés Postraumático-Intrusión, Estrés Postraumático-Evitación, Estrés Postraumático-Excitación, Estrés Postraumático-Total, Disociación, Preocupaciones Sexuales).
Administración: Individual o colectiva.
Precios, 2022: $414 por juego de inicio que incluye manual profesional (2005, 61 páginas, inglés), 25 cuadernillos de prueba, 25 hojas de respuesta de puntuación a mano, 25 formularios de perfil (masculino y femenino edades 3-4 años), 25 formularios de perfil (masculino y femenino edades 5-9 años) y 25 formularios de perfil (masculino y femenino edades 10-12 años, $728 por programa de puntuación; $91 por 25 hojas de respuesta de puntuación a mano en español; $64 por 25 cuadernillos de prueba (español o inglés).
Duración: (15–20) minutos.
Comentarios: Los padres y/o cuidadores del niño completan la evaluación.
Autor: John Briere.
Editorial: Psychological Assessment Resources, Inc.
Componentes en Español: El formulario de prueba y hojas de respuesta y sus instrucciones correspondientes están disponibles en español.
Componentes en Inglés: Todos los materiales están disponibles en inglés, también; el manual es en inglés.
Referencias Cruzadas: Para reseñas por Karen Mackler y Terry A. Stinnett de los componentes en inglés de esta prueba, consulte 17:191.

[658s]

Trauma Symptom Inventory–2.

Propósito: Diseñado para evaluar la sintomatología aguda y crónica asociada con trauma en cualquier momento de la vida del entrevistado.
Procedencia: Estados Unidos (1995-2011)/inglés.
Traducción/Adaptación: No se provee información en los materiales de la prueba sobre el proceso de traducción/adaptación.
Población: Edades 18 años en adelante.
Baremos: No se han provisto baremos con los materiales traducidos al español.
Fechas de Publicación: 2011-2014.
Acrónimo: TSI-2.
Administración: Individual o colectiva.
Precios, 2022: $328 por juego de inicio, incluyendo 10 formularios de prueba reutilizables, 25 hojas de

Translation/Adaptation: No information is provided in the test materials about the translation/adaptation process.
Population: Ages 3–12 years.
Norms: Separate norms are not provided with the materials translated to Spanish.
Publication Date: 2013.
Acronym: TSCYC.
Scores, 11: Validity scales (Response Level, Atypical Response), Clinical scales (Anxiety, Depression, Anger/Aggression, Posttraumatic Stress-Intrusion, Posttraumatic Stress-Avoidance, Posttraumatic Stress-Arousal, Posttraumatic Stress-Total, Dissociation, Sexual Concerns).
Administration: Individual or group.
Price Data, 2022: $414 per introductory kit including professional manual (2005, 61 pages, English), 25 item booklets, 25 handscore answer sheets, 25 profile forms (male & female ages 3-4 years), 25 profile forms (male and female ages 5-9 years), and 25 profile forms (male and female ages 10-12 years); $728 per software scoring program; $91 per 25 Spanish handscore answer sheets; $64 per 25 item booklets (Spanish or English).
Time: (15–20) minutes.
Comments: Instrument is answered by the child's parents and/or caretakers.
Author: John Briere.
Publisher: Psychological Assessment Resources, Inc.
Spanish Components: Item booklets and answer sheets and their corresponding instructions are available in Spanish.
English Components: All materials are also available in English; manual is in English.
Cross References: For reviews by Karen Mackler and Terry A. Stinnett of this test's English components, see 17:191.

[658e]

Trauma Symptom Inventory–2.

Purpose: Designed to evaluate "acute and chronic symptomatology ... associated with trauma at any point in the respondent's lifespan."
Origin: United States (1995-2011)/English.
Translation/Adaptation: No information is provided in the test materials about the translation/adaptation process.
Population: Ages 18 years and older.
Norms: Separate norms are not provided with the materials translated to Spanish.
Publication Dates: 2011-2014.
Acronym: TSI-2.
Administration: Individual or group.
Price Data, 2022: $328 per introductory kit including 10 reusable item booklets, 25 handscore

corrección de calificación manual, 25 formularios de perfil y un manual (2011, 111 páginas, inglés); $80 por 10 formularios de prueba reutilizables (español o inglés); $80 por 25 hojas de corrección de calificación manual (español o inglés); $80 por 25 formularios de perfil; $98 por manual; $658 por programa descargable de corrección.
Duración: (20-30) minutos.
Comentarios: Revisiones incluyen nuevas escalas, subescalas y baremos. El formulario alternativo TSI-2-A no contiene los ítems de síntomas sexuales.
Autor: John Briere.
Editorial: Psychological Assessment Resources, Inc.
Componentes en Español: La hoja de respuesta y formulario de prueba estándar y sus instrucciones correspondientes están disponibles en español (no se tradujo el formulario alternativo).
Componentes en Inglés: Todos los materiales están disponibles en inglés, también; el manual es en inglés.

a) TSI-2.
Puntuación, 30: Escalas de Validez (Nivel de Respuesta, Respuesta Atípica); Factores (Auto-Perturbación, Estrés Postraumático, Externalización, Somatización); Escalas Clínicas/Subescalas [Excitación Ansiosa (Ansiedad, Hiperexcitación), Depresión, Ira, Experiencias Intrusivas, Evitación Defensiva, Disociación, Preocupaciones Somáticas (Dolor, General), Perturbación Sexual (Preocupaciones Sexuales, Comportamiento Sexual Disfuncional), Tendencia Suicida (Ideación, Comportamiento), Apego Inseguro (Evitación Relacional, Sensibilidad al Rechazo), Deterioro de Auto-Referencia (Reducción de Conciencia de Si Mismo, Dirigido al Otro), Conducta de Reducción de Tensión].

b) TSI-2-A.
Puntuación, 27: Escalas de Validez (Nivel de Respuesta, Respuesta Atípica); Factores (Auto-Perturbación, Estrés Postraumático, Externalización, Somatización); Escalas Clínicas/Subescalas [Excitación Ansiosa (Ansiedad, Hiperexcitación), Depresión, Ira, Experiencias Intrusivas, Evitación Defensiva, Disociación, Preocupaciones Somáticas (Dolor, General), Tendencia Suicida (Ideación, Comportamiento), Apego Inseguro (Evitación Relacional, Sensibilidad al Rechazo), Deterioro de Auto-Referencia (Reducción de Conciencia de Si Mismo, Dirigido al Otro), Conducta de Reducción de Tensión].

Referencias Cruzadas: Para una reseña por Jody L. Kulstad de los componentes en inglés de esta prueba, consulte 19:174.

[659s]

Treatment Intervention Inventory.

Propósito: Diseñado para hacer comparaciones entre información de admisión, referido y post-tratamiento de jóvenes y adultos en programas de consejería psicológica.
Procedencia: Estados Unidos/inglés.
Traducción/Adaptación: No se provee información en los materiales de la prueba sobre el proceso de traducción/adaptación.

answer sheets, 25 profile forms, and manual (2011, 111 pages, English); $80 per 10 reusable item booklets (Spanish or English); $98 per 25 handscore answer sheets (Spanish or English); $80 per 25 profile forms; $98 per manual; $658 per downloadable scoring program.
Time: (20-30) minutes.
Comments: Revisions include new scales, subscales, and norms. Alternate form TSI-2-A contains no sexual symptom items.
Author: John Briere.
Publisher: Psychological Assessment Resources, Inc.
Spanish Components: The standard answer sheet and test booklet and their corresponding instructions are available in Spanish (alternate form was not translated to Spanish).
English Components: All materials are also available in English; the manual is in English.

a) TSI-2.
Scores, 30: Validity Scales (Response Level, Atypical Response); Factors (Self-Disturbance, Posttraumatic Stress, Externalization, Somatization); Clinical Scales/Subscales [Anxious Arousal (Anxiety, Hyperarousal), Depression, Anger, Intrusive Experiences, Defensive Avoidance, Dissociation, Somatic Preoccupations (Pain, General), Sexual Disturbance (Sexual Concerns, Dysfunctional Sexual Behavior), Suicidality (Ideation, Behavior), Insecure Attachment (Relational Avoidance, Rejection Sensitivity), Impaired Self-Reference (Reduced Self Awareness, Other-Directedness), Tension Reduction Behavior].

b) TSI-2-A.
Scores, 27: Validity Scales (Response Level, Atypical Response); Factors (Self-Disturbance, Posttraumatic Stress, Externalization, Somatization); Clinical Scales/Subscales [Anxious Arousal (Anxiety, Hyperarousal), Depression, Anger, Intrusive Experiences, Defensive Avoidance, Dissociation, Somatic Preoccupations (Pain, General), Suicidality (Ideation, Behavior), Insecure Attachment (Relational Avoidance, Rejection Sensitivity), Impaired Self-Reference (Reduced Self Awareness, Other-Directedness), Tension Reduction Behavior].

Cross References: For a review by Jody L. Kulstad of this test's English components, see 19:174.

[659e]

Treatment Intervention Inventory.

Purpose: Designed for "intake, referral, and post-treatment comparisons of juvenile and adult counseling clients."
Origin: United States/English.
Translation/Adaptation: No information is provided in the test materials about the translation/adaptation process.

Población: Edades 12-18; Clientes adultos en consejería.
Baremos: No se han provisto baremos con el formulario traducido al español.
Fechas de Publicación: 1991-1997.
Acrónimos: TII; TII-J.
Puntuación, 9: Veracidad, Ansiedad, Depresión, Autoestima, Angustia, Familia, Alcohol, Drogas, Habilidades de Afrontamiento al Estrés.
Administración: Colectiva.
Formularios, 2: Adulto, Jóven.
Precios, 2022: $9.95 por prueba; descuentos de volumen disponibles.
Duración: (35) minutos Adultos; (25-30) minutos Jóvenes.
Comentarios: Behavior Data Systems, Ltd. ofrece sus pruebas en línea exclusivamente a traves de un contrato con Professional Online Testing Solutions, Inc.
Autor: Behavior Data Systems, Ltd.
Editorial: Behavior Data Systems, Ltd.
Componentes en Español: El formulario de prueba y hoja de respuesta y sus instrucciones correspondientes están disponibles en español.
Componentes en Inglés: Todos los materiales están disponibles en inglés también; el manual es en inglés.
Referencias Cruzadas: Para reseñas por Janice G. Murdoch y Linda J. Zimmerman de los componentes en inglés de esta prueba, consulte 14:403.

[660s]

Verbal Behavior Milestones Assessment and Placement Program.

Propósito: Diseñado para proporcionar un programa de evaluación de lenguaje basado en el comportamiento para todos los niños con retrasos en el lenguaje.
Procedencia: Estados Unidos/inglés.
Traducción/Adaptación: No se provee información en los materiales de la prueba sobre el proceso de traducción/adaptación.
Población: Individuos con retraso del lenguaje.
Baremos: Esta prueba no es de referencia normativa; es de referencia de criterio.
Fechas de Publicación: 2007-2011.
Acrónimo: VB-MAPP.
Administración: Individual.
Partes, 5: Pautas del Desarrollo, Barreras, Transición, Evaluación de las Habilidades, Colocación y Metas del Plan Educativo Individualizado (IEP).
Precios, 2023: $69.95 por juego completo incluye guía del evaluador (2011, 247 páginas) y protocolo para 1 estudiante; $49.95 por guía del evaluador; $24.95 por protocolo para 1 estudiante (descuentos por volumen disponibles).
Duración: Sin límite de tiempo; varía según el nivel y la cooperación del niño/a.

Population: Ages 12-18; Adult counseling clients.
Norms: Separate norms are not provided with the form translated to Spanish.
Publication Dates: 1991-1997.
Acronyms: TII; TII-J.
Scores, 9: Truthfulness, Anxiety, Depression, Self-Esteem, Distress, Family, Alcohol, Drugs, Stress Coping Abilities.
Administration: Group.
Forms, 2: Adult, Juvenile.
Price Data, 2022: $9.95 per test; volume discounts available.
Time: (35) minutes Adult; (25-30) minutes Juvenile.
Comments: Behavior Data Systems, Ltd. offers its tests online exclusively through a contract with Professional Online Testing Solutions, Inc.
Author: Behavior Data Systems, Ltd.
Publisher: Behavior Data Systems, Ltd.
Spanish Components: The test form and answer sheet and their corresponding instructions are available in Spanish.
English Components: All materials are also available in English; the manual is in English.
Cross References: For reviews by Janice G. Murdoch and Linda J. Zimmerman of this test's English components, see 14:403.

[660e]

Verbal Behavior Milestones Assessment and Placement Program.

Purpose: Designed "to provide a behaviorally based language assessment program for all children with language delays."
Origin: United States/English.
Translation/Adaptation: No information is provided in the test materials about the translation/adaptation process.
Population: Individuals with language delays.
Norms: The test is not norm referenced; it is criterion referenced.
Publication Dates: 2007-2011.
Acronym: VB-MAPP.
Administration: Individual.
Parts, 5: Milestones Assessment, Barriers Assessment, Transition Assessment, Task Analysis and Skills Tracking, Placement and IEP Goals.
Price Data, 2023: $69.95 per complete kit including assessor's guide (2011, 247 pages) and protocol for 1 student; $49.95 per assessor's guide; $24.95 per protocol for 1 student (volume discounts available).
Time: Untimed; varies according to child's general level and cooperation.

Comentarios: El VB-MAPP puede realizarse con cualquier individuo con retraso de lenguaje, independientemente de la edad o del diagnóstico específico; versiones digitales disponibles (aplicación y en línea); la casa editorial de la prueba avisa que una edición segunda de la guía y protocolo en 2014 introdujo unos ajustes menores a las pautas y el sistema de puntuación.
Autor: Mark L. Sundberg.
Editorial: AVB Press.
Componentes en Español: Todos los materiales están disponibles en español como aplicación electrónica por iPad y en línea por todos aparatos.
Componentes en Inglés: Todos los materiales están disponibles en inglés, también.

a) PAUTAS DEL DESARROLLO.

Propósito: Diseñado para proporcionar una muestra representativa de las habilidades verbales y relacionadas de un niño.

Niveles, 3: Nivel 1 (Nacimiento a 18 meses), Nivel 2 (18 a 30 meses), Nivel 3 (30 a 48 meses).

1) *Nivel 1 (Nacimiento a 18 meses).*

Puntuación, 9: Mand, Discreción, Respuesta del Oyente, Habilidades Perceptivas Visuales y Correspondencia con Ejemplar, Juego Independiente, Comportamiento Social y Juego Social, Imitación Motor, Onomatopéyico, Comportamiento Vocal Espontáneo.

2) *Nivel 2 (18 a 30 meses).*

Puntuación, 12: Mand, Discreción, Respuesta del Oyente, Habilidades Perceptivas Visuales y Correspondencia con Ejemplar, Juego Independiente, Comportamiento Social y Juego Social, Imitación Motor, Onomatopéyico, Receptor que Responde por Función/Rasgo/Clase, Intraverbal, Rutinas de Clase y Habilidades de Grupo, Estructura Lingüística.

3) *Nivel 3 (30 a 48 meses).*

Puntuación, 13: Igual a Nivel 2 arriba, más Matemática.

b) EVALUACIÓN DE BARRERAS.

Propósito: Diseñado para proporcionar una evaluación de 24 obstáculos comunes de aprendizaje y adquisición del lenguaje que enfrentan los niños con autismo u otras discapacidades del desarrollo.

Puntuación, 23: Comportamiento Negativo, Control de Instrucción Pobre, Ausente/Débil/Deteriorado Mand, Ausente/Débil/Deteriorado Discreción, Ausente/Débil/Deteriorado Onomatopéyico, Ausente/Débil/Deteriorado Correspondencia con Ejemplar, Ausente/Débil/Deteriorado Repertorios de Oyente, Ausente/Débil/Deteriorado Intraverbal, Ausente/Débil/Deteriorado Comportamiento Social, Dependiente de Avisos, Respuestas de Desplazamiento, Dificultad para Escanear, Fallo en Hacer Discriminaciones Condicionales, Fallo en Generalizar, Motivadores Débiles o Atípicos, Requisito de Respuesta Debilita la Motivación, Dependiente de Refuerzo, Autoestimulación, Problemas de Articulación, Comportamiento Obsesivo-Compulsivo, Hiperactividad, Falta de Contacto Visual o Asistencia a las Personas, Defensividad Sensorial.

c) EVALUACIÓN DE TRANSICIÓN.

Propósito: Diseñado para proporcionar una evaluación objetiva de las habilidades generales de un niño y capacidades de aprendizaje existentes.

Comments: "The VB-MAPP can be conducted with any language-delayed individual, regardless of age or specific diagnosis"; digital (app and online) versions available; the test publisher advises that a second edition of the guide and protocol in 2014 introduced minor adjustments to the goals and scoring system.
Author: Mark L. Sundberg.
Publisher: AVB Press.
Spanish Components: All materials are available in Spanish as an application for the iPad and online for all devices.
English Components: All materials are also available in English.

a) MILESTONES ASSESSMENT.

Purpose: "Designed to provide a representative sample of a child's existing verbal and related skills."

Levels, 3: Level 1 (Birth to 18 months), Level 2 (18 to 30 months), Level 3 (30 to 48 months).

1) *Level 1 (Birth to 18 months).*

Scores, 9: Mand, Tact, Listener Responding, Visual Perceptual Skills and Matching-to-Sample, Independent Play, Social Behavior and Social Play, Motor Imitation, Echoic, Spontaneous Vocal Behavior.

2) *Level 2 (18 to 30 months).*

Scores, 12: Mand, Tact, Listener Responding, Visual Perceptual Skills and Matching-to-Sample, Independent Play, Social Behavior and Social Play, Motor Imitation, Echoic, Listener Responding by Function/Feature/Class, Intraverbal, Classroom Routines and Group Skills, Linguistic Structure.

3) *Level 3 (30 to 48 months).*

Scores, 13: Same as Level 2 above, plus Math.

b) BARRIERS ASSESSMENT.

Purpose: Designed to provide "an assessment of 24 common learning and language acquisition barriers faced by children with autism or other developmental disabilities."

Scores, 23: Negative Behavior, Poor Instructional Control, Absent/Weak/Impaired Mand, Absent/Weak/Impaired Tact, Absent/Weak/Impaired Echoic, Absent/Weak/Impaired Matching-to-Sample, Absent/Weak/Impaired Listener Repertoires, Absent/Weak/Impaired Intraverbal, Absent/Weak/Impaired Social Behavior, Prompt Dependent, Scrolling Responses, Impaired Scanning Skills, Failure to Make Conditional Discriminations, Failure to Generalize, Weak or Atypical Motivators, Response Requirement Weakens Motivation, Reinforcement Dependent, Self-Stimulation, Articulation Problems, Obsessive-Compulsive Behavior, Hyperactivity, Failure to Make Eye Contact or Attend to People, Sensory Defensiveness.

c) TRANSITION ASSESSMENT.

Purpose: Designed "to provide an objective evaluation of a child's overall skills and existing learning capabilities."

Puntuación, 18: Puntuación General de Evaluación de Hitos VB-MAPP, Puntuación General de Barreras VB-MAPP, Puntuación de Evaluación de Barreras en Comportamiento Negativo y Control Instruccional, Evaluación de Hitos en Rutinas de Clase y Habilidades de Grupo, Evaluación de Hitos en Comportamiento Social y Juego Social, Trabaja Independientemente en Tareas Académicas, Generalización de Habilidades en Tiempo/Contextos/Comportamientos/Materiales/Personas, Rango de Elementos y Eventos que Funcionan como Reforzadores, Tasa de Adquisición de Nuevas Habilidades, Retención de Nuevas Habilidades, Aprendiendo del Medio Natural, Demuestra la Transferencia Entre los Operantes Verbales sin Entrenamiento, Adaptabilidad al Cambio, Comportamientos Espontáneos, Juego Autodirigido y Habilidades de Ocio, Habilidades Generales de Autoayuda, Habilidades del Baño, Habilidades de Comer.
Comentarios: Algunas de las áreas evaluadas en la evaluación de Transición están cubiertas en otras secciones de la VB-MAPP, pero también encajan dentro del contexto de transición (p. ej., habilidades de grupo, generalización).

d) EVALUACIÓN DE LAS HABILIDADES.
Propósito: Diseñado para proporcionar más información sobre las muchas habilidades adicionales que se pueden incorporar en un programa diario.
Comentarios: Aunque el análisis de tareas no está diseñado para ser un instrumento de evaluación formal debido a su tamaño (aproximadamente 900 habilidades), puede ser utilizado para identificar las habilidades que contribuyen al desarrollo de un programa de intervención más completo.

e) COLOCACIÓN Y METAS DEL IEP.
Propósito: Diseñado para proporcionar una dirección específica para cada uno de los 170 hitos en la evaluación de Pautas de Desarrollo, así como sugerencias para las metas del IEP.

Referencias Cruzadas: Para reseñas por Tawnya J. Meadows y por Carl J. Sheperis y Donna S. Sheperis de los componentes en inglés de esta prueba, consulte 20:201.

Scores, 18: Overall VB-MAPP Milestones Assessment Score, Overall VB-MAPP Barriers Assessment Score, Barriers Assessment Score on Negative Behaviors and Instructional Control, Milestones Assessment Score on Classroom Routines and Group Skills, Milestones Assessment Score on Social Behavior and Social Play, Works Independently on Academic Tasks, Generalization of Skills Across Time/Settings/Behaviors/Materials/People, Range of Items and Events that Function as Reinforcers, Rate of Acquisition of New Skills, Retention of New Skills, Learning from the Natural Environment, Demonstrates Transfer Between the Verbal Operants Without Training, Adaptability to Change, Spontaneous Behaviors, Self-Directed Play and Leisure Skills, General Self-Help Skills, Toileting Skills, Eating Skills.
Comments: "Some of the areas assessed in the Transition Assessment are covered in other sections of the VB-MAPP, but they also fit within the context of transition (e.g., group skills, generalization)."

d) TASK ANALYSIS AND SKILLS TRACKING.
Purpose: Designed to "provide further information about the many additional skills that can be incorporated into a daily program."
Comments: "Although the task analysis is not designed to be a formal assessment tool because of its size (approximately 900 skills), it can be used to identify skills that contribute to the development of a more complete intervention program."

e) PLACEMENT AND IEP GOALS.
Purpose: Designed to provide "specific direction for each of the 170 milestones in the Milestones Assessment as well as suggestions for IEP goals."

Cross References: For reviews by Tawnya J. Meadows and by Carl J. Sheperis and Donna S. Sheperis of this test's English components, see 20:201.

[661s]

Veteran Information Profile.

Propósito: Diseñado como una herramienta de evaluación utilizada por consejeros, evaluadores y profesionales de la salud mental que trabajan con veteranos para ayudar en la transición de militares a civiles.
Procedencia: Estados Unidos/inglés.
Traducción/Adaptación: No se provee información en los materiales de la prueba sobre el proceso de traducción/adaptación.
Población: Veteranos.
Baremos: No se han provisto baremos con el formulario traducido al español.
Fecha de Publicación: 2010.
Acrónimo: VIP.
Puntuación, 8: Veracidad, Reintegración Civil, Depresión, PTSD, Autoestima, Suicidio, Alcohol, Drogas.

[661e]

Veteran Information Profile.

Purpose: Designed as an "assessment tool used by counselors, evaluators, and mental health professionals working with post-deployment veterans" to assist with the military-to-civilian transition.
Origin: United States/English.
Translation/Adaptation: No information is provided in the test materials about the translation/adaptation process.
Population: Veterans.
Norms: Separate norms are not provided with the form translated to Spanish.
Publication Date: 2010.
Acronym: VIP.
Scores, 8: Truthfulness, Civilian Reintegration, Depression, PTSD, Self-Esteem, Suicide, Alcohol, Drugs.

Administración: Colectiva.
Precios, 2022: $9.95 por prueba; descuentos de volumen disponibles.
Duración: (20-25) minutos.
Comentarios: Behavior Data Systems, Ltd. ofrece sus pruebas en línea exclusivamente a través de un contrato con Professional Online Testing Solutions, Inc.
Autor: Herman Lindeman.
Editorial: Behavior Data Systems, Ltd.
Componentes en Español: El formulario y sus instrucciones correspondientes están disponibles en español.
Componentes en Inglés: Todos los materiales están disponibles en inglés, también; el manual es en inglés.

[662s]

Vineland Adaptive Behavior Scales–Third Edition.

Propósito: Diseñado para evaluar el comportamiento adaptativo, el desempeño de las actividades diarias requeridas para la suficiencia personal y social, a lo largo de toda la vida.
Procedencia: Estados Unidos/inglés.
Traducción/Adaptación: No se provee información en los materiales de la prueba sobre el proceso de traducción/adaptación.
Población: Nacimiento a 90+.
Baremos: No se han provisto baremos con los materiales traducidos al español.
Fechas de Publicación: 1935-2016.
Acrónimo: Vineland-3.
Administración: Individual.
Formularios, 7: Docente Comprensivo, Docente Nivel de Dominio, Padre/Cuidador Comprensivo, Padre/Cuidador Nivel de Dominio, Entrevista Comprensiva con sondeos de nivel ítem, Entrevista Comprensiva sin sondeos de nivel ítem, Entrevista Nivel de Dominio.
Precios, 2022: $340.20 por juego de inicio en línea español o inglés incluye manual (2016, 362 páginas, inglés), suscripción de calificación en línea por la plataforma digital del editorial por un año y 5 copias de cada uno de los 9 formularios; $277.80 por juego de inicio calificación a mano español o inglés incluye manual y 5 copias de cada formulario; $167.50 por manual; $65 por suscripción de calificación en línea por un año.
Comentarios: Se puede administrar y calificar en línea.
Autores: Sara S. Sparrow, Domenic V. Cicchetti y Celine A. Saulnier.
Editorial: Pearson.
Componentes en Español: Los formularios de padre/cuidador comprensivo y nivel de dominio y sus instrucciones correspondientes están disponibles en español.

Administration: Group.
Price Data, 2022: $9.95 per test; volume discounts available.
Time: (20-25) minutes.
Comments: Behavior Data Systems, Ltd. offers its tests online exclusively through a contract with Professional Online Testing Solutions, Inc.
Author: Herman Lindeman.
Publisher: Behavior Data Systems, Ltd.
Spanish Components: The form and its corresponding instructions are available in Spanish.
English Components: All materials are also available in English; the manual is in English.

[662e]

Vineland Adaptive Behavior Scales–Third Edition.

Purpose: Designed to assess adaptive behavior, "the performance of daily activities required for personal and social sufficiency," across the life-span.
Origin: United States/English.
Translation/Adaptation: No information is provided in the test materials about the translation/adaptation process.
Population: Birth to 90+.
Norms: Separate norms are not provided with the materials translated to Spanish.
Publication Dates: 1935-2016.
Acronym: Vineland-3.
Administration: Individual.
Forms, 7: Comprehensive Teacher, Domain-Level Teacher, Comprehensive Parent/Caregiver, Domain-Level Parent/Caregiver, Comprehensive Interview with item-level probes, Comprehensive Interview with no item-level probes, Domain-Level Interview.
Price Data, 2022: $340.20 per online starter kit in English and Spanish including manual (2016, 362 pages, English), 1-year subscription to online scoring through the test publisher's digital platform, and 5 copies of each of the 9 forms; $277.80 per handscore starter kit in English and Spanish including manual and 5 copies of each form; $167.50 per manual; $65 per 1-year online scoring subscription.
Comments: Computer administration and scoring available.
Authors: Sara S. Sparrow, Domenic V. Cicchetti, and Celine A. Saulnier.
Publisher: Pearson.
Spanish Components: The Comprehensive and Domain-Level Parent/Caregiver forms and their corresponding instructions are available in Spanish.

Componentes en Inglés: Todos los materiales están disponibles en inglés también; el manual es en inglés.

a) PADRE/CUIDADOR.

Propósito: Diseñado para evaluar el comportamiento adaptativo a través del informe de padres/cuidadores.

1) *Formulario de Padre/Cuidador Comprensivo.*

Población: Nacimiento a 90+.

Puntuación, 13 a 18: 9 puntuaciones de subdominios en 3 dominios: Comunicación (Receptivo, Expresivo, Escrito), Habilidades de la Vida Diaria (Personal, Doméstico, Comunidad), Socialización (Relaciones Interpersonales, Jugar y Tiempo Libre, Habilidades de Enfrentamiento); 2 puntuaciones de subdominio opcionales en 1 dominio opcional: Habilidades Motoras (Motor Grueso, Motor Fino); 2 puntuaciones opcionales de Comportamiento Inadaptado: Interiorizar, Exteriorizar; Comportamiento Adaptativo Compuesto.

Duración: 10-25 minutos para completar dominios núcleo, dependiendo en edad; 2-4 minutos para completar dominio de Habilidades Motoras opcional (edades nacimiento a 9 años); 2-3 minutos para completar dominio de Comportamiento Inadaptado opcional (solamente edades 3 en adelante).

2) *Formulario de Padre/Cuidador Nivel de Dominio.*

Población: Edades 3 a 90+.

Puntuación, 4 a 7: 3 a 4 puntuaciones de dominio: Comunicación, Habilidades de la Vida Diaria, Socialización, Habilidades Motoras (opcional); 2 puntuaciones opcionales de Comportamiento Inadaptado: Interiorizar, Exteriorizar; Comportamiento Adaptativo Compuesto.

Duración: 10-15 minutos para completar dominios principales; 2-3 minutos para completar dominio de Habilidades Motoras opcional (solamente edades 3 a 9); 2-3 minutos para completar dominio de Comportamiento Inadaptado opcional.

b) DOCENTE.

Propósito: Diseñado para evaluar el comportamiento adaptativo en la escuela (incluido el preescolar) o el marco estructurado de guardería.

1) *Formulario de Docente Comprensivo.*

Población: Edades 3 a 21.

Puntuación, 13 a 18: 9 puntuaciones de subdominios en 3 dominios: Comunicación (Receptivo, Expresivo, Escrito), Habilidades de la Vida Diaria (Personal, Numérico, Comunidad Escolar), Socialización (Relaciones Interpersonales, Jugar y Tiempo Libre, Habilidades de Enfrentamiento); 2 puntuaciones de subdominio opcionales en 1 dominio opcional: Habilidades Motoras (Motor Grueso, Motor Fino); 2 puntuaciones opcionales de Comportamiento Inadaptado: Interiorizar, Exteriorizar; Comportamiento Adaptativo Compuesto.

Duración: 10-20 minutos para completar dominios principales, dependiendo en edad; 1-2 minutos para completar dominio de Habilidades Motoras opcional (solamente edades 3- 9); 1-2 minutos para completar dominio de Comportamiento Inadaptado opcional.

2) *Formulario de Docente Nivel de Dominio.*

Población: Edades 3 a 21.

Puntuación, 4 a 7: 3 a 4 puntuaciones de dominio: Comunicación, Habilidades de la Vida

English Components: All materials are also available in English; the manual is in English.

a) PARENT/CAREGIVER.

Purpose: Designed to assess adaptive behavior via parent/caregiver report.

1) *Comprehensive Parent/Caregiver Form.*

Population: Birth-90+.

Scores, 13 to 18: 9 subdomain scores in 3 domains: Communication (Receptive, Expressive, Written), Daily Living Skills (Personal, Domestic, Community), Socialization (Interpersonal Relationships, Play and Leisure, Coping Skills); 2 optional subdomain scores in 1 optional domain: Motor Skills (Gross Motor, Fine Motor); 2 optional Maladaptive Behavior scores: Internalizing, Externalizing; Adaptive Behavior Composite.

Time: 10-25 minutes to complete core domains, depending on age; 2-4 minutes to complete optional Motor Skills domain (ages birth-9 years only); 2-3 minutes to complete optional Maladaptive Behavior domain (ages 3 and older only).

2) *Domain-Level Parent/Caregiver Form.*

Population: Ages 3-90+.

Scores, 4 to 7: 3-4 domain scores: Communication, Daily Living Skills, Socialization, Motor Skills (optional); 2 optional Maladaptive Behavior scores: Internalizing, Externalizing; Adaptive Behavior Composite.

Time: 10-15 minutes to complete core domains; 2-3 minutes to complete optional Motor Skills domain (ages 3-9 only); 2-3 minutes to complete optional Maladaptive Behavior domain.

b) TEACHER.

Purpose: Designed to assess "adaptive behavior in the school (including preschool) or structured daycare setting."

1) *Comprehensive Teacher Form.*

Population: Ages 3-21.

Scores, 13 to 18: 9 subdomains scores in 3 domains: Communication (Receptive, Expressive, Written), Daily Living Skills (Personal, Numeric, School Community), Socialization (Interpersonal Relationships, Play and Leisure, Coping Skills); 2 optional subdomain scores in 1 optional domain: Motor Skills (Gross Motor, Fine Motor); 2 optional Maladaptive Behavior scores: Internalizing, Externalizing; Adaptive Behavior Composite.

Time: 10-20 minutes to complete core domains, depending on age; 1-2 minutes to complete optional Motor Skills domain (ages 3-9 only); 1-2 minutes to complete optional Maladaptive Behavior domain.

2) *Domain-Level Teacher Form.*

Population: Ages 3-21.

Scores, 4 to 7: 3-4 domain scores: Communication, Daily Living Skills,

Diaria, Socialización, Habilidades Motoras (opcional); 2 puntuaciones opcionales de Comportamiento Inadaptado: Interiorizar, Exteriorizar; Comportamiento Adaptativo Compuesto.

Duración: 8-10 minutos para completar dominios principales; 1-2 minutos para completar dominio de Habilidades Motoras opcional (solamente edades 3-9); 1-2 minutos para completar dominio de Comportamiento Inadaptado opcional.

c) FORMULARIOS DE ENTREVISTA.

Propósito: Diseñado para evaluar el comportamiento adaptativo a través de una entrevista semiestructurada.

1) *Formulario de Entrevista Completa (con o sin sondeos de nivel ítem).*

Población: Nacimiento a 90+.

Puntuación, 13 a 18: 9 puntuaciones de subdominios en 3 dominios: Comunicación (Receptivo, Expresivo, Escrito), Habilidades de la Vida Diaria (Personal, Doméstico, Comunidad), Socialización (Relaciones Interpersonales, Jugar y Tiempo Libre, Habilidades de Enfrentamiento); 2 puntuaciones de subdominio opcionales en 1 dominio opcional: Habilidades Motoras (Motor Grueso, Motor Fino); 2 puntuaciones opcionales de Comportamiento Inadaptado: Interiorizar, Exteriorizar; Comportamiento Adaptativo Compuesto.

Duración: 20-40 minutos para completar dominios principales, dependiendo en edad; 2-5 minutos para completar dominio de Habilidades Motoras opcional (solamente nacimiento a 9 años); 3-4 minutos para completar dominio de Comportamiento Inadaptado opcional (solamente edades 3 en adelante).

2) *Formulario de Entrevista Nivel de Dominio.*

Población: Edades 3 a 90+.

Puntuación, 4 a 7: 3 a 4 puntuaciones de dominio: Comunicación, Habilidades de la Vida Diaria, Socialización, Habilidades Motoras (opcional); 2 puntuaciones opcionales de Comportamiento Inadaptado: Interiorizar, Exteriorizar; Comportamiento Adaptativo Compuesto.

Duración: 23-27 minutos para completar dominios principales; 2-3 minutos para completar dominio de Habilidades Motoras opcional (solamente edades 3-9); 2-3 minutos para completar dominio de Comportamiento Inadaptado opcional.

Referencias Cruzadas: Para reseñas por Karen T. Carey y Jeremy R. Sullivan de los componentes en inglés de esta prueba, consulte 21:182.

[663s]

Ward Atmosphere Scale [Third Edition Manual].

Propósito: Diseñado para evaluar el clima social en los programas de tratamiento en centros de atención de la salud.

Procedencia: Estados Unidos/inglés.

Traducción/Adaptación: La editorial indica que existen varias traducciones de calidad variable, algunas de las cuales están disponibles de la casa editorial/distribuidor; no se provee información en los materiales de la prueba sobre el proceso de traducción/adaptación.

Socialization, Motor Skills (optional); 2 optional Maladaptive Behavior scores: Internalizing, Externalizing; Adaptive Behavior Composite.

Time: 8-10 minutes to complete core domains; 1-2 minutes to complete optional Motor Skills domain (ages 3-9 only); 1-2 minutes to complete optional Maladaptive Behavior domain.

c) INTERVIEW FORMS.

Purpose: Designed to assess adaptive behavior via a semistructured interview.

1) *Comprehensive Interview Form (with and without probes).*

Population: Birth-90+.

Scores, 13 to 18: 9 subdomain scores in 3 domains: Communication (Receptive, Expressive, Written), Daily Living Skills (Personal, Domestic, Community), Socialization (Interpersonal Relationships, Play and Leisure, Coping Skills); 2 optional subdomain scores in 1 optional domain: Motor Skills (Gross Motor, Fine Motor); 2 optional Maladaptive Behavior scores: Internalizing, Externalizing; Adaptive Behavior Composite.

Time: 20-40 minutes to complete core domains, depending on age; 2-5 minutes to complete optional Motor Skills domain (ages birth-9 years only); 3-4 minutes to complete optional Maladaptive Behavior domain (ages 3 and older only).

2) *Domain-Level Interview Form.*

Population: Ages 3-90+.

Scores, 4 to 7: 3-4 domain scores: Communication, Daily Living Skills, Socialization, Motor Skills (optional); 2 optional Maladaptive Behavior scores: Internalizing, Externalizing; Adaptive Behavior Composite.

Time: 23-27 minutes to complete core domains; 2-3 minutes to complete optional Motor Skills domain (ages 3-9 only); 2-3 minutes to complete optional Maladaptive Behavior domain.

Cross References: For reviews by Karen T. Carey and Jeremy R. Sullivan of this test's English components, see 21:182.

[663e]

Ward Atmosphere Scale [Third Edition Manual].

Purpose: Designed to evaluate treatment program social climates in health care settings.

Origin: United States/English.

Translation/Adaptation: Test publisher indicates that various translations of varying quality exist, some of which are available from the publisher/distributor; there is no information in the test materials about the translation/adaptation process.

Población: Pacientes y miembros del personal.
Baremos: No se han provisto baremos con el formulario traducido al español.
Fechas de Publicación: 1974-1996.
Acrónimo: WAS.
Puntuación, 10: Participación, Apoyo, Espontaneidad, Autonomía, Orientación Práctica, Orientación Problemas Personales, Ira y Agresión, Orden y Organización, Claridad de Programa, Control de Personal.
Administración: Individual o colectiva.
Formularios, 4: R (Real), I (Ideal), E (Expectativa), S (Corta).
Precios, 2022: $50 por manual digital; $60 por manual impreso; $2.50 por la licencia remota de la encuesta en línea (compra mínima de 50); $2.50 por licencia para reproducir (compra mínima de 50).
Duración: Tiempo de administración no se reportó.
Comentarios: Parte de las escalas de Clima Social ("Social Climate Scales").
Autor: Rudolf H. Moos.
Traductores/Adaptadores: M. Sunyer y J. Sánchez de Vega.
Editorial: Mind Garden, Inc.
Componentes en Español: El formulario de prueba R está disponible en español.
Componentes en Inglés: Todos los formularios están disponibles en inglés, también; el manual es en inglés.
Referencias Cruzadas: Para reseñas por Ronald A. Berk y Mary Anne Bunda de los componentes en inglés de esta prueba, consulte 14:413.

[664s]

WebCAPE Language Placement Exam.

Propósito: Diseñado para determinar el nivel de curso para estudiantes aprendiendo español, francés, alemán, ruso, chino e inglés como segundo idioma (ESL).
Procedencia: Estados Unidos/inglés.
Población: Estudiantes universitarios.
Baremos: Esta prueba no es de referencia normativa.
Fechas de Publicación: 1986-2002.
Acrónimo: WebCAPE.
Puntuación: Puntuación total solamente.
Administración: Individual.
Precios: Disponibles con la casa editorial.
Duración: 15 minutos.
Comentarios: Se administra en línea.
Autores: Jerry W. Larson, Kim L. Smith, Don Jensen, Randall L. Jones, Marshall Murray y Diane Strong-Krause.
Editorial: Emmersion.
Componentes en Español: Los ítems de la prueba y sus instrucciones correspondientes están disponibles en español.
Componentes en Inglés: Todos los materiales están disponibles en inglés también.

Population: Patients and staff members.
Norms: Separate norms are not provided with the form translated to Spanish.
Publication Dates: 1974-1996.
Acronym: WAS.
Scores, 10: Involvement, Support, Spontaneity, Autonomy, Practical Orientation, Personal Problems Orientation, Anger and Aggression, Order and Organization, Program Clarity, Staff Control.
Administration: Individual or group.
Forms, 4: R (Real), I (Ideal), E (Expectations), S (Short).
Price Data, 2022: $50 per digital manual; $60 per print manual; $2.50 per remote online survey license (minimum purchase of 50); $2.50 per license to reproduce (minimum purchase of 50).
Time: Administration time not reported.
Comments: A component of the Social Climate Scales.
Author: Rudolf H. Moos.
Translators/Adaptors: M. Sunyer and J. Sánchez de Vega.
Publisher: Mind Garden, Inc.
Spanish Components: Form R is available in Spanish.
English Components: All test forms are also available in English; the manual is in English.
Cross References: For reviews by Ronald A. Berk and Mary Anne Bunda of this test's English components, see 14:413.

[664e]

WebCAPE Language Placement Exam.

Purpose: Designed to place students in beginning-level Spanish, French, German, Russian, Chinese, and ESL courses.
Origin: United States/English.
Population: College students.
Norms: This test is not norm referenced.
Publication Dates: 1986-2002.
Acronym: WebCAPE.
Scores: Total score only.
Administration: Individual.
Price Data: Available from publisher.
Time: 15 minutes.
Comments: Administered online.
Authors: Jerry W. Larson, Kim L. Smith, Don Jensen, Randall L. Jones, Marshall Murray, and Diane Strong-Krause.
Publisher: Emmersion.
Spanish Components: Test items and their corresponding instructions are available in Spanish.
English Components: All materials are also available in English.

[665s]

Wechsler Intelligence Scale for Children–Fifth Edition, Spanish.

Nombre Original: Wechsler Intelligence Scale for Children–Fifth Edition.
Propósito: Diseñado para evaluar la inteligencia general en niños viviendo en los Estados Unidos que hablan primariamente español.
Procedencia: Estados Unidos/inglés.
Traducción/Adaptación: Los investigadores encargados de la adaptación colaboraban con un conjunto consultivo de expertos reconocidos nacionalmente en psicología escolar, psicología clínica, neuropsicología y evaluación cros cultural; expertos adicionales de varios países hispanohablantes revisaron y proveyeron comentarios sobre los subtests. En algunos casos, solamente tradujeron las instrucciones provistas al niño. En otros casos, ítems fueron modificados para explicar diferencias lingüísticas y reducir sesgo cultural. Esta versión adaptada temprana fue aplicada en un estudio piloto para evaluar la suficiencia de la adaptación. Para desarrollar la versión final, algunos ítems fueron eliminados o reordenados basado en información de estudios previos; se mantuvo consistencia en el orden de los ítems en las subpruebas tanto como fuera posible.
Población: Niños viviendo en los Estados Unidos (inclusivo de Puerto Rico) que hablan español; edades 6-0 a 16-11.
Baremos: No se han desarrollado baremos para hispanohablantes. Materiales en inglés y español fueron equiparados estadísticamente para que los baremos reflejasen los estándares para la población general hispana de niños en los EE. UU. que hablan español y hablan un poco del inglés o no inglés. Esta muestra de equiparación fue distribuida por edad, género, nivel educativo de los padres, país de origen y región en los EE. UU. Además, se provee ajustes percentiles opcionales de puntuaciones compuestos basados en el número de años de educación que el niño ha recibido en los EE. UU. y el nivel educativo de los padres.
Fechas de Publicación: 2005-2017.
Acrónimo: WISC-V Spanish.
Puntuación, 27: 5 índices de puntuaciones primarias: Índice de Comprensión Verbal (Semejanzas, Vocabulario), Índice Visoespacial (Diseño con Cubos, Rompecabezas Visuales), Índice de Razonamiento Fluido (Razonamiento Matricial, Peso de Figuras), Índice de Memoria de Trabajo (Retención de Dígitos, Retención de Dibujos), Índice de Velocidad de Procesamiento (Claves, Búsqueda de Símbolos); 7 índices de puntuaciones auxiliares: Índice Verbal (Expansión Cristalizada [Semejanzas, Vocabulario, Información, Comprensión]), 3 Índices de Expansión Fluida (Razonamiento Matricial, Peso de Figuras, Aritmética), Índice de Razonamiento Cuantitativo (Peso de Figuras, Aritmética), Índice de Memoria de Trabajo Auditiva (Retención de Dígitos,

[665e]

Wechsler Intelligence Scale for Children–Fifth Edition, Spanish.

Original Name: Wechsler Intelligence Scale for Children–Fifth Edition.
Purpose: Designed for assessing general intelligence in children who live in the United States and speak primarily Spanish.
Origin: United States/English.
Translation/Adaptation: The researchers in charge of adaptation were aided by an advisory panel of nationally recognized experts in school psychology, clinical psychology, neuropsychology, and cross-cultural assessment; additional experts from various Spanish-speaking countries reviewed and provided feedback on all subtests. In some cases, only the instructions provided to the child were translated. In others, item content was modified to account for linguistic differences and reduce cultural biases. The early adapted version was pilot tested to evaluate the adequacy of the adaptation. To develop the final version, some items were deleted or reordered based on data from previous studies; consistency in item ordering within subtests was maintained as much as possible.
Population: Spanish-speaking children in the United States (including Puerto Rico), ages 6-0 through 16-11.
Norms: Separate norms were not developed for Spanish speakers. English and Spanish materials were statistically equated so that norms reflect performance standards for the general U.S. Hispanic population of children who speak Spanish and do not speak English well or at all. The sample was stratified by age, gender, parental education level, country of origin, and region in the United States. In addition, optional composite score percentile adjustments are provided based on the number of years of education the child has received in the U.S. and parental level of education.
Publication Dates: 2005-2017.
Acronym: WISC-V Spanish.
Scores, 27: 5 primary index scores: Verbal Comprehension Index (Similarities, Vocabulary), Visual Spatial Index (Block Design, Visual Puzzles), Fluid Reasoning Index (Matrix Reasoning, Figure Weights), Working Memory Index (Digit Span, Picture Span), Processing Speed Index (Coding, Symbol Search); 7 ancillary index scores: Verbal (Expanded Crystallized) Index (Similarities, Vocabulary, Information, Comprehension), Expanded Fluid Index-3 (Matrix Reasoning, Figure Weights, Arithmetic), Quantitative Reasoning Index (Figure Weights, Arithmetic), Auditory Working Memory Index (Digit Span, Letter-Number Sequencing), Nonverbal Index

Sucesión de Números y Letras), Índice No Verbal (Diseño con Cubos, Rompecabezas Visuales, Razonamiento Matricial, Peso de Figuras, Retención de Fotos, Claves), Índice de Habilidad General (Semejanzas, Vocabulario, Diseño con Cubos, Razonamiento Matricial, Peso de Figuras), Índice de Competencia Cognitiva (Retención de Dígitos, Retención de Fotos, Claves, Búsqueda de Símbolos), Escala Completa IQ: Comprensión Verbal (Semejanzas, Vocabulario [sustituciones admisibles: Información o Comprensión]), Visual-Espacial (Diseño con Cubos [sustituciones admisibles: Rompecabezas Visuales]), Razonamiento Fluido (Razonamiento Matricial, Peso de Figuras [sustituciones admisibles: Aritmética]), Memoria de Trabajo (Retención de Dígitos [sustituciones admisibles: Retención de Fotos o Sucesión de Números y Letras)], Velocidad de Procesamiento (Claves [sustituciones admisibles: Búsqueda de Símbolos]).

Administración: Individual.

Precios, 2022: $1,400 por juego completo, incluye manual administrativo (2017, 206 páginas, inglés), manual técnico e interpretativo (2014, 288 páginas, inglés), libros de estímulos 1-3, 25 protocolos de registro, 25 folletos de respuesta, plantilla de puntuación de búsqueda de símbolos, plantilla de puntuación de claves y un set de diseño con cubos; $294 por libro de estímulos 1, 2 o 3; $275 por manual técnico e interpretativo; $267.80 por manual administrativo; $147 por 25 protocolos de registro; $99.80 por 25 folletos de respuesta; $50.40 por set de cubos; $45 por suscripción por 1 año para puntuación en línea; $2.50 por un reporte de puntuación en línea.

Duración: 54 minutos en promedio por administración para adquirir la Escala Completa IQ; 71 minutos en promedio por administración para obtener los 5 Índices de Puntuación Primarias.

Comentarios: La Escala Total CI es la única puntuación compuesta que permite substituciones de subpruebas; se permite solo una sustitución; se puede aplicar y corregir por computadora.

Autor: David Wechsler.

Traductores/Adaptadores: María R. Muñoz y Susan Engi Raiford.

Editorial: Pearson.

Componentes en Español: Instrucciones específicas para leer al examinado en los cuadernos de estímulos y las etiquetas en los folletos de respuesta son en español; los ítems de prueba en los protocolos son en español.

Componentes en Inglés: El manual técnico e interpretativo, manual de administración e instrucciones de administración en los cuadernos de estímulos son en inglés; las plantillas y claves de puntuación son en inglés; se anota información sobre el examinado en inglés en los folletos de respuesta; detalles administrativas en los protocolos son en inglés.

Referencias Cruzadas: Para reseñas por Jeffery P. Braden y Michael S. Matthews, consulte 21:183.

(Block Design, Visual Puzzles, Matrix Reasoning, Figure Weights, Picture Span, Coding), General Ability Index (Similarities, Vocabulary, Block Design, Matrix Reasoning, Figure Weights), Cognitive Proficiency Index (Digit Span, Picture Span, Coding, Symbol Search); Full Scale IQ: Verbal Comprehension (Similarities, Vocabulary, [allowable substitutions: Information or Comprehension]), Visual Spatial (Block Design, [allowable substitution: Visual Puzzles]), Fluid Reasoning (Matrix Reasoning, Figure Weights [allowable substitution: Arithmetic]), Working Memory (Digit Span [allowable substitutions: Picture Span or Letter-Number Sequencing]), Processing Speed (Coding [allowable substitution: Symbol Search]).

Administration: Individual.

Price Data, 2022: $1,400 per complete kit, including administration manual (2017, 206 pages, English), technical and interpretive manual (2014, 288 pages, English), stimulus books 1-3, 25 record forms, 25 response booklets, symbol search scoring key, coding scoring key, and block design set; $294 per stimulus book 1, 2, or 3; $275 per technical and interpretive manual; $267.80 per manual; $147 per 25 record forms; $99.80 per 25 response booklets; $50.40 per block set; $45 per 1-year online scoring subscription; $2.50 per online score report.

Time: Average of 54 minutes per administration to obtain the Full Scale IQ; average of 71 minutes per administration to obtain the 5 primary index scores.

Comments: Full Scale IQ is the only composite score that allows subtest substitutions; only one substitution permitted; computer administration and scoring available.

Author: David Wechsler.

Translators/Adaptors: María R. Muñoz and Susan Engi Raiford.

Publisher: Pearson.

Spanish Components: Specific instructions to be read to the test taker in the stimulus booklets and the labels in the response booklets are in Spanish; test items on the record forms are in Spanish.

English Components: The technical and interpretive manual, administration manual, and administration instructions in the stimulus booklets are in English; scoring keys and templates are in English; test taker information is recorded in English in the response booklets; administrative details on record forms are in English.

Cross References: For reviews by Jeffery P. Braden and Michael S. Matthews, see 21:183.

[666s]

Wechsler Nonverbal Scale of Ability.

Propósito: Diseñado como una medida no verbal de habilidad general cognitiva.
Procedencia: Estados Unidos/inglés.
Traducción/Adaptación: No se provee información en los materiales de la prueba sobre el proceso de traducción/adaptación.
Población: Edades 4-0 a 21-11.
Baremos: No se han provisto baremos con los materiales en español.
Fecha de Publicación: 2006.
Acrónimo: WNV.
Puntuación, 7: Matrices, Codificación, Ensamblé de Objetos, Reconocimiento, Lapso Espacial, Organización de Imágenes, Puntuación Total de la Escala.
Administración: Individual.
Niveles, 2: Edades 4-0 a 7-11, 8-0 a 21-11.
Precios, 2022: $861 por juego completo incluye manual de administración y puntaje (2006, 198 páginas, inglés), manual técnico y de interpretación (2006, 125 páginas, inglés), libro de estímulos, 25 formularios de anotación, 25 cuadernillos de respuesta, tablero de lapso espacial, rompecabezas de ensamblaje de objetos, tarjetas de imágenes para organización, lápiz, un maletín para los materiales, software para puntaje en línea; $189 por manual de administración y puntaje; $107.70 por manual técnico y de interpretación; $65.70 por 25 formularios de anotación; $44.70 por 25 cuadernillos de respuesta; $189 por libro de estímulos; $294 por rompecabezas de ensamblaje de objetos (22 rompecabezas en la caja); $236.30 por tarjetas de imágenes para organización (14 sets en la caja); $199.50 por software para puntaje en línea.
Duración: Batería de 2-subpruebas: (15-20) minutos; batería de 4-subpruebas (45) minutos.
Comentarios: Las instrucciones para los examinados son proporcionadas a través de secuencias pictóricas.
Autores: David Wechsler y Jack A. Naglieri.
Editorial: Harcourt Assessment, Inc.
Componentes en Español: El manual contiene instrucciones y apuntes verbales mínimas en español.
Componentes en Inglés: Todos los materiales están disponibles en inglés; el manual es en inglés.

a) EDADES 4-0 A 7-11.
Puntuación: Matrices, Codificación (batería de 4-subpruebas solamente), Ensamblaje de Objetos (batería de 4-subpruebas solamente), Reconocimiento, Puntuación Total de la Escala.

b) EDADES 8-0 A 21-11.
Puntuación: Matrices, Codificación (batería de 4-subpruebas solamente), Lapso Espacial, Organización de Imágenes (batería de 4-subpruebas solamente), Puntuación Total de la Escala.

Referencias Cruzadas: Para reseñas por Cleborne D. Maddux y Gerald Tindal de los componentes en inglés de esta prueba, consulte 18:155.

[666e]

Wechsler Nonverbal Scale of Ability.

Purpose: Designed as a nonverbal measure of general cognitive ability.
Origin: United States/English.
Translation/Adaptation: No information is provided in the test materials about the translation/adaptation process.
Population: Ages 4-0 to 21-11.
Norms: Separate norms are not provided with the materials translated to Spanish.
Publication Date: 2006.
Acronym: WNV.
Scores, 7: Matrices, Coding, Object Assembly, Recognition, Spatial Span, Picture Arrangement, Full Scale Score.
Administration: Individual.
Levels, 2: Ages 4-0 to 7-11, 8-0 to 21-11.
Price Data, 2022: $861 per complete kit, including administration and scoring manual (2006, 198 pages, English), technical and interpretive manual (2006, 125 pages, English), stimulus book, 25 record forms, 25 response booklets, spatial span board, object assembly puzzles, picture arrangement cards, one pencil, large soft-side carrying case, and Wechsler Nonverbal scoring Assistant; $189 per administration and scoring manual; $107.70 per technical and interpretive manual; $65.70 per 25 record forms; $44.70 per 25 response booklets; $189 per stimulus book; $294 per object assembly puzzles (22 puzzles in box); $236.30 per picture arrangement cards (14 sets in box); $199.50 per scoring assistant.
Time: 2-subtest battery: (15-20) minutes; 4-subtest battery: (45) minutes.
Comments: Examinee instructions are delivered via pictorial sequences.
Authors: David Wechsler and Jack A. Naglieri.
Publisher: Harcourt Assessment, Inc.
Spanish Components: Minimal verbal instructions and prompts in Spanish are included in the manual.
English Components: All materials are available in English; the manual is in English.

a) AGES 4-0 TO 7-11.
Scores: Matrices, Coding (4-subtest battery only), Object Assembly (4-subtest battery only), Recognition, Full Scale Score.

b) AGES 8-0 TO 21-11.
Scores: Matrices, Coding (4-subtest battery only), Spatial Span, Picture Arrangement (4-subtest battery only), Full Scale Score.

Cross References: For reviews by Cleborne D. Maddux and Gerald Tindal of this test's English components, see 18:155.

[667s]

Wiig Assessment of Basic Concepts–Spanish.

Nombre Original: Wiig Assessment of Basic Concepts (Super Duper Publications).
Propósito: Una evaluación bilingüe diseñado para evaluar la comprensión y el uso de un niño hispanohablante de palabras opuestas básicas y conceptos relacionados.
Procedencia: Estados Unidos (2004)/inglés.
Traducción/Adaptación: No se tradujeron los ítems en inglés al español de manera directa sino los adaptaron para expresar de manera natural el mismo sentido en español. Luego el texto fue distribuido a nueve hispanohablantes de los EE. UU., Puerto Rico, Cuba y Centro y Sudamérica para verificar la sensibilidad y exactitud dialéctica. Después de cada revisión, se recomendaron cambios en el vocabulario. Finalmente investigaron los materiales nuevos en español en dos estudios pilotos con hispanohablantes de los EE. UU. y otros países de habla español. Finalmente, los resultados fueron analizados ítem por ítem por sesgo cultural y problemas dialécticos; añadieron algunos ítems como respuestas correctas para contar con diferencias dialécticas o culturales en la versión final.
Población: Edades 3-0 a 7-11.
Baremos: Se han provisto baremos con la versión en español. Los baremos se desarrollaron utilizando una muestra con 685 participantes, distribuidos por edad, género, región del EE. UU. o país hispanohablante (Puerto Rico, México, Costa Rica, Panamá), estatus socioeconómico, nivel educativo de la madre y porcentaje del español que se habla en el hogar.
Fecha de Publicación: 2006.
Acrónimo: WABC-S.
Puntuación, 3: Puntuación Crudo Receptivo, Puntuación Crudo Expresivo, Puntuación WABC-S Total basado en conceptos básicos en 7 categorías semánticas: Color/Forma, Peso/Volumen, Distancia/Tiempo/Velocidad, Cantidad/Capacidad, Ubicación/Orientación, Condición/Calidad, Sensación/Emoción/Evaluación.
Administración: Individual.
Niveles, 2: Edades 3-0 a 5-11; Edades 5-0 a 7-11.
Precios, 2022: $260 por juego completo incluye manual (2006, 122 páginas, inglés), libros de historia nivel 1 (Un Día en el Zoológico) y 2 (Un Día en el Parque), 50 formularios de registro nivel 1 y 25 formularios de registro nivel 2; $52 por manual; $43 por 25 formularios de registro nivel 1 o 2.
Duración: (10-15) minutos.
Comentarios: La casa editorial de la prueba sugiere que el examinador debe saber el fondo dialéctico del niño evaluado y que el examinador debe tener habilidades en lenguajes españoles de nivel 3 o superior como sugerido por el Instituto del Lenguaje Extranjero.

[667e]

Wiig Assessment of Basic Concepts–Spanish.

Original Name: Wiig Assessment of Basic Concepts (Super Duper Publications).
Purpose: A bilingual assessment designed "to evaluate a Spanish-speaking child's understanding and use of basic word opposites and related concepts."
Origin: United States (2004)/English.
Translation/Adaptation: The items in Spanish were not translated from English but adapted to more naturally convey the same meaning in Spanish. Then the text was distributed to nine Spanish speakers from the U.S., Puerto Rico, Cuba, and Central and South America to check for dialectical sensitivity and accuracy. After each review was completed, recommendations on the vocabulary and word choice were noted and made. The new Spanish materials were then used in two pilot studies with Spanish speakers from the U.S. and other Spanish-speaking countries. Finally, results were analyzed item by item for cultural bias and dialectical problems. Some items were added as correct responses to account for dialectical differences in the final version.
Population: Ages 3-0 to 7-11.
Norms: Separate norms are provided with the Spanish version. Norms were developed using a sample of 685 participants, distributed by age, gender, region of the U.S. or Spanish-speaking country (Puerto Rico, Mexico, Costa Rica, Panama), socioeconomic status, mother's education level, and percentage of Spanish spoken in the home.
Publication Date: 2006.
Acronym: WABC-S.
Scores, 3: Receptive Raw Score, Expressive Raw Score, Total WABC-S Score based on basic concepts in 7 semantic categories: Color/Shape, Weight/Volume, Distance/Time/Speed, Quantity/Completeness, Location/Direction, Condition/Quality, Sensation/Emotion/Evaluation.
Administration: Individual.
Levels, 2: Ages 3-0 to 5-11; Ages 5-0 to 7-11.
Price Data, 2022: $260 per complete kit including manual (2006, 122 pages, English), level 1 (A Day at the Zoo) and level 2 (A Day at the Park) storybooks, 50 level 1 record forms, and 50 level 2 record forms; $52 per manual; $43 per 25 level 1 or 2 record forms.
Time: (10-15) minutes.
Comments: Test publisher suggests that the examiner should know the test taker's dialectical background and that the examiner should have overall language skills in Spanish at level 3 or higher as suggested by the Foreign Language Institute.

Autor: Elisabeth H. Wiig.
Traductoras/Adaptadoras: Henriette W. Langdon y Melanie Frederick.
Editorial: PRO-ED.
Componentes en Español: Los formularios de registro y libros de cuentos son en español.
Componentes en Inglés: El manual e instrucciones de administración y puntuación son en inglés.

[668s]

Winslow Profiles.

Propósito: Diseñado para evaluar las características de personalidad para ayudar en la selección de candidato, desarrollo de empleado, entrenamiento personal y la mejora individual.
Procedencia: Estados Unidos/inglés.
Traducción/Adaptación: No se provee información en los materiales de la prueba sobre el proceso de traducción/adaptación.
Población: Empleados actuales, empleados potenciales, jornaleros, participantes de programas de entrenamiento y postulantes de puestos profesionales.
Baremos: No se han provisto baremos con los materiales traducidos al español.
Fechas de Publicación: 1968-2012.
Administración: Individual o colectiva.
Precios, 2023: $195 por el informe de desarrollo personal Winslow.
Duración: 30-45 minutos.
Autores: John Stahl, Andria Brown, Richard Sudweeks, Joseph Olsen y Scott Thayn (manuales técnicos).
Editorial: Winslow Research Institute.
Componentes en Español: Los perfiles y instrucciones de administración están disponibles en español.
Componentes en Inglés: Todos los materiales están disponibles en inglés, también; el manual es en inglés.

a) PERFIL WINSLOW DE DINÁMICO.
Propósito: Diseñado para evaluar 24 características de personalidad para ayudar en la selección del candidato, desarrollo del empleado, entrenamiento personal y mejora individual para asistir a individuos en lograr éxito en su carrera y satisfacción personal.
Población: Postulantes de puestos profesionales, empleados actuales, participantes de programas de entrenamiento.
Puntuación: Evaluación de Validez (Objetividad, Exactitud), Rasgos Interpersonales (Sociabilidad, Reconocimiento, Diligencia, Exhibición, Confianza, Crianza); Rasgos Organizacionales (Alerta, Estructura, Orden, Flexibilidad, Creatividad, Responsabilidad); Rasgos de Dedicación (Ambición, Resistencia, Asertividad, Audacia, Abierto a Entrenamiento, Liderato); Rasgos de Autocontrol (Confianza en Sí Mismo, Compostura, Tenaz, Autonomía, Contento, Control).

Author: Elisabeth H. Wiig.
Translators/Adaptors: Henriette W. Langdon and Melanie Frederick.
Publisher: PRO-ED.
Spanish Components: The record forms and storybooks are in Spanish.
English Components: The manual and administrative and scoring instructions are in English.

[668e]

Winslow Profiles.

Purpose: Designed to measure personality characteristics to aid in applicant selection, employee development, personal coaching and individual self-improvement.
Origin: United States/English.
Translation/Adaption: No information is provided in the test materials about the translation/adaptation process.
Population: Current employees, prospective employees, applicants for hourly positions, participants in training programs, and applicants for professional positions.
Norms: Separate norms are not provided with the materials translated to Spanish.
Publication Dates: 1968-2012.
Administration: Individual or group.
Price Data, 2023: $195 per Winslow personal development report.
Time: 30-45 minutes.
Authors: John Stahl, Andria Brown, Richard Sudweeks, Joseph Olsen, and Scott Thayn (technical manuals).
Publisher: Winslow Research Institute.
Spanish Components: The profiles and administration instructions are available in Spanish.
English Components: All materials are also available in English; the manual is in English.

a) WINSLOW DYNAMICS PROFILE.
Purpose: Designed to measure 24 personality characteristics to aid in applicant selection, employee development, personal coaching, and self-improvement "to assist individuals in achieving career success and personal contentment."
Population: Applicants for positions, current employees, coaching program participants.
Scores: Assessment Validity (Objectivity, Accuracy), Interpersonal Traits (Sociability, Recognition, Conscientiousness, Exhibition, Trust, Nurturance); Organizational Traits (Alertness, Structure, Order, Flexibility, Creativity, Responsibility); Dedication Traits (Ambition, Endurance, Assertiveness, Boldness, Coachability, Leadership); Self-Control Traits (Self-Confidence, Composure, Tough-Mindedness, Autonomy, Contentment, Control).

Duración: 45 minutos o menos.
Comentarios: Se administra en línea; la entrega y recibo de reportes a través del sitio web confidencial provisto gratis a clientes.
Autores: Denis Waitley, Lem Burnham, Charles C. Kaufman, J. Michael Priddy, Joan L. Francis, Thomas A. Tutko, Bruce C. Ogilvie y Leland P. Lyon.
b) PERFIL WINSLOW DE DESCUBRIMIENTO.
Propósito: Diseñado a evaluar 16 características de personalidad para ayudar en la selección de los mejores candidatos disponibles para muchos empleados por jornal en organizaciones y para desarrollo personal.
Población: Jornaleros, empleados actuales, participantes de programas de entrenamiento.
Puntuación: Evaluación de Validez (Objetividad, Exactitud), Rasgos Interpersonales (Sociabilidad, Reconocimiento, Diligencia, Exhibición, Confianza, Crianza); Rasgos Organizacionales (Alerta, Estructura, Orden, Flexibilidad, Creatividad, Responsabilidad); Rasgos de Dedicación (Ambición, Resiliencia, Asertividad, Audacia, Abierto a Entrenamiento, Liderato); Características de Autocontrol (Confianza en Sí Mismo, Compostura, Tenaz, Autonomía, Contento, Control).
Duración: 30 minutos.
Comentarios: Se administra en línea; los resultados están inmediatamente disponibles en línea.
Autores: Denis Waitley, Lem Burnham, Charles C. Kaufman, J. Michael Priddy, Linda G. Griggs, Joan L. Francis, Thomas A. Tutko, Leland P. Lyon y Bruce C. Ogilvie.
c) PERFIL WINSLOW DE SUCESO.
Propósito: Diseñado para evaluar 11 rasgos de personalidad de individuos; se puede utilizar en organizaciones en la selección de los mejores candidatos disponibles para puestos por jornal y el desarrollo actual de empleados en esas posiciones.
Población: Personal actual y empleados potenciales.
Puntuación: Evaluación de Validez (Objetividad, Exactitud), Rasgos de Competitividad (Impulso, Firmeza, Determinación, Liderato), Rasgos de Autocontrol (Confianza en Sí Mismo, Control Emocional, Tenaz), Rasgos de Dedicación (Abierto a Entrenamiento, Diligencia, Responsabilidad, Confianza), Rasgos Compuestos (Competitividad, Autocontrol, Dedicación).
Duración: 30 minutos o menos.
Comentarios: Versión corta de Perfil Dinámico Winslow comprensivo; derivado del Perfil de Éxito Atlético; administración y entrega de reportes en línea.
Autores: Denis Waitley, Lem Burnham, Charles C. Kaufman, J. Michael Priddy, Linda G. Griggs, Joan L. Francis, Thomas A. Tutko, Leland P. Lyon y Bruce C. Ogilvie.

Referencias Cruzadas: Para reseñas por Frederick T. L. Leong y Dzenana Husremovic y por Steven V. Rouse de los componentes en inglés de esta prueba, consulte 19:178.

Time: 45 minutes or less.
Comments: Online administration and delivery of reports on confidential website provided free to clients.
Authors: Denis Waitley, Lem Burnham, Charles C. Kaufman, J. Michael Priddy, Joan L. Francis, Thomas A. Tutko, Bruce C. Ogilvie, Leland P. Lyon.
b) WINSLOW DISCOVERY PROFILE.
Purpose: Designed to measure 16 personality characteristics to assist in hiring the best available applicants for many hourly positions in organizations and for personnel development.
Population: Applicants for hourly positions, current employees, coaching program participants.
Scores: Assessment Validity (Objectivity, Accuracy), Interpersonal Traits (Sociability, Recognition, Conscientiousness, Exhibition, Trust, Nurturance); Organizational Traits (Alertness, Structure, Order, Flexibility, Creativity, Responsibility); Dedication Traits (Ambition, Endurance, Assertiveness, Boldness, Coachability, Leadership); Self-Control Traits (Self-Confidence, Composure, Tough-Mindedness, Autonomy, Contentment, Control).
Time: 30 minutes.
Comments: Test is administered and results are immediately available online.
Authors: Denis Waitley, Lem Burnham, Charles C. Kaufman, J. Michael Priddy, Linda G. Griggs, Joan L. Francis, Thomas A. Tutko, Leland P. Lyon, and Bruce C. Ogilvie.
c) WINSLOW SUCCESS PROFILE.
Purpose: Designed to measure 11 personality characteristics of individuals; can be utilized by organizations in hiring the best available applicants for minimum hourly positions and developing current employees in those positions to their potential.
Population: Current and potential employees.
Scores: Assessment Validity (Objectivity, Accuracy), Competitiveness Traits (Drive, Assertiveness, Determination, Leadership), Self-Control Traits (Self-Confidence, Emotional Control, Mental Toughness), Dedication Traits (Coachability, Conscientiousness, Responsibility, Trust), Composite Traits (Competitiveness, Self-Control, Dedication).
Time: 30 minutes or less.
Comments: Previously listed as Personal Success Profile; short version of comprehensive Winslow Dynamics Profile; derivation of Athletic Success Profile; online administration and delivery of reports.
Authors: Denis Waitley, Lem Burnham, Charles C. Kaufman, J. Michael Priddy, Linda G. Griggs, Joan L. Francis, Thomas A. Tutko, Leland P. Lyon, and Bruce C. Ogilvie.

Cross References: For reviews by Frederick T. L. Leong and Dzenana Husremovic and by Steven V. Rouse of this test's English components, see 19:178.

[669s]

Woodcock-Muñoz Language Survey III.

Propósito: Diseñado para proporcionar una muestra amplia de dominio académico del idioma en las áreas de escuchar, hablar, leer, escribir y comprender.

[669e]

Woodcock-Muñoz Language Survey III.

Purpose: Designed to provide "a broad sampling of academic language proficiency in the areas of listening, speaking, reading, writing, and comprehension."

Procedencia: Estados Unidos/inglés y español.
Población: Edades 3-0 a 22-11.
Baremos: No se han desarrollado baremos para hispanohablantes. Unos cientos ítems en español e inglés fueron aplicados a una muestra de 1.055 hablantes nativos de inglés, distribuidos por edad, grado, género región de los EE. UU., tipo de comunidad (urbano, intermedio, rural), raza, identidad étnica, and nivel educativo de los padres y a 1.041 hispanohablantes nativos, distribuidos por edad, grado, género, estado estadounidense, nivel educativo de los padres y origen hispánico. La información derivada de esta investigación fue usada para calibrar ítems nuevos de prueba y equiparar los ítems a las escalas subyacentes de la prueba.
Fechas de Publicación: 1993-2017.
Acrónimo: WMLS III.
Puntuación, 22: 8 puntuaciones de prueba: Analogías, Comprensión Oral, Vocabulario Sobre Dibujos, Expresión de Lenguaje Oral, Identificación de Letras y Palabras, Comprensión de Textos, Dictado, Expresión de Lenguaje Escrito; 14 puntuaciones de grupo: Escuchar, Hablar, Lenguaje Oral Amplio en Español, Lenguaje Oral Básico en Español, Lenguaje Oral Aplicado en Español, Leer, Escribir, Lectura y Escritura Amplias en Español, Lectura y Escritura Básicas en Español, Lectura y Escritura Aplicadas en Español, Comprensión, Habilidad Amplia de Lenguaje en Español, Habilidad Básica de Lenguaje en Español, Habilidad Aplicada de Lenguaje en Español.
Administración: Individual.
Formularios, 3: Inglés A, Inglés B, Español.
Precios, 2023: $1,524.60 por ingles A y español kit completo incluye manual (2017, 225 páginas), cuaderno de prueba inglés y español, 25 protocolos de calificación de formulario A con licencias de puntuación, 25 protocolos de calificación español con licencias de puntuación y 50 folletos de respuesta (inglés y español); $856.90 por formulario individual kit complete (especificar formulario A, B o español); $108.90 por 25 protocolos de calificación con licencias de puntuación (especificar formulario A, B o español); $36.30 por 25 folletos de respuesta (especificar formulario A, B o español).
Duración: (60-75) minutos para la administración de las 8 pruebas en un formulario.
Comentarios: Se puede usar la prueba para evaluar dominio de lenguaje en inglés y/o español; cuando se aplica en ambos inglés y español, se puede comparar el desempeño para determinar predominio de lenguaje oral. Examinadores que aplican los formularios del WMLS III en inglés debieren tener fluidez en inglés y ellos que aplican los formularios del WMLS III en español debieren tener fluidez en español. Los informes de puntuación deben generarse usando la plataforma en línea de la editorial de la prueba.
Autores: Richard W. Woodcock, Criselda G. Alvarado, Mary L. Ruef y Fredrick A. Schrank.

Origin: United States/English and Spanish.
Population: Ages 3-0 through 22-11.
Norms: Separate norms were not developed for Spanish speakers. "Several hundred Spanish and English test items were administered to a sample of 1,055 native English speakers, distributed by age, grade, gender, region in the U.S., community type (urban, suburban, rural), race, ethnicity, and parental education level, and 1,041 native Spanish speakers, distributed by age, grade, gender, U.S. state, parental education level, and Hispanic origin. The data from this study were used to calibrate the new test items and equate the items to the underlying scales of the tests."
Publication Dates: 1993-2017.
Acronym: WMLS III.
Scores, 22: 8 test scores: Analogies, Oral Comprehension, Picture Vocabulary, Oral Language Expression, Letter-Word Identification, Passage Comprehension, Dictation, Written Language Expression; 14 cluster scores: Listening, Speaking, Broad English Oral Language, Basic English Oral Language, Applied English Oral Language, Reading, Writing, Broad Reading and Writing, Basic Reading and Writing, Applied Reading and Writing, Comprehension, Broad English Language Ability, Basic English Language Ability, Applied English Language Ability.
Administration: Individual.
Forms, 3: English A, English B, Spanish.
Price Data, 2023: $1,524.60 per English A and Spanish complete kit including manual (2017, 225 pages), English and Spanish test books, 25 form A test records with scoring licenses, 25 Spanish test records with scoring licenses, and 50 response booklets (English and Spanish); $856.90 per individual form complete kit (specify form A, B, or Spanish); $108.90 per 25 test records with scoring licenses (specify form A, B, or Spanish), $36.30 per 25 response books (specify form A, B, or Spanish).
Time: (60-75) minutes for administration of all 8 tests on one form.
Comments: May be used for evaluating English and/or Spanish language proficiency; when administered in both English and Spanish, performance can be compared to determine oral language dominance. "Examiners who administer the WMLS III English forms need to be fluent and literate in English . . . those who administer the WMLS III Spanish form need to be fluent and literate in Spanish." Score reports must be generated using test publisher's online platform.
Authors: Richard W. Woodcock, Criselda G. Alvarado, Mary L. Ruef, and Fredrick A. Schrank.

Editorial: Riverside Insights.
Componentes en Español: El cuaderno de prueba, protocolo de calificación y folleto de respuestas y sus instrucciones correspondientes están disponibles en español.
Componentes en Inglés: Todos los materiales están disponibles en inglés también; el manual es en inglés.
Referencias Cruzadas: Para reseñas por Beth Doll y Sandra I. Plata-Potter, consulte 21:186.

[670s]

Work Environment Scale [Second Edition Manual].

Propósito: Diseñado para evaluar el entorno social de diferentes tipos de ambientes de trabajo.
Procedencia: Estados Unidos/inglés.
Traducción/Adaptación: La editorial indica que existen varias traducciones de calidad variable, algunas de las cuales están disponibles de la casa editorial/distribuidor; no se provee información en los materiales de la prueba sobre el proceso de traducción/adaptación.
Población: Miembros del personal y supervisores.
Baremos: No se han provisto baremos con el formulario traducido al español.
Fechas de Publicación: 1974-1989.
Acrónimo: WES.
Puntuación, 10: Participación, Cohesión entre Compañeros de Trabajo, Apoyo del Supervisor, Autonomía, Orientación a la Tarea, Presión de Trabajo, Claridad, Control, Innovación, Comodidad Física.
Administración: Colectiva.
Formularios, 3: Real (R), Ideal (I), Expectativas (E).
Precios, 2022: $50 por manual digital; $60 por manual impreso; $15 por Reporte Individual: Formulario Real; $15 por Reporte Individual: Formulario Ideal; $20 por Informe Acerca de Mí: Formulario Real; $20 por Informe Acerca de Mí: Formulario Ideal; $200 por Informe de Grupo: Auto-formulario; $2.50 por licencia de encuesta remota en línea o licencia de reproducir (compra mínima de 50).
Duración: [15-20] minutos.
Comentarios: Parte de las escalas de Clima Social ("Social Climate Scales").
Autores: Rudolf H. Moos y Paul N. Insel.
Editorial: Mind Garden, Inc.
Componentes en Español: El Formulario R y sus instrucciones correspondientes están disponibles en español.
Componentes en Inglés: Todos los materiales están disponibles en inglés, también.
Referencias Cruzadas: Para reseñas por Ralph O. Mueller y Eugene P. Sheehan de los componentes en inglés de esta prueba, consulte 12:417.

Publisher: Riverside Insights.
Spanish Components: The test booklet, test record, and response booklet and their corresponding instructions are available in Spanish.
English Components: All materials are also available in English; the manual is in English.
Cross References: For reviews by Beth Doll and Sandra I. Plata-Potter, see 21:186.

[670e]

Work Environment Scale [Second Edition Manual].

Purpose: Developed to assess "the social environment of different types of work settings."
Origin: United States/English.
Translation/Adaptation: Test publisher indicates that various translations of varying quality exist, some of which are available from the publisher/distributor; there is no information in the test materials about the translation/adaptation process.
Population: Staff members and supervisors.
Norms: Separate norms are not provided with the form translated to Spanish.
Publication Dates: 1974-1989.
Acronym: WES.
Scores, 10: Involvement, Peer Cohesion, Supervisor Support, Autonomy, Task Orientation, Work Pressure, Clarity, Control, Innovation, Physical Comfort.
Administration: Group.
Forms, 3: Real (R), Ideal (I), Expectations (E).
Price Data, 2022: $50 per digital manual; $60 per print manual; $15 per Individual Report: Real Form; $15 per Individual Report: Ideal Form; $20 per Report About Me: Real Form; $20 per Report About Me: Ideal Form; $200 per Group Report: Real or Ideal Form; $2.50 per remote online survey license or license to reproduce (minimum purchase of 50).
Time: [15-20] minutes.
Comments: A component of the Social Climate Scales.
Authors: Rudolf H. Moos and Paul N. Insel.
Publisher: Mind Garden, Inc.
Spanish Components: Form R and its corresponding instructions are available in Spanish.
English Components: All materials are also available in English.
Cross References: For reviews by Ralph O. Mueller and Eugene P. Sheehan of this test's English components, see 12:417.

[671s]

Work Personality Index (2nd Edition).

Propósito: Diseñado para identificar rasgos de personalidad que se relacionan directamente al desempeño laboral para su uso en la selección de personal, desarrollo del liderazgo, crecimiento del espíritu del equipo.
Procedencia: Canadá/inglés.
Traducción/Adaptación: No se provee información en los materiales de la prueba sobre el proceso de traducción/adaptación.
Población: Adultos que formen parte de la población trabajadora.
Baremos: No se han provisto baremos con los materiales traducidos al español.
Fecha de Publicación: 2014.
Acrónimo: WPI.
Puntuación, 21: 21 escalas primarias organizadas en 5 escalas globales: Energía e Iniciativa (Ambición, Iniciativa, Flexibilidad, Energía, Liderazgo, Multifunción, Persuasión, Confianza Social), Estilo de Trabajo (Constancia, Atención a los Detalles, Cumplimiento de Reglas, Confiabilidad, Planificación), Trabajo en Equipo, (Trabajo en Equipo, Preocupación por los Demás, Extroversión, Democracia), Manejo de la Presión y el Estrés, (Autocontrol, Tolerancia al Estrés), Estilo de Resolución de Problemas, (Innovación, Pensamiento Analítico).
Administración: Individual o colectiva.
Precios: Disponibles con la casa editorial.
Duración: 20-30 minutos para completar.
Comentarios: Se puede calificar en línea o por correo; el manual (2014, 126 páginas) puede ser descargado en la página web de la casa editorial.
Autores: Donald Macnab y Shawn Bakker.
Editorial: Psychometrics Canada Ltd.
Componentes en Español: Los ítems de prueba, informe de profesión e instrucciones correspondientes están disponibles en español.
Componentes en Inglés: Todos los materiales están disponibles en inglés también; el manual es en inglés.
Referencias Cruzadas: Para reseñas por Karl N. Kelley y Philip J. Moberg de los componentes en inglés de esta prueba, consulte 20:209.

[671e]

Work Personality Index (2nd Edition).

Purpose: Designed to "identify personality traits that directly relate to work performance" for use in "personal selection, leadership development, and team building."
Origin: Canada/English.
Translation/Adaptation: No information is provided in the test materials about the translation/adaptation process.
Population: Adults in the working population.
Norms: Separate norms are not provided with the materials translated to Spanish.
Publication Date: 2014.
Acronym: WPI.
Scores, 21: 21 primary scales organized in 5 global scales: Energy and Drive (Ambition, Initiative, Flexibility, Energy, Leadership, Multi-Tasking, Persuasion, Social Confidence), Work Style (Persistence, Attention to Detail, Rule-Following, Dependability, Planning), Working With Others (Teamwork, Concern for Others, Outgoing, Democratic), Dealing With Pressure and Stress (Self-Control, Stress Tolerance), Problem Solving Style (Innovation, Analytical Thinking).
Administration: Individual or group.
Price Data: Available from publisher.
Time: 20-30 minutes to complete.
Comments: Scoring available online or by mail; the manual (2014, 126 pages) may be downloaded from test publisher's website.
Authors: Donald Macnab and Shawn Bakker.
Publisher: Psychometrics Canada Ltd.
Spanish Components: The test items, career report, and accompanying instructions are available in Spanish.
English Components: All materials are also available in English; the manual is in English.
Cross References: For reviews by Karl N. Kelley and Philip J. Moberg of this test's English components, see 20:209.

[672s]

The Work Sampling System, 5th Edition.

Propósito: Diseñado como evaluación de desempeño para asistir a los docentes a documentar y evaluar las habilidades, el conocimiento y el comportamiento de los estudiantes usando experiencias, actividades y productos actuales basados en el aula.
Procedencia: Estados Unidos/inglés.
Traducción/Adaptación: No se provee información en los materiales de la prueba sobre el proceso de traducción/adaptación.

[672e]

The Work Sampling System, 5th Edition.

Purpose: Designed as a "performance assessment ... to assist teachers in documenting and evaluating students' skills, knowledge, and behaviors using actual classroom-based experiences, activities, and products."
Origin: United States/English.
Translation/Adaptation: No information is provided in the test materials about the translation/adaptation process.

[672s] The Work Sampling System, 5th Edition

Población: Preescolar a Grado 3.
Baremos: Esta prueba no es de referencia normativa; es de referencia de criterio.
Fecha de Publicación: 2013.
Acrónimo: WSS, 5th Edición.
Puntuación: Indicadores de desempeño organizados en 27 componentes en 7 dominios: Desarrollo Personal y Social (Autoconcepto, Autocontrol, Abordar Aprendizaje, Interacción con los Demás), Lenguaje y Alfabetización (Escuchar, Hablar, Lectura, Escritura), Pensamiento Matemático (Procesos y Prácticas, Número, Operaciones y Pensamientos Algebraicos, Medidas, Análisis de Datos [solo Grados K-3], Geometría), Pensamiento Científico (Habilidades y Prácticas de Investigación, Ciencias Físicas, Ciencias Biológicas, Ciencias de la Tierra), Estudios Sociales (Gente/ Pasado y Presente, Interdependencia Humana, Ciudadanía y Gobierno, Gente y Donde Viven), Las Artes (Expresión y Representación, Comprensión y Apreciación), Desarrollo Físico/Salud/Seguridad (Desarrollo Motor Grueso, Desarrollo Motor Fino, Autocuidado/Salud/Seguridad); para estudiantes del idioma inglés (ELL, por sus siglas en inglés), los componentes de dominios para Lenguaje y Alfabetización son Escuchar para Estudiantes ELL, Conciencia Fonológica para Estudiantes ELL, Habla para Estudiantes ELL.
Administración: Individual.
Formularios, 6: Preescolar-3, Preescolar-4, Kindergarten, Primer Grado, Segundo Grado, Tercer Grado.
Precios, 2022: $210.60 por juego de aula, incluye el manual del docente (136 páginas; inglés), guías de desarrollo, 30 listas de verificación, gráficos de pared y formularios reproducibles en memoria (especificar edad/nivel de grado; algunos en español); $47.30 por cada manual del docente, $53.40 por cada guía general; $41.30 por cada memoria con formularios reproducibles; $37.70 por cada guía de desarrollo (especificar edad/nivel de grado); $32.80 por cada lista de verificación de desarrollo (especificar edad/nivel de grado); $8.70 por cada gráfico de pared.
Duración: No se reportó tiempo de administración.
Comentarios: Puede ser administrado tres veces al año, (otoño, invierno, primavera); una evaluación de referencia de criterio observacional.
Autores: Margo L. Dichtelmiller, Judy R. Jablon, Dorothea B. Marsden y Samuel J. Meisels.
Editorial: Pearson.
Componentes en Español: Algunos de los formularios reproducibles tales como la Introducción para las Familias, el Resumen del Informe, el Resumen del Informe: Narrativo, el Resumen del Informe: Estándar y el Resumen del Informe: Comentarios del Estudiante y de la Familia están disponibles en español; los comentarios escritos a máquina en español por docente producen reportes narrativos en español.

Population: Preschool through Grade 3.
Norms: This test is not norm referenced; it is criterion referenced.
Publication Date: 2013.
Acronym: WSS, 5th Edition.
Scores: Performance indicators organized into 27 components in 7 domains: Personal and Social Development (Self-Concept, Self-Control, Approaches to Learning, Interaction with Others), Language and Literacy (Listening, Speaking, Reading, Writing), Mathematical Thinking (Processes and Practices, Number, Operations and Algebraic Thinking, Measurement, Data Analysis [Grades K-3 only], Geometry), Scientific Thinking (Inquiry Skills and Practices, Physical Science, Life Science, Earth Science), Social Studies (People/Past and Present, Human Interdependence, Citizenship and Government, People and Where They Live), The Arts (Expression and Representation, Understanding and Appreciation), Physical Development/Health/Safety (Gross Motor Development, Fine Motor Development, Self-Care/Health/Safety); for English Language Learners, Language and Literacy domain components are Listening for English Language Learners, Phonological Awareness for English Language Learners, Speaking for English Language Learners.
Administration: Individual.
Forms 6: Preschool-3, Preschool-4, Kindergarten, First Grade, Second Grade, Third Grade.
Price Data, 2022: $210.60 per classroom kit, including teacher's manual (136 pages, English), developmental guidelines, 30 checklists, wall charts, and reproducible masters flash drive (specify age/grade level); $47.30 per teacher's manual, $53.40 per omnibus guidelines; $41.30 per reproducible masters flash drive; $37.70 per developmental guidelines (specify age/grade level); $32.80 per 10 developmental checklists (specify age/grade level); $8.70 per wall chart.
Time: Administration time not reported.
Comments: Can administer three times per year (fall, winter, spring); "criterion-referenced observational assessment."
Authors: Margo L. Dichtelmiller, Judy R. Jablon, Dorothea B. Marsden, and Samuel J. Meisels.
Publisher: Pearson.
Spanish Components: Some of the reproducible forms such as the Standard, Narrative and Family Reports, Summary Report: Student and Family Comments, and Introduction for Families are available in Spanish; comments typed by the teacher in Spanish produce narrative reports in Spanish.

Componentes en Inglés: Todos los materiales están disponibles en inglés también; el manual es en inglés.
Referencias Cruzadas: Para reseñas por Robert L. Johnson y Stacy Bliss de los componentes en inglés de esta prueba, consulte 20:213.

[673s]

The Work Self-Efficacy Inventory.

Propósito: Diseñado para medir los comportamientos laborales que se refieren a las creencias en el dominio de los requisitos sociales necesarios para el éxito en el lugar de trabajo.
Procedencia: Estados Unidos/inglés.
Traducción/Adaptación: La editorial de la prueba indica que existen varias traducciones de calidad variable, algunas de las cuales están disponibles de la casa editorial/distribuidor; no se provee información en los materiales de la prueba sobre el proceso de traducción/adaptación.
Población: Adultos trabajadores.
Baremos: No se han provisto baremos con los formularios traducidos al español.
Fecha de Publicación: 2010.
Acrónimo: WS-Ei.
Puntuación, 8: Aprendizaje, Resolución de Problemas, Presión, Expectativas de Rol, Trabajo en Equipo, Sensibilidad, Política Laboral, Autoeficacia Laboral General.
Administración: Individual o colectiva.
Formularios, 2: Formulario A (auto-version), Formulario B (versión de desempeño).
Precios, 2022: $50 por manual digital (48 páginas); $60 por manual impreso; $15 por Reporte Individual: Auto-formulario; $15 por Informe Acerca de Mí: Auto-formulario; $200 por Informe de Grupo: Auto-formulario; $2.50 por licencia de encuesta remota en línea o licencia de reproducción (compra mínima de 50).
Duración: Aproximadamente 10 minutos para la administración del Formulario A y 5 minutos para la administración del Formulario B.
Comentarios: Puede administrarse en línea; adquiera una licencia para reproducir y administrar mediante papel y lápiz; el Formulario B (versión de desempeño) está disponible solo en inglés.
Autor: Joseph A. Raelin.
Editorial: Mind Garden, Inc.
Componentes en Español: El Formulario A (auto-version) y sus instrucciones correspondientes están disponibles en español.
Componentes en Inglés: Todos los materiales están disponibles en inglés también; el manual es en inglés.
Referencias Cruzadas: Para reseñas por Shani D. Carter y Janet V. Smith de los componentes en inglés de esta prueba, consulte 21:189.

English Components: All materials are also available in English; the manual is in English.
Cross References: For reviews by Robert L. Johnson and Stacy Bliss of this test's English components, see 20:213.

[673e]

The Work Self-Efficacy Inventory.

Purpose: Designed to "measure job behaviors referring to beliefs in one's command of the social requirements necessary for success in the workplace."
Origin: United States/English.
Translation/Adaptation: Test publisher indicates that various translations of varying quality exist, some of which are available from the publisher/distributor; no information is provided in the test materials about the translation/adaptation process.
Population: Working adults.
Norms: Separate norms are not provided with the form translated to Spanish.
Publication Date: 2010.
Acronym: WS-Ei.
Scores, 8: Learning, Problem Solving, Pressure, Role Expectations, Teamwork, Sensitivity, Work Politics, Overall Work Self-Efficacy.
Administration: Individual or group.
Forms, 2: Form A (self version), Form B (performance version).
Price Data, 2022: $50 per digital manual (48 pages); $60 per print manual; $15 per Individual Report: Self Form; $15 per Report About Me: Self Form; $200 per Group Report: Self Form; $2.50 per remote online survey license or license to reproduce (minimum purchase of 50).
Time: Approximately 10 minutes for administration of Form A and 5 minutes for administration of Form B.
Comments: Test may be administered online; test user may purchase a license to reproduce in order to administer via paper and pencil; Form B (performance version) is available in English only.
Author: Joseph A. Raelin.
Publisher: Mind Garden, Inc.
Spanish Components: Form A (self version) and its corresponding instructions are available in Spanish.
English Components: All materials are also available in English; the manual is in English.
Cross References: For reviews by Shani D. Carter and Janet V. Smith of this test's English components, see 21:189.

[674s]

Y-OQ-SR 2.0 [Youth Outcome Questionnaire–Self Report].

Propósito: Diseñado para evaluar el cambio de comportamiento, así como lo percibe el/la adolescente mismo.
Procedencia: Estados Unidos/inglés.
Traducción/Adaptación: No se provee información en los materiales de la prueba sobre el proceso de traducción/adaptación.
Población: Edades 12-18.
Baremos: No se han provisto baremos con el formulario traducido al español.
Fecha de Publicación: 1999-2005.
Acrónimo: Y-OQ-SR 2.0.
Puntuación, 7: Angustia Intrapersonal, Somático, Relaciones Interpersonales, Problemas Sociales, Disfunciones de Comportamiento, Elementos Críticos, Total.
Administración: Individual o colectiva.
Precios: Disponibles con la casa editorial.
Duración: 7-15 minutos.
Comentarios: Y-OQ_SR 2.0 es una versión de autoreporte del Youth Outcome Questionnaire (Y-OQ_ 2.01); requiere de una licencia de acreditación de OQ_ Measures LLC para administrar la prueba.
Autores: M. Gawain Wells, Gary M. Burlingame, Paul M. Rose (manual solamente) y Michael J. Lambert (prueba solamente).
Editorial: OQ_Measures LLC.
Componentes en Español: El cuestionario de resultados está disponible en español.
Componentes en Inglés: Todos los materiales están disponibles en inglés, también; el manual es en inglés.
Referencias Cruzadas: Para reseñas por John S. Geisler y Joseph C. Kush de los componentes en inglés de esta prueba, consulte 17:207.

[675s]

Y-OQ-TA [Youth Outcome Questionnaire Therapeutic Alliance].

Propósito: Un instrumento independiente diseñado para medir la calidad de la relación entre un/a cliente y el/la terapeuta y entre los padres o guardianes de el/la cliente y terapeuta.
Procedencia: Estados Unidos/inglés.
Traducción/Adaptación: No se provee información en los materiales de la prueba sobre el proceso de traducción/adaptación.
Población: Clientes jóvenes de terapia y sus padres o guardianes.
Baremos: No se han provisto baremos con materiales traducidos al español.
Fechas de publicación: 2010-2012.
Acrónimo: Y-OQ-TA.
Puntuación: Puntuación total solamente.
Administración: Individual.

[674e]

Y-OQ-SR 2.0 [Youth Outcome Questionnaire–Self Report].

Purpose: Designed to "assess behavior change as the adolescent clients themselves perceive it."
Origin: United States/English.
Translation/Adaptation: No information is provided in the test materials about the translation/adaptation process.
Population: Ages 12-18.
Norms: Separate norms are not provided with the form translated to Spanish.
Publication Dates: 1999-2005.
Acronym: Y-OQ-SR 2.0.
Scores, 7: Intrapersonal Distress, Somatic, Interpersonal Relations, Social Problems, Behavioral Dysfunction, Critical Items, Total.
Administration: Individual or group.
Price Data: Available from publisher.
Time: 7-15 minutes.
Comments: Y-OQ_SR 2.0 is the self-report version of the Youth Outcome Questionnaire (Y-OQ_ 2.01); requires accreditation licensure from OQ_Measures LLC to administer the test.
Authors: M. Gawain Wells, Gary M. Burlingame, Paul M. Rose (manual only), and Michael J. Lambert (test only).
Publisher: OQ_Measures LLC.
Spanish Components: The test form is available in Spanish.
English Components: All materials are also available in English; the manual is in English.
Cross References: For reviews by John S. Geisler and Joseph C. Kush of this test's English components, see 17:207.

[675e]

Y-OQ-TA [Youth Outcome Questionnaire Therapeutic Alliance].

Purpose: A stand-alone instrument designed to measure the quality of the relationship between client and therapist and between the client's parent or guardian and therapist.
Origin: United States/English.
Translation/Adaptation: No information is provided in the test materials about the translation/adaptation process.
Population: Youth therapy clients and their parent or guardian.
Norms: Separate norms are not provided with the materials translated to Spanish.
Publication Dates: 2010-2012.
Acronym: Y-OQ-TA.
Score: Total score only.
Administration: Individual.

Formularios, 2: Auto (Y-OQ-SR-TA), Padres (Y-OQ-PR-TA).
Precios: Gratis con la compra de una licencia de cualquier cuestionario OQ.
Duración: Tiempo de administración no se reportó.
Comentarios: Óptimo para administrar después de una sesión de terapia.
Autores: Michael J. Lambert y Gary M. Burlingame.
Editorial: OQ Measures LLC.
Componentes en Español: Los formularios de respuesta Auto y Padres están disponibles en español.
Componentes en Inglés: Todos los materiaels están disponibles en inglés también.

[676s]

Y-OQ-30.2 [Youth Outcome Questionnaire].

Propósito: Diseñado para evaluar el proceso de tratamiento para niños y adolescentes que reciben cualquier forma de tratamiento de salud mental incluyendo medicamentos psicoactivos.
Procedencia: Estados Unidos/inglés.
Traducción/Adaptación: No se provee información en los materiales de la prueba sobre el proceso de traducción/adaptación.
Población: Edades 12-18.
Baremos: No se han provisto baremos con el formulario traducido al español.
Fechas de Publicación: 1998-2002.
Acrónimo: Y-OQ-30.2.
Puntuación: Puntuación total solamente.
Administración: Individual o colectiva.
Precios: Disponibles con la casa editorial.
Duración: (2-15) minutos.
Comentarios: Se requiere una licencia de acreditación de OQ Measures LLC para administrar la prueba; la prueba puede ser completada por los padres o utilizada como un autoinforme.
Autores: Gary M. Burlingame, Bruce W. Jasper (manual solamente), Gary Peterson (manual solamente), M. Gawain Wells, Curtis W. Reisinger y G. S. (Jeb) Brown (manual solamente).
Editorial: OQ Measures LLC.
Componentes en Español: El formulario está disponible en español.
Componentes en Inglés: Todos los materiales están disponibles en inglés también; el manual es en inglés.

[677s]

Y-OQ-TSM [Youth Outcome Questionnaire Treatment Support Measure].

Propósito: Diseñado a evaluar el tipo y severidad de problemas que pueden impedir el progreso del tratamiento.

Forms, 2: Self (Y-OQ-SR-TA), Parent (Y-OQ-PR-TA).
Price Data: Free with the purchase of a license of any OQ outcome questionnaire.
Time: Administration time not reported.
Comments: Optimal to administer following a therapy session.
Authors: Michael J. Lambert and Gary M. Burlingame.
Publisher: OQ Measures LLC.
Spanish Components: The Self and Parent response forms are available in Spanish.
English Components: All test materials are available in English.

[676e]

Y-OQ-30.2 [Youth Outcome Questionnaire].

Purpose: Designed to evaluate "the treatment process for children and adolescents receiving any form of behavioral health treatment, including psychoactive medications."
Origin: United States/English.
Translation/Adaptation: No information is provided in the test materials about the translation/adaptation process.
Population: Ages 12-18.
Norms: Separate norms are not provided with the form translated to Spanish.
Publication Dates: 1998-2002.
Acronym: Y-OQ-30.2.
Scores: Total score only.
Administration: Individual or group.
Price Data: Available from publisher.
Time: (2-15) minutes.
Comments: Requires accreditation licensure from OQ Measures LLC to administer the test; test can be parent-reported and self-reported.
Authors: Gary M. Burlingame, Bruce W. Jasper (manual only), Gary Peterson (manual only), M. Gawain Wells, Curtis W. Reisinger, and G. S. (Jeb) Brown (manual only).
Publisher: OQ Measures LLC.
Spanish Components: The test form is available in Spanish.
English Components: All materials are also available in English; the manual is in English.

[677e]

Y-OQ-TSM [Youth Outcome Questionnaire Treatment Support Measure].

Purpose: Designed for use in treatment planning and to address potential barriers to client progress during therapy.

Procedencia: Estados Unidos/inglés.
Traducción/Adaptación: No se provee información en los materiales de la prueba sobre el proceso de traducción/adaptación.
Población: Clientes de terapia de 12 a 17 años y sus padres o tutores.
Baremos: No se han provisto baremos con los materiales traducidos al español.
Fechas de Publicación: 2010-2012.
Acrónimo: OQ-ASC.
Administración: Individual.
Precios: Disponibles de la casa editorial.
Duración: Tiempo de administración no se reportó.
Comentarios: El editor de la prueba recomienda administrar una vez al comienzo del tratamiento y, posteriormente, según sea necesario; anteriormente llamada Youth Assessment for Signal Clients; diseñado para ser utilizado con el Youth Outcome Questionnaire y el programa de computadora OQ Analyst.
Autores: Gary Burlingame y Jared S. Warren (prueba); Jared S. Warren y Michael J. Lambert (manual).
Editorial: OQ Measures LLC.
Componentes en Español: Los items de la prueba y sus instrucciones de administración están disponibles en español.
Componentes en Inglés: Todos los materiales están disponibles en inglés, también.

a) FORMULARIO DE PADRES.
Población: Padres o cuidadores de un/una cliente de terapia.
Acrónimo: TSM-P.
Puntuación, 5: Autoeficacia de los Padres, Apoyo Social de los Padres, Habilidades de Crianza, Angustia de los Padres, Alianza Terapéutica de Padres.
b) FORMULARIO DE JÓVENES.
Polación: Clientes de terapia de edades 12-17.
Acrónimo: TSM-Y.
Puntuación, 4: Autoeficacia de Jóvenes, Apoyo Social de Jóvenes, Motivación de Jóvenes para el Tratamiento, Alianza Terapéutica de Jóvenes.

Origin: United States/English.
Translation/Adaptation: No information is provided in the test materials about the translation/adaptation process.
Population: Therapy clients ages 12-17 and their parent or guardian.
Norms: Separate norms are not provided with the materials translated to Spanish.
Publication Dates: 2010-2012.
Acronym: OQ-ASC.
Administration: Individual.
Price Data: Available from publisher.
Time: Administration time not reported.
Comments: Test publisher recommends administering once at the beginning of treatment and on an as-needed basis thereafter; formerly called Youth Assessment for Signal Clients; designed to be used with the Youth Outcome Questionnaire and OQ Analyst software.
Authors: Gary Burlingame and Jared S. Warren (test); Jared S. Warren and Michael J. Lambert (manual).
Publisher: OQ Measures LLC.
Spanish Components: The test items and the corresponding administration instructions are available in Spanish.
English Components: All materials are also available in English.

a) PARENT FORM.
Population: Parent or guardian of therapy client.
Acronym: TSM-P.
Scores, 5: Parenting Self-Efficacy, Parent Social Support, Parenting Skills, Parent Distress, Parent Therapeutic Alliance.
b) YOUTH FORM.
Population: Therapy clients ages 12-17.
Acronym: TSM-Y.
Scores, 4: Youth Self-Efficacy, Youth Social Support, Youth Motivation for Treatment, Youth Therapeutic Alliance.

[678s]

Youth Outcome Questionnaire (Y-OQ-2.01).

Propósito: Diseñado como una medida del progreso del tratamiento para niños y adolescentes que reciben tratamiento psicológico o psiquiátrico.
Procedencia: Estados Unidos (1996-2005)/inglés.
Traducción/Adaptación: No se provee información en los materiales de la prueba sobre el proceso de traducción/adaptación.
Población: Edades 4 a 17.
Baremos: No se han provisto baremos con el formulario traducido al español.
Fechas de Publicación: 1996-2001.
Acrónimo: Y-OQ-2.01.

[678e]

Youth Outcome Questionnaire (Y-OQ-2.01).

Purpose: Designed as a "measure of treatment progress for children and adolescents receiving psychological or psychiatric treatment."
Origin: United States (1996-2005)/English.
Translation/Adaptation: No information is provided in the test materials about the translation/adaptation process.
Population: Ages 4 to 17.
Norms: Separate norms are not provided with the form translated to Spanish.
Publication Dates: 1996-2001.
Acronym: Y-OQ-2.01.

Puntuación, 7: Angustia Intrapersonal, Angustia Somática, Relaciones Interpersonales, Ítems Críticos, Problemas Sociales, Disfunción Conductual, Total.
Administración: Individual.
Precios, 2023: $250 por OQ Analyst licencia por clínico, que incluye tres pruebas, una de las cuales puede ser en español; $25 por manual (1996, 27 páginas, inglés); $40 por administración adicional en español.
Duración: 4-20 minutos.
Comentarios: Una escala de evaluación del comportamiento completado por un padre o una figura adulta significativa.
Autores: Gary M. Burlingame, Michael J. Lambert y M. Gawain Wells (prueba y manual); Matthew J. Hoag, Carolen A. Hope, R. Scott Nebeker, Kimberly Konkel, Pamela McCollam, Gary Peterson, Mark Latkowski y Curtis W. Reisinger (manual).
Traductora/Adaptadora: Veronica A. Hatch.
Editorial: OQ Measures LLC.
Componentes en Español: El cuestionario y los instrucciones de administración están disponible en español.
Componentes en Inglés: Todos los materiales están disponibles en inglés, también; el manual es en inglés.
Referencias Cruzadas: Para reseñas por Susan K. Green y John Hattie de los componentes en inglés de esta prueba, consulte 16:238.

Scores, 7: Intrapersonal Distress, Somatic Distress, Interpersonal Relations, Critical Items, Social Problems, Behavioral Dysfunction, Total.
Administration: Individual.
Price Data, 2023: $250 per OQ Analyst license per clinician, which includes three measures, one of which can be in Spanish; $25 per manual (1996, 27 pages, English); $40 per additional Spanish administration.
Time: 4-20 minutes.
Comments: Behavior rating scale completed by parent or "significant adult figure."
Authors: Gary M. Burlingame, Michael J. Lambert, and M. Gawain Wells (test and manual); Matthew J. Hoag, Carolen A. Hope, R. Scott Nebeker, Kimberly Konkel, Pamela McCollam, Gary Peterson, Mark Latkowski, and Curtis W. Reisinger (manual).
Translator/Adaptor: Veronica A. Hatch.
Publisher: OQ Measures LLC.
Spanish Components: The questionnaire and its administration instructions are available in Spanish.
English Components: All materials are also available in English; the manual is in English.
Cross References: For reviews by Susan K. Green and John Hattie of this test's English components, see 16:283.

[679s]

Youth Program Quality Assessment.

Propósito: Diseñado para evaluar la calidad de programas para jóvenes e identificar necesidades de capacitación para los adultos.
Procedencia: Estados Unidos (2005-2012)/inglés.
Traducción/Adaptación: No se provee información en los materiales de la prueba sobre el proceso de traducción/adaptación.
Población: Programas que sirven a Grados 4-12.
Baremos: Esta prueba no es de referencia normativa.
Fechas de Publicación: 2015-2020.
Acrónimo: Youth PQA.
Puntuación, 5: Ambiente de Aprendizaje, Ambiente de Apoyo, Interacción, Involucración, Total.
Administración: Individual o colectiva.
Precios, 2023: La herramienta está disponible para descarga gratuita del sitio de la casa editorial de la prueba.
Duración: 120 minutos.
Comentarios: Esta prueba se basa en observaciones y entrevistas realizadas por evaluadores independientes o como una autoevaluación.
Autor: High/Scope Educational Research Foundation.
Traductoras/Adaptadoras: María de la Asunción Serrano Carrasco y María Eugenia Bautista Serrano.

[679e]

Youth Program Quality Assessment.

Purpose: "Designed to evaluate the quality of youth programs and identify staff training needs."
Origin: United States (2005-2012)/English.
Translation/Adaptation: No information is provided in the test materials about the translation/adaptation process.
Population: Youth-serving programs for Grades 4-12.
Norms: This test is not norm referenced.
Publication Dates: 2015-2020.
Acronym: Youth PQA.
Scores, 5: Safe Environment, Supportive Environment, Interaction, Engagement, Total.
Administration: Individual or group.
Price Data, 2023: The tool is available for free download from the test publisher's site.
Time: 120 minutes.
Comments: This test is based on observations and interviews by either "independent raters or as a self-assessment."
Author: High/Scope Educational Research Foundation.
Translators/Adaptors: María de la Asunción Serrano Carrasco and María Eugenia Bautista Serrano.

Editorial: The Forum for Youth Investment.
Componentes en Español: Los cuadernos de respuesta y sus instrucciones correspondientes están disponibles en español.
Componentes en Inglés: Todos los materiales están disponibles en inglés también, el manual es en inglés.
Referencias Cruzadas: Para una reseña por Georgette Yetter de los componentes en inglés de esta prueba, consulte 17:208.

Publisher: The Forum for Youth Investment.
Spanish Components: The test booklet and its corresponding instructions are available in Spanish.
English Components: All materials are also available in English; the manual is in English.
Cross References: For a review by Georgette Yetter of this test's English components, see 17:208.

[680s]

Youth's Inventory–4.

Propósito: Diseñado para determinar el grado en que el paciente adolescente está consciente de sus síntomas [psicopatología adolescente], según lo determinado por su propio informe.
Procedencia: Estados Unidos (1999)/inglés.
Traducción/Adaptación: No se provee información en los materiales de la prueba sobre el proceso de traducción/adaptación.
Población: Edades 12-18.
Baremos: No se han provisto baremos con el formulario traducido al español.
Fecha de Publicación: 2003.
Acrónimo: YI-4.
Puntuación, 11: AD/HD Inatención, Hiperactividad-Impulsividad, Combinado, Trastorno Oposicional Desafiante, Trastorno de la Conducta, Trastorno Ansiedad Generalizada, Trastorno de Depresión Mayor, Trastorno Distímico, Trastorno de Ansiedad por Separación, Problemas de Alimentación, Trastorno de Bipolaridad.
Administración: Individual.
Precios: Disponibles con la casa editorial.
Duración: [15] minutos.
Comentarios: Un formulario actualizado (YI-4R) está disponible en inglés; se actualizó en 2008 para incluir un ítem de trastorno para cada desorden.
Autores: Kenneth D. Gadow y Joyce Sprafkin.
Editorial: Checkmate Plus, Ltd.
Componentes en Español: El cuestionario y sus instrucciones correspondientes están disponibles en español.
Componentes en Inglés: Todos los materiales están disponibles en inglés también; el manual es en inglés.
Referencias Cruzadas: Para reseñas por Harold R. Keller y John J. Vacca de los componentes en inglés de esta prueba, consulte 15:286.

[680e]

Youth's Inventory–4.

Purpose: Designed to determine "the extent to which the adolescent patient is aware of his or her symptoms" [of adolescent psychopathology], as determined by self-report.
Origin: United States (1999)/English.
Translation/Adaptation: No information is provided in the test materials about the translation/adaptation process.
Population: Ages 12-18.
Norms: Separate norms are not provided with the form translated to Spanish.
Publication Date: 2003.
Acronym: YI-4.
Scores, 11: AD/HD Inattentive, Hyperactive-Impulsive, Combined, Oppositional Defiant Disorder, Conduct Disorder, Generalized Anxiety Disorder, Major Depressive Disorder, Dysthymic Disorder, Separation Anxiety Disorder, Eating Problems, Bipolar Disorder.
Administration: Individual.
Price Data: Available from publisher.
Time: [15] minutes.
Comments: A newer form (YI-4R) is available in English; it was updated in 2008 to include one impairment item for each disorder.
Authors: Kenneth D. Gadow and Joyce Sprafkin.
Publisher: Checkmate Plus, Ltd.
Spanish Components: The questionnaire and its corresponding instructions are available in Spanish.
English Components: All materials are also available in English; the manual is in English.
Cross References: For reviews by Harold R. Keller and John J. Vacca of this test's English components, see 15:286.

ÍNDICE DE TÍTULOS

Este índice de títulos incluye una lista comprensiva de pruebas impresas y disponibles comercialmente, en parte o en su entero, en español. Se incluye aquí también los títulos originales de pruebas que servían como base de una traducción o adaptación española. Estos títulos se designa como (original) después del título y son seguidos por el nombre y número de la prueba traducida o adaptada. Los números hacen referencia al número asignado a la prueba en Pruebas Publicadas en Español III, *no al número de página.*

INDEX OF TITLES

This titles index includes a comprehensive listing of tests currently in print and commercially available either in part or wholly in Spanish. Included here are test titles that correspond to entries included in this volume as well as original titles for those tests that served as the basis for a Spanish translation or adaptation. Such titles are designated as (original) after the title and are followed by the name and test number of the translation or adaptation. All numbers refer to test entries in Pruebas Publicadas en Español III, *not to page numbers.*

ÍNDICE DE PRUEBAS DESCONTINUADAS

El Índice de Pruebas Descontinuadas es un listado acumulativo de pruebas que aparecieron en una edición anterior de Pruebas Publicadas en Español *pero no aparecen en esta edición. Las casas editoriales de la mayoría de estas pruebas han confirmado que estas pruebas han sido descontinuadas. Para algunos otros, se ha asumido el estado agotado porque la casa editorial no respondió a pedidos múltiples para información durante varios años y los esfuerzos para encontrar información sobre la prueba o casa editorial a través de otros medios no tuvieron éxito. Los números hacen referencia al número de la prueba, no el número de página. Por ejemplo, PPE1:29 refiere a la prueba 29 en* Pruebas Publicadas en Español *(2013); PPE2:360 refiere a la prueba 360 en* Pruebas Publicadas en Español II *(2018).*

INDEX OF OUT-OF-PRINT TESTS

The Index of Out-of-Print Tests is a cumulative listing of tests that appeared in an earlier edition of Pruebas Publicadas en Español *but do not appear in this edition. The publishers of most of these tests have confirmed that the tests are now out of print. For some others, out of print status has been assumed because the publisher has not responded to multiple requests for information over a number of years, and efforts to find information about the test or publisher through other means were unsuccessful. All numbers refer to test entries, not page numbers. For example, PPE1:29 refers to test 29 in* Pruebas Publicadas en Español *(2013); PPE2:360 refers to test 360 in* Pruebas Publicadas en Español II *(2018).*

ÍNDICE DE ACRÓNIMOS

Este Índice de Acrónimos refiere al lector a la prueba apropiada en Pruebas Publicadas en Español III. *En algunos casos, pruebas son más bien conocidas por su acrónimo que por su título completo, y este índice puede ser muy beneficioso a la persona que sabe el primero pero no el segundo. Acrónimos son listados si el autor o casa editorial de la prueba ha hecho uso substancial del acrónimo en referir a la prueba, o si la prueba está bien conocida por el acrónimo. Los números hacen referencia al número asignado a la prueba, no al número de páginas.*

INDEX OF ACRONYMS

This Index of Acronyms refers the reader to the appropriate test in Pruebas Publicadas en Español III. *In some cases, tests are better known by their acronyms than by their full titles, and this index can be of substantial help to the person who knows the former but not the latter. Acronyms are only listed if the author or publisher has made substantial use of the acronym in referring to the test, or if the test is widely known by the acronym. All numbers refer to test numbers, not page numbers.*

ÍNDICE CLASIFICADO POR MATERIAS

El Índice Clasificado por Materias clasifica todas las pruebas incluidas en Pruebas Publicadas en Español III *en 18 categorías principales: Bellas Artes, Ciencia, Desarrollo, Educación, Estudios Sociales, Evaluación de Comportamiento, Habla y Audición, Inteligencia y Aptitud General, Lectura, Lenguaje, Logro, Matemáticas, Misceláneo, Neuropsicología, Personalidad, Segundo Idioma, Sensorial-Motor y Vocacional. Este Índice Clasificado por Materias incluye pruebas en 16 de 18 categorías. (Las categorías de Ciencia y Estudios Sociales no tienen pruebas representativas en este volumen.) La categoría de Misceláneo tiene nueve subcategorías con las pruebas ordenadas alfabéticamente dentro de las subcategorías. Cada descripción incluye el título de la prueba, la población para la cual está destinada la prueba y el número asignado a la prueba en* Pruebas Publicadas en Español III. *Títulos originales para las pruebas que servián como basis para una traducción o adaptación en español son designados como (original) después del título, seguido por "véase" y el título español de la prueba. Los números hacen referencia al número asignado a la prueba, no al número de página. Breves sugerencias para el uso de este índice se presentan en la Introducción.*

Bellas Artes

Pruebas que miden el conocimiento, las habilidades, capacidades, actitudes e intereses dentro de las distintas áreas de las bellas artes y artes escénicas. Se incluyen aquí pruebas de aptitud, logro, creatividad/talento/superdotación específicas al área de Bellas Artes y pruebas de apreciación estética.

Ciencia

Pruebas que miden competencias y actitudes dentro de las diversas áreas de ciencia (p. ej., biología, química, física) y aquellos relacionados con el rendimiento/competencia en ciencia general. (Nota: Incluidas son aquí las pruebas que evalúan la personalidad o variables afectivas relacionadas con las ciencias).

Desarrollo

Estas pruebas están diseñadas para evaluar las habilidades o destrezas emergentes (tales como conceptos numéricos, conservación, memoria, motricidad fina, motricidad gruesa, comunicación, reconocimiento de letras y competencia social) de niños pequeños (0-7 años) o pruebas que han sido diseñadas para evaluar dichas habilidades en individuos de edades escolares con discapacidades severas o profundas. Se incluyen aquí pruebas de cernimiento, encuestas/perfiles de desarrollo, pruebas de apresto escolar o para jardines de infancia, perfiles de aprendizaje temprano, escalas de desarrollo infantil, pruebas de comportamiento de juego, aceptación social/destrezas sociales; y baterías psicoeducativas para preescolares. Pruebas de cernimiento de contenido específico, tales como aquellos que evalúan apresto, se clasifican por área de contenido (p. ej. Lectura).

Véase también Neuropsicología y Sensorial-Motor.

Educación

Pruebas generales relacionadas a la educación, se incluyen medidas de ambiente escolar/de instrucción, escuelas/enseñanza eficaz, estrategias y estilos de aprendizaje, actitudes escolares, programas educativos/curricula, inventarios de interés y liderazgo educativo.

Pruebas de área de contenido específico (i.e., ciencia, matemáticas, estudios sociales, etc.) se enumeran por su propia área de contenido.

Estudios Sociales

Pruebas que miden competencias y actitudes dentro del área, ampliamente definida, de estudios sociales. Se incluyen aquí las pruebas relacionadas a economía, sociología, historia, geografía y ciencias políticas; y aquellas relacionadas al rendimiento/competencia de estudios sociales en general. (Nota: También se incluye aquí las pruebas que evaluan la personalidad o variables afectivos relatados a los esudios sociales.)

Evaluación de Comportamiento

Pruebas que miden el comportamiento general o específico dentro de contextos entornos educativos, vocacionales, de la comunidad o el hogar. Se incluyen aquí listas de verificación, escalas de calificación y encuestas que miden las interpretaciones del observador acerca de un comportamiento en relación con cuán apropiado o disfuncional es el comportamiento dentro del entorno/situación, las habilidades adaptativas o sociales o las habilidades funcionales del mismo.

Habla y Audición

Pruebas que miden la mecánica del habla o del escuchar la palabra hablada. Se incluyen aquí las pruebas de articulación, fluidez de la voz, tartamudeo, percepción/discriminación del sonido del habla, discriminación/comprensión auditiva, audiometría, sordera y perdida/discapacidad auditiva.

Véase también Desarrollo, Segunda Idioma, Neuropsicología y Sensorial-Motor.

Inteligencia y Aptitud General

Pruebas que miden conocimientos generales adquiridos, aptitudes, o la capacidad cognitiva y aquellas que evalúan aspectos específicos de estas categorías generales. Se incluyen aquí pruebas de habilidades de pensamiento crítico, razonamiento verbal/no-verbal, capacidad/procesamiento cognitivo, potencial/aptitud/eficiencia de aprendizaje, razonamiento lógico, pensamiento abstracto, pensamiento creativo/creatividad, exámenes de ingreso y admisión académica.

Lectura

Pruebas que miden competencias y actitudes dentro del área, ampliamente definida, de lectura. Se incluyen aquí inventarios de lectura, pruebas de aptitud y rendimiento en la lectura, apresto a la lectura/habilidad temprana de lectura, comprensión lectura, decodificación de la lectura y la lectura oral. (Nota: Incluidas aquí las pruebas que evalúan la personalidad o variables afectivas relacionadas con la lectura.)

Lenguaje

Pruebas que miden habilidades en la utilización de o la comprensión del lenguaje hablado o escrito. Aquí se incluyen pruebas de dominio del idioma, alfabetización aplicada, comprensión/desarrollo/aptitud del lenguaje, habilidades de lenguaje / competencia, habilidades de comunicación, comprensión auditiva, lingüística y vocabulario receptivo/expresivo. (Las pruebas diseñadas para medir la mecánica del habla o comunicación se clasifican bajo la categoría de Habla y Audición.)

Véase también Segundo Idioma.

Logro

Pruebas que miden el conocimiento adquirido a través de las distintas asignaturas escolares. Se incluyen aquí las baterías de prueba que miden múltiples áreas de contenido y temas individuales que no tienen categorías de clasificación independiente. (Nota: Algunas baterías incluyen subpruebas tanto de logro como de aptitud. Estas baterías pueden ser clasificados en las categorías de Logro o bien de Inteligencia y Aptitud, dependiendo del área de contenido principal.)

Véase también Bellas Artes, Inteligencia y Aptitud General, Matemáticas, Lectura, Ciencias y Estudios Sociales.

Matemáticas

Pruebas que miden las competencias y actitudes en cualquiera de las diversas áreas de las matemáticas (p. ej., álgebra, geometría, cálculo) y las relacionadas con el rendimiento/competencia en matemáticas general. (Nota: Se incluyen aquí las pruebas que evalúan la personalidad o variables afectivas relacionadas con las matemáticas.)

Misceláneo

Pruebas que no pueden clasificarse en ninguna de las categorías actuales como se enumeran y definen anteriormente. Se incluyen aquí pruebas de escritura, ética y moral, religión, conducción y seguridad, salud y educación física, medio ambiente (p. ej., ambiente la aula, entorno familiar), decisiones de custodia, abuso de sustancias y adicciones.

Véase también Personalidad.

Neuropsicología

Pruebas que miden el funcionamiento neurológico o las relaciones cerebro-comportamiento, ya sea en general o en relación a un área de funcionamiento específico. Se incluyen aquí baterías de pruebas neuropsicológicas, cuestionarios y pruebas de cernimiento. También son incluidas las pruebas que miden deterioro de la memoria, diversos trastornos o deterioro asociado con la demencia, trauma craneoencefálico, atención visual, reconocimiento de dígitos, "finger tapping," lateralidad, afasia, y comportamiento (asociados a disfunción cerebral orgánica o lesión cerebral).

Véase también Desarrollo, Inteligencia y Aptitud General, Sensorial-Motor y Habla y Audición.

Personalidad

Pruebas que miden la manera de pensar los individuos, comportarse y funcionar dentro de la familia o sociedad. Se incluyen aquí pruebas proyectivas y de apercepción, inventarios de necesidades, escalas de ansiedad/depresión; pruebas que evalúan uso/abuso de sustancias (o propensión al abuso), conductas de riesgo, salud mental general, inteligencia emocional, autoimagen/autoconcepto/autoestima, empatía, ideación suicida, esquizofrenia, depresión/desesperanza, abuso, estrategias de afrontamiento/estrés, trastornos de la alimentación, pesadumbre, toma de decisiones,

actitudes raciales; motivación general, atribuciones, percepciones; ajuste, estilos de crianza y problemas/satisfacción marital.

Para pruebas de contenido específico, véase categorías por temática (p. ej., instrumentos de eficacia en matemáticas se encuentran en Matemáticas). Algunas áreas, tales como el abuso de sustancias, se le establecen referencias cruzadas con la categoría de Personalidad.

Segundo Idioma

Pruebas que miden las competencias y la preparación en lectura, comprensión y expresión oral de un idioma que no sea el idioma nativo del individuo.

Véase también Lenguaje.

Sensorial-Motor

Pruebas que son medidas generales o específicas de algunos o todos los cinco sentidos y aquellas pruebas que evalúan destrezas motoras finas o gruesas. Se incluyen aquí pruebas de destreza manual, habilidades perceptuales, habilidades viso-motoras, habilidades perceptual-motoras, movimiento y postura, preferencia lateral, integración sensorial, desarrollo motor, daltonismo/discriminación visual, percepción/organización visual y agudeza visual.

Véase también las categorías Neuropsicología y Habla y Audición.

Vocacional

Pruebas que miden habilidades del empleado, comportamientos, actitudes, valores y percepciones relativas a puestos de trabajo, empleo y el lugar de trabajo o entorno de la organización. Se incluyen aquí pruebas de habilidades de administración/estilo/competencia, comportamientos de liderazgo, carrera (desarrollo, exploración, actitudes); pruebas de selección/admisión/entrada relacionadas con el trabajo; pruebas de adaptación al trabajo, procesos/comunicación/efectividad de grupos o equipos, empleabilidad, intereses vocacionales/ocupacionales, competencias/aptitudes del empleado y clima organizacional.

Véase también Inteligencia y Aptitud General, Personalidad y también las áreas de contenido específico (p. ej. Matemática, Lectura).

BELLAS ARTES

DESARROLLO

PRUEBAS PUBLICADAS EN ESPAÑOL III

EDUCACIÓN

EVALUACIÓN DE COMPORTAMIENTO

HABLA Y AUDICIÓN

INTELIGENCIA Y APTITUD GENERAL

LECTURA

LENGUAJE

LOGRO

MATEMÁTICAS

MISCELÁNEO

Abuso de Sustancias y Alcohol

Ajuste/Funcionamiento Adaptativo

Conducción y Seguridad

Educación y Relaciones de Negocios

Familia y Relaciones

Filosofía y Religión

Justicia Criminal y Forense

Misceláneo General

Salud y Educación Física

NEUROPSICOLOGÍA

PERSONALIDAD

SEGUNDO IDIOMA

SENSORIAL-MOTOR

VOCACIONAL

CLASSIFIED SUBJECT INDEX

The Classified Subject Index classifies all tests included in Pruebas Publicadas en Español III *into 18 major categories: Achievement, Behavior Assessment, Developmental, Education, Fine Arts, Intelligence and General Aptitude, Language, Mathematics, Miscellaneous, Neuropsychological, Personality, Reading, Science, Second Languages, Sensory-Motor, Social Studies, Speech and Hearing, and Vocations. This Classified Subject Index includes tests in 16 of the 18 available categories. (The categories of Science and Social Studies had no representative tests in this volume.) The Miscellaneous category uses nine subcategories with tests ordered alphabetically within the subcategories. Each listing includes test title, population for which the test is intended, and the test entry number in* Pruebas Publicadas en Español III. *Original titles for those tests that served as the basis for a Spanish translation or adaptation are designated as (original) after the title, followed by "see" and the Spanish title for the test. All numbers refer to test entry numbers, not to page numbers. Brief suggestions for the use of this index are presented in the introduction.*

Achievement

Tests that measure acquired knowledge across school subject content areas. Included here are test batteries that measure multiple content areas and individual subject areas not having separate classification categories. (Note: Some batteries include both achievement and aptitude subtests. Such batteries may be classified under the categories of either Achievement or Intelligence and Aptitude depending upon the principal content area.)

See also Fine Arts, Intelligence and General Aptitude, Mathematics, Reading, Science, and Social Studies.

Behavior Assessment

Tests that measure general or specific behavior within educational, vocational, community, or home settings. Included here are checklists, rating scales, and surveys that measure observer's interpretations of behavior in relation to adaptive or social skills, functional skills, and appropriateness or dysfunction within settings/situations.

Developmental

Tests that are designed to assess skills or emerging skills (such as number concepts, conservation, memory, fine motor, gross motor, communication, letter recognition, social competence) of young children (0-7 years) or tests that are designed to assess such skills in severely or profoundly disabled school-aged individuals. Included here are early screeners, developmental surveys/profiles, kindergarten or school readiness tests, early learning profiles, infant development scales, tests of play behavior, social acceptance/social skills; and preschool psychoeducational batteries. Content specific screeners, such as those assessing readiness, are classified by content area (e.g., Reading).

See also Neuropsychological and Sensory-Motor.

Education

General education-related tests, including measures of instructional/school environment, effective schools/teaching, study skills and strategies, learning styles and strategies, school attitudes, educational programs/curriculae, interest inventories, and educational leadership.

Specific content area tests (i.e., science, mathematics, social studies, etc.) are listed by their content area.

Fine Arts

Tests that measure knowledge, skills, abilities, attitudes, and interests within the various areas of fine and performing arts. Included here are tests of aptitude, achievement, creativity/talent/giftedness specific to the Fine Arts area, and tests of aesthetic judgment.

Intelligence and General Aptitude

Tests that measure general acquired knowledge, aptitudes, or cognitive ability and those that assess specific aspects of these general categories. Included here are tests of critical thinking skills, nonverbal/verbal reasoning, cognitive abilities/processing, learning potential/aptitude/efficiency, logical reasoning, abstract thinking, creative thinking/creativity, entrance exams and academic admissions tests.

Language

Tests that measure skills in using or understanding language in spoken or written form. Included here are tests of language proficiency, applied literacy, language comprehension/development/proficiency, language skills/proficiency, communication skills, listening comprehension, linguistics, and receptive/expressive vocabulary. (Tests designed to measure the mechanics of speaking or communicating are classified under the category Speech and Hearing.)

See also Second Languages.

Mathematics

Tests that measure competencies and attitudes in any of the various areas of mathematics (e.g., algebra, geometry, calculus) and those related to general mathematics achievement/proficiency. (Note: Included here are tests that assess personality or affective variables related to mathematics.)

Miscellaneous

Tests that cannot be sorted into any of the categories as listed and defined above. Included here are tests of handwriting, ethics and morality, religion, driving and safety, health and physical education, environment (e.g., classroom environment, family environment), custody decisions, substance abuse, and addictions.

See also Personality.

Neuropsychological

Tests that measure neurological functioning or brain-behavior relationships, either generally or in relation to specific areas of functioning. Included here are neuropsychological test batteries, questionnaires, and screening tests. Also included are tests that measure memory impairment, various disorders or decline associated with dementia, brain/head injury, visual attention, digit recognition, finger tapping, laterality, aphasia, and behavior (associated with organic brain dysfunction or brain injury).

See also Developmental, Intelligence and General Aptitude, Sensory-Motor, and Speech and Hearing.

Personality

Tests that measure individuals' ways of thinking, behaving, and functioning within family and society. Included here are projective and apperception tests, needs inventories, anxiety/depression scales; tests assessing substance use/abuse (or propensity for abuse), risk taking behavior, general mental health, emotional intelligence, self-image/-concept/-esteem, empathy, suicidal ideation, schizophrenia, depression/hopelessness, abuse, coping skills/stress, eating disorders, grief, decision-making, racial attitudes; general motivation, attributions, perceptions; adjustment, parenting styles, and marital issues/satisfaction.

For content-specific tests, see subject area categories (e.g., math efficacy instruments are located in Mathematics). Some areas, such as substance abuse, are cross-referenced with the Personality category.

Reading

Tests that measure competencies and attitudes within the broadly defined area of reading. Included here are reading inventories, tests of reading achievement and aptitude, reading readiness/early reading ability, reading comprehension, reading decoding, and oral reading. (Note: Included here are tests that assess personality or affective variables related to reading.)

Science

Tests that measure competencies and attitudes within any of the various areas of science (e.g., biology, chemistry, physics), and those related to general science achievement/proficiency. (Note: Included here are tests that assess personality or affective variables related to science.)

Second Languages

Tests that measure competencies and readiness in reading, comprehending, and speaking a language other than the individual's native language.

See also Language.

Sensory-Motor

Tests that are general or specific measures of any or all of the five senses and those that assess fine or gross motor skills. Included here are tests of manual dexterity, perceptual skills, visual-motor skills, perceptual-motor skills, movement and posture, laterality preference, sensory integration, motor development, color blindness/discrimination, visual perception/organization, and visual acuity.

See also Neuropsychological and Speech and Hearing.

Social Studies

Tests that measure competencies and attitudes within the broadly defined area of social studies.

Included here are tests related to economics, sociology, history, geography, and political science, and those related to general social studies achievement/proficiency. (Note: Also included here are tests that assess personality or affective variables related to social studies.)

Speech and Hearing

Tests that measure the mechanics of speaking or hearing the spoken word. Included here are tests of articulation, voice fluency, stuttering, speech sound perception/discrimination, auditory discrimination/comprehension, audiometry, deafness, and hearing loss/impairment.

See also Developmental, Second Language, Neuropsychological, and Sensory-Motor.

Vocations

Tests that measure employee skills, behaviors, attitudes, values, and perceptions relative to jobs, employment, and the work place or organizational environment. Included here are tests of management skill/style/competence, leader behavior, careers (development, exploration, attitudes); job- or work-related selection/admission/entrance tests; tests of work adjustment, team or group processes/communication/effectiveness, employability, vocational/occupational interests, employee aptitudes/competencies, and organizational climate.

See also Intelligence and General Aptitude, Personality, and specific content area categories (e.g., Mathematics, Reading).

ACHIEVEMENT

BEHAVIOR ASSESSMENT

DEVELOPMENTAL

EDUCATION

FINE ARTS

INTELLIGENCE AND GENERAL APTITUDE

LANGUAGE

MATHEMATICS

MISCELLANEOUS

Adjustment/Adaptive Functioning

Alcohol and Substance Use

NEUROPSYCHOLOGICAL

PERSONALITY

READING

SECOND LANGUAGES

SENSORY-MOTOR

SPEECH AND HEARING

VOCATIONS

DIRECTORIO E ÍNDICE DE EDITORIALES

Este directorio e índice ofrece los nombres y números de pruebas para todas las casas editoriales en Pruebas Publicadas en Español III. *La lista incluye direcciones para las casas editoriales cuando sea posible. Esta guia e índice también se provee números de telefono y FAX tal como direcciones de correo electrónico y web de las casas editoriales que respondieron a nuestra petición para esta información. Por favor fíjense que todos los números de pruebas refieren a los números de pruebas, no a los números de páginas. Casas editoriales son un recurso esencial de información sobre catálogos, cambios en precios, revisiones de pruebas y otros detalles.*

PUBLISHERS DIRECTORY AND INDEX

This directory and index gives the names and test entry numbers of all publishers represented in Pruebas Publicadas en Español III. *Addresses are listed for all publishers for which this information is known. This directory and index also provides telephone and FAX numbers as well as e-mail and web page addresses for those publishers who responded to our request for this information. Please note that all test numbers refer to test entry numbers, not page numbers. Publishers are an important source of information about catalogs, price changes, test revisions, and other details.*

Academic Therapy Publications
20 Leveroni Court
Novato, CA 94949-5746
UNITED STATES
TEL: 1-800-422-7249
FAX: 1-415-883-3720
EMAIL: testquestions@academictherapy.com
WEB: www.academictherapy.com
Tests: 300, 402, 516, 578, 643

ADE Incorporated
P.O. Box 660
Clarkston, MI 48347
UNITED STATES
TEL: 1-800-334-1918
EMAIL: support@adeincorp.com
WEB: www.adeincorp.com
Tests: 391, 445, 579

American Association on Intellectual and Developmental Disabilities
8403 Colesville Road, Suite 900
Silver Spring, MD 20910
UNITED STATES
TEL: 1-202-387-1968
FAX: 1-202-387-2193
EMAIL: books@aaidd.org
WEB: www.aaidd.org
Tests: 580, 581

Amplify Education, Inc.
55 Washington St. #800
New York, NY 11201
UNITED STATES
TEL: 1-888-497-4290
FAX: 1-541-346-9009
EMAIL: help@amplify.com

WEB: www.amplify.com
Tests: 198

Ancora Publishing
21 West 6th Avenue
Eugene, OR 97401
UNITED STATES
TEL: 1-866-542-1490
FAX: 1-541-345-1507
EMAIL: info@ancorapublishing.com
WEB: www.ancorapublishing.com
Tests: 527

Aon Hewitt
171 Madison Avenue
New York, NY 10016
UNITED STATES
TEL: 1-212-479-4236
EMAIL: rubenny@aon.com
WEB: www.aon.com/human-capital-consulting
Tests: 8

Aperture Education
P.O. Box 1279
Fort Mill, SC 29716
UNITED STATES
TEL: 1-844-685-2499
EMAIL: info@apertureed.com
WEB: www.apertureed.com
Tests: 193, 194

Arena Press
A Division of Academic Therapy Publications
20 Leveroni Court
Novato, CA 94949
UNITED STATES
TEL: 1-800-422-7249
EMAIL: customerservice@academictherapy.com
WEB: www.arenapressbooks.com
Tests: 31

ASEBA Research Center for Children, Youth, and Families
1 South Prospect Street, MS 331
St. Joseph's Wing, Third Floor, Room 3207
Burlington, VT 05401-3456
UNITED STATES
TEL: 1-802-656-3150
EMAIL: mail@aseba.org
WEB: www.aseba.org
Tests: 4

Association for Multiple Intelligences
Wylrehofweg 11
Venlo 6912 PM
NETHERLANDS
TEL: +31 (0)77 3031900
EMAIL: info@stichtingami.nl
WEB: www.stichtingami.nl
Tests: 423

AVB Press
4425-C Treat Blvd., Suite 210
Concord, CA 94521
UNITED STATES
TEL: 1-925-705-9137
FAX: 1-925-682-5256
EMAIL: contact@avbpress.com
WEB: www.avbpress.com
Tests: 660

Ballard & Tighe, Publishers
471 Atlas Street
Brea, CA 92821
UNITED STATES
TEL: 1-800-321-4332
FAX: 1-714-255-9828
EMAIL: info@ballard-tighe.com
WEB: www.ballard-tighe.com
Tests: 383, 384, 385, 386

Lenore Behar
1821 Woodburn Road
Durham, NC 27705
UNITED STATES
TEL: 1-919-489-1888
FAX: 1-919-489-1832
EMAIL: lbehar@nc.rr.com
WEB: www.lenorebehar.com
Tests: 493

Behavior Analysts, Inc.
6451 N Federal Hwy.
Fort Lauderdale, FL 33308
UNITED STATES
TEL: 1-925-210-9375
EMAIL: assessments@centralreach.com
WEB: www.partingtonbehavioranalysts.com
Tests: 281

Behavior Data Systems, Ltd.
PO Box 44256
Phoenix, AZ 85064-4256
UNITED STATES
TEL: 1-800-231-2401
FAX: 1-602-266-8227
EMAIL: info@bdsltd.com
WEB: www.bdsltd.com
Tests: 3, 13, 25, 187, 202, 203, 392, 456, 491, 497, 543, 659, 661

Behavioral Medicine Consultants
4790 Caughlin Parkway, Suite 173
Reno, NV 89519-0907
UNITED STATES
TEL: 1-775-233-4590

FAX: 1-775-561-8000
EMAIL: baplew.michael@gmail.com
WEB: www.painassessmentresources.com
Tests: 76

BEST Instruments, LLC
P.O. Box 501
Niceville, FL 32588
UNITED STATES
TEL: 1-800-748-9073
EMAIL: sales@bestinstruments.net
WEB: assessments.bestinstruments.net
Tests: 77

BrainTrain, Inc.
727 Twin Ridge Lane
North Chesterfield, VA 23235
UNITED STATES
TEL: 1-800-822-0538
FAX: 1-804-320-2491
EMAIL: onlineorders@braintrain.com
WEB: www.braintrain.com
Tests: 388

Career Kids
241 Washington Street, Unit B
PO Box 1186
Weaverville, CA 96093
UNITED STATES
TEL: 1-800-238-8433
FAX: 1-888-415-1671
EMAIL: help@bouldenpublishing.com
WEB: www.careerkids.com
Tests: 96

CASAS
5151 Murphy Canyon Road, Suite 220
San Diego, CA 92123-4339
UNITED STATES
TEL: 1-858-292-2900
FAX: 1-858-292-2910
EMAIL: casas@casas.org
WEB: www.casas.org
Tests: 278

Center for Professional Studies
9603 Deereco Road, Unit 5334
Timonium, MD 21094
UNITED STATES
TEL: 1-410-929-8178
EMAIL: info@thecfps.com
WEB: www.centerforprofessionalstudies.com
Tests: 33

CERAD
Center for the Study of Aging and Human Development
P.O. Box 3003
Duke University Medical Center
Durham, NC 27710
UNITED STATES
TEL: 1-919-660-7583
EMAIL: agingcenter@duke.edu
WEB: agingcenter.duke.edu/cerad
Tests: 100

The Change Companies
5221 Sigstrom Drive
Carson City, NV 89706
UNITED STATES
TEL: 1-888-889-8866
FAX: 1-775-885-0643
EMAIL: contact@changecompanies.net
WEB: www.changecompanies.net
Tests: 120

Checkmate Plus, Ltd.
PO Box 696
Stony Brook, NY 11790-0696
UNITED STATES
TEL: 1-800-779-4292
EMAIL: info@checkmateplus.com
WEB: www.checkmateplus.com
Tests: 11, 14, 15, 105, 205, 680

Child Development Review – Behavior Science Systems, Inc.
PO Box 19512
Minneapolis, MN 55419
UNITED STATES
TEL: 1-612-850-8700
FAX: 1-360-351-1374
EMAIL: heidi@childdevelopmentreview.com
WEB: childdevelopmentreview.com
Tests: 103, 104, 326

Child Uplift, Inc.
P.O. Box 146
Fairview, WY 83119
UNITED STATES
TEL: 1-307-248-0226
EMAIL: info@sleepinventory.com
WEB: www.sleepinventory.com
Tests: 554, 555

CNS Vital Signs
598 Airport Blvd., Suite 1400
Morrisville, NC 27560
UNITED STATES
TEL: 1-888-750-6941
FAX: 1-888-650-6795
EMAIL: support@cnsvs.com
WEB: www.cnsvs.com
Tests: 111, 116, 125

Cognistat, Inc.
P.O. Box 460
Fairfax, CA 94978
UNITED STATES
TEL: 1-514-336-0136
FAX: 1-514-336-6537
EMAIL: info@cognistat.com
WEB: www.cognistat.com
Tests: 112

Creative Solutions Press LLC
3724 Capilano Drive
West Lafayette, IN 47906
UNITED STATES
TEL: 1-765-409-4752
WEB: www.creativesolutionspress.com
Tests: 560

CRG Consulting Resource Group International Inc.
PO Box 418 Station A Main
Abbotsford, British Columbia V2S 6Z7
CANADA
TEL: 1-604-852-0566
EMAIL: ken@crgleader.com
WEB: www.crgleader.com
Tests: 482, 529

Curriculum Associates, LLC
Corporate Headquarters
153 Rangeway Road
North Billerica, MA 01862
UNITED STATES
TEL: 1-800-225-0248
FAX: 1-800-366-1158
EMAIL: rfps@cainc.com
WEB: www.curriculumassociates.com
Tests: 90

Developmental Therapy Institute, Inc.
579 Milledge Circle
Athens, GA 30606
UNITED STATES
TEL: 1-706-201-6399
EMAIL: dti@developmentaltherapyinstitute.org
WEB: www.developmentaltherapyinstitute.org
Tests: 498

Editorial El Manual Moderno, S.A. de C.V.
Av. Sonora 206, Col. Hipódromo
México, D.F. 06100
MÉXICO
TEL: +52 (55) 52 65 11 34
FAX: +52 (55) 52 65 11 35
EMAIL: info@manualmoderno.com
WEB: www.manualmoderno.com
Tests: 48, 55, 57, 58, 78, 91, 98, 170, 220, 222, 223, 228, 234, 250, 251, 254, 255, 257, 261, 262, 263, 271, 272, 273, 277, 279, 287, 292, 294, 295, 317, 324, 328, 332, 335, 343, 344, 364, 367, 368, 374, 375, 376, 422, 448, 477, 478, 501, 506, 544, 584, 607, 611, 618

Editorial Paidós
Av. Independencia 1682 3º Piso
Ciudad de Buenos Aires C1100ABQ
ARGENTINA
TEL: +54 (011) 4124 9202
EMAIL: dep@areapaidos.com.ar
WEB: www.paidosdep.com.ar
Tests: 19, 53, 61, 148, 151, 157, 161, 172, 178, 219, 239, 240, 246, 247, 260, 285, 346, 360, 366, 373, 537, 552, 593, 620, 624, 630, 635, 639, 641, 642, 646, 648

EdITS LLC/Educational and Industrial Testing Service
P.O. Box 7234
San Diego, CA 92167
UNITED STATES
TEL: 1-800-416-1666
FAX: 1-619-226-1666
EMAIL: service@edits.net
WEB: www.edits.net
Tests: 93, 94, 95

Educational Assessment Service, Inc.
W6050 Apple Road
Watertown, WI 53098-3937
UNITED STATES
TEL: 1-800-795-7466
FAX: 1-920-261-6622
EMAIL: srimm@sylviarimm.com
WEB: www.sylviarimm.com
Tests: 315, 316

Emergenetics International
2 Inverness Drive East Suite 188
Centennial, CO 80112
UNITED STATES
TEL: 1-303-660-7920
EMAIL: debbie.brown@emergenetics.com
WEB: www.emergenetics.com
Tests: 211

Emmersion
826 E State St. Suite 100
American Fork, UT 84003
UNITED STATES
TEL: 1-801-471-0883
EMAIL: jtomco@ixl.com
WEB: www.emmersion.ai
Tests: 664

Enterprise Management Ltd.
4531 Roanoak Way

Palm Harbor, FL 34685
UNITED STATES
TEL: 1-727-934-9810
EMAIL: info@enterprisemgt.com
WEB: www.enterprisemgt.com
Tests: 399

The Forum for Youth Investment
7064 Eastern Avenue NW
Washington, DC 20012-2031
UNITED STATES
TEL: 1-202-207-3333
EMAIL: info@cypq.org
WEB: www.forumfyi.org/weikartcenter/
Tests: 531, 679

GED Testing Service
5601 Green Valley Drive
Bloomington, MN 55437
UNITED STATES
TEL: 1-877-392-6433
EMAIL: help@ged.com
WEB: www.ged.com
Tests: 308

Gesell Program in Early Childhood at Yale
230 S. Frontage Road
P.O. Box 207900
New Haven, CT 06520
UNITED STATES
TEL: 1-203-737-5872
EMAIL: gesell@yale.edu
WEB: www.gesell-yale.org
Tests: 310, 311

Gibson Institute of Cognitive Research
5085 List Drive, Suite 200-A
Colorado Springs, CO 80919
UNITED STATES
TEL: 1-719-219-0940
EMAIL: amoore@gibsonresearch.org
WEB: www.gibsonresearchinstitute.org
Tests: 312

Giunti O.S. Psychometrics SRL
via Fra' Paolo Sarpi 7/a
Florence 50136
ITALY
TEL: +39 055 6236910
EMAIL: info@giuntios.it
WEB: www.giuntios.it
Tests: 134, 135, 626

Good-Lite Company
1155 Jansen Farm Drive
Elgin, IL 60123
UNITED STATES
TEL: 1-800-362-3860
FAX: 1-888-362-2576
EMAIL: orders@good-lite.com
WEB: www.good-lite.com
Tests: 320

Guglielmino & Associates, LLC
501 SW 11th Place, Unit 301 A
Boca Raton, FL 33432
UNITED STATES
TEL: 1-561-706-0394
FAX: 1-772-429-2425
EMAIL: lguglielmino@rocketmail.com
WEB: www.lpasdlrs.com
Tests: 538

Guilford Press
370 Seventh Avenue, Suite 1200
New York, NY 10001-1020
UNITED STATES
TEL: 1-800-365-7006
FAX: 1-212-966-6708
EMAIL: info@guilford.com
WEB: www.guilford.com
Tests: 10

Hawthorne Educational Services, Inc.
800 Gray Oak Drive
Columbia, MO 65201
UNITED STATES
TEL: 1-800-542-1673
FAX: 1-800-442-9509
EMAIL: info@hawthorne-ed.com
WEB: www.hawthorne-ed.com
Tests: 36

Heinemann Publishing
145 Maplewood Ave., Suite 300
Portsmouth, NH 03801
UNITED STATES
TEL: 1-603-431-7894
EMAIL: custserv@heinemann.com
WEB: www.heinemann.com
Tests: 549

Hogrefe TEA Ediciones
Cardenal Marcelo Spínola, 50
Madrid 28016
SPAIN
TEL: +34 912 705 060
FAX: +34 913 458 608
EMAIL: madrid@teaediciones.com
WEB: www.teaediciones.com
Tests: 5, 6, 20, 23, 27, 28, 29, 34, 35, 39, 44, 45, 46, 49, 50, 51, 52, 59, 60, 62, 99, 119, 136, 137, 138, 139, 140, 141, 142, 143, 144, 145, 146, 147, 149, 150, 152, 153, 154, 155, 156, 158, 159, 160, 162,

163, 164, 165, 166, 167, 168, 173, 174, 175, 176, 177, 179, 180, 181, 182, 183, 184, 185, 186, 195, 196, 204, 218, 221, 224, 229, 230, 231, 232, 236, 237, 248, 249, 252, 259, 265, 266, 267, 268, 269, 275, 276, 280, 282, 283, 284, 286, 289, 290, 291, 293, 296, 297, 298, 302, 303, 306, 307, 330, 331, 333, 340, 341, 348, 349, 350, 352, 353, 354, 355, 356, 357, 358, 361, 362, 363, 365, 369, 370, 372, 377, 378, 379, 380, 403, 404, 406, 418, 420, 465, 479, 499, 504, 505, 508, 509, 510, 511, 518, 533, 534, 535, 536, 550, 553, 562, 575, 585, 587, 588, 594, 595, 596, 597, 598, 599, 600, 601, 602, 603, 604, 605, 606, 608, 609, 610, 612, 613, 614, 615, 616, 617, 619, 621, 622, 623, 625, 627, 628, 629, 631, 632, 633, 634, 636, 637, 638, 640, 645, 647, 650, 653

Industrial Psychology International, Ltd.
4106 Fieldstone Road
P.O. Box 6479
Champaign, IL 68126
UNITED STATES
TEL: 1-800-747-1119
FAX: 1-217-398-5798
EMAIL: mtinfo@metritech.com
WEB: www.metritech.com/Ipi
Tests: 132, 454

Kaplan Early Learning Company
1310 Lewisville-Clemmons Road
P.O. Box 67
Lewisville, NC 27023-0609
UNITED STATES
TEL: 1-800-334-2014
EMAIL: info@kaplanco.com
WEB: www.kaplanco.com
Tests: 192

Karl Albrecht
3728 Old Cobble Road
San Diego, CA 92111-4050
UNITED STATES
TEL: 1-858-805-5888
EMAIL: karl@karlalbrecht.com
WEB: www.karlalbrecht.com
Tests: 428

Kendall/Hunt Publishing Company
4050 Westmark Drive
P.O. Box 1840
Dubuque, IA 52004-1840
UNITED STATES
TEL: 1-800-228-0810
FAX: 1-800-772-9165
EMAIL: orders@kendallhunt.com
WEB: www.kendallhunt.com
Tests: 564

Lavi Institute
2 Cloister Court, CA 92694
Ladera Ranch, CA 92694
UNITED STATES
TEL: 1-909-724-8564
EMAIL: support@laviinstitute.com
WEB: www.videoassessmenttools.com
Tests: 321, 322, 323

m Press (L. Artiola)
4460 N. Buckskin Way
Tucson, AZ 85750
UNITED STATES
TEL: 1-520-829-0657
EMAIL: lartiola@mac.com
WEB: www.lartiola.com
Tests: 56

Management Research Group
14 York Street, #301
Portland, ME 04101-4556
UNITED STATES
TEL: 1-207-775-2173
FAX: 1-207-775-6796
EMAIL: info@mrg.com
WEB: www.mrg.com
Tests: 325, 397, 528

Mapi Research Trust
27 Rue de la Villette
Lyon 69003
FRANCE
TEL: +33 (0) 4 72 13 66 66
FAX: +33 (0) 4 72 13 55 73
WEB: eprovide.mapi-trust.org
Tests: 387

Mathematical Association of America
P.O. Box 471
Annapolis Junction, MD 20701
UNITED STATES
TEL: 1-800-527-3690
FAX: 1-240-396-5647
EMAIL: amcinfo@maa.org
WEB: www.maa.org
Tests: 21

MATRICS Assessment, Inc.
11693 San Vicente Blvd. #322
Los Angeles, CA 90049
UNITED STATES
FAX: 1-310-312-1535
EMAIL: matricsassessment@gmail.com
WEB: www.matricsinc.org
Tests: 43

MED-EL
Fürstenweg 77a

Innsbruck A-6020
AUSTRIA
TEL: +43 512 28 88 89
FAX: +43 512 29 33 81
EMAIL: office@medel.com
WEB: www.medel.com
Tests: 207

MetriTech, Inc.
4106 Fieldstone Road
Champaign, IL 61826
UNITED STATES
TEL: 1-800-747-4868
FAX: 1-217-398-5798
EMAIL: mtinfo@metritech.com
WEB: www.metritech.com
Tests: 9

Midot, Ltd.
23 Bar-Kochva Street, V Tower, Bnei-Brak
Tel Aviv 5126015
ISRAEL
TEL: +97 23 616 1111
EMAIL: info@midot.com
WEB: www.midot.com
Tests: 329

Mind Garden, Inc.
707 Menlo Avenue, Suite 120
Menlo Park, CA 94025
UNITED STATES
TEL: 1-650-322-6300
FAX: 1-650-322-6398
EMAIL: info@mindgarden.com
WEB: www.mindgarden.com
Tests: 12, 30, 37, 81, 108, 118, 130, 201, 305, 314, 318, 396, 409, 411, 419, 434, 438, 463, 486, 513, 573, 574, 663, 670, 673

MTR Psicológia
L'Equador, 21. 2. 1.
Barcelona 08029
SPAIN
TEL: +34 93 451 24 82
EMAIL: info@mtrpsicologia.com
WEB: www.mtrpsicologia.com
Tests: 169, 171, 502

Multi-Health Systems, Inc.
P.O. Box 950
North Tonawanda, NY 14120-0950
UNITED STATES
TEL: 1-800-456-3003
FAX: 1-888-540-4484
EMAIL: customerservice@mhs.com
WEB: www.mhs.com
Tests: 26, 38, 106, 121, 122, 126, 127, 128, 131, 215, 216, 304, 390, 401, 442, 464, 515, 556, 559

The Myers-Briggs Company
185 N Wolfe Road
Sunnyvale, CA 94086
UNITED STATES
TEL: 1-800-624-1765
EMAIL: support.us@themyersbriggs.com
WEB: www.themyersbriggs.com
Tests: 133, 439, 440, 441, 651

MySkillsProfile.com Limited
20-22 Wenlock Road
London N1 7GU
UNITED KINGDOM
TEL: 1-254-326-3035
EMAIL: sales@myskillsprofile.com
WEB: www.myskillsprofile.com
Tests: 214, 398

National Spanish Exams
160 Rail Road, Suite 3
Chesterton, IN 46304
UNITED STATES
TEL: 1-219-465-2100
EMAIL: lgreenman@aatsp.org
WEB: www.nationalspanishexam.org
Tests: 444

OQ Measures LLC
P.O. Box 521047
Salt Lake City, UT 84152-1047
UNITED STATES
TEL: 1-888-647-2673
EMAIL: Info@OQMeasures.com
WEB: www.oqmeasures.com
Tests: 457, 458, 459, 460, 461, 462, 526, 674, 675, 676, 677, 678

Raymond F. Paloutzian
745 Plymouth Road
Claremont, CA 91711
UNITED STATES
TEL: 1-805-708-4884
EMAIL: paloutz@westmont.edu
WEB: www.westmont.edu/people/raymond-f-paloutzian-phd
Tests: 566

Paul H. Brookes Publishing Co., Inc.
P.O. Box 10624
Baltimore, MD 21285-0624
UNITED STATES
TEL: 1-800-638-3775
FAX: 1-410-337-8539
WEB: www.brookespublishing.com
Tests: 16, 17, 32, 80, 92, 319, 407, 472, 514, 557

Pearson
19500 Bulverde Road

San Antonio, TX 78259
UNITED STATES
TEL: 1-800-627-7271
FAX: 1-800-232-1223
EMAIL: pearsonassessments@pearson.com
WEB: www.pearsonassessments.com
Tests: 40, 41, 65, 66, 67, 68, 69, 70, 71, 72, 79, 82, 83, 84, 85, 86, 87, 88, 89, 109, 110, 115, 190, 199, 200, 206, 243, 244, 288, 313, 393, 394, 424, 425, 426, 427, 443, 449, 466, 468, 494, 495, 496, 517, 521, 542, 568, 582, 662, 665, 666, 672

Pearson España
Ribera del Loira 16-18
Planta Baja, Núcleo Sur
Madrid 28042
SPAIN
TEL: (+34) 913 554 405
EMAIL: pearsonclinical@anaya.es
WEB: www.pearsonclinical.es
Tests: 47, 238, 241, 242, 245, 258, 264, 270, 274, 334, 337, 338, 339, 342, 345, 347, 381, 412, 447, 481, 546, 548, 589, 590, 591, 592, 649

PEDStest.com, LLC
1013 Austin Court
Nolensville, TN 37135
UNITED STATES
TEL: 1-877-296-9972
FAX: 1-615-776-4119
EMAIL: evpress@pedstest.com
WEB: www.pedstest.com
Tests: 474, 475

Price Systems, Inc.
763 N 1750 Road
Lawrence, KS 66049-9016
UNITED STATES
TEL: 1-785-550-5645
FAX: 1-785-843-0101
EMAIL: gprice@ku.edu
Tests: 400, 500

PRO-ED
1301 W. 25th St., Suite 300
Austin, TX 78705-4248
UNITED STATES
TEL: 1-800-897-3202
FAX: 1-800-397-7633
EMAIL: info@proedinc.com
WEB: www.proedinc.com
Tests: 114, 124, 129, 327, 492, 525, 644, 654, 667

PRO-ED Latinoamérica
Bosques de Canadá 103-10
Col. Bosques del Valle
San Pedro Garza García, Nuevo León 66250
MÉXICO
TEL: +52 81 8114 6545
EMAIL: info@proedlatinoamerica.mx
WEB: www.proedlatinoamerica.mx
Tests: 233, 507

Professional Resource Press
P.O. Box 3197
Sarasota, FL 34230-3197
UNITED STATES
TEL: 1-800-443-3364
FAX: 1-866-804-4843
EMAIL: cs@prpress.com
WEB: www.prpress.com
Tests: 410

Psychological Assessment Resources, Inc.
16204 N. Florida Avenue
Lutz, FL 33549-8119
UNITED STATES
TEL: 1-800-331-8378
FAX: 1-800-727-9329
EMAIL: custsupp@parinc.com
WEB: www.parinc.com
Tests: 73, 74, 75, 212, 213, 299, 301, 429, 446, 473, 476, 483, 484, 485, 520, 522, 523, 539, 540, 558, 577, 655, 656, 657, 658

Psychological Publications, Inc.
2205 First Street, Suite 110
Simi Valley, CA 93065
UNITED STATES
TEL: 1-800-345-8378
FAX: 1-805-527-9266
EMAIL: info@tjta.com
WEB: www.tjta.com
Tests: 22

Psychological Services Press
530-73 McCaul Street
Toronto, Ontario M5T 2X2
CANADA
TEL: 1-905-527-0129
FAX: 1-866-410-6766
EMAIL: iratrofimov@gmail.com
WEB: www.fhs.mcmaster.ca/cilab/PS/PS-STQ.htm
Tests: 576

Psychology Foundation of Australia
University of New South Wales, Upper Campus
Psychology Office, Matthews Building
High Street, Kensington
Sydney, New South Wales 2052
AUSTRALIA
EMAIL: psychology@unsw.edu.au
WEB: www2.psy.unsw.edu.au/groups/dass/
Tests: 188

Psychometrics Canada Ltd.
7125 77 Avenue
Edmonton, Alberta T6B 0B5
CANADA
TEL: 1-800-661-5158
FAX: 1-780-469-2283
EMAIL: info@psychometrics.com
WEB: www.psychometrics.com
Tests: 671

Psymtec
C/ Cazalegas n° 5, Local
Madrid 28025
SPAIN
TEL: +34 91 341 16 21
FAX: +34 91 746 41 95
EMAIL: psymtec@psymtec.es
WEB: www.psymtec.es
Tests: 256

Publicacions I Edicions
Universitat de Barcelona
Adolf Florensa, s/n
Edifici Florensa, Campus de la Diagonal
Barcelona 08028
SPAIN
TEL: +34 934 035 50
FAX: +34 934 035 531
EMAIL: comandes.edicions@ub.edu
WEB: www.publicacions.ub.edu
Tests: 24

Ramsay Corporation
1050 Boyce Road
Pittsburgh, PA 15241-3907
UNITED STATES
TEL: 1-412-257-0732
FAX: 1-412-257-9929
EMAIL: sales@ramsaycorp.com
WEB: www.ramsaycorp.com
Tests: 18, 117, 209, 210, 408, 413, 414, 415, 416, 435, 436, 437, 586

Renaissance Learning, Inc.
P.O. Box 8036
Wisconsin Rapids, WI 54495-8036
UNITED STATES
TEL: 1-800-338-4204
FAX: 1-715-424-4242
EMAIL: answers@renaissance.com
WEB: www.renaissance.com
Tests: 569, 570, 571, 572

Riverside Insights
One Pierce Place Suite 900
Itasca, IL 60143
UNITED STATES
TEL: 1-800-323-9540
EMAIL: inquiry@riversideinsights.com
WEB: www.riversideinsights.com
Tests: 54, 63, 64, 113, 208, 382, 405, 669

Routledge, Taylor & Francis Group
E-MAIL: orders@taylorandfrancis.com
WEB: www.routledge.com
Tests: 530

SAIL CoLab, Inc.
10810 N. 138th Place
Scottsdale, AZ 85259
UNITED STATES
TEL: 1-480-250-0159
WEB: www.ssiscolab.com
Tests: 567

SALT Software, LLC
414 D'Onofrio Drive
Suite 310
Madison, WI 53719
UNITED STATES
TEL: 1-608-841-1393
FAX: 1-608-237-2220
EMAIL: sales@saltsoftware.com
WEB: www.saltsoftware.com
Tests: 583

The SASSI Institute
201 Camelot Lane
Springville, IN 47462
UNITED STATES
TEL: 1-800-726-0526
FAX: 1-800-546-7995
EMAIL: sassi@sassi.com
WEB: www.sassi.com
Tests: 565

Scholastic Testing Service, Inc.
480 Meyer Road
Bensenville, IL 60106-1617
UNITED STATES
TEL: 1-800-642-6787
FAX: 1-866-766-8054
EMAIL: sts@ststesting.com
WEB: www.ststesting.com
Tests: 1, 123, 652

Search Institute
3001 Broadway Street NE #310
Minneapolis, MN 55413
UNITED STATES
TEL: 1-800-888-7828
FAX: 1-612-376-8955
EMAIL: surveys@searchinstitute.org
WEB: www.search-institute.org
Tests: 189

SHL
111 Washington Avenue South, Suite 500
Minneapolis, MN 55401
UNITED STATES
TEL: 1-612-361-8600
EMAIL: research@shl.com
WEB: www.shl.com
Tests: 455

SIGMA Assessment Systems, Inc.
P.O. Box 610757
Port Huron, MI 48061-0757
UNITED STATES
TEL: 1-800-265-1285
FAX: 1-800-361-9411
EMAIL: sigma@sigmaassessmentsystems.com
WEB: www.sigmaassessmentsystems.com
Tests: 42, 97, 217, 389, 489

Slosson Educational Publications, Inc.
PO Box 280
East Aurora, NY 14052-0544
UNITED STATES
TEL: 1-716-652-0930
FAX: 1-800-655-3840
EMAIL: slossonprep@gmail.com
WEB: www.slosson.com
Tests: 395

Stoelting Co.
620 Wheat Lane
Wood Dale, IL 60191-1164
UNITED STATES
TEL: 1-800-860-9775
FAX: 1-630-860-9775
EMAIL: psychtests@stoeltingco.com
WEB: www.stoeltingco.com
Tests: 101, 102, 421

Paris Strom and Robert Strom
Dept. of Educational Foundations, Leadership & Technology
4036 Haley Center
Auburn University, AL 36849-5221
UNITED STATES
TEL: 1-334-728-0909
EMAIL: stromps@auburn.edu
WEB: www.teamworkskillsinventory.org
Tests: 469, 471

Stuttering Therapy Resources, Inc.
8005 Spectrum Drive
McKinney, TX 75072
UNITED STATES
TEL: 1-844-478-8883
FAX: 1-844-478-8883
EMAIL: info@stutteringtherapyresources.com
WEB: www.stutteringtherapyresources.com
Tests: 467

Talogy, Inc.
611 N. Brand Blvd., 10th Floor
Glendale, CA 91203
UNITED STATES
TEL: 1-800-367-1565
WEB: www.talogy.com/en
Tests: 563

Teachers College Press
1234 Amsterdam Avenue
New York, NY 10027
UNITED STATES
TEL: 1-800-575-6566
EMAIL: tcporders@presswarehouse.com
WEB: www.teacherscollegepress.com
Tests: 225, 226, 227, 235

Teachstone Training, LLC
675 Peter Jefferson Parkway, Suite 400
Charlottesville, VA 22911
UNITED STATES
TEL: 1-866-998-8352
EMAIL: contact@teachstone.com
WEB: www.teachstone.com
Tests: 107

Test Innovations, Inc.
623 Avenue Ponce de León, Apt. 12A
San Juan, Puerto Rico 00917
TEL: 1-787-773-1510
EMAIL: servicioalcliente@testinnovations.com
WEB: www.testinnovations.com
Tests: 253, 336, 351, 371, 417, 480, 503, 512, 545, 547, 551

Texas Institute for Measurement, Evaluation, and Statistics
The University of Houston
Health-1, Room 373
4349 Martin Luther King Boulevard
Houston, TX 77204-6022
UNITED STATES
TEL: 1-713-743-8500
EMAIL: coleen.carlson@times.uh.edu
WEB: www2.times.uh.edu
Tests: 359

Toolbox Assessments, Inc.
605 N. Michigan Ave, Fourth Floor
Chicago, IL 60611
UNITED STATES
EMAIL: help@nihtoolbox.org
WEB: www.nihtoolbox.org
Tests: 450, 451, 452, 453

UniQuest Pty Limited [Australia]
TEL: +61 7 3365 4037
EMAIL: team@gai.net.au

WEB: www.gai.net.au
Tests: 309

Universidad de los Andes
Mons. Álvaro del Portillo 12.455
Las Condes
CHILE
TEL: +56 22 618 10 00
EMAIL: info@diamas.cl
WEB: www.uandes.cl
Tests: 197

University of Minnesota Press
Test Division
111 Third Avenue South, Suite 290
Minneapolis, MN 55401-2520
UNITED STATES
TEL: 1-612-301-1990
EMAIL: testdiv@umn.edu
WEB: www.upress.umn.edu/test-division
Tests: 430, 431, 432, 433

Voyager Sopris Learning
17855 Dallas Parkway, Suite 400
Dallas, TX 75287
UNITED STATES
TEL: 1-800-547-6747
FAX: 1-888-819-7767
WEB: www.voyagersopris.com
Tests: 2

Western Psychological Services
625 Alaska Avenue
Torrance, CA 90503-5124
UNITED STATES
TEL: 1-800-648-8857
FAX: 1-424-201-6950
EMAIL: customerservice@wpspublish.com
WEB: www.wpspublish.com
Tests: 7, 191, 470, 487, 488, 490, 519, 524, 532, 541, 561

Winslow Research Institute
1933 Windward Point
Discovery Bay, CA 94513
UNITED STATES
TEL: 1-855-275-9734
EMAIL: info@winslowsolutions.com
WEB: www.winslowresearch.com
Tests: 668

ÍNDICE DE NOMBRES

INDEX OF NAMES

Este índice muestra si la citación de la prueba se refiere al autor de la prueba o a una reseña para una prueba específica en una versión previa del Mental Measurements Yearbook. *El índice también indica los nombres de los traductores o los adaptadores de una prueba. Se puede interpretar las abreviaciones y números que siguen los nombres como así: "test, 73" indica el autor de la prueba; "rev, 86" se base en información sobre referencias cruzadas en la descripción de la prueba e indica el autor de una reseña de prueba 86; "t/a, 15" indica un traductor o adaptador. Los números hacen referencia al número asignado a la prueba en* Pruebas Publicadas en Español III, *no al número de página.*

This index indicates whether a citation refers to authorship of a test or of a test review for a specific test in a previous Mental Measurements Yearbook. *The index also indicates the names of translators or adapters for a test. The abbreviation and numbers following the names may be interpreted as follows: "test, 73" indicates authorship of test; "rev, 86" is based on information about cross references in the test description and indicates authorship of a review of test 86; "t/a, 15" indicates a translator or adapter. Numbers refer to test entries in* Pruebas Publicadas en Español III, *not to page numbers.*

ÍNDICE DE PUNTUACIÓN

El Índice de Puntuación enumera todas las puntuaciones, en orden alfabético, para todas las pruebas incluidas en Pruebas Publicadas en Español III (PPE III). *Debido a que las puntuaciones pueden ser consideradas como definiciones operacionales de la variable medida, a veces las puntuaciones ofrecen mejor información sobre lo que realmente mide una prueba en comparación con el título u otra información disponible. El Índice de Puntuación es muy detallado y el lector debe tener en cuenta que una variable dada (o concepto) de interés puede ser definida de diferentes maneras. Así, el lector debe buscar estas varias definiciones posibles antes de derivar conclusiones definitivas acerca de si alguna prueba que mida una variable de interés específica pueda encontrarse en* PPE III. *De encontrarse la clase de puntuación, el lector debe entonces leer la descripción de la prueba cuidadosamente para determinar si la(s) prueba(s) en que se encuentra la puntuación es(son) compatible con el propósito del lector. Utilizado de manera adecuada, el Índice de Puntuación puede ser otro recurso útil para localizar la puntuación correcta en la prueba correcta. Como de costumbre, los números hacen referencia al número asignado a la prueba, no al número de página.*

SCORE INDEX

The Score Index lists all scores, in alphabetical order, for all the tests included in Pruebas Publicadas en Español III (PPE III). *Because test scores can be regarded as operational definitions of the variable measured, sometimes the scores provide better leads to what a test actually measures than the test title or other available information. The Score Index is very detailed, and the reader should keep in mind that a given variable (or concept) of interest may be defined in several different ways. Thus the reader should look up these several possible alternative definitions before drawing final conclusions about whether tests measuring a particular variable of interest can be located in* PPE III. *If the kind of score sought is located in a particular test or tests, the reader should then read the test descriptive information carefully to determine whether the test(s) in which the score is found is (are) consistent with reader purpose. Used wisely, the Score Index can be another useful resource in locating the right score in the right test. As usual, all numbers in the index are test numbers, not page numbers.*